COMÉRCIO INTERNACIONAL E LEGISLAÇÃO ADUANEIRA

COLEÇÃO
ESQUE
MATI
ZADO®

HISTÓRICO DA OBRA

- 1.ª edição: out./2011; 2.a tir., mar./2012; 3.ª tir., jul./2012
- 2.ª edição: set./2014; 2.a tir., abr./2015
- 3.ª edição: jan./2016
- 4.ª edição: fev./2017
- 5.ª edição: abr./2018
- 6.ª edição: jan./2019
- 7.ª edição: jan./2020
- 8.ª edição: jan./2022
- 9.ª edição: mar./2024
- 10.ª edição: mar./2025

COORDENADOR
PEDRO LENZA

Roberto Caparroz

COMÉRCIO INTERNACIONAL E LEGISLAÇÃO ADUANEIRA

10.ª edição
2025

Inclui **MATERIAL SUPLEMENTAR**
- Vídeos

COLEÇÃO
ESQUE
MATI
ZADO®

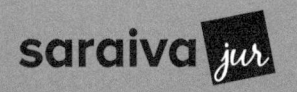

saraiva jur

- Direitos exclusivos para a língua portuguesa
  Copyright ©2025 by
  Saraiva Jur, um selo da SRV Editora Ltda.
  Uma editora integrante do GEN | Grupo Editorial Nacional
  Travessa do Ouvidor, 11
  Rio de Janeiro – RJ – 20040-040

- **Atendimento ao cliente: https://www.editoradodireito.com.br/contato**

- Capa: Lais Soriano
  Diagramação: Kato Editorial

- **DADOS INTERNACIONAIS DE CATALOGAÇÃO NA PUBLICAÇÃO (CIP)**
  VAGNER RODOLFO DA SILVA — CRB-8/9410

L575c   Lenza, Pedro
    Coleção Esquematizado® – Comércio Internacional e Legislação Aduaneira /
        Pedro Lenza, Roberto Caparroz ; coordenado por Pedro Lenza. – 10. ed. –
        São Paulo : Saraiva Jur, 2025.
    1.000 p. – (Coleção Esquematizado®)

    ISBN 978-85-5362-440-9 (impresso)

    1. Direito. 2. Direito tributário. 3. Comércio internacional. 4. Legislação aduaneira.
    I. Caparroz, Roberto. II. Título. III. Série.

	CDD 341.39
2024-4520	CDU 34:336.2

Índices para catálogo sistemático:
1. Direito tributário 341.39
2. Direito tributário 34:336.2

Respeite o direito autoral

Aos meus filhos, Gustavo e Leonardo,
Razão e Essência da minha vida,
com a certeza de que só o amor constrói.

AGRADECIMENTOS

Livros são sonhos individuais que só se concretizam de forma coletiva.

Sem pessoas especiais, que contribuem com seu amor, esforço e talento, nenhuma obra de qualidade poderia ser realizada.

Este livro tem um grande patrono, a quem sou eternamente grato: meu amigo Pedro Lenza, que acreditou no autor e no projeto, fez críticas no momento certo e contribuiu de maneira decisiva para a realização do nosso sonho literário.

No âmbito pessoal, nada poderia acontecer sem a mulher da minha vida, a minha querida esposa, Patrícia. Agradeço pelo amor e companheirismo de quase duas décadas. Tudo o que já vivi e aquilo que me espera só faz sentido ao seu lado.

Devo eterna gratidão aos meus pais, Anna e Roberto, que sempre me apoiaram, incondicionalmente, em todos os projetos. O amor de vocês é insubstituível.

Gostaria, ainda, de agradecer aos amigos Monteiro, Tavares e Richard, do antigo Pró Concurso, onde, há muito tempo, comecei a ministrar aulas para cursos preparatórios, justo com a matéria de Comércio Internacional. Obrigado por acreditarem num professor jovem e recém-aprovado na Receita Federal. A primeira oportunidade é sempre a mais importante.

Agradeço à imensa família Saraiva, pela acolhida e oportunidade de participar desse projeto de enorme sucesso que é a Coleção Esquematizado®, como autor e co-coordenador da área fiscal, ao lado do Pedro Lenza.

Sou particularmente grato às amigas Roseli e Rose, que comandam a equipe incrivelmente competente e atenciosa da Know-how, exemplo de profissionalismo e qualidade. Aproveito para mandar um abraço especial para a Cintia, por tudo o que aconteceu.

Por fim, meu agradecimento especial vai para os milhares de alunos que tive nesses anos, que sempre foram generosos ao extremo comigo, pelo incentivo e motivação para escrever. Se não fosse a "cobrança" constante de todos vocês, agora meus leitores, este livro jamais teria nascido.

METODOLOGIA ESQUEMATIZADO

Durante o ano de **1999**, portanto, **há 25 anos**, pensando, naquele primeiro momento, nos alunos que prestariam o exame da OAB, resolvemos criar uma **metodologia de estudo** que tivesse linguagem "fácil" e, ao mesmo tempo, oferecesse o conteúdo necessário à preparação para provas e concursos.

O trabalho, por sugestão de **Ada Pellegrini Grinover**, foi batizado como *Direito constitucional esquematizado*. Em nosso sentir, surgia ali uma **metodologia pioneira**, idealizada com base em nossa experiência no magistério e buscando, sempre, otimizar a preparação dos alunos.

A metodologia se materializou nos seguintes "pilares" iniciais:

- **Esquematizado:** verdadeiro método de ensino, rapidamente conquistou a preferência nacional por sua estrutura revolucionária e por utilizar uma linguagem clara, direta e objetiva.

- **Superatualizado:** doutrina, legislação e jurisprudência, em sintonia com os concursos públicos de todo o País.

- **Linguagem clara:** fácil e direta, proporciona a sensação de que o autor está "conversando" com o leitor.

- **Palavras-chave (*keywords*):** a utilização do negrito possibilita uma leitura "panorâmica" da página, facilitando a recordação e a fixação dos principais conceitos.

- **Formato:** leitura mais dinâmica e estimulante.

- **Recursos gráficos:** auxiliam o estudo e a memorização dos principais temas.

- **Provas e concursos:** ao final de cada capítulo, os assuntos são ilustrados com a apresentação de questões de provas de concursos ou elaboradas pelo próprio autor, facilitando a percepção das matérias mais cobradas, a fixação dos temas e a autoavaliação do aprendizado.

Depois de muitos anos de **aprimoramento**, o trabalho passou a atingir tanto os candidatos ao **Exame de Ordem** quanto todos aqueles que enfrentam os **concursos em geral**, sejam das **áreas jurídica** ou **não jurídica**, de **nível superior** ou mesmo os de **nível médio**, assim como **alunos de graduação** e demais **operadores do direito**, como poderosa ferramenta para o desempenho de suas atividades profissionais cotidianas.

Ada Pellegrini Grinover, sem dúvida, anteviu, naquele tempo, a evolução do *Esquematizado*. Segundo a Professora escreveu em **1999**, "a obra destina-se, declaradamente, aos candidatos às provas de concursos públicos e aos alunos de graduação, e, por isso mesmo, após cada capítulo, o autor insere questões para aplicação da parte teórica. Mas será útil também aos operadores do direito mais experientes, como fonte de consulta rápida e imediata, por oferecer grande número de informações buscadas em diversos autores, apontando as posições predominantes na doutrina, sem eximir-se de criticar algumas delas e de trazer sua própria contribuição. Da leitura amena surge um livro 'fácil', sem ser reducionista, mas que revela, ao contrário, um grande poder de síntese, difícil de encontrar mesmo em obras de autores mais maduros, sobretudo no campo do direito".

Atendendo ao apelo de "concurseiros" de todo o País, sempre com o apoio incondicional da Saraiva Jur, convidamos professores das principais matérias exigidas nos concursos públicos das *áreas jurídica* e *não jurídica* para compor a **Coleção Esquematizado®**.

Metodologia pioneira, vitoriosa, consagrada, testada e aprovada. **Professores** com larga experiência na área dos concursos públicos e com brilhante carreira profissional. Estrutura, apoio, profissionalismo e *know-how* da **Saraiva Jur**. Sem dúvida, ingredientes indispensáveis para o sucesso da nossa empreitada!

O resultado foi tão expressivo que a **Coleção Esquematizado®** se tornou **preferência nacional**, extrapolando positivamente os seus objetivos iniciais.

Para o **comércio internacional**, tivemos a honra de contar com o precioso trabalho de **Roberto Caparroz**, que soube, com maestria, aplicar a **metodologia "esquematizado"** à sua vasta e reconhecida experiência profissional.

Caparroz é **pós-doutor** em direito pela Universidade de Salamanca/Espanha, **doutor** em direito tributário pela PUC-SP e **mestre** em filosofia do direito pela Unimes, títulos obtidos com nota máxima.

Além de ser bacharel em direito, é também bacharel em computação e pós-graduado em administração tributária (ESAF) e marketing (ESPM).

Auditor Fiscal da Receita Federal do Brasil desde 1997, foi Inspetor-Chefe do Aeroporto Internacional de São Paulo — Guarulhos, estando, atualmente, lotado na divisão de tributação internacional da Delegacia Especial de Maiores Contribuintes (SP).

O autor, além de ser **representante do governo brasileiro** em diversas reuniões para discussão de tratados internacionais na área tributária e aduaneira (Cairo, Montreal, Toronto, Buenos Aires), é **palestrante internacional** em eventos de tributação internacional patrocinados pela OCDE e CIAT (Guatemala, Santiago e São Paulo).

Autor de diversas publicações nas áreas de direito tributário, aduaneiro e comércio internacional, Caparroz foi vencedor do 2.º Prêmio Microsoft de Direito (categoria mestrado e doutorado), promovido pela Faculdade de Direito da USP.

Professor de pós-graduação em direito tributário e internacional da FGV, COGEAE/PUC, IBET e EPD, **instrutor da ESAF**, do Ministério da Fazenda, o autor é professor, desde 1998, das disciplinas direito tributário, comércio internacional e direito internacional nos principais cursos preparatórios do país (Damásio, LFG e Marcato, entre outros), tanto para as carreiras fiscais como jurídicas.

Estamos certos de que este livro será um valioso aliado para "encurtar" o caminho do ilustre e "guerreiro" concurseiro na busca do "sonho dourado", além de ser uma **ferramenta indispensável** para estudantes de Direito e profissionais em suas atividades diárias.

Esperamos que a **Coleção Esquematizado®** cumpra plenamente o seu propósito. Seguimos juntos nessa **parceria contínua** e estamos abertos às suas críticas e sugestões, essenciais para o nosso constante e necessário aprimoramento.

Sucesso a todos!

Pedro Lenza
Mestre e Doutor pela USP
Visiting Scholar pela Boston College Law School

✉ pedrolenza8@gmail.com
○ http://instagram.com/pedrolenza
▶ https://www.youtube.com/pedrolenza
f https://www.facebook.com/pedrolenza

saraiva jur   https://www.grupogen.com.br/colecao-esquematizado
(cupom: VALELENZA)

Todos os anos, milhões de pessoas, com os mais variados perfis e histórias de vida, resolvem ingressar no mundo dos concursos públicos. Trata-se de um movimento contínuo, crescente, inesgotável e tipicamente brasileiro.

Portanto, se a ideia já passou pela sua cabeça, saiba que você não está sozinho. A constatação serve, a um só tempo, tanto como estímulo para os estudos quanto para que possamos compreender o calibre do desafio que aguarda os candidatos.

Quais os motivos para esse fenômeno, que só faz crescer?

A resposta mais simples e direta reside no fato de que o **Estado**, para a nossa realidade, é um **excelente empregador**. Se compararmos a remuneração da iniciativa privada com a de carreiras públicas equivalentes, em termos de exigências e atividades, na maioria dos casos, o valor percebido pelos servidores será igual ou superior. Some-se a isso a **estabilidade**, o **regime diferenciado de previdência** e a possibilidade de **ascensão funcional** e teremos a perfeita equação para a verdadeira legião de "concurseiros" que existe no Brasil.

Como vencer o desafio dos concursos, se a concorrência é tão grande?

Ao contrário do que muita gente imagina, a dificuldade certamente não é quantitativa, pois o número de concorrentes, na prática, pouco importa. Todos os grandes concursos oferecem vagas suficientes, capazes de premiar os candidatos que conseguirem obter médias elevadas. O **fator determinante para o sucesso** é de natureza **qualitativa** e exige o domínio de duas metodologias: **saber estudar** e **resolver questões**.

Há muitos anos digo aos alunos que o segredo dos concursos não é simplesmente estudar mais (muito embora os vencedores estudem bastante), mas, principalmente, **estudar melhor**.

E o que significa isso? Estudar melhor implica escolher uma fonte de referência segura, completa e atualizada para cada matéria, absorvê-la ao máximo e, depois, verificar o aprendizado por meio de questões.

Costumo ponderar que, se um candidato ler dois autores sobre o mesmo tema, provavelmente "elevará ao quadrado" suas dúvidas, pois não saberá como enfrentar, nas provas, as divergências de pensamento que, apesar de comuns e salutares no meio acadêmico, devem ser evitadas a todo custo nos concursos.

Essa é uma das propostas da presente **Coleção Esquematizado®**. Quando o amigo Pedro Lenza me convidou para ajudá-lo na coordenação das obras voltadas para as matérias não jurídicas, imediatamente vislumbrei a possibilidade de oferecer aos alunos das mais diversas carreiras a mesma **metodologia**, testada e aprovada no consagrado Direito Constitucional Esquematizado.

Sabemos que a grande dificuldade dos concursos de ampla concorrência, abertos a candidatos de qualquer formação, reside na quantidade e variedade de matérias, de tal sorte que não seria exagero afirmar que ninguém conhece, a priori, todos os temas que serão exigidos, ao contrário das carreiras jurídicas, nas quais os alunos efetivamente travaram conhecimento com as disciplinas durante a faculdade.

Ninguém faz "faculdade para concursos", até porque, na prática, ela não existe. Os candidatos provêm de áreas diferentes e acumularam conhecimento em temas que normalmente não são objeto de questões. É comum o relato de candidatos iniciantes que tiveram pior desempenho justamente nas matérias que conheciam a partir da experiência profissional.

Os **concursos não jurídicos** exigem **preparação específica**, na qual os candidatos normalmente "iniciam do zero" seus estudos.

A metodologia empregada na **Coleção Esquematizado®** permite que o leitor, de qualquer nível, tenha acesso à mais **completa** e **atualizada teoria**, exposta em linguagem **clara**, **acessível** e **voltada para concursos**, acrescida de **questões** especialmente selecionadas e comentadas em detalhes.

O projeto, apesar de audacioso, se sustenta pela **qualidade dos autores**, todos com larga experiência na preparação de candidatos para as diferentes provas e bancas examinadoras. As matérias são abordadas de forma teórico-prática, com farta utilização de exemplos e gráficos, que influem positivamente na fixação dos conteúdos.

A abordagem dos temas busca esgotar os assuntos, sem, no entanto, se perder em digressões ou posições isoladas, com o objetivo de oferecer ao candidato uma **solução integrada**, naquilo que os norte-americanos chamam de one stop shop.

Com a estrutura e o suporte proporcionados pela **Saraiva Educação**, acreditamos que as obras serão extremamente úteis, inclusive para os alunos dos cursos de graduação.

Lembre-se de que o sucesso no mundo dos concursos não decorre do "se", mas, sim, do "quando".

Boa sorte e felicidade a todos!

Roberto Caparroz

NOTA DO AUTOR À 10.ª EDIÇÃO

Chegamos à tão sonhada 10.ª edição do livro e, como sempre, gostaria de agradecer aos leitores pela excepcional acolhida, que transformou a obra em referência nacional.

A tarefa de escrever, revisar e atualizar os conteúdos não é fácil, especialmente quando tratamos de assuntos tão dinâmicos e abrangentes quanto os que compõem a nossa matéria.

Esta foi uma das edições mais trabalhosas em termos de atualização.

Em 2023, tivemos a promulgação da Reforma Tributária, e, no início de 2025, foi finalmente editada a LC n. 214, que regulamentou os procedimentos sobre a tributação do consumo.

Com muita dedicação, trazemos a você, nesta edição, todas as alterações promovidas pela regulamentação, acrescidas de diversos comentários, gráficos e quadros-resumo.

Infelizmente, a reforma em nada contribuirá para que consigamos afastar a "maldição do 1%", que continua a assombrar o país: como sempre menciono, somos uma das maiores economias do mundo, um dos maiores mercados consumidores, um grande exportador de *commodities* e, ainda assim, não conseguimos aumentar nossa participação no comércio internacional, que deveria ser duas ou três vezes maior.

Esse cenário, que não deve melhorar nos próximos anos, ainda terá um desafio adicional: precisaremos nos reposicionar, em termos geopolíticos, em decorrência do resultado das eleições dos Estados Unidos. Com a vitória de Donald Trump em 2024, as tensões entre China e EUA devem se acirrar, e o Brasil precisará ter muita habilidade para escapar do "fogo cruzado" entre as duas superpotências, que são nossos principais parceiros comerciais.

Torcemos para que isso ocorra, pois as perspectivas para uma maior integração e entendimento entre os países, para os próximos anos, são bastante sombrias, embora não faltem questões emergenciais que precisam ser resolvidas: os conflitos no Oriente Médio e na Ucrânia, a falta de diálogo entre e coordenação internacional e a gravíssima crise ambiental, que se aproxima do "ponto sem volta", embora alguns ainda teimem em negar seus efeitos.

Para esta edição, acreditamos que os inúmeros gráficos, tabelas e *insights* do livro possam ajudar os leitores a entender o porquê da participação brasileira ser muito aquém do nosso potencial e os caminhos que precisaremos trilhar para enfrentar um cenário que, no horizonte, surge extremamente desafiador.

Nosso compromisso é oferecer a todos o livro mais completo e atualizado do mercado, o que sempre representa enorme esforço e responsabilidade.

O resultado as amigas e os amigos têm em mãos, e, de nossa parte, fica a expectativa de que a obra possa corresponder às necessidades de todos, profissionais do comércio internacional, estudantes e guerreiros que enfrentam a luta diária do mundo dos concursos.

Por fim, vale frisar que foram feitos vídeos sobre os temas das matérias, que podem ser acessados por QR Codes disponíveis ao final dos capítulos.

Muita saúde e paz a todos!

Campos do Jordão, janeiro de 2025.

Roberto Caparroz
Mestre, Doutor e Pós-Doutor em Direito

🖥 http://www.caparroz.com
✉ contato@caparroz.com
📷 http://instagram.com/caparrozcom
in https://www.linkedin.com/in/robertocaparroz

SUMÁRIO

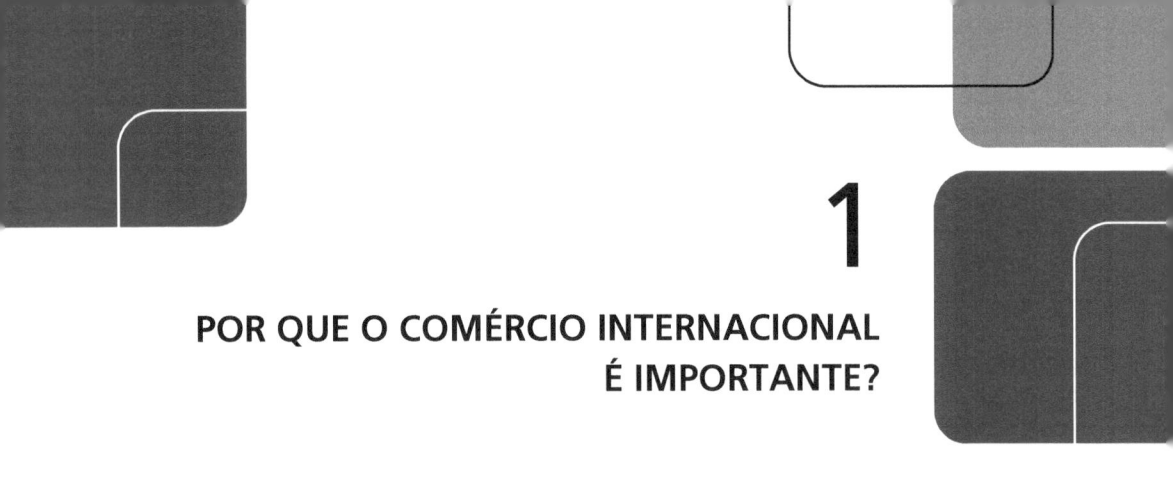

1
POR QUE O COMÉRCIO INTERNACIONAL É IMPORTANTE?

Desde que os povos passaram a se organizar, nos primórdios da civilização, parece ter surgido a ideia natural de que o comércio seria capaz de produzir benefícios mútuos. Essa percepção decorre de uma questão prática: é impossível produzir com **eficiência** todos os bens necessários para certa sociedade.

Claro que o universo de **necessidades** também se expandiu a partir do contato entre os povos. Isso porque bens outrora desconhecidos passaram a ser considerados indispensáveis, seja por sua evidente utilidade, seja, talvez, pelo simples prazer que proporcionam.

Nas aulas sempre utilizo o seguinte exemplo: imaginem a primeira vez que um faraó egípcio, que se considerava uma divindade suprema e sem igual, deparou-se com um hipotético emissário do Oriente, vestido com trajes da mais pura seda. Qual não deve ter sido sua reação ao constatar que um "mero serviçal" poderia ostentar roupas tão maravilhosas, que ele simplesmente não tinha? Imagino a encrenca em que se meteu o alfaiate real quando foi chamado a se justificar.

O ser humano é, por definição, **referencial**, vale dizer, baseamo-nos pelo que os outros são, fazem ou possuem e, no mais das vezes, o que mais queremos é exatamente aquilo que não temos.

Desse breve raciocínio podemos, quem sabe, construir a noção de que o comércio internacional foi, em tempos remotos, impulsionado pelos **desejos individuais** de líderes poderosos, que simplesmente queriam ter tudo o que de melhor existisse.

Paralelamente, os demais membros das sociedades antigas, em especial aqueles também detentores de certo poder e prestígio, buscavam acompanhar o soberano e as novas tendências de consumo. E, para atender a esse grupo de afortunados, surgiu uma importante classe de **intermediários**, os mercadores, que buscavam no exterior produtos em voga para suprir as exigências desses primeiros consumidores.

O aperfeiçoamento do modelo, tanto em termos logísticos como econômicos, propiciou sua rápida expansão, até o ponto em que uma parcela significativa das pessoas realmente passou a depender de produtos oriundos do exterior, criando o que poderíamos chamar de **mercados incipientes**.

Claro que a visão apresentada é bastante simplista, até porque é elaborada com o intuito de introduzir o primeiro fator de desenvolvimento do comércio, nitidamente influenciado por desejos individuais.

Por óbvio, outro componente, não menos importante, foi essencial para essa decisão favorável ao desenvolvimento do comércio internacional. Em algum momento histórico, quando uma gama variada de bens já estava à disposição das pessoas, alguém deve ter percebido que nem todos são capazes de produzir aquilo de que necessitam.

Embora a teoria econômica modernamente fale em **economia de escala**, **ganhos** com o comércio e **eficiência** na alocação de recursos, uma explicação anterior, bem mais singela, precisa ser lembrada: a simples vontade de empreender esforços não basta para a tarefa de produzir bens. Em alguns cenários, mesmo que o esforço fosse descomunal, o resultado seria pífio ou mesmo nulo.

Um país do norte da Europa não produzirá bananas, assim como no Japão a carne bovina sempre será uma iguaria. Ou seja, independentemente do empenho na produção, fatores geográficos ou climáticos são **determinantes** para as escolhas das nações.

Curiosamente, foi a partir desse panorama de diversidade que surgiu a necessidade de **especialização** como alternativa para a obtenção de vantagens no comércio internacional.

Como ressalta Paul Krugman[1], vencedor do Prêmio Nobel de Economia e grande teórico do comércio internacional: "Os países participam do comércio internacional por duas razões básicas, cada uma delas contribuindo para seus ganhos do comércio. Primeiro, os países comercializam porque são diferentes uns dos outros. Os países, assim como os indivíduos, podem ser beneficiados por suas diferenças, atingindo um arranjo no qual cada um produz as coisas que faz relativamente bem. Segundo, os países comercializam para obter economias de escala na produção. Isto é, se cada país produz apenas uma variedade limitada de bens, ele pode produzir cada um desses bens em uma escala maior e, portanto, mais eficientemente do que se tentasse produzir tudo".

1.1. POR UMA TEORIA DO COMÉRCIO INTERNACIONAL

Podemos afirmar que a **teoria do comércio internacional** é um dos mais antigos capítulos da história do pensamento político e econômico.

Desde tempos remotos, quando os primeiros assentamentos de seres humanos organizados partiram para a grande aventura da civilização, os contatos comerciais entre diferentes povos foi objeto de indagações.

Os filósofos gregos, por exemplo, já conviviam com a **dicotomia** gerada pelo comércio exterior: se, por um lado, eram inegáveis os benefícios em termos de aquisição de novos produtos, costumes e riqueza, por outro já parecia evidente a preocupação com o mercado doméstico, que sofria com o enfrentamento da **concorrência** externa.

Mais do que a mera importação de bens, a questão também gerava reflexos na cultura e no trabalho das pessoas, de tal forma que ideais **protecionistas** nasceram praticamente juntos do próprio comércio.

Ao longo da história, vários ciclos econômicos tiveram influência direta nos fluxos do comércio internacional. De visões puramente livre-cambistas até a adoção de práticas protecionistas questionáveis, o cenário das transações oscilou ao sabor dos interesses dos países, da existência ou não de regulamentação e, por fim, da visão teórica desenvolvida por ilustres personagens.

---

[1] Paul R. Krugman e Maurice Obstfeld. *Economia internacional*: teoria e prática. 4. ed. São Paulo: Makron Books, 1999, p. 13.

Nosso objetivo, no restante deste capítulo, será o de apresentar os principais modelos, suas características marcantes e o impacto de tais políticas, que compõem a chamada **teoria geral** do comércio internacional.

1.1.1. O comércio ultramarino

O desenvolvimento de navios mercantes, de porte avantajado e capazes de cruzar os oceanos, propiciou uma rápida expansão do comércio internacional a partir do século XVI.

Além das transações entre diferentes portos da Europa, com especial destaque para os holandeses, novas **rotas transoceânicas** descobertas entre o Velho Continente e o Leste permitiram a importação de produtos em grande quantidade da Ásia, a preços relativamente baixos e de forma muito mais eficiente do que a alternativa terrestre, caracterizada pelas **caravanas**.

A descoberta das Américas possibilitou o comércio de novas mercadorias, tais como o tabaco e uma diversidade de espécies de árvores, cuja madeira era bastante apreciada nas metrópoles.

Entretanto, foi com a exploração espanhola das ricas minas de ouro e prata no México e no Peru que o comércio internacional da época ganhou consistência. A Europa finalmente detinha a propriedade de *commodities* amplamente aceitas em todo o Oriente, o que impulsionou as transações de longa distância e permitiu a aproximação econômica de culturas tão distintas.

Com o desenvolvimento das negociações, novas formas de **organização comercial** surgiram. Foram criadas companhias de navegação, com a participação de acionistas comerciantes, que financiavam, por conta própria, as arriscadas empreitadas marítimas. Esse fracionamento permitiu a quebra das barreiras sociais entre as diferentes classes de mercadores; o acesso ao comércio internacional não era mais privilégio de poucos.

1.1.2. Mercantilismo: o desenvolvimento do comércio internacional

A partir do momento em que filósofos e pensadores políticos passaram a analisar a **natureza** dos Estados modernos, o comércio com outros países tornou-se objeto de estudos mais elaborados, voltados principalmente às questões de ordem prática e a seus possíveis reflexos na economia.

Daí dizer-se que o **mercantilismo** representou a contrapartida econômica do absolutismo e que um de seus princípios basilares era a **acumulação de riquezas**, principalmente **ouro** e **prata**. A supremacia econômica deveria ser alcançada a qualquer custo, e o bem-estar da nação só seria possível mediante o fortalecimento do poder estatal.

No modelo mercantilista a chama do **nacionalismo** ardia sem hesitação.

Para as metrópoles europeias, que não possuíam recursos minerais em abundância, restavam duas opções: a exploração de suas colônias e o comércio internacional.

Qualquer que fosse a opção — ou mesmo no caso de ambas serem adotadas, quando isso era possível — outro problema deveria ser levado em consideração: a necessidade de **saldo positivo** nas transações comerciais.

Como resultado, a solução adotada era simples e pressupunha o encorajamento das exportações e severas restrições às importações, empregando-se a diferença eventualmente positiva na aquisição de metais preciosos. As colônias serviam como mercados consumidores de produtos acabados do império e fornecedores de matérias-primas; o comércio era **privilégio exclusivo** da metrópole e qualquer forma de manufatura nos territórios coloniais era proibida.

Para completar a teoria, uma nação forte deveria possuir uma grande **população**, que fornecesse mão de obra e soldados, assim como um vasto mercado consumidor. Como ingredientes finais, recomendava-se boa dose de protecionismo aliada a um mínimo de direitos humanos e sociais.

Invocamos, a respeito, a opinião de Maurice Dobb[2]: "Em suma, o Sistema Mercantil foi um sistema de exploração regulamentada pelo Estado e executada através do comércio, que desempenhou um papel importantíssimo na adolescência da indústria capitalista, sendo essencialmente a política econômica de uma era de acumulação primitiva. Foi considerado tão importante em sua própria época, que em algumas obras mercantilistas encontramos uma inclinação a tratar o ganho auferido do comércio exterior como sendo a única forma de excedente e, portanto, fonte única de acumulação de renda e capital...".

Essa era a receita de desenvolvimento do período mercantilista, momento histórico que sob a ótica geopolítica pode ser considerado como a primeira manifestação, em larga escala, do fenômeno que hoje se conhece por globalização.

Foi nesse cenário em franca expansão que o economista escocês **Adam Smith** publicou, em 1776, o clássico *A riqueza das nações*, em que expôs, entre muitos outros assuntos, sua teoria sobre o comércio internacional, baseada no princípio da **vantagem absoluta**, ou seja, cada país devia se especializar na produção de bens que pudessem ser obtidos pelo menor custo.

Smith foi também um dos primeiros filósofos a estudar o fenômeno da **tributação**, chegando a estabelecer, inclusive, seus pressupostos fundamentais.

Na verdade, esse livro é uma obra de fôlego[3], que expõe a um só tempo todo o panorama econômico europeu e a consequente participação inglesa no processo.

1.1.2.1. *Pressupostos do mercantilismo*

Como vimos, o mercantilismo, como manifestação econômica do nacionalismo, tinha como objetivo a construção de Estados acumuladores de riqueza, especialmente ouro e prata[4].

---

[2] Maurice Dobb. *A evolução do capitalismo*. Rio de Janeiro: Jorge Zahar, 1965, p. 257.

[3] Reconhece-o, entre outros autores, R. L. Heilbroner, para quem "O livro é de leitura difícil. Demonstra a exuberância de uma mentalidade enciclopédica, mas não a precisão da mente ordenada. Naquela época, os autores não se detinham em examinar suas ideias como 'se', 'e' ou 'mas', e era possível a um homem da estatura intelectual de Smith abarcar virtualmente todo o conhecimento existente. Por isso, o livro não evita nada, não reduz nada, não teme nada. É uma obra exasperante! Recusa-se frequentemente a resumir numa frase concisa a conclusão a que chegou laboriosamente depois de cinquenta páginas. A argumentação é tão detalhada e cheia de observações que constantemente o leitor tem de afastar a ornamentação para encontrar as vigas de aço que mantêm sua estrutura". *Introdução à história das ideias econômicas*. 2. ed. Rio de Janeiro: Jorge Zahar, 1965, p. 40.

[4] O conceito é conhecido como *bulionismo* ou *metalismo* e traduz a ideia de que a riqueza econômica pode ser quantificada pelo acúmulo de metais preciosos. Foi desenvolvido na Espanha mercantilista e pregava que os navios espanhóis deveriam retornar de portos estrangeiros com ouro e prata, trocados por bens manufaturados. No mesmo sentido, havia restrições à saída do país de metais preciosos, de forma que navios estrangeiros deveriam partir com produtos espanhóis, em contrapartida às cargas importadas, mas sem pagamento em moeda.

Adam Smith cunhou o termo **sistema mercantil** para descrever esse modelo de enriquecimento, especialmente voltado para o comércio exterior, no qual o equilíbrio favorável das trocas permitiria a geração de ganhos estatais e a manutenção do nível de emprego doméstico.

O interesse por uma balança comercial positiva decorria de práticas **intervencionistas**, da aplicação de tributos sobre produtos estrangeiros competitivos e da busca incessante pela importação de produtos *in natura*, com a exportação de bens manufaturados.

Por óbvio que a prática jamais poderia dar certo se todos os países a adotassem **simultaneamente**, o que gerou uma corrida sem limites por novas fontes de riqueza, em relevante medida, impulsionando o período das grandes navegações.

O sistema mercantilista dominou as políticas dos grandes Estados da Europa ocidental do século XVI ao século XVIII. Como modelo, fundava-se na concentração de poder regional, decorrente do **feudalismo**, e atingiu seu apogeu com o estabelecimento de colônias ultramarinas, cujo principal objetivo era prover as grandes metrópoles europeias com novos produtos e especiarias, além de fornecer os metais preciosos para a formação de uma base monetária para as transações.

A *Lex Mercatoria* nasceu como resultado das práticas comerciais, que exigiam um mínimo de princípios e convenções para que as transações pudessem lograr êxito. Trata-se de um tecido jurídico costurado a partir de **costumes**, aceitos e referendados reciprocamente pelos atores do comércio internacional, sem nenhuma vinculação com o ordenamento jurídico de qualquer país.

A despeito de manifestações esporádicas anteriores, a *Lex Mercatoria* ganha força a partir do desenvolvimento do comércio na Europa, inicialmente nas cidades italianas e depois se espalha por diversos países.

Segundo José Carlos de Magalhães e Agostinho Tavolaro[5], as regras que compunham a *Lex Mercatoria* diferiam das normas locais, reais, feudais ou eclesiásticas então vigentes e possuíam cinco aspectos fundamentais:

- ◼ eram regras transnacionais;
- ◼ tinham como base uma origem comum e fidelidade aos costumes mercantis;
- ◼ eram aplicadas não por juízes profissionais, mas pelos próprios mercadores, por meio de suas corporações ou das cortes que se constituíam nos grandes mercados ou feiras;
- ◼ seu processo era rápido e informal; e
- ◼ enfatizavam a liberdade contratual e a decisão dos casos *ex aequo et bono*.

Em certa medida, o conjunto de regras conhecido como *Lex Mercatoria* aproxima-se do atual conceito de **arbitragem**, mecanismo de solução mais importante e eficaz do comércio internacional.

Nas palavras de Magalhães e Tavolaro[6]: "Havendo litígio solucionado por arbitragem, a efetividade da decisão não repousa na força do Estado, mas na da corporação em que se integram as partes desavindas. O vencido que não acatar o laudo arbitral dela será excluído,

---

[5] José Carlos de Magalhães e Agostinho Tofolli Tavolaro. Fontes do direito do comércio internacional: *a lex mercatoria*. In: Antonio Carlos Rodrigues do Amaral (Coord.). *Direito do comércio internacional*: aspectos fundamentais. 2. ed. São Paulo: Aduaneiras, 2006, p. 59-60.

[6] José Carlos de Magalhães e Agostinho Tofolli Tavolaro. Fontes do direito do comércio internacional, p. 62.

ante a falta de credibilidade e de confiabilidade que passará a caracterizá-lo perante seus pares. Ademais, as regras da *Lex Mercatoria*, desenvolvidas no comércio internacional, embora nem sempre previstas nos direitos nacionais, não são necessariamente com estes conflitantes, sendo com frequência compatíveis com os princípios que governam o direito obrigacional. Os tribunais poderão dar-lhes efetividade, seja fundamentado no princípio do *pacta sunt servanda* e no da boa-fé, seja na sua adequação aos princípios gerais do direito".

O período também foi pródigo em grandes conflitos militares, de modo que a formação de reservas e de uma base econômica sustentável era fundamental para a manutenção de forças permanentes, capazes de fazer frente aos ataques inimigos e garantir a constante e necessária expansão territorial.

A política **expansionista** contava com o apoio da nova classe mercantil, formada por prósperos empreendedores privados e que, mediante o pagamento de tributos e tarifas diversos, subsidiava os esforços militares. Tudo isso para garantir a aplicação de **medidas protecionistas**, que limitavam o volume de importações e impunham severas restrições às exportações de ferramentas e utensílios, ante o receio de que as nações concorrentes e, até mesmo, as colônias pudessem desenvolver produtos manufaturados.

Para Portugal e Espanha, por exemplo, que mantinham vastos territórios além-mar, a consolidação do modelo mercantilista e o domínio dos oceanos eram de fundamental importância, especialmente diante do temível poderio naval da Holanda, França e Inglaterra.

Um dos melhores exemplos da aproximação entre governo e particulares na garantia da supremacia mercantilista foi a criação da **Companhia Britânica das Índias Orientais**, formada em 1600 por comerciantes londrinos sob os auspícios da Rainha Elizabeth I e que, durante séculos, manteve o **monopólio** de lucrativos produtos.

No caso específico do chá, explorado pela Companhia, o enfrentamento com produtores rebeldes norte-americanos, que assaltaram três navios britânicos no porto de Boston, em 1773, deu início ao conflito entre os países, que redundou, pouco tempo depois, na **Declaração de Independência** dos Estados Unidos da América.

Muito embora não possamos afirmar que o mercantilismo se manifestou de modo consistente e uniforme pela Europa, algumas características básicas podem ser apontadas, conforme quadro a seguir:

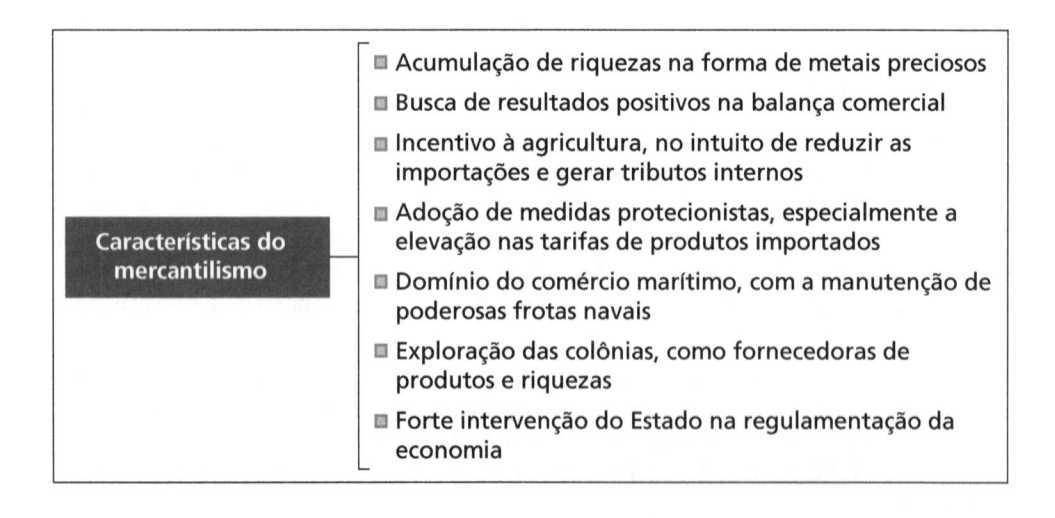

Características do mercantilismo

- Acumulação de riquezas na forma de metais preciosos
- Busca de resultados positivos na balança comercial
- Incentivo à agricultura, no intuito de reduzir as importações e gerar tributos internos
- Adoção de medidas protecionistas, especialmente a elevação nas tarifas de produtos importados
- Domínio do comércio marítimo, com a manutenção de poderosas frotas navais
- Exploração das colônias, como fornecedoras de produtos e riquezas
- Forte intervenção do Estado na regulamentação da economia

1.1.3. O sistema de livre-comércio

O modelo mercantilista era obviamente imperfeito e fadado ao fracasso. À medida que se fortalecia a capacidade industrial na Europa, a partir da segunda metade do século XVIII, a concepção de um **comércio livre** começava a ganhar força.

A partir de teorias que levavam em consideração as vantagens obtidas pelos países, como consequência da soma das vantagens individuais de seus agentes econômicos, a intervenção governamental nos mercados só fazia sentido quando pudesse garantir a **liberdade das trocas**.

Adam Smith, ao se debruçar sobre a questão, foi o primeiro a expressar esse sentimento, no já citado *A riqueza das nações*.

O sistema de livre-comércio prevaleceu durante todo o século XIX, fortemente impulsionado pela **Revolução Industrial**, que surgiu na Inglaterra e provocou enormes transformações na agricultura, na produção e no transporte de bens e mercadorias.

O declínio do mercantilismo fez surgir a figura do industrial, em substituição ao antigo mercador, que passou a explorar a mão de obra humana na operação das novas máquinas e equipamentos, o que ensejou o surgimento do capitalismo.

1.1.4. A afirmação do capitalismo

Não existe uma conceituação correta e específica para o **capitalismo**, tamanhas são as variantes e implicações econômicas do conceito. De modo simples, podemos definir capitalismo como um **sistema econômico** no qual os meios de produção são majoritariamente privados, visando à obtenção de **lucro** numa economia de mercado.

Em termos gerais, o capitalismo surge a partir do fracasso do feudalismo e do interesse das pessoas em possuir bens e participar ativamente do comércio, por meio de empresas ou corporações.

Muito embora seja possível oferecer um conceito básico para o capitalismo, sua total compreensão é algo bem mais complexo, a começar pela própria origem e o fundamento do sistema.

O ponto de partida comum parece ser a chamada **escola liberal**, que, no fim do século XVIII, com as ideias traçadas por Adam Smith e alguma influência dos fisiocratas franceses (Quesnay, Turgot e Du Pont), pode ser considerada a origem do capitalismo.

No início do século XX, o modelo foi aperfeiçoado, entre outros fatores, pela introdução do conceito de **marginalismo**[7] e passou a ser denominado **neoclassicismo**.

O liberalismo clássico, que deu origem ao capitalismo, toma por referência quatro pilares centrais:

■ **o interesse pessoal** como motor da sociedade, que conduz os indivíduos a servir também aos interesses da comunidade, como se guiado por uma "mão invisível", na célebre definição de Adam Smith;

■ a **concorrência** entre as empresas como regra natural do sistema de oferta e procura dos mercados livres;

---

[7]　De acordo com a teoria marginalista neoclássica, uma empresa desenvolve paralelamente a sua produção até o ponto em que o custo de um artigo suplementar se torna exatamente igual ao rendimento recebido por esse produto, o que, em mercados de concorrência pura, equivale ao preço.

■ a ausência de **regulamentação** pelo Estado, salvo nas hipóteses de ofensa à lei ou relevante interesse nacional;

■ a **especialização** das tarefas, com a respectiva divisão do trabalho, de modo a aumentar a eficácia do sistema livre-cambista.

Na esteira do capitalismo e da acumulação de dinheiro em espécie, o **sistema financeiro** se desenvolve profundamente e põe em marcha complexas relações de mercado, caracterizadas por investimentos, assunção de riscos e dívidas, bem assim especulações de toda ordem.

Por óbvio que a concentração de capital decorrente do mercado financeiro fez com que o capitalismo inicial, baseado na ideologia do *laissez-faire*, se transformasse, próximo do fim do século XIX, em um campo fértil para a formação de cartéis e monopólios.

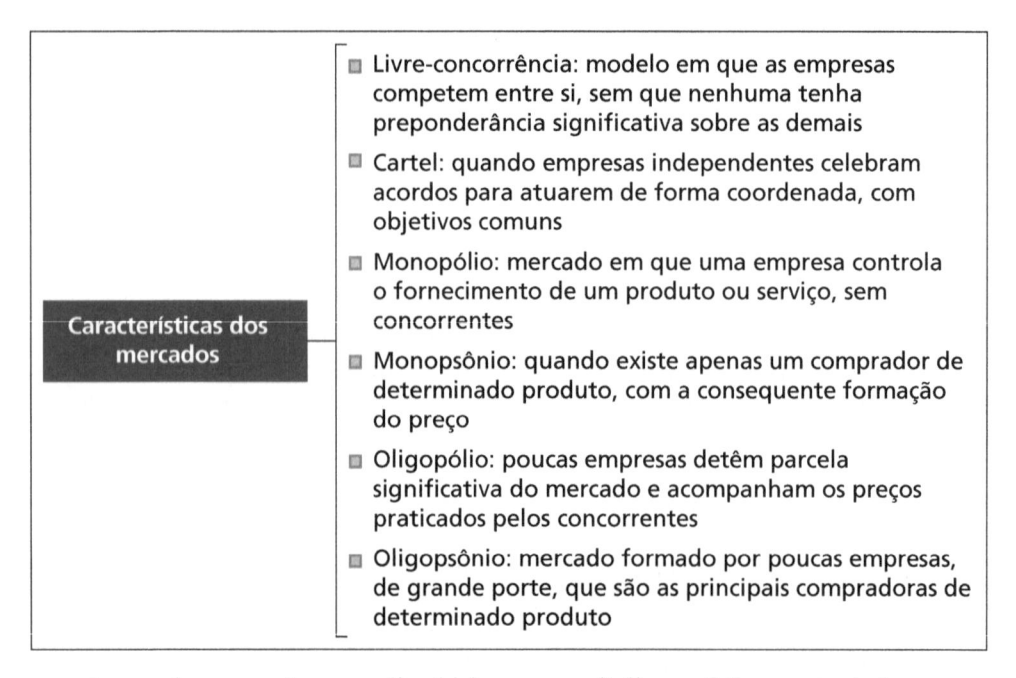

Características dos mercados

■ Livre-concorrência: modelo em que as empresas competem entre si, sem que nenhuma tenha preponderância significativa sobre as demais

■ Cartel: quando empresas independentes celebram acordos para atuarem de forma coordenada, com objetivos comuns

■ Monopólio: mercado em que uma empresa controla o fornecimento de um produto ou serviço, sem concorrentes

■ Monopsônio: quando existe apenas um comprador de determinado produto, com a consequente formação do preço

■ Oligopólio: poucas empresas detêm parcela significativa do mercado e acompanham os preços praticados pelos concorrentes

■ Oligopsônio: mercado formado por poucas empresas, de grande porte, que são as principais compradoras de determinado produto

Apesar da percepção generalizada de que o capitalismo efetivamente ajudou a promover o crescimento econômico, avaliado pelo aumento do **Produto Interno Bruto (PIB)** dos países e da qualidade de vida das pessoas, entre outros fatores, algumas críticas importantes podem ser destacadas.

Se nos parece inequívoco que as pessoas passaram a trabalhar menos horas por semana, a consumir maiores quantidades de itens de conforto e a obter oportunidades individuais historicamente tolhidas pelos sistemas feudal e mercantilista, pode-se também, ao revés, dizer que o capitalismo aumentou a disparidade social entre os indivíduos, ou seja, o modelo se mostrou incapaz de distribuir de forma **justa** a riqueza gerada.

Isso exige dos Estados modernos maiores preocupações intervencionistas, especialmente voltadas para a garantia de **direitos sociais** mínimos, constitucionalmente fixados, acompanhados de políticas de inserção e capacitação dos indivíduos, notadamente os de baixa renda.

Como nunca houve — e provavelmente jamais haverá — uma economia *realmente livre*, os diversos governos dos países ocidentais, ao longo das últimas décadas, têm adotado mecanismos específicos de controle ou regulamentação dos mercados.

As medidas mais frequentes passam pelo **controle de preços** ou pela **utilização de tributos** para estimular ou reduzir o consumo, com especial destaque para aquelas relacionadas ao comércio exterior.

Em razão do jogo de forças atualmente em vigor na maior parte dos países, vários autores consideram o modelo atual como de **economia mista,** no qual se objetiva, nem sempre com sucesso, certo equilíbrio entre as relações de mercado e a necessária proteção aos interesses domésticos.

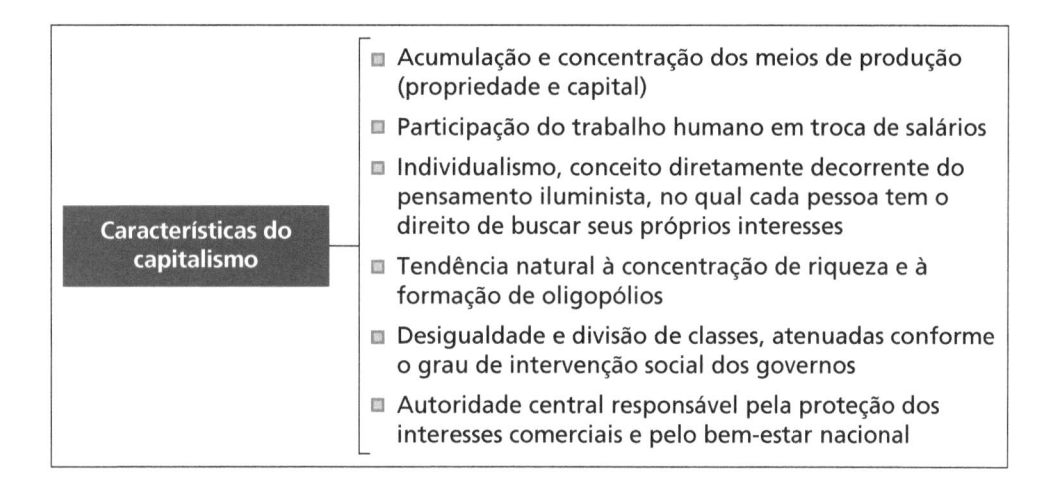

Características do capitalismo

- Acumulação e concentração dos meios de produção (propriedade e capital)
- Participação do trabalho humano em troca de salários
- Individualismo, conceito diretamente decorrente do pensamento iluminista, no qual cada pessoa tem o direito de buscar seus próprios interesses
- Tendência natural à concentração de riqueza e à formação de oligopólios
- Desigualdade e divisão de classes, atenuadas conforme o grau de intervenção social dos governos
- Autoridade central responsável pela proteção dos interesses comerciais e pelo bem-estar nacional

1.1.5. Adam Smith e a teoria das vantagens absolutas

Adam Smith nasceu numa pequena vila da Escócia em 1723. Considerado o fundador da **economia moderna**, Smith foi o primeiro a refutar o modelo mercantilista com *A riqueza das nações*, de 1776.

Para Smith, o comércio livre traria benefícios para todos os envolvidos, além de propiciar a necessária especialização para que se alcançassem economia de escala, eficiência e crescimento.

O pensamento de Smith inaugurou os conceitos de **mercado livre** e *laissez-faire*, bem como influenciou a economia britânica na prática de tal modo, que a Inglaterra, na segunda metade do século XIX, já havia banido todos os resquícios da era mercantilista, o que em muito colaborou para o seu posicionamento como potência econômica e financeira da época.

Smith era, por formação, um filósofo, com enorme vocação para detalhes e observações minuciosas. Foi a arguta percepção da realidade que o levou a formular suas mais importantes conclusões. É famosa a história sobre como Smith percebeu a importância da **divisão** e da **especialização** do trabalho, temas centrais do seu pensamento.

Certa vez, ao visitar uma pequena fábrica de alfinetes, com não mais do que dez funcionários, ele anotou: "Um homem puxa o fio, outro o acerta, um terceiro o corta, um quarto faz-lhe a ponta, um quinto prepara a extremidade para receber a cabeça, cujo preparo exige duas ou três operações diferentes. Colocá-la é uma ocupação peculiar; prateá-la é outro trabalho. Arrumar os alfinetes no papel chega a ser uma tarefa especial (...)". Feito o relato, Smith intuiu que os trabalhadores, assim divididos, eram capazes de produzir 48 mil alfinetes num dia, contra 20 mil ou até menos se trabalhassem isoladamente em todo processo.

Ao extrapolar o raciocínio e levá-lo para o comércio internacional, Adam Smith formulou a **Teoria das Vantagens Absolutas**, segundo a qual a vantagem absoluta de um país na produção de um bem decorre da maior produtividade, assim entendida a utilização de menos fatores de produção. No seu modelo simplificado, o único fator de produção considerado era o **trabalho**, e os rendimentos de escala eram constantes.

Na visão de Smith, cada país deveria se concentrar na produção de bens que lhe oferecessem vantagem absoluta, de forma que o excedente ao consumo interno seria **exportado**, e a receita correspondente empregada na importação de bens do outro país[8]. O fator determinante para as escolhas seria o **custo de produção**, ou seja, a capacidade de produzir com a menor alocação de insumos.

O pensamento de Smith, como o de praticamente todos os filósofos, foi fruto da época em que viveu. Ao observar uma Inglaterra vigorosa, industrial e renovada, foi-lhe fácil defender um mercado livre e sem intervenção estatal.

Adam Smith fez uma apologia contundente do mercado livre, baseado na premissa de que os gastos estatais são **irresponsáveis** e **contraproducentes**, de modo que a única solução para as vergonhosas relações econômicas e comerciais observadas no período seria a adoção de uma política de *laissez-faire*.

Apesar disso, reconheceu, com prodigiosa clarividência, a inevitável redução da participação humana nos modelos de produção em massa e a incondicional necessidade de investimento na **educação pública**, como única forma de retirar o povo de sua miserável condição.

Seu radicalismo liberal era, pois, centrado nas intervenções de mercado: Smith abominava restrições às importações, subsídios para exportações ou regulamentações de caráter protecionista.

O grande legado de seu pensamento foi levantar a bandeira de que os mercados deviam ser livres para fixar seus níveis naturais de preços, salários, lucros e produção. Todas as interferências no mercado só prejudicariam a verdadeira riqueza da nação, como destaca Heilbroner[9].

É claro que, nos dias de hoje, se analisarmos o pensamento de Adam Smith sob a perspectiva histórica, vários problemas podem ser apontados. O mais frequente diz respeito ao caráter **quase utópico** dos mercados livres, que, em tese, contribuiriam para o agravamento das desigualdades do sistema econômico internacional.

---

[8]   Convém lembrar que Smith formulou a teoria sob a premissa de *concorrência perfeita*, o que implicava a participação de apenas dois países com mercados relativamente pequenos, nos quais os preços fossem dados.

[9]   R. L. Heilbroner. *Introdução à história das ideias econômicas*, p. 58.

Um dos pensadores mais influentes da atualidade, Joseph E. Stiglitz[10], que sempre destacou o mérito do pioneirismo de Smith, afirma: "Os políticos e economistas que prometem que a liberalização do comércio irá melhorar a vida de todos não estão sendo sinceros. A teoria econômica (e a experiência histórica) indica o contrário: mesmo que a liberalização possa melhorar a situação do país como um todo, ela faz com que alguns grupos fiquem em situação pior. E sugere que, pelo menos nos países industriais avançados, são aqueles que estão na base da pirâmide — os trabalhadores não especializados — que sofrerão mais. O mundo de Adam Smith e dos defensores do livre-comércio, o qual não melhorará a vida de todos, não é apenas um mundo mítico de mercados funcionando perfeitamente sem desemprego: é também um mundo em que o risco não importa porque há mercados de seguros perfeitos que podem assumi-lo e onde a competição é sempre perfeita, sem Microsofts e Intels que dominem o campo"[11].

O cenário atual, no qual grandes **crises internacionais**, como a deflagrada em 2008, foram consequência direta da **desregulamentação** dos mercados, realmente nos faz refletir sobre a posição francamente liberal e não intervencionista de Adam Smith.

Ainda assim, sua estatura como fundador da moderna concepção econômica e como irrestrito defensor da importância do comércio internacional para o desenvolvimento das nações é mérito inquestionável, que jamais será esquecido.

1.1.6. David Ricardo e a teoria das vantagens comparativas

Quase meio século depois de *A riqueza das nações*, o economista inglês David Ricardo alterou a teoria de Smith, propondo a utilização do princípio da **vantagem comparativa**, que incentivava o comércio entre dois países toda vez que um deles possuísse um produto cujo preço fosse melhor no exterior do que em seu mercado interno.

David Ricardo escreveu numa época em que os interesses comerciais já haviam adquirido certo grau de organização e a intervenção política –, bem como, por decorrência, a jurídica — em favor deles alcançara o Parlamento.

A percepção da força dos grandes latifundiários e negociantes internacionais exerceu profunda influência no pensamento de Ricardo, que se mostra bem mais **pessimista** que Adam Smith. David Ricardo talvez tenha sido o primeiro a perceber que o mundo das relações econômicas não era harmônico, mas, sim, palco de uma declarada **guerra de interesses**, cujos vencedores, em sua opinião, já estavam escolhidos.

Com base nessa constatação, ele deixou ao mundo uma brilhante e evidente contribuição, nas palavras de Heilbroner [12]: "Despira-o de seus aspectos não essenciais, deixando-o exposto ao exame de todos. Na sua própria irrealidade estava a sua força, pois a estrutura nua de um mundo grandemente simplificado não somente revelava as leis da renda como elucidava também as questões vitais do comércio externo, do dinheiro, impostos e política econômica. Construindo um mundo modelo, Ricardo deu à economia a poderosa ferramenta da abstração — ferramenta essencial para superarmos a confusão da vida diária e compreender o seu mecanismo subjacente".

---

[10] Vencedor do Nobel de Economia em 2001 e grande crítico da globalização atual.

[11] Joseph E. Stiglitz. *Globalização*: como dar certo. São Paulo: Companhia das Letras, 2007, p. 147.

[12] R. L. Heilbroner. *Introdução à história das ideias econômicas*, p. 88.

Ricardo se interessou por economia aos 27 anos, justamente após conhecer a obra de Adam Smith. Até o fim da vida dedicou-se a escrever ensaios econômicos, e sua contribuição mais conhecida é a elaboração da **Teoria das Vantagens Comparativas**, até hoje apontada por muitos como a base para a teoria do livre-comércio, cuja essência foi divulgada na obra *Princípios da economia política e tributação*, de 1817.

Ele defendia que a eficiência não depende da capacidade absoluta de produção de certo bem, mas, sim, da capacidade de produção desse bem **em relação a outro**.

Frieden[13] destaca a importância da teoria para o comércio internacional: "O princípio da vantagem comparativa tem claras implicações no livre-comércio. Uma vez que um país sempre se beneficia ao seguir as suas vantagens comparativas, e as barreiras comerciais impedem que ele seja capaz de fazê-lo, a proteção comercial nunca é benéfica à economia como um todo. Políticas governamentais que evitam a importação simplesmente forçam os países a produzir mercadorias fora de suas vantagens comparativas. Proteção comercial aumenta o preço das importações e diminui a eficiência da produção doméstica".

No intuito de compreendermos melhor a importância da teoria desenvolvida por Ricardo e suas implicações no comércio internacional, vejamos dois exemplos hipotéticos.

Exemplo 1

Digamos que os trabalhadores do país A podem produzir uma pizza em 6 horas e um litro de azeite de oliva em 3 horas. Em contrapartida, os trabalhadores do país B conseguem produzir uma pizza em 1 hora e um litro de azeite em 2 horas, o que significa que são **mais produtivos**. À primeira vista, parece-nos que o país B, por ser mais eficiente nos dois produtos, não teria vantagem alguma ao negociar com o país A.

Não é verdade. Se o preço da pizza for o mesmo do litro de azeite, os dois países ganharão com o comércio e a especialização. A produção de uma pizza exige metade das horas de trabalho no país B, que irá se especializar nesse produto. Ao contrário, o país A se especializará no azeite de oliva, pois a produção de pizza, no seu território, exige o dobro de horas daquele produto.

Nesse cenário, ambos terão vantagens, pois B produz apenas 1/2 litro de azeite em 1 hora, a qual poderia ser utilizada para produzir pizza, que seria trocada por um litro de azeite com A. Do mesmo modo, o país A pode utilizar 1 hora de trabalho para produzir 1/6 de pizza, mas é mais vantajoso empregar essa hora para produzir 1/3 de azeite, que poderá ser trocado por 1/3 de pizza. Isso significa que os recursos foram utilizados pelos países A e B de forma duas vezes mais eficiente, apenas porque decidiram **comercializar** em vez de produzir.

Exemplo 2[14]

Imagine que Adão e Eva são as duas últimas pessoas do mundo e as únicas coisas de que necessitam são maçãs e peixes.

---

[13] Jeffry A. Frieden. *Capitalismo global*: história econômica e política do século XX. Rio de Janeiro: Jorge Zahar, 2008, p. 47.

[14] O exemplo que utilizamos foi adaptado do modelo criado pelo professor Donald J. Boudreaux, da Universidade George Mason, nos Estados Unidos.

Se Adão passar o mês todo colhendo maçãs, ele conseguirá cem unidades, mas nenhum peixe. Ao contrário, se gastar seu tempo de trabalho pescando, no fim do mês terá 200 peixes. Se dividir o tempo igualmente para as duas tarefas, cada mês lhe proporcionará 50 maçãs e 100 peixes.

Por seu turno, se Eva se concentrar nas maçãs, obterá, durante o mês, 50 frutas. Caso decida passar o tempo todo dedicando-se à pesca, conseguirá 50 peixes. Se dividir seus esforços, terá 25 unidades de cada item.

Nesse passo, podemos elaborar um quadro simples com as quantidades máximas de maçãs e peixes que cada um consegue produzir durante um mês, de acordo com a escolha adotada.

Tabela 1.1. Possibilidades de produção

	ADÃO	EVA
Maçãs	100	50
Peixes	200	50

Se eles não interagissem — o que seria péssimo para o nosso exemplo –, a quantidade máxima que cada um poderia consumir seria exatamente aquilo que conseguissem produzir. Contudo, se eles decidirem negociar entre si, o nosso amigo David Ricardo poderia nos demonstrar que a teoria das vantagens comparativas permitirá que eles possam consumir **mais produtos do que conseguiriam produzir**.

Vamos supor que, por razões lógicas, Adão e Eva dividam igualmente o tempo de trabalho de cada um para obter os dois itens de que precisam, assim, o total que conseguiriam produzir e consumir está na tabela a seguir:

Tabela 1.2. Bens produzidos e consumidos sem especialização e comércio

	ADÃO	EVA
Maçãs	50	25
Peixes	100	25

Digamos, agora, que Adão encontre Eva e, ao verificar suas habilidades, faça a seguinte proposta: "Dou-lhe 37 peixes em troca de 25 maçãs".

Suponhamos que ambos desejam manter, após o negócio, o consumo de maçãs original. Nossa próxima tabela mostra as quantidades de maçãs e peixes que Adão e Eva produzirão ante a expectativa de fechamento do negócio (perceba que Adão investiu 1/4 do tempo na produção de maçãs e 3/4 na obtenção de peixes, enquanto Eva concentrou-se exclusivamente nas maçãs).

Tabela 1.3. Quantidades produzidas com especialização e comércio

	ADÃO	EVA
Maçãs	25	50
Peixes	150	0

Concluído o acordo, a próxima tabela demonstrará que as quantidades consumidas pelos dois **serão superiores** do que no cenário anterior, sem a troca comercial. Ambos têm o mesmo número de maçãs que possuíam antes do negócio, mas Adão tem agora **13 peixes a mais** e Eva **12 peixes a mais** do que antes.

Tabela 1.4. Quantidades consumidas com especialização e comércio

	ADÃO	EVA
Maçãs	50	25
Peixes	113	37

Interessante notar que o *mercado* do exemplo (a produção total de Adão e Eva) tem agora **25 peixes a mais** do que antes, como resultado direto da **especialização**, algo que Adam Smith não havia imaginado, mas que David Ricardo magistralmente intuiu (aliás, é fundamental destacar que Ricardo, ao contrário de outros economistas famosos, não utilizava modelos matemáticos complexos, o que só valoriza suas conclusões).

A "mágica" por trás do raciocínio de Ricardo decorre do fato de que, para cada peixe que Eva consegue, há o sacrifício de uma maçã. Como o custo de produção de Adão para os peixes é menor, ou seja, meia maçã por peixe, Eva deve se especializar nas maçãs. Enquanto para Adão o custo da maçã é de dois peixes, para Eva a proporção é de um para um. Portanto, Adão deve se especializar nos peixes.

Sob o ponto de vista individual, Adão sabe que cada peixe lhe custa meia maçã; desse modo, será um bom negócio "vender" cada peixe por um preço superior ao de meia maçã. No nosso exemplo, o negócio foi fechado por aproximadamente 2/3 de maçã por peixe.

Eva sabe que cada maçã lhe custa o equivalente a um peixe e, portanto, tem interesse em vender suas maçãs por um preço também superior (no exemplo, ela vendeu a fruta na proporção de 1,5 peixe, o que também foi um bom negócio).

O importante para a teoria de Ricardo é que pelo menos **um dos preços** seja mutuamente vantajoso para as partes. Por óbvio que o modelo também se aplica a mercados mais realistas, nos quais milhões de pessoas e produtos interagem em busca de vantagens comparativas.

O modelo proposto por David Ricardo considera o trabalho como único **fator de produção**, de modo que a especialização do comércio terá como referência, para os países envolvidos, as exportações de bens que foram produzidos a partir da alocação eficiente do trabalho interno, e as importações serão relativas a bens cujo trabalho interno não poderia ser eficientemente alocado.

Daí surgem os **benefícios recíprocos** do comércio, o ponto fundamental da teoria das vantagens comparativas.

Krugman descreve a situação e conclui[15]: "Há duas maneiras de demonstrar que o comércio beneficia um país. Primeiro, podemos imaginar o comércio como um método indireto de produção. Em vez de produzir um bem para o consumo interno, o país pode produzir outro bem e comercializá-lo pelo bem desejado. Esse modelo simples mostra

---

[15]   Paul R. Krugman e Maurice Obstfeld. *Economia internacional*, p. 36.

que, sempre que um bem é importado, deve ser verdade que essa 'produção' indireta requer menos trabalho que a produção direta. Segundo, podemos mostrar que o comércio aumenta as possibilidades de consumo de um país, levando-o a ganhos de comércio".

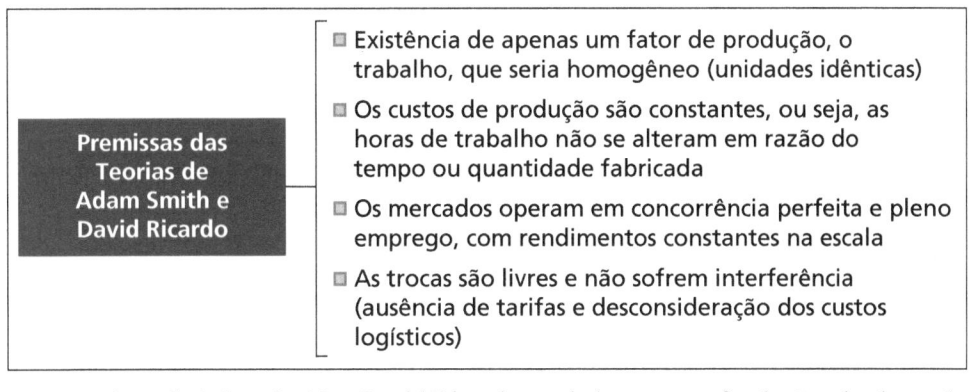

Premissas das Teorias de Adam Smith e David Ricardo

- Existência de apenas um fator de produção, o trabalho, que seria homogêneo (unidades idênticas)
- Os custos de produção são constantes, ou seja, as horas de trabalho não se alteram em razão do tempo ou quantidade fabricada
- Os mercados operam em concorrência perfeita e pleno emprego, com rendimentos constantes na escala
- As trocas são livres e não sofrem interferência (ausência de tarifas e desconsideração dos custos logísticos)

As obras de Adam Smith e David Ricardo estabeleceram as fundações da chamada **economia clássica**, cuja aplicação no comércio internacional repercute até os dias de hoje, como ponto inicial de referência para sua compreensão, além de oferecer importante análise sobre os reflexos nos sistemas de tributação ao longo dos tempos.

Teoria das vantagens absolutas

- Cada país deve especializar-se nos produtos em que possua vantagens absolutas em termos de custos, independentemente do outro
- Atribui vantagens ao país com produtos ou serviços cujos custos sejam inferiores aos do concorrente

 X

Teoria das vantagens comparativas

- Entende que dois países manterão relações comerciais quando tiverem custos de produção diferentes, de forma que as exportações entre eles correspondam aos produtos cujos custos forem menores
- Faz a comparação entre dois produtos fabricados em países diferentes e atribui vantagem àquele que possuir a menor relação entre os custos de produção

MODELO HECKSHER-OHLIN	
Conceito	
◼ A partir da Teoria das Vantagens Comparativas de David Ricardo, os economistas suecos Eli Hecksher e Bertil Ohlin (ganhador de Prêmio Nobel de Economia em 1977) desenvolveram um modelo que analisa as proporções entre diferentes fatores de produção nos países (também conhecido como teoria das proporções dos fatores)	
Premissas	**Conclusões**
◼ Mercado com dois países, no qual cada um produz apenas dois bens	◼ Na Teoria das Vantagens Comparativas, a determinação do comércio internacional adviria das diferenças na **produtividade** entre os países, enquanto no modelo de Hecksher-Ohlin o fundamental seria a **intensidade** dos fatores de produção

▣ Cada bem utiliza somente dois fatores de produção (capital e trabalho, por exemplo)	▣ Os países com abundância em capital exportarão bens de capital intensivo, e os países com abundância de trabalho exportarão produtos de trabalho intensivo
▣ Atuação num mercado de concorrência perfeita, sem interferência de outros fatores	▣ Os países tendem a produzir (e, em consequência, exportar) relativamente mais bens que utilizam de modo **intensivo** seus recursos **abundantes**

1.1.7. O mundo globalizado

Muito se tem escrito sobre a **globalização** e suas implicações no cenário econômico mundial.

O fenômeno não é, ao contrário do que usualmente se pensa, novo ou original. Suas raízes se assentam no capitalismo e na acumulação de riquezas surgidos com a circulação de mercadorias em escala global.

Após a fase puramente mercantilista — e com o advento da Revolução Industrial no século XIX, o capital industrial aliou-se aos recursos provenientes do setor bancário, ávido por novos investimentos, o que ensejou a criação do chamado **mercado financeiro internacional**, viabilizado pelo avanço dos transportes e das comunicações.

Uma nova mentalidade empreendedora surgiu, alterando as relações entre capital, produção e distribuição. A maximização do lucro era o objetivo, e a corrida para a dominação dos mercados havia começado.

Importante notar que essa tendência expansionista do capital foi detectada, originalmente, por Karl Marx, que em 1848 já a advertia no *Manifesto comunista*[16]:

"A grande indústria criou o mercado mundial, preparado pela descoberta da América. O mercado mundial promoveu um desenvolvimento incomensurável do comércio, da navegação e das comunicações. Esse desenvolvimento, por sua vez, voltou a impulsionar a expansão da indústria. E na mesma medida em que a indústria, comércio, navegação e estradas de ferro se expandiam, desenvolvia-se a burguesia, os capitais se multiplicavam e, com isso, todas as classes oriundas da Idade Média passavam a um segundo plano (...). A burguesia não pode existir sem revolucionar constantemente os instrumentos de produção, portanto as relações de produção, e por conseguinte todas as relações sociais (...). A necessidade de mercados sempre crescentes para seus produtos impele a burguesia a conquistar todo o globo terrestre. Ela precisa estabelecer-se, explorar e criar vínculos em todos os lugares. Pela exploração do mercado mundial, a burguesia imprimiu um caráter cosmopolita à produção e ao consumo em todos os países (...). As indústrias tradicionais foram, e ainda são, a cada dia, destruídas. São substituídas por novas indústrias, cuja introdução se tornou essencial para todas as nações civilizadas. Essas indústrias não utilizam mais matérias-primas locais, mas matérias-primas provenientes das regiões mais distantes, e seus produtos não se destinam apenas ao mercado nacional, mas também a todos os cantos da terra".

Marx apontou o problema com maestria, mas não viveu o suficiente para vê-lo em sua forma acabada. O capital, até atingir sua concepção hodierna, passou, na verdade, por

---

[16] Karl Marx e Friedrich Engels. *Manifesto do partido comunista*. Porto Alegre: LP&M, 2000, p. 28 e ss.

três fases distintas: da vocação meramente industrial para o ingresso do capital financeiro e, finalmente, para a criação dos chamados fundos de investimentos internacionais.

Daí por que considerarmos que a globalização, em sua configuração atual, difere substancialmente daquela principiada com a internacionalização do comércio: o que temos hoje é, acima de tudo, a **globalização do capital**, e não uma globalização de trocas como no passado. Para ilustrar a diferença, que será mais bem discutida no próximo tópico, vale invocar, mais uma vez, o pensamento de Marx, cristalizado na famosa máxima: "O capital cria um mundo à sua imagem".

1.1.7.1. As faces da globalização

Vimos que o capital, além de ter revolucionado o comércio internacional, possui também o poder de mudar as relações globais. Aliás, o vínculo entre o capital e o poder político é praticamente indissociável.

E foi justamente pela influência política **neoliberal** dos países economicamente mais fortes que se pautou o processo de globalização em vigor. A **nova globalização** surge, num cenário internacional conturbado, como decisão política do capital.

No início da década de 1980, diversas mudanças de ordem econômico-institucional foram introduzidas pelos governos Reagan, Thatcher e Kohl. O modelo adotado previa, entre outras coisas, a liberalização dos fluxos de comércio exterior.

Aliada a um grande desenvolvimento tecnológico, especialmente das telecomunicações, a orientação neoliberal ganhou força e passou a ser a "única saída" para a crise do capital.

A cartilha também ditava a necessidade de **restrição** da participação estatal e a **privatização** do patrimônio público, juntamente do estreitamento do espaço destinado à sociedade civil. Tudo em prol de uma massa mais homogênea de consumidores globais.

Os países latino-americanos, mais à deriva do que a reboque, acataram prontamente a determinação.

Seguindo o mesmo raciocínio, os mercados deveriam se ajustar racionalmente, sem a necessidade de mecanismos regulatórios eficientes que permitissem uma solução justa dos conflitos comerciais internacionais.

Dois momentos históricos emblemáticos podem ser destacados como o estopim do atual modelo de globalização:

▪ a fragmentação da **União Soviética** e a derrocada do regime socialista nos países do leste europeu;

▪ a queda do **Muro de Berlim**, símbolo máximo da divisão política, econômica e ideológica entre o capitalismo e o socialismo.

Quando Mikhail Gorbachev, então líder da União Soviética, deu início ao processo de abertura econômica e política do país, nos anos 1980, por meio de mecanismos que ficaram conhecidos como *glasnost* (transparência, no sentido de conferir maior liberdade de expressão às pessoas, após décadas de repressão e censura) e *perestroika* (reconstrução do modelo econômico, com maior participação da iniciativa privada), certamente não imaginava que seu eventual fracasso levaria ao colapso da União Soviética e ao desfazimento da República, rapidamente dividida em diversos novos países, que surgiram a partir dos anos 1990.

A análise de Frieden é precisa[17]: "Em 1991, enquanto Gorbachev lutava para administrar o que agora seria uma transição clara para o estilo ocidental de economia e democracia, a URSS entrou em colapso. O regime comunista, a política autoritária, a planificação econômica e a Guerra Fria haviam chegado ao fim, muito mais rápida e pacificamente do que qualquer um poderia ter previsto. Em meio à desordem socioeconômica, ainda faltava desmontar os sistemas político e econômico e construir uma nova ordem capitalista. Entretanto, a transformação do mundo comunista estava completa, da mesma forma como ocorrera anteriormente no mundo capitalista avançado e nos países em desenvolvimento".

Em meio à crise soviética, as principais forças do Ocidente perceberam a oportunidade de instalar um novo regime, em bases globais, fundado na liberalização do comércio e do mercado de capitais, proposta que ficou conhecida como **Consenso de Washington**[18].

A vitória ocidental ensejou a adoção de uma nova perspectiva para o planeta.

Nas palavras de Frieden[19], "O novo ponto de vista, cujo nome variava — livre-mercado, neoliberalismo ou ortodoxia –, adotava a austeridade anti-inflacionária, cortes de impostos e gastos, privatização e desregulamentação. O 'Consenso de Washington', como foi rotulado pelo economista John Williamson, logo se tornou o princípio para a organização da maioria das discussões sobre política econômica. O Consenso de Washington repercutia com força crescente no mundo em desenvolvimento, durante a luta dos países contra as crises da dívida e de crescimento dos anos 1980 e também no mundo comunista, que se afastava do planejamento central dos anos 1990. No fim do século, havia mais concordância em torno da doutrina econômica do que em qualquer outra época desde 1914".

Contudo, o arquétipo proposto pelo Consenso de Washington, segundo Stiglitz[20], apresentava vários **problemas**: "Ele enfatizava a diminuição de escala do governo, a desregulamentação, liberalização e privatização rápidas. Nos primeiros anos do milênio, a confiança no Consenso de Washington já estava desgastada e surgia um consenso pós-Consenso de Washington. O Consenso, por exemplo, havia dado pouquíssima atenção às questões de equidade, emprego e competição, ao gradualismo e sequenciamento das reformas, ou ao modo como deveriam ser conduzidas as privatizações. Existe agora também um consenso de que ele punha um foco excessivo em um simples aumento do PIB, não em outras coisas que afetam os padrões de vida, e dava pouca atenção à sustentabilidade — se o crescimento pode ser sustentado econômica, social, política e ambientalmente".

---

[17] Jeffry A. Frieden. *Capitalismo global*, p. 403.
[18] Acordo teórico formulado entre o Fundo Monetário Internacional (FMI), o Banco Mundial e o Tesouro norte-americano, com o objetivo de estabelecer políticas capazes de promover o desenvolvimento.
[19] Jeffry A. Frieden. *Capitalismo global*, p. 425.
[20] Joseph E. Stiglitz. *Globalização*: como dar certo, p. 79-80.

Com base na diretriz então dominante, o mundo todo, a partir do início da década de 1990, passou a vivenciar o fenômeno da globalização, exponencialmente alavancado pela **internet**, o mais famoso exemplo de evolução das telecomunicações.

A correlação entre a velocidade das comunicações e o desenvolvimento do comércio internacional é destacada por Frieden[21]: "A computação e as telecomunicações modernas favoreceram a integração econômica internacional, pois reduziram os custos das transações comerciais e dos investimentos e os custos de monitoração dos interesses estrangeiros. Além disso, alguns dos elementos mais importantes do setor de alta tecnologia eram intangíveis — softwares e programação, por exemplo –, e seria tecnicamente difícil impedir transações internacionais que os envolvessem. Finalmente, a indústria de alta tecnologia veio a requerer um grande volume de pesquisa e desenvolvimento, entre outras demandas relacionadas, indicando que a rentabilidade passaria a depender de produção ou distribuição em larga escala, o que tipicamente só era alcançado por meio dos mercados globais".

Devido à facilidade propiciada pela **tecnologia**, que tornou praticamente instantâneas muitas transações internacionais, a circulação livre do capital consolidou o modelo neoliberal e desregulamentado dessa primeira fase de integração em escala global.

Quando se instalou, a globalização foi recebida com euforia pelos mercados, especialmente nos países em desenvolvimento, que passaram a abrir suas economias ao **investimento estrangeiro** e a receber fluxos de capitais que aumentavam a cada ano.

Havia a percepção de que todos ganhariam com a globalização, pois o acesso a mercados e o livre fluxo de bens e serviços traiam benefícios tanto para os países ricos, que teriam bilhões de novos consumidores potenciais, como para os países em desenvolvimento, que receberiam investimentos e poderiam, no médio prazo, absorver novas tecnologias.

O problema é que a globalização, altamente centrada na **liberdade do capital** — e, portanto, geradora de grande **interdependência** entre os países –, em certa medida enfraqueceu o conceito de Estado-nação, que durante muitas décadas foi o centro de decisão e poder político.

Ao ingressar numa economia globalizada, os países, até então concentrados em questões domésticas ou regionais, passam a enfrentar problemas em larga escala (comércio internacional, crises econômicas e degradação ambiental, para citarmos apenas os mais relevantes), cujas soluções dependem, igualmente, de respostas fornecidas por organismos internacionais fortes e eficientes, situação muito distante da realidade atual.

Por mais que se possa afirmar que a criação da **Organização Mundial do Comércio (OMC)**, a partir de 1995, tenha sido um importante passo na direção certa, muitos ainda são os desafios que precisam ser enfrentados.

A liberdade do fluxo de capitais nos levou, paradoxalmente, a uma grande **concentração de poder**. Quando eu era estudante do nível médio, minha professora de geografia, ao comentar sobre os efeitos de uma possível abertura dos mercados, insistia na teoria de ganhos recíprocos para todos os países.

Sem as barreiras que proibiam a importação de quase tudo no Brasil dos anos 1980 (trazer um simples computador do exterior poderia ser tratado como crime, graças à

---

[21] Jeffry A. Frieden. *Capitalismo global*, p. 421.

estapafúrdia lei de reserva de mercado para informática), dizia ela, seria possível que pequenos produtores nacionais começassem a fazer negócios com outros em situação semelhante espalhados pelo mundo.

Com a expansão do fenômeno em escala global, pequenos empreendedores, em todos os continentes, teriam acesso a novas e incríveis oportunidades, com a consequente expansão dos mercados e do desenvolvimento econômico.

Quando a internet se tornou realidade, permitindo a comunicação entre pessoas de todo o planeta a custos próximos de zero, tudo indicava que as previsões otimistas da minha professora (e de tantos outros teóricos) realmente se confirmariam.

Infelizmente, passadas mais de duas décadas do início da globalização, o cenário que consigo vislumbrar é bem mais complicado. Em vez de facilitar o acesso a mercados para as pequenas empresas, o efeito mais perceptível da globalização, em termos de comércio internacional, parece ter sido reduzir as oportunidades, com a concentração de poder na mão de poucas empresas, chamadas de **transnacionais**.

Se o amigo leitor quiser confirmar isso, basta abrir os jornais, num dia qualquer, na seção de economia, e provavelmente encontrará alguma notícia — ou especulação — acerca de novas fusões e incorporações entre grandes empresas, as modalidades mais frequentes de concentração do capital.

Com efeito, costumo perguntar aos alunos, em classe, que me indiquem algum setor estratégico de produtos ou serviços que não esteja limitado a meia dúzia de grandes empresas.

Indago-lhes isso porque, segundo a minha percepção, existem verdadeiros **cartéis**, formados por empresas transnacionais, em praticamente todas as atividades com relevância econômica. Do setor petrolífero aos laboratórios farmacêuticos, dos fabricantes de processadores para computadores aos próprios softwares que os utilizam, dos fornecedores militares às empresas de telecomunicações, passando, por exemplo, pelos fabricantes de aviões, pela água mineral que bebemos e assim sucessivamente, parece-me muito árdua a tarefa de encontrar **mercados pulverizados**, nos quais empresários de todos os portes e níveis tecnológicos disputam clientes em condições de livre-comércio.

Claro que, por ter alunos inteligentes, frequentemente recebo como resposta à minha pergunta o exemplo do **setor automobilístico**, no qual haveria certa dispersão e verdadeira concorrência de mercado. Historicamente tenho aceitado esse bom argumento como exceção que confirmaria a regra, com a ressalva de que as montadoras possuem, em escala global, importantes participações societárias umas nas outras.

Todavia, ao pesquisar mais profundamente os temas para este livro, deparei-me com uma situação diferente da que imaginava. Ao verificar o maior mercado automobilístico do mundo, o norte-americano, qual não foi minha surpresa ao constatar que 84% dos carros vendidos nos Estados Unidos em 2007 saíram de apenas **seis montadoras**[22]!

Isso significa dizer que, mesmo no berço do neoliberalismo, num mercado teoricamente bastante competitivo — e talvez na área mais sensível para a indústria norte-americana –, a concentração de poder também é a regra do jogo.

---

[22] E a situação não mudou: em 2022, as vendas combinadas de sete montadoras (GM, Toyota, Ford, FCA/Chrysler, Honda, Nissan e Hyundai/Kia) responderam por 77,9% do mercado norte-americano.

Gráfico 1.1. Total do comércio norte-americano e a participação dos negócios intrafirmas (2013-2022)

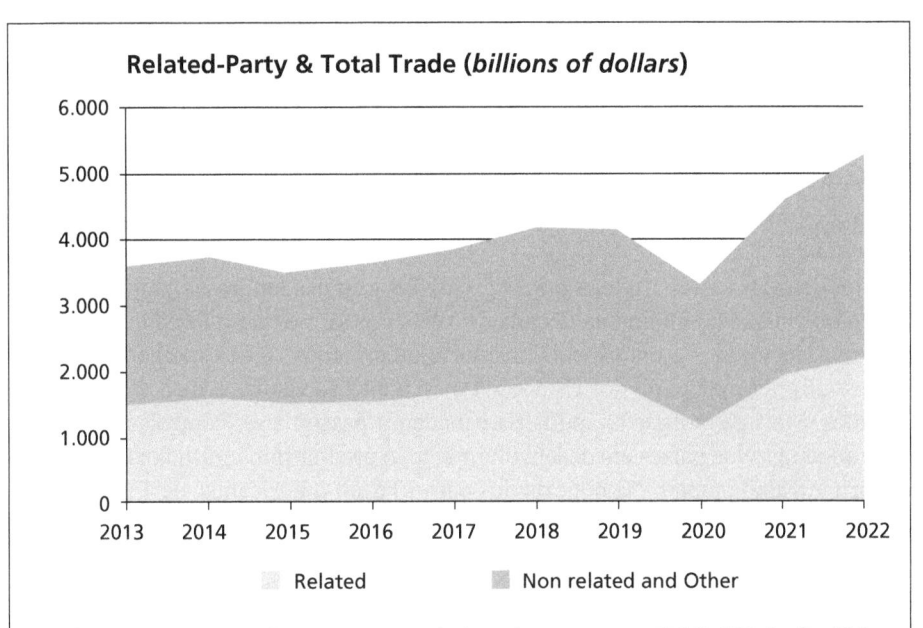

Observação: O comércio entre partes relacionadas aumentou 45,7% (689,9 mil milhões de dólares) e o comércio total aumentou 46,5% (US$ 1.679,2 bilhões) de 2013 a 2022. Neste mesmo período, o valor do comércio com partes relacionadas como uma percentagem de todo o comércio variou entre um mínimo de 41,31% em 2021 e um máximo de 43,19% em 2019.

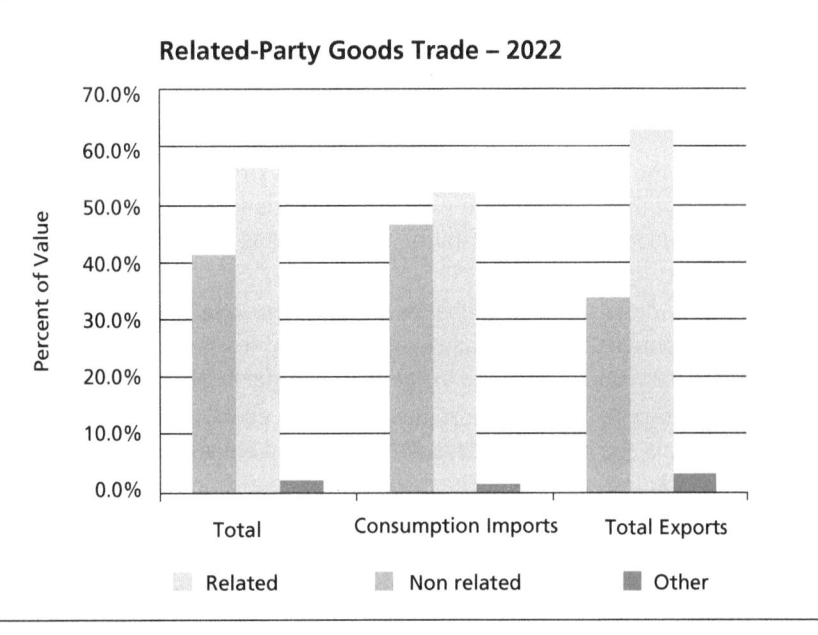

Fonte: US Census Bureau, Related Party Database. Disponível em: https://www.census.gov/foreign-trade/Press-Release/related_party/rp22.pdf. Acesso em: out. 2023.

Daí podermos afirmar, com certa margem de segurança, que a globalização atual, muito mais propícia à **livre circulação do capital**[23] do que propriamente dos produtos (que enfrentam barreiras protecionistas de toda ordem, como teremos oportunidade de observar) gera enormes distorções e dificuldades para os pequenos *players*, que, a despeito do avanço nas telecomunicações, não conseguem colocar seus produtos em mercados atrativos. Some-se a isso o fato de que 80% da população do mundo vive em países em desenvolvimento, com baixa renda, níveis precários de educação e elevadas taxas de desemprego.

Parece-nos claro que é para essas pessoas que a globalização **precisa gerar** oportunidades.

É inquestionável, contudo, a participação das grandes empresas globais na economia, fenômeno que se iniciou na década de 1970, conforme relata Frieden[24]: "Na Europa, as multinacionais — em especial, as norte-americanas — se espalharam por todos os lugares. Em grande parte dos Estados, 1/4 ou mais das vendas era de produtos industrializados. Mais da metade da indústria canadense passou a ser controlada por empresas estrangeiras. Nos países em desenvolvimento, o predomínio multinacional na produção fabril era ainda maior. Na maioria dos países latino-americanos, de 1/3 a metade da produção industrial provinha de empresas estrangeiras".

Como as bancas examinadoras de concursos, historicamente, têm solicitado dos candidatos uma visão *mais crítica* do processo de globalização, achamos oportuno indicar, conforme lista compilada por Stiglitz[25], quais as principais censuras de natureza econômica e social feitas ao atual modelo:

■ as regras do jogo que governam a globalização são **injustas** e especificamente projetadas para beneficiar os países industriais avançados. Na verdade, algumas mudanças recentes são tão injustas que pioraram a situação de alguns dos países mais pobres;

■ a globalização promove os valores **materiais** acima de outros valores, tais como a preocupação com o meio ambiente e com a própria vida;

■ o modo como a globalização foi administrada tirou grande parte da **soberania** dos países em desenvolvimento e de sua capacidade de tomar decisões em áreas essenciais, que afetam o bem-estar de seus cidadãos. Nesse sentido, ela prejudicou a democracia;

■ embora os defensores da globalização afirmem que todos se beneficiarão em termos econômicos, há provas suficientes, tanto nos países em desenvolvimento como nos desenvolvidos, de que existem muitos **perdedores** em ambos os lados;

■ e o que talvez seja mais importante, o sistema econômico que foi recomendado com insistência aos países em desenvolvimento — em alguns casos, imposto a eles — é inapropriado e, com frequência, altamente danoso. A globalização não deveria

---

[23] Autores importantes e críticos da globalização, como François Chesnais, utilizam, em vez de globalização, a expressão *mundialização do capital*, nome do interessante livro de sua autoria, no qual relata o impacto do capital financeiro nas relações internacionais contemporâneas.

[24] Jeffry A. Frieden. *Capitalismo global*, p. 316.

[25] Joseph E. Stiglitz. *Globalização*: como dar certo, p. 68-69.

significar uma americanização da política econômica ou da cultura, mas foi isso que aconteceu, muitas vezes, provocando ressentimento.

O leitor perspicaz poderia contra-argumentar no sentido de que algumas dessas críticas podem ser **rebatidas**, se a questão for tomada sob outra perspectiva. O raciocínio é correto, e só reforça a tese de que a globalização é suficientemente complexa e importante para ser tratada de modo genérico, a partir de soluções de gabinete, prontas e acabadas.

Talvez a maior prova disso tenha sido a crise econômica deflagrada em 2008, na qual os países desenvolvidos foram os que sofreram mais profundamente, a ponto de alguns líderes internacionais declararem a necessidade de revisão do modelo, especialmente no que tange à **desregulamentação** dos mercados[26].

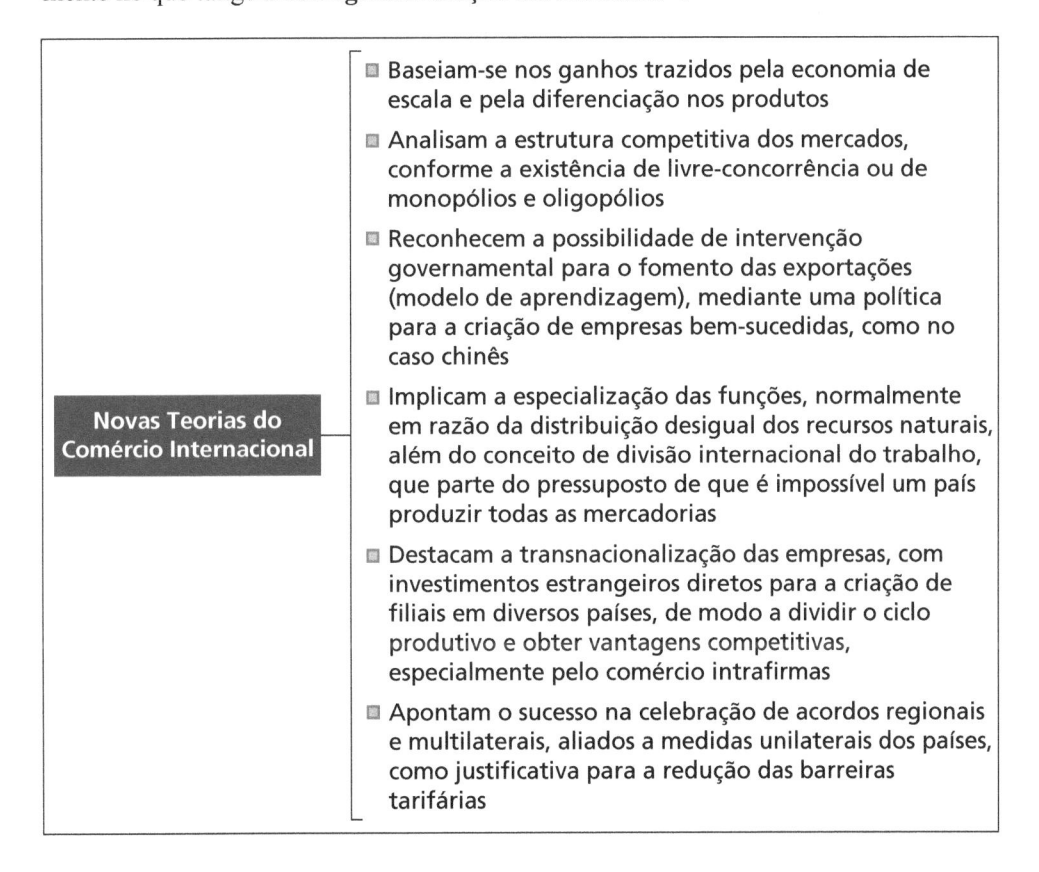

Novas Teorias do Comércio Internacional

- Baseiam-se nos ganhos trazidos pela economia de escala e pela diferenciação nos produtos
- Analisam a estrutura competitiva dos mercados, conforme a existência de livre-concorrência ou de monopólios e oligopólios
- Reconhecem a possibilidade de intervenção governamental para o fomento das exportações (modelo de aprendizagem), mediante uma política para a criação de empresas bem-sucedidas, como no caso chinês
- Implicam a especialização das funções, normalmente em razão da distribuição desigual dos recursos naturais, além do conceito de divisão internacional do trabalho, que parte do pressuposto de que é impossível um país produzir todas as mercadorias
- Destacam a transnacionalização das empresas, com investimentos estrangeiros diretos para a criação de filiais em diversos países, de modo a dividir o ciclo produtivo e obter vantagens competitivas, especialmente pelo comércio intrafirmas
- Apontam o sucesso na celebração de acordos regionais e multilaterais, aliados a medidas unilaterais dos países, como justificativa para a redução das barreiras tarifárias

1.1.8. Livre-cambismo e protecionismo

Como pudemos observar, ao longo dos anos os países variaram seus modelos econômicos e adotaram, em relação ao nível de controle praticado nas operações de

---

[26] É o que costumo chamar de *Síndrome de Frankenstein*, na qual o criador passa a temer a própria criatura.

comércio exterior, políticas mais ou menos liberais, nas quais medidas protecionistas também foram empregadas na defesa de seus interesses ou em situações de intervenção.

Questão interessante surge, inclusive, a partir da possibilidade de **coexistência** entre os modelos, como afirma André Lupi, ao citar John Jackson, no sentido de que a regulamentação, como mecanismo de atuação conjunta dos Estados, funcionaria como pressuposto para a maior liberdade comercial[27]: "Daí que liberalização e regulamentação da economia mundial, através de instituições internacionais, são aspectos complementares e não contraditórios, como poderia parecer à primeira vista, pela acepção que se dá ao termo liberal, justamente oposto a regulamentações. Assim, a regulamentação internacional, diminuindo o poder dos Estados de agir unilateralmente é justamente o que propicia uma maior liberalização do comércio".

Parece-nos claro, portanto, que a medida de protecionismo ou liberalismo será sempre determinada por momentos históricos e necessidades específicas, sendo **quase impossível** que um dos extremos seja utilizado integralmente.

Contudo, em termos puramente teóricos, seria plausível identificar as principais características das duas políticas de condução do comércio, conforme sintetizamos a seguir:

Livre-cambismo	▪ Ausência de barreiras legais, nos seus diversos níveis (tanto o patamar reservado à lei em sentido estrito como o conjunto de normas reguladoras, de caráter infralegal, a exemplo dos decretos, regulamentos ou portarias, conforme o modelo brasileiro) ▪ Reconhecimento das trocas livres, sem interferência estatal nas transações e nos mercados ▪ Especialização da produção de acordo com o potencial de cada país, à luz das teorias econômicas de Adam Smith e David Ricardo ▪ Aplicação em economias maduras, pois países com indústrias incipientes precisam de algum grau de proteção ▪ Especialização das funções, normalmente em razão da distribuição desigual dos recursos naturais, além do conceito de divisão internacional do trabalho, que parte do pressuposto de que é impossível um país produzir todas as mercadorias ▪ As trocas livres aproximariam o mercado da concorrência perfeita e implicariam transações a preços mínimos

---

[27] André Lipp Pinto Basto Lupi. *Soberania, OMC e Mercosul.* São Paulo: Aduaneiras, 2001, p. 130.

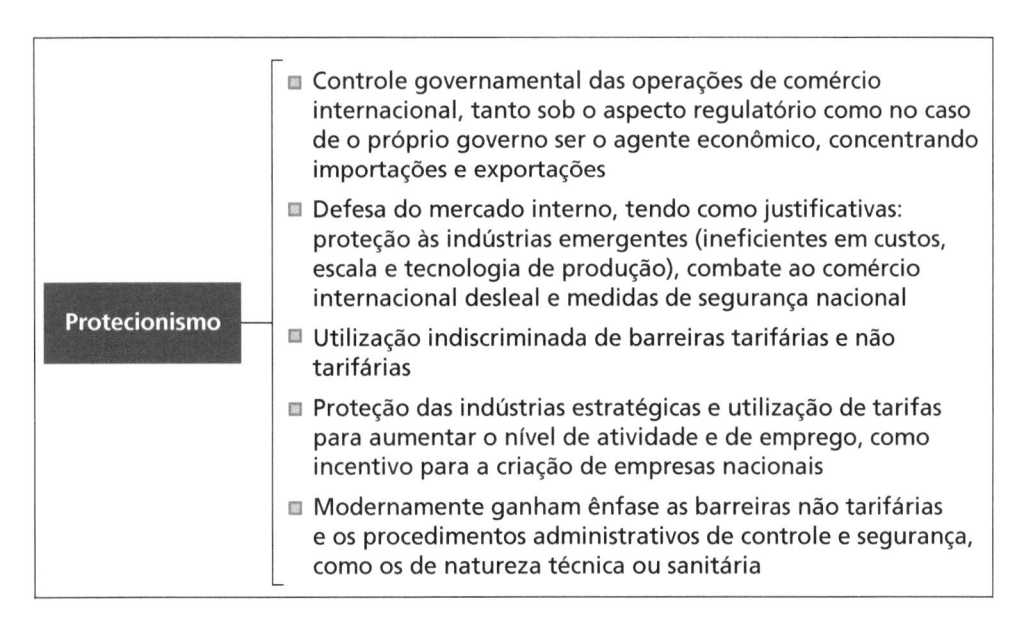

Protecionismo

- Controle governamental das operações de comércio internacional, tanto sob o aspecto regulatório como no caso de o próprio governo ser o agente econômico, concentrando importações e exportações
- Defesa do mercado interno, tendo como justificativas: proteção às indústrias emergentes (ineficientes em custos, escala e tecnologia de produção), combate ao comércio internacional desleal e medidas de segurança nacional
- Utilização indiscriminada de barreiras tarifárias e não tarifárias
- Proteção das indústrias estratégicas e utilização de tarifas para aumentar o nível de atividade e de emprego, como incentivo para a criação de empresas nacionais
- Modernamente ganham ênfase as barreiras não tarifárias e os procedimentos administrativos de controle e segurança, como os de natureza técnica ou sanitária

Para o livre-cambismo, o primeiro grande desafio seria superar o desequilíbrio causado pelos **termos de troca**, especialmente nas relações entre países desenvolvidos e em desenvolvimento. Enquanto os primeiros possuem **tecnologia** e meios eficazes de produção, o papel dos países periféricos, no comércio internacional, ficaria restrito à comercialização de **produtos primários**, de menor valor agregado, o que exigiria desses países um enorme sacrifício para a manutenção de uma balança comercial satisfatória.

Como decorrência da especialização e da ausência de tecnologia na produção, os países não desenvolvidos concentram seus esforços na **agricultura**, com grandes riscos e baixos retornos.

A área cultivável é sempre um fator limitante, mesmo em países com grandes extensões territoriais. O esforço para quebrar o paradigma das monoculturas, aliado à necessidade de redução dos danos ambientais, é tema constante na agenda dos países periféricos.

O **risco** na agricultura é inerente à própria atividade, pois nada pode garantir uma boa safra, sempre sujeita a imprevistos de toda ordem, sejam eles naturais ou econômicos.

Ademais, os produtos primários oferecem retornos econômicos individualmente pouco relevantes, tanto pelo **baixo valor agregado** como pelos outros fatores apresentados.

Vejamos um bom exemplo disso: digamos que o país A tenha uma excelente safra de determinado produto, de tal sorte que o esforço empregado foi, *a priori*, recompensado, e que o risco, neste caso concreto, não se materializou. Ainda assim não seria possível garantir um retorno econômico satisfatório, pois outros países produtores também podem ter colhido **safras extraordinárias no período**, o que geraria um **excesso de oferta** no mercado, com a consequente redução dos preços.

Vale lembrar que, para as *commodities*, típicos produtos primários, os preços são fixados com base em Bolsas de Mercadorias (a exemplo das Bolsas de Londres e Chicago) e, por força disso, quem determina o preço é o **comprador**, não o vendedor.

De nada adiantaria, pois, um resultado agrícola excepcional, se outros países concorrentes experimentassem o mesmo fenômeno. Quantas vezes o leitor já assistiu, provavelmente incrédulo, a imagens na televisão nas quais agricultores simplesmente "jogam fora" porções significativas de sua produção, devido à inviabilidade econômica dos preços praticados pelo mercado?

Pois bem, se levarmos em consideração que aproximadamente 70% dos habitantes dos países em desenvolvimento dependem direta ou indiretamente da agricultura, a situação se torna ainda mais grave. Até porque os produtos agrícolas, desde que existentes condições razoáveis de plantio, costumam ser as primeiras vítimas da concorrência, naquilo que costumo chamar de **concorrência horizontal**, na qual países em desenvolvimento disputam agressivamente a mesma parcela do mercado, sob condições muito semelhantes.

Um dos melhores exemplos disso é o **café**: durante décadas o Brasil foi a referência mundial em qualidade do produto, tendo-o como seu principal exportador, ao ponto de no início do século XX deter **80% da produção mundial**; atualmente, a partir da concorrência gerada por países como Vietnã, Colômbia e Indonésia, entre muitos outros, nossa participação no mercado mundial é de 37%[28]. Do mesmo modo, segundo os especialistas, também não somos mais unanimidade no quesito qualidade.

O que aconteceu foi a percepção, por outros países também em desenvolvimento, de que o café, adaptado às suas próprias condições climáticas, seria um investimento vantajoso, que, de fato, se mostrou capaz de minimizar a supremacia brasileira.

A maior concorrência, tanto quantitativa como qualitativa, **deprimiu os preços** internacionais e reduziu a margem de retorno dos produtores locais, que, em alguns casos, abandonaram o produto e passaram a cultivar, por exemplo, laranja ou cana-de-açúcar.

A situação do mercado exportador de café, apesar de importante exemplo da concorrência entre países em desenvolvimento, não é, nem de longe, o único caso no cenário internacional. Diversos outros produtos, antes privilégio de poucos países, que reinavam com certo conforto em mercados no mínimo oligopolizados, enfrentam idênticas dificuldades.

O fenômeno espalhou-se, ao longo das últimas décadas, por diversos países da América Latina, Ásia e, principalmente, África. Se, por um lado, são tentativas relevantes — e quase desesperadas — de inserção comercial e acesso a mercados; por outro, demonstram, à evidência, **pouca sustentabilidade**, quer pela degradação do meio ambiente (atualmente, derrubam-se florestas para o plantio), quer pela crescente redução das margens de retorno.

Existe, pois, clara desproporção entre o **nível de esforço** empregado pelos países em desenvolvimento na produção de bens primários e o ganho gerado por empreitadas desse tipo. E a coisa se torna ainda mais grave quando comparamos o comércio entre países desenvolvidos e em desenvolvimento, o que torna evidente o problema dos meios de troca.

Explicamos. Por maior que seja o esforço concentrado na produção agrícola — e abstraindo-se, por um momento, a questão da concorrência horizontal –, o **retorno econômico** obtido pelos países em desenvolvimento com tais produtos jamais poderá ser equiparado ao ganho gerado por bens industrializados em larga escala nos países mais ricos.

---

[28] O Brasil produz, segundo dados de 2020, basicamente a mesma quantidade que Vietnã, Indonésia, Colômbia e Etiópia somados (aproximadamente 37% do mercado mundial).

A diferença **qualitativa** na alocação dos recursos, financeiros e tecnológicos, confere ao produto industrializado margem de retorno incrivelmente superior. Além disso, a indústria, cada vez mais moderna e eficiente, possui capacidade de produção quase ilimitada ou, ao menos, infinitamente superior aos produtos primários.

Tomemos o seguinte exemplo: o Brasil é o maior produtor de soja do mundo e o faz com inquestionável qualidade e eficiência na alocação de recursos (temos excelentes índices de produtividade, a partir de grandes fazendas, que utilizam processos modernos de plantio e colheita). Por seu turno, os Estados Unidos desenvolvem bens de alta tecnologia, de forma que a maior empresa norte-americana de processadores de computador tem capacidade para produzir milhares de *chips* por hora, também com excelente alocação de recursos.

Ainda que o mercado entre os dois países fosse absolutamente livre e tivesse apenas esses dois itens, provavelmente não conseguiríamos vislumbrar qualquer vantagem para o Brasil nesse contexto.

Em termos de rentabilidade, as trocas entre os produtos seriam **absurdamente desiguais**, o que exigiria, por exemplo, que o Brasil exportasse um navio abarrotado de soja em contrapartida a, no máximo, um contêiner com processadores.

Por óbvio que a questão não se apresenta apenas em função da diferença entre volumes ou quantidades transacionadas. O cerne do problema está na desigualdade dos custos, dos esforços necessários de cada parte e, principalmente, da capacidade de produção dos bens.

Mesmo se chegássemos à situação-limite de plantar soja em todo o território nacional (sabendo o quanto o cultivo do grão já avançou sobre matas e florestas tropicais), jamais teríamos condições de enfrentar a produção de processadores. A tecnologia permite que os processadores sejam produzidos a custos relativamente baixos, com enorme economia de escala, pouco risco e quantidades insignificantes de perda.

Se os dois países precisassem, por exemplo, **dobrar a produção**, no caso dos processadores bastaria que a fábrica trabalhasse em período integral ou ampliasse suas instalações e seus esforços seriam mínimos, se comparados aos necessários para que o efeito equivalente fosse alcançado na produção da soja.

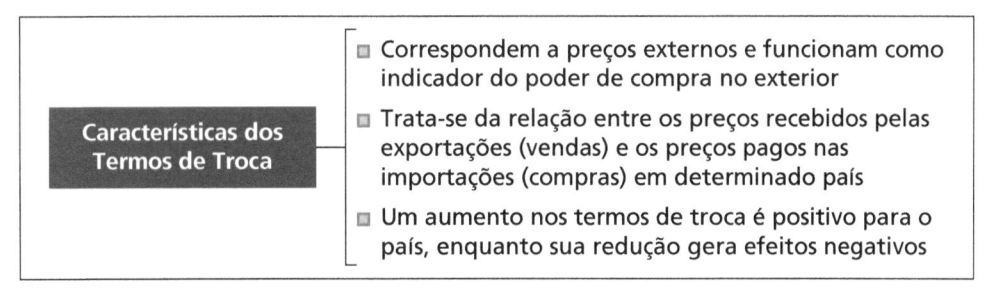

Não são os meios de troca os únicos obstáculos à política liberal. A princípio, porque mercados com pouca regulamentação já se mostraram incapazes de atender aos interesses nacionais, haja vista a sequência estarrecedora de crises e quebras das últimas décadas: em todos os casos, governos antes adeptos do *laissez-faire* foram obrigados a intervir, e, invariavelmente, quem "pagou a conta" foi o cidadão comum.

O capital sempre busca direcionar investimentos para a obtenção de lucro, deixando à margem da equação questões essenciais, como destaca Paul Kennedy[29]: "Num país do interior da África, predominantemente agrário, cuja população duplica a cada 25 anos, as necessidades mais urgentes parecem ser planejamento familiar, proteção ambiental, assistência à saúde, educação e infraestrutura básica — o que as empresas multinacionais do livre mercado provavelmente não se interessarão em financiar".

Ademais, jamais existirão mercados livres, especialmente no comércio internacional, enquanto as forças econômicas que os impulsionam forem tão desiguais. Exemplos conhecidos são os **subsídios**, prática realizada por **todos os países**, da qual trataremos no tópico 9.2. Há séculos o cenário não se altera: quanto mais rico o país, maior o emprego de subsídios em favor da indústria local.

Por fim — e sem a pretensão de esgotar o assunto –, não custa lembrar que mesmo para produtos agrícolas similares, produzidos em lugares diversos, nada garante que os benefícios e resultados econômicos sejam semelhantes. Serve-nos como exemplo o fato de que a uva cultivada na região de Bordô, na França, produzirá vinhos incomparavelmente mais caros que aqueles produzidos com uvas em tese semelhantes no Sul do Brasil.

Se o leitor concordar com os argumentos sucintamente apresentados, poderia então imaginar que o **protecionismo**, com todos os seus matizes, seria a única solução viável para os países em desenvolvimento.

Por várias razões, para o bem ou para o mal, isso também não procede. Se, por um lado, medidas protecionistas realmente operam **em favor** da indústria nacional, limitando, em alguns casos, a voracidade dos concorrentes estrangeiros, por outro é fato consumado que a globalização, nos moldes já discutidos, exige **grau crescente de participação** dos países no comércio internacional, pois o isolacionismo, a falta de atendimento a regras multilaterais pactuadas ou a concepção simplista de que o acesso a mercados será obtido sem a devida reciprocidade são situações atualmente inviáveis, cujos últimos defensores se viram derrotados desde a virada ocorrida no início dos anos 1990.

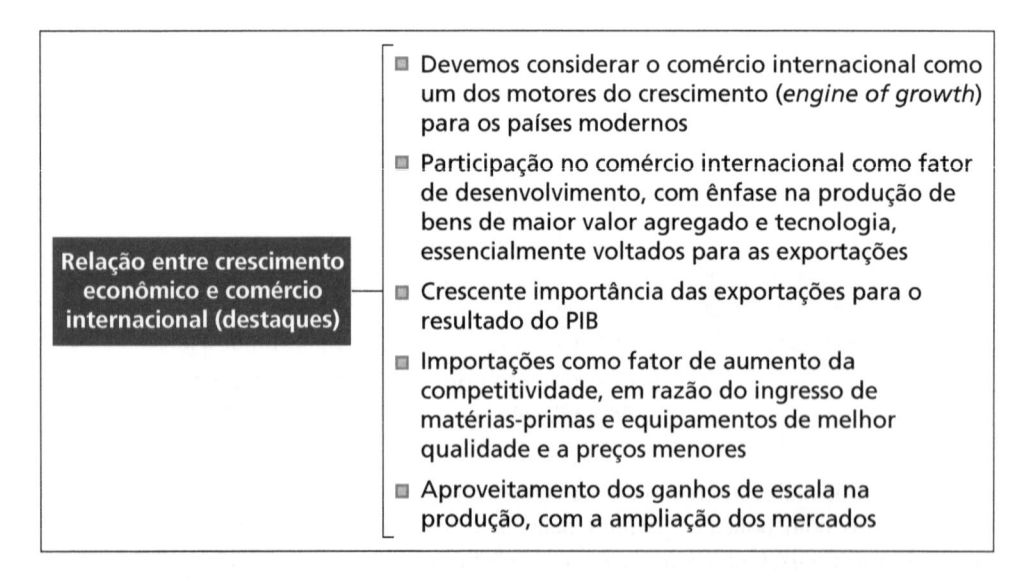

Relação entre crescimento econômico e comércio internacional (destaques)

- Devemos considerar o comércio internacional como um dos motores do crescimento (*engine of growth*) para os países modernos
- Participação no comércio internacional como fator de desenvolvimento, com ênfase na produção de bens de maior valor agregado e tecnologia, essencialmente voltados para as exportações
- Crescente importância das exportações para o resultado do PIB
- Importações como fator de aumento da competitividade, em razão do ingresso de matérias-primas e equipamentos de melhor qualidade e a preços menores
- Aproveitamento dos ganhos de escala na produção, com a ampliação dos mercados

---

[29]   Paul Kennedy. *Preparando para o século XXI*. Rio de Janeiro: Campus, 1993, p. 58.

1.1.9. Barreiras tarifárias e não tarifárias

Nos últimos anos, com a regulamentação do comércio internacional, por meio de iniciativas como a criação da Organização Mundial do Comércio e a formação dos blocos de integração econômica, verificou-se uma **redução drástica** na utilização da tributação do comércio internacional como modo de se proteger os mercados domésticos.

Vale dizer, enquanto as alíquotas efetivas dos tributos incidentes nas importações vêm se reduzindo a passos largos, surgiram, como **alternativa protecionista**, as chamadas barreiras não tarifárias. Estas últimas, mais afeitas à subjetividade, têm sido utilizadas como mecanismo de contenção ao avanço de mercadorias e países, nem sempre de modo claro e transparente.

Nosso objetivo, a partir de agora, será conhecer esses mecanismos de proteção e verificar em que medida podem ou não ser válidos à luz do que denominamos **Direito do Comércio Internacional**.

1.1.9.1. Barreiras tarifárias: conceito e aplicação

As barreiras tarifárias representam os **encargos tributários** exigidos na importação de produtos em determinado país. Praticamente todas as nações do mundo as adotam, em maior ou menor extensão, de acordo com as respectivas políticas de comércio exterior.

No Brasil, existe certa confusão em relação à expressão, especialmente em razão da **tradução literal** aplicada ao termo em inglês *tariff*. Com efeito, grande exemplo disso é a versão oficial, para o português, do GATT (*General Agreement on Tariffs and Trade*, ou seja, Acordo Geral sobre Tarifas e Comércio), primeiro e mais importante acordo de regulamentação do comércio internacional.

O problema é que o GATT, entre outros instrumentos ditos *tarifários* do comércio, na verdade cuida de **tributos**, expressão que no Brasil possui conceituação específica, prevista no artigo 3.º do Código Tributário Nacional[30].

Sabemos que, no sistema jurídico brasileiro, há clara **distinção** entre tarifas e tributos. As primeiras dizem respeito, por exemplo, aos valores cobrados pelas concessionárias de serviços públicos de seus usuários, conforme regras de **direito administrativo** (para a relação jurídica estabelecida entre o poder concedente e a concessionária) e de **direito civil** (para definir os direitos e obrigações entre a concessionária e os usuários). Já os tributos, por seu turno, só podem ser instituídos e exigidos a partir de **autorização constitucional** (que fixa a competência) e mediante **lei específica** do ente tributante.

Portanto, é indispensável que o leitor tenha em mente que as barreiras tarifárias são as imposições de natureza tributária que a Constituição da República permite que a União estabeleça em razão da importação de produtos ou bens de procedência estrangeira[31].

---

[30] Código Tributário Nacional, artigo 3.º: "Tributo é toda prestação pecuniária compulsória, em moeda ou cujo valor nela se possa exprimir, que não constitua sanção de ato ilícito, instituída em lei e cobrada mediante atividade administrativa plenamente vinculada".

[31] Excepcionalmente, o Brasil é dos raros países que também tributam as importações, em algumas hipóteses, por meio de figuras de competência regional e específica, a exemplo do que ocorre com o ICMS exigido pelos Estados e com o ISS, de competência municipal, quando da "importação" de serviços.

O **imposto de importação** é o tributo por excelência do comércio internacional. Sua origem remonta aos primórdios da civilização, a partir do momento em que os povos passaram a ter um contato sistemático, em decorrência do avanço da tecnologia, dos transportes e, por derradeiro, do desenvolvimento de uma infraestrutura logística comercial.

Todavia, sua utilização como **elemento de regulamentação** de balanças comerciais e controle das contas externas é fenômeno relativamente recente. Com efeito, foi somente após o término da Segunda Guerra Mundial que os países, em escala global, se preocuparam em analisar a atuação protecionista de seus pares por meio do **grau de tributação** incidente sobre o ingresso de produtos de origem estrangeira.

Modernamente, a principal função do imposto de importação é servir de elemento **equalizador** dos mercados internacionais, capaz de nivelar o valor de um bem fabricado em condições mais favoráveis com aquele praticado pela indústria local, de modo a tornar a concorrência entre ambos mais próxima do conceito de livre mercado.

Inúmeros fatores contribuem para a desigualdade nas condições de produção em diferentes países. A tecnologia, nesse contexto, desempenha papel fundamental. Cada vez mais as organizações buscam meios de produzir bens e serviços de modo rápido e eficaz, com custos reduzidos.

O capital livre e em busca de alternativas levou o processo industrial para os países **periféricos**, como destaca Frieden[32]: "Essa facilidade com que o dinheiro podia se movimentar de um local para outro deu aos interesses econômicos internacionalistas uma razão extra para desejarem mais integração econômica internacional. A explosão da mobilidade do capital facilitou: a captação de empréstimos, por parte das empresas dinâmicas; o deslocamento de recursos dos usos menos produtivos para os mais produtivos, pelos investidores; e a compra ou substituição de empresas mais lentas, pelas companhias bem-sucedidas".

O investimento maciço em tecnologia tem como principais consequências a adoção de processos de produção "mais limpos", com maior produtividade, baixo índice de perdas e pouca intervenção humana. O avanço tecnológico também costuma gerar produtos com apelo comercial diferenciado e, por decorrência, maior valor agregado, como vimos.

Outro fator determinante para o desequilíbrio dos preços é a **economia de escala**, ou seja, a relação entre o custo de dado bem e o número de unidades produzidas; em mercados desenvolvidos, o processo produtivo pode ocorrer em larga escala, reduzindo todos os custos da cadeia respectiva, por meio de negociações mais vantajosas com fornecedores de insumos, matérias-primas e componentes, além da possibilidade de racionalização dos demais fatores de produção, como mão de obra e custos indiretos.

Também o **Estado** atua de forma decisiva na equação de formação dos preços comerciais.

Ao incentivar a atividade empresarial mediante instrumentos jurídicos capazes de criar um ambiente saudável para o desenvolvimento dos negócios, com a desoneração tributária da cadeia produtiva, normas trabalhistas racionais, indicadores macroeconômicos (principalmente inflação e taxas de juros) equilibrados, aliados a baixos índices

---

[32]   Jeffry A. Frieden. *Capitalismo global*, p. 427.

de burocracia e corrupção, o Estado colabora, **diretamente**, para o desenvolvimento da competitividade de suas organizações privadas no cenário internacional.

Michael Manley[33], com enorme lucidez, ressalta o papel do Estado no processo de desenvolvimento dos países, especialmente os mais pobres: "Hoje está claro para mim que um mercado sem amarras, e não a imposição de um controle político, pode ser o instrumento mais eficaz de oportunidade para os pobres — mas somente se o Estado compensar a tendência do mercado à concentração de poder. Sem inquéritos e balanços, o capitalismo pode acrescentar mais riqueza e poder àqueles que se lançaram primeiro, facilitando a exclusão de novos concorrentes, o que não é novidade para ninguém. Caberia então ao Estado o papel de assegurar uma concorrência justa e bloquear os monopólios, sem impedir os incentivos do mercado. Se o Estado estimula o processo de criação de riquezas inclusivo, empresarial, e ao mesmo tempo intervém na tendência do mercado à exclusão criada pelos monopólios, pode se manter como um instrumento de fortalecimento".

O que se faz relevante, neste passo, é a percepção dos **níveis de desigualdade** enfrentados pelas empresas nos diversos países e, portanto, a necessidade de que um instrumento tributário como o imposto sobre importações seja utilizado como elemento capaz de **neutralizar** — ou, ao menos, reduzir — os efeitos nocivos da falta de capacidade concorrencial num ambiente globalizado extremamente voraz, que não tem por característica conceder chances de sobrevivência a agentes ineficazes.

1.1.9.1.1. *Caráter protecionista das alíquotas do imposto de importação*

No comércio internacional, a alíquota do imposto de importação já desempenhou um papel extremamente relevante, sobretudo após o fim da Segunda Guerra Mundial, quando os países vivenciavam situações de enorme contraste e, em consequência, utilizavam-na como mecanismo protecionista **básico** contra a invasão de mercadorias estrangeiras.

O período economicamente **turbulento** da primeira metade do século XX é assim apresentado por Frieden[34]: "O colapso do comércio mundial fatalmente enfraqueceu os interesses exportadores, e os grupos urbanos passaram a dominar a política econômica. Na verdade, para o mundo em desenvolvimento, as condições do período da depressão econômica prevaleceram até meados da década de 1950. A Grande Depressão foi sucedida pela Segunda Guerra Mundial, que apenas retraiu ainda mais a economia mundial. Após o conflito, a reconstrução e a Guerra Fria passaram a preocupar as nações desenvolvidas, o que durou até o fim da Guerra da Coreia, em 1953. Dessa forma, de 1929 até cerca de 1953, África, Ásia e América Latina foram deixadas à deriva econômica pelo mundo industrializado. Ao longo desses 25 anos, cada vez mais nações desenvolvidas avançadas rompiam com o passado de economia aberta e seguiam na direção de um novo modelo com base na produção industrial doméstica para mercados internos protegidos".

---

[33] Michael Manley. Adam Smith tinha razão. In: Nathan P. Gardels (Org.). *No final do século — Reflexões dos maiores pensadores do nosso tempo*. Rio de Janeiro: Ediouro, 1998, p. 314.

[34] Jeffry A. Frieden. *Capitalismo global*, p. 240.

Contudo, as últimas sete décadas apresentaram uma **profunda transformação** nas relações econômicas internacionais, com a supremacia do modelo capitalista e a imposição, via instrumentos jurídicos, políticos e econômicos, de um ideal global de liberalização, ao menos em relação às barreiras tributárias.

Na década de 1980, a derrocada do modelo socialista trouxe uma oportunidade única para os países do Ocidente, capitaneados pelos Estados Unidos, Inglaterra e Alemanha, no sentido de estabelecer regras de abertura e acesso a mercados que, na seara tributária, tiveram como efeito a **redução**, em níveis sem precedentes, das alíquotas aplicadas por quase todos os países em relação ao imposto de importação.

Como contrapartida, houve um acirramento na aplicação de **barreiras não tarifárias**, nem sempre pautadas por critérios claros e objetivos.

Nesse cenário, a utilização do imposto de importação como mecanismo de proteção dos interesses nacionais perdeu terreno, devido a uma série de fatores.

O primeiro foi o surgimento dos **processos de integração econômica**, elaborados a partir do novo modelo de globalização adotado em meados da década de 1980 e que compõem, atualmente, uma realidade praticamente irreversível.

Isso porque os países, no intuito de fortalecerem suas posições no competitivo panorama do comércio internacional, perceberam que a formação de **blocos**, com maior poder de negociação, constitui-se na melhor alternativa para o desenvolvimento econômico **individual**.

Como relembra Frieden[35]: "Enquanto revisavam suas políticas macroeconômicas, os países desenvolvidos também intensificavam a integração à economia mundial. No início, houve uma renovação da integração regional. Nas décadas de 1980 e 1990, a União Europeia (UE) incorporou novos membros do sul e do norte — Grécia, Espanha, Portugal, Áustria, Suécia e Finlândia, o que aprofundou a integração econômica no Velho Continente. No começo da década de 1980, com a Europa atolada no pessimismo e na paralisia, os membros da UE começaram a planejar uma fusão radical de seus mercados. Governos e grandes empresários concordavam que um mercado europeu completamente integrado era necessário para ajudar a rejuvenescer a economia europeia".

Podemos então dizer que os blocos são **associações entre países**, que estabelecem relações econômicas privilegiadas entre si e que tendem a adotar algum grau de **soberania comum**, ou seja, os membros concordam em renunciar a parte da soberania nacional em proveito de todos os associados — conceito, aliás, intrínseco a praticamente todos os tratados.

Os processos de integração são organizados a partir de afinidades **políticas** e **econômicas** e, no mais das vezes, em razão do **posicionamento geográfico** dos seus associados. Não por coincidência, os principais blocos se iniciaram quase **simultaneamente**[36], logo após o reconhecimento da nova ordem econômica mundial e de suas implicações para o desenvolvimento sustentável das nações.

---

[35]   Jeffry A. Frieden. *Capitalismo global*, p. 408.
[36]   Assim a União Europeia, com a entrada em vigor do *Tratado de Maastricht* (1993), o *North American Free Trade Agreement* (NAFTA) assinado em dezembro de 1992 por Canadá, Estados Unidos e México e que entrou em vigor em janeiro de 1994, o próprio Mercosul, cujo *Tratado de Assunção* previu uma "fase de transição" entre março de 1991 e dezembro de 1994, bem assim as não

Tendo em vista o **princípio da nação mais favorecida** — que veda tratamento discricionário entre membros da Organização Mundial do Comércio — e o fato de que **intrablocos** o imposto de importação não deve incidir, pelo menos naqueles modelos que já alcançaram o estágio de união aduaneira, fica fácil perceber o enfraquecimento do viés tributário como medida de contenção à entrada de mercadorias de procedência estrangeira.

Paralelamente às manifestações existentes no direito internacional público, parece-nos que idêntico fenômeno, ainda mais intenso e consistente, também pode ser observado em relação à **iniciativa privada**. De fato, as grandes corporações perceberam que a excessiva liberdade do capital também se constitui em fator de risco para sua própria sobrevivência, especialmente em mercados dependentes de tecnologia — quase todos os que possuem relevância econômica –, pois *o pequeno de hoje pode ser o gigante de amanhã, e o gigante de hoje poderá simplesmente não existir no futuro.*

Por conta desse cenário e da acirrada concorrência, as empresas transnacionais passaram a adotar, nos últimos tempos, uma agressiva estratégia de **aquisições, fusões** e **incorporações**. Qualquer observador minimamente atento perceberá que isso tem ocorrido em um ritmo frenético e descontrolado, que, em última análise, levará os principais mercados a um processo de **cartelização**, exatamente o contrário do que se apregoava nos albores do atual modelo de globalização, como tivemos a oportunidade de assinalar.

A globalização do **capital** e a supremacia das empresas transnacionais talvez sejam, ao lado do avanço tecnológico, as principais características do mundo atual, como destaca Paul Kennedy[37]: "Mas a globalização de hoje distingue-se das antigas pela simples quantidade e proporções das empresas multinacionais, em nossa economia mundial, ampliada e integrada. Como observamos, elas surgiram numa ordem econômica internacional de pós-guerra que reduziu o protecionismo e estimulou a recuperação do comércio mundial, e foram ainda mais encorajadas na década de 1970 pela decisão dos Estados Unidos de abandonar o padrão-ouro, seguida pela liberalização geral dos controles cambiais, a princípio em poucos países apenas, depois em muitos outros. Isso não só proporcionou mais liquidez ao comércio mundial como também aumentou o fluxo de investimentos de capital transnacionais, já que as empresas puderam investir no exterior sem as limitações impostas pelos bancos centrais".

Goste-se ou não, a concentração do poder econômico tem como efeito colateral o enfraquecimento da **eficácia** das normas jurídicas, especialmente aquelas de controle e proteção.

No caso das barreiras tarifárias, o efeito é ainda mais devastador. Uma empresa transnacional interessada em dado mercado — o brasileiro, por exemplo –, ao perceber que enfrentará resistência ao ingresso de seus produtos devido aos altos níveis tributários na importação, se considerar o país como realmente estratégico aos seus interesses, simplesmente "cruzará a fronteira" e passará a **produzir localmente**, mediante instalações próprias ou com a aquisição de empresas nacionais, em regra com **incentivos governamentais** diferenciados (isenções e diferimentos tributários, por exemplo, muitas

---

resolvidas tratativas acerca da Área de Livre-Comércio das Américas (ALCA), que se iniciaram em dezembro de 1994, em Miami, em uma reunião denominada *Cúpula das Américas.*

[37] Paul Kennedy. *Preparando para o século XXI*, p. 48.

vezes concedidos ao arrepio dos princípios da igualdade e da capacidade contributiva, especialmente em relação ao pequeno empresário nacional[38]).

Se, por hipótese, as condições tributárias no próprio país de interesse não forem razoáveis, basta que a empresa transnacional se instale em país vizinho, pertencente a um mesmo **processo de integração** e, a partir deste, dispare suas transações comerciais, em um procedimento que denominamos **triangulação aduaneira**, muito semelhante ao *treaty shopping*[39] utilizado para minimizar os efeitos do imposto sobre a renda.

Ante esses dois fenômenos de concentração econômica, um relativo aos **países** e outro de **índole privada**, não nos parece, realmente, que elevadas alíquotas do imposto de importação consigam surtir o efeito desejado, especialmente no longo prazo.

Tal constatação, aliada aos preceitos do GATT, levou a imensa maioria dos países a reduzir suas alíquotas, gerando uma curva que, *em termos de média, tende a zero*.

O Brasil, infelizmente, parece caminhar em sentido oposto, não apenas pelo imposto de importação — que ainda é muito superior aos padrões médios internacionais — mas, principalmente, pela introdução de novas e temerárias figuras tributárias, absolutamente incompatíveis com o ordenamento internacional e com a própria Constituição da República, como o **PIS Vinculado** e a **COFINS Vinculada**, devidos a partir da edição da Lei n. 10.865/2004[40].

A despeito das afirmações anteriores, não podemos olvidar o relevante aspecto **extrafiscal** que as alíquotas do imposto de importação podem desempenhar em casos pontuais, nos quais agudas distorções de ordem econômico-financeira possam causar graves danos à indústria nacional, especialmente quando não devidamente atendidos os preceitos concorrenciais. Essa é a função precípua do tributo, tal qual a concebeu o legislador constitucional, sobretudo em razão da possibilidade de imediata alteração e aplicabilidade, sempre que forem colocados em risco os princípios garantidores da livre-iniciativa e da isonomia.

1.1.9.1.2. *Alíquotas médias das importações no Brasil*

Vimos que o principal problema tributário nas importações é a existência de incidências **sequenciais** e **cumulativas**, que se espalham por diversas espécies tributárias e oneram sobremaneira o custo final da operação.

---

[38] Causam-nos espanto os incentivos e benefícios concedidos a grandes corporações internacionais, tão alardeados e festejados pelos políticos e pela mídia, pois, muitas vezes, se revestem de vitanda inconstitucionalidade, por afronta não somente aos princípios tributários apontados, mas, sobretudo, *pela existência de comando constitucional em sentido oposto*, que exige "tratamento favorecido para as empresas de pequeno porte constituídas sob as leis brasileiras e que tenham sua sede e administração no país", conforme artigo 170, IX, da Carta Maior.

[39] O *treaty shopping* seria a pesquisa de acordos internacionais favoráveis a certa operação econômica, por meio da qual se criaria uma residência tributária fictícia em um dos países signatários, para obtenção de vantagens pela utilização de interposta pessoa.

[40] Lei n. 10.865/2004: Art. 1.º Ficam instituídas a Contribuição para os Programas de Integração Social e de Formação do Patrimônio do Servidor Público incidente na Importação de Produtos Estrangeiros ou Serviços — PIS/PASEP — Importação e a Contribuição Social para o Financiamento da Seguridade Social devida pelo Importador de Bens Estrangeiros ou Serviços do Exterior — COFINS — Importação, com base nos arts. 149, § 2.º, inciso II, e 195, inciso IV, da Constituição Federal, observado o disposto no seu art. 195, § 6.º.

Especificamente em relação às alíquotas do imposto de importação, a despeito de sua redução, nas últimas décadas, em todos os países signatários do GATT, o patamar adotado pelo Brasil ainda é praticamente o **dobro** da média mundial, se tomados em consideração os grupos de produtos mais importantes.

Segundo dados de 2022 da Organização Mundial do Comércio, a média das **alíquotas brasileiras de importação**, considerados os efeitos dos Acordos Internacionais assinados pelo Brasil, é de 11,1%.[41]

Isso significa que a globalização pouco influenciou o impacto tributário das importações no país, ao contrário do que ocorreu com os nossos principais "concorrentes", como Argentina, México e China, por exemplo, que reduziram significativamente seus índices de proteção tarifária no período, o que apenas comprova o nosso atraso e descompasso com o que acontece no resto do mundo.

Convém destacar que a alíquota média apurada é o imposto calculado (resultado da aplicação da alíquota nominal da Tarifa Externa Comum (TEC) a cada mercadoria efetivamente importada) dividido pelo Valor Tributável (base de cálculo do Imposto de Importação), enquanto a alíquota média real é o imposto efetivamente pago dividido pelo valor tributável.

Tabela 1.5. Alíquotas das importações no Brasil — 2022

BRASIL							
Part A.1			Tariffs and imports: Summary and duty ranges				
Summary		Total	Ag.	Non-Ag	WTO member since		1995
Simple average final bound		31,4	35,4	30,8	Binding coverage:	Total	100
MFN applied						Non-Ag	100
Simple average	2022	11,1	8,0	11,6	Ag: Tariff quotas (in %)		0,5
Trade weighted average	2022	9,1	11,7	9,0	Ag: Special safeguards (in %)		0
Imports in billion US$	2021	219,1	11,9	207,2			

Frequency distribution		Duty-free	0<=5	5<=10	10<=15	15<=25	25<=50	50<=100	>100	NAV in %
		Tariff lines and impor values (in %)								
Agricultural products										
Final bound		2,7	0,0	0,4	1,1	7,1	74,9	13,7	0	0
MFN applied	2022	12,5	9,1	52,5	20,5	4,3	0,9	0,1	0	0
Imports	2021	2,2	2,5	56,2	20,4	15,5	3,3	0	0	0
Non-agricultural products										
Final bound		0,7	0,1	0,6	2,1	23,7	72,7	0	0	0
MFN applied	2022	19,3	6,0	17,4	33,9	10,4	12,9	0	0	0
Imports	2021	24,9	12,7	14,6	23,5	19,7	4,6	0	0	0

Fonte: OMC, World Tariff Profiles 2023.

---

[41] OMC, World Tariff Profiles 2023. Disponível em: https://www.wto.org/english/res_e/booksp_e/world_tariff_profiles23_e.pdf. Acesso em: out. 2023.

Tabela 1.6. Alíquotas de importação por categoria de produtos — 2022

Part A.2	Tariffs and imports by product groups								
	Final bound duties				MFN applied duties			Imports	
Product groups	AVG	Duty-free in %	Max	Binding in %	AVG	Duty-free in %	Max	Share in %	Duty-free in %
Animal products	37,8	5,4	55	100	6,4	17,4	13	0,2	1,8
Dairy products	48,8	0	55	100	16,0	0	28	0,2	0
Fruit, vegetables, plants	34,1	1,0	55	100	8,1	8,1	55	0,8	2,8
Coffee, tea	34,1	0	35	100	10,3	4,2	16	0,2	0
Cereals & preparations	42,9	0,8	55	100	8,0	20,5	16	2,0	1,2
Oilseeds, fats & oils	34,6	0,4	35	100	6,2	13,4	11	1,0	0,9
Sugar and confectionery	34,4	0	35	100	12,4	5,9	16	0,0	0
Beverages & tobacco	37,7	0	55	100	13,7	0,9	16	0,5	0
Cotton	55,0	0	55	100	5,1	0	6	0,0	0
Other agricultural products	28,8	7,9	55	100	5,9	19,0	11	0,5	12,0
Fish & fish products	33,6	3,8	35	100	8,3	3,7	32	0,6	11,8
Minerals & metals	32,9	0,6	35	100	7,9	17,9	18	20,9	34,6
Petroleum	35,0	0	35	100	0,1	97,2	5	8,0	99,5
Chemicals	21,1	0,4	35	100	5,3	48,4	18	20,8	1,6
Wood, paper, etc.	28,4	2,6	35	100	8,1	17,1	18	0,9	3,6
Textiles	34,8	0	35	100	22,6	2,8	35	2,2	0
Clothing	35,0	0	35	100	35,0	0	35	0,5	0
Leather, footwear, etc.	34,6	0	35	100	13,6	6,0	35	2,0	0,4
Non-electrical machinery	32,4	0,4	35	100	10,4	12,0	18	13,3	23,2
Electrical machinery	31,9	2,6	35	100	11,4	17,5	20	12,5	16,3
Transport equipment	33,1	0	35	100	16,6	20,3	35	7,8	13,3
Manufactures, n.e.s.	33,0	0,8	35	100	11,7	11,9	20	5,1	35,2

Fonte: OMC, World Tariff Profiles 2023.

1.1.9.2. *Modalidades não tarifárias de intervenção*

Os países-membros da OMC possuem diversos mecanismos de defesa não tarifários, constituídos, em sua maioria, por medidas de ordem político-jurídica, que têm por objetivo prevenir possíveis abusos nas transações de comércio exterior, sempre que estas possam representar prejuízos à indústria nacional.

A compreensão dos mecanismos envolvidos e a repercussão de sua utilização para o comércio brasileiro são essenciais para o crescimento do país, conforme texto de apresentação ao tema, encontrado na mesma página do Ministério: "No atual cenário do comércio internacional é de fundamental importância que esforços sejam desenvolvidos no sentido de aumentar significativamente a reduzida participação das exportações brasileiras no mercado mundial, cuja fatia situa-se atualmente em pouco mais de 1%[42], cifra esta que não corresponde às dimensões da economia do país e muito menos às suas potencialidades. Para atingir esse objetivo, faz-se necessário, inicialmente, a

---

[42] Dados da OMC, de 2020, indicam que as exportações brasileiras representaram 1,2% do comércio internacional de mercadorias. Também segundo a OMC, o Brasil foi apenas o 26.º país no ranking global de mercadorias e o 33.º na exportação de serviços.

identificação das barreiras existentes às nossas exportações, de forma sistemática e atualizada, para posterior análise de seu impacto econômico, visando, simultaneamente, informar e melhorar a performance do setor exportador, bem como servir de subsídios às negociações internacionais que visem à eliminação dos obstáculos comerciais".

Quadro 1.1. Modalidades de barreiras no comércio internacional

MODALIDADE	EXEMPLO
Cotas	Limitação de importações pela fixação de cotas para produtos
Aplicação do Acordo sobre Têxteis e Vestuário (ATV)	Cotas do Acordo Multifibras
Proibição total ou temporária	Proibição de importação de um produto que seja permitido comercializar no mercado interno do país que efetuou a proibição
Salvaguardas	Aplicação de cotas de importação ou elevação de tarifas por questões de medidas de salvaguarda, exceto salvaguardas preferenciais previstas em acordos firmados
Impostos e gravames adicionais	Adicionais de tarifas portuárias ou de marinha mercante, taxa de estatística etc.
Impostos e gravames internos que discriminem entre o produto nacional e o importado	Imposto do tipo do ICMS que onere o produto importado em nível superior ao produto nacional
Preços mínimos de importação/preços de referência	Estabelecimento prévio de preços mínimos como referência para a cobrança das tarifas de importação, sem considerar a valoração aduaneira do produto
Investigação antidumping em curso; direitos antidumping aplicados, provisórios ou definitivos; investigação antidumping suspensa por acordos de preços; investigação de subsídios em curso; direitos compensatórios aplicados, provisórios ou definitivos; investigação de subsídios suspensa por acordo de preços; subsídios às exportações praticados por terceiros países; medidas financeiras	Criação de sobretaxa para as importações, empalme argentino
Licenças de importação automáticas	Produtos sujeitos a licenciamento nas importações, apenas para registro de estatísticas
Licenças de importação não automáticas	Produtos sujeitos a anuência prévia de algum órgão no país importador
Controles sanitários e fitossanitários nas importações	Normas sanitárias e fitossanitárias exigidas na importação de produtos de origem animal e vegetal
Restrições impostas a determinadas empresas	Exigências específicas para importações de produtos de determinadas empresas
Organismo estatal importador único	Produtos cuja importação é efetuada pelo Estado, em regime de monopólio
Serviços nacionais obrigatórios	Direitos consulares
Requisitos relativos às características dos produtos	Produtos sujeitos à avaliação de conformidade
Requisitos relativos à embalagem	Exigências de materiais, tamanhos ou padrões de peso para embalagens de produtos
Requisitos relativos à rotulagem	Exigências especiais quanto a tipo, tamanho de letras ou tradução nos rótulos de produtos

Requisitos relativos a informações sobre o produto	Exigências de conteúdo alimentar ou proteico de produtos ou de informações ao consumidor
Requisitos relativos à inspeção, ensaios e quarentena	Produtos sujeitos à inspeção física e análise nas alfândegas ou a procedimentos de quarentena
Outros requisitos técnicos	Exigência de certificados relativos à fabricação do produto mediante processos não poluidores do meio ambiente
Inspeção prévia à importação	Inspeção pré-embarque
Procedimentos aduaneiros especiais	Exigência de ingresso de importações somente por determinados portos ou aeroportos
Exigência de conteúdo nacional/regional	Discriminação de importações para favorecer as que tenham matéria-prima originária do país importador
Exigência de intercâmbio compensado	Condicionamento de importações à exportação casada de determinados produtos
Exigências especiais para compras governamentais	Tratamento favorecido aos produtos nacionais em concorrências públicas
Exigência de bandeira nacional	Exigência de uso de navios ou aviões de bandeira nacional para o transporte das importações

A partir da lista compilada pelo MDIC, faremos uma análise das principais medidas de intervenção não tarifária utilizadas pelos países, a fim de verificarmos sua compatibilidade com as **diretrizes multilaterais** do comércio, além dos reflexos jurídicos e econômicos no cenário das trocas internacionais.

Lembramos ao amigo leitor que alguns temas, de grande relevância para o comércio internacional, serão abordados em tópicos próprios, como é o caso do dumping, dos subsídios e das salvaguardas.

1.1.9.2.1. Sistema de cotas

As barreiras relacionadas à imposição de cotas, como o próprio nome revela, implicam **restrições quantitativas** na importação de determinados produtos, com a fixação de um limite máximo de entradas permitido durante certo período.

De acordo com as diretivas da Organização Mundial do Comércio, os membros deverão **publicar** todas as informações pertinentes às aplicações de restrições quantitativas, exceções ou derrogações, além dos montantes das cotas, datas de abertura e fechamento, com antecedência de 21 dias do início efetivo da obrigação.

O **sistema de cotas** normalmente é atrelado à concessão de licenças específicas, exigidas como fonte de informação para o cálculo dos limites autorizados para importação.

Além dos produtos, as cotas podem ser alocadas por países, e a publicação deve declarar expressamente quais os volumes e países afetados.

A negociação original prevista pelo GATT permitia que os países utilizassem diversas medidas não tarifárias, como as cotas e os subsídios.

Após a Rodada Uruguai, que culminou com a criação da Organização Mundial do Comércio, em 1995, ficou decidido que as restrições de natureza não tributária deveriam ser **convertidas em tarifas** (processo conhecido como "tarificação").

Isso fez com que os mercados se tornassem substancialmente mais previsíveis, especialmente para os produtos agrícolas. Antes do acordo, mais de 30% da produção agrícola mundial enfrentava cotas ou restrições à importação.

O primeiro passo para a "tarificação" foi substituir tais restrições por tarifas que representassem, aproximadamente, o mesmo **nível de proteção**. Com efeito, ao longo de seis anos (entre 1995 e 2000), essas tarifas foram gradualmente reduzidas, com a ressalva de que o período de redução para os países em desenvolvimento terminou apenas em 2005[43].

O chamado "Pacote de Tarificação" continha regras adicionais. Ele garantia que as quantidades importadas antes de o acordo entrar em vigor poderiam ser mantidas e autorizava novas quantidades, que seriam objeto de tributações progressivas.

O modelo ficou conhecido como **cotas-tarifas** e estabelecia alíquotas baixas para quantidades específicas, com incremento substancial nos percentuais para as quantidades que ultrapassassem o limite básico.

As autorizações de acesso aos mercados sobre a agricultura também objetivaram eliminar a proibição das importações anteriormente existentes para determinados produtos.

Conquanto a Organização Mundial do Comércio considere *encerrada* a fase protecionista de aplicação dos sistemas de cotas, que predominou no cenário internacional desde o início dos anos 1960, ainda existem exemplos concretos de sua aplicação.

É o caso do **açúcar brasileiro** destinado aos Estados Unidos. Desde 1982, os norte--americanos aplicam sistema de cotas para o produto, o que, em termos reais, reduziu as exportações brasileiras do produto, para aquele país, em 60% no período.

1.1.9.2.2. *As cotas no acordo multifibras*

Devido à relevância dos **produtos têxteis** no comércio internacional, desde os anos 1960 diversos acordos bilaterais foram celebrados, quase todos pautados por mecanismos de cotas nas importações.

Em 1974, as restrições ao setor têxtil passaram a ser regulamentadas no âmbito do GATT, apesar de, sintomaticamente, seguirem regras distintas. O tema, então, deslocou-se para o que ficou conhecido como **Acordo Multifibras** (ou MFA — *Multifibre Agreement*, da sigla em inglês).

O primeiro MFA foi celebrado em 1974 e durou apenas quatro anos. O segundo foi de 1978 a 1982, o terceiro, de 1982 a 1986 e o quarto, de 1986 até 1992, quando foi prorrogado até dezembro de 1993.

Em 1994, quando o MFA foi encerrado, até em razão das tratativas da **Rodada Uruguai**, 39 países faziam parte do acordo (oito países desenvolvidos, importadores, e 31 países em desenvolvimento, exportadores).

---

[43] O acordo previa que os países desenvolvidos deveriam reduzir as tarifas médias em 36%, no prazo de seis anos, enquanto para os países em desenvolvimento a redução média seria de 24% em um prazo de até dez anos. Países com baixo nível de desenvolvimento (*Least Development Countries* — LDC) não tinham a obrigação de reduzir suas tarifas.

O principal objetivo da Rodada Uruguai era extinguir os acordos bilaterais e as imposições unilaterais existentes — e aceitos pela estrutura dos MFA –, a fim de incorporar, definitivamente, o setor têxtil às **regras multilaterais**, muito mais seguras e estáveis, posição defendida pelos países em desenvolvimento, entre eles o Brasil, que não concordavam com o sistema de cotas fixado pelos países desenvolvidos.

Em decorrência da imposição e força política dos norte-americanos, foi celebrado um acordo provisório, pelo prazo de dez anos, conhecido como **Acordo sobre Têxteis e Vestuário (ATV)**. O acordo previu a redução do sistema de cotas para o setor em quatro etapas, até 1.º de janeiro de 2005, quando deixou de existir.

Atualmente, a questão é regida **integralmente** pelas regras do GATT e da Organização Mundial do Comércio.

1.1.9.2.3. Proibição nas importações

A proibição ou restrição nas importações é medida drástica, adotada no âmbito do comércio internacional, que tem por objetivo **impedir a entrada** de produtos considerados incompatíveis com as normas internas de segurança de determinado país.

Deve-se entender a expressão **segurança**[44] em sentido amplo, de modo a abranger questões de defesa institucional, saúde pública ou proteção ambiental, entre outras possibilidades. Em contrapartida, alguns países também se valem das proibições para combater produtos estrangeiros competitivos ou forçar, no campo político, acordos de natureza comercial.

As proibições podem ser em caráter **permanente** ou **temporário**. Quando permanentes, normalmente são impostas em relação a produtos proibidos ou perigosos, como armamentos, certos tipos de drogas e medicamentos ou, ainda, animais em extinção. Já as proibições temporárias costumam ser respostas governamentais a cenários específicos, como no caso de uma epidemia, por exemplo, durante a qual produtos originários de países com alto grau de contaminação têm sua importação suspensa no intuito de proteger a saúde pública local.

Daí se pode perceber que a proibição nas importações pode ser **geral** (nenhum produto daquela natureza poderá ingressar no país, independente da origem) ou **específica** (a vedação se aplica apenas a produtos oriundos de países que ofereçam algum tipo de risco).

Uma variante do modelo seria a aplicação de **restrições** às importações. A diferença reside no fato de que as restrições não impedem a entrada do produto no país, mas estabelecem condições especiais de admissibilidade, normalmente em razão da **qualificação** do importador.

Como exemplo temos armas, munições e explosivos, que são de **importação restrita** e só podem ser trazidos ao Brasil por empresas previamente autorizadas, que

---

[44] Também é a opinião de Paul Kennedy, para quem "Nesse sentido mais amplo e integrado, a segurança 'nacional' torna-se cada vez mais inseparável da segurança 'internacional', e ambas passam a ter uma definição muito mais ampla: em lugar do conceito militar mais limitado, está surgindo uma definição de caráter mais geral, que pode abarcar todo o espectro de desafios, velhos e novos. Na verdade, podemos acabar admitindo que uma ameaça à segurança nacional significa qualquer coisa no mundo que coloque em risco a saúde de um povo, o seu bem-estar econômico, estabilidade social e paz política". Paul Kennedy. *Preparando para o século XXI*, p. 128.

cumpram as exigências legais. Nesse caso, a administração aduaneira adota procedimentos específicos de controle, tanto em função do importador como dos próprios produtos, que serão vistoriados quando do ingresso no país.

Igual tratamento aplica-se para medicamentos, produtos químicos e derivados de fumo, entre outros bens considerados sensíveis.

O mecanismo prévio de controle das transações sujeitas a restrições utiliza o chamado **licenciamento das importações**, talvez a mais importante **barreira técnica** do comércio internacional, que teremos a oportunidade de comentar mais adiante.

Existem também os **embargos**, formas extremas de proibição, que vedam qualquer tipo de operação comercial com determinado país ou região. Os embargos normalmente são empregados como retaliação política, como no famoso caso do embargo imposto pelos Estados Unidos a Cuba, como represália ao regime de Fidel Castro.

No Brasil existem diversos casos concretos de proibição às importações, resultantes de disposições legais. Exemplo interessante é a vedação à importação de brinquedos ou réplicas de **armas de fogo**, prevista no artigo 611 do Decreto n. 6.759/2009, que veicula o atual Regulamento Aduaneiro[45].

Ainda que adotadas com base em normas jurídicas, a proibição de importações pode sofrer contestação, em razão de interesses econômicos diversos e, dessa forma, ser levada para discussão nos tribunais superiores. Foi o que ocorreu com a importação de **pneus usados**, caso paradigmático em que o Brasil, no intuito de proteger o meio ambiente da verdadeira invasão do lixo ambiental oriundo, sobretudo, dos países europeus, vetou a importação de tais itens.

As empresas importadoras levaram a questão até o Supremo Tribunal Federal, sob o argumento de que a vedação feriria a livre concorrência, até porque era permitida a importação de pneus usados provenientes do Mercosul, o que gerou, inclusive, **reclamação formal** da União Europeia na Organização Mundial do Comércio, por tratamento discriminatório.

O Supremo Tribunal Federal, por oito votos a um, decidiu pela **constitucionalidade** da proibição, com a tese de que a livre concorrência, apesar de prevista na ordem econômica vigente, deve também se pautar pela proteção ao meio ambiente. Vale lembrar que até a decisão final do STF dezenas de milhões de pneus usados efetivamente ingressaram no Brasil, quase sempre amparados por medidas liminares.

O nosso ordenamento também prevê a proibição de produtos **contrafeitos**, que poderão ser retidos, de ofício ou a requerimento do interessado, pela autoridade competente, no curso da conferência aduaneira, quando assinalados com marcas falsificadas, alteradas ou imitadas, ou se apresentarem indicação de procedência inidônea[46].

---

[45] Regulamento Aduaneiro, artigo 611: "É vedada a importação de brinquedos, réplicas e simulacros de armas de fogo, que com estas se possam confundir (Lei n. 10.826, de 22 de dezembro de 2003, artigo 26, *caput*). Parágrafo único. Excetuam-se da proibição referida no *caput* as réplicas e os simulacros destinados à instrução, ao adestramento, ou à coleção de usuário autorizado, nas condições fixadas pelo Comando do Exército (Lei n. 10.826, de 2003, artigo 26, parágrafo único)".

[46] Artigo 605 do Regulamento Aduaneiro, com esteio no artigo 198 da Lei n. 9.279, de 14 de maio de 1996.

1.1.9.2.4. As barreiras sanitárias e fitossanitárias

As medidas **sanitárias** e **fitossanitárias** têm por objetivo o controle sobre a qualidade dos alimentos e a saúde de animais oriundos de outros países. O acordo firmado no âmbito da OMC[47] a respeito do tema procura assegurar que tais medidas sejam utilizadas somente com esse propósito, evitando-se a prática, bastante conhecida, de **discriminação** e imposição de barreiras unicamente para se impedir o acesso a determinados mercados.

O acordo determina, como preceito básico, o **equilíbrio** entre o grau de risco e o alcance das medidas protecionistas, no intuito de minimizar o prejuízo comercial.

Para tanto, deverão ser considerados diversos fatores: as evidências científicas disponíveis, os processos e meios de produção, os métodos de amostragem e análise, a prevalência de doenças ou pestes específicas e as condições ecológicas e ambientais, entre outros, que serão cotejados com os padrões adotados por outros Estados-membros, com o propósito de se alcançar harmonização em escala internacional.

Inúmeros exemplos recentes demonstram a importância da regulamentação e transparência na adoção de medidas sanitárias. Convém lembrar o caso de doenças animais como a **febre aftosa** (que atingiu o gado argentino, mas não o brasileiro) e especialmente a **"doença da vaca louca"**, que assolou os rebanhos na Inglaterra e cujas consequências foram sentidas em nosso país, particularmente com a rumorosa e absurda posição adotada pelo governo canadense em relação aos produtos bovinos brasileiros, quando todos sabiam que a querela, no fundo, advinha da concorrência pelo lucrativo mercado de jatos regionais, entre as empresas Embraer e a Bombardier.

A proliferação dos produtos transgênicos e o avanço da bioengenharia certamente farão com que o assunto adquira posição de destaque nos debates comerciais internacionais ao longo dos próximos anos, sob forte influência das empresas transnacionais, principais detentoras de tecnologia e com enormes interesses econômicos no mercado global.

1.1.9.2.4.1. O impacto da Covid-19 no comércio internacional

Era algo que a comunidade científica sempre considerou possível, até mesmo iminente. Mas poucos imaginavam que seria tão avassalador.

A década de 2020 passará para a história como um dos momentos mais dramáticos da humanidade.

Passada a fase mais trágica da pandemia, o mundo contabiliza, em outubro de 2023, quase 7 milhões de mortes[48], causadas por um vírus que surgiu na China e rapidamente se espalhou, com consequências trágicas no Brasil, onde mais de 700.000 pessoas morreram, embora sejamos menos de 3% da população mundial.

Uma corrida tecnológica inédita na indústria farmacêutica atalhou a produção de diversas vacinas, com mais de 13,5 bilhões de doses aplicadas até o momento[49], embora distribuídas de forma bastante desigual entre os países mais e menos desenvolvidos.

---

[47] Acordo sobre Aplicação de Medidas Sanitárias e Fitossanitárias (*Agreement on the Application of Sanitary and Phytosanitary Measures* — SPS), assinado em 1994 como parte das resoluções da Rodada Uruguai, que detalharemos no tópico 2.3.

[48] Segundo dados da Organização Mundial de Saúde, disponíveis em: https://covid19.who.int/. Acesso em: out. 2023.

[49] Idem.

Alguns países, como a Nova Zelândia, enfrentaram de forma exemplar a pandemia, enquanto outros, notadamente o Brasil, erraram em praticamente todas as abordagens.

O fato é que os *lockdowns* e as restrições à movimentação de pessoas e bens impactaram toda a sociedade, com uma profunda alteração nas relações sociais, desde a forma como passamos a trabalhar e estudar até os nossos hábitos de consumo.

Aproximadamente 100 países adotaram medidas comerciais relacionadas ao combate à pandemia, em sua maioria destinadas à facilitação e redução de tarifas de importação para produtos médicos e hospitalares. No sentido inverso, países com maior desenvolvimento tecnológico impuseram **restrições às exportações** desses tipos de produtos, com medo de desabastecimento de seus mercados internos.

As grandes crises sempre revelam a faceta mais dramática da globalização: o fechamento dos mercados e a defesa dos interesses nacionais, sem grandes preocupações, a não ser retóricas, com a situação dos países menos desenvolvidos.

A despeito da tragédia humanitária, o impacto da pandemia no comércio internacional foi **menor** do que o previsto, tanto em termos de valores como de volumes.

De fato, a queda foi bem menor do que aquela registrada na crise econômica de 2008/2009 e o "pós-pandemia" (fim de 2022) registrou recordes no comércio internacional[50], como demonstra o gráfico a seguir.

Gráfico 1.2. Exportações globais de mercadorias (US$ trilhões)

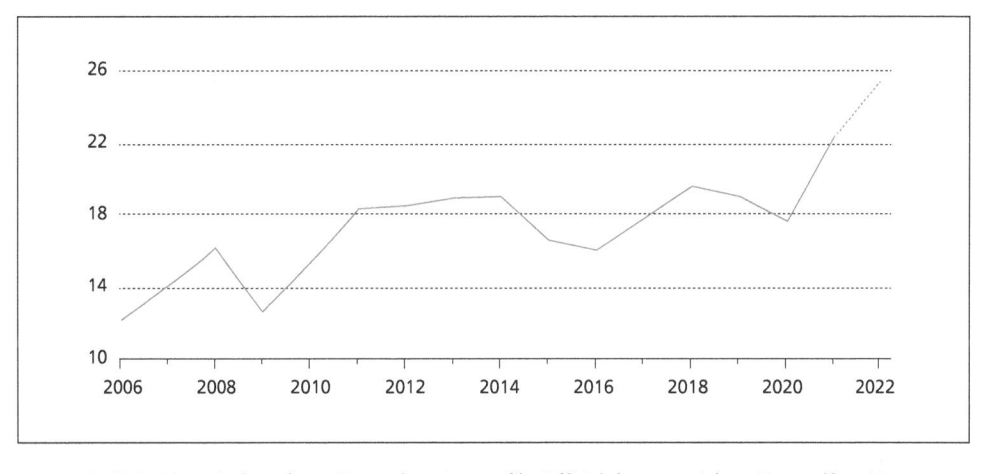

Fonte: UNCTAD. Disponível em: https://unctad.org/system/files/official-document/tdstat47_en.pdf, p. 16.

Dados da Organização Mundial do Comércio (OMC) apontam que, após uma queda no início de 2023 (até em função do recorde histórico em 2022), no segundo trimestre houve uma forte recuperação, impulsionada pela venda de automóveis, como indica o "Barômetro do Comércio de Bens" da entidade[51]:

---

[50] A estimativa da UNCTAD é de um volume total de US$ 32 trilhões (25 trilhões em mercadorias e quase 7 trilhões em serviços).

[51] Disponíveis em: https://www.wto.org/english/news_e/news23_e/wtoi_24aug23_e.htmcom. Acesso em: 02 out. 2023.

Gráfico 1.3. Barômetro do Comércio de Mercadorias (2014-2023)

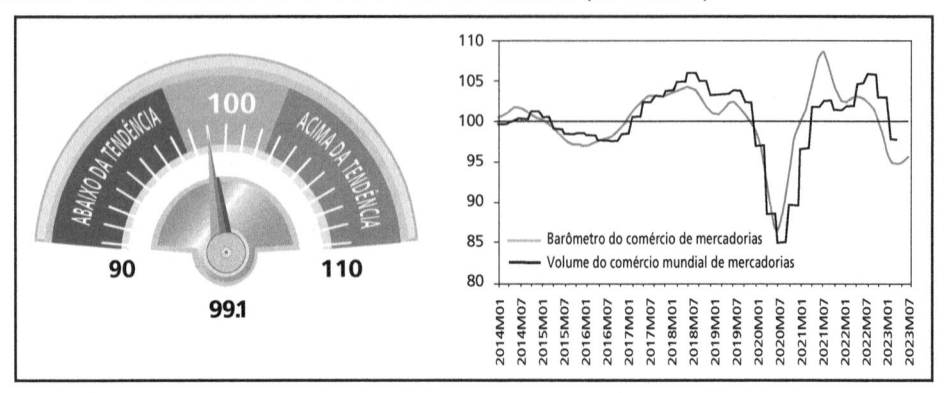

O ponteiro à esquerda no gráfico indica que a atividade comercial (em julho de 2023) ficou dentro do esperado, a partir da análise ponderada de diversos índices, como o volume de carga aérea, o despacho de contêineres e a venda de *commodities*, entre outros.

Gráfico 1.4. Taxas de crescimento por setor: 2020, segundo semestre (percentual)

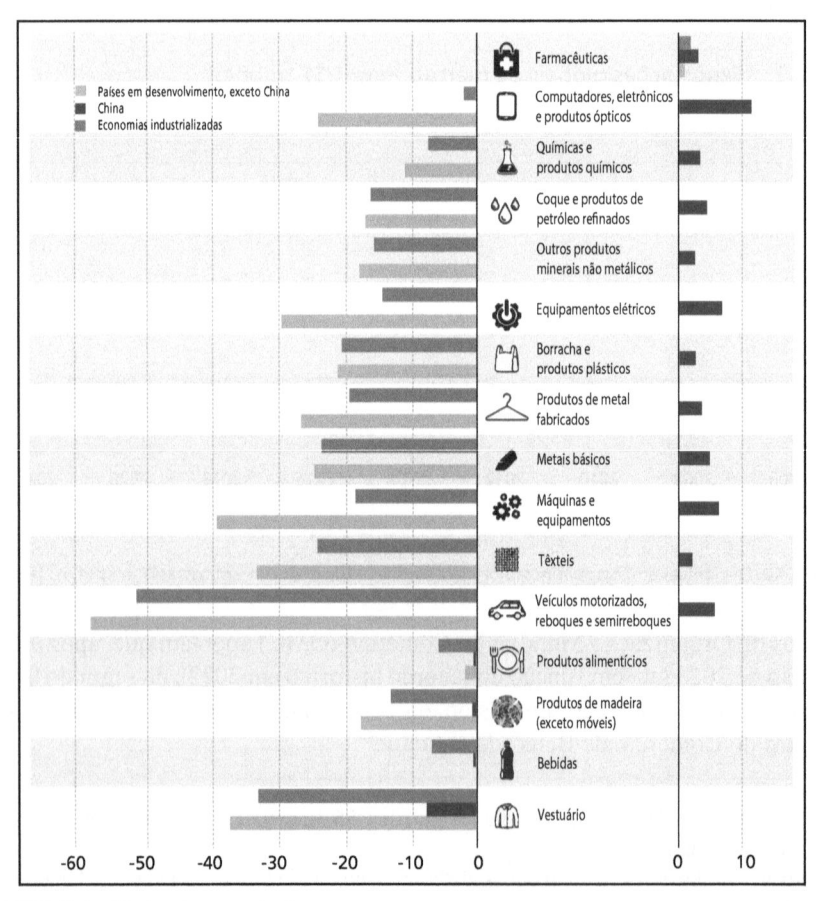

Fonte: UNIDO. Nota: Mudanças percentuais ano a ano.

O maior fardo, como sempre, recai sobre os países em desenvolvimento e os menos desenvolvidos, que, além da perda de capacidade econômica pelo decréscimo das transações do comércio internacional, enfrentam um aumento significativo nos índices de **desemprego** e **pobreza**.

Estudo da UNCTAD revela que aproximadamente 130 milhões de pessoas foram devolvidas à extrema pobreza na pandemia, muitas em razão do desemprego, pois os auxílios emergenciais dos governos foram efêmeros e certamente insuficientes para a manutenção de uma condição de vida minimamente digna.

É certo que os países mais ricos injetaram trilhões de dólares na economia, com o objetivo de minimizar o impacto da pandemia, mas esse tipo de medida traz consequências deletérias de médio prazo, como o endividamento público e o aumento da inflação, problemas que a maior parte dos países em desenvolvimento não está preparada para enfrentar.

Ademais, vale lembrar que esse volume de recursos se destina aos **mercados internos** de cada país, pois é natural que os governos se preocupem com as necessidades de seus cidadãos. A contrapartida desse cenário é uma drástica redução no fluxo de investimentos internacionais, como se pode verificar no gráfico a seguir.

Gráfico 1.5. Fluxos de investimento estrangeiro direto (bilhões de dólares)

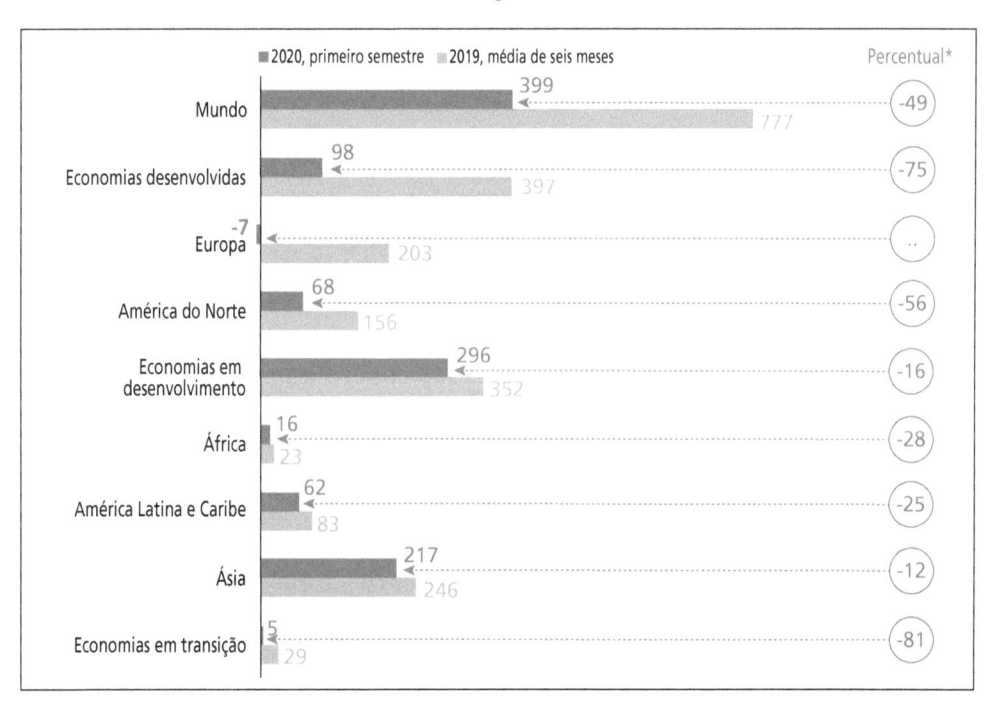

Fonte: UNCTAD Global Investment trends Monitor, No. 36, October 2020. * Dados não disponíveis.

A OMS anunciou o fim da pandemia em 05 de maio de 2023. Apesar da magnitude do impacto sobre vidas humanas em todo o planeta, o comércio internacional se recuperou, graças ao avanço tecnológico, sobretudo a rápida produção e distribuição de vacinas e o incremento do comércio eletrônico, que hoje alcança bilhões de pessoas.

1.1.9.2.5. As barreiras técnicas ao comércio

As barreiras técnicas podem ser expressas dos mais diversos modos, sem, no entanto, se confundirem com as restrições sanitárias.

Na maioria dos casos, as barreiras dizem respeito a restrições quanto à **composição** ou ao **processo de fabricação** de certos produtos, que devem atender a exigências especiais, de acordo com as determinações do país importador.

Existem, ainda, barreiras indiretas, que estabelecem parâmetros mínimos de aceitação, com especial destaque para as medidas de caráter ambiental. Também bastante comum é a exigência de laudos técnicos ou certificações de qualidade, emitidos por entidades reconhecidas internacionalmente.

A Rodada Uruguai buscou regular a matéria de forma mais eficaz, determinando que os produtos importados recebam o **mesmo tratamento** destinado aos nacionais em relação às questões técnicas.

Como no caso das medidas sanitárias, deverão ser adotados padrões internacionais reciprocamente aceitos pelos signatários, evitando-se avaliações de conformidade não transparentes ou demasiadamente custosas, bem como inspeções excessivamente rigorosas ou desnecessárias.

Foi assumido, ainda, o compromisso de que entraves técnicos não serão criados ou ampliados com o único propósito de obstaculizar o comércio internacional. Para levar a cabo tal objetivo, o acordo[52] previu, minuciosamente, a utilização de procedimentos de **avaliação** e **certificação de conformidade**[53], destinados a comprovar que o produto importado cumpre os requisitos estabelecidos nas normas ou nos regulamentos técnicos vigentes no país importador.

Cabe, neste ponto, diferençar **norma técnica** de **regulamento técnico**: a primeira refere-se a um padrão comumente aceito pelos produtores e consumidores quanto às características de um produto, enquanto o regulamento estabelece as condições legais a serem obedecidas para que o produto possa ser comercializado no território do país importador.

Dito de outro modo, as normas técnicas têm natureza **voluntária**, de adesão, enquanto os regulamentos, como manifestação do poder do Estado, possuem caráter **obrigatório**. Exemplo: mesmo que atendidas as especificações técnicas e as expectativas dos consumidores, não poderão ser comercializados, no Brasil, veículos de passeio com **motores a diesel**, por expressa vedação legal.

No Brasil, as normas são elaboradas por consenso no âmbito da **Associação Brasileira de Normas Técnicas (ABNT)**, entidade privada sem fins lucrativos, criada com o objetivo de coordenar, orientar e supervisionar o processo de elaboração das regras nacionais.

---

[52] Acordo sobre Barreiras Técnicas (*Agreement on Technical Barriers to Trade* — TBT), sobre o qual discorreremos no capítulo seguinte.

[53] Os procedimentos de avaliação da conformidade são as verificações, inspeções e certificações emitidas pelas entidades competentes em relação a critérios de qualidade, produtividade e serviços.

Devido ao caráter voluntário, as normas técnicas não impedem que determinado produto seja comercializado. Contudo, os produtos que não estiverem de acordo com as regras estipuladas terão maior dificuldade de aceitação no mercado[54].

Os **regulamentos** decorrem do direito administrativo e representam o poder de limitação das atividades individuais em prol dos interesses coletivos, notadamente nas áreas de saúde, segurança, meio ambiente e proteção ao consumidor. As exigências estabelecidas nos regulamentos são **compulsórias** e alcançam, sem distinção, produtos nacionais e de origem estrangeira.

No país, além do Presidente da República, diversos ministérios possuem competência regulamentar, de acordo com as respectivas áreas de atuação, como o Ministério da Economia; Ministério da Saúde; Ministério da Agricultura, Pecuária e Abastecimento; Ministério do Desenvolvimento Regional; Ministério da Justiça; Ministério da Infraestrutura; Ministério da Defesa; Ministério do Trabalho e Previdência e Ministério do Meio Ambiente.

De acordo com o espírito de desburocratização e harmonização proposto pela Organização Mundial do Comércio, os países têm celebrado acordos de **reconhecimento mútuo** dos procedimentos de avaliação de conformidade, com o objetivo de reduzir os custos dos produtores e evitar a realização de testes redundantes.

Em síntese, é **legítimo** que os países estabeleçam, desde que fundados em critérios técnicos, normas e regulamentos acerca das características de produtos e bens, com isonomia de tratamento entre nacionais e estrangeiros.

Nesse sentido, convém ressaltar que esses instrumentos não constituem, por si mesmos, barreiras ao comércio, o que só se pode afirmar nas hipóteses em que as exigências neles contidas ultrapassem **limites razoáveis** ou **quebrem a paridade** entre itens semelhantes, com o claro propósito de prejudicar a concorrência internacional.

1.1.9.2.6. *O licenciamento das importações*

A Rodada Uruguai também aprovou o Acordo sobre Procedimentos para Licenciamento de Importações (*Agreement on Import Licensing Procedures*, no original), com o objetivo de eliminar resquícios protecionistas, de natureza meramente burocrática, ainda presentes em alguns países, porém incompatíveis com a nova ordem comercial internacional.

O Acordo não veda expressamente a utilização do mecanismo de licenciamento, mas prevê que os procedimentos sejam **simples**, **transparentes** e **previsíveis**, o que, na prática, determina que os governos divulguem informações sobre a concessão das licenças, assim como informem à Organização Mundial do Comércio no caso de novos procedimentos ou exigências.

Por definição, o **licenciamento** é o procedimento administrativo por meio do qual se exige, do importador, uma solicitação específica para a importação de determinado produto, como condição prévia à operação.

---

[54] Conforme *Barreiras técnicas às exportações*, p. 121. Disponível em: <http://inmetro.gov.br/barreirastecnicas/PDF/Manual_BarrTec2014.pdf>.

A primeira diretriz internacional de padronização dos procedimentos de licenciamento surgiu no âmbito da Rodada Tóquio, realizada entre 1973 e 1979, dentro da então sistemática do GATT.

Como resultado, foi firmado o *Código de Licenciamento de Importações*, que entrou em vigor em 1.º de janeiro de 1980, com o objetivo de evitar o uso do licenciamento como medida protecionista do comércio internacional. Por se tratar de acordo isolado, sua obrigatoriedade alcançava apenas os países que o haviam assinado e ratificado.

Posteriormente, com o advento da Rodada Uruguai, o Acordo foi revisado e passou a integrar o arcabouço da Organização Mundial do Comércio, entrando em vigor em 1.º de janeiro de 1995, de forma obrigatória para todos os membros.

O principal objetivo do acordo é a **simplificação dos procedimentos**, a fim de garantir transparência ao processo administrativo de análise dos pedidos e impedir que as licenças se transformem em instrumentos restritivos às importações.

Nos termos do acordo, os licenciamentos podem ser **automáticos** ou **não automáticos**. Os primeiros devem ser concedidos a todos os importadores, sem maiores restrições, no prazo máximo de dez dias, contados do recebimento do pedido; os que não se enquadram nessas condições são considerados não automáticos e somente podem ser utilizados em casos especiais.

Enquanto o licenciamento automático normalmente se restringe ao **controle estatístico** do comércio exterior, sem impacto nas operações, o objetivo do licenciamento não automático busca assegurar o cumprimento de determinadas condições ou, ainda, impor restrições quantitativas às importações, desde que permitidas pela estrutura jurídica da Organização Mundial do Comércio.

Ainda assim, a aplicação do licenciamento não automático deve se pautar por uma conduta administrativa neutra e justa, além de não poder implicar gravames adicionais à própria restrição.

Os pedidos de licenciamento não automático devem ser analisados em até **30 dias**, prazo que pode ser estendido, na hipótese de pedidos simultâneos, para até **60 dias**. Quando concedida a licença, seu prazo de validade deve ser razoável, de modo a não limitar o fluxo normal das operações.

No intuito de verificar a efetiva observância dos membros da Organização Mundial do Comércio às disposições do acordo, foi criado um **Comitê de Licenciamento de Importações**, encarregado de receber todas as informações sobre os procedimentos, bem como avaliar eventuais alterações, que deverão ser submetidas à sua apreciação 60 dias antes de publicadas.

Adicionalmente, os países deverão preencher questionários anuais sobre os procedimentos empregados e depositá-los aos cuidados do Comitê, para divulgação entre os membros da OMC.

1.1.9.2.7. *Outras barreiras não tarifárias*

No competitivo cenário global, diversas formas de proteção não tarifária podem ser aplicadas pelos países. A principal função da Organização Mundial do Comércio diante dessa situação é servir de **foro** para a discussão e análise das medidas.

Nas palavras de Celso Lafer[55], "A OMC é este mecanismo de interface e as suas normas são essenciais, porque o mercado não opera no vazio, ou seja, não é uma ordem espontânea. É uma ordem que requer *'the rule of law'*. Daí, com a OMC, a criação, num patamar superior, de um sistema multilateral de comércio *rule-oriented*. Nesse sentido, o *single undertaking*[56] de suas normas limita a competência discricionária das soberanias nacionais dos membros da OMC para promover o seu interesse comum, expandindo a produção e o comércio de bens e serviços, como se lê no preâmbulo do Acordo de Marraqueche. Essa expansão é concebida como propícia ao bem-estar geral e consequentemente vista como geradora de um bem público internacional".

Além das barreiras protecionistas que tivemos a oportunidade de conhecer, algumas outras, de menor frequência, mas igualmente danosas, também impactam negativamente o fluxo comercial.

1.1.9.2.7.1. *Medidas de natureza financeira*

De acordo com a situação de suas balanças comerciais e de pagamento, os países podem adotar medidas relativamente drásticas de **controle cambial**, como é o caso das faixas de câmbio, desvalorizações e outros artifícios que contrariam, em tese, a regra de livre mercado[57]. Exemplo conhecido foi a adoção do empalme pela Argentina.

Em 2001, ao enfrentar uma crise cambial sem precedentes no país, com a provável desvalorização do peso e o alto grau de dolarização dos passivos, o então Ministro Cavallo mudou o regime cambial para o comércio exterior, ao criar uma **cesta fixa de moedas**, lastreada no dólar e no euro.

Assim, o mecanismo conhecido como **taxa de empalme** se transformou na referência de câmbio para as operações comerciais, sem alterar as cotações da taxa financeira. O empalme, à época, tinha cotação flutuante e era calculado em função das taxas médias praticadas para as moedas norte-americana e europeia.

1.1.9.2.7.2. *Organismo estatal importador*

Em países com sistemas econômicos **fechados**, como ainda é o caso, por exemplo, de Cuba, as importações são controladas diretamente pelo Estado, o que significa, em alguns setores, que o próprio governo (ou uma empresa pública especialmente voltada para isso) realiza as operações, com graves distorções de competitividade e preços.

Resta fácil perceber que, em cenários como esse, os exportadores terão enormes dificuldades para a colocação de seus produtos, pois o mecanismo centralizador

---

[55] Celso Lafer. *A OMC e a regulamentação do comércio internacional*: uma visão brasileira. Porto Alegre: Livraria do Advogado, 1998, p. 145.

[56] O princípio do single *undertaking*, no âmbito da OMC, significa que todos os itens negociados são parte de um todo indivisível e não podem ser objeto de negociações separadas. Em inglês o princípio decorre da expressão "nothing is agreed until everything is agreed".

[57] Conforme Frieden, "Os acontecimentos da economia mundial foram consolidados por políticas nacionais, já que os governos lutavam para reorganizar suas economias abandonando as exportações e investindo na produção doméstica para uso interno. A grande desvalorização das moedas tornou as importações mais caras, enquanto barreiras emergenciais ao comércio aumentaram ainda mais o valor dos produtos importados". *Capitalismo global*, p. 243.

constitui verdadeiro **monopólio estatal**, que exercerá forte pressão na formação de preços, além da possibilidade de restrição em função de questões ideológicas ou políticas, sempre em favor dos produtores locais.

No intuito de regulamentar o problema, foi firmado, ainda no âmbito do GATT, mais precisamente durante as negociações da Rodada Tóquio, em 1981, o *Acordo sobre Compras Governamentais*, cujo propósito era incentivar a livre competição.

As **dificuldades** enfrentadas pela Rodada Tóquio são resumidas por André Lupi[58]: "A grande característica da Rodada Tóquio era assim a 'balcanização' ou 'fragmentação', com vários acordos paralelos sujeitos à adoção pelas partes contratantes que a eles quisessem aderir, podendo, por exemplo, uma parte contratante aderir ao código antidumping da Rodada Tóquio e não aderir ao acordo sobre compras governamentais aprovado na mesma rodada. Isso deu origem à expressão 'GATT *à la carte*', muito difundida e que caracteriza em termos simples o resultado das negociações da Rodada Tóquio. É preciso explicar, porém, que os acordos da Rodada Tóquio foram feitos separadamente, porque o sistema de votação requeria unanimidade para certas emendas e 2/3 para outras decisões, um requisito difícil de cumprir quando o número de partes aumentou".

A ideia fundamental do Acordo sobre Compras Governamentais era a aplicação do **princípio da transparência**, que deveria se manifestar pela adoção de normas, regulamentos e procedimentos que evitassem a discriminação entre produtos nacionais e estrangeiros.

Posteriormente, o acordo foi renegociado durante a Rodada Uruguai e entrou em vigor em 1.º de janeiro de 1996, com notável expansão, para também alcançar as compras nos níveis de governo regionais e locais (o equivalente, no Brasil, aos estados e municípios), além de incluir as aquisições de serviços.

Importante destacar a diferença entre o mecanismo de **importador estatal único** (no qual todas as transações de comércio exterior estão submetidas a controle do governo, inclusive quando destinadas a empresas privadas) das chamadas **compras governamentais**, que são as importações realizadas pelos órgãos de governo, situações muito frequentes que movimentam, a cada ano, bilhões de dólares. Neste último caso, o acordo prevê a realização de **licitações internacionais**, de modo a permitir a participação de empresas estrangeiras, em igualdade de condições, desde que atendidas as exigências previstas em edital, o que, certamente, confere maior transparência e competitividade ao processo.

1.1.9.2.7.3.   Serviços e índices nacionais obrigatórios

Sob a rubrica genérica que adotamos para este tópico, várias formas de barreiras não tarifárias podem ser utilizadas, todas com a intenção de garantir algum grau de participação de serviços ou produtos domésticos como contrapartidas às importações.

As chamadas **exigências consulares** são o primeiro exemplo dessas barreiras. Normalmente implicam a necessidade de se validar documentos relacionados às operações de importação ou exportação, com a aposição de selos ou marcas especiais que garantiriam, em tese, a autenticidade dos documentos, sem, no entanto, ingressar no mérito do conteúdo por eles veiculado.

---

[58]   André Lipp Pinto Basto Lupi. *Soberania, OMC e Mercosul*, p. 145-146.

O procedimento de chancela pode ser adotado em embaixadas, repartições consulares ou mesmo câmaras de comércio, de acordo com a sistemática de cada país. Muito embora sejam cobradas taxas ou tarifas para a autenticação dos documentos, existe consenso na doutrina de que tais exigências sejam barreiras não tarifárias, mais em razão da burocracia envolvida do que dos custos suportados pelo interessado.

Outra forma de proteção é a exigência de **conteúdos nacionais mínimos** em operações vinculadas ao comércio exterior.

O caso mais comum é a criação de **regimes especiais** de importação, que concedem benefícios para os empresários que utilizarem, em seus processos produtivos, quantidades mínimas de insumos ou componentes locais.

A sistemática é particularmente propícia aos países em desenvolvimento, pois objetiva, ao mesmo tempo, atrair investimentos estrangeiros (para a construção de fábricas, por exemplo) e incentivar a atividade econômica doméstica, com a garantia de certos níveis de nacionalização.

O cálculo pode ser feito sobre percentual do próprio bem ou em função do custo de produção. Exemplo típico ocorre na indústria de computadores, da qual se pode exigir, por exemplo, 20% de componentes nacionais em cada equipamento ou, ainda, que 10% do custo do produto sejam formados a partir de itens produzidos localmente.

Variantes do modelo podem incluir **transferência de tecnologia** compulsória ou, como ocorre no Brasil, a participação de empresários locais, sob a forma de consórcio, em grandes concorrências internacionais.

1.1.9.2.7.4. *Exigência de bandeira nacional*

No Brasil tem sido prática, ao longo dos tempos, vincular a concessão de **benefícios tributários**, relacionados ao comércio exterior, com a obrigatoriedade de transporte das mercadorias com tratamento favorecido em navios de bandeira nacional.

As vantagens de natureza tributária normalmente se traduzem em **isenção** ou **redução** do imposto de importação, decorrentes de interesse nacional ou acordos internacionais firmados pelo país.

Em qualquer hipótese, a exigência de lei[59] é de rigor, em razão do princípio da legalidade tributária, de forma que os benefícios previstos em acordos internacionais terão o tratamento tributário neles previsto, conforme dispõe o artigo 6° da Lei n. 8.032/90.

Até 2021, a legislação brasileira (artigo 2.° do Decreto-Lei n. 666/69) previa o princípio da **reciprocidade de tratamento**, que obrigava o transporte em navio de bandeira brasileira nas seguintes hipóteses:

▣ mercadorias importadas por qualquer órgão da administração pública federal, estadual e municipal, direta ou indireta;

▣ qualquer outra mercadoria a ser beneficiada com isenção ou redução do imposto.

---

[59] Convém ressaltar que o processo de recepção de normas internacionais no Brasil exige a participação do Poder Legislativo, com a promulgação do Decreto Legislativo competente, e também do Poder Executivo, com a veiculação do Decreto Presidencial, que dá publicidade aos termos pactuados.

Contudo, com a edição da Medida Provisória n. 1.040/2021, convertida na Lei n. 14.195/2021, a exigência de reciprocidade para as hipóteses acima descritas foi **expressamente revogada**.

O controle sobre as operações compete ao Ministério da Infraestrutura, que deve ser alertado pela autoridade aduaneira em caso de descumprimento da obrigação, salvo nos casos em que o próprio Ministério expeça documento de liberação da carga. Dada a insuficiência de navios produzidos no país, considera-se como navio de bandeira brasileira o navio estrangeiro **afretado** por empresa nacional autorizada a funcionar regularmente.

Estão dispensados da obrigatoriedade de transporte por navio de bandeira brasileira[60]:

▢ bens **doados** por pessoa física ou jurídica residente ou sediada no exterior; e

▢ partes, peças, componentes, conjuntos e subconjuntos, acabados e semiacabados, e pneumáticos, beneficiados com redução do imposto de importação concedida às empresas **montadoras** de veículos, ônibus, caminhões, tratores e assemelhados.

1.1.9.2.7.5.   *Restrições voluntárias de exportação*

Trata-se de caso singular de barreira não tarifária, que pressupõe a diminuição "voluntária" no volume de produtos vendidos pelo país exportador.

Discrepa, portanto, da regra geral, que normalmente implica barreiras impostas pelos **importadores**. Claro que a escolha "voluntária" — assim mesmo, entre aspas — nada mais é do que fruto de pressões, as mais variadas, feitas pelos países importadores, principalmente os mais desenvolvidos.

Conhecidas internacionalmente como VER (*Voluntary Export Restraints*), as medidas podem ser de **caráter recíproco**, quando dois países acordam no sentido de restringir as exportações de determinados produtos, a fim de evitarem sanções de lado a lado e, assim, protegerem setores sensíveis de suas indústrias.

Outra possibilidade é a **autoimposição** de limites nas quantidades exportadas para determinado país, normalmente decorrente de negociações entre os interessados, como solução amigável ao pleito do importador.

As restrições voluntárias, apesar de ruins para o comércio, muitas vezes são preferíveis ao risco de imposição de gravames unilaterais, especialmente quando a diferença de poder econômico entre as partes for evidente.

O **caso paradigmático** de restrições voluntárias ocorreu na disputa pelo mercado automobilístico norte-americano na década de 1980, quando os japoneses, depois de longo debate, aceitaram diminuir a quantidade de carros exportados para aquele país, em face da enorme pressão da indústria local.

1.1.9.2.7.6.   *Inspeções prévias ao embarque*

As **inspeções pré-embarque** são práticas comuns em diversos países e consistem na atividade de empresas privadas que fazem a verificação dos detalhes do carregamento (notadamente preço, quantidade e qualidade das mercadorias que serão exportadas).

---

[60]   Artigo 5.º, § 2.º, da Lei n. 10.182/2001.

Normalmente exigidas por países em desenvolvimento, como forma de salvaguardar os interesses nacionais e evitar fraudes ou evasão tributária, as inspeções pré-embarque mereceram tratamento próprio no âmbito do GATT, com a assinatura do *Preshipment Inspection Agreement*.

O acordo prevê a aplicação de todas as diretrizes do GATT, especialmente os princípios da **não discriminação** e da **transparência**, além de exigir das empresas envolvidas confidencialidade para a proteção das informações comerciais.

Dada a sensibilidade do tema, o acordo estabeleceu um procedimento de revisão independente das atividades de inspeção. O esforço conjunto envolve a *International Federation of Inspection Agencies* (IFIA), que representa as empresas ou agências de conferência dos embarques, e a *International Chamber of Commerce* (ICC), que representa o interesse dos exportadores na solução de possíveis controvérsias.

1.1.9.2.7.7. Procedimentos aduaneiros especiais e a iniciativa para a segurança de contêineres

Após os atentados terroristas em 11 de setembro de 2001, nos Estados Unidos, o controle aduaneiro de mercadorias passou a considerar um novo fator de risco: a questão da **segurança interna** dos países, pois a ameaça pode, em tese, constar de carregamentos oriundos de regiões suspeitas ou em conflito, existentes em quase todos os cantos do planeta.

Nesse sentido, os norte-americanos buscaram aparelhar os mecanismos de inspeção e controle da cadeia logística em todas as modalidades de transporte: aéreo, marítimo, rodoviário e ferroviário.

A iniciativa, devido a pressões de diversos setores, espalhou-se por quase todas as administrações aduaneiras e hoje integra as atividades rotineiras de fiscalização na maioria dos países.

A grande questão a ser enfrentada se traduz no binômio *segurança* versus *facilitação* do comércio internacional. Em termos práticos, como utilizar inspeções e procedimentos de segurança sem impactar negativamente o fluxo e a velocidade das operações, algo vital em tempos de globalização?

O tema é aberto a discussões, que atualmente monopolizam os debates em fóruns internacionais. Por um lado, existe o direito legítimo de os países protegerem seus territórios de ameaças terroristas e, de outro, as barreiras ou exigências não devem ser utilizadas de forma a prejudicar exportadores honestos e sem histórico de ocorrências.

Entre as medidas mais frequentes de controle, figuram a **inspeção física** das mercadorias consideradas de risco (com o uso de escâneres, cães treinados e outros recursos), a adoção de prazos de **quarentena** para aquelas tidas como suspeitas, além da possibilidade de ingresso somente por determinados portos ou aeroportos, nos quais o controle é mais rigoroso, com consequências relevantes no tempo de despacho das mercadorias e no fluxo logístico das transações.

Nesse contexto, os norte-americanos criaram, em janeiro de 2002, a **Iniciativa para a Segurança de Contêineres** (CSI — *Container Security Initiative*, em inglês), programa voluntário desenvolvido pelo Escritório de Proteção de Aduanas e Fronteiras (CBP — *Customs and Border Protection*, no original), parte integrante do programa permanente de segurança contra atentados terroristas.

O projeto requer a informatização dos dados da cadeia logística, para tratamento prioritário dos volumes de alto risco, com a vistoria preliminar desses contêineres ainda no **território do exportador**, antes do embarque para os Estados Unidos e com a presença de agentes da CBP.

Os procedimentos de verificação exigem a utilização de equipamentos de **inspeção não invasiva** (escâneres capazes de identificar a carga total de um contêiner), que deverão ser adquiridos pelos países que adotarem a iniciativa, o que significa altos custos de implantação, especialmente para os países em desenvolvimento. A contrapartida benéfica, segundo os norte-americanos, seria a dispensa de verificação nos portos de destino, vez que a mercadoria já teria sido vistoriada na origem.

Resta claro que a adesão à CSI é **facultativa**, pois não há qualquer respaldo jurídico para que exigências de um país produzam efeitos além do seu território, o que seria clara afronta à soberania e aos princípios do direito internacional.

Contudo, a questão de fundo possui **natureza política** e, sobretudo, **econômica**, pois a não adesão implica tratamento diferenciado (prejudicial, portanto) quando da chegada das mercadorias ao solo norte-americano.

Como atenuante, o discurso promovido pelos Estados Unidos fala em **reciprocidade**, ou seja, a possibilidade de que agentes aduaneiros de outros países também realizem inspeções prévias naquele país, com igualdade de tratamento. Na prática, a proposta é inócua, pois pouquíssimos países têm condições ou mesmo interesse em manter funcionários fora de suas jurisdições.

O tema é bastante relevante, pois grande parte das cargas marítimas no mundo é movimentada por meio de contêineres, o que significa mais de 200 milhões de unidades em circulação. Medidas como a CSI, além do óbvio impacto econômico, precisam também ser discutidas e analisadas sob a ótica dos princípios da Organização Mundial do Comércio, notadamente quanto à facilitação das operações.

Isso porque o custo de aquisição dos equipamentos, do treinamento para a operação e a qualificação dos recursos humanos, além da aquisição de materiais para o controle e o tempo adicional de processamento e revisão dos contêineres, poderão desequilibrar a competitividade dos terminais portuários, com provável prejuízo aos países em desenvolvimento.

A Câmara Internacional de Transporte Comercial Marítimo (*International Chamber of Shipping*), por exemplo, já manifestou preocupação devido aos potenciais **efeitos negativos** da iniciativa sobre o comércio internacional, pois, além da preocupação com o atraso dos despachos, a medida poderia, em tese, revelar dados sobre os transportes não relacionados à segurança, que são sensíveis em termos concorrenciais.

Nada obstante, o poder econômico dos Estados Unidos, aliado ao apoio obtido da Organização Mundial de Aduanas, da União Europeia e do G7 (Grupo dos países mais desenvolvidos[61]), tem propiciado a instalação do CSI em dezenas de portos nas Américas, Europa, Ásia, África e Oriente Médio.

---

[61] Composto de Estados Unidos, Japão, Alemanha, Reino Unido, França, Itália e Canadá e representantes da União Europeia.

Na América do Sul, os portos de Buenos Aires e Santos, nessa ordem, foram os primeiros a manifestar sua adesão ao modelo.

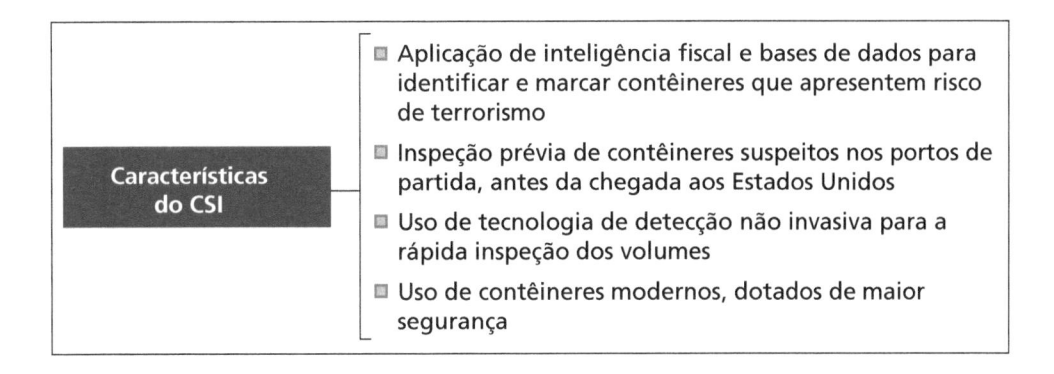

Características do CSI

- ▣ Aplicação de inteligência fiscal e bases de dados para identificar e marcar contêineres que apresentem risco de terrorismo
- ▣ Inspeção prévia de contêineres suspeitos nos portos de partida, antes da chegada aos Estados Unidos
- ▣ Uso de tecnologia de detecção não invasiva para a rápida inspeção dos volumes
- ▣ Uso de contêineres modernos, dotados de maior segurança

1.2. QUESTÕES

1. (ESAF — AFTN — 1996) Termos de troca é uma expressão que designa:
   a) uma relação entre os preços pelos quais um país vende suas exportações em relação aos preços que esse país paga por suas importações;
   b) forma contratual de comércio utilizada em sistemas regionais, como o Mercosul para os vários grupos de produtos;
   c) as condições de comércio estabelecidas entre duas nações, especialmente no que se refere a regime tarifário;
   d) o padrão de comércio entre dois países em termos de reciprocidade da estrutura tarifária;
   e) um índice que serve para medir o nível de participação de um país no comércio internacional, bem como o grau de diversificação de seus produtos e parceiros.

2. (ESAF — AFTN — 1996) O livre-cambismo é uma doutrina de comércio que parte do pressuposto de que a natureza desigual dos países e regiões torna a especialização uma necessidade, sendo o comércio o meio pelo qual todos os participantes obtêm vantagens dessa especialização: cada país deveria especializar-se na produção de bens onde consegue maior eficiência, trocando o excedente por outros bens que outros países produzem com mais eficiência. O principal argumento contra o livre-cambismo, desde o século XIX (A. Hamilton a F. List), se concentra na ideia de que
   a) o livre-cambismo é incapaz de promover a justiça social;
   b) no livre-cambismo, somente se beneficiam do comércio os países que apresentam uma pauta de exportações onde a maioria dos produtos possui demanda inelástica: quando isso não ocorre, a concorrência é predatória;
   c) o livre-cambismo é bom para os países de economia madura, mas os países com indústrias nascentes necessitam de alguma forma de proteção;
   d) o livre-cambismo atende apenas os interesses de grandes exportadores, que usam a liberdade econômica para estabelecer monopólios e cartéis;
   e) na verdade não existe livre-cambismo na prática: todos os países são protecionistas em razão da intervenção do Estado.

3. (ESAF — AFTN — 1996) Um país se beneficiará do comércio internacional com base na produção de bens que mais utilizem fatores de produção relativamente abundantes em seu mercado interno. Este país exportará tais bens e importará aqueles cuja produção exija maior quantidade de fatores de produção relativamente escassos no país. Este enunciado
   a) se opõe à teoria das vantagens comparativas porque nessa teoria o comércio deve se originar da diferença dos custos de produção e não na diferença na dotação de fatores;

b) é complementar à teoria das vantagens comparativas porque parte do mesmo pressuposto de que o que origina o comércio é a diferença nos custos relativos de produção dos diferentes tipos de bens que o país pode produzir;

c) se opõe à teoria das vantagens absolutas, que assume apenas a divisão internacional do trabalho, com base nos custos de produção;

d) não se relaciona com a teoria das vantagens comparativas porque nesta teoria a questão central é a do valor do trabalho;

e) difere da teoria das vantagens comparativas porque, nesta teoria, a divisão internacional do trabalho é definida pela capacidade competitiva das nações, isto é, países pessimamente dotados, como o Japão, são bem-sucedidos, enquanto outros, com muito mais recursos, vêm-se saindo mal no comércio internacional.

4. (ESAF — AFTN — 1996) O crescimento econômico é um fenômeno complexo que tem sido tradicionalmente associado ao comércio internacional a ponto de muitos analistas terem caracterizado o comércio como o motor do crescimento (*engine of growth*). Isto porque, ao longo do século XIX, o comércio mundial cresceu muito mais do que o produto mundial.

a) Por essa razão, os países industrializados têm índices mais elevados de participação no comércio internacional.

b) Por essa razão, os países industrializados e mais ricos apresentam relações mais elevadas entre o volume de seu comércio exterior e o seu produto interno bruto — PIB.

c) Este fato não é suficiente para explicar nem os índices de participação de um país no conjunto do comércio internacional, nem a relação entre o volume do comércio exterior e o produto interno bruto de um país.

d) Este fato explica por que os países vão se tornando cada vez mais protecionistas, na medida em que promovem o crescimento e a consolidação de sua economia.

e) Este fato explica por que as principais teorias ou modelos de análise do desenvolvimento econômico consideram o comércio exterior o fator determinante das demais variáveis econômicas.

5. (ESAF — AFTN — 1998) O conceito de Termos de Troca refere-se à(s):

a) relação de produtos trocados entre dois países;

b) lei segundo a qual os preços dos produtos tendem a permanecer estáveis ou a declinar ao longo do tempo, enquanto o preço das manufaturas tende a crescer;

c) relação entre os preços recebidos pelas exportações de um país e os preços pagos pelas importações;

d) diferenças entre as exportações e as importações de um dado país e outros, o que implicará a capacidade de importar;

e) qualidade do comércio realizado: se os países exportam produtos primários ou manufaturas.

6. (ESAF — AFTN — 1998) As chamadas Novas Teorias do Comércio Internacional incluem diversos elementos não devidamente incorporados pelas teorias anteriores. Entre tais elementos, destacam-se:

a) tecnologia e produtividade;

b) preços, tecnologia e demanda/oferta;

c) abundância dos fatores de produção e termos de troca;

d) preços e termos de troca;

e) economias de escala, diferenciação de produtos.

7. (ESAF — AFTN — 1998) A Teoria das Vantagens Comparativas propõe que

a) cada país tem vantagens absolutas na produção de um certo bem, vindo a exportar aqueles produtos em que tiver a vantagem absoluta em relação a um segundo país;

b) duas nações terão relações comerciais, quando tiverem custos de produção diferentes e as exportações serão constituídas daqueles produtos cujos custos forem menores;

c) uma vez que um país se especialize na produção de um dado bem, ele sempre produzirá aquele bem;

d) um país que tenha terras férteis em abundância tenderá a exportar produtos agrícolas;

e) as exportações de um país para outro estão relacionadas com diversos fatores, como os preços prevalecentes no mercado internacional (a demanda e a oferta internacionais), a taxa de câmbio, e a tecnologia disponível no mercado naquele dado momento.

8. (ESAF — AFTN — 1998) Uma das Novas Teorias de Comércio Internacional dá ênfase à questão da estrutura dos mercados, destacando-se duas abordagens variantes: a da concorrência mono-polística e a da teoria do oligopólio. A teoria do oligopólio aplicada ao comércio internacional conclui que

a) com a maior oferta de produtos tende a ocorrer um comércio intrafirma.

b) a existência de Transnacionais leva a um controle por parte destas do comércio internacional, podendo haver manipulações nos preços no mercado internacional, como no caso de grãos.

c) as Transnacionais são os atores mais relevantes da economia mundial hoje. Elas estão fora de controle dos governos que devem procurar criar empresas estatais para competir com as empresas transnacionais e, assim, capturar o excedente que as empresas estatais gerarão.

d) as Transnacionais e notadamente o comércio intrafirma são os grandes responsáveis pelo comércio internacional. Além disso, o comércio internacional está intrinsecamente ligado ao investimento estrangeiro. Assim, a melhor explicação para o comércio internacional nos anos 90 está na análise dos fluxos de investimentos entre os Países Desenvolvidos e entre estes e os Países em Desenvolvimento.

e) existem, hoje, os efeitos de aprendizagem, o que permite que um governo com uma política industrial ativa possa criar firmas que poderão ser vencedoras no mercado mundial.

9. (ESAF — AFTN — 1998) Entre as opções abaixo, indique aquela que não constitui argumento utilizado pelo protecionismo.

a) O comércio e a indústria são mais importantes para um país do que a agricultura e, portanto, devem ser submetidos a tarifas para evitar a concorrência com produtos estrangeiros.

b) As indústrias-chave da defesa nacional devem ser protegidas para evitar a ação de fornece-dores estrangeiros.

c) A adoção de tarifas favorece a criação de empresas nacionais.

d) Quando há capacidade ociosa, as tarifas contribuem para aumentar o nível de atividade e de emprego, e, portanto, de renda de um dado país.

e) É preciso manter as indústrias de um país em um nível tal que possam atender à demanda em caso de um corte de fornecimento externo devido a uma guerra.

10. (ESAF — AFTN — 1998) Indique a opção que não está relacionada com a prática do mercanti-lismo.

a) O princípio segundo o qual o Estado deve incrementar o bem-estar nacional.

b) O conjunto de concepções que incluía o protecionismo, a atuação ativa do Estado e a busca de acumulação de metais preciosos, que foram aplicadas em toda a Europa homogenea-mente no século XVII.

c) O comércio exterior deve ser estimulado, pois um saldo positivo na balança fornece um es-toque de metais preciosos.

d) A riqueza da economia depende do aumento da população e do volume de metais preciosos do país.

e) Uma forte autoridade central é essencial para a expansão dos mercados e a proteção dos interesses comerciais.

11. (ESAF — AFTN — 1998) Não é verdadeiro, em relação ao livre-cambismo, que

a) o governo deve se limitar à manutenção da lei e da ordem;

b) o governo deve remover todos os obstáculos legais para o funcionamento de um comércio livre;

c) existe uma divisão internacional do trabalho;

d) existe uma especialização de funções, motivada pela distribuição desigual de recursos natu-rais ou por outros motivos;

e) todas as moedas devem ser conversíveis em ouro.

12. (ESAF — AFRF — 2001) Durante crise de encomendas à produção interna de determinado pro-duto do país A, ameaçada pelo aumento desproporcional das importações similares dos países B e C, que subsidiam fortemente a produção e a exportação desse produto, as autoridades econômicas do país A, a fim de obterem uma redução imediata da quantidade do produto importado — bem conhecendo a preferência de seus consumidores pela oferta estrangeira e a inferior qualidade da mercadoria doméstica — deverão adotar como medida mais eficaz a seus propósitos

a) o contingenciamento dos produtos importados, fixando quotas ao produto para os países exportadores;

b) a criação de subsídios à produção e à comercialização do produto manufaturado no país;

c) o aumento da tarifa aduaneira nas posições referentes a esse produto, a fim de encarecer os importados, para benefício da indústria nacional;

d) o aumento dos impostos de exportação, a fim de desestimular as exportações do produto doméstico para mercados tradicionais;

e) o estímulo à preferência pelo produto nacional, mediante a promoção de sorteios de prêmios para seus consumidores.

13. (ESAF — AFRF — 2001) Ao conjunto dinâmico do intercâmbio físico de bens e de serviços, bem como dos fluxos financeiros correspondentes, entre os diversos países, regiões e grupos econômicos do mundo, resultante da divisão internacional do trabalho, da dotação diferenciada dos fatores de produção e da diversidade das habilidades adquiridas por cada participante, poder-se-ia denominar

a) Balança de Serviços.

b) Comércio Fronteiriço.

c) Comércio Exterior.

d) Comércio Intrazonal.

e) Comércio Internacional.

14. (ESAF — AFRF — 2001) Duas ou três firmas que dominem sozinhas o suprimento de um mercado X e que necessariamente devam policiar as políticas de preço de cada uma das concorrentes, porquanto a ação ou reação de cada uma afete sua respectiva operação, atuam em mercado com as características de

a) Monopsônio.

b) Mercado regulamentado.

c) Monopólio.

d) Mercado de concorrência perfeita.

e) Oligopólio.

15. (ESAF — AFRF — 2001) Entre as razões abaixo, indique aquela que *não* leva à adoção de tarifas alfandegárias.

a) Aumento de arrecadação governamental.

b) Equilíbrio do Balanço de Pagamentos.

c) Proteção à indústria nascente.

d) Segurança nacional (defesa).

e) Estímulo à competitividade de uma empresa.

16. (ESAF — AFRF — 2001) As Barreiras Não Tarifárias (BNT) são frequentemente apontadas como grandes obstáculos ao comércio internacional. Podem vir a se constituir Barreiras Não Tarifárias (BNT) todas as modalidades abaixo, exceto:

a) Medidas fitossanitárias.

b) Normas de segurança.

c) Direitos Aduaneiros.

d) Sistemas de Licença de Importação.

e) Quotas.

17. (ESAF — AFRF — 2001) O conceito de vantagens comparativas refere-se a:

a) Conceito de custos onde se relacionam dois produtos (A e B) produzidos por dois países distintos (1 e 2) comparando-os. Possui vantagem comparativa o país onde for menor a relação de custos de produção dos produtos (A e B).

b) Conceito de vantagens onde estas são baseadas na ideia de produtividade onde se relacionam dois produtos (A e B) produzidos por dois países distintos (1 e 2) comparando-os em termos de produtividade. Possui maiores vantagens comparativas aquele país que possuir a menor eficiência relativa na produção de um dos bens.

c) Conceito de vantagens baseados na ideia de alternativas de produção, onde se relacionam dois produtos (A e B) produzidos por dois países distintos (1 e 2) comparando-os ao longo da curva de produção. Possui vantagem comparativa o país onde for maior o deslocamento em direção à curva de fronteira de produção (em termos possibilidades tecnológicas de produção) na produção dos produtos (A e B).

d) Conceito de vantagens onde estas são baseadas na ideia de abundância de fatores de produção, onde se relacionam dois produtos (A e B) produzidos por dois países distintos (1 e 2) comparando-os em termos da referida disponibilidade. Possui maiores vantagens comparativas aquele país que possuir a maior disponibilidade de recursos na produção de um dos bens.

e) Conceitos de custos de oportunidade onde se relacionam dois produtos (A e B) produzidos por dois países distintos (1 e 2) comparando-os. Possui vantagem comparativa o país onde for menor o custo de oportunidade (em termos de oportunidade de benefício não aproveitada) na produção dos produtos (A e B).

18. (ESAF — AFRF — 2001) "O comércio internacional depende das diferenças dos custos (ou preços) relativos dos artigos produzidos pelos vários países. Mas por que esses custos relativos diferem entre países?"

A Dotação Relativa dos Fatores de Produção não se refere a uma das afirmativas abaixo. Identifique-a.

a) A causa da diferença de custos relativos reside na distribuição desigual de recursos (fatores) de produção.

b) Os diversos produtos exigem proporções diferentes de fatores de produção para serem produzidos.

c) O conjunto de condições naturais e sociais que influenciam a eficácia das forças produtivas nos diversos setores de produção e produtividade do trabalho também teriam uma forte influência nos preços.

d) Um fator relativamente escasso em um país terá um custo relativo mais elevado.

e) Os fatores de produção não se encontram distribuídos nas mesmas proporções nos diversos países.

19. (ESAF — AFRF — 2001) A Teoria de Vantagens Absolutas afirma em quais condições determinado produto ou serviço poderia ser oferecido com

a) preços de custo inferiores aos do concorrente.

b) preços de aquisição inferiores aos do concorrente.

c) preços finais (CIF) inferiores aos do concorrente.

d) custo de oportunidade maior que as do concorrente.

e) menor eficiência que os do concorrente.

20. (ESAF — AFRF — 2001) A internacionalização sempre existiu, ou pelo menos existe desde o início da idade moderna quando surgiram os estados nacionais. Um dos atributos essenciais dos estados é manter relações com outros estados. Fatores de ordem natural fazem com que alguns países tenham possibilidade de produzir determinados artigos, enquanto outros não o podem. Em consequência, tornar-se-á mais vantajoso para os países ou regiões aplicar o princípio da divisão do trabalho, especializando-se nas atividades produtivas para as quais se encontrarem mais aptos e permutar os produtos entre si. Baseando-se nos critérios adotados por Killough (1960: 3-10), podemos afirmar que as diferenças entre o comércio interno e o comércio internacional são devidas principalmente a

a) mobilidade dos fatores de produção, especialmente com relação ao fator trabalho, longas distâncias, variações de ordem jurídica e política, movimentos migratórios, volatilidade de capitais, existência de barreiras aduaneiras a outras restrições.

b) relações do valor do trabalho, idioma, não existência de barreiras aduaneiras, longas distâncias, variações de ordem monetária e variações de ordem legal.

c) variações de ordem jurídica, amizade entre as partes diplomáticas, variações no grau de mobilidade dos fatores de produção, natureza do mercado, existência de barreiras aduaneiras a outras restrições, variações de ordem monetária e longas distâncias.

d) variações no grau de mobilidade dos fatores de produção, natureza do mercado, existência de barreiras aduaneiras a outras restrições, longas distâncias, variações de ordem monetária e variações de ordem legal.

e) especialização profissional, associações, costumes e legislação imigratória, existência de barreiras aduaneiras a outras restrições, variações de ordem monetária, variações de ordem legal e longas distâncias.

21. (ESAF — AFRF — 2001) A transnacionalização é um fenômeno distinto que, sutilmente, relega a internacionalização comercial quase a um segundo plano. Este fenômeno começou a ser percebido a meados dos anos sessenta, quando o valor da produção das subsidiárias dos grandes conglomerados industriais no estrangeiro começou a superar o valor do comércio internacional. O auge da inversão estrangeira direta, que alentou a instalação destas sucursais, deveu-se a múltiplos fatores: a reconstrução e recuperação de um mundo destruído pela guerra, o descobrimento da possibilidade de dividir o ciclo produtivo de maneira muito mais fina do que no passado e a compreensão de que era possível ter acesso às vantagens comparativas (relativas) peculiares que ofereciam os diversos países e regiões do mundo. O grande mérito de um economista foi mostrar que o comércio também seria proveitoso para dois países, mesmo que um deles tivesse vantagem absoluta sobre o outro na produção de todas as mercadorias; mas sua vantagem seria maior em alguns produtos do que em outros. O economista em questão foi

a) Adam Smith.
b) Stephen Kanitz.
c) Keneth Galbraith.
d) Karl Max.
e) David Ricardo.

22. (ESAF — AFRF — 2001) Julgue as opções abaixo e assinale a correta.

a) O livre-cambismo é uma doutrina de comércio estabelecida através de tarifas protecionistas, a subvenção de créditos, a adoção de câmbios diferenciados.
b) O livre-cambismo rege que a livre-troca de produtos no campo internacional, os quais seriam vendidos a preços mínimos, num regime de mercado, se aproximaria ao da livre- -concorrência perfeita.
c) O livre-cambismo é uma doutrina pela qual o governo não provê a remoção dos obstáculos legais em relação ao comércio e aos preços.
d) O livre-cambismo só beneficia os países em desenvolvimento, que apresentam uma pauta de exportações onde a maioria dos produtos possui demanda inelástica.
e) O livre-cambismo defende a adoção de tarifas em situação de defesa nacional.

23. (ESAF — AFRF — 2002) Assinale a opção que melhor define "Comércio Internacional".

a) A expressão "Comércio Internacional" designa, unicamente, a troca de mercadorias entre diferentes países, não abrangendo serviços nem aspectos ligados à sua execução, como o transporte e o pagamento.
b) A expressão "Comércio Internacional" refere-se às trocas de mercadorias entre diferentes países exclusivamente por compra e venda internacional e abrange tudo o que for ligado à sua execução, incluindo transporte e pagamento.
c) A expressão "Comércio Internacional" designa a troca de mercadorias e serviços entre os países signatários do GATT.
d) A expressão "Comércio Internacional" designa a troca de mercadorias entre o Brasil e os países do Mercosul.
e) A expressão "Comércio Internacional" designa a troca de mercadorias e serviços de todos os tipos entre diferentes países em tudo o que for ligado à sua execução, incluindo transporte e pagamento.

24. (ESAF — AFRF — 2002) A respeito do processo de globalização, é correto afirmar que

a) alcança indistintamente a todos os países, a despeito de seus respectivos níveis de desenvolvimento econômico, tornando-os mais homogêneos política, econômica, social e culturalmente.
b) é um processo eminentemente comercial associado à liberalização das trocas e à expansão dos mercados nacionais em escala global, o qual aprofunda diferenças econômicas entre os países.
c) se manifesta no entrelaçamento dos campos do comércio, das finanças e da produção internacional e no aprofundamento da interdependência entre os países e com importantes desdobramentos políticos, econômicos e socioculturais.

d) tem como cerne o crescimento e a aceleração dos fluxos financeiros internacionais em virtude do movimento de capitais especulativos em escala global.

e) é um fenômeno fundamentalmente associado às estratégias das corporações transnacionais objetivando expandir e consolidar sua presença nos mercados dos países emergentes.

25. (ESAF — AFRF — 2002) O comércio de bens manufaturados vem crescendo significativamente desde a Segunda Guerra Mundial, inclusive com crescente participação de países em desenvolvimento. Entre os fatores que têm concorrido para a expansão do comércio de bens industrializados encontram-se

a) os investimentos diretos, a internacionalização da produção e o comércio intrafirmas.

b) a concentração da produção, da geração de tecnologias e da renda nos países desenvolvidos.

c) o menor custo da mão de obra, a maior oferta de matérias-primas e a concentração de investimentos diretos nos países emergentes.

d) as disparidades de renda e as diferenças quanto à estrutura da demanda entre os países desenvolvidos e os países em desenvolvimento.

e) a diminuição da demanda por *commodities* no mercado mundial, a disseminação de tecnologias aplicadas e a atuação das empresas transnacionais.

26. (ESAF — AFRF — 2002) Com relação às práticas protecionistas, tal como observadas nas últimas cinco décadas, é correto afirmar-se que

a) assumiram expressão preponderantemente não tarifária à medida que, por força de compromissos multilaterais, de acordos regionais e de iniciativas unilaterais, reduziram-se as barreiras tarifárias.

b) voltaram a assumir expressão preponderantemente tarifária em razão de compromisso assumido no âmbito do Acordo Geral de Comércio e Tarifas (GATT) de tarificar barreiras não tarifárias, com vistas à progressiva redução e eliminação futura das mesmas.

c) encontram amparo na normativa da Organização Mundial do Comércio, quando justificadas pela necessidade de corrigir falhas de mercado, proteger indústrias nascentes, responder a práticas desleais de comércio e corrigir desequilíbrios comerciais.

d) recrudesceram particularmente entre os países da Organização de Cooperação e Desenvolvimento Econômico (OCDE), na segunda metade dos anos 1990, em razão da desaceleração das taxas de crescimento de suas economias.

e) deslocaram-se do campo estritamente comercial para vincularem-se a outras áreas temáticas como meio ambiente, direitos humanos e investimentos.

27. (ESAF — AFRF — 2002) A literatura econômica afirma, com base em argumentos teóricos e empíricos, que o comércio internacional confere importantes estímulos ao crescimento econômico. Entre os fatores que explicam o efeito positivo do comércio sobre o crescimento, destacam-se

a) a crescente importância dos setores exportadores na formação do Produto Interno dos países; as pressões em favor da estabilidade cambial e monetária que provêm do comércio; e o aumento da demanda agregada sobre a renda.

b) a melhor eficiência alocativa propiciada pelas trocas internacionais; a substituição de importações; e a consequente geração de superávits comerciais.

c) a crescente importância das exportações para o Produto Interno dos países; a importância das importações para o aumento da competitividade; e o melhor aproveitamento de economias de escala.

d) os efeitos sobre o emprego e sobre a renda decorrentes do aumento da demanda agregada; e o estímulo à obtenção de saldos comerciais positivos.

e) a ampliação de mercados; os deslocamentos produtivos; e o equilíbrio das taxas de juros e dos preços que o comércio induz.

28. (ESAF — AFRF — 2003) Sobre o protecionismo, em suas expressões contemporâneas, é correto afirmar-se que:

a) Tem aumentado em razão da proliferação de acordos de alcance regional que mitigam o impulso liberalizante da normativa multilateral.

b) Possui expressão eminentemente tarifária desde que os membros da OMC acordaram a tarifação das barreiras não tarifárias.

c) Assume feições preponderantemente não tarifárias, associando-se, entre outros, a procedimentos administrativos e à adoção de padrões e de controles relativos às características sanitárias e técnicas dos bens transacionados.

d) Vem diminuindo progressivamente à medida que as tarifas também são reduzidas a patamares historicamente menores.

e) Associa-se a estratégias defensivas dos países em desenvolvimento frente às pressões liberalizantes dos países desenvolvidos.

29. (ESAF — AFRFB — 2009) A participação no comércio internacional é importante dimensão das estratégias de desenvolvimento econômico dos países, sendo perseguida a partir de ênfases diferenciadas quanto ao grau de exposição dos mercados domésticos à competição internacional. Com base nessa assertiva e considerando as diferentes orientações que podem assumir as políticas comerciais, assinale a opção correta.

a) As políticas comerciais inspiradas pelo neomercantilismo privilegiam a obtenção de superávits comerciais notadamente pela via da diversificação dos mercados de exportação para produtos de maior valor agregado.

b) Países que adotam políticas comerciais de orientação liberal são contrários aos esquemas preferenciais, como o Sistema Geral de Preferências, e aos acordos regionais e sub-regionais de integração comercial celebrados no marco da Organização Mundial do Comércio por conterem, tais esquemas e acordos, componentes protecionistas.

c) A política de substituição de importações valeu-se preponderantemente de instrumentos de incentivos à produção e às exportações, tendo o protecionismo tarifário importância secundária em sua implementação.

d) A ênfase ao estímulo à produção e à competitividade de bens de alto valor agregado e de maior potencial de irradiação econômica e tecnológica a serem destinados fundamentalmente para os mercados de exportação caracteriza as políticas comerciais estratégicas.

e) As economias orientadas para as exportações, como as dos países do Sudeste Asiático, praticam políticas comerciais liberais em que são combatidos os incentivos e quaisquer formas de proteção setorial, privilegiando antes a criação de um ambiente econômico favorável à plena competição comercial.

30. (CESPE — Economista (MPOG) — PGCE (Especial) — 2015) A respeito do comércio exterior e dos fluxos internacionais, julgue o item a seguir.

O comércio internacional e o comércio interno apresentam semelhanças, a exemplo das mudanças monetárias e jurídicas, e apresentam diferenças, que podem ser exemplificadas pelo grau de mobilidade dos fatores de produção, pela existência de barreiras aduaneiras e pela impossibilidade de produzir todos os bens e serviços necessários para seus habitantes de forma vantajosa.

GABARITO

1. Questão conceitual, cuja alternativa correta é a letra "a", que explica a relação, nem sempre equilibrada, entre os preços de importação e os de exportação entre dois países. As alternativas "b", "c", "d" e "e" apresentam conceitos que não possuem qualquer relação com o tema.

2. A alternativa correta é a letra "c", pois o livre-cambismo realmente trará vantagens competitivas para os países mais industrializados, em detrimento dos países com indústrias incipientes, dada a diferença de valor agregado dos produtos negociados. As demais alternativas não podem ser consideradas como "argumento principal" contra o modelo.

3. A alternativa correta é a letra "b", porque relaciona, de modo complementar, o texto do enunciado (fatores de produção) e a ideia de alocação dos custos relativos, pressupostos da teoria das vantagens comparativas. As demais alternativas são inconsistentes com esse raciocínio.

4. Questão teórica e que merece atenção. A alternativa correta é a letra "c" porque o enunciado faz uma afirmação genérica, de caráter absoluto, incapaz, portanto, de estabelecer o índice de participação ou a posição relativa de determinado país no conjunto do comércio internacional. As demais alternativas, muito embora possam ser consideradas, isoladamente, como razoáveis, não possuem relação direta com o enunciado da questão, no sentido de justificá-lo ou complementá-lo.

5. A alternativa correta é a letra "c", pois o problema dos termos de troca respeita, justamente, ao provável desequilíbrio na balança comercial entre países com níveis de produção e tecnologia distintos.

6. Em relação ao que poderíamos entender como "nova teoria do comércio internacional" (conceito um tanto vago, pois depende da referência teórica a ser adotada), a alternativa que melhor responde ao enunciado é a letra "e", pois veicula duas ideias mais recentemente consideradas como fundamentais para a vantagem competitiva das indústrias (como exemplo de economia de escala, o melhor paradigma, por óbvio, é o caso chinês, enquanto poderíamos citar como hipótese de diferenciação de produtos a estratégia utilizada pela Apple, que, sem ter os melhores preços do mercado, seduz milhões de consumidores a partir desse conceito).

7. Pergunta diretamente cravada no conceito da Teoria das Vantagens Comparativas, cuja alternativa correta é a letra "b", pois as demais opções não representam adequadamente a ideia.

8. Pergunta teórica e bastante interessante, certamente elaborada a partir do modelo adotado pelo governo chinês, que, ao longo das últimas décadas, passou a "reproduzir" conceitos e produtos de sucesso no exterior, em escala maciça e, com isso (entre outros fatores), permitiu que a indústria local assumisse posição relevante no comércio internacional. A alternativa correta é a letra "e". A alternativa "a" está incorreta porque a tendência costuma ser o inverso da afirmação, enquanto as alternativas "b" e "c" também apresentam problemas, pois o mercado de *commodities* tende a ser mais protegido contra a manipulação de preços intrafirmas, além do fato de que os governos não possuem interesse nem condições de competir com as empresas transnacionais. A alternativa "d" está incorreta porque o fluxo entre países desenvolvidos e em desenvolvimento ainda não possui a relevância que a afirmativa pressupõe.

9. A alternativa que deve ser assinalada é a letra "a", porque não há qualquer coerência em se afirmar que o comércio e a indústria são mais importantes que a agricultura. A experiência recente tem demonstrado que os países de maior sucesso conseguem desempenho satisfatório em todos os setores, especialmente com a intensa utilização de recursos tecnológicos. As demais alternativas podem ser consideradas como argumento a favor das práticas protecionistas.

10. A alternativa que deve ser assinalada é a letra "b", que está incorreta, entre outros fatores, pela sugestão de aplicação homogênea do modelo na Europa do século XVII. As demais alternativas trazem ideias relacionadas ao mercantilismo e estão, portanto, adequadas.

11. Pergunta fácil, cuja alternativa é a letra "e", até porque a afirmação discrepa totalmente do assunto proposto pelo enunciado.

12. Questão interessante, que propõe um cenário hipotético e solicita ao candidato quais as medidas protecionistas aplicáveis. A alternativa correta é a letra "a", pois resta claro que a indústria nacional sofre com a concorrência externa, cujo volume de importações precisa, portanto, ser contido, no sentido de criar uma "reserva de mercado" para a produção local. Como a pergunta é teórica, o candidato não deve se preocupar com possíveis diretrizes ou regras do GATT ou OMC, que não foram suscitadas no enunciado.

13. Pergunta direta que, entre outras possibilidades, traz uma definição adequada do comércio internacional, especialmente a partir do ponto de vista clássico defendido por Alan Smith. A alternativa correta, portanto, é a letra "e".

14. Questão bastante fácil, que exemplifica um caso típico de oligopólio, conforme alternativa "e".

15. Questão cuja alternativa correta é a letra "e", sem maiores dificuldades, pois todas as demais apresentam situações que, em tese, poderiam ensejar a adoção de barreiras protecionistas, de índole tarifária.

16. A alternativa correta é a letra "c", pois os direitos aduaneiros devem ser entendidos como os valores pagos pelo importador ou exportador quando das operações de comércio exterior (podem possuir natureza tributária, como no caso do imposto de importação ou apenas econômica, quando do pagamento de direitos antidumping ou medidas compensatórias). As demais alternativas veiculam hipóteses de barreiras não tarifárias.

17. A alternativa correta é a letra "a", que faz a correlação entre os custos de produção e a vantagem comparativa dos países.

18. A alternativa que deve ser assinalada é a letra "c", que não condiz com o texto do enunciado. De se notar que o próprio examinador, na alternativa (ao contrário das demais), coloca a questão no condicional "também teriam forte influência...", claro indicativo de que se trata de conceito incorreto.

19. A alternativa correta é a letra "a", pois reflete a noção clássica da teoria das vantagens absolutas, na concepção de Adam Smith.

20. A alternativa correta é a letra "d", que apresenta importantes diferenças entre o comércio doméstico e o internacional. Todas as demais alternativas veiculam algum tipo de justificativa inconsistente.

21. A alternativa correta é a letra "e", pois coube a Ricardo, de modo pioneiro, "refinar" a ideia original de Adam Smith e propor a teoria das vantagens comparativas. De se notar que a questão, apesar do extenso enunciado, é relativamente fácil, pois menciona expressamente a teoria.

22. A alternativa correta é a letra "b", que faz a correlação entre o livre-cambismo e a hipotética formação de um mercado de concorrência perfeita, sem fatores exógenos ou intervenção estatal.

23. A alternativa correta é a letra "e", por ser a mais abrangente e representativa da multiplicidade de transações do comércio internacional. Todas as outras estão erradas porque trazem limitações incompatíveis com o conceito.

24. A alternativa correta é a letra "c", que apresenta um panorama bastante abrangente do que podemos entender por globalização. Novamente, trata-se de identificar a resposta correta a partir da definição mais completa entre as alternativas propostas. A letra "a" está errada porque um dos principais efeitos da globalização é justamente o aumento das discrepâncias e da distância econômica e social entre os países. A letra "b" tem problemas porque o processo é também econômico, mais até do que comercial, além de não propiciar a expansão dos mercados nacionais em escala global. A letra "d" está errada porque o capital especulativo, embora forte e presente, não tem o condão de, por si, acelerar os fluxos internacionais, que são impulsionados basicamente pelo aumento do comércio de bens, serviços e direitos. A letra "e" está incorreta porque o fenômeno da globalização surgiu da oportunidade e vontade de alguns países; apesar de ser verdade que as empresas transnacionais em muito se beneficiam do processo, o advérbio "fundamentalmente" é exagerado e, portanto, não se aplica ao caso.

25. A alternativa correta é a letra "a", que apresenta três justificativas adequadas para o crescimento do comércio de mercadorias. A letra "b" está errada porque a produção industrial se "espalhou" pelo mundo, em busca de menores salários e direitos trabalhistas mais flexíveis. A letra "c" traz afirmações razoáveis, que exigiriam maior reflexão se não fosse a ideia de que os investimentos diretos estão concentrados nos países emergentes, o que não é correto. A letra "d" não guarda correlação lógica com a pergunta, que até menciona a participação dos países em desenvolvimento, razão pela qual está errada, enquanto a letra "e" tem dois problemas: a demanda por *commodities* só faz crescer e as tecnologias não são disseminadas, mas sim se concentram nos países que as desenvolveram.

26. A alternativa correta é a letra "a", que declara com a necessária ênfase a preponderância das barreiras não tarifárias sobre as tarifárias, como mecanismo de proteção mais utilizado atualmente. A letra "b" está incorreta porque as barreiras tarifárias, na verdade, perderam força nas últimas décadas. A letra "c" está incorreta porque a OMC não possui caráter assistencial nem se preza a compensar ou ajudar mercados "com falhas" ou indústrias incipientes. A letra "d" está errada porque os países desenvolvidos, membros da OCDE, tentam promover políticas de liberalização, principalmente com a celebração de acordos de integração, como a União Europeia. A letra "e" está errada porque questões como direitos humanos e meio ambiente infelizmente passam ao largo das grandes discussões do comércio internacional.

27. A alternativa correta é a letra "c", que traz efeitos positivos do comércio internacional para o crescimento econômico. Muitas pessoas estranham o fato de que o aumento das importações poderia aumentar a competitividade, o que, no entanto, é verdadeiro, porque os países buscam importar matérias-primas e insumos mais baratos no intuito de lhes agregar valor e produzir bens acabados a preços mais competitivos. Além disso, é natural o fato de que grandes importadores costumam ser, ao mesmo tempo, grandes exportadores, e a busca de saldos positivos é um dos objetivos do crescimento econômico, gerado fundamentalmente a partir da expansão do comércio internacional. A letra "a" está incorreta porque o comércio não traz estabilidade ao câmbio, ao contrário, pressiona-o no sentido de que a moeda local seja desvalorizada para incentivar as exportações. A letra "b" está errada porque as trocas internacionais geram distorções, e não melhor eficácia alocativa (problemas dos "termos de troca"). A letra "d" está errada porque os efeitos sobre o emprego, especialmente local, nem sempre são benéficos. A letra "e" também está incorreta porque os deslocamentos produtivos podem ensejar graves problemas sociais, aliado ao fato de que o comércio não induz, necessariamente, ao equilíbrio entre taxas de juros e preços.

28. A alternativa correta é a letra "c", porque o protecionismo hoje se manifesta, no mais das vezes, por meio de barreiras não tarifárias, de que são exemplos as questões sanitárias e técnicas mencionadas. A letra "a" está errada porque os acordos regionais não devem impactar a liberação multilateral, nos termos do GATT. A letra "b" está incorreta pela incongruência da expressão "tarifação das barreiras não tarifárias". A letra "d" está errada porque, muito embora as alíquotas médias do imposto de importação se encontrem nos mais baixos índices históricos, isso não impede a aplicação de barreiras não tarifárias, que, ao contrário, são, na prática, mais utilizadas. A letra "e" está incorreta em razão da correlação apresentada, porque o protecionismo é praticado tanto por países em desenvolvimento como por países desenvolvidos.

29. A alternativa correta é a letra "d", pois revela a busca dos países em exportar produtos com maior valor agregado e capacidade tecnológica. A letra "a" está incorreta devido ao advérbio "notadamente", relacionado à diversificação. A letra "b" está errada porque diversos países com vocação liberal participam de acordos regionais, que não são de índole protecionista, especialmente para os integrantes. A letra "c" está incorreta porque a política de substituição às importações, especialmente na América Latina, utilizou elevadas doses de protecionismo tarifário. A letra "e" está errada porque é notória a presença dos subsídios estatais como suporte à política de exportações.

30. A afirmação está "errada", pois as mudanças monetárias e jurídicas não revelam semelhança entre o comércio internacional e o interno, assim como a impossibilidade de produção de todos os bens e serviços necessários para as pessoas não configura uma distinção entre os conceitos, mas uma premissa real que alcança qualquer relação comercial.

1.3. MATERIAL DIGITAL

VÍDEO
http://uqr.to/1y397

2

O SISTEMA MULTILATERAL DO COMÉRCIO

Neste início de século XXI, o pano de fundo do comércio internacional compõe-se de três pressupostos fundamentais: a consideração **supranacional** dos mercados, o fluxo de **investimentos** estrangeiros e as estratégias das empresas **transnacionais**.

Entretanto, a internacionalização da economia e seu consequente efeito de liberalização do comércio exterior não se fizeram acompanhar pelo surgimento de novas instituições e mecanismos supranacionais capazes de atuar, de maneira eficiente, na correção dos desequilíbrios e instabilidades ocorridos nos últimos tempos.

Na prática, apesar do discurso mundial, pouca coisa mudou.

Frieden destaca o panorama internacional da globalização com argúcia[1]: "O século terminou como havia começado: o capitalismo se tornara global novamente e o mundo era, mais uma vez, capitalista. No entanto, apesar da aparente marcha triunfal do capitalismo global, de continente a continente, os desafios à globalização persistem. Alguns eram intrínsecos à operação dos mercados internacionais, tais como a volatilidade do sistema financeiro, que ameaçava o ritmo e a natureza da integração econômica. Outros eram externos, provenientes de grupos onde a globalização não era consenso, ativistas lutando pelos direitos humanos, pelos direitos dos trabalhadores e pelo meio ambiente".

Os poderes públicos nacionais têm sua efetividade **reduzida** por um processo de internacionalização que não reflete, em escala transnacional, os princípios da soberania e da independência, ao menos nos moldes em que outrora se pautavam as relações entre os Estados.

Da mesma forma que o capitalismo fulminou a economia feudal, "desta vez, é a economia do mercado nacional que vem sendo desafiada por uma economia global em rede, e o Estado-nação que vem sendo parcialmente absorvido por espaços políticos regionais como a União Europeia. O comércio em rede é demasiado rápido, denso, e abrangente em termos globais para ser constrangido por fronteiras nacionais. Os Estados-nação são muito limitados geograficamente para supervisionar o comércio inter--regional e global e harmonizar os crescentes riscos sociais e ambientais que acompanham um mundo globalizado (...). O que vem motivando todas essas mudanças institucionais é uma revolução nas comunicações que acelera a velocidade, o ritmo, o fluxo, a densidade e a conectividade da vida comercial e social"[2].

---

[1]   Jeffry A. Frieden. *Capitalismo global*, p. 498.
[2]   Jeremy Rifkin. *O sonho europeu*, p. 165-166.

Para alguns, isso representa uma vantagem. Mas não se trata apenas da ausência de participação estatal, mas, sim, da ausência de um sistema de garantia global, capaz de prover os chamados **bens públicos internacionais**, como a estabilidade financeira e a fixação de regras comerciais e cambiais respeitadas e duradouras.

Sabe-se que uma transação internacional possui, ao menos, duas características básicas: a) pressupõe que a mercadoria atravesse uma **fronteira**, o que historicamente sempre representou uma dificuldade, de grau bastante variável e b) implica o uso de várias moedas, sendo necessária a criação de um mercado de **câmbio**, que promova a conversão de divisas. Para que ambas possam ocorrer, um mínimo de regramento deve existir.

Os acordos internacionais que tratam de fixar regras mínimas são frequentemente objeto de tensões, como demonstram os recentes episódios da chamada **guerra comercial internacional**, que, somados às fases de enorme instabilidade dos mercados financeiros, causada pelo total desregramento imposto pelo neoliberalismo, constituem-se em terreno fecundo para o capital volátil e especulativo.

Nas sábias palavras do líder sul-africano Nelson Mandela: "À medida que os mercados financeiros encontravam renovado vigor longe do Estado-nação, formas tradicionais de atividade econômica se reacendiam em todo o mundo. Operando vinte e quatro horas por dia, o mercado do capital internacional substituiu o império britânico: o império onde o sol nunca se punha. Nesse mundo que perdia cada vez mais as fronteiras, o velho conflito entre o Leste-Oeste perdeu a força. A perda do controle nacional em ambos os lados dessa divisão forneceu a bigorna em que foram forjados os eventos de 1989 — a queda do Muro de Berlim. Esse momento marcou o ponto de virada para a nova situação globalizada"[3].

A primeira tentativa de **regulamentação** do comércio internacional se deu logo após o término da Segunda Guerra Mundial, com a celebração de uma conferência internacional em Genebra, cujo objetivo era criar uma Organização de Comércio Internacional (*International Trade Organization* — ITO) que deveria ter o *status* de agência especializada das Nações Unidas.

Só que essa conferência foi marcada pelo embaraço causado por duas posições **antagônicas**: enquanto os EUA queriam estabelecer rapidamente o livre-comércio, com a abolição de todos os obstáculos internacionais, os países europeus, tradicionalmente mais conservadores e, ainda, debilitados pela guerra, demonstravam interesse na manutenção de certas medidas protecionistas[4].

---

[3]   Nelson Mandela. O Estado-nação carente. In: Nathan P. Gardels (Org.). *No final do século — reflexões dos maiores pensadores do nosso tempo*, p. 345.

[4]   O ambiente internacional pós-guerra era extremamente favorável aos Estados Unidos, que chegaram ao fim do conflito com alocação máxima da capacidade de produção, voltada, até então, para os esforços militares. Foi relativamente fácil e natural, portanto, canalizar esforços para a produção em massa de bens de consumo, o que levou o país a se tornar a grande potência industrial e econômica da segunda metade do século XX. Ao contrário, o cenário na Europa era desolador: incontáveis perdas humanas, infraestrutura débil, cidades arrasadas e o grande desafio de levantar o moral e a autoestima dos sobreviventes. É nesse contexto que devemos entender a vontade liberalizante dos Estados Unidos e a preocupação dos europeus com a regulamentação do comércio internacional.

Como a supremacia dos Estados Unidos era incontestável, as circunstâncias do debate incomodavam os governos europeus, conforme relata Frieden[5]: "Os defensores do livre-comércio investiam contra um século de protecionismo norte-americano, mas em diversas áreas corporativas o apoio a barreiras comerciais persistia. Mesmo assim, o entusiasmo com a liberalização do comércio cresceu. No fim da guerra, a ideia de que a livre-troca de mercadorias fazia parte dos interesses norte-americanos já era popular, se não universal. Havia razões práticas para essa mudança. Muitas das indústrias norte-americanas utilizaram a superioridade tecnológica para exportar e investir no exterior. Isso fez com que o apoio ao livre-comércio se expandisse para além da tradicional base de exportação agrícola. Além do mais, no decorrer da guerra, tornou-se óbvio que os norte-americanos não enfrentariam muita competição estrangeira após o fim do conflito. Muitos industriais protecionistas mudaram de ideia quando perceberam que tinham muito a ganhar com a liberalização do comércio e muito a perder com a manutenção das barreiras comerciais britânicas e europeias".

2.1. A CARTA DE HAVANA E O FRACASSO DA ORGANIZAÇÃO INTERNACIO-NAL DO COMÉRCIO

A ideia de uma organização capaz de regulamentar o comércio internacional surgiu, inicialmente, como complemento ao modelo proposto na **Conferência de Bretton Woods**, que previra a criação de duas grandes instituições, o **Banco Mundial** e o **Fundo Monetário Internacional**[6]. Faltava, pois, preencher a lacuna destinada ao controle das transações comerciais, componente fundamental da retomada do crescimento econômico em escala global no período pós-guerra.

A celebração de um acordo multilateral tinha como grande defensor o economista John Maynard Keynes, que almejava, além de normas básicas para a criação da **Organização Internacional do Comércio** (*International Trade Organization* — ITO, em inglês), o desenvolvimento de mecanismos de controle das finanças internacionais.

O documento fundamental do que seria a *International Trade Organization* foi a **Carta de Havana**, assinada por 53 países em 1948. Seu principal objetivo, à época, era permitir a cooperação internacional e estabelecer regras para combater práticas protecionistas.

---

[5] Jeffry A. Frieden. *Capitalismo global*, p. 277.

[6] Conforme descrição de Frieden, "No início de julho de 1944, cerca de mil representantes de mais de 40 países se reuniram no Mount Washington Hotel, nas montanhas de Bretton Woods, em New Hampshire. Durante três semanas, sob a liderança de White e Keynes, as delegações traçaram planos para o FMI e o Banco Mundial — bem como para a ordem financeira e monetária do pós-guerra. O sistema criado em Bretton Woods era único. Nunca existira uma organização como o FMI, à qual os governos-membros concordaram em subordinar suas decisões sobre medidas econômicas importantes. Tampouco já havia existido uma organização como o Banco Mundial, que contava com bilhões de dólares a serem emprestados a governos ao redor do mundo. O capitalismo organizado da nova social-democracia, que havia invadido as políticas econômicas das nações capitalistas ocidentais, foi aplicado no plano internacional". Jeffry A. Frieden. *Capitalismo global*, p. 281.

Em breve síntese, as negociações para a criação da organização começaram quando o Conselho Econômico e Social das Nações Unidas, em fevereiro de 1946, decidiu convocar uma *Conferência Internacional para o Comércio e Emprego*, com o objetivo de discutir a expansão industrial, as trocas comerciais e o consumo de bens. Os trabalhos começaram em Havana, em 21 de novembro de 1947, e terminaram somente em 24 de março de 1948, o que resultou na **Ata Final** da Conferência, conhecida como Carta de Havana, com 106 artigos, redigidos em inglês e francês.

Posteriormente, havia a previsão de tradução autêntica para o chinês, russo e espanhol, que ficaria a cargo da malsinada Organização Internacional do Comércio, que deveria atuar como agência especializada das Nações Unidas. A proposta inicial era, como mencionamos, extremamente ambiciosa e extrapolava os limites do comércio internacional, com regras direcionadas para temas bastante variados, como investimentos internacionais, práticas anticoncorrenciais, política de empregos e até a questão dos serviços.

Dada a magnitude das discussões, alguns países[7] resolveram, por questões práticas, negociar em paralelo um acordo para a redução das tarifas sobre o comércio internacional, logo ao fim da Segunda Guerra Mundial. Acreditava-se que a desoneração das transações poderia surtir efeito imediato e acelerar a recuperação das economias, pois o protecionismo emperrava o comércio desde o início dos anos 1930, devido ao colapso do sistema financeiro com o *crack* da Bolsa de Nova York.

A primeira rodada de negociações logrou êxito ao estabelecer 45 mil concessões tarifárias, o equivalente a 20% do comércio internacional, talvez o primeiro grande marco do multilateralismo.

Aos 15 membros iniciais, outros oito foram agregados, e assim surgiu, em 30 de outubro de 1947, o **Acordo Geral de Tarifas e Comércio** (*General Agreement on Tariffs and Trade* — GATT), como "Protocolo de Aplicação Provisória", cujos efeitos vigorariam a partir de 30 de junho de 1948.

No comentário de André Lupi, a partir das ponderações de John Jackson, podemos perceber os interesses imediatos do GATT[8]: "A urgente opção por um acordo tarifário sem os traços de uma organização internacional se justificou principalmente pela necessidade que tinham os negociadores americanos de aproveitar o mandato que lhes foi concedido pelo congresso estadunidense em 1945, que renovou por três anos o mandato para a celebração de acordos comerciais recíprocos. Dentro deste mandato, os representantes norte-americanos aproveitaram para retirar do texto do GATT qualquer referência que sugerisse a elaboração de uma organização, o que garantiria sua rápida e certa entrada em vigor, pois deste modo o acordo não precisaria ser submetido à aprovação do Congresso (embora houvesse quem divergisse dessa opinião). A urgência se devia também ao fato de que havia muitas concessões tarifárias negociadas, o que poderia fazer com que os comerciantes particulares resolvessem cessar os fluxos de comércio até a entrada em vigor das novas tarifas".

---

[7] Em dezembro de 1945, os Estados Unidos convidaram seus parceiros mais próximos, que haviam sido aliados na Segunda Guerra Mundial, para discutir, de forma efetiva, um acordo recíproco e multilateral, que permitisse a redução das tarifas do comércio internacional. O grupo, que deu início aos debates sobre a Organização Internacional do Comércio e o GATT, era originalmente composto de 15 membros.

[8] André Lipp Pinto Basto Lupi. *Soberania, OMC e Mercosul*, p. 141-142.

Como os signatários do GATT também participavam das discussões acerca da criação da Organização Internacional do Comércio e da redação da Carta de Havana, o acordo previa a aproximação dos instrumentos, de forma gradual e provisória, a fim de não prejudicar as concessões tarifárias que já haviam sido pactuadas.

Com inteligência (ou deliberadamente, conforme o ponto de vista), o GATT também trabalhava com a possibilidade de a Organização Internacional do Comércio jamais ser criada, o que realmente aconteceu.

Conforme o leitor certamente já percebeu, esse "paralelismo" nas negociações foi fruto, por um lado, da necessidade de regulamentação do comércio internacional e, por outro, do pragmatismo típico dos norte-americanos, principais articuladores do processo, de tal sorte que o fracasso de um acordo mais abrangente, como a Carta de Havana/ITO, não impedisse a liberalização dos mercados, tanto assim que a Conferência em Cuba começou, como vimos, menos de um mês depois de o GATT ter sido assinado, o que certamente não foi coincidência, mas, sim, um trunfo na mão dos principais interessados.

Na sequência de um roteiro sem grandes surpresas, logo se percebeu que a ratificação da Carta de Havana jamais ocorreria. O Congresso norte-americano mostrou-se refratário à amplitude do texto, e, em 1950, os Estados Unidos anunciaram oficialmente o **encerramento** do debate político, ato que sepultou, de vez, a natimorta Organização Internacional do Comércio, pois de nada adiantava prosseguir negociações em âmbito mundial se a principal potência (e ameaça, em termos de poder econômico) já havia manifestado seu desinteresse em regras mais abrangentes.

Apesar de nunca ter sido ratificada, devido à rejeição pelo Congresso dos Estados Unidos, elementos da Carta de Havana, que estabeleciam princípios para a política comercial entre os países, foram efetivamente incorporados ao texto do GATT.

Conforme Kenneth W. Dam, citado por Celso Lafer[9], os seguintes fatores levaram ao fracasso da OIC:

a) a força de objetivos e interesses contrários ao livre-comércio, como, por exemplo, os da Inglaterra na manutenção do sistema de preferências do Commonwealth e os dos próprios Estados Unidos no que diz respeito à sua produção agrícola;

b) ao fato de o sistema financeiro internacional, regulamentado pelo Fundo Monetário Internacional, não ter estado preparado, no após guerra, para ajustar o livre-comércio;

c) diante dessa realidade, o parâmetro institucional da ITO deveria ter sido concebido de maneira diferente, a saber, como um mecanismo para encontrar soluções, e não como um código substantivo sobre o qual não havia acordo.

Por tudo isso, o GATT, que nasceu como um instrumento **secundário** e **efêmero**[10] — e que não necessitava de um organismo internacional para sua aplicação –, foi, em

---

9 Celso Lafer. O GATT, a cláusula da nação mais favorecida e a América Latina. *Revista de Direito Mercantil, Industrial, Econômico e Financeiro*, São Paulo: Malheiros, v. 10, n. 3, 1971, p. 42-43.

10 Conforme lembra André Lupi, com referência a Robert E. Hudec: "Já o GATT foi assinado para ser um acordo provisório, vigente apenas até a entrada em vigor da OIC. Por este motivo, as obrigações que prescreve são em geral muito semelhantes àquelas previstas no Capítulo de Política Comercial da Carta (de Havana). Tinha, contudo, algumas limitações. Em primeiro lugar, havia

determinado momento, convertido em acordo definitivo, assumindo algumas das funções da também malograda Organização Internacional do Comércio, passando a ser o único instrumento regulatório multilateral em vigor, e assim permaneceu por 47 anos, até a criação da Organização Mundial do Comércio, em 1995.

O acordo foi adotado oficialmente no Brasil com a publicação da Lei n. 313, de 30 de julho de 1948.

2.2.   O ACORDO GERAL SOBRE TARIFAS E COMÉRCIO

Como vimos, o GATT foi assinado em Genebra em 30 de outubro de 1947 (o Acordo deveria se tornar parte da Carta de Havana, cujos efeitos nunca se concretizaram); entrou em vigor a partir de 1.º de janeiro de 1948 e permaneceu como referencial para as relações comerciais internacionais até 1994, quando foi incorporado pela **Organização Mundial do Comércio** (OMC — *World Trade Organization* — WTO, em inglês)[11].

Para se verificar sua importância, basta assinalar que, à época da alteração, o acordo contava com 128 países signatários, responsáveis por 90% do comércio internacional.

Atualmente, a Organização Mundial do Comércio possui 166 membros e 23 observadores, incluindo a Santa Sé[12]. **Observadores** são os países que, por motivos diversos, ainda não possuem condições de pertencer à organização e precisarão, portanto, ajustar questões econômicas e políticas internas antes de pleitear sua adesão.

Os membros do GATT, também chamados de **Partes Contratantes**, estabeleceram originalmente, como objetivos, a seguinte tríade:

a) grande desenvolvimento econômico;

b) pleno emprego; e

c) eficaz utilização dos recursos mundiais, com base na premissa de que a liberdade de comércio constituir-se-ia num procedimento adequado para lograr tais fins.

Essa propalada liberdade seria possível por meio de acordos recíprocos e mutuamente vantajosos, dirigidos a uma substancial redução de tarifas e outras barreiras ao comércio internacional, tudo somado à eliminação de qualquer tratamento discricionário entre as partes.

---

uma reserva para as normas que estivessem em vigor internamente mas que fossem contrárias aos termos do GATT. Em segundo lugar, ele não tinha a ambição de ser uma organização internacional formal. Suas decisões eram tomadas pelas Partes Contratantes reunidas e não por órgãos com funções decisórias. Por último, tinha um sistema de solução de controvérsias bem mais primitivo, baseado nas cláusulas de anulação e redução dos acordos de comércio norte-americanos do começo do século que davam direito ao Estado prejudicado de entrar em consultas com o Estado causador da anulação ou redução". *Soberania, OMC e Mercosul*, p. 141.

[11] Como a Carta de Havana não entrou em vigor, o GATT 1946 foi aplicado por meio de um Protocolo Provisório, até que os seus dispositivos passassem a integrar o GATT 1994, já no âmbito da Organização Mundial do Comércio.

[12] Dados referentes a setembro de 2023. À exceção da Santa Sé, os observadores precisam iniciar negociações para ingresso na Organização Mundial do Comércio em até cinco anos.

2.2.1. Os princípios do GATT e da OMC

Durante décadas, os princípios do GATT permaneceram inalterados e foram as diretrizes da regulamentação do comércio internacional. Por óbvio que, no decorrer do período, diversos ajustes foram realizados, seja em função do dinamismo econômico, seja pela necessidade de maior abrangência dos acordos, algo que foi gradativamente percebido pelos países na mesma medida em que amadurecia a compreensão da importância das negociações em escala global.

Algumas adições relevantes ocorreram por meio de **acordos plurilaterais**, ou seja, de adesão voluntária, diferentes, portanto, dos **compromissos multilaterais** assumidos por todas as partes contratantes do GATT, de caráter compulsório.

> **Observação:** apesar de terem caráter discriminatório, em face dos princípios gerais do comércio internacional (especialmente a cláusula da nação mais favorecida), os acordos regionais estão amparados pelo artigo XXIV do GATT, desde que atendidas certas condições. O dispositivo estabelece que um acordo regional de comércio deve cobrir parte substancial do comércio dos países envolvidos e determina que as tarifas não poderão ser, ao cabo do processo de integração, mais restritivas do que as aplicadas entre as partes do acordo antes do processo.

Atualmente, todos os princípios e diretrizes do GATT, já devidamente adaptados às negociações que envolveram a criação da Organização Mundial do Comércio, estão consolidados no que se conhece como **Acordo Geral sobre Tarifas e Comércio 1994** (GATT, 1994). Esta última versão do GATT é composta:

a) das disposições do Acordo Geral sobre Tarifas e Comércio datado de 30 de outubro de 1947, anexado à Ata Final Adotada na Conclusão da Segunda Sessão do Comitê Preparatório da Conferência das Nações Unidas sobre Comércio e Emprego (exclusive o Protocolo de Aplicação Provisória), conforme retificado, emendado ou modificado pelos termos dos instrumentos legais que tenham entrado em vigor antes da data de aplicação do Acordo Constitutivo da Organização Mundial do Comércio;

b) das disposições dos instrumentos legais listados a seguir, que tenham entrado em vigor sob o GATT 1947, antes da data de vigência do Acordo Constitutivo da Organização Mundial do Comércio:

(i) protocolos e certificados relativos a concessões tarifárias;

(ii) protocolos de acessão (exclusive as disposições: (a) relativas à aplicação provisória e retirada de aplicação provisória; e (b) que estabelecem que a Parte II do GATT 1947 será aplicada provisoriamente da forma mais completa, desde que não incompatível com a legislação existente na data do Protocolo);

(iii) decisões sobre derrogações concedidas sob o artigo XXVIII do GATT 1947 e ainda em vigor na data de aplicação do Acordo Constitutivo da Organização Mundial do Comércio;

(iv) outras decisões das Partes Contratantes do GATT 1947.

c) dos entendimentos listados a seguir:

(i) entendimento sobre a interpretação do artigo II 1(b) do Acordo Geral sobre Tarifas e Comércio 1994;

(ii) entendimento sobre a interpretação do artigo XVII do Acordo Geral sobre Tarifas e Comércio 1994;

(iii) entendimento sobre as disposições sobre Balanço de Pagamentos do Acordo Geral sobre Tarifas e Comércio;

(iv) entendimento sobre a interpretação do artigo XXIV do Acordo Geral sobre Tarifas e Comércio 1994;

(v) entendimento a Respeito de Derrogações de Obrigações sob o Acordo Geral sobre Tarifas e Comércio 1994;

(vi) entendimento sobre a interpretação do artigo XXVIII do Acordo Geral sobre Tarifas e Comércio 1994.

d) do Protocolo de Marraqueche ao GATT 1994.

Como o leitor pode perceber, os países-membros da Organização Mundial do Comércio, ao recepcionarem os dispositivos do GATT, buscaram adaptá-los à nova sistemática **multilateral**, agregando-lhes protocolos, decisões e interpretações atualizadas, sem solução de continuidade com os procedimentos anteriormente previstos.

Daí por que se costuma dizer que o tratado constitutivo da Organização Mundial do Comércio funciona como um **guarda-chuva** que comporta a estrutura básica do organismo e as seis principais áreas de atuação: o próprio acordo e o tratamento a ser dispensado para bens, serviços, propriedade intelectual, solução de controvérsias e opiniões políticas.

Assim, quando a Organização Mundial do Comércio encampou o GATT, ao término das negociações da Rodada Uruguai, o acordo passou a ser denominado **GATT-1994**, ou seja, na prática o texto decorre do GATT original, de 1947, com as atualizações ocorridas no decorrer de décadas e com a consolidação promovida pelo **Protocolo de Marraqueche**, que sacramentou a Ata Final das discussões.

Ficou estabelecido que o texto final do GATT seria autêntico nos idiomas **inglês**, **francês** e **espanhol**, sem prejuízo das traduções locais de cada país (como é o caso do Brasil). No entanto, em caso de dúvidas ou necessidade de interpretação dos conceitos, prevalecem como referência as três versões originais.

Modalidades de Acordos Internacionais

MULTILATERAIS
- Para o direito internacional público, os Acordos Multilaterais são tratados firmados por três ou mais sujeitos dotados de personalidade jurídica (Estados soberanos e organismos internacionais), com reciprocidade de concessões e necessidade de ratificação pelas partes contratantes (no caso dos Estados)
- No âmbito da OMC, os Acordos Multilaterais são obrigatórios para todos os membros, e suas regras devem observar os princípios fundamentais do comércio, como a cláusula da nação mais favorecida e a igualdade de tratamento entre produtos estrangeiros e nacionais

PLURILATERAIS
- No sistema da OMC, os Acordos Plurilaterais possuem adesão facultativa, isto é, criam obrigações apenas para os signatários. Como exemplos podem ser citados o *Acordo sobre Compras Governamentais*, o *Acordo sobre o Comércio de Aeronaves Civis* e o *Acordo Internacional sobre Carne Bovina*

PREFERENCIAIS
- Acordos Comerciais Preferenciais decorrem de vantagens recíprocas concedidas entre Estados. Normalmente buscam aplicar tarifas mais vantajosas que as negociadas no âmbito da OMC. Podem, portanto, ser celebrados nos moldes do Sistema Geral de Preferências (SGP) ou nos processos de integração econômica, nos quais se objetiva a redução ou eliminação das tarifas intrabloco, nos termos do artigo XXIV do GATT

REGIONAIS
- Os Acordos Regionais de Comércio são celebrados para a redução de barreiras tarifárias e não tarifárias, em função da localização geográfica dos signatários, no intuito de incentivar o comércio regional, com o aproveitamento de possíveis identidades históricas ou culturais e da proximidade em termos logísticos, o que, em tese, reduziria o custo das operações

Como regra **interpretativa** fundamental, as negociações da Rodada Uruguai estabeleceram que, no caso de conflito entre uma disposição do GATT 1994 e uma disposição de qualquer acordo[13] incluído no Anexo 1ª ao Acordo Constitutivo da OMC (referido nos Acordos do Anexo 1ª como "Acordo Constitutivo da OMC"), a disposição **deste último acordo prevalecerá** no tocante ao conflito.

Vejamos, a seguir, os princípios fundamentais do atual sistema multilateral do comércio, com a importante advertência ao leitor de que a identificação de princípios é fruto de reflexão hermenêutica, variável, portanto, conforme o intérprete. A partir dessa premissa, apresentaremos os princípios ditos *clássicos* em conjunto com outros pouco citados pela doutrina, porque implícitos, mas não menos importantes, segundo nosso sentir.

2.2.1.1. Princípio da não discriminação

É o princípio básico de funcionamento do GATT, por meio do qual um Estado deve oferecer o **mesmo tratamento** em relação a todos os seus parceiros comerciais. Para atingir esse objetivo, as Partes Contratantes se comprometem a cumprir duas cláusulas:

a) cláusula da **nação mais favorecida** (artigo I)[14]: os países-membros devem estender a todos os signatários qualquer concessão comercial feita em benefício de um deles. Assim, nenhum país pode conceder a outro vantagem especial em detrimento dos demais;

b) cláusula de **igualdade de tratamento** ou **tratamento nacional** (artigo III)[15]: os produtos importados devem receber o mesmo tratamento (tributário, especialmente) que seus similares nacionais. Esta cláusula objetiva afastar medidas de ordem protecionista ou discriminatória.

---

[13] Ficou definido, portanto, o princípio da especificidade, segundo o qual os acordos temáticos prevalecem sobre as regras gerais do GATT em caso de conflito. Os dispositivos previstos no Anexo 1A do Acordo Constitutivo da OMC são diversos e englobam desde as interpretações da Rodada Uruguai até acordos específicos, como os relativos a Agricultura, Barreiras Técnicas ao Comércio e Valoração Aduaneira, entre outros. Todos serão abordados ao longo deste livro, nos tópicos correspondentes.

[14] GATT 1994, Artigo I: "1. Qualquer vantagem, favor, imunidade ou privilégio concedido por uma Parte Contratante em relação a um produto originário de ou destinado a qualquer outro país, será imediata e incondicionalmente estendido ao produtor similar, originário do território de cada uma das outras Partes Contratantes ou ao mesmo destinado".

[15] GATT 1994, Artigo III: "1. As Partes Contratantes reconhecem que os impostos e outros tributos internos, assim como leis, regulamentos e exigências relacionados com a venda, oferta para venda, compra, transporte, distribuição ou utilização de produtos no mercado interno e as regulamentações sobre medidas quantitativas internas que exijam a mistura, a transformação ou utilização de produtos, em quantidade e proporções especificadas, não devem ser aplicados a produtos importados ou nacionais, de modo a proteger a produção nacional. 2. Os produtos do território de qualquer Parte Contratante, importados por outra Parte Contratante, não estão sujeitos, direta ou indiretamente, a impostos ou outros tributos internos de qualquer espécie superiores aos que incidem, direta ou indiretamente, sobre produtos nacionais. Além disso, nenhuma Parte Contratante aplicará de outro modo, impostos ou outros encargos internos a produtos nacionais ou importados, contrariamente aos princípios estabelecidos no parágrafo 1".

Figura 2.1. Princípio da não discriminação

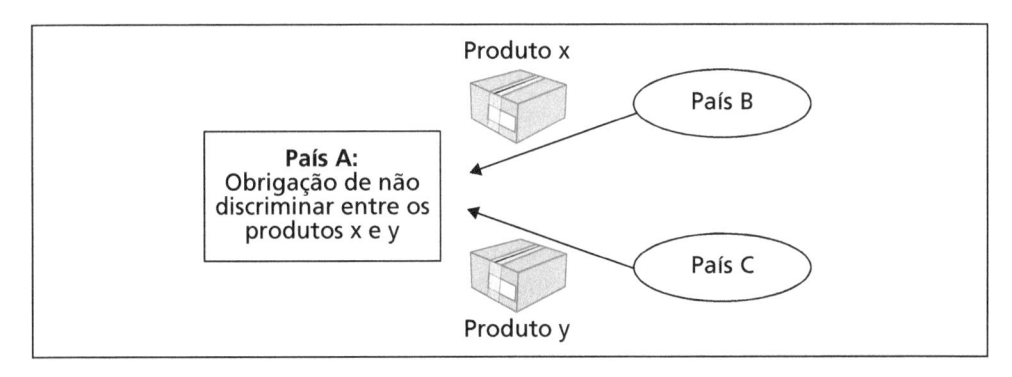

As diretrizes de **não discriminação** e da **cláusula da nação mais favorecida** são tão importantes que constam expressamente, por exemplo, do *Acordo Geral sobre o Comércio de Serviços*[16] (GATS, em inglês) e do *Acordo sobre os Aspectos dos Direitos de Propriedade Intelectual Relacionados ao Comércio* (TRIPS, em inglês)[17].

Nada obstante, os referidos princípios não são absolutos e tiveram que ser flexibilizados a partir da realidade apresentada pelos chamados **processos de integração**, nos quais países se organizam e criam blocos comerciais ou econômicos que não estendem a terceiros alheios ao modelo os mesmos benefícios concedidos *intrabloco*, como teremos oportunidade de observar no capítulo adequado. Tal previsão consta do próprio GATT, no artigo XXIV.

Existem, ainda, algumas outras exceções possíveis, além dos processos de integração. Admite-se, por exemplo, tratamento mais benéfico para países em

---

[16] GATS, Artigo II: "1. Com respeito a qualquer medida coberta por este Acordo, cada Membro deve conceder imediatamente e incondicionalmente aos serviços e prestadores de serviço de qualquer outro Membro, tratamento não menos favorável do que aquele concedido a serviços e prestadores de serviços similares de qualquer outro país. 2. Um Membro poderá manter uma medida incompatível com o parágrafo 1 desde que a mesma esteja listada e satisfaça as condições do Anexo II sobre isenções ao Artigo II. 3. As disposições deste Acordo não devem ser interpretadas de forma a impedir que qualquer Membro conceda vantagens a países adjacentes destinadas a facilitar o intercâmbio de serviços produzidos e consumidos localmente em zonas de fronteira contígua".

[17] TRIPS, artigo IV: "Com relação à proteção da propriedade intelectual, toda vantagem, favorecimento, privilégio ou imunidade que um Membro conceda aos nacionais de qualquer outro país será outorgada imediata e incondicionalmente aos nacionais de todos os demais Membros. Está isenta desta obrigação toda vantagem, favorecimento, privilégio ou imunidade concedida por um Membro que: (a) resulte de acordos internacionais sobre assistência judicial ou sobre aplicação em geral da lei e não limitados em particular à proteção da propriedade intelectual; (b) tenha sido outorgada em conformidade com as disposições da Convenção de Berna (1971) ou da Convenção de Roma que autorizam a concessão tratamento em função do tratamento concedido em outro país e não do tratamento nacional; (c) seja relativa aos direitos de artistas-intérpretes, produtores de fonogramas e organizações de radiodifusão não previstos neste Acordo; (d) resultem de acordos internacionais relativos à proteção da propriedade intelectual que tenham entrado em vigor antes da entrada em vigor do Acordo Constitutivo da OMC, desde que esses acordos sejam notificados ao Conselho para TRIPS e não constituam discriminação arbitrária ou injustificável contra os nacionais dos demais Membros".

desenvolvimento, com o objetivo de **acesso a mercados**, além da adoção de medidas específicas contra produtos considerados não competitivos, como nos casos de dumping. Mesmo para os serviços, algumas situações discriminatórias são aceitas, sob determinadas condições, o que certamente flexibiliza, mas não diminui, em termos de importância, a prevalência, como regra geral, da **cláusula da nação mais favorecida**, pilar fundamental da estrutura jurídica que sustenta o comércio internacional.

Em relação à cláusula do **tratamento nacional**, vale destacar que o princípio também pode ser encontrado nos três grandes acordos da Organização Mundial do Comércio (GATT, GATS e TRIPS), com pequenas variantes em termos de aplicação.

Como regra, os produtos e serviços importados devem receber o mesmo tratamento de seus equivalentes domésticos, pelo menos após o ingresso no território do país importador. Com isso, aceita-se a utilização de tributos que onerem o procedimento de importação, mas fica vedada qualquer outra medida restritiva ou discriminatória, uma vez vencida tal etapa. O princípio também se aplica ao tratamento de marcas, patentes e direitos de propriedade intelectual, que devem ser respeitados na exata medida de seus similares nacionais.

Cláusula da Nação mais Favorecida	▪ Estabelece que todas as vantagens e privilégios comerciais concedidos por um país a outro deverão ser estendidos aos demais países-membros do GATT
	▪ Tem por objetivo enfrentar práticas protecionistas, como os acordos bilaterais de preferência, substituindo-os por acordos multilaterais

2.2.1.2. *Princípio da transparência*

O princípio da **transparência** estabelece que, se houver necessidade de proteção a determinados setores da economia nacional, esta deverá ser concretizada pelo uso de tarifas diferenciadas, que representam um indicador claro e inequívoco do grau de protecionismo almejado, sem a utilização de subterfúgios ou barreiras não alfandegárias.

Na visão de Celso Lafer, o princípio da transparência atua como mecanismo de confiança mútua entre os signatários do GATT[18]: "A publicidade expõe *erga omnes* políticas públicas jurídicas à luz de uma visível e assim não restrita ou secreta avaliação de sua razoabilidade. Reforça assim uma perspectiva democrática de ordem econômica internacional, uma vez que numa democracia o público, por ser do interesse de todos, é concebido ao mesmo tempo como sendo aquilo que é comum e visível".

A necessidade de transparência nas relações internacionais decorre do clássico princípio do *pacta sunt servanda*, brocardo latino que significa "os acordos devem ser respeitados e cumpridos", verdadeira pedra angular do direito internacional público.

As relações entre estados soberanos se pautam, sobretudo, pela **boa-fé**, e o *pacta sunt servanda* representa essa intenção, notadamente nas negociações multilaterais.

---

[18] Lafer, Celso. *A OMC e a regulamentação do comércio internacional*, p. 27-28.

Aliás, a própria **Convenção de Viena sobre o Direito dos Tratados**, finalmente ratificada pelo Brasil em 2009, estabelece como diretriz o comando de que *todo tratado em vigor obriga as partes e deve ser por elas cumprido de boa-fé*[19].

O princípio da transparência pressupõe, portanto, a necessária **publicidade**, pelos membros da Organização Mundial do Comércio, de todas as medidas aplicáveis ao controle das importações e exportações e, nesse sentido, está presente nos principais acordos multilaterais.

O paradigma da publicidade como corolário do princípio da transparência pode ser encontrado no artigo X do GATT, que estabelece, *verbis*: "As leis, regulamentos, decisões judiciárias e administrativas de aplicação geral, adotados por qualquer Parte Contratante e que visem à classificação ou avaliação dos produtos para fins aduaneiros, às tarifas de alfândegas, taxas e outras despesas, ou às prescrições, restrições ou interdições de importação ou de exportação, ou a transferência de pagamentos que lhes digam respeito, ou que se refiram à sua venda, sua distribuição, seu transporte ou seu seguro, ou à sua estadia em entreposto, sua inspeção, sua exposição, sua transformação, sua mistura ou outras utilizações, serão prontamente publicados de maneira a permitir aos Governos ou aos comerciantes deles tomar conhecimento".

Semelhante comando se irradia, com as devidas adaptações, por todos os acordos firmados no âmbito da Organização Mundial do Comércio, e permite que os países-membros possam questionar e enfrentar medidas que não foram devidamente publicadas ou cuja vigência se deu antes da divulgação oficial.

2.2.1.3. Princípio da redução geral e progressiva das tarifas

Ao tempo da redação do GATT original, em 1947, grande parte das barreiras utilizadas no comércio era de natureza tarifária, o que explica a natural preocupação do acordo em reduzi-las gradativamente.

O princípio tem como objetivo aumentar o intercâmbio comercial entre as partes contratantes, criando uma base sólida e estável de **negociação**, com o estabelecimento de alíquotas máximas para determinados produtos, de acordo com o pactuado nas diferentes rodadas. Isso possibilitou drástica redução nas alíquotas médias incidentes sobre as mercadorias, conforme destacamos no primeiro capítulo.

Com a criação da Organização Mundial do Comércio, os acordos resultantes previram a redução gradual de todas as barreiras, inclusive não tarifárias, de forma a sustentar uma **progressiva liberalização** das transações. Para os países em desenvolvimento, a adoção de tais medidas pode ocorrer mais lentamente, em respeito às dificuldades de adaptação a cenários altamente competitivos.

2.2.1.4. Princípio da proibição de medidas não alfandegárias

Como corolário do princípio da transparência, este princípio veda a adoção de barreiras não tarifárias, como as restrições quantitativas às importações (sistema de cotas),

---

[19] Artigo 26 da Convenção de Viena sobre o Direito dos Tratados, assinada em 26 de maio de 1969, com vigência internacional a partir de 27 de janeiro de 1980 e ratificada pelo Brasil em 2009.

as restrições voluntárias às exportações e o dumping (venda de produtos no mercado externo a preços mais baixos do que no mercado interno do país exportador).

O artigo XI do GATT determina a eliminação de barreiras quantitativas nos seguintes termos: "Nenhuma Parte Contratante instituirá ou manterá, para a importação de um produto originário do território de outra Parte Contratante, ou para a exportação ou venda para exportação de um produto destinado ao território de outra Parte Contratante, proibições ou restrições a não ser direitos alfandegários, impostos ou outras taxas, quer a sua aplicação seja feita por meio de contingentes, de licenças de importação ou exportação, quer por outro qualquer processo".

Por óbvio que o princípio **não é absoluto**, de sorte que são admitidas restrições quantitativas legítimas nas seguintes hipóteses:

a) quando aplicadas temporariamente às exportações para prevenir ou minorar situações críticas, como o desabastecimento de produtos;

b) em caso de aplicação de normas ou regulamentos referentes à classificação, controle de qualidade ou venda de mercadorias destinadas ao exterior;

c) importação de produtos agrícolas e similares, como procedimento regulatório para o mercado de produtos nacionais similares, com carência de produ- ção ou, ao revés, quando da necessidade de absorção temporária de eventuais excedentes.

2.2.1.4.1. *Restrições para proteção do equilíbrio da balança de pagamentos*

Existe uma exceção explícita ao princípio que veda a adoção de medidas não alfandegárias, prevista no artigo XII do GATT, que trata da dificuldade na balança de pagamentos de **países em desenvolvimento**, os quais, em face de determinadas condições, poderiam se valer de medidas restritivas para evitar a perda excessiva de reservas monetárias.

A permissão objetiva proteger a balança de pagamentos e garantir a posição financeira do país em relação a credores estrangeiros, por meio de restrições no volume de importações, tanto sob o aspecto quantitativo como em relação ao valor total das mercadorias.

O caráter excepcional da medida pressupõe a existência de reservas monetárias insuficientes ou a necessidade de aumento dos recursos para subsidiar uma política de crescimento razoável, compatível com indicadores internacionais.

As restrições podem ser impostas a determinados produtos ou grupos de produtos, mantendo as importações para os itens considerados essenciais, e devem ser retiradas na medida em que se verifique a recomposição dos saldos das reservas.

Em termos práticos, a exceção respeita o princípio da transparência, ao eleger um critério contábil facilmente demonstrável, ou seja, o **desequilíbrio na balança de pagamentos**, justificativa válida apenas para países em desenvolvimento.

Os países que utilizarem as restrições deverão comprovar aos demais membros da Organização Mundial do Comércio a compatibilidade entre as medidas e as disposições do GATT. Em caso de dúvida, poderão ser realizadas **consultas**[20], que fixarão prazo

---

[20] Os procedimentos de consulta estão previstos no artigo XXII do GATT, que determina a apreciação da parte representada sempre que a questão envolva temas discutidos no âmbito do acordo. O

para o fim das restrições toda vez que uma parte contratante demonstrar prejuízo ou ameaça de prejuízo para o seu comércio.

Se o país que aplica as restrições não retirar ou modificar as medidas, de forma a anular o prejuízo causado a outro membro da OMC, o sistema prevê a possibilidade de **dispensa** da parte contratante prejudicada (e que solicitou a consulta) das obrigações resultantes do GATT, em relação ao país infrator e apropriadas ao caso concreto, no intuito de compensar o efeito danoso por ele gerado.

2.2.1.5. Princípio da previsibilidade

O conceito de previsibilidade, no comércio internacional, diz respeito à **estabilidade das relações jurídicas**, como forma de criar um ambiente competitivo saudável e transparente, capaz de incentivar os investimentos e gerar oportunidades.

Na atual sistemática da Organização Mundial do Comércio, a previsibilidade manifesta-se pela **vinculação** dos compromissos assumidos multilateralmente, ou seja, pelo pleno atendimento das tarifas negociadas, no caso de mercadorias ou, ainda, pela aceitação das listas de concessões para os serviços.

Um dos grandes **avanços**[21] da Rodada Uruguai foi justamente a enorme ampliação desses compromissos de natureza vinculante; exemplo típico dessa nova postura é o setor agrícola, no qual 100% dos produtos possuem tarifas consolidadas.

A **previsibilidade** também propicia mercados mais atraentes para os investidores, dado que muitos acordos previstos pelo sistema multilateral exigem que os governos divulguem suas políticas de comércio exterior e práticas de controle internas, mediante prévio comunicado à Organização Mundial do Comércio.

Muito embora seja possível alterar os compromissos assumidos, isso só deve ocorrer após negociações diretas com as outras partes contratantes, o que significa que o país interessado precisará adotar eventuais mecanismos de compensação em favor dos demais, como decorrência das perdas comerciais causadas pela mudança.

Os efeitos do princípio da previsibilidade se irradiam para praticamente todas as áreas de atuação da Organização Mundial do Comércio e alcançam acordos tão variados como os de propriedade intelectual e medidas sanitárias.

Em suma, a existência de compromissos obrigatórios e de normas capazes de torná-los efetivos só contribui para o aumento da **segurança jurídica** das relações comerciais internacionais e se constitui em importante iniciativa no sentido de afastar, definitivamente, práticas unilaterais abusivas e restritivas.

---

dispositivo prevê, ainda, a possibilidade de negociação coletiva para a solução de assuntos que não forem resolvidos por meio da consulta.

[21] "Uma outra grande inovação que se detecta nos acordos da Rodada Uruguai é o chamado *single undertaking ou single package*, que pôs fim ao 'GATT *à la carte*' da Rodada Tóquio obrigando à aceitação em bloco dos acordos negociados. Isto trouxe um novo nível de harmonização e homogeneização ao GATT. Algumas exceções a esta regra persistiram, se as encontrando nos acordos plurilaterais que constam do Anexo 4 do GATT", conforme destaca André Lupi. *Soberania, OMC e Mercosul*, p. 149.

2.2.1.6. Princípio da concorrência leal

Talvez o maior desafio na regulamentação do comércio internacional seja promover mercados justos e competitivos, nos quais os países possam disputar consumidores em condições razoáveis.

Por óbvio que o poder econômico, a capacidade industrial e os níveis de investimento são muito diferentes entre os países, mas o principal foco da chamada **concorrência leal** concentra-se no combate às práticas abusivas ao comércio, notadamente os casos de dumping e da concessão indiscriminada de subsídios.

Conquanto essas práticas distorcivas já estivessem previstas no GATT, somente com o advento da Organização Mundial do Comércio e com a celebração de acordos específicos acerca do dumping e dos subsídios tem sido possível aplicar direitos ou medidas compensatórias capazes de desestimulá-las, mediante a neutralização econômica de seus efeitos negativos. Nesse contexto, foi fundamental a criação do **Órgão de Solução de Controvérsias** da OMC, foro apto a analisar, discutir e propor medidas efetivas de compensação contra os agentes responsáveis.

As principais mudanças no processo de instalação das **disputas**, a partir do ESC (Entendimento sobre Solução de Controvérsias, outra denominação possível para o mecanismo), são[22]:

a) a adoção de relatórios não pode ser bloqueada pela parte perdedora;

b) o restrito limite do tempo implica como resultado uma distribuição dos casos com notável velocidade;

c) o gerenciamento das disputas por parte da OMC gerou credibilidade;

d) a existência de um processo de apelação tem sido fundamental para a credibilidade do sistema;

e) a assistência a países em desenvolvimento para formular e defender suas queixas, como requisito, foi decisivo para introduzir um sistema justo.

2.2.1.7. Princípio do tratamento diferenciado para países em desenvolvimento

A criação da Organização Mundial do Comércio, entre tantos outros objetivos, também busca encontrar mecanismos capazes de promover a **inserção** dos países em desenvolvimento no atual mercado globalizado, até porque mais de ¾ de seus membros pertencem a essa categoria.

Como resultado das negociações da Rodada Uruguai ficou acertado que os países em desenvolvimento (ou aqueles com **economia em transição**, como os oriundos do antigo modelo socialista soviético), além das prerrogativas já contidas no texto do GATT, também precisariam de prazos diferenciados para a implantação dos acordos multilaterais. A necessidade seria ainda maior no caso dos **países menos desenvolvidos** (LDC ou *Least Developing Countries*, em inglês), popularmente conhecidos como *pobres* ou *subdesenvolvidos*.

---

[22] Cf. John Toulmin. A OMC e seu sistema de resolução de disputas. In: Durval de Noronha Goyos Jr. (Coord.). *O direito do comércio internacional*. São Paulo: Observador Legal, 1997, p. 25.

Apesar da boa vontade das partes contratantes, o problema é de difícil solução, pois não é apenas a questão do prazo que se impõe, mas, sim, a necessidade de medidas concretas de **incentivo econômico** e **acesso a mercados** (como, por exemplo, a isenção de tributos para mercadorias provenientes desses países, algo que tem sido adotado, ainda que timidamente, em tempos recentes).

François Mitterrand, um dos mais importantes políticos da segunda metade do século XX e o mais longevo Presidente da França (ficou no poder por 14 anos, além de ter sido o primeiro líder de origem socialista), enfrentou a questão com desprendimento[23]: "Não podemos mais simplesmente confiar o desenvolvimento mundial tão somente às regras monetárias. Pelo contrário, a segurança econômica em escala mundial deve ser parte de um programa de reforma de todas as instituições multilaterais, desde a Organização Mundial do Comércio até a própria ONU. Precisamos resistir à tendência de tirar o auxílio ao desenvolvimento do programa político dos países ricos. Simplesmente não há maior ilusão que acreditar que possamos viver em um mundo à parte".

Nos termos do GATT, o tratamento **diferenciado** e **favorável** pode ser observado no artigo XXVIII *bis*, que reconhece a necessidade, para os países subdesenvolvidos, de recorrer com mais flexibilidade à proteção tarifária a fim de facilitar seu desenvolvimento econômico, o que permite a quebra de reciprocidade em relação aos países mais ricos nas negociações dessa natureza, isto é, autoriza a adoção de tarifas diferentes conforme a origem dos produtos.

Ademais, a Parte IV do GATT[24], que trata de **comércio** e **desenvolvimento**, reconhece o desnível acentuado entre os padrões de vida dos países menos desenvolvidos e dos demais países, determina ações individuais e coletivas capazes de promover o desenvolvimento econômico nessas regiões e aprova a aplicação de medidas especiais destinadas ao aumento das exportações e ao acesso aos mercados mais ricos, até porque, conforme já destacamos, nos países menos desenvolvidos existe enorme concentração de produtos primários, de baixa rentabilidade.

Dado o grande número de países subdesenvolvidos signatários do acordo, existe a previsão de assistência pelos membros mais desenvolvidos, sem a necessária contrapartida nas negociações. Adicionalmente, foi criada na Rodada de Tóquio a chamada **cláusula de habilitação**[25], por meio da qual os países desenvolvidos outorgam concessões aos demais, medida que serviu de base à criação do **Sistema Geral de Preferências (SGP)**.

---

[23]   François Mitterrand. A indiferença complacente para a classe periférica global. In: Nathan P. Gardels (Org.). *No final do século — reflexões dos maiores pensadores do nosso tempo.* Rio de Janeiro: Ediouro, 1998, p. 353.

[24]   Artigo 36 e seguintes do Acordo Geral de Tarifas e Comércio.

[25]   A cláusula de habilitação (*enabling clause*) surgiu em 1979 e permite que os países em desenvolvimento celebrem acordos regionais ou gerais para a redução ou eliminação de barreiras tarifárias e não tarifárias recíprocas, bem assim para tratamento preferencial e mais favorável por parte dos países desenvolvidos. A cláusula é facultativa e, portanto, não se constitui em obrigação jurídica, mas autoriza a quebra de reciprocidade no tratamento entre países desenvolvidos e em desenvolvimento.

Segundo Vera Thorstensen[26], a cláusula de habilitação "introduz no GATT o conceito de tratamento especial e diferenciado nos seguintes casos: para preferências tarifárias dentro do SGP; para medidas não tarifárias dentro dos acordos negociados multilateralmente; na formação de acordos regionais de comércio entre os países em desenvolvimento; e no tratamento especial para países menos desenvolvidos. Os países desenvolvidos não esperam reciprocidade por parte dos países em desenvolvimento nos compromissos assumidos de redução de tarifas ou outras barreiras ao comércio".

Por fim, o texto aprovado em 1994 conclama a **colaboração** adequada entre as partes contratantes, outras organizações intergovernamentais e os organismos e instituições das Nações Unidas, cujas atividades estão relacionadas com o comércio e **desenvolvimento econômico** dos países menos desenvolvidos.

Como adverte Mitterrand[27]: "O auxílio ao desenvolvimento deve ser algo mais que um meio de ajudar os países pobres a respeitar suas obrigações financeiras; deve ser um meio de ajudar a incentivar o respeito pelos contratos sociais e morais no âmbito das sociedades e no âmbito da comunidade mundial. Tudo isso está vinculado. Se não houver desenvolvimento, não poderá haver uma paz doméstica duradoura nos países assolados pela violência. Em meio à pobreza e à violência, é impossível instituir um Estado legítimo e o respeito aos direitos humanos. Se o desenvolvimento for considerado apenas em sua dimensão financeira, de modo que um país só possa participar de um mundo onde as forças de mercado continuam a ser a regra suprema, então o equilíbrio social e a igualdade continuarão a ser rompidos e a violência continuará a explodir".

2.2.1.8. Princípio da flexibilização em caso de urgência

O sistema proposto pelo GATT prevê a adoção de medidas excepcionais em determinadas situações. Como exemplo, temos as cláusulas de salvaguarda, previstas no artigo XIX[28], e as **cláusulas do tipo** *waiver*, em que um país pode solicitar isenção de compromisso ou obrigação constante do acordo[29].

---

[26] Vera Thorstensen. *OMC*: as regras do comércio internacional e a nova rodada de negociações multilaterais. 2. ed. São Paulo: Aduaneiras, 2001, *passim*.

[27] François Mitterrand. A indiferença complacente para a classe periférica global, p. 351.

[28] GATT, artigo XIX, 1(a): "Se, em consequência da evolução imprevista das circunstâncias e por efeito dos compromissos que uma Parte Contratante tenha contraído em virtude do presente Acordo, compreendidas as concessões tarifárias, um produto for importado no território da referida Parte Contratante em quantidade por tal forma acrescida e em tais condições que traga ou ameace trazer um prejuízo sério aos produtores nacionais de produtos similares ou diretamente concorrentes, será facultado a essa Parte Contratante, na medida e durante o tempo que forem necessários para prevenir ou reparar esse prejuízo, suspender, no todo ou em parte, o compromisso assumido em relação a esse produto, ou retirar ou modificar a concessão".

[29] GATT, artigo XXV, 5: "Em circunstâncias especiais não previstas em outros artigos do presente acordo, as Partes Contratantes poderão dispensar uma Parte Contratante de uma das obrigações que lhe forem impostas pelo presente Acordo, com a condição de que tal decisão seja aprovada por maioria de dois terços dos votos expressos, compreendendo essa maioria mais da metade das Partes Contratantes. Por votos semelhantes, as Partes Contratantes poderão igualmente: (i) determinar certas categorias de circunstâncias excepcionais às quais serão aplicáveis outras condições de voto para isentar uma Parte Contratante de uma ou mais obrigações; (ii) prescrever os critérios necessários à aplicação do presente parágrafo".

Além disso, os países em dificuldades poderão se beneficiar de algumas **exceções** de caráter geral ou ainda daquelas relativas a **questões de segurança**.

Por exceções de caráter geral — apesar da estranheza da expressão –, devemos entender as medidas **expressamente** constantes do artigo XX do GATT, desde que utilizadas em caráter não discriminatório ou protecionista.

São, portanto, consideradas legítimas, desde que atendidos os requisitos indicados, as seguintes medidas:

a) necessárias à proteção da moralidade pública;

b) necessárias à proteção da saúde e da vida das pessoas e dos animais e à preservação dos vegetais;

c) que se relacionem à exportação e à importação do ouro e da prata;

d) necessárias a assegurar a aplicação das leis e dos regulamentos que não sejam incompatíveis com as disposições do GATT;

e) relativas aos artigos fabricados nas prisões;

f) impostas para a proteção de tesouros nacionais de valor artístico, histórico ou arqueológico;

g) relativas à conservação dos recursos naturais esgotáveis, se tais medidas forem aplicadas conjuntamente das restrições à produção ou ao consumo nacionais;

h) tomadas em execução de compromissos contraídos em virtude de um acordo intergovernamental sobre produtos de base, em conformidade com os critérios submetidos às partes contratantes e não desaprovados;

i) que impliquem restrições à exportação de matérias-primas produzidas no interior do país e necessárias para assegurar a uma indústria nacional de transformação as quantidades essenciais das referidas matérias-primas durante os períodos nos quais o preço nacional seja mantido abaixo do preço mundial, em execução de um plano governamental de estabilização, sob reserva de que essas restrições não tenham por efeito reforçar a exportação ou a proteção concedida à referida indústria nacional e não sejam contrárias às disposições GATT no que tange à não discriminação;

j) essenciais à aquisição ou à distribuição de produtos dos quais se faz sentir uma penúria geral ou local.

No que concerne às exceções relativas a questões de segurança, o artigo XXI do GATT garante o direito de as partes contratantes manterem **sigilo** acerca de informações que, a seu critério, considerem contrárias aos interesses nacionais e autoriza a adoção de medidas necessárias para o controle de materiais desintegráveis, bem assim o tráfico de armas, munições e material bélico ou, ainda, situações de guerra ou grave tensão internacional.

Em igual sentido, estão autorizadas providências destinadas à manutenção da paz ou segurança internacional, em cumprimento à determinação das Nações Unidas.

2.2.1.9. *Princípio da ação coletiva*

O princípio da **ação coletiva** tem por objetivo impedir que os países adotem **medidas unilaterais**, que, ao prejudicarem os interesses de terceiros, possam originar uma reação protecionista em cadeia. As medidas propostas no âmbito do GATT devem ser fruto da cooperação de todos os membros, evitando-se qualquer atitude isolada.

O GATT estabelece, no artigo XXV, que os representantes das partes contratantes deverão se reunir periodicamente, a fim de garantir a execução dos termos do acordo e contribuir para a consecução dos seus objetivos. Cada país terá direito a um voto em todas as reuniões e, salvo disposição em contrário, as decisões serão adotadas por maioria de votos.

A iniciativa coletiva torna-se particularmente relevante para a realização dos objetivos de inserção e fortalecimento dos países em desenvolvimento[30].

Nesse contexto, as partes contratantes deverão:

a) celebrar acordos internacionais para assegurar melhores condições de acesso aos mercados;

b) procurar colaboração apropriada em assuntos de política comercial e de desenvolvimento por parte das Nações Unidas, seus organismos e instituições;

c) colaborar na análise dos planos e das políticas de desenvolvimento das partes contratantes menos desenvolvidas consideradas individualmente e examinar as relações existentes entre comércio e ajuda, objetivando elaborar medidas concretas que promovam o desenvolvimento do potencial de exportação;

d) manter sob contínua revisão o desenvolvimento do comércio mundial, especialmente no que se refere à taxa de crescimento das partes contratantes menos desenvolvidas, além de fazer as recomendações necessárias em razão das circunstâncias apuradas;

e) colaborar na pesquisa de métodos exequíveis à expansão do comércio, objetivando o desenvolvimento econômico mediante harmonia e ajuste internacional das políticas e dos regulamentos nacionais.

2.2.1.10. *Princípio do reconhecimento dos processos de integração*

Vimos que o princípio fundamental do comércio internacional pauta-se pela garantia de não discriminação, o que significa, em tese, estender aos demais membros da Organização Mundial do Comércio vantagens concedidas unilateralmente em favor de qualquer país, como decorrência da cláusula da nação mais favorecida.

Ocorre que com o advento da globalização, no início dos anos 1990, quase todos os países buscaram constituir grupos fechados, com privilégios recíprocos, fenômeno que ficou conhecido como **processos de integração**.

Daí surgiu a questão: se, por definição, os blocos econômicos formados a partir desses processos de integração concedem benefícios recíprocos **intrabloco**, ou seja, apenas aos respectivos membros, isso não feriria o mais importante preceito multilateral do comércio?

A resposta não é simples e foi objeto de inúmeras discussões. Se, por um lado, caberia às partes contratantes exigir, à luz das regras do GATT, a extensão dos direitos provenientes desses acordos regionais; por outro, a realidade demonstra, com

---

[30] Conforme estabelecidos na Parte IV, artigo XXXVI, acerca dos quais já tecemos comentários.

assustadora frequência, que as normas jurídicas precisam se adaptar ao poder econômico, sob pena de caírem em desuso.

Nelson Mandela[31] entende que os processos de integração contribuem para o **isolamento** dos países periféricos: "Um mundo em que grande parte da população está fadada à exclusão, ocultos nas sombras porque são pobres, jamais poderá ter paz (...). O mundo desenvolvido deve também reconhecer a necessidade de países menos privilegiados construírem uma infraestrutura e consolidarem áreas da economia que estão dando os primeiros passos. Isso não deve ser confundido com protecionismo estreito. Entretanto, um programa de reforma da política comercial deve ter em vista os níveis de proteção e um desenvolvimento de incentivos fiscais à exportação que sejam internacionalmente aceitos. O crescimento de blocos comerciais localizados no Norte, como a União Europeia e a área Norte-americana de Livre-comércio (NAFTA), enfraqueceu a posição dos países em desenvolvimento (...)".

Como agravante, convém lembrar que os principais blocos econômicos atuais surgiram quase **simultaneamente**, praticamente como respostas uns aos outros, como foi o caso da União Europeia, do NAFTA e do próprio Mercosul.

Diante desse cenário concreto e irreversível, cabiam duas possibilidades: a) exigir, ainda que com poucas chances de sucesso, a aplicação do princípio da não discriminação ou b) aceitar, com algumas condições (em verdade, ineficazes), a validade dos processos de integração e manter, ao menos, a unidade dos demais princípios do GATT.

Certamente preocupados com a possibilidade de **ruptura** do tecido normativo multilateral que a primeira alternativa ensejava, os países signatários do GATT adotaram uma postura pragmática e decidiram **flexibilizar** a cláusula da nação mais favorecida, a fim de recepcionar os novos blocos econômicos.

Ressalte-se que o dispositivo **já existia**, mas só se tornou importante, em termos de aplicabilidade, a partir do início dos anos 1990, quando os processos de integração ganharam força, de tal forma que seus componentes passaram a representar parcela significativa das transações internacionais. Tanto assim que, durante as negociações da Rodada Uruguai, os países reconheceram o crescimento e a relevância dos modelos integracionistas e decidiram enfrentar o tema de modo concreto[32].

Portanto, o princípio previsto no artigo XXIV do acordo assegura e reconhece a formação de blocos regionais, desde que obedecidas certas condições, como a **não imposição de novas barreiras** e a **proibição de aumentos** nas tarifas ou restrições para países externos à região.

A justificativa da decisão excepcional encontra-se no parágrafo 4 do artigo XXIV, que é bastante elucidativo: "As Partes Contratantes reconhecem que é recomendável aumentar a liberdade do comércio desenvolvendo, através de acordos livremente

---

[31] Nelson Mandela. O Estado-nação carente, p. 347.

[32] Vide a parte introdutória ao Entendimento sobre a Interpretação do artigo XXIV do Acordo Geral sobre Tarifas e Comércio 1994: "Os Membros, tendo em vista as disposições do Artigo XXIV do GATT 1994 — Reconhecendo que o número e importância das uniões aduaneiras e áreas de livre-comércio cresceram muito desde o estabelecimento do GATT 1947 e hoje cobrem uma proporção significativa do comércio mundial; reconhecendo a contribuição que pode ser feita à expansão do comércio mundial pela maior integração entre economias das partes em tais Acordos (...)".

concluídos, uma integração mais estreita das economias dos países participantes de tais acordos. Reconhecem igualmente que o estabelecimento de uma união aduaneira ou de uma zona de livre-comércio deve ter por finalidade facilitar o comércio entre os territórios constitutivos e não opor obstáculos ao comércio de outras Partes Contratantes com esses territórios".

Vale lembrar que o dispositivo menciona expressamente apenas duas modalidades de integração, a **união aduaneira** e a **zona de livre-comércio**, até porque processos mais sofisticados, como a formação de mercados comuns ou uniões econômicas, não existiam ao tempo da redação original do GATT.

Conforme a interpretação pactuada acerca do princípio do reconhecimento dos processos de integração, as uniões aduaneiras e os países participantes de áreas de livre-comércio reportarão periodicamente ao **Conselho para o Comércio de Bens** da OMC os acordos regionais relativos às operações do bloco e suas respectivas modificações.

Todos os membros da Organização Mundial do Comércio envolvidos em processos de integração se comprometem a cumprir as disposições do GATT 1994 e a adotar medidas que assegurem sua observância, tanto pelos governos centrais como pelas autoridades regionais de cada país.

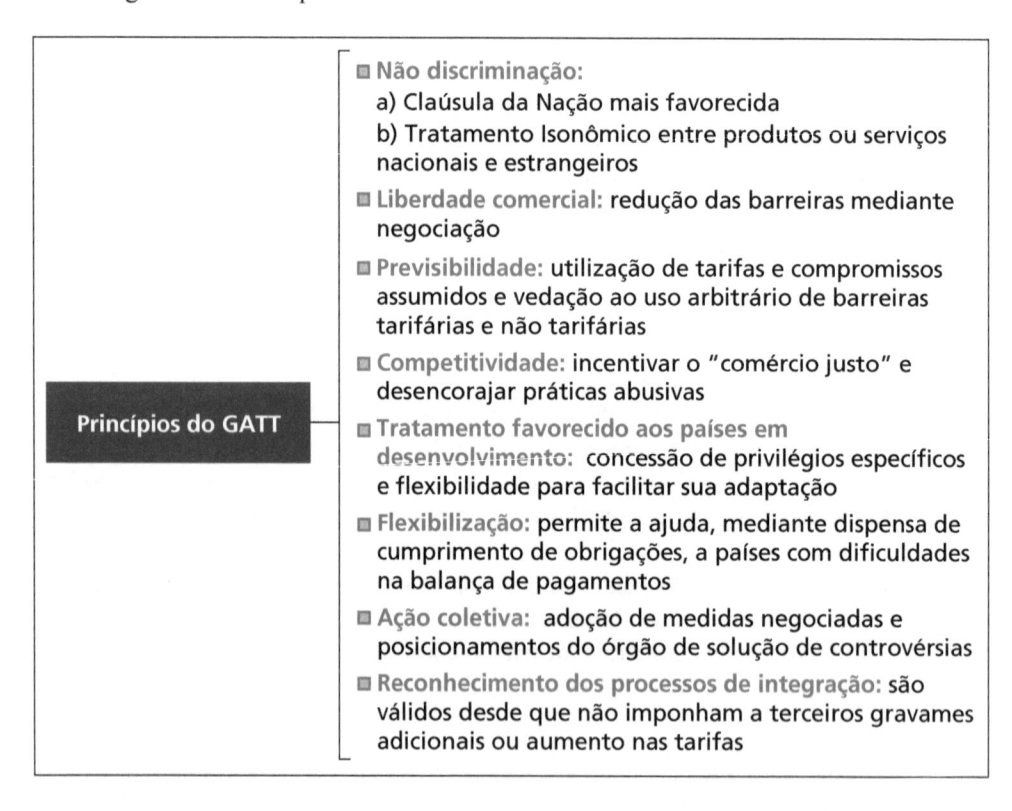

Princípios do GATT

- Não discriminação:
  a) Cláusula da Nação mais favorecida
  b) Tratamento Isonômico entre produtos ou serviços nacionais e estrangeiros
- Liberdade comercial: redução das barreiras mediante negociação
- Previsibilidade: utilização de tarifas e compromissos assumidos e vedação ao uso arbitrário de barreiras tarifárias e não tarifárias
- Competitividade: incentivar o "comércio justo" e desencorajar práticas abusivas
- Tratamento favorecido aos países em desenvolvimento: concessão de privilégios específicos e flexibilidade para facilitar sua adaptação
- Flexibilização: permite a ajuda, mediante dispensa de cumprimento de obrigações, a países com dificuldades na balança de pagamentos
- Ação coletiva: adoção de medidas negociadas e posicionamentos do órgão de solução de controvérsias
- Reconhecimento dos processos de integração: são válidos desde que não imponham a terceiros gravames adicionais ou aumento nas tarifas

2.2.2. As Rodadas no âmbito do GATT

Nos termos do artigo XXVIII do GATT, as partes contratantes podem realizar negociações com o objetivo de diminuir tarifas de importação e promover a abertura dos mercados.

Desde a criação do acordo, em 1947, foram realizadas oito **Conferências Comerciais Multilaterais** envolvendo todos os membros, denominadas **rodadas**, sendo que a mais importante delas foi a chamada **Rodada Uruguai**, que culminou com a criação da Organização Mundial do Comércio.

Convém destacar que, no âmbito do GATT, ocorreram **oito rodadas** e que esse número não mais pode ser alterado, porque, a partir da criação da OMC, toda e qualquer rodada de negociações não mais pertence ao modelo anterior. Assim, a **Rodada do Desenvolvimento**, iniciada na cidade de Doha, no Catar, em 2001, é a primeira oficialmente conduzida sob os auspícios da organização[33].

Sob o ponto de vista sistemático, o GATT pode ser dividido em **quatro** grandes etapas[34], representativas de sua evolução.

2.2.2.1. A etapa provisional (1948-1955)

Como vimos, o Acordo Geral sobre Tarifas e Comércio surgiu em caráter provisório, que deveria perdurar até a criação de uma organização internacional baseada nos preceitos da Carta de Havana. Sua concepção, contudo, remonta à famosa **Conferência de Bretton Woods**, cidade norte-americana na qual os representantes da *Aliança das Nações Unidas* — formada por países que enfrentavam Hitler e seus aliados — se reuniram em 1944 (portanto, antes do término da Segunda Guerra Mundial), com o objetivo de traçar uma estratégia para a revitalização da economia mundial após o encerramento do conflito.

Entre os grandes desafios da reunião estavam a necessidade de se criar um **sistema monetário internacional** eficiente e regras comuns para a atuação futura dos participantes, a fim de se alcançar a tão almejada estabilidade macroeconômica.

Na visão de Keynes[35], um dos pais do encontro em *Bretton Woods,* o papel do Estado seria determinante para o sucesso dos países: "O Estado deverá ser uma das maiores forças influenciadoras do ímpeto consumista, em parte por meio de seu sistema de impostos, em parte fixando a taxa de juros e em parte, talvez, por outros meios (...). Creio, portanto, que algo como uma completa socialização dos investimentos seria a única forma de garantir uma aproximação do pleno emprego".

Dos resultados da Conferência surgiram, como vimos, dois grandes organismos internacionais: o **Fundo Monetário Internacional (FMI)** e o **Banco Mundial**[36], além do compromisso de se estabelecer mecanismos regulatórios multilaterais para o comércio.

---

[33] Os membros da OMC se reúnem, nas chamadas Conferências Ministeriais, normalmente a cada dois anos. A Agenda criada em Doha tem sido discutida nos seguintes encontros: Cancún (2003), Hong Kong (2005), Genebra (2009 e 2011), Bali (2013), Nairobi (2015) e Buenos Aires (2017). Uma nova Conferência está prevista para o final de 2021, novamente em Genebra.

[34] Conforme A. M. Avila, J. A. Castillo e M. A. Diaz. *Regulación del comercio internacional tras la ronda Uruguay.* Madrid: Tecnos, 1994, *passim.*

[35] John Maynard Keynes. *Teoria geral do emprego, do juro e da moeda,* p. 378.

[36] Não se deve confundir o Banco Mundial (composto do *Banco Internacional para a Reconstrução e o Desenvolvimento* — BIRD e da *Associação Internacional de Desenvolvimento* — AID) com o Grupo Banco Mundial, que ainda inclui mais três entidades: a *Corporação Financeira Internacional,* a *Agência Multilateral de Garantia de Investimentos* e o *Centro Internacional para Arbitragem de Disputas sobre Investimentos.*

Devido ao fracasso na criação da Organização Internacional do Comércio (OIT), o GATT passou a ser o instrumento de referência para as negociações e, nesse sentido, concentrou-se, nos primeiros anos, na redução das barreiras tarifárias.

Durante a primeira etapa do GATT foram celebradas **três rodadas**:

a) Rodada de Genebra (1947): constitui-se no primeiro grande marco das negociações multilaterais, em que foram firmados aproximadamente 45 mil acordos para a redução de tarifas, notadamente para produtos manufaturados, além de alguns itens agrícolas.

b) Rodada de Annecy (1949): nesta segunda rodada, realizada na cidade francesa de Annecy, 13 novos países aderiram ao GATT e foram acertadas milhares de reduções tarifárias.

c) Rodada de Torquay (1951): foi nesta cidade ao sul da Inglaterra que os membros do GATT aprofundaram a redução tarifária e admitiram novos países. Foi durante as negociações que os Estados Unidos declararam sua desistência da Carta de Havana, sepultando o instrumento e confirmando o GATT como único paradigma jurídico do comércio internacional.

Em suma, as principais características desta etapa inicial foram:

a) crescimento do número de países-membros;

b) celebração das três primeiras rodadas, em que foram negociadas reduções tarifárias *"país a país"* e *"produto a produto"*;

c) concessão de *waivers* a países externos ao grupo dos subdesenvolvidos;

d) maior liberdade aos produtos agropecuários, em razão da crise de abastecimento do pós-guerra, especialmente na Europa e no Japão.

2.2.2.2. A etapa de desenvolvimento (1955-1970)

Representa o período de maior crescimento no comércio internacional, impulsionado pela liberalização dos pagamentos anteriores e pela conversibilidade entre as moedas dos países desenvolvidos.

Diversas são as características marcantes desse período:

a) um enorme crescimento no número de membros;

b) criação da Comunidade Econômica Europeia;

c) celebração de outras três rodadas, com especial destaque para a chamada **Rodada Kennedy**, em que se intentou, pela primeira vez, a regulamentação de questões não tarifárias;

d) maior preocupação com as questões relacionadas ao desenvolvimento econômico dos países periféricos.

A primeira rodada do período foi novamente realizada em Genebra, em 1956[37], com a **redução de tarifas** e a **admissão** de novos membros, inclusive o **Japão**, o que

---

[37] O leitor poderá encontrar, conforme a fonte de referência, diferenças pequenas entre as datas das rodadas no âmbito do GATT. Isso porque alguns levam em consideração o momento de decisão

gerou certa resistência de alguns países, sob o argumento de que os baixos salários praticados pelos japoneses trariam grandes distorções ao comércio. A polêmica durou mais de uma década, até que no fim dos anos 1960 praticamente todos os membros reconheceram o Japão como cumpridor dos princípios do GATT.

O resultado foi **extraordinário**: em pouco tempo o Japão, de país derrotado e excluído, tornou-se uma potência do comércio internacional, como relata Frieden[38]: "O sistema de Bretton Woods trouxe benefícios: crescimento econômico, baixas taxas de desemprego e preços estáveis. O Japão protagonizou a história mais bem-sucedida. A produção do país cresceu oito vezes em apenas 25 anos. O milagre da nação asiática após a guerra começou com uma rápida recuperação durante a ocupação norte-americana e se acelerou a partir de 1950 com a demanda por suprimentos para abastecer as tropas dos Estados Unidos durante a Guerra da Coreia. Os japoneses aprenderam métodos novos, criaram outras indústrias, buscaram mercados no exterior e logo se tornaram uma potência do comércio internacional".

Em 1960, foi realizada a **Rodada Dillon**, que, apesar do nome[39], aconteceu em Genebra, na Suíça. Além das tradicionais reduções tarifárias, o tema central das discussões foi o impacto da criação da Comunidade Econômica Europeia.

Com o início do processo de integração na Europa[40], marcado pela instalação do Mercado Comum, o governo norte-americano, preocupado com um eventual distanciamento nas relações comerciais com o Velho Continente, buscou criar uma **Aliança Atlântica**, abandonando, em parte, sua postura tradicionalmente protecionista (em relação ao mercado interno), o que resultou nas negociações da Rodada Kennedy[41], sediada em Genebra entre maio de 1964 e junho de 1967, com a presença de 62 países.

A **Rodada Kennedy** alterou os procedimentos de negociação, abandonando o antigo sistema de redução tarifária "país a país" e "produto a produto", o que resultou, tirante algumas exceções, numa diminuição de até 50% nas alíquotas.

Essa rodada também assinalou a inclusão nas negociações dos **produtos agrícolas**, com o reconhecimento pelo GATT de que cada país teria uma política específica para o setor, o que implicou, no caso concreto, certas limitações, como a admissão de subvenções às exportações e a aceitação de determinadas cláusulas eventualmente contrárias ao acordo, que subsistiriam até a estabilização dos mercados. Os produtos agrícolas tiveram reduções de aproximadamente 20% nas tarifas.

---

sobre realizar a rodada, outros a data do início das reuniões e outros, ainda, a data da conclusão dos trabalhos. Por força disso, adotamos no livro as datas mencionadas no sítio da Organização Mundial do Comércio. Disponível em: <http://www.wto.org>.

[38] Jeffry A. Frieden. *Capitalismo global*, p. 301.

[39] O nome da rodada foi dado em homenagem ao Secretário norte-americano, Clarence Douglas Dillon, que curiosamente nasceu em Genebra.

[40] Na opinião de Rifkin, "os países europeus também estavam favoravelmente dispostos a criar um mercado comum, mas por outras razões. Temendo ser esmagados pelas superpotências e correndo o risco de se tornar satélites dessa ou daquela, eles viam a união de seus talentos e recursos econômicos como um meio de obter suficientes vantagens para alcançar certo grau de independência". *O sonho europeu*, p. 187.

[41] Batizada em respeito ao Presidente dos Estados Unidos, John Fitzgerald Kennedy, assassinado em novembro de 1963.

Também foram discutidas, **pioneiramente**, a questão das barreiras não tarifárias, como o caso dos direitos antidumping, e a necessidade de cláusulas de não reciprocidade em relação aos países subdesenvolvidos.

Em relação às preocupações sobre desenvolvimento econômico, diversas medidas foram adotadas:

a) criação da Conferência das Nações Unidas para o Comércio e Desenvolvimento (UNCTAD), em 1964, com sede em Genebra;

b) adição da parte IV, sobre comércio e desenvolvimento, ao texto do Acordo Geral;

c) criação de um Comitê de Comércio e Desenvolvimento para a aplicação das disposições da parte IV;

d) surgimento do protocolo de negociações entre países subdesenvolvidos (também conhecido como *miniGATT*);

e) criação do Sistema de Preferências Generalizadas (SPG), no âmbito da UNCTAD.

André Lupi ressalta, contudo, que as discussões nas primeiras etapas do GATT não foram simples[42]: "Alguns avanços só foram obtidos na rodada posterior, chamada Rodada Kennedy (1964-1967). O ponto de maior tensão desta rodada ocorreu quando os EUA, após várias insistências com relação à necessidade de se regulamentar aspectos não tarifários, e ameaçar abandonar as negociações caso o setor agrícola não fosse objeto de regulamentação, sobretudo nestes aspectos, colocaram-se num grande impasse com a Comunidade Europeia. Também durante a Rodada Kennedy houve um choque institucional no GATT por ocasião da realização em paralelo da reunião da UNCTAD (United Nations Conference for Trade and Development — Conferência das Nações Unidas sobre Comércio e Desenvolvimento) que poderia vir até a incorporar o GATT. Em decorrência desta ameaça, as Partes Contratantes demonstraram sua intenção de continuar a investir no GATT e responderam institucionalmente incluindo, em 1966, a Parte IV do GATT, que tratava de temas de comércio e desenvolvimento".

2.2.2.3. A etapa de maturidade (1970-1985)

Esta fase coincide com o início da crise econômica internacional. O acontecimento mais importante do período foi a **Rodada Tóquio**, a partir de setembro de 1973, que concluiu o processo de redução tarifária iniciado na etapa anterior.

A Rodada Tóquio durou seis anos e contou com a participação de 102 países, com negociações que reduziram as tarifas médias industriais, por exemplo, para menos de 5%, um recorde até então.

Foram acordadas, também, algumas medidas de natureza não tarifária, com novas interpretações dos dispositivos do GATT que, no entanto, não foram aceitas por todos os membros, em caráter multilateral, o que aconteceria na Rodada Uruguai. Esses acordos parciais, sem a adesão de todos os países, ficaram conhecidos como "códigos" e são o melhor exemplo do que hoje se denominam acordos plurilaterais, como tivemos a oportunidade de observar.

---

[42]   André Lipp Pinto Basto Lupi. *Soberania, OMC e Mercosul*, p. 145.

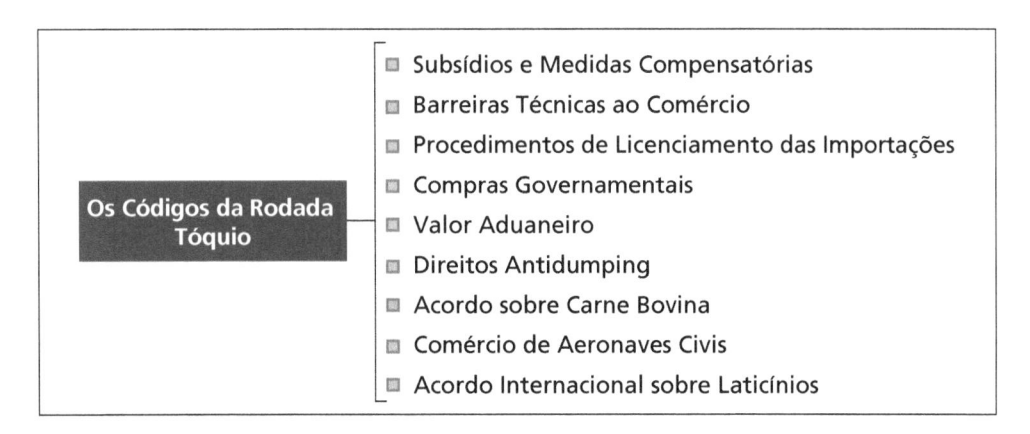

O sucesso do GATT na redução de tarifas, somado a diversas crises econômicas que atingiram o mundo nos anos 1970[43], levou os países a adotarem medidas protecionistas não tarifárias como forma de combater seus problemas domésticos, em particular as altas taxas de desemprego nos países desenvolvidos.

Uma década mais tarde, o GATT teve de enfrentar muitos outros problemas, que o tornaram objeto de **descrédito**. Entre os mais relevantes destacam-se a complexidade atingida pelo comércio internacional, o comércio de serviços, que o acordo não abrangia, o descontrole das políticas de investimento e, como pano de fundo, o vislumbre de uma **nova ordem** mundial, a globalização.

Paul Kennedy aponta as principais características e os efeitos do período[44]: "Embora essa liberalização financeira ajudasse a expandir o comércio mundial, também teve outro efeito: a crescente separação dos fluxos financeiros do comércio em manufaturas e serviços. Cada vez mais, as transações em moeda corrente resultavam não do pagamento de bens estrangeiros por uma empresa, ou do investimento em instalações no exterior, mas porque os investidores estavam especulando com esta ou aquela moeda, ou com outros instrumentos financeiros. Esse aumento no fluxo de capitais globais, além do que era necessário ao financiamento do surto de prosperidade da indústria e comércio mundiais, está intimamente ligado a duas outras ocorrências: a desregulamentação dos mercados monetários mundiais e a revolução nas comunicações globais, ambas resultantes de novas tecnologias".

2.2.2.4. *A etapa de reconstrução (1985-1994)*

Desde o fim da Rodada Tóquio, surgiram diversas críticas — especialmente dos países em desenvolvimento e com o apoio da comunidade científica e acadêmica –, sobre a insuficiência das medidas adotadas em face das profundas transformações que estavam ocorrendo no comércio internacional.

---

[43] Segundo Frieden, "Em 1973, a importância do comércio internacional para cada uma das economias da OCDE tornou-se de duas a três vezes maior do que em 1950. E para esses países, o comércio internacional também passou a ser mais importante do que durante o período anterior à Primeira Guerra Mundial. A Europa ocidental, por exemplo, exportava 16% de tudo o que produzia em 1913. Em 1950, a produtividade caiu para 9%, mas em 1973 disparou atingindo 21%". *Capitalismo global*, p. 311.

[44] Paul Kennedy. *Preparando para o século XXI*, p. 48.

Uma nova tentativa de resolução dos problemas iniciou-se com a chamada **Rodada Uruguai**, em 1986, num momento em que a atenção normalmente dirigida às reduções tarifárias buscou centrar foco em outros elementos impeditivos das transações comerciais, com especial destaque para a retomada do problema agrícola e a questão dos **serviços transnacionais**.

Afinal, com o advento da estabilidade econômica e dos incentivos governamentais, os investimentos marcaram o sucesso das empresas transnacionais, impulsionadas pelo crescimento da produção e do consumo em **larga escala** de determinados bens duráveis, como automóveis, geladeiras, rádios e fogões. Além disso, como diz Jeffry Frieden[45], "O segundo motivo para a proliferação das empresas multinacionais após a Segunda Guerra pode ser atribuído à permanência de barreiras comerciais. Muitas empresas norte-americanas do setor industrial vendiam pesadamente para o mercado externo. Quando firmas estrangeiras passaram a adotar novos processos e produtos, a competição local aumentou e muitas vezes os governos nacionais impunham barreiras comerciais para manter os produtos norte-americanos, e outros, afastados. As empresas então tinham de escolher entre abandonar os mercados protegidos ou abrir uma fábrica no lugar e produzir para o consumo local".

A origem da Rodada Uruguai remonta a 1982, quando os membros do GATT, reunidos em Genebra, manifestaram interesse em iniciar **negociações multilaterais**, capazes de enfrentar diversos problemas não previstos no texto original.

Demoraria ainda mais quatro anos até que o mínimo de consenso pudesse ser obtido e possibilitasse o início de uma nova rodada, o que efetivamente só ocorreu em setembro de 1986, em Punta del Este, no Uruguai. Os representantes de todos os países negociaram uma **agenda** que cuidava, basicamente, de dois grandes eixos: a revisão de todos os artigos do GATT e a expansão dos acordos, a fim de atender às novas demandas do comércio.

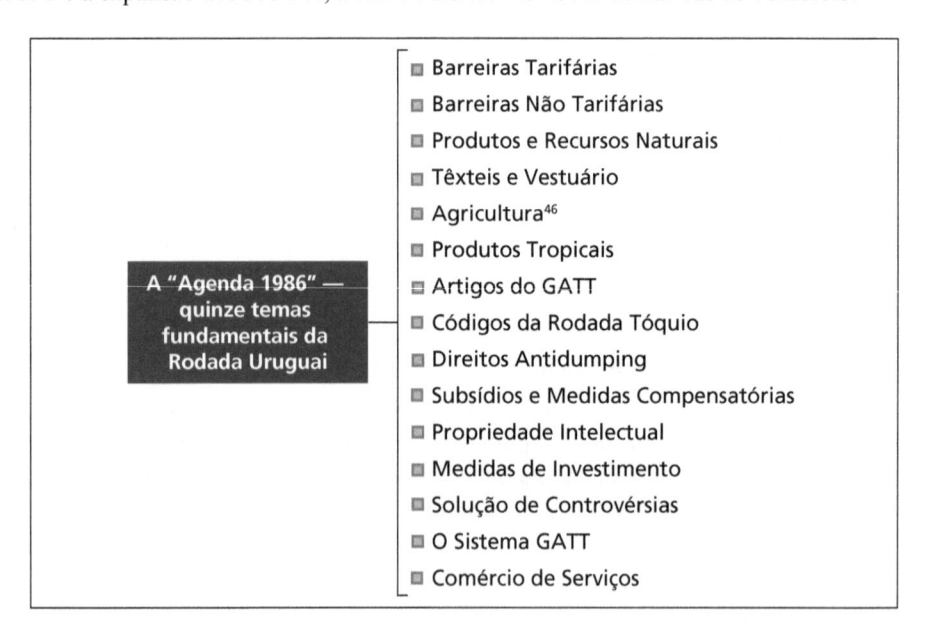

A "Agenda 1986" — quinze temas fundamentais da Rodada Uruguai

- Barreiras Tarifárias
- Barreiras Não Tarifárias
- Produtos e Recursos Naturais
- Têxteis e Vestuário
- Agricultura[46]
- Produtos Tropicais
- Artigos do GATT
- Códigos da Rodada Tóquio
- Direitos Antidumping
- Subsídios e Medidas Compensatórias
- Propriedade Intelectual
- Medidas de Investimento
- Solução de Controvérsias
- O Sistema GATT
- Comércio de Serviços

---

[45]   Jeffry A. Frieden. *Capitalismo global*, p. 317-318.
[46]   A negociação de um acordo sobre agricultura foi resultado direto da influência do chamado *Cairns Group*, composto dos principais países exportadores, entre eles o Brasil.

A Rodada Uruguai durou sete anos e meio, com a participação, até então inédita, de 123 membros, o que possibilitou maior influência dos países em desenvolvimento e um grande avanço para a criação do modelo multilateral.

Claro que as decisões não foram fáceis. Ao contrário, houve períodos em que se acreditou no fracasso das negociações, ao menos em relação à obtenção de respostas para todos os problemas que se apresentavam.

Apesar dos transtornos, cujos detalhes mereceriam um capítulo à parte, a Rodada Uruguai culminou com a assinatura do **Acordo de Marraqueche**, em 1994, certamente o mais ambicioso e completo da história do comércio internacional.

O quadro a seguir mostra o resumo das Rodadas de Negociação na história do sistema multilateral de comércio:

Quadro 2.1. As oito Rodadas do GATT

NOME	INÍCIO	DURAÇÃO	PAÍSES	TEMAS	RESULTADOS
Genebra	Abril 1947	7 meses	23	Tarifas	Assinatura do GATT e 45 mil concessões tarifárias
Annecy	Abril 1949	5 meses	13	Tarifas	Acordos bilaterais com mais de 5 mil concessões tarifárias
Torquay	Setembro 1950	8 meses	38	Tarifas	Acordos bilaterais com mais de 8.700 concessões tarifárias
Genebra II	Janeiro 1956	5 meses	26	Tarifas e Admissão do Japão	Reduções tarifárias e aceitação, com restrições, do Japão
Dillon	Setembro 1960	11 meses	26	Tarifas	Concessões tarifárias
Kennedy	Maio 1964	37 meses	62	Tarifas e Medidas Antidumping	Concessões tarifárias e acordos não tarifários
Tóquio	Setembro 1973	74 meses	102	Medidas Tarifárias e Não Tarifárias	Reduções tarifárias e "códigos" plurilaterais
Uruguai	Setembro 1986	87 meses	123	Medidas Tarifárias e Não Tarifárias, Regras Gerais, Serviços, Propriedade Intelectual, Solução de Controvérsias, Têxteis, Agricultura e Criação da OMC, entre outros	A rodada mais importante da história levou à criação da Organização Mundial do Comércio e à celebração de diversos acordos multilaterais

2.3. A RODADA URUGUAI: DO GATT À OMC

Vários fatores podem explicar a necessidade da **Rodada Uruguai** — que ensejou a criação da Organização Mundial do Comércio –, cuja estrutura encampou a fórmula anterior do GATT, substituindo-a a partir de 1995, com profundo impacto na regulamentação do comércio internacional.

A princípio, acentuou-se a percepção de que os acordos até então firmados não haviam produzido **benefício significativo** aos países em desenvolvimento, pois a redução das tarifas dos produtos industrializados, por si só, jamais se mostrou suficiente aos seus interesses, consubstanciados basicamente na exportação de produtos primários (sobretudo agropecuários e têxteis).

Os princípios econômicos subjacentes ao acordo também eram pouco favoráveis à criação de concorrência perfeita entre países com graus de desenvolvimento tão distintos.

Como vimos, as negociações multilaterais no âmbito do GATT foram marcadas pelas Rodadas Comerciais, com a realização de Conferências Multilaterais Comerciais sediadas em diversos países, entre 1947 e 1994. Pelo fato de o GATT ser, acima de tudo, um acordo de **natureza tributária**, as primeiras rodadas se caracterizaram por intensas discussões no sentido de se reduzirem as tarifas do comércio internacional.

Apenas a partir da Rodada Kennedy, entre 1964 e 1967, os debates passaram a incluir outros temas, como a discussão sobre direitos antidumping. Isso demonstra a limitação do acordo para cuidar de temas particularmente sensíveis, como os serviços e os direitos de propriedade intelectual, entre outros.

Com o avanço da tecnologia, com os processos de integração e com o desenvolvimento econômico de novos países, as relações do comércio se intensificaram sobremaneira, e, com elas, o sistema passou a exigir medidas mais eficazes de regulamentação.

A título de exemplo, vale destacar que a segunda metade do século XX experimentou um crescimento extraordinário nas transações do comércio internacional, com aumento médio das exportações em torno de 6% ao ano no período. O mercado global no início do século XXI é mais de 20 vezes superior àquele existente quando da assinatura do GATT, no fim da década de 1940.

O modelo oferecido pelo GATT era, no início dos anos 1990, absolutamente insuficiente para atender a tantas demandas. Carecia, ainda, de um mecanismo eficaz de **solução de controvérsias**, pois o acordo apenas trazia princípios, mas não tinha condições de impor sanções no caso de descumprimento.

A ideia de um organismo internacional voltado para o comércio ganhava força, pois a entidade poderia ser, ao mesmo tempo, um **fórum** permanente de discussões e um **foro** capaz de analisar e resolver eventuais problemas entre os membros.

Em suma, a futura Organização Mundial do Comércio surgiria para enfrentar vários problemas que ainda precisavam de solução:

a) a necessidade de **efetiva integração** de todos os países ao sistema proposto pelo GATT e demais Acordos Multilaterais;

b) uma análise sobre o crescimento dos produtos de **alta tecnologia** e seus reflexos nos países excluídos;

c) a questão da **propriedade intelectual** e das marcas e patentes internacionais ante o aumento da pirataria e da contrafação;

d) a importância crescente dos **subsídios** à exportação como instrumento de política pública em determinados países;

e) o enorme desenvolvimento do **comércio de serviços**, capaz de suplantar as transações entre mercadorias;

f) as características peculiares do **novo capital**, a partir da globalização econômica, e a política de investimentos internacionais;

g) a ausência de um ambiente **permanente** de negociações e de mecanismos de **solução de controvérsias.**

Nesse ponto, lembramos ao leitor que o GATT **não se transformou** na Organização Mundial do Comércio nem deixou de existir após a sua criação. A dúvida costuma ser frequente entre os alunos, até porque os dois institutos costumam ser tratados como equivalentes.

O GATT foi (e ainda é) o **principal acordo internacional** sobre o comércio, mas jamais possuiu o *status* de organização ou algo semelhante. Foi celebrado, conforme visto, como tratado temporário, que deveria subsistir até a criação de um modelo mais completo, que estava em discussão. Com o passar dos anos e a ausência de alternativas, o texto ganhou corpo, modernizou-se e passou a regular definitivamente as relações comerciais.

A decisão de expandir as negociações, que culminou com a Rodada Uruguai, trouxe enorme arcabouço de regras adicionais, acerca de temas que o GATT jamais havia abordado. Ao término dos trabalhos, foram firmados aproximadamente 30 acordos e compromissos, compreendendo dezenas de milhares de páginas e que, a partir de então, seriam administrados (GATT, inclusive) pela Organização Mundial do Comércio.

No Brasil, a **Ata Final da Rodada Uruguai**, subscrita em Marraqueche, foi ratificada pelo Congresso Nacional por meio do Decreto Legislativo n. 30, de 15 de dezembro de 1994, e promulgada pelo Decreto n. 1.355/94, de 30 de dezembro, assinado pelo então Presidente Itamar Franco, que estabeleceu sua vigência a partir de 1.º de janeiro de 1995.

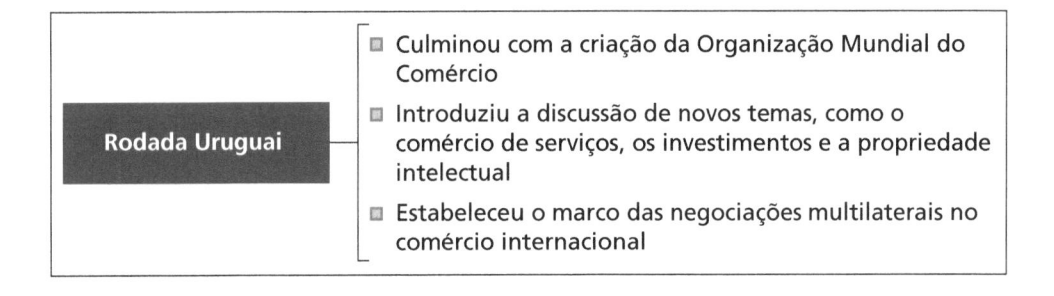

Rodada Uruguai

- ▫ Culminou com a criação da Organização Mundial do Comércio
- ▫ Introduziu a discussão de novos temas, como o comércio de serviços, os investimentos e a propriedade intelectual
- ▫ Estabeleceu o marco das negociações multilaterais no comércio internacional

2.4. A ORGANIZAÇÃO MUNDIAL DO COMÉRCIO

A ideia de se criar uma organização para tratar do comércio mundial surgiu no primeiro trimestre de 1991, durante as discussões da Rodada Uruguai, por iniciativa dos países da Comunidade Europeia, e encontrou, num primeiro momento, certa resistência dos Estados Unidos, que temiam a limitação do seu poder legislativo, até então soberano em questões de comércio internacional.

Após longas negociações, os norte-americanos acabaram por ceder, com a condição de que o novo organismo se chamasse **Organização Mundial do Comércio**, em prejuízo do nome *Organização Multilateral do Comércio*, que era a denominação prevista no projeto original.

A partir de 1.º de janeiro de 1995, a Organização Mundial do Comércio foi instalada em Genebra, na Suíça, como principal resultado da Rodada Uruguai.

Segundo Pedro Talavera Déniz[47], a OMC possui os seguintes objetivos:

a) criar uma organização supranacional, capaz de administrar e regulamentar o comércio internacional;

b) propiciar um maior e melhor acesso aos mercados, de modo a evitar as restrições protecionistas às importações;

c) combater o comércio desleal nas exportações, evitando o crescimento artificial e desmedido de produtos não competitivos ou de mercadorias falsificadas;

d) permitir aos países intervenientes o prévio conhecimento das normas regulamentares que afetem suas atividades;

e) abarcar e disciplinar todas as transações internacionais, alcançando uma vasta gama de produtos, inclusive com regras específicas em relação à prestação de serviços;

f) estabelecer um procedimento na solução de conflitos capaz de garantir aos seus membros o reconhecimento dos direitos negociados e o cumprimento das obrigações assumidas;

g) ser, em suma, um organismo de vocação universal.

Para atingir esses objetivos, a Organização Mundial do Comércio **ratificou** os princípios anteriormente definidos no âmbito do GATT e buscou, ao mesmo tempo, **ampliar** sua aplicabilidade, no intuito de conferir-lhe efetividade, capaz de fazer frente à atual dinâmica dos negócios internacionais.

Foram celebrados diversos novos acordos, com o escopo de regulamentar matérias que até não eram abrangidas pelo GATT, mas que, no cenário comercial contemporâneo, revelam-se de fundamental importância, como a questão dos serviços, da propriedade intelectual e das medidas de investimento.

A Organização Mundial do Comércio passou também a administrar a estrutura jurídica e as negociações entre os membros, monitorar e acompanhar as respectivas políticas comerciais, promover assistência técnica aos países em desenvolvimento e trabalhar em cooperação com outros organismos internacionais e blocos econômicos.

Marconini[48] ressalta a **correlação de interesses** entre a OMC e os blocos econômicos, especialmente o Mercosul: "Ambos têm um viés a favor do livre-comércio, da livre-iniciativa e da concorrência, através da não discriminação entre países e da transparência regulatória. Tanto a OMC como o Mercosul baseiam-se na noção de que a interdependência entre os mercados mundiais, fato já consagrado há algum tempo na economia internacional, beneficia-se de regras e princípios que a disciplinem e a tornem previsível assim como, em casos de litígio, recorrível. De maior importância ainda, tanto a OMC como o Mercosul refletem o desejo de seus Estados-Partes de consolidar importantes progressos regulatórios alcançados internamente através do recurso a

---

[47] Pedro Talavera Déniz. *La regulación del comercio internacional*: del GATT a la OMC. Barcelona: Universitat de Barcelona, 1995, p. 45-46.

[48] Mário Marconini. A OMC, o Mercosul e o comércio de serviços: aspirações regionais na era pós--GATS. In: Durval de Noronha Goyos Jr. (Org.). *O direito do comércio internacional*. São Paulo: Observador Legal, 1997, p. 49.

tratados e outros instrumentos internacionais, contribuindo assim para a sua irreversibilidade".

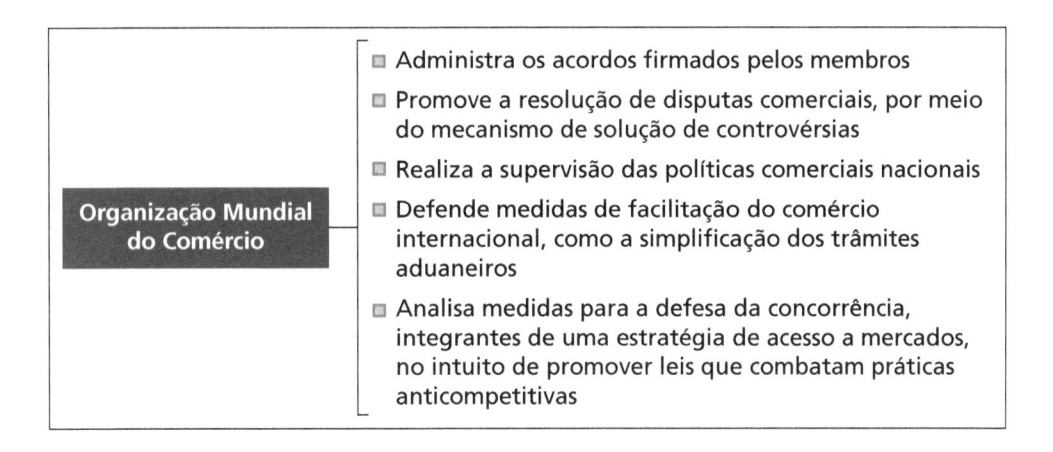

2.4.1. Estrutura

A autoridade máxima da Organização Mundial do Comércio é a **Conferência Ministerial**, formada por representantes de todos os membros, que se reúnem pelo menos a cada dois anos. Adicionalmente, ocupam-se do trabalho cotidiano da OMC uma série de órgãos subsidiários, a saber:

▪ o Conselho Geral, que se reúne como Órgão de Solução de Controvérsias e como Órgão de Exame das Políticas Comerciais;

▪ Conselho de Comércio de Bens, Conselho de Comércio de Serviços e Conselho de Direitos de Propriedade Intelectual Relacionados com o Comércio: o Conselho Geral lhes atribuiu a responsabilidade de supervisionar a aplicação e o funcionamento dos acordos de suas áreas de atuação;

▪ órgãos de supervisão específicos, denominados Comitês, subordinados aos Conselhos;

▪ Comitê de Comércio e Desenvolvimento, Comitê de Restrições por Balanço de Pagamentos e Comitê de Assuntos Orçamentários, Financeiros e Administrativos, também subordinados ao Conselho Geral, assim como os Conselhos de Bens, Serviços e Propriedade Intelectual;

▪ Secretaria, a cargo de um Diretor-geral.

A estrutura física da Organização Mundial do Comércio localiza-se em **Genebra** e é administrada por mais de 600 funcionários, de múltiplas nacionalidades, coordenados pelo Diretor-geral, que também se manifesta em nome da entidade.

Quadro 2.2. Estrutura da OMC

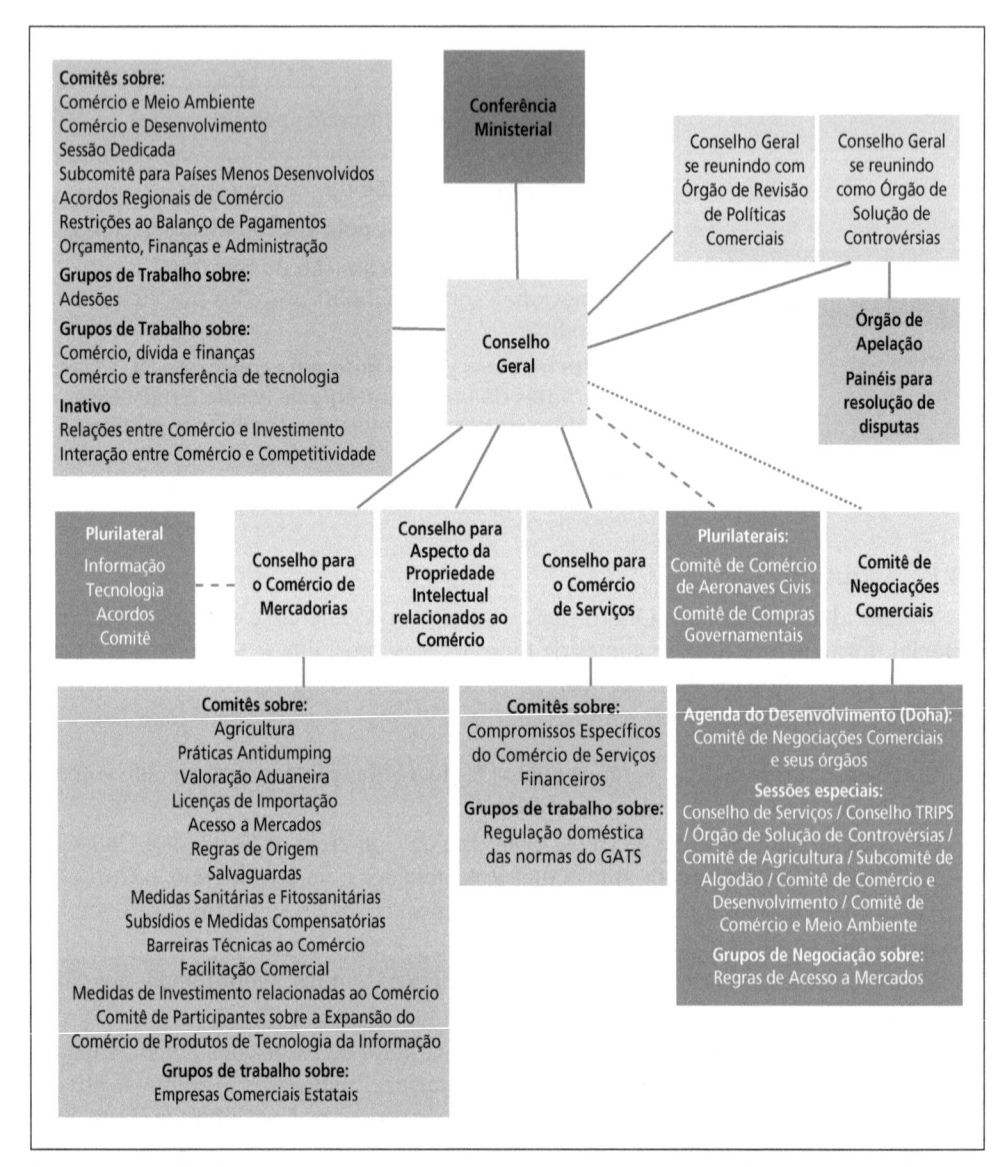

Fonte: *Site* da OMC. Disponível, no original em inglês, em: <https://www.wto.org/english/thewto_e/whatis_e/inbrief_e/inbr_e.htm>.

2.4.2. Países-membros

A Organização Mundial do Comércio possui 166 membros[49], que correspondem à quase totalidade (98%) das operações internacionais, em termos de representatividade

---

[49] Dados de setembro de 2023, utilizados como referência ao longo de todo este capítulo.

econômica. Isso não garante que todos os países importantes do planeta pertençam à entidade.

Entre as grandes potências, a **Rússia** foi a última a ingressar na OMC, o que ocorreu em 22 de agosto de 2012.

É lugar-comum relacionar a situação econômica ou política de um país à sua participação ou não nas organizações internacionais. Conquanto possa funcionar como indicativo, o raciocínio pode levar a conclusões equivocadas.

No caso da Organização Mundial do Comércio, duas situações importantes podem ser utilizadas como exemplo.

A **China**, frequentemente "acusada" de práticas anticomerciais, integra os quadros da entidade desde 11 de dezembro de 2001 e, portanto, segue, em tese, os mesmos princípios e regras dos demais membros50.

Outra situação interessante é a de **Cuba**, que, devido ao longo embargo econômico imposto pelos Estados Unidos (recentemente mitigado), há décadas tem ficado à margem do comércio internacional (vide o grande atraso econômico e a dificuldade para a obtenção de certos produtos). Ainda assim, Cuba é membro da OMC **desde 1995**, e não custa lembrar que as diretrizes da própria entidade e da regulamentação multilateral do comércio, em caráter embrionário, foram traçadas pela Carta de Havana.

No intuito de oferecer ao leitor um panorama completo da Organização Mundial do Comércio, apresentamos a seguir quadro com a sua composição atual.

Quadro 2.3. Composição atual da Organização Mundial do Comércio

Afeganistão	Dinamarca	Laos	Quirguistão
África do Sul	Djibuti	Lesoto	Reino Unido
Albânia	Dominica	Letônia	República Centro-Africana
Alemanha	Egito	Libéria	República Democrática do Congo
Angola	El Salvador	Liechtenstein	República Dominicana
Antígua e Barbuda	Emirados Árabes Unidos	Lituânia	República Checa
Arábia Saudita	Equador	Luxemburgo	Romênia
Argentina	Eslováquia	Macau (China)	Ruanda
Armênia	Eslovênia	Macedônia	Rússia
Austrália	Espanha	Madagascar	Samoa

---

50 A China faz parte da Organização Mundial do Comércio, mas se sujeitou à incidência de salvaguardas transitórias, pelo período de 12 anos, contados da data de entrada na entidade. Com base no Protocolo de Acessão do país à Organização, não seria necessário um grave prejuízo para a aplicação de salvaguardas contra a China, bastando, apenas, a existência ou ameaça de desorganização de um mercado, provocada pelo volume de importações daquele país. Nesse sentido, foi incluída uma cláusula especial, conhecida como *Transitional Product-Specific Safeguard Mechanism* (com vigência até 2013) — que permitiu a aplicação unilateral de salvaguardas, sem compensação.

Áustria	Estados Unidos	Malásia	Santa Lúcia
Bahrein	Estônia	Malauí	São Cristóvão e Névis
Bangladesh	Fiji	Maldivas	São Vicente e Granadinas
Barbados	Filipinas	Mali	Seicheles
Bélgica	Finlândia	Malta	Senegal
Belize	França	Marrocos	Serra Leoa
Benin	Gabão	Maurício	Sri Lanka
Bolívia	Gâmbia	Mauritânia	Suazilândia
Botsuana	Gana	México	Suécia
Brasil	Geórgia	Mianmar	Suíça
Brunei	Granada	Moçambique	Suriname
Bulgária	Grécia	Moldávia	Tailândia
Burkina Faso	Guatemala	Mongólia	Taiwan
Burundi	Guiana	Montenegro	Tajiquistão
Cabo Verde	Guiné	Namíbia	Tanzânia
Camarões	Guiné Bissau	Nepal	Timor Leste
Camboja	Haiti	Nicarágua	Togo
Canadá	Honduras	Níger	Tonga
Catar	Hong Kong (China)	Nigéria	Trinidad e Tobago
Cazaquistão	Hungria	Noruega	Tunísia
Chade	Iêmen	Nova Zelândia	Turquia
Chile	Ilhas Salomão	Omã	Ucrânia
China	Índia	Países Baixos	Uganda
Chipre	Indonésia	Panamá	União das Ilhas Comores
Cingapura	Irlanda	Papua Nova Guiné	União Europeia
Colômbia	Islândia	Paquistão	Uruguai
Congo	Israel	Paraguai	Vanuatu
Coreia	Itália	Peru	Venezuela
Costa do Marfim	Jamaica	Polônia	Vietnã
Costa Rica	Japão	Portugal	Zâmbia
Croácia	Jordânia	Quênia	Zimbábue
Cuba	Kuwait		

Fonte: OMC.

2.4.3. Adesão de novos membros

Para ser aceito como membro da Organização Mundial do Comércio, o país interessado deve iniciar negociações com a entidade e demonstrar, de modo efetivo, as **condições de acesso** ao seu mercado doméstico, especialmente a adequação da legislação aos princípios dos vários acordos já celebrados.

Será formado um grupo de trabalho específico para acompanhar o processo de adesão, que deverá receber e analisar todas as informações do país solicitante.

Os novos membros, quando aceitos na OMC, não precisam denunciar os tratados bilaterais ou regionais de que façam parte, mas deverão, ao longo do tempo, adaptar suas tratativas aos princípios e regras da entidade.

A tabela a seguir apresenta os países em fase de aceitação.

Quadro 2.4. Países em fase de aceitação na Organização Mundial do Comércio

1. Andorra	9. Etiópia	17. Síria
2. Argélia	10. Guinea Equatorial	18. Somália
3. Azerbaijão	11. Irã	19. Sudão
4. Bahamas	12. Iraque	20. Sudão do Sul
5. Bielorrússia	13. Líbano	21. Turcomenistão
6. Bósnia-Herzegóvina	14. Líbia	22. Uzbequistão
7. Butão	15. São Tomé e Príncipe	
8. Curaçao	16. Sérvia	

Fonte: OMC.

2.4.4. Sistema de decisão[51]

A princípio, importa destacar que o sistema de decisão apresentado neste tópico **não se confunde** com o mecanismo de solução de controvérsias criado para resolver questões entre países.

Aqui tratamos dos procedimentos para que decisões de interesse da Organização Mundial do Comércio sejam tomadas, em prol da própria entidade e de seus membros. Nesse sentido, aplica-se, como regra geral, o modelo de decisão reconhecido pela maioria das **organizações internacionais**, objeto de estudo do direito internacional público.

Assim como acontecia no GATT, a Organização Mundial do Comércio adota o sistema de decisão por **consenso**, com direito a voto de todos os membros. Se não houver acordo, a questão pode se resolver por votação, sendo as decisões acolhidas por maioria de votos emitidos, ou seja, cada país representa um voto.

---

[51] Cf. Elba Cristina Lima Rego. Do GATT à OMC: o que mudou, como funciona e para onde caminha o sistema multilateral de comércio. *Revista do BNDES,* Rio de Janeiro: BNDES, n. 6, 1996, *passim.*

Todavia, apesar da possibilidade de votação, o mecanismo ainda não ocorreu no âmbito da OMC, bem como era bastante raro à época do GATT. Isso porque prevalece a ideia de consenso, dado que as partes contratantes são dotadas de **soberania**, e tal prerrogativa não se coaduna com a noção democrática de se adotar decisões mediante maioria.

A fim de corroborar o argumento, bastaria, apenas a título de exercício, imaginarmos uma decisão tomada por ampla maioria de membros, mas com voto contrário de **todos os membros do G20**, grupo dos países de maior importância econômica no mundo. Teria tal decisão eficácia, de modo a condicionar a vontade de todos, inclusive a dos votos vencidos? Parece óbvio que não, daí a importância do consenso, no qual todos os membros, mediante concessões recíprocas, buscam alcançar um denominador comum.

Existe também **restrição** quanto aos temas que podem ser objeto de votação, de sorte que as grandes questões não podem ser decididas sem o devido consenso.

Para quatro situações específicas, o Acordo Constitutivo da Organização Mundial do Comércio prevê votação:

- adoção de uma interpretação para qualquer um dos acordos — maioria de 3/4 dos membros;
- isenção de uma obrigação — maioria de 3/4 dos membros;
- emenda das disposições do acordo geral — consenso ou maioria de 2/3 dos membros, segundo a natureza da disposição considerada;
- admissão de um novo membro — maioria de 2/3 dos membros na Conferência Ministerial.

2.4.5. Solução de controvérsias

Os procedimentos para a solução de disputas comerciais da Organização Mundial do Comércio são mais rápidos, automáticos e menos sujeitos a bloqueio que os do antigo padrão GATT, no qual a aplicação das recomendações dependia da concordância de todos os envolvidos. Com isso, o país infrator podia simplesmente não aceitar as conclusões e recomendações e bloquear a sua aplicação.

No modelo atual, está a cargo do **Órgão de Solução de Controvérsias** a análise sobre consultas e discussões que versem sobre os princípios ou funcionamento de qualquer acordo previsto na estrutura da Organização Mundial do Comércio.

Vimos que o Órgão de Solução de Controvérsias surgiu como resposta à necessidade de se conferir **segurança jurídica** e **eficácia** às disposições dos acordos multilaterais, de modo que os países que se sentissem prejudicados pelas práticas comerciais de outro membro da OMC pudessem resolver a questão, por meio de um acordo satisfatório ou, em última instância, mediante a aplicação das sanções cabíveis.

Claro que a soberania inerente a cada membro não permite a **aplicação coercitiva** de eventuais sanções, razão pela qual o sistema de solução de controvérsias tem como característica fundamental a busca de acordo, e, no mais das vezes, o Órgão de Solução de Controvérsias funciona como instrumento de conciliação entre as partes.

O sistema funciona nos moldes de um **tribunal arbitral**, com a criação de painéis específicos para cada caso. Os painéis são formados por três ou cinco especialistas de países diferentes, aceitos mutuamente pelas partes[52] e responsáveis pela elaboração de um relatório, com a análise da questão e das provas apresentadas, a ser submetido ao Órgão de Solução de Controvérsias (*Dispute Settlement Body* — DSB, em inglês).

Os julgamentos são eminentemente técnicos e norteados pelos princípios da **igualdade** entre as partes, **rapidez** dos procedimentos (ao contrário do modelo GATT, adota-se um cronograma processual bem definido) e **eficácia** das decisões (no sentido de aceitação mútua entre as partes).

2.4.5.1. *Prazos processuais*

Os mecanismos para a solução de controvérsias podem ser invocados sempre que um membro acreditar que a ação de outro anula ou reduz os benefícios advindos de concessões previamente negociadas ou atenta contra regras pactuadas no âmbito da Organização Mundial do Comércio. Em outras palavras, os membros, sempre que se julgarem prejudicados pelas práticas comerciais de seus parceiros, podem celebrar consultas bilaterais com vistas à negociação e/ou recorrer ao Órgão de Solução de Controvérsias como alternativa a retaliações unilaterais.

O acordo firmado na Rodada Uruguai estabelece procedimentos que devem ser observados para que uma disputa comercial seja resolvida no marco das regras multilaterais, sob seus auspícios, e não por meio de represálias unilaterais, as quais devem ser evitadas a todo custo.

O Conselho Geral da Organização, composto de todos os seus membros, administra o sistema de solução de controvérsias, que tem autoridade para estabelecer **painéis** (espécie de conselhos arbitrais, como observamos), adotar ou rejeitar seus relatórios, examinar a adoção de suas recomendações e, se necessário, permitir a imposição de medidas compensatórias. Os procedimentos somente são disparados mediante a solicitação de um (ou mais) de seus membros, após o fracasso nos entendimentos bilaterais.

Contudo, em junho de 2022, durante a 12.ª Conferência Ministerial da OMC (MC12), os países membros reconheceram as dificuldades que o sistema de solução de controvérsias enfrentava, especialmente em relação ao Corpo de Apelação.

Foi então firmado o compromisso de buscar soluções para garantir um sistema de solução de disputas totalmente funcional e acessível até 2024. A partir desse compromisso, as discussões sobre a reforma do sistema foram intensificadas, com os Estados Unidos liderando as conversas desde abril de 2022. Em fevereiro de 2023, a Guatemala iniciou um processo informal para reformar o sistema, que resultou em um rascunho consolidado de propostas, embora ainda sem consenso entre os membros.

Na 13.ª Conferência Ministerial da OMC, realizada em março de 2024, os ministros reafirmaram o compromisso de melhorar o sistema de solução de controvérsias até 2024. Eles destacaram os avanços feitos até aquele momento e orientaram os responsáveis a acelerar as discussões, com foco nas questões ainda pendentes, como os mecanismos de apelação e a acessibilidade ao sistema.

---

[52] Se as partes não chegarem a acordo quanto à composição do painel, os especialistas serão nomeados pelo diretor-geral da OMC.

Para dar um novo impulso a essa reforma, em abril de 2024, foi anunciada a nomeação da embaixadora Usha Chandnee Dwarka-Canabady, de Maurício, como facilitadora do processo, o que marcou uma nova fase no avanço das negociações.

Com a nomeação da facilitadora, foram organizadas reuniões mensais de chefes de delegação (HODs), além de encontros técnicos em nível de delegados, para resolver questões-chave. Seis delegados foram escolhidos para coordenar os trabalhos técnicos, com grande apoio dos membros.

Essas reuniões, além de presenciais, também permitem a participação virtual, garantindo uma maior transparência e inclusão no processo. Para manter todos bem informados, a OMC também tem promovido sessões explicativas sobre o funcionamento do sistema de solução de controvérsias e as propostas de reforma, com o objetivo de garantir um processo acessível e aberto a todos os membros.

Até o momento em que escrevemos, o projeto de reforma ainda não foi finalizado, de modo que apresentaremos, a seguir, os procedimentos ainda em vigor.

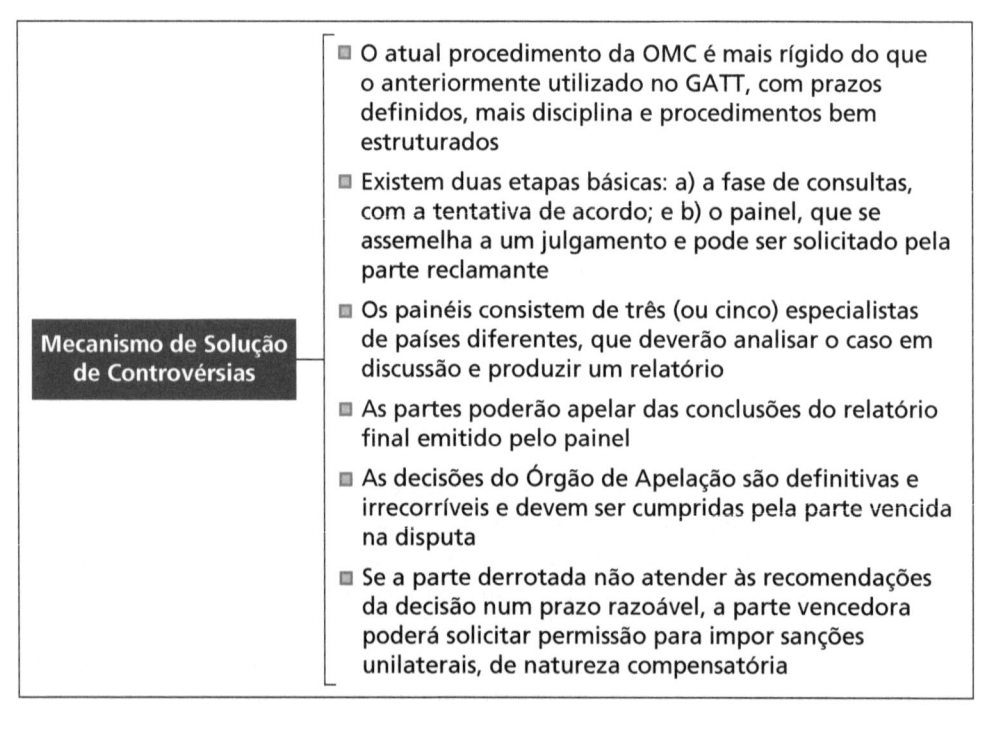

Mecanismo de Solução de Controvérsias

- O atual procedimento da OMC é mais rígido do que o anteriormente utilizado no GATT, com prazos definidos, mais disciplina e procedimentos bem estruturados
- Existem duas etapas básicas: a) a fase de consultas, com a tentativa de acordo; e b) o painel, que se assemelha a um julgamento e pode ser solicitado pela parte reclamante
- Os painéis consistem de três (ou cinco) especialistas de países diferentes, que deverão analisar o caso em discussão e produzir um relatório
- As partes poderão apelar das conclusões do relatório final emitido pelo painel
- As decisões do Órgão de Apelação são definitivas e irrecorríveis e devem ser cumpridas pela parte vencida na disputa
- Se a parte derrotada não atender às recomendações da decisão num prazo razoável, a parte vencedora poderá solicitar permissão para impor sanções unilaterais, de natureza compensatória

As etapas processuais atuais adotam o seguinte rito[53]:

a) primeira etapa: **fase de consulta**, com a tentativa de acordo entre as partes, com ou sem mediação da própria OMC, por até 60 dias, antes de se adotar os mecanismos para solução de controvérsias;

---

[53] Conforme *Understanding the WTO*. 5. ed. Genebra: World Trade Organization, 2011, p. 56-58, em tradução livre do autor, que também será efetuada em outras notas referentes ao mesmo documento.

b) segunda etapa: se não houver entendimento, o país demandante poderá solicitar a **criação de um painel**, que em 45 dias deverá indicar os especialistas e terá, em regra, seis meses para a conclusão dos trabalhos[54].

Importa destacar que o painel funciona como instrumento auxiliar do Órgão de Solução de Controvérsias, ao conduzir os trabalhos e fazer recomendações. Contudo, seus relatórios **tendem a ser acatados**, pois a rejeição só seria possível mediante consenso de todos os membros da OMC.

Como os prazos são extremamente importantes para a satisfatória aplicação do modelo, o acordo prevê em detalhes as etapas do processo, que se inicia com as manifestações escritas das partes envolvidas.

Em seguida, será marcada a **primeira audiência**, na qual os países apresentarão o caso aos membros do painel.

Será, então, agendada uma **segunda audiência** para a apresentação de refutações e contra-argumentos. Mediante solicitação de um dos interessados, ou sob sua própria iniciativa, questões de natureza técnica poderão ser objeto de perícia, mediante contratação de profissionais especializados, se assim decidir o grupo especial encarregado do caso, que também poderá encaminhar consultas a organizações internacionais especializadas na matéria.

Os componentes do painel elaborarão, a seguir, um primeiro relatório com a descrição dos fatos e argumentos apresentados (sem conclusões), que será entregue às partes, para manifestação, no prazo de duas semanas.

Após receber as respostas, os especialistas redigirão o **relatório provisório**, com as conclusões pertinentes, que também será encaminhado aos interessados para, no prazo de uma semana, solicitarem **pedido de revisão**, se assim entenderem conveniente.

A fase de revisão poderá durar até duas semanas, com reuniões entre as partes, e, ao término desse prazo, o painel apresentará o **relatório final**, para ciência dos interessados e, três semanas depois, divulgação entre todos os membros da Organização Mundial do Comércio.

Se a decisão reconhecer ofensa a regras multilaterais ou quebra de compromissos assumidos, o painel deverá indicar as medidas necessárias e submetê-las à apreciação do Órgão de Solução de Controvérsias, que terá 60 dias para aceitá-las ou, o que é raro, rejeitá-las mediante consenso.

Das medidas propostas pelo painel cabe recurso ao **Órgão de Apelação**[55], que deve versar sobre **matéria de direito** como interpretação de dispositivos, vedados, portanto, o reexame de fatos, as evidências ou a apreciação de novas circunstâncias.

O resultado da apelação pode manter, alterar ou reverter as conclusões e recomendações do painel e a decisão deve sair, no máximo, em 90 dias. O Órgão de Solução de Controvérsias deve aceitar ou rejeitar a decisão de apelação em até 30 dias, sempre com a ressalva de que a rejeição só pode ocorrer mediante consenso.

---

[54] Em caso de urgência, como na discussão sobre produtos ou direitos perecíveis, o prazo será de até três meses.

[55] O Órgão de Apelação é composto de sete árbitros, escolhidos em razão de notórios conhecimentos sobre comércio e direito internacional, sem vinculação com os países de origem e nomeados para mandatos de quatro anos.

Dentro dos 30 dias seguintes ao parecer final do painel (ou do Órgão de Apelação, caso tenha havido recurso), o país infrator deverá informar as medidas para cumprimento da decisão. O mais importante nessa etapa é tentar garantir que o país perdedor apresente uma política comercial compatível com as recomendações proferidas pela OMC.

Caso não seja possível atender às recomendações imediatamente, o país infrator poderá solicitar prazo adicional "razoável". Contudo, se as medidas não forem adotadas nesse novo prazo, o país responsável deverá negociar com o reclamante uma compensação mutuamente aceitável.

Se não houver acordo em até 20 dias, o país prejudicado pode solicitar ao Órgão de Solução de Controvérsias autorização para lançar mão de uma medida retaliatória unilateral contra a outra parte, como a suspensão de uma concessão ou de outras obrigações. Em regra, o Órgão de Solução de Controvérsias tem 30 dias, contados do fim do prazo "razoável" das negociações frustradas para conceder essa autorização.

Em termos ideais, as sanções unilaterais devem ser restritas ao setor prejudicado, mas, se isso não for possível, poderão atingir outras áreas do mesmo acordo (o Acordo Agrícola, por exemplo). Excepcionalmente, se ainda assim as medidas não foram viáveis ou eficazes, a parte prejudicada poderá extrapolar os limites do acordo ofendido e aplicar sanções mais amplas.

Assim, um país que viola os acordos da Organização Mundial do Comércio está sujeito a dois tipos de sanções se não adotar as recomendações do painel: oferecer uma **compensação aceitável** para a outra parte ou sujeitar-se a **retaliações unilaterais**, desde que autorizadas pelo Órgão de Solução de Controvérsias.

Desnecessário dizer que o poder de retaliação dos países é bastante variado, tanto maior quanto mais relevante for a importância de seu mercado para a outra parte da demanda. Em outras palavras, uma ameaça de represália dos Estados Unidos, por exemplo, tende a ser muito mais efetiva do que a de um pequeno país africano, daí por que, para os países em desenvolvimento, ser sempre preferível a busca de soluções negociadas.

Quadro 2.5. Quanto tempo demora uma disputa na OMC?[56]

PRAZOS APROXIMADOS PARA CONCLUSÃO DAS ETAPAS DE JULGAMENTO (COM A RESSALVA DE OS PAÍSES PODEREM, A QUALQUER TEMPO, SOLUCIONAR VOLUNTARIAMENTE E MEDIANTE ACORDO A QUESTÃO)	
▣ Consultas, mediação e outros procedimentos iniciais	60 dias
▣ Formação do Painel e indicação dos árbitros	45 dias
▣ Primeiro relatório do Painel para os interessados	6 meses
▣ Relatório final do Painel para os Membros da OMC	3 semanas
▣ Adoção do Relatório pelo Órgão de Solução de Controvérsias (se não houver apelação)	60 dias
▣ **Total aproximado (sem apelação)**	**1 ano**
▣ Relatório de apelação	60 a 90 dias
▣ Adoção do Relatório pelo Órgão de Solução de Controvérsias	30 dias
▣ **Total (com apelação)**	**1 ano e 3 meses**

Fonte: *Understanding the WTO*, p. 57, com tradução e adaptação do autor.

---

[56] Atualmente a OMC tem trabalhado para reduzir ainda mais os prazos, com o objetivo de encerrar os painéis em 9 meses (sem apelação) ou 12 meses (quando apresentada apelação).

2.4.6. Acordos no âmbito da Organização Mundial do Comércio

Com o fim da Rodada Uruguai, foram consolidados na Organização Mundial do Comércio diversos acordos multilaterais, entre os quais se destacam:

- Acordo Geral sobre Tarifas e Comércio (GATT 1994);
- Acordo Geral sobre o Comércio de Serviços (GATS);
- Acordo sobre a Agricultura;
- Acordo sobre a Aplicação de Medidas Sanitárias e Fitossanitárias (SPS);
- Acordo sobre Têxteis e Confecções;
- Acordo sobre Barreiras Técnicas ao Comércio (TBT);
- Acordo sobre as Medidas em Matéria de Investimentos Relacionadas com o Comércio (TRIMS);
- Acordo sobre Aspectos dos Direitos de Propriedade Intelectual Relacionados ao Comércio (TRIPS);
- Acordo sobre a Aplicação do Artigo VI do GATT (dumping);
- Acordo sobre a Aplicação do Artigo VII do GATT (valoração aduaneira);
- Acordo sobre a Inspeção Prévia à Expedição;
- Acordo sobre Regras de Origem;
- Acordo sobre os Procedimentos para o Trâmite de Licenças de Importação;
- Acordo sobre Subsídios e Medidas Compensatórias;
- Acordos sobre Salvaguardas.

Como já discorremos sobre o GATT, vamos agora analisar os principais acordos atualmente em vigor sob administração da Organização Mundial do Comércio.

2.4.6.1. *Acordo Geral sobre o Comércio de Serviços (GATS)*

O **Acordo Geral sobre o Comércio de Serviços** (*General Agreement on Trade in Services* — GATS, em inglês) é o primeiro conjunto completo de normas e regras acordado no plano multilateral para reger o comércio internacional de serviços e foi resultado direto da Rodada Uruguai. É composto de três elementos: um quadro geral que define as obrigações fundamentais que dizem respeito a todos os membros da OMC, listas nacionais de compromissos específicos em matéria de acesso aos mercados e, por último, anexos que definem condições especiais aplicáveis a diferentes setores.

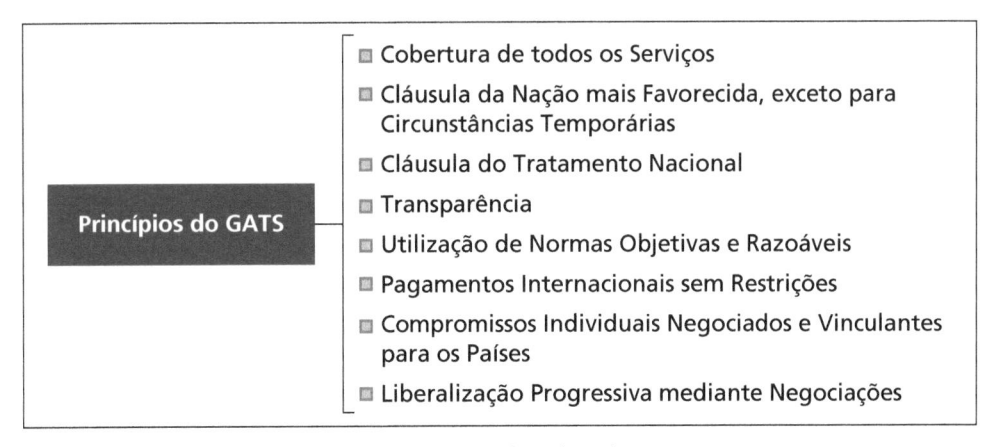

Princípios do GATS

- Cobertura de todos os Serviços
- Cláusula da Nação mais Favorecida, exceto para Circunstâncias Temporárias
- Cláusula do Tratamento Nacional
- Transparência
- Utilização de Normas Objetivas e Razoáveis
- Pagamentos Internacionais sem Restrições
- Compromissos Individuais Negociados e Vinculantes para os Países
- Liberalização Progressiva mediante Negociações

Fonte: Conforme *Understanding the WTO*, p. 33, com tradução livre do autor.

2.4.6.1.1. Quadro geral do Acordo

O acordo distingue-se pelo seu caráter **universal**. Aplica-se a todos os serviços dos mais variados setores, com exceção daqueles prestados pelas **autoridades governamentais**, ou seja, em bases não comerciais ou de livre concorrência (autenticação de documentos em consulados, por exemplo).

Para o GATS, existem quatro formas de prestação de serviços[57]:

■ De um país-membro com destino a qualquer outro membro (exemplo: chamadas telefônicas internacionais).

■ No território de um país-membro com destino a um consumidor de qualquer outro membro (exemplo: turismo).

■ Mediante a presença comercial de um membro no território de outro membro (exemplo: serviços bancários).

■ Pelo prestador de serviços de um membro por intermédio de pessoas naturais de um país no território de qualquer outro membro (exemplo: projetos de construção, consultores).

2.4.6.1.2. Princípios do GATS

O acordo tem como princípio fundamental a **Cláusula da Nação mais Favorecida**, segundo a qual cada membro deve conceder incondicionalmente aos serviços e prestadores de serviços de qualquer outro membro um tratamento não menos favorável do que o concedido aos serviços e prestadores de qualquer outro país.

A interpretação da cláusula da nação mais favorecida não deve impedir vantagens concedidas a **países adjacentes**, destinadas a facilitar o intercâmbio de serviços produzidos e consumidos localmente em zonas de fronteira contígua, circunstância respeitada em praticamente todos os acordos multilaterais da OMC.

Além disso, os membros de processos de integração econômica estão autorizados a liberar entre si o comércio de serviços, não sendo obrigados a estender eventuais vantagens aos outros países do GATS, desde que essa liberalização tenha cobertura setorial significativa e que o acordo preveja a ausência ou a redução substancial de toda forma de discriminação.

Nada obstante, são possíveis exceções no caso de serviços que constem da lista específica de isenções desse compromisso. São as chamadas **listas nacionais**, em que cada governo relaciona os serviços com garantia de acesso ao seu mercado, mas estabelece certas limitações, tais como[58]:

a) número de prestadores de serviços;

b) valor total dos ativos ou das transações de serviços;

c) número total de operações de serviços ou quantidade total de serviços produzidos;

d) número total de pessoas físicas que possam ser empregadas em determinado setor de serviços;

---

[57] Acordo Geral Sobre o Comércio de Serviços, artigo I, 2.

[58] Acordo Geral Sobre o Comércio de Serviços, artigo XVI, 2.

e) medidas que exijam ou restrinjam tipos específicos de pessoa jurídica ou de empreendimento conjunto (*joint venture*) por meio dos quais um prestador de serviços possa exercer sua atividade;

f) limites percentuais de participação de capital estrangeiro ou valores máximos de investimentos estrangeiros.

Na esteira do GATT, o Acordo sobre Serviços também adota o **princípio da transparência**, consubstanciado na obrigação de cada membro publicar previamente, salvo em circunstâncias emergenciais, todas as medidas para a aplicação dos seus termos. No mesmo sentido, os membros deverão informar o **Conselho para o Comércio de Serviços**[59] (criado para gerir o GATS), prontamente ou ao menos uma vez por ano, sobre quaisquer modificações ou acréscimos legislativos internos que possam afetar o comércio de serviços.

Ao reconhecer a enorme disparidade tecnológica entre os membros, que se torna ainda mais evidente na temática dos serviços (em áreas como informática, bancos, telecomunicações, entre outras), o GATS prevê **tratamento favorecido** para os países em desenvolvimento, mediante a celebração de compromissos específicos que permitam[60]:

a) o fortalecimento de sua capacidade nacional em matéria de serviços e de sua eficiência e competitividade mediante, entre outras coisas, o acesso à tecnologia em bases comerciais;

b) a melhora de seu acesso aos canais de distribuição e às redes de informação;

c) a liberalização do acesso aos mercados nos setores e modos de prestação de interesse de suas exportações.

Em razão das peculiaridades na prestação de serviços, o GATS permite a celebração de acordos que busquem a **integração dos mercados de trabalho**, questão bastante importante nos processos de integração econômica, para que os cidadãos dos países envolvidos no acordo tenham livre acesso aos mercados laborais do bloco, além de um mínimo de direitos relativos, por exemplo, a salários, condições de trabalho e benefícios sociais.

Para os setores em que compromissos específicos foram assumidos, os países deverão adotar normas internas **objetivas** e **imparciais**, bem assim instituir, sempre que possível e em obediência aos respectivos ordenamentos constitucionais, tribunais judiciais, arbitrais ou administrativos que permitam a revisão de decisões que possam afetar o comércio de serviços.

Compete ao Conselho para o Comércio de Serviços disciplinar o tratamento adequado para as medidas que tenham por objetivo exigir critérios de qualificação, normas técnicas, licenças e assemelhados, no intuito de que tais dispositivos não constituam obstáculos à participação de estrangeiros, notadamente em procedimentos de concorrências internacionais ou prestação de serviços altamente especializados.

---

[59] O Conselho tem autonomia para criar seus próprios procedimentos e será composto de representantes de todos os membros, que elegerão o seu presidente.

[60] Acordo Geral Sobre o Comércio de Serviços, artigo IV, 1.

Essas disciplinas objetivarão assegurar, *inter alia*, que tais requisitos[61]:

a) sejam baseados em critérios objetivos e transparentes, tais como a competência e a habilidade para prestar o serviço;

b) não sejam mais gravosas que o necessário para assegurar a qualidade do serviço;

c) no caso dos procedimentos em matéria de licença, não constituam restrição para a prestação do serviço.

Como as legislações de cada país normalmente exigem **comprovantes de qualificação** para a prestação de serviços mais sofisticados, o GATS permite que os membros reconheçam titulações, certificações ou licenças outorgadas fora do seu território, mediante convênio, normalmente em caráter de reciprocidade.

Os acordos bilaterais celebrados entre governos em matéria de reconhecimento de qualificações devem estar abertos aos outros membros que pretendam negociar a sua adesão. Além disso, cada país deve assegurar que os prestadores de serviços em monopólio e em exclusividade não abusem dessa situação.

A contrapartida pela aquisição de serviços oriundos do exterior é a remessa de valores para o prestador, e, nesse sentido, o GATS **veda restrições** a pagamentos e transferências relativos a tais operações, respeitando-se os procedimentos cambiais de cada membro e eventuais direitos ou obrigações oriundos de negociações com o Fundo Monetário Internacional, especialmente em situações de crise.

Corolário do argumento anterior é a possibilidade **legítima** de restrições a transferências para o exterior como forma de proteger o **Balanço de Pagamentos**[62], nos mesmos moldes do que se considera aceitável no GATT, desde que tais medidas observem os seguintes preceitos[63]:

a) não discriminação entre os membros;

b) compatibilidade com o Estatuto do Fundo Monetário Internacional;

c) evitar lesões desnecessárias a interesses comerciais, econômicos e financeiros de outros membros;

d) limitação ao montante necessário para fazer frente à manutenção de um nível de reservas financeiras suficiente para a implementação de seu programa de desenvolvimento econômico ou de transição econômica;

e) aplicação temporária e eliminação progressiva.

Em homenagem ao princípio da transparência, poderão ser realizadas **consultas periódicas** com o objetivo de avaliar a situação do balanço de pagamentos do membro que aplicou as restrições, no sentido de se apurarem a natureza e a extensão das dificuldades financeiras.

---

[61] Acordo Geral Sobre o Comércio de Serviços, artigo VI, 4.
[62] O Balanço de Pagamentos é o método utilizado pelos países para registrar as transações monetárias internacionais durante certo período. Todas as operações realizadas pelos setores públicos e privados são contabilizadas, no intuito de se apurar a entrada e a saída de recursos.
[63] Acordo Geral Sobre o Comércio de Serviços, artigo XII, 2.

2.4.6.1.3. Compromissos específicos

A terceira parte do GATS trata dos compromissos assumidos pelos países em relação ao acesso a mercados e da igualdade de tratamento entre serviços nacionais e estrangeiros, além da possibilidade de negociações de pactos adicionais.

As regras que tratam do acesso a mercados e do tratamento nacional não são **obrigações gerais**, mas compromissos particulares retirados das listas nacionais anexas ao GATS e que o integram. As listas identificam os serviços e as atividades correlacionadas que possuem acesso garantido e estabelecem os requisitos procedimentais de entrada.

Isso significa que os países devem conceder aos serviços e respectivos prestadores de serviços dos outros signatários do GATS tratamento que não seja menos favorável do que aquele que está previsto no cumprimento dos compromissos específicos discriminados na sua lista nacional.

Na sequência, a parte quatro do acordo estabelece a realização de rodadas de negociação para a liberalização progressiva das barreiras ainda existentes ao comércio de serviços, por meio de negociações bilaterais, plurilaterais ou multilaterais orientadas para o aumento do nível de compromissos específicos assumidos pelos membros.

O **processo de liberalização** deverá respeitar os objetivos das políticas nacionais e o diferente nível de desenvolvimento dos países, tanto em caráter geral como em relação a setores específicos. Objetiva-se, sobretudo, permitir a flexibilização do GATS em favor de países com maiores dificuldades, que poderão aumentar progressivamente o acesso a seus mercados para prestadores estrangeiros.

Em termos práticos, o compromisso mais importante do GATS é a publicação da **lista de serviços** de cada país, que, em relação aos setores relacionados, deverá especificar[64]:

a) os termos, limitações e condições relativas ao acesso a mercados;

b) as condições e qualificações relativas ao tratamento nacional;

c) as obrigações relativas aos compromissos adicionais;

d) a data da entrada em vigor de tais compromissos.

A data de entrada em vigor do compromisso é importante porque representa, além da eficácia das obrigações assumidas, o prazo inicial para possíveis alterações. O país que firmou o compromisso poderá alterá-lo ou modificá-lo depois de transcorridos **três anos** da entrada em vigor, desde que notifique o Conselho para o Comércio de Serviços com antecedência mínima de três meses, em relação à implantação da modificação ou da retirada.

Quando a alteração do compromisso trouxer prejuízos a outro país, o interessado na mudança deverá negociar acordos compensatórios que, se forem frustrados, poderão levar o caso para arbitragem. Nas hipóteses de descumprimento das obrigações ou outras infrações ao GATS, o membro prejudicado poderá acionar o Órgão de Solução de Controvérsias.

---

[64] Acordo Geral sobre o Comércio de Serviços, artigo XX, 1.

Por fim, o GATS possui diversos anexos que tratam de serviços altamente especializados e de grande impacto econômico, como a *Movimentação de Pessoas Físicas Prestadoras de Serviços* entre os membros, os *Serviços de Transporte Aéreo*, os *Serviços Financeiros* e suas variantes (seguros, por exemplo), os *Serviços relacionados ao Transporte Marítimo*, além de vários dispositivos sobre os *Serviços de Telecomunicações*.

2.4.6.2. Acordo sobre Aspectos dos Direitos de Propriedade Intelectual Relacionados ao Comércio (TRIPS)

O tema da proteção aos direitos da **propriedade intelectual** suscita enormes discussões na comunidade internacional. Na mesma proporção em que se reconhece a necessidade de adoção de mecanismos eficazes de proteção também se discute o impacto desses procedimentos no chamado *comércio legítimo*.

Na esteira desse debate foi celebrado, como resultado da Rodada Uruguai, o Acordo sobre Aspectos dos **Direitos de Propriedade Intelectual** Relacionados ao Comércio (*Agreement on Trade-Related Aspects of Intellectual Property Rights —* **TRIPS**, em inglês), que pela primeira vez trouxe o tema para o processo multilateral de negociações comerciais.

Os direitos relativos à propriedade intelectual constituem patrimônio **intangível** e de **natureza privada** que, atualmente, movimenta bilhões de dólares em transações ao redor do mundo.

Para os países mais ricos, nos quais se localizam as grandes empresas criadoras de tecnologia, a proteção a esses direitos é fundamental para a continuidade dos investimentos em pesquisa e desenvolvimento de novos produtos.

No entanto, os países em desenvolvimento, que não possuem empresas de ponta, precisam definir políticas de incentivo à pesquisa, de forma a estabelecerem uma base tecnológica mais robusta e menos dependente do exterior.

O TRIPS, nesse cenário, surgiu como mecanismo multilateral de entendimento e solução de controvérsias, responsável por cinco pontos fundamentais[65]:

a) como aplicar princípios básicos do comércio e dos demais acordos de propriedade intelectual;

b) como oferecer adequada proteção aos direitos de propriedade intelectual;

c) como os países devem garantir esses direitos nos seus territórios;

d) como resolver disputas acerca da propriedade intelectual entre os membros da OMC;

e) a utilização de acordos especiais de transição durante a fase de introdução do novo sistema.

Os preceitos básicos do TRIPS são o princípio do **tratamento nacional** e a cláusula da **nação mais favorecida**. Por conseguinte, os membros da Organização Mundial do

---

[65] *Understanding the WTO*, 2011, p. 39 (tradução livre do autor).

Comércio deverão conceder aos nacionais de outros membros um tratamento não menos favorável do que aquele concedido aos seus próprios nacionais.

Adicionalmente, qualquer vantagem concedida por um país aos nacionais de qualquer outro membro será concedida, imediata e incondicionalmente, aos nacionais de todos os outros membros, mesmo se tal tratamento for mais favorável do que aquele que concede aos seus próprios nacionais.

O acordo tem por objetivo garantir que sejam aplicadas, em todos os países-membros, normas adequadas de proteção da propriedade intelectual, que se baseiem nas obrigações enunciadas pela Organização Mundial da Propriedade Intelectual (**OMPI**), nas diferentes convenções relativas aos direitos da propriedade intelectual [a **Convenção de Paris** relativa à proteção da propriedade intelectual (1967)[66], a **Convenção de Berna** relativa à proteção das obras literárias e artísticas (1971), a **Convenção de Roma** relativa à proteção dos artistas intérpretes ou executantes, produtores de fonogramas e organismos de radiodifusão (1961) e o **Tratado de Washington**, sobre a propriedade intelectual em matéria de circuitos integrados (1989)].

Nos dias de hoje, praticamente não existem produtos manufaturados dissociados de direitos de propriedade intelectual. Quase tudo o que circula fisicamente pelo comércio internacional possui valores intangíveis e significativos, que devem receber o mesmo nível de proteção que os bens materiais.

O TRIPS busca englobar todos os tipos de propriedade intelectual, conforme definidos nos diversos tratados que regem a matéria.

Regra geral, qualquer invenção, produto ou processo, dos mais variados setores tecnológicos, poderá ser patenteável, desde que seja nova, implique um passo evolutivo e tenha aplicação industrial.

Os membros do Acordo podem considerar como **não patenteáveis** invenções cuja exploração em seu território atente contra a ordem pública ou a moralidade, inclusive para proteger a vida ou a saúde humana, animal ou vegetal ou, ainda, para evitar sérios prejuízos ao meio ambiente, desde que essa determinação não seja feita apenas porque a exploração é proibida pela legislação local.

Também podem ser considerados como não patenteáveis:

a) métodos diagnósticos, terapêuticos e cirúrgicos para o tratamento de seres humanos ou de animais;

b) plantas e animais, exceto micro-organismos e processos essencialmente biológicos para a produção de plantas ou animais, excetuando-se os processos não biológicos e microbiológicos.

---

[66] A Convenção da União de Paris (CUP), de 1883, foi o primeiro instrumento de harmonização do Sistema Internacional da Propriedade Industrial. As discussões começaram em Viena, em 1873, e levaram a 14 signatários originais, entre eles o Brasil. Ao longo do tempo, a Convenção de Paris sofreu revisões periódicas: Bruxelas (1900), Washington (1911), Haia (1925), Londres (1934), Lisboa (1958) e Estocolmo (1967), cujo texto foi utilizado como referência para o TRIPS. Atualmente possui mais de 170 signatários.

> **Importante:** Os membros concederão proteção a variedades vegetais, por meio de patentes, por outro sistema eficaz ou, ainda, pela combinação de ambos, o que, na prática, permite que os países adotem mecanismos de proteção adequados às suas necessidades.

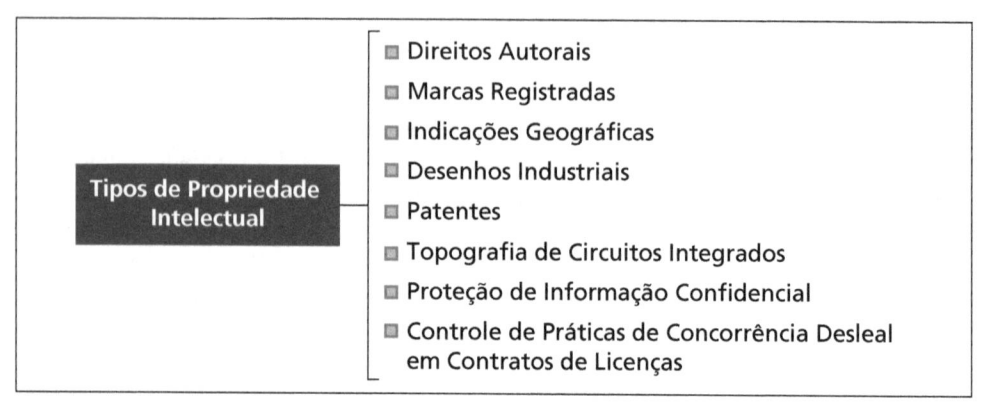

Tipos de Propriedade Intelectual

- ▣ Direitos Autorais
- ▣ Marcas Registradas
- ▣ Indicações Geográficas
- ▣ Desenhos Industriais
- ▣ Patentes
- ▣ Topografia de Circuitos Integrados
- ▣ Proteção de Informação Confidencial
- ▣ Controle de Práticas de Concorrência Desleal em Contratos de Licenças

Fonte: *Understanding the WTO*, p. 39, com tradução livre do autor.

2.4.6.2.1. Princípios do TRIPS

Como regra, o TRIPS segue os dois princípios fundamentais do GATT, que sustentam toda a base de negociações no âmbito da Organização Mundial do Comércio: o **tratamento nacional** (artigo III) e a **cláusula da nação mais favorecida** (artigo IV).

O primeiro preceito implica que cada membro concederá aos nacionais[67] dos demais países tratamento não menos favorável que o outorgado a seus próprios nacionais com relação à proteção da propriedade intelectual, salvo as exceções previstas na Convenção de Paris (1967), na Convenção de Berna (1971), na Convenção de Roma (1971) e no Tratado sobre a Propriedade Intelectual em Matéria de Circuitos Integrados. Em relação a artistas intérpretes, produtores de fonogramas e organizações de radiodifusão, a obrigação aplica-se apenas aos direitos previstos no próprio texto do TRIPS.

A cláusula da nação mais favorecida determina que, em relação à propriedade intelectual, toda vantagem, favorecimento, privilégio ou imunidade que um país conceda aos nacionais de qualquer outro país será outorgada imediata e incondicionalmente aos nacionais de todos os demais membros da OMC. Ficam **dispensados** dessa obrigação os benefícios concedidos por um membro que[68]:

a) resultem de acordos internacionais sobre assistência judicial ou sobre aplicação em geral da lei e não limitados em particular à proteção da propriedade intelectual;

b) tenham sido outorgados em conformidade com as disposições da Convenção de Berna ou da Convenção de Roma;

c) sejam relativos aos direitos de artistas intérpretes, produtores de fonogramas e organizações de radiodifusão não previstos no TRIPS;

---

[67] A expressão "nacionais" compreende pessoas físicas e jurídicas que tenham domicílio ou estabelecimento industrial ou comercial real e efetivo no território aduaneiro de determinado país.

[68] TRIPS, artigo IV.

d) resultem de acordos internacionais relativos à proteção da propriedade intelectual que tenham entrado em vigor antes do Acordo Constitutivo da OMC, desde que esses acordos sejam notificados ao Conselho para o TRIPS e não constituam discriminação arbitrária ou injustificável contra os nacionais dos demais membros.

Para fins de interpretação sistemática, o TRIPS reconheceu, em caso de divergência, a **prevalência** dos direitos e obrigações pactuados sob os auspícios da Organização Mundial da Propriedade Intelectual (OMPI).

A OMPI foi criada em 1967 como organismo especializado vinculado ao Sistema das Nações Unidas, com natureza intergovernamental e com sede em Genebra.

Além de coordenar diversos tratados em matéria de direitos intelectuais, a organização possui as seguintes funções:

a) estimular a proteção da propriedade intelectual mediante a cooperação entre os países;

b) fixar e estimular medidas capazes de promover a atividade intelectual criativa e facilitar a transferência de tecnologia relativa à propriedade industrial para os países em desenvolvimento.

Outro princípio essencial do TRIPS, que tem sido invocado com frequência em situações de grande impacto social, é o que veda o **abuso de direitos** sobre propriedade intelectual.

Em regra, os países podem produzir normas internas necessárias para proteger a saúde e nutrição públicas, bem assim para promover o interesse público em setores de importância vital para seu desenvolvimento socioeconômico e tecnológico, desde que essas medidas sejam compatíveis com os dispositivos do TRIPS.

Como contrapartida desse direito, o acordo **proíbe** práticas abusivas dos respectivos titulares de direitos, que tenham por objetivo limitar de maneira injustificável o comércio ou afetar negativamente os procedimentos internacionais para a transferência de tecnologia.

2.4.6.2.2. *Direitos de autor e direitos conexos*

Os direitos de autor ou **direitos autorais** são aqueles relacionados à produção intelectual literária, artística ou científica, qualquer que seja a forma de expressão. A proteção também inclui os programas de computador, mas não alcança ideias, procedimentos ou fórmulas matemáticas.

No Brasil, em consonância com o TRIPS e na esteira de outros países, a proteção ao direito autoral **independe de registro** e o prazo de duração permanece durante a vida do autor e por mais **70 anos**, contados a partir de 1.º de janeiro do ano seguinte ao seu falecimento[69], quando, então, a obra entrará em domínio público.

Proteção semelhante, porque baseada nas mesmas premissas (apesar de ser objeto da Convenção de Roma, e não da Convenção de Berna)[70], diz respeito aos artistas

---

[69] Lei n. 9.610/98, artigo 41.
[70] No Brasil, todos os direitos mencionados são previstos e garantidos pela Lei n. 9.610/98.

intérpretes, produtores de fonogramas e organizações de radiodifusão, que pressupõe direitos semelhantes aos de autoria, o que é bastante natural.

Assim, existem garantias diferentes para o compositor de uma música e para os seus eventuais intérpretes, o que impede a transmissão, veiculação ou reprodução das versões sem as devidas manifestações de concordância. Tais direitos são igualmente garantidos por 70 anos, apesar de, como regra geral, o TRIPS mencionar o prazo mínimo de 50 anos para a maioria dos casos, exceto para as transmissões de rádio e televisão, nos quais o prazo mínimo seria de 20 anos, contados do evento.

Por ser mais favorável e não contrariar o acordo, prevalece a disposição da lei brasileira, que aplica o prazo de **70 anos** para todas as hipóteses.

2.4.6.2.3. *Direitos relativos a marcas*

Quanto às marcas de fábrica e de comércio, o acordo define os tipos de sinais suscetíveis ao benefício da proteção, do mesmo modo que os direitos mínimos conferidos ao respectivo titular. Especifica, também, as **obrigações** relativas à utilização de marcas de fábrica ou de comércio e de marcas de serviço, a duração da proteção, a concessão de licenças e a possibilidade de cessão das marcas, com ou sem remuneração.

O TRIPS define **marca** como qualquer sinal ou combinação de sinais capaz de distinguir bens e serviços de um empreendimento daqueles de outro empreendimento, em particular palavras, nomes próprios, letras, numerais, elementos figurativos e combinação de cores, bem como qualquer combinação desses sinais[71].

O acordo segue as regras da Convenção de Paris, na redação final de Estocolmo (1967), que, entre outros dispositivos, determina que as marcas poderão ser objeto de **registro**, de forma que os países publicarão cada marca antes ou imediatamente após a sua concessão, além da obrigação de conferir oportunidade razoável para o recebimento de pedidos de cancelamento, bem como de fixar procedimentos que possibilitem contestação.

A proteção confere ao titular da marca direito exclusivo, especialmente no sentido de impedir que terceiros, sem o devido consentimento, a utilizem em transações comerciais de bens ou serviços idênticos ou similares àqueles para os quais a marca está registrada.

O TRIPS garante direitos especiais às chamadas **marcas notórias** ou de **alto renome**, que possuem proteção garantida em todas as classes de bens e serviços, independente da efetiva utilização, em homenagem ao prestígio e valor intrínseco alcançados.

Com efeito, como o leitor bem conhece, existem marcas famosas internacionalmente, que valem bilhões de dólares e possuem proteção em todos os países signatários da Convenção de Paris.

Nos termos do TRIPS, a proteção da marca não poderá ter duração inferior a sete anos, contados a partir do registro, que poderá ser renovado indefinidamente. No Brasil, como já percebemos, a legislação tende a ser mais favorável, de modo que o registro da marca vigorará pelo prazo de **dez anos** contados do registro, prorrogáveis por períodos iguais e sucessivos.

No caso de marcas que não se enquadrem como notórias, a manutenção dos direitos pode ser vinculada ao **uso efetivo**, mas o cancelamento do registro só ocorrerá depois

---

[71] TRIPS, artigo 15.

de transcorridos pelo menos três anos de omissão, salvo se o titular comprovar motivos jurídicos válidos quanto à impossibilidade de uso.

Por fim, o acordo prevê a possibilidade de concessão de licenças de uso e cessão de marcas, vedado, em regra, o licenciamento compulsório.

2.4.6.2.4. *Proteção das indicações geográficas*

Atualmente vivemos a fase dos **produtos globais**, que podem ser fabricados em qualquer lugar do planeta, mantidas a qualidade e características essenciais. Justamente por isso, ganha relevância a proteção das chamadas **indicações geográficas**, porque objetiva identificar determinado produto como originário de uma região ou localidade específica, no sentido de conferir-lhe atributos únicos, com a consequente valorização.

Nesse sentido, os membros da Organização Mundial do Comércio deverão estabelecer meios legais capazes de impedir a utilização de qualquer indicação suscetível de induzir os consumidores em erro quanto à origem do produto e combater, na mesma medida, qualquer utilização que implique atos de concorrência desleal.

A proteção às indicações geográficas está prevista no artigo 22 do TRIPS/94, que prevê, ainda, proteção adicional das indicações geográficas para **vinhos** e **bebidas alcoólicas**, mesmo quando não exista qualquer risco de engano, com resultados práticos curiosos.

Como exemplo temos o famoso caso do **champanhe**, vinho espumante francês cujo nome só pode ser utilizado por produtores da região homônima, e desde que o vinho atenda a processos característicos de fabricação. Isso porque o nome possui proteção específica na França, baseada na **denominação de origem**, o que impede que produtores de vinhos semelhantes de outras regiões do planeta adotem a mesma terminologia.

Idêntico tratamento recebe o concorrente italiano *prosecco*, também um vinho espumante, que à luz do TRIPS e de outros acordos internacionais também representa uma **denominação de origem controlada**, que só pode constar de produtos oriundos das regiões de *Valdobbiadene* e *Conegliano*, duas pequenas vilas do Veneto.

Nos termos do TRIPS, o registro de uma marca para vinhos ou destilados que contenha ou consista em uma indicação geográfica que identifique esses produtos, será recusado ou invalidado, *ex officio*, se a legislação de um membro assim o permitir, ou a pedido de parte interessada, para os vinhos ou destilados que não possuam tal procedência. Significa dizer que vinhos **semelhantes**, ainda que elaborados pelo método de fermentação típico dos concorrentes italianos e franceses, só poderão ser oferecidos aos consumidores sob a denominação genérica de "espumantes", em respeito à proteção das indicações geográficas.

Para os vinhos, realizar-se-ão, no Conselho que administra o TRIPS, negociações relativas ao estabelecimento de um sistema multilateral de notificação e registro de indicações geográficas, válido para os países que manifestarem sua adesão.

2.4.6.2.5. *Proteção dos desenhos industriais*

Os **desenhos** e **modelos industriais**[72], novos ou originais, são protegidos no âmbito do TRIPS pelo prazo mínimo de dez anos. Os países poderão fixar normas para a

---

[72] Considera-se *desenho industrial* a forma plástica ornamental de um objeto ou o conjunto de linhas

identificação dos critérios que conferem novidade ao desenho, de modo a afastar a proteção no caso de diferenças pouco significativas em relação aos já existentes, bem assim negar a proteção a desenhos que apresentem somente pequenas variantes técnicas ou funcionais.

Os titulares de desenhos industriais têm o direito de impedir a fabricação, venda ou importação de artigos que apresentem características idênticas (cópias, na linguagem do TRIPS) ao desenho ou modelo protegido, salvo na hipótese de que esses atos sejam realizados sem qualquer interesse ou impacto comercial.

Conforme a legislação brasileira, poderão ser titulares de desenhos industriais as pessoas físicas ou jurídicas que promoverem o depósito do respectivo desenho.

A proteção do direito tem validade **de dez anos**, a partir da data do depósito, e poderá ser prorrogada por até **três períodos** de **cinco anos**, ou seja, obedecido o limite máximo de 25 anos.

2.4.6.2.6. *Direitos sobre patentes*

Patentes são **títulos de propriedade temporária** sobre invenções ou modelos de utilidade, conferidos pelos países aos inventores ou autores responsáveis pela sua criação.

O principal objetivo do registro de patentes é garantir a **viabilidade econômica** das descobertas, como remuneração pelos custos de pesquisa e desenvolvimento, no intuito de impedir que terceiros, concorrentes, explorem a novidade sem terem incorrido nos gastos que a tornaram possível. Como contrapartida, o titular da patente obriga-se a revelar em detalhes o conteúdo técnico da invenção, que será objeto de registro específico.

No que diz respeito às patentes, incumbe aos membros da Organização Mundial do Comércio cumprir as disposições fundamentais da Convenção de Paris de 1967.

Nesse sentido, quaisquer invenções, nos mais variados setores tecnológicos, tanto de **produtos** como de **processos**, poderão ser objeto de patente, desde que possuam aplicação industrial.

O TRIPS, contudo, relaciona situações que garantem aos membros a negação ao direito de patente, notadamente nos seguintes casos[73]:

a) invenções que no território do país sejam necessárias para proteger a ordem pública ou a moralidade, especialmente em relação à vida ou à saúde humana, animal ou vegetal e, ainda, para evitar sérios prejuízos ao meio ambiente;

b) métodos diagnósticos, terapêuticos e cirúrgicos para o tratamento de seres humanos ou de animais;

c) plantas e animais, exceto micro-organismos e processos essencialmente biológicos para a produção de plantas ou animais, excetuando-se os processos não biológicos e microbiológicos.

---

e cores que possa ser aplicado a um produto, com resultado novo ou original e passível de industrialização.

[73] TRIPS, artigo XXVII, 2 e 3.

A concessão de patente conferirá ao seu titular **direitos exclusivos** para evitar que terceiros, sem o devido consentimento, produzam, utilizem, coloquem à venda ou importem produtos ou processos sob proteção.

Os titulares poderão, no seu interesse, ceder ou transferir por sucessão as respectivas patentes, assim como celebrar contratos de **licenciamento** com terceiros.

A validade da patente, conforme os dispositivos do TRIPS, não será inferior a 20 anos, contados da data do depósito. No Brasil, a **patente de invenção** vigorará pelo prazo de 20 anos e a do **modelo de utilidade**[74], pelo prazo de 15 anos, a partir do depósito[75].

Por fim, convém destacar que a proteção da patente só alcança o **território do país** que a concedeu, princípio consagrado pela Convenção da União de Paris, muito embora seja possível a concessão de patentes regionais, como é o caso da União Europeia.

2.4.6.2.6.1. *Licenciamento compulsório de medicamentos*

O artigo XXX do TRIPS autoriza os membros da Organização Mundial do Comércio a conceder exceções ao direito de patente, desde que não conflitem desnecessariamente com a exploração normal dos direitos e não prejudiquem de modo irrazoável os interesses legítimos de seu titular, em consideração a interesses legítimos de terceiros.

Entre as possibilidades de tratamento excepcional está a necessidade de uso do objeto da patente, sem autorização do titular, pelos **governos** de cada país, desde que respeitadas certas condições. A mais importante determina que o uso fora dos limites da patente só será permitido após tentativas concretas de negociação com o titular e desde que, em termos e condições comerciais razoáveis, os esforços não tenham sido bem-sucedidos.

Com base nesses preceitos, o Brasil tem liderado, no cenário internacional, as discussões acerca da flexibilização da propriedade intelectual de **medicamentos considerados essenciais** para a saúde pública.

A questão é complexa, pois envolve dois direitos bem distintos, que precisam ser cotejados com serenidade: de um lado, o fato de que medicamentos importantes, como os de combate à AIDS, precisam ser fornecidos aos doentes, em caráter permanente, por meio dos mecanismos públicos de saúde, pois sua carência ou interrupção pode levar à morte. Sob outro ângulo, os laboratórios detentores dos direitos de propriedade intelectual alegam que os preços pagos pelos governos decorrem dos enormes gastos em pesquisa e desenvolvimento, associados ao custo de produção.

O problema é que o valor exigido pelos laboratórios é considerado, em alguns casos, como **exorbitante**, o que levou o governo brasileiro, após meses de negociação com o fabricante do remédio no exterior (no caso específico dos medicamentos contra a AIDS), a decidir pelo que popularmente se denomina "quebra de patente".

---

[74] *Modelo de utilidade* é o objeto de uso prático, ou parte deste, suscetível de aplicação industrial, que apresente nova forma ou disposição, envolvendo ato inventivo, que resulte em melhoria funcional no seu uso ou em sua fabricação.

[75] Artigo 40 da Lei n. 9.279/96, conhecida como Lei de Propriedade Industrial.

Em consonância com as diretrizes estabelecidas no TRIPS[76], a medida adotada pelo governo brasileiro foi o **licenciamento compulsório** dos medicamentos, mediante o qual se autoriza a fabricação do remédio no país ou a compra de sua versão genérica, sem necessidade de consentimento da empresa detentora dos direitos.

Esse tipo de licença *não permite a produção para revenda*, mas, sim, para a distribuição pelos sistemas públicos de saúde e não se configura como "quebra de patente", porque prevê o **pagamento de *royalties*** ao titular.

Como condições adicionais, o licenciamento compulsório deve estabelecer:

a) que o alcance e a duração do uso serão restritos e específicos ao objetivo para o qual foram autorizados;

b) que o uso será não exclusivo e não transferível;

c) que o uso será autorizado para suprir o mercado interno;

d) mecanismo jurídico de revisão da medida, sempre que as circunstâncias que ensejaram deixem de existir;

e) remuneração justa e adequada ao titular do direito.

De se notar que o rito da decisão do governo brasileiro, no caso paradigmático dos medicamentos, seguiu os dispositivos do TRIPS, vez que, após a fase de negociações, sem acordo entre as partes, o remédio contra a AIDS foi declarado de **interesse público** e se estabeleceu a remuneração do titular mediante o pagamento de *royalties*.

Na prática, foi uma importante vitória **política** brasileira, assim comentada por Stiglitz[77]: "O Brasil foi um dos poucos países dispostos a ameaçar usar as provisões que haviam sido incluídas no TRIPS para o licenciamento compulsório. O país sabia, é claro, que seria atacado pelos laboratórios e pelo governo americano por fazer **aquilo que tinha todo o direito de fazer**. E foi atacado. A postura firme funcionou para o Brasil: em vez de o país emitir licenças compulsórias, na maioria dos casos os laboratórios baixaram seus preços para o Brasil" (grifos no original).

2.4.6.2.7. Proteção aos circuitos integrados

Quanto aos esquemas de **topografia de circuitos integrados**, os membros da Organização Mundial do Comércio devem estabelecer proteção em conformidade com o disposto no **Tratado de Washington**, utilizado como referência para o TRIPS.

Os direitos relativos aos circuitos integrados proíbem, sem a autorização do titular, qualquer operação de importação, venda ou distribuição comercial de topografias protegidas no território dos signatários.

Para os países que exigem o registro como condição de proteção, a duração da proteção de topografias não expirará antes de um **prazo de dez anos** contados do depósito do pedido de registro ou da primeira exploração comercial, onde quer que ocorra no mundo. Se não

---

[76] O artigo XXXI, b, do TRIPS estabelece que, em caso de emergência nacional ou outras circunstâncias de extrema urgência ou em casos de *uso público não comercial*, a patente poderá ser objeto de licenciamento compulsório, desde que atendidos os demais requisitos do acordo, notadamente a tentativa prévia e efetiva de negociação com o titular do direito.

[77] Joseph E. Stiglitz. *Globalização*: como dar certo, p. 13.

houver a exigência de registro, as topografias serão protegidas por um prazo não inferior a dez anos da data da primeira exploração comercial, também em qualquer lugar do mundo.

No Brasil, o tema é regulado pela Lei n. 11.484, de 31 de maio de 2007.

2.4.6.2.8. Proteção de informações confidenciais

Conforme disposto no TRIPS, os segredos comerciais e os conhecimentos técnicos que possuam valor comercial devem ser protegidos contra o abuso de confiança e contra todos os atos contrários às práticas comerciais leais.

Isso confere às pessoas físicas e jurídicas o direito de evitar que informações legalmente **sob seu controle** sejam divulgadas, adquiridas ou usadas por terceiros sem o devido consentimento, de forma desonesta, desde que tais informações[78]:

a) sejam secretas, no sentido de não conhecidas pelo público em geral nem facilmente acessíveis a pessoas de círculos que normalmente lidem com o tipo de assunto em questão;

b) possuam valor comercial relevante justamente em função do segredo;

c) tenham sido objeto de precauções razoáveis pela pessoa legalmente sob controle da informação, no intuito de mantê-la sigilosa.

2.4.6.2.9. Controle de práticas de concorrência desleal em contratos de licenças

Dada a relevância econômica dos contratos de licenciamento, por meio dos quais se confere a possibilidade de utilização de marcas, direitos e tecnologias por terceiros, os membros da Organização Mundial do Comércio se preocuparam em definir regras contra possíveis **abusos dos direitos** de propriedade intelectual que restrinjam a concorrência ou dificultem a disseminação de tecnologia.

Os países signatários do TRIPS podem, portanto, adotar medidas para evitar práticas abusivas, como cessões exclusivas, condicionantes de validade ou pacotes de licenças coercitivos, que atentam contra a liberdade dos mercados, de acordo com suas próprias regras internas.

O modelo prevê a possibilidade de **consultas** entre os membros, para a verificação de ofensas às leis e aos regulamentos acerca da proteção da propriedade intelectual, e o membro ao qual tenha sido dirigida a solicitação dispensará consideração plena e receptiva às consultas com o membro solicitante, propiciará adequada oportunidade para sua realização e cooperará mediante o fornecimento de informações não confidenciais, publicamente disponíveis, que sejam de relevância para o assunto em questão[79].

2.4.6.2.10. Aplicação das normas de proteção dos direitos da propriedade intelectual

As legislações dos países-membros da Organização Mundial do Comércio devem incluir processos de aplicação efetiva destinados a fazer cumprir os direitos de

---

[78] TRIPS, artigo XXXIX.
[79] TRIPS, artigo XL, 3.

propriedade intelectual, tanto por parte dos detentores de direitos estrangeiros como pelos seus próprios nacionais.

Os procedimentos relativos à aplicação de normas de proteção dos direitos de propriedade intelectual deverão ser **céleres, justos e equitativos**, e as decisões acerca de divergências serão escritas e fundamentadas, com direito a contraditório e ampla defesa, além de possibilidade de revisão judicial no caso de medidas administrativas.

Todas as exigências processuais previstas no acordo **encontram amparo** na legislação brasileira, de tal sorte que os direitos fundamentais das partes estão garantidos, assim como a transparência dos procedimentos, tanto na esfera judicial como no processo administrativo, especialmente no que tange à citação, possibilidade de defesa e produção de provas.

No mesmo sentido, o Brasil aplica **integralmente** a proteção dos direitos sobre propriedade intelectual estabelecidos no TRIPS, inclusive por meio de sentenças indenizatórias, que deverão ser cumpridas pelo infrator, como forma de compensar os prejuízos econômicos sofridos pelo titular em virtude da violação de seus direitos, sem prejuízo de outras sanções, como as de natureza criminal, por exemplo.

À luz do grande fluxo de importações de produtos contrafeitos, especialmente em regiões de fronteira nos países em desenvolvimento, o acordo prevê, para tentar minimizar essas práticas desleais, a adoção de medidas cautelares, baseadas no controle aduaneiro, como a apreensão de mercadorias suspeitas ou desacompanhadas de documentos idôneos.

Para a aplicação do TRIPS, os países desenvolvidos dispuseram do período de transição **de um ano** para dar cumprimento às disposições, no que diz respeito às suas questões legislativas e práticas. O período de transição foi de até **cinco anos** para os países em desenvolvimento e países cujo regime de economia planificada estava, ao tempo do acordo, em fase de transição para economia de mercado, como os egressos do bloco socialista.

Por fim, em virtude das limitações econômicas, financeiras e administrativas, bem como da necessidade de flexibilidade para estabelecer uma base tecnológica viável, os países de **menor desenvolvimento relativo** (países mais pobres, que ainda não atingiram o grau mínimo de desenvolvimento) obtiveram, nos termos do TRIPS, prazo especial de transição, que possibilitou **dez anos adicionais** para a aplicação de alguns dispositivos, contados a partir do término do prazo de um ano concedido para os países desenvolvidos, ou seja, após a data de entrada em vigor do Acordo Constitutivo da OMC. Ademais, o Conselho para a administração do TRIPS poderá, mediante a apresentação de pedido devidamente fundamentado de um país de menor desenvolvimento relativo, conceder prorrogações a esse prazo.

2.4.6.3. *Acordo sobre Medidas de Investimento Relacionadas ao Comércio (TRIMS)*

O **Acordo sobre Medidas de Investimento Relacionadas ao Comércio (TRIMS)** reconhece que algumas práticas referentes às políticas de investimentos podem ter efeitos restritivos e acarretar distorções no comércio internacional, especialmente para os países com menor desenvolvimento relativo.

O TRIMS é aplicável somente a medidas que afetem o **comércio de bens** e segue, em regra, todos os demais princípios básicos do GATT, como a cláusula de tratamento nacional e a vedação a restrições quantitativas, salvo nas hipóteses de problemas relativos ao Balanço de Pagamentos dos países em desenvolvimento.

O leitor deve atentar para o fato de que o acordo denomina TRIMS as próprias medidas prejudiciais ao comércio, de modo que a sigla pode significar tanto o **nome do instrumento jurídico** firmado pelos países **como as práticas** que devem ser combatidas.

O texto firmado pelos membros da Organização Mundial do Comércio traz, em seu anexo, uma lista exemplificativa das medidas incompatíveis com os princípios do GATT, de acordo com a ofensa ao tratamento nacional ou à proibição do uso de restrições quantitativas.

A primeira hipótese ocorre toda vez que a legislação nacional ou decisões administrativas internas trouxerem regras cujo cumprimento seja necessário para se obter uma vantagem e que determinem:

a) que uma empresa adquira ou utilize produtos de origem nacional ou de qualquer fonte nacional especificadas em termos de produtos individuais, em termos de volume ou valor de produtos, ou em termos de uma proporção do volume ou valor de sua produção local;

b) que a aquisição ou utilização de produtos importados por uma empresa limite-se a um montante relacionado ao volume ou valor de sua produção local.

No entanto, as TRIMS incompatíveis com a obrigação de eliminação geral das restrições quantitativas incluem as mandatórias, aquelas aplicáveis sob a lei nacional ou mediante decisões administrativas, ou aquelas cujo cumprimento é necessário para se obter uma vantagem e que restringem:

a) a importação por uma empresa de produtos utilizados ou relacionados com sua produção local em geral ou a um montante relacionado ao volume ou valor de sua produção local destinada à exportação;

b) a importação por uma empresa de produtos utilizados em sua produção local ou a ela relacionados mediante a restrição de seu acesso a divisas estrangeiras em um montante equivalente à entrada de divisas estrangeiras atribuíveis a essa empresa;

c) a exportação ou venda para exportação de produtos por uma empresa, restrição especificada em termos de produtos individuais, em termos de volume ou valor de produtos, ou em termos de uma proporção do volume ou valor de sua produção local.

A administração geral do TRIMS fica a cargo do **Conselho para o Comércio de Bens**[80] da Organização Mundial do Comércio, que deverá ser notificado, pelos

---

[80] O TRIMS criou o Comitê sobre Medidas de Investimento Relacionadas ao Comércio, subordinado ao Conselho para o Comércio de Bens, que lhe atribuirá responsabilidades na gestão dos procedimentos. O comitê é aberto a todos os membros e elegerá seus próprios dirigentes, com reuniões anuais ou mediante solicitação de qualquer interessado.

membros, sobre as medidas incompatíveis eventualmente aplicadas, acompanhadas das características gerais e justificativas.

A **eliminação total** das medidas, cujo prazo foi contado a partir da assinatura do Acordo Constitutivo da OMC, obedeceu aos seguintes critérios: a) dois anos para os países desenvolvidos, b) cinco anos para os países em desenvolvimento e c) sete anos para os países de menor desenvolvimento relativo.

Em 2001, tendo em vista a impossibilidade de cumprimento das determinações, o Conselho para o Comércio de Bens concordou em estender o prazo para a eliminação das TRIMS em favor de alguns países em desenvolvimento, que fizeram a solicitação com base na autorização contida no artigo V, 3, do acordo.

O TRIMS adota, igualmente, as disposições do GATT no que tange ao princípio da transparência e aos procedimentos de consulta e solução de controvérsias.

Em síntese, segundo Vera Thorstensen[81], o acordo visa ao banimento das medidas relacionadas ao comércio que são incompatíveis com as obrigações do tratamento nacional e de proibição a medidas de restrições quantitativas. As mais importantes foram: a exigência de **conteúdo local**, ou seja, obrigatoriedade de aquisição de partes e componentes domésticos e a exigência de **desempenho nas exportações**, que implicaria um comércio balanceado entre importações e exportações relacionadas ao investimento.

Além disso, os membros decidiram determinar ulteriormente se conviria complementar o acordo com disposições sobre política de investimentos e de concorrência.

Figura 2.2. Investimento Direto no Brasil

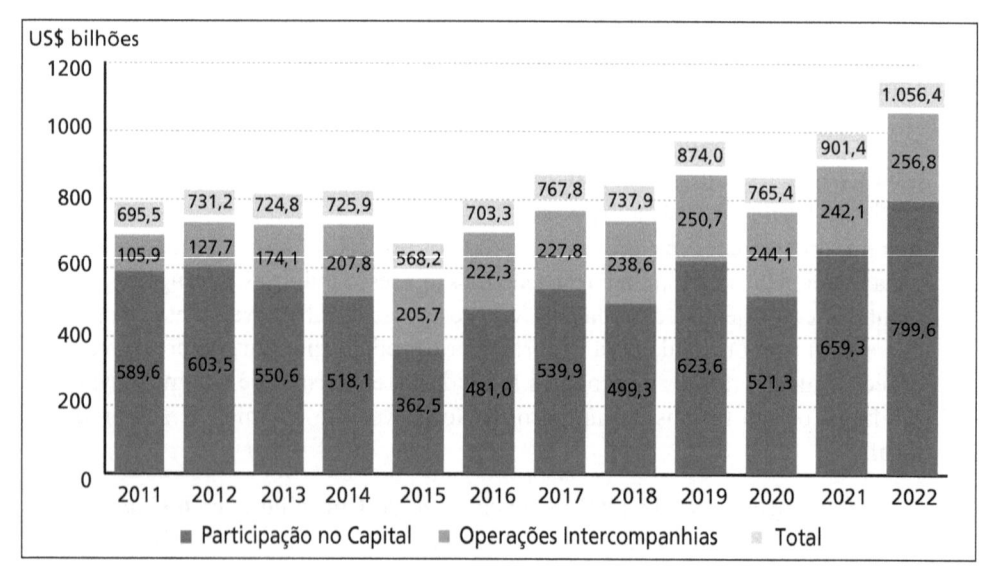

Fonte: *Banco Central do Brasil.*

---

[81] Vera Thorstensen. *OMC*: as regras do comércio internacional e a nova rodada de negociações multilaterais, *passim.*

Figura 2.3. Posição de IDP por regiões investidoras — Investidor imediato

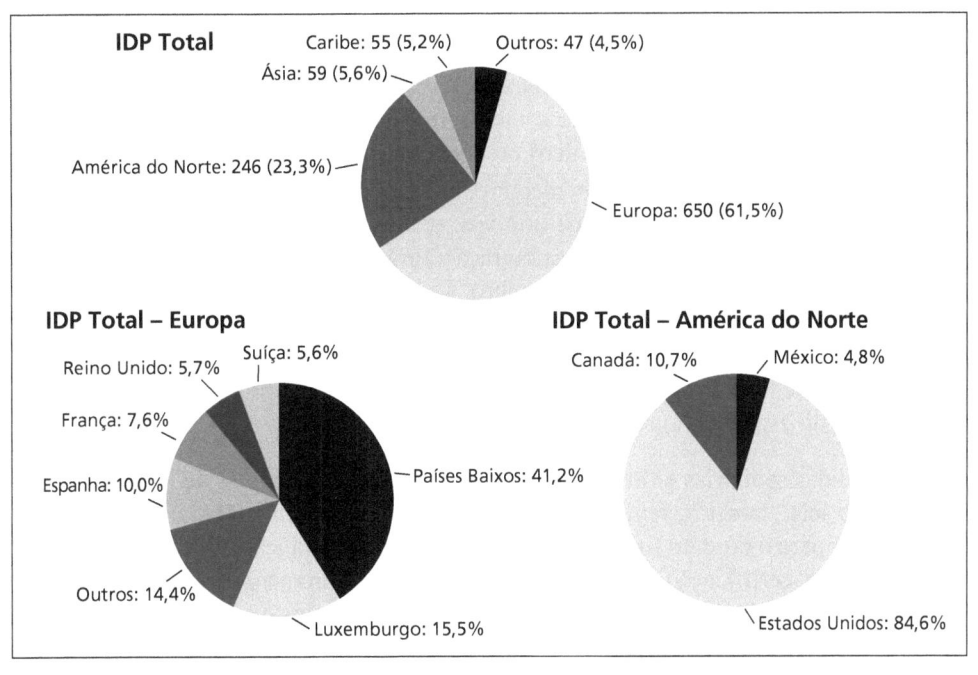

Fonte: *Banco Central do Brasil.*

2.4.6.4. *Acordo sobre Aplicação de Medidas Sanitárias e Fitossanitárias (SPS)*

O tratamento dispensado à **proteção sanitária** é tema de extrema relevância para o comércio internacional, pois, de um lado, está a liberdade dos países de estabelecerem padrões próprios de exigência em relação à produção, ao processamento e o consumo de alimentos e, por outro, a possibilidade real de que tais exigências funcionem como obstáculos instransponíveis para os países exportadores e, portanto, sejam utilizados como mecanismo desleal de defesa dos mercados internos.

O principal objetivo do acordo é estabelecer regras multilaterais para orientar o desenvolvimento, a adoção e a implantação de medidas sanitárias e fitossanitárias, de modo a minimizar seu impacto negativo no comércio internacional.

Essas medidas, que podem ser estabelecidas no patamar **legal** e **infralegal**, têm por objetivo proteger a vida, a saúde animal e vegetal, dentro de cada país, de riscos ligados à entrada de pragas, doenças ou micro-organismos presentes em produtos *in natura*.

O assunto tem recebido atenção internacional devido aos recentes episódios de doenças como a da "vaca louca", a gripe aviária e, particularmente no caso brasileiro, os focos de febre aftosa. Por conta disso, o acordo prevê que os membros têm o direito de tomar as medidas necessárias para a efetiva proteção do seu território.

A fim de se evitar distorções, os procedimentos devem ser harmonizados e tomar como referência os padrões, orientações e recomendações internacionais, inclusive da Organização Mundial de Saúde, observados os princípios do GATT.

Nos termos do SPS (do original, em inglês, *Sanitary and Phytosanitary Measures Agreement*), medidas **sanitárias** ou **fitossanitárias** são quaisquer providências adotadas[82]:

a) para proteger, no território do membro, a vida ou a saúde animal ou vegetal, dos riscos resultantes da entrada, do estabelecimento ou da disseminação de pragas, doenças ou organismos patogênicos ou portadores de doenças;

b) para proteger, no território do membro, a vida ou a saúde humana ou animal, dos riscos resultantes da presença de aditivos, contaminantes, toxinas ou organismos patogênicos em alimentos, bebidas ou ração animal;

c) para proteger, no território do membro, a vida ou a saúde humana ou animal, de riscos resultantes de pragas transmitidas por animais, vegetais ou por produtos deles derivados ou da entrada, do estabelecimento ou disseminação de pragas; ou

d) para impedir ou limitar, no território do membro, outros prejuízos resultantes da entrada, do estabelecimento ou disseminação de pragas.

As medidas sanitárias e fitossanitárias englobam todas as formas de legislação possíveis, como leis, decretos, regulamentos, exigências e procedimentos, incluindo, *inter alia*, critérios para o produto final, processos e métodos de produção, procedimentos para testes, inspeção, certificação e homologação, regimes de quarentena, além das exigências pertinentes, associadas com o transporte de animais ou vegetais ou com os materiais necessários para sua sobrevivência durante o transporte, disposições sobre métodos estatísticos, procedimentos de amostragem e métodos de avaliação de risco e requisitos para embalagem e rotulagem diretamente relacionadas com a segurança dos alimentos.

Os membros devem aceitar as medidas de outros países como equivalentes, mesmo que estas sejam diferentes de suas próprias, desde que o país exportador demonstre objetivamente para o país que aplicar a medida que sua iniciativa alcança o mesmo nível de proteção **(princípio da equivalência)**.

As medidas deverão ter como referência **normas**, **guias** e **recomendações** internacionais, tais como:

a) para a segurança dos alimentos, as normas, guias e recomendações estabelecidas pela *Comissão do Codex Alimentarius*, no que se refere a aditivos para alimentos, drogas veterinárias e resíduos, pesticidas, contaminantes e métodos para análise e amostragem, além de códigos e guias para práticas de higiene;

b) para saúde animal e zoonoses, as normas, guias e recomendações elaboradas sob os auspícios do *Escritório Internacional de Epizootias*;

c) para saúde vegetal, as normas, guias e recomendações internacionais elaborados sob os auspícios do secretariado da *Convenção Internacional sobre Proteção Vegetal* em cooperação com organizações regionais; e

d) para temas não cobertos pelas organizações anteriores, normas, guias e recomendações adequados, promulgados por outras organizações internacionais pertinentes abertas à participação de todos os membros conforme identificadas pelo *Comitê sobre Medidas Sanitárias e Fitossanitárias*, criado pelo SPS.

---

[82] SPS, Anexo A, item 1.

Isso significa que qualquer controle sanitário ou fitossanitário deve ser aplicado apenas na medida do necessário para proteger a vida ou a saúde humana, animal ou vegetal, com base em **princípios científicos**, sendo vedada sua manutenção sem evidência suficiente.

Nos casos em que a comprovação científica for insuficiente, um membro pode provisoriamente adotar medidas sanitárias ou fitossanitárias com base em informações pertinentes disponíveis, a partir de dados de organizações internacionais ou medidas aplicadas por outros países.

Em qualquer hipótese, a aplicação de medidas deverá ser precedida pela etapa de **avaliação de risco**, que se constitui na análise técnica sobre a possibilidade de entrada, estabelecimento ou disseminação de uma praga ou doença no território do país importador, em conformidade com as medidas sanitárias e fitossanitárias que possam ser aplicadas, bem como das potenciais consequências biológicas e econômicas decorrentes.

Posteriormente, os membros do SPS deverão fixar o nível adequado de proteção sanitária e fitossanitária a ser adotado, que deverá levar em consideração **fatores econômicos relevantes**, como o dano potencial em termos de perda de produção ou de vendas no caso de entrada, estabelecimento e disseminação de uma peste ou doença, os custos de controle e de erradicação no seu território, tudo sob a premissa de reduzir ao mínimo os **efeitos negativos ao comércio**, objetivo fundamental do acordo.

A análise da questão sanitária à luz de preceitos econômicos tem por objetivo evitar que os países introduzam ou mantenham medidas restritivas **subjetivas**, sem fundamentação técnica, com o único propósito de restringir as exportações dos demais membros.

Igualmente aos outros acordos no âmbito da OMC, o SPS previu a criação de um comitê para atuar como foro de consultas e assumir as funções necessárias para implantar os dispositivos pactuados.

Na dicção do SPS[83], o **Comitê sobre Medidas Sanitárias e Fitossanitárias** estimulará e facilitará consultas ou negociações *ad hoc* entre membros sobre temas sanitários ou fitossanitários específicos, assim como o uso de normas, guias ou recomendações internacionais e, sob tal aspecto, oferecerá estudos e consultas técnicas com o objetivo de aumentar a coordenação e a integração entre sistemas nacionais e internacionais e enfoques para homologação do uso de aditivos ou para o estabelecimento de tolerâncias para contaminantes em alimentos, bebidas ou ração animal.

Com o objetivo de harmonizar as normas internacionais e evitar esforços redundantes, o Comitê sobre Medidas Sanitárias e Fitossanitárias poderá decidir utilizar informações de procedimentos amplamente aceitos, em especial para a notificação dos membros, conforme vigentes nas organizações internacionais competentes. Todas as decisões do Comitê são adotadas mediante **consenso**.

Em homenagem à padronização dos textos negociados durante a Rodada Uruguai, o SPS também prevê tratamento especial e diferenciado para os países em

---

[83] Artigo XII, 2.

desenvolvimento e os de menor desenvolvimento relativo, com a concessão de prazos mais longos[84] para o cumprimento das obrigações pactuadas.

O acordo estabelece o fornecimento de **assistência técnica** a esses países, em caráter bilateral ou por meio das organizações internacionais competentes.

A assistência poderá realizar-se, *inter alia*, nas áreas de tecnologias de processamento, pesquisa e infraestrutura, incluindo-se o estabelecimento de órgãos nacionais regulatórios, e poderá tomar a forma de consultoria, créditos, doações ou concessões, com o propósito de buscar o aperfeiçoamento técnico, treinamento e equipamento para permitir a tais países ajustarem-se e cumprirem com as medidas sanitárias ou fitossanitárias necessárias para que alcancem o nível adequado de proteção sanitária ou fitossanitária em seus mercados de exportação[85].

Aplica-se ao SPS o sistema de consultas e solução de controvérsias estabelecido pelo GATT 1994, e, na hipótese de dúvida sobre temas técnicos ou científicos, o grupo especial designado deverá consultar peritos escolhidos durante o procedimento ou organizações internacionais especializadas.

2.4.6.5. *Acordo sobre Barreiras Técnicas ao Comércio (TBT)*

O principal objetivo do **Acordo sobre Barreiras Técnicas ao Comércio** (*Technical Barriers to Trade Agreement* — TBT, em inglês) é assegurar que regulamentos técnicos e normas não criem obstáculos desnecessários para o comércio internacional, muito embora se reconheça que os sistemas de avaliação de conformidade, expressos em diversas regras, tenham importante contribuição para o aumento da eficiência da produção em escala mundial.

Os países da Organização Mundial do Comércio têm o direito de estabelecer normas internas que garantam a **qualidade** e **segurança** de suas transações comerciais, desde que não se constituam em medidas arbitrárias ou injustificadas.

As disposições do TBT abrangem **todos os produtos**, industriais ou agropecuários, mas não são aplicáveis às especificações de compra estabelecidas pelos órgãos governamentais nem às medidas sanitárias e fitossanitárias, temas abordados em acordos específicos.

Em obediência ao princípio do **tratamento nacional**, os membros da Organização Mundial do Comércio devem garantir que, em relação a regulamentos técnicos, os produtos importados do território de qualquer outro membro devem ter tratamento não menos favorável que o concedido a produtos similares de origem nacional e a produtos similares originários de qualquer outro país.

Tais regulamentos não podem ser elaborados ou aplicados de modo a criar entraves desnecessários ao comércio internacional, exceto nas **hipóteses legítimas** de segurança nacional, prevenção de práticas enganosas, proteção da saúde ou segurança humana, da saúde ou vida animal ou vegetal e do meio ambiente.

---

[84] Para os países em desenvolvimento o prazo estabelecido foi de dois anos após a data de entrada em vigor do Acordo Constitutivo da OMC e para os países de menor desenvolvimento relativo o prazo foi de cinco anos, contados da mesma data.

[85] SPS, artigo IX, 1.

O acordo prevê mecanismos de verificação, conhecidos como **avaliação de conformidade**, que têm como objetivo garantir que os membros aceitem produtos que atendam a requisitos equivalentes de segurança, ainda que distintos dos adotados pelo país regulador. As regras de avaliação de conformidade devem seguir, sempre que possível, padrões internacionais de certificação e qualidade.

Exceções interessantes (e aceitas) podem surgir de diferenças de natureza técnica ou mesmo religiosa. Se um exportador brasileiro quiser vender produtos para os Estados Unidos, provavelmente terá de adaptar as informações contidas na embalagem e manuais, pois o país não adota o sistema métrico, utilizado em quase todo o planeta. No mesmo sentido, alimentos industrializados eventualmente exportados para Israel deverão ser compatíveis com a lei judaica, de inspiração religiosa, que proíbe o consumo de certos produtos, que não atendam à *certificação kosher*[86].

A adoção de regras internacionais ou mutuamente aceitas é pressuposto da harmonização do sistema, e, nesse sentido, o TBT elaborou um **Código de Boas Condutas**, que deve ser aceito pelas instituições de normalização públicas locais ou não governamentais de cada país.

O código estabelece **práticas desejáveis**[87] ("boas práticas", na linguagem do direito internacional) para a elaboração e adoção voluntária de regras baseadas em padrões internacionais.

2.4.6.5.1. *Procedimentos para a avaliação de conformidade*

A parte central do acordo estabelece os procedimentos para a realização dos **exames de conformidade**, ou seja, as avaliações positivas pelos órgãos de governo, que declaram a compatibilidade entre as características de determinado produto e as regras internas do país importador.

O TBT, em seu artigo V, determina que, *verbis*: "Os procedimentos de avaliação de conformidade serão elaborados, adotados e aplicados de modo a conceder acesso a fornecedores de produtos similares originários dos territórios de outros membros sob condições não menos favoráveis do que as concedidas a fornecedores de produtos similares de origem nacional ou originários de qualquer outro país numa situação comparável; acesso implica o direito do fornecedor a uma avaliação de conformidade sob as regras do procedimento, incluindo, quando previsto por este procedimento, a possibilidade de efetuar as atividades de avaliação de conformidade no local das instalações e de receber a marca do sistema".

Os procedimentos de avaliação de conformidade deverão ser realizados em prazo célere e previamente divulgado pelos órgãos competentes, com a ciência do interessado acerca do processamento do pedido, inclusive no que tange à necessidade de complemento de informações ou documentos.

A análise pode ensejar a **cobrança de taxas**[88], desde que idênticas aos produtos de origem nacional e durante o procedimento deve ser assegurado ao interessado o sigilo das informações comerciais prestadas.

---

[86] *Kosher* é a comida "própria para consumo" dos judeus, de acordo com suas tradições religiosas.

[87] Existem mais de 200 recomendações no código, todas baseadas em padrões "justos e equitativos".

[88] No sistema tributário brasileiro, as taxas podem ser exigidas em razão do *exercício do poder de polícia*, nos termos do artigo 145, II, da Constituição da República.

Com o objetivo de harmonizar o mais amplamente possível os procedimentos de avaliação de conformidade, os membros participarão integralmente, dentro do limite de seus recursos, da preparação pelas instituições de normalização internacionais apropriadas de guias ou recomendações sobre procedimentos de avaliação de conformidade[89].

Na ausência de recomendações internacionais (*guidelines*) ou adoção de procedimentos divergentes das normas técnicas internacionalmente aceitas, os países deverão publicar, com antecedência, os seus procedimentos e notificar os outros membros do acordo, concedendo-lhes prazo razoável para a apresentação de comentários.

No Brasil, compete à coordenação-geral de Articulação Internacional, do **INMETRO**, a análise das questões sobre regulamentação técnica, normalização e procedimentos de avaliação de conformidade, especialmente para auxiliar os exportadores brasileiros a superar as barreiras técnicas ao comércio e facilitar o acesso a mercados.

O INMETRO participa de negociações regionais e internacionais[90] e celebra acordos de intercâmbio com outros institutos estrangeiros semelhantes.

Os países deverão manter centros de informações técnicas para responder a consultas dos outros membros, bem assim fornecer os respectivos documentos de referência. Todo o material entregue aos membros ou ao secretariado da OMC deverá ser em **inglês, francês ou espanhol**, vedado o uso de qualquer outro idioma.

O TBT também prevê acordos de cooperação e assistência técnica, especialmente em favor dos países menos desenvolvidos, assim como deve ser concedido tratamento diferenciado e mais favorável aos países em desenvolvimento, principalmente no que se refere a direitos e obrigações, em consonância com os preceitos gerais da Organização Mundial do Comércio.

Para a aplicação desses princípios foi estabelecido o **Comitê de Barreiras Técnicas ao Comércio** que, a exemplo dos demais analisados, tem por função atuar como foro de consulta sobre os temas relacionados ao acordo. Nas hipóteses de falta de acordo ou ofensa a regras do TBT será adotado o mecanismo de solução de controvérsias previsto no GATT.

2.5. CONFERÊNCIAS MINISTERIAIS E O FRACASSO DA RODADA DO MILÊNIO

Com a entrada em funcionamento da Organização Mundial do Comércio, em janeiro de 1995, os anos seguintes foram marcados por reuniões que tiveram por objetivo consolidar os avanços da Rodada Uruguai e discutir os temas ainda pendentes de negociação.

Esses encontros são conhecidos como **Conferências Ministeriais** e sua importância reside no fato de que as decisões mais importantes no âmbito da OMC são tomadas mediante consenso, como já destacamos. Como a Conferência Ministerial é o órgão máximo em termos de decisão, todos os países devem se reunir pelo menos uma vez a cada dois anos a fim de enfrentar as grandes questões do comércio internacional e, se possível, alcançar soluções negociadas.

---

[89] TBT, artigo V, 5.
[90] A participação dos países da Organização Mundial do Comércio em acordos regionais, como o Mercosul e a União Europeia, por exemplo, está prevista no artigo IX do TBT.

A Organização Mundial do Comércio já realizou diversas Conferências Ministeriais e teve como divisor de águas o encontro promovido na cidade de **Doha**, capital do Qatar, em novembro de 2001. Antes disso, três outras conferências foram realizadas, com resultados variados.

A primeira delas ocorreu em **Cingapura**, em dezembro de 1996, e teve por objetivo confirmar a posição da OMC como fórum de negociações para a liberalização do comércio e instância apta para a solução de controvérsias. Apesar da boa vontade entre as partes, diversos temas permaneceram em aberto, especialmente em função das posições antagônicas entre os países desenvolvidos e os em desenvolvimento.

Com efeito, as divergências mais importantes incluíram questões relativas a quatro tópicos: medidas de investimento, políticas de concorrência, transparências nas compras governamentais e facilitação dos negócios, que ficaram conhecidos como **"Temas de Cingapura"**.

Menos de dois anos depois, em maio de 1998, a cidade de **Genebra** foi sede da segunda Conferência Ministerial, que, além de celebrar os 50 anos de negociações multilaterais (contados a partir da entrada em vigor do GATT, em 1948), conseguiu avanços importantes nas áreas de telecomunicações e serviços financeiros, temas muito relevantes em tempos de globalização, ainda mais se levarmos em consideração as dificuldades econômicas enfrentadas, à época, por vários países, devido às turbulências do mercado financeiro internacional.

Cercada de expectativas e manifestações antiglobalização[91], a terceira Conferência Ministerial foi realizada em **Seattle**, nos Estados Unidos, entre 30 de novembro e 3 de dezembro de 1999. O objetivo maior do encontro era ousado: construir uma agenda de temas que justificasse a criação da **Rodada do Milênio**, que seria o primeiro grande marco de negociações multilaterais sob os auspícios da OMC.

No entanto, inúmeros pontos de divergência entre os Estados Unidos e a União Europeia, entre eles a questão dos **subsídios** e dos **produtos transgênicos**, levaram o encontro e suas pretensões a um redundante **fracasso**. A Rodada do Milênio jamais saiu do papel e a Conferência de Seattle ficou marcada pelas grandes confusões entre os manifestantes populares e a polícia, que teve muito trabalho durante o evento.

O momento mais importante *pós-Rodada Uruguai* ocorreu em **Doha**, durante a **Quarta Conferência Ministerial** da Organização Mundial do Comércio, realizada entre 9 e 14 de novembro de 2001. Em meio à perspectiva de diminuição do crescimento das relações comerciais internacionais, agravada pela preocupação global causada pelos ataques terroristas em 11 de setembro, os países elegeram como ponto fundamental das negociações a necessidade de maior inserção dos países em desenvolvimento.

O objetivo era a um só tempo essencial e ambicioso, pois precisava alcançar soluções para o acesso a mercados, regras mais balanceadas entre países desenvolvidos e

---

[91] Como descreve Frieden, os delegados da OMC não imaginavam o impacto da manifestação: "Totalmente despreparados, no entanto, estavam para o que iriam encontrar na cidade norte-americana naquela segunda-feira chuvosa. Dezenas de milhares de ativistas antiglobalização os aguardavam. Na véspera da cerimônia de abertura, milhares de manifestantes cercaram o local de recepção dos representantes e seguiram para uma área nas redondezas, onde haveria uma enorme manifestação". Jeffry A. Frieden. *Capitalismo global*, p. 483.

menos desenvolvidos, assistência técnica contínua e financeiramente sustentável, além da necessidade de implantação de programas de capacitação efetivos para o desenvolvimento das economias mais frágeis. Tudo isso somado à eterna questão dos **subsídios agrícolas**, o grande nó das negociações multilaterais desde a criação do GATT.

Ao término da conferência, foi produzida pelos signatários uma declaração ministerial que definiu a criação de uma nova rodada de negociações, a *primeira no âmbito da OMC*, que foi batizada de **Rodada do Desenvolvimento**.

Em síntese, a declaração destacava três pontos fundamentais:

a) o lançamento da nova rodada e o cronograma dos trabalhos;

b) uma declaração sobre a relação entre o TRIPS e a saúde pública[92];

c) decisão sobre a implementação dos acordos da OMC para os países em desenvolvimento[93].

A partir das decisões tomadas em Doha e já na vigência da Rodada do Desenvolvimento, várias outras Conferências Multilaterais foram realizadas, no que poderíamos chamar de *segunda fase* da Organização Mundial do Comércio.

2.6. OS MANDATOS DE DOHA E A RODADA DO DESENVOLVIMENTO

A **Rodada do Desenvolvimento** foi construída sobre as fundações da maior participação dos países em desenvolvimento no comércio internacional. Nada obstante, diversos temas correlatos são objeto dos debates, o que a transformou na mais complexa negociação multilateral da história, algo que explica, em parte, o fato de que até o presente momento não se obteve avanços significativos[94].

Outro fator determinante para a demora da Rodada (que já dura mais de uma década) foi a decisão, teoricamente correta, de que as negociações seriam travadas conforme o princípio do *single undertaking* **(compromisso único)**, que exige concordância de todos os membros em relação aos temas propostos, sem possibilidade de escolhas ou adesões parciais.

O *single undertaking* consiste na negociação de um **pacote de metas**; ou seja, enquanto não houver definição para qualquer dos pontos negociados, o acordo, como um todo, não se materializa.

Em tese, a ideia introduzida a partir da Rodada Uruguai é salutar, pois incentiva a reciprocidade de tratamento e a obtenção de concessões mútuas, mas, na prática, pode

---

[92] Os membros da OMC, apesar de reconhecerem a importância do TRIPS para o sucesso de novas pesquisas na área farmacêutica, decidiram que as disposições do acordo precisariam se aproximar da realidade dos países menos desenvolvidos, nos quais a falta de tratamento para doenças epidêmicas, como aids, tuberculose e malária, entre outras, implica gravíssimas consequências para a saúde pública.

[93] Durante as negociações ficou evidente que mais de uma centena de questões relacionadas à implementação dos acordos da OMC nos países em desenvolvimento ainda não havia sido resolvida, o que motivou o compromisso dos membros em adotar medidas concretas, sob a premissa de que o sistema multilateral do comércio deve atender aos interesses de todos os participantes.

[94] Apenas em 2015, na Conferência realizada em Nairobi, houve algum avanço, com o chamado "Pacote de Nairobi", composto de seis decisões sobre agricultura e temas relacionados a países menos desenvolvidos.

levar a verdadeiros *becos sem saída*, como parece ser o caso dos **subsídios**, cuja indefinição impede que outras medidas sejam confirmadas.

A relação dos temas oriundos da Rodada do Desenvolvimento ficou conhecida como *Agenda Doha* ou *Mandatos de Doha* e compreende os seguintes assuntos[95]:

a) Problemas relacionados à **implementação dos diversos acordos**: para se ter uma ideia da magnitude da questão, praticamente *todos os textos* negociados na Rodada Uruguai enfrentam problemas de adaptação nos países em desenvolvimento ou de menor desenvolvimento relativo. As dificuldades envolvem desde problemas legais até questões de ordem prática, como deficiências de infraestrutura e falta de recursos financeiros, técnicos e humanos, prejudicados, ainda, pela morosidade do Banco Mundial na oferta de programas de capacitação.

b) Agricultura: questão extremamente complexa, cujas negociações começaram em 2000, antes mesmo da reunião em Doha. O principal objetivo é prevenir restrições ou distorções nos mercados agrícolas, como, por exemplo, a necessidade de acesso de produtos dos países em desenvolvimento a mercados, como os dos Estados Unidos, Japão e União Europeia. A decisão mais complexa certamente envolve a redução gradual dos subsídios à exportação, principalmente nos países desenvolvidos, que gera distorções concorrenciais brutais para os produtos dos países mais pobres. Além disso, temas importantes para o Brasil, como apoio interno, redução de tarifas e crédito às exportações, também estão na pauta de negociações, que precisa privilegiar o tratamento conferido aos países em desenvolvimento e alcança, pela primeira vez, tópicos não estritamente relacionados ao comércio, como proteção ambiental, segurança alimentar e desenvolvimento sustentável das regiões rurais.

c) Serviços: manutenção da diretriz de liberalização progressiva dos mercados de serviços, nos termos do GATS, com ênfase nos setores de maior interesse aos países em desenvolvimento, além da necessidade de abertura de certos mercados, como o chinês, para bancos e seguradoras estrangeiras.

d) Acesso a mercados para produtos não agrícolas: tem por objetivo reduzir ou eliminar, definitivamente, barreiras tarifárias e não tarifárias impostas pelos países mais ricos em relação a produtos originários dos países em desenvolvimento. Muito embora se reconheça que as médias tarifárias se encontram no menor patamar histórico desde a assinatura do GATT, reconhece-se a existência de **picos tarifários**[96] para produtos sensíveis, que devem ser retirados.

e) TRIPS: o tema mais importante, como vimos, é a relação entre os direitos de propriedade intelectual das indústrias farmacêuticas e o problema da saúde pública nos países menos desenvolvidos. Mais de 50 países, liderados pelo Brasil, buscam exercer o direito de licenciamento compulsório de medicamentos para os quais não possuem capacidade produtiva, questão que tem sido discutida em *sessões especiais* do Conselho para o TRIPS. A contrapartida desse cenário é a exigência, dos países desenvolvi-

---

[95] São basicamente 21 grandes temas em discussão, nos moldes do resultado da Conferência de Doha e reuniões posteriores. Importa ressaltar que nem todos esses encontros tiveram o *status* de conferências, conforme veremos na sequência do texto.

[96] Como regra geral, considera-se como *picos tarifários* a utilização de alíquotas iguais ou superiores a 15%.

dos, de se incluir na pauta temas referentes à preservação da biodiversidade, além da ampliação de garantias para os produtos protegidos por indicações geográficas.

f) Investimentos: um dos quatro **temas de Cingapura**. Ainda em aberto, envolve negociações para a harmonização das regras de entrada de investimentos estrangeiros, bem como princípios acerca da origem e aplicação dos recursos (transparência, não discriminação, disposições sobre desenvolvimento, exceções e salvaguardas do Balanço de Pagamentos, entre outros). Por ser particularmente sensível para os países em desenvolvimento, as discussões são coordenadas com a Conferência das Nações Unidas sobre Comércio e Desenvolvimento (UNCTAD).

g) Políticas de concorrência: outro tema originado em Cingapura. A discussão baseia-se nos princípios da transparência, não discriminação, vedação à formação de cartéis, favorecimento de empresas, modalidades de cooperação voluntária e apoio à criação de instituições de concorrência para os países em desenvolvimento.

h) Compras governamentais: criação de regras transparentes para as concorrências públicas, com igualdade de condições, em alguns casos, entre empresas nacionais e estrangeiras (o terceiro *tema de Cingapura*).

i) Facilitação do comércio: o último *tema de Cingapura* diz respeito à modernização dos controles aduaneiros, de modo a permitir maior velocidade às transações do comércio exterior e aos bens em trânsito, especialmente em regiões fronteiriças.

j) Antidumping e subsídios: as negociações objetivam harmonizar o entendimento dos países acerca dos conceitos e princípios desses dois acordos, com a elaboração dos esclarecimentos necessários.

k) Acordos comerciais regionais: a intensificação dos processos de integração econômica tem gerado interpretações controversas sobre os limites legítimos dos benefícios concedidos *intrabloco*. Como praticamente todos os membros da Organização Mundial do Comércio participam ou negociam sua participação nesses acordos, o tema é de extrema relevância para o sucesso das negociações multilaterais.

l) Solução de controvérsias: como o Acordo Constitutivo da OMC previa a revisão do mecanismo de solução de controvérsias, a discussão iniciada em 1997 identificou a necessidade de se aprimorar e esclarecer alguns procedimentos, notadamente em razão das dificuldades enfrentadas pelos países em desenvolvimento. A Declaração de Doha, excepcionalmente, estabeleceu que esse tópico **não seria parte** do *single undertaking*, ou seja, os resultados não ficariam restritos ao sucesso ou fracasso das demais negociações.

m) Comércio e meio ambiente: de forma pioneira, busca-se cotejar as diretrizes da Organização Mundial do Comércio com as obrigações pactuadas nos diversos acordos multilaterais relativos ao meio ambiente e celebrados no âmbito das Nações Unidas. As negociações envolvem, por exemplo, a redução ou eliminação da tributação de produtos e serviços ecologicamente relevantes, como geradores de energia renovável, filtros de ar ou mesmo serviços de consultoria em matéria ambiental. Outro tema relevante — e polêmico — diz respeito aos subsídios para a atividade pesqueira, que é claramente predatória em alguns países, como ocorre no Japão. Por fim, um assunto bastante em voga é o da certificação dos chamados **produtos verdes**, isto é, aqueles fabricados por meio de processos sustentáveis ou recursos renováveis, pois possuem considerável apelo para os consumidores, especialmente os de alta renda. O debate busca compreender o impacto econômico dessa nova gama de produtos nos países em desenvolvimento e a necessidade (ou não) de adequação das normas previstas no Acordo sobre Barreiras Técnicas ao Comércio.

n) Comércio eletrônico: dado o enorme crescimento das transações por meio da internet e de outros processos digitais de comunicação, os membros decidiram **suspender a instituição de tributos** sobre essas modalidades, até que um grupo de estudos específico possa avaliar o seu real impacto econômico. Aqui resta claro a enorme pressão dos países desenvolvidos, grandes "exportadores" de produtos e serviços eletrônicos, no sentido de que estes não sejam tributados, pois, em tempos de crise global, o sucesso e a rentabilidade das chamadas empresas de *e-commerce* e *business-to-business (b2b)* têm sido dos poucos alentos para as grandes economias.

o) Pequenas economias: em situação diametralmente oposta àquela do item anterior, os países de pouca expressão econômica, seja pela ausência de recursos naturais ou escala na produção, são obviamente bastante vulneráveis ao sistema multilateral, que é, por definição, agressivo e liberalizante, razão pela qual merecem tratamento especial nas negociações.

p) Comércio, dívida e financiamentos: a crise econômica e a dependência do capital estrangeiro têm gerado, para diversos países em desenvolvimento, considerável agravamento das contas púbicas, pressionadas pelo pagamento dos juros da dívida externa. A OMC decidiu criar, a partir de Doha, um grupo especial de estudos para analisar medidas relacionadas ao comércio capazes de reduzir tais problemas.

q) Comércio e transferência de tecnologia: um dos objetivos da Rodada iniciada em Doha consiste em possibilitar a inserção dos países em desenvolvimento na nova ordem econômica global. Surge, portanto, como condição *sine qua non*, a diminuição da dependência tecnológica desses países periféricos em relação aos grandes centros, como instrumento propulsor do desenvolvimento e da agregação de valor aos seus produtos. Conquanto a ideia seja louvável e absolutamente justa, é fato que, até a presente edição, não se vislumbrou mecanismos eficazes para que esse *fluxo de tecnologia* possa finalmente ser acionado.

r) Cooperação técnica e capacitação: vários dispositivos da declaração assinada em Doha determinam o compromisso dos países desenvolvidos em promover ações de capacitação técnica, nos mais variados setores. O programa envolve a participação do próprio secretariado da OMC, no sentido de encorajar os países em desenvolvimento a adotarem o comércio multilateral como fonte de recursos para a diminuição da pobreza, especialmente para os membros que não possuem representação permanente em Genebra. Nesse sentido, decidiu-se pela criação de um fundo específico, cujos recursos devem ser destinados para os projetos de capacitação.

s) Países menos desenvolvidos: vários países já fixaram alíquotas preferenciais reduzidas para os chamados **Países Menos Desenvolvidos** (*Least-Developed Countries* — LDC, em inglês), além de concordarem em oferecer assistência técnica e tratamento mais benéfico para os produtos deles originários.

t) Tratamento especial e diferenciado: praticamente todos os acordos da Organização Mundial do Comércio possuem cláusulas mais benéficas para os países em desenvolvimento. Na Declaração de Doha, os representantes decidiram promover revisões pontuais e incumbiram o Comitê de Comércio e Desenvolvimento de verificar quais vantagens são obrigatórias, além de elaborarem estudos de impacto econômico para as cláusulas que ainda não são vinculantes, com o objetivo de, no futuro, torná-las compulsórias.

O Conselho Econômico e Social das Nações Unidas utiliza **três critérios** cumulativos para a identificação dos países menos desenvolvidos, a saber:

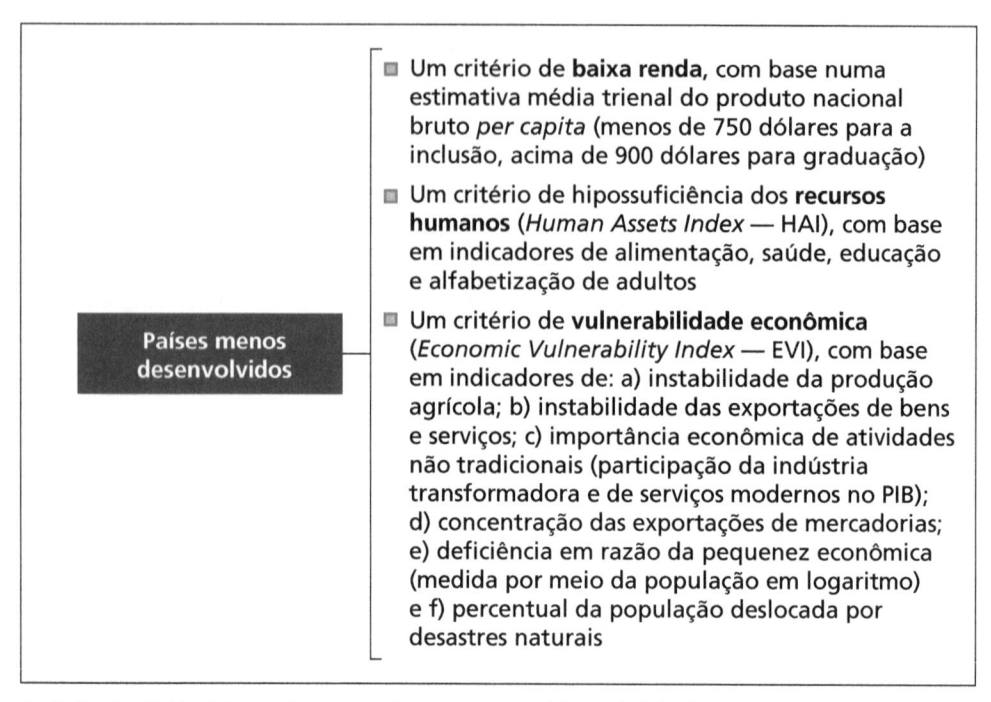

Países menos desenvolvidos	☐ Um critério de **baixa renda**, com base numa estimativa média trienal do produto nacional bruto *per capita* (menos de 750 dólares para a inclusão, acima de 900 dólares para graduação)
	☐ Um critério de hipossuficiência dos **recursos humanos** (*Human Assets Index* — HAI), com base em indicadores de alimentação, saúde, educação e alfabetização de adultos
	☐ Um critério de **vulnerabilidade econômica** (*Economic Vulnerability Index* — EVI), com base em indicadores de: a) instabilidade da produção agrícola; b) instabilidade das exportações de bens e serviços; c) importância econômica de atividades não tradicionais (participação da indústria transformadora e de serviços modernos no PIB); d) concentração das exportações de mercadorias; e) deficiência em razão da pequenez econômica (medida por meio da população em logaritmo) e f) percentual da população deslocada por desastres naturais

Fonte: Nações Unidas. Disponível em: <http://www.un.org/special-rep/ohrlls/ldc/ldc%20criteria.htm>, com tradução livre do autor.

Figura 2.4. Países menos desenvolvidos, segundo a ONU

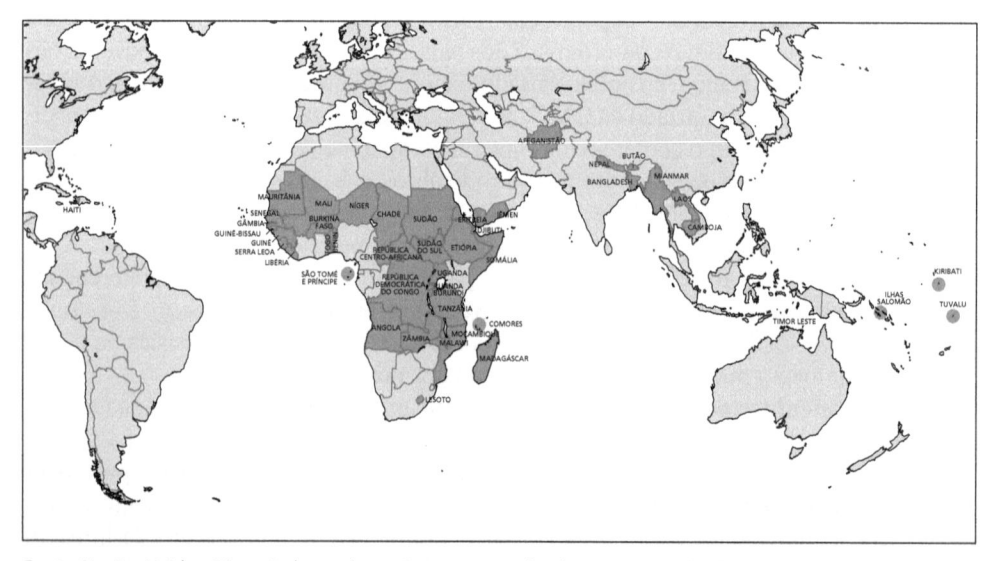

Fonte: Nações Unidas. Disponível em: <https://www.un.org/development/desa/dpad/wp-content/uploads/sites/45/publication/ldc_list.pdf>.

Para ser adicionado à lista, um país deve satisfazer os três critérios. Para se qualificar para o nível superior, o país deve alcançar os limites de dois dos três critérios em duas avaliações trienais consecutivas, a cargo do Comitê de Política de Desenvolvimento da ONU. Além disso, com base na premissa fundamental dos países menos desenvolvidos, qual seja, o reduzido tamanho da sua própria economia, a população não deve exceder 75 milhões de pessoas.

Todos os temas da Agenda Doha foram (e ainda são) objeto de discussão nas Conferências Ministeriais realizadas depois de 2001[97], cujas principais características destacamos a seguir.

A quinta Conferência Ministerial da OMC foi realizada em Cancun, México, em setembro de 2003 e teve como principal objetivo encontrar saídas para o progresso das negociações.

Infelizmente a reunião fracassou, especialmente pela falta de consenso sobre várias questões agrícolas, como o subsídio do governo norte-americano para o algodão. Em Cancun foi possível observar a articulação do chamado **G20**, grupo de países que passou a ter como forças de expressão o Brasil, a China e a Índia, que definitivamente ingressaram na elite dos negociadores, devido à sua força econômica crescente e grande potencial de consumidores.

Também não houve avanço em relação às pendências originárias do encontro de Cingapura.

Como a reunião de Cancun terminou em impasse, os membros da Organização Mundial do Comércio promoveram em Genebra, em 2004, negociações no sentido de retomar a agenda Doha, que, além de atrasada, ainda não havia alcançado resultados concretos. O conjunto de medidas aprovadas ficou conhecido como **"Pacote de Julho"**, cujo programa de trabalho focou diversos temas, com destaque para a questão dos subsídios agrícolas.

No ano seguinte, sob a influência positiva do *pacote de julho*, foi realizada em Hong Kong, durante o mês de dezembro, a sexta Conferência Ministerial da OMC, cuja declaração final, após intensos trabalhos, trouxe avanços significativos para as negociações, com a redução dos pontos divergentes e a expectativa de que a Rodada do Desenvolvimento poderia caminhar para o seu encerramento.

O **Manifesto dos Ministros de Hong Kong**, documento redigido ao final dos trabalhos, veiculou importantes decisões sobre produtos agrícolas, acesso a mercados e o comércio de serviços, além de definir programas específicos para os países em desenvolvimento. Houve a previsão de reduções drásticas nos subsídios e a eliminação de cotas para os países em desenvolvimento, a tal ponto que se acreditava que a maior parte das questões da Agenda Doha havia chegado a bom termo.

Apesar de reconhecerem que os problemas mais sensíveis ainda careciam de consenso, objetivou-se retomar o cronograma das negociações a fim de se concluir a rodada. Se o otimismo parecia ser a tônica ao término da reunião, o futuro mostrou-se bem mais complicado.

---

[97] Como regra geral, as Conferências Ministeriais devem ser realizadas a cada dois anos.

Em julho de 2006, durante uma reunião em Genebra do G6 (Grupo formado por União Europeia, Estados Unidos, Brasil, Índia, Japão e Austrália), os Ministros presentes anunciaram, para surpresa de todos, **a suspensão das negociações**. Isso porque a expectativa era de que, após o encontro do G6 (um dos muitos agendados para o período), a OMC estaria pronta para definir o cronograma final da Agenda Doha.

O fracasso inesperado se deu por conta da recusa dos norte-americanos em oferecer reduções efetivas para os **subsídios agrícolas**, que sempre foram o ponto nevrálgico das divergências. Enquanto os outros representantes do G6 buscavam saídas alternativas, os Estados Unidos se mantiveram inflexíveis na manutenção dos níveis de ajuda praticados aos seus agricultores, o que sepultou qualquer possibilidade de acordo.

Apesar de a reunião versar especificamente sobre o tema agrícola, os representantes decidiram comunicar ao Diretor-geral da OMC a decisão de suspensão total do processo multilateral de negociações, o que foi referendado pelo Conselho Geral na reunião dos dias 27 e 28 de julho.

O episódio foi marcado por violenta **troca de acusações** entre os representantes dos Estados Unidos e da União Europeia, além de manifestações de decepção por parte dos governos brasileiro e indiano, que reafirmaram que o principal objetivo da rodada era justamente reduzir o abismo comercial entre os países e eliminar práticas históricas de discriminação contra os menos desenvolvidos.

A suspensão provocou o esfriamento das relações, que só foram retomadas em 2008, quando a Organização Mundial do Comércio empreendeu esforços de conciliação[98] que possibilitaram a abertura dos canais de comunicação e o compromisso de prosseguir com as negociações, com o agendamento de uma nova Conferência Ministerial, a ser realizada em Genebra.

Com efeito, entre 30 de novembro e 2 de dezembro de 2009 ocorreu a sétima Conferência Ministerial da OMC, com a participação de todos os (então) 153 membros, além de 56 observadores.

O ponto focal da reunião foi, obviamente, a **grave crise financeira** que assolou os mercados internacionais entre 2008 e 2009 frente ao papel da Organização Mundial do Comércio de buscar soluções para minimizar o seu impacto, sobretudo nos países mais vulneráveis.

Os trabalhos tentaram revitalizar os temas problemáticos da Agenda Doha e reafirmar o compromisso do tratamento mais benéfico para os países em desenvolvimento. Questões como acesso a mercados sem aplicação de cotas restritivas, retirada dos subsídios ao algodão e concessão de *waivers* no setor de serviços para os membros de menor desenvolvimento também compuseram a pauta.

Em termos mais abrangentes, restou clara a preocupação dos países com a **escalada** das negociações bilaterais e o acirramento dos **acordos regionais**, como resposta ao fracasso histórico das negociações e à incapacidade de se lograr êxito nas tratativas multilaterais. O discurso final buscou conciliar os dois cenários, considerando-os complementares, o que, como se sabe, não reflete a realidade.

---

[98] Que também ficaram conhecidos como *Pacote de Julho*, sem, no entanto, se confundir com as medidas adotadas em 2005.

Os países mais ricos possuem interesses estratégicos no comércio internacional, e parece inevitável que acordos bilaterais entre Estados Unidos e China, por exemplo, sejam celebrados ainda que em detrimento de negociações mais amplas ou dos próprios princípios da OMC.

É fato que a crise econômica e a delicada posição das superpotências desviem o debate da área diplomática e o concentrem em soluções pragmáticas, de interesse exclusivo, o que certamente oferece enorme risco para o futuro e a credibilidade do sistema multilateral proposto pela Organização Mundial do Comércio.

A oitava Conferência Ministerial da OMC foi realizada em Genebra, entre 15 e 17 de dezembro de 2011, e teve como principais temas:

- a aprovação de Rússia, Samoa e Montenegro como novos membros;
- a importância do Sistema Multilateral do Comércio;
- comércio e desenvolvimento;
- o desenvolvimento da Agenda Doha.

Ao término dos trabalhos, foram adotadas diversas decisões sobre propriedade intelectual, comércio eletrônico e pequenas economias, bem assim sobre a possibilidade de acessão de países menos desenvolvidos, inclusive com a concessão de *waivers*.

A nona Conferência Ministerial da Organização Mundial do Comércio foi realizada em Bali, na Indonésia, entre 3 e 6 de dezembro de 2013.

Durante a **Conferência de Bali**, a Organização Mundial do Comércio finalmente destravou parte da pauta iniciada, há anos, em Doha.

Foi aprovado um conjunto de medidas conhecido como "Bali Package", que é formado por diversas decisões voltadas para o aprimoramento do comércio internacional, de modo a permitir que os países em desenvolvimento tenham mais opções de atuação.

Boa parte do sucesso da Conferência, ainda que tímido, deve ser creditada ao diplomata brasileiro Roberto Azevêdo, que encabeça a entidade.

Dentro do pacote de medidas destaca-se a aprovação de um **acordo de facilitação de comércio**, que tem como objetivos:

- acelerar os procedimentos aduaneiros;
- tornar o comércio internacional mais rápido, simples e barato;
- promover a eficiência e a transparência das atividades de controle;
- reduzir a burocracia e a corrupção nos setores de governo afeitos à matéria;
- implementar novos avanços tecnológicos.

A décima Conferência Ministerial foi realizada em Nairóbi, no período entre 15 e 18 de dezembro de 2015.

A décima primeira Conferência Ministerial ocorreu em Buenos Aires, entre 10 e 17 de dezembro de 2017. No discurso de encerramento dos trabalhos, o então Diretor-geral da OMC, Roberto Azevêdo, deixou clara a sua decepção com o resultado do encontro, que, mais uma vez, fracassou em relação às questões mais importantes.

Segundo Azevêdo, os países precisariam "dar um salto" nas suas posições, mas infelizmente isso não ocorreu, e o avanço foi mais tímido do que nas reuniões de Bali e Nairóbi. Depois de sete anos à frente da OMC, Roberto Azevêdo deixou a entidade um ano antes do término do seu segundo mandato, alegando questões pessoais e abrindo caminho para um processo de reforma na organização.

A nigeriana Ngozi Okonjo-Iweala, especialista em finanças globais, assumiu a OMC em 1.º de março de 2021, com a missão de revigorar o papel da organização e garantir sua relevância como órgão máximo do comércio internacional.

A décima segunda Conferência Ministerial foi realizada em junho de 2022 (com atraso, em razão da pandemia) em Genebra, com ênfase: (i) em mecanismos de prevenção no caso de futuras pandemias, (ii) na análise emergencial do drama da insegurança alimentar e (iii) em decisões relacionadas à propriedade intelectual.

A 13.ª Conferência Ministerial (MC13) da Organização Mundial do Comércio (OMC) aconteceu em Abu Dhabi, nos Emirados Árabes Unidos, entre 26 de fevereiro e 1.º de março de 2024. O evento reuniu representantes dos então 164 países-membros da organização para discutir temas fundamentais sobre o comércio internacional. Sob a presidência do Dr. Thani bin Ahmed Al Zeyoudi, Ministro de Estado para o Comércio Exterior dos Emirados Árabes, a conferência buscou promover avanços em questões sensíveis e traçar diretrizes para o futuro da cooperação comercial global.

Entre os tópicos debatidos, estiveram a reforma do sistema de solução de controvérsias, subsídios à pesca e agricultura, facilitação de investimentos e a manutenção da moratória sobre tarifas no comércio eletrônico. Embora não tenha havido consensos amplos em todas as áreas, a MC13 serviu como um espaço importante para os membros alinharem suas prioridades e identificarem possibilidades de progresso. Um marco significativo foi o endosso oficial às adesões de Comores e Timor-Leste à OMC, ampliando o número de membros para 166 e reforçando o papel da organização como fórum global de negociações comerciais.

2.7. QUESTÕES

1. (ESAF — AFTN — 1996) Um dos princípios fundamentais do Acordo Geral sobre Tarifas e Comércio e da Organização Mundial do Comércio (GATT/OMC) é o da não discriminação. De que maneira este princípio se harmoniza com a constituição de sistemas regionais de integração, que partem do princípio do tratamento diferenciado entre os países que integram e os que não fazem parte destes sistemas de integração?

   a) O princípio da não discriminação do GATT refere-se basicamente a produtos, de acordo com a cláusula da nação mais favorecida, e não a países, como é o caso dos arranjos de integração regional.

   b) O GATT possui muitas cláusulas de escape, que permitem que os países optem por regras regionais ou gerais.

   c) Em todo arranjo regional os países participantes se obrigam a oferecer concessões compensatórias.

   d) Não há contradição entre uma coisa e outra, pois todos os países, por serem soberanos no plano internacional, possuem igual direito de constituir sistemas regionais, competindo a cada país tomar a iniciativa de fazê-lo.

   e) O objetivo maior do GATT/OMC é o fomento à expansão do comércio internacional. Assim sendo, uma organização que seja criada com o objetivo de reduzir e, no limite, eliminar as tarifas entre os participantes do sistema regional de integração, ampliando o volume de comércio entre estes países, será aceita e mesmo estimulada pelo GATT/OMC.

2. (ESAF — AFTN — 1996) A Rodada Uruguai do Acordo Geral sobre Tarifas e Comércio (GATT), que durou sete anos, diferenciou-se das rodadas de negociação anteriores no que se refere à abrangência da ação do GATT em aspectos substantivos do comércio internacional. Isto porque, durante a Rodada de Uruguai

a) estabeleceram-se normas muito mais rígidas de controle dos procedimentos do comércio internacional.

b) a preocupação dos integrantes do GATT com as chamadas "questões de fronteira" aumentou significativamente, em detrimento de ações voltadas para promover reduções tarifárias.

c) observou-se a participação de um número muito maior de países (107). Além disso, pela primeira vez, uma rodada de negociações do GATT teve lugar em um país do "Terceiro Mundo", o que condicionou o estabelecimento de uma agenda mais voltada para os interesses dos países em desenvolvimento.

d) pela primeira vez, ficou estabelecida a possibilidade de aplicar sanções a comportamentos considerados fora dos padrões aceitáveis para o comércio entre os países integrantes do GATT.

e) na rodada Uruguai introduziram-se novos temas, notadamente serviços e propriedade intelectual, que dominaram as negociações ao lado das tradicionais disputas sobre tarifas e questões gerais sobre política comercial.

3. (ESAF — AFTN — 1996) As questões comerciais e financeiras internacionais podem ser tratadas em bases bilaterais ou multilaterais. Nesse sentido,

a) a Rodada Uruguai foi tipicamente um caso de ampla negociação comercial multilateral e o Banco Mundial constitui, por sua vez, uma fonte de fundos multilateral.

b) a Rodada Uruguai foi, tipicamente, um caso de negociação comercial multilateral, mas o Banco Mundial é uma entidade unitária e, como tal, os governos, quando negociam com o Banco, o fazem bilateralmente.

c) a Rodada Uruguai, reuniu mais de 100 países, mas as principais questões foram tratadas em bases bilaterais.

d) na realidade, não há diferenciação nessas duas formas de negociar as questões comerciais e financeiras, pois os recursos de investimentos são sempre originários de países e o comércio também é realizado, em última instância, entre países.

e) bilateralismo e multilateralismo não se associam à entidade no âmbito da qual as negociações são conduzidas, mas sim ao objeto da negociação. Os produtos primários, por exemplo, são sempre tratados em bases bilaterais.

4. (ESAF — AFTN — 1996) Após a Segunda Guerra Mundial, estabeleceu-se o Acordo Geral sobre Tarifas e Comércio (GATT), como parte do esforço de reorganização das relações econômicas internacionais e com o objetivo específico de promover a expansão e a liberalização do comércio internacional. Uma de suas cláusulas fundamentais é a "Cláusula da Nação Mais Favorecida", cujo enunciado, simplificadamente, é o seguinte:

a) a nação mais favorecida no comércio internacional será sempre aquela que oferecer vantagens comerciais a um número maior de países, pois estes, pelo princípio da reciprocidade, são obrigados a dispensar igual tratamento.

b) a condição de nação mais favorecida deve ser sempre atribuída aos países de níveis mais precários de industrialização.

c) a condição de nação mais favorecida permite ao GATT impor restrições comerciais aos países que praticam o *dumping*.

d) todas as vantagens e privilégios comerciais concedidos por um país a outro deverão ser estendidos aos demais países-membros do GATT.

e) um país reconhecido como "nação mais favorecida" se obriga a rever, nos termos estabelecidos pelo GATT, toda a sua estrutura tarifária.

5. (ESAF — AFTN — 1998) A Cláusula da Nação Mais Favorecida estabelece:

a) a Nação mais favorecida nas tarifas de seu produto de exportação deve manter o seu mercado aberto para os demais produtos;

b) um país estende aos demais os privilégios concedidos a um terceiro país;

c) a Nação mais favorecida é a que obtém os privilégios de uma rodada de redução tarifária sem abrir o seu mercado para as demais;

d) a ideia de que uma Nação deve se abster de obter vantagens injustificáveis ou praticar um comércio injusto com os demais países;

e) o direito de alguns países obterem vantagens no comércio com outros países.

6. (ESAF — AFTN — 1998) Um tratado comercial segue uma série de princípios jurídicos. Indique o princípio que não constitui uma base corrente para tratados comerciais.

a) Paridade.

b) Reciprocidade.

c) Salvaguarda.

d) Nação Mais Favorecida.

e) Equivalência.

7. (ESAF — AFRF — 2001) Não constitui princípio e prática da Organização Mundial do Comércio (OMC):

a) Eliminação das restrições quantitativas.

b) Nação mais favorecida.

c) Proibição de utilização de tarifas.

d) Transparência.

e) Tratamento nacional.

8. (ESAF — AFRF — 2002) A Rodada Uruguai (1986-1993) do GATT tem sido considerada como uma das mais importantes, senão a mais importante na história da organização (GATT). Foram iniciadas as discussões de diversos tópicos, alguns dos quais viraram acordos internacionais. Todos os assuntos abaixo mencionados foram discutidos na Rodada Uruguai, exceto:

a) Serviços Financeiros — Acordo sobre Serviços Financeiros.

b) Propriedade Intelectual — *Trade Related Intellectual Property Rights (TRIPs)*.

c) Código sobre Investimentos Estrangeiros — *Multilateral Investment Agreement (MIA)*.

d) Bens de Alta Tecnologia — Acordo sobre Bens de Alta Tecnologia — Cingapura.

e) Serviços — Acordo Geral sobre Comércio de Serviços (GATS).

9. (ESAF — AFRF — 2002) Todas as vantagens, favores, privilégios ou imunidades concedidos por uma parte contratante a um produto originário ou com destino a qualquer outro país serão, imediatamente e incondicionalmente, estendidos a qualquer produto similar originário ou com destinação ao território de quaisquer outras partes contratantes. (GATT, 1994, artigo 1.º, parágrafo 1).

O excerto acima destacado (caput do parágrafo 1 do artigo 1.º) define uma cláusula conhecida, internacionalmente, como

a) cláusula de tratamento preferencial.

b) cláusula da nação mais favorecida.

c) cláusula de favorecimento comercial.

d) cláusula de país aderente a Acordo Comercial.

e) cláusula de definição comercial.

10. (ESAF — AFRF — 2002) Assinale a opção correta.

a) O texto do GATT 1994 será autêntico em inglês, francês e alemão.

b) O texto do GATT 1994 será autêntico em inglês, espanhol e alemão.

c) O texto do GATT 1994 será autêntico em inglês, alemão e português.

d) O texto do GATT 1994 será autêntico em inglês, francês e espanhol.

e) O texto do GATT 1994 será autêntico em inglês, francês e português.

11. (ESAF — AFRF — 2002) Sobre o Acordo Geral de Comércio e Tarifas (GATT), é correto afirmar que

a) foi o organismo internacional que precedeu a Organização Mundial do Comércio.

b) consagrava, como princípios fundamentais, a equidade, o gradualismo e a flexibilidade no comércio internacional.

c) tinha o propósito de monitorar as trocas internacionais e a aplicação irrestrita do Sistema Geral de Preferências (SGP).

d) mesmo após a criação da Organização Mundial do Comércio mantém-se como componente fundamental do sistema multilateral de comércio.

e) seus dispositivos contemplam apenas a eliminação das barreiras tarifárias.

12. (ESAF — AFRF — 2002) No que se refere ao comércio internacional, a década de noventa foi caracterizada pelo(a)
a) recrudescimento do protecionismo em virtude do contexto recessivo herdado da década anterior.
b) preponderância das exportações de serviços aos países desenvolvidos.
c) tendência à liberalização impulsionada por medidas unilaterais, por acordos bilaterais e regionais bem como por compromissos assumidos multilateralmente.
d) fracasso das negociações multilaterais no marco do GATT.
e) proliferação de acordos de integração econômica entre países desenvolvidos e em desenvolvimento.

13. (ESAF — AFRF — 2002) Nas últimas décadas, por meio de sucessivas rodadas de negociação conduzidas no âmbito do Acordo Geral de Tarifas e Comércio, em especial a partir das duas últimas — a Rodada Tóquio e a Rodada Uruguai –, as barreiras tarifárias foram gradualmente reduzidas. Nesse período, produziram-se normas, regras e acordos específicos que hoje conformam o sistema multilateral de comércio. Sobre o alcance das disciplinas comerciais ora vigentes no âmbito da OMC é correto afirmar que
a) estão contempladas apenas questões tarifárias, o tratamento das barreiras não tarifárias e as práticas desleais de comércio.
b) além da liberalização do comércio de bens e de serviços, os compromissos firmados no âmbito da OMC incorporam temas relativos aos vínculos entre comércio, investimentos e propriedade intelectual.
c) restringem-se, tais disciplinas, às práticas desleais de comércio e à resolução de disputas comerciais.
d) a normativa multilateral não se aplica ao comércio de produtos agrícolas.
e) estão contemplados, além dos temas comerciais, compromissos estritos sobre desenvolvimento sustentável.

14. (ESAF — AFRF — 2002) Sobre a Organização Mundial de Comércio, é correto afirmar que
a) sua criação se deu com a extinção do Acordo Geral de Comércio e Tarifas (GATT) ao final da Rodada Uruguai em 1994.
b) entre suas principais funções, está a administração de acordos comerciais firmados por seus membros, a resolução de disputas comerciais e a supervisão das políticas comerciais nacionais.
c) tem como objetivo principal operacionalizar a implantação de um sistema de preferências comerciais de alcance global.
d) promove a liberalização do comércio internacional por meio de acordos regionais entre os países-membros.
e) presta assistência aos governos nacionais na aplicação de barreiras não tarifárias.

15. (ESAF — AFRF — 2002) O sistema multilateral de comércio, conformado pela Organização Mundial de Comércio (OMC), está amparado em um conjunto de acordos em que se definem normas e compromissos dos países quanto à progressiva liberalização do comércio internacional. Sobre tais acordos, é correto afirmar-se que
a) abrangem o comércio de bens e de serviços e compromissos relacionados a investimentos.
b) abrangem o comércio de bens e de serviços e compromissos em matéria de propriedade intelectual.
c) são conhecidos como Acordos Plurilaterais, por envolver a totalidade dos membros da OMC e abrangem o comércio de bens e de serviços.
d) embora conhecidos como Acordos Plurilaterais, não são necessariamente firmados por todos os membros da OMC.
e) são conhecidos como Acordos Plurilaterais e abrangem o comércio de bens, serviços e compromissos em matéria de propriedade intelectual.

16. (ESAF — AFRF — 2002) Na Organização Mundial do Comércio, o tratamento de temas relativos à simplificação de trâmites aduaneiros ocorre no âmbito das negociações sobre
a) obstáculos técnicos ao comércio.
b) acesso a mercados.

c) medidas de facilitação de comércio.
d) subvenções e direitos compensatórios.
e) defesa da concorrência.

17. (ESAF — AFRF — 2003) No presente, o sistema multilateral de comércio está conformado pelo(a):

a) Acordo de Livre-Comércio das Américas (ALCA) e pela União Europeia.
b) Acordo Geral de Comércio e Tarifas (GATT), celebrado no âmbito da Conferência das Nações Unidas sobre Comércio e Desenvolvimento (UNCTAD).
c) Sistema Geral de Preferências.
d) Organização Internacional do Comércio (OIC).
e) Organização Mundial de Comércio, tendo como pilar o Acordo Geral de Comércio e Tarifas (GATT), tal como revisto em 1994.

18. (ESAF — AFRF — 2003) A adoção da cláusula da nação mais favorecida pelo modelo do Acordo Geral de Tarifas e Comércios (GATT) teve como indicativo e desdobramento a pressuposição da igualdade econômica de todos os participantes do GATT, bem como, no plano fático

a) a luta contra práticas protecionistas, a exemplo da abolição de acordos bilaterais de preferência.
b) a manutenção de barreiras alfandegárias decorrentes de acordos pactuados entre blocos econômicos, a exemplo do trânsito comercial entre membros do Mercosul e da União Europeia, criando-se vias comerciais preferenciais frequentadas e protagonizadas por atores globais que transcendem o conceito de estado-nação.
c) a liberação da prática de imposição de restrições quantitativas às importações, por parte dos estados signatários que, no entanto, podem manter políticas de restrições qualitativas.
d) a liberalização do comércio internacional, mediante a vedação de quaisquer restrições diretas e indiretas, fulminando-se a tributação na exportação, proibida pelas regras do GATT, que especificamente vedam a incidência de quaisquer exações nos bens e serviços exportados, de acordo com tabela anualmente revista, e que complementa as regras do acordo.
e) o descontrole do comércio internacional, mediante a aceitação de barreiras tarifárias, permitindo-se a tributação interna, medida extrafiscal que redunda na exportação de tributos, instrumento de incentivo às indústrias internas e de manutenção de níveis ótimos de emprego, evidenciando-se as preocupações da Organização Mundial do Comércio em relação a mercados produtores e consumidores internos.

19. (ESAF — AFRF — 2003) No presente, os membros da Organização Mundial do Comércio totalizam 146, o que, ademais da extensão de sua agenda comercial, torna muito complexas as rodadas de negociações multilaterais conduzidas em seu âmbito. Em tais rodadas, as decisões são tomadas por

a) maioria simples.
b) maioria qualificada.
c) consenso.
d) *single undertaking*.
e) voto de liderança.

20. (ESAF — AFRF — 2003) Lançada em novembro de 2001, em Conferência Ministerial celebrada em Doha, Qatar, a atual rodada de negociações multilaterais da Organização Mundial do Comércio foi batizada de Rodada do Desenvolvimento. No tocante ao desenvolvimento, o objetivo de tais negociações é

a) promover condições para a participação dos países em desenvolvimento no crescimento do comércio internacional em níveis compatíveis com suas necessidades de desenvolvimento econômico.
b) definir formas de corrigir e compensar os países em desenvolvimento pela deterioração dos termos de intercâmbio e promover estratégias de industrialização de suas economias.
c) abolir as restrições e práticas desleais de comércio que obstaculizam o acesso das exportações agrícolas dos países em desenvolvimento aos mercados norte-americano, japonês e europeu em particular.
d) estabelecer cotas e preferências para as exportações de manufaturas dos países em desenvolvimento, particularmente nos setores em que são menos competitivos internacionalmente.

e) definir mecanismos para a progressiva eliminação de barreiras tarifárias e não tarifárias que restringem as exportações dos países em desenvolvimento no primeiro mundo.

21. (ESAF — AFRF — 2003) Com o surgimento do Acordo Geral de Comércio e Tarifas (GATT), iniciou-se um movimento de progressiva liberalização das trocas comerciais em escala global; ainda, após mais de cinco décadas, o protecionismo subsiste e apresenta-se sob novas roupagens. São exemplos de formas contemporâneas de protecionismo observadas no âmbito da Organização Mundial do Comércio

a) restrições ao investimento e cláusulas sociais nos acordos de integração.

b) o recurso abusivo a medidas antidumping e à concessão de subsídios à produção e à exportação.

c) a adoção de cotas e outras restrições de natureza quantitativa.

d) arranjos preferenciais bilaterais e acordos regionais de integração.

e) direitos compensatórios e regras sobre direitos de propriedade intelectual.

22. (ESAF — AFRF — 2003) O chamado "processo de globalização" estimula agentes políticos a adotar posições favoráveis e negativas a respeito de suas implicações. Embora não se trate de um processo puramente econômico, esta talvez seja sua face mais evidente. A seu respeito, é correto afirmar o seguinte:

a) O aumento no volume e na velocidade dos fluxos financeiros internacionais foi desprezível para produzir aumento na interdependência econômica, sobretudo quando comparado ao aumento do comércio global.

b) A Organização Mundial do Comércio, criada ao final da Rodada Uruguai do Acordo Geral de Tarifas e Comércio (GATT), promoveu sucessivas reduções tarifárias, a partir de meados dos anos 1980, ao aplicar o mecanismo de solução de controvérsias.

c) O ritmo de crescimento das taxas de comércio e das trocas financeiras internacionais intensificou-se, de início, pela adoção do padrão-ouro, cuja conversibilidade em dólares americanos foi garantida pelo governo dos Estados Unidos até o segundo choque do petróleo.

d) Embora tendente a liberalizar o comércio global, o sistema GATT discriminava a favor dos países desenvolvidos, como ilustrou a redução de tarifas para bens industrializados durante a Rodada Uruguai, muito maior, em termos percentuais, no caso dos países em desenvolvimento.

e) A globalização econômica que se observou no século XX é um processo complexo, que permitiu a países emergentes como Taiwan e Coreia do Sul ascender a altos níveis de desenvolvimento, ao passo que outras economias perpetuaram sua condição marginal na economia mundial, com perversas implicações sociais.

23. (ESAF — AFRF — 2003) Uma das grandes novidades do sistema de comércio internacional é a discussão sobre a possível adoção de regras internacionais de concorrência na Organização Mundial do Comércio (OMC).

Entre os argumentos utilizados, não se pode citar:

a) Como parte de uma estratégia de acesso a mercados, já que práticas anticompetitivas impedem empresas de um país de entrarem em outros mercados.

b) Para permitir que as autoridades administradoras das leis de concorrência de algum país resolvam problemas de acesso a mercado através da extensão da cobertura de suas regras nacionais.

c) Para aumentar a eficácia e a coerência das leis de concorrência nos países que já as possuem.

d) Para evitar conflitos de legislação e jurisdição entre países.

e) Para fortalecer o sistema de comércio internacional.

24. (ESAF — AFRF — 2005) O estado X, principal importador mundial de brocas helicoidais, adquire o produto de vários países, entre eles os estados Y e Z. Alegando questões de ordem interna, o estado X, num dado momento, decide majorar o imposto de importação das brocas helicoidais provenientes de Y, e mantém inalterado o tributo para as brocas helicoidais oriundas de Z. Considerando que os países X, Y e Z fazem parte da Organização Mundial do Comércio, com base em que princípio da organização o estado Y poderia reclamar a invalidade dessa prática?

a) Princípio da transparência.

b) Princípio do tratamento nacional.
c) Respeito ao compromisso tarifário.
d) Cláusula da nação mais favorecida.
e) Princípio da vedação do desvio de comércio.

25. (ESAF — ATRFB — 2009) Um dos mais significativos avanços advindos da criação da Organização Mundial de Comércio está relacionado ao mecanismo de solução de controvérsias comerciais. Sobre o mesmo é correto afirmar que:

a) o sistema de solução de controvérsias é acionado por comum acordo entre as partes litigantes que somente podem fazê-lo após terem tentado chegar a acordo por negociações diretas.

b) qualquer das partes tem direito a apelar das conclusões do Relatório Final emitido pelo Painel constituído para analisar a controvérsia, sendo a decisão do Órgão de Apelação irrecorrível e sua implementação obrigatória para a parte que tenha perdido a causa.

c) o processo se inicia com a consulta, pelo Órgão de Solução de Controvérsias, a especialistas sobre a questão que dá origem ao litígio comercial, os quais, na fase seguinte, ouvem as alegações das partes e elaboram um parecer, que é encaminhado ao Painel, que o acata ou não e comunicam o resultado às partes litigantes.

d) o atual Órgão de Solução de Controvérsias é originado do Acordo Geral de Tarifas e Comércio (GATT) de 1947, tendo sido ampliado e aperfeiçoado durante a Rodada Uruguai e incorporado, finalmente, à Organização Mundial do Comércio a partir de 1995.

e) à diferença do procedimento de solução de controvérsias existente no marco do GATT, o atual mecanismo é mais flexível quanto aos prazos limites a serem observados em cada etapa, sendo que o parecer final de um painel prescinde de ter a aprovação de todos os membros para ser aplicado, facilitando assim sua efetiva aplicação.

26. (ESAF — AFRF — 2012) Sobre o sistema multilateral de comércio e a Organização Mundial do Comércio (OMC), assinale a opção incorreta.

a) A acomodação institucional dos acordos regionais de comércio dentro da OMC é fundamentada no artigo XXIV do GATT 1994.

b) A partir da Rodada Tóquio do *Acordo Geral sobre Tarifas e Comércio* (GATT), foi adotada a cláusula de habilitação, aplicável aos países em desenvolvimento.

c) As decisões na OMC são, como regra geral, adotadas por consenso, inclusive com os votos dos países de menor desenvolvimento relativo.

d) Na estrutura orgânica da OMC, o órgão máximo é a Conferência Ministerial, composta por representantes de todos os membros.

e) Novos membros da OMC, em seu processo de acessão à Organização, devem denunciar os acordos regionais que tenham assumido anteriormente.

27. (ESAF — AFRFB — 2014) Sobre a Organização Mundial do Comércio (OMC), pode-se afirmar:

a) com o final da Rodada Uruguai, encerrou-se a validade do GATS, permitindo maior liberalização mundial para o comércio de serviços.

b) o Brasil não foi membro fundador do GATT, em razão da oposição do Governo Vargas à cláusula do padrão-ouro.

c) apesar de avanços modestos, a reunião ministerial de Bali conseguiu alcançar um Acordo de Facilitação de Comércio.

d) a Rodada Uruguai não foi concluída em razão da oposição da Índia quanto ao patenteamento de medicamentos.

e) em razão do acordo de Bali no acordo de quotas agrícolas, o Brasil encerrou o contencioso do algodão contra os Estados Unidos.

28. (CESPE — Diplomata (Terceiro Secretário) — 2015) A par de constantes mudanças verificadas na sociedade internacional, com o surgimento de novos atores e de renovadas demandas, também o direito das gentes se atualiza em terminologias e em conceitos, de modo a abranger novas fronteiras, como o comércio, o meio ambiente e os direitos humanos. No que concerne a esse fenômeno, julgue (C ou E) o item a seguir.

O princípio da não discriminação, adotado como base do direito do comércio internacional, possui duas vertentes que não comportam exceções: a cláusula da nação mais favorecida e a regra do tratamento nacional.

29. (ESAF — Adido Agrícola (MAPA) — 2017) O Acordo sobre Aspectos de Direitos de Propriedade Intelectual Relacionados ao Comércio (TRIPS) constitui a base do principal regime de propriedade intelectual no escopo da Organização Mundial do Comércio (OMC). Com base no Acordo TRIPS, que entrou em vigor no ato constitutivo da OMC em 1995, assinale a opção correta.

   a) No Acordo TRIPS, a cláusula da Nação Mais Favorecida não se fez presente, já que a regulamentação buscava estabelecer níveis mínimos de proteção que cada governo deveria adotar em relação à propriedade intelectual.

   b) Licença compulsória é o meio previsto pelo Acordo TRIPS de se utilizar um produto patenteado com a autorização prévia do detentor da patente.

   c) A Convenção Internacional para a Proteção de Novas Variedades de Plantas (UPOV) entrou em vigor em 1968 e teve a sua última revisão em 1991. Embora modificada, a Ata de 1991 da Convenção conflita com o Acordo TRIPS vigente na OMC.

   d) As indicações geográficas foram matérias incluídas no escopo do Acordo TRIPS somente na rodada Doha no ano de 2001, o que possibilitou a identificação de um produto como originário do território de um país membro, região ou mesmo localidade, quando determinada qualidade, reputação ou outra característica do produto fosse atribuída à sua origem geográfica.

   e) O Acordo TRIPS exigiu que variedades vegetais fossem protegidas, se não por patentes, por mecanismos *sui generis*, abrindo assim uma brecha para que os países membros adotassem outros mecanismos de proteção mais ajustados às suas realidades particulares.

30. (FGV — Auditor-Fiscal da Receita Federal — 2023) O estabelecimento de cotas de importação pelos países, câmbios diferenciados por operação, tarifas aduaneiras protecionistas, tratamentos preferenciais a certos países em detrimento de outros e o tratamento tributário mais oneroso para produtos importados caracterizam

   a) barreiras ao comércio internacional admitidas pelo Acordo Geral sobre Tarifas Aduaneiras e Comércio (GATT), uma vez que são consideradas mecanismos de defesa em períodos de crise econômica no país importador.

   b) barreiras ao comércio internacional, vedadas pelo GATT, por afrontarem o objetivo principal visado pelo acordo, qual seja, a liberdade nas transações comerciais, fundada na eliminação de obstáculos às trocas de mercadorias.

   c) medidas protecionistas, sempre admitidas pelo Acordo, nos casos em que certos países, diante da concorrência internacional danosa, optarem por adotar temporariamente essas medidas, em lugar dos direitos *antidumping*.

   d) mecanismos de proteção do mercado interno, permitidos pelo GATT, adotados como alternativas ao lento e custoso processo de apuração da prática do *dumping*, sobretudo por países em vias de desenvolvimento.

   e) mecanismos protecionistas adotados por certos países, em detrimento da apuração, obrigatória segundo determina o GATT/94, em processos de apuração da prática do *dumping* ou da concessão de subsídios.

31. (FGV — Auditor-Fiscal da Receita Federal — 2023) Reduzir procedimentos pouco eficientes nas operações de comércio exterior, estabelecer boas práticas governamentais, como a coordenação entre órgãos de governo, o uso de gerenciamento de riscos e o emprego de tecnologias e padrões internacionais, são objetivos do:

   a) Acordo sobre Facilitação do Comércio.

   b) Acordo sobre Barreiras Técnicas ao Comércio.

   c) Acordo Geral sobre Tarifas Aduaneiras e Comércio.

   d) Protocolo de Ouro Preto, de 1994, sobre o Mercosul.

   e) Acordo sobre a Implementação do artigo VII do GATT.

GABARITO

1. A alternativa correta é a letra "e", porque compatível com as diretrizes da OMC, no sentido de aceitar a formação dos processos regionais de integração (embora não concordemos com a ideia simplista de que a entidade busca estimular tal fenômeno). A alternativa "a" está incorreta porque a cláusula obviamente se refere a países, enquanto a alternativa "b" também não se sustenta, porque no GATT não há "cláusulas de escape", apenas a possibilidade de flexibilização em situações extraordinárias. A alternativa "c" está incorreta porque os arranjos regionais não precisam oferecer medidas de compensação; e a alternativa "d" também está incorreta porque a soberania, por si só, não é argumento válido para a formação dos blocos, visto que os países resolveram firmar tratados multilaterais justamente no sentido de conferirem limitações recíprocas às práticas comerciais (vale lembrar que todo tratado é, em síntese, a cessão de uma pequena parcela de soberania, em homenagem ao princípio do *pacta sunt servanda*).

2. A alternativa correta é a letra "e", pois o grande mérito da Rodada Uruguai foi introduzir novos temas de negociação no âmbito do comércio internacional, como a questão dos serviços e da propriedade intelectual. De se notar que a pergunta menciona "abrangência", ideia que automaticamente remeteria o candidato para essa alternativa. A alternativa "a" está incorreta porque as normas não se tornaram mais rígidas, mas, sim, mais eficazes. A alternativa "b" está incorreta porque questões de fronteira não são substantivas, dentro do contexto do enunciado. A alternativa "c" está incorreta porque na Rodada Uruguai participaram 123 países e porque já haviam ocorrido reuniões anteriores em países de "terceiro mundo", que não é uma expressão técnica ou adequada. Por fim, a alternativa "d" está incorreta porque já existia a possibilidade de sanções ao tempo do GATT, porém com baixa eficácia.

3. A alternativa correta é a letra "a", dado que a Rodada Uruguai representa o grande marco das negociações multilaterais do comércio internacional, assim como o Banco Mundial é uma entidade voltada para a prestação de assistência a todos os países em desenvolvimento. A alternativa "b" está incorreta porque restringe os conceitos, assim como a alternativa "c". A alternativa "d" está incorreta porque o comércio pode ser tratado em bases multilaterais, mesmo problema da alternativa "e".

4. Pergunta direta e conceitual, na qual a alternativa correta é a letra "d", que reproduz fielmente a cláusula da nação mais favorecida. Todas as outras estão erradas.

5. Questão direta, praticamente idêntica à anterior, o que revela a importância e frequência do tema em concursos. A alternativa correta é a letra "b".

6. Pergunta direta, mas mal elaborada, cuja alternativa a ser assinalada é a letra "e". Cuidado para não confundir "reciprocidade" (direitos e obrigações recíprocos) e "paridade" (no sentido de igualdade jurídica entre os signatários) com "equivalência" (necessidade de que o objeto produza efeitos semelhantes para os países do tratado), única forma, ainda que imprecisa, de responder à questão.

7. Questão bastante simples, cuja alternativa a ser assinalada é a letra "c", pois é óbvio que a OMC não veda a utilização de tarifas. As demais afirmações, por seu turno, correspondem a princípios da Organização e dos seus Tratados.

8. A alternativa correta é a letra "c", pois o tema, ao contrário dos demais, não foi objeto das negociações multilaterais da Rodada Uruguai.

9. Pergunta direta e frequente, que já caiu várias vezes em concurso, apesar de ser o conceito mais difundido do comércio internacional moderno. A alternativa correta é a letra "b", até porque as demais não fazem sentido, em relação à questão.

10. Típica pergunta da ESAF, que exige do candidato alto grau de especificidade, neste caso acerca de tema pouco relevante, embora a resposta possa ser deduzida sem grande esforço, em face das alternativas apresentadas. A resposta correta é a letra "d", porque o espanhol figura ao lado dos dois idiomas clássicos do direito internacional, o inglês e o francês.

11. A questão é interessante porque explora a eterna confusão entre o GATT (instrumento jurídico) e a Organização Mundial do Comércio (organismo que desde 1995 coordena as principais normas e diretrizes multilaterais). A alternativa correta é a letra "d", porque o GATT, mesmo após a criação da OMC, mantém o *status* de principal instrumento do comércio internacional, embora coadjuvado por diversos outros acordos. A letra "a" está incorreta justamente em razão desses argumentos. A letra "b" está incorreta porque não indica os princípios fundamentais do GATT. A letra "c" está incorreta porque cuida de temas estranhos ao GATT, enquanto a letra "e" também tem problemas, porque menciona apenas as barreiras tarifárias.

12. A alternativa correta é a letra "c", pois a primeira década da globalização moderna teve vários tipos de iniciativas, tanto unilaterais (como facilitação de acesso a alguns mercados) como

bilaterais e regionais (a exemplo da União Europeia, NAFTA e Mercosul) ou, ainda, multilaterais, cujo paradigma foi a conclusão da Rodada Uruguai e a criação da Organização Mundial do Comércio. A letra "a" está incorreta porque o protecionismo não recrudesceu, ao contrário, diminuiu. A letra "b" está errada porque os países desenvolvidos são exportadores, e não importadores de serviços. A letra "d" está incorreta porque o sucesso das negociações no âmbito do GATT ensejou a criação da OMC, enquanto a letra "e", apesar de trazer alguma dificuldade, não é precisa ao afirmar que os acordos de integração econômica se dão entre países desenvolvidos e em desenvolvimento; embora isso possa ocorrer, a lógica do sistema é a celebração de acordos por razões geográficas ou entre países com nível semelhante de desenvolvimento econômico.

13. A alternativa correta é a letra "b", justamente porque, como ocorre com frequência nas provas da ESAF, é a que oferece a afirmação mais completa e abrangente. A letra "a" está errada porque outros temas fazem parte do cenário multilateral, como serviços, propriedade intelectual e investimentos (cuidado com o "apenas"!). A letra "c" está errada pelo mesmo motivo, assim como a letra "d", que supõe a exclusão dos produtos agrícolas. A letra "e" também tem problemas ao afirmar que as negociações multilaterais alcançam compromissos sobre desenvolvimento sustentável, o que, infelizmente, não é verdade, dado o caráter competitivo e mesmo predatório do comércio internacional.

14. A alternativa correta é a letra "b", que não "fecha a porta" ao dizer que entre as principais funções da OMC estão as apresentadas, sem prejuízo de outras que poderiam ser mencionadas. A letra "a" está incorreta porque, uma vez mais, tenta-se condicionar a criação da OMC com a extinção do GATT. A letra "c" não é adequada porque jamais foi intenção da OMC a expansão de modelos de preferência, como os do SGP ou SGPC. A letra "d" está errada porque as negociações no âmbito da OMC possuem natureza multilateral, e a letra "e" também está incorreta porque a OMC, ao contrário do que muitos imaginam, não possui vocação assistencial, mas, sim, técnica, jurídica e política.

15. A alternativa correta é a letra "b", que aborda bens, serviços e direitos (neste caso, os de propriedade intelectual, sem prejuízo da existência de outros), os três grandes componentes do comércio internacional. A letra "a" poderia gerar dúvida, porque realmente existem compromissos sobre medidas de investimento, o que a levaria a estar correta. Aqui, a única possibilidade é considerar o termo "investimentos" de maneira ampla, de modo a considerar aqueles que não derivam do comércio e, portanto, não fazem parte do arcabouço da OMC. Reconhecemos, entretanto, que a questão tem problemas e poderia até ser anulada. A letra "c" está errada porque os acordos plurilaterais não envolvem todos os países, o que também invalida as alternativas "d" e "e", porque as negociações no âmbito da OMC são multilaterais, ou seja, vinculantes e obrigatórias para todos os membros.

16. Pergunta simples e direta, cuja alternativa correta é a letra "c", pois, entre as medidas de facilitação do comércio, estão a simplificação e harmonização dos trâmites aduaneiros, de forma a permitir maior circulação dos produtos. As demais alternativas estão incorretas e não devem gerar dúvidas.

17. Pergunta direta e sem maiores dificuldades, visto que o sistema multilateral do comércio foi inaugurado com a criação da OMC, embora quase todos os princípios mais relevantes estejam no GATT 1994. A alternativa correta é, portanto, a letra "e".

18. A alternativa correta é a letra "a", pois o principal objetivo da cláusula da nação mais favorecida foi justamente evitar, em caráter multilateral (vale dizer, obrigatório para todos os signatários do GATT), práticas protecionistas ou benefícios país a país. A letra "b" está incorreta porque a cláusula não se coaduna com a manutenção de barreiras. A letra "c" está errada porque não se autoriza a aplicação de restrições qualitativas. A letra "d" não faz sentido porque não se vislumbra abolir a tributação do comércio internacional, e a letra "e" também não pode prosperar em razão da expressão "descontrole".

19. Questão simples, mas relevante, porque segue a regra das principais decisões tomadas no âmbito dos organismos internacionais. Nas tratativas multilaterais da OMC, as decisões devem ser adotadas por consenso, porque vinculantes para todos os membros. A alternativa correta é a letra "c", e o consenso revela, ao mesmo tempo, a necessidade de acordo para a eficácia das normas internacionais, bem como a enorme dificuldade que isso enseja, pois as rodadas podem durar anos (a exemplo da Rodada do Desenvolvimento, iniciada em Doha) sem qualquer conclusão.

20. A alternativa correta é a letra "a", pois reflete o anseio e a pressão exercidos pelos países em desenvolvimento, que buscam maior participação e acesso a mercados no comércio internacional. A letra "b" está incorreta porque, no atual modelo globalizado, não se vislumbram mecanismos de compensação econômica para os países em desenvolvimento. A letra "c" está errada porque as práticas desleais, a exemplo dos subsídios agrícolas, não são "privilégio" de determinados países ou regiões, mas atingem o comércio como um todo, ainda que em proporções diferentes. A letra "d" não pode prosperar porque cotas e preferências são, em regra, vedadas pela OMC. A letra "e" está errada em função da expressão "barreiras tarifárias".

21. A alternativa correta é a letra "b", que indica as duas formas clássicas de protecionismo, conforme definidas pelo GATT. A letra "a" está incorreta porque as chamadas cláusulas sociais não se enquadram no contexto da pergunta. A letra "c" está errada porque algumas medidas de restrição quantitativa, como as salvaguardas, podem ser legítimas, desde que atendidos certos requisitos. A letra "d" está errada porque os acordos regionais de integração são aceitos pelo GATT, desde que não elevem o nível de proteção contra terceiros. A letra "e" também está incorreta porque os direitos sobre a propriedade intelectual são, em regra, legítimos e devem ser pagos aos respectivos titulares.

22. Questão que faz a correlação entre globalização e desempenho de determinados países, bem ao estilo da ESAF. A alternativa correta é a letra "e", pois é inegável o desenvolvimento dos países citados, exemplos dos chamados Tigres Asiáticos, que alcançaram enorme crescimento na década de 1990, sem olvidarmos que, no período seguinte, também enfrentaram crises profundas, como normalmente decorre da globalização e dos mercados desregulamentados. A letra "a" está errada porque é cada vez maior a interdependência entre os países. A letra "b" também tem problemas porque a redução tarifária surgiu a partir do próprio GATT e teve seu auge nos anos 1960-1970. Além disso, o mecanismo de solução de controvérsias da OMC não possui relação direta com a redução das alíquotas. A letra "c" está errada porque não faz o menor sentido em termos históricos, e a letra "d" está incorreta porque o GATT sempre se pautou pelo princípio da não discriminação.

23. A alternativa que deve ser assinalada é a letra "b", que não condiz com a premissa proposta pelo enunciado. As demais alternativas são compatíveis com a noção de tratamento da concorrência no âmbito da OMC, razão pela qual podem ser consideradas corretas.

24. Pergunta fácil e direta, cuja alternativa correta é a letra "d", que veda, em regra, tratamento discriminatório entre membros da Organização Mundial do Comércio.

25. A alternativa correta é a letra "b", pois a decisão do Órgão de Apelação é irrecorrível e deve ser cumprida pela parte vencida. A letra "a" está incorreta porque não é necessário esgotar as negociações diretas, mas sim a fase de consulta, para a proposição de um painel. A letra "c" está errada porque os especialistas já compõem o painel, que elaborará um relatório final sobre o caso. As alternativas "d" e "e" estão incorretas porque já havia um mecanismo de solução de controvérsias no âmbito do GATT que, todavia, era mais flexível e menos eficiente do que o modelo atual.

26. A alternativa que deve ser assinalada é a letra "e", pois a OMC não exige a denúncia dos tratados regionais que os novos membros firmaram antes de ingressar na entidade. As demais alternativas estão corretas.

27. Pergunta contemporânea aos fatos, cuja alternativa correta é a letra "c". Depois de vários anos estagnada, no que tange aos acordos multilaterais, a OMC conseguiu, durante a Rodada de Bali, algum avanço. As demais alternativas estão incorretas.

28. A afirmação está errada, pois sabemos que o princípio da não discriminação e a cláusula da nação mais favorecida não são absolutos e comportam exceções, a exemplo da flexibilização decorrente da criação dos processos de integração econômica.

29. A alternativa correta é a letra "e", pois o TRIPS permite a proteção de variedades vegetais por meio de diversos mecanismos, para conferir eficácia às suas disposições. A alternativa "a" está errada porque a cláusula da nação mais favorecida é premissa básica do TRIPS. Já a alternativa "b" está incorreta porque a licença compulsória prescinde de autorização pelo detentor da patente. A alternativa "c" está errada porque, embora as datas relativas à Convenção Internacional para a Proteção de Novas Variedades de Plantas (UPOV) estejam corretas, esta não conflita com as regras do TRIPS. Por fim, a alternativa "d" não pode prosperar, pois a proteção às indicações geográficas já constava do TRIPS/94, aprovado ao término da Rodada Uruguai.

30. A alternativa correta é a letra "b", pois as medidas do enunciado constituem barreiras ao comércio internacional e efetivamente afrontam o princípio geral do GATT, que pressupõe a liberdade comercial e combate o uso de barreiras não tarifárias.

31. O Acordo sobre Facilitação do Comércio surgiu na Conferência Ministerial da OMC em Bali (2013) e prevê a reforma de procedimentos aduaneiros em todo o mundo, com o objetivo de simplificar e agilizar o comércio internacional, razão pela qual a alternativa correta é a letra "a".

2.8. MATERIAL DIGITAL

VÍDEO
http://uqr.to/1y398

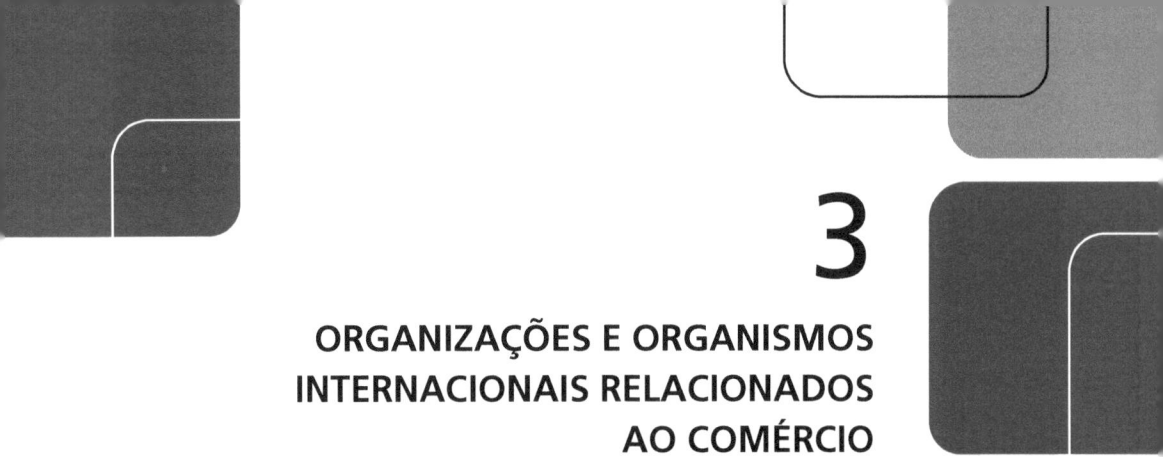

3

ORGANIZAÇÕES E ORGANISMOS INTERNACIONAIS RELACIONADOS AO COMÉRCIO

Além da Organização Mundial do Comércio, que certamente é a mais importante e influente entidade do comércio internacional, outras organizações possuem relação estreita com as transações em escala global, cada qual voltada para áreas específicas, como desenvolvimento, financiamento e controle das atividades aduaneiras.

Neste capítulo abordaremos as principais características dessas organizações, com o objetivo de apresentar ao leitor os antecedentes históricos, a estrutura, os objetivos e a importância de cada entidade, tópicos que normalmente refletem as perguntas elaboradas pelas bancas examinadoras de concursos.

3.1. A CONFERÊNCIA DAS NAÇÕES UNIDAS SOBRE COMÉRCIO E DESENVOLVIMENTO (UNCTAD)

A UNCTAD foi criada em 1964 como órgão do sistema das **Nações Unidas** encarregado de debater e promover o desenvolvimento econômico pelo incremento do comércio internacional. Funciona, na prática, como um **organismo intergovernamental** com o objetivo de propiciar auxílio técnico e capacitação aos países em desenvolvimento.

A entidade possui uma base de conhecimentos e experiências de sucesso no auxílio de economias em estágio embrionário, cuja função é colaborar na criação de políticas internas capazes de garantir **desenvolvimento sustentável** para os membros, de forma coordenada com as disposições gerais do comércio internacional.

Para cumprir sua missão, a UNCTAD possui três funções-chave[1]:

a) funcionar como fórum para deliberações intergovernamentais e manter discussões e trocas de experiências com especialistas em comércio internacional voltadas para a obtenção de consenso entre os membros;

b) realizar pesquisas, coletas de dados e análise das políticas comerciais, submetendo os resultados aos especialistas de cada país;

c) fornecer assistência técnica de acordo com as necessidades dos países, com especial ênfase para os menos desenvolvidos e as chamadas **economias em transição** (oriundas de regimes socialistas), inclusive em cooperação com outros organismos internacionais.

---

[1] Conforme sítio da UNCTAD. Disponível em: <http://unctad.org/en/Pages/Home.aspx>, com tradução livre do autor.

3.1.1. Breve histórico da UNCTAD

A discussão sobre o papel dos países em desenvolvimento no comércio internacional teve início na década de 1960, ante a percepção de que o tratamento conferido pelo GATT não era suficiente para lhes garantir maior participação e acesso aos grandes mercados.

Por iniciativa das Nações Unidas, foi realizada em Genebra, em 1964, a primeira **Conferência sobre Comércio e Desenvolvimento**, que teve como principal resultado a decisão dos participantes de institucionalizar um mecanismo capaz de enfrentar questões de grande relevância econômica, razão pela qual ficou definido que seriam realizadas conferências quadrienais, intercaladas por reuniões intergovernamentais organizadas por um **secretariado permanente**, responsável pelo apoio logístico e organização dos trabalhos.

Para realizar suas funções, o secretariado trabalha em conjunto com os governos dos membros e com as Nações Unidas, além de manter contato regular com diversas organizações governamentais e não governamentais destinadas ao incremento das relações comerciais.

Nascia, assim, a UNCTAD. Em paralelo, os países em desenvolvimento criaram o **Grupo dos 77**, para conferir voz e expressão aos seus anseios.

Como primeiro secretário-geral da UNCTAD, foi escolhido o proeminente economista argentino Raúl Prebisch, especialista em comércio internacional que já havia chefiado a **Comissão Econômica das Nações Unidas para a América Latina e Caribe (CEPAL)**[2].

Figura 3.1. Grupo dos 77

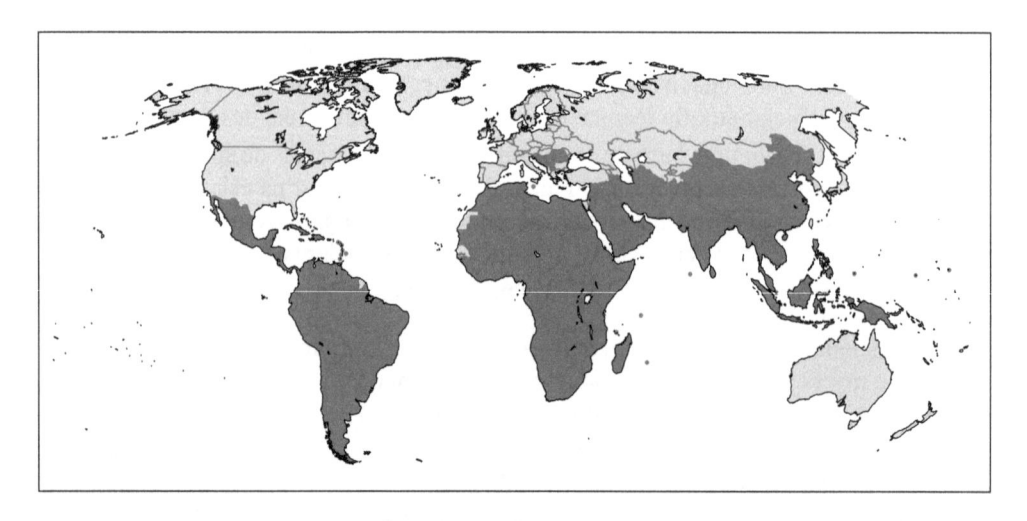

---

[2] Conforme Frieden, "Os cepalistas, como eram conhecidos, argumentavam ainda que os efeitos positivos da industrialização para as sociedades não se limitavam à produção industrial. A expansão da indústria trazia benefícios indiretos para a população. À medida que as fábricas fossem se desenvolvendo, gerariam níveis mais amplos de consciência e participação política, uma força de trabalho mais qualificada e coesão social, entre outras vantagens. Traria também efeitos multiplicadores à economia, uma vez que as indústrias estimulam a formação de elos progressivos e regressivos". *Capitalismo global*, p. 333-334.

O chamado Grupo dos 77 (ou G77, na terminologia que o leitor já deve estar acostumado) foi criado em junho de 1964 com a Declaração Conjunta dos Signatários, ao término da primeira sessão da UNCTAD, em Genebra.

A entidade se estruturou e passou a contar com escritórios em vários países, a fim de participar de discussões em tratados ou organismos de seu interesse. O responsável pelos trabalhos é o *Chairman* (espécie de presidente do grupo, que se manifesta pelos signatários), cargo rotativo preenchido por indicação das regiões de origem dos países (África, Ásia, América Latina e Caribe).

A cada cinco anos o grupo realiza um grande encontro internacional, conhecido como *South Summit*, com todos os países[3].

3.1.1.1. Primeira fase: anos 1960 e 1970[4]

Durante as primeiras décadas de atividade, a UNCTAD destacou-se como foro intergovernamental de diálogo e negociações entre os países desenvolvidos e em desenvolvimento (conhecido como **negociações norte-sul**, porque historicamente considera-se que a linha do Equador divida a parte mais rica da mais pobre do planeta).

No período, a UNCTAD também elaborou diversos estudos e pesquisas que culminaram com a celebração de diversos acordos no interesse dos países em desenvolvimento, com especial destaque para o **Sistema Geral de Preferências (SGP)**, que estudaremos no Capítulo 8.

Outra contribuição importante da UNCTAD na época foi a identificação em 1971, pela primeira vez, dos chamados **Países Menos Desenvolvidos** (*LeastDeveloped Countries* — LDC, em inglês), que representam, como vimos, o segmento mais pobre e vulnerável da comunidade internacional.

A partir de então, a UNCTAD passou a ser o **ponto focal** dentro do sistema das Nações Unidas responsável por estudos e medidas voltadas ao desenvolvimento desses países.

Segundo dados das Nações Unidas e da própria UNCTAD[5], existem 48 **países menos desenvolvidos**, que representam 12% da população do planeta (mais de 880 milhões de pessoas), mas possuem menos de 2% do Produto Interno Bruto Mundial.

No caso dos países menos desenvolvidos, a presença dos três critérios de enquadramento (baixos níveis de renda e recursos humanos, associados à elevada vulnerabilidade econômica) demanda **assistência** específica para:

a) desenvolver sua infraestrutura física e recursos humanos;
b) aumentar suas capacidades institucionais;
c) reduzir sua desvantagem competitiva na economia global.

---

[3] Curiosamente, apesar de o Grupo dos 77 possuir atualmente 134 membros, manteve-se, por questões históricas, a designação original.

[4] Conforme informações extraídas de <http://unctad.org/en/Pages/About%20UNCTAD/A-Brief-History-of-UNCTAD.aspx>, *passim*.

[5] Fontes: Nações Unidas (disponível em: <http://unohrlls.org/about-ldcs/>) e UNCTAD (disponível em: <http://unctad.org/en/Pages/ALDC/Least%20Developed%20Countries/LDCs.aspx>), com traduções livres do autor.

3.1.1.2. Segunda fase: década de 1980

Os anos 1980 representaram não apenas o início do novo paradigma econômico mundial[6] como também trouxeram desafios enormes para os países em desenvolvimento.

Boa parte dos problemas decorria da política de **substituição de importações**, paradigma insuficiente e anacrônico assim relatado por Frieden[7]: "Enquanto o mundo capitalista desenvolvido reconsiderava sua marcha para a economia mundial, os países pobres questionavam o desenvolvimento industrial via protecionismo. A industrialização por substituição de importações (ISI) apresentava diversos aspectos positivos, mas também consequências indesejadas. A ISI causou problemas crônicos nas balanças comercial e de pagamentos. A substituição de importações pretendia tornar os países menos dependentes do comércio mundial, mas todas as nações precisavam importar o que não existia localmente — matérias-primas, maquinário, peças. Quanto mais um país se industrializava, mais necessitava dessas importações (...)".

Nesse sentido, pode-se dizer que a UNCTAD precisou, de algum modo, adaptar-se ao cenário emergente, com a criação de estratégias voltadas para o mercado e com especial ênfase nos processos de **transição das economias**, com a liberalização do comércio e os primeiros casos de privatização de grandes empresas estatais.

Como se sabe, a década de 1980 **agravou a crise econômica** dos países em desenvolvimento e revelou grandes défices no Balanço de Pagamentos, o que levou muitos deles (inclusive o Brasil[8]) a pedirem auxílio ao **Fundo Monetário Internacional** e outras entidades de financiamento.

A situação acelerou, para muito além do razoável, o descontrole da **dívida externa** dos países em desenvolvimento, especialmente na América Latina, como descrevem Eichengreen e Kenen[9]: "Os empréstimos estrangeiros permitiram às nações em desenvolvimento mais avançadas, conhecidas como países recém-industrializados (NICs, na sigla em inglês para *Newly Industrialized Countries*), continuarem a investir na indústria. Pouco a pouco, o Terceiro Mundo vinha obtendo recursos junto a instituições internacionais, como o Banco Interamericano de Desenvolvimento. Assim, pela primeira vez desde a década de 1920, esses países podiam conseguir dinheiro de banqueiros privados internacionais. Os NICs tomaram dezenas de bilhões ao ano de bancos e de detentores de títulos de mercados estrangeiros. A América Latina angariou US$ 50 bilhões

---

[6] Frieden assevera: "Na década de 1980, porém, uma nova ideologia varreu o mundo. Políticos, analistas e grupos de interesses passaram a atacar o envolvimento dos governos na economia depois de gerações de aprovação. As políticas macroeconômicas preferidas nesses grupos estavam unidas, com frequência, em torno da rubrica do 'monetarismo'. Eles também fizeram pressões pela privatização e pela desregulamentação das empresas públicas. A corrente contra o envolvimento do Estado na economia foi associada aos governos conservadores de Ronald Reagan e Margareth Thatcher e à confiança no que Reagan chamava de a 'mágica do mercado'". *Capitalismo global*, p. 423.

[7] *Capitalismo global*, p. 373.

[8] Tamanha foi a crise na América Latina, que vários economistas e historiadores se referem aos anos 1980 como a "década perdida" na região.

[9] Barry Eichengreen e Peter Kenen. Managing the World economy under the Bretton Woods system: an Overview, in Peter Kenen (Org.). *Managing the World Economy*. Washington, D.C.: Institute for International Economics, 1994, p. 41.

somente em 1981, quando a região devia US$ 300 bilhões ao exterior. Os países em desenvolvimento, como um todo, deviam US$ 750 bilhões no exterior, 75% a financiadores privados".

Devido à crescente interdependência dos países, como resultado da globalização dos mercados, a UNCTAD buscou fortalecer o debate intergovernamental, no sentido de possibilitar a reconstrução macroeconômica dos membros. No que tange ao comércio internacional, os esforços tiveram por objetivo capacitar os países em desenvolvimento para a inserção no sistema multilateral que começou a ser esboçado em 1986, com o início da Rodada Uruguai.

No fim da década, um grande avanço da UNCTAD foi o incremento das **Negociações Sul-Sul** (entre países não ricos), que culminou com a criação do Sistema Global de Preferências Comerciais (SGPC).

Mitterrand parece reconhecer a relevância do problema ao fazer uma espécie de *mea culpa*, em nome dos países desenvolvidos[10]: "Receio que nos últimos anos, nós, dos países ricos do Norte, passamos da indiferença envergonhada a uma indiferença complacente. Ao que me parece, cada país só se preocupa com seu próprio quintal. Todo o interesse no desenvolvimento se esvaiu (...). Apesar da crença de que o mercado global é a panaceia para todos os males, as desigualdades continuam a crescer. Contar somente com a assistência humanitária e as normas de mercado não basta para lidar com uma situação em que um quinto da humanidade vive abaixo da linha de pobreza. Em vez disso, precisamos de um 'contrato de desenvolvimento' entre o Norte e o Sul".

3.1.1.3. Terceira fase: dos anos 1990 até os dias de hoje

A **consolidação** da globalização como nova ordem econômica mundial e os resultados da Rodada Uruguai levaram a UNCTAD a analisar o comércio sob a ótica do risco que os novos tempos poderiam oferecer aos países em desenvolvimento, representados, especialmente, pelas crises financeiras advindas da alta volatilidade do capital especulativo.

Os trabalhos de análise, cooperação e assistência técnica concentraram-se na elaboração de uma **agenda positiva**, capaz de enfrentar os desafios da globalização e aparelhar as economias incipientes dos membros para a captação de recursos estrangeiros *mais duradouros*, focados na produção local, criação de empregos e transferência de tecnologia.

No atual cenário global, o principal objetivo da UNCTAD é aumentar ao máximo as **oportunidades** de comércio, investimento e progresso dos países em desenvolvimento, ajudando-os a enfrentar os problemas e as dificuldades oriundos da globalização e a se integrarem na economia mundial em condições equitativas.

Especialmente no que diz respeito ao comércio internacional de bens, produtos básicos e serviços, a UNCTAD desenvolve os seguintes trabalhos:

a) fornece ajuda aos países em desenvolvimento, particularmente os mais vulneráveis, para que possam aproveitar os efeitos positivos da globalização;

---

[10] François Mitterrand. A indiferença complacente para a classe periférica global, p. 350.

b) analisa a repercussão dos acordos da Rodada Uruguai sobre o comércio e o desenvolvimento e ajuda os países a implantar as medidas resultantes desses acordos;

c) fomenta a diversificação nos países em desenvolvimento que dependem de produtos primários e os ajuda a enfrentar os riscos comerciais dessa política;

d) promove a integração entre comércio, meio ambiente e desenvolvimento, organizando reuniões e debates na Comissão sobre o Desenvolvimento Sustentável das Nações Unidas;

e) analisa questões jurídicas do comércio e as políticas de concorrência e livre mercado, ajudando os países a formular normas, regulamentos e a até a criar instituições e mecanismos de controle.

3.1.2. Raúl Prebisch e a Teoria Cepalina

O economista argentino **Raúl Prebisch** (1901-1986) era um homem de muitas facetas que iniciou a carreira bastante cedo, ao acumular as atividades no Ministério da Fazenda de seu país (no qual participou de estudos relacionados ao imposto de renda e ao câmbio) com as aulas de economia ministradas na Faculdade de Buenos Aires. Foi, ainda, responsável pelo projeto do Banco Central da Argentina e autor de inúmeros trabalhos acadêmicos.

Sua vocação para as questões internacionais o levou a escrever, em 1949, um artigo famoso denominado "O desenvolvimento econômico da América Latina e alguns de seus principais problemas", que contrariava a noção liberalizante do recém-criado GATT e propunha, entre outras coisas, a **industrialização** dos países da região como mecanismo de **substituição das importações**, além de enfrentar, com bastante propriedade, o problema das trocas comerciais.

Como bem ressalta Reginaldo Moraes[11], "A tese de Prebisch contestava a teoria pura do comércio internacional. Apontava a necessidade de uma política econômica intervencionista, protecionista e industrializante. E mais: indicava essa política (e o sistema internacional que dela resultaria) como a única esperança de sobrevivência para um mundo que desejasse combinar estabilidade, controle social e liberdade de iniciativa".

Prebisch foi enfático ao defender a importância da industrialização para o desenvolvimento e, no seu trabalho, prontamente reconheceu que a origem das grandes diferenças entre os países se encontrava, por exemplo, na supremacia da indústria norte-americana do pós-guerra, que exigia do governo o **acirramento** das práticas protecionistas, a despeito do seu poderio.

O que soava paradoxal apenas confirmava, segundo ele, o fato de que as indústrias não se desenvolvem **no mesmo nível**, e a pressão sofrida pelas empresas de menor progresso nos Estados Unidos as levava a oferecer salários equivalentes aos das grandes indústrias, o que as tornava menos competitivas em relação aos concorrentes estrangeiros, cujos custos de produção eram mais baixos.

Se fossem mantidas (ou pior, incrementadas) as regras de livre-comércio inauguradas pelo GATT, Prebisch dizia que a posição monopolista dos Estados Unidos tenderia

---

[11] Reginaldo C. Corrêa de Moraes. *Celso Furtado*: o subdesenvolvimento e as ideias da CEPAL. São Paulo: Ática, 1995, p. 36.

a se perpetuar, por diversos motivos[12]: "Primeiro: como o progresso técnico é maior nos Estados Unidos do que em qualquer outra parte, a procura de bens de capital que a industrialização traz consigo, trata de satisfazer-se, preferencialmente, nesse país. Segundo: o desenvolvimento técnico se manifesta, continuamente, em novos artigos que, ao modificar as formas de existência da população, adquirem o caráter de novas necessidades, de novas formas de gastar a renda da América Latina, as quais, geralmente, substituem formas de gasto interno. Terceiro: além desses artigos, que representam inegáveis vantagens técnicas, há outros para os quais se desvia a procura, em virtude da considerável força de penetração da publicidade comercial. Criam-se novos gostos, que exigem importações, em prejuízo de gostos que poderiam satisfazer-se internamente".

Importa destacar que Prebisch não era avesso ao comércio internacional, muito pelo contrário. O que ele defendia era um comércio multilateral mais equânime, dotado de países periféricos com capacidade industrial, de modo a minimizar as **desigualdades dos termos de troca** e equilibrar as condições de livre concorrência.

Para os países da América Latina, o comércio com outros países seria a mola propulsora para a formação de capitais. Se os governos conseguissem extrair do comércio exterior políticas e normas sociais capazes de elevar o nível de remuneração das pessoas, abrir-se-ia o caminho para o desenvolvimento.

Expandir fronteiras, afastar monopólios e angariar novos parceiros era a solução. Nas palavras de Prebisch[13]: "Já existe uma experiência suficiente para persuadir-nos de que o comércio multilateral é o que mais convém ao desenvolvimento econômico da América Latina. Poder vender e comprar nos melhores mercados, ainda que diferentes, sem dividir o intercâmbio em departamentos estanques, constitui, sem dúvida, a fórmula ideal. Ter que compensar as vendas à Europa mediante compras estritamente à Europa e, mais ainda, a cada um dos países europeus, sem poder empregar os saldos para comprar nos Estados Unidos o que mais satisfizesse às necessidades de nosso desenvolvimento econômico, não é uma solução que tenha as inegáveis vantagens do multilateralismo".

Por óbvio que as ideias de Prebisch contrariavam os interesses dos Estados Unidos, e a oposição se tornou ainda mais forte quando o argentino foi nomeado **Secretário-executivo** da Comissão Econômica para a América Latina e o Caribe (CEPAL)[14].

A preocupação era de natureza política e tinha como fundamento a difusão do pensamento do economista pelas Nações Unidas, como bem destaca Celso Furtado[15]: "A CEPAL era vista como uma instituição que atropelava a Organização dos Estados Americanos, de docilidade comprovada, localizada em Washington, com um pessoal latino-americano que se deslumbrava com as maravilhas do padrão de vida 'yankee' (...) O

---

[12] Raúl Prebisch. O desenvolvimento da América Latina e seus principais problemas. *Revista Brasileira de Economia,* Rio de Janeiro: Fundação Getulio Vargas, ano 3, n. 3, set. 1949, p. 62.

[13] Raúl Prebisch. O desenvolvimento da América Latina e seus principais problemas, p. 69.

[14] A CEPAL foi criada em 1948 pelo Conselho Econômico e Social das Nações Unidas, como mecanismo de cooperação entre os membros, mas, ao longo do tempo, abrigou alguns dos mais brilhantes economistas da América Latina, que ajudaram a forjar o pensamento desenvolvimentista da região. Possui 45 membros e 13 associados, inclusive países desenvolvidos e geograficamente distantes, como é o caso do Japão, Reino Unido e França, entre outros.

[15] Celso Furtado. *A fantasia organizada.* 5. ed. Rio de Janeiro: Paz e Terra, 1985, p. 107.

Conselho Interamericano Econômico e Social (CIES) simbolizava a cômoda, ainda que falsa, harmonia nas relações hemisféricas. Porque desviar para as Nações Unidas, essa arena tão menos segura, assuntos que vinham sendo tratados com êxito no âmbito pan-americano? Essa é a razão pela qual o governo de Washington empenhara-se em evitar a criação da CEPAL, abstivera-se no momento da votação e fazia 'démarches' para liquidá-la".

Prebisch influenciou toda a escola econômica latino-americana relacionada ao comércio, e seu pensamento serviu de fundação para o que se convencionou chamar de ***Teoria Cepalina***, que pregava políticas incentivadoras da industrialização como instrumento para a redução das desigualdades internacionais e buscava soluções práticas, não apenas ideológicas[16].

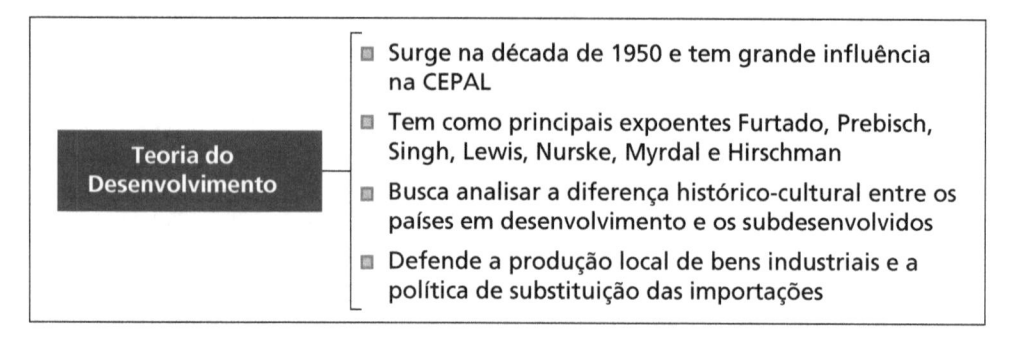

Teoria do Desenvolvimento

- Surge na década de 1950 e tem grande influência na CEPAL
- Tem como principais expoentes Furtado, Prebisch, Singh, Lewis, Nurske, Myrdal e Hirschman
- Busca analisar a diferença histórico-cultural entre os países em desenvolvimento e os subdesenvolvidos
- Defende a produção local de bens industriais e a política de substituição das importações

Celso Furtado, no livro *O capitalismo global*, destaca a importância de Prebisch e da teoria cepalina para a América Latina, com particular destaque para o Brasil[17]: "Quando a CEPAL surgiu, foi algo tão inusitado que a reação foi de perplexidade. A verdade é que também nas agências das Nações Unidas praticavam-se várias formas de censura. Certos temas eram proibidos veladamente. Desqualificava-se um trabalho com a alegação de que era matéria 'ideológica'. Mas criou-se um clima nessa instituição singular, graças à liderança do economista argentino Raúl Prebisch, que tornou possível a emergência de uma visão nova da realidade latino-americana e, de maneira exemplar, da brasileira. Foi quando ficou claro que nosso país, que tanto atraso havia acumulado, possuía um caminho de acesso à modernidade, que era o da industrialização. Dentre os países da América Latina, o Brasil era o que apresentava melhores condições para industrializar-se, e, talvez por isso, fosse o que mais se ressentisse de não ter buscado esse caminho mediante uma política explícita. Mas quando, no segundo governo Vargas, fez-se essa opção, o processo se intensificou e logo ganhou complexidade, assumindo posição de vanguarda no quadro latino-americano".

---

[16] Para Frieden, "A América Latina, antes um bastião da abertura econômica tradicional, se transformou em uma fortaleza de nacionalismo econômico, desenvolvimentismo e populismo. Empresários, profissionais de classe média, servidores públicos e o operariado se uniram em uma aliança informal pelo desenvolvimento nacional da indústria e vieram a dominar a região. (...) Os governos latino-americanos passaram a controlar grande parte das instalações industriais. Tornaram-se responsáveis pelas ferrovias, redes de telefonia, rotas de frete, sistemas de abastecimento de eletricidade e por outros serviços de infraestrutura; nesse aspecto se pareciam com grande parte da Europa ocidental". *Capitalismo global*, p. 325 e 327-328.

[17] Celso Furtado. *O capitalismo global*. 3. ed. São Paulo: Paz e Terra, 1998, p. 12-13.

Prebisch foi o titular da CEPAL até 1963, quando deixou a instituição para assumir o cargo de Secretário-geral da UNCTAD, no qual permaneceu até 1969. Na UNCTAD, ele desenvolveu o processo de negociação entre países desenvolvidos e em desenvolvimento e buscou implantar soluções multilaterais para o crescimento sustentável dos países latino-americanos.

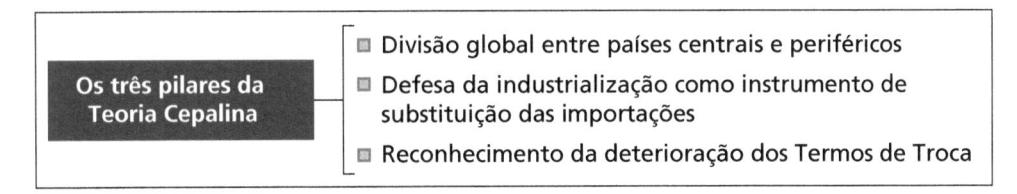

Os três pilares da Teoria Cepalina

- ▣ Divisão global entre países centrais e periféricos
- ▣ Defesa da industrialização como instrumento de substituição das importações
- ▣ Reconhecimento da deterioração dos Termos de Troca

▣ **Estados-membros da CEPAL**

Alemanha	Espanha	Paraguai
Antígua e Barbuda	Estados Unidos da América	Peru
Argentina	França	Portugal
Bahamas	Granada	Reino Unido da Grã-Bretanha e Irlanda do Norte
Barbados	Guatemala	República da Coreia
Belize	Guiana	República Dominicana
Bolívia (Estado Plurinacional)	Haiti	Saint Kitts e Nevis
Brasil	Honduras	Santa Lúcia
Canadá	Itália	São Vicente e Granadinas
Chile	Jamaica	Suriname
Colômbia	Japão	Trinidad e Tobago
Costa Rica	México	Turquia
Cuba	Nicarágua	Uruguai
Dominica	Noruega	Venezuela (República Bolivariana da)
El Salvador	Países Baixos	
Equador	Panamá	

▣ **Países-membros associados da CEPAL[18]**

Anguilla	Ilhas Turcas e Caicos
Aruba	Ilhas Virgens Britânicas
Bermudas	Ilhas Virgens dos Estados Unidos
Curaçao	Martinica
Guadalupe	Montserrat
Guiana Francesa	Porto Rico
Ilhas Cayman	San Martín

---

[18] Condição jurídica atribuída a alguns territórios não independentes do Caribe.

3.1.3. As Conferências da UNCTAD

Como vimos, as decisões no âmbito da UNCTAD são tomadas nas grandes conferências realizadas a cada **quatro anos**, nas quais os membros discutem questões relativas ao comércio internacional e elaboram a política da entidade e o cronograma de atividades para colocá-la em prática.

A conferência é órgão subsidiário da Assembleia Geral das **Nações Unidas** e permite, no campo político, a busca de consenso acerca do estado atual da economia e do papel da ONU e da UNCTAD na ajuda e no suporte aos países em desenvolvimento.

Após a criação da Organização Mundial do Comércio, foram realizadas, até o momento, sete conferências da UNCTAD, a saber:

- UNCTAD IX (1996), em Midrand, África do Sul.
- UNCTAD X (2000), em Bancoc, Tailândia.
- UNCTAD XI (2004), em São Paulo, Brasil.
- UNCTAD XII (2008), em Accra, Gana.
- UNCTAD XIII (2012), em Doha, Qatar.
- UNCTAD XIV (2016), em Nairóbi, Quênia.
- UNCTAD XV (2021), em Barbados.
- UNCTAD XVI (a ser realizada em 2025).

Tanto pela importância do encontro como pela possibilidade de perguntas em concursos, teceremos alguns comentários sobre a **XI Reunião Quadrienal da UNCTAD**, realizada entre os dias 13 e 18 de junho de 2004, no Palácio das Convenções do Anhembi, em São Paulo, cujo tema principal foram as relações entre estratégias nacionais de desenvolvimento e processos econômicos globais[19].

Os debates foram divididos em quatro módulos de discussão:

a) estratégias de desenvolvimento numa economia globalizada;
b) construção de capacidade produtiva e competitividade internacional;
c) ganhos de desenvolvimento a partir de negociações comerciais internacionais;
d) parcerias para o desenvolvimento.

O evento terminou com a decisão de se criarem soluções práticas para os problemas dos países em desenvolvimento mediante o estabelecimento de um sistema internacional de comércio mais justo. Para tanto, foram assinados dois documentos que prescrevem a utilização do comércio como forma de progresso para as nações mais pobres.

O projeto mais ambicioso foi o lançamento da terceira rodada de negociações de preferências comerciais, sob o amparo do **Sistema Global de Preferências Comerciais** (SGPC — criado em 1988 para acelerar o comércio entre países em desenvolvimento), que deverá ocorrer de forma paralela às negociações em curso na Organização Mundial do Comércio.

O objetivo dessa rodada de negociações é a redução de barreiras tarifárias e não tarifárias entre os países signatários do SGPC. Pelo acordo, cada um dos produtos negociados terá tarifas diferenciadas em relação às impostas pelos países desenvolvidos. A

---

[19] Dados disponíveis em: <http://unctad.org/en/pages/MeetingsArchive.aspx?meetingid=4289>.

meta é chegar a acordos tarifários multilaterais que incluam também o setor de serviços e de compras governamentais, que hoje estão fora do sistema.

Outro avanço significativo, resultante do consenso de que é fundamental a redução da dependência de produtos primários, foi a criação de uma força-tarefa para ajudar os países em desenvolvimento a buscarem alternativas de produção não concentradas em *commodities*, que deverá atuar por meio de grupos de capacitação.

O resultado dos trabalhos foi dividido em dois textos: o **Consenso de São Paulo** e o **Espírito de São Paulo**. O primeiro (e mais importante) representa os compromissos assumidos pelos Estados participantes, enquanto o segundo faz um relatório dos debates e ressalta a hospitalidade dos brasileiros.

O Consenso de São Paulo tem como principais pontos:

a) o entendimento de que os baixos preços dos produtos primários e a instabilidade do sistema financeiro internacional em uma economia mundial cada vez mais interdependente tornaram mais difícil para os países em desenvolvimento aproveitar os possíveis benefícios da globalização;

b) a constatação de que os contrastes entre os países desenvolvidos e em desenvolvimento, que caracterizavam o mundo nos anos 1960, continuam;

c) a declaração da necessidade urgente de que os países devedores e a comunidade financeira internacional envidem maiores esforços no sentido de encontrar uma solução definitiva para o problema da dívida externa dos países em desenvolvimento. O texto também denuncia que durante a década de 1990 aumentou a dívida externa de muitos países emergentes, o que, na prática, representa um grande obstáculo ao desenvolvimento dessas nações;

d) a declaração apoia a rodada de negociações com base no Sistema Global de Preferências Comerciais (SGPC), apenas para países em desenvolvimento, e afirma que há indícios positivos de que se está gerando uma fonte considerável de crescimento mundial no hemisfério sul;

e) todos os participantes mostram-se esperançosos de que o programa de trabalho de Doha tenha resultados positivos e pedem que sejam levados em conta os interesses e as necessidades dos países em desenvolvimento;

f) o consenso entre os participantes de que é necessário ampliar e fortalecer a participação dos países emergentes nas decisões econômicas e na aprovação de normas internacionais de comércio;

g) a declaração de que a instabilidade dos preços dos produtos básicos nos mercados mundiais e a consequente deterioração das suas relações de troca reduzem o crescimento econômico de muitos países em desenvolvimento, contribuindo para o aumento da pobreza e do endividamento externo dessas nações.

A Conferência da UNCTAD (XII) foi realizada em Gana, na cidade de Accra, entre 20 e 25 de abril de 2008.

A reunião teve como tema central *Oportunidades e Desafios da Globalização para o Desenvolvimento*, e os debates envolveram os seguintes tópicos[20]:

---

[20] Conforme disponível no sítio da UNCTAD, em tradução livre do autor: <http://unctad.org/en/pages/MeetingsArchive.aspx?meetingid=13044>.

a) aumentar a coerência em todos os níveis de desenvolvimento econômico sustentável e redução da pobreza como política global, inclusive a partir de abordagens regionais;

b) questões-chave para o comércio e desenvolvimento e as novas realidades na geografia da economia mundial;

c) melhorar o ambiente em todos os níveis para fortalecer a capacidade produtiva, o comércio e os investimentos: a mobilização de recursos e o aproveitamento das experiências para o desenvolvimento;

d) fortalecimento da UNCTAD: o reforço do seu papel para o desenvolvimento, impactos e eficiência institucional.

A **Declaração de Accra**, resultado da Conferência, selou o compromisso comum dos países desenvolvidos e em desenvolvimento no sentido de tornar a globalização uma ferramenta poderosa para a erradicação da pobreza, com a meta efetiva de se reduzir a pobreza extrema até 2015.

O acordo também prevê política específica para as *commodities*, especialmente em razão da crise provocada pela alta dos preços de alimentos básicos. A UNCTAD deverá intensificar políticas de apoio ao setor agrícola dos países em desenvolvimento, que incluem investimentos e transferência de tecnologia.

Por fim, destacou-se a dificuldade de integração de vários países ao novo modelo econômico e financeiro internacional, com taxas de crescimento inferiores às médias mundiais, o que revela a desigualdade dos rendimentos e a necessidade de melhor distribuição dos resultados positivos do comércio internacional.

Na Conferência UNCTAD XIII, realizada em abril de 2012 em Doha, o tema central dos debates foi o crescimento e o desenvolvimento inclusivo e sustentável dos membros, baseado nas seguintes premissas[21]:

a) possibilitar um ambiente econômico internacional em todos os níveis, com desenvolvimento inclusivo e sustentável;

b) fortalecer todas as formas de cooperação e alianças para o comércio e desenvolvimento, incluindo as Norte-Sul, Sul-Sul e as triangulares;

c) enfrentar os desafios emergentes no comércio internacional, com ênfase nas áreas de finanças, tecnologia, investimentos e desenvolvimento sustentável;

d) promover investimentos, comércio, negócios e políticas aptas a fomentar o crescimento econômico sustentável e o desenvolvimento inclusivo.

Na Conferência UNCTAD XIV, realizada em julho de 2016 em Nairóbi, o tema foi "Da decisão à ação: avançar para um ambiente econômico global inclusivo e equitativo para comércio e desenvolvimento".

Nesse contexto e dentro dos atuais objetivos da UNCTAD, podemos destacar os principais pontos do debate:

a) Desafios e oportunidades no multilateralismo para o comércio e o desenvolvimento;

---

[21] Disponível no sítio da UNCTAD, em tradução livre do autor: <http://unctad.org/en/pages/Mee­tingDetails.aspx?meetingid=58>.

b) Promoção de um crescimento econômico sustentado, inclusivo e sustentável por meio do comércio, dos investimentos, das finanças e da tecnologia, para alcançar a prosperidade para todos;

c) Promoção da transformação e da cooperação estrutural econômica para construir resiliência econômica e abordar desafios e oportunidades de comércio e desenvolvimento, em todos os níveis, no âmbito do mandato da UNCTAD;

d) Contribuição para a efetiva implementação e acompanhamento da Agenda 2030 para o Desenvolvimento Sustentável e os resultados relevantes das conferências e cúpulas globais, relacionados ao comércio e ao desenvolvimento.

3.2. A COMISSÃO DAS NAÇÕES UNIDAS PARA O DIREITO COMERCIAL INTERNACIONAL (UNCITRAL)

A UNCITRAL foi estabelecida em 1966 a partir do reconhecimento das disparidades nas leis nacionais que tratam da regulamentação do comércio internacional, com o consequente impacto negativo da falta de padronização no fluxo de mercadorias.

A Assembleia Geral das Nações Unidas, por meio da **Resolução 2.205** (XXI), de 17 de dezembro de 1966, instituiu a UNCITRAL com o objetivo de promover maior **harmonização** e **unificação** das normas relativas ao direito do comércio internacional. Trata-se, portanto, de iniciativa sob os auspícios da ONU para a redução de obstáculos jurídicos ao comércio, normalmente relacionados à existência de normas internas, com viés protecionista, em diversos países.

A Resolução 2.205, ao criar a UNCITRAL, determina que a Comissão deverá *coordenar, sistematizar e acelerar* os processos de uniformização e padronização por meio das seguintes iniciativas:

a) coordenar os trabalhos dos organismos internacionais relativos ao tema, encorajando a cooperação mútua;

b) promover maior participação nas convenções internacionais e defender a ampla aceitação dos modelos jurídicos então existentes;

c) promover a adoção de padrões e a codificação dos termos jurídicos, práticas recomendadas e procedimentos aduaneiros, em colaboração com as organizações especializadas;

d) promover mecanismos de interpretação uniforme das convenções relacionadas ao direito do comércio internacional;

e) coletar e disseminar informações sobre as legislações nacionais;

f) estabelecer e manter estreitas relações com a UNCTAD e outros organismos das Nações Unidas relacionados à questão comercial.

A UNCITRAL era inicialmente composta de 29 países, eleitos pela Assembleia Geral da ONU para um período de **seis anos**, com representantes de todos os continentes. Posteriormente, em 1973, o número de membros foi ampliado para 36 e finalmente, em 2002, para 60 países, os quais atualmente compõem a Comissão[22].

---

[22] Para mais informações sobre a UNCITRAL, *vide* <http://www.uncitral.org/uncitral/en/about_us.html>.

Nos dias de hoje, os mandatos continuam de seis anos, mas 50% dos integrantes da UNCITRAL são renovados a **cada três anos** e assim sucessivamente, com possibilidade de reeleição[23]. O princípio por detrás desse rodízio visa conferir dinamismo à Comissão e adequada representação geográfica, econômica e jurídica dos membros.

Em termos de divisão geopolítica, os membros da UNCITRAL representam cinco grandes regiões:

- Estados Africanos.
- Estados Asiáticos.
- Estados do Leste Europeu.
- Estados da América Latina e do Caribe.
- Estados Europeus e outros.

A UNCITRAL reúne-se anualmente, de forma alternada, ora na sede das Nações Unidas em Nova York, ora no *Vienna International Centre*, na capital austríaca. Além dos países eleitos, todos os integrantes da ONU, assim como as organizações internacionais correlatas, são convidados a participar das sessões anuais como **observadores**, que, na prática, possuem basicamente os mesmos direitos dos membros efetivos.

A UNCITRAL possui **seis Grupos de Trabalho** encarregados dos seguintes temas:

- Grupo de Trabalho I — Contratos Públicos.
- Grupo de Trabalho II — Arbitragem e Conciliação.
- Grupo de Trabalho III — Resolução de Litígios *On-line*.
- Grupo de Trabalho IV — Comércio Eletrônico.
- Grupo de Trabalho V — Direito Falimentar.
- Grupo de Trabalho VI — Questões de Segurança.

A UNCITRAL deve submeter um relatório anual à Assembleia Geral das Nações Unidas e à Conferência das Nações Unidas sobre Comércio e Desenvolvimento (UNCTAD), com sugestões e recomendações para o desenvolvimento dos trabalhos. A Comissão também pode realizar consultas com órgãos e especialistas de outras organizações, além de manter relações e desenvolver estudos em conjunto com Organizações Não Governamentais (ONGs).

3.2.1. Princípios fundamentais

Os dois princípios fundamentais que norteiam os trabalhos da UNCITRAL são **harmonização e unificação** e referem-se ao processo jurídico de facilitação do comércio internacional.

Harmonização relaciona-se ao processo pelo qual as leis domésticas de cada país podem (e devem) ser modificadas, no intuito de aumentar a **previsibilidade** nas

---

[23] Trata-se de modelo semelhante ao previsto para o Senado Federal no Brasil.

transações comerciais, ou seja, busca evitar a adoção de normas que, de algum modo, possam prejudicar a prática comercial.

A questão em certa medida relaciona-se, como o leitor pode perceber, à aplicação de barreiras técnicas ou de outros entraves ao comércio. Normas harmônicas garantiriam, em tese, o prévio conhecimento das regras adotadas pelos países, permitindo que os empresários se concentrem apenas na produção de bens melhores e mais baratos, sem preocupações externas ou de natureza política.

O conceito de **unificação**, por sua vez, prevê a adoção, pelos Estados, de um **padrão jurídico**, a partir de modelos legislativos e regulamentos internacionais, que sirvam de balizamento para as normas internas. Daí por que os textos produzidos pela UNCITRAL incluem convenções, modelos jurídicos[24], guias de conduta e notas práticas, tudo com o objetivo de possibilitar uma maior padronização no tratamento legal do comércio internacional.

Importante: note que os dois princípios, apesar de semelhantes, *são complementares e não devem ser confundidos*.

Outra preocupação da UNCITRAL diz respeito aos interesses dos países em desenvolvimento, que, obviamente, possuem uma situação diferenciada em relação aos países mais ricos. Assim, a atuação da Comissão visa oferecer treinamento e assistência técnica aos países em desenvolvimento, até porque se presume que boa parte deles ainda possui sistemas jurídicos **incipientes**, com forte influência governamental e medidas protecionistas.

Por derradeiro, convém destacar que a UNCITRAL não faz parte da Organização Mundial do Comércio, até porque as entidades possuem objetivos distintos. Enquanto a OMC visa à liberalização do comércio internacional por meio da redução de barreiras e do compromisso multilateral dos seus membros, a UNCITRAL tem por finalidade analisar as relações jurídicas privadas entre os participantes do comércio internacional (*relações entre empresas e não relações entre empresas e consumidores*).

Em termos hierárquicos, a UNCITRAL representa um órgão **subsidiário** da Assembleia Geral das Nações Unidas e seu secretariado corresponde à Divisão de Direito do Comércio Internacional da ONU.

3.3. ORGANIZAÇÃO PARA COOPERAÇÃO E DESENVOLVIMENTO ECONÔMICO (OCDE)

A origem da **OCDE**, como a maioria dos grandes organismos internacionais de peso, remonta à época imediatamente posterior ao término da Segunda Guerra Mundial. Em 1947, foi criada a *Organização Europeia de Cooperação Econômica* (OECE),

---

[24] Ao longo da sua existência, a UNCITRAL produziu diversos modelos jurídicos como resultado dos trabalhos apresentados e aprovados nas reuniões anuais, de que são exemplos: *Model Law on International Commercial Arbitration* (1985), *Model Law on International Credit Transfers* (1992), *Model Law on Procurement of Goods, Construction and Services* (1994), *Model Law on Cross-border Insolvency* (1997), *Model Law on Electronic Signatures* (2001), *Model Law on International Commercial Conciliation* (2002), *Model Legislative Provisions on Privately Financed Infrastructure Projects* (2003).

precursora da OCDE, cujo objetivo era a administração do **Plano Marshall** para a reconstrução da economia europeia.

Rifkin descreve a preocupação norte-americana com a Europa no período pós-guerra[25]: "Os Estados Unidos preocupavam-se particularmente com a penúria atroz em que se via uma Europa devastada pela Guerra. Com a União Soviética já ocupando a Europa Central e Oriental, e com poderosos partidos comunistas na França e na Itália, os EUA temiam que grande parte da Europa sucumbisse aos soviéticos. Para impedir a instauração do comunismo, os EUA embarcaram num programa em duas frontes destinadas a auxiliar a Europa Ocidental na era do pós-guerra. Estabeleceram a Organização do Tratado do Atlântico Norte (OTAN), em 1949, com a missão de criar e mobilizar uma força militar americano-europeia capaz de proteger a Europa Ocidental de agressões soviéticas e promoveram uma iniciativa de recuperação econômica para ressuscitar as economias da Europa Ocidental".

Com o avanço do **processo de integração** no continente, principalmente a partir do *Tratado de Roma* (1957), que estabeleceu a **Comunidade Econômica Europeia (CEE)**, seus países-membros resolveram criar uma organização capaz de oferecer soluções para um crescimento econômico sustentável, a ampliação das oportunidades de emprego e a elevação do padrão de vida dos cidadãos.

Surgia, assim, com a assinatura de sua convenção constitutiva em Paris, em 16 de dezembro de 1960, a **Organização para Cooperação e o Desenvolvimento Econômico (OCDE** — em inglês, *Organisation for Economic Cooperation and Development* — OECD), que veio a substituir a OECE, cujos integrantes, somados a Estados Unidos e Canadá, se tornaram membros-fundadores[26].

A vigência da convenção e o início das atividades da OCDE ocorreram em 1961, com a fixação de sua sede em Paris e a missão de promover esforços para o desenvolvimento da economia mundial e a ampliação do comércio entre os países, em bases multilaterais e não discriminatórias.

Devido à sua vocação internacional, para além das fronteiras europeias, a OCDE tem ampliado progressivamente o número de associados e atualmente conta com **38 membros** (2021). Grandes potências emergentes, como Brasil, China e Índia, foram convidadas, a partir de 2007[27], a ampliarem o seu relacionamento com a organização, com vistas, quem sabe, a uma futura adesão.

Além disso, a OCDE compartilha seus conhecimentos e experiências com mais de 100 países em desenvolvimento e economias de mercado emergentes. O mapa a seguir ilustra o alcance da Organização.

---

[25] Jeremy Rifkin. *O sonho europeu*, p. 186.

[26] Os países signatários da convenção em Paris foram Áustria, Bélgica, Canadá, Dinamarca, França, Alemanha, Grécia, Islândia, Irlanda, Itália, Luxemburgo, Holanda, Noruega, Portugal, Espanha, Suécia, Suíça, Turquia, Grã-Bretanha, Irlanda do Norte e Estados Unidos.

[27] Dados de janeiro de 2018.

Figura 3.2. Membros da OCDE

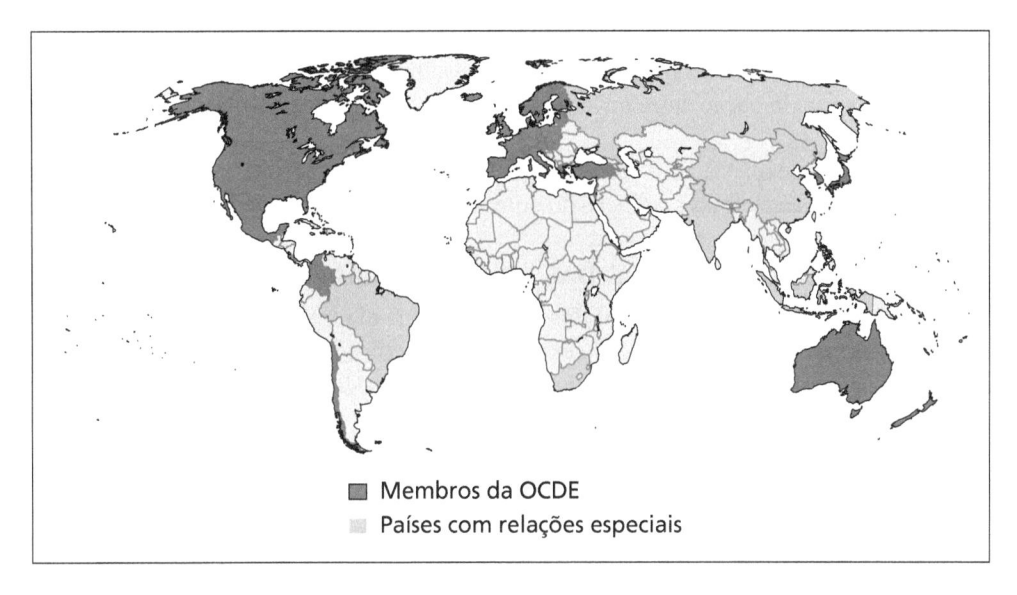

A OCDE atua como **fórum internacional** no qual governos de países mais desenvolvidos trabalham em conjunto, com o objetivo de enfrentar os desafios econômicos, sociais e ambientais gerados pela globalização. Para tanto, fornece uma série de dados, informações, análises e cenários que servem como suporte para medidas de cooperação multilateral.

Os principais objetivos da OCDE incluem a **promoção de políticas** que busquem[28]:

a) alcançar um crescimento econômico sustentável e taxas crescentes de emprego, com a melhoria do padrão de vida dos cidadãos dos países-membros e a manutenção de uma estabilidade financeira;

b) auxiliar economias em expansão de membros e outros países em processo de desenvolvimento;

c) contribuir para o crescimento do comércio internacional multilateral, a partir de princípios não discriminatórios.

Como vimos, a OCDE tem sede em Paris, possui mais de dois mil funcionários permanentes e adota como idiomas oficiais o **inglês** e o **francês**, que são utilizados em mais de 250 publicações anuais. A entidade representa, atualmente, uma das mais importantes fontes de informação, dados e pesquisas do mundo, em temas bastante variados, como economia, desenvolvimento, tributação, comércio internacional, sustentabilidade e tecnologia, entre tantos outros.

Seu modo de atuação inclui a interação com os governos dos diversos membros, além de relações específicas com entidades da sociedade civil e governos de terceiros países.

---

[28] Disponível em: <http://www.oecd.org/about/>, com tradução livre do autor.

Sob o ponto de vista econômico e comercial, as principais atribuições da OCDE são:

a) analisar e publicar dados comparativos e produzir cenários econômicos;

b) desenvolver políticas que assegurem o crescimento econômico e a estabilidade;

c) ajudar a cooperação entre governos para reforçar o sistema multilateral de comércio;

d) encorajar a expansão dos serviços financeiros e os investimentos em outros países;

e) promover as melhores práticas do comércio em escala internacional.

3.4. ORGANIZAÇÃO MUNDIAL DAS ADUANAS (OMA)[29]

A atual **Organização Mundial das Aduanas** (que alguns autores denominam *Organização Mundial das Alfândegas*, expressão que consideramos inapropriada[30]) foi criada em 1952 com o nome de *Conselho de Cooperação Aduaneira*, e é um organismo internacional independente que tem por missão aumentar a eficiência das administrações aduaneiras dos membros, atualmente 186[31], que representam mais de 98% das transações comerciais do planeta.

O nome atual (*World Customs Organization — WCO*, em inglês) foi adotado a partir de 1994, paralelamente à criação da Organização Mundial do Comércio pelo Acordo de Marraqueche. A OMA utiliza o **inglês** e o **francês** como idiomas oficiais, apesar de alguns trabalhos serem também traduzidos para o espanhol. A sede fica em Bruxelas, na Bélgica, local onde também se realizam as reuniões anuais do Conselho da entidade.

A Organização Mundial das Aduanas possui como principais **objetivos**:

a) estabelecer, manter, auxiliar e promover instrumentos internacionais para a harmonização e a uniforme aplicação de sistemas aduaneiros simples e efetivos, além de procedimentos relativos à movimentação de *commodities*, pessoas, mercadorias e veículos por meio de fronteiras internacionais;

b) fortalecer esforços locais que busquem assegurar conformidade à legislação internacional, com o intuito de maximizar o nível de efetividade na cooperação entre os membros, especialmente no que tange ao combate de ilícitos transnacionais;

---

[29] Algumas informações foram retiradas do sítio da OMA na internet, disponível em: <http://www.wcoomd.org/en/about-us/wco-members/membership.aspx>, com tradução livre do autor.

[30] Existe grande confusão, na doutrina, entre os termos aduana e alfândega. O primeiro diz respeito à **atividade** de controle das operações de comércio exterior e todos os fenômenos dele derivados. Daí porque se falar em *Regulamento Aduaneiro, Tributos Aduaneiros, Direito Aduaneiro*, expressões que possuem equivalentes em quase todos os idiomas. Já o vocábulo *alfândega*, que, aliás, é de origem bastante remota e deriva do termo árabe *al-funduq* (a instituição era também conhecida dos gregos, que a denominavam *pandocheîon*), significa hospedaria, estalagem, pousada. Representa, portanto, o **local** no qual são desenvolvidas as atividades aduaneiras, razão pela qual utilizamos termos como *recintos alfandegados* ou *áreas alfandegadas*. No mesmo sentido, as repartições públicas em que se praticam atividades de comércio exterior também são alfândegas, como portos e aeroportos. Apesar disso, o leitor deve aceitar, em concursos, a expressão Organização Mundial das Alfândegas, que vários textos em português utilizam.

[31] Dados de novembro de 2024.

c) auxiliar os membros a enfrentarem os desafios do ambiente moderno das transações internacionais, por meio da promoção, da comunicação e da cooperação entre si e com outros organismos internacionais, a partir de princípios, como a integridade, desenvolvimento dos recursos humanos, transparência, melhoria nos métodos de gerenciamento das administrações aduaneiras e compartilhamento de boas práticas.

Em termos de estrutura, a OMA segue o padrão dos outros organismos que já observamos, com a autoridade máxima incumbida ao **Conselho** formado por todos os membros, que se reúnem ao menos uma vez por ano. As atividades rotineiras da organização ficam a cargo do **secretariado**, que, em conjunto com os diversos **comitês**, coloca em prática o *Plano Estratégico Bienal*.

O Conselho é o órgão máximo da OMA, encarregado das decisões políticas e administrativas, e delibera assuntos mediante consenso ou, excepcionalmente, por meio de votação, com direitos iguais entre todos os membros. O cargo de Secretário-geral é preenchido mediante eleição direta pelos países, com mandato de cinco anos.

Como a Organização Mundial das Aduanas possui atributos eminentemente técnicos, seu corpo de funcionários trabalha em estreita colaboração com outros organismos internacionais, notadamente a Organização Mundial do Comércio, o Banco Mundial, o Fundo Monetário Internacional e a UNCTAD.

Por ser, acima de tudo, um centro de excelência técnica na área aduaneira, o papel mais importante da OMC manifesta-se pelo trabalho dos Comitês, que estão assim divididos[32]:

- ▣ Comitê Técnico Permanente.
- ▣ Comitê de Imposição (das normas e regras internacionais, tradução livre para *Enforcement*).
- ▣ Comitê do Sistema Harmonizado.
- ▣ Comitê de Valoração Aduaneira.
- ▣ Comitê de Regras de Origem.

3.4.1. Principais atribuições da OMA

O primeiro ponto focal da organização busca incrementar a harmonização das atividades de controle aduaneiro, no sentido de lhes conferir maior eficiência e transparência, fatores essenciais para a modernização do comércio internacional.

A definição de **padrões internacionais**, mutuamente aceitos pelos membros, é o instrumento mais importante para conferir, a um só tempo, rapidez e segurança nas operações. Enquanto os empresários buscam um ambiente mais previsível para seus negócios, no qual exigências e procedimentos são previamente conhecidos, os governos

---

[32] Existem outros comitês responsáveis por assuntos específicos, de menor relevância para o escopo deste livro, normalmente responsáveis por questões internas (financeiras e administrativas) ou pela administração de acordos internacionais celebrados no âmbito da OMA.

objetivam assegurar a legitimidade das importações e exportações que devem guardar conformidade com a legislação interna de cada país.

O processo de facilitação do comércio internacional passa pelo que se denomina **segurança da cadeia de fornecedores** *(supply chain security)*, mecanismo que exige grande cooperação entre as administrações aduaneiras.

De forma simples, podemos demonstrar o conceito da seguinte maneira: se os governos pudessem conhecer, *a priori*, o perfil dos participantes de determinada transação comercial, os controles poderiam ser feitos preventivamente, com base em informações confiáveis e critérios estatísticos de amostragem. Por exemplo, empresas que possuem um histórico imaculado de operações, sem qualquer problema anterior, provavelmente operam de modo legítimo e apresentam pouco ou nenhum risco aduaneiro. Ao contrário, se certa operação envolve qualquer interveniente (exportador, transportador, importador ou despachante) que já causou ocorrências importantes no passado, o controle deve ser mais rigoroso e preciso, no sentido de se afastar qualquer possibilidade de reincidência.

Garantir, portanto, a cadeia de operadores (*supply chain*) implica trocar informações em caráter permanente com administrações de outros países, nos quais problemas possam ter ocorrido, até porque os governos certamente possuem melhores condições de produzir informações confiáveis acerca de seus empresários locais. Assim, procedimentos de **certificação** reciprocamente aceitos, **bases de dados** compartilhadas e cooperação na **capacitação** de agentes são mecanismos extremamente eficientes de controle aduaneiro, que podem ser decisivos na tomada de decisões e alocação de recursos humanos ou técnicos.

Diante de milhões de operações de comércio exterior, que ocorrem diariamente, apenas um pequeno número de veículos e cargas poderá ser inspecionado, por maior que seja a estrutura aduaneira de um país. Possuir informações prévias, que subsidiem a escolha e gerem alertas para os demais membros é o objetivo permanente da OMA, algo que, obviamente, passa pela boa vontade e interesse dos seus membros.

Vale destacar que o controle aduaneiro alcança a movimentação transfronteiriça de veículos, pessoas e bens, com relevante impacto no combate a **atividades ilícitas**, como o contrabando, o descaminho, o tráfico de pessoas, animais e entorpecentes, além de enfrentar temas tão diversos, como a proteção ambiental, a lavagem de dinheiro, a segurança sanitária e a própria soberania das nações.

O papel da OMA diante de tal realidade, que demanda a modernização das administrações aduaneiras e intensos programas de treinamento, pode, portanto, ser dividido da seguinte forma[33]:

a) fomentar a cooperação, o intercâmbio de informações de inteligência e de assistência mútua entre as administrações aduaneiras, disponibilizando instrumentos internacionais de controle;

b) estimular a colaboração entre as administrações aduaneiras e outros órgãos reguladores de fronteiras (como os de controle de imigração, por exemplo);

---

[33] Conforme *WCO in Brief*, p. 3, disponível em: <http://www.wcoomd.org/en/about-us/~/media/WCO/Public/Global/PDF/About%20us/WCO%20In%20Brief/DEPL%20OMD%20UK%20A4.ashx>, com adaptação e tradução livre do autor.

c) promover parcerias com a iniciativa privada, de forma transparente e apta a criar um ambiente regulatório com informações compartilhadas, na expectativa de melhor cumprimento das obrigações, menos formalidades e fluxo mais dinâmico do comércio;

d) participar de iniciativas de competência compartilhada com outras organizações, nas áreas de segurança e facilitação do comércio.

Por derradeiro, compete à Organização Mundial das Aduanas a administração de diversos tratados, entre os quais se destacam:

◾ A **Convenção Internacional sobre a Descrição Harmonizada de Mercadorias e de Codificação de Mercadorias (SH)**, que foi assinada em 1983 e entrou em vigor no Brasil em 1988, promulgada pelo Decreto n. 97.409/88. O Sistema Harmonizado é utilizado como base para os tributos aduaneiros, para a compilação de estatísticas do comércio internacional, além de temas correlatos, como regras de origem, verificação de produtos controlados, análise de restrições quantitativas e acompanhamento de preços, entre outras possibilidades.

◾ A **Convenção Internacional sobre a Simplificação e Harmonização dos Regimes Aduaneiros** (*Convenção de Quioto Revista* ou RKC, em inglês) adotada em 1974 e posteriormente revisada em 1999. A Convenção veicula importantes princípios acerca de: *a) transparência e previsibilidade dos controles aduaneiros; b) uniformização e simplificação das declarações de bens e comprovantes; c) procedimentos simplificados para pessoas autorizadas; d) máxima utilização da tecnologia da informação; e) gestão de riscos e controles de auditoria; e f) intervenções coordenadas com outras agências de fronteira.*

◾ **Convenção sobre Admissão Temporária**, celebrada em junho de 1990 em Istambul, na Turquia, que cuida da padronização dos procedimentos deste importante regime aduaneiro especial, o qual permite a entrada de bens com suspensão no pagamento dos tributos incidentes, sob condição resolutória de sua devolução, em prazo determinado, ao exterior.

◾ **Declaração de Arusha**, cidade da Tanzânia, cuja última revisão, em 2003, dispõe sobre princípios éticos que devem nortear a atividade das administrações aduaneiras, sobretudo no intuito de promover a integridade das instituições e combater a corrupção. Trata-se de acordo *não vinculante*, que, por isso mesmo, relaciona práticas recomendadas e saudáveis para o controle da atuação pública ligada ao comércio internacional.

◾ A resolução, de 2003, que veicula o padrão **SAFE para a Segurança e Facilitação do Comércio Global**, instrumento *não vinculante* para o controle da cadeia de suprimentos ou fornecedores *(supply chain)*, que prevê mecanismos relacionados ao transporte, à capacidade de se detectar remessas de alto risco e à cooperação entre as administrações aduaneiras, com a certificação de **Operadores Econômicos Autorizados** (*Authorized Economic Operators* — AEO, em inglês), empresas que, mediante reconhecimento recíproco, adotam os padrões de segurança previstos no acordo.

3.4.2. Competência dos comitês

O leitor perceberá que os principais Comitês da Organização Mundial das Aduanas refletem questões importantes para concursos, pois tratam de assuntos que constam dos principais editais de comércio internacional (como regras de origem, valoração aduaneira e administração do Sistema Harmonizado), razão pela qual serão abordados em capítulos específicos deste livro.

Por ora, cumpre conhecer o papel dos comitês e destacar suas principais atividades[34].

■ **Comitê Técnico Permanente:** foi o primeiro a ser criado no âmbito da OMA e se reporta diretamente ao Conselho da entidade. O CTP está encarregado de realizar estudos específicos, não abrangidos pelos demais comitês, além de responder pelas atividades relacionadas à harmonização e simplificação dos procedimentos aduaneiros. Também mantém estreitas relações com a *Câmara Internacional do Comércio* (que, entre outras coisas, é responsável pelos INCOTERMS) e com a *União Postal Internacional*.

As funções básicas desse Comitê são:

a) contribuir para a orientação estratégica do trabalho realizado pela OMA em matéria de promoção, desenvolvimento e administração de instrumentos de facilitação do comércio e ferramentas, em conformidade com o Plano Estratégico;

b) contribuir para reforçar a cooperação entre as administrações aduaneiras e organizações governamentais e não governamentais no campo da facilitação do comércio internacional;

c) introduzir e promover iniciativas destinadas a melhorar a eficácia das administrações aduaneiras por meio da tecnologia da informação e do comércio eletrônico, ações de cooperação aduaneira e desenvolvimento de instrumentos jurídicos;

d) desenvolver ferramentas destinadas a melhorar a eficiência no comércio (particularmente diretrizes para aferir o tempo de despacho aduaneiro das mercadorias) e promover a sua utilização pelos membros;

e) contribuir para o desenvolvimento de meios e métodos para facilitar, simplificar e harmonizar as formalidades aduaneiras aplicáveis às remessas postais;

f) prestar apoio estratégico para os programas de capacitação da OMA.

■ **Comitê de Imposição** (*Enforcement*)**:** em razão do potencial lesivo da utilização do comércio internacional como meio para a prática dos mais variados crimes, a OMA resolveu criar, em 1983, o Comitê de Imposição, que atua em conjunto com diversos organismos, como a Interpol, o Escritório das Nações Unidas sobre Drogas e Crimes, a Organização Mundial da Propriedade Intelectual e a Agência Internacional sobre Energia Atômica, entre outros.

Entre os objetivos desse Comitê destacam-se:

---

[34] Conforme <http://www.wcoomd.org/en/about-us/wco-working-bodies.aspx>, em tradução livre do autor.

a) contribuir para a orientação estratégica do trabalho realizado pela OMA no controle de conformidade e de inteligência em áreas como segurança, fraude comercial, assistência mútua administrativa, tráfico ilícito de drogas, lavagem de dinheiro, crimes eletrônicos, contrabando, crimes ambientais, crime organizado transnacional, armas de fogo e, quando aplicável, movimento transfronteiriço de pessoas e bens que afetem a saúde e a segurança;

b) promover a troca de opiniões, experiências e boas práticas, bem como facilitar uma melhor cooperação entre as administrações aduaneiras, o setor privado, as organizações governamentais e não governamentais;

c) incrementar a eficácia das administrações aduaneiras mediante o uso de tecnologia, comunicação e instrumentos jurídicos;

d) promover medidas para aumentar a eficácia dos Escritórios Regionais de Ligação e Informação (*Regional Intelligence Liaison Offices — RILO*);

e) fornecer apoio estratégico aos programas de assistência técnica dos membros da OMA e às agências internacionais;

f) promover medidas para a orientação estratégica dos membros, no intuito de alcançar melhores resultados.

▪ **Comitê do Sistema Harmonizado:** dos comitês da OMA, esse talvez seja o de maior responsabilidade técnica, pois se encarrega, desde a sua criação em 1988, de manter e atualizar as regras do Sistema Harmonizado, que compreende a classificação de todas as mercadorias transacionadas no comércio internacional, tarefa extremamente importante e complexa. Possui forte interação com a Organização Mundial do Comércio, a Divisão de Estatística das Nações Unidas, a Câmara Internacional do Comércio, além de diversas entidades relacionadas ao meio ambiente.

As principais finalidades do Comitê do Sistema Harmonizado são:

a) interpretar os textos legais do Sistema Harmonizado da maneira mais adequada para garantir uma classificação uniforme de mercadorias, inclusive para a resolução de litígios de classificação entre os interessados, facilitando assim o comércio (função de interpretação e aplicação uniformes);

b) alterar os textos legais do Sistema Harmonizado, a fim de que possam refletir a evolução tecnológica e as mudanças nos padrões do comércio, bem como outras necessidades dos usuários intervenientes (função de atualização);

c) promover a aplicação generalizada do Sistema Harmonizado (função de divulgação);

d) examinar questões gerais e de natureza política relacionadas com o Sistema Harmonizado.

Devido à enorme utilização do Sistema Harmonizado nas transações internacionais (praticamente todas as operações precisam ser codificadas), o comitê desempenha função-chave no sentido de oferecer respostas rápidas e técnicas sobre problemas de interpretação e atualização do SH. Por força disso, o comitê se reúne duas vezes ao ano, em sessões ordinárias que duram duas semanas, nas quais são tomadas as decisões pertinentes.

Convém destacar que o desenvolvimento tecnológico exige alterações constantes nos textos e notas do Sistema Harmonizado, porque a todo instante surgem novos produtos que precisam ser corretamente identificados e enquadrados na codificação.

Basta lembrar que, apenas nos últimos anos, houve alterações importantes no Sistema Harmonizado em 1992, 1996, 2002, 2007, 2012, 2017 e 2022.

A administração do Sistema Harmonizado exige do comitê atividades permanentes, que envolvem, por exemplo:

■ resolver questões práticas acerca de classificação e do entendimento entre os países;

■ rever as Notas Explicativas do Sistema Harmonizado (NESH) e os Pareceres de Classificação (espécie de "jurisprudência administrativa" produzida a partir de casos concretos);

■ implantação rápida e eficaz das decisões uniformes de classificação nos países-membros da OMA.

■ **Comitê de Valoração Aduaneira:** este comitê foi estabelecido em 1995, como resultado das negociações da Rodada Uruguai e a consequente criação da Organização Mundial do Comércio, para cumprir as determinações técnicas previstas no *Acordo sobre a Implementação do Artigo VII*, do Acordo Geral sobre Tarifas e Comércio (GATT 1994). Isso significa que compete à OMA, em estreita colaboração com a OMC (ressalte-se que são organismos totalmente diferentes), assegurar, no plano técnico, uniformidade na interpretação e na aplicação das regras de valoração aduaneira. Tanto assim que o comitê é formado por representantes dos países que integram a Organização Mundial do Comércio e da própria OMA. Como o número de membros da OMA é superior ao da OMC, os países que não pertencerem aos dois organismos poderão participar como observadores.

Os objetivos do Comitê Técnico de Valoração incluem:

a) examinar problemas específicos surgidos na administração diária do sistema de valoração aduaneira dos membros da OMC e dar pareceres consultivos sobre as soluções adequadas, com base nos fatos apresentados;

b) verificar, mediante solicitação, leis, procedimentos e práticas que dizem respeito ao acordo, bem como elaborar relatórios sobre os resultados destes estudos;

c) preparar e distribuir relatórios anuais sobre os aspectos técnicos do funcionamento e da situação do acordo;

d) fornecer informações e pareceres sobre questões relativas ao valor das mercadorias importadas para fins aduaneiros que possam ser solicitados por qualquer membro da OMC;

e) facilitar, a pedido, a assistência técnica aos membros da OMC com vistas a promover a aceitação internacional do acordo;

f) examinar questões técnicas oriundas de painéis para a solução de controvérsias.

■ **Comitê de Regras de Origem:** este comitê surgiu em 1995, a partir do Acordo sobre Regras de Origem celebrado com a criação da Organização Mundial do Comércio. Trata-se, pois, de órgão que opera sob os auspícios da OMA, em parceria com a OMC, além de atuar como observador nas reuniões da OCDE e da UNCTAD. O mecanismo de representação dos países-membros, das duas organizações, segue os mesmos moldes do Comitê de Valoração Aduaneira.

O Comitê está a cargo das seguintes responsabilidades:

a) examinar problemas técnicos relativos à aplicação do acordo sobre Regras de Origem e emitir pareceres consultivos sobre as soluções adequadas;

b) elaborar relatórios periódicos e efetuar a revisão técnica anual do acordo, inclusive com a sugestão de alterações no texto;

c) prestar informações e pareceres sobre a matéria para os membros ou outros organismos correlatos, além de submeter ao Conselho da OMA relatório das atividades.

3.5. FUNDO MONETÁRIO INTERNACIONAL (FMI)

Como vimos, tanto o **Fundo Monetário Internacional** como o Banco Mundial foram criados a partir da *Conferência de Bretton Woods*, realizada nos Estados Unidos, em 1944[35].

A principal missão do FMI consiste em manter a **estabilidade** do sistema monetário internacional, a fim de prevenir, por exemplo, grandes crises, como a da quebra da Bolsa de Nova York em 1929, algo que certamente inspirou sua criação. Outros objetivos do fundo incluem a **facilitação** do comércio internacional, a promoção de **empregos, a manutenção do equilíbrio dos balanços de pagamentos** e o crescimento econômico **sustentável**, fatores essenciais para a redução da pobreza.

O FMI possui sede em Washington e conta com 190 membros, praticamente todos os integrantes do Sistema das Nações Unidas. Sua estrutura inclui mais de 2.500 funcionários, de diversas nacionalidades, e recursos de centenas de bilhões de dólares, que podem ser emprestados a países com dificuldades financeiras, desde que atendidos certos critérios, principalmente compromissos de reestruturação macroeconômica, como adoção de políticas cambiais e fiscais, além da adequação dos gastos públicos (elementos diretamente relacionados ao Balanço de Pagamentos).

O governo norte-americano exerce **forte influência** sobre a política do fundo, desde a sua criação, conforme ressalta Frieden[36]: "Os Estados Unidos financiavam as duas instituições de Bretton Woods em funcionamento, o FMI e o Banco Mundial, e montaram uma sede para elas em Washington. Devido a um acordo, o presidente do banco seria norte-americano e o do fundo, europeu; mas a predominância norte-americana fora tomada como certa nas duas organizações assim como na OTAN e em outras parcerias ocidentais".

---

[35] "O sistema de Bretton Woods governou as relações econômicas internacionais dos países capitalistas avançados da Segunda Guerra Mundial ao início da década de 1970. As nações industrializadas se afastaram do nacionalismo econômico e dos conflitos, mas não retornaram ao *laissez-faire* de antes da Primeira Guerra Mundial, com base no pressuposto de que as exigências para o sucesso internacional alimentavam os problemas do desemprego e dos produtores agrícolas." Jeffry A. Frieden, *Capitalismo global*, p. 322.

[36] Jeffry A. Frieden. *Capitalismo global*, p. 292.

A presença da **ideologia** dos Estados Unidos como fonte de referência para o FMI é objeto de duras críticas, especialmente de Stiglitz, grande conhecedor da instituição[37]: "Logo após a fundação do FMI e do Banco Mundial, a Europa e os Estados Unidos (que controlam de fato ambos) se reuniram e fizeram um acordo de 'velhos camaradas': a Europa escolheria o chefe do FMI e seu vice; em troca, os Estados Unidos poderiam designar o Presidente do Banco Mundial. Não havia nem um simulacro de busca pela pessoa mais qualificada".

Sem prejuízo das opiniões divergentes, as principais atividades de apoio prestadas pelo FMI aos membros incluem[38]:

- ▣ assessoria a governos e bancos centrais com base na análise das tendências econômicas mundiais e experiências de outros países;
- ▣ investigação, elaboração de estatísticas, previsões e análises baseadas no monitoramento das economias globais, regionais e individuais, assim como seus respectivos mercados;
- ▣ empréstimos para ajudar os países a superar dificuldades econômicas;
- ▣ empréstimos preferenciais para ajudar a combater a pobreza nos países em desenvolvimento;
- ▣ assistência técnica e treinamento para ajudar os países a melhorar a gestão das suas economias.

O Fundo Monetário Internacional mantém estreitas relações de colaboração com outros organismos internacionais, especialmente com o seu "irmão de nascimento", o **Banco Mundial**.

Muito embora possuam objetivos distintos (pois, enquanto o FMI se preocupa com questões macroeconômicas e estabilidade dos mercados, o Banco Mundial possui um compromisso de longo prazo com o desenvolvimento e a redução da pobreza), pode-se dizer que suas atividades sejam **complementares**, até porque os países precisam se associar ao FMI antes de receberem recursos provenientes do Banco Mundial.

O FMI possui *status* de observador nas reuniões da Organização Mundial do Comércio e participa ativamente de projetos capitaneados pela UNCTAD e demais órgãos do Sistema das Nações Unidas.

3.5.1. Como funciona o Fundo Monetário Internacional?

Os recursos do FMI decorrem das **subscrições de cotas** efetuadas pelos membros quando da admissão. A quantidade de cotas está diretamente relacionada ao tamanho da economia de cada país, de forma que os Estados Unidos, por exemplo, possuem a maior cota do fundo[39].

---

[37] Joseph E. Stiglitz. *Globalização*: como dar certo, p. 26.

[38] Conforme informações disponíveis em: <http://www.imf.org/external/about.htm>, tradução livre do autor.

[39] De acordo com a atual divisão de cotas, a participação dos Estados Unidos no FMI corresponde a 17,43%, enquanto o Brasil, por exemplo, possui cotas que representam 2,32% do total dos recursos do fundo. As cotas são revistas periodicamente e podem ser aumentadas quando necessário, a critério do *Board of Governors*, o órgão máximo da instituição.

Ao ingressar no FMI, os países são obrigados a integralizar totalmente o valor da sua cota, sendo que até 25% do montante deverá ser pago na própria "moeda" do fundo, conhecida como **Direitos Especiais de Saque — DES** (*Special Drawing Rights* — SDR, em inglês), enquanto o restante pode ser quitado na moeda corrente do país ou em moedas internacionalmente aceitas.

Os DES representam o **ativo financeiro** do fundo e foram criados em 1969 como alternativa ao modelo proposto originalmente em *Bretton Woods*, que exigia que as reservas fossem em **ouro** ou **dólares norte-americanos**[40], instrumentos que se mostraram escassos em razão do crescimento do comércio internacional[41]. O valor dos Direitos Especiais de Saque é calculado com base numa cesta de moedas internacionais, que atualmente inclui o *euro*, o *dólar norte-americano*, a *libra esterlina* e o *iene japonês*.

Importa destacar que a cota de cada país também determina o seu nível de participação e direitos no sistema decisório do Fundo Monetário Internacional. Todos os membros têm **250 votos básicos** e **mais um voto adicional** para cada 100 mil DES de cota. Isso significa, na prática, que os países ricos possuem um peso significativamente maior nas decisões do que os demais, situação que tem sido objeto de debates no sentido de tornar mais equilibrado o jogo de forças, conferindo melhores condições de participação aos países em desenvolvimento[42].

Mitterrand, ao comentar a atuação do FMI no início do atual processo de globalização, disparou[43]: "O Fundo Monetário Internacional (FMI) também deveria instaurar direitos de saque para os países-membros mais necessitados. No momento[44] o FMI serve apenas para aumentar os lucros dos países ricos que já eram membros antes de 1981, e não para ajudar os 35 membros mais recentes, que mais necessitam do Fundo. Se essa injustiça do sistema financeiro mundial for corrigida, haverá disponibilidade de outros 50 bilhões em moeda estável para aplicação no desenvolvimento indispensável".

Igualmente, o montante de **empréstimos** que pode ser obtido por um membro do FMI (seu limite de financiamento) também está diretamente ligado às cotas. Em regra,

---

[40] A concepção do chamado **padrão-ouro**, conforme Frieden, decorreu do acerto entre britânicos e norte-americanos: "No início de 1944, Keynes e White conseguiram conciliar a estabilidade internacional de um padrão ouro-dólar com a flexibilidade doméstica para intervenções cambiais. Os países participariam de um Fundo Monetário Internacional (FMI); destinariam ouro e capital em moeda nacional para esse fundo comum e fixariam suas moedas no metal a uma taxa preestabelecida. O fundo lhes emprestaria dinheiro em tempos difíceis e os valores das moedas poderiam ser modificados se as condições econômicas assim exigissem. O plano de Keynes e White uniu os objetivos dos governos britânico e norte-americano: estabilidade monetária com flexibilidade e amparo ao ouro sem rigidez". *Capitalismo global*, p. 279-280.

[41] Originalmente, os Direitos Especiais de Saque foram definidos como o equivalente a 0,888671 grama de ouro, o que, na época, representava um dólar norte-americano. Com o colapso do sistema paritário previsto em *Bretton Woods*, em 1973, o parâmetro dos Direitos Especiais de Saque foi redefinido e passou a ser calculado em função da cesta de moedas.

[42] Com efeito, o FMI lançou, em 2006, um programa de reformulação do sistema de cotas no intuito de aumentar a participação das economias emergentes. Como resultado, vários países obtiveram, a partir de março de 2008, maior representatividade no fundo, com destaque para China, Coreia do Sul, Índia, Brasil e México.

[43] François Mitterrand. A indiferença complacente para a classe periférica global, p. 352.

[44] Discurso proferido em encontro da Unesco em meados da década de 1990.

um país pode tomar emprestado até 200% da sua cota anualmente ou 600% de forma cumulativa. Em circunstâncias excepcionais, aprovadas pelo fundo, esses "limites de acesso" podem ser ampliados.

Curiosamente, o Fundo Monetário Internacional também possui enormes **reservas em ouro**, de quase 3 mil toneladas[45], o que o qualifica como o terceiro maior detentor do metal no mundo.

Dada a importância histórica do ouro, especialmente como padrão de referência monetária após a Segunda Guerra Mundial, o FMI mantém estoques estratégicos para o caso de contingências. Pequenas parcelas das reservas em ouro poderão ser vendidas ou adquiridas, desde que aprovadas por maioria de 85% de votos, o que limita tais operações a circunstâncias extremamente raras.

Como qualquer instituição financeira, o Fundo Monetário Internacional obtém renda a partir da **cobrança de juros** decorrentes dos empréstimos realizados aos membros. Em termos históricos, mais de 80% dos países pertencentes ao fundo já se valeram de empréstimos, ao menos uma vez, normalmente em decorrência de problemas no Balanço de Pagamentos.

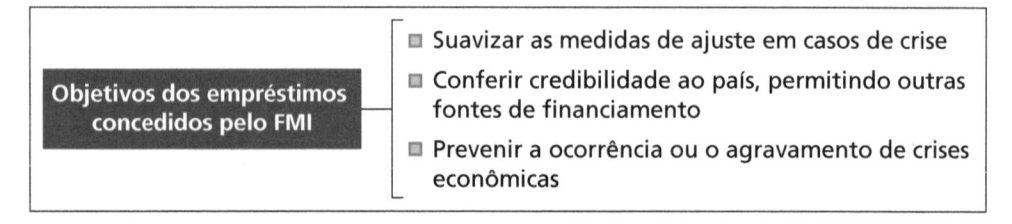

As condições para a obtenção dos empréstimos implicam a formalização de compromissos entre o FMI e o governo do país em dificuldades, além de terem por objetivo fixar metas específicas e quantificáveis, normalmente de natureza fiscal e cambial.

Em regra, os empréstimos são realizados em parcelas durante a vigência do **programa de ajuda**, condicionadas ao cumprimento das metas estabelecidas, pelo prazo de até três anos. Os governos requisitantes devem apresentar detalhes do seu programa econômico mediante a entrega de uma "carta de intenções" para o Diretor-geral do fundo. Eventualmente, novos programas podem ser firmados, de acordo com as necessidades do caso concreto.

Além do aspecto econômico, a intervenção do FMI produz efeitos em cadeia, pois geralmente sinaliza que o país adotou políticas econômicas adequadas, o que facilita a obtenção de novos recursos de outros investidores, públicos ou privados.

O Fundo Monetário Internacional possui vários **programas de financiamento**, conforme a necessidade do país e as características do problema a ser enfrentado:

■ *Stand-By Arrangement* (SBA) — é a forma mais comum de empréstimo, existente desde 1952. São os financiamentos de maior vulto, destinados a ajustes no Balanço de Pagamentos.

---

45 Dados de 2023, disponíveis em: <https://www.imf.org/en/About/Factsheets/Sheets/2022/Gold-in--the-IMF>.

■ *Flexible Credit Line* (FCL) — trata-se de nova modalidade de crédito, voltada para países com sólidos fundamentos econômicos e histórico favorável perante o fundo. Os créditos, após aprovação, podem ser tomados a qualquer tempo, sem a necessidade de desembolsos por etapas ou o atendimento de compromissos, como no caso dos programas de apoio, além de prazos para pagamento mais amplos, de até cinco anos.

■ *Extended Fund Facility* (EFF) — programa destinado a ajudar países com problemas estruturais no Balanço de Pagamentos, cuja correção possa demandar mais tempo. Além do financiamento, o modelo inclui análises sobre o funcionamento dos mercados e instituições, bem assim medidas mais drásticas, como reformas e privatizações.

■ *Exogenous Shocks Facility* (ESF) — programa para a contenção de choques externos, ou seja, crises ou conflitos temporários, que fogem ao controle do governo, como desastres naturais ou problemas de desabastecimento e elevação repentina de *commodities.*

■ *Emergency Assistance* (EA) — programa de assistência emergencial para problemas relacionados ao Balanço de Pagamentos, mas decorrentes de catástrofes naturais ou conflitos militares, com taxas subsidiadas para países de baixa renda.

■ *Poverty Reduction and Growth Facility* (PRGF) — programa voltado ao desenvolvimento de países menos desenvolvidos, cujo foco são estratégias para o combate à pobreza por meio de incentivos ao crescimento. Possui taxas de juros reduzidas, prazos mais longos e, nos últimos anos, tem sido o mais frequente instrumento de financiamento do FMI.

Paralelamente aos programas de empréstimo, o Fundo Monetário Internacional proporciona duas iniciativas de **redução das dívidas externas** dos países mais pobres.

A primeira, conhecida como *Heavily Indebted Poor Countries Initiative*, foi concebida em 1996 e propicia uma redução coordenada dos débitos, de comum acordo entre os credores, no intuito de que os países pobres possam adquirir sustentabilidade, até porque suas dívidas seriam literalmente impagáveis.

A outra iniciativa (*Multilateral Debt Relief Initiative*) envolveu o Fundo Monetário Internacional, o Banco Mundial e o Fundo de Desenvolvimento Africano e permitiu o **cancelamento** da dívida de certos países, a fim de facilitar-lhes o alcance das **Metas de Desenvolvimento do Milênio**, que objetivavam reduzir a pobreza extrema no mundo até 2015.

Embora o papel do FMI seja relevante, especialmente em situações de crise internacional, a condução da sua política de auxílio tem sido objeto de severas restrições, como a de Stiglitz[46]: "O FMI tem pago um preço alto pela falta de confiança mundial nele depositada e por sua falta de legitimidade política. Aqueles que devem à instituição, reembolsam-na o mais depressa que podem (...) Tudo isso ressalta as falhas fundamentais do 'modelo de negócios' do FMI, que precisa de crises e de empréstimos em crises para financiar suas operações — um conjunto perverso de incentivos, no qual se beneficia do aumento da instabilidade. E embora grande parte das operações do FMI (como

---

[46] Joseph E. Stiglitz. *Globalização*: como dar certo, p. 25.

a coleta de dados) seja de valor para toda a comunidade financeira internacional, esses 'bens públicos globais' foram, na verdade, pagos pelos países pobres por meio do pagamento de juros sobre os empréstimos feitos em tempos de crise".

DEPÓSITOS INTERNACIONAIS		
Euromoedas	**Eurodólares**	**Petrodólares**
Designação genérica que representa os depósitos *offshore*, ou seja, a existência de disponibilidade de certa moeda em países estrangeiros, depositadas nos chamados eurobancos. A designação, embora imperfeita, deriva da prática iniciada pelos bancos na Europa, no fim dos anos 1950	Espécie de euromoeda, que indica os depósitos em dólares efetuados em bancos fora dos Estados Unidos. A expressão é inadequada, pois os valores podem, na prática, ser depositados em qualquer país	Nome dado aos recursos provenientes do superávit dos países exportadores de petróleo, especialmente na época da crise do produto (1973), que passaram a ser negociados em larga escala no mercado internacional e serviram, entre outras coisas, para financiar os empréstimos a países em desenvolvimento

3.6. BANCO MUNDIAL

O **Banco Mundial**, assim como o FMI, foi criado a partir das decisões tomadas na Conferência de *Bretton Woods*. Sua missão evoluiu do processo de reconstrução pós--Segunda Guerra Mundial, nos anos 1950 e 1960, para o **combate à pobreza** em escala global neste início de século XXI.

Como já destacamos, **não se deve confundir** o Grupo Banco Mundial com o Banco propriamente dito, porque este faz parte das cinco instituições daquele, a saber:

- Banco Internacional para Reconstrução e Desenvolvimento (*International Bank for Reconstruction and Development*).
- Associação Internacional para o Desenvolvimento (*International Development Association*).
- Corporação Financeira Internacional (*International Finance Corporation*), que tem por objetivo estimular o desenvolvimento econômico por meio de investimentos privados.
- Agência Multilateral de Garantia de Investimentos (*Multilateral Investment Guarantee Agency*).
- Centro Internacional para Arbitragem em Disputas sobre Investimentos (*International Centre for Settlement of Investment Disputes*).

O Banco Mundial (BIRD) é o órgão mais importante da estrutura, possui os mesmos membros que o Fundo Monetário Internacional e tem sede em Washington, com escritórios e representações em dezenas de países.

Podemos dizer que o BIRD tem uma vocação mais **social** do que os outros organismos de índole financeira, porque os recursos disponíveis devem ser utilizados no combate à pobreza e em projetos capazes de promover o desenvolvimento sustentável dos países que mais enfrentam dificuldades de adaptação e inclusão no atual cenário globalizado.

A atuação do Banco Mundial tem especial foco nas **regiões africanas** e no **mundo árabe**, por serem tradicionalmente pobres e fechadas, por problemas de ordem social ou religiosa. Outros temas relevantes, que recebem apoio do BIRD, incluem iniciativas de prevenção a epidemias, alterações climáticas e países fragilizados em função de conflitos internos ou militares.

Os empréstimos são concedidos a juros baixos e subsidiados e, portanto, não possuem caráter lucrativo, de sorte que o Banco Mundial não atua como um banco tradicional, mas, sim, como agente fomentador de investimentos nas áreas de educação, saúde, administração pública, infraestrutura, agricultura, desenvolvimento comercial e gestão de recursos naturais.[47]

DIFERENÇAS ENTRE O FMI E O BANCO MUNDIAL[47]		
	FMI	**BANCO MUNDIAL**
CARÁTER	▣ Instituição monetária	▣ Instituição de desenvolvimento
FUNÇÕES	a) Estabilização do sistema monetário b) Financiamento temporário dos déficits do balanço de pagamentos	a) Promoção e financiamento do desenvolvimento econômico b) Administração do fluxo internacional de capitais
EMPRÉSTIMOS	▣ Curto prazo	▣ Longo prazo
FONTES DE FINANCIAMENTO	▣ Reservas oficiais e moedas dos próprios países-membros	▣ Empréstimos nos mercados de capitais internacionais
CRÉDITO	▣ Para todos os membros	▣ Para países em desenvolvimento
PAGAMENTO	▣ De 3 a 5 anos (em alguns casos, 10 anos)	▣ De 15 a 20 anos

3.7. BANCO INTERAMERICANO DE DESENVOLVIMENTO

O Banco Interamericano de Desenvolvimento (BID) foi criado em 1959, por iniciativa do Presidente Juscelino Kubitschek, para oferecer financiamentos relacionados ao desenvolvimento da América Latina e do Caribe.

A exemplo do Banco Mundial, o BID é, na verdade, um grupo de instituições, com sede em Washington, constituído pelo Banco Interamericano de Desenvolvimento, pela Corporação Interamericana de Investimentos (CII) e pelo Fundo Multilateral de Investimentos (FUMIN), que se concentram, entre outras atribuições, no financiamento de médias e pequenas empresas e na promoção do crescimento do setor privado, com investimentos e operações de cooperação técnica não reembolsáveis.

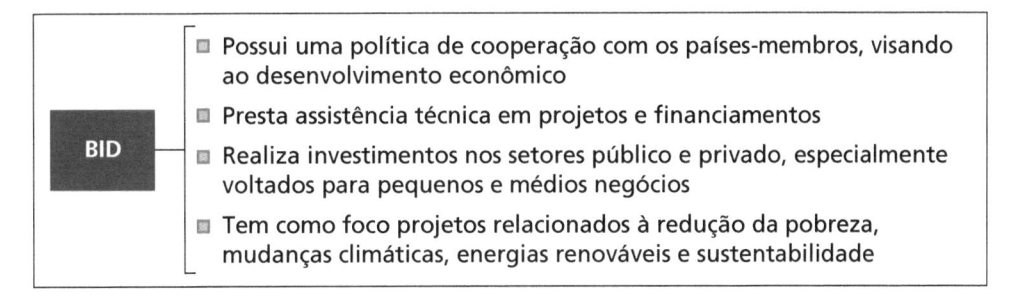

BID
- ▣ Possui uma política de cooperação com os países-membros, visando ao desenvolvimento econômico
- ▣ Presta assistência técnica em projetos e financiamentos
- ▣ Realiza investimentos nos setores público e privado, especialmente voltados para pequenos e médios negócios
- ▣ Tem como foco projetos relacionados à redução da pobreza, mudanças climáticas, energias renováveis e sustentabilidade

---

[47] Conforme Inaiê Sanchez. *Para entender a internacionalização da economia.* São Paulo: Senac, 1999, p. 57.

3.8. QUESTÕES

1. (ESAF — AFTN — 1996) Os Direitos Especiais de Saque (DES) foram criados como moeda escritural, ou moeda de conta, em razão de grande expansão das economias e do comércio internacional. Na verdade, desde a sua criação, o sistema Bretton Woods mostrou-se incapaz de prover recursos de liquidez necessários ao funcionamento da economia internacional, motivo pelo qual foram criados os "DES". A entidade responsável pela administração dos "DES" era o(a)

a) Fundo Monetário Internacional (FMI).
b) Banco Mundial.
c) CFI (Corporação Financeira Internacional).
d) Banco Interamericano de Desenvolvimento (BID).
e) Export-Império — Bank (EXIMBAC).

2. (ESAF — AFRF — 2001) Os fundadores da teoria do desenvolvimento, que provinham principalmente da economia dos anos cinquenta, como Nurkse, Myrdal, Rosenstein-Rodan, Singer, Hirschmann, Lewis e, certamente, Prebisch, não só centraram sua análise nas diferenças estruturais existentes entre os países desenvolvidos e os países em desenvolvimento, mas também postularam, a partir de ângulos distintos, que a forma de funcionar dos países desenvolvidos constitui a causa principal do subdesenvolvimento destes últimos. As estratégias de desenvolvimento recomendadas e seguidas nos países subdesenvolvidos — e especialmente na América Latina — tenderam a ser diametralmente opostas às políticas dos países industriais. Com efeito, devido à tendência secular de deterioração dos termos de intercâmbio dos produtos industriais que os países desenvolvidos exportavam e os bens primários que exportavam os países atrasados, a única solução a médio e longo prazos para estes últimos seria modificar sua inserção na economia mundial, produzindo localmente aqueles bens industriais que antes importavam, através de políticas que procurassem substituir essas importações, criando uma indústria nacional protegida pelo Estado.

a) Por essa razão, países como o Brasil procuraram dedicar-se somente à produção de um único artigo (soja, por exemplo). Dessa forma, ele poderá utilizar parte dos fatores na produção da soja, mas o restante poderá aplicar na produção de outros artigos, mesmo sofisticados, como automóveis, computadores e aviões.
b) Por essa razão, a transferência de população do setor primário para o setor industrial contribui, em muitos casos, para a degeneração do nível de vida dessa população.
c) Por essa razão, os governantes dos países subdesenvolvidos procedem unicamente do ponto de vista político, evitando introduzir indústrias em seu país, pois, politicamente, não aumentarão seu prestígio junto à população.
d) Por essa razão, os países subdesenvolvidos, pesadamente dependentes da produção e exportação de produtos primários, acabam rejeitando a teoria das vantagens comparativas e procuram industrializar-se a qualquer custo.
e) Por essa razão, os países subdesenvolvidos e em desenvolvimento procuram manter a capacidade de produzir um único artigo, considerado estratégico, tal como combustível, café, armamento bélico etc., mesmo que tal atitude seja desinteressante em termos puramente econômicos.

3. (ESAF — AFRF — 2001) Tradicionalmente os países latino-americanos mantiveram economias fechadas, fundamentalmente primário-exportadoras, com uma indústria incipiente e protegida; governos grandes, nacionalistas e pouco eficientes; setores privados excessivamente tímidos e quase inexistentes, sociedades simples, mas tremendamente dicotômicas; mercados de trabalho fortemente concentrados, e uma cultura paroquial que, de acordo com um ditado mexicano, vivia agarrada ao passado. Os primeiros passos de sua inserção no processo de globalização lhes deram acesso aos mercados comerciais, tecnológicos e financeiros internacionais e, o que é mais importante, aos mercados do conhecimento e das ideias, que favoreceu o fortalecimento de suas vinculações políticas com o resto do mundo, permitindo-lhes constituir esquemas de integração competitivos, abertos e extrovertidos, proporcionando a diversificação de sua estrutura social e ocupacional, exercendo pressão para a melhoria de seus sistemas educativos, estabelecendo desafios, cujas respostas estão surpreendentemente atrasadas, do ponto de vista da modernização de seus sistemas políticos e do Estado.

Já vimos que o comércio internacional depende das diferenças dos custos (ou preços) relativos dos artigos produzidos pelos vários países. Por que os países apresentam uma estrutura de custo diferenciado?

a) A resposta nos é dada pelo economista Adam Smith em sua obra "Comércio Inter-regional e Internacional".

b) A resposta nos é dada pelo economista Bertil Ohlin em sua obra "Comércio Inter-regional e Internacional".

c) A resposta nos é dada pelo economista Peter Schumpeter em sua obra "Comércio Inter-regional e Internacional".

d) A resposta nos é dada pelo economista Francis Fukuyama em sua obra "Comércio Inter-regional e Internacional".

e) A resposta nos é dada pelo economista Paul Singer em sua obra "Comércio Inter-regional e Internacional".

4. (ESAF — AFRF — 2001) Para explicar a relação entre comércio de produtos primários e industrializados, a Comissão Econômica para América Latina (CEPAL) apresentou uma série de estudos e propostas. Acerca da CEPAL pode-se fazer as seguintes afirmativas abaixo, exceto:

a) A CEPAL teve um papel decisivo na criação da ALALC.

b) O comércio internacional tendia a gerar uma desigualdade básica nas relações de troca (uma deterioração nas relações de troca), pois os preços das matérias-primas (dos países em desenvolvimento) tendiam a declinar a longo prazo, enquanto o preço dos produtos manufaturados (fabricados em geral em países desenvolvidos) tendia a subir.

c) Os países produtores de bens primários deveriam diversificar sua produção, deixando de ser produtores de monoculturas.

d) Os países em desenvolvimento deveriam procurar exportar produtos manufaturados.

e) Os países em desenvolvimento deveriam abrir suas economias para torná-las mais competitivas e assim conquistarem espaço no comércio internacional.

5. (ESAF — AFRF — 2001) 1958. O Brasil vive o auge da euforia desenvolvimentista. Amplia a infraestrutura econômica, industrializa-se rapidamente, urbaniza-se, constrói nova capital, cresce aceleradamente. Estados Unidos e União Soviética disputam poder e espaço no mundo. Acirradamente. É a Guerra Fria. Capitalismo *versus* socialismo. Disputa de áreas de influência, política americana de contenção do expansionismo soviético. Em Cuba, a guerra de guerrilhas de Fidel Castro desestabiliza a desgastada ditadura de Fulgencio Batista, que cai no início de 1959. As questões político-ideológicas fervilham nos empobrecidos América Latina e Caribe. Em Washington, a região é vista como uma área de chassegardée dos americanos. Na prática, o pan-americanismo está hibernado. Projetos como o da criação do banco regional não encontram espaço.

Os Estados Unidos consideram suficiente o seguinte tripé:

a) GATT, FMI, Banco Mundial.

b) BID, BIRD e CFI.

c) CFI, OEA, GATT.

d) FMI, Banco Mundial e Eximbank.

e) UNCTAD, GATT e FMI.

6. (ESAF — AFRF — 2001) O Fundo Monetário Internacional (FMI), surgido como resultado da Conferência Monetária e Financeira, realizada em Bretton Woods, New Hampshire, Estados Unidos, em 1944, com a participação de 44 países, vem a ser, em síntese:

a) Uma agência de crédito voltada para o microcrédito de projetos no setor rural e no setor informal da economia.

b) Um banco que aceita depósitos em moeda estrangeira de empresas ou particulares para saldar os débitos decorrentes de suas compras internacionais.

c) Uma instituição financeira reunindo um grupo de países ricos e pobres.

d) Uma instituição que mantém contas de depósitos em diferentes moedas junto a outros bancos no exterior, seus correspondentes.

e) Uma instituição destinada a colaborar na manutenção do equilíbrio dos balanços de pagamentos, quando afetados por oscilações de caráter estável ou cíclico.

7. (ESAF — AFRF — 2001) Sentindo-se desconfortáveis no GATT os países em desenvolvimento (PEDs) passaram a expor seus pontos de vista na Organização das Nações Unidas (ONU) e a cogitar uma nova conferência internacional sobre comércio, mas com enfoque diferente da anterior (Conferência Internacional sobre Comércio e Emprego que resultou na Carta de Havana) e fazer uma sobre comércio e desenvolvimento; e que atenderia a aspectos de interesse dos PEDs que se sentiam marginalizados pelo GATT. Contando com o apoio na ONU da ex-URSS, dos ex-países socialistas, e dos países em desenvolvimento (PEDs) "periféricos" (Austrália, Países Nórdicos etc.) iniciam uma batalha jurídica até que a Resolução 917 convoca uma Conferência das Nações Unidas sobre o Comércio e Desenvolvimento (UNCTAD).

Sobre a UNCTAD, não se pode fazer a seguinte afirmativa:
   a) Acredita que o livre-comércio pode levar ao desenvolvimento pela teoria das vantagens comparativas.
   b) Tem como principal missão fomentar o comércio internacional para acelerar o desenvolvimento econômico.
   c) Foi criada em 1964 em Genebra pelos PEDs com forte influência da Comissão Econômica para a América Latina e Caribe (CEPAL).
   d) Defendia o estabelecimento de Acordos Internacionais de Mercadorias (AIMs).
   e) Defendia o Princípio da Deterioração das Relações de Troca.

8. (ESAF — AFRF — 2002) A Conferência das Nações Unidas Sobre Comércio e Desenvolvimento (UNCTAD) é entidade intergovernamental permanente que tem por objetivo principal
   a) prestar apoio financeiro e logístico para operações de comércio exterior empreendidas por países em desenvolvimento.
   b) apoiar os processos de integração regional que envolvam países desenvolvidos e países em desenvolvimento.
   c) promover a inserção das pequenas e médias empresas dos países em desenvolvimento no comércio internacional.
   d) aumentar oportunidades de comércio, investimentos e de progresso nos países em desenvolvimento, assistindo-os em seu esforço de integração equitativa na economia mundial.
   e) discutir estratégias de liberalização comercial envolvendo países em desenvolvimento.

9. (ESAF — AFRF — 2002) Sobre a Conferência das Nações Unidas sobre Comércio e Desenvolvimento (UNCTAD), é correto afirmar que
   a) é uma conferência convocada a cada quatro anos pela Assembleia Geral das Nações Unidas, assistida por todos os seus membros, para discutir questões relacionadas ao comércio e aos investimentos sob a perspectiva dos interesses dos países em desenvolvimento.
   b) é um fórum constituído pelos países da Organização Econômica de Cooperação e Desenvolvimento (OECD) no âmbito da Assembleia Geral das Nações Unidas para coordenar políticas relacionadas ao comércio com os países em desenvolvimento.
   c) é um organismo intergovernamental vinculado à Assembleia Geral das Nações Unidas voltada para o tratamento de questões relacionadas à promoção do desenvolvimento econômico e seus vínculos com o comércio, as finanças e os investimentos internacionais.
   d) é uma conferência de caráter permanente integrada pelos países-membros da Organização das Nações Unidas com o propósito de discutir questões comerciais e os entraves ao desenvolvimento dos países de menor desenvolvimento relativo.
   e) é um fórum permanente de consulta e de negociações comerciais, constituído por países em desenvolvimento no contexto da Assembleia Geral das Nações Unidas.

10. (ESAF — AFRF — 2002) O Fundo Monetário Internacional (FMI) foi concebido como um fundo de estabilização para o sistema monetário internacional no contexto das instituições de Bretton Woods. Que moedas estariam disponíveis neste fundo?
   a) O banco, que era a moeda específica para ser utilizada pelos países para o pagamento das compensações internacionais.
   b) Apenas o dólar americano.
   c) Apenas as chamadas "moedas fortes".
   d) Todas as moedas dos países membros do FMI.
   e) Apenas as moedas garantidas em ouro.

11. (ESAF — AFRF — 2002) O Banco Mundial e, posteriormente, também os bancos regionais de desenvolvimento, no sistema Bretton Woods, ficaram responsáveis pela (pelo)

a) administração do fluxo internacional de capitais de longo prazo.

b) financiamento de linhas de crédito comercial para países do "Terceiro Mundo".

c) fornecimento de recursos financeiros aos países para evitar processos de endividamento.

d) desenvolvimento de programas de ajustes macroeconômicos em nível internacional.

e) fornecimento dos fundos necessários ao desenvolvimento e à recuperação dos fluxos comerciais no pós-guerra.

12. (ESAF — AFRF — 2002) O que se entende por "eurodólar" ou "euromoeda"?

a) Valor do dólar americano no mercado monetário europeu.

b) Moeda europeia de conta cujo valor está associado ao dólar americano.

c) Valor referencial que, recentemente, serviu de base para se estabelecer a "European Currency Unit" (ECU) da União Europeia.

d) Reservas americanas mantidas na Europa.

e) Depósitos em moedas nacionais, mantidos em bancos situados fora das fronteiras do país de origem.

13. (ESAF — AFRF — 2002) A crise energética dos anos 70 produziu enormes movimentos de recursos financeiros e transferências de renda na economia internacional, bem como uma considerável realocação da liquidez na economia internacional. Nesse contexto, o que se entende por "reciclagem de petrodólares"?

a) Os empréstimos em dólares feitos pelos países integrantes de Organização dos Países Exportadores de Petróleo — OPEP — a partir dos saldos originados na conta petróleo.

b) O retorno aos países de origem dos recursos utilizados para a aquisição de petróleo.

c) O processo pelo qual os saldos advindos da venda de petróleo pelos países da OPEP retornavam aos centros financeiros americanos e europeus e eram depois enviados aos países do "Terceiro Mundo", na forma de empréstimos.

d) O processo pelo qual os saldos originados pela venda de petróleo pelos países exportadores de petróleo eram recambiados para o sistema monetário e financeiro internacional como recursos adicionais de liquidez que serviam para estabilizar o sistema.

e) A transferência dos saldos da conta petróleo dos países da OPEP para o Banco Mundial e para os órgãos do Fundo Monetário Internacional gerando enorme aumento de liquidez na economia mundial.

14. (ESAF — AFRF — 2002) O processo de endividamento do "Terceiro Mundo" transformou-se em crise generalizada no início dos anos 80. Que tipo de relação houve entre este processo de endividamento e as crises do petróleo, nos anos 70?

a) Houve uma forte relação entre os dois fenômenos porque, na verdade, as duas crises refletem duas faces da mesma moeda: a incapacidade do sistema financeiro internacional de prover os recursos necessários aos programas de desenvolvimento do "Terceiro Mundo".

b) Houve uma forte relação entre os dois fenômenos: países que já estavam endividados foram obrigados a enfrentar crescentes déficits em seus balanços de pagamentos, fosse pelo efeito recessivo da crise energética sobre a economia mundial, fosse pela necessidade de pagar cada vez mais caro pela importação de petróleo.

c) Houve uma relação muito superficial entre as duas crises, apenas na medida em que, na economia, todos os fenômenos estão interligados de alguma forma.

d) Não houve praticamente relação alguma, considerando-se o fato de que o processo de endividamento já havia-se iniciado muito antes de 1973.

e) Não houve praticamente relação alguma, pois a causa, por excelência, do endividamento do "Terceiro Mundo" não foram as crises cíclicas ou estruturais da economia internacional, mas, sim, as irresponsabilidades administrativas que caracterizavam o comportamento da maioria dos governos, via de regra autoritários, dos países em desenvolvimento.

15. (ESAF — AFRF — 2002) A denominação "Eurodólar" surgiu no pós-guerra, visto que, até princípios dos anos 50, os saldos provenientes de transações comerciais eram repatriados. Nessa época, entretanto, a China e a União Soviética, com receio de manter depósitos em dólares americanos nos Estados Unidos, encontraram em Londres um mercado financeiro que se dispunha a

oferecer garantias e renda aos depósitos mantidos em dólares americanos. A partir de fins dos anos 50, com a volta da conversibilidade das principais moedas, esse mercado se expandiu e passou a operar com todas as moedas conversíveis. Que influência teve esse fenômeno sobre o sistema de Bretton Woods?

   a) Exerceu grande influência positiva, isto é, ajudou a tornar, de fato, a moeda americana a principal moeda do sistema.
   b) Não exerceu influência significativa, pois o sistema FMI Banco Mundial se ocupava apenas da estabilidade das moedas e da administração dos mercados financeiros oficiais.
   c) O crescimento vertiginoso desse mercado retirou do sistema de Bretton Woods grande parte de sua capacidade de administrar a liquidez internacional e os fluxos de fundos através dos mercados de capitais.
   d) Não exerceu influência significativa, pois os "eurodólares" eram mantidos em bancos privados e não no conjunto das reservas oficiais.
   e) Produziu considerável efeito político ao tornar a Europa a principal depositária das reservas internacionais.

16. (ESAF — AFRF — 2002) O Sistema de Bretton Woods, surgido em 1944, fez parte de um esforço internacional, liderado pelos EUA, para estabelecer um conjunto de regras estáveis que fossem respeitadas pelo maior número possível de países. Nesse contexto, criou-se o Fundo Monetário Internacional (FMI). Indique, entre as opções abaixo, aquele que não é um dos objetivos principais do FMI.

   a) O FMI é uma organização voltada para promover a estabilidade cambial entre os seus membros.
   b) O FMI pretende facilitar a expansão e o desenvolvimento equilibrado do comércio internacional.
   c) O FMI se propõe a auxiliar o estabelecimento de um sistema multilateral de pagamentos.
   d) O FMI visa a reduzir a duração e diminuir a intensidade do desequilíbrio nos balanços de pagamentos dos seus associados, inclusive com empréstimos de longo prazo.
   e) O FMI pretende promover a cooperação monetária entre as nações através de uma instituição permanente que funcione como órgão de consulta e colaboração nos problemas monetários internacionais.

17. (ESAF — AFRF — 2002) Acerca do Banco Interamericano de Desenvolvimento (BID) não se pode afirmar que

   a) procura trabalhar apenas com seu próprio capital, e com os recursos advindos dos governos dos países-membros, para financiar o desenvolvimento de seus associados.
   b) se propõe a promover a inversão de capitais públicos e privados para fins de desenvolvimento.
   c) coopera com os países-membros na orientação de sua política de desenvolvimento econômico, objetivando a complementação de suas economias.
   d) presta assistência técnica para o preparo, financiamento e execução dos planos de desenvolvimento econômico.
   e) surgiu em razão da pressão do Brasil, mais especificamente do Governo Kubistchek, durante a Operação Pan-Americana (OPA).

18. (ESAF — AFRF — 2002) A Corporação Financeira Internacional (CFI), criada em 1956 como organização filiada ao Banco Internacional de Reconstrução e Desenvolvimento (BIRD), tem por objetivo complementar as atividades deste último. Acerca dos principais objetivos da CFI, não se pode afirmar que

   a) visa estimular o fluxo de capitais privados para inversões produtivas nos países-membros.
   b) procura criar oportunidades de inversão, unindo os investidores nacionais e estrangeiros.
   c) procura oferecer financiamento, em associação com investidores particulares, sem garantia governamental de reembolso, naqueles casos em que não se disponha de suficiente capital em condições razoáveis.
   d) procura oferecer créditos de curto prazo para empreendedores particulares, sob a forma de empréstimos ou participação em ações da empresa.
   e) sua administração é a mesma do Banco Mundial.

19. (ESAF — AFRF — 2003) A Conferência das Nações Unidas sobre Comércio e Desenvolvimento (UNCTAD) é a instância dedicada ao tratamento de questões afetas à participação e perspectivas dos países em desenvolvimento no comércio internacional. Sua agenda, no tocante ao comércio internacional, envolve temas como

a) sugestão de estratégias de abertura comercial e para a implementação do sistema de regras comerciais definido multilateralmente.

b) identificação de instrumentos de política comercial em apoio aos esforços de desenvolvimento no contexto de globalização econômica, apoio técnico para permitir participação efetiva em negociações comerciais internacionais e para a superação de entraves à plena inserção no comércio internacional.

c) geração de propostas e mecanismos alternativos para a resolução de disputas comerciais e para a construção de esquemas preferenciais entre países em desenvolvimento.

d) identificação, junto aos países industrializados, de formas de cooperação para o desenvolvimento, de transferência de tecnologias e atração de investimentos.

e) implementação de medidas de investimentos relacionadas ao comércio, de compromissos sociais e ambientais no marco de acordos comerciais firmados entre países desenvolvidos e países em desenvolvimento.

20. (ESAF — AFRF — 2003) Integram o Grupo Banco Mundial, também conhecido por Sistema Banco Mundial, cinco instituições, todas pertencentes aos países-membros, que, de forma articulada, desempenham distintas funções com vistas a cumprir a missão de combater a pobreza e melhorar as condições de vida das populações nos países em desenvolvimento. A respeito dessas instituições e suas funções precípuas, é correto afirmar:

a) A Corporação Financeira Internacional possui o mandato de estimular o desenvolvimento econômico por meio de ações junto ao setor privado.

b) O Centro Internacional de Solução de Disputas sobre Investimentos funciona segundo as normas de solução de controvérsias acordadas no âmbito da Organização Mundial do Comércio.

c) A Agência de Garantia de Investimentos Multilaterais oferece garantias colaterais prioritariamente associadas aos riscos comerciais de investimentos privados em países em desenvolvimento.

d) O Banco Internacional de Reconstrução e Desenvolvimento, também conhecido por Banco Mundial, não visa a lucro, e possui estrutura decisória baseada na composição de seus membros no seio da Assembleia Geral da Organização das Nações Unidas.

e) A Associação para o Desenvolvimento Internacional oferece principalmente garantias associadas aos empréstimos captados pelos países de renda média no mercado privado.

21. (ESAF — AFRF — 2003) Em meados dos anos 60, com vistas a realizar os objetivos de "atender às necessidades globais de longo prazo dos países-membros e, quando for o caso, suplementar as reservas existentes", criaram-se, no âmbito do Fundo Monetário Internacional (FMI), os Direitos Especiais de Saque (DES), a respeito dos quais é correto afirmar:

a) Seu valor de mercado é definido em função do Dólar dos Estados Unidos da América e sua utilização pelos países-membros restringe-se a acertos de contas referentes a desequilíbrios de balanço de pagamentos.

b) Criados para suplementar as reservas oficiais dos países-membros, os DES são alocados aos países-membros de forma proporcional a suas cotas junto ao FMI.

c) Seu valor de mercado é definido em função do Dólar dos Estados Unidos da América e sua principal função é servir de unidade de conta para o FMI.

d) Embora sua principal função seja servir de reserva de valor para o FMI, os DES são passivos do Fundo junto aos detentores dos direitos, funcionando de forma semelhante a títulos públicos para os governos dos países-membros.

e) Fruto do desenvolvimento dos mercados financeiros internacionais, os DES servem apenas como unidade de conta de agentes públicos e privados, não podendo ser utilizados como ativos dos países-membros em seus balanços de pagamento.

22. (ESAF — AFRF — 2003) Enquanto a Segunda Guerra Mundial ainda estava em curso, procurou-se reorganizar a economia internacional inclusive por meio da criação de um conjunto de instituições que ficou conhecido como o Sistema de Bretton Woods. É correto afirmar a seu respeito que

a) o Banco Mundial funciona como um banco de desenvolvimento, a exemplo do BNDES, financiando principalmente operações de comércio exterior.

b) o Fundo Monetário Internacional, ao impor o Dólar americano como moeda de troca no comércio internacional, auxilia os Estados Unidos da América a projetar interesses na esfera internacional.

c) o GATT foi criado em substituição à malograda proposta de construção da Organização Mundial do Comércio, em 1947, com vistas a regular os fluxos comerciais entre economias desenvolvidas e em desenvolvimento, visto que, gradualmente, as colônias na África e na Ásia se tornavam países independentes.

d) embora a proposta inglesa de criação de uma União Internacional de Compensação parecesse mais adequada à reorganização da economia internacional, as circunstâncias políticas condicionaram a adoção da proposta americana, que originalmente visava a constituir três organizações internacionais.

e) para estimular a criação de áreas de livre-comércio mundo a fora, o Sistema de Bretton Woods criou, no seio do Grupo Banco Mundial, a obrigatoriedade da aplicação da cláusula da nação mais favorecida.

23. (ESAF — AFRF — 2003) Criado em fins dos anos 50, o Banco Interamericano de Desenvolvimento (BID) passou a aceitar, entre seus membros, países que não são do continente americano. Sua estrutura financeira é relativamente complexa e seus estatutos preveem que o total de empréstimos não pode exceder à soma de capital total e de suas reservas. A seu respeito, é correto afirmar:

a) Os recursos do BID financiam projetos de desenvolvimento dos países do continente americano, não podendo ser utilizados em programas de ajuste estrutural.

b) Os empréstimos somente são concedidos a países da região cujo sistema de governo seja uma democracia multipartidária.

c) Os recursos do BID também podem ser utilizados para financiar projetos do setor privado.

d) Os recursos do BID só podem ser usados para financiar governos de países do continente americano, na proporção das cotas destes depositadas no Banco.

e) Decidiu-se criar, no seio do BID, a Associação de Desenvolvimento Internacional, com vistas a fomentar o auxílio a pequenas e médias empresas exportadoras.

24. (CESPE — Diplomata (Terceiro Secretário) — 2014) Com relação a instituições e mecanismos destinados a regular e facilitar o comércio internacional, julgue (C ou E) o item seguinte.

Resultante das pressões de países com menor nível de desenvolvimento, a Conferência das Nações Unidas sobre Comércio e Desenvolvimento (UNCTAD), estabelecida em 1964, é um órgão das Nações Unidas que, entre outras funções, atua no sentido de disciplinar práticas empresariais tidas como restritivas.

GABARITO

1. Pergunta direta, cuja alternativa correta é a letra "a".

2. A alternativa correta é a letra "d", que melhor representa a política de substituição das importações praticadas pelos países em desenvolvimento ou subdesenvolvidos a partir da década de 1950.

3. A alternativa correta é a letra "b", porque fundada na Teoria (ou modelo) de Heckscher–Ohlin.

4. A alternativa que deve ser assinalada é a letra "e", diametralmente oposta às diretrizes preconizadas pela CEPAL. As demais representam as linhas gerais e principais influências do pensamento cepalino.

5. Questão com enunciado extenso, mas resposta direta, cuja alternativa correta é a letra "d", três mecanismos diretamente influenciados (ou criados) pelos Estados Unidos e que, em síntese, representam a ideologia norte-americana do período.

6. A alternativa correta é a letra "e", por ser a única que indica a função precípua do FMI no cenário internacional.

7. A alternativa que deve ser assinalada é a letra "a", que discrepa frontalmente das diretrizes firmadas pela UNCTAD, especialmente quanto aos custos e oportunidades dos países em desenvolvimento no comércio internacional.

8. A alternativa correta é a letra "d", pois veicula o principal objetivo da UNCTAD, no sentido de permitir a inserção dos países em desenvolvimento no competitivo cenário globalizado do comércio internacional. As demais alternativas não são compatíveis com este objetivo e, portanto, estão erradas.

9. A alternativa correta é a letra "c", que oferece uma descrição adequada da UNCTAD, sua vinculação com a ONU e seus principais objetivos, o que não acontece com as demais opções, que estão incorretas.

10. Pergunta direta e de resposta óbvia, cuja alternativa correta é a letra "d".

11. A alternativa correta é a letra "a", pois compete ao Banco Mundial e aos organismos equivalentes ao redor do mundo oferecer oportunidade de financiamento de longo prazo e a juros atraentes, especialmente para projetos economicamente sustentáveis ou de infraestrutura de países em desenvolvimento. As demais alternativas apresentam impropriedades.

12. Questão direta, cuja alternativa correta é a letra "e", que apresenta o conceito de euromoeda.

13. Questão conceitual acerca dos petrodólares e da fase de criação da OPEP, cuja alternativa correta é a letra "c", que representa o mecanismo de financiamento e circulação de capitais derivados dos saldos gerados pelo petróleo.

14. A alternativa que melhor representa a correlação entre a crise do petróleo e o endividamento dos países periféricos na década de 1980 é a letra "b". Como a relação foi profunda, as alternativas "c", "d" e "e" estão automaticamente erradas, enquanto a alternativa "a" não pode prosperar porque o cerne das crises não se concentrou nos projetos de financiamento do "Terceiro Mundo".

15. A alternativa correta é a letra "c", pois o fenômeno indicado no enunciado contribuiu para o excesso de liquidez do dólar (fase pós-1958) e a consequente crise de confiança no governo norte-americano (relativa à sua capacidade de administrar a moeda e manter intacto o sistema proposto em Bretton Woods).

16. Questão direta acerca do papel do FMI, cuja alternativa correta é a letra "d".

17. A alternativa que deve ser assinalada é a letra "a", pois o BID, grupo criado em 1959 e constituído pelo Banco Interamericano de Desenvolvimento, pela Corporação Interamericana de Investimentos (CII) e pelo Fundo Multilateral de Investimentos (FUMIN), concentra-se, entre outras atribuições, no financiamento de médias e pequenas empresas, bem assim promove o crescimento do setor privado com investimentos e operações de cooperação técnica não reembolsáveis. As fontes de recursos e linhas de financiamento e produtos oferecidos pelo BID aos países da América Latina são bastante variadas, o que torna a alternativa incorreta. As demais proposições são adequadas.

18. A alternativa que deve ser assinalada é a letra "d", pois o empréstimo de curto prazo para empreendedores particulares não se coaduna com os objetivos da CFI.

19. A alternativa correta é a letra "b", que veicula os principais temas da agenda da UNCTAD, enquanto representante dos interesses dos países em desenvolvimento. A alternativa "a" está incorreta porque as regras multilaterais não se enquadram no contexto da UNCTAD. A alternativa "c" está incorreta porque a UNCTAD não aborda o tema das soluções de controvérsias. A alternativa "d" está incorreta porque o papel desempenhado pela UNCTAD também não contempla o tipo de aproximação com os países desenvolvidos que a questão tenta apresentar, e, por fim, a alternativa "e" não pode prosperar porque os temas mencionados também não pertencem ao escopo das atribuições da Conferência.

20. A alternativa correta é a letra "a", pois é a única que menciona uma das entidades do Sistema Banco Mundial (Banco Internacional para Reconstrução e Desenvolvimento, Associação Internacional para o Desenvolvimento, Corporação Financeira Internacional, Agência Multilateral de Garantia de Investimentos e Centro Internacional para Arbitragem em Disputas sobre Investimentos) e a relaciona com suas corretas funções.

21. A alternativa correta é a letra "b", que descreve o mecanismo de alocação dos DES. As demais alternativas estão incorretas.

22. A alternativa correta é a letra "d", que revela a origem histórica do Acordo em Bretton Woods. A alternativa "a" está incorreta porque o Banco Mundial não foi voltado para o comércio exterior. A alternativa "b" está incorreta porque não é papel "oficial" do FMI ajudar o governo norte-americano ou o desempenho de sua moeda. A alternativa "c" está incorreta porque o GATT não se relaciona à Conferência de Bretton Woods. Por fim, a alternativa "e" também está incorreta porque a cláusula da nação mais favorecida não foi criada no seio do Banco Mundial.

23. A alternativa correta é a letra "c", porque o financiamento de projetos privados se inclui nas diretrizes do BID. As demais alternativas estão incorretas.

24. Embora a afirmação seja bastante genérica e não conste expressamente das funções da UNCTAD, podemos considerá-la como "Certa", posto que a entidade atua no sentido de apoiar países em desenvolvimento numa economia globalizada, ajudando-os a lidar com as possíveis desvantagens dessa maior integração econômica, que muitas vezes se manifesta por meio de práticas restritivas.

3.9. MATERIAL DIGITAL

VÍDEO
http://uqr.to/1y399

4

PROCESSOS DE INTEGRAÇÃO ECONÔMICA

Os **processos de integração** normalmente decorrem de acordos entre Estados Soberanos, com ou sem a intervenção de uma organização intergovernamental.

Em regra, a premissa básica do modelo é a eliminação gradual das barreiras tarifárias e não tarifárias entre os participantes, sendo possível a evolução para estágios mais complexos, que contemplem normas de maior alcance econômico e social, como a livre circulação de pessoas e capitais.

Existe um debate bastante rumoroso entre os defensores dos processos de integração, como decorrência natural da globalização e os que argumentam exatamente o contrário, no sentido de que a fragmentação regional cria obstáculos ao livre-comércio.

A existência de acordos mercantis remonta a milênios, praticamente desde o início da civilização, especialmente entre povos de áreas geográficas próximas ou rotas comerciais estabelecidas, nas quais a relevância econômica era mais intensa. Exemplos clássicos, como o comércio no âmbito do Império Romano ou a *Rota da Seda* na China, demonstram a vontade de ajustes prévios e concessão de vantagens recíprocas entre as partes.

Em tempos modernos, apesar de tentativas isoladas depois da Segunda Guerra Mundial, a divisão geopolítica bipolar do planeta limitava as iniciativas de tal modo que os processos de integração mais robustos surgiram a partir dos anos 1990, com a **globalização dos mercados** e a percepção de que, isoladamente, os países perderiam força nas negociações multilaterais, razão pela qual a formação de blocos econômicos tornou-se regra, a tal ponto que podemos afirmar não ser coincidência o fato de que três dos principais processos da atualidade tenham surgido **quase simultaneamente**.

Com efeito, ao mesmo tempo que a União Europeia, apesar de seus relevantes antecedentes históricos, foi criada em 1992 pelo **Tratado de Maastricht**[1], do outro lado do Atlântico o Mercosul e o Acordo de Livre-Comércio da América do Norte (do inglês, *North American Free Trade Agreement* — Nafta) surgiram como resposta ao mesmo cenário, com tratados assinados, respectivamente, em 26 de março de 1991 e 17 de dezembro de 1992[2].

---

[1] Assinado em 7 de fevereiro de 1992, com entrada em vigor em 1.º de novembro de 1993.

[2] Ambos com vigência a partir de 1994 (1.º de janeiro para o NAFTA e 31 de dezembro para o Mercosul).

Podemos afirmar que os processos de integração econômica, observados a partir do novo modelo de globalização adotado no início da década de 1990, representam, nos dias atuais, uma realidade praticamente irreversível.

Isso porque os países, no intuito de fortalecerem suas posições no competitivo cenário do comércio internacional, perceberam que a formação de **blocos**, com maior poder de negociação, talvez seja a melhor alternativa para o desenvolvimento econômico.

Quadro 4.1.   PIB mundial (G20)[3]

PAÍS	ÚLTIMO	ANTERIOR	REFERÊNCIA	UNIDADE
Estados Unidos	25463	23315	Dez./2022	Bilhões de dólares
China	17963	17820	Dez./2022	Bilhões de dólares
Zona do Euro	14041	14571	Dez./2022	Bilhões de dólares
Japão	4231	5006	Dez./2022	Bilhões de dólares
Alemanha	4072	4260	Dez./2022	Bilhões de dólares
Índia	3385	3150	Dez./2022	Bilhões de dólares
Reino Unido	3071	3122	Dez./2022	Bilhões de dólares
França	2783	2958	Dez./2022	Bilhões de dólares
Rússia	2240	1837	Dez./2022	Bilhões de dólares
Canadá	2140	2001	Dez./2022	Bilhões de dólares
Itália	2010	2114	Dez./2022	Bilhões de dólares
Brasil	1920	1650	Dez./2022	Bilhões de dólares
Austrália	1675	1553	Dez./2022	Bilhões de dólares
Coreia do Sul	1665	1811	Dez./2022	Bilhões de dólares
México	1414	1273	Dez./2022	Bilhões de dólares
Espanha	1398	1427	Dez./2022	Bilhões de dólares
Indonésia	1319	1187	Dez./2022	Bilhões de dólares
Arábia Saudita	1108	869	Dez./2022	Bilhões de dólares
Holanda	991	1012	Dez./2022	Bilhões de dólares
Turquia	906	819	Dez./2022	Bilhões de dólares
Suíça	808	801	Dez./2022	Bilhões de dólares
Argentina	633	487	Dez./2022	Bilhões de dólares
Cingapura	467	424	Dez./2022	Bilhões de dólares
África do Sul	406	419	Dez./2022	Bilhões de dólares

Guido Soares destaca, entre outras, as seguintes características típicas dos processos de integração[4]:

---

[3]   Fonte: <https://tradingeconomics.com/country-list/gdp>.

[4]   Guido F. S. Soares. O direito supranacional, nas comunidades europeias e na América Latina: o caso da ALALC/ALADI e o mercado comum Brasil-Argentina. *Revista dos Tribunais,* São Paulo: RT, n. 668, jun. 1991, p. 11-34.

a) um fenômeno marcado pela vontade de disciplinar os campos da economia regional e que visa a uma redistribuição territorial dos fatores de produção, a longo período, no sentido de aplicar-se racionalmente os princípios das vantagens comparativas do comércio internacional;

b) vontade manifestada por um tratado internacional, que é ao mesmo tempo um tratado-fundação, de um organismo supranacional, e um tratado-quadro, neste caso, traçando as grandes linhas de atuação daquele organismo e estabelecendo competências para os órgãos que institui e os procedimentos fundamentais para atingir seus objetivos;

c) um fenômeno autocontido e autodisciplinado no tempo, que estabelece prazos para atingir determinadas metas, mecanismo de correção e eventuais providências, além de procedimentos de encerramento de prazos e balanço de atividades.

Blocos econômicos ou **processos de integração econômica** *são associações entre países* que estabelecem relações comerciais e econômicas privilegiadas entre si e que tendem a adotar parcelas compartilhadas de soberania, ou seja, os integrantes concordam em renunciar a parte da soberania nacional em proveito de todos os associados; conceito, aliás, intrínseco a praticamente todos os tratados do direito internacional.

Os blocos econômicos, cujo paradigma, em termos de desenvolvimento e alcance, é a União Europeia, são organizados a partir de afinidades (ou necessidades) políticas, comerciais e econômicas e, no mais das vezes, levando-se em conta o posicionamento geográfico dos membros.

Para os europeus, a necessidade de superação de infindáveis conflitos já havia sido destacada por ninguém menos que **Winston Churchill**, logo após o término da Segunda Guerra Mundial, como relata Byatt[5]: "Em 1948, no Congresso da Europa, Winston Churchill ponderou o futuro de um continente devastado por séculos de guerra, e propôs sua própria visão de um Sonho Europeu. Ele disse: Esperamos ver uma Europa em que homens de todos os países encarem o fato de ser europeu como encaram o de pertencer a sua terra natal, e que (...) em qualquer parte onde estejam neste vasto domínio (...) possam dizer: 'Aqui eu me sinto em casa'".

Existem, atualmente, dezenas de blocos econômicos, com diversos níveis de integração, cujas características veremos a seguir.

4.1. ESTÁGIOS DE INTEGRAÇÃO

É importante ressaltar que a classificação que será apresentada não é absoluta, pois não se constitui de **tipos fechados**, que podem variar de acordo com o grau de inter--relacionamento dos países em fase de integração. Também não deve ser entendida como *etapas sequenciais, condicionantes do processo*, vez que nada impede que um bloco econômico, por suas particularidades, evolua de uma a outra fase, sem passar por aquelas que a doutrina coloca como intermediárias.

Assim, um bloco pode ser criado diretamente como união aduaneira, por exemplo, sem ter vencido as etapas de zona de preferência tarifária e área de livre-comércio,

---

[5] A. S. Byatt. What is a European? *The New York Times Magazine*, 31 de outubro de 2002.

muito embora alguns dos processos mais conhecidos tenham resultado de experiências anteriores.

Também convém destacar que a tipologia da classificação pode sofrer variações, até porque se baseia unicamente em conceitos teóricos, que nem sempre conseguem abarcar a dinâmica das relações concretas. Como prova, basta lembrar que, até o advento da União Europeia, praticamente nenhum livro fazia menção a processos como *união econômica* ou *união política*, pela simples razão de não existirem, à época, exemplos reais. No mesmo sentido, o artigo XXIV do GATT só faz **menção expressa** aos modelos de **áreas de livre-comércio** e **uniões aduaneiras**.

Portanto, na esteira do pensamento majoritário atual, a classificação dos estágios de integração pode ser assim apresentada:

■ **Zona de Preferência Tarifária** — este primeiro nível de integração econômica consiste apenas em garantir níveis tarifários diferenciados para o conjunto de países que pertencem ao acordo. Normalmente se estabelece uma margem de preferência tributária para determinados produtos, que terão alíquotas menores quando provenientes dos países-membros, em relação à tributação de terceiros extrabloco. Na prática, implica que os signatários concedem, entre si, **reduções tarifárias recíprocas**, que não alcançam todo o universo de produtos, num processo que costumamos definir, apenas para fins didáticos, como semelhante a um "clube de compras", no qual os sócios teriam direitos a descontos especiais. Nesse sentido, não consideramos que as zonas de preferência tarifária sejam, de fato, processos de integração, *pela ausência de elementos efetivos de conexão*, posição que encontra respaldo na melhor doutrina internacional e no próprio GATT. Todavia, no Brasil, os autores costumam enquadrá-las como o primeiro estágio da classificação, **razão pela qual esta deve ser a posição adotada em concursos**. A antiga Associação Latino-Americana de Livre-Comércio (ALALC) foi um exemplo de Zona de Preferência Tarifária, pois procurou estabelecer privilégios tarifários entre os seus 11 membros originais, que eram todos os Estados da América do Sul, com a exceção da Guiana e do Suriname, acrescidos do México.

■ **Zona de Livre-Comércio** — indica, em nossa opinião, o primeiro estágio efetivo de integração, por meio do qual os países signatários do tratado resolvem eliminar, progressiva e reciprocamente, entraves e restrições ao comércio, tarifários ou não, sem, no entanto, acordarem em relação a mercadorias provenientes de terceiros países. As zonas de livre-comércio são as **formas mais simples e frequentes de integração comercial** e, nos termos do artigo XXIV do GATT, podem ser definidas como o grupo de dois ou mais territórios entre os quais os direitos aduaneiros e outras regulamentações restritivas das trocas comerciais são eliminados para a maioria das operações relativas aos produtos originários dos membros. De se notar que, em caso de sucesso, as zonas de livre-comércio tenderiam a evoluir para o estágio de união aduaneira, de acordo com a vontade soberana das partes, e assim estender seus objetivos para questões não apenas comerciais, de modo a formarem um verdadeiro processo de integração econômica. O NAFTA, acordo firmado entre os Estados Unidos, o Canadá e o México, constitui-se em exemplo de Zona de Livre-Comércio.

▣ **União Aduaneira** — representa o modelo clássico de integração, no qual, além das eliminações ou reduções tarifárias e não tarifárias previstas na etapa anterior, os países passam a adotar uma **política comercial uniforme** em relação às importações provenientes de fora da união, mediante a criação de uma **Tarifa Externa Comum**, que permite estabelecer alíquotas idênticas, que serão aplicadas a mercadorias provenientes de países que não integram o bloco, independentemente do local de entrada. Conforme disposto no artigo XXIV, parágrafo 8.º, do GATT, na união aduaneira temos a substituição, por um só território aduaneiro, de dois ou mais territórios, de modo que os direitos aduaneiros e outras regulamentações restritivas das trocas comerciais sejam eliminados para a maioria das transações intrabloco, permitindo a livre circulação de bens. Nesta fase, dá-se início à formação de **comissões parlamentares conjuntas**, cujo objetivo é harmonizar o tratamento legislativo dos membros em relação a temas tributários e comerciais. O Mercosul é uma tentativa, **ainda não acabada**, de implantação de união aduaneira, devido às exceções na Tarifa Externa Comum e à necessidade de aprimoramento de suas instituições. Essa é a posição **a ser adotada para concursos**, que já ensejou, inclusive, diversas perguntas nas mais variadas provas. A justificativa também decorre do fato de que a Organização Mundial do Comércio (OMC) apenas reconhece uniões aduaneiras quando mais de 80% das linhas tarifárias estão integradas. Como noticia Marcelo Varela[6], "O Mercado Comum do Sul (...) tem as características gerais de uma união aduaneira, mas questiona-se se o Mercosul atingiu os 80% exigidos pelo direito internacional econômico. Os próprios órgãos oficiais não têm dados estatísticos suficientes para determinar com precisão o grau de integração, o que por certo demonstra a fragilidade do sistema nacional". Em termos práticos, costumamos lembrar aos alunos, durante as aulas, o fato de que o Brasil exerce **rigoroso controle aduaneiro na fronteira com o Paraguai**, restringindo o ingresso de bens oriundos daquele país, com a imposição de cotas e mecanismos de inspeção dos veículos e viajantes. Fosse o Mercosul verdadeira união aduaneira, tais restrições não poderiam existir.

▣ **Mercado Comum** — trata-se de modelo bastante complexo, em que a integração incluiria, além da livre circulação intrabloco de mercadorias e serviços, a total eliminação das restrições aos fatores produtivos, **capital** e **trabalho**. Isso exige enorme esforço legislativo conjunto, no qual os países integrantes precisam *coordenar políticas macroeconômicas*, para a adoção de parâmetros uniformes na fixação das **taxas de juros** e **regras de câmbio**, bem como para a definição de *políticas fiscais integradas*. Ademais, a livre circulação de pessoas gera inúmeras consequências no campo dos *direitos trabalhistas e previdenciários*, pois os cidadãos do mercado comum podem, em tese, exercer atividades econômicas em qualquer país-membro, de sorte que os sistemas nacionais devem estabelecer mecanismos jurídicos de reciprocidade, reconhecimento de direitos adquiridos e compensações financeiras, sob a tutela de normas comunitárias, a fim de resolverem questões, como as decorrentes de acidentes de trabalho, licenças médicas, férias e aposentadorias, entre tantas outras. Isso porque um trabalhador pode migrar de um país para

---

[6] Marcelo D. Varela. *Direito internacional público*, p. 340.

outro e neste querer (ou ter a necessidade de) exercer direitos já assegurados no Estado de origem ou, ainda, ter direito ao reconhecimento de prazos e requisitos cumpridos no regime anterior. No entanto, a livre circulação de capitais também exige alto grau de **harmonização tributária**, especialmente no que tange à tributação da renda, pois os investidores podem, no mercado comum, aplicar recursos em qualquer país do bloco e almejar, como é natural, as melhores condições de retorno financeiro. Se os países não possuírem mecanismos de tributação integrados, com alíquotas e regras de incidência uniformes, o fluxo de capitais poderá gerar graves distorções e danos consideráveis aos mercados e às contas públicas. Nos termos apresentados, apenas a União Europeia alcançou (e suplantou, como veremos a seguir) o estágio de mercado comum.

■ **União Econômica** — uma vez alcançados e consolidados todos os requisitos do mercado comum, os países poderiam avançar no processo de integração com a adoção de **políticas econômicas, monetárias e fiscais unificadas** e a criação de **moeda própria**, administrada por um **Banco Central Comunitário**. De se notar que neste estágio é necessária a intervenção de um parlamento comunitário, capaz de produzir regras supranacionais, que terão validade e eficácia no território de todos os membros. **Apenas a União Europeia** alcançou esse patamar de integração, cuja denominação oficial, no caso, é *União Econômica e Monetária*, em função das regras macroeconômicas pactuadas e da utilização do *euro*. Nesse passo, ingressamos no chamado **Direito Comunitário**, núcleo temático relativamente recente, assim definido por Accioly, Nascimento e Silva e Casella[7]: "O ordenamento jurídico comunitário não se encaixa nos moldes tradicionais, distintos entre o direito internacional público e o direito público interno. Vincula tanto as instituições comunitárias como os Estados-membros, além das pessoas físicas e jurídicas, devendo ser diretamente aplicado pelos juízes nacionais e podendo ser invocado pelos cidadãos europeus, de modo que existe de forma autônoma, como consectário da limitação voluntária da soberania jurídica estatal. O ordenamento comunitário, portanto, tem natureza *sui generis*, cuja característica preponderante é a **supranacionalidade**. A identificação de interesses econômicos coincidentes entre os Estados-membros e a combinação de objetivos políticos exigiram a integração jurídica de vocação supraestatal, afirmada no **primado do direito comunitário sobre os ordenamentos internos**, o que se manifesta sob dois aspectos: normativo e decisional" (grifos no original).

■ **União Política** — modelo apenas teórico que representaria o **grau máximo de integração**, no qual os Estados-membros passariam a formar uma federação ou confederação, com a *integração de seus ordenamentos jurídicos*, que ficariam subordinados a uma **Constituição Supranacional** (ou *anacional*, conforme alguns autores). Esse patamar, apesar das tentativas da União Europeia, ainda não foi alcançado, devido à resistência de certos países do bloco, manifestada por meio de votação popular. Com efeito, o tratado que estabelecia a **Constituição Europeia** foi assinado, sob grande expectativa e euforia, em 29 de outubro de

---

[7] Hildebrando Accioly, G. E. do Nascimento e Silva e Paulo Borba Casella. *Manual de direito internacional público*. 17. ed. São Paulo: Saraiva, 2009, p. 432.

2004 pelos representantes dos então 25 países-membros (atualmente são 27). A Constituição deveria substituir e consolidar todos os tratados da comunidade num único texto, com força cogente sobre os ordenamentos internos em matérias relativas a direitos fundamentais e políticos, entre outros. Apesar de ter sido **ratificada por 18 países**, a *rejeição pelos cidadãos franceses e holandeses*, em maio e junho de 2005, sepultou o instrumento e freou o ímpeto integracionista da União Europeia, lançando enorme sombra sobre o futuro da comunidade. Em meio a uma crise política e institucional sem precedentes, agravada pelos problemas econômicos mundiais, os europeus precisariam de mais de dois anos de debates e concessões para contornar o problema, sob a coordenação de um grupo de políticos influentes[8] que se dispôs a reescrever o texto original da Constituição, abandonando a ideia de consolidação num único documento, mas apresentando emendas aos tratados que já estavam em vigor. A proposta foi entregue e aprovada na Reunião de Cúpula da União Europeia em junho de 2007 e redundou no **Tratado de Lisboa**, assinado na capital portuguesa em 13 de dezembro do mesmo ano e finalmente ratificado por todos os membros, com vigência a partir de 1.º de dezembro de 2009.

Para que tenhamos uma ideia do alcance e importância dos processos de integração, convém lembrar que, levantamento recente realizado pela OMC indica a existência de **303 tratados regionais de integração** depositados no organismo[9].

Como o GATT prevê apenas duas modalidades de integração, todos os demais acordos são entendidos como provisórios e destinados a constituir uma união aduaneira ou área de livre-comércio e, segundo Vera Thorstensen[10], devem respeitar as seguintes condições, previstas no parágrafo 5 do artigo XXIV:

a) com relação à união aduaneira, os direitos e outros regulamentos sobre comércio, impostos depois da criação da união, em relação ao comércio com terceiras partes, não devem ser maiores ou mais restritivos, na sua totalidade (*on the whole*), do que a incidência geral (*general incidence*) dos direitos e regulamentos de comércio aplicáveis nos territórios das partes antes da formação da união;

b) com relação às áreas de livre-comércio, os direitos e outros regulamentos de comércio, mantidos por cada parte do acordo e aplicáveis depois da criação da área de livre-comércio, em relação ao comércio com terceiras partes, não devem ser maiores ou mais restritivos que os correspondentes direitos e regulamentos de comércio existentes nas partes antes da formação da área de livre-comércio;

---

[8]   Conhecido como *Grupo Amato*, em homenagem ao ex-Primeiro-Ministro da Itália Giuliano Amato, que liderou os trabalhos.

[9]   Dados coletados em janeiro de 2020, disponíveis em: <http://rtais.wto.org/UI/PublicAllRTAList.aspx>. Por determinação expressa do Artigo XXIV do GATT, todos os Acordos de Integração Regional (*Regional Trade Agreements — RTA*, em inglês) devem ser notificados à Organização Mundial do Comércio. A partir de 1996 foi criado, no âmbito da OMC, o Comitê sobre Acordos Regionais do Comércio, que tem a função de examinar os termos dos RTAs e concluir acerca de sua compatibilidade com as diretrizes do GATT.

[10] Vera Thorstensen. Os acordos regionais e as regras da OMC. In: Alberto do Amaral Júnior (Coord.). *OMC e o comércio internacional*. São Paulo: Aduaneiras, 2002, p. 170.

c) o acordo de transição para a formação da união aduaneira ou área de livre-comércio deve incluir um plano e um programa de formação dentro de uma duração de tempo razoável (*within a reasonable length of time*).

4.1.1. Zollverein

Um dos primeiros — e certamente o mais conhecido — modelos históricos de integração foi a União Aduaneira criada em 1834, a partir da Confederação Alemã (**Zollverein**), que durou até 1919.

O modelo tinha como premissa integrar os procedimentos tributários e aduaneiros dos estados alemães e dos territórios da Prússia, além de, ao longo do tempo, ter firmado acordos com outros países, como Luxemburgo e Suécia.

Apesar de sua vocação claramente protecionista, pois o objetivo principal era garantir um mercado interno para os produtos alemães, o *Zollverein* demonstrou a importância dos processos de integração na padronização das barreiras comerciais, especialmente tributárias.

Como o território político da Europa Central, na época, era extremamente fragmentado, a simples circulação de produtos por algumas centenas de quilômetros implicava diversas inspeções alfandegárias e dezenas de tributos e taxas, o que reduzia drasticamente a velocidade do fluxo comercial e o lucro dos empresários.

Boa parte da tributação advinha dos **pedágios**, que infestavam o território alemão (havia centenas deles), a exemplo do que já ocorrera no passado, por exemplo, nas primeiras estradas do Império Romano. Além do valor desembolsado, os comerciantes precisavam conhecer as regras e exigências de estados diferentes, o que tornava os negócios extremamente difíceis.

A solução, mediante o estabelecimento de uma união aduaneira, propiciou um considerável crescimento econômico para os estados alemães, reforçado pela **manutenção das barreiras** para os produtos externos; o sucesso dessa medida permitiu que a integração se mantivesse até o fim da Primeira Guerra Mundial.

4.2. UNIÃO EUROPEIA

A União Europeia representa o mais **avançado** estágio de integração da humanidade, atualmente composto de 27 países e quase 450 milhões de cidadãos[11], feito absolutamente extraordinário se levarmos em consideração a antiquíssima história de rivalidades, intrigas, conflitos e guerras em larga escala da região.

E foi justamente em decorrência do fim da Segunda Guerra Mundial que a ideia de integração no continente surgiu. Alquebrada e espremida pelos poderosos aliados no conflito, a Europa se encontrava, de um lado, sob a **dependência** dos norte-americanos, que ajudavam na reconstrução da infraestrutura arrasada pela guerra (mas tinham planos bem agressivos em termos de expansão comercial)[12] e, do outro,

---

[11] Conforme https://ec.europa.eu/eurostat/web/products-eurostat-news/w/edn-20230711-1#:~:text=After%20a%20decline%20in%20population,people%20on%201%20January%202023.

[12] Segundo Dennis Smith, "O Plano Marshall, assim chamado em função de seu arquiteto, o Secretário de Estado George Marshall, proporcionou à Europa mais de US$ 25 bilhões em assistência ao

com os soviéticos fechados num modelo socialista que, à época, se mostrava bastante vigoroso[13].

A divisão do mundo em apenas **dois blocos** obviamente não poderia agradar nações que durante muitos séculos ditaram os rumos geopolíticos da civilização ocidental e foram determinantes em praticamente todas as suas grandes conquistas. Era, portanto, o momento de pôr de lado velhas rusgas e enfrentar, em conjunto, os enormes desafios que se avizinhavam.

Jean Monnet, o principal responsável pela ideia de se criar uma comunidade europeia aberta a povos antes divididos pela guerra, observou[14]: "O problema é que a Europa nunca existiu; precisamos criar genuinamente uma Europa".

Composição da União Europeia[15]

- Originalmente 12 países (Tratado de Maastricht)
- Em 1995, foram aceitos Áustria, Finlândia e Suécia
- Atualmente são 27 países: Alemanha, Áustria, Bélgica, Bulgária, Chipre, Croácia, Dinamarca, Eslováquia, Eslovênia, Espanha, Estônia, Finlândia, França, Grécia, Hungria, Irlanda, Itália, Letônia, Lituânia, Luxemburgo, Malta, Países Baixos, Polônia, Portugal, Romênia, República Checa e Suécia

4.2.1. Antecedentes históricos

Dada a absoluta necessidade de reconstrução física e logística de sua capacidade industrial, os europeus assinaram, em Paris, em 18 de abril de 1951, o Tratado

---

desenvolvimento econômico no fim dos anos 40 e início dos 50". Making Europe: Processes of Europe Formation since 1945. In: Dennis Smith; Sue Wright (Ed.). *Whose Europe?* The Turn Towards Democracy. Oxford. Reino Unido: Blackwell Publishers/The Sociological Review, 1999, p. 242-243. Mas a ajuda tinha condições: como contrapartida para a manutenção do recebimento dos recursos, os europeus deviam se preparar para a criação de um mercado único e amplo sem restrições quantitativas e, em última análise, com a eliminação de todas as tarifas.

[13] É a opinião, entre outros, de Jeffry Frieden: "Os novos membros do bloco comunista e a própria União Soviética se recuperaram rapidamente dos danos causados pela guerra. Em 1950, a produção industrial soviética se tornou duas vezes maior que a de 1945, atingindo índices bem superiores aos do pré-guerra. Apesar de sérios problemas agrícolas, o padrão de vida demonstrava ter se recuperado da guerra e da reconstrução". *Capitalismo global*, p. 297.

[14] Conforme Elaine Sciolino, Visions of a Union: Europe gropes for an identity. *The New York Times*, 15 de dezembro de 2002.

[15] De acordo com Rifkin, "Como a União Europeia em si não é limitada por restrições territoriais, ela pode acolher continuamente novos Estados sob sua alçada. Na verdade, seus critérios para a admissão de membros são ditados por valores, e não por condições geográficas. Em teoria, qualquer país pode requisitar a filiação e, desde que atenda às qualificações, ser admitido na União. A natureza aberta e inclusiva desse novo tipo de instituição governamental tem causado preocupação entre os membros atuais e tensão entre as nações candidatas. Alguns afirmam que a filiação, embora se baseie em valores, devia se limitar tão somente àqueles países que formam a 'Europa histórica'". *O sonho europeu*, p. 182.

Constitutivo da **Comunidade Europeia do Carvão e do Aço (CECA)**, primeira manifestação concreta de integração do pós-guerra.

Parecia natural reunir esforços para a aquisição e administração das duas matérias-primas mais importantes da época, que constituíam a base produtiva da nova infraestrutura e sua principal matriz energética.

Contudo, a proposta ultrapassava os limites econômicos e era eminentemente política, pois tinha como objetivo formar uma comunidade que permitisse a livre circulação das duas *commodities*, com regras concorrenciais de mercado e preços transparentes.

Inicialmente voltada para a integração franco-alemã, a proposta se estendeu a outros países, graças à manifestação do Ministro dos Negócios Estrangeiros da República Francesa, **Robert Schuman**, que sugeriu a administração da produção e distribuição do carvão e do aço sob os auspícios de uma autoridade superior, com a possibilidade de adesão por outros países europeus.

Muito embora o famoso discurso de Schuman tenha sido decisivo para a configuração do Tratado que instituiu a CECA, o verdadeiro inspirador do processo de integração foi o comerciante francês **Jean Monnet**, que na juventude havia travado contato com os norte-americanos e, sob sua influência, vislumbrava as enormes possibilidades do livre-comércio.

No dizer de Frieden[16], "Um francês vendedor de conhaque chamado Jean Monnet foi crucial para um acontecimento extraordinário da era de Bretton Woods: a criação de um mercado comum na Europa ocidental. Monnet, filho mais velho do líder de uma cooperativa agrícola, nasceu na região de Cognac. Quando jovem, Monnet viajava pelo mundo de Yukon ao interior do Egito, para vender os produtos da família. Passou muito tempo na América do Norte, experiência que lhe rendeu parceiros comerciais nos Estados Unidos, conhecimentos sobre as práticas norte-americanas de comércio e um bom domínio do inglês".

4.2.1.1.   A Comunidade Europeia do Carvão e do Aço (CECA)

O Tratado que criou a **Comunidade Europeia do Carvão e do Aço (CECA)** foi assinado em Paris, em 18 de abril de 1951, por França, Alemanha, Itália e os países do BENELUX (Bélgica, Holanda e Luxemburgo) e tinha por objetivo comercial criar uma área de livre circulação para os produtos, bem como o livre acesso às fontes de produção.

Na verdade, a CECA surgiu sob a premissa de reunir a produção franco-alemã de carvão e aço, num gesto não apenas econômico, mas também de forte relevância política, pois sinalizava a reaproximação dos dois países pouco tempo depois do fim da Segunda Guerra Mundial.

A ideia, como vimos, partiu de Jean Monnet, cuja experiência comercial e habilidade política foram os ingredientes essenciais para a boa recepção da proposta de integração. Conforme Frieden[17], "Monnet tinha uma ligação próxima com os nomes mais importantes dos meios financeiro, político e jurídico. Era frequentemente consultado pelo governo e pelo mercado financeiro dos Estados Unidos, aconselhando a

---

[16]   Jeffry A. Frieden. *Capitalismo global*, p. 305.
[17]   Jeffry A. Frieden. *Capitalismo global*, p. 306.

administração Roosevelt sobre o Lend-Lease[18] e os banqueiros internacionais sobre questões mundiais".

Monnet era, ao mesmo tempo, um admirador da força econômica dos Estados Unidos e um homem extremamente pragmático. Precisou de pouco tempo para perceber que a unificação da produção do carvão e do aço entre Alemanha e França traria benefícios recíprocos, especialmente no corredor industrial formado pelas margens dos rios Ruhr e Saar.

Sua convicção de que o capitalismo e o domínio dos meios de produção eram a chave do renascimento industrial europeu o levou a esboçar um projeto técnico e relativamente enxuto de integração, posteriormente ampliado pela proposta de Schuman.

Segundo Frieden[19], "Monnet acreditava que o novo capitalismo industrial deveria ocorrer nos moldes norte-americanos e que a fragmentação política e econômica da Europa privava o continente de tirar vantagem da nova realidade: o consumo e a produção de massa. O industrialismo ao estilo norte-americano exigia um mercado tão extenso quanto o dos Estados Unidos, necessitava de corporações tão grandes quanto as norte-americanas e de mercados financeiros tão sofisticados quanto Wall Street. As empresas europeias não conseguiriam competir com as norte-americanas sem que houvesse uma base como os Estados Unidos; e se não conseguissem competir, não se beneficiariam do potencial do continente. Esse foi o desafio que Monnet pretendia encarar ao propor a integração europeia".

Quando os futuros seis integrantes da CECA começaram a esboçar o projeto, a motivação de Schuman ensejou uma discussão mais profunda do que a prevista originalmente por Monnet, de modo a contemplar ideias mais ambiciosas, como a criação de uma **alta autoridade supranacional** com amplos poderes reguladores, um **conselho** com poderes legislativos, uma **assembleia política** e até mesmo um **tribunal de justiça**, de forma que o tratado constitutivo da CECA chegou a uma centena de artigos, divididos em quatro títulos.

O primeiro cuidava da Comunidade Europeia do Carvão e do Aço, o segundo delineava as instituições permanentes da comunidade, enquanto o terceiro dispunha sobre questões de natureza econômica e social e, por fim, cabia ao quarto capítulo a regulamentação das questões gerais.

Com a expansão do modelo, os objetivos do tratado passaram a considerar a criação de um **mercado comum** para o carvão e o aço, o aumento dos níveis de emprego entre os signatários e, como decorrência, a obtenção de melhores níveis sociais, algo fundamental para a abalada autoestima dos europeus.

Em termos comerciais, buscou-se garantir o acesso às fontes de produção, a estabilidade dos preços, a modernização das indústrias e a promoção das transações internacionais.

Paralelamente — e aqui temos o primeiro paradigma moderno de tal fenômeno — o acordo permitia a **livre circulação dos produtos** sem a incidência de tributos ou

---

[18] *Lend-Lease* era o nome do programa (e do Ato Normativo, de março de 1941) pelo qual os Estados Unidos forneceram enormes recursos de guerra para seus principais aliados, como Reino Unido, União Soviética e França durante os anos de 1941 e 1945.

[19] Jeffry A. Frieden. *Capitalismo global*, p. 307.

direitos aduaneiros, além de vedar, expressamente, políticas discriminatórias e práticas abusivas, como subsídios e dumping.

Sob a ótica institucional, a grande novidade era a criação de uma entidade **supranacional** e **independente**, capaz de sujeitar os Estados-membros, pela primeira vez, à alçada de uma autoridade maior, passo fundamental para uma futura proposta completa de integração.

Robert Schuman foi o responsável pela "costura política" pré-CECA, pois a ideia de integração, apesar de simpática para os Estados Unidos e outros países, encontrava forte resistência dos britânicos, sempre desconfiados quando o assunto era França ou Alemanha. Além disso, a própria rivalidade entre os dois países era um problema de difícil solução, pois ninguém se mostrava disposto a ceder poderes para o outro lado. Quando surgiu a proposta de uma entidade supranacional, os argumentos contrários perderam força e a CECA pôde ser criada.

Apesar de o tratado ter sido assinado em 1951, ele entrou em vigor em 24 de julho de 1952, curiosamente com **validade limitada a 50 anos**, o que levou à extinção do acordo em 23 de julho de 2002.

Sem surpresas, Jean Monnet foi empossado como primeiro Presidente da CECA, quando a organização começou a funcionar em 1952, já dotada de **personalidade jurídica** de direito internacional.

Num discurso proferido em Washington, em 30 de abril de 1952, Monnet declarou que "não estamos formando coalizões entre Estados, mas uma união entre povos". Com efeito, ele e tantos outros acreditavam que a melhor solução de longo prazo para garantir uma Europa pacífica e próspera seria a renúncia a um grau maior de soberania nacional em prol de uma união política mais abrangente e que cada pequeno passo rumo à integração econômica resultaria numa ligeira e por vezes imperceptível erosão da soberania nacional[20].

O Tratado Constitutivo da CECA previa diversas regras de transição até a **instalação do mercado comum**, que começou a funcionar em fevereiro de 1953 para o carvão e o minério de ferro, e em maio do mesmo ano para o aço.

As instituições criadas pela comunidade constituíram os pilares da atual estrutura da União Europeia e, em síntese, eram assim organizadas:

- ■ **Alta Autoridade** — órgão executivo composto de nove membros, designados por seis anos, cujo poder de decisão versava sobre a realização dos objetivos do tratado, além de questões relacionadas ao desenvolvimento e melhores condições de trabalho nas indústrias de carvão e aço.
- ■ **Assembleia** — composta de 78 deputados, que representavam os parlamentos nacionais na seguinte proporção: 18 cadeiras para Alemanha, França e Itália, 10 cadeiras para Bélgica e Holanda (ou Países Baixos, denominação utilizada à época) e 4 cadeiras para Luxemburgo.
- ■ **Conselho** — possuía seis representantes de cada país, com presidência rotativa, de três em três meses. Tinha como função precípua harmonizar os interesses nacionais e as decisões da Alta Autoridade, que precisava de parecer favorável do Conselho para os temas mais relevantes.

---

[20] Conforme Jeremy Rifkin. *O sonho europeu*, p. 185-186.

■ **Tribunal de Justiça** — verificava a interpretação e aplicação do Tratado e era composto de sete juízes, nomeados de comum acordo pelos membros, para um mandato de seis anos.

4.2.1.2. A Comunidade Econômica Europeia (CEE)

Com o sucesso alcançado pela CECA, a evolução natural do processo de integração europeu, a fim de enfrentar a polarização entre Estados Unidos e União Soviética, exigia a formação de um mercado comum mais amplo e consistente.

Como ressalta Jeremy Rifkin[21], "Num mundo dominado então por duas superpotências — os EUA e a URSS –, os seis países membros concluíram que somente unindo seus recursos econômicos teriam chances de concorrer. Foi o medo de ser engolidos que os incentivou a buscar novos níveis de integração econômica".

O resultado foi a assinatura do **Tratado de Roma**, em 25 de março de 1957, que instituiu a **Comunidade Econômica Europeia (CEE)**, com vigência a partir de 1.º de janeiro de 1958. Convém lembrar que outro acordo foi assinado quase simultaneamente, o tratado que instituiu a **Comunidade Europeia da Energia Atômica (Euratom)**, o que levou os dois instrumentos a ser conjuntamente designados por Tratados de Roma.

A formação do mercado comum europeu previu tratamento igualitário para importações externas à comunidade, uma política agrícola conjunta, além de diversas normas relacionadas à movimentação dos **fatores de produção** (capital e, especialmente neste caso, trabalho).

Sobre a questão da movimentação de trabalhadores, o Tratado de Roma, nos artigos 48 a 73, trouxe uma série de **inovações sociais**, até então inéditas. Nas palavras de Jeremy Rifkin[22], "Os arquitetos da CEE sabiam que uma união econômica mais ampla exigiria uma força de trabalho mais livre e móvel, que pudesse procurar empregos e fixar residência através de fronteiras nacionais. O tratado instituiu quatro direitos básicos: o direito dos cidadãos de se mover entre os Estados; o direito de estabelecer residência em outro Estado; o direito de trabalhar em outro Estado; e o direito de movimentar capital entre países".

O acordo consolidou as instituições europeias e abriu caminho para o ingresso de novos membros. Segundo Rifkin[23], "em 1957, os seis Estados-membros da CECA assinaram o Tratado de Roma, alargando sua missão para incluir a criação de uma Comunidade Econômica Europeia. O mandato da CEE requeria o estabelecimento de um mercado comum e incluía a harmonização dos impostos, a eliminação das barreiras alfandegárias internas, a aprovação de normas regulamentando o capitalismo e o livre uso de mão de obra. Instituiu-se um órgão legislativo compreendendo representantes de todos os Estados-membros; criou-se uma comissão à que se concedeu o poder executivo; estabeleceu-se um Parlamento Europeu com funções de aconselhamento e legislatura limitadas; e concedeu-se a um Tribunal de Justiça Europeu amplo poder de revista judicial. A nova Comunidade Econômica Europeia gozava de uma identidade legal internacional. Como um Estado-nação, ela podia estabelecer relações diplomáticas e

---

[21] Jeremy Rifkin. *O sonho europeu*, p. 186.
[22] Jeremy Rifkin. *O sonho europeu*, p. 185.
[23] Jeremy Rifkin. *O sonho europeu*, p. 184-185.

negociar tratados em nome dos países-membros. O Tratado de Roma e o estabelecimento da Comunidade Econômica Europeia significavam que os Estados-membros já não tinham o direito de agir sozinhos em questões econômicas".

Entretanto, a queda das **fronteiras aduaneiras** abriu aos países-membros um mercado excepcional. Todos os acordos firmados obrigam que seja dada prioridade na realização de negócios aos produtos e serviços internos, o que fortaleceu o comércio intrarregional.

Em razão disso, muitas vezes a União Europeia é acusada por outros países de forte protecionismo e concessão de subsídios, especialmente na área agrícola. Com a sua efetividade, os países-membros passaram a viver o ideal de um mercado interno integrado e de um sistema financeiro e bancário comum, como teremos a oportunidade de observar.

4.2.1.2.1.   *A Política Agrícola Comum (PAC)*

A PAC tem como objetivos incrementar a produção agrícola, garantir a proteção ao meio ambiente e a manutenção de comunidades rurais viáveis, baseadas nos seguintes princípios[24]:

A atual política agrícola na União Europeia	
	▫ permitir aos agricultores produzir **alimentos seguros e de elevada qualidade em quantidade suficiente** (cereais, carne, produtos lácteos, frutos, produtos hortícolas, vinho etc.) para os consumidores europeus e contribuir para uma **economia rural diversificada** e para a proteção do **ambiente** e dos **animais**, de acordo com as normas mais elevadas;
	▫ apoiar os consumidores para que possam tomar decisões fundamentadas sobre os alimentos que consomem, por meio da criação de **regimes voluntários de rotulagem em matéria de qualidade**, que indicam a origem geográfica, a utilização de métodos de produção ou de ingredientes tradicionais, nomeadamente biológicos, contribuindo, simultaneamente, para a **competitividade dos produtos agrícolas europeus nos mercados mundiais**;
	▫ promover a **inovação no domínio das práticas agrícolas e da transformação de produtos alimentares** (mediante, nomeadamente, projetos de investigação europeus), com vista a aumentar a produtividade e reduzir o impacto ambiental, por exemplo pela produção de energia a partir de subprodutos e resíduos;
	▫ incentivar o desenvolvimento de **relações comerciais equitativas com os países em desenvolvimento**, mediante a redução das subvenções à exportação de produtos agrícolas da UE, tornando, assim, mais fácil para os países em desenvolvimento colocarem os seus produtos no mercado europeu.

---

[24]   Conforme sítio da UE, disponível em <http://europa.eu/pol/agr/index_pt.htm>, com adaptações do autor.

4.2.1.3. O caminho até Maastricht

Ao longo dos anos, os Tratados Constitutivos da Comunidade Europeia do Carvão e do Aço (CECA), da Comunidade Econômica Europeia (CEE) e da Comunidade Europeia da Energia Atômica (Euratom) foram alterados pelos seguintes instrumentos:

▣ **Tratado de Bruxelas** (1965)[25]: conhecido como "Tratado de Fusão", pois substituiu os três Conselhos de Ministros (CEE, CECA e Euratom) por apenas um, assim como as duas Comissões (CEE, Euratom) e a Alta Autoridade (CECA) por um Conselho e uma Comissão únicos.

▣ **Tratado sobre Orçamento** (1970): substituiu o sistema de financiamento das comunidades com valores oriundos dos membros pelo modelo de *recursos próprios*, destinados a um orçamento comum.

▣ **Tratado de Adesão do Reino Unido, Dinamarca e Irlanda** (1972): aumentou de seis para nove o número de Estados-membros da Comunidade Econômica Europeia.

▣ **Tratado sobre Disposições Financeiras** (1975): conferiu ao Parlamento Europeu o direito de rejeitar o orçamento comunitário e instituiu um Tribunal de Contas para as três comunidades.

▣ **Tratado de Adesão da Grécia** (1979): passou a ser o décimo membro das comunidades.

▣ **Tratado sobre a Groelândia** (1984): fixou tratamento especial em relação ao território da Groelândia, pertencente ao Reino da Dinamarca, reconhecendo-lhe o regime aplicável aos territórios ultramarinos.

▣ **Tratado de Adesão de Espanha e Portugal** (1985): elevou o número de membros da Comunidade Econômica Europeia de 10 para 12.

▣ **Ato Único Europeu** (1986): foi a primeira grande reforma dos Tratados Constitutivos, ao ampliar os casos de votação por maioria qualificada no Conselho e o reforço das competências do Parlamento Europeu, além de estabelecer novos procedimentos comunitários, entre os quais o objetivo de instalação de um **mercado comum pleno** até 1992.

▣ Tratado de criação da União Europeia, conhecido como **Tratado de Maastricht** (1992): passou a congregar as três comunidades (Euratom, CECA, CEE) numa só entidade, a **União Europeia**, com profundos efeitos na estrutura das instituições e a definição de cooperação quanto à política externa, defesa territorial e administração da justiça. A Comunidade Econômica Europeia (CEE) passou a ser denominada Comunidade Europeia (CE). O Tratado de Maastricht criou a **União Econômica e Monetária**, instituiu novas políticas comunitárias nas áreas de educação e cultura, além de ampliar as competências do Parlamento Europeu.

▣ **Tratado de Adesão da Áustria, Finlândia e Suécia** (1994): elevou para 15 o número de Estados-membros da União Europeia.

▣ **Tratado de Amsterdã** (1997): ampliou a área de competências da União Europeia, com a criação de uma política comunitária de emprego e diversas medidas de consolidação da cidadania, além de fortalecer o mecanismo de decisão conjunta, bem assim os ritos de votação por maioria qualificada. Também cuidou de simplificar e renumerar os artigos dos diversos tratados anteriores.

---

[25] Neste passo utilizamos as *datas de assinatura* dos respectivos tratados, não a data de entrada em vigor.

■ **Tratado de Nice** (2001): promoveu a reforma das instituições e resolveu questões ainda pendentes do Tratado de Amsterdã, como a composição da Comissão Europeia, a ponderação de votos no Conselho, os procedimentos de cooperação e a eficácia do sistema jurisdicional. Ademais, consolidou os textos dos Tratados da Comunidade Europeia (CE) e da União Europeia (UE) **num único instrumento**.

■ **Tratado de Adesão do Chipre, Eslováquia, Eslovênia, Estônia, Letônia, Lituânia, Hungria, Malta, Polônia e República Checa** (2003): representa o grande momento de expansão da União Europeia, ao elevar de 15 para 25 o número de Estados-membros.

■ **Tratado de Adesão da Bulgária e Romênia** (2005): confirmou o ingresso dos dois países, elevando para 27 o número de membros da União Europeia.

■ **Tratado de Lisboa** (2007): surgiu como resposta ao fracasso da tentativa de aprovação de uma Constituição Supranacional Europeia e entrou em vigor em 1.º de dezembro de 2009. Teve como principal objetivo modernizar a estrutura das instituições e suas competências.

4.2.2. Estrutura e funcionamento

A atual União Europeia, surgida, como vimos, a partir da criação, em 1957 (Tratado de Roma), da Comunidade Econômica Europeia (CEE), representa o mais **avançado estágio** entre todos os processos de integração econômica, inclusive com a adoção de uma moeda comum, o euro, o que a qualifica a ser considerada como **União Econômica e Monetária**, designação oficial e posição a ser adotada em concursos.

O processo evolutivo da União Europeia transcorre, portanto, há mais de 50 anos, e, durante esse período, foram promovidas diversas atualizações no modelo institucional das comunidades originais.

Como destaca Chris Shore[26], os acordos produzidos em Roma alavancaram o modelo da CECA e abriram caminho para novos desafios: "O prefácio do Tratado de Roma que em 1957 estabeleceu a Comunidade Europeia declara inequivocamente que sua meta é 'lançar as fundações para uma união maior entre os povos da Europa'. A grande esperança era 'substituir rivalidades ancestrais pela fusão de interesses essenciais; criar, pelo estabelecimento de uma comunidade econômica, as bases de uma comunidade mais ampla e mais profunda entre povos há muito divididos por conflitos sangrentos; e deitar alicerces de instituições que darão orientação a um destino doravante compartilhado'".

O Tratado de Maastricht começou a ser esboçado quando o Conselho Europeu, reunido em Hannover, na Alemanha, em junho de 1988, confiou a um grupo de especialistas, chefiado pelo francês Jacques Delors[27], a missão de elaborar um relatório que definisse as etapas necessárias para a criação de uma **união econômica**.

Quando o Conselho Europeu se reuniu novamente, dois anos depois, na cidade de Dublin, o projeto havia avançado bastante, especialmente pelo incentivo de franceses e

---

[26] Chris Shore. *Building Europe*: the cultural politics of European integration. Londres: Routledge, 2000, p. 15.

[27] Jacques Delors, político francês formado em economia e especialista em educação, com relevantes estudos publicados pela UNESCO, foi o mais duradouro Presidente da Comissão Europeia, ao permanecer no cargo entre 1985 e 1995.

alemães, que cogitaram alterar o Tratado Constitutivo da Comunidade Europeia para nele incluir os dispositivos jurídicos necessários. Ainda assim, transcorreram mais dois anos de debates e negociações até que, finalmente, durante a reunião do Conselho Europeu em 1990 (curiosamente realizada em Roma, palco do tratado original), foram lançadas as duas grandes Conferências Intergovernamentais cujos trabalhos redundaram, tempos depois, na Reunião de Cúpula em Maastricht, que levou à assinatura do **Tratado de Constituição da União Europeia**, em fevereiro de 1992.

O Tratado da União Europeia (TUE) foi o grande marco do processo de integração, pois, além da união econômica e monetária, trouxe os fundamentos para uma união política no continente.

Costuma-se dizer que as fundações da atual União Europeia assentam-se sobre três grandes pilares:

■ As **Comunidades Europeias** (CE, CECA e Euratom), que, em conjunto, exercem a soberania da União Europeia por meio das instituições comunitárias, as quais interagem em vários níveis: propostas formuladas pela Comissão Europeia, com adoção, se for o caso, pelo Conselho e pelo Parlamento Europeus, além da possibilidade de controle jurisdicional pelo Tribunal de Justiça.

■ **Política Externa e de Segurança Comum** (PESC), que substituiu as disposições do Ato Único Europeu e prevê que os Estados-membros possam empreender ações conjuntas em matéria de política externa, por meio de um processo governamental baseado em decisões por unanimidade do Conselho, com pouca ou nenhuma intervenção da Comissão ou do Parlamento.

■ Coordenação na área de **Justiça e Assuntos Internos** (JAI), também por meio de decisões intergovernamentais que proporcionem aos cidadãos europeus elevados níveis de proteção, incluindo a concessão de direitos comuns, o estímulo à cooperação policial entre os Estados e a harmonização das regras de imigração e de asilo político entre todos os membros.

Muito embora o escopo econômico original da União Europeia fosse a instalação de um **mercado comum pleno**, como vimos, o Tratado de Maastricht permitiu que os membros ultrapassassem esse limite e buscassem uma integração mais profunda, com forte impacto no plano político.

Nesse sentido, podemos afirmar que os atuais objetivos da União Europeia, na versão consolidada do seu **Tratado Constitutivo**[28], compreendem:

■ a União tem por objetivo promover a paz, os seus valores e o bem-estar dos seus povos;

■ a União proporciona aos seus cidadãos um espaço de liberdade, segurança e justiça sem fronteiras internas, em que seja assegurada a livre circulação de pessoas, em conjugação com medidas adequadas em matéria de controles na fronteira externa, de asilo e imigração, bem como de prevenção da criminalidade e combate a esse fenômeno;

---

[28] Artigo 3.º, com as alterações promovidas pelo Tratado de Lisboa, assinado em dezembro de 2007 e já ratificado pelos membros, que previu a substituição da Comunidade Europeia pela União Europeia, além de ter consolidado os textos do Tratado da União Europeia (TEU) e do Tratado sobre o Funcionamento da União Europeia, hoje unidos em instrumento único e de igual valor jurídico.

◼ a União estabelece um mercado interno, empenha-se no desenvolvimento sustentável da Europa, assente num crescimento econômico equilibrado e na estabilidade dos preços, numa economia social de mercado altamente competitiva que tenha como meta o pleno emprego e o progresso social, em elevado nível de proteção e de melhoramento da qualidade do ambiente;

◼ a União fomenta o progresso científico e tecnológico;

◼ a União combate a exclusão social e as discriminações e promove a justiça e a proteção sociais, a igualdade entre homens e mulheres, a solidariedade entre as gerações e a proteção dos direitos da criança;

◼ a União promove a coesão econômica, social e territorial, assim como a solidariedade entre os Estados-membros;

◼ a União respeita a riqueza da sua diversidade cultural e linguística e vela pela salvaguarda e pelo desenvolvimento do patrimônio cultural europeu;

◼ a União estabelece uma união econômica e monetária cuja moeda é o euro;

◼ nas suas relações com o resto do mundo, a União afirma e promove os seus valores e interesses e contribui para a proteção dos seus cidadãos, para a paz, a segurança, o desenvolvimento sustentável do planeta, a solidariedade e o respeito mútuo entre os povos, o comércio livre e equitativo, a erradicação da pobreza e a proteção dos direitos do homem, em especial os da criança, bem como para a rigorosa observância e o desenvolvimento do direito internacional, incluindo o respeito dos princípios da Carta das Nações Unidas.

A União Europeia funda-se nos valores do respeito pela dignidade humana, da liberdade, da democracia, da igualdade, do Estado de Direito e do respeito pelos direitos do homem, incluindo os direitos das pessoas pertencentes a minorias[29]. Esses valores são comuns aos Estados-membros, numa sociedade caracterizada pelo pluralismo, não discriminação, tolerância, justiça, solidariedade e igualdade entre homens e mulheres[30].

Parte relevante desse rol de **direitos humanos e sociais** foi trazida pelo Tratado de Amsterdã, como relata Philip Ruttley[31]: "O Tratado de Maastricht foi frisado e reforçado pela aprovação do Tratado de Amsterdã em 1997. Esse último reafirmou o comprometimento da União com os direitos humanos e exigiu que os países peticionários aprovassem as provisões da Convenção Europeia dos Direitos Humanos como condição para sua admissão na Comunidade. O acordo de Amsterdã deu à União Europeia o poder legislativo de agir contra a discriminação por razão de sexo, raça, cor, religião, etnia, deficiência ou idade em qualquer parte. A União também ganhou poderes para tomar providências quanto a problemas de desemprego nos Estados-membros".

---

[29] Como ressalta Rifkin, "O que torna o Sonho Europeu tão interessante e problemático é o fato de que ele procura incorporar sob a mesma alçada os direitos humanos universais e novos direitos culturais provincianos. Isso é algo muito diferente do programa do Estado-nação, cujas metas se limitavam à proteção dos direitos à propriedade individual e à liberdade civil, e à assimilação e integração de subgrupos numa única identidade nacional". *O sonho europeu*, p. 223.

[30] Conforme artigo 2.º do Tratado de Maastricht, texto atual e consolidado.

[31] Philip Ruttley, The long road to unity. In: Anthony Pagden. *The idea of Europe*: from antiquity to the european unity. Cambridge: Cambridge University Press, 2002, p. 246 e 250.

A eventual violação dos princípios supracitados pode ser objeto de **controle específico**, mediante proposta fundamentada de 1/3 dos Estados-membros, do Parlamento Europeu ou da Comissão Europeia, e a decisão final compete ao Conselho, que, de acordo com a hipótese, pode deliberar mediante maioria qualificada de 4/5 ou até mesmo por unanimidade.

Ressalte-se que toda a estrutura jurídica da União Europeia se baseia no **princípio da subsidiariedade**, que garante a plena atuação dos parlamentos nacionais, pois a União só deve intervir em determinado assunto, por meio de suas próprias instituições, quando restar demonstrado que os objetivos podem ser mais bem alcançados no âmbito comunitário do que no nacional.

A versão atual e consolidada dos tratados **distingue as competências** entre a União Europeia e os Estados-membros, que mantêm intactas suas identidades nacionais e os sistemas políticos e constitucionais, com respeito à integridade territorial e questões de segurança pública, interna e externa.

Prevalece o princípio da **cooperação leal**, no qual os membros e a União Europeia prestam assistência mútua no cumprimento dos objetivos dos tratados.

Em relação às competências específicas, a União Europeia é regida pelo **princípio da atribuição**, ou seja, sua atuação restringe-se aos limites fixados pelos Estados-membros, de modo que todas as competências não expressas nos tratados pertencem a estes últimos e, mesmo no caso de competências comuns, predomina, como vimos, o princípio da subsidiariedade. Também se aplica o **princípio da proporcionalidade**, no sentido de que o *conteúdo e a forma de atuação da União Europeia* estão condicionados ao estritamente necessário para o cumprimento de seus objetivos.

A **inovação** e a **complexidade** das instituições europeias e o avanço do seu modelo de integração político e econômico são destacados por Jeremy Rifkin, escrevendo à época em que a União Europeia possuía apenas 25 membros[32]: "O problema é que nunca houve uma instituição de governo como a União Europeia. Não se trata de um Estado, embora ela aja como um. Suas leis prevalecem sobre as leis das 25 nações que a compõem, e têm vigor. Ela possui uma moeda única — o euro –, usada por muitos de seus membros. Regulamenta o comércio e os negócios e coordena a energia, o transporte, as comunicações e cada vez mais a educação através das muitas fronteiras nacionais que a perfazem. Seus cidadãos possuem um passaporte comum. Ela tem um Parlamento Europeu, que elabora leis, e um Tribunal Europeu, cujas decisões judiciais se impõem aos países-membros e seus cidadãos. E tem ainda um presidente e uma força militar".

A União Europeia possui um quadro institucional para promover os valores consignados nos tratados, alcançar seus objetivos e servir aos interesses dos Estados-membros e cidadãos, fundamentalmente composto dos seguintes órgãos:

◼ Parlamento Europeu;
◼ Conselho Europeu;
◼ Conselho;
◼ Comissão Europeia;
◼ Tribunal de Justiça da União Europeia;
◼ Banco Central Europeu;
◼ Tribunal de Contas.

---

[32] Jeremy Rifkin. *O sonho europeu*, p. 180-181.

Tabela 4.1. Cronologia dos principais tratados europeus

INSTRUMENTO	DATA DE ASSINATURA	ENTRADA EM VIGOR
Tratado que instituiu a Comunidade Europeia do Carvão e do Aço (CECA)	18/04/1951	24/07/1952 Caducou em 23/07/2002
Tratados de Roma, que instituíram a Comunidade Econômica Europeia (CEE) e a Comunidade Europeia da Energia Atômica (Euratom)	25/03/1957	01/01/1958
Tratado de Fusão	08/04/1965	01/07/1967
Tratado de Adesão do Reino Unido, da Irlanda e da Dinamarca	22/01/1972	01/01/1973
Tratado de Adesão da Grécia	28/05/1979	01/01/1981
Tratado sobre a Groenlândia	13/03/1984	01/01/1985
Tratado de Adesão da Espanha e Portugal	12/06/1985	01/01/1986
Ato Único Europeu	28/02/1986	01/07/1987
Tratado Constitutivo da União Europeia (Tratado de Maastricht)	07/02/1992	01/11/1993
Tratado de Adesão da Áustria, Finlândia e Suécia	24/06/1994	01/01/1995
Tratado de Amsterdã	02/10/1997	01/05/1999
Tratado de Nice	26/02/2001	01/02/2003
Tratado de Adesão dos dez novos Estados-membros: Chipre, Eslováquia, Eslovênia, Estônia, Hungria, Letônia, Lituânia, Malta, Polônia e República Checa	16/04/2003	01/05/2004
Tratado de Adesão da Bulgária e Romênia	25/04/2005	01/01/2007
Tratado de Lisboa	13/12/2007	01/12/2009
Tratado de Adesão da Croácia	09/12/2011	01/07/2013

4.2.2.1 A questão do Brexit

Em 23 de junho de 2016, os britânicos tiveram a oportunidade de decidir sua permanência na União Europeia. O plebiscito nasceu de uma promessa do então Primeiro-Ministro James Cameron, para atender à crescente pressão dos chamados **"eurocéticos"**, que questionavam o crescimento demasiado da UE nos últimos tempos.

Na data do **plebiscito** — e ao contrário do que imaginava o governo — os britânicos foram às urnas e com 51,9% de aprovação decidiram pela saída da União Europeia (**Brexit** — *Britain Exit*). A diferença entre as respostas "sim" e "não" foi de 1,2 milhão de votos, com alto índice de comparecimento.

Como resultado, coube aos britânicos comunicar a decisão à direção da UE e aguardar o prazo de **dois anos** (relativo ao *período de transição*, previsto no art. 50 do Tratado de Lisboa, que trata das hipóteses de desligamento de membros do Bloco), que teve início em 2017 e teoricamente se encerraria em março de 2019.

Entretanto, uma decisão dessa magnitude traz enormes dificuldades políticas, como ficou bem claro pela troca de líderes e pelo acalorado debate no Parlamento Britânico, o que levou o Brexit a diversos **adiamentos** e **contratempos**, cujos momentos mais relevantes destacamos no gráfico a seguir.

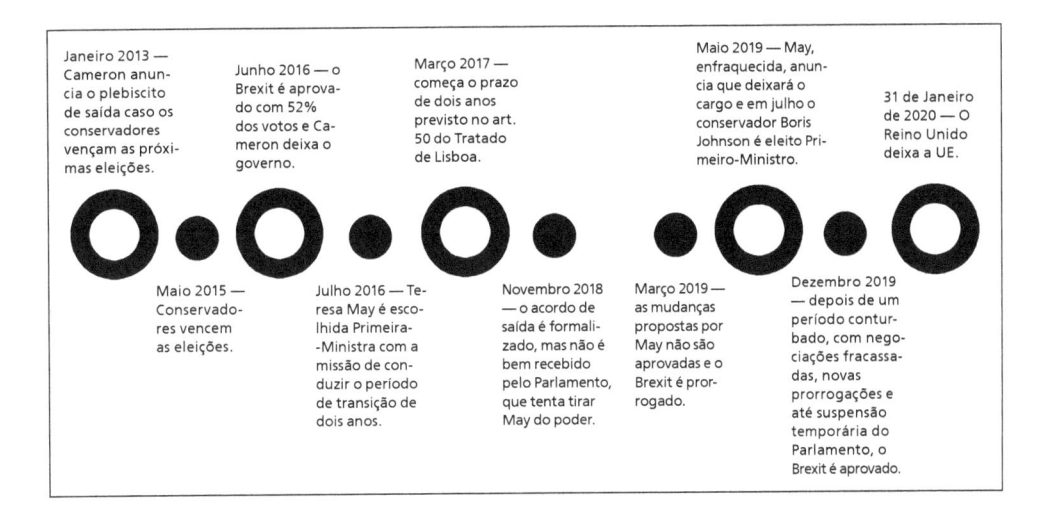

4.2.2.2. O Parlamento Europeu

Os Estados-membros da União Europeia criaram instituições comuns a que delegam parte da sua soberania, de modo que as decisões sobre questões específicas possam ser tomadas democraticamente em âmbito continental.

O processo de integração na Europa, ao atingir níveis políticos antes impensáveis, permitiu a criação de um **Parlamento Europeu** fortalecido, que tem sede em Estrasburgo, na França, formado por deputados de todos os países da União Europeia, eleitos pelos cidadãos para representá-los num fórum supranacional.

Em homenagem às suas raízes históricas, os europeus fundamentaram a União na **democracia representativa**, que proporciona a participação direta de todos os cidadãos no Parlamento, além da possibilidade de **iniciativa popular**, nos moldes do que ocorre no direito constitucional brasileiro, mediante o qual 1 milhão de cidadãos europeus, de diversas nacionalidades, podem exigir que a Comissão Europeia, no âmbito de suas atribuições, encaminhe proposta de criação ou alteração de normas jurídicas complementares aos tratados.

As instituições europeias também devem manter um canal de diálogo aberto e regular com as associações representativas de classes e com a sociedade civil[33], **obrigação jurídica inédita**, como destaca Chris Rumford[34]: "As Organizações da Sociedade Civil pressionaram por maior representação em todos os países e nas instituições globais como as Nações Unidas, o Banco Mundial, o FMI e a Organização Mundial do Comércio. A participação permitida, contudo, raras vezes foi mais que superficial e consultiva em natureza. A UE tornou-se o

---

[33] Artigo 11.2 do Tratado de Maastricht, texto atual e consolidado.

[34] Chris Rumford. *The European Union*: a political sociology. Oxford, Reino Unido: Blackwell, 2002, p. 90.

primeiro governo a reconhecer formalmente as Organizações da Sociedade Civil como parceiras plenamente desenvolvidas nas redes de política pública. A União Europeia reconheceu a sociedade civil como o 'terceiro componente' de sua governança, vendo-a como desempenhando 'uma função intermediária entre o Estado, o mercado e os cidadãos'".

Com a reforma institucional promovida pelo **Tratado de Lisboa**, assinado em 2007 e plenamente em vigor a partir de 1.º de dezembro de 2009, o Parlamento Europeu ganhou mais força e representatividade, com poderes adicionais em relação à alteração da legislação comunitária, o orçamento da União Europeia e a celebração de acordos internacionais. Nos termos do atual modelo de codecisão do processo político, o Parlamento Europeu, que representa os cidadãos da Europa, encontra-se no mesmo patamar que o Conselho Europeu, composto dos chefes de Estado ou de governo dos países-membros.

Todos os **cidadãos** são representados no Parlamento Europeu, que possui atualmente 705 membros.

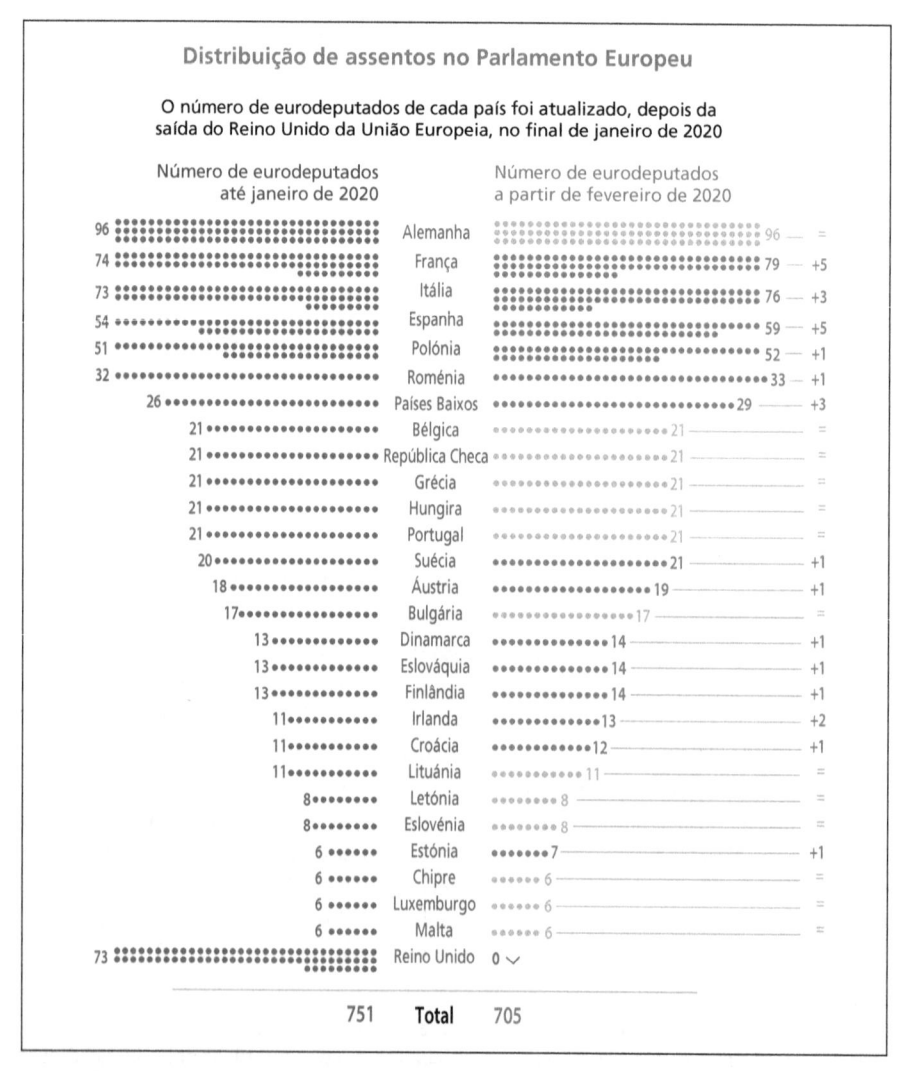

Fonte: Disponível em: <https://europa.eu/european-union/about-eu/institutions-bodies/european-parliament_pt>.

Os Deputados do Parlamento Europeu são eleitos para um mandato de **cinco anos**, mediante sufrágio direto, secreto e universal, e as cadeiras destinadas a cada país são calculadas proporcionalmente às respectivas populações, com limite mínimo de seis e máximo de 96 representantes. As últimas eleições ocorreram em 2019.

Os representantes do Parlamento Europeu não estão organizados em blocos nacionais, mas em grupos políticos, como o Partido Popular Europeu (democrata-cristão), seguido pelos socialistas, liberais, verdes e outros de menor relevância.

O principal trabalho do Parlamento consiste em aprovar a legislação subsidiária aos tratados, competência partilhada com o Conselho Europeu, assim como a fiscalização orçamentária.

O Parlamento elege, entre seus representantes, seu presidente e a respectiva mesa diretiva. Também possui competência para **eleger o Presidente da Comissão Europeia**, podendo destituí-lo em circunstâncias específicas.

As reuniões principais do Parlamento realizam-se em Estrasburgo, mas algumas podem ocorrer em Bruxelas, que é a **sede administrativa** da União Europeia. Os trabalhos funcionam em todos os idiomas oficiais do bloco e são assistidos por um *Comitê Econômico e Social* e por um *Comitê das Regiões*, ambos com funções consultivas e que também assessoram o Conselho e a Comissão.

Muito embora a produção de normas jurídicas **comunitárias** fique a cargo do Parlamento Europeu, isso não retirou dos parlamentos nacionais suas competências precípuas, visto que essas casas legislativas participam do funcionamento da União Europeia nos seguintes termos:

- são informados pelas Instituições da União e notificados dos projetos de atos legislativos;
- devem garantir o respeito pelo princípio da subsidiariedade;
- participam, no âmbito do espaço de liberdade, segurança e justiça, dos mecanismos de avaliação da execução das políticas comunitárias;
- participam dos processos de revisão dos tratados;
- são informados dos pedidos de adesão à União;
- interagem, de forma cooperativa, com o Parlamento Europeu.

Quadro 4.2. Espaço Schengen

O espaço Schengen é uma área sem fronteiras internas na qual os cidadãos europeus e alguns nacionais de países que não pertencem ao bloco podem circular livremente, a trabalho ou em viagens de turismo, sem controle de entrada e saída nos países. A lógica do modelo, criado em 1985, é de reforçar as fronteiras externas comuns, para garantir a segurança e a livre circulação interna das pessoas que vivem ou viajam pela região.

O Espaço Schengen é composto pelos seguintes países:

Alemanha	Estônia	Letônia	Polônia
Áustria	Finlândia	Liechtenstein	Portugal
Bélgica	França	Lituânia	República Checa
Dinamarca	Grécia	Luxemburgo	Suécia
Eslováquia	Hungria	Malta	Suíça
Eslovênia	Islândia	Noruega	
Espanha	Itália	Países Baixos	

4.2.2.3. O Conselho Europeu

O **Conselho Europeu** é composto dos Chefes de Estado ou de Governo dos Estados-membros e funciona como instância derradeira na definição de prioridades do bloco e adoção de decisões políticas, além de dividir com o Parlamento a competência para aprovar a legislação comunitária. Atua também como principal responsável pelas ações da União Europeia no domínio da política externa comum e da segurança no continente.

O Conselho é **integrado**, ainda, pelo seu próprio Presidente e pelo Presidente da Comissão Europeia, além do alto representante da União para os Negócios Estrangeiros e a Política de Segurança, que também participa dos trabalhos.

As reuniões ocorrem duas vezes por semestre (além da possibilidade de encontros extraordinários), mediante convocação do Presidente e, quando necessário, cada integrante poderá ser assistido por um Ministro de Estado, especialmente em assuntos relativos à segurança.

Salvo disposição em contrário, as decisões do Conselho são por **consenso** e o Presidente é eleito por maioria qualificada, para um mandato de dois anos e meio, que pode ser renovado por igual período.

O Presidente atua como representante do Conselho Europeu em assuntos de política externa e segurança, preside as reuniões com o objetivo de buscar o consenso nas decisões e interage com os representantes das demais instituições. Devido à sua **representação política**, em nome da União, *o Presidente não pode, ao contrário dos demais integrantes, exercer qualquer mandato em âmbito nacional.*

4.2.2.4. O Conselho[35]

Este **Conselho** atua em conjunto com o Parlamento Europeu na produção legislativa e no controle orçamentário.

É composto de um representante de cada Estado-membro de **nível ministerial**, com direito a voto e poderes vinculantes em relação ao seu próprio governo (trata-se, portanto, de *plenipotenciário*, nos termos do direito internacional público).

O Conselho delibera por maioria qualificada. A partir de 1.º de novembro de 2014 a aprovação de decisões precisará de pelo menos 55% dos membros, num mínimo de 15, e desde que estes representem países que, reunidos, possuam 65% da população da União Europeia. Existe a possibilidade de veto, desde que manifestada por pelo menos quatro membros do Conselho.

As alterações no *quorum* foram introduzidas pelo **Tratado de Nice**, conforme relata David Calleo[36]: "Numa conferência complementar em Nice, em dezembro de 2000,

---

[35] Como o leitor certamente já percebeu, existem dois órgãos distintos que possuem o nome "Conselho" na União Europeia. Enquanto o chamado *Conselho Europeu* é a autoridade máxima em termos políticos, daí ser integrado por Chefes de Estado e de Governo, o *Conselho* objeto deste tópico exerce funções mais administrativas. Solicitamos especial atenção no sentido de evitar confusões, que são normais e podem ser exploradas em concursos.

[36] David P. Calleo. So that's all agreed, then. *The Economist — Rethinking Europe's Future*, 16 de dezembro de 2000, p. 25-26.

membros da União concordaram com novas reformas no conselho — estreitando a gama de assuntos em que os Estados-membros individuais poderiam exercer seu poder de veto. Os votos dos grandes países no conselho tiveram seu peso triplicado, enquanto o das nações menores foi meramente dobrado".

Foram estabelecidas regras de transição para o peso dos votos e a formação da maioria, válidas até a entrada em vigor dos dispositivos do Tratado de Nice, em 2014 (com extensão, para algumas hipóteses, até 31 de março de 2017)[37].

Como se pode perceber, o Conselho é órgão de natureza volátil, que se reúne com **diferentes composições**, pois participam das reuniões os ministros responsáveis pelos temas que serão debatidos: ministros dos negócios estrangeiros, ministros da economia e finanças, ministros da agricultura e assim por diante.

Cada Estado-membro dispõe de um número de votos no Conselho que reflete a dimensão da sua população, com as devidas ponderações. Algumas decisões podem ser adotadas por maioria simples.

---

[37] As regras para a obtenção de maioria de votos no Conselho, conforme as alterações promovidas pelo Tratado de Nice, são bastante complexas e envolvem duas questões: a) a natureza do Conselho reunido e b) o momento da votação, em razão das disposições transitórias. A primeira questão é definida pelo artigo 236 do Tratado sobre o Funcionamento da União Europeia, texto consolidado, nos seguintes termos: "Artigo 236. O Conselho Europeu adota por maioria qualificada: a) Uma decisão que estabeleça a lista das formações do Conselho que não sejam a dos Negócios Estrangeiros e a dos Assuntos Gerais, nos termos do n. 6 do artigo 16 do Tratado da União Europeia; b) Uma decisão relativa à presidência das formações do Conselho, com exceção da dos Negócios Estrangeiros, nos termos do n. 9 do artigo 16 do Tratado da União Europeia". Já em relação às maiorias necessárias conforme o assunto e o instante da decisão, as regras de regência são as do artigo 238 do Tratado sobre o Funcionamento da União Europeia, texto consolidado: "Artigo 238. 1. Relativamente às deliberações que exijam maioria simples, o *Conselho* delibera por maioria dos membros que o compõem. 2. Em derrogação do n. 4 do artigo 16 do Tratado da União Europeia, a partir de 1.º de novembro de 2014, e sob reserva das disposições estabelecidas pelo protocolo relativo às disposições transitórias, quando o Conselho não delibere sob proposta da Comissão ou do Alto Representante da União para os Negócios Estrangeiros e a Política de Segurança, a maioria qualificada corresponde a, pelo menos, 72% dos membros do Conselho, devendo estes representar Estados-membros que reúnam, no mínimo, 65% da população da União. 3. A partir de 1.º de novembro de 2014, e sob reserva das disposições estabelecidas pelo protocolo relativo às disposições transitórias, nos casos em que, nos termos dos tratados, nem todos os membros do Conselho participem na votação, a maioria qualificada é definida do seguinte modo: a) A maioria qualificada corresponde a, pelo menos, 55% dos membros do Conselho, devendo estes representar Estados--membros participantes que reúnam, no mínimo, 65% da população desses Estados. A minoria de bloqueio deve ser composta por, pelo menos, o número mínimo de membros do Conselho que represente mais de 35% da população dos Estados-membros participantes, mais um membro; caso contrário, considera-se alcançada a maioria qualificada; b) Em derrogação da alínea a), quando o Conselho não delibere sob proposta da Comissão ou do alto representante da União para os Negócios Estrangeiros e a Política de Segurança, a maioria qualificada corresponde a, pelo menos, 72% dos membros do Conselho, devendo estes representar Estados-membros participantes que reúnam, no mínimo, 65% da população desses Estados. 4. As abstenções dos membros presentes ou representados não impedem que sejam tomadas as deliberações do Conselho que exijam unanimidade".

4.2.2.5. A Comissão Europeia

Dentro da burocracia da União Europeia, a Comissão é o **órgão executivo** responsável pelo cumprimento dos tratados e pelo controle das medidas adotadas pelas demais instituições. Está também encarregada das funções de coordenação, execução e gestão dos programas de orçamento e demais atividades decorrentes do ordenamento jurídico comunitário, sob a supervisão do Tribunal de Justiça.

A **Comissão Europeia** representa e defende os interesses da Europa no seu conjunto, é independente dos governos nacionais e tem por função elaborar as propostas de novas legislações que apresenta ao Parlamento Europeu e ao Conselho.

Representa a União Europeia no âmbito do direito internacional público, salvo quanto aos temas de política externa e segurança comum, que são de responsabilidade do Conselho Europeu, como vimos.

O mandato da Comissão, para o presidente e os respectivos membros, é de cinco anos, coincidente com o período para o qual o Parlamento Europeu é eleito.

Os integrantes da Comissão são escolhidos entre os nacionais dos Estados--membros, com base num **sistema de rodízio** igualitário, que objetiva refletir a situação demográfica e geográfica dos países no seu conjunto. Esse sistema é estabelecido, por unanimidade, pelo Conselho Europeu.

Os membros **não representam os governos** dos seus países de origem; ao contrário, cada um deles é responsável por uma área política específica da União Europeia.

A presidência da Comissão é escolhida depois das eleições parlamentares, quando o Conselho Europeu, deliberando por maioria qualificada, propõe ao novo Parlamento Europeu um candidato ao cargo, que deve ser aprovado por maioria de votos. Caso o candidato indicado não obtenha a maioria dos votos, o Conselho Europeu, deliberando por maioria qualificada, proporá no prazo de até um mês novo candidato, que será eleito pelo Parlamento Europeu de acordo com o mesmo processo.

O Conselho, de comum acordo com o presidente eleito, adota a lista das demais personalidades que tenciona nomear como membros da Comissão. Essas personalidades são escolhidas, com base nas sugestões que cada país apresenta, segundo critérios técnicos e de idoneidade.

O Presidente tem o poder de destituir qualquer membro da Comissão, assim como o alto representante da União para os Negócios Estrangeiros e a Política de Segurança que nela exerce suas funções.

A Comissão que foi nomeada para funcionar entre a data de entrada em vigor do Tratado de Lisboa, 1.º de dezembro de 2009, e 31 de outubro de 2014 é constituída por um nacional de cada Estado-membro, incluindo o seu Presidente e o alto representante da União para os Negócios Estrangeiros e a Política de Segurança, que é um dos vice-presidentes.

Atualmente, a direção política da Comissão é exercida por um Colégio de Comissários, constituído pelo presidente da Comissão, oito vice-presidentes, incluindo três vice--presidentes executivos e o alto representante da União para os Negócios Estrangeiros e a Política de Segurança, e 18 comissários, cada um responsável por um assunto específico.

O candidato a Presidente da Comissão é apresentado pelos Chefes de Estado e de Governo reunidos no Conselho Europeu, tendo em conta os resultados das eleições para o Parlamento Europeu. Para ser eleito, o Presidente precisa do apoio da maioria dos deputados do Parlamento Europeu.

O candidato a Presidente seleciona potenciais Vice-Presidentes e Comissários com base em propostas dos países da UE. A lista dos selecionados tem de ser aprovada pelos Chefes de Estado e de Governo no âmbito do Conselho Europeu.

O mandato da atual Comissão termina em 31 de outubro de 2024[38].

4.2.2.6. *O sistema do Tribunal de Justiça*

A função jurisdicional comunitária é exercida pelo Tribunal de Justiça da União Europeia, designação que, depois do Tratado de Lisboa, passou a indicar as **duas instâncias** jurídicas do sistema: a primeira instância, de responsabilidade do **Tribunal Geral**, que possui competência para certos tipos de matérias, especialmente ações privadas e relacionadas ao direito concorrencial; a segunda instância é o **próprio Tribunal de Justiça**, com sede em Luxemburgo, dotado de competências específicas e órgão máximo do modelo judiciário europeu.

Devido ao crescimento da estrutura burocrática da União Europeia, foi criado, ainda, o **Tribunal da Função Pública**, encarregado de analisar as demandas entre os funcionários e as instituições pertencentes à administração do bloco.

O Tribunal de Justiça é composto de um juiz de cada Estado-membro e assistido por oito advogados-gerais, enquanto o Tribunal Geral é composto de, pelo menos, um juiz por Estado-membro.

Os juízes e os advogados-gerais do Tribunal de Justiça e os juízes do Tribunal Geral são escolhidos entre personalidades de reputação ilibada, notório conhecimento jurídico e comprovada independência, sendo nomeados de comum acordo pelos governos para **mandatos de seis anos**, prorrogáveis por igual período.

Os juízes designam entre si, por um período de três anos, o Presidente do Tribunal de Justiça, que pode ser reeleito. Aos advogados gerais cabe apresentar publicamente, com imparcialidade e independência, conclusões fundamentadas sobre as causas que demandem sua intervenção, nos termos do Estatuto do Tribunal de Justiça da União Europeia.

As funções precípuas do Tribunal de Justiça incluem decidir, em caráter definitivo, sobre a **interpretação dos tratados** e sobre a validade e interpretação dos atos das instituições europeias. Nesse sentido, tem por missão fiscalizar os atos do Conselho, da Comissão e do Banco Central europeu, que não sejam recomendações ou pareceres, e os atos do Parlamento Europeu e do Conselho Europeu, quando destinados a produzir efeitos jurídicos em relação a terceiros.

Qualquer membro pode recorrer ao Tribunal de Justiça da União Europeia se considerar que outro membro não cumpriu as obrigações oriundas dos diversos tratados, com prévia apreciação do assunto pela Comissão Europeia, que deverá formular parecer fundamentado, depois de os Estados interessados terem tido oportunidade de apresentar, em processo contraditório, as suas observações escritas e orais.

Se o Tribunal de Justiça decidir que houve descumprimento de obrigações, o Estado infrator deverá adotar as medidas necessárias ao atendimento do respectivo acórdão, que possui **força executiva**, inclusive para condenar membros ao pagamento de uma

---

[38] Disponível em: <https://europa.eu/european-union/about-eu/institutions-bodies/european-commission _pt#composi%C3%A7%C3%A3o>.

quantia fixa ou de uma sanção pecuniária compulsória, no limite do montante indicado pela Comissão.

O Tribunal de Justiça também atua em **caráter consultivo**, o que permite que qualquer Estado-membro, o Parlamento Europeu, o Conselho ou a Comissão possa obter pareceres sobre a compatibilidade de um projeto em relação às normas dos diferentes tratados. Pareceres negativos têm o condão de impedir a eficácia normativa dos projetos ou acordos.

Em relação ao **Tribunal Geral**, o número de juízes é fixado conforme o Estatuto do Tribunal de Justiça da União Europeia, que pode, inclusive, designar a assistência de advogados gerais. Em regra, aplica-se ao Tribunal Geral as disposições dos tratados relativos ao Tribunal de Justiça.

O Tribunal Geral é competente para conhecer em primeira instância diversas matérias, que podem ser objeto de recurso para o Tribunal de Justiça, desde que limitadas a questões de direito. O Tribunal Geral também é competente para conhecer dos recursos interpostos contra as decisões dos tribunais especializados.

O Parlamento Europeu e o Conselho, deliberando de acordo com o processo legislativo ordinário, podem também criar **tribunais especializados**, adstritos ao Tribunal Geral, encarregados de analisar em primeira instância matérias específicas.

O regulamento que criar um tribunal especializado deverá fixar as regras para a sua composição e delimitar o âmbito de competências. As decisões dos tribunais especializados podem ser objeto de recurso para o Tribunal Geral, em regra apenas para questões de direito, salvo se o próprio regulamento instituidor permitir a revisão de questões de fato.

Os membros dos tribunais especializados serão escolhidos entre pessoas que ofereçam todas as garantias de independência e possuam a capacidade necessária para o exercício da função jurisdicional, com nomeação pelo Conselho, por unanimidade.

O modelo jurídico europeu também prevê a eleição, pelo Parlamento, de um **Provedor de Justiça**, agente competente para receber queixas relativas a hipóteses de má administração ou atuação das instituições europeias (salvo do Tribunal de Justiça), que podem ser apresentadas por qualquer cidadão da União ou pessoas físicas e jurídicas com residência ou sede estatutária num Estado-membro.

O Provedor de Justiça deverá instruir as queixas, elaborar relatórios e instaurar os inquéritos que considerar necessários, exceto se os fatos mencionados já tiverem sido objeto de processo específico.

O SISTEMA DO TRIBUNAL DE JUSTIÇA EUROPEU			
	Tribunal de Justiça	**Tribunal Geral**	**Tribunal da Função Pública**
COMPOSIÇÃO	Um juiz de cada país e oito advogados-gerais	Um juiz de cada país (não há advogados-gerais permanentes)	Sete juízes nomeados pelo Conselho
MANDATO	Seis anos, renovável	Seis anos, renovável	Seis anos, renovável
COMPETÊNCIA	Litígios entre governos e instituições europeias	Ações de particulares (pessoas, empresas e organizações privadas), além de temas relacionados à concorrência	Demandas entre as instituições europeias e seus funcionários

4.2.2.7. O Banco Central Europeu

Com a previsão de criação de uma moeda única para a União Europeia, a decisão de se estabelecer um banco central comunitário integrou as negociações sobre o funcionamento do bloco. Como os britânicos resolveram manter sua tradicional moeda, a libra esterlina, a escolha natural para a sede da futura instituição recaiu sobre Frankfurt, principal centro econômico do país mais rico da Europa.

O **Banco Central Europeu (BCE)** surgiu em junho de 1998, com a difícil missão de preparar a substituição de diversas moedas nacionais pela moeda comunitária, o **euro**, além de elaborar a política econômica para a sua gestão, como a fixação das taxas de juros e outros mecanismos capazes de garantir a estabilidade dos preços, principal fator para o controle da inflação, condição essencial para o crescimento sustentável da região.

Desde o início, o Banco Central Europeu lidera o chamado **Sistema Europeu de Bancos Centrais (SEBC)**, estrutura composta dos bancos centrais nacionais dos países que adotam a moeda comunitária, denominada **Eurossistema**[39]. O Banco Central Europeu, que possui personalidade jurídica própria, toma decisões **com independência** em relação aos governos e outros organismos da União Europeia, especialmente quanto à política monetária.

O principal objetivo do Sistema Europeu de Bancos Centrais, previsto inclusive no Tratado de Lisboa, é a estabilidade dos preços, o que garante que as emissões de moeda pelos países da chamada **zona do euro** só poderão ser realizadas mediante prévia autorização. Para os demais países, que não utilizam o euro, a administração monetária compete aos respectivos bancos centrais, sem prejuízo dos compromissos macroeconômicos assumidos com a União Europeia.

Dentre as demais atribuições do Banco Central Europeu, destacam-se:

▪ definição e execução da política monetária da zona do euro, inclusive mediante a expedição de orientações e instruções jurídicas, de caráter vinculante;

▪ organização e condução das operações de natureza cambial, com poderes de intervenção, por meio de aquisição ou venda de títulos;

▪ custódia e gestão das reservas monetárias oficiais dos países que utilizam o euro, que inclui a definição das preferências de longo prazo do binômio risco/rendimento dos ativos que compõem a reserva;

▪ definição e operacionalização dos sistemas de pagamento, com o acompanhamento dos riscos financeiros.

Em termos de estrutura, o Conselho do Banco Central Europeu é o principal **órgão de decisão**, composto dos seis membros da Comissão Executiva e dos titulares dos bancos centrais nacionais dos países que adotaram o euro. O Conselho reúne-se normalmente duas vezes por mês, na sede do banco, em Frankfurt, na Alemanha.

---

[39] O Eurossistema possui quatro propósitos estratégicos, a saber: a) ser a autoridade reconhecida em questões monetárias e financeiras; b) propiciar a estabilidade e integração financeira da Europa; c) conferir responsabilidade, credibilidade e confiança ao modelo; e d) reforçar a identidade partilhada, com as responsabilidades bem definidas e ênfase na boa gestão da moeda.

A Comissão Executiva é composta do Presidente, Vice-Presidente e de mais quatro membros, com reconhecida experiência na área financeira e bancária, todos nomeados pelo Conselho Europeu, com deliberação por maioria qualificada, para um **mandato de oito anos,** não renovável.

O Banco Central Europeu envia anualmente ao Parlamento Europeu, ao Conselho, à Comissão e ainda ao Conselho Europeu um relatório sobre as atividades do Sistema Europeu de Bancos Centrais e sobre a política monetária do ano anterior e do ano em curso.

O Presidente do Banco Central Europeu e os outros membros da Comissão Executiva podem, a pedido do Parlamento Europeu ou por sua própria iniciativa, ser ouvidos pelas comissões competentes.

O Banco Central Europeu deverá ser consultado sobre qualquer proposta de ato da União Europeia ou das autoridades monetárias nacionais relativas às suas atribuições, além de poder apresentar pareceres técnicos aos órgãos e instituições europeias, sempre que necessário.

4.2.2.8. O Tribunal de Contas

O **Tribunal de Contas Europeu** fiscaliza todas as receitas e despesas da União, inclusive seus órgãos e instituições. O objetivo principal é assegurar a legalidade e a regularidade das operações como garantia da boa gestão financeira dos recursos comunitários.

O controle pode ser exercido a qualquer tempo, inclusive antes do encerramento das contas orçamentárias, e segue as regras clássicas de auditoria, com a análise dos documentos e, se necessário, inspeções *in loco*, com a colaboração das instituições de fiscalização nacionais, sem prejuízo das respectivas competências.

Todos os documentos ou informações necessários ao desempenho das funções do Tribunal de Contas ser-lhe-ão comunicados, a seu pedido, pelas outras instituições da União, pelas pessoas singulares ou coletivas beneficiárias de pagamentos provenientes do orçamento e pelas instituições de fiscalização nacionais ou serviços competentes.

O Tribunal de Contas deve elaborar um **relatório anual** após o encerramento de cada exercício, que é transmitido às outras instituições da comunidade e publicado no *Jornal Oficial da União Europeia*, acompanhado das justificativas de cada instituição às observações decorrentes da auditoria.

Os relatórios anuais, os relatórios especiais (formulados a qualquer tempo, sobre questões específicas) ou os pareceres técnicos são adotados por decisão da maioria dos membros.

O Tribunal de Contas é composto de **um representante de cada país,** escolhido entre cidadãos com experiência e que tenham atuado em instituições de fiscalização externa, capazes de garantir a total independência das avaliações.

Os integrantes do Tribunal de Contas são nomeados por um período de **seis anos,** renovável, mediante aprovação do Conselho, após consulta ao Parlamento Europeu.

O presidente é escolhido pelos próprios representantes para um mandato de **três anos,** com possibilidade de reeleição.

No intuito de conferir transparência e imparcialidade às suas decisões, o Tribunal não permite que os representantes exerçam, durante o mandato, qualquer outra atividade profissional, ainda que não remunerada.

Em razão da exclusividade de atribuições, cabe ao Conselho fixar a remuneração e os benefícios dos membros do Tribunal de Contas da União Europeia, que possuem os mesmos privilégios e imunidades concedidos aos juízes do Tribunal de Justiça.

Os membros do Tribunal de Contas só podem ser afastados das suas funções ou privados de direitos e benefícios mediante decisão judicial, que declare a incompatibilidade com as condições exigidas ou o descumprimento das obrigações inerentes ao cargo.

O Tribunal de Contas possui regulamento interno próprio e assiste o Parlamento Europeu e o Conselho no exercício da função de controle da execução do orçamento.

4.2.3. O processo de integração econômica e monetária

Antes mesmo da assinatura do Tratado de Maastricht, os europeus já discutiam a possibilidade de consolidar o mercado comum e ampliar o alcance econômico do bloco.

Em junho de 1988, o então Conselho Europeu confirmou a intenção de avançar o modelo para o patamar de uma **União Econômica e Monetária** e confiou a um comitê presidido por Jacques Delors (na época Presidente da Comissão Europeia) a missão de elaborar um projeto técnico e jurídico que pudesse levar a cabo tal intento.

O **Relatório Delors** propunha a criação de uma união econômica e financeira em três etapas, cuja primeira fase teve início em 1.º de julho de 1990, com a abolição de todas as restrições ao movimento de capitais entre os Estados-membros.

Como a segunda etapa carecia de adequada regulamentação jurídica, só foi possível instaurá-la a partir da ratificação definitiva do Tratado da União Europeia (assinado em Maastricht em 7 de fevereiro de 1992), o que ocasionou certo atraso no cronograma original.

A criação do **Instituto Monetário Europeu (IME)**, em 1.º de janeiro de 1994, marcou o início da segunda etapa do processo de integração econômica e monetária da União Europeia. Apesar de suas limitações, visto que não tinha competência para intervir na economia, o IME possuía dois importantes mandatos: a) reforçar a cooperação entre os bancos centrais e a coordenação em matéria de política monetária e b) realizar os preparativos necessários para o estabelecimento do Sistema Europeu de Bancos Centrais (SEBC), para a condução da política monetária e para a introdução da moeda única na terceira fase.

À época, a União Europeia já havia definido uma estratégia econômica comunitária baseada em três fundamentos: a coordenação entre os Estados-membros de suas políticas econômicas internas, a vigilância multilateral do processo de convergência e a fixação de regras comuns quanto à disciplina financeira e orçamentária.

Em dezembro de 1995, o Conselho Europeu decidiu que a unidade monetária europeia seria designada **euro** e confirmou que a terceira fase de integração teria início em 1.º de janeiro de 1999, sob a tutela do Sistema Europeu de Bancos Centrais. A fase final implicou a **fixação irrevogável das taxas de câmbio** das moedas dos 11 Estados-membros que inicialmente integraram a União Econômica e Monetária.

Quadro 4.3. As três fases da União Econômica e Monetária

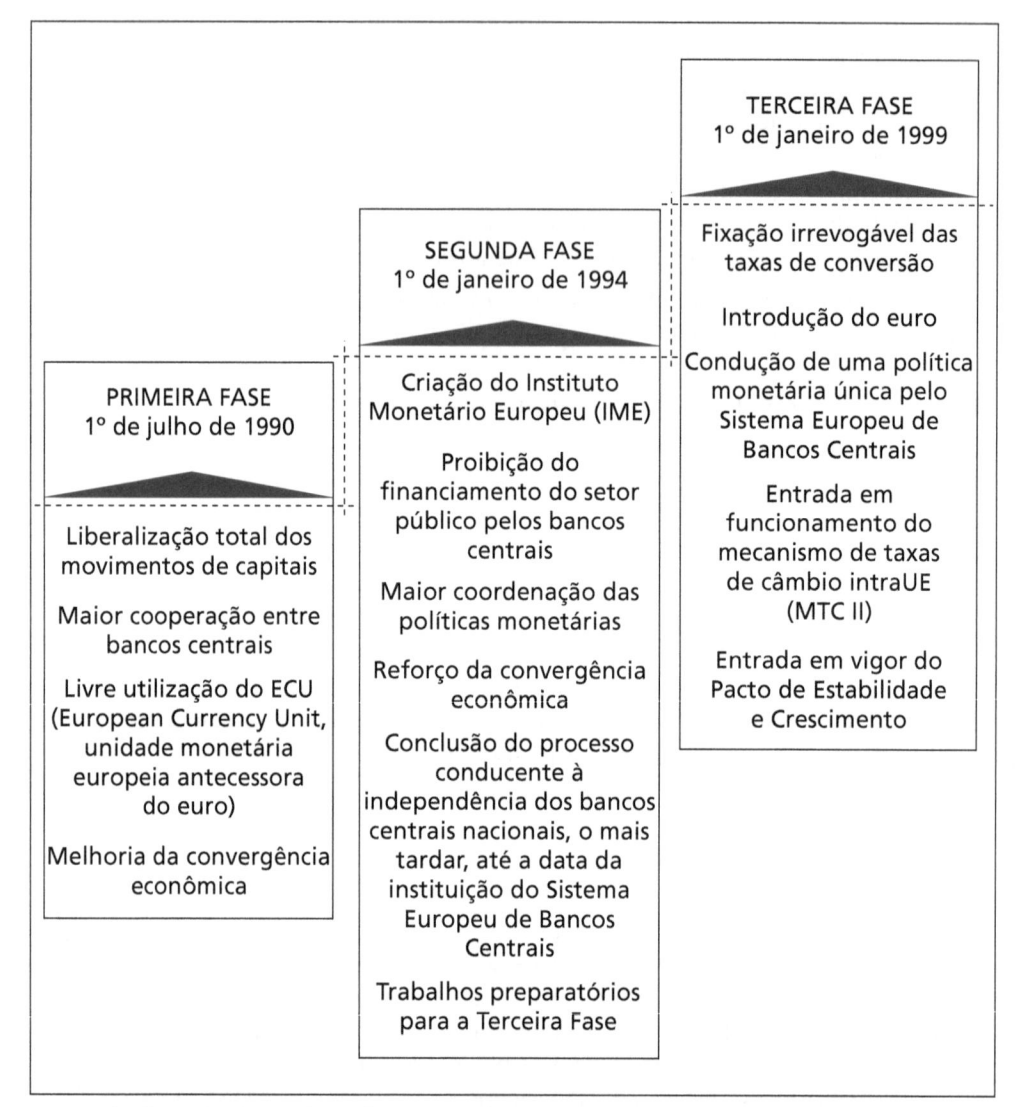

TERCEIRA FASE
1º de janeiro de 1999

Fixação irrevogável das taxas de conversão

Introdução do euro

Condução de uma política monetária única pelo Sistema Europeu de Bancos Centrais

Entrada em funcionamento do mecanismo de taxas de câmbio intraUE (MTC II)

Entrada em vigor do Pacto de Estabilidade e Crescimento

SEGUNDA FASE
1º de janeiro de 1994

Criação do Instituto Monetário Europeu (IME)

Proibição do financiamento do setor público pelos bancos centrais

Maior coordenação das políticas monetárias

Reforço da convergência econômica

Conclusão do processo conducente à independência dos bancos centrais nacionais, o mais tardar, até a data da instituição do Sistema Europeu de Bancos Centrais

Trabalhos preparatórios para a Terceira Fase

PRIMEIRA FASE
1º de julho de 1990

Liberalização total dos movimentos de capitais

Maior cooperação entre bancos centrais

Livre utilização do ECU (European Currency Unit, unidade monetária europeia antecessora do euro)

Melhoria da convergência econômica

Fonte: União Europeia. Disponível em: <http://www.ecb.europa.eu/ecb/history/emu/html/index.pt.html>.

4.2.3.1. A criação do Euro

O euro foi lançado, em 1.º de janeiro de 1999, como a moeda oficial de **11 países**, com a substituição das moedas nacionais, em duas fases. No início o euro só existia como instrumento virtual de pagamento, pois as transações não envolviam papel--moeda, mas apenas registros contábeis.

Somente em 1.º de janeiro de 2002, com a retirada de circulação das moedas nacionais, o euro **passou a circular fisicamente**, sob a forma de notas e moedas metálicas.

Interessante notar que o símbolo do euro (€) foi inspirado na letra grega *epsilon* (ε) e também corresponde à primeira letra da palavra "Europa" no alfabeto latino. A utilização das duas linhas paralelas representa **estabilidade**, o principal objetivo do processo de integração econômica e monetária, conforme definido no **Pacto de Estabilidade e Crescimento** adotado pelo Conselho Europeu em junho de 1997.

Outra curiosidade é que as **notas de euro** possuem o mesmo desenho em todos os países, com motivos que representam os diversos períodos arquitetônicos europeus, e são emitidas em sete valores diferentes: €5 (clássico), €10 (românico), €20 (gótico), €50 (renascentista), €100 (barroco e rococó), €200 (ferro e vidro) e €500 (arquitetura moderna).

Já as **moedas** são emitidas em oito designações diferentes (1, 2, 5, 10, 20 e 50 centavos, além das moedas de €1 e €2) e apresentam um desenho comum em uma das faces (que indica o valor) e outra representação, própria de cada país, no verso, sempre circundado pelas 12 estrelas da União Europeia original.

Convém ressaltar, como já vimos, que o Banco Central Europeu tem o direito exclusivo de autorizar a **emissão de notas** em euros pelos bancos centrais nacionais, que dividem a responsabilidade pela sua produção e circulação. As notas emitidas pelo Banco Central Europeu e pelos bancos centrais nacionais são as únicas com curso legal na União.

Esse procedimento **não se aplica** às moedas metálicas, que são cunhadas pelos países em quantidades aprovadas anualmente pelo Banco Central Europeu.

Nem todos os países da União Europeia utilizam o euro. Desde o início, dois membros firmaram uma opção de exclusão no Tratado, **Dinamarca** e **Reino Unido**, o que significa que ambos não precisaram integrar a chamada **zona do euro**, composta dos países que aceitaram trocar suas respectivas moedas pelo instrumento unificado. Entre os demais fundadores da União Europeia, a **Suécia** é o único país que ainda não adotou o euro.

Atualmente, as notas e moedas de euro possuem curso legal em **19 países**, haja vista que em 13 de julho de 2010 o Conselho da União Europeia aprovou o pedido da **Estônia** para ingressar na zona do euro a partir de 1.º de janeiro de 2011, o que representou o fim da coroa local. No mesmo sentido, Letônia (2014) e Lituânia (2015) também aderiram à moeda única.

ZONA DO EURO	
◼ Países da UE que utilizam o euro	◼ Alemanha, Áustria, Bélgica, Chipre, Eslováquia, Eslovênia, Espanha, Estônia, Finlândia, França, Grécia, Irlanda, Itália, Luxemburgo, Malta, Países Baixos, Portugal, Letônia e Lituânia
◼ Países da UE que não utilizam o euro	◼ Bulgária, Hungria, Croácia, Polônia, República Checa, Romênia e Suécia
◼ País com a opção de não participação (*opt-out*)	◼ Dinamarca

Outros países e territórios, ainda que não pertençam à União Europeia, também utilizam o euro.

Os microestados do **Vaticano**[40], **San Marino** e **Mônaco**, por exemplo, adotam oficialmente a moeda por força de um acordo celebrado com a comunidade[41]. Isso porque, antes da integração, San Marino e o Vaticano utilizavam a lira italiana, assim como Mônaco se valia do franco francês. Com a extinção dessas moedas, o acordo com a União Europeia permitiu que esses pequenos Estados pudessem cunhar certas quantidades de euro, inclusive com características próprias, como a personalização da face nacional das moedas metálicas, muito embora não possam emitir notas de euro, devido à ausência de instituições assemelhadas a um banco central.

O euro também é utilizado em territórios fora do continente europeu, como é o caso dos **departamentos ultramarinos** franceses de Guadalupe, Guiana Francesa, Martinica e outros, além das ilhas portuguesas da Madeira ou dos Açores, entre vários possíveis exemplos. E, com o acordo da EU, Andorra, Mônaco, São Marinho e a Cidade do Vaticano também utilizam o euro como moeda nacional.

Tabela 4.2. Cronologia da zona do Euro

ANO	EVENTO
1999	◻ Criação do euro escritural (ainda não disponível para circulação), válido para 11 países: Alemanha, Áustria, Bélgica, Espanha, Finlândia, França, Países Baixos, Irlanda, Itália, Luxemburgo e Portugal
2001	◻ Adesão da Grécia
2002	◻ Início da circulação física das notas e moedas de euro
2007	◻ Adesão da Eslovênia
2008	◻ Adesão de Chipre e Malta
2009	◻ Adesão da Eslováquia
2011	◻ Adesão da Estônia
2014	◻ Adesão da Letônia
2015	◻ Adesão da Lituânia

Desde a sua criação, o euro passou a ser largamente utilizado como moeda de referência em diversas transações internacionais, atrás apenas do dólar norte-americano. Nada obstante, a adoção crescente do euro também representa a confiança dos mercados no seu modelo de gestão, fato que pode ser comprovado pela **expressiva valorização cambial** apresentada nos últimos anos.

A adoção de uma moeda comum conferiu maior dinamismo e transparência à economia europeia, pois reduziu os custos com as operações de câmbio e reforçou os

---

[40] O Vaticano, cujo nome oficial é Estado da Cidade do Vaticano (*Stato della Città del Vaticano*), é o território soberano, constituído a partir do Tratado de Latrão, de 1929, no qual a sede da Igreja Católica exerce suas atividades. Não deve ser confundido com a Santa Sé, que é a titular da personalidade jurídica de direito internacional apta a manter relações com outros Estados, razão pela qual mereceria ser citada no contexto acima. Adotamos, todavia, a expressão "Vaticano", porque é a utilizada nos documentos da União Europeia.

[41] Andorra, Kosovo (que, apesar de independente, não tem o reconhecimento de Estado) e Montenegro também utilizam o euro, mas sem a celebração de um acordo formal com a União Europeia nem a possibilidade de emissão da moeda.

mercados financeiros dos respectivos membros, tornando-os mais seguros em face de crises internacionais, devido ao enorme volume de reservas. No mesmo sentido, a gestão integrada do euro permite que o Sistema Europeu de Bancos Centrais promova **medidas de ajuda** a países em dificuldade.

Como observamos, a retirada de circulação das moedas nacionais ocorreu com a fixação irrevogável da taxa de câmbio pelo país solicitante. A tabela a seguir apresenta as taxas de conversão dos países da zona do euro, quando das respectivas adesões:

Tabela 4.3. Taxas de conversão dos países da zona do Euro

€ (EURO)	MOEDA ORIGINAL
1	BEF 40,3399 (francos belgas)
1	DEM 1,95583 (marcos alemães)
1	IEP 0,787564 (libras irlandesas)
1	GRD 340,750 (dracmas gregos)
1	ESP 166,386 (pesetas espanholas)
1	FRF 6,55957 (francos franceses)
1	ITL 1.936,27 (liras italianas)
1	CYP 0,585274 (libras cipriotas)
1	LUF 40,3399 (francos luxemburgueses)
1	MTL 0,429300 (liras maltesas)
1	NLG 2,20371 (florins holandeses)
1	ATS 13,7603 (xelins austríacos)
1	PTE 200,482 (escudos portugueses)
1	SIT 239,640 (tolares eslovenos)
1	SKK 30,1260 (coroas eslovacas)
1	FIM 5,94573 (marcas finlandesas)
1	EEK 15,6466 (coroas estônicas)
1	LAT 0.702804 (letãs letonianos)
1	LTL 3.45280 (litas lituanas)

4.2.3.1.1. Critérios de convergência

A conversão de um sistema monetário nacional para o euro é um processo complexo e desafiador, que exige a adoção de diversas medidas.

A partir da experiência original da criação do euro, todos os países interessados em adotar a moeda comunitária precisam, nos termos da legislação europeia, satisfazer condições econômicas e legais, conhecidas como **critérios de convergência** (ou critérios de Maastricht), cujo objetivo é demonstrar que o futuro membro da zona do euro está apto a integrar o sistema.

A convergência **jurídica** depende de alterações na legislação local, especialmente quanto às prerrogativas do Banco Central e à condução da política econômica e monetária, que devem atender as disposições do Tratado sobre o Funcionamento da União Europeia.

Os critérios de convergência econômica são bastante rigorosos e decorrem da avaliação técnica de diversas metas, como a estabilidade nos preços e a situação das finanças públicas do candidato.

As metas macroeconômicas deverão ser mantidas, de forma duradoura e sustentável, pelos países que ainda não aderiram ao euro.

Pelo menos de dois em dois anos, ou a pedido de um Estado-membro que se valha da derrogação (dispensa de cumprimento de qualquer obrigação do Tratado), a Comissão e o Banco Central Europeu apresentarão relatórios ao Conselho sobre os progressos alcançados pelos beneficiários no cumprimento das obrigações relativas à consecução da União Econômica e Monetária. Esses relatórios devem conter um estudo de compatibilidade da legislação nacional de cada um dos membros, incluindo os estatutos do respectivo Banco Central nacional.

Para o efetivo ingresso na zona do euro, os relatórios devem analisar a obtenção de índices satisfatórios de **convergência sustentada**, com base na observância, pelos Estados-membros, dos seguintes critérios:

■ realização de um elevado grau de **estabilidade dos preços**, que será expresso por um nível de inflação que esteja próxima da taxa, no máximo, dos três Estados-membros com melhores resultados em termos de estabilidade dos preços;

■ sustentabilidade das suas **finanças públicas**, que será traduzida pelo fato de ter alcançado uma situação orçamentária **sem défice excessivo**, nos termos da legislação europeia;

■ observância, durante pelo menos dois anos, das margens normais de flutuação previstas no mecanismo de **taxas de câmbio** do Sistema Monetário Europeu, sem ter procedido a uma desvalorização em relação ao euro;

■ caráter duradouro da convergência alcançada pelo Estado-membro que se beneficia de uma derrogação e da sua participação no mecanismo de taxas de câmbio, o qual deve igualmente refletir-se nos níveis das **taxas de juros de longo prazo**.

Os relatórios da Comissão e do Banco Central Europeu devem levar em consideração os resultados da integração dos mercados, o nível e a evolução da balança de transações correntes, bem como a análise de evolução dos custos unitários de trabalho e de outros índices de preços.

Depois de ter consultado o Parlamento Europeu e discutido a questão no Conselho Europeu, o Conselho, sob proposta da Comissão, decidirá quais são os Estados-membros que se beneficiam de uma derrogação e que preenchem as condições necessárias com base nos critérios de convergência, revogando-as.

O Conselho delibera mediante recomendação da maioria qualificada dos membros cuja moeda seja o euro. Esses países decidem no prazo de seis meses após o Conselho ter recebido a proposta da Comissão.

Com a revogação, o Conselho, após consulta ao Banco Central Europeu, **fixa a taxa à qual o euro substitui a moeda** do Estado-membro em questão e toma as medidas necessárias para a introdução da moeda única.

4.2.3.1.1.1. Análise dos parâmetros

O primeiro critério de avaliação cuida do acompanhamento na **evolução dos preços**, ou seja, dos índices de inflação do país-candidato ao euro, um dos principais fatores de estabilidade econômica.

Nos termos do Tratado, cada Estado-membro deve registrar uma **estabilidade** de preços sustentável e, no ano que antecede a análise, uma taxa média de inflação que **não exceda em mais de 1,5%** a verificada, no máximo, nos três Estados-membros com melhores resultados em termos de estabilidade. A inflação será calculada com base no índice de preços ao consumidor[42] em uma base comparável, tomando em consideração as diferenças nas definições nacionais.

A definição dos três Estados com melhores resultados de estabilidade decorre do cálculo da média aritmética não ponderada da taxa de inflação nos três países com as taxas de inflação mais baixas, lembrando que os valores podem, inclusive, ser negativos.

O segundo critério analisa a **evolução das finanças públicas** e prevê que cada Estado-membro deve apresentar índices orçamentários sustentáveis, **sem défices excessivos**, vale dizer, o governo precisa manter sob controle os empréstimos líquidos contraídos, tal como definidos no Sistema Europeu de Contas Econômicas Integradas.

Os Estados-membros devem, regularmente, apresentar à Comissão Europeia informações sobre os seus défices programados e verificados, bem como os níveis da sua dívida.

Compete à Comissão elaborar relatórios sobre défices excessivos sempre que um Estado-membro deixar de cumprir os requisitos de controle orçamentário, particularmente nas seguintes hipóteses:

a) se a relação entre o déficit orçamentário verificado no encerramento do ano fiscal anterior **for superior a 3% do Produto Interno Bruto** (PIB), exceto se essa relação tiver se reduzido de forma substancial e contínua e estiver próxima do valor de referência (3%) ou, alternativamente, se o excesso em relação ao valor de referência for meramente excepcional e temporário e o índice da relação se mantiver próximo ao valor de referência;

b) se a relação entre a dívida pública e o Produto Interno Bruto (PIB) for **superior a 60%** no ano fiscal anterior, exceto se a relação estiver em declínio significativo e o índice se aproximar, de modo satisfatório, do valor de referência.

O relatório elaborado pela Comissão Europeia deverá considerar se o défice excede as despesas públicas em investimento, além de outros fatores pertinentes, como a posição econômica e orçamentária em médio prazo do Estado-membro.

A Comissão pode ainda preparar o relatório se considerar que existe risco de défice excessivo em determinado Estado-membro, não obstante o preenchimento dos requisitos conforme os critérios enunciados. Em qualquer caso, compete ao Conselho, ouvido o Comitê Econômico e Financeiro da União Europeia e as manifestações do país interessado, avaliar a situação e decidir pela existência ou não do défice excessivo.

---

[42] Atualmente, a União Europeia utiliza o Índice Harmonizado de Preços ao Consumidor (IHPC) como parâmetro para a análise.

O terceiro critério de convergência avalia a evolução das **taxas de câmbio** e exige a observância, durante pelo menos dois anos, das margens normais de flutuação previstas no mecanismo de taxas de câmbio (*exchange-rate mechanism*, conhecido pela sigla ERM II) do Sistema Monetário Europeu, sem que o país tenha promovido desvalorização em relação à moeda de qualquer outro Estado-membro.

O quarto e último critério trata da evolução das **taxas de juros** de longo prazo e determina que, durante o ano que antecede a análise, cada Estado-membro deve ter registrado uma taxa de juros nominal média de longo prazo que **não exceda em mais de 2%** à verificada, no máximo, nos três Estados-membros com melhores resultados em termos de estabilidade dos preços. As taxas de juros serão calculadas com base em obrigações do Estado de longo prazo ou outros títulos semelhantes, tomando em consideração as diferenças nas definições nacionais.

A taxa de juros de longo prazo em questão é a média aritmética dos últimos 12 meses para os quais existem dados sobre o IHPC, e o conceito de "três Estados com melhores resultados em termos de estabilidade de preços" é aplicado mediante o cálculo da média aritmética não ponderada das taxas de juros de longo prazo dos três países com as **taxas de inflação mais baixas**.

Tabela 4.4. Resumo sobre os critérios de convergência

AVALIAÇÃO	EVOLUÇÃO DOS PREÇOS	FINANÇAS PÚBLICAS		ESTABILIDADE DO CÂMBIO	DURAÇÃO DA CONVERGÊNCIA
COMO APURAR	Índice de Inflação	Défice Público em relação ao PIB	Dívida Pública em relação ao PIB	Variação em razão das taxas centrais	Taxa de Juros de longo prazo
CRITÉRIO DE CONVERGÊNCIA	Não superior a 1,5 pontos percentuais em relação aos três Estados-membros de melhor performance	Valor de Referência: não superior a 3%	Valor de Referência: não superior a 60%	Participação no modelo ERM II por pelo menos dois anos, sem tensões severas ou desvalorização da moeda	Não superior a 2 pontos percentuais em relação aos três Estados-membros de melhor performance em termos de estabilidade de preços

4.3. ASSOCIAÇÃO LATINO-AMERICANA DE INTEGRAÇÃO (ALADI)

Em 1960, foi assinado o primeiro **Tratado de Montevidéu**, que criou a **Associação Latino-Americana de Livre-Comércio (ALALC)**, inicialmente entre sete países: Argentina, Brasil, Chile, México, Paraguai, Peru e Uruguai; o objetivo era alcançar uma maior integração econômica, por meio da ampliação dos respectivos mercados e da expansão do comércio recíproco, como contraposição ao modelo de importações e exportações dominante, concentrado nos Estados Unidos e nos países da Europa.

Tratava-se, portanto, da criação de uma **zona de preferências tarifárias** na América Latina, exemplo básico de cooperação comum à época, dado o fato de que os tributos na importação, especialmente nos países em desenvolvimento, ainda eram bastante elevados.

Parecia, portanto, fazer sentido a redução recíproca das alíquotas do imposto de importação, de modo a estimular o comércio entre países vizinhos, cujas indústrias guardavam certo grau de equivalência. O modelo se expandiu, em 1970, quando Colômbia, Equador, Bolívia e Venezuela também passaram a integrar a ALALC.

O projeto da ALALC foi fortemente influenciado pelas ideias de Raúl Prebisch e pela CEPAL, que reconheciam a necessidade de **integração em nível regional**, com o fortalecimento das indústrias locais e uma política de **substituição de importações**. A fase instaurada a partir da ALALC buscava oferecer alternativas de produção e consumo, ao mesmo tempo que pretendia reduzir a dependência comercial em relação às grandes potências.

Nas palavras de Jeffry Frieden[43], "Os países da América Latina (e um punhado de outras nações independentes em desenvolvimento) se mantiveram isolados da economia mundial, da década de 1930 ao início da de 1950, devido a tendências da própria economia internacional. O colapso da economia mundial entregou a região à própria sorte. Os países organizados para exportar café, cobre ou produtos pecuários agora não tinham quase mercado para seus principais produtos. Para os consumidores acostumados com os bens industriais da América do Norte e da Europa, os produtos do sul eram extremamente caros ou simplesmente não estavam disponíveis. Novas indústrias cresceram para suprir a demanda local, e os setores agrícola e minerador, que eram voltados para exportação, encolheram".

Apesar da demonstração de boa vontade entre os países e da fundamentação teórica para a ALALC, o modelo foi pouco proveitoso, devido às conjunturas internas dos membros, muitos deles envolvidos em conturbados regimes ditatoriais e com preocupações mais imediatas.

Muito embora tenha havido certo incremento comercial com as reduções tarifárias, especialmente no início da ALALC, restava clara a percepção de que o processo havia se esgotado, pela própria inépcia dos participantes. Como relata Ricardo Santos[44]: "Após um primeiro período de sucesso favorecido pela conjuntura mundial, a iniciativa malogrou, principalmente em virtude dos regimes militares que vigoravam nos países que compunham a ALALC, que dificultavam o entendimento entre os governantes, exacerbavam o espírito de soberania nacional e, portanto, impediam a existência de uma autoridade supranacional ou mesmo de coordenação intergovernamental mas com alguma autonomia, que pudesse exigir o cumprimento do tratado original".

Diante da falta de eficácia da ALALC — mas sem olvidar a necessidade de avanço no processo de integração –, todos os países sul-americanos e o México assinaram, em 12 de agosto de 1980, um novo **Tratado de Montevidéu**[45], que substituiu o sistema anterior e criou a **Associação Latino-Americana de Integração (ALADI)**.

Muito embora em termos teóricos os dois tratados tivessem objetivos semelhantes, ou seja, a criação em longo prazo de um mercado comum latino-americano, o Acordo

---

[43] Jeffry A. Frieden. *Capitalismo global*, p. 325.

[44] Ricardo Soares Stersi dos Santos. *Mercosul e arbitragem internacional comercial*: aspectos gerais e algumas possibilidades. Belo Horizonte: Del Rey, 1998, p. 16.

[45] Incorporado ao ordenamento jurídico brasileiro pelo Decreto-legislativo n. 66, de 16 de novembro de 1981.

de 1980 era mais **pragmático** e **flexível**, tanto ao reconhecer os benefícios tarifários já outorgados como, principalmente, por referendar os acordos parciais celebrados entre os membros.

Poderíamos destacar as principais diferenças entre os tratados constitutivos da ALALC e da atual ALADI em três planos[46]:

■ primeiro, o programa de liberalização comercial multilateral e seus mecanismos auxiliares, que visavam aperfeiçoar uma zona de livre-comércio, foram substituídos por uma **área de preferências econômicas** integrada por um conjunto de mecanismos que abrange uma preferência tarifária regional, acordos de alcance regional e acordos de alcance parcial. Esses instrumentos oferecem múltiplas opções operacionais aos países-membros, cuja convergência permitirá avançar para etapas superiores de integração econômica;

■ segundo, o caráter basicamente comercial do Tratado de Montevidéu (1960) foi substituído pela coexistência de **três funções básicas** da nova associação: a promoção e regulamentação do comércio recíproco, a complementação econômica e o desenvolvimento de ações de cooperação econômica que levem à ampliação dos mercados;

■ terceiro, apesar de o Tratado de Montevidéu (1960) reconhecer um estatuto especial para os países de menor desenvolvimento econômico relativo, o novo esquema incorporou, como um dos eixos fundamentais de ação da ALADI, um **sistema integral de apoio** em seu favor e reconheceu expressamente uma categoria de países de desenvolvimento intermediário, a fim de determinar tratamentos diferenciais nos diferentes mecanismos e normas.

Podemos então dizer que o novo Tratado de Montevidéu buscou promover a expansão integracionista na região, a fim de assegurar seu desenvolvimento econômico e social, com base em cinco pressupostos fundamentais[47]: o **pluralismo**, a **convergência**, a **flexibilidade**, os **tratamentos diferenciais** e a **multiplicidade**, em contraste ao caráter unitário do programa de liberalização do comércio, eixo do Tratado de Montevidéu de 1960, e com seus princípios básicos de multilateralização e reciprocidade.

Na visão de André Lupi[48], "A ambição maior deste novo Tratado é a formação de um mercado comum latino-americano, que enfatiza o bilateralismo entre os países participantes. Alguns mecanismos são estabelecidos pelo Tratado de Montevidéu de 1980 para o estabelecimento da área de preferências econômicas na região, quais sejam: preferência tarifária em relação a terceiros países; acordos de alcance regional, dos quais participam todos os países-membros; e acordos de alcance parcial, dos quais participam apenas alguns dos países da ALADI".

Esses acordos comerciais específicos incluem os chamados **Acordos de Complementação Econômica (ACE)**, que geralmente possuem objetivos mais amplos,

---

[46] Conforme sítio da ALADI, disponível em: <http://www.aladi.org/nsfaladi/preguntasfrecuentes.nsf>.
[47] Conforme sítio da ALADI, disponível em: <http://www.aladi.org/nsfaladi/preguntasfrecuentes.nsf>.
[48] André Lipp Pinto Basto Lupi, *Soberania, OMC e Mercosul*, p. 205.

além daqueles estritamente comerciais. Existem atualmente nove Acordos de Complementação Econômica que estabelecem a criação de zonas de livre-comércio entre seus signatários. O Brasil, por exemplo, já celebrou vários tratados nesse contexto, inclusive os pioneiros com a Argentina, que deram origem, anos mais tarde, ao **Mercosul**.

4.3.1. Objetivos

Atualmente, a ALADI funciona como "pano de fundo" jurídico para a criação de processos de integração mais robustos. Assim, além da função básica de promover e regular o comércio recíproco entre os membros, o grande avanço do Tratado de Montevidéu de 1980 consistiu em **incentivar a complementação econômica** por meio de acordos bilaterais ou multilaterais, razão pela qual, como vimos, poder-se-ia afirmar que blocos, como o Mercosul e a Comunidade Andina, **se consolidaram sob os auspícios da organização**.

Claro que esse modelo pode ser prejudicial aos membros excluídos desses processos (e, em certa medida, para a própria ALADI, que, sob a ótica institucional, tem sofrido um constante processo de esvaziamento em razão das estruturas mais eficazes dos blocos), o que, em tese, reforça a necessidade de ações de cooperação no sentido de desenvolver os mercados nacionais[49].

Daí a tentativa da ALADI em expandir, para além das questões meramente comerciais, os seus objetivos, que poderiam ser assim descritos[50]:

◼ reduzir e eliminar gradativamente as barreiras ao comércio recíproco de seus países-membros;

◼ impulsionar o desenvolvimento de vínculos de solidariedade e cooperação entre os povos latino-americanos;

◼ promover o desenvolvimento econômico e social da região de forma harmônica e equilibrada, a fim de garantir um melhor nível de vida para seus povos;

◼ renovar o processo de integração latino-americano e estabelecer mecanismos aplicáveis à realidade regional;

---

[49] Ao analisar a performance pós-globalização da América Latina, Frieden chega às seguintes conclusões: "Alguns dos problemas da América Latina foram causados devido à adoção de novas políticas de forma incompleta ou insuficiente. Por exemplo, alguns países abriram as portas para as finanças internacionais impulsivamente, sem antes modernizar estruturas financeiras e regulamentações internas. Algumas vezes, os fluxos de capitais resultantes sobrecarregavam o sistema bancário nacional e ajudavam a deflagrar crises bancárias devastadoras. Em outros locais, os governos se encontravam num impasse entre a ambição de manter a moeda forte para controlar a inflação e a vontade conflitante de desvalorizar a moeda para estimular importações. Isso levou a crises cambiais — México, em 1994; Brasil, em 1998-1999; e Argentina em 2001-2002 — que interromperam o crescimento. A transformação da região levou as indústrias locais a melhorias de qualidade e a avanços tecnológicos, aumentando as opções para o consumidor. Além do mais, a experiência do Chile, onde as reformas só renderam frutos 15 anos mais tarde, enchia de esperança o restante da região. Mesmo assim, a decepção permeava a América Latina no início do novo século". *Capitalismo global*, p. 467.

[50] Disponível em: <http://www.aladi.org/nsfaladi/preguntasfrecuentes.nsf> (grifos no original).

◼ criar uma área de preferências econômicas, tendo como objetivo final o estabelecimento de um **mercado comum latino-americano**.

Infelizmente, bem ao estilo do pensamento latino-americano, os 12 países-membros originários[51] da ALADI foram classificados em **três categorias**, conforme o desenvolvimento econômico-estrutural *percebido à época do Tratado de Montevidéu*. Por mais que se possa argumentar no sentido de que a distinção buscou conferir tratamento preferencial aos países de menor desenvolvimento, pensamos que a discriminação só fez empobrecer a própria estrutura do organismo e os princípios fundamentais do direito internacional.

Como contraponto, poderíamos lembrar ao leitor o paradigma utilizado na União Europeia, onde o tratamento entre países com diferenças econômicas abissais (Alemanha e Eslovênia, por exemplo) **foi o de igualdade**, tanto em razão dos direitos como dos compromissos assumidos. Por óbvio que, de forma circunstancial, não apenas é louvável, como necessário, conceder benefícios em favor dos menos desenvolvidos; o que nos causa espécie é elevar a distinção a patamares absolutos, como no caso da ALADI.

A princípio, a medida macula o direito internacional público, vez que todos os signatários são soberanos e, nesse sentido, dotados do mesmo poder originário. Ademais, classificações estanques, como a da ALADI, tendem a ser desmentidas pelo curso da história, cuja dinâmica desaconselha a adoção de tipos fechados.

Para entendermos a questão e suas evidentes distorções, nada melhor do que conhecermos a classificação que segregou os membros da ALADI em três níveis, a saber:

a) Países de Menor Desenvolvimento Econômico Relativo (PMDER): Bolívia, Equador e Paraguai;

b) Países de Desenvolvimento Intermediário (PDI): Chile, Colômbia, Cuba, Panamá, Peru, Uruguai e Venezuela;

c) demais países: Argentina, Brasil e México.

De todas as críticas que podem ser feitas à classificação, duas são tão evidentes que merecem breves comentários:

1. Se o objetivo de classificar Bolívia, Equador e Paraguai como países menos desenvolvidos foi conceder-lhes **tratamento privilegiado**, tanto em razão da tributação como do sistema de regras de origem, como explicar que, passados mais de 30 anos do Acordo, continuam esses países a ser os mais atrasados da região? A resposta parece óbvia, no sentido de que a ALADI **em nada contribuiu** para o desenvolvimento industrial e econômico dessas nações, que continuam a depender de produtos primários para subsistência.

2. Atualmente, seria possível classificar Chile e Cuba no mesmo patamar de desen-

---

[51] Hoje são 13 países, pois o Panamá foi aprovado em 2009 e passou a integrar a ALADI em 2012. Em breve, a Nicarágua também deverá entrar na Associação.

volvimento? Ou considerar o Chile como inferior à Argentina[52]? Enfim, a classificação não apenas **discrimina** desnecessariamente os países como, na melhor das hipóteses, é mecanismo absolutamente inócuo e incompetente para o desenvolvimento da região. Seu valor, portanto, restringe-se, no nosso pensar, apenas a possíveis perguntas em provas e concursos.

Vejamos agora o ponto central da ALADI, qual seja, a possibilidade de realização de acordos, com diferentes propósitos e alcance, entre os membros da organização.

Em linhas gerais, existem três mecanismos diferentes de entendimento, todos baseados nos cinco princípios que norteiam o Acordo.

4.3.2. Acordos de Alcance Regional (AAR)

São os Acordos assinados e aplicáveis a todos os países-membros da ALADI. O mais abrangente deles é o **Acordo sobre Preferência Tarifária Regional n. 04 (APTR-04)**, por meio do qual os países estabelecem percentuais reduzidos para as importações provenientes da região, de acordo com a respectiva classificação.

A relação de produtos que gozam de preferências tarifárias no âmbito da ALADI e seus respectivos códigos constam de tabela disponível no SISCOMEX. Para que o tratamento preferencial seja efetivamente concedido aos produtos negociados, é necessário que os exportadores obtenham **Certificados de Origem** nas federações estaduais de indústria, federações estaduais de comércio ou outras entidades credenciadas pela ALADI.

As margens de preferências outorgadas são as seguintes:

---

[52] O caso do Chile é paradigmático e merece reflexão. Nesse sentido, a síntese de Frieden é essencial: "A guinada da América Latina rumo à globalização teve o Chile como pioneiro, na década de 1970, sob a ditadura militar de Augusto Pinochet. O país havia sido um dos mercados mais protegidos do mundo, com tarifas de 250% ou mais. Os generais chilenos associaram o modelo de industrialização via substituição de importações ao desenvolvimento populista que ajudou a esquerda a ganhar as eleições e, poucos anos depois do golpe de 1973, a ditadura havia praticamente eliminado a proteção comercial e aberto as portas do mercado financeiro chileno. A economia seguiu aos trancos e barrancos durante a crise da dívida, mas, depois de 1985, o regime militar voltou ao caminho da integração econômica. Naquele momento, o Chile gozava de uma vantagem de dez anos em relação ao resto da América Latina, com privatizações, abertura do comércio e integração financeira; adotando variantes comparativamente radicais da nova ortodoxia, tais como a eliminação dos fundos públicos de pensão em favor de um sistema de seguro social privado. Com a eleição democrática de um governo civil, em 1989, a desconfiança com que muitos latino-americanos viam o exemplo chileno foi superada. Quando a coalizão de centro-esquerda optou por dar continuidade às políticas voltadas para os mercados, a má fama de tais políticas, devido à sua associação com o regime sanguinário de Pinochet — foi amenizada. A manobra do Chile em direção às exportações começou a render frutos na década de 1990, quando a economia dobrou de tamanho; em 2000, o Chile era o país mais rico da América Latina". *Capitalismo global*, p. 451. Mesmo com a grave crise que acometeu o Chile em 2019, qualquer um que conheça o país sabe que há bases sólidas de desenvolvimento econômico, sendo necessária a correção de importantes questões sociais, como o acesso à saúde e à previdência.

Quadro 4.4.   Margens de preferências outorgadas

PAÍS OUTORGANTE	PAÍS BENEFICIÁRIO				
	PMDER MEDITERRÂNEOS: BOLÍVIA, PARAGUAI	PMDER: EQUADOR	PDI: COLÔMBIA, CHILE, CUBA, URUGUAI E VENEZUELA	PERU	DEMAIS: ARGENTINA, BRASIL E MÉXICO
▣ Países de Menor Desenvolvimento Econômico Relativo (PMDER) Mediterrâneos: **Bolívia e Paraguai**	24%	20%	12%	6%	8%
▣ Países de Menor Desenvolvimento Econômico Relativo (PMDER): **Equador**	24%	–	12%	6%	8%
▣ Países de Desenvolvimento Intermediário (PDI): **Colômbia, Chile, Cuba, Peru, Uruguai e Venezuela**	34%	28%	20%	10%	12%
▣ **Peru** (considerado país de Desenvolvimento Intermediário, mas não internalizou o Segundo Protocolo Adicional à PTR4)	15%	14%	10%	–	6%
▣ Demais: **Argentina, Brasil e México**	48%	40%	28%	14%	20%

Observações: a) Os itens relacionados nas listas de exceções de cada país não têm a redução tarifária prevista no quadro anterior; b) Bolívia e Paraguai (chamados de *países mediterrâneos*, pela ausência de acesso ao mar, têm direito a um acréscimo de 20% (de 20% para 24%, conforme o quadro) sobre as preferências concedidas ao Equador; c) O Peru, por não ter internalizado o *Segundo Protocolo Modificativo*, não tem direito às preferências estabelecidas nesse Protocolo. Entretanto, continuam em vigor as preferências constantes do Primeiro Protocolo Modificativo, que correspondem à metade das preferências constantes do Segundo Protocolo.

Fonte: Disponível em: <http://www.mdic.gov.br/sitio/interna/interna.php?area=5&menu=444&refr=405>.

Uma segunda hipótese de Acordos de Alcance Regional (AAR) diz respeito às chamadas **Listas de Abertura de Mercados (LAM)**. Esses Acordos estabelecem benefícios aos *Países de Menor Desenvolvimento Econômico Relativo (PMDER)* e determinam que os outros membros concedam, em caráter unilateral, sem expectativa de reciprocidade e sem prazo de vigência, a total eliminação das barreiras tarifárias e não tarifárias para listas de produtos originários da Bolívia, Equador e Paraguai.

Por fim, o terceiro caso previsto pela ALADI para a celebração de Acordos de Alcance Regional (AAR) trata dos **Acordos de Cooperação Científica e Tecnológica** e dos de **Intercâmbio de Bens nas Áreas Cultural, Educacional e Científica**.

4.3.3.   Acordos de Alcance Parcial (AAP)

Os Acordos de Alcance Parcial são os celebrados entre dois ou mais países, sem a necessidade de participação de todos os membros da ALADI. Atualmente existem mais de **cem acordos** dessa natureza, sobre os mais variados assuntos, apesar de os mais importantes serem os chamados **Acordos de Complementação Econômica (ACE)**.

Os Acordos de Complementação Econômica podem versar sobre qualquer tema e têm por finalidade aprofundar o processo integracionista original da ALADI. Os mais relevantes costumam ampliar o universo de benefícios ou, ainda, estabelecer **processos complexos de integração**, como no caso da Comunidade Andina e do Mercosul. A justificativa para a validade jurídica desses acordos dentro de um sistema flexível como o da ALADI reside na expectativa de que experiências bilaterais bem-sucedidas possam se expandir, no devido tempo, para todos os membros.

Vejamos alguns exemplos relevantes de Acordos de Complementação Econômica, dos quais o Brasil, ou o Mercosul, faz parte:

- ◼ ACE n. 2 — Brasil e Uruguai: Protocolo de Expansão Comercial — PEC
- ◼ ACE n. 14 — Brasil e Argentina
- ◼ ACE n. 18 — Brasil, Argentina, Paraguai e Uruguai (Mercosul)
- ◼ ACE n. 35 — Mercosul e Chile
- ◼ ACE n. 36 — Mercosul e Bolívia
- ◼ ACE n. 53 — Brasil e México
- ◼ ACE n. 54 — Mercosul e México
- ◼ ACE n. 55 — Mercosul e México — Regime Automotivo
- ◼ ACE n. 58 — Mercosul — Peru
- ◼ ACE n. 59 — Mercosul — Colômbia, Equador e Venezuela
- ◼ ACE n. 62 — Mercosul e Cuba

O sistema ALADI também prevê a possibilidade de celebração de Acordos de Alcance Parcial (APP) com outros países latino-americanos (que não sejam membros da ALADI), sempre baseados no **princípio da convergência**, ou seja, tratativas que objetivam integrar, ainda que de forma restrita, a maior área geográfica possível, para, no futuro, tentar consolidar todos os arranjos individuais num grande mercado comum para a região.

Esses Acordos possuem fundamento nos artigos 25 (APP entre membros da ALADI e outros países latino-americanos) e 27 (APP entre membros da ALADI e países externos à América Latina) do Tratado de Montevidéu. Existem limites a esses acordos, no sentido de não conceder benefícios superiores aos negociados no âmbito da ALADI, nem estender as concessões pactuadas aos demais membros da Organização, salvo aos Países de Menor Desenvolvimento Econômico Relativo (Bolívia, Equador e Paraguai).

Atualmente, existem mais de 30 acordos assinados com países não membros, como Costa Rica, El Salvador, Guatemala, Guiana, Honduras, Nicarágua, entre outros.

4.3.4. Estrutura

Para desenvolver suas atividades, a ALADI é formada por três foros políticos (Conselho de Ministros, Conferência de Avaliação e Convergência e Comitê de Representantes) e um órgão técnico (Secretaria-geral), além de estruturas auxiliares, conforme o diagrama a seguir:

Figura 4.1. Diagrama de constituição da ALADI

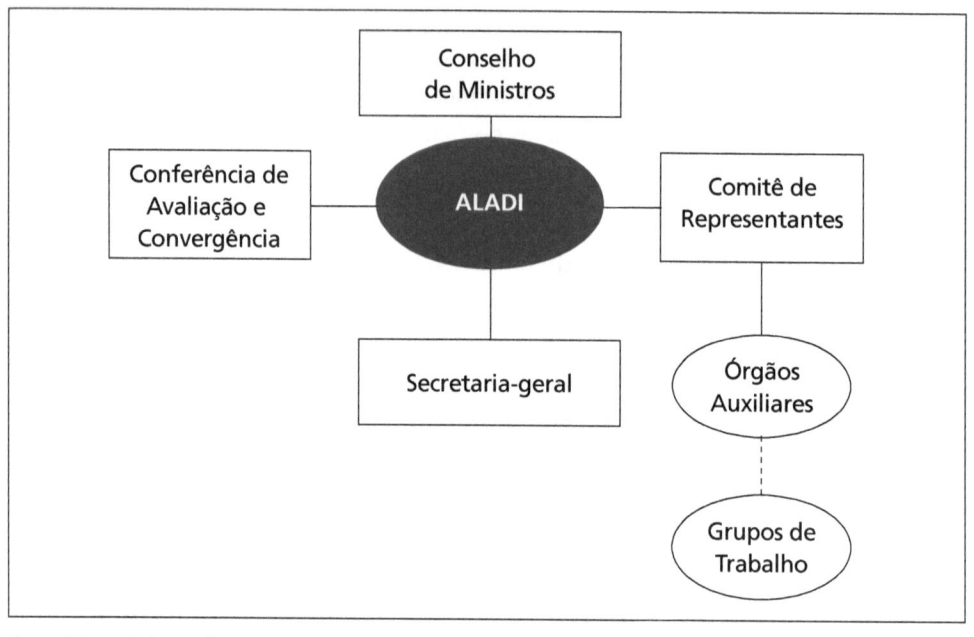

Fonte: Disponível em: <http://www.aladi.org/sitioaladi/?page_id=1360&lang=pt>.

O **Conselho de Ministros** é a autoridade máxima da ALADI, responsável pelas decisões políticas necessárias ao processo de integração. Em regra, é formado pelos Ministros de Relações Exteriores dos membros e se reúne mediante convocação do Comitê de Representantes.

A **Conferência de Avaliação e Convergência** é composta dos representantes dos países-membros e tem entre suas funções: (i) examinar o funcionamento do processo de integração em todos os seus aspectos, (ii) a convergência dos acordos de alcance parcial mediante a multilateralização progressiva e (iii) promover ações de maior alcance para aprofundar a integração econômica.

O **Comitê de Representantes** é um foro político permanente, responsável pela negociação e pelo controle de todas as iniciativas destinadas a alcançar os objetivos do Tratado de Montevidéu. É formado por um representante permanente e um substituto de cada país, com direito a voto. Suas reuniões ocorrem a cada 15 dias, e as resoluções devem ser aprovadas por maioria de 2/3 dos membros.

A **Secretaria-geral** representa o corpo técnico da ALADI que, entre outras funções, tem competência para propor, analisar, estudar e fazer gestões para a consecução dos objetivos do organismo. Seu titular é o secretário-geral, acompanhado de dois subsecretários, todos eleitos para um período de três anos, com possibilidade de renovação do mandato por igual período.

Os Órgãos Auxiliares possuem natureza técnica e consultiva, enquanto os Grupos de Trabalho conduzem estudos sobre temas relevantes para a ALADI, como facilitação do comércio, acesso a mercados e serviços, entre outros.

Figura 4.2. Membros da ALADI

Argentina, Brasil, Paraguai, Uruguai, Chile, Panamá, Peru, Bolívia, Equador, Colômbia, Venezuela, México e Cuba

4.4. ACORDO DE LIVRE-COMÉRCIO DA AMÉRICA DO NORTE (NAFTA)

As origens do livre-comércio na **América do Norte** remontam à segunda metade do século XIX, quando o Canadá, na época sob controle britânico, intensificou o trânsito de mercadorias com os vizinhos norte-americanos, em condições de reciprocidade.

Para os canadenses, a liberalização do comércio com os Estados Unidos sempre foi um tema polêmico, de enorme repercussão na política interna, devido à grande concentração (e, por conseguinte, dependência) das transações comerciais de seus produtos com o gigante do sul.

Assim, durante décadas, os dois países ensaiaram mecanismos de redução tarifária recíproca, especialmente a partir de 1940. O auge das negociações ocorreu em 1988, quando Estados Unidos e Canadá assinaram um **Acordo de Livre-Comércio**[53], com o apoio do congresso norte-americano, que viria a ser o embrião do atual **NAFTA**.

Como as tarifas comerciais entre ambos já estavam em patamares bastante baixos (médias inferiores a 1%), o Acordo tinha outros objetivos, com propostas ambiciosas de

---

[53] Conhecido como *Canada-United States Free Trade Agreement*.

acesso a recursos (para os EUA) e mercados (para o Canadá), que, no entanto, não evoluíram da forma prevista. Todavia, em termos comerciais, o Acordo foi bem-sucedido, com significativo aumento no fluxo de mercadorias entre os dois países, o que reforçou a importância das exportações para a economia canadense, tornando-as responsáveis por praticamente 50% do PIB daquele país, muito em razão de um mercado interno rico, mas pequeno, pois o Canadá é um dos países menos povoados do planeta.

Paralelamente, o governo dos Estados Unidos iniciou negociações com o México, no intuito de estender os supostos benefícios do Acordo com os canadenses para aquele país. Em pleno clima de abertura de mercados e globalização, além da pressão exercida pela recente criação da União Europeia, os líderes dos três países, após intensas discussões diplomáticas, se reuniram em *San Antonio*, no Texas, para a assinatura do **NAFTA** (***North American Free Trade Agreement***, em inglês), em 17 de dezembro de 1992.

Devido à necessidade de ratificação legislativa pelos respectivos parlamentos, associada a diversos ajustes de caráter técnico, o NAFTA entrou em funcionamento pouco mais de um ano depois, em 1.º de janeiro de 1994, com o objetivo de eliminar barreiras de comércio e investimentos entre Estados Unidos, Canadá e México.

O NAFTA promoveu reduções imediatas de alíquotas e compromissos de eliminação de barreiras tarifárias e não tarifárias em até dez anos, para a maioria dos produtos, e em 15 anos para as situações mais complexas, o que ampliou significativamente o comércio intrabloco, como destaca Jeffry A. Frieden[54]: "Entre 1993 e 2000, o comércio norte-americano com os parceiros do NAFTA cresceu duas vezes mais que com o resto do mundo, de menos de US$ 300 bilhões para mais de US$ 650 bilhões. Os investimentos também aumentaram muito, já que as empresas canadenses e norte-americanas agora podiam produzir no México, onde os salários eram menores, sem se preocupar com os custos de pôr o produto de volta nos seus mercados".

Os **objetivos** do NAFTA, baseados nos princípios internacionalmente consagrados da nação mais favorecida e da transparência, podem ser assim resumidos:

- ▪ eliminar obstáculos ao comércio e facilitar a circulação transfronteiriça de bens e serviços entre os territórios das partes;
- ▪ promover condições de competição leal na Zona de Livre-Comércio;
- ▪ aumentar substancialmente as oportunidades de investimento nos territórios dos contratantes;
- ▪ proteger e fazer valer, de maneira adequada e efetiva, os direitos de propriedade intelectual no território de cada um dos membros;
- ▪ criar procedimentos eficazes para a aplicação e o cumprimento dos dispositivos do Acordo, para sua administração conjunta e para a solução de controvérsias;
- ▪ estabelecer uma base de cooperação trilateral, regional e multilateral para expandir e melhorar os benefícios gerados pelo Acordo.

De todas as propostas negociadas, a mais complexa envolve o tratamento dispensado aos **produtos agrícolas**. No âmbito do NAFTA, a agricultura foi o único tema que não foi discutido trilateralmente, ou seja, foram celebrados três acordos específicos, para cada par de países do bloco. O mais restritivo, por força da enorme concorrência e

---

⁵⁴ Jeffry A. Frieden. *Capitalismo global*, p. 437.

dos subsídios, foi justamente o pacto entre Estados Unidos e Canadá, com sistemas de cotas para produtos sensíveis, como açúcar e laticínios.

Paul Kennedy destaca, com precisão, o problema: "Os desafios enfrentados pela agricultura norte-americana são de grande escala e estruturais. Mesmo que apenas 3% da população total esteja hoje envolvida na agricultura, produz-se muito mais do que pode ser consumido internamente. Para evitar uma crise de superprodução agrícola — houve várias desde fins do século XIX — os agricultores pressionaram os governos dos Estados Unidos para que descobrissem e abrissem mercados no exterior"[55].

Como o México possui uma infraestrutura bem menos eficiente para a produção e distribuição de seus produtos agrícolas, o acordo sobre agricultura com os Estados Unidos foi mais abrangente e liberalizante, com a previsão de cumprimento em etapas. Ainda assim, a agricultura mexicana tem apresentado resultados satisfatórios, com crescimento superior das exportações em relação às importações.

4.4.1. O fenômeno das empresas "maquiladoras" no México

A fronteira entre México e Estados Unidos tem sido palco histórico de muitos problemas e conflitos. A partir da década de 1960, tornou-se muito difícil o acesso legítimo aos Estados Unidos para trabalhadores oriundos do México, o que levou o governo deste país a lançar o **Programa de Industrialização da Fronteira** (*Border Industrialization Program* — BIP, em inglês), com o objetivo de fixar a mão de obra no seu próprio território e, assim, combater as crescentes taxas de desemprego.

Nasciam, assim, as empresas conhecidas como ***maquiladoras***[56] (maquiadoras, em português), que se tornavam interessantes para os investidores norte-americanos devido aos baixos salários e constante desvalorização da moeda no país vizinho.

O processo se tornou tão importante para a economia mexicana que em apenas 20 anos o resultado externo obtido pelas *maquiladoras* já era a segunda fonte de recursos do país, perdendo apenas para as exportações de petróleo.

Com a entrada em vigor do NAFTA, em 1994, o modelo proposto pelas empresas *maquiladoras*, de importação de matérias-primas para a confecção de produtos destinados à exportação[57], fez com que muitas fábricas norte-americanas se mudassem para o México, atraídas pelos salários mais baixos e por sindicatos menos estruturados e combativos.

Com o deslocamento do processo produtivo para o território mexicano, os empresários norte-americanos instalaram, em poucos anos, centenas de fábricas, cujo objetivo era montar ou dar acabamento a produtos com **intensa aplicação de mão de obra** não qualificada e depois "reexportá-los" de volta para os Estados Unidos, já que não há tributação intrabloco para essas atividades.

Como efeito colateral benéfico, os investidores norte-americanos esperavam colaborar com os esforços do governo no intuito de manter os trabalhadores mexicanos em

---

[55] Paul Kennedy. *Preparando para o século XXI*, p. 320.

[56] Indústrias cuja função se restringe ao acabamento ou montagem de produtos não estratégicos e que se aproveitam de condições trabalhistas favoráveis, como menor regulamentação e baixos salários.

[57] No modelo mexicano, matérias-primas e componentes são admitidos no país em regime temporário por até 18 meses, sem tributação, sob a condição de que agreguem valor a produtos finais que deverão ser exportados durante esse período. Para as máquinas, o prazo de 18 meses pode ser renovado indefinidamente.

seu país e, com isso, reduzir as frequentes tentativas de imigração clandestina até então observadas[58]. O resultado foi a criação de milhares de empregos no país vizinho, a ponto de as *maquiladoras* responderem por mais de 15% da mão de obra empregada no México[59], além de representarem, atualmente, mais de 40% das suas exportações.

Sob o ponto de vista **macroeconômico**, o impulso causado pelo NAFTA para a economia mexicana é evidente, como destaca Jeffry Frieden[60]: "O México, segunda economia da região depois do Brasil, liberalizou o comércio e as políticas de investimento depois de 1985. Durante a década de 1990, as mudanças na política doméstica e a criação do NAFTA transformaram o México de um país autossuficiente, que substituía importações, em uma nação de mecanismos livres e livre-comércio, parte integrante da economia da América do Norte. Em apenas dez anos, o comércio total do país praticamente quadruplicou; as vendas de manufaturados no exterior dispararam de cerca de US$ 10 bilhões para US$ 120 bilhões, enquanto os investidores estrangeiros despejavam US$ 20 bilhões ao ano no membro do NAFTA que pior remunerava seus trabalhadores".

Para os Estados Unidos, o sistema também parecia perfeito, pois os produtos (e, consequentemente, os lucros) retornavam para o país a um custo bastante razoável, pois a logística era relativamente simples e o impacto tributário, nulo, por força do NAFTA. Todavia, com a crise econômica que se abateu sobre o país a partir do início da década de 2000, parece ter ficado claro que, nos dias de hoje, os empregos gerados no México fazem falta aos próprios trabalhadores norte-americanos, especialmente os do sul do país, historicamente menos qualificados.

Não se pode olvidar que o próprio modelo adotado pelas *maquiladoras*, com o avanço da globalização, passou a sofrer concorrência de países periféricos com custos trabalhistas **ainda mais reduzidos**, como é o caso da Malásia, Índia e do Paquistão, sem contar a ameaça permanente oferecida pelos produtos chineses. Isso trouxe certa estagnação (e, em alguns casos, recuo) nos índices de crescimento mexicanos.

Ainda assim, para os mexicanos, as *maquiladoras* continuam a ser fonte importantíssima de recursos e instrumento básico para a manutenção dos níveis de emprego.

No entanto, vários **problemas** decorrem do modelo adotado pelas *maquiladoras*, entre os quais se destacam:

a) os riscos ambientais e de saúde pública, decorrentes do tipo de atividade desenvolvido pelas indústrias, que utilizam grandes quantidades de tintas, produtos químicos e substâncias tóxicas, sem a devida proteção ao meio ambiente e aos trabalhadores;

b) a discriminação sexual dos trabalhadores, pois as empresas, apesar de preferirem contratar mulheres, que são a maioria da mão de obra, impõem controles e restrições à gravidez, que normalmente são motivo para demissões;

c) dificuldade de se manter um desenvolvimento sustentável, pois os lucros não ficam no México e, com isso, não compõem recursos para a elevação dos níveis sociais e salariais do país.

---

[58] Convém destacar que, de acordo com dados da OCDE, cerca de 11 milhões de mexicanos vivem legalmente ou ilegalmente nos Estados Unidos, ou seja, 1/10 da população do país.

[59] Dados de 2021 do *Instituto Nacional de Estadística, Geografía e Informática Mexicano* (INEGI) apontam a existência de mais de 5 mil empresas maquiladoras, que empregam quase 3 milhões de trabalhadores.

[60] Jeffry A. Frieden. *Capitalismo global*, p. 452.

Como vimos, o NAFTA surgiu como resposta dos países signatários ao sucesso — e consequente ameaça — da União Europeia e se constitui, atualmente, na maior área de livre--comércio do planeta, em termos geográficos. Com a redução final de tarifas entre México e Canadá, ocorrida em 2003, praticamente todo o comércio intrabloco encontra-se livre de gravames, o que permitiu um grande desenvolvimento comercial desses dois países, pela oportunidade de exportar seus produtos para o gigantesco mercado norte-americano (vale lembrar que mais da metade da produção canadense tem como destino o país vizinho).

Sob a ótica geopolítica, o projeto original do NAFTA, apresentado pelos Estados Unidos, deveria servir como "balão de ensaio" para a criação de um bloco mais abrangente, que integrasse todos os países das Américas. Contudo, a crise econômica interna e os frequentes problemas na seara internacional parecem ter retirado dos norte--americanos o ímpeto integracionista do início dos anos 1990, a exemplo do fracasso nas negociações da Área de Livre-Comércio das Américas (ALCA).

Em setembro de 2018, por pressão do governo do presidente Donald Trump, houve uma renegociação dos termos do NAFTA, com o objetivo de reduzir o déficit comercial do Estados Unidos com o México, especialmente no setor automobilístico.

Figura 4.3. Membros do NAFTA

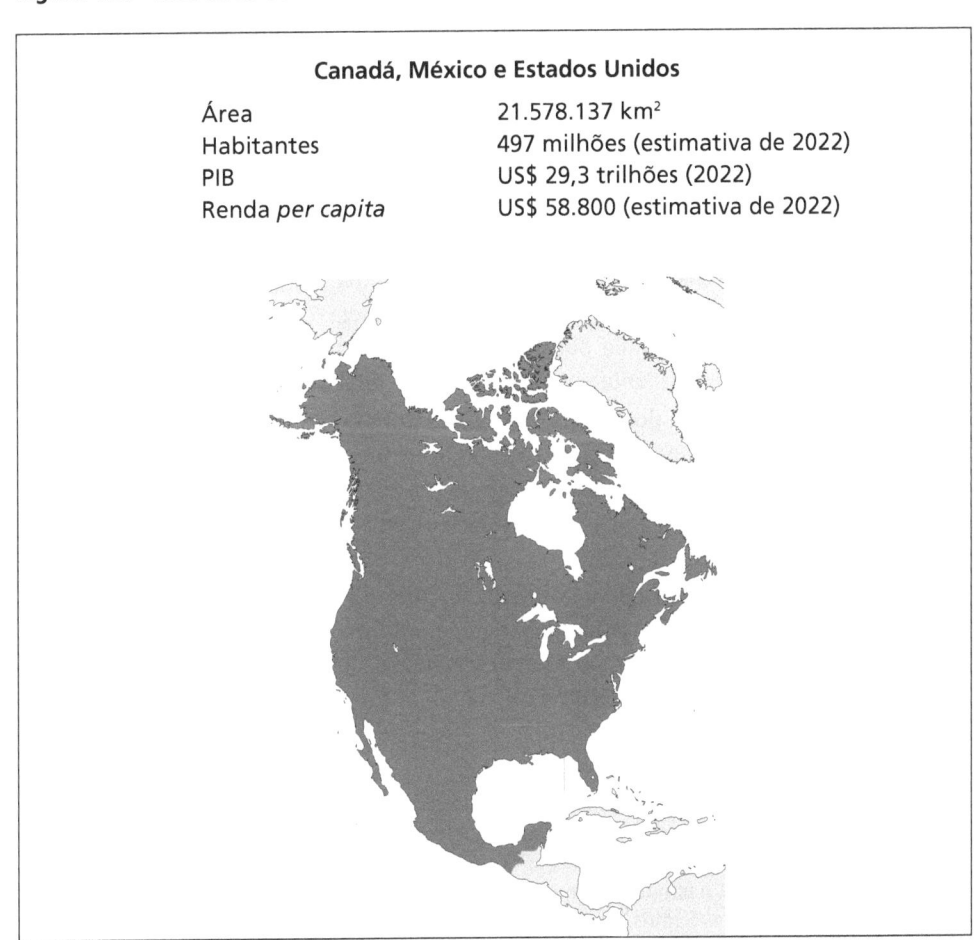

Canadá, México e Estados Unidos

Área	21.578.137 km²
Habitantes	497 milhões (estimativa de 2022)
PIB	US$ 29,3 trilhões (2022)
Renda *per capita*	US$ 58.800 (estimativa de 2022)

4.5. COMUNIDADE ANDINA (CAN)

A **Comunidade Andina** (nome oficial do bloco) é um dos processos de integração mais antigos entre os atualmente existentes no mundo. Sua história começou em 26 de maio de 1969, quando cinco países sul-americanos (Bolívia, Chile, Colômbia, Equador e Peru) assinaram o **Acordo de Cartagena**, também conhecido como *Pacto Andino* ou *Grupo Andino*.

Pensamos que o fator determinante para a criação desse processo pioneiro de integração foi a peculiaridade geográfica da América do Sul, dado que os Andes e a Amazônia formam uma barreira natural em relação aos demais países, dificultando sobremaneira o comércio, sobretudo pela via terrestre.

Parece-nos natural, portanto, que os países da porção oeste do continente resolvessem estabelecer mecanismos jurídicos capazes de incrementar o comércio recíproco, ainda mais se levarmos em consideração manifestações integracionistas que remontam ao tempo de **Simón Bolívar**[61], o grande libertador e patrono histórico da Comunidade Andina.

Durante um período de exílio forçado em Kingston, Bolívar expôs seu pensamento liberal e integracionista a um cidadão jamaicano desconhecido, que redigiu a **Carta da Jamaica**, na qual Bolívar ressalta a identidade linguística e religiosa dos povos como motor para o processo de integração, sintetizado na famosa frase: "Eu desejo, mais do que qualquer outro, ver formar-se na América a maior nação do mundo, menos por sua extensão e riquezas do que pela liberdade e glória".

Como ressalta Ricardo Soares Stersi dos Santos[62]: "O primeiro grande marco em termos de integração latino-americana costuma ser apontado como o Congresso do Panamá em 1826. As diretrizes desse Congresso já estavam presentes e são em grande medida o resultado do pensamento de Simón Bolívar, exteriorizado na Carta da Jamaica de 1815. Nesse documento, ele almeja a convergência das várias nações latino-americanas de língua espanhola em um sistema próximo ao confederativo, como a única via para a obtenção e manutenção da liberdade junto à metrópole ibérica".

Claro que, ao contrário dos ideais de Bolívar, em tempos mais recentes o processo de integração da Comunidade Andina sofreu alguns percalços. Em 13 de fevereiro de 1973, a Venezuela aderiu ao pacto, tornando-se seu sexto membro à época; porém, em 1976, pouco tempo depois do golpe que levou Pinochet ao poder, o Chile decidiu retirar-se da comunidade.

Com a crise peruana durante o governo de Alberto Fujimori, o país teve sua participação na comunidade suspensa, condição que perdurou até 1997, quando foi readmitido gradualmente na área de livre-comércio que havia sido criada em 1993 pelos outros quatro membros remanescentes (Bolívia, Colômbia, Equador e Venezuela). A **área de**

---

[61] Simón José Antonio de la Santísima Trinidad Bolívar y Palacios nasceu em Caracas em 24 de julho de 1783, no seio de uma família de prestígio. Influenciado pelo pensamento de Rousseau, passou a juventude na Europa e ao retornar à América do Sul tornou-se personagem principal na emancipação da Venezuela e Colômbia, como parte de seu ambicioso projeto de libertação continental, sendo considerado herói nacional em quase todos os países sul-americanos de língua espanhola.

[62] Ricardo Soares Stersi dos Santos. *Mercosul e arbitragem internacional comercial*, p. 24.

livre-comércio possibilitou a retirada de todos os entraves à circulação de bens e serviços, inclusive os de transporte, que são essenciais para o desenvolvimento da região.

Com o advento da globalização, os países da Comunidade intensificaram o processo de integração e, em 1994, criaram uma série de instrumentos aduaneiros, como a definição de uma **Tarifa Externa Comum**, baseada na Nomenclatura Comum Andina (NANDINA), uma norma de valoração aduaneira, disposições acerca do trânsito internacional de mercadorias, além de um Acordo de Mútua Assistência e Cooperação entre as diversas administrações aduaneiras, com especial ênfase na prevenção e luta contra ilícitos, passos fundamentais para a consolidação de uma união aduaneira.

Em abril de 1998, os cinco Estados-membros da Comunidade Andina e os quatro integrantes do Mercosul subscreveram um Acordo-Marco que dispunha sobre a negociação de uma zona de livre-comércio entre os dois blocos. As negociações deveriam se desenvolver em duas etapas: inicialmente um Acordo sobre Tarifas Aduaneiras e depois a assinatura de um Acordo de Livre-Comércio.

Nesse contexto, foi firmado entre a **Comunidade Andina** e o **Brasil**, em 1999, o Acordo de Alcance Parcial de Complementação Econômica (ACE-39), que estabeleceu preferências tarifárias para 2.739 produtos.

Após muitas negociações, foi assinado, em dezembro de 2003, outro Acordo de Complementação para a definição de uma zona de livre-comércio entre todos os países envolvidos, com previsão de entrada em funcionamento a partir de julho de 2004. Subscreveram esse acordo os membros do Mercosul com a Colômbia, o Equador e a Venezuela, pois Bolívia e Peru já haviam firmado compromisso semelhante com o Mercosul, em 1996 e 2003, respectivamente.

No intuito de consolidar a aproximação entre os dois blocos, a Comunidade Andina conferiu, em caráter de reciprocidade aos acordos já firmados individualmente, *status* de **membros associados** aos quatro países integrantes do Mercosul, em julho de 2005.

Em abril de 2006, num gesto ao mesmo tempo ousado e planejado, o então Presidente venezuelano Hugo Chávez anunciou a retirada do país da Comunidade Andina, com a opção de ingresso no Mercosul. Os motivos oficialmente alegados foram os acordos celebrados por Colômbia e Peru com os Estados Unidos, considerados prejudiciais ao bloco, mas a questão de fundo se resumia à ambição de Chávez de entrar para a história como o grande responsável pela integração na América do Sul.

O raciocínio era simples: ao deixar a Comunidade Andina em prol do Mercosul (ambos com quatro países, excluindo-se a Venezuela), Chávez atuaria como "fiel da balança" e poderia promover a efetiva fusão dos dois blocos, o que, aliás, já se discutia desde 2003.

Por fim, vale ressaltar que o Chile, antigo fundador da comunidade, foi reconhecido com *status* de membro associado em 2006, nos mesmos moldes dos países integrantes do Mercosul.

4.5.1. Estrutura e objetivos

Atualmente, a Comunidade Andina pode ser definida como uma **união aduaneira**, pois em seu território circulam livremente, sem a imposição de gravames, as mercadorias originárias dos países signatários. Essa afirmação possui, inclusive, **respaldo**

jurídico internacional, pois o Conselho Andino de Ministros de Relações Exteriores notificou, em março de 2003, a condição de união aduaneira da comunidade à Organização Mundial do Comércio.

A sede da Comunidade Andina fica em Lima, capital do Peru. Toda a estrutura administrativa do bloco forma o chamado **Sistema Andino de Integração (SAI)** e é regida pelo Acordo de Cartagena, com os respectivos tratados constitutivos e protocolos de alteração.

O Sistema Andino de Integração é composto dos seguintes órgãos e instituições, que foram criados, em sua maioria, nos primeiros anos do processo de integração e têm sua conformação atual determinada a partir da vigência do **Protocolo de Trujillo**, de 1997:

- Conselho Presidencial Andino (órgão máximo de decisão);
- Conselho Andino de Ministros de Relações Exteriores;
- Comissão da Comunidade Andina;
- Secretaria-geral da Comunidade Andina;
- Tribunal de Justiça da Comunidade Andina;
- Parlamento Andino;
- Conselho Consultivo Empresarial;
- Conselho Consultivo Laboral;
- Corporação Andina de Fomento;
- Fundo Latino-americano de Reservas;
- Conselho Consultivo de Povos Indígenas;
- Universidade Andina Simón Bolívar.

Os representantes dos órgãos do **Sistema Andino** reúnem-se regularmente uma vez ao ano, ou, extraordinariamente, mediante convocação. As reuniões são conduzidas pelo Presidente do Conselho Andino de Ministros de Relações Exteriores, com suporte oferecido pela Secretaria-geral.

Os **objetivos** da Comunidade Andina são os seguintes[63]:

a) promover o desenvolvimento equilibrado e harmônico dos países-membros em condições de equidade, mediante a integração e cooperação econômica e social;

b) acelerar o crescimento do bloco e a geração de empregos;

c) facilitar a participação no processo de integração regional, com vistas à formação gradual de um mercado comum latino-americano;

d) diminuir a vulnerabilidade externa e melhorar a posição dos países-membros no contexto econômico mundial;

e) fortalecer a solidariedade sub-regional e reduzir as diferenças de desenvolvimento entre os países-membros;

f) buscar uma melhora consistente no nível de vida dos habitantes da região.

---

[63] Disponível em: <http://www.comunidadandina.org/quienes.htm>, com tradução livre do autor.

Figura 4.4. Membros da comunidade Andina

Bolívia, Colômbia, Equador e Peru

Área	3.798.000 km^2
Habitantes	115 milhões (2022)
PIB	US$ 745 bilhões (2022)
Renda *per capita*	US$ 6.500

4.6. ÁREA DE LIVRE-COMÉRCIO DAS AMÉRICAS (ALCA)

Logo após a implantação do NAFTA, os Estados Unidos tomaram a iniciativa de ampliar o modelo para todos os países das Américas, que deveriam se tornar uma enorme área de livre-comércio.

O primeiro passo foi a realização da **"Cúpula das Américas"**, conferência realizada na cidade de Miami, em 1994, com o objetivo de estabelecer as premissas para a integração das 34 **democracias** da região[64], cujo processo incluiria a eliminação progressiva das barreiras ao comércio e investimentos.

---

[64] Forma diplomática e falaciosa de se excluir a participação de Cuba, por exigência do governo norte-americano.

Como resultado do encontro foram criados 12 grupos de trabalho para tratar de temas como: investimentos, serviços, acessos a mercados, agricultura, propriedade intelectual, políticas de competição, compras governamentais, solução de controvérsias, trabalho e meio ambiente, além das questões relativas a dumping, subsídios e medidas compensatórias.

No intuito de avaliar o resultado dos grupos de trabalho e o avanço das negociações, foram realizadas quatro reuniões ministeriais durante a chamada fase preparatória da ALCA: a primeira, em junho de 1995, em Denver, Estados Unidos; a segunda, em março de 1996, em Cartagena, Colômbia; a terceira, em maio de 1997, em Belo Horizonte, Brasil; e a quarta, em março de 1998, em São José, Costa Rica.

Até então parecia que o projeto lograria o êxito desejado, tanto que as negociações oficiais para a formação da ALCA foram lançadas durante a **Segunda Reunião da Cúpula das Américas**, realizada em Santiago do Chile, em 1998.

Ficou estabelecido que o bloco seguiria, em linhas gerais, os princípios da OMC e que privilegiaria um modelo de tratamento diferenciado em razão dos diversos níveis de desenvolvimento dos países envolvidos.

Nos anos seguintes, várias outras reuniões buscaram delinear os dispositivos de um futuro acordo e aprofundar as questões mais sensíveis, de tal modo que havia a expectativa de que até 2005 a ALCA estaria definitivamente constituída.

Em abril de 2001, na cidade de Quebec, no Canadá, foi realizada a **Terceira Reunião de Cúpula das Américas**, que teve como resultado principal a redação da *Carta Democrática Interamericana para o Fortalecimento e Proteção da Democracia*, que foi adotada em 11 de setembro de 2001, durante uma reunião especial da Assembleia Geral da Organização dos Estados Americanos (OEA).

Para a administração dos trabalhos posteriores da ALCA, foi definido um **sistema de rodízio** entre os países participantes do processo, no qual a presidência e a vice-presidência das negociações seria alterada a cada 18 meses ou quando da conclusão das grandes reuniões ministeriais.

Na primeira etapa desse sistema, os países designados para exercer os cargos rotativos foram os seguintes:

PRESIDÊNCIA DAS NEGOCIAÇÕES		
	Presidente	**Vice-presidente**
▫ 31 de maio de 1998 a 31 de outubro de 1999	▫ Canadá	▫ Argentina
▫ 1.º de novembro de 1999 a 30 de abril de 2001	▫ Argentina	▫ Equador
▫ 1.º de maio de 2001 a 31 de outubro de 2002	▫ Equador	▫ Chile
	Copresidentes	
▫ 1.º de novembro de 2002 até o fim das negociações	▫ Brasil e Estados Unidos	

Como se pode perceber, a partir de **novembro de 2002** decidiu-se que a hipotética fase final das negociações para a concretização da ALCA seria conduzida sob a **copresidência do Brasil e dos Estados Unidos**, *justamente os dois países que mais divergiam quanto ao modelo a ser adotado*, sobretudo em relação aos mecanismos de acesso a mercados.

A decisão parece ter fulminado qualquer possibilidade de sucesso do projeto, pois o suposto equilíbrio de forças entre países com posições diametralmente antagônicas só poderia redundar em impasse ou, mais provavelmente, em retumbante fracasso.

Ainda assim, foi acertada a realização de duas reuniões adicionais dos ministros responsáveis pelo comércio, uma em novembro de 2003, em Miami, e outra, em 2004, no Brasil.

Apesar de o texto sobre o possível acordo constitutivo da ALCA ter evoluído e alcançado sua terceira versão, o projeto encontra-se **absolutamente parado** desde a realização da **Quarta Reunião de Cúpula das Américas**, que ocorreu em novembro de 2005, em Mar del Plata, na Argentina.

Tamanha é a certeza do fracasso da ALCA que os países da América do Sul iniciaram um novo processo de debate, ainda bastante restrito à seara política, que culminou com a criação da **União das Nações Sul-americanas (UNASUL)**, cujo tratado constitutivo foi celebrado em 23 de maio de 2008, em Brasília.

Isso porque a integração econômica e os benefícios do livre-comércio, especialmente para países tão próximos, cultural e economicamente, como os localizados nas Américas (à exceção de Canadá e Estados Unidos), é algo fundamental para o próprio desenvolvimento da região, no sentido de tornar viáveis políticas de **inclusão social** e **sustentabilidade**, que representam o grande desafio para a maioria dos Estados.

Muito embora economias poderosas, como a dos Estados Unidos, operem mediante grandes incentivos internos e altas doses de protecionismo, a integração dos demais países da região, com ou sem a participação dos norte-americanos, é essencial para conferir identidade e força nas negociações do mundo globalizado.

Nesse sentido, o político (foi Primeiro-Ministro da Jamaica em duas ocasiões e Vice-presidente da Internacional Socialista) e pensador Michael Manley defende o livre-comércio nas Américas com enorme lucidez[65]: "A visão de uma zona hemisférica de livre-comércio é tão correta quanto inevitável. Não há outro jeito. Posso entender muito bem os reflexos protecionistas existentes hoje nos Estados Unidos. Todos querem proteger seus pequenos bastiões. Mas esses sentimentos protecionistas são totalmente irrelevantes e serão varridos pela maré da história orientada pelas mudanças tecnológicas (...). Podemos querer proteger uma indústria frágil por anos a fio, enquanto a preparamos para enfrentar os fortes vendavais da competição global. Acho que isso é aceitável. Estamos ganhando tempo para encarar o inevitável. Mas no momento em que nos dermos conta de que o protecionismo é para sempre, só teremos uma certeza: dentro de cinco ou seis anos estaremos fora de cena. A economia mundial nos terá deixado para trás".

A despeito do total fracasso do processo de integração nos padrões almejados pelos Estados Unidos, em abril de 2009 foi realizada, em *Port of Spain*, Trinidad e Tobago, a **Quinta Reunião de Cúpula das Américas**, cujo debate central passou longe das questões comerciais e teve como objetivo assegurar o *futuro dos cidadãos da América com a promoção da prosperidade humana, da segurança energética e da sustentabilidade ambiental*, segundo se depreende de seu documento oficial final.

---

[65] Michael Manley. *Adam Smith tinha razão,* p. 320.

4.7. UNIÃO DAS NAÇÕES SUL-AMERICANAS (UNASUL)

A **União das Nações Sul-Americanas** (UNASUL) começou a ser esboçada em dezembro de 2004, na III Reunião de Chefes de Estado da América do Sul, realizada no Peru. Naquela ocasião foi firmada, pelos 12 países da região, a Declaração de Cusco, que reconheceu a necessidade de desenvolver uma área integrada nos campos político, econômico, social, cultural, ambiental e de infraestrutura, como forma de reafirmar a identidade e unidade da América Latina e do Caribe.

O documento foi, em certa medida, uma resposta ao fracasso do modelo de integração defendido pelos Estados Unidos, que pregava apenas a **liberalização comercial**, ou seja, o acesso a mercados importantes da região, especialmente o Brasil. Aliás, a Declaração de Cusco prevê expressamente o aprofundamento da convergência entre o Mercosul, a Comunidade Andina e o Chile no sentido de se instalar uma zona de livre-comércio entre os membros.

O grande escritor mexicano Carlos Fuentes, escrevendo no início do processo de globalização, já identificava o traço cultural como determinante para a integração de uma América em busca de soluções para a abertura dos mercados[66]: "A mudança mundial pegou a América Latina em uma crise viciosa — política, social e econômica — com recursos escassos para se fazer ativamente presente na nova ordem multipolar substitutiva da finada estrutura bipolar. Contudo, a crise contemporânea nos levou a perceber que alguma coisa permanece de pé em meio a nossos fracassos econômicos e políticos: é nossa continuidade cultural, a cultura multirracial e pluralista que criamos nos últimos quinhentos anos".

A UNASUL surge, portanto, como resultado das negociações frustradas da ALCA e com o objetivo de ampliar o debate, de modo a incluir questões muito mais relevantes para a realidade dos países envolvidos, como o combate à pobreza, à exclusão social e à desigualdade.

Duas outras declarações seguiram o marco inicial, a de Brasília (setembro de 2005) e a de Cochabamba (dezembro de 2006), mas o nome oficial do bloco só foi sugerido em 2007, durante a I Cúpula Energética Sul-Americana, realizada na Venezuela.

O **Tratado Constitutivo** da UNASUL foi aprovado e assinado durante a Reunião Extraordinária de Chefes de Estado e de Governo, realizada em Brasília, em 23 de maio de 2008, e entrou em vigor em março de 2011.

A UNASUL é uma organização dotada de personalidade jurídica internacional, cuja sede deverá ser definitivamente instalada em Quito, no Equador.

O alcance da UNASUL é bastante ambicioso e abrangente, o que deve dificultar a sua implantação, à luz dos problemas já enfrentados pelo Mercosul e pela Comunidade Andina.

Nos termos do artigo 3.º do Tratado Constitutivo da UNASUL, os **objetivos** do organismo são:

- ■ o fortalecimento do diálogo político entre os Estados-membros para garantir um espaço de coordenação para reforçar a integração sul-americana e a participação da UNASUL no cenário internacional;

---

[66] Carlos Fuentes. A solução federalista. In: Nathan P. Gardels (Org.). *No final do século — Reflexões dos maiores pensadores do nosso tempo*. Rio de Janeiro: Ediouro, 1998, p. 133.

◼ o desenvolvimento social e humano com equidade e inclusão para erradicar a pobreza e superar as desigualdades na região;

◼ a erradicação do analfabetismo, o acesso universal a uma educação de qualidade e o reconhecimento regional de estudos e títulos;

◼ a integração energética para o aproveitamento integral, sustentável e solidário dos recursos da região;

◼ o desenvolvimento de uma infraestrutura para a interconexão da região e dos povos conforme critérios de desenvolvimento social e econômico sustentáveis;

◼ a integração financeira mediante a adoção de mecanismos compatíveis com as políticas econômicas e fiscais dos Estados-membros;

◼ a proteção à biodiversidade, aos recursos hídricos e ecossistemas, assim como a cooperação na prevenção de catástrofes e a luta contra as causas e os efeitos das mudanças climáticas;

◼ o desenvolvimento de mecanismos concretos e efetivos para a superação de assimetrias, logrando uma integração equitativa;

◼ a consolidação de uma identidade sul-americana por meio do reconhecimento progressivo dos direitos aos nacionais de um Estado-membro residentes em qualquer dos outros membros, com o fim de alcançar uma cidadania sul-americana;

◼ o acesso universal à seguridade social e aos serviços de saúde;

◼ a cooperação em matéria de migração, com um enfoque integral e respeito aos direitos humanos e trabalhistas para a regulamentação migratória e harmonização de políticas;

◼ a cooperação econômica e comercial para avançar a consolidação de um processo inovador, dinâmico, transparente, equitativo e equilibrado, que contemple o acesso eficaz e promova o crescimento e o desenvolvimento econômico que supere as assimetrias mediante a complementação das economias dos países da América do Sul, assim como o bem-estar de todos os setores da população;

◼ a integração industrial e produtiva, com especial atenção para as pequenas e médias empresas, as cooperativas e outras formas de organização produtiva;

◼ a definição e implantação de políticas e projetos comuns ou complementares de investigação, inovação, transferência e produção tecnológica, com vistas a incrementar a capacidade, sustentabilidade e o desenvolvimento científico e tecnológico próprios;

◼ a promoção da diversidade cultural e das expressões da memória e da cultura dos povos da região, para o fortalecimento de suas identidades;

◼ a participação cidadã por meio de mecanismos de interação e diálogo entre a UNASUL e os diversos atores sociais na formulação de políticas de integração sul-americanas;

◼ a coordenação entre os organismos especializados dos Estados-membros, tendo em conta as normas internacionais, para fortalecer a luta contra o terrorismo, a corrupção, o problema das drogas, o tráfico de pessoas, o contrabando de armas, o crime organizado transnacional e outras ameaças, bem como o desarmamento e a não proliferação de armas nucleares e de destruição em massa;

■ promover a cooperação entre as autoridades judiciárias dos Estados-membros da UNASUL;

■ o intercâmbio de informações e de experiências em matéria de defesa;

■ a cooperação para o fortalecimento da segurança pública;

■ a cooperação setorial como mecanismo de aprofundamento da integração sul--americana, mediante o intercâmbio de informações, experiências e capacitação.

Em 2019, o governo brasileiro se retirou da UNASUL. Contudo, com a eleição de Luiz Inácio Lula da Silva, o Brasil decidiu retornar, o que ocorreu com a promulgação do Tratado Constitutivo da UNASUL, em 06 de abril de 2023, pelo Decreto n. 11.475/2023 (o texto já havia sido ratificado pelo Decreto Legislativo n. 159, de 13 de julho de 2011).

4.7.1. Estrutura institucional

Segundo dispõe o texto do Tratado, os seguintes órgãos compõem a **estrutura** da UNASUL:

a) Conselho de Chefes de Estado e de Governo: órgão máximo da entidade, responsável pelas decisões políticas, planos de ação, programas e projetos relativos ao processo de integração e definição de prioridades. Realiza reuniões anuais ordinárias ou encontros extraordinários, sempre que a solicitação de um membro for aprovada por consenso pelos demais.

b) Conselho de Ministros das Relações Exteriores: tem por função adotar as decisões do órgão máximo e preparar as suas reuniões. Pode propor projetos e coordenar as posições sobre temas centrais da integração, além de promover o diálogo político regional e internacional. Além disso, realiza o acompanhamento e avaliação do processo de integração e aprova o programa anual de atividades e o financiamento das iniciativas de interesse da UNASUL. Realiza reuniões ordinárias semestrais ou extraordinárias, mediante petição de pelo menos metade dos membros.

c) Conselho de Delegados: responde pela atividade operacional da UNASUL, ao preparar e elaborar projetos e reuniões dos órgãos superiores, coordenar as iniciativas da entidade com outros processos de integração e acompanhar os grupos de trabalho designados. É formado por um representante de cada membro e se reúne, em regra, bimestralmente e no território do país que exerce a presidência *Pro Tempore*.

d) Secretaria-geral: funciona como apoio aos demais órgãos, ao preparar e apresentar os relatórios anuais da UNASUL, além de servir como repositório de toda a documentação referente ao processo de integração. O Secretário-geral é designado pelo Conselho de Chefes de Estado para um mandato de dois anos[67], que pode ser renovado uma vez. O titular da Secretaria responde administrativa e juridicamente pela UNASUL, com dedicação exclusiva, e seu sucessor não poderá ter a mesma nacionalidade.

---

[67] Em maio de 2010, foi aclamado como primeiro Secretário-geral da UNASUL o ex-Presidente da Argentina Néstor Kirchner, precocemente falecido em 27 de outubro de 2010.

Além dos órgãos institucionais permanentes, a UNASUL possui uma presidência *pro tempore*, a ser exercida sucessivamente pelos Estados-membros, em ordem alfabética, pelo período de um ano. O presidente é o titular do organismo e, nesse sentido, o representa em discussões internacionais, além de ter poderes para firmar compromissos com terceiros, mediante prévia autorização dos órgãos competentes da UNASUL.

Figura 4.5.   Membros da UNASUL

Argentina, Brasil, Bolívia, Colômbia, Chile, Equador, Guiana, Paraguai, Peru, Suriname, Uruguai e Venezuela

Área	17.731.457 km²
Habitantes	400 milhões (2010)
PIB	US$ 7,9 trilhões (2010)
Renda *per capita*	US$ 10.000 (2010)

4.8. CARICOM

A Comunidade do Caribe (CARICOM) foi criada em 4 de julho de 1973, após quinze anos de esforços para a criação de um processo de integração na região.

A CARICOM possui 15 países-membros: Antígua e Barbuda, Bahamas, Barbados, Belize, Dominica, Granada, Guiana, Haiti, Jamaica, Montserrat, Santa Lúcia, São Cristovão e Névis, São Vicente e Granadinas, Suriname e Trinidad e Tobago, além dos associados de Anguila, Bermudas, Ilhas Virgens Britânicas, Turks e Caicos e Ilhas Caimán.

A área do Caribe é composta de antigas colônias europeias, que se tornaram independentes e atualmente possuem no turismo e nas atividades financeiras (muitas são dependências com tributação favorecida, popularmente chamadas de "paraísos fiscais") suas principais fontes de receita.

Ainda assim, o acordo tem como objetivo incentivar a cooperação econômica e o livre-comércio, com base nas seguintes premissas:

a) melhorar as condições de vida e trabalho;

b) garantir o pleno emprego e os demais fatores de produção;

c) estabelecer ações para um desenvolvimento econômico sustentável e convergente;

d) expandir as relações comerciais com terceiros;

e) aumentar os níveis de competitividade internacional dos membros;

f) incentivar a cooperação nas áreas de saúde, educação, transportes, telecomunicações e tecnologia.

Figura 4.6. Membros da CARICOM

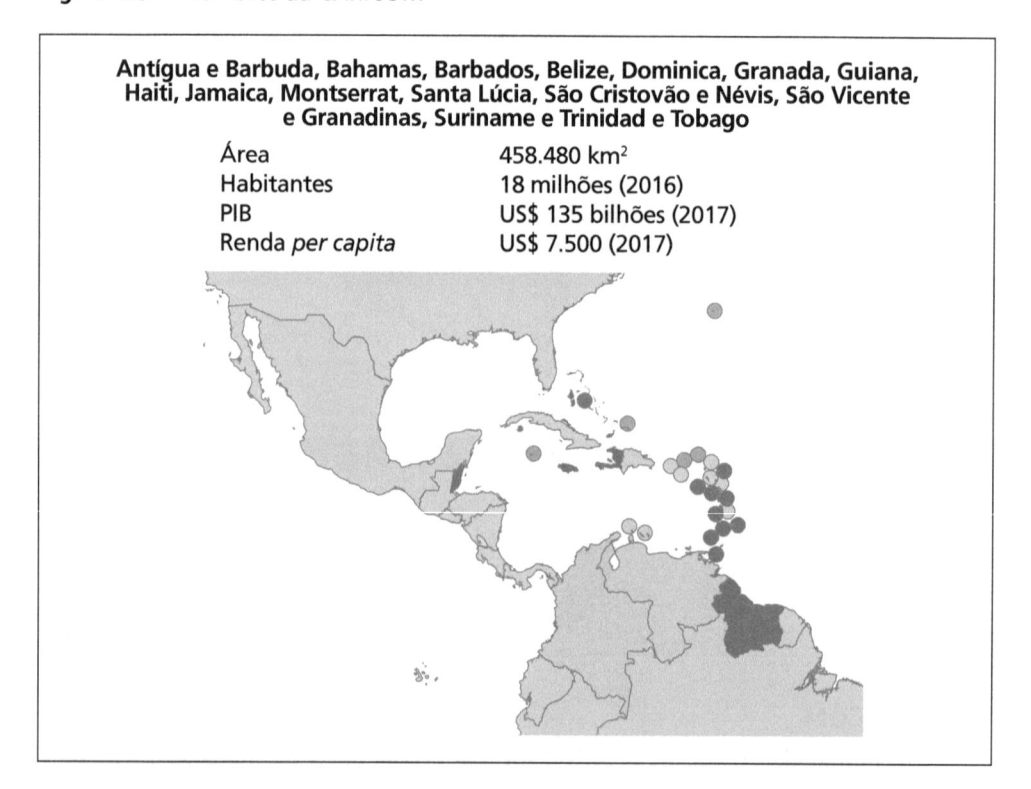

Antígua e Barbuda, Bahamas, Barbados, Belize, Dominica, Granada, Guiana, Haiti, Jamaica, Montserrat, Santa Lúcia, São Cristovão e Névis, São Vicente e Granadinas, Suriname e Trinidad e Tobago

Área	458.480 km²
Habitantes	18 milhões (2016)
PIB	US$ 135 bilhões (2017)
Renda *per capita*	US$ 7.500 (2017)

4.9. QUESTÕES

1. (ESAF — AFTN — 1996) União aduaneira e mercado comum são duas formas de integração econômica regional. O que diferencia essas duas formas é a(o):

a) inclusão dos fatores de produção no tratamento das relações econômicas entre os países-membros;

b) números de países participantes;

c) nível de diversificação dos produtos que fazem parte do acordo regional;

d) fato de que, na união aduaneira, somente os países-membros são beneficiados pela retirada das tarifas, enquanto no mercado comum mesmo países não membros podem gozar de benefício semelhante;

e) existência ou não de barreiras não tarifárias.

2. (ESAF — AFTN — 1996) Em fins dos anos 50, disseminou-se, no mundo, a ideia de promover o crescimento econômico por meio da integração econômica regional. Um marco deste fenômeno foi a assinatura do Tratado de Roma, em 1957. Neste tratado, foram estabelecidas as bases contratuais para a organização que, no futuro, viria a se transformar na União Europeia. A organização estruturada pelo Tratado de Roma foi:

a) Associação Europeia de Livre-Comércio.

b) Comunidade Europeia do Carvão e do Aço.

c) Comunidade Econômica Europeia.

d) Organização Europeia de Cooperação Econômica.

e) Conselho de Assistência Econômica Mútua.

3. (ESAF — AFTN — 1998) De acordo com o Tratado de Maastricht, não é organismo da União Europeia, o(a):

a) Conselho de Ministros Europeus.

b) Conselho Europeu.

c) Parlamento Europeu.

d) Grupo do Mercado Comum Europeu.

e) Comissão Europeia.

4. (ESAF — AFTN — 1998) São fases da integração econômica, em ordem de complexidade e profundidade:

a) União Aduaneira, Mercado Comum, União Econômica, Integração Total.

b) União Econômica, Zona de Livre-Comércio, União Aduaneira, Mercado Comum, Integração Total.

c) Zona de Livre-Comércio, União Aduaneira, Região Preferencial, Mercado Comum, União Econômica, Integração Total.

d) Zona de Livre-Comércio, Mercado Comum, União Aduaneira, União Econômica.

e) Zona de Livre-Comércio, Mercado Comum, Integração Total, União Econômica.

5. (ESAF — AFRF — 2001) Dois países, ao reduzirem suas tarifas de importação entre si ao nível mais baixo possível com vistas a uma liberalização integral do comércio recíproco dentro de dez anos, sem, entretanto, estabelecerem uma tarifa externa comum para as importações de terceiros países, pretenderam criar

a) uma união monetária.

b) uma zona de livre-comércio.

c) uma união aduaneira.

d) uma ZPE (Zona de Processamento de Exportações).

e) uma zona franca.

6. (ESAF — AFRF — 2001) Considerando que uma importação brasileira oriunda de país-membro da ALADI — Associação Latino-Americana de Integração e não membro do Mercosul, goza de uma margem de preferência de 30% (trinta por cento) sobre a alíquota da TEC — Tarifa Externa Comum de 10% (dez por cento), o imposto resultante alcançará o percentual de

a) 10%

b) 7%

c) 40%

d) 20%

e) 3%

7. (ESAF — AFRF — 2002) O que define, essencialmente, uma união aduaneira é a

a) livre circulação de bens e serviços através das fronteiras.

b) adoção de uma tarifa externa comum e a harmonização das políticas comerciais dos países--membros.

c) concessão mútua, pelos países-membros, de preferências comerciais.

d) livre circulação do capital e da mão de obra entre os países.

e) coordenação das políticas macroeconômicas.

8. (ESAF — AFRF — 2002) A Associação Latino Americana de Integração (ALADI) foi criada em 1980 com o objetivo de estabelecer, em forma gradual e progressiva, um mercado comum latino--americano com base em

a) acordos de cooperação setorial.

b) uma união aduaneira.

c) uma união econômica.

d) área de livre-comércio.

e) uma área de preferências econômicas.

9. (ESAF — AFRF — 2002) A recente introdução do Euro como moeda comum entre doze dos quinze países-membros da União Europeia representou importante avanço em direção à formação de um(a):

a) mercado comum.

b) união aduaneira.

c) zona de preferências tarifárias.

d) área de livre-comércio.

e) união econômica total.

10. (ESAF — AFRF — 2002) O Acordo de Livre-Comércio da América do Norte, quando comparado ao Mercado Comum do Sul (Mercosul), configura iniciativa

a) de natureza, forma e objetivos coincidentes com os do bloco do Cone Sul.

b) mais abrangente e profunda, por envolver a livre circulação dos fatores de produção.

c) de integração econômica menos profunda por limitar-se à liberalização do comércio de bens e de serviços.

d) mais abrangente por constituir uma união aduaneira.

e) cujos objetivos são contrários aos do Mercosul.

11. (ESAF — AFRF — 2002) A Associação Latino-Americana de Integração (ALADI) foi estabelecida em 1980, sucedendo à Associação Latino-Americana de Livre-Comércio (ALALC). Ao longo de pouco mais de duas décadas de funcionamento, a ALADI logrou estabelecer:

a) uma área de preferências tarifárias alcançando a totalidade dos países-membros;

b) uma área de livre-comércio que alcança apenas o comércio de bens e da qual participam todos os países-membros;

c) uma união aduaneira da qual participam todos os países-membros, exceto Cuba;

d) um mercado comum com várias disciplinas ainda por serem aperfeiçoadas, do qual tomam parte apenas os países que integram iniciativas sub-regionais de integração, a exemplo do Mercado Comum do Sul (Mercosul);

e) uma união econômica que envolve apenas os países de maior desenvolvimento relativo pertencentes à Associação.

12. (ESAF — AFRF — 2003) Uma união aduaneira pressupõe:

a) a livre movimentação de bens, capital e mão de obra e a adoção de uma tarifa externa comum entre dois ou mais países;

b) a uniformização, por dois ou mais países, do tratamento aduaneiro a ser dispensado às importações de terceiros países, mesmo sem a adoção de um regime de livre-comércio internamente;

c) a existência de uma área de preferências tarifárias entre um grupo de países e a harmonização das disciplinas comerciais aplicáveis ao comércio mútuo;

d) a liberalização do comércio entre os países que a integram e a adoção de uma tarifa comum a ser aplicada às importações provenientes de terceiros países;

e) a completa liberalização dos fluxos de comércio entre um grupo de países e a coordenação de políticas macroeconômicas.

13. **(ESAF — AFRF — 2003) O Tratado de Livre-Comércio da América do Norte, conhecido por NAFTA, foi firmado pelos Estados Unidos, Canadá e México em 1992, representando o primeiro grande acordo preferencial de que tomavam parte os Estados Unidos. Sobre o mesmo, é correto afirmar que**

   a) prevê a criação de um mercado comum entre seus membros a fim de fazer frente ao projeto de integração da Comunidade Econômica Europeia.

   b) foi precedido de acordo bilateral entre os Estados Unidos e o Canadá, o qual apresentou o primeiro grande acordo preferencial de que tomavam parte os Estados Unidos.

   c) compreende a totalidade dos bens e serviços comercializados pelos três países, além de disciplinas complementares relacionadas ao meio ambiente e a direitos trabalhistas.

   d) prevê prazo de doze anos para a total liberalização do comércio de bens entre Estados Unidos e Canadá e de quinze para a total abertura do mercado mexicano às exportações desses dois países.

   e) representa um acordo totalmente conforme à normativa da Organização Mundial do Comércio (OMC).

14. **(ESAF — AFRF — 2003) A integração no marco da União Europeia tem como um de seus importantes e controversos pilares a Política Agrícola Comum (PAC). Entre os objetivos da PAC pode-se apontar:**

   a) exercer controle de preços no mercado regional e no mercado global mediante a concessão de subsídios à produção e às exportações;

   b) estimular a produção de gêneros agrícolas orientada para as exportações como forma de auferir receitas;

   c) incrementar a produtividade agrícola, estabilizar mercados e garantir a segurança do abastecimento;

   d) promover a substituição de importações de alimentos pela produção regionalmente planejada;

   e) organizar, mediante planejamento, distribuição da produção e controle de preços, o mercado agrícola em escala regional.

15. **(CESPE — Auditor de Controle Externo — TCE-PA — Fiscalização — 2016) A propósito do mercado de trabalho e do comércio exterior, julgue o item seguinte.**

As cinco fases da integração econômica são, respectivamente, zona de livre-comércio, união aduaneira, mercado comum, união econômica e integração econômica.

16. **(FGV — Auditor-Fiscal da Receita Federal — 2023) A área formada pelo território dos países-membros na qual fica excluída a imposição de qualquer medida que constitua obstáculo ou restrição à liberdade de circulação interna de bens entre eles define:**

   a) Mercado Comum.

   b) Área de Livre-Comércio.

   c) Comunidade Econômica.

   d) União Econômica e Financeira.

   e) Organismo Regional de Comércio.

GABARITO

1. A alternativa correta é a letra "a", que aponta a inclusão dos fatores de produção como a diferença entre os estágios de união aduaneira e mercado comum. As demais alternativas estão incorretas.

2. A alternativa correta é a letra "c", pois o Tratado de Roma criou a Comunidade Econômica Europeia (CEE), antecessora da atual União Europeia.

3. A alternativa que deve ser assinalada é a letra "d", que não representa uma instituição da União Europeia.

4. Pergunta teórica e clássica, pois indaga a sequência de aprofundamento dos processos de integração econômica. Nesse contexto, muito embora a alternativa não apresente as etapas iniciais (como as zonas de preferência tarifária e as áreas de livre-comércio, o que não prejudica o raciocínio), a resposta correta é a letra "a".

5. Pergunta direta e objetiva, cuja alternativa correta é a letra "b", pois a zona de livre--comércio corresponde ao estágio de integração esboçado pelo enunciado.

6. Pergunta objetiva, pois basta reduzir, da alíquota normal (10%) para qualquer país, a margem de preferência para importações de produtos originários da ALADI (30%), ou seja: 10% - (30% de 10%) = 10% - 3% = 7%. A alternativa correta é, portanto, a letra "b".

7. Pergunta direta, cuja resposta correta é a letra "b", que apresenta as principais ideias acerca das uniões aduaneiras.

8. Pergunta, em tese, simples, porque a ALADI é o exemplo clássico de zona ou área de preferência tarifária, embora a questão, de forma inadequada, tenha usado a expressão "área de preferências econômicas". Por exclusão, podemos concluir que, apesar do defeito técnico, a alternativa correta é a letra "e".

9. A alternativa correta é a letra "e". Ao tempo da questão, o euro havia sido recém-instituído na União Europeia, daí o cuidado do enunciado. Atualmente podemos afirmar, sem margem para dúvidas, que a União Europeia configura uma união econômica e monetária (denominação oficial, que o próprio bloco utiliza).

10. Pergunta objetiva, cuja alternativa correta é a letra "c", pois o alcance do NAFTA, como área de livre-comércio, é inferior aos objetivos do Mercosul, de se tornar uma união aduaneira e, posteriormente, atingir a etapa de mercado comum.

11. Pergunta de resposta automática, no sentido de que a ALADI representa uma área de preferências tarifárias. Portanto, a alternativa correta é a letra "a".

12. A alternativa correta é a letra "d", que define de forma adequada o conceito de união aduaneira.

13. A alternativa correta é a letra "b", pois o NAFTA realmente resultou da histórica parceria comercial entre norte-americanos e canadenses, que basicamente estenderam o modelo para os mexicanos. A alternativa "a" está incorreta porque o NAFTA não tem por objetivo se tornar um mercado comum. A alternativa "c" está incorreta porque o Acordo não contempla normas ambientais ou trabalhistas. A alternativa "e" está incorreta porque o NAFTA, assim como os demais processos de integração, foi aceito pela normativa da OMC, mas não atende às suas regras gerais, como a cláusula da nação mais favorecida.

14. Questão extremamente específica e, nesse sentido, injusta para medir o conhecimento do candidato. A alternativa correta é a letra "c", que poderia ser deduzida, por ser a mais racional (embora o candidato pudesse, ainda, optar pela letra "b"). Conforme informação disponível no sítio da União Europeia, a Política Agrícola Comum (PAC) foi a ferramenta comum mais importante da União Europeia (UE) durante mais de 40 anos. As despesas agrícolas são financiadas por dois fundos ao abrigo do orçamento geral da UE: o Fundo Europeu Agrícola de Garantia (FEAGA), que financia pagamentos diretos aos agricultores, bem como medidas para regular os mercados agrícolas, tais como a intervenção e as restituições às exportações e o Fundo Europeu Agrícola de Desenvolvimento Rural (FEADER), que financia os programas de desenvolvimento rural dos Estados-membros.

15. Questão interessante, cuja resposta é "Certo". O CESPE, ao contrário da ESAF, concorda com a nossa posição de que existem apenas cinco fases de integração econômica, excluindo, de forma adequada, as zonas de preferência tarifária dessa classificação.

16. O gabarito oficial do concurso indicou a alternativa correta como a letra "b". Ocorre que a liberdade de circulação interna e a eliminação de qualquer barreira ao comércio também é uma característica dos mercados comuns (alternativa "a"), que são modelos mais completos e sofisticados que as áreas de livre-comércio. Portanto, a questão deveria ter sido anulada, pois as duas alternativas estão corretas.

4.10. MATERIAL DIGITAL

VÍDEO
http://uqr.to/1y39a

5

O MERCADO COMUM DO SUL (MERCOSUL)

5.1. PERSPECTIVA HISTÓRICA

A integração entre os países na América do Sul deveria ser um **processo natural**, em razão da identidade cultural e da relativa tranquilidade geopolítica da região, especialmente a partir do século XX.

Entretanto, os inúmeros problemas internos de cada país, potencializados pelos tempos de ditadura, certamente contribuíram para o atraso das negociações.

Muito embora as primeiras tratativas tenham se iniciado na década de 1940, com a aproximação entre os dois mais importantes países sul-americanos, Brasil e Argentina, que manifestaram o interesse de integrar uma união aduaneira, foram ainda necessários muitos anos até que medidas concretas pudessem deflagrar o processo.

As iniciativas continentais para a liberalização dos mercados, representadas pela Associação Latino-Americana de Livre-Comércio (ALALC — 1960) e sua substituta, a Associação Latino-Americana de Integração (ALADI — 1980), contribuíram para o sentimento de cooperação mútua, especialmente porque a estrutura jurídica da ALADI permitia, como vimos, a celebração de acordos bilaterais, o que facilitou o avanço das propostas.

Com efeito, em meados da década de 1980, quando Brasil[1] e Argentina começaram a respirar os primeiros ares da democracia, foi dado o passo inicial rumo à integração, com a assinatura, pelos presidentes Sarney e Alfonsin, da **Declaração do Iguaçu** (30 de

---

[1] A necessidade de retomar o crescimento e repensar a política de substituição das importações fazia parte da agenda brasileira, pois o comércio internacional no país estava adormecido havia tempos, conforme relata Frieden: "A substituição de importações do Brasil obteve grandes vitórias e criou grandes problemas. Segunda maior economia do mundo em desenvolvimento, menor apenas que a da Índia, o Brasil era uma das principais nações industriais na década de 1960. O país produzia quase todos os bens finais que consumia, criou indústrias de escala mundial — automóvel e aço — e construiu a nova capital, Brasília, em cinco anos. No entanto, a industrialização exigia a importação de equipamentos, máquinas, químicos e peças, além de petróleo para os milhões de novos carros da nação. As exportações do Brasil eram insuficientes. O café continuava a responder por mais da metade das exportações, e o restante era de produtos tradicionais como açúcar, tabaco e minério de ferro. Os esforços para estimular a exportação de novos produtos manufaturados fracassaram. Em 1960, o Brasil exportava menos da metade de 1% de sua produção industrial". Jeffry A. Frieden. *Capitalismo global*, p. 375.

novembro de 1985), que estabeleceu uma comissão bilateral[2] para tratar do processo de integração, que poderia, inclusive, contar com a adesão de outros países.

A Declaração foi firmada num contexto de grande preocupação para os dois países, cujos períodos de ditadura, notadamente isolacionista, contribuíram para a deterioração das contas públicas e o agravamento das respectivas dívidas externas.

Com base nos trabalhos da comissão, no ano seguinte foi firmada a Ata para a Integração Brasil-Argentina, que instituiu o **Programa de Integração e Cooperação Econômica (PICE)**, fundado nos princípios da gradualidade, flexibilidade, simetria, equilíbrio, tratamento preferencial diante de outros mercados e harmonização progressiva de políticas, que seriam os pilares para o futuro tratado constitutivo do Mercosul.

O escopo do PICE era possibilitar a abertura seletiva dos mercados brasileiro e argentino e estimular, nos moldes da ALADI, a **complementaridade das economias**, no intuito de adaptar os agentes econômicos privados, antes acostumados às restrições da livre concorrência, ao novo ambiente comercial e econômico.

Em 29 de novembro de 1988, na esteira do incremento comercial entre os dois países, foi celebrado o **Tratado de Integração, Cooperação e Desenvolvimento**, que estabeleceu um prazo de **dez anos** para a formação de uma área comercial e econômica comum, com a eliminação de barreiras tarifárias e não tarifárias e a formulação de políticas conjuntas. A redução das assimetrias fez com que Brasil e Argentina, na mesma oportunidade, assinassem 24 protocolos de interesse mútuo, acerca dos mais variados temas.

O passo derradeiro para a constituição do Mercosul foi dado em julho de 1990, com a assinatura da **Ata de Buenos Aires**, que reduziu o prazo original em quatro anos e meio, até dezembro de 1994, e estabeleceu que o objetivo da integração seria a formação de um **mercado comum**. Em dezembro de 1990, foi firmado o **Acordo de Complementação Econômica n. 14**, que incorporou todos os protocolos anteriormente pactuados e serviu de referência para o texto do Tratado de Assunção.

Com o avanço das negociações com o **Paraguai** e o **Uruguai**, o Mercosul pôde, finalmente, sair do papel. Embora os dois países buscassem condições especiais de ingresso, tanto pela menor capacidade econômica como em razão da própria distinção feita no âmbito da ALADI, ficou acordado que Paraguai e Uruguai teriam, apenas, prazos mais longos de adaptação ao processo.

Frieden destaca a importância econômica do Mercosul para os membros[3]: "Por meio da combinação de forças, os membros do Mercosul também esperavam atrair mais investimentos estrangeiros, visto que as companhias globais estavam mais interessadas nos extensos mercados combinados do que em qualquer um de seus membros isoladamente. Como no mundo desenvolvido, o Mercosul marcou a vitória definitiva daqueles interesses econômicos que viam o seu futuro nas exportações, nos empréstimos estrangeiros ou em parcerias com empresas estrangeiras".

---

[2] Denominada Comissão Mista de Alto Nível para Cooperação e Integração Econômica Bilateral, presidida pelos respectivos Ministérios das Relações Exteriores e composta de representantes governamentais e dos setores empresariais dos dois países, incumbida de examinar e propor programas, projetos e modalidades de integração econômica e apresentar um relatório final até 30 de junho de 1986.

[3] Jeffry A. Frieden. *Capitalismo global,* p. 409.

Em 26 de março de 1991, os quatro países, reunidos na capital paraguaia, assinaram o **Tratado de Assunção**[4], que estabelecia o Mercado Comum do Sul (Mercosul), inicialmente configurado como uma área de livre-comércio, que previa a redução gradual e linear dos tributos aduaneiros.

O **preâmbulo** do Tratado de Assunção reconheceu a importância dos processos de integração em curso no mundo e considerou o Mercosul como resposta adequada a esse fenômeno, cujo objetivo maior deveria ser *alcançado mediante o aproveitamento eficaz dos recursos disponíveis, a preservação do meio ambiente, o melhoramento das interconexões físicas, a coordenação de políticas macroeconômicas e a complementação dos diferentes setores da economia, com base nos princípios de gradualidade, flexibilidade e equilíbrio.*

5.1.1. A fase de transição (1991 a 1994)

A adaptação de países recém-egressos de economias fechadas e deficitárias ao novo modelo proposto pelo Mercosul não poderia ser feita sem o devido cuidado e planejamento, de modo que o Tratado de Assunção previu um **período de transição**, que se iniciou com a assinatura do instrumento e deveria se estender até 31 de dezembro de 1994, quando os países estivessem prontos para o mercado comum.

Durante o período de transição, os países deveriam utilizar importantes instrumentos para a constituição do mercado comum:

▪ um **Programa de Libertação Comercial**, que consistiria em reduções tarifárias progressivas, lineares e automáticas, acompanhadas da eliminação de restrições não tarifárias ou medidas de efeito equivalente, assim como de outras restrições ao comércio entre os Estados-partes, para chegar a 31 de dezembro de 1994 com tarifa zero e sem barreiras não tarifárias sobre a totalidade do universo tarifário;

▪ a **coordenação de políticas macroeconômicas** que se realizaria gradualmente e de forma convergente com os programas de desgravação tarifária e eliminação de restrições não tarifárias;

▪ uma **tarifa externa comum**, que incentivaria a competitividade externa dos Estados-partes;

▪ a **adoção de acordos setoriais**, com o fim de otimizar a utilização e mobilidade dos fatores de produção e alcançar escalas operativas eficientes.

Com base nas premissas acertadas, o Programa de Libertação Comercial consistia em eliminar **integralmente** os gravames e demais restrições aplicadas ao comércio recíproco entre os países, com a ressalva de que o prazo concedido ao Paraguai e Uruguai seria estendido por mais um ano, até dezembro de 1995.

O Acordo previa reduções tarifárias progressivas, lineares e automáticas a cada semestre, até que os produtos do universo tarifário atingissem alíquota zero de imposto de importação.

---

[4] Conforme artigo 5 do Tratado de Assunção, introduzido pelo Decreto Legislativo n. 197, de 25 de setembro de 1991, e promulgado no Brasil por meio do Decreto n. 350, de 21 de novembro de 1991.

Os benefícios seriam aplicados sobre a tarifa vigente à época e consistiriam numa redução percentual dos gravames mais favoráveis relativos à importação dos produtos procedentes de terceiros países não membros da Associação Latino-Americana de Integração.

O **maior problema** dessa fase inicial do Mercosul — e que, infelizmente, irradia efeitos até os dias atuais — foi a possibilidade de que cada país pudesse excluir das negociações coletivas determinados tipos de mercadorias, que passaram a compor as malsinadas **listas de exceções tarifárias**.

Originalmente, as listas de exceções permitiam que produtos sensíveis para as respectivas economias pudessem ter tratamento diferenciado, com alíquotas distintas conforme os interesses nacionais. A **previsão inicial** levou em consideração o poder comercial e as peculiaridades de cada membro do Mercosul, assim como estabeleceu os seguintes quantitativos:

Tabela 5.1. Quantidade de itens nas listas de exceções originais

PAÍS	ITENS
▣ República Argentina	394
▣ República Federativa do Brasil	324
▣ República do Paraguai	439
▣ República do Uruguai	960

As listas de exceções foram concebidas para vigorar **temporariamente**, com redução de 20% ao término de cada ano para Brasil e Argentina, contados da assinatura do Tratado de Assunção (portanto, com prazo final em dezembro de 1994) e em seis etapas para Paraguai e Uruguai, sendo as duas primeiras com reduções de 10% e as demais também de 20%, a fim de que todos os tributos exigidos por esses países fossem zerados até dezembro de 1995.

Muito embora tenham sido pensadas sob a ótica da cooperação e do reconhecimento das desigualdades entre as nações, já tivemos a oportunidade de enfatizar que medidas dessa natureza simplesmente não funcionam em acordos entre estados soberanos, primeiro porque **discriminar iguais** (juridicamente falando) não reflete a lógica do direito internacional e, em seguida, pelo fato de que os privilégios concedidos dificilmente serão retirados.

Foi exatamente o que ocorreu no Mercosul. Até hoje, passados muitos anos do prazo final para a eliminação de todos os tributos intrabloco, as listas de exceções **continuam em vigor** e obviamente contemplam os produtos mais relevantes para a economia dos membros, gerando atritos e retaliações de toda ordem, de tal sorte que não podemos, ainda, atestar a livre circulação de mercadorias na região.

Com base na Decisão do Conselho do Mercado Comum n. 58/2010, permaneceu autorizada a manutenção de Lista de Exceções à Tarifa Externa Comum (LETEC) para os quatro Estados-partes, a qual poderia ser alterada a cada seis meses, em até 20% dos códigos. Brasil e Argentina poderiam ter **cem códigos tarifários até 31 de dezembro de 2015**.

Como havíamos previsto em edições anteriores do livro, o prazo que venceria em 2015 foi novamente prorrogado[5], ou seja, as exceções foram mantidas até 2021 para Argentina e Brasil e até 2023 para Paraguai e Uruguai, o que, mais uma vez, evidencia a falta de compromisso e seriedade no trato das questões relativas ao Bloco, além de desqualificar o modelo como uma união aduaneira completa e acabada.

5.2. TRATADOS E PROTOCOLOS ADICIONAIS

O Tratado de Assunção deu início ao processo de integração do Mercosul, estabeleceu seus objetivos básicos e definiu os prazos do período de transição.

Como todo acordo internacional, firmado entre estados soberanos, esse trouxe também regras jurídicas sobre **vigência**, **denúncia** e **adesão** de novos membros.

O Mercosul foi criado com duração indefinida e entrou em vigor após o depósito do terceiro instrumento de ratificação, ou seja, quando pelo menos três países confirmaram, mediante entrega dos respectivos documentos, a introdução dos termos do Tratado de Assunção nos seus ordenamentos jurídicos internos, o que efetivamente ocorreu em **29 de novembro de 1991**, praticamente oito meses após a assinatura.

Em consonância com o espírito de cooperação que norteou a formação do Mercosul, ficou decidido que qualquer membro da Associação Latino-Americana de Integração poderia, mediante negociação, solicitar **adesão ao bloco**, o qual decidiria mediante manifestação unânime dos quatro integrantes.

Entretanto, o processo de desvinculação do Mercosul, formalizado por meio de **denúncia por escrito** ao Tratado e pela comunicação aos demais membros, exige a manutenção dos direitos e obrigações do país denunciante por dois anos, contados da manifestação original. Durante esse período, o interessado, apesar de não integrar o bloco, deverá respeitar os benefícios tarifários reciprocamente concedidos.

Diversos outros tratados e instrumentos jurídicos vieram complementar os princípios e as regras básicas consignados no Tratado de Assunção. Entre os mais importantes, podemos destacar:

◼ **Protocolo de Brasília** — assinado em 17 de dezembro de 1991 e internalizado no Brasil pelo Decreto Legislativo n. 88, de 1.º de dezembro de 1992, com promulgação pelo Decreto n. 922, de 10 de setembro de 1993, foi o primeiro instrumento a estabelecer um **Sistema de Solução de Controvérsias** no Mercosul. Atualmente, encontra-se **derrogado**, por força do artigo 55 do Protocolo de Olivos, que o substituiu.

◼ **Protocolo de Ouro Preto** — firmado em 17 de dezembro de 1994, conferiu **personalidade jurídica** de direito internacional ao Mercosul e definiu a **estrutura institucional** do bloco. Foi introduzido no Brasil pelo Decreto Legislativo n. 188, de 16 de dezembro de 1995, e promulgado pelo Decreto n. 1.901, de 9 de maio de 1996.

---

[5] Conforme Decisão CMC n. 26/2015, que manteve, para o Brasil, a lista de exceções, com até 100 códigos tarifários.

■ **Protocolo de Ushuaia** — foi celebrado entre os países do Mercosul, Bolívia e Chile, em 24 de julho de 1998, e estabeleceu a plena vigência das instituições democráticas como condição essencial para o desenvolvimento dos processos de integração. Foi recepcionado pelo Decreto Legislativo n. 452, de 14 de novembro de 2001, e promulgado pelo Decreto n. 4.210, de 24 de abril de 2002.

■ **Protocolo de Olivos** — assinado em 18 de fevereiro de 2002, alterou o mecanismo de **Solução de Controvérsias**, revogou o Protocolo de Brasília e criou o **Tribunal Permanente de Revisão do Mercosul**, com sede em Assunção. No Brasil, foi introduzido pelo Decreto Legislativo n. 712, de 15 de outubro de 2003, e promulgado pelo Decreto n. 4.982, de 9 de fevereiro de 2004.

■ **Protocolo Modificativo do Protocolo de Olivos** — foi assinado no Rio de Janeiro, em 19 de janeiro de 2007, e tem como objetivo alterar alguns procedimentos previstos no acordo original, notadamente os artigos 18, 20 e 43, bem assim ajustar o **Regulamento do Protocolo de Olivos**, instituído pela Decisão do Conselho do Mercado Comum n. 37/2003, de modo a torná-los adequados a futuras alterações no número de Estados-partes do Mercosul, como no caso do efetivo ingresso da Venezuela, por exemplo. Foi recepcionado no Brasil pelo Decreto Legislativo n. 589, de 27 de agosto de 2009.

■ **Protocolo Constitutivo do Parlamento do Mercosul** — assinado em 9 de dezembro de 2005, em Montevidéu, ratificado pelo Decreto Legislativo n. 408/2006 e promulgado pelo Decreto n. 6.015, de 30 de abril de 2007, que prevê a criação de um Parlamento no Mercosul, com previsão de eleições para 2014.

■ **Protocolo de Adesão da República Bolivariana da Venezuela** — instrumento firmado em 4 de julho de 2006, em Caracas, que iniciou o processo de adesão da Venezuela ao Mercosul. Foi aprovado pelo Congresso Nacional por meio do Decreto Legislativo n. 934/2009 e promulgado pelo Decreto n. 7.859, de 6 de dezembro de 2012.

■ **Protocolo de Ushuaia II** — curiosamente assinado em Montevidéu, em 20 de dezembro de 2011, este acordo tem por objetivo aplicar medidas emergenciais na hipótese de ruptura ou ameaça à ordem democrática na região, visto que foi subscrito pelos membros do Mercosul e também por Bolívia, Chile, Colômbia, Equador, Peru e Venezuela (que, à época, ainda não havia ingressado efetivamente no Bloco). Este Protocolo ainda não foi ratificado pelos signatários.

■ **Protocolo de Adesão do Estado Plurinacional da Bolívia ao Mercosul** — assinado em Brasília, em 7 de dezembro de 2012, tem por objetivo iniciar o processo de adesão da Bolívia ao Mercosul, no prazo de quatro anos, contados da vigência do Acordo, que ainda não se iniciou, visto que nenhum dos países o ratificou até o presente momento. Curiosamente, em 17 de julho de 2015 foi assinado um **novo protocolo de adesão da Bolívia**, na qualidade de membro pleno, o que permitirá ao Paraguai, finalmente, efetuar o trâmite necessário para sua ratificação. Isso porque, ao tempo da assinatura do Protocolo original, o Paraguai estava suspenso das atividades no Mercosul, mas, como membro permanente do Bloco, precisa manifestar sua concordância com a adesão.

5.2.1. Acordos de associação ao Mercosul

Com a aquisição da **personalidade jurídica**, a partir do Protocolo de Ouro Preto, o Mercosul se qualificou para celebrar acordos com outros países e organismos internacionais.

Vários desses acordos foram celebrados para conferir a países vizinhos o *status* de Membros Associados ao Mercosul. O processo de aceitação é definido pela Decisão do Conselho do Mercado Comum n. 18/2004, que dispõe sobre a admissão de novos Estados Associados e exige, no artigo 1, a assinatura prévia de **Acordos de Complementação Econômica**, ou seja, instrumentos bilaterais firmados entre o Mercosul e outros membros da Aladi, que estabelecem os critérios para criação de uma **zona de livre-comércio** entre as partes, com a redução gradual e recíproca das alíquotas de importação.

Para a administração dos Acordos de Complementação Econômica, são criadas comissões específicas que se reúnem periodicamente, com o objetivo de acompanhar a evolução do comércio entre as partes, bem assim analisar propostas de ampliação e aperfeiçoamento dos instrumentos. Os Estados Associados também podem participar, como convidados, das reuniões do Mercosul e celebrar acordos de interesse comum.

Atualmente, o Mercosul possui cinco Estados Associados: Bolívia, Chile, Peru, Colômbia e Equador, conforme cronologia a seguir:

◘ **Chile** — formalizou sua associação em 25 de junho de 1996, durante a X Reunião da Cúpula do Mercosul, realizada na Argentina, por meio da assinatura do **Acordo de Complementação Econômica Mercosul-Chile (ACE-35)**, aprovado pela Decisão CMC n. 3/96 e internalizado no Brasil por meio do Decreto Legislativo n. 96, de 12 de setembro de 1996, e promulgado pelo Decreto n. 2.075, de 19 de novembro de 1996. O ACE-35 é um Acordo de Livre-Comércio que teve por objetivo o estabelecimento, no prazo máximo de dez anos, de uma zona de livre-comércio entre as partes. O processo previa a completa desgravação tarifária, e a partir de janeiro de 2007 foi iniciada a etapa relativa às listas de exceções, aos produtos do Patrimônio Histórico e setor açucareiro. A Comissão Administradora do ACE-35 aprovou, em 20 de junho de 2008, o Protocolo sobre o Comércio de Serviços entre Mercosul e Chile.

◘ **Bolívia** — formalizou sua associação na XI Reunião da Cúpula realizada em Fortaleza, em 17 de dezembro de 1996, com a assinatura do **Acordo de Complementação Econômica Mercosul-Bolívia (ACE-36)**. O Acordo teve como premissa a criação de uma área de livre-comércio entre as partes, constituída a partir do *Programa de Desgravação Comercial*, com reduções progressivas e automáticas aplicáveis aos gravames vigentes para terceiros países no momento do despacho aduaneiro das mercadorias. O ACE-36 foi aprovado pelo Decreto Legislativo n. 19, de 29 de abril de 1997, e promulgado pelo Decreto n. 2.240, de 28 de maio de 1997.

◘ **Peru** — formalizou sua associação ao Mercosul em 30 de novembro de 2005, com a assinatura do **Acordo de Complementação Econômica Mercosul-Peru (ACE-58)**, introduzido no Brasil por meio do Decreto n. 5.651, de 29 de dezembro de 2005[6]. De modo semelhante aos acordos anteriores, o objetivo do ACE-58 foi a criação de uma área de livre-comércio, cujas listas de concessões agrupam Brasil e Argentina bilateralmente, com desgravação total até 2012, e listas especiais para o Paraguai (2012) e Uruguai (2011). As concessões do Peru possuem prazos de redução mais longos que os concedidos por Brasil e Argentina, até 2014. Para produtos sensíveis, existem tabelas de desgravação intermediárias para os anos de 2014, no caso de Brasil e Argentina, e até 2019 para o Peru.

■ **Colômbia, Equador** e **Venezuela** — o **Acordo de Complementação Econômica Mercosul Colômbia-Equador-Venezuela (ACE-59)** é um pacto de livre-comércio assinado em 18 de outubro de 2004 e promulgado no Brasil pelo Decreto n. 5.361, de 31 de janeiro de 2005, cujo programa de liberalização comercial possui prazos de desgravação diferenciados, com concessões maiores para os países andinos, além do Paraguai e Uruguai. Sua criação decorre de várias tentativas anteriores de aproximação entre os países do Mercosul e da Comunidade Andina, notadamente o **Acordo-Quadro** assinado em 16 de abril de 1998, em que a negociação de uma zona de livre-comércio entre as **partes e o Acordo de Complementação Econômica Comunidade Andina-Mercosul (ACE-56)**, assinado pelos dois blocos em 6 de dezembro de 2002, estabeleceu a conformação do modelo. Como resultado dessas negociações, a Venezuela ingressou no Mercosul em 2012.

■ **Guiana** e **Suriname** — tornaram-se Estados associados em 2013.

Convém ressaltar que todos os Acordos de Complementação Econômica anteriormente citados possuem diversos **protocolos adicionais**, que, conforme a dinâmica e o interesse das partes, promovem alterações variadas, tanto em relação à aplicação de procedimentos aduaneiros e tratamentos dispensados a setores econômicos específicos quanto à sistemática de tributação dos produtos sensíveis, alterando, em consequência, as listas de preferência outorgadas e as possíveis exceções, de sorte que nenhum deles, a exemplo do próprio Mercosul, logrou, até o momento, alcançar o objetivo de criar uma área de livre-comércio plena entre os signatários.

5.2.2. A questão da Venezuela

Como se sabe, a Venezuela, que pertencia à Comunidade Andina desde a sua fundação, manifestou, há tempos, interesse em ingressar no Mercosul, o que significou abandonar o modelo anterior, pela **impossibilidade de coexistência** de dois regimes diferentes, assemelhados a uniões aduaneiras.

A decisão, de forte motivação política, na verdade representou, acima de tudo, o interesse pessoal do então Presidente venezuelano Hugo Chávez de reforçar e expandir sua visão geopolítica pela América do Sul. A matemática é simples: ao largar a Comunidade Andina e pleitear adesão ao Mercosul, a Venezuela deixaria, momentaneamente, os dois

---

[6] Curiosamente, os ACE-58 e ACE-59 não foram recepcionados por Decreto Legislativo específico, vez que os respectivos Decretos Presidenciais de promulgação fazem referência, apenas, ao Decreto Legislativo n. 66, de 16 de novembro de 1981, que reconheceu a criação da Associação Latino-Americana de Integração (ALADI) e previu, em caráter genérico, a modalidade dos Acordos de Complementação Econômica, como instrumentos de aproximação comercial entre os signatários.

modelos com quatro integrantes e passaria a atuar como "fiel da balança", sob vários pontos de vista, especialmente em termos econômicos, pois o país se beneficia bastante do fato de ser um dos maiores exportadores mundiais de petróleo e, nesse contexto, pontualmente oferece ajuda a governos simpáticos às suas ideias.

No mesmo sentido, a eventual aceitação da Venezuela no Mercosul traria dividendos políticos adicionais, pois, na qualidade de quinto membro do bloco, o país provavelmente atuaria como "voto de Minerva" em algumas instâncias, dada a conhecida cisão entre Brasil e Argentina e a pouca expressão política de Paraguai e Uruguai. Mais ainda, o ingresso tornaria o Mercosul desproporcionalmente forte em relação à Comunidade Andina e acabaria por redundar, segundo essa linha de raciocínio, na provável unificação dos blocos, o que alçaria o Presidente venezuelano (pelo menos na sua ótica peculiar) ao patamar de grande responsável pela integração da América do Sul, bem ao espírito de Simón Bolívar.

A par das questões políticas e de seus pitorescos personagens, não se pode negar que o ingresso da Venezuela no Mercosul, em tese, é **amplamente benéfico** para todos, assim como também seria a unificação da Comunidade Andina e do Mercosul num único bloco, algo natural e absolutamente desejável em termos econômicos e comerciais.

Oficialmente, o **processo de adesão** da Venezuela ao Mercosul se iniciou em 8 de dezembro de 2005 com a assinatura do Acordo-Quadro de referência e a criação de um grupo *ad hoc* integrado por representantes do Mercosul e da Venezuela para negociar os prazos e condições do processo de adesão, bem assim a aderência do país solicitante aos instrumentos de política comercial do Mercosul. Na ocasião, foi outorgado à Venezuela o *status* de Estado Associado em processo de adesão, que, na prática, permite que o país possa participar e se manifestar (direito a voz) em reuniões do Mercosul, todavia sem direito a voto.

A aceitação da proposta de adesão e os procedimentos até a efetiva aceitação foram regulamentados pela Decisão CMC n. 29/2005.

Posteriormente, em 4 de julho de 2006, representantes dos cinco países, reunidos em Caracas, firmaram o **Protocolo de Adesão da República Bolivariana da Venezuela ao Mercosul**, instrumento que confirmou a aceitação do país às regras e aos princípios do bloco.

Em linhas gerais, o Protocolo determina a adesão da Venezuela ao Tratado de Assunção, ao Protocolo de Ouro Preto e ao Protocolo de Olivos para a Solução de Controvérsias, bem assim seus anexos e todo o acervo normativo vigente do Mercosul (este último de forma gradual, no mais tardar em quatro anos contados a partir da data de entrada em vigor do instrumento de adesão).

Igualmente, foi concedido à Venezuela o prazo de quatro anos para a adoção da Nomenclatura Comum do Mercosul (NCM) e da Tarifa Externa Comum (TEC) praticada pelos demais integrantes, sem prejuízo das listas de exceções.

Com o cumprimento das **obrigações formais**, imaginava-se que a ratificação da adesão venezuelana seria apenas questão de tempo. Contudo, divergências políticas de toda ordem, sempre em razão das polêmicas declarações de Chávez, acabaram por obstaculizar os processos de recepção do protocolo de adesão, especialmente no Brasil e no Paraguai.

A corrente contrária à adesão, nos dois países, sempre alegou que o regime venezuelano não atende plenamente o disposto no **Protocolo de Ushuaia**[7], que é parte integrante do Tratado de Assunção e estabelece, em seu artigo 1: "A plena vigência das instituições democráticas é condição essencial para o desenvolvimento dos processos de integração entre os Estados-partes do presente Protocolo".

O Protocolo de Ushuaia prevê, ainda, a possibilidade de suspensão do país infrator quanto ao direito de participar nos diferentes órgãos do Mercosul, toda vez que houver ruptura da ordem democrática das suas instituições.

Todos conheciam a fragilidade da democracia venezuelana no governo Chávez, seja pela tentativa de perpetuação no poder, pela ausência de liberdade de expressão ou, ainda, pela constante violação de outros direitos e garantias fundamentais, muitos deles consignados, inclusive, na Declaração Universal dos Direitos Humanos, das Nações Unidas.

Em 15 de dezembro de 2009, o Senado Federal brasileiro confirmou, com 35 votos a favor e 27 votos contrários, o ingresso da Venezuela no Mercosul, de forma que restava apenas a ratificação do Protocolo de Adesão pelo **Paraguai**, visto que Argentina e Uruguai já haviam promovido as medidas internas de aprovação pertinentes.

Curiosamente, com o *impeachment* do presidente paraguaio Fernando Lugo em 2012, os demais membros do Mercosul suspenderam o país, por violação ao Protocolo de Ushuaia, até que novas eleições fossem realizadas, o que só aconteceria no ano seguinte.

Bem ao estilo sul-americano, **aproveitou-se a suspensão do Paraguai**, que não havia aprovado o ingresso da Venezuela, para, em 12 de agosto de 2012, confirmar o país como membro efetivo do Mercosul, circunstância que, juridicamente, parece-nos bastante temerária, mas que já foi devidamente referendada por todos os envolvidos, com a aplicação da famosa "teoria do fato consumado", tão comum nesta parte do planeta.

Com a publicação da Decisão CMC n. 27/2012, a Venezuela assumiu a condição de Estado-Parte, com o pleno exercício de direitos.

Assim, ainda que "pela porta dos fundos", é fato que a Venezuela finalmente ingressou no Mercosul e, com a aprovação do Decreto Venezuelano n. 9.430, em 19 de março de 2013, o país ratificou internamente sua adesão, com o início da contagem dos prazos para a total conformação à estrutura normativa do Bloco, que deveria ocorrer, em **quatro fases**, até 2016.

Contudo, dada a verdadeira tragédia institucional que assola o país, a Venezuela não cumpriu os compromissos assumidos com o Mercosul no prazo e foi oficialmente comunicada, em **dezembro de 2016**, de sua **suspensão** do Bloco.

Além da suspensão como membro do Mercosul, a Venezuela também foi penalizada, em agosto de 2017, por "ruptura da ordem democrática", com base no compromisso firmado pelo Protocolo de Ushuaia. Trata-se de uma sanção grave, de natureza política, adotada por unanimidade pelos integrantes do Mercosul e que, na prática, significa que um eventual retorno às prerrogativas do bloco exigirá não apenas o cumprimento dos acordos, mas o restabelecimento da normalidade institucional e democrática no país.

---

[7] Assinado em 24 de julho de 1998 pelos integrantes do Mercosul, além de representantes de Chile e Bolívia.

5.2.3. Outros acordos no âmbito do Mercosul

Além dos tratados constitutivos, operacionais e de adesão do Mercosul, vários outros, de natureza comercial, foram celebrados com países ou organismos estrangeiros, inclusive fora do âmbito da ALADI, entre os quais podemos destacar:

▢ **Acordo de Complementação Econômica Mercosul-México (ACE-54)**[8]: na esteira do acordo firmado entre Brasil e México (ACE-53, que estabelece preferências tarifárias para centenas de itens)[9], o Mercosul celebrou, em 2002, um Acordo-Quadro com aquele país, que tem por objetivo estabelecer as bases para uma futura área de livre-comércio.

▢ **Acordo de Complementação Econômica Mercosul-México para o Setor Automotivo (ACE-55)**: trata-se de um acordo extremamente relevante sob o ponto de vista econômico, com vigência desde 1.º de janeiro de 2003, voltado exclusivamente para veículos e autopeças. O ACE-55 estabelece a redução recíproca de alíquotas de importação para vários itens do setor automotivo, conforme cronograma que pretende instalar o livre-comércio para **veículos leves** (tributados à alíquota zero, desde 2007), **veículos pesados**[10] e **autopeças** (que, nos termos dos protocolos adicionais firmados, já são comercializadas em regime de livre-comércio).

▢ **Acordo de Complementação Econômica Mercosul-Cuba (ACE-62)**: firmado em 21 de julho de 2006 e introduzido no ordenamento jurídico brasileiro por meio do Decreto n. 6.068, de 26 de março de 2007. O ACE-62 consolidou as preferências tarifárias negociadas em acordos anteriores entre os membros do Mercosul e Cuba[11].

▢ **Acordo de Preferências Tarifárias Fixas (APTF) Mercosul-Índia**: primeiro acordo celebrado entre o Mercosul e um país de outro continente, que tem por objetivo a futura constituição de uma área de livre-comércio. As preferências tarifárias serão aplicadas sobre todos os direitos aduaneiros vigentes em cada signatário no momento da importação e representam a primeira fase rumo à criação da área de livre-comércio. O Acordo de Comércio Preferencial entre o Mercosul e a República da Índia, celebrado em Nova Délhi, em 25 de janeiro de 2004, foi introduzido pelo Decreto Legislativo n. 221, de 3 de setembro de 2008, e promulgado pelo Decreto n. 6.864, de 29 de maio de 2009, entrando em vigor em 1.º de junho do mesmo ano. O Acordo compreende listas de produtos preferenciais, regras de origem, salvaguardas e mecanismo de solução de controvérsias, todos sob a forma de anexos.

▢ **Acordo de Livre-Comércio entre Mercosul-Israel**: celebrado em 18 de dezembro de 2007, alcança grande parte do fluxo comercial de mercadorias e tem previ-

---

[8] Introduzido no ordenamento jurídico brasileiro por meio do Decreto n. 4.598, de 18 de fevereiro de 2003, sob os auspícios da sistemática da ALADI.

[9] Internalizado no país pelo Decreto n. 4.383, de 23 de setembro de 2002.

[10] Em 6 de julho de 2020, Brasil e México assinaram o Sétimo Protocolo Adicional ao Apêndice II do ACE-55, o qual estabeleceu que o comércio bilateral de veículos pesados (caminhões e ônibus) será desgravado progressivamente até atingir o livre-comércio em 1.º de julho de 2023.

[11] Como, por exemplo, as condições negociadas pelo ACE-43, entre Brasil e Cuba.

são para a retirada das barreiras em quatro etapas, no prazo máximo de dez anos. Foi ratificado pelo Congresso Nacional por meio do Decreto Legislativo n. 936, de 17 de dezembro de 2009, e promulgado em 27 de abril de 2010 pelo Decreto n. 7.159.

Existem, por fim, dois outros tratados com países do **continente africano**.

O primeiro decorre de antigas negociações entre o **Mercosul** e a **África do Sul**, que se iniciaram em 2000 e evoluíram para incluir no acordo a *South African Customs Union (SACU)*, união aduaneira formada por África do Sul, Namíbia, Botsuana, Lesoto e Suazilândia. Depois de anos de tratativas, o **Acordo de Comércio Preferencial Mercosul--SACU** foi assinado pelos Estados-partes do Mercosul durante o encontro de cúpula realizado em dezembro de 2008, no Brasil, enquanto os membros da SACU o assinaram em 3 de abril de 2009, na capital do Lesoto[12].

O segundo acordo estabelece uma área de livre-comércio com o **Egito** e foi assinado em agosto de 2010, durante a XXXIX reunião de cúpula do Mercosul, realizada na Argentina[13].

Temos, também, um Acordo de Livre-Comércio Mercosul-Palestina, assinado em 2011, mas ainda sem vigência.

Quadro 5.1. Acordos comerciais em que o Brasil é parte

◼ ALADI (Preferência Tarifária Regional — PTR-04)	◼ Mercosul-Colômbia, Equador e Venezuela (ACE-59)
◼ ALADI (Acordo de Sementes — AG-02)	◼ Brasil/Guiana/São Cristóvão e Névis (AAP.A25TM-38)
◼ ALADI (Acordo de Bens Culturais — AR-07)	◼ Brasil-Suriname (ACE-41)
◼ Brasil-Uruguai (ACE-02)	◼ Brasil-Venezuela (ACE-69)
◼ Brasil-Argentina (ACE-14)	◼ Mercosul-Colômbia (ACE-72)
◼ Mercosul (ACE-18)	◼ Mercosul-Cuba (ACE-62)
◼ Mercosul-Chile (ACE-35)	◼ Mercosul-Índia
◼ Mercosul-Bolívia (ACE-36)	◼ Mercosul-Israel
◼ Brasil-México (ACE-53)	◼ Mercosul-SACU
◼ Mercosul-México (ACE-54)	◼ Mercosul-Egito
◼ Mercosul-México (Automotivo — ACE-55)	◼ Mercosul-Palestina (ainda sem vigência)
◼ Mercosul-Peru (ACE-58)	◼ Acordo de Ampliação Econômico-Comercial Brasil--Peru[14]

Fonte: MDIC.

Nota: Posição em setembro/2018.

---

[12] O acordo entrou em vigor em 2016 e alcança 1.026 linhas tarifárias ofertadas pela SACU e 1.076 itens pelo Mercosul, com margens de preferência de 10%, 25%, 50% e 100%.

[13] O Acordo Mercosul-Egito destina-se à abertura do mercado de bens, com aproximadamente 9.800 linhas do universo tarifário, que terão suas tarifas desgravadas até 1.º de setembro de 2026.

[14] O comércio recíproco entre Brasil e Peru já está desgravado, exceto por 12 códigos tarifários referentes a açúcar, álcool, pneus e artefatos de matérias têxteis, os quais estão excluídos do programa de liberalização comercial, conforme informação obtida em http://siscomex.gov.br/acordos-comerciais/mercosul-peru-ace-58/.

Figura 5.1. Membros do Mercosul

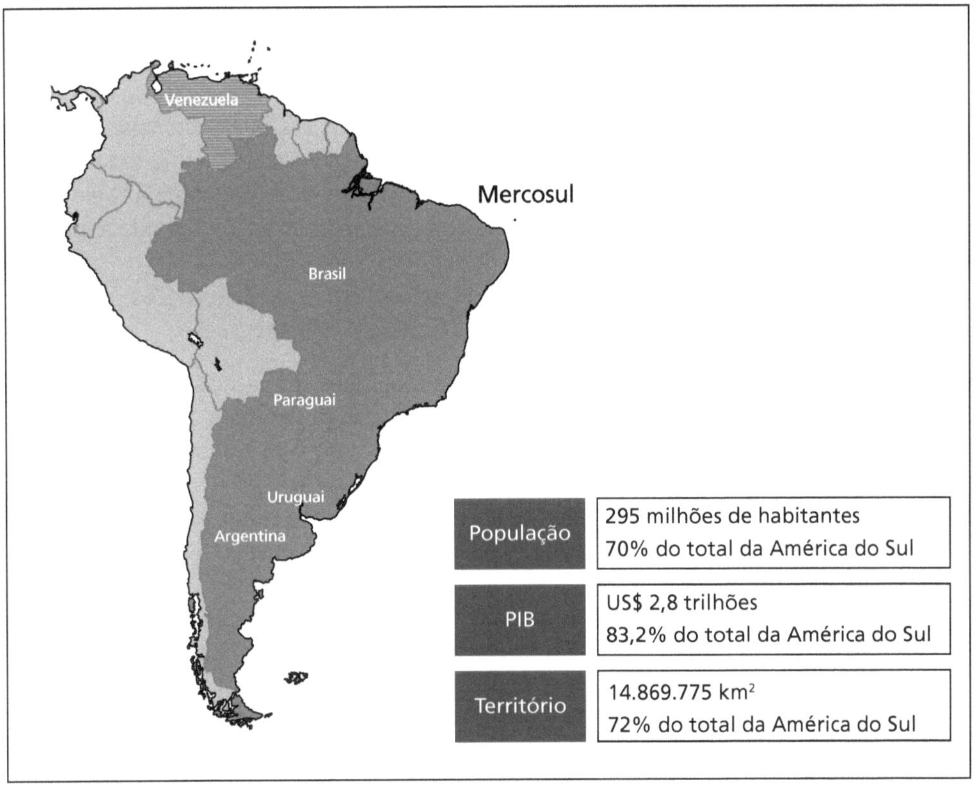
Venezuela
Mercosul
Brasil
Paraguai
Uruguai
Argentina
População
295 milhões de habitantes
70% do total da América do Sul
PIB
US$ 2,8 trilhões
83,2% do total da América do Sul
Território
14.869.775 km^2
72% do total da América do Sul

Fonte: Ministério das Relações Exteriores — Elaboração: Secom/PR.

5.3. OBJETIVOS DO MERCOSUL

Quando o **Tratado de Assunção** foi assinado, em 1991, havia uma grande expectativa quanto à criação e consolidação de um modelo robusto de integração econômica entre os quatro países fundadores, tanto assim que o acordo foi extremamente **arrojado**, para a época, ao prever a formação de um Mercado Comum na região, como denuncia o próprio nome do bloco (Mercosul — Mercado Comum do Sul).

Dada a natural dificuldade de implantação de um projeto tão ambicioso, vimos que o Tratado de Assunção estabeleceu um período de transição, durante o qual o Programa de Liberação Comercial atuaria no sentido de eliminar todos os gravames até a instituição do Mercado Comum, que deveria ocorrer até 31 de dezembro de 1994, com a extensão das exceções, para Paraguai e Uruguai, até o fim de 1995.

Fundado, portanto, nos princípios de **gradualidade**, **flexibilidade** e **equilíbrio**, além da reciprocidade de direitos e obrigações entre os Estados-partes, o Mercado Comum do Sul tinha como **objetivos**[15]:

---

[15] Conforme artigo 1.º do Tratado de Assunção.

a) a livre circulação de bens, serviços e fatores produtivos entre os países, por meio, entre outros, da eliminação dos direitos alfandegários e restrições não tarifárias à circulação de mercadorias e de qualquer outra medida de efeito equivalente;

b) o estabelecimento de uma tarifa externa comum e a adoção de uma política comercial comum em relação a terceiros Estados ou agrupamentos de Estados e a coordenação de posições em foros econômico-comerciais regionais e internacionais;

c) a coordenação de políticas macroeconômicas e setoriais entre os Estados-partes — de comércio exterior, agrícola, industrial, fiscal, monetária, cambial e de capitais, além de outras que se acordem –, a fim de assegurar condições adequadas de concorrência entre os Estados-partes;

d) o compromisso dos Estados-partes de harmonizar suas legislações, nas áreas pertinentes, para lograr o fortalecimento do processo de integração.

O Tratado de Assunção também estabelecia condições equitativas de comércio nas relações com terceiros países, estranhos ao Mercosul, assim como a consolidação das legislações nacionais sobre concorrência comercial, no intuito de combater práticas desleais, como dumping e subsídios.

Todos os gravames deveriam ser objeto de **harmonização tributária**, de modo que os produtos originários do território de um país recebessem o mesmo tratamento aplicável aos produtos nacionais, em relação a quaisquer tipos de tributos.

Por fim, os signatários se comprometiam a **preservar** os compromissos assumidos, inclusive aqueles firmados no âmbito da Associação Latino-Americana de Integração (ALADI), bem como se obrigariam a realizar consultas recíprocas quando de novas negociações de natureza comercial, com a extensão automática de qualquer vantagem, favor, franquia, imunidade ou privilégio que concedessem a produtos originários ou destinados a terceiros.

Visto em retrospectiva, o conjunto de objetivos originais do Mercosul encontra-se **muito distante** da realidade, que nem sequer logrou, como já mencionado, alcançar o *status* pleno de união aduaneira.

Se, por um lado, não se pode olvidar que houve avanços na circulação de mercadorias e na integração de procedimentos relativos ao trânsito de pessoas e extensão dos acordos com outros países, por outro também é verdade que ainda estamos muito distantes dos objetivos originais do Mercosul, que envolvem questões complexas, de natureza política, econômica e social.

Com efeito, o Tratado de Assunção representa, sobretudo, um **acordo político**, que busca estruturar a tomada de decisões de interesse comum e conferir ao bloco maior poder de negociação em relação a terceiros, tanto Estados soberanos como organismos internacionais.

Importante passo nessa direção foi a criação, em 1996, do **Mecanismo de Consulta e Concertação Política (MCCP)**, que tem como objetivo, entre outros, a definição de posições internacionais consensuais entre os membros do Mercosul, Chile e Bolívia. A adoção do **Protocolo de Ushuaia**, sobre o compromisso democrático do Mercosul e a **Declaração Política do Mercosul, da Bolívia e do Chile como Zona de Paz**, pela qual os países manifestam o espírito de consulta e cooperação acerca de assuntos como segurança e defesa da região, são outros exemplos do entendimento político propiciado pelo Mercosul.

5.4. A ESTRUTURA INSTITUCIONAL DO MERCOSUL

Nos termos do artigo 18 do Tratado de Assunção, que exigia a definição de uma **estrutura institucional** para o Mercosul, além de um sistema de solução de controvérsias antes da entrada em funcionamento do mercado comum, foi assinado, em 17 de dezembro de 1994, o **Protocolo de Ouro Preto**, introduzido no Brasil pelo Decreto Legislativo n. 188, de 16 de dezembro de 1995, e promulgado pelo Decreto n. 1.901, de 9 de maio de 1996.

O Protocolo de Ouro Preto configurou a estrutura institucional do Mercosul a partir de seis órgãos:

- Conselho do Mercado Comum (CMC).
- Grupo Mercado Comum (GMC).
- Comissão de Comércio do Mercosul (CCM).
- Comissão Parlamentar Conjunta (CPC).
- Foro Consultivo Econômico-Social (FCES).
- Secretaria Administrativa do Mercosul (SAM).

Os três primeiros possuem **capacidade decisória**, de natureza intergovernamental, no âmbito de suas competências. O Protocolo previu, ainda, a possibilidade de criação de órgãos auxiliares, eventualmente necessários à consecução dos objetivos do processo de integração.

Com o avanço institucional do Mercosul nos últimos anos, a Comissão Parlamentar Conjunta foi substituída pelo Parlamento do Mercosul, assim como foi criado, pelo Protocolo de Olivos, o Tribunal Permanente de Revisão.

5.4.1. O Conselho do Mercado Comum

O Conselho do Mercado Comum (CMC) é o **órgão superior** que representa a instância máxima de decisão no Mercosul e que trata da condução política do processo de integração e da tomada de decisões para assegurar o cumprimento dos objetivos estabelecidos pelo Tratado de Assunção.

O Conselho do Mercado Comum se manifesta por meio de **Decisões**, que possuem natureza jurídica vinculante para os signatários, e é integrado pelos Ministros de Relações Exteriores e pelos Ministros da Economia ou equivalentes dos Estados-partes.

A Presidência do Conselho do Mercado Comum será exercida de **forma rotativa**, em **ordem alfabética**, pelo período de **seis meses**.

As reuniões serão coordenadas pelos Ministérios das Relações Exteriores e poderão ser convidados outros Ministros ou autoridades de nível ministerial. Os encontros são realizados sempre que necessário e ao menos uma vez por semestre, com a participação dos presidentes de cada país, ocasião em que será transferida a titularidade do CMC.

Nos termos do artigo 8.º do Protocolo de Ouro Preto, são funções e atribuições do Conselho do Mercado Comum:

- velar pelo cumprimento do Tratado de Assunção, de seus protocolos e dos acordos firmados em seu âmbito;
- formular políticas e promover as ações necessárias à conformação do mercado comum;

■ exercer a titularidade da personalidade jurídica do Mercosul;

■ negociar e assinar acordos em nome do Mercosul com terceiros países, grupos de países e organizações internacionais. Estas funções podem ser delegadas ao Grupo Mercado Comum por mandato expresso, observadas certas condições;

■ manifestar-se sobre as propostas que lhe sejam elevadas pelo Grupo Mercado Comum;

■ criar reuniões de ministros e pronunciar-se sobre os acordos que lhe sejam remetidos;

■ criar os órgãos que estime pertinentes, assim como modificá-los ou extingui-los;

■ esclarecer, quando estime necessário, o conteúdo e o alcance de suas decisões;

■ designar o Diretor da Secretaria Administrativa do Mercosul;

■ adotar decisões em matéria financeira e orçamentária;

■ homologar o Regimento Interno do Grupo Mercado Comum.

O Conselho Mercado Comum promove reuniões ministeriais das mais diversas áreas, além de formar grupos estratégicos de alto nível para a análise dos temas mais relevantes do processo de integração.

5.4.2. O Grupo Mercado Comum

O **Grupo Mercado Comum (GMC)** é o órgão **executivo** do Mercosul, subordinado ao Conselho do Mercado Comum, que tem por função precípua adotar as providências necessárias ao cumprimento das decisões exaradas pelo Conselho e fixar os programas de trabalho para o avanço econômico do bloco.

O GMC é composto dos quatro membros titulares e quatro membros alternos por país, designados pelos respectivos governos, dentre os quais devem constar necessariamente representantes dos Ministérios das Relações Exteriores (responsáveis pela coordenação dos trabalhos), dos Ministérios da Economia ou equivalentes e dos Bancos Centrais.

Como instrumento de decisão, o GMC adota **Resoluções**, de caráter obrigatório, e pode se reunir em caráter ordinário ou extraordinário, quantas vezes for necessário, nos termos do seu Regimento Interno.

O Grupo Mercado Comum possui as seguintes atribuições[16]:

■ velar, nos limites de suas competências, pelo cumprimento do Tratado de Assunção, de seus protocolos e dos acordos firmados em seu âmbito;

■ propor projetos de Decisão ao Conselho do Mercado Comum;

■ tomar as medidas necessárias ao cumprimento das decisões adotadas pelo Conselho do Mercado Comum;

■ fixar programas de trabalho que assegurem avanços para o estabelecimento do mercado comum;

■ criar, modificar ou extinguir órgãos, tais como subgrupos de trabalho e reuniões especializadas, para o cumprimento de seus objetivos;

■ manifestar-se sobre as propostas ou recomendações que lhe forem submetidas pelos demais órgãos do Mercosul no âmbito de suas competências;

---

[16] Artigo 14 do Protocolo de Ouro Preto.

▣ negociar, com a participação de representantes de todos os Estados-partes, por delegação expressa do Conselho do Mercado Comum e dentro dos limites estabelecidos em mandatos específicos concedidos para esse fim, acordos em nome do Mercosul com terceiros países, grupos de países e organismos internacionais. O Grupo Mercado Comum, quando dispuser de mandato para tal fim, procederá à assinatura dos mencionados acordos. O Grupo Mercado Comum, quando autorizado pelo Conselho do Mercado Comum, poderá delegar os referidos poderes à Comissão de Comércio do Mercosul;

▣ aprovar o orçamento e a prestação de contas anual apresentada pela Secretaria Administrativa do Mercosul;

▣ adotar resoluções em matéria financeira e orçamentária, com base nas orientações emanadas do Conselho do Mercado Comum;

▣ submeter ao Conselho do Mercado Comum seu Regimento Interno;

▣ organizar as reuniões do Conselho do Mercado Comum e preparar os relatórios e estudos que este lhe solicitar;

▣ eleger o Diretor da Secretaria Administrativa do Mercosul;

▣ supervisionar as atividades da Secretaria Administrativa do Mercosul;

▣ homologar os Regimentos Internos da Comissão de Comércio e do Foro Consultivo Econômico-Social.

O Grupo Mercado Comum organiza suas atividades por meio de **Subgrupos de Trabalho (SGT)** auxiliares (existem 15 deles), que promovem reuniões especializadas acerca de diversos temas relevantes para o processo de integração. As conclusões mais importantes podem ser levadas, como recomendações, ao Conselho do Mercado Comum[17].

5.4.3. A Comissão de Comércio do Mercosul (CCM)

É o órgão encarregado de assistir o Grupo Mercado Comum, responsável pela aplicação dos instrumentos de política comercial acordados pelos signatários do Mercosul para o funcionamento da união aduaneira, assim como deve acompanhar e revisar os temas e matérias relacionados às políticas comerciais, ao comércio intrabloco e às relações com terceiros países.

A Comissão de Comércio do Mercosul é formada por quatro membros por país, sob coordenação dos Ministérios de Relações Exteriores. Manifesta-se por meio de **diretivas** ou **propostas**, sendo as primeiras de natureza obrigatória, e deve se reunir pelo

---

[17] Guido Soares ressalta o papel do CMC e do GMC na estrutura do Mercosul: "Trata-se de dois órgãos colegiados que, pela sua composição, já revelam instituições típicas de cooperação interestatal, sem, no entanto, constituírem órgãos administrativos e legislativos supranacionais, que possam vir a ter uma atuação supranacional, independentemente das diplomacias oficiais dos Estados-partes. São órgãos diplomáticos das relações externas dos Estados-partes, sem o caráter de serem compostos por pessoal anacional e a serviço do Mercosul". Conforme: As instituições do Mercosul e a solução de litígios no seu âmbito: sugestões de *lege ferenda*. in: Luiz Olavo Baptista; Araminta de Azevedo Mercadante; Paulo Borba Casella (Org.). *Mercosul*: das negociações à implantação. São Paulo: LTr, 1994, p. 264.

menos uma vez por mês ou sempre que solicitado pelo Grupo Mercado Comum ou qualquer dos Estados-partes.

No intuito de sistematizar o intercâmbio de informações e analisar os instrumentos de política comercial comum, a Comissão de Comércio do Mercosul instituiu o mecanismo de **consultas**, que são questionamentos acerca de procedimentos administrativos ou comerciais que os países podem formular reciprocamente.

Nos termos do artigo 19 do Protocolo de Ouro Preto, são atribuições da Comissão de Comércio do Mercosul:

- velar pela aplicação dos instrumentos comuns de política comercial intraMercosul e com terceiros países, organismos internacionais e acordos de comércio;
- considerar e pronunciar-se sobre as solicitações apresentadas pelos Estados--partes com respeito à aplicação e ao cumprimento da tarifa externa comum e dos demais instrumentos de política comercial comum;
- acompanhar a aplicação dos instrumentos de política comercial comum nos Estados-partes;
- analisar a evolução dos instrumentos de política comercial comum para o funcionamento da união aduaneira e formular propostas a respeito do Grupo Mercado Comum;
- tomar as decisões vinculadas à administração e à aplicação da tarifa externa comum e dos instrumentos de política comercial comum acordados pelos Estados-partes;
- informar ao Grupo Mercado Comum sobre a evolução e a aplicação dos instrumentos de política comercial comum, sobre o trâmite das solicitações recebidas e sobre as decisões adotadas a respeito delas;
- propor ao Grupo Mercado Comum novas normas ou modificações às normas existentes referentes à matéria comercial e aduaneira do Mercosul;
- propor a revisão das alíquotas tarifárias de itens específicos da tarifa externa comum, inclusive para contemplar casos referentes a novas atividades produtivas no âmbito do Mercosul;
- estabelecer os comitês técnicos necessários ao adequado cumprimento de suas funções, bem como dirigir e supervisionar suas atividades;
- desempenhar as tarefas vinculadas à política comercial comum que lhe solicite o Grupo Mercado Comum;
- adotar o Regimento Interno, que se submeterá ao Grupo Mercado Comum para sua homologação.

A Comissão de Comércio do Mercosul presta assistência técnica ao Grupo Mercado Comum em todas as matérias relativas às políticas comerciais intrabloco e com terceiros, especialmente voltadas à consolidação dos institutos necessários ao pleno funcionamento da união aduaneira.

Existem oito Comitês Técnicos subordinados à Comissão de Comércio do Mercosul:

- Tarifas, Nomenclatura e Classificação de Mercadorias (CT n. 1).
- Assuntos Aduaneiros (CT n. 2).
- Normas e Disciplinas Comerciais (CT n. 3).

- Políticas Públicas que Distorcem a Competitividade (CT n. 4).
- Defesa da Concorrência (CT n. 5).
- Estatísticas de Comércio Exterior do Mercosul (CT n. 6).
- Defesa do Consumidor (CT n. 7).
- Comitê de Defesa Comercial e Salvaguardas (CDCS).

5.4.4. O Parlamento do Mercosul

O **Parlamento do Mercosul** foi constituído em dezembro de 2006, em substituição à **Comissão Parlamentar Conjunta**[18], e atualmente representa o interesse dos cidadãos dos Estados-partes do Mercosul.

Como destaca André Lupi[19], "No que tange à Comissão Parlamentar Conjunta, esta em nada se aproxima do modelo do Parlamento Europeu, pois não se trata de representantes da comunidade, mas de representantes dos órgãos legislativos dos Estados que se reúnem para desenvolver algumas atividades com vista a incrementar o processo de integração na sua área de competência. É, portanto, um instrumento criado com a expectativa de envolver os poderes legislativos dos Estados-membros com o processo de integração, o qual ficaria completamente entregue aos membros do Poder Executivo".

A necessidade de se harmonizar a legislação do Mercosul demandou a criação de um órgão legislativo permanente, capaz de atender à demanda pela produção de regras comuns ao bloco. Por conta disso, foi assinada, em 2004, a Decisão CMC n. 49/2004, que outorgou poderes para que a Comissão Parlamentar Conjunta redigisse o **Protocolo de Constituição do Parlamento do Mercosul**.

A **Sessão de Instalação** ocorreu na sede oficial do Parlamento, na cidade de Montevidéu, Uruguai, em 7 de maio de 2007, fato que inaugurou o processo de constituição de um parlamento definitivo no Mercosul.

Durante a primeira fase, que se encerrou em dezembro de 2010, cada um dos países indicou 18 representantes, oriundos de seus parlamentos nacionais. A segunda fase de transição compreende o período entre 1.º de janeiro de 2011 e 31 de dezembro de 2014, quando o Parlamento passará a funcionar de forma plena e permanente.

Atualmente, o Brasil está representado por 37 parlamentares, a Argentina por 41, a Venezuela, o Uruguai e o Paraguai, por 18 cada. A composição final das bancadas está condicionada à realização de eleições diretas, observada a regulamentação em cada Estado-Parte.

O Parlamento do Mercosul realiza **sessões mensais** voltadas ao fortalecimento do processo de integração e produção normativa conjunta, além de contar com o apoio de dez Comissões Permanentes:

- Assuntos Jurídicos e Institucionais.
- Assuntos Econômicos, Financeiros, Fiscais e Monetários.
- Assuntos Internacionais, Inter-regionais e de Planejamento Estratégico.
- Educação, Cultura, Ciência, Tecnologia e Esportes.

---

[18] Originalmente prevista nos artigos 22 a 27 do Protocolo de Ouro Preto e, durante 12 anos, foi composta de Representações Parlamentares dos Membros do Mercosul.

[19] André Lupi, *Soberania, OMC e Mercosul*, p. 222.

- ▣ Trabalho, Políticas de Emprego, Segurança Social e Economia Social.
- ▣ Desenvolvimento Regional Sustentável; Ordenamento Territorial, Habitação.
- ▣ Saúde, Meio Ambiente e Turismo.
- ▣ Cidadania e Direitos Humanos; Assuntos Interiores, Segurança e Defesa.
- ▣ Infraestrutura, Transportes, Recursos Energéticos, Agricultura, Pecuária e Pesca.
- ▣ Orçamento e Assuntos Internos.

As reuniões do Parlamento e de suas Comissões são públicas, salvo se declaradas de natureza reservada, e todos os parlamentares têm direito a voz e voto. Os Estados associados do Mercosul poderão participar das sessões públicas, por meio de representantes de seus parlamentos nacionais, com direito a voz, mas sem direito a voto.

O Parlamento possui uma **Mesa Diretora**, composta de Presidente e Vice-presidente, assistidos por um Secretário Parlamentar e um Secretário administrativo, todos designados para um mandato de **dois anos**, com possibilidade de reeleição.

Com o encerramento da fase de transição, em 2014, os parlamentares serão eleitos, juntamente dos respectivos suplentes, para um mandato de **quatro anos**, por meio de sufrágio direto, universal e secreto, com possibilidade de reeleição. O cargo de parlamentar será **incompatível** com o desempenho de mandato ou cargo legislativo ou executivo nos Estados-partes, assim como com o desempenho de cargos nos demais órgãos do Mercosul.

Na qualidade de **representação dos cidadãos** do Mercosul, o Parlamento possui os seguintes objetivos[20]:

- ▣ representar os povos do Mercosul, respeitando sua pluralidade ideológica e política;
- ▣ assumir a promoção e defesa permanente da democracia, da liberdade e da paz;
- ▣ promover o desenvolvimento sustentável da região com justiça social e respeito à diversidade cultural de suas populações;
- ▣ garantir a participação dos atores da sociedade civil no processo de integração;
- ▣ estimular a formação de uma consciência coletiva de valores cidadãos e comunitários para a integração;
- ▣ contribuir para consolidar a integração latino-americana mediante o aprofundamento e ampliação do Mercosul;
- ▣ promover a solidariedade e a cooperação regional e internacional.

Os princípios que norteiam as atividades do Parlamento refletem, basicamente, os **direitos e garantias fundamentais** insculpidos nas constituições dos membros do Mercosul, como a tolerância e o pluralismo político, o respeito aos direitos humanos, o repúdio a todas as formas de discriminação, a proteção ao patrimônio cultural da região, a promoção do desenvolvimento econômico sustentável, a justiça e a equidade.

O artigo 4.º do **Protocolo Constitutivo**[21] traz uma extensa lista de competências do Parlamento do Mercosul, que reproduzimos a seguir:

---

[20] Conforme artigo 2 do Protocolo Constitutivo do Parlamento do Mercosul, aprovado pela Decisão n. 23/2005.

[21] Introduzido no Brasil pelo Decreto Legislativo n. 408, de 12 de setembro de 2006, e promulgado pelo Decreto n. 6.105, de 30 de abril de 2007.

◼ velar, no âmbito de sua competência, pela observância das normas do Mercosul;

◼ velar pela preservação do regime democrático nos Estados-partes, de acordo com as normas do Mercosul, e em particular com o Protocolo de Ushuaia sobre Compromisso Democrático no Mercosul, na República da Bolívia e na República do Chile;

◼ elaborar e publicar anualmente um relatório sobre a situação dos direitos humanos nos Estados-partes, levando em conta os princípios e as normas do Mercosul;

◼ efetuar pedidos de informações ou opiniões por escrito aos órgãos decisórios e consultivos do Mercosul estabelecidos no Protocolo de Ouro Preto sobre questões vinculadas ao desenvolvimento do processo de integração. Os pedidos de informações deverão ser respondidos no prazo máximo de 180 dias;

◼ convidar, por intermédio da presidência *Pro Tempore*[22] do CMC, representantes dos órgãos do Mercosul, para informar e/ou avaliar o desenvolvimento do processo de integração, intercambiar opiniões e tratar aspectos relacionados com as atividades em curso ou assuntos em consideração;

◼ receber, ao final de cada semestre, a Presidência *Pro Tempore* do Mercosul, para que apresente um relatório sobre as atividades realizadas durante dito período;

◼ receber, ao início de cada semestre, a Presidência *Pro Tempore* do Mercosul, para que apresente o programa de trabalho acordado, com os objetivos e prioridades previstos para o semestre;

◼ realizar reuniões semestrais com o Foro Consultivo Econômico-Social a fim de intercambiar informações e opiniões sobre o desenvolvimento do Mercosul;

◼ organizar reuniões públicas, sobre questões vinculadas ao desenvolvimento do processo de integração, com entidades da sociedade civil e os setores produtivos;

◼ receber, examinar e, se for o caso, encaminhar aos órgãos decisórios petições de qualquer particular, sejam pessoas físicas ou jurídicas, dos Estados-partes, relacionadas com atos ou omissões dos órgãos do Mercosul;

◼ emitir declarações, recomendações e relatórios sobre questões vinculadas ao desenvolvimento do processo de integração, por iniciativa própria ou por solicitação de outros órgãos do Mercosul;

◼ propor projetos de normas do Mercosul para consideração pelo Conselho do Mercado Comum, que deverá informar semestralmente sobre seu tratamento;

◼ elaborar estudos e anteprojetos de normas nacionais, orientados à harmonização das legislações nacionais dos Estados-partes, os quais serão comunicados aos Parlamentos nacionais com vistas a sua eventual consideração;

◼ desenvolver ações e trabalhos conjuntos com os Parlamentos nacionais, a fim de assegurar o cumprimento dos objetivos do Mercosul, em particular aqueles relacionados com a atividade legislativa;

---

[22] Trata-se da Presidência do Conselho do Mercado Comum (CMC), exercida, como vimos, em ordem alfabética e de forma rotativa. Cabe ao país que ocupa a referida Presidência *Pro Tempore* determinar, em coordenação com as demais delegações, a agenda das reuniões do Grupo Mercado Comum, do Conselho Mercado Comum, e organizar as reuniões dos órgãos do Mercosul, além de exercer a função de porta-voz nas reuniões ou nos foros internacionais de que participe o bloco.

■ manter relações institucionais com os Parlamentos de terceiros Estados e outras instituições legislativas;

■ celebrar, no âmbito de suas atribuições, com o assessoramento do órgão competente do Mercosul, convênios de cooperação ou de assistência técnica com organismos públicos e privados, de caráter nacional ou internacional;

■ fomentar o desenvolvimento de instrumentos de democracia representativa e participativa no Mercosul;

■ receber dentro do primeiro semestre de cada ano um relatório sobre a execução do orçamento da Secretaria do Mercosul do ano anterior;

■ elaborar e aprovar seu orçamento e informar sobre sua execução ao Conselho do Mercado Comum no primeiro semestre do ano posterior ao exercício;

■ aprovar e modificar seu regimento interno;

■ realizar todas as ações pertinentes ao exercício de suas competências.

O sistema de decisão do Parlamento funciona mediante aprovação por maioria simples, absoluta, especial ou qualificada. Nos moldes do que ocorre no Brasil, a **maioria simples** requer votos de mais da metade dos parlamentares presentes, enquanto a **maioria absoluta** exige votos de mais da metade de todos os membros. As decisões por **maioria especial** requerem o voto de 2/3 do total dos membros do Parlamento, com representatividade de todos os Estados-partes, enquanto a **maioria qualificada** exige o voto afirmativo da maioria absoluta de integrantes da representação parlamentar de cada Estado-parte[23].

5.4.5. Foro Consultivo Econômico-Social (FCES)

Trata-se do órgão de representação dos setores econômicos e sociais, sem poder de decisão, integrado por igual número de representantes de cada Estado-parte.

Foi criado para que a **sociedade civil**, por meio de entidades representativas das mais variadas posições econômicas, como federações de indústria, sindicatos de trabalhadores e entidades do terceiro setor, entre outras, pudessem apreciar questões de interesse social durante o processo de integração. O Foro Consultivo Econômico-Social tem função meramente consultiva e se manifesta por meio de recomendações ao Grupo Mercado Comum.

5.4.6. Secretaria do Mercosul

É o órgão de apoio **operacional**, responsável pela prestação de serviços técnicos aos demais órgãos do Mercosul, com sede permanente em Montevidéu.

O titular da Secretaria ocupa o cargo de **Diretor**, que será eleito pelo Grupo Mercado Comum, após consulta aos Estados-partes, e designado pelo Conselho Mercado Comum para um mandato de dois anos, vedada a reeleição.

Nos termos do artigo 32 do Protocolo de Ouro Preto, a Secretaria do Mercosul deverá desempenhar as seguintes atividades:

■ servir como **arquivo oficial** da documentação do Mercosul;

■ realizar a publicação e a difusão das decisões adotadas no âmbito do Mercosul. Nesse contexto lhe corresponderá:

---

[23] Nos termos do artigo 15 do Protocolo Constitutivo do Parlamento do Mercosul.

i) realizar, em coordenação com os Estados-partes, as traduções autênticas para os idiomas **espanhol** e **português** de todas as decisões adotadas pelos órgãos da estrutura institucional do Mercosul;

ii) editar o **Boletim Oficial** do Mercosul.

▪ organizar os aspectos logísticos das reuniões do Conselho do Mercado Comum, do Grupo Mercado Comum e da Comissão de Comércio do Mercosul e, dentro de suas possibilidades, dos demais órgãos do Mercosul, quando elas forem realizadas em sua sede permanente. No que se refere às reuniões realizadas fora de sua sede permanente, a Secretaria Administrativa do Mercosul fornecerá apoio ao Estado que sediar o evento;

▪ informar regularmente os Estados-partes sobre as medidas que cada país implementou para incorporar em seu ordenamento jurídico as normas emanadas dos órgãos do Mercosul;

▪ registrar as listas nacionais dos árbitros e especialistas, bem como desempenhar outras tarefas determinadas pelo Protocolo de Brasília[24];

▪ desempenhar as tarefas que lhe sejam solicitadas pelo Conselho do Mercado Comum, pelo Grupo Mercado Comum e pela Comissão do Comércio do Mercosul;

▪ elaborar seu projeto de orçamento e, uma vez aprovado pelo Grupo Mercado Comum, praticar todos os atos necessários à sua correta execução;

▪ apresentar anualmente ao Grupo Mercado Comum a sua prestação de contas, bem como relatório sobre suas atividades.

A partir de 2007, com a aprovação da Decisão CMC n. 7, as competências da Secretaria do Mercosul foram ampliadas, inclusive com o aumento no quadro de funcionários e o reforço do **perfil técnico** do órgão, que redundou na criação das seguintes unidades:

a) Unidade Técnica de Estatísticas de Comércio Exterior: encarregada de desenhar, construir e manter atualizado o banco de dados com as estatísticas dos membros, no intuito de proporcionar estudos e análises sobre o comportamento da atividade comercial no Mercosul.

b) Unidade Técnica FOCEM: o Fundo de Convergência Estrutural do Mercosul foi criado com as seguintes funções: financiar programas para promover a convergência estrutural, desenvolver a competitividade, promover a coesão social, especialmente das economias menores e das regiões menos desenvolvidas, e apoiar o funcionamento da estrutura institucional e o fortalecimento do processo de integração. A Unidade Técnica Focem, no âmbito da Secretaria do Mercosul, está encarregada da avaliação e do acompanhamento da execução dos projetos financiados com recursos do Fundo.

c) Unidade Executora do Programa de Ação Mercosul Livre de Febre Aftosa (PAMA): programa criado para auxiliar o desenvolvimento da pecuária regional, no intuito de permitir sua inserção no mercado internacional, com o fortalecimento das estruturas sanitárias.

---

[24] Substituído pelo Protocolo de Olivos para a Solução de Controvérsias.

A estrutura institucional do Mercosul ainda compreende os seguintes órgãos:

- Comissão de Representantes Permanentes do Mercosul (CRPM) — órgão permanente do Conselho Mercado Comum, com sede em Montevidéu, e integrado por representantes de cada Estado-parte, cuja função principal é propor iniciativas acerca do processo de integração, das negociações externas do bloco e da conformação definitiva do mercado comum.
- Tribunal Permanente de Revisão do Mercosul (TPRM) — órgão máximo do Sistema de Solução de Controvérsias instaurado pelo Protocolo de Olivos.
- Tribunal Administrativo-Trabalhista do Mercosul (TAL).
- Centro Mercosul de Promoção do Estado de Direito (CMPED).
- Comissão de Coordenação de Ministros de Assuntos Sociais do Mercosul (CCMASM).
- Foro de Consulta e Concertação Política (FCCP).
- Instituto Mercosul de Formação (IMF).
- Observatório de Democracia do Mercosul (ODM).
- Observatório do Mercado de Trabalho do Mercosul (OMTM).
- Foro Consultivo de Municípios, Estados Federados, Províncias e Departamentos do Mercosul (FCCR).
- Comissão Sociolaboral do Mercosul (CSLM).

O aperfeiçoamento institucional do Mercosul desempenha papel importantíssimo no fortalecimento da estrutura jurídica e organizacional do bloco, que, ao longo dos anos, sempre foi objeto de críticas, principalmente em razão dos baixos níveis de eficiência da estrutura.

Conquanto o avanço no Parlamento do Mercosul represente a dimensão social e democrática das relações entre o bloco e seus cidadãos, uma das etapas fundamentais do processo de consolidação institucional se deu com a aprovação do **Protocolo de Olivos para a Solução de Controvérsias**, por meio do qual o Mercosul buscou provar a si mesmo (e demonstrar ao mundo) a capacidade de garantir a correta interpretação e aplicação das normas jurídicas de obrigatoriedade comum.

No mesmo sentido, a participação do Conselho Mercado Comum no processo de avanço institucional ensejou a Decisão CMC n. 56/2007, que, entre outras coisas, estabelece orientações para a reforma institucional do Mercosul, com base nas seguintes diretrizes:

- reestruturação dos órgãos decisórios do Mercosul e de seus foros subordinados;
- aperfeiçoamento do sistema de solução de controvérsias do Mercosul e o fortalecimento de seus órgãos institucionais;
- aperfeiçoamento do sistema de incorporação, vigência e aplicação das normas jurídicas;
- estabelecimento de um orçamento baseado nas necessidades apresentadas pela Secretaria do Mercosul e pela Secretaria do Tribunal Permanente de Revisão.

Mais recentemente, o Grupo Mercado Comum aprovou, mediante a Resolução GMC n. 06/2010, a criação da **Reunião de Alto Nível para a Análise Institucional do Mercosul** (RANAIM), com o objetivo de avaliar os aspectos institucionais mais relevantes do processo de integração e formular propostas tendentes para o fortalecimento de suas instituições.

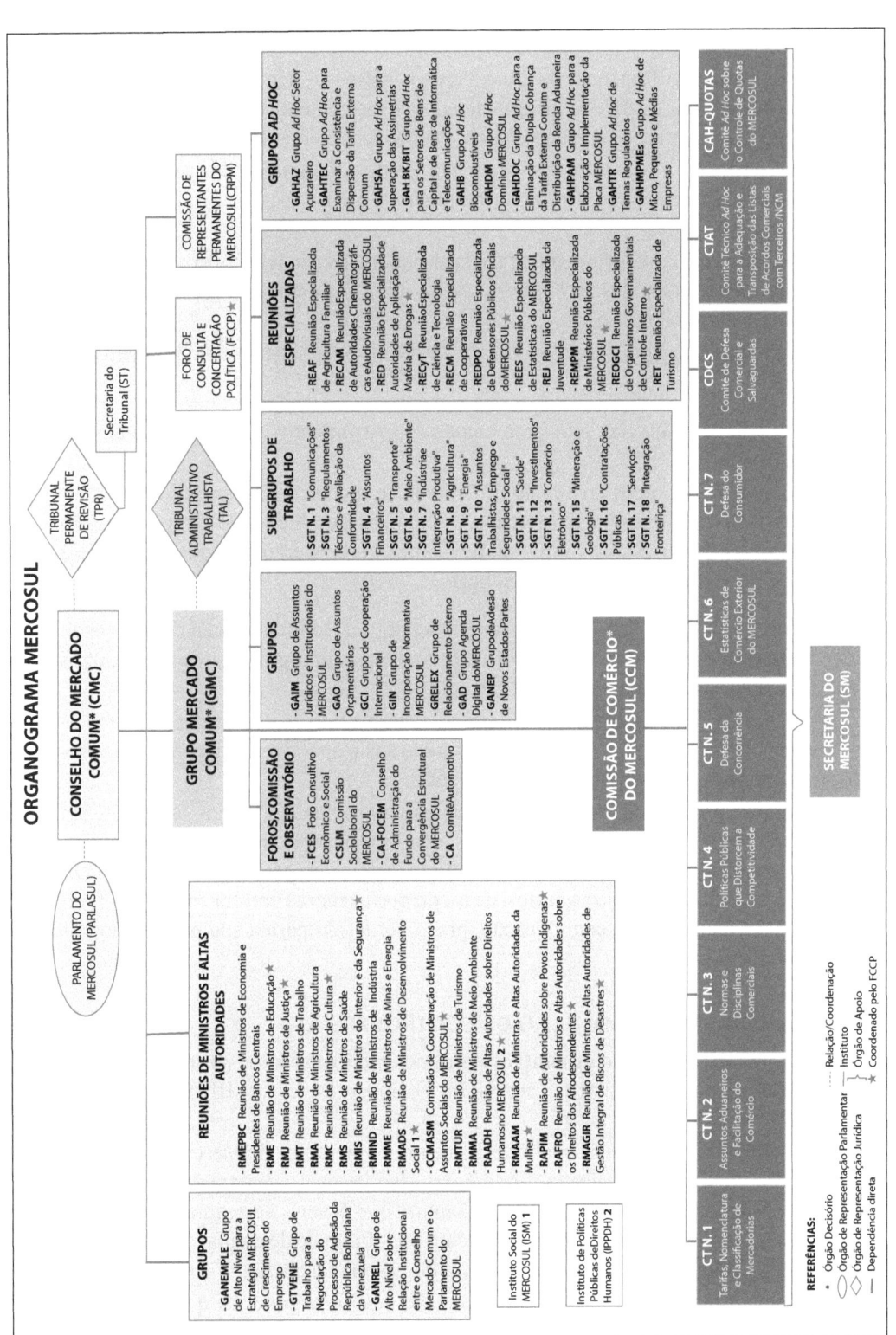

Fonte: Disponível em: <https://www.mercosur.int/pt-br/documento/organograma-mercosul-completo-oficial/>.

5.5. PERSONALIDADE E FONTES JURÍDICAS DO MERCOSUL

Com a vigência do Protocolo de Ouro Preto, o Mercosul adquiriu, definitivamente, **personalidade jurídica de direito internacional**, que lhe confere poderes para negociar e celebrar acordos com estados soberanos, blocos econômicos e organismos internacionais.

Passou, portanto, a representar titularidade jurídica distinta da dos seus integrantes, apta a constituir patrimônio próprio, adquirir ou alienar bens e direitos, além de celebrar acordos de sede.

Na esteira dos princípios fundamentais do direito internacional público, estabeleceu-se que as **decisões**, no âmbito do Mercosul, serão adotadas mediante **consenso** e com a participação de todos os membros.

Nos termos do artigo 41 do Protocolo de Ouro Preto, as **fontes jurídicas** do Mercosul são:

a) o Tratado de Assunção, seus protocolos e os instrumentos adicionais ou complementares;

b) os acordos celebrados no âmbito do Tratado de Assunção e seus protocolos;

c) as decisões do Conselho do Mercado Comum, as Resoluções do Grupo Mercado Comum e as Diretrizes da Comissão de Comércio do Mercosul, adotadas desde a entrada em vigor do Tratado de Assunção.

Todas as normas jurídicas deverão ser publicadas no Boletim Oficial do Mercosul, a cargo da Secretaria, nos dois idiomas oficiais do bloco, **português** e **espanhol**, ambos autênticos e dotados de igual validade e eficácia.

No intuito de conferir **obrigatoriedade** às fontes jurídicas do Mercosul, os membros deverão, sempre que necessário, incorporá-las aos respectivos ordenamentos, conforme os mecanismos constitucionais de cada país.

Para que se promova a **vigência simultânea** das normas em todos os países, em atendimento ao princípio da reciprocidade, os membros deverão informar as incorporações ao ordenamento nacional à Secretaria Administrativa do Mercosul, que ficará encarregada de comunicar as outras partes, de modo que as regras entrem em vigor simultaneamente, 30 dias após tal comunicação, prazo conferido para a sua publicação nos respectivos veículos oficiais.

5.6. O MECANISMO DE SOLUÇÃO DE CONTROVÉRSIAS

As normas para a **solução de controvérsias** no âmbito do Mercosul sofreram diversas alterações, a partir do sistema provisório fixado pelo Anexo III do Tratado de Assunção.

Originalmente, as eventuais controvérsias entre os membros do Mercosul deveriam ser resolvidas mediante negociação direta e, no caso de não lograrem êxito, estariam sujeitas à consideração do Grupo Mercado Comum, que deveria apresentar recomendações às partes litigantes no prazo de 60 dias, com possibilidade de análise superveniente pelo Conselho Mercado Comum, que decidiria em última instância.

O sistema provisório do Tratado de Assunção deveria vigorar até a instituição do Mercado Comum, ou seja, 31 de dezembro de 1994.

Em 17 de dezembro de 1991, foi firmado o **Protocolo de Brasília**, cuja vigência representou a segunda etapa do sistema de solução de controvérsias no Mercosul. O âmbito de aplicação dos procedimentos compreendia quaisquer controvérsias que surgissem entre os Estados-partes sobre a interpretação, a aplicação ou o descumprimento das disposições contidas no Tratado de Assunção e de seus acordos, bem como as decisões do Conselho do Mercado Comum e as resoluções do Grupo Mercado Comum.

O modelo previa a adoção de até três fases sequenciais: negociações diretas, intervenção do Grupo Mercado Comum e procedimento arbitral.

As **negociações diretas** privilegiavam o entendimento consensual entre as partes, que deveria ocorrer em até 15 dias a partir do questionamento. No caso de impasse ou solução apenas parcial da controvérsia, qualquer dos envolvidos poderia submetê-la ao **Grupo Mercado Comum**, que deveria avaliar a situação e formular recomendações, em até 30 dias, com ou sem o auxílio de especialistas.

Se ainda assim persistisse a controvérsia, poderia ser instaurado, mediante requisição do interessado à Secretaria do Mercosul, o **procedimento arbitral**, com trâmite perante um **tribunal *ad hoc*** composto de três árbitros: dois escolhidos pelas partes e o terceiro[25], que não poderia ter nacionalidade dos envolvidos na controvérsia, designado de comum acordo (ou, se não houvesse entendimento, mediante sorteio) e investido na qualidade de **Presidente**.

O tribunal *ad hoc* deveria ser instalado na sede de um dos países do Mercosul e poderia adotar procedimentos próprios, que privilegiassem a resolução célere do caso, obviamente respeitados os direitos de manifestação e produção de provas dos interessados.

Em casos especiais, devidamente justificados, seria possível a adoção de **medidas provisórias**, que deveriam ser imediatamente acatadas pelas partes.

As decisões arbitrais deveriam se basear na normativa do Mercosul e nos princípios e disposições do direito internacional público, sem prejuízo de resolução da contenda pelo uso da cláusula *ex aequo et bono*[26], quando possível.

O prazo para pronunciamento do Tribunal era de 60 dias, prorrogáveis por mais 30 dias, e o laudo final deveria ser adotado por maioria, com fundamentação e assinatura do presidente e demais árbitros.

Nos termos da sistemática do Protocolo de Brasília, os laudos eram inapeláveis e de cumprimento obrigatório, dentro do prazo de 15 dias ou daquele fixado pelo Tribunal Arbitral. Qualquer das partes poderia solicitar esclarecimentos, no prazo de 15 dias, idêntico ao concedido ao Tribunal para manifestação.

Se as determinações do laudo não fossem cumpridas em até 30 dias, os Estados prejudicados poderiam adotar **medidas compensatórias**, de modo a anular o dano sofrido.

As custas processuais seriam suportadas pela parte interessada, em razão do árbitro por ela designado, sem prejuízo da remuneração devida ao Presidente do Tribunal, que deveria ser dividida igualmente pelos países envolvidos na controvérsia.

---

[25] Os árbitros seriam escolhidos a partir de uma lista depositada na Secretaria do Mercosul, integrada por dez especialistas de cada membro, no total de 40 representantes.

[26] Expressão latina que fundamenta decisões "conforme o correto e o bom", ou seja, mediante a aplicação do princípio da equidade.

Importa destacar que os procedimentos do Protocolo de Brasília também se aplicavam a **reclamações efetuadas por particulares**, pessoas físicas ou jurídicas, em razão de sanção ou aplicação de medidas restritivas ou discriminatórias impostas pelos Estados-partes, bem como nas hipóteses de concorrência desleal ou violação do Tratado de Assunção e demais normas do Mercosul.

Em complemento às disposições do Protocolo de Brasília, o Protocolo de Ouro Preto previu a possibilidade de que os Estados-partes ou mesmo particulares formulassem reclamações diretamente à **Comissão de Comércio do Mercosul**, em relação às matérias de sua competência.

5.6.1. O Protocolo de Olivos

O atual mecanismo de solução de controvérsias do Mercosul está previsto no **Protocolo de Olivos**[27], assinado em 18 de fevereiro de 2002, que substituiu a sistemática introduzida pelo Protocolo de Brasília.

Em relação ao âmbito de aplicação dos procedimentos para a solução de controvérsias, o Protocolo de Olivos incluiu qualquer pendência sobre a **interpretação, aplicação** ou **descumprimento** do Tratado de Assunção, seus protocolos e demais normas do Mercosul (Decisões do Conselho do Mercado Comum, Resoluções do Grupo Mercado Comum e Diretrizes da Comissão de Comércio).

De forma inovadora, a atual sistemática permite que a questão possa ser apreciada pela **Organização Mundial do Comércio** ou por **outros sistemas preferenciais** de que sejam parte individualmente os membros do Mercosul ou, ainda, de comum acordo entre os litigantes, com a óbvia ressalva de que, uma vez iniciado o procedimento de solução de controvérsias, fica vedada a adoção de outros mecanismos que não o originalmente escolhido.

Outra novidade foi a introdução das **opiniões consultivas**, que são manifestações fundamentadas do Tribunal Permanente de Revisão, sem caráter vinculante, em relação a questionamentos jurídicos formulados acerca da interpretação e aplicação das normas do Mercosul.

O Protocolo de Olivos manteve a sequência de etapas para a solução de controvérsias, a começar pelas **negociações diretas**, que buscam o entendimento entre as partes, no prazo máximo de 15 dias, com comunicação ao Grupo Mercado Comum, por meio da Secretaria do Mercosul, sobre as negociações e os respectivos resultados.

Da mesma forma que no modelo anterior, se não houver solução consensual, ou se esta for alcançada apenas parcialmente, os Estados poderão, em caráter opcional, solicitar a **intervenção do Grupo Mercado Comum**, que ficará encarregado de analisar a questão.

Frise-se que, a critério das partes, a controvérsia poderá ser transferida **diretamente** para o procedimento arbitral, sem passar pelo crivo do Grupo Mercado Comum. O GMC, se acionado, terá o prazo de 30 dias para apresentar as recomendações acerca da divergência. Os custos serão rateados igualmente pelos interessados ou conforme critérios estabelecidos pelo Grupo Mercado Comum, que também poderá apreciar

---

[27] Introduzido no Brasil pelo Decreto Legislativo n. 712, de 15 de outubro de 2003, e promulgado pelo Decreto n. 4.982, de 9 de fevereiro de 2004.

controvérsias suscitadas por outro Estado, não envolvido na questão, quando do encerramento das negociações diretas.

O **procedimento arbitral** *ad hoc*, terceira possibilidade de solução de controvérsias, será iniciado com a notificação da Secretaria do Mercosul às demais partes e ao Grupo Mercado Comum.

A questão será analisada por um **Tribunal** *Ad Hoc* **(TAH)** composto de três árbitros, com a designação, por país, de um árbitro titular e outro suplente, em até 15 dias, escolhidos entre os especialistas previamente registrados na Secretaria do Mercosul[28] ou, se esgotado o prazo sem designação, mediante sorteio, realizado com base na mesma lista. O terceiro árbitro, que atuará como **presidente**, será designado de comum acordo, também em 15 dias contados da notificação, juntamente de seu suplente, ambos selecionados a partir da lista de especialistas, desde que não sejam nacionais das partes querelantes. Na falta de acordo, a escolha será efetuada mediante sorteio.

O Tribunal Arbitral *Ad Hoc* poderá, toda vez que a questão envolver potenciais danos ou prejuízos graves às partes, fixar medidas provisórias até o desfecho do procedimento, que deverá obedecer ao prazo de 60 dias, prorrogáveis por mais 30 dias, no máximo, ocasião em que será emitido o **laudo arbitral**.

A mais importante inovação trazida pelo Protocolo de Olivos foi a criação de um **Tribunal Permanente de Revisão (TPR)**, de modo que qualquer controvérsia originária de um Tribunal *Ad Hoc* possa ser objeto de recurso à instância superior, que funciona como **tribunal de alçada**, apto a modificar ou revogar as decisões proferidas no laudo original.

Com a celebração do **Acordo de Sede entre a República do Paraguai e o Mercado Comum do Sul**, cuja aprovação se deu pela Decisão CMC n. 01/2005, o Tribunal Permanente de Revisão do Mercosul foi instalado, em caráter permanente, na cidade de Assunção, em 19 de junho de 2005.

A composição do Tribunal Permanente de Revisão, com a redação dada pelo **Protocolo Modificativo do Protocolo de Olivos**[29], elaborado ante a iminência do ingresso da Venezuela no Mercosul (bem como a possibilidade concreta de adesão de novos membros), passou a ser de **um árbitro titular** por Estado-parte, designado, juntamente do respectivo suplente, para um mandato de **dois anos**, renovável por **até dois períodos idênticos consecutivos** (limite de seis anos).

A alteração mostrou-se necessária porque o eventual ingresso da Venezuela ou de outro(s) país(es) poderia ensejar que o Tribunal viesse a ser composto de **número par de titulares**, inviabilizando as decisões em que houvesse empate de votos.

Assim, a nova estrutura do Tribunal Permanente de Recursos determina que, na hipótese de árbitros em número par, deverá ser designado um **novo titular**, que poderá ter a nacionalidade de qualquer país do Mercosul, cuja escolha deverá ocorrer, em regra[30], por

---

[28] A lista registrada na Secretaria do Mercosul é composta de 12 árbitros de cada país-membro.

[29] Assinado no Rio de Janeiro, em 19 de janeiro de 2007, introduzido no Brasil pelo Decreto Legislativo n. 589/2009.

[30] O Protocolo prevê que, se não houver unanimidade, a escolha será por sorteio, entre os nomes constantes da lista ou, ainda, que os Estados-partes poderão definir outro critério para a escolha do novo árbitro e suplente.

unanimidade entre os membros, a partir de lista[31] formada por dois nomes de cada país.

Em qualquer hipótese, os membros deverão, pelo menos três meses antes do término do mandado de seus árbitros, decidir sobre a renovação ou proposta de novos integrantes. Os árbitros, ainda que tenham seus mandatos expirados, deverão atuar até o encerramento das controvérsias de que participarem.

Nas hipóteses em que os procedimentos envolvam apenas dois Estados-partes, o Tribunal será integrado por três árbitros, dois de nacionalidade de cada envolvido e o terceiro, que exercerá a presidência, designado por sorteio, realizado pela Secretaria do Mercosul.

Caso a controvérsia envolva mais de dois Estados-partes, o Tribunal Permanente de Revisão atuará de forma plena, com a participação de todos os árbitros.

O Protocolo de Olivos também previu a possibilidade de **acesso direto** ao Tribunal Permanente, que decidirá em **instância única**, sem a constituição de um Tribunal *Ad Hoc*, se os envolvidos assim concordarem.

Os laudos do Tribunal Arbitral *Ad Hoc* e os do Tribunal Permanente de Revisão são decididos por **maioria**, mediante votos confidenciais, e são obrigatórios para os países envolvidos na controvérsia, constituindo-se em verdadeira **coisa julgada** *inter alia*, a partir da notificação. Deverão, portanto, ser cumpridos na forma em que prolatados, sem prejuízo do recurso de esclarecimento, que poderá solicitar, em até 15 dias da ciência, informações acerca do alcance e aplicabilidade das decisões.

O efetivo cumprimento das obrigações deve ser observado no prazo estipulado nos próprios laudos ou, se não houver prazo, em 30 dias contados da notificação. O país vencedor da controvérsia poderá levar aos tribunais, conforme a instância dos laudos, informações sobre o descumprimento das determinações pela outra parte, o que, no caso dos Tribunais *Ad Hoc*, pode exigir a reconvocação dos especialistas para manifestação.

Na hipótese de os laudos não serem cumpridos nos prazos determinados, o país beneficiado terá autorização para aplicar, unilateralmente, **medidas compensatórias** destinadas a efetivar os termos da decisão, preferencialmente em favor do setor econômico afetado, com ciência à outra parte, pelo menos 15 dias antes da sua entrada em vigor.

Os custos e honorários relativos aos árbitros serão suportados pelo país que os designou, e os honorários do Presidente dos Tribunais *Ad Hoc*, fixados pelo Grupo Mercado Comum, serão divididos igualmente entre os litigantes. No caso do Tribunal Permanente de Revisão, os gastos serão custeados em partes iguais pelos países envolvidos na controvérsia.

O Protocolo de Olivos manteve a possibilidade de particulares, pessoas físicas ou jurídicas, efetuarem **reclamações**, que deverão ser formalizadas na Seção Nacional do Grupo Mercado Comum de residência ou sede do interessado. Se a reclamação, devidamente instruída e fundamentada, for aceita, deverá ser objeto de **consultas** entre as partes[32].

---

[31] Os árbitros serão juristas de notório conhecimento das matérias passíveis de controvérsia e deverão atuar de forma imparcial, independente e objetiva.

[32] Convém ressaltar que as reclamações devem decorrer de decisões adotadas pelos membros do Mercosul, únicos sujeitos ativos no mecanismo de solução de controvérsias.

Encerrada a fase de consulta sem solução, a questão será levada para intervenção do **Grupo Mercado Comum**, que poderá rejeitá-la de plano (ante a ausência dos requisitos necessários) ou aceitá-la, com a convocação de um **grupo de especialistas**, composto de três titulares[33], que deverá emitir parecer em até 30 dias, improrrogáveis.

O parecer será submetido ao Grupo Mercado Comum e receberá um dos seguintes tratamentos[34]:

a) se, em parecer unânime, verificar-se a procedência da reclamação formulada contra um Estado-parte, qualquer outro Estado-parte poderá requerer-lhe a adoção de medidas corretivas ou a anulação das medidas questionadas;

b) recebido um parecer que considere improcedente a reclamação por unanimidade, o Grupo Mercado Comum imediatamente a dará por concluída;

c) caso o grupo de especialistas não alcance unanimidade ao emitir o parecer, as conclusões serão objeto de apreciação pelo GMC, que dará por concluída a reclamação.

5.7. ASPECTOS ECONÔMICOS E COMERCIAIS DO MERCOSUL

Muito embora tenha surgido como um acordo político, figuram entre os principais objetivos gerais do Mercosul o **desenvolvimento econômico** e a possibilidade de melhor **inserção** dos membros no mercado globalizado, além, é claro, do fortalecimento das relações comerciais intrabloco, com a consolidação da união aduaneira.

Um cenário de estabilidade econômica e previsibilidade jurídica também proporciona a captação de **investimentos estrangeiros**, de longo prazo e sem interesses puramente especulativos, algo muito importante para os países emergentes.

Vimos que a etapa de amadurecimento institucional do Mercosul passou pela reformulação do mecanismo de solução de controvérsias e pelo avanço na área democrática, com o compromisso assumido pelos membros e a constituição do parlamento regional. Isso permitiu a formalização de diversos acordos comerciais com outros países e regiões, com tendência de expansão, na exata medida em que os próprios integrantes do Mercosul consigam, finalmente, eliminar os entraves recíprocos ainda remanescentes.

Os esforços necessários incluem a adoção de **sistemas de convergência** e a coordenação de **políticas macroeconômicas**. O primeiro conjunto de medidas inclui a facilitação dos trâmites aduaneiros e a harmonização definitiva da Tarifa Externa Comum (TEC), com a eliminação da dupla cobrança intraMercosul, enquanto a coordenação política pressupõe a criação e o aperfeiçoamento de verdadeiras normas comunitárias, que permitam equacionar as assimetrias estruturais e econômicas entre os membros.

A **retirada** das listas de exceções na Tarifa Externa Comum, conforme já observamos, é tarefa árdua e ainda distante, mas foi possível obter certo avanço na questão da dupla tributação, a partir da Decisão CMC n. 54/2004[35], que estabeleceu diretrizes para a circulação de bens importados no Mercosul.

---

[33] Os especialistas são designados pelo Grupo Mercado Comum ou, na falta de consenso, mediante eleição, entre os integrantes da lista depositada na Secretaria do Mercosul, composta de seis titulares de cada país.

[34] Conforme artigo 44 do Protocolo de Olivos.

[35] Regulamentada por meio da Decisão CMC n. 37/2005.

Com efeito, as uniões aduaneiras têm como premissa básica o fato de que as mercadorias de procedência estrangeira, uma vez ingressas no território aduaneiro comum, passam a ter **livre circulação** e não devem mais ser tributadas. A referida decisão do Conselho Mercado Comum, nesse sentido, estabeleceu que os bens importados por um membro do Mercosul, que tenham cumprido a política tarifária do bloco[36], receberão o tratamento de bens originários, tanto para fins de circulação econômica quanto na hipótese de incorporação em processos produtivos.

Foi firmado, ainda, o compromisso de aprovação, até 2008, do **Código Aduaneiro do Mercosul**, instrumento essencial para a facilitação e controle da circulação de mercadorias, tanto provenientes do exterior como do intrabloco. Como de costume, o prazo não foi observado, de sorte que apenas em agosto de 2010, após seis anos de intensas negociações, o Código foi finalmente aprovado[37], por meio da Decisão CMC n. 27/2010.

A informatização dos trâmites aduaneiros também é essencial para o avanço do comércio intrabloco e, nesse sentido, foi implantado o **Sistema INDIRA** (que permite a conexão *on-line* entre as aduanas dos quatro integrantes do Mercosul), além da previsão de digitalização dos certificados de origem e outros documentos exigidos para a circulação de mercadorias.

Nos últimos anos, também foram aprovadas importantes medidas, como o mecanismo de facilitação do comércio intrazona, o procedimento simplificado de despacho aduaneiro intraMercosul e a possibilidade de pagamento das transações em moeda local, entre outras, conforme veremos a seguir.

5.7.1. Sistema de Pagamentos em Moeda Local (SML)

Desde outubro de 2008, mediante acordo firmado entre os Bancos Centrais do Brasil e da Argentina, entrou em vigor o **Sistema de Pagamentos em Moeda Local (SML)**, destinado a operações comerciais entre importadores e exportadores dos dois países, que poderão efetuar pagamentos e recebimentos em suas respectivas moedas.

Trata-se de avanço importante e natural, pois fortalece o mercado real/peso, em detrimento de operações anteriormente balizadas pelo dólar norte-americano, com a redução nos custos operacionais, em razão da desnecessidade de contratos de câmbio, bem assim de etapas intermediárias de conversão e reconversão das moedas.

O sistema é de utilização facultativa, objetiva facilitar o acesso dos pequenos empresários ao comércio entre os dois países e se aplica às operações de até 360 dias, relativas ao comércio de bens e serviços relacionados, como fretes e seguros.

A paridade entre as duas moedas é definida pela **Taxa SML**, cujo valor é calculado diariamente com base na razão entre a taxa média de fechamento da PTAX (cotação do

---

[36] O cumprimento da política tarifária pressupõe o pagamento do imposto de importação previsto na Tarifa Externa Comum ou a aplicação de preferências tarifárias concedidas de comum acordo por todos os membros. O tratamento de bem originário também será conferido quando todos os países do Mercosul aplicarem alíquota de 0% para determinado item.

[37] Até o fechamento desta edição, o Código Aduaneiro do Mercosul não havia sido ratificado pelos membros.

real em relação ao dólar) para compra e para venda e a taxa de cotação do peso argentino também em função da moeda norte-americana.

Não existem limites mínimos ou máximos para o valor das operações, mas há a possibilidade de expansão do sistema para outros países, como é o caso do Uruguai, que, em 2009, firmou, nesse sentido, protocolo de intenções com o governo brasileiro.

5.7.2. O comércio intrabloco

O comércio entre os países do Mercosul, a despeito das dificuldades de consolidação da união aduaneira, apresentou **significativo crescimento** desde a formação do bloco.

Brasil e Argentina, por óbvio, lideram o fluxo de transações, que, com o Mercosul, se tornou bastante **favorável** ao nosso país, devido à melhor capacidade e competitividade das empresas nacionais e aos problemas econômicos enfrentados pelo país vizinho, especialmente em razão da grave crise financeira de 2000 e 2001.

O Mercosul passou a ser um destino importante das **exportações brasileiras**, mas, apesar do crescimento extraordinário, os mercados limítrofes demonstram sinais de exaustão, ou seja, estão próximos dos seus limites potenciais, o que justifica o interesse na adesão de novos membros.

Figura 5.2. Principais destinos das exportações brasileiras

Variação relativa (%) do índice de preços, quantum e valor exportado
3º trimestre 2022/2021

Índice de Preços – Var(%): Argentina 13,4; China -3,4; Estados Unidos 12,1; União Europeia – UE 16,4

Índice de Quantum – Var(%): Argentina 20,8; China -4,9; Estados Unidos 1,9; União Europeia – UE 17,0

(Valor US$) – Var(%): Argentina 41,2; China -7,7; Estados Unidos 17,2; União Europeia – UE 36,7

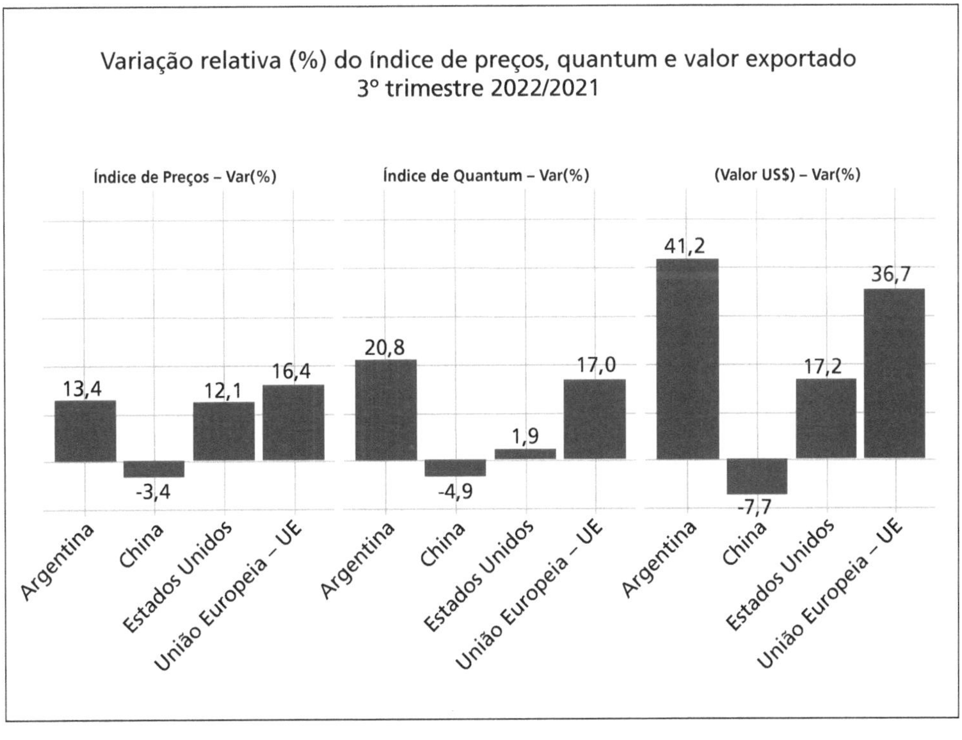

Fonte: SECEX

Como o Brasil representa, em termos econômicos, a maior parte do PIB da região, torna-se fundamental para os empresários brasileiros a expansão territorial do modelo, o que prenuncia, por exemplo, a **futura fusão** entre Mercosul e Comunidade Andina, além da celebração de acordos com países fora do continente, conforme já observamos.

Os constantes e crescentes superávits brasileiros em relação aos parceiros do Mercosul implicam medidas compensatórias, pois os outros membros, há tempos, reivindicam a manutenção ou extensão dos regimes excepcionais.

O governo brasileiro, no intuito de minimizar as evidentes **assimetrias de mercado**, tem adotado algumas medidas unilaterais e proposto iniciativas de cooperação, que ainda precisam ser aprofundadas, pois, somente quando houver a percepção de que todos lucram com o Mercosul, o estágio de união aduaneira será alcançado.

Os investimentos recíprocos entre Brasil e Argentina também cresceram muito nos últimos anos, principalmente nos setores de alimentos, veículos, construção civil e serviços (com destaque para o turismo e as atividades financeiras, como bancos e seguros).

5.7.3. Fundo de Convergência Estrutural do Mercosul (FOCEM)

A grande diferença econômica entre os integrantes do Mercosul, responsável pelas assimetrias de mercado que tanto incomodam os países menores, tem sido enfrentada, com resultados variados, por meio de diversas iniciativas.

Programas específicos, como o destinado à integração produtiva dos membros[38], o incentivo às micro e pequenas empresas, entre outros, convivem com a formação de fundos destinados ao desenvolvimento da região, dentre os quais o mais importante é o FOCEM (Fundo de Convergência Estrutural do Mercosul)[39], criado em 2004 com os objetivos de promover a competitividade das economias e regiões menos industrializadas, estimular a coesão social e fortalecer a infraestrutura institucional.

O FOCEM foi constituído por pelo menos dez anos e é composto dos recursos dos membros, da seguinte forma: Brasil (70%), Argentina (27%), Uruguai (2%) e Paraguai (1%), com distribuição **inversamente proporcional**, de forma que 48% do total sejam destinados a projetos paraguaios, contra 32% em favor do Uruguai e apenas 20% para Brasil e Argentina.

Os projetos técnicos são apresentados para a Unidade Técnica Nacional FOCEM (UTNF), que faz a avaliação das propostas e, em caso de elegibilidade, bem como em razão da relevância socioeconômica, os encaminha para a Comissão Permanente de Representantes do Mercosul e ainda, se validado, segue para as instâncias hierarquicamente superiores do bloco (Grupo Mercado Comum e Conselho Mercado Comum, para decisão final).

5.8. QUESTÕES

1. (ESAF — AFTN — 1996) Os instrumentos básicos de ação previstos no Tratado de Assunção para o Mercosul, são:

---

[38] O Programa de Integração Produtiva do Mercosul foi aprovado pela Decisão CMC n. 12/2008.

[39] O FOCEM foi instituído pela Decisão CMC n. 45/2004 e regulamentado pelas Decisões CMC n. 18 e 24, ambas de 2005.

a) redução progressiva de barreiras tarifárias e não tarifárias, até a eliminação total das barreiras entre os países-membros; o estabelecimento de uma autoridade supranacional com representantes dos países-membros; e a ampliação gradativa do quadro de países-membros;

b) redução progressiva de barreiras tarifárias e não tarifárias, até a eliminação total das barreiras entre os países-membros; o estabelecimento de uma tarifa externa comum; acordos setoriais para o mercado de fatores, sistema provisório de solução de controvérsias; e coordenação gradual de políticas macroeconômicas;

c) estabelecimento de prazo para a redução das barreiras tarifárias e não tarifárias, até a sua total eliminação entre os membros da união; estabelecimento de tarifa externa comum; criação de uma moeda comum, num prazo previamente acordado, a exemplo da União Europeia;

d) eliminação de barreiras tarifárias e não tarifárias entre os países-membros; estabelecimento de tarifa externa comum; e ampliação gradativa do número de países-membros para que o sistema se fortaleça pela ampliação gradativa dos mercados;

e) estabelecimento de tarifa externa comum; criação de sistema de compensação para os negócios feitos no âmbito do sistema; eliminação progressiva das barreiras tarifárias e não tarifárias entre os países-membros; estabelecimento de um sistema de solução de controvérsia.

2. (ESAF — AFTN — 1998) Identifique, nas opções abaixo, o órgão superior do Mercado Comum do Sul (Mercosul), ao qual incumbe a condução política do processo de integração e a tomada de decisões para assegurar o cumprimento dos objetivos estabelecidos pelo Tratado de Assunção.

a) Foro Consultivo Econômico-Social.

b) Conselho do Mercado Comum.

c) Comissão de Comércio do Mercosul.

d) Secretaria Administrativa do Mercosul.

e) Comissão Parlamentar Conjunta.

3. (ESAF — AFTN — 1998) Não constitui objetivo ou característica do Mercosul:

a) Eliminação de Direitos Aduaneiros e Barreiras Não Tarifárias entre os seus membros.

b) Tarifa Externa Comum (TEC).

c) Livre circulação de bens e fatores de produção, exceto pessoas.

d) Coordenação de Política Macroeconômica.

e) Realização de Acordos Setoriais.

4. (ESAF — AFRF — 2002) O Mercado Comum do Sul (Mercosul) foi criado em março de 1991 tendo como objetivo final

a) o estabelecimento de um regime de comércio administrado por meio de um sistema de preferências tarifárias no âmbito da Associação Latino-Americana de Integração (ALADI).

b) a completa liberalização do comércio de bens entre os quatro países-membros no prazo de quatro anos.

c) a harmonização das políticas comerciais mediante a adoção de uma tarifa externa comum.

d) a liberalização do comércio de bens e de serviços, a livre circulação de mão de obra e de capitais e a coordenação de políticas macroeconômicas entre os quatro países-membros.

e) a unificação das políticas comerciais, cambiais, monetárias e fiscais dos quatro países-membros.

5. (ESAF — AFRF — 2002) A partir de dezembro de 1994, o Mercado Comum do Sul (Mercosul) instituiu uma área de livre-comércio e uma união aduaneira que ainda carecem de aperfeiçoamento. São medidas necessárias para tal fim

a) eliminar barreiras não tarifárias ainda existentes, promover a liberalização dos fluxos de capital e de serviços e coordenar políticas macroeconômicas.

b) aplicar integralmente o Programa de Liberalização Comercial, estabelecer regras de origem e incorporar produtos mantidos em listas de exceções à Tarifa Externa Comum.

c) aperfeiçoar o sistema de salvaguardas intraMercosul, implementar um regime de compras governamentais e introduzir mecanismo de salvaguardas comerciais.

d) liberalizar o comércio de serviços, coordenar políticas macroeconômicas e estabelecer a livre circulação de capital e mão de obra.

e) eliminar barreiras não tarifárias ainda existentes, promover a liberalização do comércio de serviços e a incorporar à tarifa externa comum produtos mantidos à margem da mesma.

6. (ESAF — AFRF — 2002) O Mercado Comum do Sul e a Comunidade Andina (CAN) estão negociando a formação de uma área de livre-comércio entre ambos os blocos sub-regionais. Se comparada ao Mercosul, é correto afirmar sobre a Comunidade Andina que

a) possui objetivos diferentes, alcançou nível de integração comercial mais profundo e seu arcabouço institucional é mais avançado.

b) possui objetivos diferentes, alcançou nível de integração comercial menos profundo e seu arcabouço institucional é menos avançado.

c) seus objetivos, o nível de integração comercial alcançado e seu arcabouço institucional são semelhantes.

d) possui objetivos semelhantes, alcançou o mesmo nível de integração econômica e possui arcabouço institucional mais avançado.

e) possui objetivos semelhantes, alcançou nível de integração econômica mais profundo e possui arcabouço institucional mais avançado.

7. (ESAF — AFRF — 2003) O Tratado de Assunção, que criou o Mercado Comum do Sul (Mercosul) integrado por Brasil, Argentina, Paraguai e Uruguai, enuncia como principal objetivo

a) o estabelecimento de um mercado comum entre os quatro países até dezembro de 1994.

b) a criação de uma área de livre-comércio até o ano 2000.

c) o estabelecimento de uma união aduaneira a partir de janeiro de 1995.

d) a implantação de uma área de preferências tarifárias a partir de 26 de março de 1991.

e) a imediata implantação de uma área de livre-comércio que serviria de base para o estabelecimento de um mercado comum no prazo de dez anos.

8. (ESAF — AFRF — 2005) Assinale a opção incorreta.

a) No âmbito do Mercosul, adotou-se um regime para a aplicação de medidas de salvaguarda às importações provenientes de países não membros do bloco.

b) O sistema de solução de controvérsias do Mercosul, definido pelo Protocolo de Olivos, estabelece um Tribunal Permanente de Revisão para o julgamento de recursos contra decisões dos Tribunais Arbitrais *Ad Hoc* — o que não existia no Protocolo de Brasília, antecessor do de Olivos.

c) Em 2004, o Mercosul concluiu acordos comerciais, por exemplo, com a Índia e com a SACU (União Aduaneira Sul-Africana, formada por África do Sul, Botsuana, Lesoto, Namíbia e Suazilândia), e atualmente negocia acordos com outros países.

d) Muito embora o Mercosul almeje à conformação de um mercado comum, atualmente o bloco se encontra no estágio de união aduaneira imperfeita (ou incompleta). Para a conclusão dessa etapa, basta a eliminação das exceções ao livre-comércio intrabloco.

e) De acordo com o Protocolo de Ushuaia, a plena vigência das instituições democráticas é condição essencial para o processo de integração entre seus signatários (países do Mercosul, Bolívia e Chile). Prevê o Protocolo que a ruptura da ordem democrática em um dos países pode levar à suspensão de seus direitos e obrigações nos processos de integração entre os membros desse Protocolo.

9. (ESAF — AFRFB — 2009) Na América Latina coexistem diferentes esquemas de integração econômica. Considerando este fato, assinale a opção que expressa corretamente as relações entre a Associação Latino-Americana de Integração (ALADI) e o Mercado Comum do Sul (Mercosul).

a) O Mercosul e a ALADI são esquemas preferenciais complementares, na medida em que perseguem distintos níveis de integração econômica.

b) Por possuírem objetivos, alcance e instrumentos distintos de integração, não há nenhuma relação funcional e jurídica entre ambos os esquemas de integração.

c) O Mercosul foi constituído sob a égide da Associação Latino-Americana de Integração por meio de acordo de complementação econômica firmado por Argentina, Brasil, Uruguai e Paraguai.

d) Como os membros da ALADI estão formalmente proibidos de integrarem outros esquemas preferenciais, os países do Mercosul desligaram-se daquela associação quando firmaram o Tratado de Assunção que constituiu o Mercosul.

e) Embora sejam esquemas idênticos quanto aos propósitos e instrumentos que aplicam visando à integração econômica regional, inexistem vínculos funcionais ou jurídicos entre eles.

10. (ESAF — AFRF — 2012) Sobre a integração regional nas Américas, assinale a opção correta.

a) Após a extinção da Associação Latino-Americana de Integração (ALADI), foi criada em 1990 a Associação Latino-Americana de Livre-Comércio (ALALC), com objetivos mais amplos do que a sua predecessora.

b) A Tarifa Externa do Mercado Comum do Sul (Mercosul) não admite exceções, em função do objetivo de formação de um mercado comum estabelecido no Tratado de Assunção.

c) De acordo com o Tratado de Assunção, que instituiu o Mercado Comum do Sul (Mercosul), o Grupo Mercado Comum é o órgão superior, correspondendo-lhe a condução política do Mercosul e a tomada de decisões para assegurar o cumprimento dos objetivos e prazos estabelecidos para a constituição definitiva do mercado comum.

d) O sistema de pagamentos em moeda local do Mercosul é um mecanismo que viabiliza a realização de operações de comércio exterior nas moedas locais dos Estados-Partes, tendo sido implementado de forma voluntária por Brasil e Argentina até o momento.

e) A Associação Latino-Americana de Integração (ALADI) objetiva a criação de uma união aduaneira latino-americana, com exclusão do México, que já se integrou ao NAFTA.

11. (UFMT — Analista do Serviço de Trânsito — DETRAN MT — 2015) A formação de Blocos Econômicos, a exemplo do Mercosul (Mercado Comum do Sul), tem na sua criação argumentos indutores da integração econômica, mas o debate teórico também possui argumentos que se opõem categoricamente a essa integração. Acerca desses dois tipos de argumentos, marque 1 para os argumentos com defesa irrestrita da integração comercial e 2 para os que enfatizam as restrições da abertura comercial.

( ) Supõe-se que o consumidor valorize a diversidade de opções, ampliando as possibilidades de consumo.

( ) Existem falhas de mercado, nomeadamente pelo cenário de concorrência imperfeita.

( ) A liberalização do comércio bilateral terá impacto positivo, enquanto ganhos de eficiência e de escala de produção.

( ) Incentivo à "indústria nascente".

Assinale a sequência correta.

a) 2, 1, 2, 1

b) 2, 1, 1, 2

c) 1, 2, 2, 1

d) 1, 2, 1, 2

12. (ESAF — Ajudante de Despachante Aduaneiro — 2016) Com relação a uma exportação de farinha de trigo da Argentina para o Brasil, assinale a opção correta.

a) É utilizado o Acordo de Complementação Econômica n. 35 (ACE 35).

b) É utilizado o Acordo de Complementação Econômica n 18 (ACE 18).

c) É utilizado o Acordo de Complementação Econômica n. 53 (ACE 53).

d) O importador utilizará o Acordo de Complementação Econômica mais vantajoso.

e) É vedada a utilização de qualquer Acordo de Complementação Econômica.

13. (ESAF — Ajudante de Despachante Aduaneiro — 2017) Sobre os Acordos de Complementação Econômica (ACE) de que o Brasil é signatário, assinale a opção correta.

a) O Acordo de Complementação Econômica n. 35 (ACE 35) envolve Estados-Partes do Mercosul e o México.

b) O Acordo de Complementação Econômica n. 18 (ACE 18) envolve os Estados-Partes do Mercosul.

c) Nas importações da Bolívia para o Brasil, utiliza-se o Acordo de Complementação Econômica n. 53 (ACE 53).

d) O importador poderá utilizar o Acordo de Complementação Econômica que lhe for vantajoso, independentemente da origem da mercadoria importada.

e) As importações sobre o amparo do Acordo de Complementação Econômica n. 18 (ACE 18) não representam parcela significativa das importações brasileiras efetuadas com amparo de acordos de preferência tarifária.

14. (CESPE — Economista (MPOG) — PGCE — 2015) A respeito do comércio exterior e dos fluxos internacionais, julgue o item a seguir.

Entre as intenções do mercado comum do sul (Mercosul) inclui-se a intenção de eliminar direitos aduaneiros e restrições não tarifárias à circulação de mercadorias entre os países membros.

15. (FGV — Auditor-Fiscal da Receita Federal — 2023) Controvérsias surgidas entre países integrantes do Mercado Comum do Sul (Mercosul) ou entre particulares, no que diz respeito à interpretação ou à aplicação do tratado, serão resolvidas conforme dispõe o Protocolo de Olivos. Em relação ao tema, é correto afirmar que:

a) as controvérsias surgidas entre particulares são resolvidas por um Tribunal Arbitral *ad hoc* criado especialmente para que nenhuma controvérsia deixe de ser solucionada em prazo razoável.

b os particulares podem submeter suas reclamações ao Tribunal Arbitral Permanente de Revisão, que as acolherá e deliberará pela maioria absoluta de seus membros no prazo de 60 dias.

c) apenas as controvérsias surgidas entre Estados-Membros são solucionadas pelo Tribunal Arbitral *ad hoc* do Mercosul, não havendo, em absoluto, decisões sobre reclamações de particulares.

d as controvérsias entre Estados-Membros sobre a interpretação ou a aplicação do Tratado de Assunção e do Protocolo de Ouro Preto são sempre decididas pela unanimidade dos seus membros.

e) as reclamações de particulares são analisadas pela Seção Nacional do Grupo Mercado Comum (GMC) e posteriormente encaminhadas ao Grupo de Especialistas designado pelo GMC, se consideradas procedentes.

GABARITO

1. A alternativa correta é a letra "b", que veicula os instrumentos básicos para a integração dos países no Mercosul, nos termos do Tratado de Assunção. Todas as demais alternativas apresentam algum tipo de problema, razão pela qual estão incorretas.

2. Pergunta direta e tranquila, pois a instância máxima e de natureza política do Mercosul é o Conselho do Mercado Comum (CMC); portanto, a alternativa correta é a letra "b".

3. Questão objetiva, cuja alternativa que deve ser assinalada é a letra "c", pois o Mercosul tem por objetivo teórico (ainda não atingido) a conformação de um mercado comum, no qual, por definição, deve haver a livre circulação de bens e fatores de produção, **inclusive pessoas.**

4. Pergunta conceitual, que indaga acerca dos objetivos teóricos (porque não alcançados) do Mercosul. A alternativa correta é a letra "d", que descreve o estágio de mercado comum, situação ainda bastante distante em termos práticos. As demais alternativas estão incorretas.

5. Questão que busca analisar as deficiências do Mercosul, conforme o objetivo de alcançar o estágio de união aduaneira. De modo bastante adequado, a alternativa correta é a letra "e", que descreve as principais medidas necessárias para a consolidação da união aduaneira. Todas as demais alternativas trazem, ao menos, uma medida inadequada, razão pela qual estão incorretas.

6. Pergunta interessante, que compara o desenvolvimento jurídico e institucional do Mercosul em relação à Comunidade Andina. A alternativa correta é a letra "d", pois os blocos realmente possuem objetivos semelhantes (pelo menos em termos pragmáticos) e nível de integração equivalente, embora a Comunidade Andina esteja mais avançada sob o aspecto institucional, até porque pode ser considerada, atualmente, como verdadeira união aduaneira. As demais alternativas discrepam desse raciocínio e estão, portanto, incorretas.

7. A alternativa correta é a letra "a", muito embora, como quase todos os prazos previstos para o Mercosul, a data para a criação do mercado comum não tenha sido atendida. Aliás, como se sabe, o bloco ainda nem atingiu, de forma plena, a etapa anterior (união aduaneira). As demais alternativas estão incorretas.

8. A alternativa que deve ser assinalada é a letra "c", que está incorreta, porque o Acordo do Mercosul com a Índia entrou em vigor a partir de 1.º de junho de 2009 (conforme Decretos n. 6.864 e n. 6.865, ambos de 2009), enquanto o Acordo com a *South African Customs Union* (SACU), união aduaneira formada pela África do Sul, Namíbia, Botsuana, Lesoto e Suazilândia, ainda carece de ratificação pelos signatários.

9. A alternativa correta é a letra "c", que afirma que o Mercosul surgiu a partir da possibilidade de acordos de complementação econômica celebrados no âmbito da ALADI. A alternativa "a" está incorreta porque o Mercosul não é um esquema preferencial, enquanto as alternativas "b" e "e", que negam a correlação jurídica entre os dois modelos também estão incorretas, até porque, como vimos, o Mercosul foi criado nos moldes da estrutura jurídica proposta pela ALADI. Por fim, a alternativa "d" está incorreta porque os integrantes do Mercosul permanecem como membros ativos da ALADI.

10. A alternativa correta é a letra "d", pois, como vimos, o sistema de pagamentos em moeda local já foi implantado por Brasil e Argentina, sem prejuízo de que outros países possam aderir ao modelo. A letra "a" está incorreta porque inverteu a cronologia dos fatos. A letra "b" está errada porque até hoje existem exceções à TEC. A letra "c" está incorreta porque o órgão superior do Mercosul é o Conselho do Mercado Comum; e a letra "e" também não pode prosperar porque a ALADI não prevê a exclusão do México.

11. Questão interessante, em que o candidato deve correlacionar argumentos favoráveis e desfavoráveis à abertura comercial com os preceitos selecionados pela banca. A alternativa a ser assinalada é a letra "d", que indica, sem grandes dificuldades teóricas, a sequência correta.

12. Questão infelizmente típica da ESAF, no pior estilo "decoreba". A alternativa correta é a letra "b", pois as exportações no âmbito do Mercosul (no caso, para a Argentina) são reguladas pelo ACE 18.

13. Questão que também exige a correlação entre os acordos de cooperação econômica e os respectivos países-signatários, cuja alternativa correta é a letra "b", pois o ACE 18 cuida dos procedimentos no âmbito do Mercosul. As demais alternativas estão erradas, com destaque para o fato de que o ACE 35 foi celebrado entre o Mercosul e o Chile e o ACE 53 entre o Brasil e o México, conforme quadro que apresentamos no capítulo anterior.

14. Questão simples, que deve ser considerada "Certa", pois o Mercosul tem por objetivo, entre outros, a intenção de eliminar os direitos aduaneiros e as restrições não tarifárias na circulação de mercadorias entre os membros.

15. A alternativa correta é a letra "e", nos termos do que dispõe o artigo 40.1 do Protocolo de Olivos, promulgado no Brasil pelo Decreto n. 4.982/2004.

5.9. MATERIAL DIGITAL

VÍDEO
http://uqr.to/1y39b

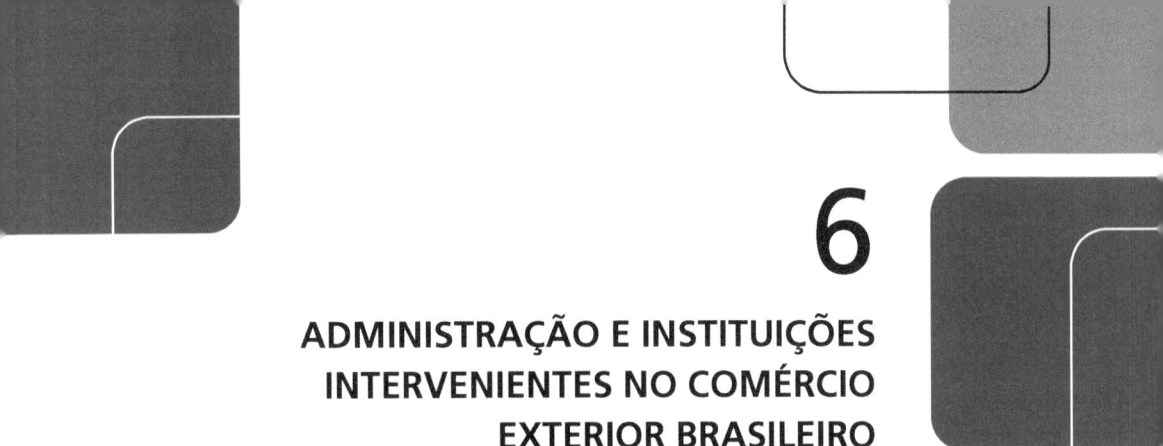

6

ADMINISTRAÇÃO E INSTITUIÇÕES INTERVENIENTES NO COMÉRCIO EXTERIOR BRASILEIRO

Todos os países competitivos no atual mundo globalizado possuem instituições e mecanismos especialmente voltados para o comércio exterior.

A organização da burocracia estatal normalmente compreende órgãos responsáveis pelas decisões políticas e outros destinados ao controle dos procedimentos operacionais.

No Brasil, a instância máxima do comércio exterior é representada pela **Câmara de Comércio Exterior (CAMEX)**, enquanto diversos órgãos da estrutura do governo federal cuidam da administração aduaneira e tributária das importações e exportações, tanto de mercadorias como de serviços, como veremos a seguir.

6.1. CÂMARA DE COMÉRCIO EXTERIOR (CAMEX)

Com o avanço e a crescente complexidade das relações internacionais, e a evidente necessidade de inserção do país no **cenário globalizado**, por natureza hostil e competitivo, uma das soluções encontradas para desempenhar, com o devido rigor técnico, o papel de controle e implantação das políticas de comércio exterior foi o de permitir a **transferência** de sua competência da figura do Presidente da República para um Órgão de assessoramento direto, previsto na Lei n. 8.085/90[1].

Surgiu, assim, a **CAMEX** (Câmara de Comércio Exterior)[2], órgão originalmente integrante do Conselho de Governo e que finalmente retornou ao **Ministério do Desenvolvimento, Indústria, Comércio e Serviços**[3], que tem por objetivo a *formulação, a adoção,*

---

[1] Lei n. 8.085/90: "Art. 1.º O Poder Executivo **poderá**, atendidas as condições e os limites estabelecidos na **Lei n. 3.244**, de 14 de agosto de 1957, modificada pelos Decretos-Leis n. 63, de 21 de novembro de 1966, e 2.162, de 19 de setembro de 1984, **alterar as alíquotas** do imposto de importação. Parágrafo único. O Presidente da República poderá **outorgar competência à CAMEX** para a prática dos atos previstos neste artigo".

[2] Do ponto de vista histórico, a CAMEX e suas competências nada possuem de novel, pois a Lei n. 5.025/66 já havia criado órgão semelhante, o Conselho Nacional do Comércio Exterior (CONCEX), com a atribuição de formular a política de comércio exterior, bem como determinar, orientar e coordenar a execução das medidas necessárias à expansão das transações comerciais com o exterior (art. 1.º).

[3] O Decreto n. 4.732/2003 foi significativamente **alterado** pelo **Decreto n. 8.807**, de **12 de julho de 2016**, que trouxe nova configuração à CAMEX e foi posteriormente alterado pelo Decreto n. 9.029/2017. Em 2019, com a entrada de um novo governo e a concentração de competências no Ministério da Economia, a CAMEX passou a integrar este órgão, nos termos do Decreto n. 10.044/2019. Finalmente, com e edição do Decreto n. 11.428/2023, a CAMEX voltou a integrar o MDICS.

a implementação e a coordenação de políticas e de atividades relativas ao comércio exterior de bens e serviços, aos investimentos estrangeiros diretos, aos investimentos brasileiros no exterior e ao financiamento às exportações, com vistas a promover o aumento da produtividade da economia brasileira e da competitividade internacional do País.

É difícil encontrarmos, no Brasil, um órgão que tenha sofrido tantas mudanças de configuração, sem qualquer justificativa (a não ser a bagunça institucional de alguns governos), como a CAMEX.

Em termos históricos, a criação de uma Câmara, com formação **colegiada**, objetivou encerrar o embate binário entre as posições do Ministério da Fazenda (MF) e do Desenvolvimento, Indústria e Comércio Exterior (MDIC)[4], visto que à primeira pasta interessavam questões atinentes ao controle e segurança aduaneiros, além de temas tributários e **metas de arrecadação**, enquanto o MDIC tinha por função precípua incrementar as atividades de comércio exterior, notadamente as exportações, além de oferecer aos empresários brasileiros orientação e ajuda sobre tópicos como defesa comercial e planejamento internacional, entre outros, tudo a partir de uma premissa de **facilitação** dos negócios jurídicos.

Dessa óbvia dicotomia advinham posições **antagônicas**, de modo que a definição das alíquotas dos impostos sobre o comércio exterior, a cargo do Presidente da República, ficava, no mais das vezes, condicionada à maior aptidão ou influência política de um ou outro Ministro em relação ao titular do Poder Executivo.

Assim, apesar de boa parte da doutrina simplesmente desconsiderar tal fato, o órgão encarregado de definir as **alíquotas** dos impostos relacionados ao comércio exterior, a exemplo do que ocorre em outros países, é a CAMEX, que o faz mediante **Resoluções**, instrumento jurídico utilizado para veicular as eventuais alterações.

Portanto, há quase vinte anos não é o Presidente da República, **mediante decreto**, quem estabelece as alíquotas aplicáveis aos impostos de importação e exportação, mas sim um órgão colegiado do qual ele participou (durante curto período), de modo que as decisões, discutidas sob a ótica dos diversos ministérios representados, possam atender a critérios técnicos, pautados pelos **acordos internacionais** dos quais o Brasil é signatário (Mercosul, Organização Mundial do Comércio e ALADI, entre outros), com os objetivos de **proteção** e **facilitação** que a dinâmica do comércio internacional reclama.

Com efeito, pensamos que nunca houve incompatibilidade entre a atuação da CAMEX e a expressão **Poder Executivo**[5] informada pela Constituição, porque quis o legislador ordinário que tal competência lhe fosse transferida, e o fez mediante **veículo hábil**[6], que foi a Lei n. 8.085/90.

De se ressaltar, a fim de corroborar nossa tese, que o constituinte originário reservou, quando julgou necessário, atos de **competência privativa** do Presidente da República,

---

[4]   Cujas funções foram anexadas ao extinto Ministério da Economia e, em 2023, retornaram ao MDICS.

[5]   Não olvidamos, por certo, o conceito de Poder Executivo veiculado pelo art. 76 da Constituição Federal, que estabelece: "O Poder Executivo é exercido pelo **Presidente da República, auxiliado pelos Ministros de Estado**", mas acreditamos tratar-se de norma geral, passível de exceções, previstas na própria Constituição, a exemplo do disposto no art. 237.

[6]   Constituição Federal, art. 22: "Compete privativamente à União legislar sobre: (...) VIII — **comércio exterior** e interestadual".

especialmente aqueles dispostos no art. 84 da Lei Maior, diferenciando-os, como na atual hipótese, dos atos do Poder Executivo, expressão que possui contornos mais abrangentes.

Ademais, não é estranha ao **direito aduaneiro** a participação direta — e em última instância, inclusive — de Ministro de Estado, conforme se depreende do comando constitucional irradiado a partir do art. 237 do Texto Político[7].

E o Supremo Tribunal Federal reconheceu, com **repercussão geral**, a tese de que a CAMEX era **competente** para definir e alterar as alíquotas do imposto de exportação:

> TRIBUTÁRIO. IMPOSTO DE EXPORTAÇÃO. ALTERAÇÃO DE ALÍQUOTA. ART. 153, § 1.º, DA CONSTITUIÇÃO FEDERAL. COMPETÊNCIA PRIVATIVA DO PRESIDENTE DA REPÚBLICA NÃO CONFIGURADA. ATRIBUIÇÃO DEFERIDA À CAMEX. CONSTITUCIONALIDADE. FACULDADE DISCRICIONÁRIA CUJOS LIMITES ENCONTRAM-SE ESTABELECIDOS EM LEI. RECURSO EXTRAORDINÁRIO DESPROVIDO. I — É **compatível** com a Carta Magna a norma infraconstitucional que atribui a órgão integrante do Poder Executivo da União a faculdade de **estabelecer as alíquotas do Imposto de Exportação**. II — Competência que **não é privativa** do Presidente da República. III — Inocorrência de ofensa aos arts. 84, *caput*, IV e parágrafo único, e **153, § 1.º, da Constituição Federal** ou ao princípio de **reserva legal**. Precedentes. IV — Faculdade discricionária atribuída à **Câmara de Comércio Exterior — CAMEX**, que se circunscreve ao disposto no Decreto-Lei 1.578/1977 e às demais normas regulamentares. V — Recurso extraordinário conhecido e desprovido.

Atualmente, depois de diversas configurações, integram a CAMEX[8]:

- ◼ o Conselho Estratégico;
- ◼ o Comitê Executivo de Gestão;
- ◼ o Conselho Consultivo do Setor Privado;
- ◼ o Comitê de Financiamento e Garantia das Exportações;
- ◼ o Comitê de Alterações Tarifárias;
- ◼ o Comitê de Defesa Comercial e Interesse Público;
- ◼ o Comitê Nacional de Facilitação de Comércio;
- ◼ o Comitê Nacional de Investimentos;
- ◼ o *Ombudsman* de Investimentos Diretos; e
- ◼ o Ponto de Contato Nacional para a Implementação das Diretrizes para as Empresas Multinacionais da Organização para a Cooperação e Desenvolvimento Econômico.

O Conselho Estratégico, órgão deliberativo da CAMEX, é composto dos seguintes membros:

- ◼ Vice-Presidente da República, que o presidirá;
- ◼ Ministro de Estado da Casa Civil da Presidência da República;
- ◼ Ministro de Estado do Desenvolvimento, Indústria, Comércio e Serviços;

- Ministro de Estado das Relações Exteriores;
- Ministro de Estado da Fazenda;
- Ministro de Estado da Agricultura e Pecuária;
- Ministro de Estado do Planejamento e Orçamento;
- Ministro de Estado da Gestão e da Inovação em Serviços Públicos;
- Ministro de Estado da Defesa;
- Ministro de Estado de Minas e Energia; e
- Ministro de Estado do Desenvolvimento Agrário e Agricultura Familiar.

6.1.1. Competências

Ao Conselho Estratégico compete[9]:

- estabelecer a estratégia e as orientações de comércio exterior, com vistas à inserção do País na economia internacional;
- conceder mandato negociador e estabelecer orientações para as negociações de acordos e convênios relativos ao comércio exterior, aos investimentos estrangeiros diretos e aos investimentos brasileiros no exterior, de natureza bilateral, regional ou multilateral, e acompanhar o andamento e monitorar os resultados dessas negociações;
- pronunciar-se sobre propostas relativas a contenciosos e à aplicação de contramedidas para proteger os interesses brasileiros;
- estabelecer orientações para as políticas de fomento de investimentos estrangeiros diretos no País e de investimentos brasileiros diretos no exterior;
- estabelecer orientações para a promoção de mercadorias e serviços no exterior;
- estabelecer orientações para as políticas e os programas públicos de financiamento das exportações de bens e serviços e para a cobertura dos riscos de operações a prazo, inclusive aquelas relativas ao Seguro de Crédito à Exportação; e
- decidir, em última instância, acerca de recursos administrativos interpostos em face de decisões do Comitê Executivo de Gestão em matéria de defesa comercial.

A nova estrutura da CAMEX promoveu uma distribuição de competências, de modo que as questões estratégicas ficaram a cargo do Conselho, ao passo que diversos temas relevantes, de ordem prática e grande impacto no comércio exterior, agora competem ao Comitê Executivo de Gestão[10]:

- orientar a política aduaneira, observadas as competências específicas do Ministério da Fazenda;
- formular orientações e editar regras para a política tarifária na importação e na exportação;
- estabelecer as alíquotas do imposto sobre a exportação, observadas as condições estabelecidas em lei;
- estabelecer as alíquotas do imposto de importação, observados as condições e os limites estabelecidos em lei;

---

[9] Artigo 3.º do Decreto n. 11.428/2023.
[10] Artigo 6.º do Decreto n. 11.428/2023.

▣ alterar, na forma estabelecida nos atos decisórios do Mercado Comum do Sul — Mercosul, a Nomenclatura Comum do Mercosul;

▣ fixar direitos *antidumping* e compensatórios, provisórios ou definitivos, e salvaguardas;

▣ decidir sobre a suspensão da exigibilidade dos direitos provisórios;

▣ homologar o compromisso previsto no art. 4.º da Lei n. 9.019, de 30 de março de 1995;

▣ estabelecer diretrizes e medidas destinadas à simplificação e à racionalização de procedimentos do comércio exterior;

▣ estabelecer as orientações para investigações de defesa comercial;

▣ promover a internalização das modificações das regras de origem preferenciais dos acordos comerciais dos quais o País faça parte;

▣ formular diretrizes para a funcionalidade do sistema tributário no âmbito das atividades de exportação e importação, de atração de investimentos estrangeiros e de promoção de investimentos brasileiros no exterior, sem prejuízo do disposto no art. 35 do Decreto-Lei n. 37, de 18 de novembro de 1966, e no art. 16 da Lei n. 9.779, de 19 de janeiro de 1999;

▣ remeter à apreciação do Conselho Estratégico decisões consideradas de caráter estratégico;

▣ orientar a atuação do *Ombudsman* de Investimentos Diretos;

▣ complementar as diretrizes do Conselho Estratégico para as políticas e os programas públicos de financiamento das exportações de bens e serviços e para a cobertura dos riscos de operações a prazo, inclusive aquelas relativas ao Seguro de Crédito à Exportação e aos procedimentos para a sua implementação;

▣ acompanhar as atividades dos demais colegiados da CAMEX; e

▣ aprovar e alterar o regimento interno da CAMEX.

A **política de comércio exterior** desenvolvida pela CAMEX deve observar os compromissos internacionais firmados pelo Brasil, especialmente as regras decorrentes da Organização Mundial do Comércio (OMC), do Mercosul e da Associação Latino-Americana de Integração (ALADI).

Criada originalmente no âmbito do Ministério do Desenvolvimento, Indústria e Comércio Exterior, como resultado da modernização do aparelho estatal voltado aos desafios da globalização, a **SECEX** desempenhou, durante anos, papel fundamental no controle e na defesa das operações de comércio exterior no Brasil.

Com a **reforma ministerial** promovida em 2019, parte das atribuições da SECEX passou para a competência da Secretaria Especial de Comércio Exterior e Assuntos Internacionais, pertencente à estrutura do Ministério da Economia.

Esse modelo foi desfeito, com a extinção do Ministério da Economia, em janeiro de 2023, com a posse do Presidente Lula, que retornou ao formato anterior, no qual as questões tributárias, financeiras e econômicas ficam subordinadas ao Ministério da Fazenda[11], enquanto a SECEX voltou a integrar o **Ministério do Desenvolvimento, Indústria, Comércio e Serviços**.

---

[11] Nos termos do Decreto n. 11.344, de 1.º de janeiro de 2023.

Figura 6.1. Organograma do Ministério da Fazenda

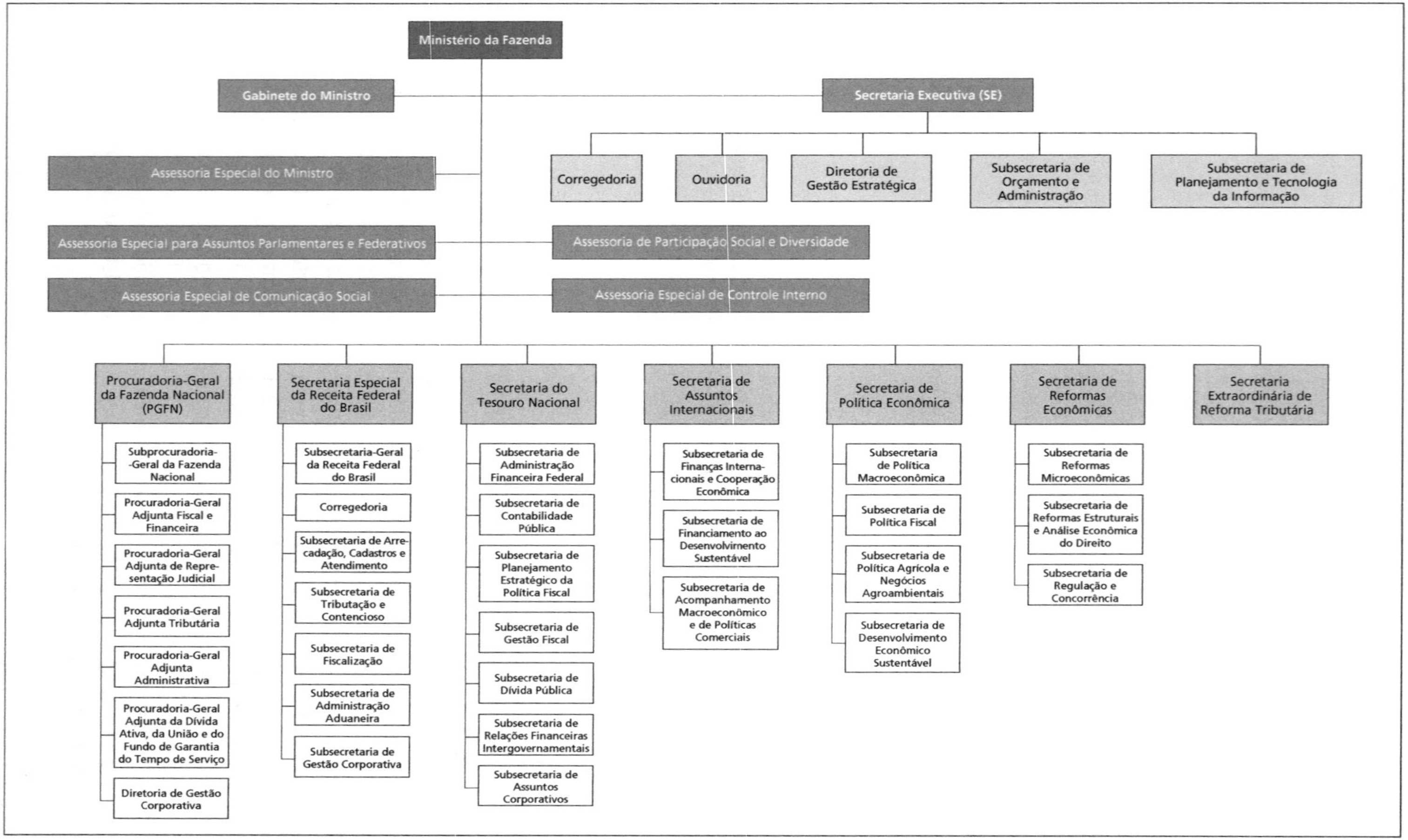

Ministério da Fazenda

Gabinete do Ministro

Assessoria Especial do Ministro

Assessoria Especial para Assuntos Parlamentares e Federativos

Assessoria Especial de Comunicação Social

Secretaria Executiva (SE)
- Diretoria de Gestão Estratégica
- Corregedoria
- Ouvidoria
- Subsecretaria de Orçamento e Administração
- Subsecretaria de Planejamento e Tecnologia da Informação
- Assessoria de Participação Social e Diversidade
- Assessoria Especial de Controle Interno

Procuradoria-Geral da Fazenda Nacional (PGFN)
- Subprocuradoria-Geral da Fazenda Nacional
- Procuradoria-Geral Adjunta Fiscal e Financeira
- Procuradoria-Geral Adjunta de Representação Judicial
- Procuradoria-Geral Adjunta Tributária
- Procuradoria-Geral Adjunta Administrativa
- Procuradoria-Geral Adjunta da Dívida Ativa, da União e do Fundo de Garantia do Tempo de Serviço
- Diretoria de Gestão Corporativa

Secretaria Especial da Receita Federal do Brasil
- Subsecretaria-Geral da Receita Federal do Brasil
- Corregedoria
- Subsecretaria de Arrecadação, Cadastros e Atendimento
- Subsecretaria de Tributação e Contencioso
- Subsecretaria de Fiscalização
- Subsecretaria de Administração Aduaneira
- Subsecretaria de Gestão Corporativa

Secretaria do Tesouro Nacional
- Subsecretaria de Administração Financeira Federal
- Subsecretaria de Contabilidade Pública
- Subsecretaria de Planejamento Estratégico da Política Fiscal
- Subsecretaria de Gestão Fiscal
- Subsecretaria de Dívida Pública
- Subsecretaria de Relações Financeiras Intergovernamentais
- Subsecretaria de Assuntos Corporativos

Secretaria de Assuntos Internacionais
- Subsecretaria de Finanças Internacionais e Cooperação Econômica
- Subsecretaria de Financiamento ao Desenvolvimento Sustentável
- Subsecretaria de Acompanhamento Macroeconômico e de Políticas Comerciais

Secretaria de Política Econômica
- Subsecretaria de Política Macroeconômica
- Subsecretaria de Política Fiscal
- Subsecretaria de Política Agrícola e Negócios Agroambientais
- Subsecretaria de Desenvolvimento Econômico Sustentável

Secretaria de Reformas Econômicas
- Subsecretaria de Reformas Microeconômicas
- Subsecretaria de Reformas Estruturais e Análise Econômica do Direito
- Subsecretaria de Regulação e Concorrência

Secretaria Extraordinária de Reforma Tributária

Fonte: https://www.gov.br/fazenda/pt-br/acesso-a-informacao/institucional/estrutura-institucional/organograma-2023-versao-4.png/.

Figura 6.2. Órgãos do Ministério da Fazenda

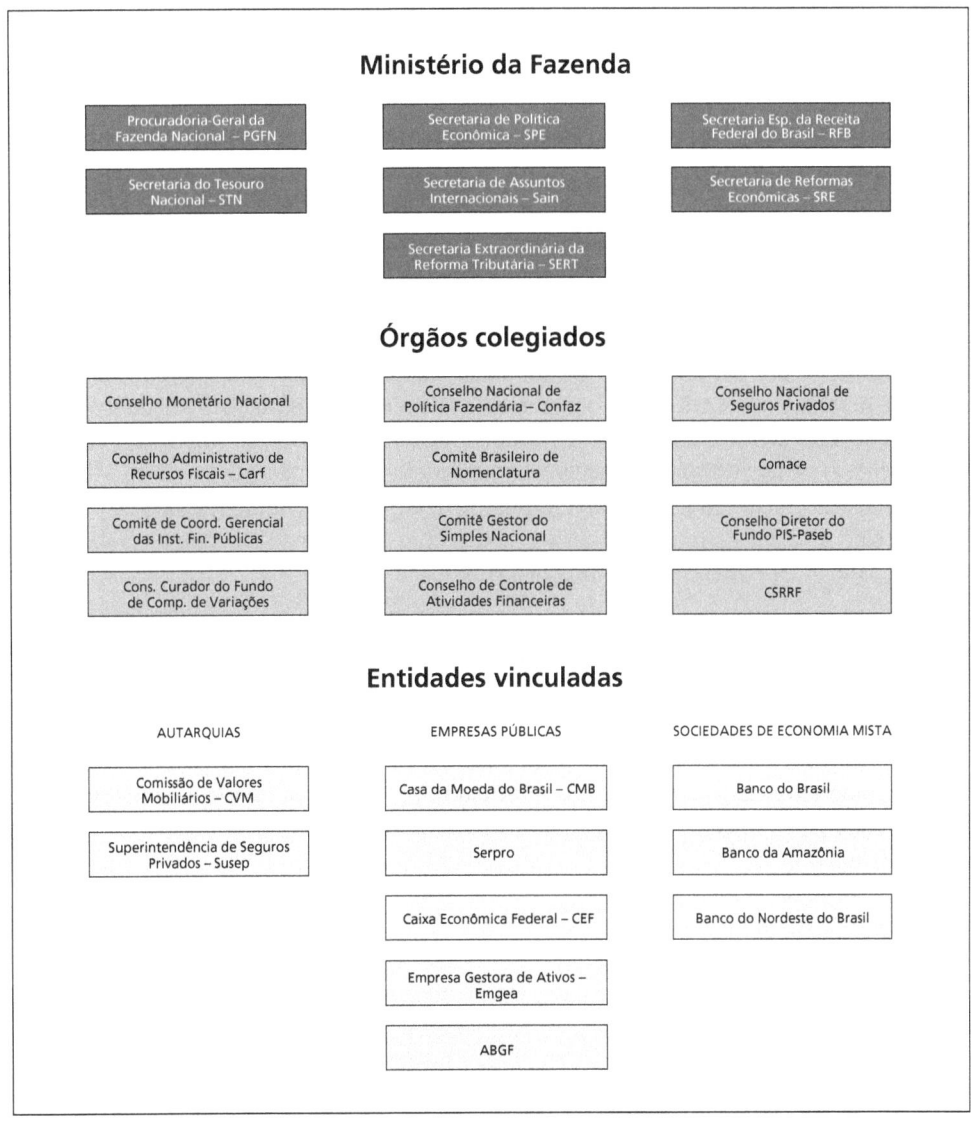

Fonte: Disponível em: https://www.gov.br/fazenda/pt-br/composicao/orgaos. Acesso em: out. 2024.

6.2. SECRETARIA DE COMÉRCIO EXTERIOR

Criada originalmente no âmbito do extinto Ministério do Desenvolvimento, Indústria e Comércio Exterior como resultado da modernização do aparelho estatal voltado aos desafios da globalização, a **SECEX** desempenhou, durante anos, papel fundamental no controle e na defesa das operações de comércio exterior no Brasil.

Com a reforma ministerial promovida em 2019, parte das atribuições da SECEX passou para a competência da Secretaria Especial de Comércio Exterior e Assuntos Internacionais, pertencente à então estrutura do Ministério da Economia.

O modelo foi desfeito, com a extinção do Ministério da Economia, em janeiro de 2023, com a posse do Presidente Lula, que retornou ao formato anterior, no qual as questões tributárias, financeiras e econômicas ficaram subordinadas ao Ministério da Fazenda[12].

Acreditamos que o modelo atual devolve a racionalidade às atividades estratégicas necessárias para o desenvolvimento do comércio exterior brasileiro, pois a SECEX retornou ao âmbito do **Ministério do Desenvolvimento, Indústria, Comércio e Serviços** (também recriado no início de 2023), o que nos parece muito mais adequado em termos vocacionais e de gestão.

Nas últimas edições do livro criticamos a "reforma" anterior, que concentrou poderes no Ministério da Economia, por entendermos que a abordagem tributária e financeira daquele órgão não era a mais adequada para a compreensão da dimensão dos desafios do comércio exterior brasileiro.

O Brasil precisa ser competitivo e aumentar sua participação no comércio internacional. Esse desafio exige a criação de um ambiente favorável às exportações, aliado a políticas públicas capazes de estimular o empreendedorismo, a capacitação dos empresários e a modernização do parque tecnológico nacional, missão que parece mais adequada ao MDICS.

A reestruturação do MDICS e a retomada de algumas atribuições da SECEX, que haviam sido diluídas no modelo anterior, se deu com a edição do Decreto n. 11.427, de 2 de março de 2023. Atualmente, compete à SECEX[13]:

I — formular e planejar propostas de diretrizes, implementar, supervisionar e coordenar políticas e programas de comércio exterior de bens e serviços e estabelecer normas e procedimentos necessários à sua operacionalização, ao seu monitoramento e à sua avaliação, respeitadas as competências dos demais órgãos;

II — representar o Ministério nas negociações e nos foros internacionais relativos ao comércio exterior, nos âmbitos multilateral, plurilateral, regional e bilateral, respeitadas as competências específicas, nos temas de:

a) bens;

b) serviços;

c) investimentos;

d) compras governamentais;

e) regime de origem;

f) barreiras técnicas;

g) facilitação de comércio;

h) defesa comercial;

i) solução de controvérsias;

j) propriedade intelectual;

k) comércio digital; e

l) outros temas tarifários e não tarifários;

III — elaborar estratégias de inserção internacional do País em temas relacionados com o comércio exterior, incluída a proposição de medidas de políticas fiscal e cambial, de transportes e fretes e de promoção comercial;

---

[12] Nos termos do Decreto n. 11.344, de 1.º de janeiro de 2023.

[13] Artigo 20 do Decreto n. 11.427/2023.

IV — coordenar, no âmbito do Ministério, a preparação de subsídios para o Mecanismo de Revisão de Política Comercial Brasileira da Organização Mundial do Comércio;

V — regulamentar os procedimentos relativos às investigações de defesa comercial e às avaliações de interesse público;

VI — implementar os mecanismos de defesa comercial e decidir sobre a abertura:

a) de investigação da existência de práticas elisivas;

b) de avaliação de interesse público; e

c) de investigações e revisões relativas à aplicação de medidas *antidumping*, compensatórias e de salvaguardas, e aceitação de compromissos de preço previstos nos acordos na área de defesa comercial;

VII — apoiar o exportador submetido a investigações de defesa comercial no exterior;

VIII — orientar e articular-se com o setor produtivo e com órgãos da administração pública federal, entidades e organismos nacionais e internacionais, em relação a barreiras às exportações brasileiras e propor iniciativas facilitadoras e de convergência regulatória em relação a terceiros países;

IX — administrar, controlar, desenvolver e normatizar o Sistema Integrado de Comércio Exterior — SISCOMEX e seu Portal Único de Comércio Exterior, observadas as competências de outros órgãos;

X — formular a política de informações de comércio exterior e implementar sistemática de tratamento e divulgação dessas informações;

XI — promover iniciativas destinadas à difusão da cultura exportadora e à integração de empresas brasileiras ao comércio exterior e ações e projetos destinados à promoção e ao desenvolvimento do comércio exterior, especialmente das empresas de pequeno e médio portes;

XII — representar o Ministério no Comitê Nacional de Facilitação do Comércio; e

XIII — propor medidas de aperfeiçoamento, simplificação e facilitação de comércio exterior e editar atos normativos para a sua execução;

XIV — elaborar e divulgar as estatísticas de comércio exterior, estudos e análises do comércio exterior, inclusive a balança comercial brasileira, observadas as recomendações internacionais e as competências de outros órgãos;

XV — conceder os regimes aduaneiros especiais de *drawback* nas modalidades de suspensão e isenção, para proporcionar o aumento da competitividade internacional do produto brasileiro;

XVI — estabelecer critérios de distribuição, administração e controle de cotas tarifárias e não tarifárias de importação e exportação; e

XVII — examinar e apurar a prática de ilícitos no comércio exterior e propor aplicação de penalidades.

6.2.1. Departamentos da SECEX

A SECEX é composta de cinco Departamentos, que, em linhas gerais, recuperaram as competências do modelo anterior a 2019. Para quem acompanha há tantos anos o comércio exterior brasileiro, o retorno ao modelo anterior, que funcionava bem, apenas confirma a opinião que externamos na edição anterior do livro, de que não havia qualquer justificativa técnica para a tal "reforma ministerial", com todo o poder concentrado num "superministério", do mesmo modo que nunca fez sentido, como também explicamos em edições anteriores, designar o Presidente da República para a chefia de um órgão (CAMEX) que lhe assessorava! Essas mudanças em nada colaboram com a imagem do país no exterior e apenas comprovam que perdemos muito tempo e energia com questões secundárias e sem sentido, enquanto outros países promovem enormes esforços para se tornarem cada vez mais competitivos no comércio internacional.

Os Departamentos possuem as seguintes competências:

■ Departamento de Operações de Comércio Exterior

I — desenvolver, executar e acompanhar políticas e programas de operacionalização do comércio exterior e propor normas e procedimentos necessários à sua implementação;

II — analisar e deliberar sobre:

    a) exigências e controles comerciais nas operações de importação e exportação;

    b) atos concessórios de *drawback*, nas modalidades isenção e suspensão;

    c) importação de bens usados; e

    d) exame de similaridade;

III — fiscalizar preços, pesos, medidas, classificação, qualidades e tipos, declarados nas operações de exportação e importação, diretamente ou em articulação com outros órgãos da administração pública federal, observadas as competências das repartições aduaneiras;

IV — coordenar o planejamento, o desenvolvimento e a implementação do Siscomex e do Portal Único de Comércio Exterior, e a gestão da atuação dos órgãos e entidades da administração pública federal participantes do processo, observadas as competências da Secretaria Especial da Receita Federal do Brasil do Ministério da Fazenda;

V — operacionalizar a administração e o controle de cotas tarifárias e não tarifárias de importação e exportação;

VI — elaborar estudos que visem a detectar práticas ilegais no comércio exterior e propor medidas pertinentes para o seu combate;

VII — gerenciar os dados administrativos das operações de exportação, importação e *drawback*, observadas as competências da Secretaria Especial da Receita Federal do Brasil do Ministério da Fazenda, e promover o seu compartilhamento com os órgãos intervenientes no comércio exterior, na medida das respectivas atribuições legais, observadas as hipóteses legais de sigilo;

VIII — administrar, no âmbito da Secretaria de Comércio Exterior, o Registro de Empresas Comerciais Exportadoras, nos termos de legislação específica;

IX — administrar os módulos operacionais do Siscomex, incluído o Portal Único de Comércio Exterior, e gerir a atuação de usuários do sistema, ressalvadas as competências do Ministério da Fazenda;

X — elaborar estudos que compreendam:

    a) as avaliações setoriais de comércio exterior e sua interdependência com o comércio interno;

    b) as mensurações do impacto das exigências e controles administrativos incidentes sobre o comércio exterior brasileiro, nas importações e nas exportações do País; e

c) o desenvolvimento, a implementação e o acompanhamento de gestão de risco para as exigências e os controles comerciais aplicados sobre as operações de importação e exportação;

XI — implementar no Siscomex e no Portal Único de Comércio Exterior as exigências e os controles administrativos incidentes sobre importações e exportações, em articulação com os órgãos intervenientes no comércio exterior e observadas as competências de cada um; e

XII — efetuar análises, no âmbito do Ministério, relacionadas aos efeitos da tributação sobre o comércio exterior de bens e serviços, consideradas a inserção internacional e a competitividade da economia brasileira.

◼ Departamento de Negociações Internacionais

I — coordenar, em articulação com os demais órgãos competentes, a participação brasileira nas negociações internacionais relativas ao comércio exterior, nos âmbitos multilateral, plurilateral, regional e bilateral, nos temas de:

a) bens;

b) serviços;

c) investimentos;

d) compras governamentais;

e) regimes de origem;

f) barreiras técnicas;

g) comércio e desenvolvimento sustentável;

h) meio ambiente;

i) clima;

j) trabalho;

k) propriedade intelectual;

l) solução de controvérsias; e

m) outros temas tarifários e não tarifários;

II — coordenar, em articulação com os demais órgãos competentes, a participação brasileira nas comissões administradoras dos acordos firmados pela República Federativa do Brasil e pelo Mercado Comum do Sul — Mercosul com países e blocos econômicos, e propor e implementar o seu aprimoramento;

III — participar de negociações internacionais, reuniões, comitês técnicos, grupos de trabalho, comissões bilaterais e de monitoramento de comércio, foros de cooperação, inclusive no âmbito de instituições como a Organização Mundial do Comércio, o Mercosul e a Associação Latino-Americana de Integração — Aladi, em temas de sua competência;

IV — administrar, no País, o Sistema Geral de Preferências e o Sistema Global de Preferências Comerciais, e os regulamentos de origem dos acordos comerciais firmados pela República Federativa do Brasil e dos sistemas preferenciais na exportação e não preferenciais na importação;

V — coordenar, nacionalmente, os seguintes comitês do Mercosul:

a) o Comitê Técnico n. 1 — de Tarifas, Nomenclatura e Classificação de Mercadorias;

b) o Comitê Técnico n. 3 — de Normas e Disciplinas Comerciais; e

c) o Comitê Técnico n. 8 — Transposição de Nomenclatura de Acordos Comerciais com Terceiros Países e Grupos de Países;

VI — formular proposta de revisão da estrutura tarifária brasileira;

VII — analisar e recomendar encaminhamentos sobre alterações tarifárias;

VIII — analisar e propor alterações na Tarifa Externa Comum e na Nomenclatura Comum do Mercosul; e

IX — articular-se com outros órgãos da administração pública federal, entidades e organismos nacionais e internacionais para promover a superação das barreiras às exportações brasileiras ou a atenuação de seus efeitos.

■ Departamento de Defesa Comercial

I — examinar a procedência e o mérito de petições de abertura de investigações e revisões de *dumping*, de subsídios e de salvaguardas previstas em acordos com vistas à defesa da produção doméstica;

II — propor a instauração de processo e conduzir as investigações e as revisões sobre a aplicação de medidas *antidumping*, compensatórias e de salvaguardas, e sua aplicação e extensão a terceiros países e a partes, peças e componentes dos produtos objeto de medidas *antidumping* e compensatórias vigentes;

III — propor a regulamentação dos procedimentos relativos às investigações de defesa comercial e às avaliações de interesse público;

IV — examinar a conveniência e o mérito de propostas de compromissos de preço previstos nos acordos multilaterais, plurilaterais, regionais ou bilaterais;

V — examinar a procedência e o mérito de petições, propor a abertura e conduzir investigação sobre a existência de práticas elisivas e de medidas de defesa comercial;

VI — com vistas a subsidiar a definição da posição brasileira, acompanhar, participar e formular propostas sobre:

a) negociações internacionais e consultas referentes a acordos multilaterais, plurilaterais, regionais e bilaterais referentes à aplicação de medidas de defesa comercial; e

b) procedimentos de solução de controvérsias referentes a medidas de defesa comercial, no âmbito multilateral, plurilateral, regional e bilateral;

VII — acompanhar as investigações de defesa comercial abertas por terceiros países contra as exportações brasileiras e prestar assistência à defesa do exportador, em articulação com outros órgãos e entidades públicas e privadas;

VIII — examinar a procedência e o mérito de petições de análise de interesse público com vistas a avaliar o impacto das medidas de defesa comercial sobre a economia nacional;

IX — elaborar as notificações sobre medidas de defesa comercial previstas em acordos internacionais;

X — elaborar material técnico para orientação e divulgação dos mecanismos de defesa comercial;

XI — examinar a procedência e o mérito de petições de redeterminação das medidas de defesa comercial, propor a abertura e conduzir os procedimentos para alterar a forma de aplicação ou o montante da medida de defesa comercial;

XII — examinar a procedência e o mérito de petições de análise de escopo das medidas de defesa comercial, propor a abertura e conduzir procedimentos para determinar se um produto está sujeito a medidas de defesa comercial;

XIII — examinar a procedência e o mérito de petições de revisão administrativa, propor a abertura e conduzir procedimentos para determinar a eventual restituição de valores recolhidos em montante superior ao determinado para o período da revisão; e

XIV — propor a suspensão ou a alteração de aplicação de medidas *antidumping* ou compensatórias em razão de interesse público.

◨ Departamento de Planejamento e Inteligência Comercial

I — assessorar a formulação e a revisão das políticas e dos programas de comércio exterior, e avaliar seus resultados e impactos;

II — elaborar e divulgar estudos, indicadores, publicações e informações sobre os fluxos de comércio, produtos, setores e mercados estratégicos para o comércio exterior brasileiro de bens e serviços;

III — definir e implementar estratégias de produção, análise e disseminação de dados e informações estatísticas do comércio exterior de bens e serviços, e desenvolver, manter e gerenciar sistemas eletrônicos para tais fins;

IV — planejar e promover capacitações, orientações, manuais, suporte e atendimento quanto ao correto uso dos dados estatísticos e dos sistemas de disseminação das estatísticas do comércio exterior de bens e serviços;

V — elaborar e revisar periodicamente as metodologias de produção e disseminação de dados e informações estatísticas, observados as melhores práticas, os padrões e os manuais internacionais; e

VI — elaborar e divulgar a balança comercial brasileira, observadas as recomendações internacionais sobre o tema.

◨ Departamento de Promoção das Exportações, Cultura Exportadora e Facilitação de Comércio

I — formular, coordenar, implementar e monitorar as ações de apoio às exportações e de difusão da cultura exportadora no âmbito nacional e nas unidades federativas, em parceria com entidades públicas e representativas da sociedade civil organizada;

II — planejar, desenvolver e coordenar, em âmbito nacional, regional e setorial, ações de capacitação em comércio exterior e eventos direcionados para a divulgação e fomento das exportações;

III — coordenar, no âmbito do Ministério, ações referentes ao Acordo sobre Facilitação de Comércio da Organização Mundial do Comércio e ao Acordo sobre Procedimentos para o Licenciamento de Importações junto à Organização Mundial do Comércio;

IV — exercer a função de Secretaria Executiva do Comitê Nacional de Facilitação do Comércio e representar o Ministério em negociações internacionais e eventos relacionados à facilitação de comércio, ressalvadas as atribuições dos órgãos competentes;

V — atuar junto aos órgãos intervenientes no comércio exterior para a simplificação, a harmonização e a execução de regras, formalidades, procedimentos e exigências administrativas incidentes sobre importações e exportações;

VI — atuar, em cooperação com outros países e organismos internacionais, na promoção, no desenvolvimento e na implementação de medidas de facilitação de comércio em âmbito multilateral, plurilateral, regional ou bilateral;

VII — coordenar o planejamento, o desenvolvimento e a implementação do SISCO-MEX e do Portal Único de Comércio Exterior, e a gestão da atuação dos órgãos e das entidades da administração pública federal participantes do processo, em conjunto com o Departamento de Operações de Comércio Exterior, observadas as competências do Ministério da Fazenda;

VIII — manter o serviço de centro de informação para a solução de dúvidas e prestação de informações relativas a procedimentos, formalidades e exigências administrativas incidentes sobre o comércio exterior brasileiro, em parceria com outros órgãos intervenientes no comércio exterior; e

IX — elaborar estudos, formular propostas, planejar e executar ações, e elaborar e integrar projetos destinados à melhoria da competitividade dos produtos brasileiros no mercado internacional e à facilitação do comércio, inclusive em relação:

a) ao aprimoramento do ambiente regulatório;

b) à simplificação, à harmonização, à modernização e à integração de formalidades, processos e exigências administrativas;

c) ao desenvolvimento, ao aprimoramento e à integração de sistemas de gestão e controle de operações de exportação e de importação;

d) à logística de comércio exterior;

e) ao emprego de tecnologias de informação e de automação no comércio exterior; e

f) às boas práticas regulatórias, à promoção da transparência e do acesso público a informações relacionadas com operações de comércio exterior.

6.3. SECRETARIA EXECUTIVA DA CÂMARA DE COMÉRCIO EXTERIOR

A Secretaria Executiva da Câmara de Comércio Exterior foi criada pelo Decreto n. 9.745/2019 mas foi mantida como órgão de assessoramento à CAMEX mesmo após o retorno aoMinistério do Desenvolvimento, Indústria, Comércio e Serviços. A Secretaria Executiva possui, atualmente, as seguintes atribuições[14]:

I — assessorar o Conselho Estratégico da Câmara de Comércio Exterior — Camex, o Comitê Executivo de Gestão e os demais órgãos integrantes da Camex, exceto se houver disposição contrária em ato do Poder Executivo federal ou em resolução do Comitê Executivo de Gestão;

II — assistir o Presidente do Conselho Estratégico da Camex e o Presidente do Comitê Executivo de Gestão;

III — preparar as reuniões do Conselho Estratégico da Camex, do Comitê Executivo de Gestão e dos demais órgãos da Camex, exceto se houver disposição contrária em ato do Poder Executivo federal ou em resolução do Comitê Executivo de Gestão;

IV — articular-se com entidades públicas e privadas e, em especial, com os demais órgãos da Camex, com vistas ao permanente aperfeiçoamento de suas ações;

---

[14] Artigo 13 do Decreto n. 11.427/2023.

V — identificar, avaliar e submeter ao Conselho Estratégico da Camex medidas e propostas de normas e de outros atos relacionados ao comércio exterior;

VI — avaliar e consolidar demandas a serem submetidas ao Comitê Executivo de Gestão e aos demais órgãos da Camex;

VII — acompanhar e avaliar, quanto a prazos e metas, a implementação e o cumprimento das deliberações e das diretrizes estabelecidas pelo Comitê Executivo de Gestão, incluídas aquelas cometidas aos demais órgãos da Camex;

VIII — coordenar os colegiados, os comitês e os grupos técnicos criados no âmbito da Camex;

IX — propor ao Comitê Executivo de Gestão a criação de grupos técnicos para o acompanhamento e a formulação de propostas de políticas, programas e ações públicas em matéria comercial, de serviços e de investimentos entre o País e seus parceiros;

X — elaborar estudos e publicações, promover atividades conjuntas e propor medidas relacionadas com comércio exterior e investimentos, inclusive em parceria com o Serviço Social Autônomo Agência de Promoção de Exportações do Brasil — Apex-Brasil ou com outros órgãos e entidades;

XI — apoiar e acompanhar as negociações internacionais relacionadas com matérias relevantes à Camex;

XII — desempenhar as funções de *Ombudsman* de Investimentos Diretos, nos termos do disposto no Decreto n. 8.863, de 28 de setembro de 2016;

XIII — adotar, no âmbito de sua competência, as medidas administrativas necessárias à execução das atividades relacionadas com o Seguro de Crédito à Exportação — SCE, incluída a contratação de instituição habilitada para a execução de serviços a ele relacionados;

XIV — adotar, em coordenação com a Advocacia-Geral da União, providências para cobrança judicial e extrajudicial, no exterior, incluída a contratação, observado o disposto na Lei n. 11.281, de 20 de fevereiro de 2006, de instituição habilitada ou de advogado de comprovada reputação ilibada, no País ou no exterior, dos créditos da União decorrentes de:

a) indenizações pagas, no âmbito do SCE, com recursos públicos; e

b) financiamentos não pagos contratados com recursos do Programa de Financiamento às Exportações — PROEX e do extinto Fundo de Financiamento à Exportação — FINEX, esgotadas as possibilidades de recuperação do crédito pelo agente financeiro;

XV — implementar a concessão da garantia da cobertura dos riscos comerciais e dos riscos políticos e extraordinários assumidos pela União, em decorrência do SCE, conforme autorização do Comitê de Financiamento e Garantia das Exportações — COFIG;

XVI — autorizar o pagamento de indenizações, no âmbito do SCE, com recursos públicos, após os procedimentos de regulação de sinistros; e

XVII — exercer outras competências que lhe forem cometidas pelo Presidente do Comitê Executivo de Gestão ou em atos do Poder Executivo federal.

Figura 6.3.   Organograma do Ministério do Desenvolvimento, Indústria, Comércio e Serviços (Decreto n. 12.107, de 10 de julho de 2024)

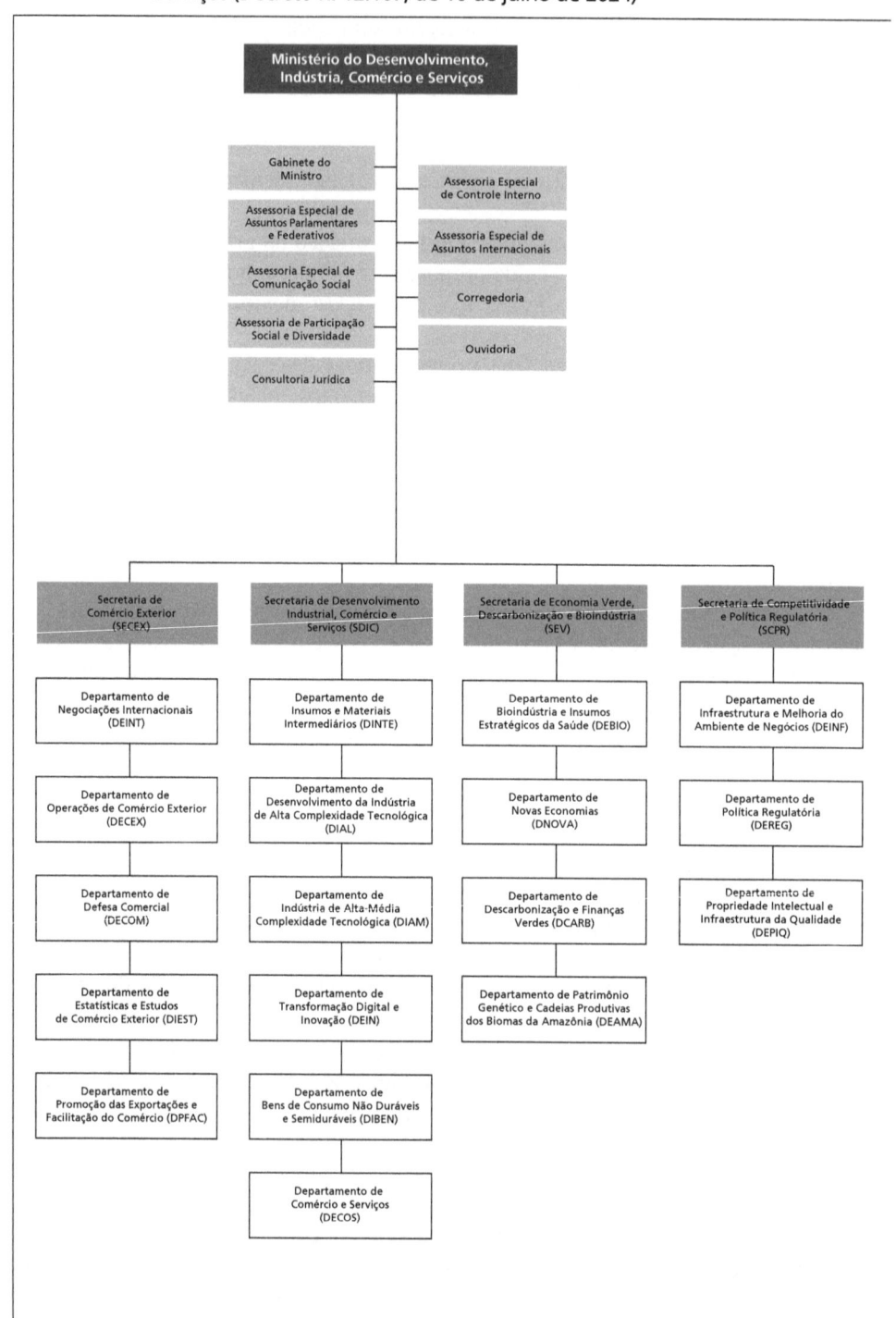

Fonte: https://www.gov.br/mdic/pt-br/composicao/organograma (acesso em novembro de 2024)

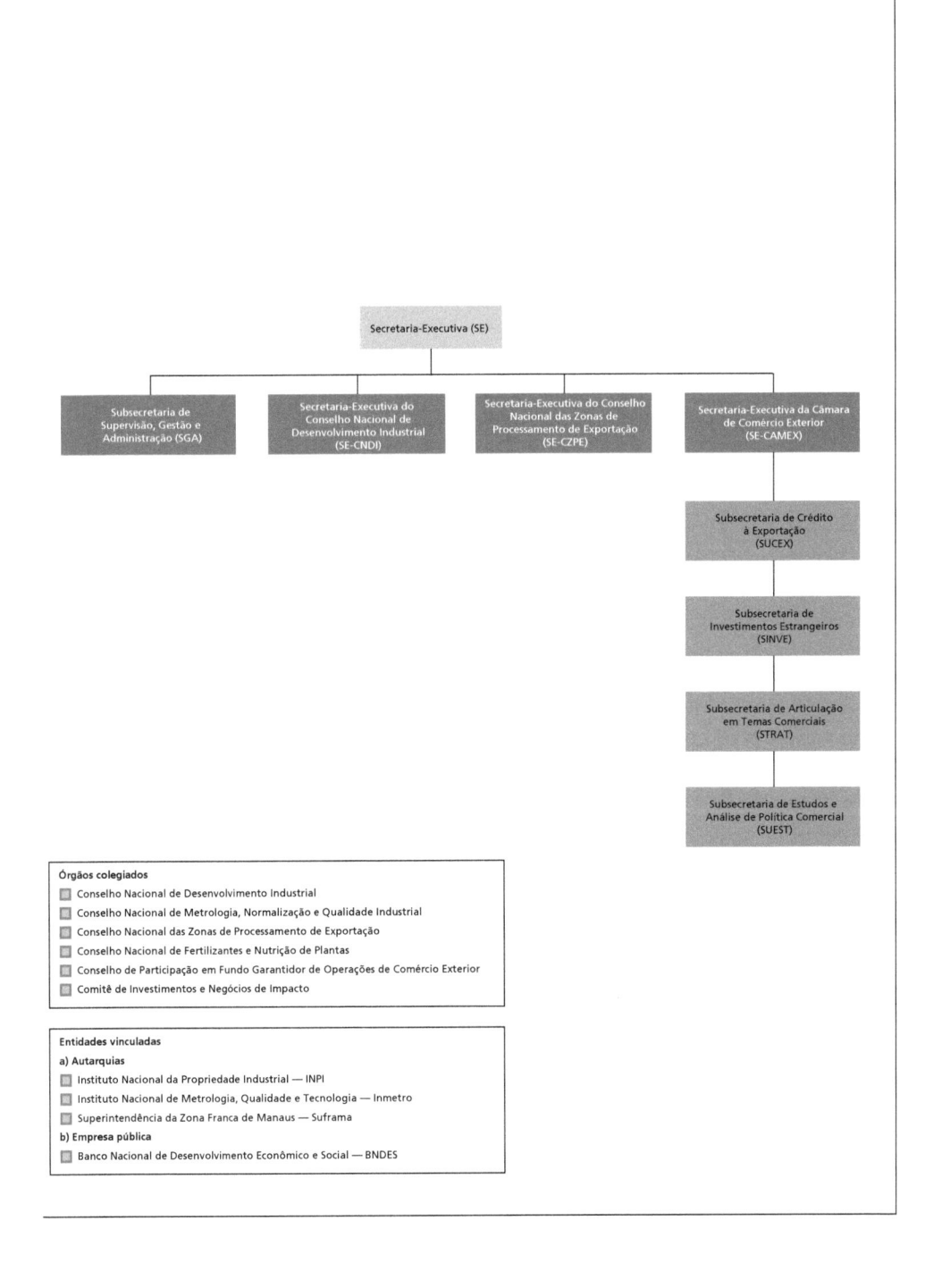

6.4. BANCO CENTRAL DO BRASIL (BACEN)

As operações de comércio exterior, como exportações e importações de bens e serviços, normalmente têm como contrapartida a entrada ou saída de moeda estrangeira, e estão sujeitas, portanto, ao chamado **controle cambial**.

O **Banco Central do Brasil**, autarquia federal integrante do Sistema Financeiro Nacional[15], foi criado pela Lei n. 4.595, de 31 de dezembro de 1964, e é responsável, entre outras atribuições, pela gestão das atividades monetárias, entre elas a condução da política de câmbio.

Das diversas competências do Banco Central, emanadas da Constituição e da legislação, destacamos aquelas relacionadas ao **comércio exterior**, a saber:

- ◼ efetuar o controle do fluxo de capitais estrangeiros, nos termos da lei;
- ◼ atuar como depositário das reservas oficiais de ouro e moeda estrangeira;
- ◼ conceder autorização às instituições financeiras, a fim de que possam, entre outras atividades, praticar operações de câmbio, crédito real e venda de títulos da dívida pública federal, estadual ou municipal, ações, debêntures, letras hipotecárias e outros títulos de crédito ou mobiliários;
- ◼ realizar entendimentos, em nome do governo brasileiro, com instituições financeiras estrangeiras e organismos internacionais;
- ◼ promover a colocação de empréstimos internos ou externos;
- ◼ regular o funcionamento do mercado cambial, da estabilidade relativa das taxas de câmbio e do equilíbrio no balanço de pagamentos, com a possibilidade de participar diretamente do mercado, mediante compra e venda de ouro e moedas estrangeiras, bem assim realizar operações de crédito no exterior.

A estrutura administrativa do BACEN possui departamentos que atuam diretamente nas áreas de controle e execução das políticas cambial e de crédito ao comércio exterior, além de participarem da **gestão do SISCOMEX**, juntamente da Receita Federal do Brasil (RFB) e da Secretaria de Comércio Exterior (SECEX).

O Presidente do Banco Central, em conjunto com o Ministro da Fazenda e o Ministro do Planejamento, Orçamento e Gestão, também integra o **Conselho Monetário Nacional**, órgão normativo superior do Sistema Financeiro Nacional, que possui, entre suas atribuições, a responsabilidade de formular a política monetária e de crédito no país, cujo principal objetivo é o desenvolvimento econômico.

O Conselho Monetário Nacional reúne-se, em regra, mensalmente (além da possibilidade de convocações extraordinárias) e delibera por meio de resoluções.

---

[15] Constituição da República, artigo 192, com a redação dada pela Emenda Constitucional n. 40/2003: *O sistema financeiro nacional, estruturado de forma a promover o desenvolvimento equilibrado do país e a servir aos interesses da coletividade, em todas as partes que o compõem, abrangendo as cooperativas de crédito, será regulado por leis complementares que disporão, inclusive, sobre a participação do capital estrangeiro nas instituições que o integram.*

6.5. MINISTÉRIO DAS RELAÇÕES EXTERIORES (MRE)

O **Ministério das Relações Exteriores** integra a administração pública direta e auxilia o Presidente da República nas tratativas com outros países soberanos, governos e organismos internacionais.

O MRE desenvolve suas atividades por meio da rede diplomática e consular, que representa os interesses estatais e particulares do Brasil em todos os países com os quais mantemos relações diplomáticas.

Como órgão responsável pela condução da **política internacional**, os membros do Itamaraty, como também é conhecido o MRE, promovem e participam de encontros com delegações estrangeiras, comitivas e representações dos mais diversos atores da comunidade internacional, por meio dos quais negociam tratados e acordos de sua competência.

O Itamaraty mantém departamentos voltados às **negociações regionais brasileiras**, como nos casos do Mercosul, ALADI e UNASUL, além de contato permanente com importantes organismos e fóruns internacionais relacionados ao comércio, a exemplo da OMC.

A atuação do Ministério das Relações Exteriores transcende os interesses públicos e alcança as necessidades de empresários e particulares nacionais, com a participação em negociações comerciais, econômicas, jurídicas, técnicas e culturais de interesse da sociedade, em prol do desenvolvimento nacional.

Com a abertura dos mercados, o MRE passou a exercer importante papel de **divulgação comercial**, na busca de incremento das exportações brasileiras e captação de recursos estrangeiros, por meio de informações, seminários e *workshops* realizados pela **rede consular** e **diplomática**.

A rede consular e diplomática do Ministério das Relações Exteriores também atua em **caráter notarial**, auxiliando brasileiros que necessitem de reconhecimento jurídico para documentos produzidos no exterior.

Qualquer brasileiro residente em outro país pode, por exemplo, efetuar uma procuração, nos termos da legislação local, e depois encaminhá-la para a repartição consular competente, com o objetivo de validá-la, procedimento que se denomina **consularização** e que deve ser feito em relação a contratos celebrados no exterior, traduções juramentadas e outros instrumentos de que precisarão, de acordo com a legislação brasileira, a fim de produzir efeitos no país.

Os consulados brasileiros no exterior também são utilizados para que brasileiros **não residentes** possam exercer seus direitos e deveres políticos, como o voto obrigatório ou a justificativa de ausência nas eleições presidenciais.

6.6. SECRETARIA DA RECEITA FEDERAL DO BRASIL

A **Receita Federal do Brasil**, órgão do Ministério da Fazenda, é composta das unidades centrais, de decisão e coordenação, e unidades descentralizadas, divididas **em dez regiões** fiscais que abrangem todo o território nacional.

Devido a questões de índole histórica, que remontam à época pós-descobrimento, a administração fazendária brasileira — encarregada dos tributos internos — também se manteve responsável, até os dias de hoje, pelo **controle aduaneiro** do país, conforme estabelecido no artigo 237 da Constituição da República[16].

Por conta disso, existem dois grandes focos de atuação na Receita Federal do Brasil: um ligado à arrecadação dos **tributos internos** e outro responsável pelo controle do **comércio exterior**, relativo a questões tributárias e administrativas que envolvam a entrada e a saída de mercadorias, pessoas ou veículos.

Em razão de suas múltiplas competências e do escopo deste livro, trataremos apenas das atribuições e estrutura destinadas ao **controle aduaneiro**, conforme legislação em vigor.

O atual **regimento** da Receita Federal do Brasil[17], publicado no *Diário Oficial da União* em 27 de julho de 2020, apresenta os objetivos da Secretaria:

I — planejar, coordenar, supervisionar, executar, controlar e avaliar as atividades de administração tributária federal e aduaneira, incluídas aquelas relativas às contribuições sociais destinadas ao financiamento da seguridade social e às contribuições devidas a terceiros, assim entendidos outros fundos e entidades, na forma da legislação em vigor;

II — propor medidas de aperfeiçoamento, regulamentação e consolidação da legislação tributária federal;

III — interpretar e aplicar a legislação tributária, aduaneira, de custeio previdenciário e correlata, e editar os atos normativos e as instruções necessárias à sua execução;

IV — estabelecer obrigações tributárias acessórias e disciplinar a entrega de declarações;

V — preparar e julgar, em primeira instância, processos administrativos de determinação e exigência de créditos tributários e de reconhecimento de direitos creditórios relativos aos tributos administrados pela RFB;

VI — preparar e julgar, em instância única, processos administrativos de aplicação de pena de perdimento de mercadorias e valores e de multa a transportador de passageiros ou de carga em viagem doméstica ou internacional que transportar mercadoria sujeita à pena de perdimento;

VII — acompanhar a execução das políticas tributária e aduaneira e estudar seus efeitos sociais e econômicos;

VIII — planejar, dirigir, supervisionar, orientar, coordenar e executar os serviços de fiscalização, lançamento, cobrança, arrecadação e controle dos tributos e das demais receitas da União sob sua administração;

IX — realizar a previsão, o acompanhamento, a análise e o controle das receitas sob sua administração, além de coordenar e consolidar as previsões das demais receitas federais, para subsidiar a elaboração da proposta orçamentária da União;

---

[16] Artigo 237. A fiscalização e o controle sobre o comércio exterior, essenciais à defesa dos interesses fazendários nacionais, serão exercidos pelo Ministério da Fazenda.

[17] Conforme artigo 1.º da Portaria do Ministério da Fazenda n. 284, de 27 de julho de 2020, em vigor na data de fechamento desta edição.

X — propor medidas destinadas a compatibilizar a receita a ser arrecadada com os valores previstos na programação financeira federal;

XI — estimar e quantificar a renúncia de receitas administradas e avaliar os efeitos das reduções de alíquotas, das isenções tributárias e dos incentivos ou estímulos fiscais, ressalvada a competência de outros órgãos que também tratem da matéria;

XII — promover atividades de cooperação e integração entre as administrações tributárias do País, entre o fisco e o contribuinte, e de educação fiscal, além de preparar e divulgar informações tributárias e aduaneiras;

XIII — elaborar estudos e estatísticas econômico-tributários para subsidiar a formulação das políticas tributárias e, em relação ao comércio exterior, estabelecer política de informações econômico-fiscais e implementar sistemática de coleta, tratamento e divulgação dessas informações;

XIV — celebrar convênios com órgãos e entidades da Administração Pública e entidades de direito público ou privado, para permuta de informações, racionalização de atividades, desenvolvimento de sistemas compartilhados e realização de operações conjuntas;

XV — gerir o Fundo Especial de Desenvolvimento e Aperfeiçoamento das Atividades de Fiscalização (Fundaf), instituído pelo art. 6.º do Decreto-Lei n. 1.437, de 17 de dezembro de 1975;

XVI — negociar e participar da implementação de acordos, tratados e convênios internacionais pertinentes à matéria tributária e aduaneira;

XVII — dirigir, supervisionar, orientar, coordenar e executar os serviços de administração, fiscalização e controle aduaneiros, inclusive quanto ao alfandegamento de áreas e recintos;

XVIII — dirigir, supervisionar, orientar, coordenar e executar o controle do valor aduaneiro e de preços de transferência de mercadorias importadas ou exportadas, ressalvadas as competências do Comitê Brasileiro de Nomenclatura;

XIX — dirigir, supervisionar, orientar, coordenar e executar as atividades relacionadas com nomenclatura, classificação fiscal e econômica e origem de mercadorias, inclusive para representar o País em reuniões internacionais sobre a matéria;

XX — planejar, coordenar e realizar as atividades de repressão aos ilícitos tributários e aduaneiros, inclusive contrafação, pirataria, entorpecentes e drogas afins, armas de fogo, lavagem e ocultação de bens, direitos e valores, observada a competência específica de outros órgãos;

XXI — administrar, controlar, avaliar e normatizar o Siscomex, ressalvadas as competências de outros órgãos;

XXII — articular-se com órgãos, entidades e organismos nacionais, internacionais e estrangeiros que atuem no campo econômico-tributário, econômico-previdenciário e de comércio exterior, para realização de estudos, conferências técnicas, congressos e eventos semelhantes;

XXIII — elaborar proposta de atualização do plano de custeio da seguridade social, em articulação com os demais órgãos envolvidos; e

XXIV — orientar, supervisionar e coordenar as atividades de produção e disseminação de informações estratégicas na área de sua competência, em especial aquelas destinadas ao gerenciamento de riscos ou à utilização por órgãos e entidades participantes de operações conjuntas, que visem à qualidade e à fidedignidade das informações, à prevenção e ao combate às fraudes e práticas delituosas, no âmbito da administração tributária federal e aduaneira.

Com base na competência constitucional que lhe foi outorgada como órgão específico e singular do Ministério da Fazenda, cabe à Receita Federal do Brasil a administração das atividades aduaneiras (de natureza administrativa), bem assim a fiscalização, o controle e a tributação das operações de comércio exterior.

A jurisdição da Receita Federal abrange todo o território brasileiro, que, para fins da legislação aduaneira, se divide em **zona primária** e **zona secundária**.

A **zona primária** é considerada área de segurança nacional e corresponde aos "pontos de contato" com o exterior, ou seja, locais onde pessoas, mercadorias e veículos podem, **sob controle aduaneiro**, ingressar no Brasil ou dele sair.

Nos termos do artigo 3.º do Regulamento Aduaneiro[18], a zona primária compreende as áreas demarcadas pela Receita Federal nos seguintes locais:

- ■ a área terrestre ou aquática, contínua ou descontínua, nos portos alfandegados;
- ■ a área terrestre, nos aeroportos alfandegados; e
- ■ a área terrestre, que compreende os pontos de fronteira alfandegados.

A **zona secundária** compreende todo o território aduaneiro, inclusive, por determinação constitucional, o espaço aéreo e o mar territorial, sob competência da União[19]. Dito de outra forma, a zona secundária engloba todo o país, exceto os poucos aeroportos, portos e pontos de fronteira alfandegados pela Receita Federal do Brasil e habilitados ao transporte internacional de cargas e passageiros.

Em termos estruturais, o controle do comércio exterior possui uma subsecretaria especializada, além de coordenações, divisões e seções que, dispostas hierarquicamente, cuidam, ainda, das relações internacionais em matéria tributária e aduaneira.

---

[18] Promulgado pelo Decreto n. 6.759, de 5 de fevereiro de 2009.
[19] Constituição da República, artigos 20, VI, e 48, V.

Figura 6.4. Organograma da Receita Federal[20]

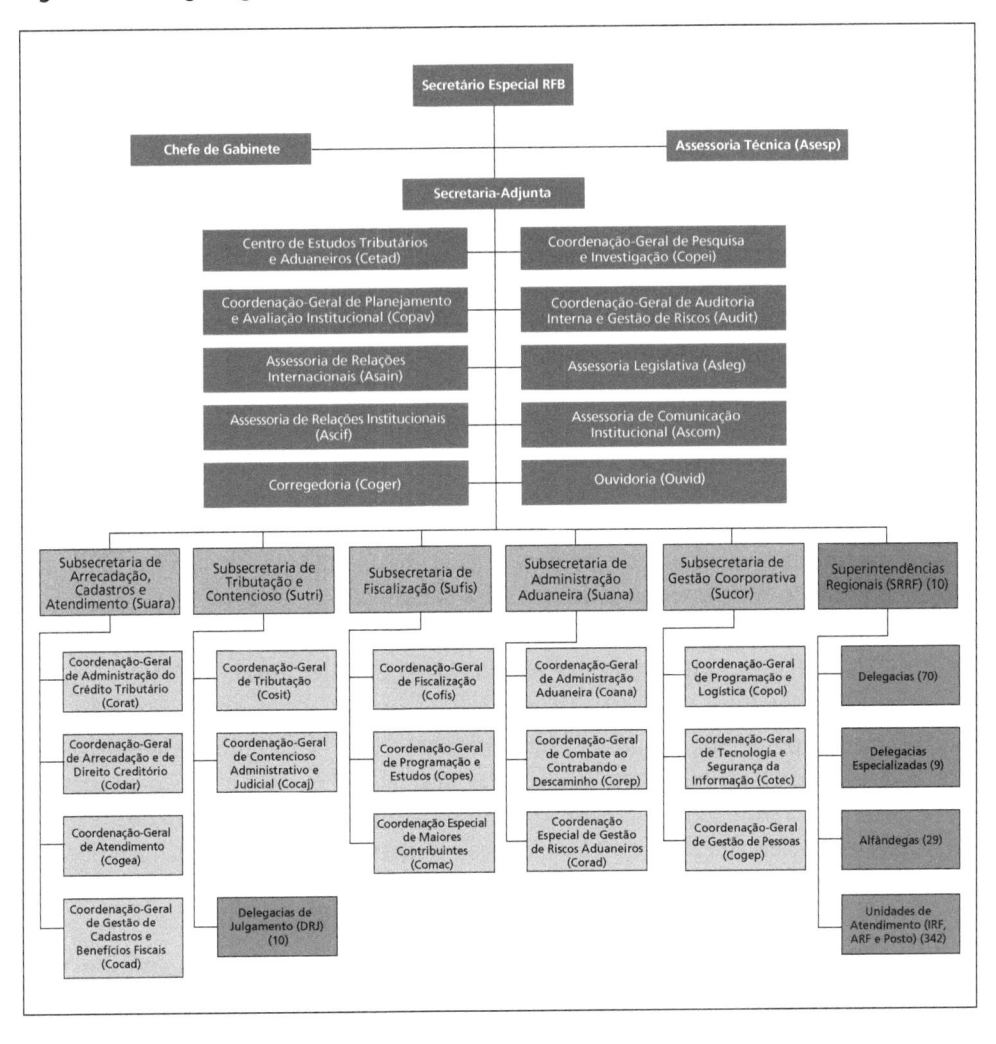

6.7. O SISTEMA INTEGRADO DE COMÉRCIO EXTERIOR (SISCOMEX)

O que atualmente chamamos Sistema Integrado de Comércio Exterior (SISCO-MEX) é um conjunto de softwares destinados ao registro, controle e acompanhamento das operações de comércio exterior.

Originalmente foi desenvolvido, de forma pioneira, pelo Brasil, o módulo SISCO-MEX para o registro das exportações **(SISCOMEX Exportação)**, institucionalizado pelo Decreto n. 660, de 25 de setembro de 1992, ainda na antiga plataforma DOS, que passou a operar no ano seguinte.

---

[20] Disponível em: https://www.gov.br/receitafederal/pt-br/acesso-a-informacao/institucional/estrutura-organizacional.

A proposta visava à integração e intervenção, num único ambiente informatizado, dos principais órgãos de controle das atividades aduaneiras, como a Secretaria de Comércio Exterior, a Secretaria da Receita Federal e o Banco Central. Esses órgãos, denominados **gestores** do SISCOMEX, passaram a registrar e autorizar as operações de suas respectivas competências com a participação, sempre que necessário, dos chamados órgãos **anuentes**, responsáveis por controles específicos, nos termos da lei.

Com a adoção do SISCOMEX, os procedimentos passaram a ser *on-line*, sem a necessidade de entrega prévia de solicitações e documentos nas repartições envolvidas, possibilitando a redução dos custos operacionais e dos prazos de liberação das mercadorias. Adicionalmente, a informatização de todas as operações de exportação permitiu a elaboração de levantamentos estatísticos detalhados, ferramenta de suporte indispensável à política de comércio exterior.

A partir de 1997, foi disponibilizado o **SISCOMEX Importação**, já na plataforma *Windows*, com interface mais amigável e intuitiva para os usuários. Hoje em dia, o SISCOMEX possui diversos módulos específicos, como os destinados ao controle do trânsito aduaneiro e das operações de *drawback*.

Os principais usuários do SISCOMEX são os importadores, exportadores, depositários e transportadores, que, por meio de seus representantes legais, devem obter, na Receita Federal do Brasil, senha de acesso para habilitação ao sistema.

6.8. CONSELHO DE CONTROLE DE ATIVIDADES FINANCEIRAS (COAF)

O COAF foi criado, originalmente, no âmbito do Ministério da Fazenda, com a finalidade de disciplinar, aplicar penas administrativas, receber, examinar e identificar as ocorrências suspeitas de atividades ilícitas previstas nessa Lei, sem prejuízo da competência de outros órgãos e entidades, nos termos do artigo 14 da Lei n. 9.613/98.

A partir de janeiro de 2020, o COAF foi reestruturado, com o advento da Lei n. 13.974, que o dotou de autonomia técnica e operacional, vinculando-o ao Banco Central do Brasil.

O COAF possui como atribuições principais:

■ produzir e gerir informações de inteligência financeira para a prevenção e o combate à lavagem de dinheiro;

■ promover a interlocução institucional com órgãos e entidades nacionais, estrangeiros e internacionais que tenham conexão com suas atividades.

Com efeito, assuntos relativos à ocultação ou dissimulação de bens, direitos e valores integram o conceito popularmente conhecido como "lavagem de dinheiro", de grande importância e repercussão no cenário internacional.

O Brasil participa de diversos tratados para combater os crimes relacionados à evasão de divisas, "lavagem de dinheiro" e importações ou exportações ilícitas, e, nesse sentido, também compete ao COAF coordenar e propor mecanismos de cooperação e de troca de informações com órgãos internos, como a Receita Federal do Brasil e o Banco Central, bem assim com organizações internacionais.

6.9. QUESTÕES[21]

1. (ESAF — AFRF — 2001) A entidade normativa superior do Sistema Financeiro Nacional, responsável pela fixação das diretrizes da política monetária, creditícia e cambial do Brasil é
a) o Conselho Monetário Nacional.
b) o Banco Nacional de Desenvolvimento Econômico e Social.
c) a Câmara de Comércio Exterior do Conselho do Governo.
d) o Conselho Nacional de Política Fazendária.
e) o Banco Central do Brasil.

2. (ESAF — AFRF — 2001) O órgão executivo regulador das operações de câmbio do Comércio Exterior, que também as fiscaliza e controla, é
a) o Conselho Monetário Nacional — CMN.
b) o Banco Central do Brasil — BACEN.
c) a Câmara de Comércio Exterior — CAMEX.
d) o Banco Nacional de Desenvolvimento Econômico e Social — BNDES.
e) a Secretaria da Receita Federal — SRF.

3. (ESAF — AFRF — 2001) A Secretaria de Comércio Exterior — SECEX — tem entre suas principais atribuições e objetivos:
a) administrar os tributos internos e aduaneiros da União;
b) coordenar a aplicação da defesa contra práticas desleais de Comércio Exterior, bem como de medidas de salvaguardas comerciais;
c) certificar os documentos sanitários das exportações brasileiras;
d) propor e estabelecer normas sobre as operações de câmbio no Comércio Exterior;
e) financiar as operações de exportação.

4. (ESAF — AFRF — 2002) Exercer, prévia ou posteriormente, a fiscalização de preços, pesos, medidas, qualidade e tipos declarados nas operações de importação e de exportação, acompanhar a execução dos acordos internacionais relacionados com o comércio exterior, conceder a aplicação do mecanismo do "drawback", investigar a ocorrência de "dumping" e subsídios com vistas a estabelecer as medidas de defesa comercial, são algumas das atribuições
a) da Secretaria da Receita Federal, tendo em vista sua competência constitucional para a fiscalização e controle do comércio exterior, além da pesquisa e fiscalização do valor aduaneiro das mercadorias reprimir as práticas de sub e superfaturamento na importação e na exportação.
b) do Ministério das Relações Exteriores, tendo em vista que dumping, subsídios, salvaguardas, valoração aduaneira, Sistema Harmonizado, acordos internacionais de comércio são decorrentes de atos internacionais sob sua competência constitucional.
c) da Secretaria de Comércio Exterior, tendo em vista competir a ela, entre outras atribuições, exercer a política de comércio exterior e autorizar as importações e exportações de mercadorias através do mecanismo do licenciamento.
d) do Banco Central do Brasil em conjunto com a Secretaria de Comércio Exterior, tendo em vista o controle cambial e administrativo das operações de importação e exportação.
e) da Secretaria da Receita Federal e do Banco Central do Brasil, tendo em vista a necessidade de coibir as fraudes cambiais nas operações de comércio exterior, fretes internacionais e conciliação entre os contratos de câmbio, faturas comerciais e conhecimentos de carga.

5. (ESAF — AFRF — 2003) Os procedimentos especiais de investigação e controle das operações de comércio exterior, decorrentes de indício de incompatibilidade entre a capacidade econômica e financeira apresentada e os valores transacionados nas operações internacionais, com vistas a coibir a ação fraudulenta de interpostas pessoas, como meio de dificultar a identificação da origem dos recursos aplicados, ou dos responsáveis por infração contra os sistemas tributário e financeiro, são efetuados

---

[21] As questões a seguir indicam como a matéria tem sido questionada em concursos, mas devem ser analisadas à luz do atual modelo administrativo, por força das diversas alterações na nomenclatura dos órgãos públicos mencionados.

a) pela Secretaria da Receita Federal (SRF), pelo Banco Central (BACEN) e pela Secretaria de Comércio Exterior (SECEX), complementarmente.

b) pela SRF e pelo BACEN, com imediata comunicação ao Conselho de Controle de Atividades Financeiras (COAF), se houver indício do crime de "lavagem de dinheiro".

c) pela SRF, se houver indício de infração contra o sistema tributário, e pelo COAF, se houver indício do crime de "lavagem de dinheiro".

d) por comissão integrada por representantes da SRF, Bacen, Secex e Polícia Federal, sob a coordenação da COAF.

e) pela polícia federal, de ofício ou a pedido de instituição controladora ou interveniente nas operações de comércio exterior (SISCOMEX).

6. (ESAF — AFRF — 2003) A avaliação do impacto das medidas cambiais, monetárias e fiscais sobre o comércio exterior e a fixação das diretrizes para a política de financiamento e de seguro de crédito às exportações competem à(ao),

a) Secretaria de Comércio Exterior (SECEX).

b) Banco Central do Brasil (BACEN).

c) Conselho Monetário Nacional (CMN).

d) Secretaria de Assuntos Internacionais.

e) Câmara de Comércio Exterior (CAMEX).

7. (ESAF — AFRFB — 2009) No contexto do comércio exterior brasileiro, são atribuições da Receita Federal do Brasil

a) exercer a fiscalização aduaneira das mercadorias, produtos e bens que ingressam no território aduaneiro do país e esclarecer dúvidas sobre a classificação aduaneira de mercadorias.

b) gerir e executar os serviços de administração, fiscalização e controle aduaneiro e reprimir os diferentes tipos de ilícitos comerciais.

c) subsidiar a formulação da política de comércio exterior em matérias tributária e aduaneira e atuar, em nome do Ministério da Fazenda, nas instâncias do Mercosul em questões relativas à aplicação da Tarifa Externa Comum.

d) negociar e implementar acordos internacionais em matéria aduaneira; supervisionar a aplicação da receita aduaneira em programas de incentivo ao comércio exterior.

e) cobrar direitos aduaneiros que incidem nas operações de comércio exterior e orientar os operadores do comércio exterior quanto ao emprego dos Termos Internacionais de Comércio.

8. (ESAF — AFRF — 2012) A propósito das instituições relacionadas a comércio exterior no Brasil, assinale a opção correta.

a) A Câmara de Comércio Exterior (CAMEX) não tem interação com o setor privado, pois é um órgão composto por ministros de estado e por representantes do Congresso Nacional.

b) A investigação e determinação final dos direitos *antidumping* e compensatórios é de competência do Departamento de Defesa Comercial (DECOM), do Ministério da Fazenda.

c) A CAMEX tem por objetivo a formulação, a adoção, a implementação e a coordenação de políticas e atividades relativas ao comércio exterior de bens e também de serviços.

d) O conselho de ministros da CAMEX é presidido pelo Ministro das Relações Exteriores.

e) O Comitê de Financiamento e Garantia das Exportações (COFIG), órgão do Ministério da Fazenda, tem por atribuições enquadrar e acompanhar as operações do Programa de Financiamento às Exportações (PROEX).

GABARITO

1. Pergunta direta, cuja alternativa correta é a letra "a", pois o Conselho Monetário Nacional é o órgão deliberativo máximo do Sistema Financeiro Nacional, com competência para estabelecer as diretrizes gerais das políticas monetária, cambial e creditícia; regular as condições de constituição, funcionamento e fiscalização das instituições financeiras, além de disciplinar os instrumentos de política monetária e cambial. O CMN é constituído pelo Ministro de Estado da Fazenda (na qualidade de Presidente), pelo Ministro de Estado do Planejamento e Orçamento e pelo Presidente do Banco Central do Brasil.

2. Pergunta extremamente fácil, cuja alternativa correta é a letra "b".

3. A alternativa correta é a letra "b", que traz alguns dos objetivos da SECEX.

4. Pergunta direta, cuja alternativa correta é a letra "c", pois compete à SECEX o controle administrativo do comércio exterior brasileiro, bem assim a investigação de práticas relacionadas aos mecanismos de defesa comercial.

5. A alternativa correta é a letra "b", dado que a Receita Federal e o Banco Central deverão comunicar tais fatos ao COAF, Conselho criado pela Lei n. 9.613, de 03/03/98, no âmbito do Ministério da Fazenda, com a finalidade de disciplinar, aplicar penas administrativas, receber, examinar e identificar ocorrências suspeitas de atividades ilícitas relacionadas à lavagem de dinheiro. As demais alternativas estão incorretas.

6. A alternativa correta é a letra "e", porque o enunciado faz menção às atribuições da CAMEX, como instância máxima da política de comércio exterior brasileira.

7. A alternativa correta é a letra "a", que veicula atividades típicas da Receita Federal no controle do comércio exterior. As demais alternativas trazem impropriedades, com alguma atribuição que não compete ao órgão.

8. Pergunta direta, cuja alternativa correta é a letra "c".

6.10. MATERIAL DIGITAL

VÍDEO
http://uqr.to/1y39c

7

O ACORDO SOBRE REGRAS DE ORIGEM

Regras de origem são normas jurídicas destinadas a identificar a **procedência econômica** de determinado bem ou mercadoria que receberão tratamento preferencial, nos termos previstos em acordos comerciais celebrados entre os países envolvidos na operação, vale dizer, o exportador e o importador.

Portanto, é razoável intuir que todos os processos de integração econômica possuem regras de origem para que os benefícios sejam outorgados **intrabloco**, em favor de mercadorias produzidas na região, enquanto produtos oriundos de terceiros são tratados sem qualquer distinção.

Quando da conclusão dos trabalhos da Rodada Uruguai, os signatários do GATT e fundadores da Organização Mundial do Comércio (OMC) resolveram celebrar o **Acordo sobre Regras de Origem**, de forma que a aplicação das medidas não anulasse ou prejudicasse os direitos conquistados por todos os membros.

Pode-se afirmar que o acordo teve como pressuposto evitar que a adoção de regras de origem, que não fossem claras, de amplo conhecimento e previsíveis, se tornasse novo obstáculo ao desenvolvimento do comércio internacional, como modalidade adicional de proteção aos mercados.

O regime de regras de origem deve ser pautado pelos princípios da **imparcialidade**, **transparência**, **previsibilidade**, **consistência** e **neutralidade**, de modo que todas as leis, os regulamentos e as determinações administrativas utilizados para a identificação do país de origem das mercadorias sejam aplicados em consonância com tais diretrizes, inclusive nos casos de compras governamentais e elaboração de estatísticas.

O principal objetivo do Acordo sobre Regras de Origem foi a harmonização dos procedimentos, especialmente quanto à definição do **conceito de origem**, que deve levar em consideração o país onde a mercadoria sob análise foi **integralmente produzida** ou, quando mais de um país estiver envolvido na produção, o país onde ocorreu a última **transformação substancial**.

A definição é fundamental porque, com a globalização e abertura dos mercados, sabemos que diversos produtos são fabricados em países diferentes, com agregação de valor e participação na cadeia produtiva. Daí a pergunta: quando um produto possui etapas de fabricação em países distintos, qual deles poderá afirmar que efetivamente produziu o bem, considerando-o como nacional[1]? A resposta decorre da análise

---

[1] Significa dizer: numa eventual exportação desse produto, qual país poderá colocar a etiqueta *"made in..."* na mercadoria e considerá-la como de sua produção, ainda que etapas anteriores tenham ocorrido em outras localidades?

econômica da cadeia, que deverá indicar onde ocorreu a última transformação substancial, normalmente detectável a partir do fenômeno conhecido como **salto tarifário**[2].

O Acordo sobre Regras de Origem estabeleceu um **Comitê Técnico**, vinculado ao Conselho de Cooperação Aduaneira e responsável pelos trabalhos de análise e orientações acerca da matéria no âmbito da Organização Mundial do Comércio.

Cada membro da OMC deve encaminhar, para divulgação, a legislação nacional e eventuais decisões judiciais e administrativas sobre as regras de origem em vigor no seu território, bem assim comunicar à Secretaria quaisquer alterações.

O Comitê Técnico deverá analisar e propor medidas para a harmonização dos critérios de identificação do país de origem, especialmente nas hipóteses de **transformação substancial**, inclusive quanto à utilização de critérios suplementares, como percentuais *ad valorem* e operações de fabricação[3], por produto, de acordo com a distribuição de capítulos e seções existentes no Sistema Harmonizado.

As reuniões do Comitê Técnico sobre regras de origem ocorrerão ao menos uma vez por ano, ou sempre que necessário, com a participação de todos os membros interessados, sem prejuízo da eleição de um Presidente, que deverá conduzir os trabalhos.

Na sistemática do comércio internacional, todos os países aplicam dois tipos de regras de origem: as **não preferenciais**, válidas para quaisquer mercadorias oriundas de países que são membros da Organização Mundial do Comércio, e as **preferenciais**, que são específicas em razão de acordos comerciais ou processos de integração econômica.

Com o objetivo de conferir **transparência** às regras preferenciais, o Acordo sobre Regras de Origem da OMC determina a todos os membros que:

■ quando for aplicado o critério de mudança de classificação tarifária, essa regra de origem preferencial e eventuais exceções devem especificar claramente as posições ou subposições da nomenclatura tarifária alcançadas;

■ quando for aplicado o critério de percentagem *ad valorem*, o método a ser utilizado no cálculo seja indicado também nas regras de origem preferenciais;

■ quando for prescrito o critério de operação de fabricação ou processamento, a operação que confere origem preferencial deva ser especificada com precisão;

■ mediante solicitação de exportadores, importadores ou qualquer pessoa com razão justificável, os resultados das avaliações da origem preferencial sejam emitidos na maior brevidade possível, mas dentro de um prazo máximo de 150 dias após a

---

[2] O salto tarifário, também conhecido como salto de nomenclatura ou salto na classificação tarifária, é um dos principais critérios de identificação da transformação substancial do produto e significa que o produto resultante do processo de industrialização deve ser classificado em *posição diferente* dos insumos que o constituem, conforme as regras de classificação de mercadorias do Sistema Harmonizado (SH), que estudaremos no Capítulo 10.

[3] Além do salto tarifário, podem ainda ser considerados como critérios de transformação substancial a **agregação de valor** acima de determinado percentual (50% do valor do produto final, por exemplo), ou, ainda, a existência de **processos específicos de industrialização**, como, por hipótese, a montagem de automóveis, circunstâncias que confeririam ao país onde ocorreram tais situações o direito de considerar a mercadoria como nacional.

apresentação do pedido, desde que presentes os elementos necessários à sua apreciação. As avaliações terão validade por três anos, desde que os fatos e as condições permaneçam inalterados;

◼ ao introduzirem mudanças ou elaborarem novas regras de origem preferenciais, as alterações não sejam aplicadas retroativamente;

◼ todas as informações confidenciais ou fornecidas em bases confidenciais para fins de aplicação das regras de origem preferenciais sejam assim tratadas, salvo no contexto de processos judiciais e na medida necessária para atendê-los.

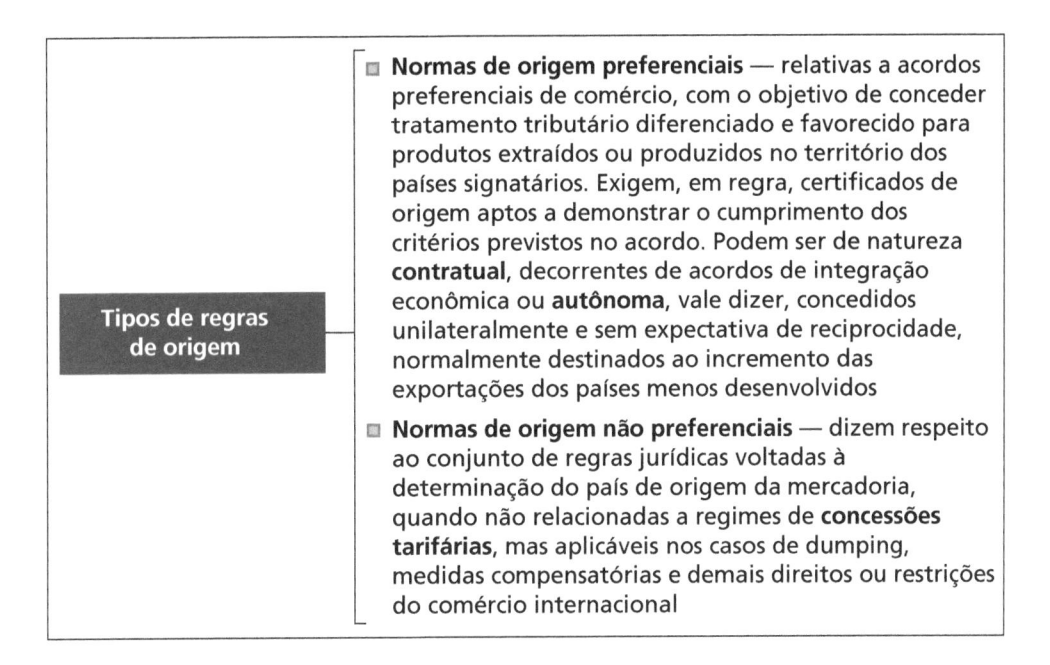

Tipos de regras de origem

▫ **Normas de origem preferenciais** — relativas a acordos preferenciais de comércio, com o objetivo de conceder tratamento tributário diferenciado e favorecido para produtos extraídos ou produzidos no território dos países signatários. Exigem, em regra, certificados de origem aptos a demonstrar o cumprimento dos critérios previstos no acordo. Podem ser de natureza **contratual**, decorrentes de acordos de integração econômica ou **autônoma**, vale dizer, concedidos unilateralmente e sem expectativa de reciprocidade, normalmente destinados ao incremento das exportações dos países menos desenvolvidos

▫ **Normas de origem não preferenciais** — dizem respeito ao conjunto de regras jurídicas voltadas à determinação do país de origem da mercadoria, quando não relacionadas a regimes de **concessões tarifárias**, mas aplicáveis nos casos de dumping, medidas compensatórias e demais direitos ou restrições do comércio internacional

7.1. REGRAS DE ORIGEM NO MERCOSUL

Muito embora o regime de origem do **Mercosul** esteja previsto desde o **Tratado de Assunção**, que dispôs sobre o tema no Capítulo V, a consolidação das normas aplicáveis se deu com a incorporação da Decisão n. 01/2004, do Conselho do Mercado Comum, pelo 44.º Protocolo Adicional ao Acordo de Complementação Econômica n. 18 (ACE-18), recepcionado pelos membros do Mercosul em 2005[4] e vigente desde 26 de fevereiro de 2006.

Diversos outros Protocolos Adicionais já foram firmados, assim como várias Decisões do Conselho do Mercado Comum, de forma que abordaremos as regras de origem no Mercosul tal como atualmente vigentes[5].

---

[4]   Introduzido no Brasil com a promulgação do Decreto n. 5.455, de 2 de junho de 2005.

[5]   O modelo de Regras de Origem criado pela Decisão do Conselho do Mercado Comum n. 01/2009 foi substituído, em 2023, pela sistemática adotada na Decisão CMC n. 05/2023, que entrou em vigor em 18 de julho de 2024.

O novo regime de Regras de Origem (ROM), em vigor desde 18 de julho de 2024, estabelece critérios para que um produto seja considerado originário de um dos países membros, com mudanças significativas em relação ao modelo anterior.

O ROM busca facilitar o comércio regional, simplificando regras, adotando melhores práticas internacionais e trazendo inovações, como a inclusão de conceitos sobre materiais consumíveis e a aplicação da regra "de minimis", que flexibiliza os requisitos de origem. Além disso, prevê tratamento diferenciado para Paraguai e Uruguai, conforme previsto na Decisão 06/2023.

Entre as principais novidades estão a eliminação da "regra geral" de origem, substituída por requisitos específicos aplicáveis a todo o universo tarifário, e a introdução da "Autocertificação de Origem", alinhada às práticas internacionais de comércio.

O novo regime também aprimora os mecanismos de verificação de origem, permitindo consultas simplificadas sem necessidade de processos formais. Essas alterações visam reforçar o comércio entre os membros do bloco, garantindo maior segurança jurídica e evitando desvios comerciais, ao mesmo tempo que simplificam e modernizam a regulamentação[6].

O objetivo da harmonização das regras de origem no âmbito do Mercosul é definir as normas administrativas e aduaneiras aplicáveis às seguintes situações[7]:

a) qualificação e determinação do produto originário;
b) emissão da prova de origem;
c) verificação e controle; e
d) sanções por adulteração ou falsificação da prova de origem ou por descumprimento dos processos de verificação e controle.

Consideram-se originários do Mercosul os seguintes produtos, sempre que cumpram todos os demais requisitos aplicáveis no ROM:

a)   os produtos totalmente elaborados ou obtidos no território de um ou mais Estados-Partes, em conformidade com o artigo 5.º: "Produtos totalmente elaborados ou obtidos";
b)   os produtos elaborados no território de um ou mais Estados-Partes, exclusivamente a partir de materiais originários; ou
c)   os produtos em cuja elaboração se utilizam materiais não originários dos Estados-Partes, sempre que os referidos produtos tenham cumprido as condições estabelecidas no artigo 6.º: "Processamento suficiente para conferir origem".

São como produtos **totalmente elaborados ou obtidos**[8]:

a)   produtos do reino vegetal colhidos ou coletados no território de um ou mais Estados-Partes;
b)   animais vivos, nascidos e criados no território de um ou mais Estados-Partes;

---

6   Conforme informações disponíveis em: https://www.mercosur.int/pt-br/novo-regime-de-origem-do-mercosul-rom-entra-em-vigor-dia-18-de-julho/. Acesso em: 20 dez. 2024.
7   Artigo 1.º da Decisão CMC 05/2023.
8   Artigo 3.º do Anexo da Decisão CMC n. 01/2009.

c)   produtos obtidos de animais vivos no território de um ou mais Estados-Partes;

d)   produtos obtidos da caça, captura com armadilhas, pesca ou aquicultura realizada no território, ou em suas águas territoriais e zonas econômicas exclusivas, de um ou mais Estados-Partes;

e)   minerais e outros recursos naturais não incluídos nos incisos a) a d) extraídos ou obtidos no território de um ou mais Estados-Partes;

f)   peixes, crustáceos e outras espécies marinhas obtidas do mar fora de suas águas territoriais e das zonas econômicas exclusivas por barcos registrados ou matriculados em um dos Estados-Partes e autorizados a içar a bandeira desse Estado-Parte, ou por barcos arrendados ou fretados por empresas estabelecidas no território de um Estado-Parte;

g)   produtos elaborados a bordo de barcos-fábrica a partir de produtos identificados no inciso d) consideram-se originários do país em cujo território ou águas territoriais e zonas econômicas exclusivas, realizou-se a pesca ou a captura;

h)   produtos elaborados a bordo de barcos-fábrica a partir dos produtos identificados no inciso f), desde que tais barcos-fábrica estejam registrados ou matriculados em algum dos Estados-Partes e autorizados a içar a bandeira desse Estado-Parte, ou por barcos-fábrica arrendados ou fretados por empresas estabelecidas no território de um Estado-Parte;

i)   produtos obtidos por um dos Estados-Partes do leito do mar ou do subsolo marinho, sempre que esse Estado-Parte tenha direitos para explorar o referido fundo ou subsolo marinho;

j)   produtos obtidos do espaço extraterrestre, sempre que forem obtidos por um Estado-Parte ou uma pessoa de um Estado-Parte;

k)   resíduos e desperdícios, resultado da produção em um ou mais Estados-Partes, e matéria-prima recuperada dos resíduos e desperdícios derivados do consumo, coletados em um Estado-Parte e que não possam cumprir com o propósito para o qual haviam sido produzidos.

l) produtos elaborados no território de um ou mais Estados-Partes, a partir, exclusivamente, dos produtos mencionados nos incisos a) a k).

Como o modelo do Mercosul tem por objetivo privilegiar mercadorias **regionais**, os produtos elaborados integralmente no território de qualquer dos membros serão considerados originários desde que em sua elaboração sejam utilizados, única e exclusivamente, materiais originários dos Estados-Partes. Desse modo, serão considerados nacionais (originários do Mercosul) de acordo com a nova regra, produtos que tenham, no máximo, 45% de matérias-primas adquiridas de países de fora do Mercosul.

Quadro-resumo sobre as novas Regras de Origem (ROM) no Mercosul

ASPECTO	DESCRIÇÃO
DATA DE VIGÊNCIA	18 de julho de 2023
BASE LEGAL	Decisões CMC n. 05/2023 e n. 06/2023
OBJETIVO PRINCIPAL	Facilitar o comércio entre os Estados-Partes, simplificar as regras de origem e promover maior segurança jurídica para operadores comerciais

ELIMINAÇÃO DA "REGRA GERAL"	Substituição por Requisitos Específicos de Origem (REO) aplicáveis a todo o universo tarifário
FLEXIBILIZAÇÃO POR "DE MINIMIS"	Permite maior tolerância no uso de insumos não originários no processo produtivo
TRATAMENTO DIFERENCIADO	Aplicável ao Paraguai e ao Uruguai, conforme Decisão CMC n. 06/2023
AUTOCERTIFICAÇÃO DE ORIGEM	Introdução de um mecanismo que possibilita aos operadores comerciais certificarem a origem dos produtos diretamente, alinhando-se às práticas internacionais
VERIFICAÇÃO E CONTROLE	Implementação de mecanismos simplificados para consultas sobre origem, sem necessidade de abertura de processos formais em caso de dúvida fundada
SEGURANÇA JURÍDICA	Ampliação de conceitos como materiais consumíveis, sortimentos e embalagens, proporcionando maior clareza nas operações comerciais
IMPACTO NO COMÉRCIO	Determina a origem para aplicação de tarifas preferenciais, promovendo maior integração e evitando desvios comerciais entre os Estados-Partes

Os produtos importados de terceiros países que entrarem no território de algum dos Estados-Partes e que cumpram com a Política Tarifária Comum (PTC), receberão o tratamento de originários no que tange à sua incorporação em processos produtivos, conforme o estabelecido na Decisão CMC n. 54/2004 regulamentada pela Decisão CMC n. 37/2005. Para isso, devem receber a identificação do "Certificado de Cumprimento da Política Tarifária Comum" (CCPTC) nos sistemas informáticos de gestão aduaneira dos Estados-Partes[9].

A **Comissão de Comércio do Mercosul** (CCM) poderá estabelecer requisitos específicos de origem, de forma excepcional e justificada. Qualquer Estado-Parte também poderá solicitar a fixação ou revisão de um requisito específico de origem, mediante nota de encaminhamento ao Comitê Técnico n. 3.

Na determinação dos requisitos específicos de origem e na revisão daqueles já estabelecidos, a CCM tomará como base, individual ou conjuntamente, os seguintes elementos:

I. Materiais e outros insumos empregados na produção

a) Matérias-primas:

■ matéria-prima preponderante ou que confira ao produto sua característica essencial; e

■ matérias-primas principais.

b) Partes ou peças:

■ parte ou peça que confira ao produto sua característica final;

■ partes ou peças principais; e

■ percentual das partes ou peças em relação ao valor total.

c) Outros materiais.

II. Processo de transformação ou elaboração utilizado.

III. Proporção máxima do valor dos materiais importados de terceiros países em relação ao valor total do produto que resulte do procedimento de valoração acordado em cada caso.

---

[9]   Conforme artigo 7.º da Decisão CMC n. 05/2023.

Serão ainda considerados originários do Mercosul os materiais provenientes da **Comunidade Andina**, conforme o Acordo de Complementação Econômica (ACE) n. 59; do **Peru**, conforme o ACE n. 58; e da **Bolívia**, conforme o ACE n. 36, incorporados a determinado produto no território de um dos Estados-partes do Mercosul, desde que:

■ cumpram com o Regime de Origem dos respectivos ACEs;

■ tenham um requisito de origem definitivo nos respectivos ACEs;

■ tenham atingido o nível de preferência de 100%, sem limites quantitativos, nos quatro Estados-partes do Mercosul em relação a cada um dos países andinos;

■ não estejam submetidos a requisitos de origem diferenciados, em função de cotas estabelecidas nesses acordos.

Para que se possa estabelecer a origem de um produto passível de tratamento tarifário preferencial, deve-se considerar sua elaboração no território de um ou mais membros do Mercosul, independentemente do número de produtores, como se fosse realizada no território do **último** Estado-Parte envolvido no processo.

O produtor de um bem poderá considerar como material intermediário qualquer material produzido em seu país utilizado na produção do produto, quando este material intermediário qualificar-se como originário de acordo com o ROM. O referido material será considerado 100% originário quando incorporado ao produto[10].

No mesmo sentido, para produtos amparados pelo "Regime para a integração de processos produtivos em vários Estados-Partes do Mercosul com utilização de materiais não originários"[11], previsto na Decisão CMC n. 03/2005, deverá considerar-se que a totalidade das etapas do processo produtivo integrado, realizadas no território de um ou mais Estados-Partes, ocorre no território do último Estado-Parte da cadeia produtiva.

Para que os produtos originários possam se beneficiar dos tratamentos preferenciais, deverão ser expedidos diretamente do Estado-Parte exportador ao Estado-Parte importador, aceitas as modalidades de **trânsito de passagem**, desde que justificadas por questões logísticas ou geográficas e sem destino econômico ou utilização comercial no país em trânsito.

7.1.1. Certificados de origem

Certificado de Origem é o documento que tem por finalidade atestar oficialmente a procedência econômica da mercadoria do país de exportação, bem como especificar as normas de origem negociadas e estabelecidas nos acordos comerciais entre os diversos países.

---

[10] Artigo 13 da Decisão CMC n. 05/2023.

[11] A expressão "materiais" compreende as matérias-primas, insumos, produtos intermediários e as partes e peças utilizadas na elaboração do produto. O produtor de um bem poderá considerar como material intermediário originário qualquer material produzido no seu país e utilizado na produção do bem, sempre que esse material intermediário se qualifique como originário nos termos das regras do Mercosul.

Trata-se de documento importante para o **exportador**, que o utiliza como argumento comercial, em razão das isenções ou reduções do imposto de importação previstas em acordos internacionais. Pode ainda ser necessário para confirmar o cumprimento de exigências impostas pela legislação do país de destino.

Os produtos do universo tarifário importados de outro Estado-Parte que comprovem o cumprimento do ROM mediante a prova de origem correspondente receberão dos sistemas informáticos de gestão aduaneira dos Estados-Partes o "Certificado de Cumprimento do Regime de Origem Mercosul" (CCROM-SIM). O CCROM permite a circulação dos produtos entre os Estados-Partes de acordo com o estabelecido na Decisão CMC n. 37/2005[12].

7.1.1.1. *Declaração e certificação*

O importador deve declarar no documento de importação que o produto se qualifica como originário, conforme a legislação aduaneira do Estado-Parte importador. Além disso, deve possuir a prova de origem no momento da declaração e apresentá-la, junto com documentos que demonstrem o cumprimento das exigências de expedição direta, no despacho ou quando solicitado pela autoridade aduaneira.

O artigo 26 da Decisão CMC n. 05/2023 define a prova de origem como o documento que comprova que os produtos atendem às normas do ROM, permitindo solicitar tratamento tarifário preferencial no Mercosul. Pode ser um certificado de origem emitido por entidade competente ou uma declaração de origem preenchida por exportador ou produtor, com as devidas informações comunicadas ao Comitê Técnico n. 3 antes de sua implementação.

A prova de origem deve ser emitida no prazo de 180 dias a partir da emissão da fatura comercial e tem validade de 12 meses. Esse período pode ser suspenso se o produto estiver sob regime aduaneiro especial, sem alteração de sua classificação tarifária ou caráter originário, com limite máximo de 5 anos.

O Certificado de Origem deve ser emitido por entidades certificadoras habilitadas, descrevendo detalhadamente os produtos para facilitar a identificação. Certificados em formato digital têm a mesma validade que os emitidos em papel, desde que sigam as legislações nacionais e parâmetros técnicos da ALADI.

A declaração de origem deve ser preenchida pelo exportador ou produtor estabelecido no Estado-Parte exportador e pode ser incluída em uma fatura ou outro documento assinado pelo responsável. Deve conter informações mínimas definidas no Apêndice V, como detalhes do produto e a comprovação de sua origem, conforme as normas do ROM.

A Declaração juramentada de origem (DJO) é um instrumento jurídico assinado pelo produtor final, detalhando as características e processos de elaboração do produto, além de informações que demonstrem seu cumprimento com o ROM. Essa declaração é obrigatória para a emissão de certificados de origem e deve ser apresentada previamente às entidades certificadoras. Quando aplicável, a DJO pode ter validade de 12 meses, caso não haja alterações no processo produtivo.

---

[12] Artigo 20 da Decisão CMC n. 05/2023.

As entidades certificadoras, exportadores e produtores devem manter registros que fundamentam a emissão das provas de origem por, no mínimo, 5 anos. Esses registros incluem documentos sobre compras, valores, produção e contratos de terceirização, quando aplicável. As entidades certificadoras devem também armazenar as DJOs e outras declarações relacionadas.

As administrações aduaneiras dos Estados-Partes devem seguir as orientações da Decisão CMC n. 05/2023 para verificar a autenticidade e a validade das provas de origem. Esse controle deve ser realizado com base nos registros fornecidos pelas entidades certificadoras, exportadores e produtores, garantindo conformidade com o ROM.

As notificações e comunicações relacionadas à verificação de origem podem ser realizadas pela autoridade competente do Estado-Parte importador por meio de correio certificado, *e-mail* ou outros métodos confiáveis que confirmem o recebimento. Alternativamente, podem ser enviadas à autoridade competente do Estado-Parte exportador, que deve encaminhá-las ao destinatário final. Os prazos estabelecidos no ROM começam a ser contados a partir do recebimento da notificação.

As autoridades competentes para a aplicação do ROM são:

Argentina:

◼ Ministério de Economia, Secretaria de Comércio ou sua sucessora;

Brasil:

◼ Ministério do Desenvolvimento, Indústria, Comércio e Serviços;

◼ Secretaria de Comércio Exterior- SECEX ou sua sucessora; Ministério da Fazenda: Secretaria Especial da Receita Federal do Brasil ou sua sucessora;

Paraguai:

◼ Ministerio de Industria y Comercio, Subsecretaria de Estado de Comercio y Servicios, Dirección de Operaciones de Comercio Exterior ou sua sucessora;

Uruguai:

◼ Ministerio de Economía y Finanzas, Asesoría de Política Comercial (APC) ou sua sucessora.

As entidades certificadoras são corresponsáveis pela autenticidade das provas de origem emitidas. Caso sejam verificadas irregularidades, como falsificação ou adulteração, o país importador pode adotar sanções para proteger seus interesses fiscais e econômicos.

Entretanto, a responsabilidade não se aplica se a entidade provar que foi induzida a erro por informações falsas fornecidas pelo solicitante, desde que não pudessem ser detectadas pelas práticas usuais de controle.

7.1.2. Procedimentos de investigação

A **investigação** não tem o condão de interromper ou prejudicar os trâmites de novas importações dos produtos sob análise, salvo a possibilidade de exigência de garantia como condição para o desembaraço aduaneiro. A garantia será liberada caso a verificação não seja concluída dentro de 150 dias ou se o produto for qualificado como originário. O processo de investigação tem natureza administrativa e deverá ser iniciado com a notificação do importador e da autoridade competente do país exportador.

A autoridade competente do Estado-Parte importador pode iniciar uma verificação de origem caso tenha dúvidas fundamentadas ou com base em avaliação de risco. O objetivo é verificar a autenticidade da prova de origem e se o produto realmente se qualifica como originário. Essa verificação pode cobrir um período de até 3 anos dentro do prazo de 5 anos de arquivamento dos registros.

As autoridades competentes podem adotar várias medidas, como solicitar informações e cópias de documentos, realizar visitas a instalações do exportador ou produtor, e cooperar com a autoridade do Estado-Parte exportador. Esses procedimentos visam comprovar a autenticidade da prova de origem e a veracidade das informações apresentadas.

Também é possível que especialistas neutros possam acompanhar as visitas de verificação como observadores, desde que não tenham interesse no caso. O Estado-Parte exportador pode vetar a participação de especialistas que representem interesses das partes envolvidas. Esses especialistas devem manter a confidencialidade das informações obtidas.

Após a realização de uma visita de verificação, deve ser elaborada uma ata contendo informações como:

- ▣ data e endereço do local da visita;
- ▣ identificação das provas de origem verificadas;
- ▣ detalhes do produto questionado;
- ▣ identificação dos participantes, incluindo seus órgãos ou entidades representadas;
- ▣ relato da visita.

Durante a verificação de um produto, a autoridade competente do Estado-Parte importador pode investigar também os materiais declarados como originários que foram utilizados na produção do bem. Essa verificação deve seguir os mesmos procedimentos aplicáveis ao produto final. Caso o fornecedor dos materiais não mantenha registros, não responda às solicitações no prazo ou negue acesso a informações, o material será considerado não originário.

Se a verificação preliminar indicar que o produto não cumpre os requisitos de origem, a autoridade do Estado-Parte importador deve notificar o exportador, produtor e a autoridade do Estado-Parte exportador, concedendo pelo menos 30 dias para que apresentem comentários ou informações adicionais. Após a análise, a decisão final deve ser comunicada, especificando as razões para negar o tratamento tarifário preferencial, caso aplicável. Produtos desqualificados como originários estarão sujeitos aos tributos regulares e às sanções previstas nas normas do Mercosul e na legislação nacional.

Além disso, o tratamento preferencial pode ser negado se:

- ▣ informações ou documentos solicitados não forem fornecidos no prazo estipulado ou forem insuficientes;
- ▣ exportador ou produtor não manter registros ou negar acesso às informações;
- ▣ exportador ou produtor não autorizar visitas de verificação dentro dos prazos estabelecidos;

▣ apresentar provas de origem adulteradas, incompletas ou falsas;

▣ o exportador ou produtor não puder ser localizado no endereço indicado.

Se o produto for desqualificado como originário, novas importações do mesmo bem, produzidas pelo mesmo exportador ou produtor, não receberão tratamento tarifário preferencial até que sejam comprovadas alterações que garantam sua origem conforme o ROM. Caso as autoridades dos Estados-Partes não cheguem a um acordo, podem recorrer ao procedimento de consultas e parecer técnico (artigo 49) ou ao sistema de solução de controvérsias do Mercosul.

Os Estados-Partes devem garantir a confidencialidade das informações obtidas durante os procedimentos de verificação de origem, em conformidade com suas legislações nacionais. Essas informações não podem ser usadas para fins distintos da administração ou execução de normas de origem e assuntos aduaneiros, exceto com autorização expressa da pessoa ou do Estado-Parte que forneceu os dados. No entanto, podem ser divulgadas ou utilizadas em processos administrativos ou judiciais relacionados a descumprimentos da legislação aduaneira ou tributária.

O prazo para concluir uma verificação de origem não deve ultrapassar 12 meses, contados a partir de sua abertura. Esse prazo pode ser suspenso durante prorrogações relacionadas à solicitação de informações (artigos 37 e 38) ou ao adiamento de visitas de verificação (artigo 39). Quando concluída a verificação, o Estado-Parte importador deve comunicar imediatamente os resultados às partes envolvidas.

Um Estado-Parte pode solicitar a outro que verifique a origem de produtos importados com tratamento preferencial quando houver suspeita de descumprimento do ROM. Essa solicitação deve ser acompanhada de informações justificando a suspeita, e o Estado-Parte que recebeu a solicitação deve iniciar os procedimentos de verificação e informar o solicitante sobre o andamento e os resultados.

Se um Estado-Parte exportador considerar inadequada a decisão do Estado-Parte importador sobre a origem de um produto, pode:

▣ solicitar uma consulta à comissão de comércio do mercosul (ccm), apresentando fundamentos técnicos e normativos que indiquem o descumprimento das regras de origem;

▣ solicitar um parecer técnico para avaliar se o produto cumpre os requisitos de origem.

O parecer técnico pode ser elaborado por um ou três especialistas escolhidos pelos Estados-Partes envolvidos, ou sorteados, se não houver consenso. Os especialistas atuam de forma independente, baseando-se no ROM e nas informações fornecidas pelos Estados-Partes. O parecer deve ser submetido à CCM, que pode confirmar ou revisar a decisão de origem. Caso não seja aceito, os Estados-Partes podem recorrer ao sistema de solução de controvérsias do Mercosul.

As notificações e comunicações relacionadas à verificação de origem podem ser realizadas pela autoridade competente do Estado-Parte importador por meio de correio certificado, *e-mail* ou outros métodos confiáveis que confirmem o recebimento. Alternativamente, podem ser enviadas à autoridade competente do Estado-Parte exportador, que deve encaminhá-las ao destinatário final. Os prazos estabelecidos no ROM começam a ser contados a partir do recebimento da notificação.

7.2. REGIME DE ORIGEM NA ALADI

No âmbito da ALADI, o Certificado de Origem é um documento essencial, visto que permite o acesso dos importadores às preferências tarifárias concedidas aos países participantes.

O Regime de Origem da ALADI foi instituído pela Resolução n. 78, de 24 de novembro de 1987, e, atualmente, encontra-se consolidado na Resolução n. 252, de 4 de agosto de 1999. Em regra, o regime é **mais acessível** que o fixado pelo Mercosul, pois permite que os produtos originários tenham **50% de conteúdo nacional**, exceto para os países de menor desenvolvimento econômico (Bolívia, Equador e Paraguai), que poderão ter apenas **40% de valor agregado localmente**.

Tecnicamente, isso significa que os produtos serão considerados originários quando resultantes de operações de ensamblagem ou montagem, realizadas no território de um país da ALADI utilizando materiais originários dos países participantes do acordo e de terceiros países, quando o **valor CIF porto de destino** ou CIF porto marítimo dos materiais originários de terceiros países **não exceda 50 (cinquenta) por cento do valor FOB de exportação** dessas mercadorias. Para os países de menor desenvolvimento econômico, esse índice é de **60%**.

De forma idêntica ao Mercosul, o Comitê de Representantes da ALADI poderá estabelecer, mediante Resolução, requisitos específicos de origem para os produtos negociados, normalmente relacionados à **transformação substancial** da mercadoria e consequente mudança de posição tarifária[13].

Para que as mercadorias importadas possam se beneficiar do regime de origem da ALADI, deverão ser expedidos, a pedido do produtor final ou exportador, certificados de origem que atestem o enquadramento aos critérios de aderência do regime, que acompanharão os produtos e demais documentos de exportação até o país de destino.

Os certificados terão **validade** de 180 dias, contados da data de expedição dos órgãos ou entidades competentes, sempre após a emissão da fatura comercial correspondente. As entidades responsáveis pelos certificados de origem da ALADI, no Brasil, são as mesmas autorizadas para o Mercosul, conforme relação já apresentada.

Como o certificado de origem será exigido pelo importador, que deverá se beneficiar da **isenção** ou **redução** do imposto de importação, cabe ao exportador, no caso brasileiro, verificar o enquadramento da mercadoria no regime de preferência, fazer a correlação entre a **classificação fiscal** do Mercosul e a da ALADI (NCM SH *versus* NALADI/SH[14], disponível no SISCOMEX) e solicitar a emissão do certificado de

---

[13] O critério de transformação substancial já havia sido adotado pelo Brasil desde a publicação do Decreto-lei n. 37/66, principal norma aduaneira do país e ainda em vigor, conforme se depreende da redação atual do art. 117 do Regulamento Aduaneiro: "O tratamento aduaneiro decorrente de ato internacional aplica-se exclusivamente à mercadoria originária do país beneficiário. § 1.º Respeitados os critérios decorrentes de ato internacional de que o Brasil seja parte, tem-se por país de origem da mercadoria aquele onde houver sido produzida ou, no caso de mercadoria resultante de material ou de mão de obra de mais de um país, aquele onde houver recebido transformação substancial. § 2.º Entende-se por processo de transformação substancial o que conferir nova individualidade à mercadoria".

[14] A Nomenclatura Aduaneira da Associação Latino-Americana de Integração (NALADI) originalmente possuía sete dígitos e se baseava na Nomenclatura do Conselho de Cooperação Aduaneira

origem na entidade de classe que desejar, normalmente eleita em função da localização geográfica ou do setor econômico.

A partir de 2010, as entidades emissoras dos certificados da ALADI e do Mercosul iniciaram o processo de substituição dos documentos em papel por **Certificados de Origem Digitais** (COD), emitidos *on-line*, com diversas vantagens, como segurança das informações e redução dos custos operacionais e dos prazos de tramitação.

7.3. QUESTÕES

1. (ESAF — AFRF — 2002) Conforme as regras de origem aplicáveis aos Estados-partes do Mercosul, adotando exclusivamente o critério do salto tarifário, serão considerados originários do Mercosul os produtos em cuja elaboração foram utilizados materiais não originários de seus países-membros, quando resultantes de um processo de transformação substancial realizado em seu território, que lhes confira uma nova individualidade caracterizada pelo fato de estarem classificados na Nomenclatura Comum do Mercosul

- a) na mesma posição do material cuja função seja preponderante.
- b) em posição diferente à dos mencionados materiais.
- c) em subposição diferente à dos mencionados materiais.
- d) em item diferente ao dos mencionados materiais.
- e) no mesmo capítulo, porém, em subposição igual e item diferente.

2. (ESAF — AFRF — 2003) Assinale a opção correta.

- a) Para ser considerado originário de país-membro, o produto deve ter, no mínimo, 50% de conteúdo nacional, sendo de 40% para os países de menor desenvolvimento regional da ALADI, e para ser considerado originário do Mercosul, deve ter 60%, no mínimo, de conteúdo nacional.
- b) Para ser considerado originário de país-membro, o produto deve ter, no mínimo, 60% de conteúdo nacional, sendo de 50% para os países de menor desenvolvimento regional da ALADI, e para ser considerado originário do Mercosul, deve ter 40%, no mínimo, de conteúdo nacional.
- c) Para ser considerado originário de país-membro da ALADI, o produto deve ter, no mínimo, 40% de conteúdo nacional, para os países de menor desenvolvimento econômico relativo (PMDER), 50% para os países de desenvolvimento intermediário (PDI) e de 60%, para os demais.
- d) Para ser considerado originário de país-membro do Mercosul, o produto deve ter, no mínimo, 60% de conteúdo nacional, sendo de 50% para os produtos do Paraguai e do Uruguai, países de menor desenvolvimento regional.
- e) Para ser considerado originário de país-membro, o produto deve ter, no mínimo, 50% de conteúdo regional, sendo de 40% para os países de menor desenvolvimento regional da ALADI e, para ser considerado originário do Mercosul, deve ter 60%, no mínimo, de conteúdo regional.

3. (ESAF — ATRFB — 2009) O Acordo sobre Regras de Origem compôs o pacote de acordos fechados no marco da Rodada Uruguai e integra, consequentemente, o marco normativo da Organização Mundial do Comércio. Sobre o mesmo, é correto afirmar que:

- a) o Acordo estabelece os princípios e as condições segundo as quais as normas de origem possam ser legitimamente empregadas como instrumentos para a consecução de objetivos comerciais e estabelece como objetivo tornar uniformes os critérios empregados pelos países individualmente para a determinação da nacionalidade de um bem importado.
- b) o Acordo, visando a efetiva implementação dos compromissos e obrigações nele previstos, estabeleceu um prazo de três anos para que os países-membros harmonizem entre si as re-

---

(NCCA). A partir de 1990, passou a adotar como referência o Sistema Harmonizado (SH) da Organização Mundial das Aduanas, com oito dígitos, a exemplo da Nomenclatura Comum do Mercosul (NCM).

gras de origem que aplicam, instaurando, para coordenar essa tarefa, o Comitê de Regras de Origem, vinculado diretamente ao Conselho para o Comércio de Bens.

c) o Acordo abrange primordialmente as regras de origem empregadas em instrumentos preferenciais, como acordos de livre-comércio e o Sistema Geral de Preferências Comerciais, não alcançando instrumentos comerciais não preferenciais como salvaguardas, direitos *antidumping* e acordos de compras governamentais.

d) a supervisão da aplicação do Acordo pelos países-parte é feita diretamente pelo Conselho de Comércio de Bens da Organização Mundial do Comércio, no que é assistido por um Comitê Técnico constituído especificamente para tal fim.

e) são objetivos essenciais do Acordo harmonizar as regras de origem e criar condições para que sua aplicação seja feita de forma imparcial, transparente e previsível e para que as mesmas não representem obstáculos desnecessários ao comércio.

GABARITO

1. Pergunta bastante direta, pois o conceito de salto tarifário automaticamente nos remete à ideia de posição diferente na NCM (novo produto ou nova individualidade, como diz o enunciado), de sorte que a alternativa correta é a letra "b".

2. Questão "famosa" e bastante polêmica, cujo gabarito oficial apresentou como correta a alternativa "a". O problema envolve as alternativas "a" e "e", pois o regime de origem do Mercosul, instituído pelo ACE n. 18 e protocolos adicionais, faz referência ao índice de **60% de conteúdo regional** (conforme letra "e"), e não ao conteúdo nacional (parte final da letra "a"). A única forma de se tentar validar a questão seria entender que o enunciado de cada alternativa diz respeito ao critério para o "país-membro", o que poderia gerar a correlação com a expressão "nacional". De todo modo, a pergunta é ruim, pois certamente prejudicou os candidatos que conheciam a matéria e os textos normativos do Mercosul.

3. Pergunta teórica e bastante detalhista, cuja resposta correta é a letra "e", que indica os objetivos essenciais do Acordo sobre Regras de Origem. As demais alternativas possuem incorreções.

7.4. MATERIAL DIGITAL

VÍDEO
http://uqr.to/1y39d

8

SISTEMAS PREFERENCIAIS DO COMÉRCIO INTERNACIONAL

Sistemas preferenciais são acordos comerciais celebrados entre países soberanos com o objetivo de reduzir ou eliminar a tributação das importações. Podem ser concedidos em caráter recíproco, normalmente em função de processos de integração econômica, ou ainda, unilateralmente, como instrumento de incentivo e acesso a mercados para países em desenvolvimento.

Em termos de abrangência, os dois maiores sistemas preferenciais em vigor, desvinculados de critérios regionais ou geográficos, são o Sistema Geral de Preferências (SGP) e o Sistema Global de Preferências Comerciais (SGPC), que analisaremos a seguir.

8.1. O SISTEMA GERAL DE PREFERÊNCIAS (SGP)

O aumento no nível de industrialização dos países em desenvolvimento, ocorrido nas últimas décadas, não apresenta correlação direta com a participação dessas economias no comércio internacional de produtos manufaturados.

Devido a obstáculos protecionistas de toda ordem, a capacitação industrial não foi capaz, naturalmente, de conferir maior penetração de produtos oriundos de países periféricos nos principais mercados consumidores, como Estados Unidos, Europa e Japão.

Na tentativa de corrigir essa distorção, foi elaborado o **Sistema Geral de Preferências**[1], que, de forma sintética, pode ser descrito como um mecanismo de facilitação de acesso aos mercados centrais, mediante a redução ou isenção de direitos tarifários, sem exigência de reciprocidade.

Sob forte influência da **teoria cepalina** e de seu principal mentor, Raúl Prebisch, o modelo foi apresentado na primeira reunião da UNCTAD, em 1964.

Depois de anos de discussão, o Sistema Geral de Preferências foi adotado pela UNCTAD por meio da Resolução 21 (ii), publicada em Nova Deli, durante o segundo encontro da Conferência, em 1968, nos seguintes termos: "Os objetivos de um sistema de preferências geral, não recíproco e não discriminatório em favor dos países em desenvolvimento, com medidas especiais para os menos desenvolvidos, devem ser capazes de:

- aumentar os ganhos nas exportações;
- promover a industrialização; e
- acelerar as taxas de desenvolvimento econômico".

---

[1] Em inglês, *Generalized System of Preferences* (GSP).

Faltava a aquiescência dos países desenvolvidos, representados pela Organização para a Cooperação e Desenvolvimento Econômico (OCDE), que, finalmente, em outubro de 1970, firmaram o compromisso de adotar o Sistema Geral de Preferências mediante acordo com a Junta de Comércio e Desenvolvimento da UNCTAD.

A **metodologia** do Sistema Geral de Preferências estabelece que determinados produtos, desde que originários e procedentes de países em desenvolvimento, terão alíquotas **reduzidas** ou **zero** quando do ingresso nos países outorgantes participantes. Os benefícios do SGP deverão ser ainda maiores para os países menos desenvolvidos.

Países outorgantes são aqueles *teoricamente* considerados desenvolvidos, que concedem unilateralmente benefícios tarifários aos demais, em caráter autônomo, independentemente e sem expectativa de reciprocidade.

Atualmente, os países outorgantes são: União Europeia (considerados os seus 27 membros), Estados Unidos (inclusive Porto Rico), União Aduaneira da Eurásia (Cazaquistão, Rússia e Bielorrússia), Suíça, Japão, Turquia, Canadá, Noruega, Nova Zelândia e Austrália (com a ressalva de que a Austrália só concede benefícios a países menos desenvolvidos do Pacífico Sul).

A simples leitura da relação de países outorgantes nos leva à conclusão de que o Sistema Geral de Preferências, apesar das boas intenções, pouco tem a oferecer nos dias de hoje, em termos de real incentivo ao comércio dos países em desenvolvimento. A princípio, em razão da **defasagem histórica** dos outorgantes, pois países como Rússia e Bielorrússia, só para ficarmos nos exemplos mais contundentes, possuem mercados com forte intervenção estatal e problemas econômicos suficientemente profundos para não se preocuparem muito com benefícios a terceiros.

Importa também destacar que, com a redução dos níveis tarifários em escala global, com alíquotas médias próximas de zero, mecanismos baseados somente em preferências tarifárias, como vimos, tendem a se tornar **inócuos** diante de fatores bem mais relevantes, como o domínio de tecnologia e as escalas de produção.

Ademais, em vez da opção por reduções permanentes e generalizadas, observa-se que o Sistema Geral de Preferências tem possibilitado apenas reduções parciais, efêmeras e limitadas a produtos "não sensíveis" às economias dos países desenvolvidos.

Sob o ponto de vista jurídico, o Sistema Geral de Preferências, tal como idealizado, contraria a cláusula da nação mais favorecida e o princípio da igualdade de tratamento, razão pela qual em 1971 os países signatários do GATT aprovaram uma isenção (*waiver*) ao artigo I, inicialmente por dez anos, mais tarde substituída pela **cláusula de habilitação**, com vigência **por tempo indeterminado**, que foi criada pela *Decisão sobre Tratamento Diferenciado e mais Favorável, Reciprocidade e Total Participação de Países em Desenvolvimento*, aprovada durante as discussões da **Rodada Tóquio**, em 1979, e que, na prática, instituiu uma isenção permanente, desde que atendidas as condições do Sistema Geral de Preferências e outros mecanismos semelhantes.

A **cláusula de habilitação** (*enabling clause*, em inglês) tornou-se a referência legal para a outorga de preferências comerciais não recíprocas **em favor** e **entre** países em desenvolvimento, pactuadas em acordos regionais ou gerais. A terminologia "habilitação" decorre do caráter **facultativo** da cláusula, de forma que os estados interessados pudessem conceder tratamento preferencial e mais favorável aos países em desenvolvimento, sem a necessidade de estender os benefícios a economias fortes e potencialmente concorrentes.

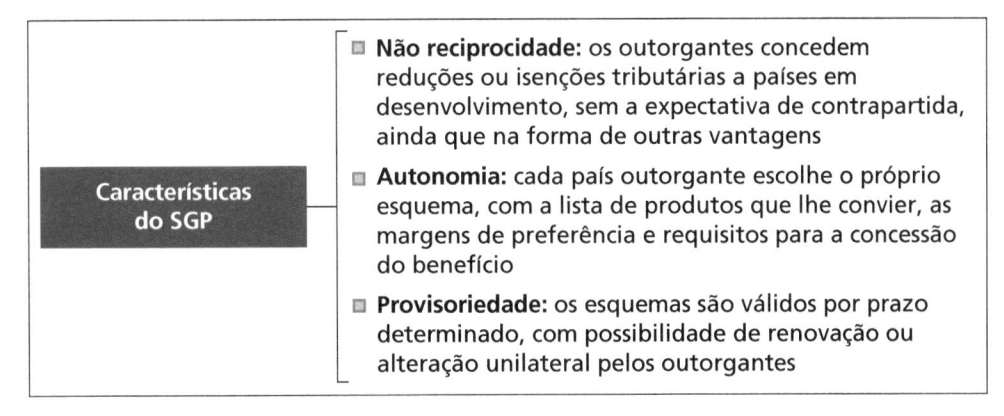

Características do SGP

- **Não reciprocidade:** os outorgantes concedem reduções ou isenções tributárias a países em desenvolvimento, sem a expectativa de contrapartida, ainda que na forma de outras vantagens
- **Autonomia:** cada país outorgante escolhe o próprio esquema, com a lista de produtos que lhe convier, as margens de preferência e requisitos para a concessão do benefício
- **Provisoriedade:** os esquemas são válidos por prazo determinado, com possibilidade de renovação ou alteração unilateral pelos outorgantes

8.1.1. Condições para obtenção do benefício

A mais importante exigência do Sistema Geral de Preferências é o atendimento às disposições sobre **regras de origem** dos países outorgantes, conforme as seguintes premissas básicas:

◼ que o produto conste das listas de mercadorias com direito a tratamento preferencial, divulgadas e atualizadas periodicamente pelos outorgantes;

◼ que o produto seja originário do país beneficiário exportador;

◼ que o produto seja transportado diretamente do país beneficiário exportador para o país outorgante importador; e

◼ que seja apresentado o certificado de origem (Formulário A) à repartição aduaneira do país outorgante.

Nos moldes do que já observamos em relação à ALADI e ao Mercosul, são consideradas originárias as mercadorias integralmente produzidas nos países beneficiários, assim como aquelas fabricadas com insumos importados ou de origem indeterminada, desde que ocorra transformação substancial no processo produtivo.

O documento necessário para a comprovação do regime de origem do Sistema Geral de Preferências é o **Certificado de Origem Formulário A**, adotado pela UNCTAD em 1970 e válido nos idiomas inglês e francês.

No Brasil, o Formulário A deverá ser preenchido em três vias, sem qualquer rasura ou emenda, pelo exportador ou seu representante legal, e entregue nas agências especializadas (ou por meio da internet) do Banco do Brasil, única entidade autorizada a emiti-lo, junto dos seguintes documentos[2]:

◼ fatura comercial ou sua cópia;

◼ declaração de Origem do Fabricante, a depender do critério de origem utilizado;

◼ declaração contendo informações da embarcação e de sua tripulação, conforme exigido pela legislação do outorgante da preferência, para a comprovação da origem de produtos provenientes de pesca marítima e outros produtos extraídos do mar fora das 12 milhas marítimas, dispensada, na hipótese, a declaração do item anterior;

◼ para os casos de acumulação de origem com o país outorgante, conforme regulamentação do outorgante da preferência:

---

[2] Conforme Portaria SECEX n. 43/2012.

a) Certificado de Circulação de Mercadorias (EUR.1) para exportações destinadas à União Europeia, Noruega ou Suíça;

b) Certificado de Materiais Importados do Japão, para exportações destinadas a este país; ou

c) fatura comercial do exportador do país ou bloco outorgante, contendo declaração de origem para fins de acumulação nas hipóteses admitidas nas respectivas legislações.

Os benefícios podem ser concedidos a produtos agrícolas (capítulos 1 a 24 do Sistema Harmonizado) ou industriais (capítulos 25 a 97 do Sistema Harmonizado), desde que previstos nas chamadas listas positivas de cada país.

Compete ao Banco do Brasil a análise dos documentos e a verificação dos requisitos fixados pelos países outorgantes, que podem ter exigências especiais, como a **cláusula conteúdo do país outorgante** (*Donor Country Content*), que prevê a utilização de insumos oriundos do próprio outorgante nos produtos exportados ou, ainda, o conceito de **origem cumulativa regional**, a exemplo da proposta que a União Europeia fez ao Mercosul.

Existem casos excepcionais que **prescindem**, *a priori*, da apresentação do Formulário A, como no modelo norte-americano, em que a solicitação é feita pelo importador daquele país, por meio de procedimentos aduaneiros específicos. Para os produtos destinados ao Canadá e Nova Zelândia, como não há a obrigatoriedade de chancela governamental, a emissão do certificado de origem pode ser feita pelo próprio exportador, sem prejuízo de eventual solicitação posterior de confirmação das informações pela entidade competente.

Alguns países oferecem regimes simplificados de origem para exportações de pequeno valor, em que a prova consiste apenas em declaração do exportador na fatura comercial, desde que respeitados os seguintes limites:

- seis mil euros para a União Europeia;
- duzentos mil ienes para o Japão;
- cem mil coroas norueguesas para a Noruega;
- dez mil e trezentos francos suíços para a Suíça;
- seis mil euros para a Turquia;
- cinco mil dólares estadunidenses para a Comunidade Econômica da Eurásia.

Embora a emissão do ***Formulário A*** esteja a cargo do Banco do Brasil, a administração do Sistema Geral de Preferências é exercida pela Secretaria de Comércio Exterior do Ministério da Economia (SECEX), por meio do Departamento de Negociações Internacionais, desde a sua introdução no ordenamento jurídico nacional pelo Decreto Legislativo n. 98, de 25 de março de 1991.

Como agente de promoção comercial e auxílio aos exportadores brasileiros, compete à **SECEX**:

- a elaboração das normas e dos dispositivos que regerão o Sistema Geral de Preferências no Brasil, conforme as determinações dos países outorgantes e respeitados os termos da legislação brasileira;
- a divulgação e constante atualização das informações recebidas dos países outorgantes, de interesse da comunidade exportadora brasileira, como instrumento de suporte ao trabalho das agências emissoras; e
- a prestação de esclarecimentos às autoridades aduaneiras dos países outorgantes acerca de eventuais dúvidas em relação ao cumprimento das regras de origem.

Figura 8.1. Formulário A

1. Goods consigned from (Exporter's business name, address, country)	Reference N. **GENERALIZED SYSTEM OF PREFERENCES CERTIFICATE OF ORIGIN** **(Combined declaration and certificate)** **FORM A** Issued in …………………………….............................. (country) See notes overleaf
2. Goods consigned to (Consignee's name, address, country)	
3. Means of transport and route (as far as known)	4. For official use

5. Item number	6. Marks and numbers of packages	7. Number and kind of packages, description of goods	8. Origin criterion (see Notes overleaf)	9. Gross weight or other quantity	10. Number and date of Invoices

11. Certification It is hereby certified, on the basis of control carried out, that the declaration by the exporter is correct.	12. Declaration by the exporter The undersigned hereby declares that the above details and statements are correct; that all the goods were produced In …………………………….............................. (country) and that they comply with the origin requirements specified for those goods in the Generalized System of Preferences for goods exported to …………………………….............................. (importing country)
…………………………….............................. Place and date, signature and stamp of certifying authority	…………………………….............................. Place and date, signature of authorized signatory

8.2. SISTEMA GLOBAL DE PREFERÊNCIAS COMERCIAIS (SGPC)

Na esteira do modelo de concessões unilaterais introduzido pelo Sistema Geral de Preferências, os países em desenvolvimento, membros do chamado **Grupo dos 77**, resolveram criar um modelo de incentivo comercial com benefícios recíprocos, com o apoio da Conferência das Nações Unidas sobre Comércio e Desenvolvimento (UNCTAD), que ficou conhecido como Acordo sobre o **Sistema Global de Preferências Comerciais** entre países em desenvolvimento (SGPC)[3].

O SGPC foi concluído na cidade de Belgrado[4], em abril de 1988, e entrou em vigor um ano depois, em 19 de abril de 1989, com a ratificação de aproximadamente 40 países, inclusive o Brasil.

No **ordenamento pátrio**, o Sistema Global de Preferências Comerciais foi introduzido pelo Decreto Legislativo n. 98, de 25 de março de 1991, e promulgado pelo Decreto n. 194, de 21 de agosto de 1991.

O objetivo principal do SGPC é incrementar, por meio da mutualidade de vantagens tarifárias, o comércio entre países em desenvolvimento da África, Ásia e América Latina, com ênfase nas chamadas negociações Sul-Sul, em referência ao hemisfério menos desenvolvido do globo. Por se tratar de mercados com grandes potenciais de consumo, a premissa original se baseava nas trocas complementares e na cooperação entre os signatários.

O Sistema Global de Preferências Comerciais é **exclusivo** para os membros do **Grupo dos 77** que aderirem ao modelo e não deve interferir nem substituir processos de integração em andamento.

Os interessados devem publicar listas de concessões, que deverão incluir todos os tipos de produtos, manufaturados ou básicos, com ou sem processamento industrial.

Por ocasião da Segunda Rodada de Negociações, lançada pela Declaração de Teerã, de 21 de novembro de 1991, foi aprovada a adesão em bloco do Mercosul, com lista única de concessões para os quatro Estados-partes[5].

Com o advento da XI Conferência da UNCTAD, realizada no Brasil em junho de 2004, como vimos, foi lançada a Terceira Rodada de Negociações do SGPC, denominada **Rodada São Paulo**, finalmente concluída em 15 de dezembro de 2010[6], na Reunião Ministerial de Foz do Iguaçu e, portanto, ainda carente de ratificação nos ordenamentos jurídicos dos signatários para que as concessões pactuadas possam produzir efeito.

O SGPC poderá consistir dos seguintes componentes, entre outros:

---

[3] Atualmente, o SGPC conta com 43 países outorgantes.

[4] As negociações para a criação do sistema foram iniciadas com as *Declarações sobre o SGPC* adotadas pelos Ministros das Relações Exteriores do Grupo dos 77, em Nova York, em 1982, e posteriormente discutidas em reuniões ministeriais realizadas em Nova Deli, em 1985, e em Brasília, em 1986, até a assinatura do Acordo em Belgrado.

[5] O ingresso do Mercosul no SGPC e a lista de produtos beneficiados foram aprovados, respectivamente, pelas Decisões CMC n. 51 e 52, ambas de 14 de dezembro de 2000.

[6] Cumpre destacar que apenas o Mercosul e mais sete países firmaram o resultado da Rodada São Paulo, a saber: Cuba, Coreia do Sul, Egito, Índia, Indonésia, Malásia e Marrocos. Muito embora seja possível a adesão de novos interessados, os compromissos tarifários assumidos só serão obrigatórios, a princípio, entre os signatários.

- ◼ ajustes relativos a tarifas, ou seja, alíquotas de imposto de importação exigidas pelos países signatários;
- ◼ ajustes paratarifários, assim considerados os gravames financeiros e taxas de fronteira;
- ◼ ajustes relativos a medidas não tarifárias;
- ◼ ajustes relativos a medidas de comércio direto, inclusive contratos de médio e longo prazos; e
- ◼ ajustes relativos a acordos setoriais.

As concessões acordadas e publicadas deverão ser mantidas, sem a criação de novas medidas restritivas, salvo nas hipóteses de direitos antidumping, medidas compensatórias ou taxas compatíveis com o valor de eventuais serviços prestados.

A alteração ou retirada das concessões só pode ser feita depois de transcorridos três anos da outorga, mediante comunicação ao **Comitê de Participantes**, criado especificamente para administrar, analisar e revisar periodicamente o modelo, bem assim resolver litígios decorrentes do Sistema Global de Preferências Comerciais.

Qualquer participante poderá adotar **medidas de salvaguarda** tendentes a anular a ameaça ou ocorrência de sérios danos a produtores nacionais de determinadas mercadorias ou produtos similares, diretamente oriundos de aumento substancial e imprevisto de importações beneficiadas por preferências do SGPC.

As medidas de salvaguarda devem ser compatíveis com a extensão do dano potencial ou efetivo e terão caráter provisório e não discriminatório em relação aos participantes.

O emprego de salvaguardas deve ser precedido de consulta aos demais integrantes do Sistema Global de Preferências Comerciais, via **Comitê de Representantes**, salvo sob circunstâncias críticas que possam causar prejuízos irreparáveis à indústria nacional e, portanto, requeiram medidas de ação imediata. Também são possíveis medidas excepcionais para corrigir graves problemas econômicos, relacionados ao Balanço de Pagamentos dos signatários.

Nos moldes de outros importantes acordos comerciais internacionais, que já discutimos, o SGPC prevê **tratamento especial** para os países menos desenvolvidos, que poderão atuar sem a obrigatoriedade de reciprocidade nas concessões, mas com todos os benefícios tarifários, paratarifários e não tarifários, fixados em negociações aplicáveis em caráter multilateral, em razão do princípio da nação mais favorecida.

Para fazerem jus ao tratamento preferencial do Sistema Global de Preferências Comerciais, os produtos beneficiários devem ser acompanhados do respectivo Certificado de Origem.

As qualificações são **por produto** e deverão atender o esquema de concessões previsto pelo país de destino, satisfazer o regime de origem do SGPC e atender as chamadas regras de consignação, que estabelecem o transporte direto do país exportador para o importador, salvo situações que envolvam o trânsito justificado da mercadoria, como questões de ordem logística ou geográfica, sem qualquer operação comercial ou de consumo nos países intermediários.

Os exportadores brasileiros interessados na preferência tarifária outorgada pelos demais países participantes do SGPC deverão verificar a lista de produtos **beneficiados**, cumprir os requisitos de origem e solicitar a emissão dos certificados de origem.

Estão autorizadas a emitir e validar **certificados de origem** do Sistema Global de Preferências Comerciais, no país, as seguintes federações:

☐ Federação das Indústrias do Estado de São Paulo (FIESP);

☐ Federação das Indústrias do Estado do Rio de Janeiro (FIRJAN);

☐ Federação das Indústrias do Estado de Alagoas (FIEA);

☐ Federação das Indústrias do Estado do Amazonas (FIEAM);

☐ Federação das Indústrias do Estado da Bahia (FIEB);

☐ Federação das Indústrias do Estado da Paraíba (FIEPB);

☐ Federação das Indústrias do Estado do Paraná (FIEP);

☐ Federação das Indústrias do Estado do Rio Grande do Sul (FIERGS);

☐ Federação das Indústrias do Estado de Minas Gerais (FIEMG);

☐ Federação das Indústrias do Estado de Santa Catarina (FIESC); e

☐ Federação das Indústrias do Estado do Pará (FIEPA).

8.3. QUESTÕES

1. (ESAF — AFTN — 1996) O Sistema Geral de Preferências (SGP) foi criado no seio da Conferência das Nações Unidas para o Comércio e Desenvolvimento — UNCTAD, com o objetivo de fomentar o comércio internacional, especialmente em benefício dos países em desenvolvimento, que, há muito, vinham observando dificuldades cada vez maiores para sustentar seus programas de desenvolvimento e industrialização, face ao declínio da importância relativa dos bens primários tradicionais no comércio internacional. A principal característica do Sistema Geral de Preferência é a(o)

a) abertura de linhas especiais de crédito à exportação originária dos países em desenvolvimento.

b) estabelecimento de quotas preferenciais aos países em desenvolvimento.

c) estabelecimento de padrões menos rígidos para concessão de subsídios à exportação por parte dos governos dos países em desenvolvimento.

d) importação, pelos países industrializados de produtos manufaturados e serviços preferencialmente produzidos nos países em desenvolvimento.

e) eliminação total ou parcial, pelos países industrializados, de tarifas que incidem sobre produtos originários de países em desenvolvimento, sem exigência de reciprocidade.

2. (ESAF — AFRF — 2001) "É sabido que todo processo de desenvolvimento econômico exige volume apreciável de divisas para financiar a importação de bens de equipamento. Os países subdesenvolvidos dependem, para suas receitas de divisas, da exportação de produtos primários, cujo mercado vem declinando cada vez mais nos países industriais. Em outubro de 1970, foi instituído pela Conferência das Nações Unidas sobre Comércio e Desenvolvimento (UNCTAD) o Sistema Geral de Preferências, conhecido por SGP."

Acerca do Sistema Geral de Preferências (SGP) e do Sistema Global de Preferências Comerciais (SGPC), pode-se afirmar que:

a) A principal vantagem do SGP é a isenção das tarifas de importação.

b) O sistema foi incorporado ao GATT nos anos 70, com a cláusula de habilitação (*Enabling Clause* após a Rodada Tóquio).

c) A principal diferença entre o GATT e o SGPC é que, enquanto o GATT utiliza o princípio da nação mais favorecida, o SGPC utiliza o sistema de acordos preferenciais dentro do sistema.

d) O SGPC defende uma eliminação de tarifas entre PEDs.

e) O SGP constitui um conjunto de regras gerais adotadas universalmente para estimular as exportações de bens dos PEDs, supervisionadas pela CEPAL.

3. (ESAF — AFRF — 2003) No marco da cooperação para o desenvolvimento, os países industrializados estabeleceram o Sistema Geral de Preferências (SGP), almejando facilitar o comércio com os países em desenvolvimento. O SGP consiste em

a) suspensão de tributos, em caráter definitivo, para importações de matérias-primas e manufaturas procedentes de países em desenvolvimento.

b) negociações que objetivam concessões mútuas de preferências tarifárias para os produtos menos competitivos e que são tornadas permanentes uma vez definidas.

c) concessões tarifárias, outorgadas em base de não reciprocidade, para exportações de manufaturas originárias e procedentes de países em desenvolvimento, segundo quantidades, condições de preços e períodos predeterminados.

d) sistema de cotas e preços que beneficiam as importações de países em desenvolvimento e que é negociado no âmbito do Acordo Geral de Comércio e Tarifas (GATT).

e) concessões tarifárias condicionais estendidas somente aos países de menor desenvolvimento econômico relativo e que abrangem as exportações de matérias-primas e demais produtos primários deles procedentes.

4. (ESAF — AFRF — 2012) Quanto ao Sistema Geral de Preferências, é correto afirmar que:

a) trata-se de instrumento unilateral e recíproco, pelo qual os outorgantes recebem o mesmo tratamento tarifário preferencial em contrapartida.

b) em razão das regras multilaterais, sua concessão é revestida por cláusula de irrevogabilidade.

c) sua concessão é autorizada, no âmbito da Organização Mundial do Comércio (OMC), por meio da Cláusula de Habilitação, por tempo indeterminado.

d) pode beneficiar apenas as mercadorias oriundas de países de menor desenvolvimento relativo, não se aproveitando para as mercadorias de países em desenvolvimento.

e) sua criação ocorreu no âmbito da Rodada Doha da OMC.

GABARITO

1. A alternativa correta é a letra "e", que traduz fielmente o conceito do SGP. As demais alternativas apresentam medidas que não dizem respeito ao modelo.

2. A alternativa correta é a letra "c", pois o SGPC propicia tratamento preferencial aos seus integrantes, em contrapartida (mas não de modo ilegítimo) ao princípio da nação mais favorecida. As alternativas "a" e "d" estão incorretas porque os modelos não estabelecem isenções ou eliminação de tarifas, mas, sim, tratamento tributário mais favorecido para os participantes. A alternativa "e" está incorreta porque o SGP não contempla regras universais, enquanto a alternativa "b" pode ser considerada incorreta, apesar da redação ruim do enunciado, porque, embora a *enabling clause* tenha realmente tratado do tema e sido incorporada em 1979 após a Rodada Tóquio, ela só se aplicava, à época ao SGP (até em razão de o SGPC só ter sido criado anos mais tarde — como o enunciado indaga acerca dos **dois modelos**, a alternativa não é válida para ambos).

3. A alternativa correta é a letra "c", que define de modo adequado o Sistema Geral de Preferências. As demais alternativas trazem conceitos incorretos.

4. Pergunta direta, cuja resposta é a alternativa "c", dada a autorização da OMC para o regime, por meio da cláusula de habilitação.

8.4. MATERIAL DIGITAL

VÍDEO
http://uqr.to/1y39e

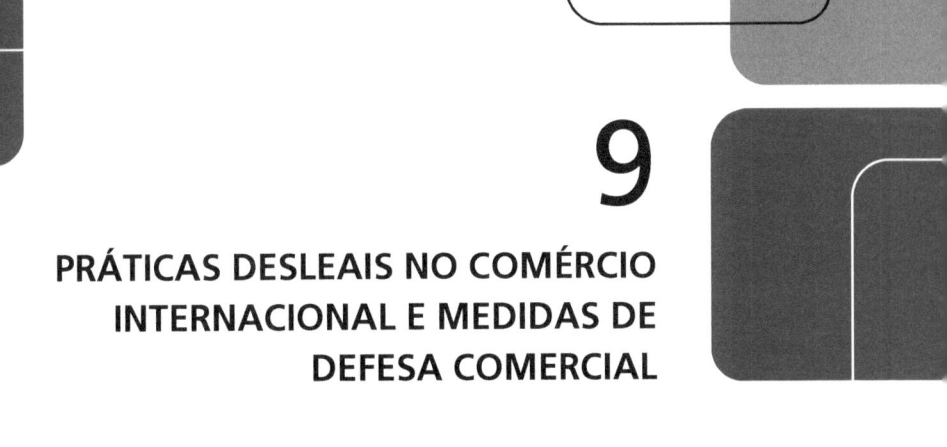

9

PRÁTICAS DESLEAIS NO COMÉRCIO INTERNACIONAL E MEDIDAS DE DEFESA COMERCIAL

Os países-membros da Organização Mundial do Comércio (OMC) possuem diversos mecanismos de defesa não tarifários, constituídos, em sua maioria, por medidas de ordem **político-jurídica**, que têm por objetivo prevenir ou combater possíveis abusos nas transações de comércio exterior, sempre que estas possam representar danos a setores nacionais.

Já tivemos a oportunidade de afirmar que a disputa por mercados no mundo globalizado se transformou em verdadeira guerra entre os países e empresários, o que, por vezes, redunda em práticas anticompetitivas ou desleais, destinadas a favorecer as exportações em detrimento dos princípios da livre concorrência e da transparência do comércio internacional.

Uma das formas mais antigas e relevantes de abuso decorre do **dumping**, ou seja, da introdução de mercadorias em outro país por valor abaixo do normal, com o objetivo de prejudicar ou até mesmo aniquilar a indústria local, conforme veremos a seguir.

9.1. DUMPING E DIREITOS ANTIDUMPING

A princípio, desejamos fazer uma breve observação de ordem terminológica: como o leitor já deve ter notado, empregamos os termos **dumping**[1] e **antidumping** grafados sem a utilização de itálico ou aspas. Há uma grande confusão, presente na maioria da doutrina, acerca da correta ortografia desses vocábulos na língua portuguesa, motivo pelo qual gostaríamos de tecer os seguintes comentários:

◼ o termo dumping está consagrado internacionalmente e **não foi traduzido**, ao que se tem notícia, para nenhum idioma do planeta e é, por isso mesmo, a expressão adotada pela legislação brasileira;

◼ o vocábulo dumping não é inédito nem sequer novel no idioma pátrio, já que se faz presente em diversos dicionários de qualidade[2];

---

[1] A etimologia do termo dumping, gerúndio do verbo inglês *to dump* (que significa "despejar, desfazer-se de, jogar fora, vender em quantidade a baixo preço") remonta ao século XIX, conforme o *Dicionário Houaiss da Língua Portuguesa*, p. 1089.

[2] Na verdade, surgiu pela primeira vez em 1958, na décima edição do clássico *Diccionario da Lingua Portugueza*, de Antonio de Morais Silva, antes, portanto, da Rodada Kennedy, que criou o primeiro Código Antidumping no âmbito do GATT.

■ também preferimos a grafia antidumping (sem o hífen), uma vez que o segundo elemento não é nome próprio nem se inicia com *h*, *r*, ou *s*, apesar de diversos autores desrespeitarem esta norma da língua portuguesa.

9.1.1. Conceito de dumping

A primeira manifestação concreta sobre o uso de **medidas antidumping** ocorreu no Canadá, em 1904, quando o Ministro das Finanças observou, em conhecido discurso, que empresas estrangeiras praticavam preços abaixo do mercado nas vendas àquele país, na expectativa de dominar o mercado local e "quebrar" as indústrias nacionais.

E foi justamente o economista canadense **Jacob Viner**, em obra clássica, o primeiro a formular um conceito mais técnico — ainda que incompleto — sobre o dumping enquanto prática abusiva do comércio internacional[3]: "A característica essencial do dumping é a discriminação de preços entre compradores em diferentes mercados nacionais".

A gênese doutrinária, de lavra econômica, fez com que o Direito enfrentasse dificuldades para compreender o alcance e a configuração do instituto do dumping, que, durante muito tempo, ficou adstrito a justificativas concorrenciais ou econométricas.

Com o advento do GATT, os países signatários finalmente criaram condições para um **tratamento jurídico** do fenômeno, no âmbito do direito internacional — com a devida repercussão nos ordenamentos internos de cada membro —, em relação às medidas a serem adotadas contra a prática de dumping nas operações comerciais.

Após a Rodada Uruguai, com a inserção das disposições do GATT na recém-constituída OMC e a criação de um **Acordo sobre a Implementação do seu Artigo VI**, que trata dos direitos antidumping e de compensação, surgiu a obrigatoriedade de todos os signatários aderirem às cláusulas pactuadas como um conjunto não dissociável, especialmente em relação às barreiras não tarifárias, que deverão ser aplicadas segundo preceitos relativamente homogêneos.

O **conceito legal** de dumping, nesse contexto, pode ser encontrado no artigo 2.1. do Acordo sobre a Implementação do Artigo VI do GATT, presente na *Ata Final que Incorpora os Resultados da Rodada Uruguai de Negociações Comerciais Multilaterais do GATT*, firmada durante a Rodada Uruguai, recepcionada no ordenamento brasileiro pelo Decreto Legislativo n. 30, de 15 de dezembro de 1994, e promulgada pelo Decreto n. 1.355, de 30 de dezembro de 1994:

"Para as finalidades do presente Acordo, considera-se haver prática de dumping, isto é, oferta de um produto no comércio de outro país a preço inferior a seu valor normal, no caso de o preço de exportação do produto ser inferior àquele praticado, no curso normal das atividades comerciais, para o mesmo produto quando destinado ao consumo no país exportador".

O direito positivo brasileiro foi recentemente inovado com a publicação do Decreto n. 8.058/2013, em vigor desde 1.º de outubro de 2013, cujo objetivo é regulamentar os procedimentos administrativos relativos à investigação e à aplicação das medidas antidumping, com base na Lei n. 9.019/95 e no Acordo Antidumping aprovado no âmbito do GATT/1994.

---

[3] VINER, Jacob. *Dumping*: a problem in international trade. Fairfield, NJ: Kelley Publishers, 1991, p. 4. Viner é considerado um dos fundadores da moderna teoria do comércio internacional.

A prática de dumping recebeu, no decreto presidencial, definição levemente distinta daquela promulgada pela Ata Final da Rodada Uruguai e originalmente introduzida no país.

Com efeito, o artigo 7.º do referido diploma estabelece que "considera-se prática de dumping a introdução de um produto no mercado doméstico brasileiro, inclusive sob as modalidades de *drawback*, a um preço de exportação inferior ao seu valor normal".

De se notar a inovação trazida pela possibilidade de ocorrência de dumping inclusive em operações de *drawback*, hipótese não contemplada anteriormente. Convém ressaltar, todavia, que o decreto basicamente divide o comando original em duas partes, pois o seu artigo 8.º, ao enunciar o conceito de "valor normal", considera-o como "o preço do produto similar, em operações comerciais normais, destinado ao consumo no mercado interno do país exportador", expressão que reproduz o texto oficial do Acordo firmado com base no artigo VI do GATT[4].

O Decreto n. 8.058/2013 determina, ainda, que somente poderão ser aplicadas medidas antidumping quando a importação de produtos objeto de dumping causar dano à indústria doméstica[5].

A partir das definições jurídicas apresentadas, pode-se inferir que a existência de dumping não é, em si mesma, **condenável**. Para que um Estado possa aplicar medidas de defesa contra a utilização de dumping por empresas estrangeiras, sua atuação deverá estar condicionada à presença de dano à indústria nacional ou, ao menos, à real ameaça a um setor de produção do país, instalado ou com projeto de instalação.

A própria análise dos comandos normativos demonstra a **vaguidade** de alguns dos signos utilizados. Isso ocorre, como se sabe, porque o direito positivo, enquanto feixe de proposições destinadas a regular as condutas intersubjetivas, encontra-se vertido numa linguagem que, na maioria das vezes, contém imperfeições de toda ordem.

Daí a advertência de Paulo de Barros Carvalho[6], no sentido de que "O cientista do direito vai debruçar-se sobre o universo das normas jurídicas, observando-as, investigando-as, interpretando-as e descrevendo-as segundo determinada metodologia. Como ciência que é, o produto de seu trabalho terá caráter descritivo, utilizando uma linguagem apta para transmitir conhecimentos, comunicar informações, dando conta de como são as normas, de que modo se relacionam, que tipo de estrutura constroem e, sobretudo, como regulam a conduta intersubjetiva".

Vejamos, pois, uma possível interpretação para os requisitos presentes no conceito legal de dumping.

Por **valor normal**, devemos entender o preço *Ex Works*, isto é, o valor da mercadoria na fábrica do produtor, no país exportador, sem impostos, para pagamento à vista e em **volume suficiente** (a legislação brasileira considera, em regra, como volume significativo a quantidade de vendas no mercado interno do país exportador que represente pelo menos 5% do volume exportado para o Brasil, salvo se existirem vendas efetivas, em percentual inferior, que possam ser objeto de adequada comparação).

---

[4] O artigo VI do GATT possibilitou a implementação do Acordo Antidumping após a Rodada Uruguai.

[5] Artigo 1.º do Decreto n. 8.058/2013.

[6] Paulo de Barros Carvalho. *Curso de direito tributário*. 15. ed., rev. e atual. São Paulo: Saraiva, 2003, p. 3.

O valor normal é determinado em função do preço efetivamente praticado para produtos **idênticos** ou **similares**[7] em operações mercantis normais e destinadas a consumo interno no país exportador.

A similaridade dos produtos deve ser avaliada a partir de critérios objetivos, como as matérias-primas, a composição química, as características físicas, as normas e especificações técnicas, o processo de produção, os usos e aplicações, o grau de substitutibilidade e os canais de distribuição empregados. Esses critérios não são exaustivos, de forma que a decisão acerca da similaridade poderá ter como fundamento outros fatores, desde que objetivamente mensuráveis.

Nos termos da legislação em vigor, "caso não existam vendas do produto similar em operações comerciais normais no mercado interno do país exportador ou quando, em razão de condições especiais de mercado ou de baixo volume de vendas do produto similar no mercado interno do país exportador, não for possível comparação adequada com o preço de exportação, o valor normal será baseado[8]:

I — no preço de exportação do produto similar para terceiro país apropriado, desde que esse preço seja representativo; ou

II — num valor construído, como tal considerado o custo de produção no país de origem acrescido de razoável montante a título de custos e despesas administrativos e de comercialização, além da margem de lucro"[9].

Por sua vez, a expressão **operações comerciais normais** refere-se às vendas realizadas para compradores **independentes** (que não possuam vinculação alguma com o vendedor, a fim de se evitar práticas diferenciadas em razão da utilização de preços de transferência) e com a obtenção de lucro.

Poderão ser consideradas como operações mercantis anômalas e, nesse sentido, **desconsideradas** para a determinação do valor normal, as transações entre empresas vinculadas ou que tenham celebrado entre si acordo compensatório, salvo se efetivamente comprovado que os preços e custos por elas praticados são comparáveis a operações entre partes independentes[10]. Nessa hipótese, parece-nos natural que o ônus da prova compita ao interessado, que tem o dever de demonstrar a natureza concorrencial das operações.

Também serão desprezadas, para fins de determinação do valor normal, operações realizadas a preços inferiores aos **custos unitários**[11] do produto similar, por longos

---

[7] O produto comparável pode ser idêntico ou similar (*like product*), assim entendido aquele que, na ausência de produto idêntico, apresente características e funcionalidades equivalentes à do produto sob análise.

[8] Artigo 14 do Decreto n. 8.058/2013.

[9] O custo de produção deve ser apurado com base nos documentos registrados pelo exportador ou produtor, desde que as informações e os procedimentos de rateio e alocação sejam compatíveis com os princípios contábeis aceitos no país exportador, o que, convenhamos, se revela de difícil execução em termos práticos, principalmente durante os procedimentos de investigação de dumping.

[10] Artigo 14, § 6.º — "As transações entre partes associadas ou relacionadas serão consideradas operações comerciais normais se o preço médio ponderado de venda da parte interessada para sua parte associada ou relacionada não for superior ou inferior a no máximo três por cento do preço médio ponderado de venda da parte interessada para todas as partes que não tenham tais vínculos entre si".

[11] Na apuração dos custos unitários, devem ser considerados os custos fixos e variáveis, bem como as despesas administrativas e comerciais.

períodos (pelo menos seis meses) e em quantidades substanciais, cujo resultado econômico seja incapaz de cobrir os custos envolvidos.

O comando normativo é importante, porque com frequência encontramos vendas no comércio internacional a preços inferiores ao custo, mas que decorrem de promoções, campanhas de acesso a mercados ou, ainda, da própria obsolescência dos produtos, em razão de novos modelos ou tecnologias.

Tais circunstâncias devem ser consideradas **legítimas**, porque resultam de condições excepcionais, oriundas da dinâmica do comércio internacional, e que obviamente não têm por objetivo prejudicar a concorrência ou causar danos a setores específicos.

Por fim, não serão consideradas como operações comerciais normais as vendas de amostras ou para empregados, as doações, as vendas amparadas por contratos que envolvam industrialização para outras empresas (*tolling*) ou troca de produtos (*swap*), os produtos de consumo cativo e outras operações definidas pela SECEX.

Alternativamente, o valor normal poderá ser apurado mediante a verificação do preço de exportação para **terceiros países** (chamados de "países substitutos"), em condições similares, quando as importações sob análise forem originárias de regimes domésticos com preços controlados, não enquadrados no conceito de economia de mercado e, portanto, obviamente distorcidos. O terceiro país deverá ter regras de mercado, e sua escolha será notificada às partes envolvidas na investigação.

A possibilidade de **comparação** do preço de exportação praticado por países não envolvidos na discussão já foi admitida pelo Superior Tribunal de Justiça, quando do julgamento do rumoroso processo dos direitos antidumping aplicados contra o **alho chinês**.

No caso em tela, bastante discutido nos tribunais, o Superior Tribunal de Justiça entendeu que a China não é economia de mercado e, em razão disso, utilizou como referência o preço de exportação do alho proveniente da Argentina, nos seguintes termos[12]:

> EMENTA: MANDADO DE SEGURANÇA. COMÉRCIO EXTERIOR. DIREITO ANTIDUMPING. IMPORTAÇÃO DE ALHO FRESCO E REFRIGERADO ORIGINÁRIO DA REPÚBLICA POPULAR DA CHINA. RESOLUÇÃO CAMEX 52/2007. LEGITIMIDADE. 1. Segundo as normas previstas no Decreto n. 1.602/95, que disciplina a aplicação de medidas antidumping, "considera-se prática de dumping a introdução de um bem no mercado doméstico, inclusive sob as modalidades de *drawback*, a preço de exportação inferior ao valor normal" (art. 4.º), entendido como tal "o preço efetivamente praticado para o produto similar nas operações mercantis normais, que o destinem a consumo interno no país exportador" (art. 5.º). Todavia, "encontrando-se dificuldades na determinação do preço comparável no caso de importações originárias de país que não seja predominantemente de economia de mercado, onde os preços domésticos sejam em sua maioria fixados pelo Estado, o valor normal poderá ser determinado com base no preço praticado ou no valor construído do produto similar, em um terceiro país de economia de mercado, ou no preço praticado por este país na exportação para outros países (...)" (art. 7.º). 2. O "Protocolo de Acessão da República Popular da China à Organização Mundial de Comércio" (integrado ao direito brasileiro pelo Decreto n. 5.544/2005) não conferiu a esse País, desde

---

[12] Mandado de Segurança 13.413, Superior Tribunal de Justiça, Primeira Seção, Relator Ministro Teori Albino Zavascki. Decisão unânime, publicada no *DJE* em 6 de outubro de 2008.

logo, a condição de país predominantemente de economia de mercado. Segundo decorre de seus termos, a acessão da China ao Acordo da OMC foi aprovada para ocorrer de forma gradual e mediante condições. Justamente por isso, o art. 15 do Protocolo reservou aos demais membros da OMC, durante quinze anos, a faculdade de utilizar, nos casos de investigação de prática de dumping que envolvam produtos chineses, a metodologia aplicável a países que não sejam predominantemente de economia de mercado. 3. É legítima, portanto, a Resolução CAMEX 52/2007, que, (a) com base na faculdade prevista no referido Protocolo, e (b) considerando não ter sido demonstrado, nas investigações levadas a cabo, que a produção e comercialização de alho na China ocorre em regime de economia de mercado, (c) adotou, para a apuração da prática de dumping desse produto, dados colhidos em terceiro país (a Argentina), segundo a metodologia prevista no art. 7.º do Decreto n. 1.602/95. 4. Segurança denegada.

Também será possível a comparação com o preço de produto similar exportado para terceiro país nas hipóteses em que **inexistam** vendas no curso normal das transações comerciais no mercado doméstico do país exportador ou quando, por questões peculiares, o **baixo volume de vendas**[13] internas não permita comparação adequada.

O **preço de exportação** adotado será o valor efetivamente recebido ou a receber (no caso de vendas a prazo) pelo produto exportado, livre de tributos e descontos concedidos entre as partes em razão das negociações. Se o preço de exportação não for identificado ou se mostrar inidôneo, ante a existência de vinculação entre exportador e importador ou acordo compensatório, o valor deverá ser construído a partir do preço pelo qual os produtos foram revendidos pela primeira vez a um comprador **independente** ou, em última hipótese, mediante critérios razoáveis, na ausência daquela condição.

Uma vez definidos, o **valor normal** das vendas no mercado interno do país exportador e o **preço de exportação** deverão ser **comparados**, a partir de parâmetros igualitários e justos, para a apuração de eventual prática de dumping. Os respectivos valores poderão, por conseguinte, ser **ajustados**, em função de diferenças nos níveis de venda, quantidades, tributação ou características físicas que possam afetar uma comparação direta[14].

Se o produto não for importado diretamente de seu país de origem, isto é, quando for exportado ao Brasil por meio de terceiro país intermediário, o preço do mercado de exportação deverá ser comparado ao preço do produto enviado ao Brasil. Somente poderá ser utilizado como referência o preço do país de origem se o produto exportado obedecer a uma das seguintes condições:

---

[13] São normalmente considerados como quantidade suficiente para a determinação do valor normal as vendas de produto similar destinadas ao consumo interno do país exportador que constituam 5% ou mais das vendas ao país importador, sendo aceitável percentual menor quando for possível demonstrar que as vendas internas, ainda que em percentual inferior, permitem comparação adequada.

[14] Caso seja necessária conversão cambial, deverá ser utilizada a taxa em vigor no dia da venda, assim considerada a data do contrato ou outro instrumento jurídico que estabeleça, entre as partes, as condições do negócio. Poderão também ser utilizadas taxas de câmbio futuras, se o contrato estiver a elas vinculado. A ideia é conferir neutralidade às operações cambiais, de tal sorte que eventuais flutuações nas taxas serão desconsideradas.

◼ o produto apenas transitar pelo país exportador;

◼ o produto não for elaborado no país exportador; ou

◼ não houver preço comparável para o produto no país exportador[15].

9.1.2. A margem de dumping

A **margem de dumping** representa a diferença entre o valor normal apurado em cada situação concreta e o preço de exportação praticado na venda do produto para o Brasil e também pode ser calculada por período, mediante a comparação entre o valor médio normal ponderado e a média ponderada dos preços de todas as transações de exportação.

O valor normal médio ponderado poderá ser cotejado com o preço de exportação de transações específicas, desde que se observem padrões de preço de exportação diferentes, em razão dos compradores, regiões de destino dos produtos ou intervalos de tempo, e sempre mediante comprovação de que tais discrepâncias impedem os dois métodos tradicionais de comparação (média x média e transação a transação).

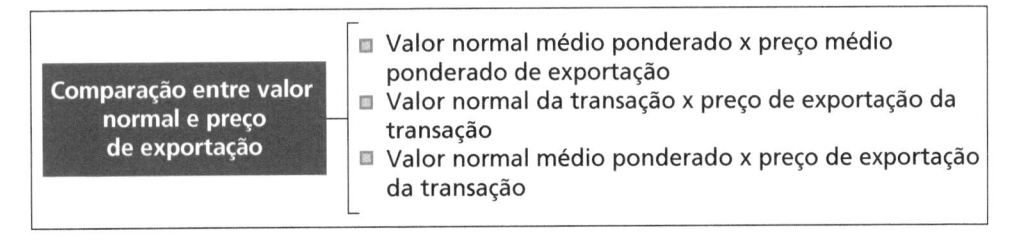

Comparação entre valor normal e preço de exportação	◼ Valor normal médio ponderado x preço médio ponderado de exportação ◼ Valor normal da transação x preço de exportação da transação ◼ Valor normal médio ponderado x preço de exportação da transação

Como é possível que o dumping não seja praticado por todos os empresários de dado país, no mesmo período e sob iguais condições, a legislação estabelece[16] que, em regra, deverá ser determinada a **margem individual de dumping** de cada exportador ou produtor dos itens sob investigação, exceto se o número conhecido desses agentes for tão expressivo que torne impraticável a análise individual, circunstância que permitirá limitar o exame a um número razoável de empresas, observados critérios estatísticos válidos de amostragem e relevância.

O procedimento de seleção de exportadores, produtores, importadores e produtos, quando realizado por amostragem, só poderá ser utilizado mediante consulta aos interessados e prévia anuência, com o fornecimento das informações necessárias para a definição da amostra.

No caso de informações **insuficientes**, poderá ser efetuada nova seleção, salvo se as empresas escolhidas também não fornecerem dados considerados satisfatórios, o que ensejará a determinação das margens de dumping com base nas melhores informações disponíveis[17]. A norma busca conferir validade jurídica ao procedimento e afastar

---

15 Artigo 24 do Decreto n. 8.058/2013.

16 Artigo 27 do Decreto n. 8.058/2013.

17 O Anexo II, item 1, do Acordo sobre a Implementação do Artigo VI do Acordo Geral sobre Tarifas e Comércio — GATT 1994, estabelece: "Tão logo iniciada a investigação, as autoridades investi-

alegações de arbitrariedade ou ofensa aos consagrados princípios do contraditório e da ampla defesa, garantias fundamentais integralmente aplicáveis aos processos de natureza administrativa[18].

A criteriosa definição da margem de dumping é necessária porque o montante apurado será o **limite máximo** para a imposição dos direitos antidumping, provisórios ou definitivos, apurados no curso das investigações.

Importa destacar que o Superior Tribunal de Justiça entendeu, em decisão paradigmática[19], que o processo administrativo é **desnecessário** quando a prática de dumping for **evidente**, cabendo ao DECEX a denegação, de plano, da licença de importação não automática dos produtos em questão.

Reproduzimos a seguir a ementa do referido acórdão, que é bastante didática e bem ilustra os temas até agora abordados:

AÇÃO ORDINÁRIA. LEI N. 9.019/95. LICENÇA DE IMPORTAÇÃO. PRÁTICA DE DUMPING. PROCESSO ADMINISTRATIVO. DESNECESSIDADE NO CASO. COMPETÊNCIA DO DECEX. LICENCIAMENTO NÃO AUTOMÁTICO. 1. A Constituição Federal dispõe que dentre os objetivos da República Federativa do Brasil, esteio de garantir o desenvolvimento nacional; sendo que um dos instrumentos para garantia desse desenvolvimento é exatamente o que vem previsto no art. 237 da Constituição Federal e consiste na fiscalização e no controle sobre o comércio exterior, essenciais à defesa e aos interesses fazendários nacionais, serão exercidos pelo Ministério da Fazenda. 2. O dumping evidente, aferido pelo DECEX, cuja atribuição é realizar o acompanhamento dos preços praticados nas importações, em sendo a mercadoria sujeita ao regime de licenciamento não automático, impõe a negativa da licença requerida. Precedente: (REsp 855.881/RS, julgado em 15/03/2007, *DJ* 02/08/2007 p. 380, unânime) 3. A Lei n. 9.019/95, que dispõe sobre a aplicação dos direitos previstos no Acordo Antidumping, não contém comandos impositivos à instauração de processo administrativo para a apuração do fato relativo à prática de dumping *prima facie* evidente. 4. A constatação, por si só, da prática lesiva concorrencial possui o condão de afastar a necessidade do prévio procedimento administrativo, isto porque até que se desenvolva o processo e ocorra a liberação de mercadoria, evidentemente, a situação consolidar-se-á. 5. *In casu*, houve a constatação de diferença de preço (para menor) entre o valor considerado normal em importações de cabos de aço e cadeados e aquele declarado nas faturas comerciais referentes às mercadorias importadas pela autora, consoante trecho da sentença à fl. 207. 6. Recurso Especial provido.

---

gadoras deverão especificar pormenorizadamente as informações requeridas das partes envolvidas e a forma pela qual tal informação deverá estar estruturada pela parte interessada em sua resposta. As autoridades deverão igualmente certificar-se de que a parte tem consciência de que o não fornecimento da informação dentro de um prazo razoável permitirá às autoridades estabelecer determinações com base nos fatos disponíveis, entre eles os contidos na petição de início de investigação formulada pela indústria nacional".

[18] Conforme artigo 5.º, inciso LV, da Constituição da República: "aos litigantes, em processo judicial ou administrativo, e aos acusados em geral são assegurados o contraditório e ampla defesa, com os meios e recursos a ela inerentes".

[19] REsp 1048470, Primeira Turma do Superior Tribunal de Justiça, Relator Ministro Luiz Fux. Decisão unânime, publicada no *DJE* em 3 de maio de 2010.

Apesar dos preceitos normativos existentes e da jurisprudência colacionada, o comércio internacional é de tal forma dinâmico que não se pode afirmar, mesmo à luz dos requisitos legais, que a simples venda de produtos a preços inferiores ao valor normal tem o condão de configurar, *a priori*, uma prática lesiva ou prejudicial. Faz-se imprescindível a existência de **nexo causal** entre o preço de exportação praticado e o **dano**, real ou provável, à indústria nacional.

9.1.3. Determinação do dano

Um dos aspectos fundamentais para a comprovação do dumping é a determinação do dano à indústria doméstica, que deverá ser fundamentada em provas concretas, obtidas a partir do **exame objetivo** do volume de importações a preços de dumping e seu efeito sobre os preços de produtos similares no mercado interno, bem como o consequente impacto dessas importações sobre os produtores locais de bens agrícolas, minerais ou industriais[20].

Os efeitos das importações não serão apurados quando o volume de entradas de um país for insignificante ou dentro da chamada "margem *de minimis*" (margem de dumping inferior a 2%, calculada como um percentual do preço de exportação).

O direito brasileiro **recepcionou** a definição dos conceitos de **dano** e **indústria doméstica**, nos termos fixados nos Acordos Antidumping e de Subsídios e Direitos Compensatórios celebrados no âmbito da Organização Mundial do Comércio[21].

A expressão "dano", portanto, deve ser entendida a partir de três possibilidades:

- ▣ o dano material causado a uma indústria doméstica;
- ▣ a ameaça de dano material a uma indústria doméstica; ou
- ▣ o atraso real na implantação de tal indústria.

Já o conceito de indústria "nacional" ou "doméstica" (os termos são equivalentes, no contexto proposto) deve ser interpretado como a **totalidade dos fabricantes nacionais** do produto similar ou como aqueles, dentre eles, cuja produção conjunta constitua **parcela significativa** da produção total do país, exceto se:

---

[20] Em relação ao volume das importações a preços de dumping, cabe às autoridades verificar se houve aumento **significativo** das importações por força dessa condição tanto em termos absolutos como no que tange à produção ou consumo do produto no país. De acordo com a legislação pátria, o volume de importações provenientes de determinado país será considerado **insignificante** quando inferior a 3% das importações pelo Brasil de produto similar, salvo se os países que respondam, individualmente, por menos de 3% das importações sejam, conjuntamente, responsáveis por mais de 7% das importações totais do produto no mercado brasileiro. Já o efeito das importações a preços de dumping implica observar se os preços dos produtos importados mediante dumping são significativamente menores do que os preços de produtos similares no mercado interno ou, ainda, se tais importações tiveram o condão de efetivamente deprimir os preços ou impedir aumentos relevantes que teriam ocorrido na ausência do fenômeno.

[21] Conforme parágrafo único do artigo 2.º da Lei n. 9.019/95, com a redação dada pela Medida Provisória n. 2.158-35, de 2001.

■ os produtores estiverem vinculados aos exportadores ou aos importadores[22], ou seja, eles próprios, importadores do produto alegadamente introduzido a preços de dumping, situação em que a expressão "indústria doméstica" poderá ser interpretada como alusiva ao restante dos produtores;

■ em circunstâncias excepcionais, o território brasileiro puder ser dividido em dois ou mais mercados competidores, quando então o termo "indústria doméstica" será interpretado como o conjunto de produtores de um daqueles mercados[23].

Convém destacar que diversos fatores podem ser responsáveis pelo prejuízo ou fracasso da indústria nacional, de sorte que o exame do impacto das importações a preços de dumping deverá avaliar todas as circunstâncias e os índices econômicos capazes de afetar o desempenho do setor.

Sem nos preocuparmos em elaborar uma lista exaustiva, é razoável supor que efeitos decorrentes de crises econômicas, redução nas vendas ou no lucro, perda de participação no mercado, subutilização da capacidade instalada, defasagem tecnológica ou dificuldade para a obtenção de investimentos, entre outros, tragam consequências devastadoras para a indústria, sem qualquer relação com a prática do dumping, muito embora ela possa existir, até em função de tais condições.

Seria demasiado ingênuo imaginar que o competitivo mercado internacional atuasse de forma a socorrer indústrias em dificuldade, quando a lógica do capitalismo propugna exatamente o contrário.

A missão das autoridades que investigam o dumping é justamente demonstrar o **nexo causal** entre as importações a preços não competitivos e o dano à indústria nacional, por meio de provas consistentes e aptas a identificá-lo, bem como apurar, se for o caso, o impacto de **outros fatores prejudiciais** dissociados do dumping e que, por conseguinte, não possam a ele ser imputados.

---

[22] Na dicção do artigo 14, § 10, do Decreto n. 8.058/2013, a vinculação entre produtores e exportadores ou importadores (que atuam como partes relacionadas ou associadas, nos termos da lei) pode ser identificada em várias hipóteses: a) quando um deles ocupar cargo de responsabilidade ou de direção em empresa do outro; b) ambos forem legalmente reconhecidos como associados em negócios; c) forem empregador e empregado; d) quando qualquer pessoa, direta ou indiretamente, possuir, controlar ou detiver 5% ou mais das ações ou títulos com direito a voto de ambos; e) um deles, direta ou indiretamente, controlar o outro, inclusive por intermédio de acordo de acionistas; f) forem, ambos, direta ou indiretamente, controlados por terceiro; g) juntos controlarem direta ou indiretamente uma terceira pessoa; h) forem da mesma família; e i) se houver relação de dependência econômica, financeira ou tecnológica com clientes, fornecedores ou financiadores. A análise deve ser empreendida quando houver suspeita de que determinado produtor possa agir de modo diferente dos demais, em razão da vinculação, e sempre que o controlador estiver em condições de restringir ou influir nas decisões do controlado.

[23] A possibilidade de divisão exige que os produtores de uma das parcelas do mercado vendam toda ou praticamente toda a produção ali mesmo, somada ao fato de que a demanda desse mercado não seja substancialmente suprida por produtores localizados em outra região do país. Muito embora tais condições dificilmente ocorram na prática, seria possível, em tese, reconhecer o dano ainda que a maior parte da produção nacional não fosse prejudicada, mas desde que houvesse concentração de importações a preços de dumping naquela porção específica do mercado, de modo a prejudicar os produtores locais.

Assim, a determinação do dano será baseada nos elementos de prova disponíveis e tomará como referência **critérios objetivos**, como o volume de importações objeto de dumping, o efeito dessas importações sobre os preços de produto similar no mercado nacional e o consequente impacto sobre a indústria doméstica.

Em respeito ao princípio da transparência, que determina uma análise detalhada e sensata na aplicação dos direitos antidumping, o efeito das importações a preços de dumping será avaliado, com relação à produção da indústria, quando os dados disponíveis permitirem sua **identificação individualizada**, a partir de critérios, como o processo produtivo, as vendas e os lucros dos fabricantes. Se não for possível a identificação individual, os efeitos deverão ser determinados em função do grupo de produtos mais assemelhado, para o qual se disponha de informações suficientes, desde que os dados incluam o produto similar sob análise.

As hipóteses de **ameaça de dano**, cuja determinação concreta encerra maiores dificuldades, deverão ser lastreadas em circunstâncias previsíveis e iminentes, que possam ser objeto de adequada comprovação. As autoridades encarregadas da investigação poderão considerar como ameaça de dano os seguintes **fatores**[24]:

a) significativa taxa de crescimento das importações objeto de dumping, indicativa de provável aumento substancial dessas importações;

b) suficiente capacidade ociosa ou iminente aumento substancial na capacidade produtiva do produtor, que indiquem a probabilidade de significativo aumento das exportações objeto de dumping para o Brasil, considerando-se a existência de terceiros mercados que possam absorver o possível aumento das exportações;

c) importações realizadas a preços que terão efeito significativo em reduzir preços domésticos ou impedir o aumento deles e que, provavelmente, aumentarão a demanda por novas importações;

d) estoques do produto objeto da investigação.

9.1.4. Natureza jurídica dos direitos antidumping

Vimos que circunstâncias especiais relativas ao produto ou mercado (promoções, obsolescência etc.), além de fatores extrajurídicos, podem influenciar a análise sobre a aplicação dos direitos antidumping.

E, mesmo ao levarmos em consideração as implicações econômicas apontadas, veremos que a decisão acerca dos direitos antidumping decorre, no mais das vezes, de questões de **ordem política** — sujeitas, portanto, à **discricionariedade** —, o que nos fará indagar, neste tópico, sobre a real natureza jurídica da medida, em face do direito positivo brasileiro.

Com efeito, o estudo sobre a natureza jurídica dos direitos antidumping apresenta grandes divergências doutrinárias, tanto no Brasil quanto no exterior.

---

[24] Artigo 33, § 4.º, do Decreto n. 8.058/2013. A legislação determina que nenhum dos fatores, isoladamente considerado, poderá condicionar a decisão, o que, ao revés, implica que, se todos os fatores estiverem presentes, a ameaça de dano será concreta e deverá ensejar as medidas pertinentes.

Há alguns anos, houve um momento em que o assunto esteve em grande evidência, o que fez com que renomados autores brasileiros elaborassem suas construções teóricas a respeito do tema.

No intuito de apresentar ao leitor tais considerações e formular, de punho próprio, nossa opinião sobre a **real natureza** dos direitos exigidos como contrapartida às práticas de dumping, apresentamos, a seguir, as posições tradicionais acerca do instituto.

9.1.4.1. Direitos antidumping como sanção

Uma primeira possibilidade seria considerar a aplicação de direitos antidumping como **sanção** a um eventual **ato ilícito internacional** praticado pela empresa exportadora. Os defensores dessa tese, entre os quais se destaca Aquiles Augusto Varanda, citado por Tercio Sampaio Ferraz Júnior e colaboradores[25], atribuem aos direitos antidumping a natureza jurídica de sanção por inadimplemento de obrigação, sob o argumento de que a prática do dumping seria condenável à luz das disposições do GATT.

Diversos problemas podem ser apontados em relação a essa linha de raciocínio. Com efeito, não se pode confundir a imposição de medidas antidumping com a aplicação de penalidades.

A princípio porque, como vimos, a prática de dumping no comércio internacional, de *per se*, não é proibida nem sequer condenável, salvo se em detrimento da indústria do país importador. E mesmo que fosse, na sua essência, um ato ilícito, a penalidade aplicável deveria guardar, como bem lembra Adilson Rodrigues Pires[26], **proporcionalidade** em relação à gravidade do dano causado ao setor econômico do país prejudicado, o que de fato não ocorre, uma vez que o Acordo **limita** o valor dos direitos antidumping à margem apurada, desconsiderando, assim, a real extensão dos prejuízos causados.

Ademais, como a aplicação das medidas antidumping é **facultativa**, nos termos do GATT e da legislação brasileira[27], não há de se falar em natureza sancionatória, pois é vedado à administração pública nacional escolher, em relação a atos ilícitos de igual natureza, cometidos por particulares diversos, aqueles que, a seu critério, sofrerão a reprimenda estatal, sob pena de clara transgressão do ordenamento constitucional vigente, mormente quanto aos princípios da legalidade e da igualdade. A discricionariedade não se coaduna com a **atividade punitiva** do Estado, que tem o **dever** de aplicar a sanção prevista nas normas jurídicas, cujo caráter prescritivo constitui uma de suas basilares características, seja a matéria de índole tributária ou administrativa.

---

[25] Tercio Sampaio Ferraz Jr., José Del Chiaro Ferreira da Rosa e Mauro Grinberg. Direitos antidumping e compensatórios: sua natureza jurídica e consequências de tal caracterização. *Revista de Direito Mercantil, Industrial, Econômico e Financeiro*, Nova Série, n. 96, out./dez. 1994, p. 87-96.

[26] Adilson Rodrigues Pires. *Práticas abusivas no comércio internacional*. Rio de Janeiro: Forense, 2001, p. 148.

[27] Acordo sobre a Implementação do Artigo VI do Acordo Geral sobre Tarifas e Comércio — GATT 1994, Artigo 9.1: "São da competência das autoridades do membro importador a decisão sobre a imposição ou não de direito antidumping, quando estiverem preenchidos os requisitos necessários, e a decisão sobre se o montante do direito antidumping a ser imposto será a totalidade da margem de dumping ou menos do que esse valor. É desejável que o direito seja facultativo no território de todos os membros e que seu montante seja menor do que a margem de dumping, caso tal valor inferior seja suficiente para eliminar o dano à indústria nacional".

Verifica-se, pois, que a tese que defende a natureza sancionatória das medidas antidumping não pode prosperar, por absoluta incompatibilidade com o direito positivo brasileiro.

9.1.4.2. *Direitos antidumping como tributo*

Uma segunda possibilidade de definição da natureza jurídica dos direitos antidumping seria considerá-los como de natureza tributária. Os defensores dessa posição, em sua manifestação inicial, certamente tinham como base a conhecida Resolução CPA n. 1.227/87, publicada no *Diário Oficial da União* em 2 de junho de 1987. Tal norma infralegal, da lavra do extinto **Conselho de Política Aduaneira**, estabelecia, em seu artigo 1.º, que "os direitos antidumping e compensatórios definitivos, de que tratam os Acordos Antidumping, e de Subsídios e de Direitos Compensatórios, constituem Imposto sobre a Importação Adicional".

Desnecessário discorrer sobre a impossibilidade de se construir ciência única e diretamente a partir de proposições do **direito positivo** — por definição, imperfeitas —, sobretudo quando se trata de fontes de pouca (ou nenhuma) relevância jurídica. Paulo de Barros Carvalho[28] já demonstrou, à perfeição, a imperativa distinção entre as estruturas da linguagem posta pelos legisladores e aquela edificada, sob o rigor dos princípios lógicos, pelos juristas.

Descartada, portanto, a finada Resolução, resta-nos indagar se o direito tributário, sob a regência dos magnos princípios constitucionais que lhe são próprios, admite a existência, em seus domínios, das medidas de combate ao dumping. E não é só: para que tal análise possa ser corretamente empreendida, cabe também perquirir sob qual figura tributária tais medidas se apresentariam.

O artigo 150 da Constituição da República de 1988 veicula uma série de princípios que integram a estrutura do **Sistema Tributário Nacional** e que têm por função precípua assegurar ao contribuinte direitos fundamentais em face da pretensão impositiva dos diversos entes políticos.

Com efeito, seu inciso II encerra o chamado **princípio da igualdade**, que veda tratamento desigual entre contribuintes que se encontrem em situação equivalente[29]. Verdadeiro monumento contra a arbitrariedade estatal, sua forçosa obediência pelo direito tributário, dentro dos limites traçados pela própria Constituição, revela-se motivo mais do que suficiente para afastar as medidas antidumping da sua alçada. Como já tivemos a oportunidade de enfatizar, uma das características marcantes dos direitos antidumping é justamente a sua aplicação de modo discricionário, sem a necessidade de que estes alcancem a **totalidade dos fatos jurídicos** que, em tese, guardem semelhança com aquele que sofreu o gravame.

---

[28] Vide Paulo de Barros Carvalho. *Curso de direito tributário,* p. 4-5.

[29] Constituição da República, artigo 150: "Sem prejuízo de outras garantias asseguradas ao contribuinte, é vedado à União, aos Estados, ao Distrito Federal e aos Municípios: (...) II — instituir tratamento desigual entre contribuintes que se encontrem em situação equivalente, proibida qualquer distinção em razão de ocupação profissional ou função por eles exercida, independentemente da denominação jurídica dos rendimentos, títulos ou direitos".

Outro princípio que, de forma inequívoca, colide com a sistemática dos direitos antidumping é o previsto no inciso III do mesmo artigo 150, que proíbe a **retroatividade**[30] na aplicação das normas tributárias.

Ocorre que os direitos antidumping definitivos no Brasil **podem**, em alguns casos, ser cobrados **retroativamente**[31], alcançando produtos que tenham sido desembaraçados até 90 dias antes da data de aplicação das medidas provisórias[32], desde que[33]:

■ haja antecedentes de dumping em relação ao causador do dano, ou no caso em que o importador estava ou deveria estar ciente de que o produtor ou exportador pratica dumping e de que este causaria dano;

■ o dano seja causado por volumosas importações de um produto a preços de dumping em período relativamente curto, o que provavelmente prejudicaria o efeito corretivo dos direitos antidumping definitivos aplicáveis (nesta hipótese, deve ser dada oportunidade para que os importadores envolvidos possam se manifestar).

Igualmente penosa também se apresenta a tarefa de enquadrar os direitos antidumping numa das **espécies tributárias** previstas na Constituição da República, independentemente da opção pela teoria tricotômica ou por aquela que defende a existência de cinco espécies tributárias distintas, conforme entendimento dominante no Supremo Tribunal Federal.

De evidência que os direitos antidumping não guardam qualquer característica que permita sua inclusão como *taxas* (por ausência do exercício do poder de polícia ou de qualquer contraprestação estatal), *contribuições de melhoria* (não há critério algum de conexão) ou *empréstimos compulsórios* (não se manifestam as hipóteses constitucionais previstas no artigo 148 da Carta Política).

Restaria, portanto, a possibilidade de considerá-los como *impostos* ou *contribuições*.

---

[30] Constituição da República, artigo 150: "Sem prejuízo de outras garantias asseguradas ao contribuinte, é vedado à União, aos Estados, ao Distrito Federal e aos Municípios: (...) III — cobrar tributos: a) em relação a fatos geradores ocorridos antes do início da vigência da lei que os houver instituído ou aumentado".

[31] Lei n. 9.019/95, artigo 8.º: "Os direitos antidumping ou compensatórios, provisórios ou definitivos, somente serão aplicados sobre bens despachados para consumo a partir da data da publicação do ato que os estabelecer, **excetuando-se os casos de retroatividade** previstos nos Acordos Antidumping e nos Acordos de Subsídios e Direitos Compensatórios, mencionados no artigo 1.º, § 1.º. **Nos casos de retroatividade**, a Secretaria da Receita Federal intimará o contribuinte ou responsável para pagar os direitos antidumping ou compensatórios, provisórios ou definitivos, no prazo de 30 dias, sem a incidência de quaisquer acréscimos moratórios" (grifo nosso).

[32] As medidas provisórias são um importante mecanismo de prevenção, previsto no artigo 2.º da Lei n. 9.019/95 e utilizado para impedir que, no intervalo entre a abertura da investigação do dumping e a decisão final sobre a sua aplicabilidade, possa o importador promover a entrada no território nacional de grandes quantidades das mercadorias objeto do questionamento, o que agravaria ainda mais a situação da indústria nacional.

[33] Conforme artigo 10.6, (a) e (b), do Acordo sobre a Implementação do Artigo VI do Acordo Geral sobre Tarifas e Comércio — GATT 1994.

Com efeito, já houve quem defendesse as medidas antidumping como **adicionais ao imposto de importação**[34], posição que hoje não encontra qualquer respaldo jurídico, quer pela ausência de disposição constitucional, quer pelo fato de que o GATT e o que convencionamos chamar de **Direito Aduaneiro** (cujos fundamentos apresentaremos sucintamente mais adiante) proporcionam alternativa mais eficaz e juridicamente relevante para os casos em que seja necessária uma adequação tributária, via cobrança do imposto de importação, em relação a mercadorias cujo preço declarado seja inferior à prática internacional: trata-se da metodologia para determinação do **valor aduaneiro**, tema de extrema relevância e que será objeto de capítulo específico.

Quanto à caracterização dos direitos antidumping como ***contribuições***, de se ressaltar a posição doutrinária, ainda que isolada, de Agostinho Tavolaro[35], para quem "(...) a natureza jurídica dos direitos antidumping radica-se nas contribuições para intervenção no domínio econômico previstas no artigo 149 da Constituição Federal".

A despeito dos argumentos apresentados pelo respeitado autor, na defesa da sua posição, com o advento da Emenda Constitucional n. 33/2001, que acrescentou o § 2.º ao citado artigo 149, a questão tornou-se ultrapassada, vez que o dispositivo estabelece, *verbis*:

> "Art. 149. (...)
> § 2.º As contribuições sociais e de intervenção no domínio econômico de que trata o *caput* deste artigo:
> I – não incidirão sobre as receitas decorrentes de exportação;
> II – poderão incidir sobre a **importação** de petróleo e seus derivados, gás natural e seus derivados e álcool combustível;
> III – poderão ter **alíquotas**:
> a) *ad valorem*, tendo por base o faturamento, a receita bruta ou o valor da operação e, no caso de importação, o **valor aduaneiro**;
> b) específica, tendo por base a unidade de medida adotada" (grifos nossos).

A Emenda Constitucional n. 33/2001 também acrescentou o § 4.º ao artigo 177, que em seu inciso I permite a distinção de alíquota em razão do produto ou uso de combustíveis importados, mas **não em relação à origem** ou **ao preço praticado**, o que, por conseguinte, veda sua utilização discricionária, conforme segue:

> "Art. 177. (...)
> § 4.º A lei que instituir contribuição de intervenção no domínio econômico relativa às atividades de importação ou comercialização de petróleo e seus derivados, gás natural e seus derivados e álcool combustível deverá atender aos seguintes requisitos:
> I – a alíquota da contribuição poderá ser:
> *a)* diferenciada por produto ou uso;
> *b)* reduzida e restabelecida por ato do Poder Executivo, não se lhe aplicando o disposto no art. 150, III, *b*; (...)".

---

[34] Posição de certo destaque na doutrina em razão da legislação anterior ao Decreto n. 1.602/95, conforme lição de Luiz Olavo Baptista. Dumping e antidumping no Brasil. In: Alberto do Amaral Júnior (Coord.). *OMC e o comércio internacional*. São Paulo: Aduaneiras, 2002, p. 54.

[35] TAVOLARO, Agostinho Toffoli. A natureza jurídica dos direitos antidumping. In: *Cadernos de Direito Tributário e Finanças Públicas*, ano V, n. 18, jan./mar. 1997, p. 248.

Com as condicionantes expressamente previstas na Constituição, **não há** de se falar em aplicação **discricionária** ou **retroativa** das contribuições de intervenção no domínio econômico, situação jurídica que fulmina qualquer pretensão de enquadramento dos direitos antidumping em tal espécie tributária.

Devemos, ainda, ressaltar que uma eventual natureza tributária dos direitos antidumping impediria, inexoravelmente, sua exigência em relação a produtos protegidos pela imunidade tributária, à luz do disposto no artigo 150, VI, da Constituição da República de 1988[36].

Com o advento da Lei n. 9.019/95, que dispôs sobre a aplicação dos direitos previstos no Acordo Antidumping do GATT, restou evidente que a imposição de qualquer medida que visasse ao combate de dumping não poderia, a **despeito de qualquer teoria doutrinária que lhe fosse precedente**, ser considerada como de índole tributária. É o que se dessume, sem maiores dificuldades, da leitura do parágrafo único de seu artigo 1.º, que estatui: "Os direitos antidumping e os direitos compensatórios serão cobrados **independentemente** de quaisquer obrigações de natureza tributária relativas à importação dos produtos afetados" (grifo nosso).

Além disso, o artigo 10 da referida lei estabelece que, para efeito de execução orçamentária, as receitas oriundas da cobrança de direitos antidumping são classificadas como **receitas originárias** e enquadradas na categoria de entradas compensatórias[37].

Descartada a natureza tributária dos direitos antidumping, cumpre-nos agora analisar a posição aceita pela **maioria da doutrina brasileira**, a fim de verificarmos se tal construção teórica merece prosperar em face do ordenamento jurídico vigente.

9.1.4.3. *Direitos antidumping como normas de direito econômico*

Atribuir aos direitos antidumping natureza de **ordem econômica** parece-nos uma conclusão simplista, senão inadequada, em que pese a excelência dos autores que a apadrinham. Inicialmente, porque analisa o fenômeno a partir de seus efeitos, negando-lhe sua verdadeira essência e razão de ser. Afinal, sob determinado aspecto, praticamente todas as relações jurídicas, mormente as de cunho obrigacional, apresentam, de um modo ou outro, contornos econômicos.

Assim ocorre com o direito tributário e com as áreas do direito ditas obrigacionais. O que interessa no caso do dumping é que sua ocorrência só se manifesta numa **relação**

---

[36] Não temos a pretensão de apresentar, um a um, todos os óbices constitucionais à teoria de que os direitos antidumping possuem natureza tributária. Acreditamos que os argumentos brevemente indicados são mais do que suficientes para demonstrar a incongruência de tal posição, o que não impede que o leitor mais atento, por conta própria, encontre na Constituição outros princípios que, de igual arte, corroborem essa tese. A propósito, a análise poderia alcançar, inclusive, as normas gerais contidas no Código Tributário Nacional, que também afastam qualquer possibilidade de se conferir alma tributária às medidas antidumping.

[37] Como se sabe, receitas originárias são rendimentos governamentais auferidos em razão de recursos próprios, patrimoniais, industriais ou diversos (como aluguéis, dividendos, participações e tarifas, entre outros), que **não se confundem** com tributos, que são **receitas derivadas** instituídas pelos entes políticos no exercício da competência que lhes foi outorgada pela Constituição da República.

comercial internacional, em homenagem ao próprio conceito do instituto, que estabelece o ingresso de mercadorias em outro país, via exportação e com efeitos danosos à indústria local, como pressuposto essencial para a sua conformação.

Como teremos a oportunidade de observar, as medidas antidumping não podem ser confundidas com as represálias previstas no direito econômico, notadamente aquelas destinadas a combater o chamado **preço predatório**, nos termos fixados pela Lei n. 12.529/2011.

Com efeito, ao analisarmos as diversas hipóteses que caracterizam infração à ordem econômica, enumeradas nos 19 incisos do artigo 36 da Lei n. 12.529/2011, constatamos que todo o interesse do legislador está voltado para as questões de âmbito **exclusivamente interno**, sem nenhuma conexão com as práticas de comércio internacional, que poderiam ensejar a aplicação de medidas previstas no GATT.

Welber Barral[38] reconhece a diferença entre os direitos antidumping e as sanções previstas contra as infrações da ordem econômica, notadamente no caso da utilização de preços predatórios, instituto que, realmente, **não se confunde** com a prática de dumping, uma vez que só se manifesta no interior de determinado mercado, sujeitando-se, dessarte, às normas jurídicas intrínsecas àquele ordenamento. Por decorrência — e com esteio na teoria defendida por Sampaio Ferraz e colaboradores —, afirma "que a natureza jurídica dos direitos antidumping é a de modalidade não tributária de intervenção no domínio econômico"[39].

A partir de tal assertiva, o autor indaga sobre o embasamento constitucional capaz de assegurar a possibilidade jurídica da existência dos direitos antidumping como de natureza econômica, do qual conclui que esta se justifica devido à "legitimidade regulatória do Estado, que envolve a função de incentivo econômico"[40], nos moldes do artigo 174 da Constituição[41].

E arremata seu raciocínio ao afirmar que a "função de incentivo econômico" prevista na Constituição precisa ser entendida como norma condicional, de tal modo que as medidas antidumping devem ser consideradas como "condição para que concorrentes estrangeiros tenham acesso ao mercado nacional, a fim de gerar vantagens concorrenciais para os produtos domésticos. Trata-se portanto (sic) de norma de acesso, que caracteriza outras normas de intervenção semelhante, a exemplo das condições impostas aos concorrentes, através de compromisso de desempenho, pelo CADE, a fim de que se consume nova configuração de intervenção privada em um determinado mercado relevante"[42].

Ousaremos **discordar**.

Quando se pretende examinar um instituto de natureza certamente complexa, como é o caso do dumping e dos direitos contra ele impostos, a partir dos magnos preceitos

---

[38] Welber Barral. *Dumping e comércio internacional*: a regulamentação antidumping após a Rodada *Uruguai*. Rio de Janeiro: Forense, 2000, p. 63.

[39] Welber Barral. *Dumping e comércio internacional*, p. 63.

[40] Welber Barral. *Dumping e comércio internacional*, p. 63.

[41] Constituição da República, artigo 174: "Como agente normativo e regulador da atividade econômica, o Estado exercerá, na forma da lei, as funções de fiscalização, incentivo e planejamento, sendo este determinante para o setor público e indicativo para o setor privado".

[42] Welber Barral. *Dumping e comércio internacional*, p. 65.

constitucionais, acreditamos que um só dispositivo, por mais adequado que possa parecer ao jurista, jamais ensejará uma resposta à altura da indagação formulada.

O presente trabalho não comporta digressões a respeito da interpretação das **normas constitucionais**[43]; contudo, o mínimo que se pode recomendar é uma análise sistemática dos mandamentos contidos na Constituição.

Nesse contexto, uma breve apreciação do artigo 170 da Constituição — que cuida dos princípios gerais que devem presidir a atividade econômica — leva-nos a refletir sobre o real alcance do enunciado constitucional. Dois princípios, especialmente, merecem destaque: o da **livre concorrência** (artigo 170, IV) e o da **defesa do consumidor** (artigo 170, V).

O primeiro determina que a atividade empresarial deve ser realizada num ambiente pautado pela livre-iniciativa, no qual a participação estatal deve se restringir às hipóteses de repressão ao abuso do poder econômico, quando este visar à dominação dos mercados, à eliminação da concorrência e ao aumento arbitrário de lucros[44]. Vimos que para a configuração do dumping não basta a importação de mercadorias por um preço abaixo do valor normal; exige-se, além disso, que a prática **cause** ou **ameace causar** sérios danos à indústria nacional.

Podemos inferir, portanto, que o dumping só ensejaria a repressão econômica prevista na Constituição nos casos em que tivesse por objetivo a **dominação do mercado nacional** ou a **eliminação da concorrência**, já que não faz sentido imaginarmos que seja possível, por meio de dumping, a configuração de situações como o abuso do poder econômico, no intuito de se aumentar arbitrariamente os lucros.

Na dinâmica atual do comércio internacional, é muito difícil acreditar que uma empresa estrangeira, apenas com a prática de dumping, possa dominar um **mercado inteiro**, eliminando a concorrência ali existente[45] (pois, apesar da diferenciação contida no texto constitucional, uma ação pressupõe, por conseguinte, a outra). Somente sua conjugação a diversos outros fatores, como a vinculação entre exportador e importador, o baixo grau de desenvolvimento da indústria local, a fragilidade da economia interna e, principalmente, a **continuidade da prática abusiva**, poderiam levar o mercado a situação tão extrema.

Ora, o objetivo da imposição dos direitos antidumping **é justamente defender**, ante qualquer hipótese (ou ameaça) de dano, a indústria nacional, o que se faz inclusive retroativamente e de forma preventiva, conforme já destacamos. Em razão dos instrumentos de defesa comercial atualmente disponíveis, não nos parece razoável conceber que

---

[43] Sobre o tema, indicamos artigo de Roberto Caparroz: O livro eletrônico e as novas modalidades de transmissão de conhecimento em face da imunidade prevista no artigo 150, VI, "d", da Constituição da República de 1988. In: Ivete Senise Ferreira e Luiz Olavo Baptista (Coord.). *Novas fronteiras do direito na era digital*. São Paulo: Saraiva, 2002, p. 158-165.

[44] Constituição da República, artigo 174, § 4.º.

[45] Na verdade, não se tem notícia, no âmbito da OMC, de que isso tenha ocorrido. Muito pelo contrário: a agenda para discussões, na OMC, sobre o tema antidumping (*Checklist of Issues*, 1999), revela enorme preocupação no sentido de se combater o uso excessivo dos direitos antidumping, especialmente quando utilizados como instrumento de política protecionista pelos países desenvolvidos, sobretudo em mercados estratégicos.

um setor econômico qualquer, prejudicado pela prática abusiva, restaria inerte até fenecer, sem ao menos provocar a investigação estatal prevista na Lei n. 9.019/95.

Quanto ao princípio que estabelece que a defesa do consumidor deve ser observada pelas relações econômicas, convém ressaltar que a prática de dumping, sob a **estrita ótica do consumidor**, pode, em tese, ser-lhe **favorável**, no sentido de despertar a indústria nacional para a necessidade de aperfeiçoamento de seus modelos de produção e formação de preços.

Claro está que não se pretende defender o dumping, que sem dúvida deve ser entendido como prática **desleal** e **abusiva** no comércio internacional, mas deve-se ter em consideração que, para as relações econômicas internas de qualquer mercado, a queda nos preços — ou mesmo a simples ameaça concorrencial — pode gerar, sob circunstâncias adequadas, aspectos extremamente positivos para o consumidor, a exemplo do que ocorreu quando da abertura das importações no Brasil.

Veja-se, pois, que a Constituição, no Título VII, que trata da *Ordem Econômica e Financeira da República Brasileira*, cuida de estabelecer princípios que deverão ser fundados na **valorização do trabalho humano** e **na livre-iniciativa**, condicionando a intervenção estatal a situações bastante específicas, que, como se pôde observar, não dizem respeito à prática de dumping.

Aliás, de se notar que os valores supracitados indicam verdadeiros **fundamentos** do Estado brasileiro, à luz do artigo 1.º da Constituição, e devem, portanto, ser observados por todo o ordenamento (constitucional, inclusive) que lhes seja superveniente.

Daí não podermos concordar com a posição de Welber Barral, no sentido de que o **incentivo** previsto no artigo 174 deva ser entendido de modo **negativo**, ou seja, como **condição restritiva de acesso** ao mercado nacional. A uma, porque a Constituição não faz distinção entre nacionais e estrangeiros (salvo no caso das empresas de pequeno porte constituídas sob as leis brasileiras e que tenham sua sede e administração no país[46]). A duas, porque os preceitos econômicos dos enunciados constitucionais revelam característica francamente **positiva**, no sentido de fomentar a livre atividade empresarial em benefício do mercado interno consumidor.

Some-se a isso o fato de que o objetivo do texto constitucional é permitir o desenvolvimento da concorrência no mercado interno, do qual não se pode cogitar das questões relativas à prática de dumping, que ocorrem em momento **precedente**.

Afinal, para regular relações jurídicas advindas do ingresso de produtos estrangeiros, a Constituição previu, expressamente, a instituição de **contribuição de intervenção no domínio econômico** para o petróleo, gás natural, álcool e derivados[47], esta de índole notadamente tributária, vez que definida no artigo 149 e parágrafos da Carta Magna, o que afasta sua aplicabilidade no caso de dumping.

Portanto, entendemos que o termo **incentivo** utilizado na Constituição deve ser entendido em sua acepção natural, vale dizer, o Estado, como agente normativo e regulador da atividade econômica, deverá, na forma da lei, estimular, incitar, promover a livre-iniciativa, sempre visando ao desenvolvimento do mercado interno.

---

[46] Artigo 170, IX.

[47] Artigo 177, § 4.º.

Percebe-se, à evidência, que não há compatibilidade entre os enunciados da Lei n. 12.529/2011 e a questão da natureza jurídica dos direitos antidumping. A referida norma traz sanções aplicáveis no caso de infração à ordem econômica, e, como restou demonstrado alhures, as medidas antidumping não poderão jamais se revestir de natureza sancionatória. Além disso, as intervenções ali previstas se baseiam exclusivamente no ordenamento jurídico interno, e assim também é o seu alcance, razão pela qual discordamos da opinião de Welber Barral.

Grande conhecedor das questões do comércio internacional, Barral assevera, à guisa de conclusão, que "os direitos antidumping constituem imposição paratarifária de intervenção no domínio econômico, fundada na função de incentivo do Estado"[48].

Com esteio numa **dicotomia** que consideramos superada — mas que, inegavelmente, possui sólidas raízes na doutrina brasileira —, o prestigioso autor defende a natureza econômica dos direitos antidumping, posição com a qual não podemos concordar, especialmente na forma apresentada. Primeiro porque, como vimos, a contribuição de intervenção no domínio econômico, à luz do texto constitucional, revela-se tributo; em seguida, pela dificuldade de se aceitar, com o rigor necessário, o termo *paratarifário*, neologismo de duvidosa caracterização, que o autor não se preocupa em explicar[49].

E, para sepultar definitivamente a controvérsia, nunca é demais lembrar que o próprio artigo 119 da Lei n. 12.529/2011 arremata: "O disposto nesta Lei **não se aplica** aos casos de dumping e subsídios de que tratam os Acordos Relativos à Implementação do Artigo VI do Acordo Geral sobre Tarifas Aduaneiras e Comércio, promulgados pelos Decretos n. 93.941 e n. 93.962, de 16 e 22 de janeiro de 1987, respectivamente" (grifo nosso).

Vejamos, pois, qual é, a nosso sentir, a natureza jurídica dos direitos antidumping no Brasil.

9.1.4.4. Da natureza aduaneira dos direitos antidumping

O objetivo deste tópico será o de lançar novas luzes sobre uma posição doutrinária praticamente assentada no direito brasileiro; contudo, o **rigor metodológico**, inerente à boa ciência, exige que o investigador perquira a real natureza do objeto de estudo, a fim de que possa compreender-lhe melhor o alcance e as implicações de ordem jurídica.

Por conta disso, teremos como propósito demonstrar que as medidas antidumping possuem natureza bem definida, todavia distante daquela consagrada na doutrina, que as consideram como afeitas ao direito econômico. Nesse aspecto, parece-nos que a dogmática sobre a qual se funda tal teoria assenta-se sobre terreno movediço, o que exige, a nosso ver, breves reflexões.

---

[48] Welber Barral. *Dumping e comércio internacional*, p. 66.
[49] Muito embora empregado no texto do Acordo sobre a Implementação do Artigo VI do Acordo Geral sobre Tarifas e Comércio — GATT 1994 (e, nesse sentido, por nós mencionado neste livro), pensamos que o termo *paratarifário* carece de significado científico, pois nada acrescenta, além da ambiguidade, às expressões *tarifário* e *não tarifário*, que por si bastariam para cobrir todo o espectro de possibilidades restritivas impostas pelos Estados ao comércio internacional. Some-se a isso a necessária homenagem ao princípio aristotélico do *terceiro excluído* para que o vocábulo, a bem do rigor terminológico, simplesmente deixe de ser considerado.

Adotaremos uma **investigação zetética** do tema, na linha de Tercio Sampaio Ferraz Jr., no intuito de apresentar novos enunciados — *constatações*, no dizer do mestre[50] —, descritivos, rigorosos e sistematizados, capazes, destarte, de servirem como ponto de partida para uma construção teórica diversa da adotada pela doutrina tradicional.

Defenderemos a tese de que as medidas antidumping são de **natureza aduaneira**, compondo o plexo de normas que poderíamos considerar como objeto de estudo do Direito Aduaneiro.

Premissa nova, distinta da abraçada pela dogmática, mas absolutamente compatível com o direito positivo brasileiro e internacional. Coerente, pois, com o imperativo filosófico ditado por Tercio[51]: "Uma investigação científica de natureza zetética, em consequência, constrói-se com base em constatações certas, cuja evidência, em determinada época, indica-nos, em alto grau, que elas são verdadeiras. A partir delas, a investigação caracteriza-se pela busca de novos enunciados verdadeiros, seguramente definidos, constituindo um corpo sistemático. Como a noção de enunciado verdadeiro está ligada às provas propostas e aos instrumentos de verificação desenvolvidos no correr da História, a investigação zetética pode ser bem diferente de uma época para outra".

Nossa investigação terá como base evidências do **direito positivo** interno, a partir da Constituição da República e das normas que regem a matéria, bem como analisará, de modo sucinto, como o assunto é tratado em outros países, notadamente aqueles onde a aplicação dos direitos antidumping e os processos de integração econômica se encontram em estágios mais desenvolvidos.

O **Direito Aduaneiro**, no Brasil, à exceção de parcos estudos, não tem recebido dos doutrinadores a atenção necessária. No exterior, contudo, é matéria consagrada e de enorme relevância, especialmente em países de maior tradição no comércio internacional. Daí falar-se em *Derecho Aduanero* nos países de língua espanhola, *Diritto Doganale* na Itália, *Droit Douanier* na França, *Zollrecht* na Alemanha, *Customs Law* nos países de língua inglesa, entre outras variações linguísticas[52].

---

[50] Tercio Sampaio Ferraz Jr. *Introdução ao estudo do direito*: técnica, decisão, dominação. 3. ed. São Paulo: Atlas, 2001, p. 42.

[51] Tercio Sampaio Ferraz Jr. *Introdução ao estudo do direito*, p. 42.

[52] Nesse sentido, fundamental é a justificativa da União Europeia para a criação de um Código Aduaneiro Comunitário, criado pelo Regulamento (CEE) n. 2.913/92 do Conselho, de 12 de outubro de 1992, que tem por objetivo: "Reunir num código as disposições do **direito aduaneiro**, até agora dispersas em diversos regulamentos e directivas comunitários, introduzindo alterações a esta legislação a fim de a tornar mais coerente, de a simplificar e de preencher certas lacunas que persistem"; "Reunir en un código las disposiciones del **derecho aduanero**, dispersas en multitud de reglamentos y de directivas comunitarias, aportando modificaciones a dicha normativa para hacerla más coherente, simplificarla y llenar algunas lagunas existentes"; "Kodifizierung des bisher über zahlreiche Verordnungen und Richtlinien verteilten **Zollrechts** der Gemeinschaft unter Vornahme solcher Änderungen, die zur Verbesserung der Kohärenz, zur Vereinfachung und zur Auffüllung gewisser Lücken erforderlich sind"; "To codify **Customs Law** which has hitherto been spread over a wide range of EC Regulations and Directives, at the same time amending the legislation to make it more consistent, simplify it and close existing loopholes"; "Rassembler dans un code les dispositions du **Droit Douanier**, jusqu'ici dispersées dans une multitude de règlements et de directives communautaires, en apportant des modifications à cette législation afin de la rendre plus cohérente, de la simplifier et de combler certaines lacunes qui subsistent"; "Riunire in un

Não será possível, em função dos limites e objetivos deste livro, indagar sobre a natureza, a independência, a validade e o alcance do Direito Aduaneiro pátrio, tampouco sobre a sua correlação com as demais áreas da Ciência Jurídica, investigações que requerem fôlego e desenvolvimento teórico incompatíveis com a proposta aqui esposada.

Entretanto, no intuito de posicionar o leitor acerca do campo de aplicabilidade e compreensão do direito aduaneiro, trilharemos o caminho aberto por Heleno Tôrres[53] no sentido de considerá-lo como um **setor de estudo**, formado pelo agrupamento de normas *ratione materiae*, relativas ao controle sobre a importação e a exportação de mercadorias e as relações dele decorrentes, num determinado país ou bloco de integração econômica[54].

Firmado o entendimento — e de acordo com o corte epistemológico que estamos a propor, imperativo lógico de qualquer análise científica —, vejamos os fundamentos que nos levam a afirmar que a **natureza jurídica** dos direitos antidumping é de índole **aduaneira**:

- como vimos, só existe possibilidade de ocorrência de dumping numa relação de **comércio internacional**, pois, no âmbito do direito interno de cada ordenamento jurídico ou, ainda, nas relações abrangidas pelo direito comunitário — relações *intrabloco* —, a questão se reveste de contornos econômicos, regulados pelas regras pertinentes, especialmente aquelas que visem ao combate dos chamados preços predatórios e à regulação dos mercados, normalmente fixadas pela Constituição;
- a Constituição da República faz clara distinção entre as normas de direito tributário, de direito econômico e aquelas que convencionamos chamar de direito aduaneiro;
- a relação jurídica advinda da aplicação dos direitos antidumping possui contornos específicos, que a diferem de qualquer outra prevista nos subsistemas tributário, administrativo ou econômico;
- diversos outros institutos, de difícil compreensão, se analisados sob a ótica da doutrina clássica, guardam semelhança com os direitos antidumping e, ao serem abrigados pelo direito aduaneiro, revelam coerência com o sistema prescrito pelo ordenamento jurídico nacional;
- o sistema do direito positivo brasileiro, mais especificamente aquele relativo às normas antidumping, está a clamar por uma **nova teoria**, já que se mostra incompatível com as formulações até o momento apresentadas.

9.1.4.5. *Dumping como fenômeno do comércio internacional*

As medidas antidumping são tratadas, no âmbito da Organização Mundial do Comércio, como instrumentos de **defesa comercial**, ao lado das medidas compensatórias,

---

codice le disposizioni del **Diritto Doganale** attualmente disperse in un gran numero di regolamenti e direttive comunitari, apportando talune modifiche a questa normativa per renderla più coerente, semplificarla e colmare le lacune ancora esistenti" (grifamos as expressões correspondentes).

[53] Heleno Tôrres. *Pluritributação internacional sobre as rendas das empresas*, p. 53.

[54] Note-se que, no caso dos blocos de integração econômica, será necessário que a organização comunitária tenha atingido, ao menos, a etapa de União Aduaneira (de acordo com a classificação mais em voga) para que se possa falar num Direito Aduaneiro *extrabloco*.

das salvaguardas, da valoração aduaneira, das regras de origem e das barreiras de ordem técnica.

Dizem respeito, portanto, a transações de comércio internacional, que se caracterizam pela movimentação física de mercadorias, mediante importação ou exportação de um país para outro.

A partir da segunda metade do século XX, com a aglutinação dos países em blocos econômicos, estruturas que, entre outras premissas, preveem a criação de barreiras aduaneiras padronizadas, pode-se dizer que também existe — nos casos em que essa atuação uniforme já se encontra juridicizada — comércio internacional **interblocos** ou, ainda, entre países isolados e blocos econômicos.

Como já tivemos a oportunidade de observar, para que ocorra uma relação de comércio internacional, segundo a definição clássica, são necessários, ao menos, dois requisitos:

- ▣ a transposição da fronteira entre dois países;
- ▣ uma operação de câmbio que possibilite a conversão das moedas utilizadas.

Modernamente, deve-se entender o conceito de fronteira como **barreira aduaneira**, ou seja, uma ficção jurídica que não guarda, necessariamente, correlação com a realidade geográfica de determinado Estado, mas que exige, para sua transposição, obediência a uma série de exigências, em relação às mercadorias transacionadas, de ordem administrativa, sanitária, tributária etc.

Com o advento das integrações econômicas, essa barreira aduaneira teve a área de abrangência ampliada, abandonando a demarcação individual de cada Estado para criar, ao redor de todos os membros do bloco, uma **membrana jurídica coletiva**, una e uniforme, capaz de assegurar proteção e controle integrados, emanados de um único foco ejetor de normas.

É o que ocorre no caso da União Europeia, em que o processo de integração, como vimos, há muito ultrapassou os limites da chamada união aduaneira, pois a adoção do euro como moeda comunitária tornou desnecessário, na maioria dos países europeus, o controle relativo às operações de câmbio.

Defendemos, a partir do exposto, que não é possível a existência de dumping no caso de transações comerciais **intrabloco** — desde, é claro, que o processo de integração tenha atingido, pelo menos, o estágio de união aduaneira —, já que não se pode falar em importação ou exportação quando não existem barreiras aduaneiras a serem vencidas pelas mercadorias em circulação. No caso da União Europeia, tomado como referência, resta induvidoso que um país-membro da comunidade, como Portugal, *v.g.*, não "exporta" seus produtos para a Espanha, e assim por diante.

Com base nessa premissa, acreditamos poder responder às pertinentes indagações de Welber Barral, que já demonstrou preocupação com o tema[55]. Sob a ótica do **direito**

---

[55] O autor faz a seguinte pergunta: "Se a norma do GATT exige que 'outras regulamentações restritivas sejam eliminadas em substancialmente todo o comércio', esta exigência impõe aos Estados, envolvidos num processo de integração, o dever de eliminar as medidas antidumping sobre o comércio intrabloco?". Cf. Welber Barral. *Dumping e comércio internacional*, p. 287.

aduaneiro, que adotamos, parece-nos claro que, uma vez atingido o estágio de união aduaneira, os Estados não apenas deverão eliminar, por completo, os direitos antidumping sobre o comércio intrabloco, mas adicionalmente estarão obrigados a adotar uma **sistemática uniforme** em relação ao tratamento dispensado à prática de dumping oriunda de países externos.

Isso se torna evidente a partir do exame do artigo XXIV (8) do GATT, que firma o conceito de união aduaneira e estabelece que os Estados-membros deverão aplicar, de modo "substancialmente idêntico", direitos aduaneiros e regulamentações comerciais em relação ao comércio com os territórios estranhos ao bloco.

É exatamente o que ocorre na União Europeia desde a sua constituição, em 1957. Com efeito, o **Tratado de Roma**, em seu artigo 9.º, estabelecia a livre circulação de mercadorias entre os países da Comunidade, nos seguintes termos: "A Comunidade assenta numa união aduaneira que abrange a totalidade do comércio de mercadorias e implica a proibição, entre os Estados-membros, de direitos aduaneiros de importação e de exportação e de quaisquer encargos de efeito equivalente, bem como a adoção de uma pauta aduaneira comum nas suas relações com países terceiros".

Veja-se como, há mais de meio século, na Europa, já era clara a demarcação do objeto do direito aduaneiro, que compreendia todas as relações jurídicas decorrentes da importação e exportação de produtos, inclusive no caso de encargos de efeito equivalente, bem como tornava imperiosa a definição de normas aduaneiras unímodas em relação a terceiros.

Seguindo o mesmo raciocínio, o artigo 12 do Tratado, que iniciava a Seção I (intitulada "A Eliminação dos Direitos Aduaneiros entre os Estados-membros") do Capítulo I ("A União Aduaneira") estatuía que "Os Estados-membros abster-se-ão de introduzir entre si novos direitos aduaneiros de importação e de exportação ou encargos de efeito equivalente e de aumentar aqueles que já aplicam nas suas relações comerciais mútuas".

Tratava-se de **regra de transição**, a ser obedecida por todos os pactuantes, durante a primeira fase de implantação da Comunidade, ao final da qual todos os direitos aduaneiros seriam suprimidos[56].

A respeito das práticas de dumping, ficou estabelecido, via artigo 91, que "A partir da entrada em vigor do presente Tratado, os produtos originários de um Estado-membro, ou que nele se encontrem em livre prática e tenham sido exportados para outro Estado-membro, serão admitidos à reimportação no território desse primeiro Estado sem que possam ser sujeitos a qualquer direito aduaneiro, restrição quantitativa ou medida de efeito equivalente".

A liberdade de comércio também fixava limites à intervenção estatal, mediante subsídios ou incentivos, de acordo com o artigo 92: "Salvo disposição em contrário do presente Tratado, são incompatíveis com o mercado comum, na medida em que afetem as trocas comerciais entre os Estados-membros, os auxílios concedidos pelos estados ou provenientes de recursos estatais, independentemente da forma que assumam, que falseiem ou ameacem falsear a concorrência, favorecendo certas empresas ou certas produções".

---

[56] Tratado de Roma, artigo 13: "Os direitos aduaneiros de importação, em vigor entre os Estados-membros, serão por estes progressivamente suprimidos durante o período de transição, nos termos dos artigos 14 e 15" e artigo 16: "Os Estados-membros suprimirão entre si, o mais tardar no final da primeira fase, os direitos aduaneiros de exportação e os encargos de efeito equivalente".

De evidência que o Tratado de Roma, paradigma de todas as integrações que lhe sobrevieram, já contemplava, na sua essência, preceitos fundamentais em matéria de direito aduaneiro, com a utilização, inclusive, de conceitos, que, até hoje, ainda não foram assimilados pela doutrina nacional.

Atualmente, a União Europeia possui um Código Antidumping específico, consubstanciado no Regulamento n. 1.036/2016 do Conselho (com alterações posteriores), que cuida da defesa contra as importações objeto de dumping de países **não membros da Comunidade**, e que corrobora, integralmente, nossa tese de que no comércio intrabloco de uma união aduaneira as medidas de combate a práticas abusivas estão compreendidas pelo direito antitruste (de natureza econômica), que preceitua comandos normativos em função das diretrizes traçadas pela política comunitária interna, motivo pelo qual fica descartada a aplicabilidade de direitos antidumping na espécie.

Ressaltamos que preceito idêntico também integra as disposições do **Mercosul**, à luz do artigo 4.º do **Tratado de Assunção**, que estabelece, *verbis*: "Nas relações com terceiros países, os Estados-partes assegurarão condições equitativas de comércio. Para tal fim, aplicarão suas legislações nacionais para inibir importações cujos preços estejam influenciados por subsídios, dumping ou qualquer outra prática desleal. Paralelamente, os Estados-partes coordenarão suas respectivas políticas nacionais com o objetivo de elaborar **normas comuns** sobre concorrência comercial" (grifamos).

9.1.5. Da singularidade da relação jurídica dos direitos antidumping

Outra característica distintiva das medidas antidumping é a relação jurídica necessária para a sua aplicação. Trata-se de situação *sui generis*, que não encontra paralelo em outros subsistemas do ordenamento jurídico, nem mesmo no âmbito do direito internacional.

Enquanto o direito tributário trabalha com o conceito de **subsunção**, no qual a conduta subjetiva praticada no mundo fenomênico amolda-se, à perfeição (ou seja, guarda perfeita identidade, em termos lógicos), à hipótese teórica descrita pelo legislador de modo geral e abstrato, fazendo surgir, inexoravelmente, a relação jurídica que terá por objeto o crédito tributário, no caso dos direitos antidumping o liame é bem mais complexo.

Nos processos administrativos de **investigação de dumping**, em vez da tradicional dicotomia entre autor (aquele que pretende a satisfação de um direito) e réu (a quem se imputa o dano), temos outros participantes, tanto públicos como privados, que tornam a relação jurídica em questão **plurissubjetiva**, com pelo menos cinco partes interessadas.

Vimos que, ante a existência ou ameaça de dano decorrente de importações objeto de dumping, o grande prejudicado seria o **empresário nacional**, incapaz de concorrer com produtos que ingressam no país a preços distorcidos. No entanto, o agente que efetivamente pratica a conduta desleal é o **exportador estrangeiro** que, por definição, não pode ser alcançado pelas normas brasileiras, por ausência de competência jurisdicional. Como não se pode exigir coisa alguma dele, eventuais direitos antidumping serão cobrados do **importador nacional** que, *a priori*, deve ser considerado como empresário no legítimo exercício de seus direitos, especialmente em face do princípio da **livre-iniciativa**, fundamento da República insculpido no artigo 1.º, inciso IV, da Constituição.

Além disso, o **país de origem** do exportador, provavelmente membro da Organização Mundial do Comércio, terá interesse na investigação e deverá se manifestar no sentido de que não permite ou incentive a prática de dumping, incompatível com as noções de economia de mercado, tão caras ao comércio internacional. Por fim, caberá ao **governo brasileiro** não apenas conduzir a investigação, mas também, se for o caso, propor a aplicação dos direitos antidumping, na dupla qualidade de *defensor* dos interesses comerciais pátrios e *julgador técnico-político* da questão.

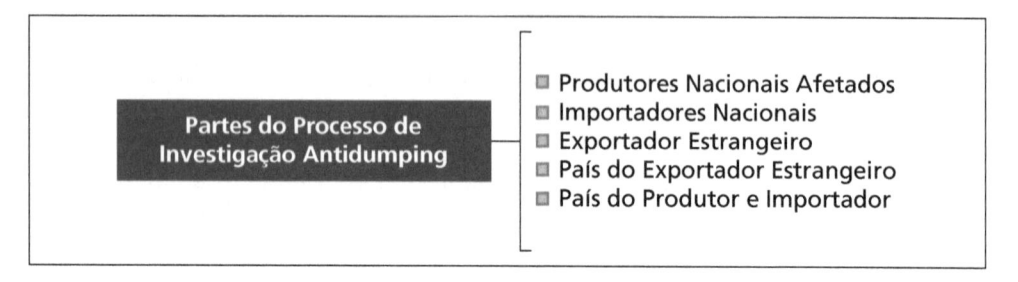

Partes do Processo de Investigação Antidumping
- Produtores Nacionais Afetados
- Importadores Nacionais
- Exportador Estrangeiro
- País do Exportador Estrangeiro
- País do Produtor e Importador

9.1.6. Ciclo jurídico e etapas de investigação do dumping

Em regra, a investigação para determinar a existência ou não de dumping deve ser solicitada pela indústria nacional que se sinta prejudicada pela prática abusiva. O pedido pode ser formulado por uma ou mais empresas e por entidades de classe de setores industriais, com a qualificação jurídica das indústrias representadas.

Excepcionalmente, o Governo Federal, **de ofício**, poderá abrir a investigação, desde que presentes elementos de prova suficientes da existência de dumping, do dano e do nexo causal entre eles, que justifiquem o procedimento. O governo do país do exportador que pratica o dumping e as demais partes interessadas serão notificados do conjunto probatório, previamente à abertura da investigação[57].

Em qualquer hipótese, compete à **SECEX** promover o processo administrativo destinado a comprovar o nexo causal entre a conduta e o dano e apurar a margem de dumping.

Ressalte-se que a existência de processos de investigação antidumping não poderão constituir entrave ao desembaraço aduaneiro das mercadorias a eles relacionadas, salvo na hipótese de adoção de medidas provisórias.

Questão polêmica e sempre presente na esfera administrativa repousa na **possibilidade de revisão**, pelo Poder Judiciário, dos procedimentos de competência dos órgãos administrativos.

Em relação à possibilidade de reforma ou alteração dos procedimentos observados em processo conduzido pela SECEX para a determinação dos direitos antidumping, o Superior Tribunal de Justiça recentemente se manifestou e manteve o entendimento **consagrado** na jurisprudência nacional de que **não cabe** ao Judiciário a revisão do chamado **mérito administrativo**, ou seja, não podem os tribunais substituir a atividade de competência da SECEX, mas apenas exercer o controle sobre a correta aplicação das normas procedimentais.

---

[57] Conforme artigos 44 e 45 do Decreto n. 8.058/2013.

Veja-se, a respeito, a Ementa desse excelente julgado[58], que reafirma a validade jurídica e a competência técnica da decisão administrativa:

> EMENTA: DEFESA COMERCIAL — DUMPING — DECRETO N. 1.602/95 — COM-
> PETÊNCIA DA SECEX — EXAME DE DADOS ESPECÍFICOS, CÁLCULOS E PRO-
> JEÇÕES ECONOMÉTRICAS — REVISÃO PELO JUDICIÁRIO — COMPARAÇÃO
> ENTRE MÉDIAS PONDERADAS E PREÇOS ISOLADOS — EXCEPCIONALIDADE
> — DETERMINAÇÃO DO VALOR NORMAL — AUSÊNCIA DE VIOLAÇÃO AO
> ART. 535 DO CPC. 1. O art. 3.º do Decreto n. 1.602/95 atribui à Secretaria de Comércio
> Exterior (SECEX) a competência para conduzir o processo de investigações de dumping,
> como também investigar pedido de inexigibilidade dos direitos antidumping, o que exige
> apurado conhecimento técnico devido à natureza e complexidade dos cálculos e informa-
> ções técnicas sobre a indústria nacional e os produtos importados. 2. A prática de dum-
> ping caracteriza-se pela entrada no mercado nacional de bem exportado por um preço
> inferior ao praticado nas operações internas do mercado do país exportador (valor nor-
> mal). 3. Na aplicação dos direitos antidumping, é necessário, além da constatação, a prova
> de que a indústria nacional sofrerá dano pela entrada dos bens importados. 4. Na avalia-
> ção do que seja valor normal, considera-se o preço de produto similar, praticado nas ope-
> rações mercantis de consumo interno no país exportador (art. 5.º do Decreto n. 1.602/95).
> 5. Hipótese em que o valor normal só foi determinado com base em projeções e modelos
> econométricos, considerando-se não ter a República Popular da China economia de mer-
> cado. 6. O Poder Judiciário não pode substituir-se à SECEX, órgão administrativo espe-
> cializado nas investigações relativas a dumping, cabendo-lhe apenas o controle da aplica-
> ção das normas procedimentais estabelecidas. 7. Exorbitância do Tribunal *a quo*, ao
> comparar médias ponderadas de valor normal com preços individuais de produtos impor-
> tados em operações isoladas, fugindo da sua esfera de atuação. 8. Não ocorre violação do
> art. 535 do CPC quando o acórdão recorrido apresenta fundamentos suficientes para for-
> mar o seu convencimento e refutar os argumentos contrários ao seu entendimento. 9. Re-
> curso especial parcialmente provido.

Quando corretamente instruído, o pedido de investigação ensejará a abertura de processo administrativo pela SECEX e inaugurará a relação jurídica voltada à aplicação dos direitos antidumping, que pode ser esquematizada da seguinte forma:

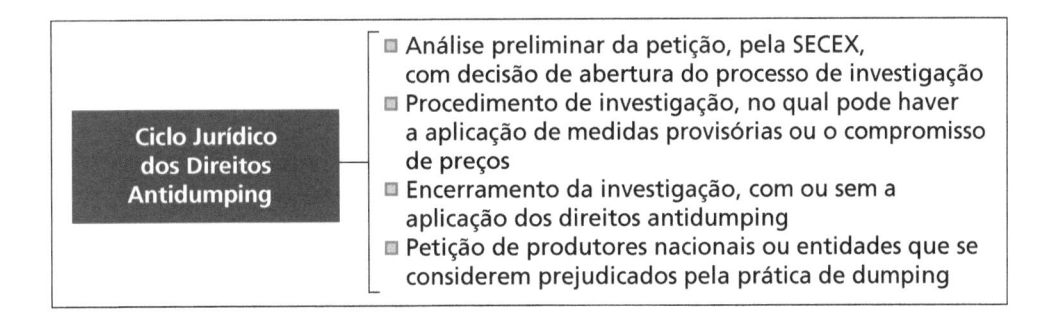

Ciclo Jurídico dos Direitos Antidumping
- Análise preliminar da petição, pela SECEX, com decisão de abertura do processo de investigação
- Procedimento de investigação, no qual pode haver a aplicação de medidas provisórias ou o compromisso de preços
- Encerramento da investigação, com ou sem a aplicação dos direitos antidumping
- Petição de produtores nacionais ou entidades que se considerem prejudicados pela prática de dumping

---

[58] REsp — Recurso Especial n. 1105993, Segunda Turma do Superior Tribunal de Justiça, Relatora Ministra Eliana Calmon, decisão unânime, publicada em 18 de fevereiro de 2010.

Na **Etapa 1**, os produtores nacionais, prejudicados por importações a preços de dumping, formulam petição à SECEX, com pedido de abertura do processo de investigação, no intuito de se comprovar a relação causal e o dano à indústria, o qual deverá ser conduzido de acordo com as regras estabelecidas pela OMC e pela legislação brasileira.

A petição protocolizada deverá ser analisada no prazo de quinze dias, ao término do qual o interessado será notificado do início da investigação ou do indeferimento do pedido, quando este não atender aos requisitos legais nem for sanado no prazo concedido pelas autoridades.

Em regra, o período de **investigação do dumping** compreende doze meses, mas, em casos excepcionais, esse prazo pode ser reduzido para até seis meses. Contudo, não se deve confundi-lo com o período de **investigação do dano**, que será, normalmente, de sessenta meses, dividido em cinco períodos de doze meses. Assim, podemos dizer que o primeiro período objetiva identificar a ocorrência do dumping, enquanto este último diz respeito à apuração do montante total do dano causado.

A SECEX possui roteiros de orientação aos empresários brasileiros, para a formulação da petição, que deverá ser escrita e acompanhada dos elementos de prova do **dumping, dano** e **nexo causal**.

Como o pedido envolve dados comerciais acerca de preços, custos e processos produtivos, é evidente que, para certos setores, tais informações sejam essenciais à própria sobrevivência do negócio e devem ser tratadas com o devido cuidado. Nesse contexto, se a petição contiver informações que, por natureza, sejam consideradas **sigilosas**, o Departamento de Defesa Comercial da SECEX (DECOM) deverá observar tal condição e não revelá-las sem autorização expressa da parte que as forneceu. As informações classificadas como sigilosas constituirão processo em separado.

Os interessados deverão apresentar resumo não sigiloso dos documentos e demonstrar sua natureza, sob pena de tê-los desconsiderados, salvo se provado, de forma adequada, que as informações são verdadeiras.

O peticionário deverá apresentar tantas cópias da petição e dos documentos quantos forem os exportadores ou países arrolados.

Todos os **elementos de prova** da existência do dumping e do correspondente dano serão avaliados, com base nas informações disponíveis, e deverão fundamentar a decisão acerca da abertura ou não da investigação. Outro fator de ponderação relevante é o grau de apoio ou rejeição à medida, expresso pelos demais produtores nacionais, a fim de se identificar se a petição foi feita em caráter isolado ou em nome da indústria doméstica[59].

---

[59] Nos termos do artigo 37 do Decreto n. 8.058/2013: "A investigação para determinar a existência de dumping, de dano e de nexo de causalidade entre ambos deverá ser solicitada mediante petição escrita, apresentada pela indústria doméstica, ou em seu nome. § 1.º Para que uma petição seja considerada como feita 'pela indústria doméstica ou em seu nome' é necessário que: I — tenham sido consultados outros produtores domésticos que compõem a indústria doméstica e que produziram o produto similar durante o período de investigação de dumping; e II — os produtores do produto similar que tenham manifestado expressamente apoio à petição representem mais de cinquenta por cento da produção total do produto similar daqueles que se manifestaram na consulta a que faz referência o inciso I do § 1.º. § 2.º A petição não será considerada como feita 'pela indústria doméstica ou em seu nome' quando os produtores domésticos que manifestaram expressamente

A petição será indeferida e o processo arquivado quando as provas forem insuficientes ou se o peticionário não tiver representatividade, isto é, se a petição não for feita em **nome da indústria doméstica**, sem os índices de apoio necessários.

Se for considerada hábil, a petição será analisada quanto ao **mérito** pelo Departamento de Defesa Comercial (DECOM) e, em caso de procedência, a investigação será **aberta**, mediante publicação de Circular SECEX no *Diário Oficial da União*, com a notificação das partes interessadas, no prazo de 30 dias, contados da data da notificação de que a petição fora devidamente instruída **(Etapa 2)**.

Importante frisar que são consideradas partes interessadas, entre outras: a) os produtores domésticos do produto similar e a entidade de classe que os represente; b) os empresários brasileiros que importaram o produto objeto da investigação durante o período analisado e a entidade de classe que os represente; c) os exportadores ou produtores estrangeiros do referido bem e entidades de classe que os representem; e d) o governo do país exportador do produto, além de terceiros, nacionais ou estrangeiros, que o DECOM considere como interessados.

Note-se que, ao contrário do que ocorre nos sistemas tributário e econômico, o Estado do exportador **integra** a relação jurídica (com efeitos imediatos em termos processuais e mediatos em termos de política internacional). Tanto assim que incumbe à SECEX, uma vez aberta a investigação, o fornecimento do texto completo da petição aos produtores estrangeiros e exportadores conhecidos, bem como às autoridades do país exportador. Percebe-se, à evidência, o traço **político** inerente aos direitos antidumping, ao contrário do que ocorre em outras relações jurídicas, em que o consequente é condição automática e infalível (no dizer de Becker) do desenho normativo da hipótese.

Com a abertura das investigações, será concedido aos interessados o prazo de 20 dias, contados da publicação no *Diário Oficial da União*, para o pedido de habilitação de outras partes e designação de seus representantes legais.

Paralelamente, a SECEX comunicará o fato à Receita Federal do Brasil, para a adoção das providências cabíveis, que, no entanto, **não poderão obstaculizar** o desembaraço aduaneiro das mercadorias. Na prática, a notificação tem por objetivo acompanhar os procedimentos e posteriormente, se for o caso, exigir os direitos antidumping aplicados.

---

apoio à petição representem menos de vinte e cinco por cento da produção nacional do produto similar durante o período de investigação de dumping. § 3.º No caso de indústria fragmentada, que envolva um número especialmente elevado de produtores domésticos, o grau de apoio ou de rejeição poderá ser confirmado mediante amostra estatisticamente válida. § 4.º A manifestação de apoio ou de rejeição somente será considerada quando acompanhada de informação correspondente ao volume ou valor de produção e ao volume de vendas no mercado interno durante o período de análise de dano. § 5.º Caso a petição não contenha dados relativos à totalidade dos produtores domésticos do produto similar, essa circunstância deverá ser justificada nos termos do parágrafo único do art. 34. § 6.º A petição deverá conter os dados necessários à determinação do dano à indústria doméstica relativos aos produtores domésticos que manifestaram expressamente seu apoio à petição. § 7.º No caso de indústria fragmentada, que envolva um número especialmente elevado de produtores domésticos, poderá ser aceita petição contendo dados relativos a produtores domésticos que respondam por parcela inferior a vinte e cinco por cento da produção nacional do produto similar no período de investigação de dumping".

As informações necessárias ao andamento da investigação serão requeridas às partes interessadas conhecidas, que terão oportunidade de apresentar os elementos probatórios que considerarem pertinentes, em homenagem aos princípios do contraditório e da ampla defesa, o que permite, inclusive, a realização de audiências[60].

Serão entregues questionários específicos aos representantes das partes privadas, que deverão ser respondidos no prazo de 30 dias, prorrogáveis, mediante justificativa, por mais 30 dias. A negativa na prestação das informações ou a apresentação de dados de modo insuficiente implicará a adoção das **melhores informações disponíveis**, que serão comparadas com informações de fontes independentes ou provenientes de outras partes interessadas.

Durante os procedimentos de investigação, poderão ser convocados representantes dos setores que utilizam o produto ou de organizações de consumidores, se a mercadoria for diretamente vendida no varejo. No interesse dos trabalhos, também é possível a realização de diligências nas empresas envolvidas, mediante prévia autorização, inclusive no território de outros países.

A fase de instrução processual será **encerrada** em até 120 dias, com a realização de audiência convocada pela SECEX, na qual as partes interessadas tomarão conhecimento dos fatos apurados, que servirão de base ao parecer final, com possibilidade de manifestação em 20 dias.

Durante o processo de investigação, diversas providências podem ser adotadas, independentemente da conclusão dos trabalhos (**Etapa 3**). A primeira delas diz respeito às **determinações preliminares**, que serão elaboradas em 120 dias do início da investigação e nas quais constarão todos os elementos apurados em relação à existência ou não de dumping, bem assim o dano e o nexo de causalidade, quando cabíveis.

Caso a determinação preliminar seja negativa em relação à existência de dano ou nexo de causalidade, a investigação poderá ser encerrada.

Outra possibilidade, durante a investigação, é a aplicação de **medidas antidumping provisórias**, quando se verificar a existência de indícios da prática de dumping ou no caso de concessão de subsídios, desde que tais práticas causem dano, ou ameaça de dano, à indústria doméstica e se julgue necessário impedi-las no curso da investigação[61]. Nesse caso, a recomendação para a aplicação das medidas provisórias deverá ser encaminhada à CAMEX.

As **condições** para a aplicação de medidas provisórias são:

a) existência de investigação em curso, com a publicação do ato de abertura e desde que já tenha sido oferecida às partes a oportunidade de manifestação no processo;
b) as autoridades já tiverem se manifestado, de forma preliminar e positiva, sobre a existência do dumping e consequente dano à indústria doméstica;

---

[60] As audiências são importantes para a formação do contraditório e deverão ser notificadas às partes interessadas com antecedência mínima de 20 dias, com a relação dos temas que serão tratados. Os representantes legais, expressamente constituídos, deverão entregar, por escrito, até dez dias antes da realização, os argumentos que pretenderão expor. O comparecimento às audiências não é obrigatório e a eventual ausência não pode ser utilizada em prejuízo da parte.

[61] Artigo 2.º da Lei n. 9.019/95.

c) a CAMEX julgar que as medidas são necessárias para impedir que ocorra dano durante a investigação;

d) houver transcorrido o prazo mínimo de 60 dias da abertura da investigação.

Em qualquer hipótese, o valor das medidas antidumping **não poderá** exceder a margem de dumping apurada, e a decisão, mediante **Resolução** da CAMEX, deverá ser publicada no *Diário Oficial da União*, com ciência às partes interessadas.

Conquanto as normas do Acordo Antidumping firmado na Organização Mundial do Comércio estabeleçam que as medidas provisórias poderão assumir a forma de direitos provisórios ou **preferivelmente** a de garantia, a legislação brasileira não recepcionou a precedência em relação a esta última, de forma que as duas possibilidades devem ser igualmente consideradas. Entendemos, à luz dos princípios do GATT e da interpretação favorável ao agente econômico, que a escolha deveria ser feita pelo interessado, obedecidas as condições legais.

Entretanto, este não é o entendimento do **Superior Tribunal de Justiça**, que já se manifestou no sentido de que a CAMEX tem poder discricionário para escolher a medida que melhor atenda ao caso concreto, conforme decisão abaixo[62]:

EMENTA: ADMINISTRATIVO E ECONÔMICO — MANDADO DE SEGURANÇA — CAMEX — DIREITO ANTIDUMPING PROVISÓRIO — SUSPENSÃO — ATO DISCRICIONÁRIO — MOTIVAÇÃO — PRESENÇA. 1. O STJ é competente para julgar o *mandamus*, pois o ato impugnado é de órgão colegiado integrado exclusivamente por Ministros de Estado. Precedente: Rcl 1.887/ES, Rel. Min. Luiz Fux, Primeira Seção, *DJ* 18.12.2006, p. 280. 2. Cuida-se de *writ* contra o ato administrativo que indeferiu o pedido de suspensão provisória do direito antidumping imposto pela Câmara de Comércio Exterior (CAMEX). Pretende a impetrante o reconhecimento do direito líquido e certo e a suspensão do referido direito, por meio do oferecimento de garantia sob a forma de fiança bancária. 3. Nos termos do art. 3.º da Lei n. 9.019, de 30 de março de 2005, "a exigibilidade dos direitos provisórios poderá ficar suspensa, até decisão final do processo, a critério da CAMEX", ou seja, trata-se de ato discricionário da autoridade coatora, razão pela qual o administrador, diante do caso concreto, deve escolher a providência que melhor satisfaça a finalidade legal. 4. No Estado de Direito, a existência de atos sujeitos ao juízo de conveniência e oportunidade do administrador público se dá em razão da impossibilidade de a lei aferir, antecipadamente, qual o comportamento que melhor atenderia ao interesse público. 5. *In casu*, além de o ato ser discricionário, a decisão da CAMEX encontra-se motivada no sentido de que a suspensão do direito antidumping provisório, por meio da apresentação de garantia, tornaria a medida inócua, uma vez que esta coíbe o dano e a ameaça de dano à indústria doméstica, até porque as importações poderiam continuar a preços de dumping no período das investigações. Segurança denegada. Agravo regimental prejudicado.

No caso de direitos antidumping provisórios, estes serão **recolhidos** como condição para o desembaraço aduaneiro dos produtos sob investigação. Todavia, a **exigibilidade** dos direitos provisórios poderá ser **suspensa**, até a decisão final do processo, a critério da CAMEX, desde que o importador ofereça **garantia** suficiente para cobrir o

---

[62] Mandado de Segurança 14.670, Superior Tribunal de Justiça, Primeira Seção, Relator Ministro Humberto Martins. Decisão unânime, publicada no *DJE* em 18 de dezembro de 2009.

valor da obrigação e dos demais encargos legais, que poderá ser prestada mediante **depósito em dinheiro** ou **fiança bancária**, com a assinatura de termo de responsabilidade.

Compete à Receita Federal fixar a forma de prestação e liberação das garantias oferecidas, que serão condição para o desembaraço aduaneiro.

As medidas antidumping provisórias vigorarão por até **quatro meses**, salvo se as autoridades administrativas aceitarem pedido de **prorrogação** oriundo de exportadores que representem percentual significativo do mercado sob análise, o que permitirá sua aplicação por até **seis meses**. Nos termos da legislação em vigor[63], se for decidido, no curso da investigação, que uma medida antidumping provisória inferior à margem de dumping é suficiente para extinguir o dano, os períodos acima previstos serão de seis e nove meses, respectivamente.

Outra importante possibilidade de alteração no rumo das investigações decorre do **compromisso de preços**, que poderá ser celebrado com o **exportador** ou o **governo** do país exportador e implicará a suspensão dos procedimentos, sem a aplicação de direitos antidumping (provisórios ou definitivos).

O compromisso significa que o exportador assumirá voluntariamente a obrigação de revisar os preços das transações, de forma a compatibilizá-las às regras de mercado e eliminar a margem de dumping.

Verifica-se, mais uma vez, a possibilidade de intervenção do governo estrangeiro no processo de investigação de dumping, que pode atuar, inclusive, em substituição ao exportador particular. Trata-se de decisão **política**, no âmbito dos mercados globalizados, certamente fundada em interesses comerciais e econômicos, tão comuns na nova ordem mundial.

O compromisso de preços deverá ser celebrado perante a SECEX (DECOM) e submetido à **homologação** da CAMEX[64], o que reforça a tese de integração *tributária-administrativa-política* na aplicação dos direitos antidumping, característica, aliás, comum a certas figuras do direito aduaneiro.

Nesse sentido, importa destacar que os exportadores **não estão** obrigados a propor ou aceitar o compromisso de preços, assim como à SECEX é **facultado** o direito de recusar eventuais acordos, **motivadamente**, sempre que considerá-los ineficazes para a supressão do dumping e para a regularização das importações.

Em caso positivo, a **aceitação** do compromisso de preços será publicada por meio de Resolução CAMEX no *Diário Oficial da União*, com a decisão, conforme as circunstâncias, de prosseguimento ou não da investigação.

Apesar de parecer estranho, a hipótese de continuidade das investigações pode, inclusive, ser solicitada pelo exportador que firmou o compromisso, ante a expectativa de comprovação de que o dumping não existia ou, ainda, que o valor acordado é mais do que suficiente para compensar o eventual dano causado à indústria doméstica.

---

[63] Artigo 66, § 8.º, do Decreto n. 8.058/2013.

[64] Artigo 4.º, § 1.º, da Lei n. 9.019/95, com a redação dada pela Medida Provisória n. 2.158-35, de 2001.

Se a SECEX, por meio do DECOM, prosseguir na investigação depois de aceitar o compromisso de preços, poderão ocorrer dois desfechos:

▪ se não forem constatados o dumping e o dano dele decorrente, a investigação será encerrada e o compromisso de preços **extinto**, salvo se a determinação negativa resultar diretamente da existência do acordo, que, então, deverá ser mantido pelo prazo necessário;

▪ se houver a conclusão sobre a presença do dumping e do respectivo dano, a investigação será encerrada e a aplicação dos direitos antidumping definitivos ficará suspensa enquanto vigorar o compromisso.

O exportador que assinou o compromisso de preços deverá fornecer, sempre que solicitadas, informações relativas ao cumprimento da obrigação, mediante a apresentação de dados e planilhas aptos a comprová-lo, sob pena de violação do acordo. Nessa hipótese, se a investigação **não prosseguiu**, em razão do compromisso, as autoridades administrativas poderão aplicar, imediatamente, direitos antidumping provisórios e retomar os trabalhos suspensos, com a devida notificação às partes interessadas.

9.1.6.1. *Do encerramento da investigação*

Caso não ocorra qualquer das situações previstas no tópico anterior, o processo de investigação deverá ser **concluído** em até dez meses[65], com as seguintes consequências **(Etapa 4)**:

a) Sem a fixação de direitos antidumping, nos casos em que:

i) não houver comprovação da existência de dumping, de dano à indústria doméstica ou de nexo de causalidade entre ambos;

ii) a margem de dumping for *de minimis*, ou seja, inferior a 2% do preço de exportação;

iii) o volume de importações objeto de dumping real ou potencial ou o dano causado for insignificante, vale dizer, inferior a 3% do total das importações brasileiras de produto similar, exceto quando os países que, individualmente, respondem por menos de 3% das importações de produto similar importado pelo Brasil sejam, coletivamente, responsáveis por mais de 7% das importações do produto; e

iv) a SECEX deferir pedido de arquivamento formulado pelo peticionário.

b) Com a fixação de direitos antidumping, quando restar comprovado o dano, real ou potencial, e o nexo causal.

Como vimos, o valor dos direitos antidumping não poderá exceder a margem de dumping apurada no processo e a Resolução CAMEX que os fixar deverá indicar o fornecedor ou fornecedores do produto em questão, com os direitos correspondentes,

---

[65] Sob circunstâncias excepcionais, o prazo poderá ser estendido até 18 meses, no máximo. O peticionário, por seu turno, poderá solicitar a qualquer tempo, justificadamente, o encerramento da investigação; se o pedido for deferido, a investigação não julgará o mérito do processo.

exceto se o número de fornecedores for extremamente alto (**dumping generalizado**), circunstância que acarretará a fixação dos direitos em relação aos países envolvidos.

O valor dos direitos antidumping será cobrado, em reais, mediante a imposição de alíquotas ***ad valorem***, percentuais que incidirão sobre o valor aduaneiro da mercadoria (calculado em função do *Incoterm*[66] *CIF — Cost, Insurance and Freight*), ou **específicas**, fixadas em dólares norte-americanos e convertidas em moeda nacional, fixas ou variáveis, ou, ainda, pela **conjugação de ambas**.

Poderão ser aplicados direitos antidumping individuais relacionados às importações provenientes de exportadores ou produtores conhecidos e que não tenham sido selecionados pela investigação, mas que tenham fornecido as informações solicitadas. Neste caso, os direitos fixados não excederão à média ponderada da margem de dumping estabelecida para o grupo selecionado de exportadores ou produtores, assim como serão desconsideradas margens zero ou *de minimis*.

O ato de imposição de direitos antidumping deverá indicar o **prazo de vigência**, o **produto** atingido, o **valor** da obrigação, o **país** de origem ou de exportação, o **nome do exportador** e as razões pelas quais a decisão foi tomada[67].

O cumprimento das obrigações resultantes da aplicação dos direitos antidumping será condição para a introdução no Brasil das mercadorias objeto de dumping, e sua cobrança ou restituição ficará a cargo da Secretaria da Receita Federal do Brasil[68].

Por serem condicionantes para as importações dos produtos considerados objeto de dumping, os direitos serão devidos na data do registro da **Declaração de Importação** (DI), que dá início ao chamado **despacho aduaneiro** de importação[69].

O não recolhimento dos direitos antidumping sujeitará o importador às penalidades e aos acréscimos previstos em lei, que serão cobrados de acordo com o reconhecimento espontâneo ou não do infrator, nos seguintes moldes:

a) para pagamento **espontâneo**, após o desembaraço aduaneiro, incidirá **multa de mora**, à razão de 0,33% ao dia, contada a partir do primeiro dia posterior ao registro da declaração de importação e calculada até a data do recolhimento, limitada a 20% (teto geral fixado para os débitos federais), além de **juros moratórios** apurados pela taxa referencial do Sistema Especial de Liquidação e Custódia (**SELIC**), para títulos federais, acumulada mensalmente, a partir do primeiro dia do mês subsequente ao do registro da declaração de importação até o último dia do mês anterior ao do pagamento, acrescidos de 1% no mês do pagamento[70];

---

[66] Os *Incoterms* (*International Commercial Terms*) são cláusulas de negociação comercial internacional, fixadas pela Câmara de Comércio Internacional. No caso dos direitos antidumping, deverão integrar o valor aduaneiro os montantes pagos pelo importador a título de frete e seguros, além do próprio custo da mercadoria.

[67] Artigo 6.º, parágrafo único, da Lei n. 9.019/95.

[68] Artigo 7.º da Lei n. 9.019/95.

[69] Nos termos do artigo 542 do Regulamento Aduaneiro, veiculado pelo Decreto n. 6.759/2009: "Despacho de importação é o procedimento mediante o qual é verificada a exatidão dos dados declarados pelo importador em relação à mercadoria importada, aos documentos apresentados e à legislação específica".

[70] Embora tenhamos convicção, ante todo o exposto, de que os direitos antidumping não se configu-

b) no caso de exigência **de ofício**, deverá ser lavrado Auto de Infração, por Auditor-Fiscal da Receita Federal do Brasil, que incluirá o total dos direitos antidumping devidos, os juros previstos no item anterior e a multa de 75%, que será exigida isoladamente quando os direitos antidumping houverem sido pagos após o registro da declaração de importação, mas sem os acréscimos moratórios[71].

Salvo nas hipóteses de expressa **aplicação retroativa**, os direitos antidumping, provisórios ou definitivos, só poderão ser exigidos de mercadorias cujas declarações de importação forem registradas **a partir** da data de publicação da Resolução CAMEX que os fixar.

Caso a decisão final do processo reconheça que **não houve** dumping nem dano à indústria doméstica, o valor das medidas antidumping provisórias, se foi **recolhido**, deverá ser **restituído** com os acréscimos legais pertinentes, que ficam prejudicados em razão da restituição.

Nas hipóteses de prestação de garantia, o depósito efetuado será devolvido ao importador ou, se foi prestada fiança bancária, será ela extinta.

Pode ocorrer, também, que a decisão final reconheça apenas a **ameaça** de dano material ou o **sensível atraso** no estabelecimento da indústria doméstica, sem a efetivação de dano decorrente do dumping, circunstância que ensejará a restituição do valor pago a título de direitos antidumping provisórios, a devolução da garantia prestada mediante depósito ou a extinção da fiança bancária, se houver.

Outras **três possibilidades**, advindas da decisão no processo administrativo, podem trazer diferenças financeiras entre o valor dos direitos antidumping provisórios e o valor do dano efetivo apurado, o que exige a adoção das seguintes providências[72]:

I — quando o valor do direito aplicado pela decisão final for **inferior** ao valor de direito provisoriamente recolhido ou garantido por depósito, o excedente será restituído ou devolvido, respectivamente;

II — quando o valor do direito aplicado pela decisão final for **superior** ao valor do direito provisoriamente recolhido ou garantido por depósito, a diferença não será exigida;

III — quando o valor do direito aplicado pela decisão final for **igual** ao valor do direito provisoriamente recolhido ou garantido por depósito, essas importâncias serão automaticamente convertidas em direito definitivo.

No mesmo sentido, se, em vez do pagamento, foi apresentada garantia por **fiança bancária**, quando o valor do direito aplicado pela decisão final for **superior ou igual** ao valor do direito provisoriamente determinado, a importância correspondente ao valor

---

ram como tributos, o legislador utiliza-se das regras para cálculo de juros conforme previstas no Código Tributário Nacional, artigo 161: "O crédito não integralmente pago no vencimento é acrescido de juros de mora, seja qual for o motivo determinante da falta, sem prejuízo da imposição das penalidades cabíveis e da aplicação de quaisquer medidas de garantia previstas nesta Lei ou em lei tributária. § 1.º Se a lei não dispuser de modo diverso, os juros de mora são calculados à taxa de um por cento ao mês".

[71] Conforme artigo 7.º, §§ 3.º e 4.º, da Lei n. 9.019/95.

[72] Artigos 87 e 88 do Decreto n. 8.058/2013.

garantido será imediatamente recolhida. No entanto, quando o valor do direito aplicado na decisão final for **inferior**, somente esse valor poderá ser exigido. O pagamento das importâncias fixadas na decisão final acarretará a **extinção** da fiança, salvo se houver inadimplemento, o que permitirá a **execução** automática da garantia, independentemente de aviso judicial ou extrajudicial.

Sob circunstâncias excepcionais, em que sejam detectados **graves prejuízos** à indústria doméstica, poderão ser exigidos direitos antidumping definitivos **retroativos**, relativos aos produtos sob exame e que tenham sido despachados para consumo **até 90 dias** antes da data de aplicação das medidas antidumping provisórias, desde que observadas as seguintes condições:

- ◼ antecedentes de prática de dumping pelo agente exportador que causou o dano;
- ◼ ciência ou presunção de ciência do importador em razão da conduta abusiva adotada pelo exportador ou produtor (hipótese, por exemplo, de conluio entre as partes, devidamente comprovado durante as investigações);
- ◼ dano causado por grande volume de importações em curto período, com rápido crescimento dos estoques e a percepção de que os direitos fixados serão insuficientes para corrigir a distorção.

Em qualquer hipótese, a retroatividade **não poderá** alcançar produtos despachados para consumo **antes da abertura** da investigação (limite processual e objetivo). No caso de desrespeito ao compromisso de preços, os direitos antidumping definitivos também poderão ser cobrados sobre produtos despachados para consumo até **90 dias** contados da aplicação das medidas antidumping provisórias, exceto em relação àqueles que foram importados antes da violação do compromisso e, portanto, despachados por valores reciprocamente considerados de mercado.

Nos casos de retroatividade, a Receita Federal do Brasil intimará o contribuinte ou responsável para pagar os direitos antidumping, provisórios ou definitivos, no prazo de **30 dias**, sem a incidência de quaisquer acréscimos moratórios. Se não houver recolhimento, caberá ao Fisco a lavratura de auto de infração, com a aplicação da multa de mora e dos juros correspondentes, calculados a partir do término do prazo de vencimento[73].

Convém destacar que os direitos antidumping terão sempre vigência temporária, fixada na decisão que os instituir, dado que só deverão vigorar pelo prazo **necessário** para neutralizar o efeito nocivo causado pelo dumping. A norma **proíbe** o estabelecimento de **direitos permanentes**, porque incompatíveis com as premissas da Organização Mundial do Comércio e com a própria dinâmica das transações internacionais, de sorte que os direitos antidumping definitivos serão **extintos** em no máximo **cinco anos**[74], contados da decisão que os aplicou ou, ainda, a partir da data de conclusão da revisão administrativa mais recente acerca dos produtos.

---

[73] Artigo 8.º da Lei n. 9.019/95, com a redação dada pela Lei n. 10.833, de 29 de dezembro de 2003.

[74] Excepcionalmente, o prazo de cinco anos poderá ser prorrogado, mediante pedido fundamentado, formulado pela indústria doméstica ou em seu nome, por iniciativa de órgãos ou entidades da Administração Pública Federal, ou da SECEX, desde que demonstrado que a extinção dos direitos levaria provavelmente à continuação ou retomada do dumping e do dano dele decorrente.

As partes interessadas no processo terão prazo de cinco meses, antes do término da vigência dos direitos ou do compromisso de preços, para se manifestarem acerca da conveniência de revisão dos procedimentos e valores, que, se decidida, será concluída em até 12 meses, com a publicação no *Diário Oficial da União* de todos os atos necessários à notificação dos envolvidos.

Durante o **procedimento de revisão**, os direitos antidumping em vigor ou eventuais compromissos de preços serão mantidos.

Em síntese, a revisão pode ser decidida de ofício ou mediante requerimento fundamentado das partes interessadas desde que transcorrido, pelo menos, um ano da data de imposição dos direitos antidumping definitivos[75]. Para a abertura do procedimento de revisão, deverão ser apresentadas provas suficientes das seguintes circunstâncias:

◼ que a aplicação dos direitos antidumping, em razão das condições do mercado, deixou de ser necessária para neutralizar o dano;

◼ improbabilidade de que o dano se mantenha caso o direito antidumping seja revogado ou alterado;

◼ que o direito existente não é mais suficiente para neutralizar o efeito prejudicial do dumping.

Existe, ainda, a possibilidade de **revisão sumária**, procedimento válido para qualquer exportador, do país cujo produto seja objeto de direitos antidumping, que possa demonstrar que não exportou mercadorias para o Brasil durante a investigação, bem assim não possuir qualquer relação com os empresários cujos produtos estejam sujeitos a tais direitos.

Trata-se de mecanismo jurídico louvável, porque a prática de dumping, como já tivemos a oportunidade de observar, deve ser analisada individualmente, de forma criteriosa e imparcial, e os respectivos direitos compensatórios só deverão ser oponíveis aos causadores do dano ou da ameaça, e não à totalidade de exportadores de determinado país, salvo quando se comprove, à evidência, que todo o esforço de exportação proveniente daquela origem está fundado em preços distorcidos.

O novo ordenamento brasileiro prevê diversas hipóteses de revisão dos direitos antidumping, que seguem as diretrizes de uma investigação normal e podem ser assim resumidas:

◼ revisão do direito por alteração das circunstâncias;

◼ revisão de final de período, que permite a prorrogação do direito antidumping, ante o argumento de que sua extinção provavelmente levaria à continuação ou retomada da prática e do dano dela decorrente;

◼ revisões relativas ao escopo e à cobrança do direito, como no caso da revisão sumária anteriormente descrita ou, ainda, da chamada **revisão anticircunvenção**, que é a prática comercial que tem por objetivo a eficácia da medida antidumping[76];

---

[75] A revisão poderá ser iniciada em prazo inferior, de maneira excepcional, a critério das autoridades competentes.

[76] Nos termos do artigo 121 do Decreto n. 8.058/2013, a revisão anticircunvenção alcança as impor-

◼ revisão de restituição, quando o importador comprovar que a margem de dumping apurada para o período de revisão é inferior ao direito vigente.

A determinação do prazo de vigência dos direitos antidumping, provisórios ou definitivos, nos termos da legislação em vigor, deve atender aos seguintes critérios:

◼ para direitos antidumping **provisórios**, o prazo não pode ser superior a **270 dias**, mediante decisão da CAMEX;

◼ para direitos antidumping **definitivos** ou **compromisso de preços** homologado, o prazo deverá ser o necessário para eliminar ou neutralizar a prática de dumping, respeitado o limite máximo de **cinco anos**, salvo se, na hipótese de revisão, for imperativo **manter a medida** para impedir a continuação ou a retomada do dumping e do dano causado pelas importações.

Os direitos antidumping em vigor poderão ser **suspensos** pelo prazo de um ano, prorrogável por igual período, caso ocorram alterações nas condições de mercado e desde que o dano não se reproduza ou subsista em função da suspensão, sem prejuízo do direito de manifestação da indústria doméstica.

As medidas antidumping poderão, ainda, ser estendidas a **terceiros países**, bem como a partes, peças e componentes dos produtos objeto de medidas vigentes, caso seja constatada a existência de práticas elisivas que frustrem a sua aplicação[77].

O país interessado deverá apresentar petição às autoridades brasileiras, com a solicitação de que sejam aplicados direitos antidumping, acompanhada de documentos e informações que permitam demonstrar que as importações a ele destinadas causem dano à indústria local. A avaliação do pedido considerará o efeito do alegado dumping no território do terceiro país, e, para a abertura da investigação, o governo brasileiro solicitará anuência do Conselho para o Comércio de Bens da Organização Mundial do Comércio.

Por fim, importa lembrar ao leitor que, dada a natureza aduaneira (e, portanto, política e não retributiva) dos direitos antidumping, as receitas oriundas de sua cobrança (classificadas como originárias) serão **destinadas** ao Ministério da Economia para aplicação na área de comércio exterior, conforme diretrizes estabelecidas pela CAMEX, o que significa dizer que **não serão utilizadas** em proveito ou como **compensação dos prejuízos** suportados pela indústria doméstica.

Dito de forma simples, o dinheiro arrecadado com os direitos antidumping "fica com o governo" e **não é revertido** para os verdadeiros prejudicados pela prática abusiva.

---

tações de: I) partes, peças ou componentes originários ou procedentes do país sujeito a medida antidumping, destinadas à industrialização, no Brasil, do produto sujeito a medida antidumping; II) produto de terceiros países cuja industrialização com partes, peças ou componentes originários ou procedentes do país sujeito a medida antidumping resulte no produto sujeito a medida antidumping; ou III) produto que, originário ou procedente do país sujeito a medida antidumping, apresente modificações marginais com relação ao produto sujeito a medida antidumping, mas que não alteram o seu uso ou a sua destinação final.

[77] Conforme dicção do artigo 10-A da Lei n. 9.019/95, incluído pela Lei n. 11.786, de 2008.

9.2. SUBSÍDIOS E MEDIDAS COMPENSATÓRIAS

A questão dos subsídios ocupa, há muito tempo, lugar de destaque nas negociações internacionais. Trata-se, afinal, de prática antiga e bastante comum, caracterizada por uma **contribuição financeira estatal**, concedida em benefício de uma entidade específica, normalmente no intuito de incrementar as exportações de determinado produto ou setor.

Tamanha é a relevância do tema, atualmente, que poderíamos afirmar, sem margem para erros, que o maior entrave à conclusão da **Rodada do Desenvolvimento**, iniciada em Doha, reside justamente na busca de uma solução negociada para a questão dos **subsídios agrícolas**.

O fenômeno ocorre em todos os cantos do planeta, e a única diferença é o montante dos subsídios injetados na economia, com a certeza de que quanto maior a capacidade produtiva do país tanto mais elevado será o grau de subsídios concedidos aos empresários.

De um lado, o modelo defendido pelos **países em desenvolvimento**, especialmente na América Latina, em razão da influência das ideias da CEPAL, vislumbrava nos subsídios um dos mecanismos necessários à implantação da política de substituição de importações e do fortalecimento das indústrias locais. Como bem destaca Paul Kennedy[78]: "Em lugar de estimular os industriais a visar aos mercados estrangeiros e estimular a economia através do crescimento, voltado para a exportação, muitos governos latino-americanos adotaram uma política de importar substitutos, criando suas próprias indústrias siderúrgica, de cimento, de papel, automobilística e eletrônica, que gozaram de tarifas protetoras, subsídios governamentais e isenções de impostos para protegê-las da concorrência internacional. Em consequência, seus produtos tornaram-se menos atraentes no exterior. Além disso, embora fosse relativamente fácil criar uma indústria básica do ferro e do aço, era mais difícil instalar indústrias de alta tecnologia, como computadores, aeroespaço, máquinas, ferramentas e produtos farmacêuticos — de modo que a maior parte das importações da maioria desses estados continua sendo de manufaturas, ao passo que as exportações ainda consistem principalmente de matérias-primas, como petróleo, café e soja".

No outro extremo da equação, é igualmente verdadeiro que os países desenvolvidos concedem enormes vantagens direcionadas à exportação, sobretudo para que produtos agrícolas tradicionais e elaborados a partir de rigorosas normas de controle possam se tornar, ainda que **artificialmente**, competitivos em relação às *commodities* oriundas dos países periféricos.

Basta lembrar que durante as negociações da Rodada do Desenvolvimento, a simples possibilidade de que a União Europeia viesse a **reduzir os subsídios** agrícolas, em troca da menor tributação de seus produtos manufaturados nos países emergentes, gerou enormes protestos dos empresários rurais, a exemplo das famosas marchas de tratores que de vez em quando invadem as ruas de Paris.

Convém perguntar: se os subsídios são essenciais para os agricultores franceses, cujos produtos podem ser extremamente **caros** e **sofisticados** (como vinhos e queijos, só

---

[78] Paul Kennedy, *Preparando para o século XXI*, p. 207.

para ficarmos nos dois exemplos mais conhecidos), qual não será a sua importância para o pequeno produtor africano, asiático ou latino-americano?

Claro que a resposta já vem pronta, no sentido de que os subsídios agrícolas, por mais prejudiciais que possam ser à livre concorrência dos mercados, **sempre existiram** e, em nossa opinião, jamais deixarão de ser concedidos. O desafio não parece estar em eliminá-los, mas em encontrar soluções jurídicas e econômicas capazes de diminuir a distorção por eles causada.

A redução dos subsídios é bastante problemática nos países em desenvolvimento, devido à histórica **dependência econômica** de certos setores, como ressalta Frieden, para quem o modelo serve de sustentação à política geral de produção[79]: "A industrialização é amplamente financiada à custa dos setores de exportação primária. Os produtores agrícolas e os mineradores passaram a pagar bem mais pelo que consumiam, mas vendiam seus produtos pelo preço dos mercados mundiais, e os impostos que pagavam viravam subsídios para as indústrias favorecidas".

Exatamente como ocorreu com a prática de dumping, a recepção pelo direito brasileiro das disposições presentes no GATT/1994, somada às normas do **Acordo sobre Subsídios e Medidas Compensatórias**, firmado no mesmo contexto, permitiu que o país, a exemplo de outros estados, pudesse exercer um controle mais acurado sobre as vantagens concedidas a título de subsídio, especialmente aquelas destinadas a favorecer, ainda que artificialmente, as exportações.

Como contrapartida ao incentivo desleal trazido pelos subsídios, os países integrantes da OMC poderão aplicar **medidas compensatórias**, no intuito de anular ou neutralizar o dano causado pelas condições vantajosas que a prática enseja.

Assim, as medidas compensatórias estão para os subsídios exatamente como os direitos antidumping se relacionam ao dumping e, em termos práticos, os mecanismos de defesa comercial previstos pelo GATT e pela legislação brasileira podem ser chamados de "medidas" ou "direitos", sem maiores problemas. Conquanto poderíamos tecer alguns comentários meramente teóricos no sentido de encontrar sutis diferenças entre os termos, pensamos ser natural e correto utilizar, por exemplo, as expressões *direitos compensatórios* e *medidas antidumping*, sem ressalvas, embora o inverso seja mais comum.

Todavia, convém destacar, de plano, que o parágrafo 5 do Artigo VI do GATT/1994 veda a **aplicação simultânea** de direitos antidumping e medidas compensatórias, para o mesmo caso concreto, preceito recepcionado pelo ordenamento nacional[80].

9.2.1. Conceito de subsídio

A principal característica dos subsídios é o **auxílio governamental** a determinados empresários ou setores, que pode se manifestar por meio das mais variadas medidas, sempre no intuito de lhes conceder vantagens que permitam, independentemente do **custo real** dos produtos, praticar preços distorcidos, abaixo dos parâmetros de mercado.

---

[79] Jeffry A. Frieden, *Capitalismo global*, p. 328.

[80] Conforme artigo 1.º, § 2.º, do Decreto n. 1.751, de 19 de dezembro de 1995, que regulamenta as normas relativas à aplicação de medidas compensatórias.

A definição legal de subsídio considera-o como o benefício indevido e outorgado nas seguintes circunstâncias:

a) existência, no país exportador[81], de qualquer forma de **sustentação de renda ou de preços**[82] que, direta ou indiretamente, contribua para aumentar exportações ou reduzir importações de determinado produto; ou

b) existência de **contribuição financeira** por governo ou órgão público, no interior do território do país exportador, quando:

i) a prática do governo implique **transferência** direta de fundos (doações, empréstimos, aportes de capital, entre outros) ou **potenciais transferências** diretas de fundos ou obrigações (garantias de empréstimos, entre outros); ou

ii) sejam perdoadas ou deixem de ser recolhidas receitas públicas devidas (**incentivos fiscais**, por exemplo), **salvo** no caso de isenções em favor dos produtos destinados à exportação, de impostos ou taxas habitualmente aplicados ao produto similar quando destinados ao consumo interno, nem, tampouco, a devolução ou o abono de tais impostos ou taxas, desde que o valor não exceda os totais devidos[83]; ou

iii) o governo **forneça** bens ou serviços além daqueles destinados à infraestrutura geral, ou quando **adquiria** bens; ou

iv) o governo **realize pagamentos** a um mecanismo de fundo ou confie à entidade privada uma ou mais das atribuições anteriores, que seriam de sua competência, e cuja atuação não difira, de modo significativo, da prática habitualmente seguida pelos governos (o que configura espécie de subsídio indireto).

9.2.2. Classificação dos subsídios

O leitor certamente já percebeu que nem todas as intervenções governamentais de natureza econômica são consideradas abusivas.

Originalmente, o Acordo sobre Subsídios e Medidas Compensatórias previa **três classes de subsídios:** os proibidos, os recorríveis (em inglês, acionáveis) e os não

---

[81] A expressão "país exportador" deverá ser considerada como o local, de origem ou de exportação, onde foi concedido o subsídio. Se os produtos não foram exportados para o Brasil diretamente, ou seja, decorrem de país intermediário, os procedimentos para a apuração do subsídio considerarão as transações como originárias do país exportador, a fim de impedir a prática de "triangulações" que tenham por objetivo exclusivo dissimular ou dificultar a percepção do subsídio.

[82] O artigo XVI do GATT trata justamente das subvenções concedidas pelos signatários para proteção das rendas ou sustentação dos preços de produtos destinados à exportação. Nesse caso, o país que subvenciona deverá notificar os demais signatários acerca do montante, natureza e efeitos esperados da medida. Em qualquer hipótese, se ficar demonstrado que a subvenção causa ou ameaça causar dano aos produtores de outro país, o signatário concedente deverá analisar, em conjunto com os demais interessados, a possibilidade de limitar a medida ao estritamente necessário. O GATT aceita níveis razoáveis de subvenção para produtos primários (basicamente do setor agrícola), desde que o benefício não permita ao país deter parcela significativa do comércio internacional daquele item.

[83] O Brasil, a exemplo de outros países, concede diversas imunidades tributárias e benefícios fiscais nas exportações, conforme previsão constitucional.

recorríveis (em inglês, não acionáveis). A divisão perdurou por cinco anos, até 31 de dezembro de 1999, quando os subsídios não recorríveis (ou não acionáveis) foram extintos.

Portanto, na atual normativa da OMC temos apenas **duas espécies** de subsídios:

a) proibidos: os que não podem ser concedidos pelos signatários do GATT, porque vinculados a práticas condenáveis e concedidos de modo específico e subjetivo[84], sem critérios claramente definidos. Esses subsídios são proibidos porque especificamente utilizados para distorcer o comércio internacional, ou seja, prejudicar outros países. Quando identificados, devem ser retirados imediatamente após a decisão que os reconheceu, pois, do contrário, poderão sofrer medidas compensatórias;

b) recorríveis ou acionáveis: são os que causam prejuízo à produção nacional de outro membro, anulando ou reduzindo drasticamente vantagens existentes.

Um dos princípios determinantes para a identificação do tipo de subsídio e sua qualificação jurídica decorre da **especificidade**, ou seja, quando o benefício outorgado pelo governo se destina particularmente à empresa, ao produto ou ao grupo de empresas (o que é vedado), com as seguintes consequências:

a) o subsídio será considerado específico quando a autoridade outorgante ou a legislação do país explicitamente **limitar** o acesso ao subsídio a determinadas empresas;

b) não ocorrerá especificidade quando a autoridade outorgante ou a legislação do país estabelecer condições ou critérios **objetivos** (no sentido de neutros, sem favorecimento a qualquer empresa em particular), que disponham sobre o direito de acesso e sobre o montante a ser concedido, desde que o direito seja automático e que as condições e os critérios sejam respeitados;

c) se, mesmo sob a aparência de **não especificidade**, nos termos acima, houver razões justificadas para que o subsídio seja considerado específico, poderão ser considerados para análise outros fatores, como o uso predominante de um programa de subsídios por número limitado de empresas, a concessão de parcela desproporcionalmente grande do subsídio a determinadas empresas ou o modo pelo qual a autoridade outorgante exerceu seu poder discricionário na decisão de conceder o benefício.

Também serão considerados específicos os subsídios limitados a empresários localizados em região geográfica exclusiva, no país outorgante.

Vimos que o auxílio governamental pode ser expresso pela transferência direta ou potencial de recursos, pelo perdão ou não recolhimento de receitas governamentais (caso dos incentivos e créditos fiscais) ou ainda por qualquer forma de apoio que permita a manutenção de preços competitivos.

Embora o Acordo firmado no âmbito da Organização Mundial do Comércio mencionasse, originalmente, três espécies de subsídios (proibidos, recorríveis e irrecorríveis), a legislação brasileira dividiu a prática em dois tipos, chamados de subsídios

---

[84] Ao contrário, subsídios objetivos são permitidos, porque imparciais e decorrentes de lei ou regulamento, sem qualquer favorecimento a empresas ou setores.

acionáveis e **não acionáveis**, razão pela qual nos cabe tecer alguns comentários, no intuito de compatibilizar as duas versões.

Com efeito, a comparação correta deve ser feita entre subsídios recorríveis/acionáveis e irrecorríveis/não acionáveis, binômios que podem ser considerados equivalentes, de forma que a terceira espécie, de subsídios proibidos, apesar de recepcionada pelo ordenamento brasileiro, não recebeu tratamento particular no Decreto n. 1.751/95, que regulamenta a aplicação de medidas compensatórias no país.

De qualquer forma, a ausência de previsão especial em relação aos subsídios proibidos não impede sua detecção nem a eventual adoção de medidas compensatórias, de forma que o critério de análise deve seguir a regra geral, ou seja, verificar se a concessão foi **específica**, salvo nas hipóteses legalmente autorizadas.

Segundo as normas do direito do comércio internacional, são considerados proibidos os subsídios **vinculados**, de fato ou de direito, ao desempenho nas exportações (entendido como a ajuda governamental decorrente de incrementos reais ou previstos nas exportações) ou, ainda, as vantagens concedidas pelo uso preferencial de produtos nacionais em detrimento de produtos estrangeiros, individualmente ou em conjunto com outras condições.

Por serem expressamente vedadas, as citadas práticas ensejam a aplicação de medidas jurídicas contra o país responsável, que poderão ser apreciadas pelo Órgão de Solução de Controvérsias da Organização Mundial do Comércio.

Em consonância com o preceito que determina a tentativa de solução negociada entre as partes, quando um membro da OMC considerar que determinado país concede ou mantém subsídios proibidos, poderá solicitar a realização de **consultas**, com a apresentação das provas disponíveis, para que a outra parte se manifeste.

Se não houver entendimento mutuamente aceitável no prazo de 30 dias, contados da formulação da consulta, qualquer dos envolvidos poderá levar a questão ao **Órgão de Solução de Controvérsias**, que decidirá quanto à formação de grupo especial sobre a matéria, que apresentará relatório aos litigantes em até 90 dias.

Caso a prática seja considerada como subsídio proibido, o grupo especial recomendará ao Estado infrator a retirada imediata da concessão. Da decisão cabe recurso ao **Órgão de Apelação**, que deverá se manifestar em 30 dias, prorrogáveis por igual período.

Se a recomendação, de qualquer instância, não for cumprida dentro do prazo fixado, o país reclamante será autorizado a adotar as medidas compensatórias apropriadas, proporcionais ao dano causado.

Os subsídios denominados **acionáveis** (ou recorríveis, como mencionado) são os **específicos**, passíveis de medidas compensatórias, porque responsáveis por dano à indústria nacional, grave dano aos interesses de outro país ou anulação de vantagens resultantes das cláusulas do GATT.

O Anexo I do **Acordo sobre Subsídios e Medidas Compensatórias** traz uma lista exemplificativa dos subsídios à exportação mais comumente empregados, a partir da qual elaboramos o seguinte resumo:

▪ concessão de subsídios diretos à empresa ou produção, relacionados ao desempenho exportador;

■ esquemas de retenção de divisas ou quaisquer práticas similares que envolvam bônus às exportações;

■ tarifas de transporte interno e de fretes para as exportações mais favoráveis do que as aplicadas aos despachos internos;

■ fornecimento governamental de produtos ou serviços para uso na produção de bens destinados à exportação em condições mais favoráveis do que as voltadas ao mercado doméstico;

■ isenção, remissão ou diferimento, total ou parcial, concedidos especificamente para as exportações, de tributos diretos ou sociais pagos ou a pagar por empresas industriais ou comerciais;

■ concessão de deduções especiais na base de cálculo de tributos diretos, decorrentes de operações relacionadas às exportações ou ao desempenho exportador, em níveis superiores àquelas concedidas à produção para consumo interno;

■ isenção ou remissão de impostos indiretos sobre a produção e distribuição de produtos exportados, além daqueles aplicados sobre a produção e a distribuição de produto similar vendido para consumo interno;

■ a isenção, remissão ou o diferimento de impostos indiretos sobre etapas anteriores de bens ou serviços utilizados no fabrico de produtos exportados, não aplicáveis a produtos similares destinados ao consumo interno;

■ remissão ou devolução de direitos de importação, além daqueles praticados sobre insumos importados que sejam consumidos no fabrico do produto exportado;

■ criação de programas de garantias de crédito à exportação ou programas de seguros à exportação, cujos prêmios sejam insuficientes para cobrir os custos de longo prazo e as perdas de tais mecanismos;

■ concessão de créditos à exportação a taxas inferiores àquelas pelas quais o governo obtém os recursos utilizados para estabelecer tais créditos ou o pagamento total ou parcial, pelo governo, dos custos em que incorrem exportadores ou instituições financeiras quando obtêm créditos.

Não são considerados como subsídios específicos os tributos ou alíquotas aplicáveis em caráter geral e oriundos dos órgãos legislativos competentes, de acordo com o ordenamento jurídico de cada país.

Os subsídios **não acionáveis** (ou irrecorríveis) são os considerados como não específicos ou aqueles que representam incentivos destinados à pesquisa, à assistência para regiões economicamente desfavorecidas (mediante projetos governamentais de desenvolvimento regional) ou adequação de instalações industriais existentes a novas exigências ambientais, legalmente previstas.

Nas hipóteses de **pesquisa**, parece-nos absolutamente razoável que os subsídios não devam ser objeto de compensação, até porque nessa fase, em regra, ainda não existem produtos em escala comercial capazes de causar dano à indústria de terceiros países.

A legislação em vigor aceita a concessão de subsídios responsáveis por até 75% dos custos com **pesquisa industrial** (investigação destinada à obtenção de novos produtos) ou 50% dos custos das atividades **pré-competitivas de desenvolvimento** (aplicação de descobertas científicas a novos projetos de produtos ou serviços ainda não comercializáveis em larga escala, como protótipos ou planos-piloto).

Os custos subsidiados deverão ser relacionados a gastos com pessoal técnico-científico, equipamentos e instalações destinados ao projeto, consultoria especializada, materiais ou despesas correntes diretamente ligados à atividade de pesquisa.

Não integram o conceito de subsídio, para fins de aplicação de medidas compensatórias, as atividades de pesquisa realizadas por instituições de ensino independentes. Assim, toda e qualquer investigação de caráter científico ou educacional, desvinculada de atividades comerciais ou empresariais, realizada por entidades públicas ou privadas, ainda que mediante suporte econômico oriundo de recursos governamentais, não poderá ser considerada como abusiva ao comércio internacional.

A assistência voltada para o **desenvolvimento regional** também afasta a possibilidade de compensação, desde que as áreas afetadas sejam claramente definidas, em razão de critérios imparciais e objetivos, previstos em programas institucionais de governo, capazes de aferir o baixo grau de desenvolvimento por meio de indicadores, como renda *per capita* ou índices de desemprego, quando comparados às médias do país[85].

Por fim, também são considerados não acionáveis os subsídios concedidos para a **adequação de instalações** empresariais em operação, há pelo menos dois anos, decorrentes de exigências ambientais determinadas por lei ou regulamento, desde que o auxílio governamental seja excepcional, não recorrente e limitado a 20% do custo total do projeto de adaptação.

Seria o caso, por exemplo, de empresa que, obrigada à instalação de novos filtros ou equipamentos na linha de produção, recebesse assistência do governo, mediante linha de crédito subsidiada, também disponível para outros concorrentes, sob iguais condições, cujo montante fosse proporcional à redução dos danos ambientais estimados. Na hipótese, resta claro que o auxílio em nada impactaria o custo final dos produtos.

9.2.3. Apuração do dano e do montante de subsídio acionável

Como vimos, o subsídio pode decorrer de **dano material** ou **ameaça de dano material** à indústria doméstica já instalada ou, ainda, do **atraso sensível** na implantação dessa indústria. Existe uma terceira possibilidade, prevista no Acordo sobre Subsídios e Medidas Compensatórias, que se traduz no **grave dano a interesse** de Estado-membro da Organização Mundial do Comércio (dano relativo a subvenções concedidas em prol do crescimento das exportações ou da redução de importações de determinado produto no território do país outorgante, conforme parágrafo primeiro do artigo XVI do GATT).

Vejamos, a princípio, a hipótese de grave dano a **interesse de signatário** do GATT, que decorre das seguintes condutas:

---

[85] De acordo com o artigo 12, inciso III, do Decreto n. 1.751/95, os indicadores deverão ser apurados no período de três anos, e a região será considerada como de baixo nível de desenvolvimento quando presente um dos seguintes critérios: a) renda *per capita* ou renda familiar *per capita* ou Produto Interno Bruto *per capita* igual ou inferior a 85% da média do país; ou b) taxa de desemprego igual ou superior a 110% da taxa média do país.

■ concessão de subsídio cujo total, calculado *ad valorem*, seja superior a 5%[86];

■ subsídios destinados a cobrir prejuízos operacionais incorridos por setor industrial;

■ subsídios destinados a cobrir prejuízos operacionais incorridos por empresa, salvo se a medida for isolada, concedida apenas pelo prazo suficiente para resolver o problema e não puder ser repetida em favor daquela entidade;

■ perdão direto de dívida existente com o governo ou doação específica para cobrir o pagamento de dívidas.

A ocorrência do grave dano a interesse nacional precisa ser **efetivamente comprovada**, à luz dos seguintes efeitos, que deverão ser consequência direta das condutas anteriormente discriminadas (vale dizer, se os efeitos a seguir não puderem ser demonstrados, como relação causal direta do dano, não haverá possibilidade de compensação)[87]:

■ deslocamento[88] ou impedimento de importação de produto similar originário de um país no mercado do outorgante do subsídio;

■ deslocamento ou impedimento de exportação de produto fabricado em um país no mercado de terceiro;

■ significativa redução do preço do produto subsidiado em relação ao preço do similar originário de outro país no mesmo mercado, detectada a partir de comparação nos mesmos níveis de comércio;

---

[86] Como regra, os cálculos para a fixação do montante de subsídios são efetuados com base no custo incorrido pelo governo outorgante. Para se apurar se o valor global do subsídio foi superior a 5% do produto, o cálculo deve considerar o valor total das vendas da empresa recebedora nos últimos 12 meses ou, se o subsídio estiver relacionado à tributação, o período do último exercício fiscal. No caso de empresas que ainda não começaram a produção ou estão em fase inicial de operações, será considerado grave o subsídio que exceda a 15% dos fundos investidos. O cálculo deve englobar todos os subsídios recebidos pela empresa, decorrentes de programas diversos, se for o caso, e deverá ser ajustado em razão da taxa de inflação do período de 12 meses sob análise. Devido a peculiaridades do setor, que ensejaram a criação de regras multilaterais específicas, o limite de 5% de subsídios não se aplica à fabricação de aeronaves civis.

[87] Conforme artigo 6.3 do Acordo sobre Subsídios e Medidas Compensatórias.

[88] Entende-se por deslocamento qualquer modificação na participação proporcional em dado mercado, em prejuízo de produto similar não subsidiado. **Não será considerado** prejudicial o deslocamento nas seguintes hipóteses: a) proibição ou restrição das exportações do produto similar por parte do membro reclamante ou das importações por terceiro país a partir do membro reclamante; b) decisão tomada por governo importador que opere monopólio comercial ou atividade comercial estatal do produto em causa no sentido de mudar, por razões não comerciais, a fonte de suas importações do membro reclamante para outro país ou países; c) desastres naturais, greves, interrupções de transporte ou outros eventos de força maior que afetem substancialmente a produção, as qualidades, as quantidades ou os preços do produto disponível para exportação no membro reclamante; d) existência de acordos para limitação das exportações do membro reclamante; e) redução voluntária, no membro reclamante, da disponibilidade do produto para exportação (o que inclui, *inter alia*, a situação em que empresas localizadas no membro reclamante tenham independentemente realocado exportações do produto para novos mercados); e f) incapacidade de satisfazer padrões e outros requisitos técnicos do país importador.

◼ aumento de participação no mercado mundial de produto primário ou de base subsidiado, em comparação com a participação média dos três anos anteriores.

Sem prejuízo do dano ao interesse nacional, com as características apresentadas, é inegável que o caso mais importante de subsídio acionável advém do **dano** ou da **ameaça de dano** à indústria doméstica[89], que precisa ser determinado com base em provas concretas, a partir do exame objetivo dos seguintes critérios:

◼ **volume das importações** do produto subsidiado, desde que este seja significativo[90], e seu **efeito** sobre os preços de produtos similares no Brasil, de forma que a investigação deverá analisar se houve ou não venda do produto subsidiado a preços consideravelmente inferiores aos do produto similar nacional;

◼ verificação de aumento relevante das importações a preços subsidiados, tanto em termos absolutos como em relação à produção e ao consumo do produto no país, e correspondente **impacto** dessas importações sobre a indústria doméstica[91].

Outro possível fator de análise, relativo aos efeitos das importações subsidiadas, deve considerar a eventual **redução compulsória** dos preços praticados no país ou, ainda, a **impossibilidade de reajustes**, em face da concorrência, circunstâncias que não ocorreriam na ausência da prática lesiva. Ressalte-se, todavia, que tais fatores, isoladamente, não poderão ser utilizados como prova conclusiva, mas apenas como elementos subsidiários de avaliação.

Pode ocorrer que o mesmo produto, proveniente de diversos países, seja simultaneamente objeto de investigação, de forma que serão determinados cumulativamente os efeitos do total das importações se for constatado que:

---

[89] Nos termos do artigo 24, do Decreto n. 1.751/95, a expressão **indústria doméstica** tem basicamente o mesmo significado utilizado na apuração dos direitos antidumping, ou seja, representa a totalidade dos produtores nacionais do produto similar ou, ainda, aqueles cuja produção conjunta do item sob análise constitua parcela significativa da produção nacional total do produto, salvo se: a) os produtores estiverem vinculados aos exportadores ou aos importadores, ou sejam, eles próprios, importadores do produto alegadamente subsidiado, ou de produto similar proveniente de outros países, situação em que a expressão *indústria doméstica* poderá ser interpretada como alusiva ao restante dos produtores; ou b) em circunstâncias excepcionais, o território brasileiro puder ser dividido em dois ou mais mercados competidores, quando então o termo indústria doméstica será interpretado como o conjunto de produtores de um daqueles mercados. A vinculação entre importadores e exportadores decorre de uma das seguintes hipóteses: a) um deles controlar, direta ou indiretamente, o outro; b) ambos serem controlados, direta ou indiretamente, por um terceiro; ou c) juntos controlarem, direta ou indiretamente, um terceiro.

[90] Considera-se insignificante o volume de importações provenientes de determinado país quando inferior a 3% das importações totais do produto similar, exceto para países que, embora abaixo desse limite, sejam, em conjunto, responsáveis por mais de 7% das importações setoriais totais do produto similar. No caso de **países em desenvolvimento**, os limites percentuais serão, respectivamente, de 4% (individual) e 9% (coletivo).

[91] A análise do impacto das importações a preços subsidiados deverá utilizar índices econômicos adequados e considerar fatores reais de mercado, como queda da produção, das vendas, da participação total, dos lucros, da produtividade, do retorno sobre investimentos ou da ocupação da capacidade instalada, sem prejuízo de outras observações consideradas pertinentes pelas autoridades encarregadas da investigação.

- ☐ o montante do subsídio acionável apurado em relação às importações de cada país não é *de minimis*[92] nem insignificante;
- ☐ a avaliação cumulativa dos efeitos é adequada em razão das condições concorrenciais de mercado entre os produtos importados e seus similares domésticos.

Assim como no caso dos direitos antidumping, a aplicação de medidas compensatórias exige a demonstração de **nexo causal** entre as importações do produto subsidiado e o dano à indústria doméstica, com base no exame das provas pertinentes e de outros fatores conhecidos, que possam ser comprovados durante o procedimento de investigação.

Entre os fatores que poderão ser considerados, podemos citar, a título exemplificativo, o volume e os preços de importações de produtos não subsidiados, o impacto de alterações nas alíquotas do imposto de importação sobre os preços domésticos, a contração na demanda (ainda que decorrente de alteração nos padrões de consumo), as práticas restritivas ao comércio, a evolução tecnológica, o desempenho exportador e a produtividade da indústria doméstica. Sempre que possível, a produtividade deverá ser avaliada **individualmente**, com base no processo produtivo das empresas e na relação entre vendas e lucros.

Como também é possível impor medidas compensatórias diante da **ameaça de dano**, nessa hipótese compete aos interessados comprovar, de forma juridicamente adequada, o caráter iminente e previsível dos prejuízos decorrentes das importações subsidiadas.

A presença **simultânea** de determinadas circunstâncias, reconhecidas pelo direito positivo brasileiro[93], será suficiente para a manifestação conclusiva das autoridades competentes, no sentido de se adotar medidas preventivas capazes de eliminar a ameaça de dano material, conforme segue:

- ☐ natureza do subsídio ou subsídios em causa e os seus prováveis efeitos sobre o comércio;
- ☐ significativa taxa de crescimento das importações do produto subsidiado, indicativa de provável aumento substancial dessas importações;
- ☐ suficiente capacidade ociosa ou iminente aumento substancial na capacidade produtiva do produtor estrangeiro, que indiquem a probabilidade de significativo aumento de exportações de produto subsidiado para o Brasil, considerando-se a existência de outros mercados que possam absorver o possível aumento dessas exportações;
- ☐ importações realizadas a preços que terão o efeito significativo de reduzir preços domésticos ou de impedir o seu aumento e que, provavelmente, aumentarão a demanda por importações; e
- ☐ estoques do produto sob investigação.

---

[92] O subsídio acionável é entendido como *de minimis* quando inferior a 1%, salvo no caso de **países em desenvolvimento**, cujo limite é de 2%, calculado *ad valorem*. Como os membros da Organização Mundial do Comércio reconhecem que os subsídios podem desempenhar importante papel nos programas de desenvolvimento econômico de determinados países, extremamente pobres, foi aprovado um regime de tratamento diferenciado e favorecido, com prazos de carência de cinco a oito anos, contados da constituição da OMC (portanto, já superados).

[93] Artigo 23 do Decreto n. 1.751/95.

9.2.4. Procedimento de investigação dos subsídios

O processo administrativo destinado a apurar a prática de subsídio é bastante semelhante ao modelo empregado nas hipóteses de dumping, razão pela qual abordaremos apenas as características específicas da espécie, sem repetição dos conceitos gerais mencionados no tópico 9.1.6.

Compete, portanto, à SECEX, por meio do Departamento de Defesa Comercial (DECOM), receber e analisar a petição escrita dos interessados, com o objetivo de determinar a existência, o grau e os efeitos dos subsídios alegados.

A petição pode ser protocolizada pela **indústria doméstica** ou entidade que a represente[94] e deverá incluir elementos de prova da existência do subsídio e, sempre que possível, indicar o montante do dano e a justificativa do nexo causal entre as importações subsidiadas e o prejuízo à indústria doméstica.

Deverão constar da petição:

- ◼ qualificação do peticionário, indicação do volume e do valor da produção da indústria doméstica que lhe corresponda ou, no caso de a petição ter sido apresentada em nome da indústria doméstica, a indústria em nome da qual foi a petição protocolizada e o nome das empresas representadas, bem como os respectivos volumes e valores de produção;
- ◼ estimativa do volume e do valor da produção nacional total do produto similar;
- ◼ lista dos conhecidos produtores domésticos do produto similar, que não estejam representados na petição, e, na medida do possível, indicação do volume e do valor da produção doméstica do produto similar correspondente àqueles produtores, bem como sua manifestação quanto ao apoio à petição;
- ◼ descrição completa do produto alegadamente subsidiado, nome do respectivo país ou países de origem e de exportação, qualificação de cada exportador ou produtor estrangeiro conhecido e lista dos empresários conhecidos que importam o produto em questão;
- ◼ descrição completa do produto fabricado pela indústria doméstica;
- ◼ elementos de prova da existência, do montante e da natureza do subsídio combatido;
- ◼ elementos de prova de evolução do volume e do valor das importações do produto alegadamente subsidiado, dos efeitos de tais importações sobre os preços do produto similar no mercado doméstico e do consequente impacto das importações sobre a indústria doméstica, demonstrados por fatores e índices pertinentes que tenham relação com o Estado dessa indústria.

Recebida a petição, as autoridades examinarão as provas e alegações, bem assim a necessidade de **informações complementares**, no prazo de 20 dias, com ciência ao interessado sobre o resultado da avaliação preliminar.

Caso sejam solicitadas informações complementares, o peticionário deverá fornecê-las no prazo estipulado pela SECEX, que terá 20 dias, após o recebimento, para se manifestar acerca da adequada instrução do processo ou da sua inépcia.

---

[94] Considera-se como "feita pela indústria nacional ou em seu nome" a petição apoiada por empresários que representem mais de 50% da produção nacional total do produto similar ao subsidiado.

O interessado terá dez dias para apresentar tantas vias quantos forem os produtores e exportadores conhecidos e os governos dos países exportadores arrolados, salvo se o número de exportadores for muito elevado, o que permitirá a entrega de cópias suficientes apenas para remessa aos respectivos governos[95].

À luz do exposto, o leitor poderá confirmar a principal **diferença** entre as apurações de dumping e subsídio: enquanto a primeira conduta decorre de empresários cujo objetivo é prejudicar a indústria doméstica dos países importadores, por meio de preços artificialmente baixos (o que pode ocorrer com ou sem a conivência das autoridades do seu país); no subsídio, a prática é imputada ao **próprio governo** do país exportador, de forma que o empresário apenas "concretiza" o abuso ao vender produtos a preços não competitivos, porém economicamente viáveis em razão das vantagens recebidas.

Justamente por se tratar de procedimento que envolve países soberanos, ainda que no interesse de empresas privadas, torna-se necessária, antes da abertura da investigação, a formulação de **consulta** ao governo estrangeiro, no sentido de que lhe seja dada oportunidade de esclarecer, se assim desejar, a situação.

Lembramos que, no direito internacional público, a busca de soluções negociadas e reciprocamente satisfatórias é imperativa e trespassa todos os acordos comerciais e procedimentos para a resolução de controvérsias. Nesse sentido, o governo do país exportador será notificado da **solicitação** de abertura de investigação e terá dez dias para manifestar interesse na realização da consulta, que deverá ser efetivada em 30 dias.

É **vedado** o início da investigação antes da notificação ao país exportador interessado, assim como não será divulgada a existência de petição, exceto a esse país, antes da decisão de abertura do processo, quando o pedido for considerado adequadamente instruído.

Para a abertura da investigação, deverão ser apreciados todos os elementos de prova constantes da petição, relativos à existência do subsídio e do respectivo dano à indústria doméstica.

A petição será **rejeitada**, sem a abertura do processo, caso as autoridades competentes se convençam da insuficiência das provas, bem como nas hipóteses em que se apurar que o valor do subsídio se enquadra no critério de *minimis* ou, ainda, que o volume das importações subsidiadas seja desprezível. Também não será aberta investigação quando o subsídio for concedido por meio de programas não acionáveis que tenham sido **notificados** e **aceitos**, antes da implantação, ao Comitê de Subsídios e Medidas Compensatórias da Organização Mundial de Comércio.

O processo também será arquivado por problemas de **representatividade**, quando a petição não for apresentada pela indústria doméstica ou em seu nome, ou quando os produtores domésticos que demonstraram apoio à petição responderem por menos de 25% da produção total nacional.

---

[95] No caso de investigação de subsídios, são consideradas partes interessadas: a) os produtores domésticos do produto similar ou a entidade de classe que os represente; b) os importadores ou consignatários dos bens objeto da prática sob investigação ou as entidades de classe que os represente; c) os exportadores ou produtores estrangeiros do produto ou entidades de classe que os representem; d) quaisquer outras entidades, nacionais ou estrangeiras, consideradas pela SECEX como interessadas no processo.

Em qualquer cenário, o peticionário será notificado da decisão da SECEX no prazo de 50 dias, contados da comunicação sobre a correta instrução do processo. Quando a determinação for **positiva**, a investigação será aberta com a publicação do ato competente do *Diário Oficial da União*.

A SECEX deverá comunicar a instauração do processo à Receita Federal do Brasil, para que sejam adotadas as providências acautelatórias necessárias à futura exigência das medidas compensatórias, se nesse sentido for a decisão final. A existência de investigação, por si própria, não poderá impedir o desembaraço aduaneiro dos produtos questionados.

Convém ressaltar que, sob circunstâncias extraordinárias, o governo brasileiro poderá, *ex officio*, abrir a investigação, desde que haja elementos suficientes para comprovar a existência do subsídio, do dano à indústria doméstica e do nexo causal entre eles.

A investigação será aberta ainda que os produtos não sejam importados diretamente do país de origem, mas, sim, a partir de terceiro Estado, que atue como intermediário. Nessa hipótese, as transações serão consideradas como se praticadas diretamente entre o Brasil e o país que concedeu o subsídio.

O período investigado deverá compreender os **12 meses anteriores** à data da abertura do processo, com possibilidade de retroagir até o início do ano contábil do beneficiário para o qual existam informações financeiras e outros dados confiáveis. Excepcionalmente, o período objeto da investigação poderá ser inferior a 12 meses, desde que respeitado o limite mínimo de **seis meses**.

Diversos fatores podem alterar a performance da indústria nacional, **independentemente** da prática de subsídio, como obsolescência, ausência de economia de escala ou crises setoriais sem relação com o comércio internacional. Por força disso, o período de investigação da existência de dano deverá ser fixado de modo a permitir uma análise adequada do fenômeno, nunca inferior a **três anos**, neles incluído, necessariamente, o período de prática do subsídio acionável.

O objetivo do processo investigativo reside na comprovação de que no período de importações a preços subsidiados efetivamente houve dano à indústria nacional, expurgando-se fatores exógenos e desvinculados de tal conduta.

Aberta a investigação, os governos e demais partes interessadas serão notificados a apresentar informações por escrito, acompanhadas dos instrumentos probatórios que julgarem pertinentes.

A SECEX encaminhará aos interessados conhecidos questionários específicos, que poderão ser acompanhados de solicitação de informações ou dados adicionais, respeitadas possíveis dificuldades no caso de microempresas e empresas de pequeno porte, que receberão a assistência adequada.

O prazo regular para o atendimento das solicitações e resposta aos questionários é de **40 dias**, prorrogáveis, a critério das autoridades administrativas, por até **30 dias**.

As informações de caráter **sigiloso**, especialmente aquelas fornecidas pelos governos estrangeiros, serão tratadas de forma a preservar tal condição e não poderão ser divulgadas sem autorização expressa do interessado, constituindo processo em separado. A fim de que as demais partes possam apresentar razões e contra-argumentos, em homenagem ao princípio do **contraditório**, no caso de informações protegidas deverá ser elaborado resumo não sigiloso, capaz de esclarecer os pontos sob litígio.

Quando qualquer das partes interessadas negar acesso aos dados solicitados, não elaborar o resumo correspondente ou responder aos questionários fora dos prazos fixados, o parecer do DECOM será elaborado com base na **melhor informação disponível**, assim entendidos os dados apresentados tempestivamente e plenamente verificáveis, que poderão ser padronizados e informatizados, conforme regulamentação.

No decorrer do processo, deverá ser concedida oportunidade para que setores que utilizam o produto no país e associações de consumidores se manifestem e apresentem, se for o caso, informações que julgarem relevantes e de interesse coletivo.

Caso necessário, poderão ser empreendidas **diligências** em empresas nacionais ou localizadas em território estrangeiro, desde que mediante prévia autorização, inclusive dos governos interessados. Como o objetivo das investigações *in situ* é verificar e esclarecer pontos controversos, as visitas só poderão ocorrer após o recebimento dos questionários, mediante comunicação às empresas sobre as características gerais das informações pretendidas que justificam o procedimento.

Os resultados serão anexados ao processo, reservado o direito de sigilo, especialmente quanto à tecnologia e aos demais aspectos relacionados ao processo produtivo.

O princípio constitucional da **ampla defesa**, integralmente aplicável aos processos administrativos, permite que, ao longo das investigações, as partes interessadas possam se manifestar, inclusive de forma oral, em especial quando da realização de audiências.

De acordo com a legislação brasileira, a **audiência** representa a oportunidade de confrontação argumentativa entre as partes e deverá ser solicitada pelo interessado, juntamente da relação dos temas que serão discutidos. Se deferido o pedido, as demais partes conhecidas serão notificadas com antecedência mínima de **30 dias**.

A presença nas audiências é **facultativa** e não pode ser utilizada em favor ou detrimento das partes. Os interessados que desejarem comparecer deverão indicar seus representantes até cinco dias antes da realização da audiência. Também deverão entregar, com antecedência mínima de dez dias, os argumentos que serão apresentados, sem prejuízo da possibilidade de sustentação oral durante a sessão.

Os argumentos orais deverão ser transcritos e imediatamente colocados à disposição dos demais interessados, com a abertura de prazo para contestação.

Antes da elaboração do parecer definitivo no processo administrativo, será realizada a chamada **audiência final**, convocada pela SECEX, na qual todos os interessados serão informados acerca dos fatos apurados, que servirão de base para o julgamento, com a concessão do prazo de 15 dias para as últimas manifestações. Vencido esse prazo, encerra-se a instrução do processo, e qualquer informação posteriormente recebida deverá ser desconsiderada.

Serão informados dos fatos essenciais que constituirão o julgamento as seguintes entidades:

- Confederação Nacional da Agricultura (CNA).
- Confederação Nacional da Indústria (CNI).
- Confederação Nacional do Comércio (CNC).
- Associação do Comércio Exterior Brasileiro (AEB).

As investigações serão concluídas no prazo de **um ano** após abertura, exceto em circunstâncias excepcionais, quando o prazo poderá ser de até **18 meses**[96].

9.2.5. Medidas compensatórias e compromissos de preços

Existem dois tipos de **medidas compensatórias**, utilizadas para neutralizar os efeitos danosos decorrentes dos subsídios: as provisórias e as definitivas.

As medidas compensatórias **provisórias** só poderão ser aplicadas no decorrer das investigações, depois da publicação do ato administrativo que notificar e conceder oportunidade de manifestação às partes e aos governos conhecidos e desde que transcorridos, pelo menos, **60 dias** da data de abertura do processo.

A decisão pela aplicação dos direitos provisórios deve levar em consideração a existência de subsídio acionável que **já tenha causado** dano à indústria doméstica, com o fundamento de que a medida visa impedir a ocorrência de prejuízo ainda maior durante a fase de investigação.

O montante da medida compensatória provisória **não poderá exceder** o valor do subsídio concedido, e a decisão será publicada no *Diário Oficial da União*, por meio de **Resolução** da CAMEX, com a devida notificação das partes interessadas.

Com a vigência dos direitos provisórios, o desembaraço aduaneiro dos bens afetados ficará condicionado ao **pagamento** dos valores fixados ou à **prestação de garantia**, que poderá ser oferecida mediante depósito em dinheiro ou fiança bancária, conforme regulamentação a cargo da Receita Federal do Brasil.

O prazo máximo para a imposição de medidas compensatórias provisórias será de **quatro meses**, contados da publicação da decisão, sem possibilidade de prorrogação.

Por se tratar, em última análise, de questão intrínseca a países signatários do GATT e membros da OMC, os procedimentos de investigação poderão ser **suspensos** sem aplicação de medidas compensatórias provisórias, se o governo do país exportador concordar em eliminar ou reduzir o subsídio. Também ocorrerá a suspensão se o exportador assumir voluntariamente **compromissos** satisfatórios de revisão dos preços dos produtos destinados ao Brasil, desde que as autoridades de defesa comercial concordem que os valores anularão o efeito danoso causado pela prática.

O compromisso só será possível após a constatação preliminar positiva do subsídio pela SECEX, e o aumento nos preços limitar-se-á ao necessário para compensar o montante do subsídio acionável. Em qualquer caso, os governos estrangeiros e exportadores **não estão obrigados** a propor ou aceitar compromissos de preço, e a eventual negativa não poderá afetar a decisão do caso, cujo parecer deve ser estritamente técnico.

Caso o compromisso seja firmado, a homologação da decisão será publicada no *Diário Oficial da União* e determinará o **prosseguimento** (por vontade do governo do país exportador ou das autoridades administrativas) ou a **suspensão** da investigação, com a notificação dos interessados.

Na hipótese de as investigações prosseguirem após a aceitação do compromisso, duas situações poderão ocorrer:

---

[96] Artigo 49 do Decreto n. 1.751/95.

a) se a SECEX concluir pela **inexistência** do subsídio e do respectivo dano, o compromisso será extinto e o processo arquivado, salvo se a determinação negativa resultar, principalmente, do próprio valor estipulado no compromisso, hipótese em que será requerida a manutenção do acordo por prazo razoável;

b) se houver determinação **positiva** acerca do subsídio e do dano material à indústria local, a investigação será encerrada e a aplicação da medida compensatória definitiva será suspensa enquanto vigorar o compromisso.

No caso de violação do compromisso, serão adotadas providências capazes de aplicar imediatamente os direitos compensatórios, estipulados com base no resultado das investigações.

As autoridades brasileiras poderão requerer do governo estrangeiro ou do exportador informações periódicas para avaliação do compromisso e de seus efeitos. A recusa no atendimento deve ser entendida como **violação** do compromisso e poderá ensejar a aplicação de medidas compensatórias provisórias, além da retomada, se for o caso, dos procedimentos de investigação.

O encerramento do processo de investigação poderá ocorrer com ou sem a aplicação de medidas compensatórias.

A investigação será encerrada **sem a aplicação** dos direitos nas seguintes hipóteses:

- solicitação de **arquivamento** do processo, a qualquer tempo, pelo peticionário, desde que aceita pelas autoridades administrativas;
- quando não houver comprovação suficiente da existência de subsídio acionável ou do correspondente dano à indústria nacional;
- quando o montante do subsídio acionável for *de minimis*, nos termos já apresentados;
- quando o volume de importações, real ou potencial, do produto subsidiado ou o dano causado for considerado insignificante.

Quando a investigação for encerrada **com a aplicação** de direitos compensatórios, ante a comprovação do subsídio e do nexo causal entre a conduta e o dano à indústria doméstica, as partes interessadas deverão ser notificadas e a decisão será publicada no *Diário Oficial da União* por meio de **Resolução** da CAMEX, que deverá indicar os exportadores do produto afetado e os direitos correspondentes.

Na hipótese de o número de exportadores ser significativamente elevado, a decisão conterá o nome dos países envolvidos e os direitos aplicáveis a cada um deles.

O leitor atento deve ter percebido que utilizamos, **sem distinção**, as expressões *medidas compensatórias* e *direitos compensatórios*, de modo análogo ao que fizemos no tópico sobre dumping. A variação terminológica decorre da tradução para o português, porque enquanto o *Acordo sobre Subsídios e Medidas Compensatórias* utiliza a primeira variante, a legislação brasileira que o recepcionou emprega, com frequência, o termo "direitos", razão pela qual não deve haver preocupação quanto à forma correta, sendo ambas igualmente válidas.

O que importa destacar é que a expressão **medidas ou direitos compensatórios** significa o montante em dinheiro, limitado ao valor do subsídio acionável, calculado e exigido pelo governo brasileiro com o objetivo de neutralizar o dano causado à indústria doméstica.

Os direitos compensatórios, provisórios ou definitivos, serão apurados pela aplicação de alíquotas *ad valorem* ou **específicas**[97], fixas ou variáveis, ou, ainda, pela combinação de ambas, sempre tomando como base o **valor aduaneiro da mercadoria**, calculado na forma do **INCOTERM CIF** (*Cost, Insurance and Freight*, ou seja, considerados o valor da mercadoria mais o custo do seguro e frete).

Sempre que possível, à luz das informações prestadas pelos interessados durante o processo de investigação, os direitos compensatórios serão calculados individualmente, conforme cada exportador ou produtor.

Em regra, os direitos compensatórios, provisórios ou definitivos, serão aplicados aos produtos cujo **despacho aduaneiro** ocorrer **posteriormente** à data da publicação do ato que os fixou e serão exigidos independentemente de quaisquer obrigações tributárias relativas à importação. O pagamento dos direitos compensatórios é condicionante para o desembaraço das mercadorias alcançadas pela medida.

Não serão exigidos direitos compensatórios sobre importações procedentes ou originárias de países que tenham **renunciado** ao subsídio ou cujos **compromissos** tenham sido aceitos.

Quando a determinação final do processo de investigação concluir pela **inexistência** de subsídio garantido por depósito ou fiança bancária, o valor será restituído e a fiança extinta, conforme o caso. Tratamento idêntico será conferido se a determinação final for pela **existência de ameaça** de dano material ou de **retardamento sensível** no estabelecimento de setor industrial, sem que, no entanto, tenha ocorrido dano efetivo, de modo que o valor das medidas compensatórias provisórias, garantido por depósito, será devolvido, ou, se prestado mediante fiança, será esta considerada extinta, **salvo** se restar comprovado que as importações subsidiadas, na ausência das medidas compensatórias provisórias, teriam levado à determinação de dano material.

Ao revés da decisão que confirmar a **existência** de subsídio acionável e do dano material dele decorrente, em que foram oferecidas garantias, advirão as seguintes consequências:

  ▪ se o valor do direito aplicado pela decisão final for **inferior** ao montante depositado como garantia da medida provisória, o **excedente** será devolvido;

  ▪ se o valor do direito aplicado pela decisão final for **superior** ao montante depositado como garantia da medida provisória, a **diferença não será** exigida;

  ▪ se o valor do direito aplicado pela decisão final for **igual** ao montante depositado como garantia da medida provisória, a importância será automaticamente convertida;

---

[97] Em direito tributário, as alíquotas *ad valorem* são as mais comuns e representam um percentual aplicado sobre a base de cálculo, de sorte que quanto maior a base de cálculo maior será o montante do tributo (embora a alíquota seja, em regra, fixa, salvo nas hipóteses de progressividade). Já as alíquotas específicas são calculadas pela aplicação de determinado montante em reais sobre uma unidade de medida (R$/unidade), o que torna a base de cálculo irrelevante, pois o tributo será devido em função das quantidades transacionadas, e não em razão do valor das operações. No caso dos direitos compensatórios, a alíquota específica será fixada em dólares norte-americanos e convertida em moeda nacional, conforme sistemática da legislação em vigor.

◼ se o valor do direito aplicado pela decisão final for **igual ou superior** ao montante garantido por fiança bancária em razão de medida provisória, a importância correspondente será imediatamente recolhida;

◼ se o valor do direito aplicado pela decisão final for **inferior** ao montante garantido por fiança bancária em razão de medida provisória, somente **aquele valor**, definitivo, será recolhido.

Em qualquer hipótese, o recolhimento dos valores implicará a extinção da fiança. Se houver inadimplemento, a fiança será automaticamente executada, independentemente de aviso judicial ou extrajudicial.

Assim como na apuração dos direitos antidumping, a legislação prevê a possibilidade de exigência **retroativa** dos direitos compensatórios, que poderão alcançar produtos subsidiados e despachados para consumo em até **90 dias** antes da data de aplicação das medidas compensatórias provisórias, sempre que se determine que o dano foi causado por importações volumosas, em período relativamente curto, circunstância que poderia prejudicar o efeito neutralizador dos direitos compensatórios definitivos.

Por óbvio que não poderão ser exigidos direitos compensatórios sobre produtos importados **antes da abertura** do processo de investigação.

Quando houver violação do compromisso de preços assumido, direitos compensatórios definitivos poderão ser cobrados sobre os produtos importados até 90 dias antes da aplicação das medidas compensatórias provisórias, exceto em relação àqueles despachados antes da violação do compromisso.

Uma vez aplicados, os direitos compensatórios permanecerão vigentes pelo prazo necessário para neutralizar o subsídio acionável, respeitado o limite de **cinco anos**, contado da data de constituição da medida ou de sua mais recente revisão.

Excepcionalmente, o prazo de cinco anos poderá ser prorrogado após revisão, solicitada por meio de requerimento formulado pela indústria doméstica ou em seu nome, ou ainda por iniciativa de órgãos públicos federais, quando comprovado que a extinção dos direitos permitiria a volta dos danos compensados.

O pedido de revisão deve ser apresentado nos **cinco meses** que antecedem o término da vigência dos direitos questionados. Se aceito, o processo de revisão será instaurado, com a manutenção dos direitos e compromissos vigentes, e deverá ser concluído em até **12 meses**.

Todavia, as empresas ou o governo estrangeiro responsáveis pelo subsídio poderão demonstrar que as medidas não são mais necessárias, em razão da mudança de conduta ou por fatores exógenos que alterem as condições de mercado. Nesse caso, a revisão também é possível e poderá ser solicitada, desde que decorridos, pelos menos, 12 meses[98] da imposição dos direitos compensatórios definitivos.

---

[98] Excepcionalmente, quando houver mudanças radicais nas condições de mercado ou em razão de interesse nacional, a revisão será feita em intervalo menor, mediante requerimento de parte ou governo interessado, ou, se for o caso, de órgãos da Administração Pública Federal, inclusive a própria SECEX.

Em síntese, o processo revisional poderá ser aberto em **três situações**, sempre que houver prova suficiente de que[99]:

a) a aplicação do direito deixou de ser necessária para neutralizar o subsídio acionável;

b) seria improvável que o dano subsistisse ou se reproduzisse, caso o direito fosse revogado ou alterado;

c) o direito existente não é ou deixou de ser suficiente para neutralizar o subsídio acionável causador do dano.

A abertura da revisão ocorre com notificação dos interessados e a publicação no *Diário Oficial da União* do respectivo ato administrativo. O resultado da análise poderá **extinguir**, **manter** ou **alterar** o montante dos direitos compensatórios, sendo possível, embora rara, a restituição dos valores pagos a maior, quando se constatar o excesso da cobrança.

Existe previsão de revisão sumária e célere para produto sujeito a medidas compensatórias, a fim de estabelecê-las, em caráter individual, para quaisquer exportadores ou produtores que não tenham sido investigados, por razões outras que não a recusa em cooperar com a investigação.

Os direitos compensatórios poderão ser **suspensos**, com base em parecer técnico do DECOM, pelo período de um ano, prorrogável por igual período, quando modificações temporárias nas condições de mercado permitam que o dano não se mantenha ou reproduza, ouvida a indústria doméstica interessada, sem prejuízo da possibilidade de reaplicação dos direitos, caso necessário.

Em consonância com os procedimentos para apuração de dumping, o processo para investigação de subsídios será aberto e conduzido pela SECEX, responsável também pelas revisões e o compromisso de preços. As decisões serão baseadas em parecer do DECOM e a fixação dos direitos antidumping e compensatórios, provisórios ou definitivos, bem como o tratamento das salvaguardas estão a cargo de Resoluções da CAMEX, **instância máxima** da política de comércio exterior brasileira.

No mesmo sentido, somente a CAMEX poderá decidir sobre a suspensão da exigibilidade dos direitos provisórios, homologar compromissos de preços firmados pela SECEX e definir diretrizes para a aplicação das receitas oriundas da exigência de direitos antidumping e medidas compensatórias.

9.2.6. Subsídio de produtos agrícolas

As negociações da Rodada Uruguai culminaram, entre outros pontos, com a assinatura do Acordo sobre Agricultura, que estabeleceu normas específicas para o setor, certamente um dos mais sensíveis à prática de subsídios.

O principal objetivo de longo prazo do Acordo consiste em proporcionar **reduções progressivas** e relevantes no apoio e proteção à agricultura, no intuito de se alcançar compromissos de consolidação nas áreas de acesso a mercados, suporte doméstico, competitividade nas exportações e medidas de natureza sanitária e fitossanitária.

---

[99] Artigo 68 do Decreto n. 1.751/95.

A questão dos subsídios agrícolas ocupa posição central nessa temática, sobretudo no caso de incentivo às exportações, sem prejuízo de outras importantes preocupações, de índole não comercial, como a segurança alimentar, a necessidade de proteção do meio ambiente e o tratamento diferenciado e favorecido para os países em desenvolvimento e menos desenvolvidos.

No intuito de limitar a subvenção aos produtos agrícolas, os signatários do GATT e fundadores da Organização Mundial do Comércio acordaram **compromissos de redução** do apoio interno ao setor agrícola e dos subsídios voltados à exportação.

Os compromissos de redução ao apoio interno de cada membro da OMC serão aplicados a todas as medidas em favor de produtores agrícolas, com **exceção** daquelas não sujeitas a redução, que constituem **subsídios não acionáveis**, assim entendidas:

- [ ] as medidas governamentais de assistência direta ou indireta para estimular o desenvolvimento agrícola e rural, integrantes de programas de países em desenvolvimento;
- [ ] os subsídios para investimento geralmente disponíveis à agricultura nos países em desenvolvimento;
- [ ] os subsídios aos insumos agrícolas geralmente disponíveis aos produtores de baixa renda ou de recursos limitados em países em desenvolvimento;
- [ ] o apoio interno dado a produtores nos países em desenvolvimento para estimular a diversificação da produção com o objetivo de permitir o abandono de culturas narcóticas ilícitas.

As medidas de apoio interno para as quais se solicite isenção dos compromissos de redução devem obedecer ao requisito **fundamental** de não causarem distorções no comércio ou efeitos na produção, salvo se em níveis insignificantes. O apoio precisa ser concedido mediante **programa governamental** financiado com recursos públicos (inclusive renúncia fiscal), que não implique transferência de consumidores, e não poderá conceder **suporte de preços** aos produtores, além de atender aos critérios e condições relativos a políticas específicas, conforme indicado a seguir[100]:

- [ ] programas governamentais de serviços, como pesquisa, capacitação, combate a endemias, controle sanitário e infraestrutura, entre outros, que objetivem beneficiar a agricultura ou a comunidade rural;
- [ ] retenção de estoques públicos com objetivo de segurança alimentar, baseado em regras transparentes sob o aspecto financeiro, ou seja, mediante operações de compra e venda a preços correntes de mercado;
- [ ] ajuda alimentar interna, destinada a oferecer produtos da cesta básica a preços razoáveis para famílias carentes, assim como programas gratuitos de merenda escolar ou bolsa de alimentos;
- [ ] pagamentos diretos a produtores, de forma transparente e equitativa;

---

[100] Conforme artigo 6.1 e Anexo 2 do Acordo sobre Agricultura da OMC, recepcionado no direito brasileiro pelo Decreto n. 1.488/95 e Anexos. Apresentamos, dentro do escopo desta obra, todas as hipóteses não acionáveis, mas de forma resumida.

◼ apoio desvinculado da renda, a partir de critérios definidos para cada período-base;

◼ participação financeira do governo em programas de seguro de renda e de programas que estabeleçam dispositivos de segurança para a renda;

◼ pagamentos (feitos diretamente ou por intermédio da participação financeira do governo em programas de seguro de safra) a título de auxílio em caso de desastres naturais;

◼ assistência para ajuste estrutural, concedida por intermédio de programas que incentivem os produtores a cessarem suas atividades;

◼ assistência para o ajuste estrutural concedida por intermédio de programas de retirada de recursos da produção;

◼ ajuda para ajuste estrutural, fornecida por intermédio de auxílio a investimentos;

◼ pagamentos relativos a programas ambientais, que exijam adequação dos métodos de produção e utilização de insumos;

◼ pagamentos relativos a programas de assistência regional, limitados a produtores de áreas menos favorecidas.

Poderá ser aberto processo de investigação para a confirmação dos requisitos anteriores, bem assim no caso de **subsídios agrícolas acionáveis**, quando destinados à exportação ou se houver desobediência dos compromissos de redução.

Considera-se que o país-membro da OMC cumpriu os compromissos de redução do apoio interno toda vez que a ajuda a produtores agrícolas, expressa em termos de **MMA Total Corrente**[101], não ultrapassar o correspondente nível de compromisso anual ou final acordado.

Como regra, todos os procedimentos de investigação e análise atinentes ao dumping e aos subsídios gerais são também aplicáveis no caso de subsídio a produtos agrícolas.

Nos termos do Acordo sobre Agricultura, conforme recepcionado pela legislação brasileira, os subsídios à exportação **sujeitos** a compromisso de redução são os seguintes:

◼ a concessão, pelos governos ou por órgãos públicos, de subsídios diretos subordinados ao **desempenho de exportação**, inclusive pagamentos em espécie, a uma empresa, a uma indústria, a produtores de um produto agrícola, a uma cooperativa ou outra associação de tais produtos, ou a uma entidade de comercialização;

◼ a venda ou a disponibilidade para exportação, pelos governos ou por órgãos públicos, de estoques não comerciais de produtos agrícolas a **preço inferior** ao preço comparável cobrado, por produto similar, a compradores no mercado interno;

◼ os pagamentos na exportação de um produto agrícola, financiados por medidas governamentais, que representem ou não **ônus** para o tesouro nacional, inclusive os pagamentos financiados com recursos procedentes de taxa imposta ao referido produto agrícola, ou a produto agrícola a partir do qual o produto exportado é obtido;

---

[101] As Medidas Agregadas de Apoio (MMA) representam os níveis de apoio anual, expressos em termos monetários e fornecidos, para determinado produto agrícola, em favor dos produtores domésticos. A MMA Total Corrente indica o nível do apoio efetivamente concedido durante qualquer ano-calendário do período de implementação ou após a criação do programa de apoio.

■ a concessão de subsídios para reduzir os **custos de comercialização** das exportações de produtos agrícolas, inclusive os custos de manuseio, de aperfeiçoamento e outros custos de processamento, assim como os custos de transporte e frete internacionais (são excluídos dos compromissos de redução os custos de comercialização relativos a serviços de promoção à exportação e de consultoria amplamente disponíveis);

■ as tarifas de transporte interno e de frete para embarques à exportação, estabelecidas ou impostas pelos governos em termos **mais favoráveis** do que aqueles para embarques internos;

■ os subsídios a produtos agrícolas condicionados à **incorporação** de tais produtos a produtos exportados.

9.3. SALVAGUARDAS

As medidas de salvaguarda são aquelas adotadas pelos países importadores em relação às mercadorias ingressadas em seu território toda vez que o crescimento desse fluxo cause grave prejuízo (ou, ao menos, represente séria ameaça) aos produtores nacionais de determinado setor.

Têm por objetivo, portanto, aumentar, em caráter temporário, a proteção à indústria doméstica, inclusive produção agrícola, mediante a aplicação de **restrições quantitativas** às importações, cujo volume, embora legítimo e a preços competitivos, trouxe prejuízo ou ameaça de prejuízo aos empresários nacionais.

Exatamente nesse ponto reside a principal **diferença** teórica entre as salvaguardas e os direitos aplicáveis nos casos de dumping e subsídios: as salvaguardas são **medidas de emergência** em razão de importações que, *a priori*, atuam em condições de livre concorrência, e o prejuízo decorrente é consequência da imaturidade ou deficiências estruturais do mercado doméstico, enquanto direitos antidumping e medidas compensatórias têm por objetivo combater e anular práticas abusivas e prejudiciais ao comércio.

A ressalva é importante porque muitos autores e textos mais simples costumam tratar os temas sob idêntica perspectiva, quando, na verdade, as premissas que servem de fundamento à adoção de tais providências são diametralmente opostas. Tanto assim que as salvaguardas, muito embora representem **restrições ao comércio**, possuem **autorização** específica no GATT[102], desde que presentes certas condições, enquanto o dumping e os subsídios são práticas **condenáveis** à luz do mesmo instrumento jurídico.

Feita a distinção, convém destacar que as salvaguardas são mecanismos de proteção mais apropriados aos países em desenvolvimento e aos menos desenvolvidos, que, em virtude dos compromissos multilaterais assumidos a partir da Rodada Uruguai, venham a enfrentar problemas internos em razão do aumento imprevisto e significativo nas importações de determinado produto, normalmente em razão das concessões tarifárias mutuamente pactuadas.

Ao ingressarem em mercados com indústrias incipientes ou fragilizadas por força de **problemas estruturais** (crises econômicas, baixo nível tecnológico, dificuldade de acesso a financiamentos ou investimentos), os produtos causam impacto negativo e prejudicial aos concorrentes locais, de modo que é legítima a adoção de salvaguardas,

---

[102] Artigo XIX do GATT.

sempre em caráter temporário, com o objetivo de conceder ao mercado doméstico um "prazo de adequação" à nova realidade, nem sempre fácil, trazida pela globalização.

A utilização da cláusula de salvaguarda, com a retirada temporária ou suspensão das concessões tarifárias, deverá ser **comunicada** aos demais membros da OMC com a maior antecedência possível, a fim de que os exportadores interessados possam também adequar suas atividades à medida ou, até mesmo, buscar com o governo do país importador soluções negociadas.

Somente em circunstâncias extraordinárias a salvaguarda poderá ser empregada imediatamente, a título provisório e sem consulta aos demais países, sob condição de que tal providência ocorra o quanto antes.

A consulta **não é vinculante**, de modo que a ausência de acordo não é impeditiva para a aplicação das salvaguardas, resguardado, por óbvio, o direito de outros países, que se sintam prejudicados, suspenderem, mediante comunicação, concessões ou compromissos equivalentes àqueles objetos da salvaguarda.

9.3.1. Procedimento de investigação das salvaguardas

A aplicação de medidas de salvaguarda a determinado produto exige **investigação prévia**, a cargo da SECEX, que instaurará o devido processo administrativo quando presentes os requisitos previstos pela legislação. Nesse sentido, deve ser considerado o **Acordo sobre Salvaguardas** firmado no âmbito da Organização Mundial do Comércio, recepcionado no direito positivo brasileiro pelo Decreto n. 1.488, de 11 de maio de 1995.

A **decisão** final e política, assim como nos demais casos de defesa comercial, compete à CAMEX, por meio de Resolução. As medidas de salvaguarda poderão ser aplicadas a determinado produto se, como resultado da investigação, restar demonstrado que o aumento das importações causou ou ameaça causar grave prejuízo à indústria doméstica de bens similares.

As salvaguardas entrarão em vigor após uma **investigação** completa, que vise à real apuração de graves prejuízos[103] ou ameaças iminentes no plano fático. Não bastam apenas meras conjecturas, denúncias ou alegações. A investigação será de caráter público e deverá ouvir as partes interessadas, em obediência ao princípio da transparência.

A solicitação para início da investigação deverá ser feita por escrito, conforme roteiro elaborado pela SECEX, acompanhada dos elementos de prova.

São competentes para pleitear a abertura da investigação:

◼ SECEX;

◼ outros órgãos e entidades interessadas do Governo Federal;

◼ fabricantes ou associações representativas de empresas que produzam o bem objeto da solicitação.

A decisão acerca da abertura da investigação deverá ser publicada no *Diário Oficial da União* por meio de **Circular** da SECEX, com ciência das partes interessadas e comunicação ao **Comitê de Salvaguardas** da Organização Mundial de Comércio.

---

[103] De acordo com o artigo 6.º do Decreto n. 1.488/95, considera-se prejuízo grave a deterioração geral e significativa da situação de determinada indústria doméstica.

As partes interessadas serão ouvidas em audiência no prazo de **30 dias**, quando terão a oportunidade de apresentar elementos de prova e se manifestar sobre as alegações da petição inicial.

Serão realizadas **consultas** prévias aos países que promovam exportações significativas do produto sob análise para o mercado brasileiro, sempre com o objetivo de se buscar soluções negociadas para a questão. Como não há práticas condenáveis, nos termos dos acordos específicos e do próprio GATT, devem prevalecer o entendimento mútuo e a tentativa de manutenção do **nível original** dos direitos e obrigações multilateralmente pactuados[104].

Durante as investigações, todas as informações de caráter sigiloso serão tratadas de maneira adequada, sem prejuízo da possibilidade de entrega de resumos não sigilosos, que poderão ser distribuídos às partes interessadas.

Excepcionalmente, as autoridades administrativas poderão utilizar **salvaguardas provisórias**, nas hipóteses em que o prazo necessário para a investigação possa causar prejuízo grave e de difícil reparação, sempre após determinação preliminar positiva quanto à existência inequívoca de prejuízo em decorrência do volume de importações do produto.

A salvaguarda provisória não poderá exceder a **200 dias**, prazo que será descontado da vigência de eventual aplicação definitiva da medida. O prazo poderá ser suspenso, a critério da CAMEX.

Na prática, as salvaguardas podem se manifestar como **elevação** das alíquotas *ad valorem* ou específicas (ou mesmo combinação de ambas) do imposto de importação, constantes da Tarifa Externa Comum para os produtos responsáveis pelo prejuízo.

Dada a natureza tributária do fenômeno, ao menos em termos econômicos, se a investigação concluir pela **improcedência** das medidas de salvaguarda, o valor correspondente, já pago pelo importador, deverá ser **restituído**.

Em razão do princípio da **não seletividade**, que impede a aplicação individual e direcionada da medida, as salvaguardas serão exigidas de todos os produtos em questão, independentemente do país de origem, exceto nos casos previstos nas disposições transitórias e aplicáveis a produtos têxteis[105].

A investigação para a determinação de prejuízo grave ou ameaça de prejuízo em razão do aumento das importações de determinado produto deverá considerar todos os fatores **objetivos** e **quantificáveis** relacionados à situação da indústria doméstica afetada, com especial atenção para[106]:

---

[104] Ao determinar medidas de salvaguarda ou prorrogar as já existentes, o governo brasileiro deverá preservar o equilíbrio das concessões tarifárias negociadas durante a Rodada Uruguai e assumidas no âmbito do GATT/1994. Em vez de aplicar salvaguardas, o país poderá celebrar qualquer tipo de acordo de compensação comercial mutuamente satisfatório. Contudo, se não houver entendimento, os governos interessados poderão suspender concessões substancialmente equivalentes, desde que a iniciativa seja aprovada pela Organização Mundial do Comércio. O direito de suspensão das concessões equivalentes não será exercido durante os três primeiros anos de vigência da salvaguarda adequadamente aplicada, em função do aumento de importações em termos absolutos.

[105] A legislação brasileira permitiu a aplicação de salvaguardas, país a país, durante o período de transição pós-GATT/1994, até que houvesse a total integração dos produtos têxteis.

[106] Conforme artigo 7.º do Decreto n. 1.488/95.

◼ o volume e a taxa de crescimento das importações do produto, em termos absolutos e relativos;

◼ a parcela do mercado interno absorvida por importações crescentes;

◼ o preço das importações, sobretudo para determinar se houve subcotação significativa em relação ao preço do produto doméstico similar;

◼ o consequente impacto sobre a indústria doméstica dos produtos similares ou diretamente concorrentes, evidenciado pelas alterações de fatores econômicos, tais como: produção, capacidade utilizada, estoques, vendas, participação no mercado, preços (quedas ou sua não elevação, que poderia ter ocorrido na ausência de importações), lucros e perdas, rendimento de capital investido, fluxo de caixa e emprego;

◼ outros fatores que, embora não relacionados com a evolução das importações, possuam relação de causalidade com o prejuízo ou ameaça de prejuízo à indústria doméstica em causa.

Compete à SECEX verificar, com base em provas **objetivas**, o nexo causal entre as importações e o alegado prejuízo grave ou ameaça de prejuízo[107], expurgando fatores que não guardem qualquer correlação com o aumento no volume das transações, até porque não imputáveis aos exportadores ou governos interessados.

O processo de investigação poderá ser encerrado de duas maneiras:

a) sem a aplicação da salvaguarda, quando se constatar que não houve prejuízo grave ou ameaça de prejuízo a setor da indústria doméstica;

b) com a adoção de medidas de salvaguarda, ante a prova inequívoca do prejuízo grave ou ameaça de prejuízo decorrente do aumento das importações, e a aprovação do **programa de ajuste** da indústria nacional.

O programa de ajuste tem por objetivo a **reestruturação** e **capacitação** da indústria doméstica, a fim de torná-la apta a enfrentar a concorrência internacional. Quando aprovado, o plano assumirá a forma de compromisso para o setor e deverá ser implantado durante a vigência das medidas de salvaguarda, que serão revogadas se for constatado o descumprimento das metas estabelecidas.

A salvaguarda poderá ser fixada, dentro dos limites necessários para prevenir ou reparar o prejuízo e permitir o ajustamento da indústria doméstica, por meio de duas medidas distintas:

a) aumento das alíquotas do imposto de importação, *ad valorem* ou específicas, ou combinação de ambas, como já mencionamos;

b) restrições quantitativas, que não poderão reduzir o volume total das importações a patamar inferior à média dos últimos três anos (para os quais existam dados estatísticos), salvo mediante clara justificativa de que níveis superiores serão necessários para efetivamente compensar o prejuízo.

---

[107] A **ameaça de prejuízo** deve ser analisada diante da clara previsibilidade do fenômeno, apurado pela verificação do nível de aumento das exportações para o Brasil nos últimos anos e a capacidade de exportação do país de origem, atual ou potencial, em cotejo com a probabilidade de essas exportações se destinarem ao mercado nacional.

Embora presente o princípio da **não seletividade** na aplicação das medidas, o governo brasileiro poderá utilizar sistema de cotas, definido a partir de acordos celebrados com os governos interessados, a fim de estabelecer os limites quantitativos de cada um.

A principal dificuldade reside no fato de que, se não houver acordo, o governo brasileiro poderá fixar, **unilateralmente**, as cotas destinadas a cada país, com base na **participação relativa**, em função do valor ou quantidade, nas importações totais do produto destinadas ao mercado nacional.

O modelo não afronta diretamente o princípio da não seletividade, mas pode trazer problemas no caso de mercados dinâmicos ou voláteis, nos quais exista variação nas importações, especialmente em razão da entrada de novos exportadores. Daí por que a possibilidade de utilização de **outros métodos** para a distribuição das cotas, estatisticamente válidos e equitativos, desde que submetidos, mediante consulta a ser realizada sob os auspícios do Comitê de Salvaguardas da OMC, aos governos dos países interessados. Nessa hipótese, o prazo das salvaguardas não poderá ser superior a **quatro anos**.

Por força do princípio que concede tratamento diferenciado e favorecido aos países em desenvolvimento, não serão aplicadas medidas de salvaguarda dentro dos seguintes limites:

a) quando a parcela correspondente ao país em desenvolvimento, relativamente ao total das importações do produto, **não for superior a 3%**;

b) quando a participação do **conjunto** dos países em desenvolvimento, com participação nas importações inferior a 3%, não represente, no total, **mais do que 9%** das importações do produto sob análise.

O **encerramento** da investigação, com a aplicação das medidas de salvaguarda, deverá ser notificado aos interessados e ao **Comitê de Salvaguardas** da OMC, imediatamente após a publicação da respectiva Resolução CAMEX no *Diário Oficial da União*.

Por não possuírem caráter sancionatório, as medidas de salvaguarda serão impostas apenas durante o período necessário para prevenir ou reparar o prejuízo grave e no intuito de facilitar a adequação dos empresários nacionais às regras de livre concorrência.

O **prazo máximo** de aplicação das medidas será de **quatro anos**, contados da publicação da Resolução CAMEX, e somente poderá ser **prorrogado** com base em parecer fundamentado da SECEX, que comprove de modo inequívoco tal necessidade e desde que também existam provas evidentes de que a indústria nacional tem atendido as metas do compromisso de ajustamento.

A decisão de prorrogação será veiculada por Resolução CAMEX e notificada ao Comitê de Salvaguardas da OMC, que deverá supervisionar o procedimento de consulta prévia aos governos dos países interessados, os quais terão oportunidade de se manifestar acerca da extensão das medidas.

A prorrogação não pode **agravar** as medidas em vigor ao término do prazo anterior, ou seja, não poderá acarretar condições **mais restritivas** do que as já utilizadas, sem prejuízo da continuidade do procedimento automático de liberalização.

Ressalte-se, ainda, que no caso de medidas cuja duração tenha sido de até quatro anos, existe um prazo de carência de pelo menos **dois anos**, de observância compulsória, para a aplicação de nova salvaguarda para o mesmo produto. Se a medida de salvaguarda foi fixada por prazo superior a quatro anos, o intervalo de carência a ser respeitado será igual à **metade** do período de vigência original[108].

Por fim, poderão ser novamente aplicadas medidas de salvaguarda contra as importações de um mesmo produto por um **prazo de até 180 dias**, se[109]:

■ houver transcorrido pelo menos um ano desde a data de aplicação da medida de salvaguarda contra a importação desse produto;

■ nos cinco anos imediatamente anteriores à data de introdução da medida de salvaguarda, não se tenha aplicado tal medida mais de duas vezes ao mesmo produto.

Em **qualquer hipótese**, o prazo total máximo para as salvaguardas, calculado, inclusive, quanto às medidas provisórias e eventuais prorrogações ou revisões, não poderá ser superior a **dez anos**.

Como corolário do princípio da **transparência**, instrumento fundamental para as relações jurídicas do comércio internacional, a legislação brasileira prevê efetivo o acompanhamento da indústria prejudicada durante o prazo de vigência das medidas.

Cabe, pois, ao DECOM, verificar se a indústria doméstica empreende os esforços necessários para ajustamento às regras de mercado, nos termos do compromisso firmado com o governo, sendo-lhe **facultado** propor à CAMEX a **revogação das salvaguardas**, quando for constatado o descomprometimento dos empresários brasileiros ou, ainda, em razão de alterações relevantes no cenário que ensejou a aplicação das medidas.

Existem, ainda, dispositivos de **liberalização progressiva** das medidas de salvaguarda, quando aplicadas por prazo superior a um ano, que deverão ser automaticamente reduzidas, a intervalos regulares, durante seu período de vigência[110].

Pode-se perceber, à evidência, o caráter **político** e **econômico** do instrumento, que não foi concebido para conceder benefícios gratuitos e meramente protecionistas à indústria nacional, mas, sim, para dar-lhe chance de sobrevivência em meio à terrível concorrência dos mercados globalizados, mediante processos de capacitação e incremento da competitividade.

No mesmo sentido, quando a duração da medida de salvaguarda exceder **três anos**, o DECOM deverá iniciar, até a metade da respectiva vigência, processo obrigatório de revisão, para exame dos efeitos concretos alcançados e, se for o caso, propor a revogação da medida ou a aceleração do processo de liberalização. O resultado desse procedimento, conhecido como revisão de meio período, será notificado ao Comitê de Salvaguardas da Organização Mundial do Comércio.

---

[108] O dispositivo foi introduzido no âmbito do Acordo sobre Salvaguardas e tem por objetivo evitar a prorrogação indiscriminada das medidas. Internacionalmente conhecida como *Sunset Clause* (Cláusula do Pôr do Sol), a norma remonta aos romanos, que utilizavam em suas leis a expressão *ad tempus concessa post tempus censetur denegata*, para demonstrar o caráter temporário da obrigação e o fato de que ela não poderia ser estendida ao término do prazo de vigência.

[109] Conforme artigo 9.º, § 10, do Decreto n. 1.488/95.

[110] Excepcionalmente e com base em parecer da SECEX, o processo de liberalização poderá ser iniciado a partir do segundo ano de vigência das medidas de salvaguarda.

9.4. DEFESA COMERCIAL NO BRASIL

Com a recepção das disposições do GATT ao término da Rodada Uruguai, a aplicação de medidas de defesa comercial ficou condicionada, no âmbito jurídico, aos preceitos multilateralmente pactuados e, no âmbito administrativo, à atuação de **órgãos especializados** da estrutura interna de cada um dos países signatários[111].

No Brasil, de acordo com a Lei n. 9.019/95, compete à Secretaria de Comércio Exterior (SECEX), do Ministério da Economia, "mediante processo administrativo, apurar a margem de dumping ou montante de subsídio, a existência de dano ou ameaça de dano, e a relação causal entre esses"[112].

Na prática, a apuração está a cargo do **Departamento de Defesa Comercial** (DECOM), órgão da Secretaria, a quem compete, como vimos, entre outras atribuições:

a) examinar a procedência e o mérito de petições de abertura de investigações de dumping, de subsídios e de salvaguardas, com vistas à **defesa da produção doméstica**;

b) propor a abertura e **conduzir investigações** para a aplicação de medidas antidumping, compensatórias e de salvaguardas;

c) recomendar a aplicação das medidas de defesa comercial previstas nos correspondentes Acordos da OMC.

A criação de um departamento especializado na defesa comercial dos empresários brasileiros passou a ser mandatória com a **abertura dos mercados**, iniciada a partir de 1990, e o estabelecimento do Mercosul e da Tarifa Externa Comum (TEC), no segundo semestre de 1994.

O grande volume de importações gerado no país desde essa época, somado à maior participação dos produtos brasileiros no mercado internacional, tornou o nosso comércio exterior mais **vulnerável** a práticas desleais e anticoncorrenciais, o que ensejou o processo de profissionalização das atividades governamentais de defesa comercial, com o aperfeiçoamento do aparato técnico-administrativo da SECEX e a contratação, mediante concurso público, de servidores voltados à análise dos mercados e do papel estratégico das transações internacionais para o desenvolvimento econômico do país.

O cenário apresentado é particularmente importante porque, por um lado, revela a necessidade do Estado de se preparar, técnica e instrumentalmente, para a defesa dos interesses da indústria local contra práticas abusivas no comércio internacional e, por outro, porque a questão possui, a despeito do arcabouço jurídico, características nitidamente políticas, o que explica, em parte, a **discricionariedade** na aplicação das medidas, aqui e no exterior.

Instrumentos até então pouco utilizados, como os previstos nos acordos sobre direitos antidumping, medidas compensatórias e salvaguardas, passaram a ser objeto de análise constante e efetiva pelas autoridades administrativas brasileiras, a exemplo do que há muito tempo ocorria nos Estados Unidos, Europa e demais potências comerciais.

---

[111] Embora o Brasil houvesse firmado os Códigos Antidumping e de Subsídios e Medidas Compensatórias do antigo GATT em abril de 1979, ao término da Rodada Tóquio, esses acordos só passaram a integrar o ordenamento nacional a partir de 1987, com a promulgação dos Decretos n. 93.941 e n. 93.962, respectivamente de 19 de janeiro 1987 e 23 de janeiro de 1987, após a introdução promovida pelo Decreto Legislativo n. 20, em 5 de dezembro de 1986.

[112] Artigo 5.º, da Lei n. 9.019/95.

No modelo brasileiro, a aplicação dos procedimentos de defesa comercial está condicionada, em regra, à atuação conjunta de dois órgãos federais: a SECEX e a Receita Federal do Brasil, atualmente vinculados ao Ministério da Economia.

Em linhas gerais, podemos dizer que compete à SECEX a análise das questões técnico-administrativas referentes aos processos de investigação de dumping, subsídios e salvaguardas, enquanto às repartições aduaneiras da Receita Federal incumbe o controle dos procedimentos de importação e exportação e, ainda, a arrecadação dos direitos compensatórios porventura aplicados.

Não se pode olvidar que a administração fazendária possui **precedência**[113] em relação aos outros órgãos, dada a importância que a Constituição da República atribuiu ao exercício do poder estatal de controle nas áreas estratégicas do país, onde ocorrem as operações com o exterior, bem assim a entrada e saída de pessoas e veículos.

Com a criação da CAMEX, em 2001, o Brasil passou a contar com instância soberana para a aplicação de todas as medidas de defesa comercial, inclusive de natureza tributária, a exemplo da possibilidade de alterações nas alíquotas dos impostos que oneram o comércio exterior.

As atividades de caráter **operacional**, desenvolvidas no âmbito da proteção à indústria brasileira, estão a cargo do DECOM, que, além de conduzir os processos administrativos destinados à aplicação das medidas previstas nos acordos sobre dumping, subsídios e salvaguardas, também presta auxílio aos exportadores brasileiros **investigados no exterior**, no sentido de orientá-los na produção de elementos de prova e na elaboração dos argumentos de defesa.

No campo diplomático e do direito internacional público, o DECOM atua em conjunto com o Itamaraty no sentido de colaborar com as investigações conduzidas pelas autoridades estrangeiras e, ainda, participar de negociações com outros países e organismos internacionais relacionados ao comércio, mediante a produção de estudos e pareceres técnicos.

9.5. DEFESA COMERCIAL NO MERCOSUL

Quando o Mercosul foi instituído, Argentina, Brasil, Paraguai e Uruguai possuíam níveis diferentes de proteção e tratamento das salvaguardas, razão pela qual foi estabelecido um **período de transição**, até 31 de dezembro de 1994, dentro do Programa de Liberação Comercial previsto no Tratado de Assunção. Durante essa fase, os países importadores puderam negociar cotas dos produtos objeto de salvaguardas, no intuito de não prejudicarem os fluxos comerciais então existentes.

Os prazos para as medidas eram de um ano, prorrogáveis por igual período.

Com a consolidação institucional do Mercosul, a partir de 1995, em conjunto com o término da Rodada Uruguai e a criação da OMC, os países passaram a se preocupar com a adoção de medidas de defesa comercial coletivas.

No intuito de estabelecer uma **política comum** de salvaguardas e mecanismos de compensação contra a prática de dumping e subsídio por terceiros países, o Mercosul

---

[113] Constituição Federal, artigo 37, XVIII: "A administração fazendária e seus servidores fiscais terão, dentro de suas áreas de competência e jurisdição, precedência sobre os demais setores administrativos, na forma da lei".

introduziu diversos **marcos normativos**[114], que constituem referências jurídicas para a harmonização da interpretação dos acordos firmados no âmbito da OMC e dos procedimentos de abertura de investigações adotados pelos membros.

Sob o ponto de vista cronológico — e em decorrência da experiência obtida no processo de transição —, o primeiro instrumento jurídico de defesa comercial regional foi o **Regulamento Comum sobre Salvaguardas do Mercosul**, de 1996, promulgado no Brasil pelo Decreto n. 2.667/98.

Nos termos do Regulamento, foi criado o **Comitê de Defesa Comercial e Salvaguardas**, com a função de zelar pelo cumprimento das regras comunitárias e conduzir a investigação para determinar a existência de aumento das importações dos produtos sob análise, capazes de causar prejuízo grave ou ameaça de prejuízo grave à **produção doméstica do Mercosul**, na figura de qualquer fabricante de produto similar ou diretamente concorrente localizado no seu território, bem assim estabelecer a relação de nexo causal entre o volume adicional de importações e o referido prejuízo.

O Mercosul, como entidade única, optou pela outorga de competência para a **Comissão de Comércio do Mercosul (CCM)**, que deverá deliberar com base em parecer do Comitê, acerca dos seguintes temas:

- ▣ início da investigação;
- ▣ adoção de medidas de salvaguarda provisórias ou definitivas;
- ▣ possibilidade de encerramento da investigação sem adoção de qualquer providência;
- ▣ prorrogação, revogação ou aceleração do ritmo de liberalização das salvaguardas.

A petição para a abertura do procedimento de investigação para a adoção de salvaguardas pelo Mercosul, como **entidade única**, deverá ser apresentada, mediante solicitação escrita e elementos de prova, por empresas ou entidades de classe que as representem, às **Seções Nacionais** do Comitê, acompanhadas do plano de ajuste necessário à capacitação da produção doméstica do Mercosul.

A Seção Nacional do país que receber a petição enviará, por intermédio da Presidência *Pro Tempore* do Comitê, cópias às demais Seções Nacionais, no prazo de três dias, contado da data de recebimento da petição, para que a admissibilidade do pedido possa ser examinada em conjunto.

Se a petição for aceita, será elaborado parecer unificado e fundamentado das Seções Nacionais sobre a abertura da investigação, a ser encaminhado à Comissão de Comércio do Mercosul, com a demonstração preliminar da existência de prejuízo grave ou ameaça de prejuízo grave à produção doméstica do Mercosul, causado pelo aumento das importações do produto em questão.

Existe, ainda, a possibilidade de adoção de medida de salvaguarda pelo Mercosul **em nome de um Estado-Parte**, mediante petição apresentada por empresas ou entidades de classe que as representem, por escrito, aos **órgãos técnicos** competentes, com a

---

[114] *Marcos normativos*, no contexto apresentado, são pontos de convergência da legislação dos Estados-partes do Mercosul, etapa inicial para a consolidação no tratamento das questões relacionadas a dumping e subsídios. Não atingem, todavia, o *status* jurídico de **Regulamento**, como ocorre com as salvaguardas, pela ausência de procedimentos uniformes de investigação e regras decisórias comuns.

demonstração do prejuízo grave ou da ameaça de prejuízo grave em razão do aumento das importações e do nexo causal entre tais circunstâncias, bem assim de plano de ajuste de competitividade para a produção doméstica do país interessado.

Os órgãos técnicos realizarão exame da admissibilidade da petição, com notificação do resultado ao peticionário e, por intermédio da Presidência *Pro Tempore* da Comissão, comunicação aos demais Estados-partes.

Os procedimentos de investigação, a consulta aos governos dos países interessados e a aplicação das medidas de salvaguarda, provisórias ou definitivas, seguem, *mutatis mutandi*, o modelo adotado pelo Brasil e já comentado em tópicos anteriores.

Cabem ao DECOM a coordenação e o acompanhamento dos trabalhos e demais negociações na área de defesa comercial, sem prejuízo de a questão ser resolvida, especialmente quanto à **interpretação** ou ao **descumprimento** das regras constantes do Regulamento sobre Salvaguardas do Mercosul, pelo mecanismo de solução de controvérsias atualmente previsto pelo Protocolo de Olivos.

Em relação à prática de dumping, ainda não existe, como vimos, tratamento uniforme no Mercosul, mas o passo inicial foi dado com a **Decisão do Conselho do Mercado Comum (CMC) n. 11/1997**, que aprovou o *Marco Normativo do Regulamento Comum relativo à Defesa Contra Importações Objeto de Dumping Provenientes de Países Não Membros do Mercosul*, que outorgou competência à Comissão de Comércio do Mercosul (CCM) para criar as normas necessárias para a implantação de um regulamento antidumping para a região.

O referido instrumento estabelece que, enquanto não for aprovado o regulamento comum, os Estados-partes aplicarão direitos antidumping de acordo com as respectivas **legislações nacionais**, o que permite, por exemplo, a aplicação de medidas **intrabloco**, como ocorreu com o produto *Fosfato Monocálcico Mono-hidratado* (MCP), proveniente da Argentina, contra o qual o Brasil aplicou direitos antidumping definitivos em 2004.

No mesmo sentido, os subsídios também não possuem regulamento, mas somente previsão de harmonização, a partir da **Decisão do Conselho do Mercado Comum (CMC) n. 29/2000**, que instituiu o *Marco Normativo do Regulamento Comum sobre Subsídios e Medidas Compensatórias*.

9.6. DEFESA COMERCIAL NA ORGANIZAÇÃO MUNDIAL DO COMÉRCIO

No âmbito da OMC, as negociações multilaterais resultantes da Rodada Uruguai possibilitaram a criação de comitês especializados na área de defesa comercial, em decorrência dos novos acordos sobre dumping, subsídios e salvaguardas.

O **Comitê sobre Práticas Antidumping**, integrado pelos representantes de cada um dos membros, prevê a realização de, pelo menos, duas reuniões anuais, ou sempre que solicitado por qualquer interessado. O Comitê possui competência para eleger seu presidente e estabelecer órgãos subsidiários.

Uma das atividades mais importantes do Comitê sobre Práticas Antidumping é a intermediação de **consultas** em relação às empresas ou aos países questionados.

O membro que se sentir prejudicado pela possível prática de dumping poderá formular, por escrito, consulta a outro país ou grupo de países, que deverão examinar com boa vontade e diligência a solicitação, com vistas a uma solução mutuamente satisfatória.

Quando as negociações não produzirem o efeito desejado e, em razão disso, direitos antidumping definitivos forem aplicados pelas autoridades administrativas do país importador, a outra parte poderá levar a questão ao **Órgão de Solução de Controvérsias (OSC)**, que a pedido do reclamante deverá estabelecer grupo especial para examinar a questão, com fundamento em declaração escrita do interessado, com a indicação de como foi anulada ou prejudicada a vantagem a que faz jus, direta ou indiretamente, bem como nos fatos comunicados às autoridades do membro importador, conforme os procedimentos previstos na legislação de cada país.

O grupo especial deverá avaliar os elementos fáticos do caso, determinar se as autoridades administrativas agiram de modo adequado e se as conclusões foram imparciais e objetivas. Também deverá considerar as disposições pertinentes às medidas antidumping segundo regras consuetudinárias do direito internacional público, especialmente quando houver mais de uma interpretação aceitável, no sentido de declarar que a posição adotada pelo país importador se encontra entre as manifestações possíveis.

Todos os membros da OMC deverão notificar o Comitê acerca dos direitos antidumping, provisórios ou definitivos, aplicados nos últimos seis meses, assim como informar quais são as autoridades competentes para instaurar e conduzir as investigações.

Outro órgão criado a partir da Rodada Uruguai foi o **Comitê de Subsídios e Medidas Compensatórias**, composto de representantes de todos os membros e, a exemplo do que observamos quanto ao dumping, com previsão de reuniões semestrais, salvo nos casos de solicitação extraordinária oriunda de qualquer país integrante da Organização Mundial do Comércio.

O Comitê de Subsídios é responsável pela criação e administração do **Grupo Permanente de Especialistas**, composto de cinco indivíduos com notório conhecimento do comércio internacional, escolhidos mediante eleição. Além disso, compete ao Comitê criar, se necessário, órgãos auxiliares.

A principal função do Comitê de Subsídios é realizar consultas aos membros, mediante provocação de países que se sintam prejudicados pela prática abusiva. O grupo de especialistas será convocado a emitir **parecer técnico** e **confidencial** sobre casos concretos a ele submetidos, após a fase de consulta amigável.

O requerimento que pleitear a consulta deve ser instruído com provas da existência e natureza do subsídio questionado, além de demonstração do dano causado à indústria doméstica do requerente. O objetivo da consulta, a partir da lógica que norteia as relações entre estados soberanos, é sempre o mesmo, como já tivemos a oportunidade de destacar: a busca de soluções mutuamente satisfatórias, sem a necessidade de intervenção direta dos órgãos decisórios da Organização Mundial do Comércio.

Todavia, se as consultas não conduzirem a uma solução mutuamente adequada no prazo de **60 dias** (que poderá ser prorrogado a critério dos interessados), qualquer membro envolvido na discussão poderá submeter a matéria ao **Órgão de Solução de Controvérsias**, que decidirá pela criação de grupo especial, no prazo de 15 dias.

Compete ao **grupo especial** constituído para analisar o caso apresentar relatório às partes no prazo de 120 dias. As orientações do relatório serão adotadas se, no prazo de 30 dias, nenhum dos interessados interpuser recurso ao Órgão de Apelação.

Caso acionado, o **Órgão de Apelação** emitirá decisão no prazo de 60 dias, prorrogável até o limite máximo total de 90 dias, se houver justificativa, por escrito e comunicada às partes, sobre as razões da dificuldade em produzir o relatório final. A **decisão** da apelação será adotada pelo Órgão de Solução de Controvérsias e aceita, em caráter incondicional, pelos litigantes, salvo se, mediante consenso, houver manifestação expressa pela recusa do relatório.

Com a adoção do relatório, tanto do grupo especial como do Órgão de Apelação, no sentido de reconhecer a prática danosa e seus efeitos, fica o país responsável obrigado a adotar providências para a eliminação do subsídio.

Na hipótese de o país causador do dano não adotar as medidas necessárias em **até seis meses**, contados da notificação acerca da decisão contida no relatório, sem que, alternativamente, tenha sido firmado acordo de compensação, o Órgão de Solução de Controvérsias **autorizará o reclamante** a aplicar contramedidas unilaterais, proporcionais à extensão e natureza dos danos apurados.

Por derradeiro, a criação do **Comitê de Salvaguardas**, sob a autoridade do **Conselho para o Comércio de Bens**, permite que qualquer membro da OMC tenha acesso às medidas temporárias de restrição às importações e possa, mediante atuação do Comitê, realizar consultas e solicitar esclarecimentos acerca de tais medidas.

O Comitê de Salvaguardas também exerce importante papel de **acompanhamento** e **vigilância**, que se materializa pelas seguintes atribuições[115]:

■ acompanhar a aplicação geral do Acordo sobre Salvaguardas, apresentar anualmente ao Conselho para o Comércio de Bens relatório sobre os procedimentos e fazer recomendações para seu aperfeiçoamento;

■ averiguar, por solicitação de um membro afetado, se foram cumpridas as exigências de procedimento previstas no Acordo, com relação a qualquer medida de salvaguarda, e comunicar suas conclusões ao Conselho para o Comércio de Bens;

■ prestar assistência aos membros que a solicitem nas consultas realizadas em conformidade com as disposições pactuadas;

■ acompanhar o processo de eliminação progressiva e automática das medidas de salvaguarda;

■ examinar, por solicitação de membro que adote medida de salvaguarda, se as concessões ou outras obrigações, objeto de propostas de suspensão, são *substancialmente equivalentes*, nos termos do Acordo, com a notificação, se necessário, ao Conselho para o Comércio de Bens;

■ receber e examinar todas as notificações previstas no Acordo sobre Salvaguardas e desempenhar as demais funções designadas pelo Conselho para o Comércio de Bens.

9.7. MEDIDAS EM VIGOR

Como exemplo da maturidade do Brasil no tratamento das questões relacionadas às práticas abusivas do comércio internacional, reproduzimos a seguir o rol de medidas de defesa comercial aplicadas contra produtos de outros países, em vigor em agosto de 2023:

---

[115] Conforme artigo 13 do Acordo sobre Salvaguardas.

Quadro 9.1. Medidas de defesa comercial em vigor

PRODUTO	ORIGEM	TIPO DE MEDIDA	PETICIONÁRIA	NCM	DATA DO ENCERRAMENTO DA INVESTIGAÇÃO	RESOLUÇÃO OU PORTARIA DE ENCERRAMENTO	VIGÊNCIA DA MEDIDA APLICADA	DIREITO APLICADO	STATUS DA MEDIDA
Ácido Adípico	Alemanha	Dumping	Rhodia Poliamida e Especialidades S.A.	2917.12.10	31/03/2021	R 185/2021	31/03/2026	Todas as empresas = US$ 241,16/t	Em vigor
Ácido Adípico	China	Dumping	Rhodia Poliamida e Especialidades S.A.	2917.12.10	31/03/2021	R 185/2021	31/03/2026	Todas as empresas = US$ 321,05/t	Em vigor
Ácido Adípico	EUA	Dumping	Rhodia Poliamida e Especialidades S.A.	2917.12.10	31/03/2021	R 185/2021	31/03/2026	Todas as empresas = US$ 150,45/t	Em vigor
Ácido Adípico	França	Dumping	Rhodia Poliamida e Especialidades S.A.	2917.12.10	31/03/2021	R 185/2021	31/03/2026	Todas as empresas = US$ 184,63/t	Em vigor
Ácido Adípico	Itália	Dumping	Rhodia Poliamida e Especialidades S.A.	2917.12.10	31/03/2021	R 185/2021	31/03/2026	Todas as empresas = US$ 201,98/t	Em vigor
Ácido cítrico e sais e ésteres do ácido cítrico	Colômbia	Dumping	Associação Brasileira da Indústria de Ácido Cítrico e Derivados — ABIACID	2918.14.00; 2918.15.00	22/08/2022	R 384/2022	22/08/2027	Sucroal S.A. = US$ 257,13/t Demais empresas = US$ 446,83/t	Em vigor
Ácido cítrico e sais e ésteres do ácido cítrico	Tailândia	Dumping	Associação Brasileira da Indústria de Ácido Cítrico e Derivados — ABIACID	2918.14.00; 2918.15.00	22/08/2022	R 384/2022	22/08/2027	Biesterfeld International (Thailand) Ltd = US$ 244,54 Niran (Thailand) Co Ltd = US$ 244,54 Sigma-Aldrich (Thailand) Co Ltd = US$ 244,54 Demais empresas = US$ 510,18	Em vigor
Acrilato de butila	EUA	Dumping	Basf S.A.	2916.12.30	08/04/2021	R 186/2021	08/04/2026	Arkema Inc. = US$ 0,19/kg The Dow Chemical Company = US$ 0,19/kg Rohm and Haas Company e Rohm and Haas Texas Inc. = US$ 0,19/kg Demais = US$ 0,42/kg	Em vigor
Acrilato de butila	África do Sul	Dumping	Basf S.A.	2916.12.30	24/09/2021	R 252/2021	24/09/2026	— Sasol Chemical Industries Limited = US$ 650,42 — Demais = US$ 650,42	Em vigor

Produto	País	Prática	Peticionária	NCM	Início	Medida	Vigência	Direito	Situação
Acrilato de butila	Taipé Chinês	Dumping	Basf S.A.	2916.12.30	24/09/2021	R 252/2021	24/09/2026	— Formosa Plastics Corporation = US$ 116,80/t — Demais = US$ 116,80/t	Suspensa pelo art. 109
Alho	China	Dumping	Associação Nacional dos Produtores de Alho	0703.20.10 0703.20.90	03/10/2019	P 4.593/2019	03/10/2024	China = US$ 0,78/Kg	Em vigor
Alto-falan-te	China	Dumping	Ask do Brasil Ltda. Harman do Brasil Indústria Eletrônica e Participações Ltda. Thomas K.L. Indústria de Alto-falantes Ltda.	8518.21.00 8518.22.00 8518.29.90	29/11/2019	R 16/2019	29/11/2024	China = alíquota *ad valorem*, aplicada sobre o preço de exportação CIF, no montante de 78,3%	Em vigor
Anidrido Ftálico	Rússia	Dumping	Petrom Petroquímica Mogi das Cruzes S/A (Petrom)	2917.35.00	22/12/2021	R 286/2021	22/12/2026	Jsc Kamtex-Khimprom = US$ 559,42/t Rosplast Ltd = US$ 559,42/t Biesterfeld International Gmbh = US$ 559,42/t Possehl Erzkontor Gmbh & Co. Kg = US$ 559,42/t Demais empresas = US$ 559,42/t	Em vigor
Anidrido Ftálico	Israel	Dumping	Petrom Petroquímica Mogi das Cruzes S/A (Petrom)	2917.35.00	22/12/2021	R 286/2021	22/12/2026	Gadiv Petrochemicals Ltd = US$ 198,17/t Demais empresas = US$ 754,60/t	Em vigor
Barras chatas de aço ligado	China	Dumping	Gerdau Aços Especiais S.A.	7228.30.00	28/11/2016	R 120/2016	28/11/2021	Tianjin Qiangbang Industrial Colt, Jiangyin Xingcheng Special Steel Works Co. Ltd., Daye Special Steel Co., Ltd., Circle Four Metal Materials Company Limited e Shanghai East Steel Im. & Ex. Co., Ltd. = US$ 495,73/t Demais = US$ 495,73/t	Em vigor por força de revisão
Batatas congeladas	Alemanha	Dumping	Bem Brasil Alimentos S.A.	2004.10.00	17/02/2017	R 6/2017	17/02/2022	Agrarfrost GMBH & Co: 39,7% Wernsing Feinkost GMBH: 6,3% Schne — Frost Ernst Schnetkamp GMBH & CO: 40,5% Demais: 43,2%	Em vigor por força de revisão

Produto	País	Prática	Peticionária	NCM	Data início	Resolução	Vencimento	Direito antidumping	Situação
Batatas congela-das	Bélgica	Dumping	Bem Brasil Alimen-tos S.A.	2004.10.00	17/02/2017	R 6/2017	17/02/2022	Ecofrost S.A.: 10,8% Lutosa S.A.: 11,2% Clarebout Potatoes NV: 9,4% NV Mydibel SA: 8,4% Agristo NV, Bart's Potato Company, Eu-rofreez NV, Farm Frites Belgium NV: 11,2% Demais: 17,2%	Em vigor por força de revisão
Batatas congela-das	França	Dumping	Bem Brasil Alimen-tos S.A.	2004.10.00	17/02/2017	R 6/2017	17/02/2022	McCain Alimentaire SAS: Compromisso de preço de acordo com o Anexo I da Re-solução CAMEX n. 6 — DOU de 17/02/2017. Todas as empresas, exceto McCain Ali-mentaire SAS: 78,9%	Em vigor por força de revisão
Batatas congela-das	Holanda	Dumping	Bem Brasil Alimen-tos S.A.	2004.10.00	17/02/2017	R 6/2017	17/02/2022	McCain Foods Holland B.V.: Compromis-so de preço de acordo com o Anexo I da Resolução CAMEX n. 6 — DOU de 17/02/2017 Farm Frites BV: Compromisso de preço, no qual o preço de exportação CIF em porto brasileiro não será inferior a EUR 634,47/t, o equivalente a EUR 597,46/t, em base FOB Agristo BV: 11,5% Bergia Distributiebedrijven BV: 41,4% Aviko BV, Lamb Weston Meijer VOF, Mondial Foods BV, Oerlemans Foods Ne-derland BV: 28,7% Demais, exceto Farm Frites BV e McCain Foods Holland BV: 73,6%	Em vigor por força de revisão
Cadeados	China	Dumping	Pado S.A. Industrial, Comercial e Impor-tadora ASSA ABLOY Brasil Indústria e Comér-cio Ltda. STAM Metalúrgica S.A.	8301.10.00	13/11/2019	R 9/2019	13/11/2024	China = US$ 10,11/kg	Em vigor

Caneta esferográfica	China	Dumping	Bic Amazônia S.A.	9608.10.00	17/02/2022	R 301/2022	17/02/2027	Todas as empresas = USD 6,07/t	Em vigor
Chapas off-set	China	Dumping	IBF Indústria Brasileira de Filmes S.A. Agfa Gevaert do Brasil Ltda	3701.30.21 3701.30.31	05/05/2021	R 199/2021	05/05/2026	Lucky Huaguang Graphics Co., Ltd; Agfa Wuxi Printing Plate Co., Ltd; Chengdu Xingraphics Co., Ltd; Chongqing Huafeng Printing Material Co Ltd; Ipagsa Printing Equipment (Jiaxing); Shanghai Strong State Printing Equipment Ltd; Shanghai Upg International Trading Co., Ltd; Smart Equipments Limited; e Zhejiang Konita New Materials Co., Ltd = US$ 2,09/kg; Demais = US$ 2,35/kg	Em vigor
Chapas off-set	Taipé Chinês	Dumping	IBF Indústria Brasileira de Filmes S.A. Agfa Gevaert do Brasil Ltda	3701.30.21 3701.30.31	05/05/2021	R 199/2021	05/05/2026	Top High Image Corporate = Zero; Angel Star (T.P.) Co., Ltd = US$ 0,19/kg; Graphic International Printing Material Co., Ltd. = US$ 0,19/kg; Maxma Printing Co., Ltd = US$ 2,36/kg; Demais = US$ 2,36/kg	Em vigor
Chapas off-set	EUA	Dumping	IBF Indústria Brasileira de Filmes S.A. Agfa Gevaert do Brasil Ltda	3701.30.21 3701.30.31	05/05/2021	R 199/2021	05/05/2026	Todas as empresas = US$ 1,58/kg	Em vigor
Chapas off-set	União Europeia	Dumping	IBF Indústria Brasileira de Filmes S.A. Agfa Gevaert do Brasil Ltda	3701.30.21 3701.30.31	05/05/2021	R 199/2021	05/05/2026	Todas as empresas = US$ 2,38/kg	Em vigor
Chapas off-set	Reino Unido	Dumping	IBF Indústria Brasileira de Filmes S.A. Agfa Gevaert do Brasil Ltda	3701.30.21 3701.30.31	05/05/2021	R 199/2021	05/05/2026	Todas as empresas = US$ 2,38/kg* * Direito prorrogado para a origem após a conclusão do processo de separação da União Europeia em 31 de dezembro de 2020.	Em vigor

Produto	Origem	Tipo	Peticionária	NCM	Início	Resolução	Término	Direito antidumping	Situação
Cilindros para GNV	China	Dumping	MAT Equipamentos para Gases Ltda	7311.00.00	27/07/2021	R 225/2021	27/07/2026	- Hengyang Jinhua High Pressure Container Co., Ltd. = US$ 0/un - Anhui Clean Power Energy Co Ltd. = US$ 3,51/un - Sinoma Science & Technology (Chengdu) Co., Ltd. e Sinoma Science & Technology (Jiujiang) Co., Ltd = US$ 14,32/un - Zhejiang Tianen Pressure Vessel Co., Ltd. = US$ 64,41/un - Demais empresas = US$ 64,41/un	Em vigor
Cordoalhas de aço	China	Dumping	Belgo Bekaert Arames Ltda.	7312.10.90	07/07/2017	R 45/2017	07/07/2022	Silvery Dragon Prestressed Materials Co., Ltd.: US$ 290,11/t Global Overseas Group Co., Ltd.: US$ 627,04/t Tianjin Yuheng Prestressed Concrete Steel Strand Manufa. Co., Ltd.: US$ 627,04/t Tianjin Shengte Prestressed Concrete Steel Strand Co., Ltd.: US$ 627,04/t Demais: US$ 627,04/t	Em vigor por força de revisão
Escovas para cabelo	China	Dumping	Sindicato da indústria de móveis de junco e vime e vassouras e de escovas e pinceis no Estado de São Paulo. Condor S.A. Indústria e Comércio Santa Maria Ltda.	9603.29.00	22/11/2019	R 12/2019	22/11/2024	Todos os produtores/exportadores: US$ 11,98/kg	Em vigor
Espelhos não emoldurados	China	Dumping	Associação Técnica Brasileira das Indústrias Automáticas de Vidro — ABIVIDRO	7009.91.00	17/02/2022	R 302/2022	17/02/2027	Todos = US$ 211,98/t	Em vigor
Espelhos não emoldurados	México	Dumping	Associação Técnica Brasileira das Indústrias Automáticas de Vidro — ABIVIDRO	7009.91.00	17/02/2022	R 302/2022	17/02/2027	Todas as empresas = US$ 133,35/t	Suspensa pelo art. 109

Produto	Origem	Prática	Peticionária	NCM	Início	Resolução	Fim	Direito	Situação
Ésteres acéticos	EUA	Dumping	Rhodia Poliamida e Especialidades Ltda.	2915.31.00 2915.39.31	22/08/2017	R 68/2017	22/08/2022	US$ 110,88/t Oxea Corporation Ungerer & Company Advanced Biotech Sigma Aldrich Co Bio-Grade Chem Tedia Company Givaudan Flavors Corporation Fisher Scientific Robertet Fragrances Inc Pharmco-Aaper Penta Manufacturing Company Frutarom Usa Incorporated Firmenich Incorporated Takasago International Corporation The Dow Chemical Company US$ 453,86/t Demais Empresas US$ 453,86/t	Em vigor por força de revisão
Ésteres acéticos	México	Dumping	Rhodia Poliamida e Especialidades Ltda.	2915.31.00 2915.39.31	22/08/2017	R 68/2017	22/08/2022	Grupo Celanese S. de R.L. de C.V. US$ 198,46/t US$ 571,84/t Mallinckrodt Baker Inc. Ungerer & Company Prime Citrus de Mexico Avantor Performance Materials S.A. de C.V. Sigma Aldrich Quimicas A de C V Demais empresas US$ 688,61/t	Em vigor por força de revisão
Éter butílico do monoetilenoglicol — EBMEG	Alemanha	Dumping	Oxiteno Nordeste S.A. Indústria e Comércio	2909.43.10	20/04/2022	R 327/2022	20/04/2027	Todas as empresas = 22,6%	Em vigor
Éter butílico do monoetilenoglicol — EBMEG	França	Dumping	Oxiteno Nordeste S.A. Indústria e Comércio	2909.43.10	22/08/2022	R 386/2022	22/08/2027	INEOS Chemicals Lavera (ICL) SAS: US$ 374,38/t Demais empresas: US$ 374,38/t	Em vigor

| Filamento texturizado de poliéster | China | Dumping | ABRAFAS — Associação Brasileira de Produtores de Fibras Artificiais e Sintéticas | 5402.33.10; 5402.33.20; 5402.33.90 | 22/08/2022 | R 385/2022 | 22/08/2027 | (US$/t) Xinfengming Group Huzhou Zhongshi Technology = 57,85 Tongxiang Zhongxin Chemical Fiber Co., Ltd = 57,85 Tongxiang Zhongchi Chemical Fiber Co., Ltd. = 57,85 Tongxiang Zhongwei Chemical Fiber Co., Ltd. = 57,85 Zhejiang Xinfengming Import And Export Co., Ltd = 57,85 Zhejiang Hengyi Petrochemicals Co., Ltd. = 117,20 Hangzhou Yijing Chemical Fiber Co., Ltd. = 117,20 Zhejiang Henglan Technology Co., Ltd. = 117,20 Shaoxing Keqiao Hengming Chemical Fiber Co. Ltd. = 117,20 Haining Hengyi New Material Co., Ltd. = 117,20 Tongkun Group Co. Ltd. = 585,70 Tongxiang Hengji Differential Fiber Co. Ltd = 585,70 Tongkun Group Zhejiang Hengsheng Chemical Fiber Co., Ltd. = 585,70 Empresas chinesas identificadas no Anexo I = 90,55 Demais = 585,70 | Suspensa por interesse público |
| Filamento texturizado de poliéster | Índia | Dumping | ABRAFAS — Associação Brasileira de Produtores de Fibras Artificiais e Sintéticas | 5402.33.10; 5402.33.20; 5402.33.90 | 22/08/2022 | R 385/2022 | 22/08/2027 | (US$/t) Reliance Industries Limited = 105,67 Wellknown Polyesters Ltd. = 285,47 Bhilosa Industries Private Limited = 433,69 Empresas indianas identificadas no Anexo II = 105,67 Demais = 558,57 | Suspensa por interesse público |

Produto	País	Tipo	Peticionária	NCM	Início	Resolução	Fim	Direito	Situação
Filme PET	Índia	Dumping	Terphane Ltda.	3920.62.19, 3920.62.91 e 3920.62.99	21/05/2021	R 203/2021	21/05/2026	Ester Industries Ltd. — US$ 0,00/t Jindal Polyester Ltd. — US$ 0,00/t Polypacks Industries — US$ 73,32/t Garware Polyester — US$ 0,00/t Vacmet India — US$ 73,32/t Polyplex Corporation Ltd. — US$ 149,45/t Demais — US$ 483,83/t	Em vigor
Filme PET	China	Dumping	Terphane Ltda.	3920.62.19, 3920.62.91 e 3920.62.99	21/05/2021	R 203/2021	21/05/2026	Todos produtores/exportadores — US$ 654,95/t	Suspensa pelo art. 109
Filme PET	Egito	Dumping	Terphane Ltda.	3920.62.19, 3920.62.91 e 3920.62.99	21/05/2021	R 203/2021	21/05/2026	Flex P. Films (Egypt) S.A.E — US$ 256,82/t Demais — US$ 483,83/t	Suspensa pelo art. 109
Filmes de PET	Índia	Subsídios	Terphane Ltda.	3920.62.19, 3920.62.91 e 3920.62.99	30/08/2021	R 236/2021	30/08/2026	Jindal Poly Films Limited = US$ 138,82/t Polyplex Corporation Limited = US$ 110,29/t Ester Industries Limited = US$ 96,79/t Vacmet India Ltd. = US$ 181,45/t Polypacks Industries = US$ 181,45/t Garware Polyester = US$ 937,75/t Demais = US$ 937,75/t	Em vigor
Filtros cerâmicos refratários	China	Dumping	Foseco Industrial e Comercial Ltda.	6903.90.91 6903.90.99	25/06/2020	R 34/2020	25/06/2025	Jinan Shengquan Doublesurplus Ceramic Filter Co., Ltd.; Jinan Shengquan Group Share Holding Co., Ltds: US$ 1,66/kg Demais: US$ 3,88/kg	Em vigor
Fios de aço	China	Dumping	Belgo Bekaert Arames Ltda.	7217.10.19; 7217.10.90	07/07/2017	R 44/2017	07/07/2022	Silvery Dragon Prestressed Materials Co., Ltd.: US$ 124,33/t Global Overseas Group Co., Ltd., Tianjin Huashi International Trade Co., Ltd. e Tianjin Shengte Prestressed Concrete Steel Strand Co., Ltd.: US$ 563,77/t Demais: US$ 563,77/t	Em vigor por força de revisão

Fios de náilon	China	Dumping	ABRAFAS — Associação Brasileira de Produtores de Fibras Artificiais e Sintéticas	5402.31.11 5402.31.19 5402.45.20	23/12/2019	R 19/2019	23/12/2024	Yiwu Huading Nylon Co., Ltd.: US$ 0/t Wenda Co., Ltd.: US$ 2.409,11/t Zhejiang Jinshida Chemical Fiber Co. Ltd.: US$ 167,98/t Changshu Polyamide Fiber Slice Co., Ltd.; China Resources Yantai Nylon Co., Ltd; Fujian Changle Creator Nylon Industrial Co., Ltd; Fujian Dewei Polyamide Technology Co Ltd.; Guandong Kaiping Chunhui Co., Ltd.; Jinan Trustar International Co., Ltd.; Meida Nylon Company Ltd.; Prutex Nylon Co., Ltd ; World Best Co., Ltd.; Xinhui Dehua Nylon Chips Co., Ltd.; e Yiwu City Jingrui Knitting Co. Ltd.: US$ 475,05/t Demais: US$ 2.409,11/t	Em vigor
Fios de náilon	Coreia do Sul	Dumping	ABRAFAS — Associação Brasileira de Produtores de Fibras Artificiais e Sintéticas	5402.31.11 5402.31.19 5402.45.20	23/12/2019	R 19/2019	23/12/2024	Hyosung Corporation Manufacturer Exporter & Importer: US$ 1.706,15/t Kolon Fashion Material Inc.: US$ 3.224,91/t Taekwang Industrial Co., Ltd: US$ 77,85/t Demais: US$ 3.224,91/t	Em vigor
Fios de náilon	Taipé Chinês	Dumping	ABRAFAS — Associação Brasileira de Produtores de Fibras Artificiais e Sintéticas	5402.31.11 5402.31.19 5402.45.20	23/12/2019	R 19/2019	23/12/2024	Acelon Chem e Fiber Corp.: US$ 172,19/t Lealea Enterprise Co., Ltd.: US$ 0/t Li Peng Enterprise Co. Ltd.: US$ 0/t Zig Sheng Industrial Co, Ltd.: US$ 388,43/t Formosa Chemicals & Fiber Corporation; Golden Light Enterprise Co., Ltd.; Lih Shyang Industrial Co., Ltd.; Neshin Spinning Co., Ltd.: US$ 364,21/t Demais: US$ 1.629,18/t	Em vigor

Lápis	China	Dumping	A.W. Faber-Castell S.A. Bic Amazônia S.A.	9609.10.00	21/01/2021	R 141/2021	21/01/2026	Axus Stationery (Shanghai) Co. Ltd. = US$ 5,55/kg	Em vigor
								Zhejiang Pengsheng Stationery Co Ltd. = US$ 2,78/kg	
								Jiangxi Jishui Jixing Stationery Co Ltd. = US$ 0,57/kg	
								Zhejiang Jiangshan Longteng Pen Industry Co. Ltd. = US$ 0,36/kg	
								Suzhou Huazhong Stationery Co. Ltd. = US$ 5,55/kg	
								Beifa Group Co. Ltd, Binzhou Psl Pencil Co., Ltd, Bnw Fortune Co., Limited, Caran Dache S.A., Colart Tianjin Art Materials Co Ltd, Dalian Asian Stationery Co., Ltd, Dalian Golden Time Enterprise Co., Ltd, Derwent, Dongyang Sewing Equipment, Fila Dixon Stationery 9kunshai Co., Ltd, Guangdong Youngly Stationery Co., Ltd, Guangming Pencil Co., Ltd, Hebei Ambang Industry Group Limited,	
								Hebei Sinotools Industrial Co., Ltd., Histar International Limited, Jiande Yuanfeng Tool Co., Ltd, Jiangsu Sainty Sumex Tools Corp. Ltd., Jiangsu Universal Industrial Co., Ltd., Jiangyan Jingong Tools Product Co., Ltd, Jinan Bee Writing Instrument Co., Ltd, Jinan Famefirst Stationery Co., Ltd, Jinan Sinocolor Trade Co., Ltd, Jinxu Import & Export Co., Limited, Linshu Deshili Import and Export Co Ltd, Lishui Deyuan Arts and Stationery Co., Ltd, Linyi Guangming Pencil Co. Ltd, Lishui Beike Trade Co., Ltd, Luohe Shuangye Stationery Co., Ltd, Mitsubishi Pencil (China) Ltd, Mengcheng County Jinyuanda Pen Making Co., Ltd, Nanjing Codeal Corp, Ltd., Ningbo Alaska Packing and Manufacturing Ltd., Ningbo Doublefly Imp and Exp Corp, Ningbo Epene Stationery Co., Ltd,	

| | | | | | | | | | Ningbo Fengya Industry & Trade Co., Ltd, Ningbo Hengrui Culture and Education Appliance Co., Ltd, Ningbo Jiandong Fortune, Ningbo Kaikai Stationery Co., Ltd, Ningbo Senior Stationery Co., Ltd, Ningbo Whole Sun Stationery Co., Ltd, Ningbo Xinteng Needle Co., Ltd, Qingyuan Hongyun Pen Industry Co., Ltd, Quzhou Down Stationery Co., Ltd, Shanghai Amc International Trading Co., Ltd, Shanghai Harden Tools Co., Ltd, Shanghai Ming Bao Tools Co. Ltd, Shanghai Pioneer Stationery Co. Ltd, Shanghai Reach Industrial Co. Ltd, Shantou Chenghai Canxin Plastic Factory, Shenzhen Xinhua Ling Stationery Manufacturing Co. Ltd, Shenzhen Flanger Musical Instruments Co., Limited, Shenzhen Hart Stationery Co. Ltd., Skyglory (China) Industrial Company Limited, Skyglory (Yw) Stationery Co. Ltd, Suzhou Aipiteke Co., Ltd, Suzhou Maped Office Supplies Mfg Co., Ltd, Weihai Gold Horse Pen Industry Co., Ltd, Wenzhou Evengrown Stationery and Gift Co. Ltd., Yiwu King Top Import & Export Co., Ltd, Yiwy Hengyu Pencil Factory, Yongkang Fuda Tools Co., Ltd, Yuyao Hualun Import and Export Co., Ltd., Zhangqiu Hongda Pencil Co., Ltd., Zhanjiang Youngly Stationery Co., Ltd., Zhejiang Abd Industry Trade Co., Ltd, Zhejiang Hongye Pencil Industry Co Ltd, Zhejiang Huaxing Pencil Co., Ltd, Zhejiang Sailing Imp&Exp Co., Ltd, Zhejiang Zhendong Stationery Co. Ltd. = US$ 1,77/kg Demais empresas = US$ 5,55/kg |

Produto	Origem	Tipo	Peticionária	NCM	Data início	Resolução	Data fim	Direito	Situação
Magnésio em pó	China	Dumping	Rima Industrial Ltda	8104.30.00, 8104.90.00	19/07/2022	R 366/2022	19/07/2027	Todas as empresas: US$ 0,99/Kg	Em vigor
Magnésio metálico	China	Dumping	Rima Industrial Ltda	8104.11.00; 8104.19.00	24/09/2021	R 253/2021	24/09/2026	Todas as empresas: US$ 1,18/kg	Em vigor
Malhas de Viscose	China	Dumping	Associação Brasileira da Indústria Têxtil e de Confecção — ABIT	6004.10.41, 6004.10.42, 6004.10.43, 6004.10.44, 6004.90.40, 6006.41.00, 6006.42.00, 6006.43.00, 6006.44.00	17/02/2017	R 7/2017	17/02/2022	Todas as empresas: US$ 4,10/Kg	Em vigor por força de revisão
N-Butanol	África do Sul	Dumping	Elekeiroz S.A.	2905.13.00	23/12/2016	R 127/2016	23/12/2021	Sasol South Africa (Proprietary) Limited: 29,6% Demais: 67,1%	Em vigor por força de revisão
N-Butanol	Rússia	Dumping	Elekeiroz S.A.	2905.13.00	23/12/2016	R 127/2016	23/12/2021	Angarsk Petrochemical JSC: 80,7% Gazprom Neftekhim Salavat JSC: 80,7% Nevinnomyssky Azot JSC: 80,7% Sibur-Khimprom CJSC: 80,7% Demais: 80,7%	Em vigor por força de revisão
N-Butanol	EUA	Dumping	Elekeiroz S.A.	2905.13.00	01/09/2017	R 71/20177	01/09/2022	The Dow Chemical Company (TDCC) e Union Carbide Corporation: 28,4% Basf Corporation: 24,7% Oxea Corporation: 9,8% Eastman Chemical Company: 14,1% Demais: 28,4%	Em vigor por força de revisão

Objetos de louça para mesa	China	Dumping	Sindicato das Indústrias de Vidros, Cristais, Espelhos, Cerâmica de Louça e Porcelanas de Blumenau	6911.10.10 6911.10.90 6911.90.00 6912.00.00	17/01/2020	R 15/2020	17/01/2025	Guangxi Xin Fu Yuan Co., Ltd.: US$ 1,84/kg Empresas chinesas identificadas no Anexo II da Resolução Gecex n. 6, de 2020 e não constantes desta tabela: US$ 3,84/kg Guangdong Baofeng Ceramic Technology Development Co., Ltd.: US$ 5,14/kg Liling Santang Ceramics Manufacturing Co., Ltd.: US$ 5,14/kg Shenzhen Yuking Trading Co., Ltd.: US$ 5,14/kg Demais: US$ 5,14/kg	Em vigor
Pirofosfato ácido de sódio (SAPP)	Canadá	Dumping	ICL Brasil Ltda.	2835.39.20	15/06/2020	R 50/2020	15/06/2025	Innophos Canada Inc.: US$ 546,30/t Demais: US$ 1.066,30/t	Em vigor
Pirofosfato ácido de sódio (SAPP)	China	Dumping	ICL Brasil Ltda.	2835.39.20	15/06/2020	R 50/2020	15/06/2025	Hubei Xingfa Chemicals Group Co., Ltd.: US$ 850,97/t Thermphos (China) Food Additive Co., Ltd. (também denominada Tianfu Food Additive Co., Ltd.): US$ 684,27/t A. H. A International Co., Ltd.; Chemaster International, Inc.; Dalian Coringlory International Co., Ltd.; Foodchem International Corporation; Fooding Group Limited; Hainan Zhongxin Chemical Co., Ltd.; New Step Industry Co., Limited; Shanghai Trustin Chemical Co., Ltd.; Shanghai Zhongxin Yuxiang Chemical Co., Ltd.; Shenzhen Bangjiebang Trading Co., Ltd.; Shifang Kindia May Chemical Co., Ltd.; e Wenda Co., Ltd.: US$ 1.248,71/t Demais: US$ 1.248,71/t	Em vigor
Pirofosfato ácido de sódio (SAPP)	EUA	Dumping	ICL Brasil Ltda.	2835.39.20	15/06/2020	R 50/2020	15/06/2025	Innophos Inc.: US$ 418,13/t Prayon Inc.: US$ 2.147,30/t Demais: US$ 2.147,30/t	Em vigor

| Pneus agrícolas | China | Dumping | ANIP | 4011.70.10 4011.70.90 4011.80.90 4011.90.90 4011.90.10 | 17/02/2017 | R 3/2017 | 16/02/2022 | Guizhou Tyre Co., Ltd./ Guizhou Tyre Import and Export Co., Ltd. US$ 858,34/t Qingdao Aonuo Tire Co., Ltd. US$ 2.028,06/t Qingdao Qihang Tyre Co., Ltd. US$ 307,09/t Zhongce Rubber Group Co., Ltd. US$ 1.446,61/t US$ 624,32 Aeolus Tyres Co., Ltd Carlisle (Meizhou) Rubber Manufacturing Co., Ltd Cheng Shin Rubber (Xiamen) Ind. Ltd Chonche Auto Double Happiness Tyre Corp Ltd. Daytona International Limited Gaomi Kaixuan Tyre Co., Limited Hangzhou Xiaoshan Hongqi Friction Material Co., Ltd Hangzhou Zhongce Rubber Co., Ltd Hf Industrial Limited L-Guard Tires Corporation Qingdao Au-Shine Group Co., Limited Qingdao Golden Pegasus Industrial Trading Co., Limited Qingdao Honesty Best Goods Co., Limited Qingdao Honghua Tyre Factory Qingdao Koowai Tyre Co., Ltd Qingdao Marcher Rubber Co., Ltd. Qingdao Odyking Tyre Co., Ltd. Qingdao Power Peak Tyre Co., Ltd Qingdao Qizhou Rubber Co., Ltd Qingdao Taihao Tyre Co., Ltd Qingdao Touran Co., Ltd. Qingdao Wangyu Rubber Co., Ltd Shandong Deruibao Tire Co., Ltd Shandong Hawk International Rubber Industry Co., Ltd. Shandong Huifeng Tyre Make Co., Ltd. Shandong Linglong Tyre Co., Ltd. | Em vigor por força de revisão |

								Shandong Luhe Group Co., Ltd
								Shandong Luhe Group Co., Ltd Shandong Taishan Tyre Co., Ltd Shandong Xindga Tyre Co., Ltd Shandong Zhentai Group Co., Ltd. Simerx China Limited. Taian Wecan Machinery Co., Ltd Tianjin United Tire & Rubber Intl Co., Ltd. Trelleborg Wheel Systems (Xingtai) Co. Triangle Tyre Co., Ltd Weifang Jintongda Tyre Co., Ltd Weihai Zhongwei Rubber Co., Limited Xin Bei International Co., Ltd Xuzhou Xugong Tyres Co., Ltd Yantai Wanlei Rubber Tyre Co., Ltd Demais US$ 3.420,75/t	
Pneus de automóveis	Tailândia	Dumping	Associação Nacional da Indústria de Pneumáticos — ANIP	4011.10.00	16/01/2020	R 3/2020	16/01/2025	Sumitomo Rubber (Thailand) Co. Ltd: US$ 1,32/kg Svizz-One Corporation Ltd.: US$ 1,35/kg Demais produtores/exportadores: US$ 1,35/kg	Em vigor
Pneus de automóveis	Taipê Chinês	Dumping	Associação Nacional da Indústria de Pneumáticos — ANIP	4011.10.00	16/01/2020	R 3/2020	16/01/2025	Todos os produtores/exportadores US$ 1,43/kg	Em vigor
Pneus de automóveis	Coreia do Sul	Dumping	Associação Nacional da Indústria de Pneumáticos — ANIP	4011.10.00	16/01/2020	R 3/2020	16/01/2025	Hankook Tire Co. Ltd.: US$ 0,24/kg Kumho Tire Co. Inc. US$ 0,61/kg Nexen Tire Corporation: US$ 0,14/kg Demais produtores/exportadores: US$ 2,56/kg	Suspensa pelo art. 109
Pneus de automóveis	Coreia do Sul	Dumping	Associação Nacional da Indústria de Pneumáticos — ANIP	4011.20.90	22/03/2021	R 176/2021	22/03/2026	Kumho Tires Co. Inc. = US$ 0,32/kg Hankook Tire Co., Ltd. = US$ 0,51/kg Demais = US$ 1,49/kg	Em vigor
Pneus de automóveis	Tailândia	Dumping	Associação Nacional da Indústria de Pneumáticos — ANIP	4011.20.90	22/03/2021	R 176/2021	22/03/2026	Zhongce Rubber Co. Ltd = US$ 0,55/kg Demais = US$ 0,53/kg	Em vigor

Produto	Origem	Prática	Peticionária	NCM	Início	Resolução	Término	Direito	Situação
Pneus de automóveis	Rússia	Dumping	Associação Nacional da Indústria de Pneumáticos — ANIP	4011.20.90	22/03/2021	R 176/2021	22/03/2026	OAO Cordiant = US$ 1,10/kg Demais = US$ 0,72/kg	Em vigor
Pneus de automóveis	China	Dumping	Associação Nacional da Indústria de Pneumáticos — ANIP	4011.20.90	04/05/2021	R 198/2021	04/05/2026	Shandong Linglong Tyre Co., Ltd = US$ 1,05/kg Triangle Tyre Co., Ltd. = US$ 1,07/kg Zhongce Rubber Group Co., Ltd. e Double Coin Holdings Ltd. = US$ 1,12/kg Giti Radial Tire (Anhui) Co. Ltd.; Giti Tire (Chongqing) Company Ltd. e Giti Tire (Fujian) Company Ltd. = US$ 1,31/kg Aeolus Tyre Co., Ltd.; Chaoyang Long March Tyre Co., Ltd.; Cooper Chengshan (Shandong) Tire Company Ltd.; Guangming Tyre Group Co., Ltd.; Jiangsu Hankook Tire Co., Ltd.; Michelin Shenyang Tire Co., Ltd.; Pirelli Tyre Co., Ltd.; Sailun Co., Ltd.; Sailun Jinyu Group Co., Ltd.; Shandong Jinyu Tire Co., Ltd.; Shandong Changfeng Tyres Co., Ltd.; Shandong Hengyu Rubber Co., Ltd.; Shandong Longyue Rubber Co., Ltd.; Shandong Wanda Boto Tyre Co., Ltd.; Shenyang Peace Radial Tyre Manufacturing Co., Ltd; Shouguang Firemax Tyre Co., Ltd; Sinotyre International Group Co., Ltd; Triangle (Weihai) Huamao Rubber Co., Ltd.; Zhaoqing Junhong Co., Ltd. = US$ 1,42/kg Shandong Bayi Tyre Manufacture Co., Ltd. = US$ 1,55/kg Demais empresas = US$ 2,59/kg	Em vigor
Pneus de Carga	Japão	Dumping	Associação Nacional da Indústria de Pneumáticos — ANIP	4011.20.90	22/03/2021	R 176/2021	22/03/2026	Sumitomo Rubber Industries = US$ 0,21/kg Demais = US$ 1,59/kg	Suspensa pelo art. 109
Pneus de moto	China	Dumping	Associação Nacional da Indústria de Pneumáticos — ANIP	4011.40.00	19/12/2019	R 18/2019	19/12/2024	Todos os produtores/exportadores: US$ 2,18/kg	Em vigor
Pneus de moto	Tailândia	Dumping	Associação Nacional da Indústria de Pneumáticos — ANIP	4011.40.00	19/12/2019	R 18/2019	19/12/2024	Todos os produtores/exportadores: US$ 1,10/kg	Em vigor

Produto	País		Medida	Peticionária	NCM	Início da medida	Resolução	Vigência	Alíquota	Situação
Pneus de moto	Vietnã	Dumping	Associação Nacional da Indústria de Pneumáticos — ANIP	4011.40.00	19/12/2019	R 18/2019	19/12/2024	Todos os produtores/exportadores: US$ 2,18/kg	Em vigor
Pneus para bicicleta	China	Dumping	Industrial Levorin S.A. Neotec Indústria e Comércio de Pneus Ltda	4011.50.00	19/02/2020	R 13/2020	19/02/2025	Zhongce Rubber Group Co., Ltd.: US$ 0,29/kg Tianjin Changyu Rubber Products Co. Ltd.; Tianjin Zhengyi Bike Industry Technical Develop Co., Ltd.: US$ 1,43/kg Kenda Rubber (Shen Zhen) Co., Ltd.: US$ 3,85/kg Tianjin Wanda Tire Group Co., Ltd: US$ 3,85/kg Demais empresas: US$ 3,85/kg	Em vigor
Pneus para bicicleta	Índia	Dumping	Industrial Levorin S.A. Neotec Indústria e Comércio de Pneus Ltda	4011.50.00	19/02/2020	R 13/2020	19/02/2025	Govind Rubber Limited: US$ 1,09/kg Freedom Rubber Limited: US$ 1,30/kg Metro Tyres Limited: US$ 1,30/kg Demais empresas: US$ 1,30/kg	Em vigor
Pneus para bicicleta	Vietnã	Dumping	Industrial Levorin S.A. Neotec Indústria e Comércio de Pneus Ltda	4011.50.00	19/02/2020	R 13/2020	19/02/2025	Kenda Rubber (Vietnam) Co., Ltd.: US$ 2,80/kg Demais empresas: US$ 2,80/kg	Em vigor
Porcelanato Técnico	China	Dumping	ANFACER	6907.21.00	05/02/2021	R 152/2021	05/02/2026	Todos os produtores/exportadores: US$ 2,01/m²	Em vigor
Resina de Policloreto de Vinila (PVC-S)	China	Dumping	Braskem S.A.	3904.10.10	14/08/2020	R 73/2020	14/08/2025	Shanghai Chlor-Alkali Chemical Co., Ltd.; Suzhou Huansu Plastics Co., Ltd.; Tianjin Dagu Chemical Co., Ltd; e LG Dagu Chemical Co., Ltd.: 21,6% Demais: 21,6%	Em vigor
Resina de Policloreto de Vinila (PVC-S)	EUA	Dumping	Braskem S.A.	3904.10.10	19/09/2022	R 399/2022	19/09/2027	Todos os produtores/exportadores = 8,2%	Em vigor
Resina de Policloreto de Vinila (PVC-S)	EUA	Dumping	Braskem	3904.10.10	28/09/2016	R 89/2016	28/09/2021	Todas as empresas: 18%	Em vigor por força de revisão

Resina de Policloreto de Vinila (PVC-S)	México	Dumping	Braskem	3904.10.10	28/09/2016	R 89/2016	28/09/2021	Todas as empresas: 16%	Em vigor por força de revisão
Resina de Policloreto de Vinila (PVC-S)	México	Dumping	Braskem S.A.	3904.10.10	19/09/2022	R 399/2022	19/09/2027	Todos os produtores/exportadores = 13,6%	Suspensa pelo art. 109
Resina de Polipropileno (PP)	África do Sul	Dumping	Braskem S.A.	3902.10.20 3902.30.00	28/12/2020	R 134/2020	28/12/2025	Grupo Sasol: 4,6% Demais: 16%	Em vigor
Resina de Polipropileno (PP)	Índia	Dumping	Braskem S.A.	3902.10.20 3902.30.00	28/12/2020	R 134/2020	28/12/2025	Reliance Industries Limited: 6,4% Demais: 9,9%	Em vigor
Resina de Polipropileno (PP)	EUA	Dumping	Braskem	3902.10.20 3902.30.00	01/11/2016	R 104/2016	01/11/2021	Todos os produtores/exportadores: 10,6%	Em vigor por força de revisão
Resina PET	China	Dumping	M&G Polímeros	3907.61.00	28/11/2016	R 121/2016	28/11/2021	China Resources Packaging Materials Co., Ltd.: US$ 119,44/t Jiangsu Xingye Plastic Co., Ltd.: US$ 104,34/t Jiangyin Xingyu New Material Co., Ltd.: US$ 87,23/t Guangdong IVL Pet Polymer Co., Ltd.: US$ 682,38/t Jiangyin Xingtai New Material Co., Ltd., Polymet Commodities Ltd., Shanghai Hengyi Polyester Fiber Co., Ltd., Sinopec Chemical Commercial Holding Company Limited, Wankai Hong Kong International Limited Zhejiang Wankai New Materials Co., Ltd.: US$ 105,40/t Demais: US$ 682,38/t	Em vigor por força de revisão
Resina PET	Índia	Dumping	M&G Polímeros	3907.61.00	28/11/2016	R 121/2016	28/11/2021	Reliance Industries Limited: US$ 193,78/t Dhunseri Petrochem & Tea Ltd.: US$ 468,97/t Demais: US$ 468,97/t	Em vigor por força de revisão

Produto	País		Tipo	Peticionária	NCM	Data início		Resolução	Data fim	Direito	Situação
Resina PET	Taipê Chinês		Dumping	M&G Polímeros	3907.61.00	28/11/2016		R 121/2016	28/11/2021	Lealea Changhua Polyester Fibers Factory: US$ 682,18/t Nan Ya Plastics Corporation: US$ 682,18/t Demais (exceto Far Eastern New Century Corporation): US$ 682,18/t	Em vigor por força de revisão
Resina PET	Indonésia		Dumping	M&G Polímeros	3907.61.00	28/11/2016		R 121/2016	28/11/2021	Pt Indorama Synthetics Tbk: US$ 304,42/t Demais: US$ 304,42/t	Em vigor por força de revisão
Saco de juta	Bangladesh		Dumping	IFIBRAM	6305.10.00	16/09/2022		R 397/2022	16/09/2027	Todas as empresas: US$ 0,16/kg	Em vigor
Seringas Descartáveis	China		Dumping	BECTON DICKINSON INDÚSTRIAS CIRÚRGICAS LTDA.	9018.31.11	22/06/2021		R 216/2021	22/06/2026	Todos os produtores: US$ 3,99/kg	Suspensa por interesse público
Tubos de aço carbono (até 5 polegadas)	Ucrânia		Dumping	Vallourec	7304.19.00	22/09/2020		R 96/2020	22/09/2025	Interpipe Niko Tube LLC e PJSC Interpipe NTRP: US$ 145,26/t Demais: US$ 708,60/t	Em vigor
Tubos de aço carbono não ligado	China		Dumping	Vallourec Soluções Tubulares do Brasil S.A.	7304.31.10, 7304.31.90, 7304.39.10, 7304.39.20 e 7304.39.90	20/07/2022		R 367/2022	20/07/2027	(US$/t) Cnh China Management Co. Ltd. = 1.040,20 Dexin Steel Tube Co. Ltd. = 1.040,20 Doosan Infracore (China) Co., Ltd = 1.040,20 Fiat Powertrain Technologies Mana = 1.040,20 Guangde Dingli Precision Steel Tube Co. Ltd. = 1.356,90 Guangxi Liugong Machinery Co., Ltd. = 1.040,20 Hangzhou Newpioneer Import & Export Co. Ltd. = 1.040,20 Hebei Abter Steel Pipe Co. Ltd. = 1.040,20 Hubei Xinyegang Steel Co. Ltd. = 1.040,20 Hunan Standard Steelco. Ltd. = 1.040,20 Jiangsu Liwan Precision Tube Manufacturing Co. Ltd. = 1.040,20 Jiangsu Sunco Boiler Co. Ltd = 1.356,90 King 9 Technology Company Limited = 1.040,20 Liyang Jinkun Forging & Machining Co. Ltd. = 1.040,20	Em vigor

Produto	Origem	Prática	Peticionária	NCM	Data	Ato legal	Vigência	Direito	Situação
								Ls Machinery (Qingdao) Co. Ltd. = 1.040,20 Minhoo Auto Metal Parts (Guangzhou) Co. Ltd. = 1.040,20 Modine Thermal Systems Changzhou Co. Ltd. = 1.040,20 Nanjing Develop Advanced Manufacturing Co. Ltd. = 1.040,20 Roc-Master Piping Solutions Ltd. = 1.040,20 Shenzhen Wei Tao-Line Industrial Equipment Co. Ltd. = 1.040,20 Sichuan Saiwei Laite Gas Equipament Co. Ltd. = 1.040,20 Suzhou Hong Yang Pipe Co. Ltd. = 1.040,20 Tianjin Pipe Group Corporation = 1.356,90 Weichai Powerweifangspares Parts Co. Ltd. = 1.040,20 Wuxi Dmk Hydraulic Technology Co. Ltd. = 1.040,20 Wuxi Sps Controls Technology Co. Ltd. = 1.040,20 Xi'an Linkun Import & Export Co. Ltd. = 1.040,20 Xuzhou Construction Machinery Group Imp. e Exp. Co. Ltd = 1.040,20 Yangzhou Lontrin Steel Tube Co., Ltd = 1.009,29 Demais Empresas = 1.356,90	
Tubos de aço carbono sem costura	China	Dumping	Vallourec Tubos do Brasil S.A.	7304.19.00	22/08/2017	R 66/2017	22/08/2022	Todas as empresas: US$ 743,00/t	Em vigor por força de revisão

Produto	País	Tipo	Empresa	NCM	Data início	Resolução	Data fim	Alíquota	Situação
Tubos de aço carbono sem costura	Romênia	Dumping	Vallourec Tubos do Brasil S.A.	7304.19.00	22/08/2017	R 67/2017	22/08/2022	Todas as empresas: 14,3%	Em vigor por força de revisão
Tubos de borracha elastomérica	Alemanha	Dumping	Armacell Brasil Ltda.	4009.11.00	22/06/2021	R 215/2021	22/06/2026	Todas as empresas: 56,4%	Em vigor
Tubos de borracha elastomérica	Emirados Árabes	Dumping	Armacell Brasil Ltda.	4009.11.00	22/06/2021	R 215/2021	22/06/2026	Todas as empresas: 21%	Em vigor
Tubos de borracha elastomérica	Itália	Dumping	Armacell Brasil Ltda.	4009.11.00	22/06/2021	R 215/2021	22/06/2026	Todas as empresas: 45,9%	Em vigor
Tubos de plástico para coleta de sangue a vácuo	EUA	Dumping	Greiner Bio-One Brasil Produtos Médicos Hospitalares Ltda	3822.19.90 3926.90.40 9018.39.99	29/04/2021	R 193/2021	29/04/2026	Becton Dickinson and Company = 45,3% Demais = 86,5%	Em vigor
Tubos de plástico para coleta de sangue a vácuo	Reino Unido	Dumping	Greiner Bio-One Brasil Produtos Médicos Hospitalares Ltda	3822.19.90 3926.90.40 9018.39.99	29/04/2021	R 193/2021	29/04/2026	Becton Dickinson and Company = 71,5% Demais = 492,8%	Em vigor
Tubos de plástico para coleta de sangue a vácuo	China	Dumping	Greiner Bio-One Brasil Produtos Médicos Hospitalares Ltda	3822.19.90 3926.90.40 9018.39.99	29/04/2021	R 193/2021	29/04/2026	Guangzhou Improve Medical Instruments Co. Ltd. = 49,5% Weihai Hongyu Medical Devices Co. Ltd. = 97,8% Zhejiang Gongdong Medical Plastic Factory = 80,7% Demais = 638,1%	Em vigor

Produto	Origem	Tipo	Peticionária	NCM	Início	Resolução	Fim	Direito	Situação
Vidros automotivos temperados e laminados	China	Dumping	ABIVIDRO	7007.11.00, 7007.19.00, 7007.21.00, 7007.29.00, 8708.29.99	17/02/2017	R 5/2017	17/02/2022	BSG Auto Glass Co. Ltd.: US$ 1.948,50/t Fuyao (Fujian) Bus Glass Co. Ltd.; Fuyao Fujian Glass Encapsulation Co.; Fuyao Glass (Chongqing) Ltd.; Fuyao Glass (Chongqing) Fittings Co., Ltd.; Fuyao Glass (Hubei) Co. Ltd.; Fuyao Group Beijing Futong Safety Glass Co., Ltd.; Fuyao Group Changchun Ltd.; Fuyao Group Shanghai Automobile Glass Co. Ltd.; Fuyao Group (Shenyang) Automotive Glass Co., Ltd.; Fujian Wanda Automobile Glass Industry Co., Ltd.; Guangzhou Fuyao Glass Co. Ltd.; Shanghai Fuyao Bus Glass Co., Ltd.; Tianjin Hongde Auto Glass Co., Ltd.; Zhengzhou Fuyao Glass Co., Ltd.: US$ 475,15/t Dongguang Benson Automobile Glass Co., Ltd.; Xinyi Automobile Glass (Shenzhen) Co. Ltd.; Shenzen Benson Automobile Glass Co. Ltd.: US$ 2.593,76/t Saint Gobain Hanglas Sekurit (Shanghai) Co., Ltd.: US$ 2.761,35/t Empresas chinesas identificadas no Anexo II da Resolução CAMEX 5/2017: US$ 1.601,07/t Demais: US$ 2.761,35/t	Em vigor por força de revisão

Produto	País	Prática	Peticionária	NCM	Início	Resolução	Término	Direito aplicado	Situação
Vidros de linha fria	China	Dumping	Associação Técnica Brasileira das Indústrias Automáticas de Vidro — ABIVIDRO	7007.19.00	25/06/2020	R 63/2020	25/06/2025	Jiangsu Xiuqiang Glasswork Co., Ltd.: US$ 2,74/m² Arda Zhejiang Electric Co., Ltd.; Changshu Goldenvale Glass Product Co., Ltd.; China National Heavy Duty Truck Group Co., Ltd.; Fuzhou Maxofei Electrical Appliances Co., Ltd.; Guangdong Midea Microwave And Electrical Appliances Manufact; Hangzhou Bojue Trade Co Ltd.; Hexad Industries Corporation Ltd.; Hunan Sunward Intelligent Machinery Co., Ltd.; Lanxiang Building Materials And Indiustrial Equipments (Hk), Lpa Co., Ltd; Modernet Ithalat Ihracat Pazarlama Ve Dis Ticaret Limited Si; Northglass (Hongkong) Industrial Co., Ltd.; Qingdao Globalstar Glass Co., Ltd.; Qingdao Jinyu Glass Products Co., Ltd.; Shandong Yaohua Glass Co., Ltd.; Timetech Glass Co., Ltd; Wuxi Dali Hoisting Machinery Co. Ltd.; Zhangjiang Zaofa Safety Glass Co., Ltd.: US$ 2,74/m² Suzhou Huadong Coating Glass Co., Ltd.: US$ 5,45/m² Demais: US$ 5,45/m²	Em vigor
Vidros Planos Flotados Incolores	China	Dumping	ABIVIDRO	7005.29.00	19/02/2021	R 160/20211	19/02/2026	Xinyi Glass (Tianjin) Co. Ltd. = US$ 179,46/t Qinhuangdao Aoge Glass Co. Ltd; Dongtai China Glass Special Glass Co. Ltd. (China) = US$ 392,55/t Aeon Industries Corporation Ltd.; Avic (Hainan) Special Glass Materials Co. LYD; China Sunwell Glass Co., Ltd.; China Trade Resources Limited; Citiglass Group Ltd.; CitotestLabwareManufcturing Co., Ltd.; Corning Ceramic Materials (Shanghai) Co., Ltd.; Crystal Stone Glass Co., Ltd.; CSGH Glass Co., Ltd.; Dalian F.T.Z. Fulong Glass Products Ltd.; DezhouJinghua Group Zhenhua Co.; Dongtai China Glass Special Co., Ltd.; East Snow International Co., Ltd.; Fengyang Glass Co., Ltd.; Glory Glass Mirror Co. Limited; Hebei CS Glass Ltd.; Hebei CSG Glass Co., Ltd.; Hexad Industries Corporation Ltd.; Huaxing Float Glass Co., Ltd.; Huaxing Mirror Co., Ltd.; Jing Yu International Trading	Em vigor

| | | | | | | | | Company Ltd.; King Tai Industry Co., Ltd.; Korea Class Export & Import Corporation; Lanxiang Building Materials and Industrial Equipments HK; Lanxiang Building Materials And Industrial Equipments HK Ltd.; Mahko International PTE Ltd.; Merit International Co., Ltd.; Mingyue Float Glass Co., Ltd.; ModernetIthalatIhracatPazarlamaVe Dis TicaretLtd. Si; Northglass (Hong Kong) Industrial Co., Ltd.; OG Industry Group Co., Ltd.; Orient Industry Group Co., Ltd.; Pelican Reef; Q.C. Glass Co. Ltd.; Qindgao Globalstar Glass Co., Ltd.; Qingdao August Industry and Trading Co., Ltd.; Qingdao Chengye Glass Co., Ltd.; Qingdao CIMC Especial Vehicles Co., Ltd.; Qingdao Dongyao Glass Co., Ltd.; Qingdao Jifond International Ltd.; Qingdao Orient Industry Co., Ltd.; Qingdao Orient Industry Group Co., Ltd.; Qingdao Rocky Industry Co., Ltd.; Rider Glass Co., Ltd.; Rocky Development Co., Ltd.; Runtai Industry Co., Ltd.; S.J.G.G. Ltd.; Sanerosy Glass Co., Ltd.; Sanyang Building Glass Co., Ltd.; SC G H Glass Co., Ltd.; Shandong Golden Faith Industrial Co., Ltd.; Shandong Jinjing Energy Efficient Glass Co., Ltd.; Shandong Jinjing Energy Saving Glass Co., Ltd.; Shandong Jinjing Science & Technology Co., Ltd.; Shandong Jinjing Science & Technology Stock Co.; Shandong Jinjing Science & Technology Stock Co., Ltd.; Shandong Jurun Building Material Co., Ltd.; Shanghai Hai-Qing Industries Co., Ltd.; Shanxi Qingyao Glass Co., Ltd.; Shen Zhen Hailutong Trading Co Ltd. O/B Vital Indl Group Ltd.; Shenzhen CSG Float Glass Co., Ltd.; Shenzhen Jimy Glass Co., Ltd.; Shenzher Southern Float Glass Co., Ltd.; Shouguang Jingmei Glass Product Co., Ltd.; Shouguang Yaobang Imp. & Exp. Industry Co., Ltd.; Tengzhou Jinjing Glass Co., Ltd.; TG Changjiang Glass Co., Ltd.; TG Tianjin Glass Co., Ltd.; TG Tianjin Glass Ltd.; ThengzhouJinjing | |

Produto	País							Valores	Situação
								Glass Co., Ltd.; VG Glass Industrial Group Ltd.; Vital Industrial Group Ltd.; Weilan Glass Co., Ltd.; Xinjiefu Float Glass Co., Ltd.; Xinyi Group (Glass) Company Limited; Xinyi Glass (Jiangmen) Limited; Xinyi Glass (Wuhu) Company Limited; Xinyi Group (Glass) Company Limited; Xinyi Ultrathin Glass (Dungguan) Co., Ltd.; Xinyi Ultrathin Glass Co., Ltd.; Yin Tong (Dongguan City) Glass Co., Ltd.; ZhangzhouKibing Glass Co., Ltd.; ZhangzhouKibing Glass Ltd.; Zhejiang Gobom Holdings Company Limited = US$ 328,33/t Demais = US$ 392,55/t	
Vidros Planos Flotados Incolores	Egito	Dumping	ABIVIDRO	7005.29.00	19/02/2021	R 160/2021	19/02/2026	Saint Gobain Glass Egypt = US$ 185,74/t Sphinx Glass = US$ 185,74/t Demais = US$ 185,74/t	Em vigor
Vidros Planos Flotados Incolores	Emirados Árabes Unidos	Dumping	ABIVIDRO	7005.29.00	19/02/2021	R 160/2021	19/02/2026	Emirates Float Glass LLC = US$ 83,4/t Demais = US$ 148,57/t	Em vigor
Vidros Planos Flotados Incolores	México	Dumping	ABIVIDRO	7005.29.00	19/02/2021	R 160/2021	19/02/2026	Vitro Vidrio y Cristal, S.A. de C.V. = US$ 134,88/t Guardian Industries V.P.S. de RL de CV = US$ 0/t Saint-Gobain México, S.A. de C.V. = US$ 347,27/t Demais = US$ 359,3/t	Suspensa pelo art. 109

*Informações sobre as revisões de final de período em curso podem ser encontradas no seguinte endereço: https://www.gov.br/produtividade-e-comercio-exterior/pt-br/assuntos/comercio-exterior/defesa-comercial-e-interesse-publico/investigacoes/investigacoes-de-defesa-comercial.

9.8. QUESTÕES

1. (ESAF — AFTN — 1996) De uma forma geral, entende-se por *dumping* a venda de produtos no exterior a preços menores do que aqueles praticados no mercado interno. Esse fenômeno pode ocorrer em razão de várias causas, entre as quais se destacam a existência de excedentes de produção em grande escala, a redução de tarifas para os produtos exportados e, principalmente, a concessão de subsídios governamentais. As medidas *antidumping* são tomadas quando

a) o fenômeno ocorre em decorrência de pelo menos uma das causas mencionadas no enunciado acima e devidamente comprovada.

b) o fenômeno ocorre em decorrência de pelo menos duas das causas mencionadas no enunciado acima devidamente comprovadas.

c) o fenômeno, comprovadamente, traz consigo uma forma de discriminação comercial que, portanto, fere um dos princípios básicos do GATT/OMC.

d) a entrada maciça desses produtos mais baratos ameaça a estabilidade de preços internos, e, consequentemente, a estabilidade da moeda.

e) a entrada desses produtos mais baratos compromete o crescimento e mesmo a existência da produção nacional no setor.

2. (ESAF — AFTN — 1996) Nem sempre o *dumping* é um mal. Há casos em que o país tem grande interesse em importar certos produtos pelo menor preço possível. Se os produtores de petróleo decidissem baixar os preços desse insumo através de subsídios, provavelmente nenhum importador iria tomar alguma medida *antidumping*. Indique a circunstância em que o *dumping* é considerado predatório.

a) Quando os subsídios embutidos no preço do produto importado ultrapassam os limites estabelecidos pelo GATT.

b) Quando o produto importado concorre diretamente com produtos nacionais e quando se percebe a clara intenção de estabelecer o domínio sobre o mercado.

c) Quando o mercado é restrito e não existe concorrência nacional.

d) Quando o volume das importações é suficiente para alterar os preços no mercado interno.

e) Quando se trata de produto industrializado e que é objeto de regulamentação específica.

3. (ESAF — AFTN — 1996) Entende-se por *"dumping* social"

a) as vantagens comerciais decorrentes dos fluxos migratórios.

b) a exportação deliberada de excedentes de mão de obra.

c) o estabelecimento de subsídios aos produtos exportados de elevado custo social.

d) a venda de produtos no mercado internacional a preços muito baixos, em razão da existência de um mercado de trabalho doméstico aviltado.

e) a utilização de mecanismos de subsídios à produção e comercialização de bens cuja produção é feita com mão de obra intensiva.

4. (ESAF — AFTN — 1998) Nas afirmativas abaixo mencionadas há uma declaração incorreta acerca do conceito e/ou do processo de *dumping*. Identifique-a.

a) Trata-se de uma prática desleal de comércio.

b) Não basta provar a existência do *dumping*, é necessário provar que houve dano à produção doméstica.

c) *Dumping* é a introdução de um bem no mercado doméstico por um preço de exportação inferior ao valor normal, isto é, ao seu preço de custo.

d) A empresa que se sentir prejudicada deve endereçar uma petição à Secretaria de Comércio Exterior (SECEX) solicitando uma ampla investigação.

e) Caso os resultados da investigação concluam pela procedência da reclamação, as autoridades fixarão direitos *antidumping*.

5. (ESAF — AFRF — 2001) Acerca do *Dumping* não é correto afirmar:

a) Caso não haja a venda de produto similar no mercado doméstico, deve-se comparar com vendas de produtos similares em outros mercados.

b) Para uma medida *antidumping* ser adotada é preciso que haja uma investigação de acordo com o *Acordo Antidumping*.

c) O GATT e a OMC não proíbem práticas de *dumping* se elas forem voltadas para o mercado interno.

d) Um produto é exportado com preço de *dumping* se é introduzido no comércio exterior de outro país por um valor inferior ao vendido no mercado doméstico.

e) Os custos devem ser calculados com base no registro do país importador do bem.

6. (ESAF — AFRF — 2001) Não constitui prática restritiva adotada pelos governos:

a) Formação e operação de cartéis de crise, cujo objetivo é a recuperação de indústrias em dificuldade.

b) Manutenção de barreiras à entrada no mercado de produto estrangeiro para proteger o produtor doméstico.

c) Acordos de preços predatórios para os produtos exportados e para os produtos de venda doméstica.

d) Negociação de acordos voluntários de exportação.

e) Estabelecimento de relações privilegiadas fornecedor-cliente, impedindo acesso ao mercado de fornecedores externos.

7. (ESAF — AFRF — 2001) Sobre os Direitos Compensatórios, pode-se fazer todas as afirmativas abaixo, exceto que

a) uma investigação para ser iniciada necessita de uma determinação de uma autoridade da área competente.

b) direitos compensatórios só podem ser impostos após uma investigação ter sido iniciada e conduzida de acordo com os dispositivos do Acordo sobre Medidas Compensatórias.

c) os membros devem assegurar que a imposição de direitos compensatórios sobre qualquer produto do território de outro membro e que seja importado para dentro de seu território esteja de acordo com o Artigo VI do Acordo Geral.

d) no caso de subsídios acionáveis que estejam causando dano material à indústria doméstica, o membro pode escolher aplicação de antissubsídios ou medidas compensatórias.

e) a investigação deve ser encerrada e as autoridades envolvidas estiverem satisfeitas de que não existe evidência suficiente de subsídio ou de dano.

8. (ESAF — AFRF — 2001) Entre as afirmativas abaixo, indique aquela que não constitui subsídio permitido pela Organização Mundial do Comércio (OMC).

a) Apoio para atividades de pesquisa.

b) Subsídios genéricos.

c) Assistência para regiões desfavorecidas.

d) Apoio para promover adaptações de instalações existentes para novas exigências de ambiente impostas por lei que resultem em carga financeira desde que, entre outras, esse apoio seja único e não ultrapasse a 20% do custo de adaptação.

e) Tarifas de Transporte e Fretes mais favoráveis para produtos destinados à exportação.

9. (ESAF — AFRF — 2002) O tratamento fiscal aplicável na valoração aduaneira das mercadorias objeto de dumping

a) assemelhando-se a uma importação de mercadorias a um preço inferior aos preços correntes de mercado para mercadorias idênticas, é o da rejeição pelo Fisco do valor declarado.

b) é o mesmo reservado às mercadorias importadas a um preço inferior aos preços correntes de mercado para mercadorias idênticas, ou seja, o valor declarado deve ser admitido pelo Fisco, sem prejuízo de seu direito à confirmação do valor de transação.

c) consiste em acrescer ao valor de transação a parcela correspondente à margem de dumping necessária a tornar o valor de transação igual ao do preço corrente de mercado para mercadorias idênticas.

d) é o mesmo reservado às mercadorias objeto de subfaturamento, ou seja, a diferença entre o preço corrente de mercado para mercadorias idênticas e o valor de transação deverá ser tributado à alíquota fixada na Tarifa Externa Comum, com aplicação das multas fiscais e administrativas previstas nos artigos 524 e 526, III do Regulamento Aduaneiro.

e) visto tratar-se o dumping de uma prática desleal no comércio exterior, consiste na rejeição do valor declarado, selecionando-se a mercadoria para o canal cinza de conferência aduaneira e aplicando-se à mercadoria um valor baseado no preço das mercadorias vendidas para exportação para um terceiro país.

10. (ESAF — AFRF — 2002) Sobre direitos compensatórios é correto afirmar-se que

a) objetivam corrigir danos causados à produção doméstica pelo aumento súbito de importações.

b) são aplicados pelo país importador quando comprovada a prática de dumping pelo país exportador e após estimado o dano causado à indústria doméstica.

c) são aplicados pelo país exportador para corrigir danos causados por medidas restritivas e outras práticas desleais de comércio impostas pelo país importador sempre que caracterizado o dano à produção nacional deste último.

d) associam-se à neutralização de medidas restritivas ao comércio como normas sanitárias, barreiras técnicas e regras de origem quando não compatíveis com acordos multilaterais.

e) envolvem a aplicação, pelo país importador, de gravames às importações com o propósito de neutralizar efeitos distorcivos sobre o comércio decorrentes de medidas de apoio às exportações implementadas no país de que procedem e que ferem a normativa multilateral.

11. (ESAF — AFRF — 2002) Quando vinculados às exportações, os subsídios distorcem as condições de concorrência internacional, o que, de acordo com as normas da Organização Mundial de Comércio (OMC), faculta ao país afetado adotar medidas restritivas. Tais medidas são denominadas:

a) medidas antidumping;

b) salvaguardas;

c) barreiras não tarifárias;

d) medidas compensatórias;

e) medidas suspensivas.

12. (ESAF — AFRF — 2003) Sobre a prática do dumping no comércio internacional, é correto afirmar-se que

a) é considerada prática desleal de comércio e define-se como a determinação do preço de exportação de uma mercadoria com base nas diferenças entre os custos de produção nos mercados de origem e de destino.

b) é admissível na normativa da Organização Mundial do Comércio desde que devidamente mensurado em sua magnitude e impacto sobre os fluxos de comércio e sempre que almeje a conquista de mercados onde não há condições equitativas de concorrência.

c) é incongruente com a normativa da Organização Mundial do Comércio na medida em que define a formação do preço de um bem exportável em patamares inferiores aos custos de produção desse mesmo bem nos mercados a que se destina.

d) é prática de formação de preços que, caso implique o deslocamento de competidores em mercados de exportação, passa a ser considerada desleal, consistindo na concessão de subsídios à produção e à exportação com vistas a elevar a competitividade preço de um bem exportado.

e) representa medida considerada distorcida das condições de competição, consistindo na fixação de um preço de exportação para um determinado bem menor que aquele praticado no mercado em que este mesmo bem é produzido.

13. (ESAF — AFRF — 2005) Assinale a opção correta.

a) A medida de salvaguarda, quando aplicada, deve incidir tão somente em relação aos países responsáveis pelo surto de importação no país que adota a medida. A esse respeito, segundo o Acordo sobre Salvaguardas da OMC, a medida somente pode ser aplicada em relação aos países cuja participação no mercado do país importador seja igual ou superior a 30% (trinta por cento) em relação ao produto investigado.

b) Os pressupostos de aplicação das medidas de salvaguarda são: (i) surto de importações, (ii) existência de prejuízo grave à indústria nacional e (iii) nexo causal entre o surto de importações e o prejuízo grave à indústria nacional. A ameaça de prejuízo grave não é suficiente para dar ensejo à aplicação de uma medida de salvaguarda.

c) A China, que faz parte da Organização Mundial do Comércio, está sujeita à incidência de salvaguardas transitórias. Com base no Protocolo de Acessão do país à Organização, não é necessário o prejuízo grave para que se justifique uma salvaguarda contra a China, bastando, sob este quesito, a ocorrência ou ameaça de desorganização de mercado provocada pelo surto de importações chinesas.

d) Como medida de defesa comercial que é, a salvaguarda não dá ensejo à compensação comercial para os países que vierem a ser prejudicados por sua aplicação.

e) O surto de importações, para que possa justificar a salvaguarda, precisa ser verificado em termos absolutos. Nesse sentido, não basta que o aumento significativo das importações se verifique apenas em comparação com a produção nacional.

14. (ESAF — AFRFB — 2009) Acerca das práticas desleais de comércio e respectivas medidas de defesa, e tomando por base a normativa da Organização Mundial do Comércio, é correto afirmar que

a) a prática do dumping consiste na venda de um produto por preço inferior ao custo de produção de seu similar no mercado de exportação e enseja, de parte do país importador, como forma de defesa, a imposição de salvaguardas comerciais.

b) a adoção de restrições quantitativas às importações, embora proibida pelo Acordo Geral de Tarifas e Comércio (GATT), é lícita como medida prévia de defesa à prática do dumping, vigorando provisoriamente até o início de investigação por parte do Órgão de Solução de Controvérsias da Organização Mundial do Comércio.

c) a imposição de salvaguardas comerciais é justificada quando comprovada a concessão, pelo país exportador, de subsídios específicos em favor da produção de um bem a ser exportado, mas é condicionada à efetiva comprovação e determinação do dano causado pelos subsídios à produção doméstica no país importador.

d) o aumento abrupto de importações provocando grave prejuízo à indústria doméstica faculta a adoção, pelo país importador, de direitos compensatórios, envolvendo a implementação de restrições quantitativas e/ou a redução de direitos aduaneiros aplicados às suas exportações na medida e no tempo necessários para sanar o dano original.

e) a concessão de subsídios que sejam vinculados diretamente ao desempenho das exportações ou ao uso preferencial de insumos e bens domésticos àqueles importados pode ensejar a abertura de investigação no marco da OMC e a subsequente aplicação de direitos compensatórios.

15. (ESAF — AFRFB — 2012) Sobre práticas desleais de comércio e medidas de defesa comercial, é correto afirmar que:

a) as medidas antidumping se materializam na cobrança de valores adicionais quando da importação do produto objeto da medida.

b) para aplicar uma medida antidumping, é suficiente comprovar a prática de discriminação de preços em mercados nacionais distintos.

c) o subsídio específico não enseja a aplicação de medidas compensatórias, pois apenas o subsídio geral é considerado ilegal com base nas regras da OMC.

d) as medidas de salvaguarda, destinadas a proteger a indústria nacional que estejam sendo afetadas por surtos repentinos de importações de produtos concorrentes, devem vigorar pelo prazo máximo de seis anos.

e) por se tratar de uma medida que impõe exceção a um comércio que está sendo praticado de forma leal, a medida de salvaguarda prescinde de processo prévio de investigação.

GABARITO

1. A alternativa correta é a letra "e". As demais alternativas são confusas, misturam conceitos e estão, portanto, incorretas.

2. Pergunta tecnicamente muito ruim, porque já no enunciado mistura os conceitos de dumping e subsídio, além de utilizar um exemplo descabido, como o petróleo (por se tratar de *commodity*, com preços estipulados em bolsa de mercadorias e futuros, não faz sentido praticar dumping com petróleo). De qualquer forma, a alternativa correta é a letra "b", que dispõe de forma adequada sobre o conceito (devemos lembrar, contudo, que o preço de exportação, na hipótese, teria de ser inferior ao preço interno do país importador, premissa essencial para a existência do dumping). As demais alternativas estão incorretas, pois nem sequer se referem ao conceito.

3. A alternativa correta é a letra "d", pois o "dumping social" (expressão inadequada, mas frequentemente utilizada e, portanto, objeto de questões de concurso) decorre da inexistência ou baixo índice de direitos trabalhistas no país exportador, com consequente redução dos custos de produção e vantagem competitiva indevida, mediante ataque simultâneo aos direitos fundamentais do ser humano e ao princípio econômico da livre concorrência.

4. A alternativa "c" está incorreta porque relaciona preço de exportação a custo para fins de determinação do dumping, quando o correto seria comparar aquele ao preço de venda no mercado interno do exportador. As demais alternativas estão corretas.

5. A alternativa que deve ser assinalada é a letra "a", que está incompleta, pois o artigo 2.2 do Acordo sobre Direitos Antidumping determina que "caso inexistam vendas do produto similar no curso normal das ações de comércio no mercado doméstico do país exportador ou quando, em razão de condições específicas de mercado ou por motivo do baixo nível de vendas no mercado doméstico do país exportador tais vendas não permitam comparação adequada, a margem de *dumping* será determinada por meio de comparação com o preço do produto similar ao ser exportado para um terceiro país adequado, desde que esse preço seja representativo ou com o custo de produção no país de origem acrescido de razoável montante por conta de custos administrativos, comercialização e outros além do lucro". As demais alternativas estão corretas, com a ressalva de que, no nosso entendimento, a prática de dumping não é possível no mercado interno, pois só ocorre no âmbito do comércio internacional (breve comentário em relação à alternativa "c", que, por isso mesmo, está correta).

6. A alternativa correta é a letra "c", pois preços predatórios e produtos de venda doméstica são, por definição, questões internas de cada país, que não afetam diretamente o comércio internacional. As demais alternativas constituem práticas restritivas ao comércio.

7. A alternativa "a" está incorreta e deve ser assinalada, pois a investigação parte da análise dos pressupostos da prática de subsídio e prescindem de autorizações específicas do setor envolvido. As demais alternativas estão adequadas, embora a linguagem pudesse ser mais técnica, a exemplo da alternativa "d".

8. A alternativa que deve ser assinalada é a letra "e", pois o incentivo imotivado aos fretes, no sentido de baratear os custos de exportação, não é permitido pela OMC. As demais alternativas veiculam subsídios permitidos.

9. Pergunta bastante inteligente, cuja alternativa correta é a letra "b", dado que o tratamento fiscal aplicável ao dumping deve ser o mesmo conferido às mercadorias importadas a preços inferiores aos de mercado. Primeiro porque o dumping não altera os procedimentos de valoração, que devem apurar o valor da transação entre as partes. Depois porque as mercadorias objeto de dumping são **verdadeiramente** importadas por valores baixos, que correspondem à realidade do contrato firmado entre as partes (o preço, embora distorcido, obedece ao negócio jurídico, ou seja, representa efetivamente o valor acertado entre as partes e, nesse sentido, não se confunde com a figura do subfaturamento, que se constitui em declaração inidônea do importador). As demais alternativas estão incorretas.

10. A alternativa correta é a letra "e", porque as medidas compensatórias são a contrapartida dos subsídios praticados pelos Estados, como incentivo artificial às exportações. Ressalte-se que a pergunta é inteligente ao relacionar as medidas compensatórias aos subsídios sem citá-los expressamente (na verdade, o examinador apresentou o seu conceito). As demais alternativas veiculam ideias totalmente incompatíveis com o enunciado, razão pela qual estão incorretas.

11. Pergunta objetiva e de fácil resposta, cuja alternativa correta é a letra "d".

12. A alternativa correta é a letra "e", pois apresenta o conceito de dumping e o qualifica como prática distorcida (poderia também ser considerada como abusiva ou desleal) do comércio internacional. A alternativa "a" está incorreta porque o dumping não é apurado pelas diferenças entre os custos de produção, mesmo problema que atinge a alternativa "c". A alternativa "b" está incorreta porque a prática de dumping é inadmissível à luz da normativa da OMC. Por fim, a alternativa "d" está incorreta porque o dumping não pode ser entendido como prática de formação de preços nem se confunde com os subsídios.

13. A alternativa correta é a letra "c", pois o citado Protocolo permitiu, em caráter temporário, um tratamento diferenciado em relação aos produtos chineses. Foi incluída uma cláusula especial, conhecida como *Transitional Product-Specific Safeguard Mechanism* (com vigência até 2013) — que permitia a aplicação unilateral de uma salvaguarda, sem compensação. Assim, na medida em que as exportações chinesas superarem 7,5% do fluxo registrado em relação aos 12 meses anteriores, o país prejudicado poderia aplicar uma salvaguarda, depois de dois meses de consultas com o governo chinês, sem a necessidade de comprovação de grave dano à indústria doméstica. O protocolo também previu condições especiais para produtos têxteis, com vigência até 2008. A alternativa "a" está incorreta por conta do direcionamento, que é discriminatório e vedado pela OMC. A alternativa "b" está incorreta porque a ameaça de prejuízo grave pode ensejar a aplicação de uma salvaguarda. A alternativa "d" está incorreta porque, no âmbito das salvaguardas, podem ser geradas compensações, enquanto a alternativa "e" também está errada porque a comparação pode ser feita em termos relativos, conforme o prejuízo causado à indústria local.

14. A alternativa correta é a letra "e", que apresenta hipótese de aplicação de direitos compensatórios. A alternativa "a" está incorreta porque não corresponde ao conceito de dumping; enquanto as alternativas "b", "c" e "d" estão incorretas porque confundem o tempo de aplicação e a própria natureza das medidas cabíveis.

15. Pergunta simples, cuja alternativa correta é a letra "a", pois os direitos ou medidas antidumping devem ser pagos quando da importação dos produtos gravados. A letra "b" está incorreta porque a simples discriminação de preços não é suficiente para justificar a aplicação dos direitos antidumping. A alternativa "c" está errada pois a especificidade é condição determinante para a apuração do subsídio, enquanto a letra "d" não pode prosperar porque, em regra, o prazo para as medidas de salvaguarda não deve ser superior a quatro anos. A letra "e" é absurda, pois o processo de investigação para a aplicação das medidas de salvaguarda está previsto na normativa internacional e foi integralmente recepcionado pelo ordenamento brasileiro.

9.9. MATERIAL DIGITAL

VÍDEO
http://uqr.to/1y39f

10

CLASSIFICAÇÃO ADUANEIRA DE MERCADORIAS

A complexidade das transações do comércio internacional exige conhecimento técnico e esforços significativos dos **agentes privados** (elaboração de contratos de compra e venda, definição da cadeia logística e operações de crédito e seguros, por exemplo) e das **autoridades públicas**, que têm a missão de controlar as atividades aduaneiras, de caráter administrativo, tributário ou cambial, entre outras possibilidades.

Com base nesse cenário multifacetado, parece óbvio que o acompanhamento efetivo e permanente das mercadorias importadas ou exportadas não se constitui em tarefa simples.

Embora pareça razoável imaginar que, sob a ótica privada, os importadores e exportadores **conheçam** os produtos que vendem ou adquirem, inúmeras dificuldades poderiam surgir a partir da utilização da chamada **linguagem natural**, pois tantas são as variações linguísticas que seria impossível afirmar que um item trivial, como uma "cadeira", tivesse exatamente o mesmo entendimento em qualquer país, ainda que a palavra fosse traduzida para diversos idiomas.

A princípio, porque existem muitos tipos de cadeiras, com especificações, utilidades, *design* e preços incrivelmente diferentes. Some-se a isso o fato de que a cadeira pode ser conhecida não pelo nome, mas pela marca, grife ou estilo, e resta fácil perceber o tamanho da confusão. Se considerarmos, ainda, que outras pessoas terão interesse direto na operação que envolve a nossa hipotética cadeira, como os transportadores, seguradores, agentes de carga e despachantes, apenas para citar os mais frequentes, veremos que o sistema precisa de algum método de **codificação**, capaz de tornar inequívocas as características das mercadorias que transitam pelo comércio internacional.

E ainda nem mencionamos a dificuldade de controle no caso das autoridades aduaneiras, que, além do aspecto comercial, possuem outras preocupações, como o contrabando, o descaminho ou o tráfico de entorpecentes.

Como se costuma dizer que *a necessidade é a mãe da invenção*, no início dos anos 1970 vários especialistas se reuniram, sob o patrocínio da **Organização Mundial das Aduanas (OMA)**, com a hercúlea missão de criar um sistema codificado, que pudesse ser utilizado em escala global e alcançasse, **sem exceções**, todas as mercadorias **existentes e por existir** (é verdade, porque a cada instante novos produtos são patenteados e lançados no mercado mundial).

Examinada em perspectiva, a tarefa, além de descomunal, parecia virtualmente impossível. Para surpresa de muitos, os especialistas, reunidos em Bruxelas, conseguiram sintetizar, em um modelo com apenas **seis dígitos**, todo o universo de produtos imagináveis, o que viabilizou, após sua implantação, a aplicação concreta e eficaz de regras dos mais diversos tratados em matéria de direito do comércio internacional.

Estava criado o *Sistema Harmonizado de Designação e de Codificação de Mercadorias*, ou simplesmente **Sistema Harmonizado (SH)**[1], estrutura fundamental para o controle fiscal e regulatório do comércio em quase todos os países do globo.

10.1. SISTEMA HARMONIZADO DE DESIGNAÇÃO E DE CODIFICAÇÃO DE MERCADORIAS

O Sistema Harmonizado (SH) é o método internacional de classificação de mercadorias, cuja nomenclatura se destina a múltiplos propósitos, criado e administrado, como vimos, pela Organização Mundial das Aduanas.

O modelo é baseado em uma estrutura de códigos e respectivas descrições, que atualmente inclui mais de **5 mil categorias** de produtos[2], cada qual identificada por **seis dígitos**, organizados de forma lógica, cuja determinação decorre de regras de interpretação uniformes e internacionalmente aceitas.

A matriz jurídica por trás do Sistema Harmonizado é a **Convenção Internacional sobre o Sistema Harmonizado de Designação e de Codificação de Mercadorias**, celebrada em Bruxelas em 14 de junho de 1983, sob os auspícios do antigo *Conselho de Cooperação Aduaneira* (hoje Organização Mundial da Aduanas), com as alterações promovidas pelo Protocolo de Emenda assinado em 24 de junho de 1986.

Segundo dados atuais, 161 países, mais a União Europeia, assinaram a Convenção do Sistema Harmonizado, embora, na prática, a codificação seja utilizada, para fins **tributários** e **estatísticos**, por mais de 200 países, que representam quase 99% do comércio internacional atual[3].

No Brasil, a Convenção foi aprovada pelo Decreto Legislativo n. 71, de 11 de outubro de 1988, e promulgada pelo Decreto n. 97.409, de 23 de dezembro de 1988[4].

Conquanto o objetivo precípuo da classificação de mercadorias seja notadamente **tributário**, não se pode olvidar sua importância na coleta, comparação e análise das estatísticas do comércio internacional que permitem, ainda, a uniformização de documentos e transmissão de dados entre as administrações aduaneiras. Nesse sentido, podemos dizer que a Convenção do Sistema Harmonizado também possibilitou a utilização de informações mais precisas e comparáveis, não somente em relação às mercadorias, mas no que tange aos preços dos fretes, meios de transporte e dados nacionais de produção[5].

---

[1] Em inglês, *Harmonized Coding and Description System (Harmonized System — HS)*.

[2] A base de dados da Organização Mundial das Aduanas contabiliza aproximadamente 200 mil produtos diferentes transacionados no comércio internacional.

[3] Segundo a OMA, a Convenção sobre o Sistema Harmonizado é utilizada por 212 partes contratantes. Disponível em: https://www.wcoomd.org/en/topics/nomenclature/overview/list-of-contracting-parties-to-the-hs-convention-and-countries-using-the-hs.aspx. Acesso em: out. 2024.

[4] Com alterações posteriores promovidas pelo Decreto n. 766/93.

[5] O Sistema Harmonizado também ensejou a correlação das mercadorias com a Classificação Uniforme para o Comércio Internacional (CUCI), adotada pelas Nações Unidas.

A codificação do Sistema Harmonizado, composta de **seis dígitos**, permite que sejam atendidas as especificidades dos produtos, tais como origem, matéria constitutiva e aplicação, por meio de uma sequência numérica lógica, crescente e de acordo com o nível de sofisticação (ou grau de intervenção humana/industrialização) das mercadorias.

A estrutura do Sistema Harmonizado abrange:

▣ **Nomenclatura** — compreende 21 Seções, composta de 96 Capítulos, além das Notas de Seção, de Capítulo e de Subposição. Os capítulos, por sua vez, são divididos em Posições e Subposições, atribuindo-se códigos numéricos a cada um dos desdobramentos citados. O Capítulo 77 se encontra vazio e foi reservado para eventual utilização futura do Sistema Harmonizado, enquanto os Capítulos 98 e 99 se destinam a usos especiais pelas partes contratantes da Convenção. O Brasil, por exemplo, utiliza o Capítulo 99 para registrar operações especiais na exportação.

▣ **Regras Gerais para a Interpretação do Sistema Harmonizado** — estabelecem normas hermenêuticas para a determinação concreta da classificação das mercadorias na Nomenclatura.

▣ **Notas Explicativas do Sistema Harmonizado (NESH)** — representam o entendimento administrativo decorrente da análise técnica de dúvidas e questionamentos levados à OMA e, nesse sentido, fornecem esclarecimentos detalhados acerca do Sistema Harmonizado, especialmente quanto ao alcance e conteúdo da Nomenclatura.

Os países signatários da Convenção do Sistema Harmonizado se obrigam, a partir da introdução nos respectivos ordenamentos jurídicos, a alinhar suas **nomenclaturas pautal**[6] e **estatísticas**[7] de acordo com o modelo, o que implica utilizar todas as Posições e Subposições, sem qualquer alteração nos códigos numéricos e, ainda, aplicar de forma integral as Regras Gerais de Interpretação, bem como todas as Notas de Seção, de Capítulo e de Subposição, sem modificar a disposição de tais estruturas. São permitidas, contudo, adaptações de texto em razão das legislações nacionais.

Todas as partes contratantes deverão publicar suas estatísticas de comércio exterior com base no sistema de seis dígitos, salvo para informações de natureza sigilosa ou essenciais à segurança nacional.

O Sistema Harmonizado permite que os países ou blocos econômicos criem, no âmbito das respectivas nomenclaturas pautal e estatísticas, subdivisões para a classificação de mercadorias de nível **mais detalhado** que o original, desde que tais subdivisões sejam acrescentadas e codificadas para além do código numérico de seis dígitos, a exemplo do que ocorre no Mercosul, cuja nomenclatura utiliza até **oito dígitos**.

A Convenção do Sistema Harmonizado estabeleceu regras de transição mais favoráveis aos países em desenvolvimento, a fim de que houvesse um período facultativo

---

[6] Entende-se por "nomenclatura pautal" a estabelecida de acordo com a legislação do país signatário para a cobrança dos direitos aduaneiros na importação.

[7] Nomenclaturas estatísticas são as criadas pela parte contratante para a coleta dos dados destinados ao levantamento das operações de importação e exportação. Os países poderão, ainda, criar nomenclatura única para as questões tributárias e estatísticas, conhecida como *Nomenclatura Pautal e Estatística Combinada*.

para a adoção do modelo. Além disso, determinou que os países desenvolvidos prestassem **assistência técnica** aos demais, em termos mutuamente convencionados, especialmente quanto à formação de pessoal, à transposição das antigas nomenclaturas para o Sistema Harmonizado e à orientação necessária para manter os sistemas atualizados, em razão de emendas e alterações porventura introduzidas.

Atualmente existe, no âmbito da Organização Mundial das Aduanas, um comitê especializado para tratar das questões relativas ao sistema harmonizado, formado por representantes de cada signatário da Convenção, que se reúne ao menos duas vezes por ano.

O Comitê do Sistema Harmonizado possui as seguintes funções:

- apresentar os projetos de emenda ao Sistema Harmonizado, especialmente em função da evolução das técnicas ou das estruturas do comércio internacional;
- redigir as Notas Explicativas, Pareceres de Classificação e outros pareceres para interpretação do Sistema Harmonizado;
- formular Recomendações com o objetivo de assegurar interpretação e aplicação uniformes do Sistema Harmonizado;
- compilar e difundir todas as informações relativas à aplicação do Sistema Harmonizado;
- fornecer, de ofício ou mediante solicitação, às partes contratantes, aos membros da OMA e, quando julgar conveniente, a organizações intergovernamentais e outros organismos internacionais, informações e diretrizes sobre quaisquer questões relativas à classificação de mercadorias no Sistema Harmonizado;
- apresentar, em cada sessão, relatórios sobre as suas atividades, incluindo propostas de alteração, Notas Explicativas, Pareceres de Classificação e outros pareceres.

Conquanto as regras do Sistema Harmonizado se submetem aos preceitos da Convenção e suas emendas, a interpretação oficial do SH decorre das **notas explicativas**, publicadas pela Organização Mundial das Aduanas em cinco volumes, cujos idiomas oficiais são o inglês e o francês.

As decisões sobre interpretação e aplicação do Sistema Harmonizado se tornam definitivas **dois meses** depois da aprovação pelo Comitê. A constante tentativa de uniformização dos entendimentos, em face do desenvolvimento tecnológico e da dinâmica do comércio internacional, é um dos grandes desafios da OMA.

Como consequência, existe previsão de atualização periódica do Sistema Harmonizado, muitas vezes mediante solicitação de setores privados, por meio dos respectivos governos.

O processo de revisão se inicia com o encaminhamento do pedido pelo país solicitante, diretamente para o **Subcomitê de Revisão**[8] da Organização Mundial das Aduanas. Se a proposta for simples, poderá ser aceita na primeira oportunidade de revisão. Todavia, se a questão for complexa ou controvertida, deverá ser discutida com os países

---

[8]   O Subcomitê de Revisão (*Review Sub-Committee* — RSC, em inglês) tem por função precípua receber as demandas dos países e elaborar as emendas ao Sistema Harmonizado, junto das notas explicativas correspondentes. Desde 1988, quando o modelo efetivamente entrou em funcionamento, houve cinco alterações, em 1992, 1996, 2002, 2007 e 2012.

signatários e representantes das indústrias interessadas, mediante consulta, procedimento que pode se tornar bastante demorado.

Quando a proposta for tecnicamente aceita, o texto correspondente, com as devidas considerações, será encaminhado para o Comitê do Sistema Harmonizado, para manifestação. Dentro do chamado **ciclo de revisão**, que normalmente dura entre cinco e seis anos, todas as emendas aprovadas serão agregadas à nomenclatura e apresentadas ao Conselho da OMA. Se houver consenso entre os países, as emendas integrarão o modelo e serão publicadas na próxima versão do Sistema Harmonizado.

Como o Sistema Harmonizado serve de referência para a tributação do comércio exterior em quase todos os países do globo, a aprovação de novas emendas tende a ser objeto de grandes debates, pois qualquer alteração pode significar incrementos ou perdas substanciais tanto para os governos como para as indústrias.

Em razão disso, prevalece o princípio de que, embora as atualizações sejam necessárias, o sistema deve ser o mais estável possível e que eventuais modificações exigem cuidado e parcimônia, em razão dos interesses e conflitos em jogo.

Devem ser consideradas, ainda, diversas situações de ordem prática, pois a alteração do Sistema Harmonizado demanda, por exemplo, a adaptação de todo o texto da Nomenclatura (notas, índices etc.), a tradução para outros idiomas que não o inglês e o francês, a adoção da nova versão conforme os processos legislativos de cada membro e a revisão das bases de dados e estatísticas internacionais.

10.2. TARIFA EXTERNA COMUM E NOMENCLATURA COMUM DO MERCOSUL

O artigo 1.º do Tratado de Assunção determinou que um dos objetivos do Mercosul seria o estabelecimento de uma tarifa externa comum e a adoção de políticas comerciais harmonizadas em relação a outros países ou blocos econômicos.

No Brasil, a **Tarifa Externa Comum (TEC)**, elaborada com base na **Nomenclatura Comum do Mercosul (NCM)**, foi introduzida pelo Decreto n. 1.343/94, com efeitos a partir de 1.º de janeiro de 1995[9], e alterações posteriores.

A versão atual do Sistema Harmonizado (SH-2022), com as alterações da VII Emenda à Convenção, foi aprovada pelo **Grupo Mercado Comum** do Mercosul pela Decisão GMC n. 16/2021 e publicada no Brasil pela Resolução GECEX n. 272, de 29 de novembro de 2021, que determinou sua vigência a partir de 1.º de abril de 2022.

A atualização, que é feita a cada cinco anos, tem por objetivo adequar o sistema às necessidades internacionais e nesta nova versão passou a abranger questões ambientais e sociais de interesse global, além de promover emendas em 351 conjuntos de produtos. Segundo a OMA, a maior parte das alterações se relaciona à posição 70.19 (fibras de vidro) e 84.62 (máquinas de moldagem de metais).

Neste passo, convém ressaltar a **diferença** entre a NCM e a TEC, porque os conceitos usualmente geram confusão.

---

[9] Antes da criação do Mercosul, o Brasil classificava mercadorias com base na NBM (Nomenclatura Brasileira de Mercadorias, que possuía **dez dígitos**) e aplicava as alíquotas do imposto de importação correspondentes a partir da Tarifa Aduaneira do Brasil (TAB), mecanismos atualmente extintos, assim como o próprio Decreto n. 1.343/94, que se encontra revogado.

A Nomenclatura Comum do Mercosul (NCM) representa a **relação completa de mercadorias** e **respectivos códigos** que Brasil, Argentina, Paraguai e Uruguai adotam, desde janeiro de 1995, com base no Sistema Harmonizado. Assim, dos **oito dígitos** que compõem a NCM, os seis primeiros **são idênticos** ao padrão internacional, estabelecido pelo SH, enquanto o **sétimo** e **oitavo** dígitos (conhecidos como *item* e *subitem*) correspondem a desdobramentos específicos atribuídos no âmbito do Mercosul[10].

Por seu turno, a Tarifa Externa Comum (TEC) indica as **alíquotas do imposto de importação** aplicáveis a todas as mercadorias da Nomenclatura e empregadas de maneira uniforme pelos países do Mercosul, salvo para os produtos constantes das **listas de exceções**, de que trataremos mais adiante.

De modo didático, a correlação entre os instrumentos pode ser entendida a partir do seguinte exemplo, bastante simples.

A Nomenclatura poderia ser comparada a uma lista telefônica, com a relação de todas as pessoas de determinado lugar. Se quisermos localizar alguém na lista, devemos percorrê-la **verticalmente**, em ordem alfabética, até encontrarmos o nome desejado. Só que, em vez de se basear no alfabeto, a Nomenclatura utiliza códigos numéricos sequenciais, conforme definidos pelo Sistema Harmonizado. Mas como o objetivo é encontrar o telefone da pessoa, e não apenas o seu nome, nossa expectativa é de que o número esteja disposto, **horizontalmente**, ao lado do nome que encontramos. O número do telefone do nosso exemplo equivale à alíquota do imposto de importação para aquela mercadoria, de acordo com os valores fixados na Tarifa Externa Comum.

O ato de classificar mercadorias, portanto, consiste basicamente em localizar o produto desejado na NCM e verificar qual é a alíquota prevista na TEC para o imposto de importação. Mas a tarefa não é simples, por vários motivos, alguns relativos à própria natureza das mercadorias e outros por força de decisões políticas peculiares adotadas pelo Mercosul.

Um dos maiores problemas do Bloco (responsável, inclusive, pela impossibilidade de o considerarmos, nos atuais moldes, como união aduaneira, conforme já tivemos a oportunidade de observar) é que, ao aprovar a Tarifa Externa Comum, os países decidiram incluir **mecanismos excepcionais** de ajuste das tarifas locais, por meio da publicação de listas de exceções para produtos economicamente sensíveis, que, *em tese*, teriam prazo definido para atingir, conforme o princípio da **convergência**, os níveis gerais da TEC.

Frisamos a expressão "em tese", porque até hoje diversos produtos continuam a receber tratamento tributário diferenciado, muito embora a convergência já devesse ter sido concluída há anos, nos termos do que foi originalmente pactuado entre os membros do Mercosul.

Com efeito, a **Decisão CMC n. 26/2015** autoriza a manutenção da lista de exceções, que pode ser unilateralmente alterada a cada **seis meses**, em até 20% dos códigos. Com a proximidade de vencimento dos prazos, o Mercosul, repetindo o que faz há trinta

---

[10] A infinita criatividade brasileira resolveu, recentemente, que "apenas" oito dígitos podem não ser suficientes para a individualização de certos produtos, de forma que foi criado o **Detalhamento Brasileiro de Nomenclatura (DBN)**, que acrescerá até 4 dígitos ao código NCM, para fins de controle estatístico e de tratamento do comércio exterior. Atualmente, existe um grupo de trabalho encarregado da tarefa, criado pela Resolução CAMEX n. 6/2013.

anos, publicou a Decisão CMC n. 11/2021, que estendeu o prazo para que os membros mantenham suas listas de exceções.

Na prática, isso significa que cada país poderá manter uma Lista Nacional de Exceções à Tarifa Externa Comum (TEC), nas seguintes condições:

- **Argentina:** até 100 códigos NCM até 31 de dezembro de 2028.
- **Brasil:** até 100 códigos NCM até 31 de dezembro de 2028.
- **Paraguai:** até 649 códigos NCM até 31 de dezembro de 2030.
- **Uruguai:** até 225 códigos NCM até 31 de dezembro de 2029.

Em síntese, a **harmonização tributária** no Mercosul, após mais de três décadas da assinatura do Tratado de Assunção, continua uma verdadeira "colcha de retalhos", por meio da qual os países criam exceções à Tarifa Externa Comum, com nítida intenção protecionista, para atender às pressões dos empresários locais e em clara ofensa aos princípios que devem nortear qualquer processo de integração.

Atualmente, portanto, existem diversas possibilidades de **tratamento excepcional** à Tarifa Externa Comum que dificultam o avanço e a consolidação do Mercosul como união aduaneira, conforme demonstramos a seguir:

- **Lista de Exceções à TEC** — trata-se da "lista autorizada" por país, que, no caso brasileiro, pode contemplar até cem códigos NCM, cujas alíquotas estão assinaladas com o sinal "#".

No caso do Brasil, a lista de exceções à Tarifa Externa Comum pode ser alterada, por **inclusões** ou **exclusões** e dentro do limite de cem códigos NCM, duas vezes ao ano.

Os produtos relacionados poderão ter alíquotas **inferiores** ou **superiores** ao patamar da TEC, desde que não ultrapassem os níveis consolidados no âmbito da Organização Mundial do Comércio (OMC).

As solicitações de alteração são apreciadas por grupo técnico composto de especialistas de diversos ministérios e, se aprovadas, veiculadas por Resoluções da CAMEX.

- Lista de Exceções para **Bens de Informática e Telecomunicações (BIT)** — contempla produtos tecnológicos considerados sensíveis, cujas alíquotas estão assinaladas com o sinal "§" na TEC.

Os produtos classificados na NCM como Bens de Informática e Telecomunicações (BIT) ou Bens de Capital (BK) possuem alíquotas diferenciadas, que foram mantidas até 31 de dezembro de 2028 pela decisão CMC n. 08/2021, no âmbito do Mercosul.

O procedimento, no Brasil, decorre da solicitação de **ex-tarifário**[11]**, que permite a redução temporária** no imposto de importação de partes, peças e componentes do setor de informática e telecomunicações, por dois anos.

---

[11] A concessão do regime de *ex-tarifário* permite a redução temporária das alíquotas do imposto de importação para Bens de Capital (BK) e de Informática e Telecomunicações (BIT), desde que não exista produção nacional.

Os produtos beneficiados possuem a designação "ex" na NCM, com numeração específica e descrição técnica minuciosa.

No intuito de reduzir os custos para o aprimoramento da indústria nacional, os chamados **bens de capital**, não produzidos no país, poderão ser beneficiados pelo regime de ex-tarifário, com redução temporária na alíquota do imposto de importação, por até dois anos, passíveis de prorrogação.

Os procedimentos para a análise e concessão dos ex-tarifários para bens de capital seguem o mesmo rito dos produtos de informática e telecomunicações, inclusive quanto à apuração do mérito do pedido e verificação de produção nacional.

Atualmente, vigora no Mercosul o **Regime Comum de Bens de Capital Não Produzidos**. Por enquanto, os países poderão manter, em caráter excepcional e transitório, os regimes nacionais de importação de bens de capital, com redução nas alíquotas, nos casos do Brasil e da Argentina (Paraguai e Uruguai utilizam alíquotas ainda mais benéficas, de até 0%).

O setor automotivo sempre foi objeto de tratamento diferenciado no Brasil, seja pelo número de empregos gerados, pela força histórica dos sindicatos ou mesmo em razão da forte pressão que as empresas exercem sobre o governo.

O resultado dessa conjunção de fatores é que, no país, temos umas das maiores (senão a maior) alíquotas de imposto de importação para veículos do mundo, o que significa que um automóvel custa aqui, em média, duas vezes o valor praticado em seu país de origem.

A distorção permanece desde a criação do Mercosul, de tal sorte que as alíquotas no país são bem maiores do que as pactuadas regionalmente, tanto para veículos como para autopeças. Na prática, alguns itens são tratados como Bens de Capital (BK) enquanto outros, mais sofisticados, se enquadram como produtos de Informática (BIT).

O **Grupo do Mercado Comum**, por meio da Resolução GMC n. 49/2019, permite a utilização de reduções temporárias de alíquotas para produtos sob risco inesperado de desabastecimento, de modo a garantir condições normais de mercado ou, pelo menos, atenuar possíveis crises de fornecimento.

As medidas deverão ser adotadas pela **Comissão de Comércio do Mercosul**, com base nas seguintes regras[12]:

Art. 2.º As medidas que a CCM aprovar, em conformidade com o presente mecanismo, serão aplicadas às importações de bens, nos casos de impossibilidade de abastecimento normal e fluido na região, resultante de desequilíbrios entre oferta e demanda, devido a:

1. Inexistência temporária de produção regional do bem;
2. Existência de produção regional do bem, mas o Estado-Parte produtor não conta com oferta suficiente para atender às quantidades demandadas;
3. Existência de produção regional de um bem similar, mas este não possui as características exigidas pelo processo produtivo da indústria do Estado-Parte solicitante.

---

[12] Artigo 2.º do Anexo da Resolução GMC n. 49/2019.

10.2.1. Alterações na tarifa externa comum

A Tarifa Externa Comum do Mercosul, em vigor desde 1994, sofreu grande influência política do Brasil, que a utiliza, até os dias de hoje, para manter fluxos vantajosos entre os mercados regionais e como instrumento de negociação com os países desenvolvidos.

Dada a supremacia e relevância econômica do nosso país, Argentina, Paraguai e Uruguai (especialmente os dois últimos) foram tratados como *regimetakers*, ou seja, aceitaram a posição brasileira desde que pudessem estabelecer **regimes temporários** de proteção comercial, com a adoção de alíquotas diferenciadas e prazos mais elásticos de adaptação ao processo de integração.

Infelizmente a prática tende a se perpetuar, de ambos os lados da balança, até porque o Brasil também possuía interesses significativos em determinados produtos, que recebem tratamento especial, como os que pudemos observar no tópico anterior.

Em tese, a Tarifa Externa Comum, elaborada com base na Nomenclatura Comum do Mercosul (que, por sua vez, segue as regras do Sistema Harmonizado), possuía alíquotas que podem variar entre **0% e 20%**, com intervalos de dois pontos percentuais, segundo as diretrizes aprovadas pelo Conselho do Mercado Comum.

Eventuais alterações nesses limites poderão ser realizadas, mediante delegação do Conselho, pelo Grupo Mercado Comum, mediante Resoluções, como a que dispõe sobre os produtos ameaçados de desabastecimento.

O problema reside no fato de que o Conselho do Mercado Comum admitiu, em **casos excepcionais**, a adoção de alíquotas superiores a 20% para certos tipos de bens, como os inseridos no universo automotivo, além de calçados, tecidos e confecções, entre outros possíveis exemplos. Isso significa que boa parte do volume total de bens transacionados (em valores, não em quantidade) corresponde a itens com alíquotas diferenciadas, criadas e mantidas por força de regimes especiais de importação presentes em todos os membros do Mercosul.

Existem, portanto, **duas possibilidades** de alteração nas alíquotas da Tarifa Externa Comum: a primeira, válida para todos os países e negociada em **caráter permanente**[13], e a segunda, com as modificações decorrentes de **ajustes temporários**, a partir de concessões unilaterais, desde que enquadradas nos regimes de excepcionalidade (inclusão na lista de exceções, concessão de *ex-tarifários* ou hipóteses de desabastecimento).

10.3. ESTRUTURA DA NOMENCLATURA COMUM DO MERCOSUL

A sistemática de classificação dos códigos na Nomenclatura Comum do Mercosul (NCM) obedece à seguinte estrutura, de até oito dígitos:

---

[13] As alterações permanentes devem ser previamente analisadas pelo Comitê de Tarifas, Nomenclatura e Classificação de Mercadorias (CT.1), com encaminhamento à Comissão de Comércio do Mercosul e posterior aprovação pelo Grupo Mercado Comum, mediante a publicação de Resolução específica, que, no Brasil, será convalidada por Resolução da CAMEX.

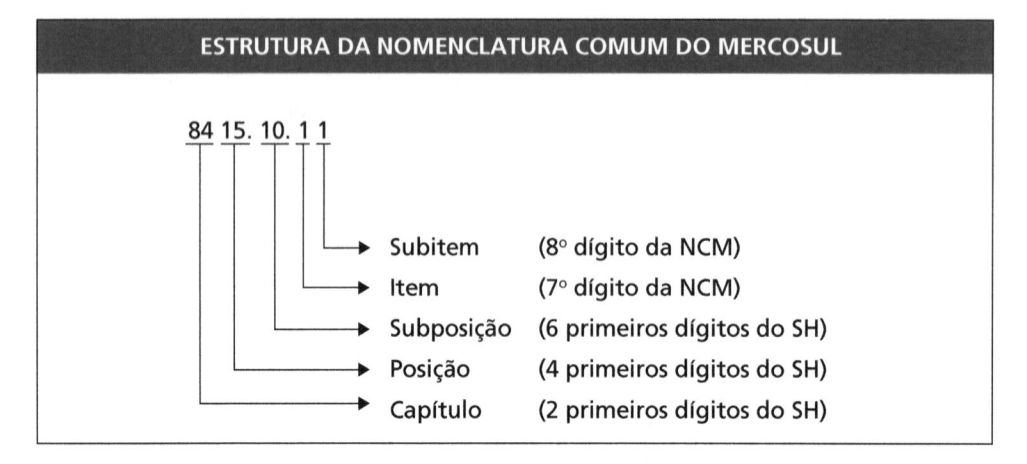

ESTRUTURA DA NOMENCLATURA COMUM DO MERCOSUL

84 15. 10. 1 1

→ Subitem   (8° dígito da NCM)
→ Item   (7° dígito da NCM)
→ Subposição   (6 primeiros dígitos do SH)
→ Posição   (4 primeiros dígitos do SH)
→ Capítulo   (2 primeiros dígitos do SH)

Observação: o código NCM citado representa um *aparelho de ar-condicionado, para utilização em paredes, com capacidade inferior ou igual a 30.000 frigorias/hora, do tipo* "split-system" *(sistema com elementos separados).*

Este código é resultado dos seguintes desdobramentos:

Tabela 10.1. Exemplo de codificação na NCM

SEÇÃO	XVI	MÁQUINAS E APARELHOS, MATERIAL ELÉTRICO, E SUAS PARTES; APARELHOS DE GRAVAÇÃO OU DE REPRODUÇÃO DE SOM, APARELHOS DE GRAVAÇÃO OU DE REPRODUÇÃO DE IMAGENS E DE SOM EM TELEVISÃO, E SUAS PARTES E ACESSÓRIOS
CAPÍTULO	84	Reatores nucleares, caldeiras, máquinas, aparelhos e instrumentos mecânicos, e suas partes
POSIÇÃO	84.15	Máquinas e aparelhos de ar-condicionado que contenham um ventilador motorizado e dispositivos próprios para modificar a temperatura e a umidade, incluindo as máquinas e aparelhos em que a umidade não seja regulável separadamente
SUBPOSIÇÃO	8415.10	Do tipo concebido para ser fixado numa janela, parede, teto ou piso (pavimento), formando um corpo único ou do tipo *split-system* (sistema com elementos separados)
ITEM	8415.10.1	Com capacidade inferior ou igual a 30.000 frigorias/hora
SUBITEM	8415.10.11	Do tipo *split-system* (sistema com elementos separados)

Ressalte-se que escolhemos, propositalmente, um produto que utiliza os **oito dígitos** da NCM, a fim de demonstrar a diferença entre o modelo adotado pelo Mercosul e aquele utilizado na maioria dos países. Assim, o mesmo produto, classificado com base no Sistema Harmonizado tradicional, teria apenas **seis dígitos** e, portanto, a classificação iria até a subposição 84.15.10.

Nesse passo, o leitor deve ter percebido que a **posição** (quatro primeiros dígitos) representa o grau mínimo de descrição do produto. No nosso exemplo sabemos que, em qualquer país, a posição 84.15 indica um **aparelho de ar-condicionado**, mas não temos informações precisas quanto às suas características. Porém, na medida em que aprofundamos a análise, vale dizer, acrescentamos **mais dígitos** à classificação, conseguimos identificar o produto com mais riqueza de detalhes, de tal sorte que a subposição 84.15.10

revela tratar-se de exemplar utilizado em paredes ou janelas, informação suficiente para o Sistema Harmonizado.

A codificação da NCM, contudo, decidiu estender a classificação até o oitavo **dígito**, que considera a capacidade do aparelho (sétimo dígito, chamado *item*) e confirma que o modelo é do tipo *split-system* (oitavo dígito, denominado *subitem*).

Convém reiterar que os procedimentos de classificação e respectivas conclusões são idênticos nos dois padrões (NCM e SH), porque o produto é exatamente o mesmo. A única diferença decorre do maior grau de precisão que a NCM enseja, normalmente em função da possibilidade de se aplicar **alíquotas distintas** para produtos semelhantes, mas com peculiaridades que justificam a medida.

De forma didática, costumamos dizer que a maior quantidade de dígitos da NCM, em relação ao Sistema Harmonizado, equivale ao que conhecemos como "número de casas depois da vírgula" na matemática. Se considerarmos o famoso **número π**, por exemplo, sabemos que ele pode ser representado por 3,1416 ou 3,1415926535897932 ou, ainda, com infinitas casas decimais[14]. Embora o número signifique sempre a mesma coisa, ou seja, a relação entre as grandezas do perímetro de uma circunferência e seu diâmetro, a quantidade maior de casas decimais nos permite conhecê-lo com mais exatidão.

Vejamos agora como fica a situação tributária do nosso exemplo, conforme a Tarifa Externa Comum em vigor[15]:

Tabela 10.2. Codificação na NCM com alíquotas

NCM	DESCRIÇÃO	TEC (%)
84.15	Máquinas e aparelhos de ar-condicionado que contenham um ventilador motorizado e dispositivos próprios para modificar a temperatura e a umidade, incluindo as máquinas e aparelhos em que a umidade não seja regulável separadamente	
8415.10	Dos tipos utilizados em paredes ou janelas, formando um corpo único ou do tipo *split-system* (sistema com elementos separados)	
8415.10.1	Com capacidade inferior ou igual a 30.000 frigorias/hora	
8415.10.11	Do tipo *split-system* (sistema com elementos separados)	18
8415.10.19	Outros	20
8415.10.90	Outros	12,6 BK

Podemos verificar que as alíquotas para aparelhos de ar-condicionado variam em razão de determinadas características, com valores entre 12,6% (*ex-tarifário* para bens de capital) e 20%, donde se conclui pela importância da correta classificação, que deve ser feita pelo importador, sujeita à homologação pela Receita Federal, que também tem competência para apreciar **pedidos de consulta** sobre classificação fiscal.

---

[14] Como curiosidade, sabe-se que diversos matemáticos (japoneses, especialmente) possuem verdadeira fascinação pelo número π, que já foi calculado com 5 trilhões de casas decimais.

[15] Conforme alíquotas vigentes no primeiro trimestre de 2014.

10.4. REGRAS DE INTERPRETAÇÃO DO SISTEMA HARMONIZADO

A complexidade e a variedade de produtos transacionados no comércio internacional abriram espaço para o desenvolvimento de um novo campo de estudo, denominado **merceologia**, que analisa as técnicas empregadas na compra e venda de produtos (aspecto comercial) e os processos de classificação e especificação das mercadorias (aspecto técnico).

Classificar corretamente as mercadorias é tarefa essencial para o controle aduaneiro, pois a partir das posições encontradas será possível avaliar o impacto tributário nas importações, bem como a existência de outras obrigações ou regimes especiais.

Segundo Cesar Dalston[16], a classificação de mercadorias possui cinco princípios:

■ princípio da **equivalência conceitual** — implica que, sob a ótica classificatória, não tem sentido qualquer distinção entre produto, mercadoria e bem;

■ princípio da **plena identificação** da mercadoria — o processo exige que o objeto merceológico se apresente adequadamente desvendado, ou seja, conhecido naquelas características, propriedades e funções necessárias a sua classificação;

■ princípio da **hierarquia** — baseado na ideia de que a merceologia é parte integrante da classificação de mercadorias, mas a recíproca não é verdadeira;

■ princípio da **unicidade de classificação** — em uma nomenclatura de mercadorias e dentro do universo dos possíveis códigos para abarcar uma mercadoria específica, não é possível classificá-la em posições diferentes;

■ princípio da **distinção** das mercadorias — não se deve discriminar os produtos por critérios diferentes daquelas características que as fazem próprias.

O ponto de partida para a correta classificação de mercadorias é o conjunto de **Regras Gerais para Interpretação do Sistema Harmonizado**, que na sistemática da Nomenclatura Comum do Mercosul é composto de **seis regras** (mais a **regra complementar**) que devem ser aplicadas em ordem sequencial, até se obter o adequado enquadramento do produto sob análise, conforme segue:

Regra 1. Os títulos das Seções, Capítulos e Subcapítulos têm apenas valor indicativo. Para os efeitos legais, a classificação é determinada pelos textos das posições e das Notas de Seção e de Capítulo e, desde que não sejam contrárias aos textos das referidas posições e Notas, pelas Regras seguintes.

Regra 2. Subdivide-se em dois tópicos:

a) qualquer referência a um artigo em determinada posição abrange esse artigo mesmo incompleto ou inacabado, desde que apresente, no estado em que se encontra, as características essenciais do artigo completo ou acabado. Abrange igualmente o artigo completo ou acabado, ou como tal considerado nos termos das disposições precedentes, mesmo que se apresente desmontado ou por montar;

b) qualquer referência a uma matéria em determinada posição diz respeito a essa matéria, quer em estado puro, quer misturada ou associada a outras matérias. Da mesma forma, qualquer referência a obras de uma matéria determinada abrange as

---

[16] Cesar Olivier Dalston. *Classificando mercadorias*. São Paulo: Aduaneiras, 2005.

obras constituídas inteira ou parcialmente dessa matéria. A classificação destes produtos misturados ou artigos compostos efetua-se conforme os princípios enunciados na Regra 3.

Regra 3. Quando pareça que a mercadoria pode classificar-se em duas ou mais posições por aplicação da Regra 2b ou por qualquer outra razão, a classificação deve efetuar-se da forma seguinte:

a) a posição mais específica prevalece sobre as mais genéricas. Todavia, quando duas ou mais posições se refiram, cada uma delas, a apenas uma parte das matérias constitutivas de um produto misturado ou de um artigo composto, ou a apenas um dos componentes de sortidos acondicionados para venda a retalho, tais posições devem considerar-se, em relação a esses produtos ou artigos, como igualmente específicas, ainda que uma delas apresente uma descrição mais precisa ou completa da mercadoria;

b) os produtos misturados, as obras compostas de matérias diferentes ou constituídas pela reunião de artigos diferentes e as mercadorias apresentadas em sortidos acondicionados para venda a retalho, cuja classificação não se possa efetuar pela aplicação da Regra 3a, classificam-se pela matéria ou artigo que lhes confira a característica essencial, quando for possível realizar essa determinação;

c) nos casos em que as Regras 3a e 3b não permitam efetuar a classificação, a mercadoria classifica-se na posição situada em último lugar na ordem numérica, dentre as suscetíveis de validamente se tomarem em consideração.

Regra 4. As mercadorias que não possam ser classificadas por aplicação das Regras acima enunciadas classificam-se na posição correspondente aos artigos mais semelhantes.

Regra 5. Além das disposições precedentes, as mercadorias a seguir mencionadas estão sujeitas às Regras seguintes:

a) os estojos para aparelhos fotográficos, para instrumentos musicais, para armas, para instrumentos de desenho, para joias e receptáculos semelhantes, especialmente fabricados para conterem um artigo determinado ou um sortido, e suscetíveis de um uso prolongado, quando apresentados com os artigos a que se destinam, classificam-se com estes últimos, desde que sejam do tipo normalmente vendido com tais artigos. Esta Regra, todavia, não diz respeito aos receptáculos que confiram ao conjunto a sua característica essencial;

b) sem prejuízo do disposto na Regra 5a, as embalagens contendo mercadorias classificam-se com estas últimas quando sejam do tipo normalmente utilizado para o seu acondicionamento. Todavia, esta disposição não é obrigatória quando as embalagens sejam claramente suscetíveis de utilização repetida.

Regra 6. A classificação de mercadorias nas subposições de uma mesma posição é determinada, para efeitos legais, pelos textos dessas subposições e das Notas de Subposição respectivas, assim como, *mutatis mutandis*, pelas Regras precedentes, entendendo-se que apenas são comparáveis subposições do mesmo nível. Para os fins da presente

Regra, as Notas de Seção e de Capítulo são também aplicáveis, salvo disposições em contrário.

Regra Geral Complementar (RGC)

1. RGC-1) As Regras Gerais para Interpretação do Sistema Harmonizado se aplicarão, *mutatis mutandis*, para determinar dentro de cada posição ou subposição, o item aplicável e, dentro deste último, o subitem correspondente, entendendo-se que apenas são comparáveis desdobramentos regionais (itens e subitens) do mesmo nível.

2. RGC-2) As embalagens contendo mercadorias e que sejam claramente suscetíveis de utilização repetida, mencionadas na Regra 5b, seguirão seu próprio regime de classificação sempre que estejam submetidas aos regimes aduaneiros especiais de admissão temporária ou de exportação temporária. Caso contrário, seguirão o regime de classificação das mercadorias.

Existe, ainda, uma regra específica para a tributação do **setor aeronáutico**, que **não integra** o Sistema Harmonizado, mas que pode ser solicitada em provas e concursos, razão pela qual a reproduzimos a seguir.

Regra de Tributação para Produtos do Setor Aeronáutico

1. Estão sujeitas à alíquota de 0% as importações das seguintes mercadorias:

■ aeronaves e outros veículos, compreendidos na posição 88.02;

■ aparelhos de treinamento de voo em terra e suas partes, compreendidos nas subposições 8805.21 e 8805.29;

■ produtos fabricados em conformidade com especificações técnicas e normas de homologação aeronáuticas, utilizados na fabricação, reparação, manutenção, transformação ou modificação de aeronaves e outros veículos, quando compreendidos nas subposições relacionadas na tabela a seguir:

Tabela 10.3. Subposições destinadas ao setor aeronáutico com alíquota 0%

2710.12	4009.22	5906.10	7216.40	7320.90	8412.90	8504.32	8539.51
2710.19	4009.31	5906.99	7216.50	7322.90	8413.19	8504.33	8539.52
2710.20	4009.32	5909.00	7216.61	7324.10	8413.20	8504.40	8539.90
3208.10	4009.41	5910.00	7216.69	7324.90	8413.30	8504.50	8540.60
3208.20	4009.42	5911.10	7216.91	7325.99	8413.50	8504.90	8541.10
3208.90	4010.19	5911.32	7216.99	7326.19	8413.60	8505.11	8541.21
3209.10	4010.35	5911.90	7217.10	7326.20	8413.70	8505.19	8541.29
3209.90	4010.39	6003.10	7217.20	7326.90	8413.81	8505.20	8541.30
3214.10	4011.30	6003.90	7217.30	7407.10	8413.91	8505.90	8541.41
3214.90	4012.13	6303.12	7217.90	7407.21	8414.10	8506.50	8541.42
3402.90	4012.20	6303.19	7218.10	7407.29	8414.20	8506.80	8541.43
3403.19	4013.90	6303.91	7218.91	7408.19	8414.30	8506.90	8541.49
3403.99	4015.90	6303.92	7218.99	7408.21	8414.51	8507.10	8541.51
3506.10	4016.10	6303.99	7219.11	7408.29	8414.59	8507.20	8541.59

3506.91	4016.91	6304.93	7219.12	7409.11	8414.80	8507.30	8541.60
3506.99	4016.93	6304.99	7219.13	7409.19	8414.90	8507.50	8542.31
3603.10	4016.95	6307.20	7219.14	7409.29	8415.81	8507.60	8542.32
3603.20	4016.99	6307.90	7219.21	7409.39	8415.82	8507.80	8542.33
3603.30	4017.00	6812.80	7219.22	7410.11	8415.83	8507.90	8542.39
3603.40	4114.10	6812.91	7219.23	7410.12	8415.90	8511.10	8543.20
3603.50	4114.20	6812.99	7219.24	7410.21	8418.10	8511.20	8543.70
3603.60	4205.00	6813.20	7219.31	7411.10	8418.30	8511.30	8543.90
3810.10	4407.11	6813.81	7219.32	7411.21	8418.40	8511.40	8544.19
3810.90	4407.12	6813.89	7219.33	7411.29	8418.61	8511.50	8544.20
3811.29	4407.13	6815.11	7219.34	7412.10	8418.69	8511.80	8544.30
3811.90	4407.14	6815.12	7219.35	7412.20	8418.99	8516.10	8544.42
3814.00	4407.19	6815.13	7219.90	7413.00	8419.50	8516.29	8544.49
3815.19	4407.29	6815.19	7220.11	7415.10	8419.81	8516.50	8544.60
3819.00	4407.91	6910.90	7220.12	7415.21	8419.90	8516.60	8544.70
3822.19	4407.99	6914.90	7220.20	7415.29	8421.19	8516.80	8545.20
3824.84	4408.90	7003.12	7220.90	7415.33	8421.21	8516.90	8716.80
3824.85	4412.31	7007.11	7221.00	7415.39	8421.23	8517.11	8716.90
3824.86	4412.33	7007.21	7222.11	7418.20	8421.29	8517.14*	8804.00
3824.87	4412.34	7009.91	7222.19	7419.20	8421.31	8517.61	8805.21
3824.88	4412.39	7009.92	7222.20	7419.80	8421.32	8517.62	8805.29
3824.89	4412.41	7014.00	7222.30	7505.12	8421.39	8517.69	8807.10
3824.91	4412.42	7018.20	7222.40	7505.22	8421.99	8517.71	8807.20
3824.92	4412.49	7019.12	7223.00	7506.20	8424.10	8517.79	8807.30
3824.99	4412.91	7019.13	7224.10	7507.12	8424.49	8518.10	8807.90
3906.90	4412.92	7019.61	7224.90	7507.20	8424.89	8518.21	8903.11
3907.10	4412.99	7019.62	7225.11	7508.10	8424.90	8518.22	8903.12
3907.21	4421.91	7019.63	7225.19	7508.90	8425.11	8518.29	8903.19
3907.29	4421.99	7019.64	7225.30	7604.10	8425.19	8518.30	8907.10
3907.30	4504.90	7019.65	7225.40	7604.21	8425.31	8518.40	8907.90
3907.40	4821.90	7019.66	7225.50	7604.29	8425.39	8518.50	9001.10
3907.50	4823.90	7019.69	7225.91	7605.11	8425.42	8518.90	9001.90
3907.91	4908.90	7019.71	7225.92	7605.19	8425.49	8519.81	9002.90
3907.99	5007.20	7019.72	7225.99	7605.21	8426.99	8519.89	9013.80
3908.10	5007.90	7019.73	7226.11	7605.29	8428.10	8521.10	9013.90
3908.90	5109.10	7019.80	7226.19	7606.11	8428.20	8521.90	9014.10
3909.10	5111.19	7019.90	7226.20	7606.12	8428.33	8522.90	9014.20
3909.20	5111.90	7020.00	7226.91	7606.91	8428.39	8523.52	9014.80
3909.31	5112.19	7115.90	7226.92	7606.92	8428.70	8523.59	9014.90
3909.39	5112.30	7208.10	7226.99	7607.11	8428.90	8523.80	9015.80
3909.40	5112.90	7208.25	7227.10	7607.19	8443.31	8524.11	9015.90

3909.50	5203.00	7208.26	7227.20	7607.20	8471.30	8524.12	9017.30
3910.00	5204.11	7208.27	7227.90	7608.10	8471.41	8524.19	9020.00
3911.10	5208.39	7208.36	7228.10	7608.20	8471.49	8524.91	9024.10
3911.20	5209.29	7208.37	7228.20	7609.00	8471.50	8524.92	9025.11
3911.90	5209.39	7208.38	7228.30	7611.00	8471.60	8524.99	9025.19
3914.00	5209.59	7208.39	7228.40	7612.10	8471.70	8525.50	9025.80
3916.20	5210.39	7208.40	7228.50	7612.90	8471.80	8525.60	9025.90
3916.90	5210.49	7208.51	7228.60	7613.00	8471.90	8525.81	9026.10
3917.21	5211.19	7208.52	7228.70	7614.90	8473.30	8525.82	9026.20
3917.22	5211.39	7208.53	7229.20	7615.20	8479.71	8525.83	9026.80
3917.23	5211.41	7208.54	7229.90	7616.10	8479.89	8525.89	9026.90
3917.29	5211.49	7208.90	7301.20	7616.91	8479.90	8526.10	9027.10
3917.31	5211.59	7209.15	7303.00	7616.99	8481.10	8526.91	9028.20
3917.32	5212.11	7209.16	7304.31	7804.19	8481.20	8526.92	9029.10
3917.33	5212.14	7209.17	7304.39	7806.00	8481.30	8528.42	9029.20
3917.39	5212.23	7209.18	7304.41	7907.00	8481.40	8528.49	9029.90
3917.40	5212.24	7209.25	7304.49	8003.00	8481.80	8528.52	9030.10
3918.10	5307.20	7209.26	7304.51	8101.99	8481.90	8528.59	9030.20
3918.90	5309.19	7209.27	7304.59	8102.99	8482.10	8528.62	9030.31
3919.10	5309.29	7209.28	7304.90	8104.90	8482.20	8528.69	9030.32
3919.90	5401.10	7209.90	7306.30	8106.10	8482.30	8529.10	9030.33
3920.10	5402.19	7210.11	7306.40	8106.90	8482.40	8529.90	9030.39
3920.20	5402.32	7210.12	7306.50	8108.20	8482.50	8531.10	9030.40
3920.30	5402.45	7210.20	7306.61	8108.90	8482.80	8531.20	9030.82
3920.43	5402.61	7210.30	7306.69	8112.69	8482.91	8531.80	9030.84
3920.49	5407.10	7210.41	7306.90	8207.60	8482.99	8531.90	9030.89
3920.51	5407.41	7210.49	7307.11	8301.30	8483.10	8532.21	9030.90
3920.59	5407.61	7210.50	7307.19	8301.40	8483.20	8532.22	9031.80
3920.61	5407.69	7210.61	7307.21	8301.50	8483.30	8532.23	9031.90
3920.62	5407.74	7210.69	7307.22	8301.60	8483.40	8532.24	9032.10
3920.63	5408.10	7210.70	7307.23	8302.10	8483.50	8532.25	9032.20
3920.69	5408.22	7210.90	7307.29	8302.20	8483.60	8532.29	9032.81
3920.71	5408.32	7211.13	7307.91	8302.42	8483.90	8532.30	9032.89
3920.73	5408.33	7211.14	7307.92	8302.49	8484.10	8532.90	9032.90
3920.79	5512.19	7211.19	7307.93	8302.60	8484.20	8533.10	9033.00
3920.91	5512.99	7211.23	7307.99	8303.00	8484.90	8533.21	9104.00
3920.92	5514.29	7211.29	7310.10	8307.10	8501.10	8533.29	9109.10
3920.93	5515.99	7211.90	7310.29	8307.90	8501.20	8533.31	9109.90
3920.94	5516.42	7212.10	7311.00	8308.20	8501.31	8533.39	9301.10
3920.99	5602.29	7212.20	7312.10	8310.00	8501.32	8533.40	9301.20
3921.11	5602.90	7212.30	7312.90	8311.10	8501.33	8533.90	9301.90

3921.12	5603.11	7212.40	7314.14	8311.20	8501.34	8534.00	9303.90
3921.13	5603.13	7212.50	7314.19	8311.30	8501.40	8536.10	9401.10
3921.14	5603.14	7212.60	7314.39	8311.90	8501.51	8536.20	9401.80
3921.19	5603.93	7213.10	7314.49	8405.10	8501.52	8536.30	9401.91
3921.90	5607.49	7213.20	7315.11	8407.10	8501.53	8536.41	9401.99
3922.10	5607.50	7213.91	7315.12	8408.90	8501.61	8536.49	9403.20
3922.20	5607.90	7213.99	7315.89	8409.10	8501.62	8536.50	9403.60
3922.90	5608.19	7214.10	7315.90	8411.11	8501.63	8536.61	9403.70
3924.90	5608.90	7214.20	7317.00	8411.12	8501.71	8536.69	9403.91
3926.30	5609.00	7214.30	7318.13	8411.21	8501.72	8536.70	9403.99
3926.90	5701.10	7214.91	7318.14	8411.22	8501.80	8536.90	9405.11
4002.20	5701.90	7214.99	7318.15	8411.81	8502.11	8537.10	9405.19
4002.99	5703.10	7215.10	7318.16	8411.82	8502.12	8538.10	9405.41
4006.90	5703.29	7215.50	7318.19	8411.91	8502.13	8538.90	9405.42
4008.11	5703.39	7215.90	7318.21	8411.99	8502.20	8539.10	9405.49
4008.19	5703.90	7216.10	7318.22	8412.10	8502.31	8539.21	9405.61
4008.21	5705.00	7216.21	7318.23	8412.21	8502.39	8539.22	9405.69
4008.29	5802.30	7216.22	7318.24	8412.29	8502.40	8539.29	9405.91
4009.11	5903.10	7216.31	7318.29	8412.31	8503.00	8539.31	9405.92
4009.12	5903.20	7216.32	7320.10	8412.39	8504.10	8539.39	9405.99
4009.21	5903.90	7216.33	7320.20	8412.80	8504.31	8539.49	9603.50

* Exceto os compreendidos no subitem 8517.14.31.

2. Quando se tratar de importação de produtos mencionados na tabela anterior, o importador deverá apresentar, além da declaração de que tais produtos serão utilizados para os fins ali especificados, autorização de importação expedida pela autoridade competente do Estado-Parte.

Por se tratar do assunto mais importante para a classificação de mercadorias, convém tecermos algumas considerações sobre as regras de interpretação e sua aplicação.

A princípio, lembramos que a utilização das regras de interpretação deve obedecer à sequência indicada (ordem de imputação), de forma que o interessado deverá percorrer a lista até encontrar a resposta para o produto que deseja identificar. Uma vez localizado o código correto, não se deve analisar as demais regras.

A **Regra 1** traz, implícito, um comando que norteia toda a estrutura do Sistema Harmonizado, que denominamos **princípio da especificidade**, porque o principal objetivo do modelo é encontrar, entre os diversos códigos, aquele que melhor corresponda à descrição do produto, com os efeitos tributários pertinentes.

Assim, ao estabelecer que *os títulos das Seções, Capítulos e Subcapítulos têm apenas valor indicativo*, o Sistema Harmonizado quer dizer que o intérprete não deve restringir sua busca em função apenas dessas informações, mas perseguir a classificação mais adequada, que será *determinada pelos textos das posições e das Notas de Seção e de Capítulo.*

Didaticamente, poderíamos fazer a seguinte analogia. Se desejamos procurar certo assunto em um livro qualquer, a primeira etapa da pesquisa será verificar se o tema consta do sumário, que nos servirá de referência, muito embora a resposta desejada possa estar em qualquer capítulo da obra. O sumário do nosso exemplo é apenas **indicativo**, no intuito de nos ajudar, mas pode ser que, por problemas de sistematização, aquilo que procuramos esteja em qualquer lugar, o que pode nos levar a percorrer todo o texto em busca da resposta.

No caso do Sistema Harmonizado, o exemplo clássico diz respeito ao **Capítulo 62** da NCM, que, aparentemente, não deve conter **produtos de malha** (assim consta da sua descrição), não obstante podermos encontrar, na posição 6212, sutiãs e outros acessórios femininos, ainda que feitos de malha.

Por que isso ocorre? Certamente devido à complexidade do sistema, que não consegue ajustar de forma perfeita todas as variáveis possíveis, presentes e futuras. Daí a importância das **Notas de Seção e Capítulo**, que servem para esclarecer o intérprete e, portanto, **prevalecem** sobre as descrições, como no exemplo que utilizamos.

A fim de ilustrar o raciocínio, vejamos como a NCM apresenta a situação:

Capítulo 62
Vestuário e seus acessórios, exceto de malha
Notas.
1. O presente Capítulo compreende apenas os artefatos confeccionados de qualquer matéria têxtil, com exclusão das pastas (*"ouates"*) e dos artefatos de malha não abrangidos pela posição 62.12.

Tabela 10.4. Produtos de malha do Capítulo 62

NCM	DESCRIÇÃO	TEC (%)
62.12	Sutiãs, cintas, espartilhos, suspensórios, ligas e artigos semelhantes, e suas partes, mesmo de malha	
6212.10.00	Sutiãs e bustiês (sutiãs de cós alto*)	35
6212.20.00	Cintas e cintas-calças	35
6212.30.00	Modeladores de torso inteiro (cintas-sutiãs*)	35
6212.90.00	Outros	35

Podemos observar que a **Nota 1** traz a indicação de que os artigos da posição 62.12 são realmente de malha, o que constitui exceção ao conteúdo do capítulo.

A **Regra 2** subdivide-se em dois comandos, que tratam, respectivamente, dos produtos incompletos ou inacabados e dos artigos misturados.

Assim, a **Regra 2a** estabelece que as mercadorias **incompletas** ou **inacabadas** devem ser classificadas como se fossem **produtos finais**, desde que já se encontrem presentes, no momento da importação, as características essenciais do produto acabado. Igual tratamento aplica-se aos produtos importados **desmontados** ou ainda **por montar**, que serão classificados no código do produto, ainda que a última etapa de industrialização ocorra no Brasil.

As Notas Explicativas do Sistema Harmonizado (NESH)[17] relacionam os produtos inacabados ao conceito de **esboços,** ou seja, "artigos não utilizáveis no estado em que se apresentam e que tenham aproximadamente a forma ou o perfil da peça ou do objeto acabado, não podendo ser utilizados, salvo em casos excepcionais, para outros fins que não sejam os de fabricação dessa peça ou desse objeto".

É bastante comum no comércio internacional a exportação de kits desmontados, especialmente na indústria automobilística, conhecidos como CKD (*Complete Knock--Down*), que são produzidos no país que possui maior economia de escala e depois exportados para montagem no país de destino. Como ocorrerá industrialização local, o procedimento costuma usufruir de benefícios fiscais, pois gera empregos e tributos no país importador, sendo vantajoso para grandes empresas transnacionais.

Nesse caso, todas as peças importadas como CKD devem ser classificadas no código NCM do **automóvel final,** ainda que cheguem ao país desmontadas, e não individualmente, até porque isso seria virtualmente impossível (afinal, além de serem milhares de peças, não haveria o preço de cada uma, mas apenas o valor total do conjunto, conforme declarado pelo importador e constante da respectiva *invoice*).

Convém destacar que, se a importação contiver itens em número **superior** ao necessário para montagem de um produto completo, o excedente será classificado de forma separada. A aplicação da Regra 2a, no que tange à montagem de bens, é válida para os Capítulos 44, 86, 87 e 89, entre outros, da Tarifa Externa Comum.

Também nos serve de exemplo a variante do modelo CKD, conhecida como SKD (*Semi Knocked-Down*), que representa kits **incompletos,** em relação aos quais alguns componentes serão agregados no país importador. Seria o caso, por hipótese, de um kit que contivesse todas as peças de uma motocicleta, à exceção dos pneus. Apesar de o produto se apresentar na importação como inacabado, não há dúvida de que, após o devido processo de industrialização, o produto seria efetivamente uma motocicleta, e a classificação deve ser feita com base no código correspondente.

O exemplo faz sentido, em termos econômicos e logísticos, porque pneus são produtos basicamente iguais em qualquer lugar do mundo, de modo que a empresa-matriz produziria as partes essenciais da motocicleta no exterior e remeteria o kit para montagem e acabamento no Brasil, com aquisição dos pneus no mercado doméstico e consequente economia, entre outros fatores, do frete e dos seguros internacionais, além de eventuais benefícios tributários.

A **Regra 2b** determina que *qualquer referência a uma matéria em determinada posição diz respeito a essa matéria, quer em estado puro, quer misturada ou associada a outras matérias.* Isso porque é muito difícil encontrarmos na natureza produtos **absolutamente puros.** Para confirmarmos a afirmação, basta o leitor verificar o rótulo de uma garrafa de água mineral. Apesar de parecer um produto homogêneo, perceberemos que a composição química da água possui diversos elementos, ainda que em quantidades bastante reduzidas.

---

[17] O texto atualizado das Notas Explicativas do Sistema Harmonizado (NESH), na sua sexta emenda, foi reconhecido pela Instrução Normativa RFB n. 1.788/2018, que instrumentaliza o previsto no Decreto n. 435/92, que aprovou a versão em português da NESH e a introduziu originalmente no país.

O que a presente regra determina é que o produto seja classificado em razão da **matéria essencial**, ou seja, aquilo que lhe confere características únicas, inclusive sob o ponto de vista do consumidor.

Um exemplo interessante é o de sucos *light* ou *diet*, bastante comuns no mercado. A composição de um suco de laranja *diet* provavelmente contém, além da própria fruta esmagada, algum tipo de adoçante, que, no entanto, é irrelevante para fins de determinação do código NCM adequado. A classificação deve ser feita com base no produto principal, que é o suco de laranja.

Vejamos, a propósito, como o produto se enquadra na TEC:

NCM	DESCRIÇÃO	TEC (%)
20.09	Sucos (sumos) de fruta (incluindo os mostos de uvas) ou de produtos hortícolas, não fermentados, sem adição de álcool, mesmo com adição de açúcar ou de outros edulcorantes	
2009.1	Suco (sumo) de laranja	
2009.11.00	Congelado	12,6
2009.12.00	Não congelado, com valor Brix não superior a 20	12,6
2009.19.00	Outros	12,6

Observe que na posição 20.09 temos todos os sucos, independentemente da adição de açúcar ou outros componentes, e que a classificação correta, para o **suco de laranja**, varia apenas em razão do fato de o produto ser importado, congelado ou não. Digamos que o suco de laranja *diet* do nosso exemplo fosse congelado, o que nos levaria a classificá-lo no código NCM 20.09.11.00.

O principal efeito da Regra 2b, de acordo com a NESH, é "ampliar o alcance das posições que mencionam uma matéria determinada, de modo a permitir a inclusão nessas posições dessa matéria misturada ou associada a outras matérias".

Todavia, a regra **não deve** ser aplicada nas hipóteses em que o adicionamento de outras matérias ou substâncias desqualificar a característica essencial do produto original, o que implica que os elementos misturados ou associados a outros, bem como as obras constituídas por duas ou mais matérias, que sejam suscetíveis de classificação em mais de uma posição, devem observar o disposto na regra seguinte.

Justamente por isso, para fins de classificação de mercadorias, talvez a regra mais importante e utilizada seja a de número três, que, com suas variantes, cuida dos chamados **produtos misturados**, também conhecidos como **sortidos**.

A **Regra 3a** repete, basicamente, o **princípio da especificidade**, por nós defendido, que deve orientar todo o processo de classificação de mercadorias. Na prática, diversas situações ensejarão dúvida na interpretação, ante a conclusão de que, aparentemente, o produto sob análise poderia ser classificado em mais de uma posição e de que todas as hipóteses seriam igualmente pertinentes.

O comando veiculado pela Regra 3a resolve esse hipotético problema ao determinar que a *posição mais específica prevalece sobre as mais genéricas*. Como não é simples estabelecer critérios, *a priori*, capazes de garantir que uma posição é mais específica que outra em relação às mercadorias analisadas, a NESH entende que, em geral:

▣ uma posição que designa nominalmente um artigo em particular é mais específica que uma posição que compreenda uma família de artigos;

▣ deve-se considerar como mais específica a posição que identifique mais claramente, e com uma descrição mais precisa e completa, a mercadoria considerada.

Como exemplo da primeira ideia, temos os aparelhos de barbear elétricos, que se classificam na **posição 85.10**, e não na 84.67 ou 85.09, conforme podemos verificar na TEC:

NCM	DESCRIÇÃO
84.67	Ferramentas pneumáticas, hidráulicas ou com motor (elétrico ou não elétrico) incorporado, de uso manual
85.09	Aparelhos eletromecânicos com motor elétrico incorporado, de uso doméstico, exceto os aspiradores da posição 85.08
85.10	**Aparelhos ou máquinas de barbear, máquinas de cortar o cabelo ou de tosquiar e aparelhos de depilar, com motor elétrico incorporado**

Para ilustrar a segunda premissa, de que o objetivo da classificação é encontrar a descrição mais precisa e completa, podemos mencionar o caso dos tapetes próprios para automóveis, de matérias têxteis, que devem ser classificados na posição **57.03**, que os representa de forma mais específica, e não como acessórios para veículos, da posição 87.08, conforme a seguir:

NCM	DESCRIÇÃO
57.03	**Tapetes e outros revestimentos para pisos (pavimentos), de matérias têxteis, tufados, mesmo confeccionados**
87.08	Tapetes e outros revestimentos para pisos (pavimentos), de matérias têxteis (incluindo a grama (relva)), tufados, mesmo confeccionados

Pode, no entanto, ocorrer que duas ou mais posições se refiram cada qual a **uma parte somente** das matérias que constituam um artigo composto, ou a uma parte somente dos artigos no caso de mercadorias apresentadas em sortidos acondicionados para venda a retalho; nesse caso, as posições devem ser consideradas, em relação ao produto, como **igualmente específicas**, ainda que uma delas ofereça descrição mais precisa ou mais completa, hipótese em que a classificação correta será determinada pela aplicação da Regra 3b ou 3c.

A Regra 3b trata dos artigos misturados, compostos de mais de um item, cuja classificação será realizada pela matéria que lhes conferir a característica essencial, sempre que for possível fazer a distinção.

O fator responsável pela determinação da **característica essencial** varia conforme o tipo das mercadorias, mas normalmente devem ser considerados os critérios de **natureza**, **quantidade**, **peso** ou **valor** do item em relação ao conjunto.

Nos termos da NESH, a presente regra deve ser empregada para obras constituídas pela reunião de artigos diferentes, não apenas aquelas cujos elementos componentes estão fixados uns aos outros, formando um todo praticamente indissociável, mas também aquelas cujos elementos são separáveis, contanto que esses elementos estejam adaptados uns aos outros e sejam complementares, e que a reunião constitua um todo que não possa ser normalmente vendido em elementos separados.

Isso normalmente implica que o produto, que reúne os diversos itens, é vendido ao consumidor acondicionado em **única embalagem**, como no caso de um cinzeiro composto do recipiente e de uma haste de suporte, que, apesar de distintos, são apresentados em conjunto, razão pela qual deverão ser classificados no código NCM para cinzeiros, elemento que confere ao todo sua natureza.

Cabe, neste ponto, fazer a distinção entre *kits* e **sortidos**, conceitos distintos que usualmente ensejam confusão e podem conduzir a interpretações equivocadas. Os *kits* são **conjuntos de partes ou peças** que atendem, no todo, a propósito específico após a montagem, enquanto sortidos são **produtos variados**, de classificações individuais distintas, que foram reunidos numa só embalagem para fins de comercialização.

Em termos de interpretação, releva destacar que os *kits* poderão, como vimos, ser classificados pelas **Regras 1 ou 2a**, enquanto os sortidos são sempre classificados conforme a **Regra 3b**[18].

Conforme o entendimento expresso na NESH, a Regra 3b abrange unicamente:

- produtos misturados;
- obras compostas de matérias diferentes;
- obras constituídas pela reunião de artigos diferentes;
- mercadorias apresentadas em sortidos acondicionados para venda a retalho.

Para que um sortido possa ser considerado como acondicionado para venda a **retalho**, na dicção da Regra 3b, é essencial que as mercadorias envolvidas preencham, **simultaneamente**, as seguintes condições:

- serem compostas, pelo menos, de dois artigos diferentes que, à primeira vista, seriam suscetíveis de se incluírem em posições diferentes;
- serem compostas de produtos ou artigos apresentados em conjunto para a satisfação de uma necessidade específica ou exercício de uma atividade determinada;
- serem acondicionadas de maneira que possam ser vendidas diretamente aos consumidores sem necessidade de novo acondicionamento.

Vejamos, na sequência, diversos exemplos clássicos[19] de utilização da Regra 3b, para que o leitor possa verificar os procedimentos de classificação com base nos critérios para definição de qual item representa a característica essencial do conjunto.

Exemplo 1

Os sortidos constituídos por um sanduíche de carne bovina, com ou sem queijo, em um pequeno pão (posição 16.02), apresentado em embalagem com porção de batatas fritas (posição 20.04):

---

[18] A eventual classificação de um *kit* pela Regra 3b é teoricamente possível, mas, na maioria dos casos práticos, decorre de erro na interpretação do conceito, e não do seu correto enquadramento.
[19] Os exemplos utilizados são expressamente mencionados na NESH.

NCM	DESCRIÇÃO	TEC (%)
16.02	Outras preparações e conservas de carne, miudezas ou de sangue	
1602.50.00	Da espécie bovina	16
20.04	Outros produtos hortícolas preparados ou conservados, exceto em vinagre ou em ácido acético, congelados, com exceção dos produtos da posição 20.06	
2004.10.00	Batatas	12,6

Resposta: Prevalece a classificação na **posição 16.02**, por ser o produto mais relevante (sanduíche). Observe que, neste caso, a alíquota é maior do que a correspondente às batatas[20].

Exemplo 2

Os sortidos cujos componentes se destinam a ser utilizados em conjunto para a preparação de macarrão, constituídos por um pacote de espaguete não cozido (posição 19.02), por um saquinho de queijo ralado (posição 04.06) e por uma pequena lata de molho de tomate (posição 21.03), apresentados em caixa de papelão:

NCM	DESCRIÇÃO	TEC (%)
19.02	Massas alimentícias, mesmo cozidas ou recheadas (de carne ou de outras substâncias) ou preparadas de outro modo, tais como espaguete, macarrão, aletria, lasanha, nhoque, ravióli e canelone; cuscuz, mesmo preparado	
1902.1	Massas alimentícias não cozidas, nem recheadas, nem preparadas de outro modo:	
1902.11.00	Que contenham ovos	16
04.06	Queijos e requeijão	
0406.20.00	Queijos ralados ou em pó, de qualquer tipo	16
21.03	Preparações para molhos e molhos preparados; condimentos e temperos compostos; farinha de mostarda e mostarda preparada	
2103.20	*Ketchup* e outros molhos de tomate	
2103.20.10	Em embalagens imediatas de conteúdo inferior ou igual a 1kg	18
2103.20.90	Outros	16

Resposta: Classifica-se na **posição 19.02**, por ser o espaguete o produto que confere a característica essencial do sortido. Vale destacar que o preço do queijo ou do molho de tomate poderia até ser superior ao do espaguete, circunstância que não alteraria a interpretação.

---

[20] O conceito de **preparação**, no Sistema Harmonizado, significa a mistura intencional de ingredientes diferentes, com o objetivo de atender o desejo dos consumidores, razão pela qual é usualmente empregado para produtos alimentícios.

Exemplo 3

Os conjuntos de cabeleireiro constituídos por uma máquina de cortar cabelo elétrica (posição 85.10), um pente de plástico (posição 96.15), um par de tesouras (posição 82.13), uma escova (posição 96.03), uma toalha de algodão (posição 63.02), apresentados em estojo de couro (posição 42.02):

NCM	DESCRIÇÃO	TEC (%)
85.10	Aparelhos ou máquinas de barbear, máquinas de cortar o cabelo ou de tosquiar e aparelhos de depilar, de motor elétrico incorporado	
8510.20.00	Máquinas de cortar o cabelo ou de tosquiar	0BK
96.15	Pentes, travessas para cabelo e artigos semelhantes; grampos (alfinetes*) para cabelo; pinças, onduladores, bobes (bigudis*) e artigos semelhantes para penteados, exceto os da posição 85.16, e suas partes	
9615.1	Pentes, travessas para cabelo e artigos semelhantes	
9615.11.00	De borracha endurecida ou de plástico	18
8213.00.00	Tesouras e suas lâminas	18
96.03	Vassouras e escovas, mesmo que constituam partes de máquinas, de aparelhos ou de veículos, vassouras mecânicas de uso manual não motorizadas, pincéis e espanadores; cabeças preparadas para escovas, pincéis e artigos semelhantes; pads (talochas) e rolos para pintura; rodos de borracha ou de matérias flexíveis semelhantes.	
9603.10.00	Vassouras e escovas constituídas por pequenos ramos ou outras matérias vegetais reunidas em feixes, mesmo com cabo	18
63.02	Roupas de cama, mesa, toucador ou cozinha	
6302.60.00	Roupas de toucador ou de cozinha, de tecidos atoalhados (turcos) de algodão	35
42.02	Baús (arcas) para viagem, malas e maletas, incluindo as maletas de toucador e as maletas e pastas de documentos e para estudantes, os estojos para óculos, binóculos, câmeras fotográficas e de filmar, instrumentos musicais, armas e artigos semelhantes; sacos de viagem, sacos isolantes para gêneros alimentícios e bebidas, bolsas de toucador, mochilas, bolsas, sacolas (sacos para compras), carteiras, porta-moedas, porta-cartões, cigarreiras, tabaqueiras, estojos para ferramentas, bolsas e sacos para artigos de esporte, estojos para frascos ou para joias, caixas para pó-de-arroz, estojos para ourivesaria e artigos semelhantes, de couro natural ou reconstituído, de folhas de plástico, de matérias têxteis, de fibra vulcanizada ou de cartão, ou recobertos, no todo ou na maior parte, dessas mesmas matérias ou de papel	
4202.1	Baús (arcas) para viagem, malas e maletas, incluindo as maletas de toucador e as maletas e pastas de documentos e para estudantes, e artigos semelhantes	
4202.11.00	Com a superfície exterior de couro natural ou reconstituído	20

Resposta: O conjunto deve ser classificado na **posição 85.10**, pois a máquina de cortar cabelo elétrica não só é o item essencial como também possui o maior valor, além de ser, provavelmente, a razão pela qual o consumidor adquiriria o sortido. Cabe destacar que, no caso concreto da Tarifa Externa Comum, a máquina elétrica está qualificada como **Bem de Capital** (BK), com **alíquota zero**, que deve, portanto, ser aplicada a todo o conjunto.

A partir dessa observação, o leitor deve ter em mente que o objetivo da classificação de mercadorias, apesar de sua natureza tributária, **não é arrecadatório**, de modo a direcionar a interpretação para alíquotas mais elevadas; ao contrário, trata-se de procedimento eminentemente técnico, para a correta identificação das mercadorias, independentemente do resultado econômico proporcionado pelo imposto de importação.

Pudemos também observar que o fato de o conjunto ser apresentado em estojo de couro, produto que separadamente possui classificação própria, neste caso é irrelevante para fins de classificação, em função da Regra 5, que analisaremos mais adiante.

Exemplo 4

Os conjuntos de desenho, constituídos por uma régua (posição 90.17), um disco de cálculo (posição 90.17), um compasso (posição 90.17), um lápis (posição 96.09) e um apontador (posição 82.14), apresentados em um estojo de folha de plástico (posição 42.02):

NCM	DESCRIÇÃO	TEC (%)
90.17	Instrumentos de desenho, de traçado ou de cálculo (por exemplo, máquinas de desenhar, pantógrafos, transferidores, estojos de desenho, réguas de cálculo e discos de cálculo); instrumentos de medida de distâncias de uso manual (por exemplo, metros, micrômetros, paquímetros e calibres), não especificados nem compreendidos noutras posições do presente Capítulo	
9017.20.00	Outros instrumentos de desenho, de traçado ou de cálculo	18
96.09	Lápis, minas, pastéis, carvões, gizes para escrever ou desenhar e gizes de alfaiate	
9609.10.00	Lápis	18
82.14	Outros artigos de cutelaria (por exemplo, máquinas de cortar o cabelo ou tosquiar, fendeleiras, cutelos, incluindo os de açougue e de cozinha, e espátulas (corta-papéis*); utensílios e sortidos de utensílios de manicuros ou de pedicuros (incluindo as limas para unhas)	
8214.10.00	Espátulas (corta-papéis), abre-cartas, raspadeiras, apontadores de lápis (apara-lápis*) e suas lâminas	18
42.02	Baús (arcas) para viagem, malas e maletas, incluindo as maletas de toucador e as maletas e pastas de documentos e para estudantes, os estojos para óculos, binóculos, câmeras fotográficas e de filmar, instrumentos musicais, armas e artigos semelhantes; sacos de viagem, sacos isolantes para gêneros alimentícios e bebidas, bolsas de toucador, mochilas, bolsas, sacolas (sacos para compras), carteiras, porta-moedas, porta-cartões, cigarreiras, tabaqueiras, estojos para ferramentas, bolsas e sacos para artigos de esporte, estojos para frascos ou para joias, caixas para pó-de-arroz, estojos para ourivesaria e artigos semelhantes, de couro natural ou reconstituído, de folhas de plástico, de matérias têxteis, de fibra vulcanizada ou de cartão, ou recobertos, no todo ou na maior parte, dessas mesmas matérias ou de papel	
4202.1	Baús (arcas) para viagem, malas e maletas, incluindo as maletas de toucador e as maletas e pastas de documentos e para estudantes, e artigos semelhantes	
4202.12.10	De plástico	20

Resposta: O conjunto deve ser classificado na **posição 90.17**, devido à maior **quantidade** de itens nela enquadrados (régua, disco de cálculo e compasso). Isso porque os critérios de relevância e valor não seriam satisfatórios, pois nenhum dos produtos se destaca como essencial e o preço individual de cada um é, ao menos em tese, bastante aproximado.

Exemplo 5

Conjunto de produtos alimentícios contendo camarões (posição 16.05), patê de fígado (posição 16.02), queijo muçarela (posição 04.06), bacon em fatias (posição 16.02) e salsichas chamadas "de coquetel" (posição 16.01), no qual cada produto vem acondicionado em sua respectiva embalagem:

NCM	DESCRIÇÃO	TEC (%)
16.05	Crustáceos, moluscos e outros invertebrados aquáticos, preparados ou em conservas	
1605.2	Camarões	16
16.02	Outras preparações e conservas de carne, miudezas ou de sangue	
1602.20.00	De fígados de quaisquer animais	16
1602.4	Da espécie suína	
1602.41.00	Pernas e respectivos pedaços	16
1601.00.00	Enchidos e produtos semelhantes, de carne, miudezas ou sangue; preparações alimentícias à base de tais produtos	16
04.06	Queijos e requeijão	
0406.10.10	Muçarela	16

Resposta: Neste caso, não conseguimos identificar qual o item essencial, pois os critérios natureza, peso, quantidade e valor são inconclusivos, de tal sorte que, embora os produtos tenham sido acondicionados em única embalagem, como se fossem sortidos, deverão ser **classificados separadamente**, com as correspondentes alíquotas da TEC. Em situações concretas como essa, cabe à autoridade fiscal exigir do contribuinte (importador) a documentação com os preços individuais de cada produto, a fim de apurar as diferentes bases de cálculo do imposto de importação.

De se notar que a simples aglutinação de produtos é **irrelevante** para a caracterização do sortido e consequente aplicação da Regra 3b, pois os itens do conjunto devem guardar pertinência lógica e causal, à luz da realidade econômica e das necessidades de mercado.

No mesmo sentido, seriam classificados separadamente sortidos compostos de bebidas alcoólicas, como uma garrafa de uísque e outra de vinho, assim como conjuntos destinados a presentes, como cestas de Natal, por exemplo.

A Regra 3b também não se aplica às mercadorias constituídas por diferentes componentes acondicionados separadamente e apresentados em conjunto (mesmo em embalagem comum), em proporções fixas, para a fabricação industrial de bebidas, entre outras hipóteses.

O último comando deste grupo é a **Regra 3c**, aplicável quando as Regras 3a e 3b não forem aptas a solucionar o problema, de sorte que a mercadoria deva ser classificada na posição situada em **último lugar** na ordem numérica, entre as possibilidades válidas consideradas. Seria o caso, por exemplo, de máquinas com **múltiplas funções**, que poderiam ser enquadradas em códigos distintos, mas que de acordo com a Regra 3c devem ser classificadas na última posição possível (geralmente com a rubrica "outros" na NCM).

Essa regra traz uma espécie de "válvula de escape" para o fechamento do sistema, pois do contrário poderiam surgir debates intermináveis entre os contribuintes e as autoridades aduaneiras.

Em síntese, a utilização da Regra 3 deve respeitar a seguinte ordem de análise:

- posição mais específica;
- característica essencial;
- posição colocada em último lugar na ordem numérica.

A **Regra 4** de interpretação do Sistema Harmonizado adota o conhecido **princípio da analogia**, aplicável nos casos em que as mercadorias não puderam ser classificadas pelas regras anteriores. Muitas vezes, como decorrência do avanço tecnológico, entre outras possibilidades, as empresas lançam novos produtos, com funções adicionais em relação aos existentes no mercado.

Enquanto não houver alteração na Nomenclatura, com a descrição exata das inovações, a solução será a classificação por semelhança, que pode tomar em consideração **critérios variados**, como a denominação, características técnicas, funcionalidade ou utilização, no intuito de se encontrar o código apropriado.

Novamente, a ideia por trás do mecanismo da Regra 4 é o "fechamento do sistema", pois do contrário seria impossível englobar todos os produtos transacionados no comércio internacional.

A Regra 5, também dividida em dois comandos, trata especificamente dos estojos e embalagens e, no universo dos concursos, costuma ser objeto de questões com grande frequência.

Os **estojos** e demais recipientes, de acordo com a **Regra 5a**, devem ser classificados com os produtos que acondicionam, desde que presentes, simultaneamente, as características a seguir:

- sejam especialmente fabricados para receber determinado artigo ou sortido, isto é, sejam preparados de tal forma que o artigo contido se acomoda exatamente no seu lugar, sem prejuízo de outros que podem, ainda, ter a forma do artigo que devam conter (estojos para óculos, por exemplo);
- sejam suscetíveis de uso prolongado, especialmente no que respeita à resistência ou ao acabamento, com duração comparável à do conteúdo. Esses recipientes servem, com frequência, para proteger o artigo que acondicionam durante o transporte ou armazenamento, o que os diferencia das simples embalagens (como os estojos para binóculos, da posição 90.05);
- sejam apresentados com os artigos aos quais se referem, quer estes estejam ou não acondicionados separadamente, para facilitar o transporte. Quando os estojos se apresentam isoladamente, devem ser classificados conforme regime próprio (estojos para joias, da posição 71.13, entre outros);

■ sejam da mesma espécie dos normalmente vendidos com os mencionados artigos (por exemplo, os estojos para instrumentos musicais, da posição 92.02);

■ não confiram ao conjunto a sua característica essencial (é o caso, entre outras possibilidades, das caixas de chá, de prata, que contenham o produto, ou das tigelas decorativas de cerâmica, que acomodam doces).

As **embalagens**, conforme a **Regra 5b**, são classificadas com os bens que acondicionam. A diferença básica entre estojos e embalagens, nos termos da Nomenclatura, é que as últimas são normalmente destruídas quando abertas, enquanto os estojos se caracterizam pela durabilidade. Tanto que a interpretação adequada da regra permite que as embalagens sejam consideradas como estojos quando suscetíveis de utilização repetida, como no caso de tambores metálicos utilizados para transporte de gases ou líquidos.

Na prática, a interpretação é a mesma dos estojos, de modo que as embalagens seguirão a classificação dos produtos quando com eles forem apresentados. Uma forma interessante de se verificar a relevância ou não da embalagem, em casos concretos, seria observar se os documentos de aquisição trazem valores destacados para o invólucro, em relação à mercadoria principal.

Parece-nos natural aceitar que, se a embalagem for vendida separadamente (como caixas vazias para presentes, por exemplo), a interpretação deverá buscar o código pertinente, de acordo com as características do item e as regras gerais de classificação.

Por fim, a **Regra 6** tem por objetivo manter a coerência do sistema, ao dispor que todas as regras precedentes são aplicáveis, nos mesmos termos, às **subposições**, especialmente quanto aos textos e notas da Nomenclatura.

Como são duas subposições, a doutrina costuma denominar o quinto dígito de subposição de **primeiro nível** (que na NCM aparecem com um travessão), enquanto o sexto dígito representa a subposição de **segundo nível** (representada por dois travessões), vez que a Regra 6 determina que só podem ser comparadas subposições do mesmo nível.

O comando é óbvio e até redundante, porque equivale a dizer que, na matemática, só podemos fazer comparações entre números da mesma posição, ou seja, aqueles que ocupam a casa das dezenas, centenas etc.

As Notas de Seção e de Capítulo também se aplicam às subposições, salvo quando houver **disposição em contrário**, como no caso da Nota de Subposição 2, do Capítulo 71, que dá ao termo *platina* alcance diferente do definido pela Nota 4b do mesmo Capítulo, e que é a única Nota aplicável para a interpretação das Subposições 7110.11 e 7110.19, conforme demonstrado a seguir:

Exemplo

Notas
4. A) Consideram-se "metais preciosos" a prata, o ouro e a platina.
   B) O termo "platina" compreende também o irídio, o ósmio, o paládio, o ródio e o rutênio.
Notas de Subposições
2. Não obstante as disposições da alínea B) da Nota 4 do presente Capítulo, na acepção das subposições 7110.11 e 7110.19 o termo "platina" não compreende o irídio, o ósmio, o paládio, o ródio e o rutênio.

NCM	DESCRIÇÃO	TEC (%)
71.10	**Platina, em formas brutas ou semimanufaturadas, ou em pó.**	
7110.1	Platina:	
7110.11.00	Em formas brutas ou em pó	0
7110.19	Outras	
7110.19.10	Barras, fios e perfis de seção maciça	10,8
7110.19.90	Outras	10,8
7110.2	Paládio:	
7110.21.00	Em formas brutas ou em pó	0
7110.29.00	Outras	10,8
7110.3	Ródio:	
7110.31.00	Em formas brutas ou em pó	0
7110.39.00	Outras	10,8
7110.4	Irídio, ósmio e rutênio	
7110.41.00	Em formas brutas ou em pó:	0
7110.49.00	Outras	10,8

Com a Regra 6, o Sistema Harmonizado prevê a **organização hierárquica** da Nomenclatura, que a NESH define da seguinte forma: "o alcance de uma subposição de dois travessões não deve ser mais amplo do que o abrangido pela subposição de um travessão à qual pertence; do mesmo modo, uma subposição de um travessão não terá abrangência superior à da posição à qual pertence".

As Regras Gerais Complementares trazem dois dispositivos que ratificam o procedimento de classificação, tal como vimos até o momento.

A **RGC-1** estende a aplicação das regras do Sistema Harmonizado para o **item** e **subitem** (sétimo e oitavo dígitos, existentes na NCM), integrando-os ao processo de interpretação, além de determinar que só serão comparáveis desdobramentos no mesmo nível (*item x item* e *subitem x subitem*).

Por sua vez, a **RGC-2**, muito embora descreva, literalmente, o tratamento aplicável *às embalagens* suscetíveis de utilização repetida, cuida, em termos práticos, do regime de classificação de **contêineres** e outros instrumentos logísticos do comércio internacional (denominados pela NESH como contentores).

Os contêineres são grandes caixas, normalmente metálicas e dotadas de portas ou painéis removíveis, destinadas ao transporte de mercadorias. Conferem segurança e praticidade às operações, pois podem ser lacrados e manipulados de modo uniforme, pois suas medidas e padrões seguem normas internacionais.

Portanto, os contêineres atravessam o mundo transportando, em seu interior, as mais variadas mercadorias. Quando chegam a determinado país, não são objeto de importação, mas, sim, de regimes aduaneiros especiais, como a **admissão temporária**.

Isso porque, após esvaziados, serão armazenados durante algum tempo até que sejam novamente utilizados, agora para a saída de produtos via exportação. A sequência se repete, invariavelmente, durante toda a vida útil do equipamento.

Como os contêineres não são efetivamente importados, no sentido de ingressarem no país de destino para fins de utilização econômica, não faz sentido tributá-los, daí a aplicação de regimes como o de admissão temporária, que permite a permanência do bem, por certo período, com suspensão das obrigações.

Nesse sentido, os contêineres deverão ser classificados **separadamente** (na posição 8609), em relação às mercadorias que acomodam, ante a expectativa de seu posterior regresso ao exterior, e assim sucessivamente. Por óbvio que, se o contêiner for o próprio **bem importado**, para utilização definitiva no Brasil (como no caso de empresa transportadora rodoviária que os adquira para circulação interna), todos os tributos incidentes deverão ser recolhidos.

NCM	DESCRIÇÃO	TEC (%)
8609.00.00	Contêineres (contentores*), incluindo os de transporte de fluidos, especialmente concebidos e equipados para um ou vários meios de transporte	12,6BK

Apresentamos a seguir, a título ilustrativo, o Sumário da TEC e, na sequência, reproduzimos o Capítulo 1, com as devidas notas, códigos, descrições e alíquotas, para que o leitor possa conhecer e se familiarizar com a Nomenclatura e a estrutura hierárquica do Sistema Harmonizado.

Ressaltamos que a partir de 2022 temos uma nova versão em vigor, baseada nas atualizações do Sistema Harmonizado, de acordo com a emenda VII[21].

TARIFA EXTERNA COMUM APLICADA NO BRASIL (A partir de 2022)
S U M Á R I O
Regras Gerais para Interpretação do Sistema Harmonizado
SEÇÃO I
ANIMAIS VIVOS E PRODUTOS DO REINO ANIMAL
Notas de Seção.
1. Animais vivos.
2. Carnes e miudezas, comestíveis.
3. Peixes e crustáceos, moluscos e outros invertebrados aquáticos.
4. Leite e lacticínios; ovos de aves; mel natural; produtos comestíveis de origem animal, não especificados nem compreendidos noutros Capítulos.
5. Outros produtos de origem animal, não especificados nem compreendidos noutros Capítulos.

SEÇÃO II
PRODUTOS DO REINO VEGETAL
Nota de Seção.
6. Plantas vivas e produtos de floricultura.

---

[21] Aprovada, no âmbito do Mercosul, pela Resolução GMC n. 01/2022.

7. Produtos hortícolas, plantas, raízes e tubérculos, comestíveis.

8. Fruta; cascas de citros (citrinos) e de melões.

9. Café, chá, mate e especiarias.

10. Cereais.

11. Produtos da indústria de moagem; malte; amidos e féculas; inulina; glúten de trigo.

12. Sementes e frutos oleaginosos; grãos, sementes e frutos diversos; plantas industriais ou medicinais; palhas e forragens.

13. Gomas, resinas e outros sucos e extratos vegetais.

14. Matérias para entrançar e outros produtos de origem vegetal, não especificados nem compreendidos noutros Capítulos.

SEÇÃO III
GORDURAS E ÓLEOS ANIMAIS, VEGETAIS OU DE ORIGEM MICROBIANA E PRODUTOS DA SUA DISSOCIAÇÃO; GORDURAS ALIMENTÍCIAS ELABORADAS; CERAS DE ORIGEM ANIMAL OU VEGETAL

15. Gorduras e óleos animais, vegetais ou de origem microbiana e produtos da sua dissociação; gorduras alimentícias elaboradas; ceras de origem animal ou vegetal.

SEÇÃO IV
PRODUTOS DAS INDÚSTRIAS ALIMENTARES; BEBIDAS, LÍQUIDOS ALCOÓLICOS E VINAGRES; TABACO E SEUS SUCEDÂNEOS MANUFATURADOS; PRODUTOS, MESMO COM NICOTINA, DESTINADOS À INALAÇÃO SEM COMBUSTÃO; OUTROS PRODUTOS QUE CONTENHAM NICOTINA DESTINADOS À ABSORÇÃO DA NICOTINA PELO CORPO HUMANO
Nota de Seção.

16. Preparações de carne, peixes, crustáceos, moluscos, outros invertebrados aquáticos ou de insetos.

17. Açúcares e produtos de confeitaria.

18. Cacau e suas preparações.

19. Preparações à base de cereais, farinhas, amidos, féculas ou leite; produtos de pastelaria.

20. Preparações de produtos hortícolas, fruta ou de outras partes de plantas.

21. Preparações alimentícias diversas.

22. Bebidas, líquidos alcoólicos e vinagres.

23. Resíduos e desperdícios das indústrias alimentares; alimentos preparados para animais.

24. Tabaco e seus sucedâneos manufaturados; produtos, mesmo com nicotina, destinados à inalação sem combustão; outros produtos que contenham nicotina destinados à absorção da nicotina pelo corpo humano.

SEÇÃO V
PRODUTOS MINERAIS

25   Sal; enxofre; terras e pedras; gesso, cal e cimento.

26   Minérios, escórias e cinzas.

27   Combustíveis minerais, óleos minerais e produtos da sua destilação; matérias betuminosas; ceras minerais.

SEÇÃO VI
PRODUTOS DAS INDÚSTRIAS QUÍMICAS OU DAS INDÚSTRIAS CONEXAS
Notas de Seção.

28. Produtos químicos inorgânicos; compostos inorgânicos ou orgânicos de metais preciosos, de elementos radioativos, de metais das terras raras ou de isótopos.

29. Produtos químicos orgânicos.

30. Produtos farmacêuticos.

31. Adubos (fertilizantes).

32. Extratos tanantes e tintoriais; taninos e seus derivados; pigmentos e outras matérias corantes; tintas e vernizes; mástiques; tintas de escrever.

33. Óleos essenciais e resinoides; produtos de perfumaria ou de toucador preparados e preparações cosméticas.

34. Sabões, agentes orgânicos de superfície, preparações para lavagem, preparações lubrificantes, ceras artificiais, ceras preparadas, produtos de conservação e limpeza, velas e artigos semelhantes, massas ou pastas para modelar, "ceras para odontologia" e composições para odontologia à base de gesso.

35. Matérias albuminoides; produtos à base de amidos ou de féculas modificados; colas; enzimas.

36. Pólvoras e explosivos; artigos de pirotecnia; fósforos; ligas pirofóricas; matérias inflamáveis.

37. Produtos para fotografia e cinematografia.

38. Produtos diversos das indústrias químicas.

SEÇÃO VII
PLÁSTICO E SUAS OBRAS; BORRACHA E SUAS OBRAS
Notas de Seção.

39. Plástico e suas obras.

40. Borracha e suas obras.

SEÇÃO VIII
PELES, COUROS, PELES COM PELO E OBRAS DESTAS MATÉRIAS; ARTIGOS DE CORREEIRO OU DE SELEIRO; ARTIGOS DE VIAGEM, BOLSAS E ARTIGOS SEMELHANTES; OBRAS DE TRIPA

41. Peles, exceto as peles com pelo, e couros.

42. Obras de couro; artigos de correeiro ou de seleiro; artigos de viagem, bolsas e artigos semelhantes; obras de tripa.

43. Peles com pelo e suas obras; peles com pelo artificiais.

SEÇÃO IX
MADEIRA, CARVÃO VEGETAL E OBRAS DE MADEIRA; CORTIÇA E SUAS OBRAS; OBRAS DE ESPARTARIA OU DE CESTARIA

44. Madeira, carvão vegetal e obras de madeira.

45. Cortiça e suas obras.

46. Obras de espartaria ou de cestaria.

SEÇÃO X
PASTAS DE MADEIRA OU DE OUTRAS MATÉRIAS FIBROSAS CELULÓSI-CAS; PAPEL OU CARTÃO PARA RECICLAR (DESPERDÍCIOS E RESÍDUOS); PAPEL OU CARTÃO E SUAS OBRAS

47. Pastas de madeira ou de outras matérias fibrosas celulósicas; papel ou cartão para reciclar (desperdícios e resíduos).

48. Papel e cartão; obras de pasta de celulose, de papel ou de cartão.

49. Livros, jornais, gravuras e outros produtos das indústrias gráficas; textos manuscritos ou datilografados, planos e plantas

SEÇÃO XI
MATÉRIAS TÊXTEIS E SUAS OBRAS
Notas de Seção.

50. Seda.

51. Lã, pelos finos ou grosseiros; fios e tecidos de crina.

52. Algodão.

53. Outras fibras têxteis vegetais; fios de papel e tecidos de fios de papel.

54. Filamentos sintéticos ou artificiais; lâminas e formas semelhantes de matérias têxteis sintéticas ou artificiais.

55. Fibras sintéticas ou artificiais, descontínuas.

56. Pastas (ouates), feltros e falsos tecidos (tecidos não tecidos); fios especiais; cordéis, cordas e cabos; artigos de cordoaria.

57. Tapetes e outros revestimentos para pisos (pavimentos), de matérias têxteis.

58. Tecidos especiais; tecidos tufados; rendas; tapeçarias; passamanarias; bordados.

59. Tecidos impregnados, revestidos, recobertos ou estratificados; artigos para usos técnicos de matérias têxteis.

60. Tecidos de malha.

61. Vestuário e seus acessórios, de malha.

62. Vestuário e seus acessórios, exceto de malha.

63. Outros artigos têxteis confeccionados; sortidos; artigos de matérias têxteis e artigos de uso semelhante, usados; trapos.

SEÇÃO XII
CALÇADO, CHAPÉUS E ARTIGOS DE USO SEMELHANTE, GUARDA-CHUVAS, GUARDA-SÓIS, BENGALAS, CHICOTES, E SUAS PARTES; PENAS PREPARA-DAS E SUAS OBRAS; FLORES ARTIFICIAIS; OBRAS DE CABELO

64. Calçado, polainas e artigos semelhantes; suas partes.

65. Chapéus e artigos de uso semelhante, e suas partes.

66. Guarda-chuvas, sombrinhas, guarda-sóis, bengalas, bengalas-assentos, chicotes, pingalins, e suas partes.

67. Penas e penugem preparadas e suas obras; flores artificiais; obras de cabelo.

SEÇÃO XIII
OBRAS DE PEDRA, GESSO, CIMENTO, AMIANTO, MICA OU DE MATÉRIAS SEMELHANTES; PRODUTOS CERÂMICOS; VIDRO E SUAS OBRAS

68. Obras de pedra, gesso, cimento, amianto, mica ou de matérias semelhantes.

69. Produtos cerâmicos.

70. Vidro e suas obras.

SEÇÃO XIV
PÉROLAS NATURAIS OU CULTIVADAS, PEDRAS PRECIOSAS OU SEMIPRE-CIOSAS E SEMELHANTES, METAIS PRECIOSOS, METAIS FOLHEADOS OU CHAPEADOS DE METAIS PRECIOSOS (PLAQUÊ), E SUAS OBRAS; BIJUTE-RIAS; MOEDAS

71. Pérolas naturais ou cultivadas, pedras preciosas ou semipreciosas e semelhantes, metais preciosos, metais folheados ou chapeados de metais preciosos (plaquê), e suas obras; bijuterias; moedass.

SEÇÃO XV
METAIS COMUNS E SUAS OBRAS
Notas de Seção.
72. Ferro fundido, ferro e aço.
73. Obras de ferro fundido, ferro ou aço.
74. Cobre e suas obras.
75. Níquel e suas obras.
76. Alumínio e suas obras.
77. *(Reservado para uma eventual utilização futura no Sistema Harmonizado)*
78. Chumbo e suas obras.
79. Zinco e suas obras.
80. Estanho e suas obras.
81. Outros metais comuns; *cermets*; obras dessas matérias.
82. Ferramentas, artigos de cutelaria e talheres, e suas partes, de metais comuns.
83. Obras diversas de metais comuns.

SEÇÃO XVI
MÁQUINAS E APARELHOS, MATERIAL ELÉTRICO, E SUAS PARTES; APA-RELHOS DE GRAVAÇÃO OU DE REPRODUÇÃO DE SOM, APARELHOS DE GRAVAÇÃO OU DE REPRODUÇÃO DE IMAGENS E DE SOM EM TELEVISÃO, E SUAS PARTES E ACESSÓRIOS
Notas de Seção.
84. Reatores nucleares, caldeiras, máquinas, aparelhos e instrumentos mecânicos, e suas partes.
85. Máquinas, aparelhos e materiais elétricos, e suas partes; aparelhos de gravação ou de reprodução de som, aparelhos de gravação ou de reprodução de imagens e de som em televisão, e suas partes e acessórios.

SEÇÃO XVII
MATERIAL DE TRANSPORTE
Notas de Seção.
86. Veículos e material para vias férreas ou semelhantes, e suas partes; aparelhos mecânicos (incluindo os eletromecânicos) de sinalização para vias de comunicação.
87. Veículos automóveis, tratores, ciclos e outros veículos terrestres, suas partes e acessórios.
88. Aeronaves e aparelhos espaciais, e suas partes.
89. Embarcações e estruturas flutuantes.

SEÇÃO XVIII
INSTRUMENTOS E APARELHOS DE ÓPTICA, DE FOTOGRAFIA, DE CINE-MATOGRAFIA, DE MEDIDA, DE CONTROLE OU DE PRECISÃO; INSTRU-MENTOS E APARELHOS MÉDICO-CIRÚRGICOS; ARTIGOS DE RELOJOA-RIA; INSTRUMENTOS MUSICAIS; SUAS PARTES E ACESSÓRIOS
90. Instrumentos e aparelhos de óptica, de fotografia, de cinematografia, de medida, de controle ou de precisão; instrumentos e aparelhos médico-cirúrgicos; suas partes e acessórios.
91. Artigos de relojoaria.
92. Instrumentos musicais; suas partes e acessórios.

SEÇÃO XIX
ARMAS E MUNIÇÕES; SUAS PARTES E ACESSÓRIOS
93. Armas e munições; suas partes e acessórios.

SEÇÃO XX
MERCADORIAS E PRODUTOS DIVERSOS
94. Móveis; mobiliário médico-cirúrgico; colchões, almofadas e semelhantes; luminárias e aparelhos de iluminação não especificados nem compreendidos noutros Capítulos; anúncios, cartazes ou tabuletas e placas indicadoras, luminosos e artigos semelhantes; construções pré-fabricadas..
95. Brinquedos, jogos, artigos para divertimento ou para esporte; suas partes e acessórios.
96. Obras diversas.

SEÇÃO XXI
OBJETOS DE ARTE, DE COLEÇÃO E ANTIGUIDADES
97. Objetos de arte, de coleção e antiguidades.
98. *(Reservado para usos especiais pelas Partes Contratantes)*
99. *(Reservado para usos especiais pelas Partes Contratantes)*

10.5. EXEMPLO DE UTILIZAÇÃO DA NCM E TEC

TEC — Seção I — Capítulo 1
Seção I
ANIMAIS VIVOS E PRODUTOS DO REINO ANIMAL
Notas
1. Na presente Seção, qualquer referência a um gênero particular ou a uma espécie particular de animal aplica-se também, salvo disposições em contrário, aos animais jovens desse gênero ou dessa espécie.
2. Ressalvadas as disposições em contrário, qualquer menção na Nomenclatura a produtos secos ou dessecados compreende também os produtos desidratados, evaporados ou liofilizados.
Capítulo 1
Animais vivos

Nota

1. O presente Capítulo compreende todos os animais vivos, exceto:

a) peixes e crustáceos, moluscos e os outros invertebrados aquáticos, das posições 03.01, 03.06, 03.07 ou 03.08;

b) culturas de micro-organismos e os outros produtos da posição 30.02;

c) animais da posição 95.08.

NCM	DESCRIÇÃO	TEC (%)
01.01	Cavalos, asininos e muares, vivos	
0101.2	Cavalos:	
0101.21.00	Reprodutores de raça pura	0
0101.29.00	Outros	0
0101.30.00	Asininos	3,6
0101.90.00	Outros	3,6
01.02	Animais vivos da espécie bovina	
0102.2	Bovinos domésticos:	
0102.21	Reprodutores de raça pura	
0102.21.10	Prenhes ou com cria ao pé	0
0102.21.90	Outros	0
0102.29	Outros	
0102.29.1	Para reprodução	
0102.29.11	Prenhes ou com cria ao pé	0
0102.29.19	Outros	0
0102.29.90	Outros	0
0102.3	Búfalos:	
0102.31	Reprodutores de raça pura	
0102.31.10	Prenhes ou com cria ao pé	0
0102.31.90	Outros	0
0102.39	Outros	
0102.39.1	Para reprodução	
0102.39.11	Prenhes ou com cria ao pé	0
0102.39.19	Outros	0
0102.39.90	Outros	0
0102.90.00	Outros	0
01.03	Animais vivos da espécie suína	
0103.10.00	Reprodutores de raça pura	0
0103.9	Outros:	
0103.91.00	De peso inferior a 50 kg	0
0103.92.00	De peso igual ou superior a 50 kg	0

01.04	Animais vivos das espécies ovina e caprina	
0104.10	Ovinos	
0104.10.1	Reprodutores de raça pura	
0104.10.11	Prenhes ou com cria ao pé	0
0104.10.19	Outros	0
0104.10.90	Outros	0
0104.20	Caprinos	
0104.20.10	Reprodutores de raça pura	0
0104.20.90	Outros	0
01.05	Aves da espécie *Gallus domesticus*, patos, gansos, perus, peruas e galinhas-d'angola (pintadas), das espécies domésticas, vivos	
0105.1	De peso não superior a 185 g:	
0105.11	Aves da espécie *Gallus domesticus*	
0105.11.10	De linhas puras ou híbridas, para reprodução	0
0105.11.90	Outros	0
0105.12.00	Peruas e perus	0
0105.13.00	Patos	0
0105.14.00	Gansos	0
0105.15.00	Galinhas-d'angola (pintadas)	0
0105.9	Outros:	
0105.94.00	Aves da espécie *Gallus domesticus*	3,6
0105.99.00	Outros	3,6
01.06	Outros animais vivos.	
0106.1	Mamíferos:	
0106.11.00	Primatas	3,6
0106.12.00	Baleias, golfinhos e botos (mamíferos da ordem *Cetacea*); peixes-boi (manatins) e dugongos (mamíferos da ordem *Sirenia*); otárias e focas, leões-marinhos e morsas (mamíferos da subordem *Pinnipedia*)	3,6
0106.13.00	Camelos e outros camelídeos (*Camelidae*)	3,6
0106.14.00	Coelhos e lebres	3,6
0106.19.00	Outros	3,6
0106.20.00	Répteis (incluindo as serpentes e as tartarugas marinhas)	3,6
0106.3	Aves:	
0106.31.00	Aves de rapina	3,6
0106.32.00	Psitaciformes (incluindo os papagaios, os periquitos, as araras e as catatuas)	3,6
0106.33	Avestruzes; emus (*Dromaius novaehollandiae*)	
0106.33.10	Avestruzes (*Struthio camelus*), para reprodução	0
0106.33.90	Outros	3,6

0106.39.00	Outras	3,6
0106.4	Insetos:	
0106.41.00	Abelhas	3,6
0106.49.00	Outros	3,6
0106.90.00	Outros	3,6

10.6. NOMENCLATURA DE VALOR ADUANEIRO E ESTATÍSTICA (NVE)

NVE — NOMENCLATURA DE VALOR ADUANEIRO E ESTATÍSTICA	
Objetivo	Identificar as mercadorias submetidas a despacho aduaneiro de importação para fins de valoração aduaneira e servir de fonte para as estatísticas do comércio exterior brasileiro, com a possibilidade de maior detalhamento dos itens
Administração	Receita Federal do Brasil
Estrutura	Criada a partir da Nomenclatura Comum do Mercosul (NCM) e composta de um código de seis caracteres: ◘ dois alfabéticos (AA) que representam os atributos da mercadoria ◘ quatro numéricos (0000), que indicam as especificações da mercadoria
Utilização	Os **atributos** identificam as características intrínsecas e extrínsecas da mercadoria, relevantes para a formação de seu preço, enquanto as **especificações** servem para fornecer o detalhamento de cada atributo, no intuito de individualizar os itens importados
Exemplo	Capítulo 12, Subposição 120100, corresponde ao produto soja, mesmo triturada: Atributo: ◘ AA indica coloração Especificações: ◘ 0001 Amarela ◘ 0002 Verde ◘ 0003 Marrom ◘ 0004 Preta ◘ 0005 Mista ◘ 9999 Outros

10.7. QUESTÕES

1. (ESAF — AFRF — 2001) A Nomenclatura Comum do Mercosul (NCM)

a) tem por base a Nomenclatura do Conselho de Cooperação Aduaneira (NCCA), e é aplicável no comércio dos países do Mercosul com todos os demais países.

b) é baseada na Nomenclatura do Sistema Harmonizado de Designação e de Codificação de Mercadorias e adotada para a formulação da Tarifa Externa Comum (TEC) e da Tabela de Incidência do IPI (TIPI).

c) é aplicável apenas no comércio interno do Brasil e no comércio com os países do Mercosul.

d) tem por base a Classificação Uniforme para o Comércio Internacional (CUCI), e é aplicável no comércio dos países do Mercosul com todos os demais países.

e) é adotada pelos países do Mercosul exclusivamente para a elaboração das tarifas dos impostos de importação e de exportação no comércio recíproco, adotando-se no comércio com os demais países as Tarifas Aduaneiras Nacionais

2. (ESAF — AFRF — 2001) A classificação de mercadorias na Nomenclatura do Sistema Harmonizado é determinada

a) pela aplicação de 4 Regras Gerais, 2 Regras Especiais, 1 Regra Geral Complementar e pelas Notas de Capítulos e Notas de Seção.

b) pela aplicação de regras lógicas e regras técnicas, e pelos Ditames de Classificação da Nomenclatura Comum do Mercosul, Notas Interpretativas da Organização Mundial das Alfândegas (OMA) e Pareceres Normativos e Decisões dos órgãos singulares e colegiados da Secretaria da Receita Federal (SRF).

c) aplicando-se 6 Regras Gerais e, quando se tratar de mercadorias objeto de desdobramentos nas subposições e itens, pela aplicação da Regra Geral Complementar e das Notas de Seção.

d) exclusivamente pela interpretação dos textos das posições e das Notas de Seção e de Capítulo e subsidiariamente pelas Notas Explicativas do Sistema Harmonizado e Notas Complementares da Tabela de Incidência do IPI (TIPI).

e) pela aplicação de 6 Regras Gerais, 1 Regra Geral Complementar e subsidiariamente pelas Notas Explicativas do Sistema Harmonizado (NESH) e, na utilização da Tabela Simplificada de Designação e de Codificação de Produtos (TSP), aplicam-se duas Regras Gerais a ela relativas.

3. (ESAF — AFRF — 2002) Identifique, no código tarifário abaixo, os dígitos que indicam a subposição tarifária.

0703.90.01

a) o primeiro e o segundo dígitos.

b) o segundo e o terceiro dígitos.

c) o terceiro e o quarto dígitos.

d) o quinto e o sexto dígitos.

e) o sétimo e o oitavo dígitos.

4. (ESAF — AFRF — 2002) Para efeito de classificação das mercadorias na Nomenclatura Comum do Mercosul e aplicação das Regras Gerais para a Interpretação do Sistema Harmonizado, quando inaplicável a RGI n. 1, o artigo desmontado ou por montar

a) não pode ser classificado na posição do artigo completo ou acabado porque as Notas Explicativas do Sistema Harmonizado determinam sua classificação preponderante no artigo em referência.

b) não é abrangido pela posição do artigo completo ou acabado porque nesse estado sua classificação far-se-á individualmente segundo as posições específicas de suas partes.

c) é classificado na posição do artigo completo ou acabado, montado ou por montar, sempre que apresente, no estado em que se encontra, as características essenciais do artigo completo ou acabado.

d) é abrangido pela posição do artigo completo ou acabado, montado ou por montar, desde que através de operação de ensamblagem, essa condição seja atestada pelo Assistente Técnico (perito oficial) credenciado pela Secretaria da Receita Federal.

e) é abrangido pela posição do artigo completo ou acabado, montado ou por montar, desde que se comprove que os componentes do artigo executem a mesma função do artigo completo ou acabado, montado ou por montar.

5. (ESAF — AFRF — 2002) Considerando que o Sistema Harmonizado de Designação e de Codificação de Mercadorias possui em sua estrutura 6 (seis) Regras Gerais Interpretativas, Notas de Seções e de Capítulos, uma Lista ordenada de posições e de subposições, apresentadas sistematicamente, compreendendo 21 Seções, 96 Capítulos e 1241 posições, subdivididas (exceto 311) em subposições, resultando num total de 5019 grupos de mercadorias, podemos afirmar que ele

a) abrange todo o universo de mercadorias, produtos e materiais existentes e por existir no Universo, inclusive a energia elétrica, omitindo mesmo as mercadorias dos Capítulos 77, 98 e 99, sendo assim um sistema racional e completo.

b) abrange todo o universo de mercadorias, produtos e materiais atualmente existentes no Universo, omitindo todas as mercadorias do Capítulo 77, e por essa razão é um sistema racional e incompleto.

c) abrange todo o universo de mercadorias, produtos e materiais existentes inclusive a energia elétrica, e por essa razão é um sistema irracional e completo.

d) abrange todo o universo de mercadorias, produtos e materiais atualmente existentes no Universo e por essa razão é um sistema racional e completo.

e) por abranger os produtos de alta sofisticação e complexidade tecnológica, exigindo para sua identificação e codificação a aplicação de regras técnicas, lógicas e legais no processo mental para seu enquadramento no Sistema, empresta caráter subjetivo a essa atividade e, por essa razão, tal sistema é irracional e completo.

6. (ESAF — AFRF — 2002) Aplicando-se a Regra Geral para Interpretação do Sistema Harmonizado n. 5 (cinco), é correto afirmar-se que a embalagem de utilização repetida, apresentada com os artigos nela contidos

a) não segue a classificação das mercadorias, tendo em vista sua utilização repetida.

b) segue a classificação das mercadorias tendo em vista ser embalagem de apresentação à autoridade fiscal.

c) segue a classificação das mercadorias por ser de uso prolongado.

d) não segue a classificação das mercadorias porque não confere às mesmas o seu caráter de essencialidade.

e) não segue a classificação das mercadorias porque a ela se aplica o regime de trânsito adua-neiro.

7. (ESAF — AFRF — 2002) As peças sobressalentes que acompanham as máquinas e/ou equipa-mentos importados sujeitam-se ao tratamento fiscal e administrativo (dados da importação in-formados no SISCOMEX) a seguir descrito

a) são licenciadas separadamente da licença referente às máquinas e/ou equipamentos, sendo classificadas na NCM separadamente, quando com elas despachadas.

b) são licenciadas conjuntamente com as máquinas e/ou equipamentos, independentemente do valor das mesmas, porém classificam-se na posição das máquinas e/ou equipamentos quando o seu peso não ultrapassar 5% (cinco por cento) do peso total da mercadoria licenciada.

c) desde que detalhadamente descritas e seu valor não ultrapasse 5% (cinco por cento) do va-lor da máquina e/ou equipamento, podem figurar na mesma licença de importação e no mesmo código da NCM.

d) sendo detalhadamente descritas, podem figurar na mesma licença de importação das má-quinas e/ou equipamentos e no mesmo código da NCM, desde que seu valor, seja qual for, esteja previsto na documentação relativa à importação (fatura, contrato etc.).

e) é dispensada a descrição detalhada das peças sobressalentes, desde que elas figurem na mesma licença de importação e no mesmo despacho aduaneiro das máquinas e/ou equipa-mentos, com o mesmo código de Nomenclatura Comum do Mercosul-NCM, desde que seu valor não ultrapasse 10% (dez por cento) do valor da máquina e/ou equipamento e esteja previsto na documentação relativa à importação (contrato, fatura, projeto etc.).

8. (ESAF — AFRF — 2003) O Sistema Harmonizado distribui as mercadorias em

a) seções e capítulos, dos quais três foram reservados para utilização futura. Possui seis regras gerais de interpretação (RGI) e duas regras gerais complementares (RGC-1 e RGC-2). O texto de descrição das mercadorias é precedido de um código, composto de seis algarismos, sepa-rados da seguinte forma XXXX.XX, indicando os dois primeiros o capítulo, os quatro primei-ros a posição, e os dois últimos, a subposição, que pode ser de primeiro nível ou de segundo nível ou composta.

b) seções e capítulos, dos quais três foram reservados para utilização pelas partes contratantes, individualmente. Possui seis regras gerais de interpretação (RGI) e uma regra geral comple-mentar (RGC-1). O texto de descrição das mercadorias é precedido de um código, composto de oito algarismos, separados da seguinte forma XXXX.XX.XX, indicando os dois primeiros o capítulo, os quatro primeiros a posição, o 5.º e o 6.º, a subposição, que pode ser de primei-ro nível ou de segundo nível ou composta, e os dois últimos, o item e o subitem.

c) seções e capítulos, dos quais um foi reservado para utilização pelas partes, individualmente, e dois foram reservados para utilização futura. Possui seis regras gerais de interpretação (RGI) e uma regra geral complementar (RGC-1). O texto de descrição das mercadorias é pre-cedido de um código, composto de oito algarismos, separados da seguinte forma XX.XX.XX.XX, indicando os dois primeiros o capítulo, os quatro primeiros a posição, o 5.º e o 6.º, a subposição, que pode ser de primeiro nível ou de segundo nível ou composta, e os dois últi-mos, o item e o subitem.

d) seções e capítulos, dos quais três foram reservados para utilização futura. Possui seis regras gerais de interpretação (RGI) e uma regra geral complementar (RGC-1). O texto de descrição das mercadorias é precedido de um código, composto de oito algarismos, separados da seguinte forma XXXX.XX.XX, indicando os dois primeiros o capítulo, os quatro primeiros a posição, o 5.º e o 6.º, a subposição, que pode ser de primeiro nível ou de segundo nível ou composta, e os dois últimos, o item e o subitem.

e) seções e capítulos, dos quais um foi reservado para utilização futura e dois, para utilização pelas partes contratantes. Possui seis regras gerais de interpretação (RGI). O texto de descrição das mercadorias é precedido de um código, composto de seis algarismos, separados da seguinte forma XXXX.XX, indicando os dois primeiros o capítulo, os quatro primeiros a posição, e os dois últimos, a subposição, que pode ser de primeiro nível ou de segundo nível ou composta.

9. (ESAF — AFRF — 2003) Assinale a opção que completa corretamente a afirmativa abaixo.

No Brasil, a classificação tarifária é feita enquadrando-se a mercadoria ou produto no respectivo código da Nomenclatura, aplicando-se as regras de interpretação, segundo as quais a classificação é determinada

a) pelos textos das posições e das Notas de Seção e de Capítulo e, desde que não sejam contrárias a esses textos, pelas demais regras gerais de interpretação, bem como pelas regras gerais complementares e, no caso da NVE (Nomenclatura de Valor e Estatística), pelos atributos e especificações da mercadoria, não tendo valor legal as Notas Explicativas do SH (NESH), os Pareceres do Comitê Técnico do SH e os Pareceres de Classificação da OMA (Organização Mundial de Alfândegas).

b) pelos textos das posições e das Notas de Seção e de Capítulo e pelas demais regras gerais de interpretação, bem como pela regra geral complementar e, no caso da NVE (Nomenclatura de Valor e Estatística), pelos atributos, características e especificações da mercadoria, as Notas Explicativas do SH (NESH), e, subsidiariamente, os Pareceres do Comitê Técnico do SH e os Pareceres de Classificação da OMA (Organização Mundial de Alfândegas), devendo os órgãos da administração pública observar os Pareceres da OMA e as soluções dadas às consultas pela SRF.

c) pelos textos das posições e das Notas de Seção e de Capítulo e pelas demais regras gerais de interpretação, bem como pelas regras gerais complementares e, no caso da NVE (Nomenclatura de Valor e Estatística), pelos atributos e características da mercadoria, não tendo valor legal as Notas Explicativas do SH (NESH), os Pareceres do Comitê Técnico do SH e os Pareceres de Classificação da OMA (Organização Mundial de Alfândegas).

d) pelos textos das posições e das Notas de Seção e de Capítulo e, desde que não sejam contrárias a esses textos, pelas demais regras gerais de interpretação, bem como pela Regra Geral Complementar (RGC-1) e, no caso da NVE (Nomenclatura de Valor e Estatística), pelos atributos e especificações da mercadoria, e subsidiariamente as Notas Explicativas do SH (NESH), os Pareceres do Comitê Técnico do SH e os Pareceres de Classificação da OMA (Organização Mundial de Alfândegas), devendo os órgãos da administração pública, ao solucionar consultas, observar os Pareceres da OMA e as orientações normativas da SRF.

e) pelos textos das posições e das Notas de Seção e de Capítulo e, desde que não sejam contrárias a esses textos, pelas demais regras gerais de interpretação, bem como pelas regras gerais complementares e, no caso da NVE (Nomenclatura de Valor e Estatística), pelos atributos e especificações da mercadoria, não tendo valor legal as Notas Explicativas do SH (NESH), os Pareceres do Comitê Técnico do SH e os Pareceres de Classificação da OMA (Organização Mundial de Alfândegas), devendo os órgãos da administração pública observar os Pareceres da OMA, os laudos técnicos e as soluções dadas às consultas pela SRF ou em Certificado de Classificação para Fins de Fiscalização de Exportações.

10. (ESAF — AFRF — 2005) Assinale a opção incorreta.

a) O Sistema Harmonizado, composto por 21 Seções, constitui instrumento empregado internacionalmente para a classificação de mercadorias, a partir de uma estrutura de códigos e suas respectivas descrições. Os Capítulos 98 e 99 do referido Sistema, contudo, foram reservados para usos especiais dos países vinculados a ele. O Brasil emprega o Capítulo 99 para registrar operações como, por exemplo, de consumo de bordo de combustíveis.

b) No que atine à interpretação do Sistema Harmonizado, quando uma mercadoria aparentemente possa ser classificada em duas ou mais posições, a classificação deve ser feita, em regra, pela posição mais genérica em detrimento das mais específicas.

c) A classificação fiscal da mercadoria deve ser feita pelo próprio importador. Não obstante, em caso de dúvida sobre a classificação do bem, há previsão legal para que, respeitados parâmetros, seja formulada consulta à autoridade aduaneira com vistas à correta classificação da mercadoria.

d) Dos oito dígitos que compõem a Nomenclatura Comum do Mercosul, os seis primeiros são formados pelo Sistema Harmonizado, ao passo em que o sétimo e oitavo dígitos correspondem a desdobramentos específicos definidos no âmbito do Mercosul.

e) Os títulos das seções, capítulos e subcapítulos do Sistema Harmonizado têm apenas valor indicativo. Para os efeitos legais, a classificação fiscal é determinada pelos textos das posições e das Notas de Seção e de Capítulo.

11. (ESAF — AFRFB — 2009) A classificação aduaneira das mercadorias é recurso essencial para a aplicação, pela autoridade aduaneira, dos direitos que incidem sobre a exportação e importação de mercadoria e é objeto de convenções e instrumentos internacionais. A respeito, assinale a opção correta.

a) O Sistema Harmonizado de Designação e de Codificação de Mercadorias (SH) é uma convenção internacional que padroniza os sistemas de classificação nacionais dos países do Mercosul, não podendo, por conseguinte, sofrer alterações ou adaptações por parte dos países que o implementam.

b) A adoção da Tarifa Externa Comum do Mercosul tornou necessária a harmonização dos respectivos sistemas nacionais de classificação de mercadorias dos países-membros.

c) Por possuir o Brasil a pauta comercial mais diversificada no âmbito do Mercosul, a Nomenclatura Brasileira de Mercadorias é a referência para o instrumento de designação e codificação de mercadorias que é aplicado no Mercosul.

d) A Nomenclatura Comum do Mercosul está baseada no Sistema Harmonizado, contendo dois dígitos adicionais introduzidos pelos próprios países do bloco, tendo substituído, no Brasil, a Nomenclatura Brasileira de Mercadorias.

e) Com o advento da Tarifa Externa Comum, os países do Mercosul substituíram seus sistemas nacionais de classificação de mercadorias pelo Sistema Harmonizado de Designação e Codificação de Mercadorias (SH).

12. (ESAF — Ajudante de Despachante Aduaneiro — 2016) Analise a estrutura da posição 48.19 Nomenclatura Comum do Mercosul (NCM), apresentada abaixo, e assinale a opção correta.

NCM	DESCRIÇÃO
4819	Caixas, sacos, bolsas, cartuchos e outras embalagens, de papel, cartão, pasta (ouate) de celulose ou de mantas de fibras de celulose; cartonagens para escritórios, lojas e estabelecimentos semelhantes.
4819.10.00	— Caixas de papelão ou cartão, ondulados
4819.20.00	— Caixas e cartonagens, dobráveis, de papel ou cartão, não ondulados
4819.30.00	— Sacos cuja base tenha largura igual ou superior a 40 cm
4819.40.00	— Outros sacos; bolsas e cartuchos
4819.50.00	— Outras embalagens, incluindo as capas para discos
4819.60.00	— Cartonagens para escritórios, lojas e estabelecimentos semelhantes

a) As caixas de tecido classificam-se na posição 48.19.

b) As bolsas de cartão ondulado classificam-se no código 4819.10.00 da NCM.

c) As caixas cuja base tenha largura de 45 cm classificam-se no código 4819.30.00 da NCM.

d) As capas para disco classificam-se no código 4819.50.00 da NCM.

e) Apenas as cartonagens para escritórios classificam-se no código 4819.60.00 da NCM.

13. (ESAF — Ajudante de Despachante Aduaneiro — 2016) Quanto às Regras Gerais para Interpretação (RGI) do Sistema Harmonizado, assinale a opção incorreta.

a) A classificação de uma determinada mercadoria deve basear-se nos textos das posições e das Notas de Seção e de Capítulo.

b) Qualquer referência a uma matéria em determinada posição diz respeito a essa matéria, somente em estado puro.

c) Os estojos para violinos, especialmente fabricados para conterem violinos, e suscetíveis de um uso prolongado, quando apresentados com os violinos a que se destinam, classificam-se com estes últimos, desde que sejam do tipo normalmente vendido com tais violinos.

d) Qualquer referência a um artigo em determinada posição abrange esse artigo mesmo incompleto ou inacabado, desde que apresente, no estado em que se encontra, as características essenciais do artigo completo ou acabado.

e) Conforme a Regra Geral n. 5, as embalagens suscetíveis de utilização repetitiva podem se classificar separadamente das mercadorias por elas acondicionadas.

14. (ESAF — Ajudante de Despachante Aduaneiro — 2017) Sobre o Sistema Harmonizado de Designação e de Codificação de Mercadorias (SH), analise as proposições abaixo e assinale a opção correta.

I. O Sistema Harmonizado de Designação e de Codificação de Mercadorias (SH) objetiva, sobretudo, uma maior facilitação do comércio internacional, aperfeiçoando a coleta e a análise de dados estatísticos e buscando uma diminuição de gastos e encargos, através da adoção de um sistema único de designação e de codificação de mercadorias.

II. O Sistema Harmonizado de Designação e de Codificação de Mercadorias (SH) é administrado pela Organização Mundial de Aduanas (OMA), que o atualiza de quatro em quatro anos.

III. Entende-se por Sistema Harmonizado de Designação e de Codificação de Mercadorias ou, simplesmente, Sistema Harmonizado, a Nomenclatura, compreendendo as posições e subposições e respectivos códigos numéricos, as Notas de Seção, de Capítulo e de subposição, bem como as Regras Gerais para a Interpretação do Sistema Harmonizado.

IV. As Notas Explicativas do Sistema Harmonizado de Designação e de Codificação de Mercadorias (NESH) contêm as descrições técnicas das mercadorias e as indicações práticas internacionalmente aceitas quanto à classificação e à identificação das mercadorias.

a) Somente a proposição I está correta.

b) Somente as proposições I, II e III estão corretas.

c) Somente as proposições I, II e IV estão corretas.

d) Somente as proposições I, III e IV estão corretas.

e) Todas as proposições estão corretas.

15. (ESAF — Ajudante de Despachante Aduaneiro — 2017) Quanto às Regras Gerais para Interpretação (RGI) do Sistema Harmonizado, assinale a opção correta.

a) Os estojos dos tipos normalmente utilizados para máquinas de barbear, quando apresentados com as máquinas de barbear a que se destinam, classificam-se separadamente das máquinas de barbear.

b) Qualquer referência a obras de uma matéria determinada abrange as obras constituídas inteira ou parcialmente por essa matéria.

c) A classificação de uma determinada mercadoria deve-se basear nos títulos das Seções e dos Capítulos, nos textos das posições e das Notas de Seção e de Capítulo.

d) Qualquer referência a um artigo em determinada posição abrange esse artigo mesmo desmontado ou por montar, independentemente de apresentar, no estado em que se encontra, as características essenciais do artigo montado.

e) Conforme a Regra Geral de Interpretação (RGI) 5, as embalagens suscetíveis de utilização repetitiva classificam-se obrigatoriamente com as mercadorias por elas acondicionadas.

16. (ESAF — Ajudante de Despachante Aduaneiro — 2017) A Resolução Camex n. 20, de 1.º de março de 2016, prorrogou por mais cinco anos o direito antidumping aplicado às importações brasileiras de calçados, comumente classificados nas posições 64.02 a 64.05 da Nomenclatura Comum do Mercosul — NCM, originárias da China. A empresa Arriscalçado Ltda. que importa calçados sociais masculinos da China, tinha expectativas de que o direito antidumping em questão não seria prorrogado e fez um grande pedido ao seu fornecedor chinês. Em face do inesperado aumento de seus custos, a Arriscalçado contratou consultoria da empresa JeitoBR. Em seu parecer conclusivo, a JeitoBR orientou a Arriscalçado a importar os calçados desmontados, registrando em Declarações de Importação (DI) diferentes cada parte importada (cabedais, palmilhas, solados, etc...), sem pagamento dos direitos antidumping. Chegando ao Brasil, todas as DI regis-

tradas pela Arriscalçado foram selecionadas para o Canal Vermelho de verificação e encontram-se em análise por Auditor-Fiscal da Receita Federal do Brasil (AFRFB) da unidade de despacho.

Com base nesse contexto, analise as assertivas abaixo e, ao final, indique a opção correta.

I. Por se tratar de importações de partes de calçados, registradas em DI diferentes, não se aplica o direito antidumping, o qual é aplicável apenas às importações de calçados completos e montados.

II. Os direitos antidumping podem ser exigidos em relação à quantidade de calçados montados aos quais correspondam as partes importadas, uma vez que, de acordo com a regra 2.a para interpretação do Sistema Harmonizado (SH), qualquer referência a um artigo classificado em determinada posição abrange igualmente o artigo que se apresente desmontado ou por montar, desde que apresente, no estado em que se encontra, as características essenciais do artigo completo ou acabado.

III. Os direitos antidumping poderiam ser exigidos tão somente se todas as partes tivessem sido registradas em uma mesma DI, observando-se ainda o disposto na regra 2.a para interpretação do SH.

IV. Caracterizada a importação de calçados desmontados sem a devida aplicação dos direitos antidumping, cabe ao AFRFB lavrar o auto de infração formalizando a exigência de ofício dos direitos antidumping e decorrentes acréscimos moratórios e penalidades.

V. Ainda que caracterizada a importação de calçados desmontados com intuito de se evadir dos direitos antidumping, cabe ao AFRFB tão somente representar o caso à Secretaria de Comércio Exterior (Secex) para que seja avaliada a extensão do direito antidumping às partes de calçados.

a) Apenas a assertiva I está correta.
b) Apenas as assertivas III e V estão corretas.
c) Apenas as assertivas II e IV estão corretas.
d) Apenas as assertivas I, III e V estão corretas.
e) Apenas as assertivas III e IV estão corretas.

GABARITO

1. A alternativa correta é a letra "b" porque o Brasil utiliza a base do Sistema Harmonizado tanto para a TEC, no âmbito do Mercosul, como para a codificação de mercadorias sujeitas ao IPI. As demais alternativas estão incorretas.

2. A alternativa correta é a letra "e", que expõe as regras de interpretação aplicáveis ao Sistema Harmonizado (o padrão mundial, não a versão do Mercosul (NCM)). As demais alternativas trazem impropriedades e, por isso, estão incorretas.

3. Pergunta bastante fácil e direta, cuja alternativa correta é a letra "d".

4. A alternativa correta é a letra "c", pois os produtos desmontados ou por montar devem ser classificados como se completos estivessem, desde que se possa perceber, ao tempo da importação, as características essenciais que os distinguem. As demais alternativas estão incorretas.

5. Pergunta "famosa" no âmbito da ESAF, por trazer como correta uma alternativa claramente absurda, como é o caso da letra "a". Seria muita pretensão afirmar que o Sistema Harmonizado abrange todo o conjunto de mercadorias existentes e por existir **no universo** (!); temos aqui o clássico caso em que o examinador "pensou uma coisa e disse outra", erro típico da falta de cuidado com a linguagem. A redação é muito ruim em todas as alternativas, mas o gabarito foi mantido, até porque as demais assertivas também estão incorretas.

6. A alternativa correta é a letra "a", porque trata dos invólucros ou contêineres que servem como instrumento logístico do comércio internacional e, neste sentido, transportam mercadorias distintas em cada operação. São classificados, portanto, de forma independente das mercadorias que acondicionam.

7. A alternativa correta é a letra "e". Trata-se de pergunta bastante específica, que exige conhecimento detalhado do candidato, ao ser indagado sobre qual o procedimento e a margem de tolerância para a importação de peças sobressalentes, normalmente utilizadas para reposição imediata de partes defeituosas de um equipamento e importadas junto com este (como exemplo, poderíamos citar a importação de um equipamento eletrônico que trouxesse, na mesma embalagem, alguns fusíveis extras de reposição, para troca imediata no caso de defeito ou queima dos originais).

8. Questão típica da ESAF, na qual as alternativas são muito parecidas e cabe ao candidato identificar os defeitos de cada proposição. A alternativa correta é a letra "e", que descreve de modo adequado as características do Sistema Harmonizado. As alternativas "a", "b" e "d" são imediatamente incorretas ao afirmarem que o Sistema Harmonizado reservou três capítulos para utilização futura. A alternativa "c" está incorreta porque inverte o número de capítulos para utilização futura e pelas partes contratantes, além de se equivocar ao afirmar que o código possui oito posições.

9. A alternativa correta é a letra "a", que explica o mecanismo de interpretação do Sistema Harmonizado. As alternativas "b" e "d" estão incorretas, entre outros fatores, porque os pareceres da OMA não são vinculantes. A alternativa "c" está incorreta porque não faz ressalva à utilização das regras complementares apenas quando compatíveis com os textos das posições e das Notas de Seção e de Capítulo. A alternativa "e" também está incorreta dada a ausência de vinculação em relação aos pareceres da OMA.

10. A alternativa a ser assinalada é a letra "b", que ao apresentar as características do Sistema Harmonizado está incorreta ao afirmar que a posição genérica deve prevalecer sobre as mais específicas, visto que a interpretação adequada é justamente no sentido inverso.

11. A alternativa correta é a letra "d", porque a NCM (que substituiu a NBM) se baseia no Sistema Harmonizado e utiliza dois dígitos adicionais (conhecidos como item e subitem) que em tudo obedecem às regras internacionais. A alternativa "a" está incorreta porque o Sistema Harmonizado pode ser adaptado, como no caso do Mercosul. A alternativa "b" pode ser considerada errada porque o nível de harmonização ainda não é perfeito entre os países. A alternativa "c" está incorreta porque o Brasil não mais utiliza a NBM, enquanto a alternativa "e" também não prospera porque os países no Mercosul adotaram a NCM/SH, ou seja, nomenclatura própria baseada nas regras do Sistema Harmonizado.

12. Questão interessante, de viés prático, que tem por objetivo aplicar os conhecimentos acerca da classificação de mercadorias. A alternativa correta é a letra "d", pois está expresso que as capas para discos são classificadas na posição 4819.50.00 da NCM. As demais alternativas estão incorretas, porque não correspondem à tabela apresentada.

13. A alternativa incorreta, que deve ser assinalada, é a letra "b", pois, de acordo com a regra 2a, qualquer referência a um artigo em determinada posição abrange esse artigo mesmo incompleto ou inacabado, diferentemente do que afirma a alternativa. As demais alternativas estão corretas e representam o teor de outras regras de interpretação do SH.

14. A alternativa que deve ser assinalada é a letra "d", pois a proposição II está errada ao afirmar que a OMA atualiza o SH de quatro em quatro anos, quando o correto seria a cada cinco anos. As demais proposições estão corretas.

15. A alternativa correta é a letra "b", que reproduz literalmente o disposto na Regra 2b de interpretação do SH. A alternativa "a" está incorreta porque os estojos, na hipótese, devem ser classificados junto com as máquinas de barbear. A alternativa "c" está incorreta porque os títulos Seções, Capítulos e Subcapítulos têm apenas valor indicativo, como preceitua a Regra 1 do SH. Já a alternativa "d" está incorreta porque contraria o disposto na Regra 2a, dado que o artigo desmontado deve apresentar as características essenciais do artigo montado e, por fim, a alternativa "e" não pode prosperar porque as embalagens de utilização repetitiva não se classificam, obrigatoriamente, com as mercadorias por elas acondicionadas.

16. Questão interessante, que exige conhecimentos de dumping e classificação de mercadorias, cuja alternativa correta é a letra "c", pois as assertivas II e IV estão certas. A assertiva I está errada porque os direitos antidumping, na hipótese, são aplicáveis aos calçados desmontados ou suas partes. A assertiva III também está errada porque restou claro o intuito de burlar a legislação com o fracionamento das importações em várias DI. Por fim, a assertiva V também está errada porque o AFRFB tem competência para lavrar o auto de infração, nos termos do art. 7.º, § 5.º, da Lei n. 9.019/95, com a redação dada pela Lei n. 10.833/2003.

10.8. MATERIAL DIGITAL

VÍDEO
http://uqr.to/1y39g

11

VALOR ADUANEIRO

A **valoração aduaneira**[1] é tema de fundamental importância no contexto comercial atual, e sua aplicação prática é bem mais complexa do que se possa imaginar.

O intérprete desatento poderá ter em conta, ao correr os olhos pelos métodos de valoração, que se trata de um conjunto de regras claro e bem definido, cuja obediência fiel alcançará, invariavelmente, a solução de todas as questões relativas ao preço da mercadoria. Ledo engano. O caminho a ser trilhado será, por vezes, longo e tortuoso, sem que isso signifique, necessariamente, que a resposta será encontrada a contento, sobretudo quando houver a necessidade de se utilizar os métodos alternativos.

O **valor aduaneiro** é o montante que servirá como referência para a fixação da **base de cálculo** do imposto de importação. Sua definição é fundamental no comércio internacional, uma vez que este tributo normalmente funciona como elemento equalizador entre o preço dos produtos importados e o preço dos produtos idênticos ou similares fabricados no mercado doméstico.

Podemos dizer que a tributação aduaneira nas importações desempenha um importante papel nas políticas de comércio internacional, seja como elemento de proteção à indústria nacional (com as limitações que já tivemos a oportunidade de observar), seja como agente para a consecução de instrumentos voltados para o desenvolvimento.

Pode funcionar, ainda, como elemento regulador no abastecimento dos mercados, dada a **extrafiscalidade** inerente ao imposto de importação.

Daí a importância de se estabelecer, com o devido rigor técnico, a base de cálculo incidente nas aquisições de produtos do exterior e, ao fazê-lo, aplicar a alíquota correspondente, como instrumento de política econômica.

O atual **Regulamento Aduaneiro**[2], em consonância com os conceitos trazidos pelo Acordo de Valoração Aduaneira (AVA) firmado no âmbito do Acordo Geral sobre Tarifas e Comércio (GATT), estabelece, no seu artigo 76, "que toda mercadoria submetida a despacho de importação está sujeita ao controle do correspondente valor aduaneiro".

---

[1] A valoração aduaneira deve ser entendida como o procedimento realizado pelas autoridades para identificação do valor aduaneiro, que servirá de referência na determinação da base de cálculo do imposto de importação.

[2] Veiculado pelo Decreto n. 6.759, de 9 de fevereiro de 2009, e alterações posteriores.

Trata-se de reprodução de **princípio geral**, aplicável a todos os países-membros da Organização Mundial do Comércio (OMC), dada a necessidade de padronização e controle dos procedimentos de valoração, que, se não devidamente atendidos, poderão se transformar em barreiras de índole protecionista. Todavia, o princípio comporta exceções, de acordo com o tipo de alíquota incidente sobre a mercadoria.

As **alíquotas** do imposto de importação podem ser **específicas** ou *ad valorem*.

Como nas alíquotas específicas o tributo é apurado multiplicando-se um **valor fixo**, em moeda nacional ou estrangeira, em função de certa quantidade de mercadoria, expressa na unidade de medida prevista pela legislação, torna-se **dispensável o procedimento** de valoração aduaneira, pois o valor da mercadoria (referência para a base de cálculo) não traz qualquer impacto sobre o montante do imposto devido.

Nesses casos, ainda que a determinação do valor aduaneiro não seja necessária sob o ponto de vista fiscal, poderá ser realizada para fins de controle estatístico ou para o cálculo de outros valores relativos à mercadoria, de índole não tributária.

Já para as alíquotas *ad valorem*, que incidem sobre a maior parte do universo de mercadorias, os procedimentos para a apuração do valor aduaneiro deverão ser aplicados, em toda a sua extensão, de acordo com as regras previstas no **Acordo de Valoração Aduaneira**.

11.1. A BASE DE CÁLCULO DO IMPOSTO DE IMPORTAÇÃO

Como se sabe, o direito tributário define base de cálculo como a **expressão econômica** do fato jurídico, sobre a qual se aplica uma alíquota para a determinação do montante do tributo a ser pago.

Isso significa que todas as condutas ou os estados jurídicos[3], previstos em lei e passíveis de apreciação econômica, poderão ser tributados conforme as regras e os princípios vigentes para cada tipo de gravame.

No caso do imposto de importação, a definição da base de cálculo deve obedecer ao **Artigo VII** do Acordo Geral sobre Tarifas e Comércio (GATT-1994), que define o valor da mercadoria para fins aduaneiros.

Como resultado das negociações durante a Rodada Uruguai, os membros da OMC firmaram o **Acordo sobre a Implementação do Artigo VII do GATT**, também conhecido como Acordo de Valoração Aduaneira (AVA-GATT), que tem por escopo verificar se as mercadorias submetidas a despacho de importação atendem as regras para a determinação do seu valor aduaneiro, isto é, se o valor declarado pelo importador obedece aos princípios norteadores do Acordo: **neutralidade, equidade, uniformidade** e **publicidade**, todos sob o primado do chamado **valor da transação**.

■ **neutralidade:** a valoração aduaneira é procedimento técnico e imparcial, baseado nos princípios e métodos que regem o Acordo, e não deve ser utilizada para qualquer outro fim que não seja a determinação da base de cálculo do imposto de importação. Nesse sentido, **não se confunde** com outras atividades estatais, como a investigação e o combate das práticas de dumping ou subsídio;

---

3 Representados por um núcleo fundamental, tal como "ser proprietário", "auferir renda", "importar mercadorias" e assim por diante.

◾ **equidade:** o tratamento conferido à análise deve ser justo e equilibrado, sem a utilização de critérios arbitrários ou fictícios. No Brasil, a ideia pode ser diretamente associada à aplicação dos princípios da **razoabilidade** e **proporcionalidade** (tão caros ao direito administrativo), dentro dos parâmetros legais;

◾ **uniformidade:** a aplicação dos critérios deve ser homogênea, à luz dos princípios que norteiam o Acordo, para todas as operações de importação nos países-membros da OMC;

◾ **publicidade:** estabelece que todos os critérios e métodos empregados para a determinação dos produtos sujeitos a tributos ou outros direitos aduaneiros, apurados com base no valor da transação, devem ser divulgados de forma **constante** e **satisfatória**. O princípio permite, ainda, que qualquer membro da OMC solicite aos demais relatórios sobre as medidas e os procedimentos adotados em razão do Acordo de Valoração Aduaneira;

◾ **valor da transação:** o conceito de valor da transação é a viga mestra do Acordo, em homenagem à noção geral de boa-fé que permeia o direito internacional. Trata-se de reconhecer, *a priori*, que o valor da transação constitui **base real** da operação de importação, com prevalência sobre os demais métodos.

O preâmbulo do Acordo para a Implementação do Artigo VII do GATT ainda menciona, como ideias fundamentais, a **simplicidade**, no sentido de que a valoração aduaneira deva se basear em critérios diretos, objetivos e inteligíveis, bem como na **não discriminação** entre fontes de suprimento, de forma que o procedimento deve ser de aplicação geral, sem a concessão de tratamento distinto em razão da origem ou procedência das mercadorias.

11.1.1. A valoração aduaneira e as distorções na base de cálculo do imposto de importação

Apesar de a utilização de **alíquotas** variadas para o imenso rol de mercadorias constantes da Nomenclatura ser um instrumento eficaz de política aduaneira, os objetivos de cada Estado só podem ser plenamente alcançados na medida em que a **base de cálculo** corresponda ao real valor da transação, estabelecido em condições de livre concorrência.

No entanto, a internacionalização da economia e a crescente concentração dos mercados trazem, para o comércio internacional, situações cada vez mais comuns, nas quais os atores de uma transação apresentam, em diversos graus, relações de **interdependência** que podem, em muitos casos, ensejar a manipulação artificial das bases negociais, com o fito de alterar os efeitos tributários sobre as importações ou sobre a renda.

Ao ter pleno controle sobre os dois lados da negociação, uma empresa **transnacional** pode, a título de planejamento tributário, fazer migrar custos ou receitas para qualquer de suas unidades. Pode, ainda, criar estabelecimentos em países ou dependências com **tributação favorecida**, para, a partir destes, gerir — ao menos sob o ponto de vista financeiro e contábil — seus negócios internacionais.

Uma das principais consequências dessa possível manipulação é a **distorção da base de cálculo** do imposto de importação, que tanto pode gerar prejuízos às indústrias locais, por força da introdução de produtos de procedência estrangeira a preços artificialmente reduzidos (mediante **subfaturamento**, objeto de análise da valoração aduaneira), como também implicar transferência de lucros ao exterior, nas hipóteses de **superfaturamento** (tema afeto ao imposto de renda, mais especificamente ao controle sobre preços de transferência).

Existe, pois, uma necessária **correlação** entre o controle do valor aduaneiro e a tributação do imposto sobre a renda, nas hipóteses de transações do comércio internacional entre **empresas vinculadas**[4]. Daí a preocupação de todos os países em estabelecer metodologia padronizada e uniforme para a identificação do valor aduaneiro e, no mesmo sentido, a assinatura de diversos tratados de cooperação e definição de métodos para o controle dos **preços de transferência**[5].

---

[4] As hipóteses de vinculação entre empresas estão previstas no artigo 23 da Lei n. 9.430/96: "Para efeito dos arts. 18 a 22, será considerada vinculada à pessoa jurídica domiciliada no Brasil: I — a matriz desta, quando domiciliada no exterior; II — a sua filial ou sucursal, domiciliada no exterior; III — a pessoa física ou jurídica, residente ou domiciliada no exterior, cuja participação societária no seu capital social a caracterize como sua controladora ou coligada, na forma definida nos §§ 1.º e 2.º **do art. 243 da Lei n. 6.404, de 15 de dezembro de 1976**; IV — a pessoa jurídica domiciliada no exterior que seja caracterizada como sua controlada ou coligada, na forma definida nos §§ 1.º e 2.º **do art. 243 da Lei n. 6.404, de 15 de dezembro de 1976**; V — a pessoa jurídica domiciliada no exterior, quando esta e a empresa domiciliada no Brasil estiverem sob controle societário ou administrativo comum ou quando pelo menos 10% do capital social de cada uma pertencer a uma mesma pessoa física ou jurídica; VI — a pessoa física ou jurídica, residente ou domiciliada no exterior, que, em conjunto com a pessoa jurídica domiciliada no Brasil, tiver participação societária no capital social de uma terceira pessoa jurídica, cuja soma as caracterizem como controladoras ou coligadas desta, na forma definida nos §§ 1.º e 2.º **do art. 243 da Lei n. 6.404, de 15 de dezembro de 1976**; VII — a pessoa física ou jurídica, residente ou domiciliada no exterior, que seja sua associada, na forma de consórcio ou condomínio, conforme definido na legislação brasileira, em qualquer empreendimento; VIII — a pessoa física residente no exterior que for parente ou afim até o terceiro grau, cônjuge ou companheiro de qualquer de seus diretores ou de seu sócio ou acionista controlador em participação direta ou indireta; IX — a pessoa física ou jurídica, residente ou domiciliada no exterior, que goze de exclusividade, como seu agente, distribuidor ou concessionário, para a compra e venda de bens, serviços ou direitos; X — a pessoa física ou jurídica, residente ou domiciliada no exterior, em relação à qual a pessoa jurídica domiciliada no Brasil goze de exclusividade, como agente, distribuidora ou concessionária, para a compra e venda de bens, serviços ou direitos".

[5] O controle dos preços de transferência prevê métodos para a determinação dos limites máximos de dedutibilidade do lucro real, vale dizer, os custos, despesas e encargos relativos a bens, serviços e direitos, constantes dos documentos de importação ou de aquisição, nas operações efetuadas com pessoa vinculada, somente serão dedutíveis na determinação do lucro real até o montante apurado por tais métodos, conforme previstos no artigo 18 da Lei n. 9.430/96. A ideia é evitar que as empresas subsidiárias, localizadas no Brasil, transfiram parcelas de lucro para as respectivas matrizes no exterior, por meio de pagamentos oriundos de importações. De forma simples, poderíamos dizer que tais empresas incluem no valor dos produtos importados parcelas adicionais como remessa disfarçada de lucros, de forma que as transações são realizadas por preços superiores aos de mercado.

Tabela 11.1. Distorções na base de cálculo do imposto de importação

SITUAÇÃO	RISCO	PROVIDÊNCIA
Superfaturamento (valor declarado pelo contribuinte é superior à realidade do mercado)	Possibilidade de remessa disfarçada de lucros ao exterior	Submeter as transações entre partes relacionadas ao controle de preços de transferência
Valor adequado (contribuinte apresenta valores compatíveis com o mercado e a transação)	Nenhum, sob o ponto de vista tributário, sem prejuízo de outras verificações, de natureza aduaneira	Aceitar o valor, desde que devidamente comprovado
Subfaturamento (valor declarado pelo contribuinte é inferior ao valor de mercado)	Possibilidade de sonegação do imposto de importação e demais tributos incidentes	Submeter as transações aos procedimentos de valoração aduaneira

11.2. ALÍQUOTAS DO IMPOSTO DE IMPORTAÇÃO

Se base de cálculo é a **expressão econômica** do fato jurídico tributário, a alíquota representa a parcela que deverá ser paga ao Estado.

O **Acordo de Valoração Aduaneira (AVA)**, previsto no âmbito do GATT, tem por escopo verificar se as mercadorias submetidas a despacho de importação atendem as regras para a definição do seu **valor aduaneiro**, isto é, se o valor declarado pelo importador obedece aos princípios norteadores do Acordo.

Todavia, o Brasil talvez seja o único país do mundo a aplicar sobre uma simples operação de importação **diversos tributos**[6], com incidências sobre bases de cálculo que se acumulam, umas sobre as outras. Nisso o país discrepa, frontalmente, das diretrizes pactuadas no âmbito internacional, que pressupõem a utilização do imposto de importação como único elemento tributário para a equivalência no preço dos produtos.

A título de exemplo, se um empresário brasileiro desejar importar um bem qualquer do exterior, a operação sofrerá a incidência dos seguintes tributos:

- Imposto de Importação **(II)**;
- Imposto sobre Produtos Industrializados vinculado às importações **(IPI Vinculado)**;
- Imposto sobre Circulação de Mercadorias e Serviços vinculado às importações **(ICMS Vinculado)**;
- contribuição para o Programa de Integração Social vinculado às importações **(PIS Vinculado)**;
- contribuição para o Financiamento da Seguridade Social vinculada às importações **(COFINS Vinculada)**; e
- **taxas de utilização** do SISCOMEX.

Adicionalmente, ainda poderiam incidir, de acordo com a hipótese, o Imposto sobre Operações de Crédito, Câmbio e Seguros (**IOF**, em relação à operação de compra de

---

[6] Alguns países, especialmente aqueles em desenvolvimento, por vezes utilizam mais de uma espécie tributária para onerar as importações, mas nenhum com a profusão de figuras que o Brasil adota.

moeda estrangeira para pagamento da importação), Contribuição de Intervenção no Domínio Econômico sobre Combustíveis (**CIDE Combustíveis**, se o produto for classificado como tal), Adicional de Frete para a Renovação da Marinha Mercante (**AFRMM**, nas importações por via marítima, por exemplo), além do Imposto sobre Serviços vinculado às importações (**ISS Vinculado**, na hipótese de importação de serviços oriundos do exterior).

Em face do rol apresentado, que não é **nem sequer taxativo**, pois existem alguns outros tributos específicos e menos conhecidos, resta inequívoca a percepção acerca da absurda carga tributária que onera as importações no Brasil. Sobre ser exagerada, parece-nos que a sistemática adotada pelo legislador em nada contribui para o desenvolvimento do comércio exterior brasileiro, além de causar espanto e embaraço quando cotejada com os acordos internacionais dos quais o Brasil é signatário.

11.2.1. Competência do Poder Executivo para a alteração das alíquotas do imposto de importação

A Constituição da República estabelece, no § 1.º do artigo 153, que: "É facultado ao Poder Executivo, atendidos as condições e os limites estabelecidos em lei, alterar as alíquotas dos impostos enumerados nos incisos I, II, IV e V"; as figuras tributárias enumeradas são o Imposto sobre a Importação de produtos estrangeiros (II), o Imposto sobre a Exportação de produtos nacionais ou nacionalizados (IE), o Imposto sobre Produtos Industrializados (IPI) e o Imposto sobre Operações de Crédito, Câmbio e Seguro, ou relativas a títulos ou valores mobiliários (IOF).

Da análise desse dispositivo, há autores que defendem a tese de que os tributos em questão escapariam ao princípio da legalidade.

Entretanto, como bem salienta Roque Carrazza[7], tal posição não pode prosperar, pois o Texto Magno apenas "permite, no caso, que a lei delegue ao Poder Executivo a faculdade de fazer variar, observadas determinadas condições e dentro dos limites que ela estabelecer, as alíquotas (não as bases de cálculo) dos mencionados impostos".

Com efeito, o Poder Executivo pode, dentro dos **limites traçados** pela lei instituidora desses tributos, alterar as respectivas alíquotas, para mais ou para menos, com o objetivo de corrigir distorções econômicas ou financeiras. Tal circunstância enseja, pois, **decisão política**, devidamente autorizada pelo titular da competência legislativa, que tem por objetivo levar a cabo as diretrizes fiscais e monetárias do país.

Dizemos *país* porque, como se pode notar, as quatro figuras previstas na Constituição pertencem à esfera de competência da União, que atua, nestes casos, como representante dos interesses nacionais.

Trata-se de manifestação da conhecida **função extrafiscal** dos tributos, normalmente acompanhada de variantes ao princípio da anterioridade e que no Brasil restringe-se ao Imposto de Importação, ao Imposto de Exportação, ao Imposto sobre Produtos Industrializados e ao Imposto sobre Operações Financeiras.

---

[7]   Roque Antonio Carrazza. *Curso de direito constitucional tributário*. 18. ed. São Paulo: Malheiros, 2002, p. 265.

A diferença jurídica perceptível na extrafiscalidade decorre de opção do legislador, que, em vez de fixar **percentual único** como alíquota — como faz com os demais tributos —, estabelece limites **mínimos** e **máximos**, que funcionam como uma espécie de balizamento, dentro dos quais pode o Poder Executivo, justificadamente, "manobrar".

Assim, resta intacto o princípio da legalidade, vez que a fixação das fronteiras impositivas advém do Poder Legislativo, único órgão capaz de submeter a vontade do cidadão, em homenagem ao princípio da **autoimposição tributária**, típico das democracias representativas.

Firmadas tais premissas, resta-nos indagar acerca do correto entendimento da expressão **Poder Executivo** contida no artigo 153, § 1.º, ou, dito de outro modo, verificar quem efetivamente detém competência para a fixação das alíquotas do Imposto de Importação no país.

Antes da abertura dos mercados, quando as relações comerciais do Brasil com outros países se encontravam em estágio ainda embrionário, a natural centralização de poder do modelo outrora adotado incumbia o **Presidente da República** de praticamente todas as atribuições regulamentares ligadas ao comércio exterior.

Com o avanço e a crescente complexidade das relações internacionais, bem assim a evidente necessidade de inserção do país em uma perspectiva globalizada, por natureza hostil e competitiva, uma das soluções encontradas para se desempenhar, com o devido **rigor técnico**, o papel de controle e implantação das políticas de comércio exterior foi retirar sua competência da figura do Presidente da República, passando-a a órgão de assessoramento direto, criado pela Lei n. 8.085, de 1990.

Nesse contexto surgiu, como vimos, a Câmara de Comércio Exterior **(CAMEX)**, cuja criação objetivou encerrar o embate binário entre as posições do Ministério da Fazenda (MF) e do Desenvolvimento, Indústria e Comércio Exterior (MDIC), visto que à primeira pasta interessam questões atinentes ao controle e segurança aduaneiros, além de temas tributários e **metas de arrecadação**, enquanto o MDIC tem por função precípua incrementar as atividades de comércio exterior, notadamente as exportações, além de oferecer aos empresários brasileiros orientação e ajuda sobre tópicos específicos, como defesa comercial e planejamento internacional, entre outros, tudo a partir de uma premissa de **facilitação** e **promoção** dos negócios jurídicos.

Dessa óbvia dicotomia advinham posições **antagônicas**, de modo que a definição das alíquotas dos impostos sobre o comércio exterior, a cargo do Presidente da República, ficava, com frequência, condicionada à maior aptidão ou influência política de um ou outro Ministro em relação ao titular do Poder Executivo.

Assim, apesar de boa parte da doutrina simplesmente desconhecer tal fato, o órgão atualmente encarregado de definir as alíquotas dos impostos relacionados ao comércio exterior, a exemplo do que ocorre em outros países, é a CAMEX, que o faz mediante **Resoluções**, instrumento jurídico utilizado para veicular as suas decisões.

Portanto, há muitos anos não mais é a presidência da República, **mediante decreto**, que estabelece as alíquotas aplicáveis ao imposto de importação, mas, sim, um **órgão colegiado** que o assessora, de modo que as decisões, discutidas sob a ótica dos diversos ministérios representados, possam atender a critérios técnicos, pautados pelos acordos internacionais dos quais o Brasil é signatário, e de modo a responder às necessidades de proteção e facilitação que a dinâmica do comércio internacional reclama.

Nesse sentido, pensamos não haver incompatibilidade entre a atuação da CAMEX e a expressão *Poder Executivo*[8] contida na Constituição, porque quis o legislador ordinário que tal competência lhe fosse transferida e o fez mediante veículo hábil[9], que foi a Lei n. 8.085/90[10].

Ressalte-se, a fim de corroborar nossa tese, que o constituinte originário reservou, quando julgou necessário, atos de **competência privativa** do Presidente da República, especialmente aqueles dispostos no artigo 84 da Lei Maior, diferenciando-os, como na atual hipótese, dos atos do *Poder Executivo*, expressão que possui contornos mais abrangentes.

A competência da CAMEX para a fixação da política de comércio exterior, inclusive com a possibilidade de alteração das alíquotas dos impostos de importação e exportação, **tese que há anos defendemos**, foi confirmada pelo Pleno do Supremo Tribunal Federal, em Recurso Extraordinário com **repercussão geral**[11], cuja ementa reproduzimos a seguir:

EMENTA: TRIBUTÁRIO. IMPOSTO DE EXPORTAÇÃO. ALTERAÇÃO DE ALÍQUOTA. ARTIGO 153, § 1.º, DA CONSTITUIÇÃO FEDERAL. COMPETÊNCIA PRIVATIVA DO PRESIDENTE DA REPÚBLICA NÃO CONFIGURADA. ATRIBUIÇÃO DEFERIDA À CAMEX. CONSTITUCIONALIDADE. FACULDADE DISCRICIONÁRIA CUJOS LIMITES ENCONTRAM-SE ESTABELECIDOS EM LEI. RECURSO EXTRAORDINÁRIO DESPROVIDO. I — É compatível com a Carta Magna a norma infraconstitucional que atribui a órgão integrante do Poder Executivo da União a faculdade de estabelecer as alíquotas do Imposto de Exportação. II — Competência que não é privativa do Presidente da República. III — Inocorrência de ofensa aos arts. 84, *caput*, IV e parágrafo único, e 153, § 1.º, da Constituição Federal ou ao princípio de reserva legal. Precedentes. IV — Faculdade discricionária atribuída à Câmara de Comércio Exterior — CAMEX, que se circunscreve ao disposto no Decreto-lei n. 1.578/1977 e às demais normas regulamentares. V — Recurso extraordinário conhecido e desprovido.

O Supremo Tribunal Federal **corroborou** o nosso entendimento, o que, na prática, tem o condão de conferir maior agilidade e tecnicidade às decisões sobre a política de comércio exterior brasileira.

Ademais, não é estranha ao direito aduaneiro a participação direta — e em última instância, inclusive — de Ministro de Estado, conforme se depreende do comando

---

[8] Não olvidamos, por certo, o conceito de Poder Executivo veiculado pelo artigo 76 da Constituição Federal, que estabelece: *"O Poder Executivo é exercido pelo Presidente da República, auxiliado pelos ministros de Estado"*, mas acreditamos tratar-se de norma geral, passível de exceções, previstas na própria Constituição, a exemplo do disposto no artigo 237.

[9] Constituição Federal, artigo 22: "Compete privativamente à União legislar sobre: (...) VIII — comércio exterior e interestadual".

[10] Lei n. 8.085/90: "Artigo 1.º O Poder Executivo poderá, atendidos as condições e os limites estabelecidos na Lei n. 3.244, de 14 de agosto de 1957, modificada pelos Decretos-Leis n. 63, de 21 de novembro de 1966, e 2.162, de 19 de setembro de 1984, alterar as alíquotas do imposto de importação. Parágrafo único. O Presidente da República poderá outorgar competência à CAMEX para a prática dos atos previstos neste artigo".

[11] RE 570.680/RS, Relator Ministro Ricardo Lewandowski, publicado em 4 de dezembro de 2009.

constitucional irradiado a partir do artigo 237 do Texto Político, que fundamenta as atividades relacionadas ao controle do comércio exterior[12].

11.2.2. Tipos de alíquotas do imposto de importação

As alíquotas do imposto de importação podem ser de duas espécies:

a) específicas, que correspondem a uma quantia, em moeda nacional ou estrangeira, a ser aplicada em função de uma unidade estabelecida de certo produto; e

b) *ad valorem*, as mais comuns, representadas por um percentual aplicável sobre o valor aduaneiro, que, como observamos, representa a base de cálculo do imposto de importação.

A alíquota específica é usualmente empregada para mercadorias que demandam um controle aduaneiro particularizado, que se opera por meio de um feixe de normas de cunho administrativo, cujo principal objetivo é estabelecer **padrões de avaliação**, que de certo modo condicionam a livre vontade dos particulares, mas têm como justificativa o fato de que as alíquotas específicas incidem sobre uma base de cálculo determinada em função de certa **unidade de medida**, que deve ser fixada, em cada caso, pela legislação.

O fenômeno não é exclusivo do comércio internacional, visto que alguns **tributos internos**[13] também exigem conformação específica, como no caso dos cigarros e das bebidas destiladas. Aqui, a principal diferença reside na possibilidade de a alíquota específica do imposto de importação pode ser determinada em moeda nacional ou estrangeira.

A identificação da alíquota correta para cada mercadoria decorre da interpretação do conteúdo das posições e dos desdobramentos da **Nomenclatura Comum do Mercosul (NCM)** e deve ser feita com observância das Regras Gerais, das Regras Gerais Complementares e das Notas Complementares, além de, subsidiariamente, das Notas Explicativas do Sistema Harmonizado de Designação e de Codificação de Mercadorias.

Todas as alíquotas, específicas e *ad valorem*, estão dispostas na **Tarifa Externa Comum** e devem ser aplicadas quando da ocorrência do aspecto temporal da hipótese de incidência do imposto de importação, circunstância que ganha relevo ante a possibilidade de alteração, pelo Poder Executivo, sem obediência ao princípio da anterioridade (vale dizer, com **eficácia imediata**).

Devido ao princípio da **prevalência dos tratados internacionais** no direito aduaneiro, mercadorias importadas ao amparo de acordos firmados pelo Brasil terão o tratamento neles previsto, salvo se da aplicação das normas gerais resultar tributação mais favorável[14].

A força das normas internacionais em matéria de acordos tributários, aliada ao princípio da extrafiscalidade típico dessas figuras, permite-nos afirmar que o imposto

---

[12] Constituição da República, artigo 237: "A fiscalização e o controle sobre o comércio exterior, essenciais à defesa dos interesses fazendários nacionais, serão exercidos pelo Ministério da Fazenda".

[13] As normas atinentes ao IPI e ao ICMS determinam que cigarros, por exemplo, devem ser comercializados em maços com 20 unidades, já que o produto, com o advento do Decreto n. 3.070, de 1999 (hoje revogado), passou a ser tributado mediante a aplicação de alíquotas específicas. Atualmente, as regras relativas ao IPI estão previstas no Decreto n. 7.212/2010 (RIPI).

[14] Artigo 95 do Regulamento Aduaneiro, veiculado pelo Decreto n. 6.759, de 5 de fevereiro de 2009.

de importação possui nítida **característica regulatória**, sendo pouco relevante, no atual cenário do comércio internacional, a sua capacidade de arrecadação.

Como prova da afirmação, convém mencionar o fato de que o tributo, na média histórica recente, corresponde a aproximadamente 2% do total da arrecadação federal.

Caso mantida a globalização no atual compasso, há uma tendência quase irreversível de que a maioria das alíquotas do imposto de importação se **aproxime de zero**, restando as hipóteses de utilização de alíquotas mais elevadas apenas para os chamados **produtos sensíveis** (automóveis, por exemplo), que possuem maior potencial de comprometimento do saldo comercial ou que, em alguma medida, possam afetar o desempenho da indústria nacional, sobretudo em setores que ainda apresentam defasagem ou dependência tecnológica.

Em suma, podemos afirmar que a **extrafiscalidade**, nos dias de hoje, é mecanismo inerente ao direito aduaneiro, seja pelo contexto macroeconômico, seja, com maior força jurídica, pelos acordos internacionais de que o Brasil é signatário, todos voltados, a exemplo do GATT, para a constante redução dos tributos incidentes sobre as operações de comércio internacional.

11.3. ACORDO SOBRE A IMPLEMENTAÇÃO DO ARTIGO VII DO GATT

A ausência de princípios capazes de balizar os procedimentos de valoração aduaneira fez surgir, no período entreguerras, os primeiros debates internacionais sobre o tema, no âmbito da **Liga das Nações**[15].

Contudo, pudemos observar que as primeiras medidas concretas de regulamentação do comércio internacional surgiram somente após o término da Segunda Guerra Mundial, com a assinatura do GATT, que tinha como fim último propiciar o desenvolvimento do comércio mediante a remoção das principais barreiras protecionistas, que, à época, se concentravam na utilização **indiscriminada** das alíquotas do imposto de importação.

O GATT representou, de fato, o primeiro instrumento jurídico relevante do comércio no plano internacional e trouxe, por decorrência, considerações iniciais formais acerca dos procedimentos de valoração aduaneira, sob os auspícios do princípio basilar do Acordo, a **não discriminação**.

Quase em paralelo, os países europeus, preocupados com os destinos do comércio internacional ante o desequilíbrio econômico do pós-guerra e já em fase embrionária de estudos sobre cooperação e integração, decidiram criar um **Grupo de Estudos sobre a União Aduaneira Europeia** que, entre outras atribuições, estabeleceu parâmetros próprios para a estipulação do valor aduaneiro. Como o sistema apresentava um conceito de valor aduaneiro que **divergia** fundamentalmente daquele disposto no GATT, os representantes europeus decidiram firmar um acordo internacional, que ficou conhecido como *Convenção sobre Valoração de Mercadorias para fins Aduaneiros*, cuja principal função foi formalizar a visão interpretativa europeia acerca da aplicação do Artigo VII do GATT.

---

[15] A Liga das Nações foi o organismo internacional criado, em 1919, pelo Tratado de Versalhes, logo após o término da Primeira Guerra Mundial. Com a criação da ONU, em 1945, a Liga das Nações se esvaziou e perdeu sentido, sendo oficialmente extinta em abril de 1946.

A Convenção foi subscrita por 33 países e teve seu conceito fundamental, a **Definição de Valor de Bruxelas (DVB)**, adotado por vários outros, inclusive não signatários, a exemplo do Brasil.

A Definição de Valor de Bruxelas estabelecia, em seu Artigo I, que, para os fins de aplicação de tarifas aduaneiras *ad valorem*, o valor aduaneiro das mercadorias importadas destinadas a consumo seria determinado com base no **preço normal**, apurado a partir de uma venda efetuada em condições de livre concorrência, ao tempo da exigência dos tributos aduaneiros. A Convenção não dispunha acerca de métodos alternativos ou subsidiários de apuração do valor aduaneiro, que não o preço normal das mercadorias.

Trata-se de manifestação típica do pensamento europeu que, ao contrário do pragmatismo norte-americano, costuma trazer para as normas de comércio internacional o **princípio da comparabilidade**, tão presente em diversos tratados aduaneiros e tributários, mas de difícil aplicação prática, a exemplo do que ocorre, atualmente, em relação ao controle sobre preços de transferência, pelo menos no Brasil.

A principal crítica ao modelo teórico contido na Definição de Valor de Bruxelas é o largo espaço para **discricionariedades**, pois a autoridade aduaneira poderia desconsiderar a legitimidade do valor declarado pelos contratantes e adotar, segundo critérios baseados na experiência e em **dados estatísticos**, base de cálculo diversa, conduta deflagradora de incerteza jurídica e propícia para a criação de barreiras artificiais ao comércio, em posição diametralmente oposta ao objetivo maior do GATT.

Ademais, a Definição de Valor de Bruxelas causou enorme insatisfação entre os principais atores do comércio internacional, pois as alterações de preço e as vantagens competitivas das grandes empresas não geravam, de imediato, reflexos no **valor teórico**, até que este fosse reajustado pelas autoridades aduaneiras.

Em outro sentido, o conceito de valor aduaneiro veiculado pelo Artigo VII do GATT parte de um critério **objetivo**, que tem na determinação do **valor real** da mercadoria seu sustentáculo, assim entendido o valor efetivo da transação, pago ou a pagar pela mercadoria importada.

A natureza diversa dos conceitos resulta da gênese dos Acordos, pois, ao passo que a DVB surgiu a partir de critérios técnicos, determinados por um grupo de estudos especializado em valoração — cuja qualidade e coerência jamais foram questionadas —, o modelo do Artigo VII foi o resultado de negociações bem mais abrangentes, que incluíam toda a regulamentação do comércio internacional, e de índole eminentemente política, nas quais mecanismos de pressão e concessão entre as partes contratantes desempenharam papel fundamental, até porque os Estados Unidos, por exemplo, jamais aderiram à Definição de Valor de Bruxelas.

Os dois arquétipos têm o mesmo objetivo: garantir um procedimento de valoração aduaneira uniforme e padronizado capaz de, internacionalmente, vincular a conduta dos contratantes e das administrações aduaneiras. Suas normas variam porque são inspiradas em *concepções distintas de valor*: **teórico** para o modelo DVB e **positivo** para o GATT.

Como resultado prático, muito embora as bases de cálculo apuradas nos dois modelos possam ser coincidentes — o que ocorreria num cenário ideal —, há uma tendência de que o valor aduaneiro no padrão DVB resulte mais elevado, ou seja, ao se considerar globalmente as importações em qualquer país, de dada mercadoria em determinado período, restaria **mais protegida** a indústria local quando utilizado o modelo previsto na DVB do que a concepção positiva do GATT.

Como bem destaca Jorge Witker[16]: "El resultado de la confrontación entre una y outra concepción del valor es que la teórica es más perfecta en el aspecto técnico y proporciona mayor protección a la producción nacional que la segunda. Por el contrario, la noción positiva — por ser más simple — resulta de más fácil aplicación, proporciona menor protección a los productos del país, se bien favorece, por la misma razón, la exportación con destino a otros territorios que utilicen el mismo código".

Isso porque, de acordo com a Definição de Valor de Bruxelas, quando o preço pago ou a pagar apresentado **não coincidir** com o preço teórico, deve ser reajustado na exata diferença entre ambos, enquanto no modelo GATT utilizar-se-iam apenas os ajustes previstos no artigo VIII do Acordo de Valoração Aduaneira, de modo que o valor da transação, ainda que **substancialmente baixo** em relação ao mercado, mas que atendeu aos requisitos do Artigo I e tenha sido reajustado em conformidade com o Artigo VIII do AVA, deverá ser aceito pela administração aduaneira.

Na verdade, a aplicação do modelo previsto no GATT poderia chegar à mesma conclusão que a Definição de Valor de Bruxelas, mas, para tanto, teriam que ser aplicados o segundo ou terceiro métodos de valoração aduaneira, o que exigiria, como veremos, a desqualificação do primeiro método, por descumprimento de suas condições, circunstância que, em termos práticos, é de difícil ocorrência.

Os dois sistemas coexistiram de modo independente até o advento da Rodada Tóquio, realizada entre 1973 e 1979, no âmbito do GATT, durante a qual os Estados contratantes decidiram envidar esforços no sentido de estabelecer um **sistema de valoração aduaneira único**, que viesse a solucionar os problemas de discricionariedade e protecionismo até então detectados.

Ao término da Rodada Tóquio, foi subscrito, por mais de 40 países, o AVA, cuja redação atual[17] foi estabelecida pela Rodada Uruguai de Negociações Comerciais Multilaterais, que o tornou parte integrante do GATT, transformando-o em **norma obrigatória** para todos os membros da Organização Mundial do Comércio.

11.4. A VALORAÇÃO ADUANEIRA NO BRASIL

Durante parte do período[18] em que conviveram independentemente as interpretações **teóricas** (DVB) e **positivas** (Artigo VII do GATT) acerca do valor aduaneiro, a competência para sua verificação coube à extinta Carteira de Comércio Exterior do Banco do Brasil (CACEX), pois o imposto de importação, à época, só era exigido

---

[16] Jorge Witker. *Introducción a la valoración aduanera de las mercancias*. México: McGraw-Hill, 1997, p. 6.

[17] A principal alteração ocorrida na Rodada Uruguai foi o reconhecimento formal de que o AVA só se aplica aos procedimentos de valoração aduaneira de importação, quando submetidos a alíquotas *ad valorem*. Assim, o Acordo não encerra obrigações relativas à valoração das exportações nem estabelece condições para a definição do valor das mercadorias para fins de tributação interna.

[18] O GATT foi assinado em Genebra em 30 de outubro de 1947 e entrou em vigor a partir de 1.º de janeiro de 1948, enquanto a Convenção que instituiu a Declaração de Valor de Bruxelas data de 15 de dezembro de 1950 e passou a vigorar em 28 de julho de 1953.

mediante a aplicação de **alíquotas específicas**, ou seja, unidades monetárias fixas, de modo que eventuais distorções na base de cálculo não produziam efeitos tributários, mas apenas cambiais.

Somente com a introdução das alíquotas *ad valorem* no direito positivo brasileiro, que se deu com o advento da Lei n. 3.244/57, o tema da valoração aduaneira ganhou contornos tributários. Com efeito, esta lei, que organizou o sistema aduaneiro pátrio e introduziu a **Tarifa Aduaneira do Brasil**, nosso primeiro rol codificado de mercadorias — providência essencial para a utilização das alíquotas *ad valorem* —, estabelecia, em seu artigo 5.º, que:

> "Art. 5.º O imposto *ad valorem* será calculado com base no valor externo da mercadoria acrescido das despesas de seguro e frete (valor CIP).
> Parágrafo único. Considerar-se-á valor externo da mercadoria o preço, ao tempo de sua exportação, pelo qual ela, ou mercadoria similar, é normalmente oferecida à venda no mercado atacadista do país exportador somado ao custo de qualquer recipiente, envoltório ou embalagem e as despesas referentes à sua colocação no porto de embarque para o Brasil, deduzidos, quando for o caso, os impostos exigíveis para consumo interno e recuperáveis pela exportação da mercadoria".

Do comando anterior se pode depreender que o primeiro conceito jurídico de valor aduaneiro era o **valor externo** da mercadoria, ou seja, o valor no país de origem acrescido dos custos de frete e seguro[19].

Com a entrada em vigor do **Código Tributário Nacional**, a partir de outubro de 1966, o direito positivo brasileiro passou a adotar o conceito de **valor teórico** previsto na Declaração de Valor de Bruxelas, por força do disposto no artigo 20, II, que, ao tratar da base de cálculo do imposto de importação, estatui:

> "Art. 20. A base de cálculo do imposto é:
> I – quando a alíquota seja específica, a unidade de medida adotada pela lei tributária;
> II – quando a alíquota seja *ad valorem*, o preço normal que o produto, ou seu similar, alcançaria, ao tempo da importação, em uma venda em condições de livre concorrência, para entrega no porto ou lugar de entrada do produto no país;
> (...)".

Menos de um mês depois, foi promulgado o **veículo jurídico** mais importante do direito aduaneiro brasileiro, cujos comandos repercutem até os dias de hoje, o Decreto-lei n. 37/66. É de fundamental importância ressaltar que esse decreto-lei se apresenta, em relação ao Código Tributário Nacional, como norma **específica** e **posterior**, o que significa, sem meias palavras, que do cotejo entre ambos deve o decreto-lei prevalecer, circunstância praticamente ignorada pela doutrina, mas de profundas repercussões na seara aduaneira.

Não queremos negar, com isso, a relevância do Código Tributário Nacional nem o *status* jurídico adquirido por tal veículo à luz do artigo 146, III, da Constituição

---

[19] De se notar que, à época, a lei já fazia menção aos *Incoterms*. Tal assertiva causou tamanho impacto que, até os dias atuais, muitos ainda acreditam que o valor aduaneiro corresponde ao valor da mercadoria acrescido dos custos de frete e seguros (conceito que corresponde ao atual *Incoterm* CIF).

Federal[20]. Ao contrário, queremos destacar que o Decreto-lei n. 37/66 e o CTN podem e devem coexistir, com a única ressalva de que há normas previstas no primeiro, de índole estritamente aduaneira, que não se submetem às **regras gerais tributárias** contidas no Código.

Isso porque, ao tempo da promulgação de ambos, havia uma **equivalência** formal e material entre leis ordinárias e decretos-leis. Com efeito, apesar de sua infame origem, que remonta ao golpe constitucional de Getúlio Vargas[21], os decretos-leis eram, nos idos de 1966, veículos introdutores legítimos de normas jurídicas, pois tiveram sua eficácia, no período, ressuscitada, após quase 30 anos, pelo não menos abominável **Ato Institucional n. 2**, de autoria do Presidente Castello Branco, que, em repente digno dos piores momentos da autocracia, revigorou o espírito getulista e, em "nome da Revolução", avocou, para si, a competência para exarar normas jurídicas por meio de decretos-leis[22].

Sobre o episódio, assevera Paulo Bonavides[23]: "Mas um golpe de Estado foi vibrado, conforme vimos, pelo Presidente Castello Branco, a 27 de outubro de 1965, ao baixar novo Ato Institucional, que veio então acompanhado de um número, ao contrário do primeiro. Trouxe ele assim a presença, no suposto contexto revolucionário, de um poder constituinte originário, de exercício permanente ou ordinário, conforme depois se confirmou, e que fez sombra ao poder constituinte derivado e paralelo da Constituição (de 1946); um poder de segunda classe, que os Atos Institucionais reduziam a nada. Ora, o poder constituinte, por sua natureza mesma, é poder extraordinário, excepcional, de extrema densidade política, e em razão disso, um poder de soberania sem vínculos. Fazê-lo permanente ou ativá-lo a cada passo equivale a institucionalizar na Sociedade o arbítrio, a insegurança das instituições, criando com estas, em termos de absolutismo,

---

[20] Constituição Federal, artigo 146: "Cabe à lei complementar: (...) III — estabelecer normas gerais em matéria de legislação tributária, especialmente sobre: a) definição de tributos e de suas espécies, bem como em relação aos impostos discriminados nesta Constituição, a dos respectivos fatos geradores, bases de cálculo e contribuintes; b) obrigação, lançamento, crédito, prescrição e decadência tributários".

[21] Vargas, ao outorgar a Carta de 10 de novembro de 1937, avocou a titularidade jurídica do poder constituinte originário, dissolveu a Câmara dos Deputados, o Senado Federal, as Assembleias Legislativas dos Estados e as Câmaras Municipais (artigo 178) e se autoconcedeu o poder de expedir decretos-leis sobre todas as matérias da competência legislativa da União (artigo 180). Nascia ali, no berço da ignomínia, a figura do decreto-lei, que foi pela primeira vez utilizada apenas dois dias depois.

[22] O Ato Institucional n. 2 guarda uma impressionante semelhança com a Carta de Getúlio, especialmente nas suas justificativas, nas quais ambos, embora separados por quase três décadas, fazem alusões a forças indeterminadas, contrárias aos interesses nacionais, bem assim à tentativa de dominação comunista e à necessidade de manutenção da ordem e da paz, tudo em nome de uma inescrupulosa tomada de poder. Ao leitor interessado, recomendamos a leitura do preâmbulo dos dois instrumentos que valem, por si só, como uma aula de história sobre os respectivos períodos e reafirmam como a democracia, principalmente abaixo do Equador, é um fenômeno por vezes efêmero e de matizes variados. O Ato, que em parte "recepcionou" a Constituição de 1946, emendando-a naquilo que lhe pareceu conveniente, trazia no parágrafo único do artigo 31 a convalidação dos decretos-leis, ao estatuir: "Decretado o recesso parlamentar o poder Executivo correspondente fica autorizado a legislar mediante decretos-leis, em todas as matérias previstas na Constituição e na lei orgânica".

[23] Paulo Bonavides. *Curso de direito constitucional.* 13. ed., 2. tir. São Paulo: Malheiros, 2003, p. 166.

aquilo que se cria com o governo ou os três poderes, quando estes se concentram na pessoa de um só titular para compor a expressão mais atroz da tirania, conforme ponderava o sábio e eloquente Montesquieu".

Foi nesse nebuloso cenário que surgiram as bases jurídicas do direito aduaneiro brasileiro contemporâneo, e, para fins de valor aduaneiro, o Decreto-lei n. 37/66 reproduziu, em seus artigos 2.º e 3.º, a noção **teórica** do CTN, ao estabelecer que para as alíquotas *ad valorem* a base de cálculo do imposto seria o **preço normal** da mercadoria, em venda efetivada em condições de livre concorrência, para entrega no porto ou lugar de entrada no país.

Tal foi a opção do direito positivo brasileiro até a realização da Rodada Tóquio das Negociações Comerciais Multilaterais, realizada no período de 1973 a 1979, que deu início a uma **nova fase** da valoração aduaneira, ao adotar, após diversas considerações acerca da impropriedade do modelo teórico previsto pela Declaração de Valor de Bruxelas, um instrumento jurídico de alcance global, o Acordo sobre a Implementação do Artigo VII do GATT, conhecido, como vimos, pela denominação Acordo de Valoração Aduaneira do GATT (AVA-GATT).

As normas sobre os procedimentos de valoração aduaneira no AVA, elaboradas no sentido de se criar um modelo neutro e equitativo, firmaram o conceito de **valor da transação**, ou seja, o preço efetivamente pago ou a pagar pela mercadoria importada, posição menos propícia a arbitramentos. O AVA também cuida de assuntos correlatos, como mecanismos para conversão de moedas e despacho aduaneiro, além de oferecer **assistência técnica** aos países em desenvolvimento na aplicação dos seus dispositivos[24].

Apesar de o Brasil ter aderido ao Acordo em 1979, o Decreto Legislativo n. 9, que o incorporou ao ordenamento pátrio, data de 1981, e sua promulgação, pelo Decreto n. 92.930, somente se deu em 16 de julho de 1986, devido, justamente, ao prazo de carência de **cinco anos** concedido aos países em desenvolvimento para sua efetiva implantação[25].

Na sequência, foi promulgado um dos últimos decretos-leis da República, o de n. 2.472, de 1.º de setembro de 1988, que alterou o disposto no artigo 2.º do Decreto-lei n. 37/66, a fim de adequá-lo ao sistema positivo do AVA, que passou a vigorar com a seguinte redação:

---

[24] Nos termos do artigo 20.3 do AVA, "os países desenvolvidos membros prestarão assistência técnica, em termos mutuamente acordados, aos países em desenvolvimento membros quando estes a solicitarem. Assim, os países desenvolvidos organizarão programas de assistência técnica que poderão incluir, *inter alia*, treinamento de pessoal, assistência na preparação de medidas de aplicação, acesso a fontes de informações relacionadas com metodologia de valoração aduaneira e orientação sobre a aplicação das disposições deste Acordo".

[25] Autorização concedida pelo artigo 20.1 do Acordo, a seguir transcrito: "Os países em desenvolvimento membros que não são partes do Acordo sobre a Implementação do Artigo VII do Acordo Geral de Tarifas e Comércio, feito em 12 de abril de 1979, poderão adiar a aplicação das disposições deste Acordo por um período não superior a cinco anos a partir da data da entrada em vigor do Acordo Constitutivo da OMC para os ditos membros. Os países em desenvolvimento membros que optarem pelo adiamento da aplicação deste Acordo farão a devida notificação ao Diretor-geral da OMC".

"Art. 2.º A base de cálculo do imposto é:

I – quando a alíquota for específica, a quantidade de mercadoria, expressa na unidade de medida indicada na tarifa;

II – quando a alíquota for *ad valorem*, o valor aduaneiro apurado segundo as normas do *art*. 7.º do Acordo Geral sobre Tarifas Aduaneiras e Comércio – GATT"[26].

Concluída a Rodada Uruguai, foi assinada em Marraqueche, em 12 de abril de 1994, *a Ata Final que Incorpora os Resultados da Rodada Uruguai de Negociações Comerciais Multilaterais do GATT*, que contém o AVA, constante do **Anexo 1A** ao Acordo Constitutivo da Organização Mundial de Comércio.

Conquanto sejamos partidários da corrente que propugna pela **prevalência** dos tratados internacionais em relação às normas internas do direito tributário, *ex vi* artigo 98 do Código Tributário Nacional, a preeminência do AVA decorre não apenas dessa posição, mas também, com ainda mais vivacidade, de princípio análogo pertencente ao direito aduaneiro, que, além disso, abraça a **supremacia das normas internacionais**, como já enfatizamos.

Como se não bastasse, a alteração havida no Decreto-lei n. 37/66[27], por si só, já teria o condão, no direito positivo, de derrogar o disposto no artigo 20 do Código Tributário Nacional, sem a necessidade de nos socorrermos dos aludidos princípios.

Aliás, resta também **prejudicado** o disposto no artigo 21 do CTN, que, contrariando determinação **constitucional expressa**, insculpida no artigo 153, § 1.º, estabelece que "o Poder Executivo pode, nas condições e nos limites estabelecidos em lei, alterar as alíquotas ou **as bases de cálculo** do imposto, a fim de ajustá-lo aos objetivos da política cambial e do comércio exterior" (grifo nosso).

É cediço o fato de que ao Poder Executivo somente incumbe manejar **as alíquotas** do imposto de importação, nos exatos limites fixados por lei, sendo-lhe vedada qualquer possibilidade de alteração da base de cálculo do referido tributo. O comando constitucional, nascido após a recepção do AVA pelo ordenamento brasileiro, veio ao encontro do compromisso assumido pelo país, em clara demonstração da necessária harmonia que deve prevalecer, em termos ideais, entre a ordem interna e os acordos celebrados no âmbito do direito internacional público.

Canotilho, referindo-se a Tomuschat, destaca a importância desse enlace[28]: "Nenhum Estado pode permanecer *out*, isto é, fora da comunidade internacional. Por isso, ele deve submeter-se às normas de direito internacional quer nas relações internacionais quer no atuar interno. A doutrina mais recente acentua mesmo a **amizade** e a **abertura ao direito internacional** como uma das dimensões caracterizadoras do Estado de direito" (grifos no original).

---

[26] Cumpre ressaltar que a legislação brasileira refere-se aos artigos do GATT mediante o uso de números arábicos, enquanto o Acordo original utiliza, a exemplo da maioria das normas internacionais, números romanos para designá-los, de onde o fato de surgirem, no texto, as duas variantes, conforme a origem.

[27] Que obedeceu, como vimos, ao exato rito de introdução de normas estrangeiras no ordenamento nacional, nos termos da Constituição da República.

[28] J. J. Gomes Canotilho. *Direito constitucional e teoria da constituição*. 6. ed. Coimbra: Almedina, 2002, p. 232.

Por fim, no intuito de **regulamentar** diversos procedimentos administrativos de controle sobre o valor aduaneiro (comprovação do valor aduaneiro declarado, exame preliminar, exame conclusivo, restrições para o desembaraço aduaneiro, revisão aduaneira do valor declarado, entre outros), foi promulgado o Decreto n. 2.498, de 13 de fevereiro de 1998, que disciplinou, até a sua revogação, a aplicação do Acordo sobre a Implementação do Artigo VII do GATT 1994.

Atualmente, a matéria é disciplinada pelo **Regulamento Aduaneiro**, ao determinar que o procedimento de valoração aduaneira consiste na verificação da conformidade do valor declarado pelo importador com as regras estabelecidas no AVA.

Em relação à determinação da **base de cálculo** do imposto de importação, o Regulamento Aduaneiro vigente estatui:

> "Artigo 75. A base de cálculo do imposto é (**Decreto-lei n. 37, de 1966, art. 2.**º, com a redação dada pelo Decreto-lei n. 2.472, de 1988, artigo 1.º, e Acordo sobre a Implementação do Artigo VII do Acordo Geral sobre Tarifas e Comércio – GATT 1994 – Acordo de Valoração Aduaneira, artigo 1.º, aprovado pelo Decreto Legislativo n. 30, de 15 de dezembro de 1994, e promulgado pelo Decreto n. 1.355, de 30 de dezembro de 1994):
> I – quando a alíquota for *ad valorem*, o valor aduaneiro apurado segundo as normas do Artigo VII do Acordo Geral sobre Tarifas e Comércio (GATT) 1994; e
> II – quando a alíquota for específica, a quantidade de mercadoria expressa na unidade de medida estabelecida".

Vejamos, na sequência, quais as regras e os métodos aplicáveis na determinação do valor aduaneiro, tal como recepcionadas pelo direito pátrio.

11.5. NORMAS SOBRE VALORAÇÃO ADUANEIRA

Na apuração do valor aduaneiro, devem ser observados os documentos emitidos pelo **Comitê de Valoração Aduaneira (OMC)** e pelo **Comitê Técnico de Valoração Aduaneira (OMA)**, bem assim as disposições contidas no atual Regulamento Aduaneiro.

Vimos que a legislação brasileira[29] estabelece para as mercadorias submetidas às alíquotas *ad valorem* uma espécie de **princípio da generalidade** em relação ao controle do valor aduaneiro, de modo a alcançar todas as mercadorias importadas.

O montante declarado pelo importador, no momento do registro da **Declaração de Importação**, deverá corresponder ao **valor da transação** por ele realizada, que o artigo 1.º do AVA conceitua como "o preço efetivamente pago ou a pagar pelas mercadorias, em uma venda para exportação para o país de importação, ajustado de acordo com as disposições do Artigo 8 (...)".

Convém, neste passo, refletirmos acerca do conceito de **venda para exportação** contido no referido artigo, pois o Acordo deixou sua definição para outros veículos normativos, que tanto podem ser os inerentes ao comércio internacional como os de direito interno de cada país-membro da OMC, desde que elaborados em consonância com os primeiros.

---

[29] Artigo 76 do Regulamento Aduaneiro.

Por detrás das definições jurídicas devem exsurgir os respectivos instrumentos hábeis para sua aplicação que, no presente caso, são os **contratos internacionais de compra e venda**.

A compra e venda internacional se manifesta quando os contratantes se submetem a sistemas jurídicos distintos (por pertencerem a países diferentes). Essa única característica enseja, nas relações fáticas, uma série de **dificuldades** adicionais, como o idioma em que o contrato será redigido, a opção por um ou outro ordenamento como competente para a solução de controvérsias — e aqui pode surgir, como alternativa, a cláusula arbitral — e a delimitação da responsabilidade dos contratantes, entre tantas outras, sem se olvidar, por óbvio, das questões atinentes às próprias mercadorias e condições do negócio.

O Acordo de Valoração Aduaneira estabelece que a **venda** se dê, em regra, **sem restrições** à cessão ou utilização das mercadorias pelo importador, de modo a diferençar, para fins do procedimento de valoração, figuras outras, como o comodato, a locação, a doação e o arrendamento mercantil.

Somente serão aceitas restrições à cessão ou utilização das mercadorias pelo comprador quando:

- ▣ sejam impostas ou exigidas por lei ou pela administração pública do país de importação;
- ▣ limitem a área geográfica na qual as mercadorias podem ser revendidas; ou
- ▣ não afetem substancialmente o valor das mercadorias.

No contrato de compra e venda internacional, podem os interessados pactuar cláusulas diversas, no exercício da livre manifestação de vontade, com o objetivo de conferir ao negócio condições de **reciprocidade** e **equilíbrio**.

Exceção a essa liberdade costuma se dar na escolha dos Incoterms, que, por força das respectivas legislações ou de terceiros — como é o caso dos transportadores, que não aceitarão as obrigações inerentes ao transporte se as responsabilidades não estiverem bem definidas (dotadas de certeza jurídica), o que, no âmbito internacional, somente os Incoterms propiciam —, normalmente não são objeto de disposições, mas apenas de eleição de uma das figuras predeterminadas.

Quanto ao fator **preço**, elemento mais importante do contrato de compra e venda internacional, para fins de determinação do valor aduaneiro, o AVA estabelece que este não deve se submeter a condições ou contraprestações para as quais não se possa determinar o valor das mercadorias objeto do procedimento, o que significa que o preço **deve ser certo**, sujeito, apenas, a circunstâncias supervenientes à celebração do contrato, que, se porventura ocorrerem, serão passíveis de ajustes.

No mesmo sentido, não poderão ser consideradas parcelas do resultado de qualquer revenda, cessão ou utilização **subsequente** das mercadorias pelo comprador, que beneficie direta ou indiretamente o vendedor (repasse posterior de ganhos ao exportador, em função de vendas no mercado interno, por exemplo), a menos que possam ser efetivados, no **momento da importação**, os ajustes adequados ao valor da transação.

Outra questão relevante acerca do preço refere-se à **independência ou não** das partes contratantes. O simples fato de haver vinculação entre as partes **não desqualifica**, de plano, o valor da transação como base para o valor aduaneiro.

O que se deve apurar é se a vinculação ensejou **distorções no preço** e, nas hipóteses de dúvida, a administração aduaneira deverá solicitar esclarecimentos ao importador, a quem competirá o **ônus de provar** que o valor se aproxima de um dos seguintes, vigentes ao mesmo tempo ou aproximadamente ao mesmo tempo da operação:

a) o valor de transação em vendas a compradores **não vinculados**, de mercadorias idênticas ou similares destinadas à exportação para o mesmo país de importação;

b) o valor aduaneiro de mercadorias idênticas ou similares, tal como determinado com base nas disposições do **quarto método** de valoração, conhecido como valor de revenda ou método do valor dedutivo; e

c) o valor aduaneiro de mercadorias idênticas ou similares, tal como determinado com base no **quinto método** de valoração, denominado como custo da produção ou método do valor computado.

Se o importador conseguir demonstrar a adequação do preço, conforme as condições anteriores, o valor da transação será considerado aceitável para fins aduaneiros.

Para todas essas hipóteses, deverão ser levadas em consideração as diferenças nos níveis comerciais e nas quantidades transacionadas, os critérios de ajuste previstos no artigo VIII do Acordo e os custos efetivamente suportados pelo vendedor na transação, comparados àqueles por ele suportados em vendas a importadores não vinculados.

Ressalte-se que os **critérios de vinculação** previstos no AVA diferem das regras fixadas pela legislação do imposto sobre a renda no Brasil, pelo que prevalecem para a matéria, em decorrência da especificidade e da recepção, pelo ordenamento pátrio, do disposto no artigo 15.4, segundo o qual as pessoas serão consideradas vinculadas somente se:

a) uma delas ocupar cargo de responsabilidade ou direção em empresa da outra;

b) forem legalmente reconhecidas como associadas em negócios;

c) forem empregador e empregado;

d) qualquer pessoa, direta ou indiretamente, possuir, controlar ou detiver 5% ou mais das ações ou dos títulos emitidos com direito a voto de ambas;

e) uma delas, direta ou indiretamente, controlar a outra;

f) forem ambas, direta ou indiretamente, controladas por uma terceira pessoa;

g) juntos controlarem direta ou indiretamente uma terceira pessoa;

h) forem membros da mesma família.

Também serão consideradas vinculadas pessoas associadas em função dos negócios praticados (e não apenas pelo critério societário) quando uma atuar como agente, distribuidor ou concessionário exclusivo da outra, qualquer que seja a denominação utilizada, desde que se enquadrem em alguma das hipóteses previstas anteriormente.

Existe, por derradeiro, a **presunção de vinculação** entre as partes toda vez que, em razão da legislação do país de origem ou de artifícios destinados a ocultar informações sobre o negócio, não for possível conhecer ou confirmar a estrutura societária do vendedor, responsáveis ou dirigentes, ou, ainda, quando não se puder verificar a real existência do exportador[30] (como na hipótese de fraudes realizadas pelas chamadas "empresas de fachada", assim entendidas aquelas sem atividade econômica ou propósito comercial definido).

Pensamos que tal presunção, como todas as outras em direito tributário, pode ser elidida mediante **prova inequívoca** em contrário, cujo ônus compete ao interessado.

11.6. APLICAÇÃO DOS MÉTODOS

O AVA determina uma ordem de imputação em relação à aplicabilidade dos métodos de valoração aduaneira, de modo que ante a impossibilidade de utilização do primeiro método, deverão ser considerados, **sequencial** e **sucessivamente**, os demais, no total de seis possibilidades.

O primeiro método de valoração **prevalece** sobre os demais, que só poderão ser aplicados quando o valor aduaneiro não puder ser determinado pela regra geral. A sequência é obrigatória e deve ser respeitada até se chegar ao método capaz de definir o valor sob análise.

Excepcionalmente, pode o importador, nos termos originais do AVA, solicitar a **inversão** da ordem de aplicação do quarto e quinto métodos.

A legislação brasileira que recepcionou o AVA, no entanto, aproveitou a possibilidade, conferida aos países em desenvolvimento, de efetuar **reservas** ao texto, para condicionar a inversão do quarto e quinto métodos à **concordância** da autoridade aduaneira competente.

O tema é interessante pois, em regra, os dispositivos pactuados no âmbito do GATT sobre valoração aduaneira não podem ser objeto de reservas, sem autorização dos demais interessados, conforme preconiza o artigo 21 do AVA[31]. No entanto, o Anexo III do Acordo permitiu que os países em desenvolvimento, em face de dificuldades concretas, fizessem constar a reserva em questão, que deve ser automaticamente aceita pelos membros da OMC.

Atualmente, o dispositivo que veicula a exigência é o artigo 83, inciso I, do Regulamento Aduaneiro:

> "Artigo 83. Na apuração do valor aduaneiro, serão observadas as seguintes reservas, feitas aos parágrafos 4 e 5 do Protocolo Adicional ao Acordo sobre a Implementação do Artigo VII do Acordo Geral sobre Tarifas Aduaneiras e Comércio, de 12 de abril de 1979 (Acordo sobre a Implementação do Artigo VII do Acordo Geral sobre Tarifas Aduaneiras e Comércio, aprovado pelo Decreto Legislativo n. 9, de 8 de maio de 1981, e promulgado pelo Decreto n. 92.930, de 16 de julho de 1986):
> I – a inversão da ordem de aplicação dos métodos previstos nos artigos 5 e 6 do Acordo de Valoração Aduaneira somente será aplicada com a aquiescência da autoridade aduaneira".

Independentemente do método utilizado, o artigo 77 do Regulamento Aduaneiro preconiza que deverão **integrar** o valor aduaneiro:

---

[30] Artigo 85 do Regulamento Aduaneiro.

[31] Artigo 21: "Não poderão ser formuladas reservas em relação a qualquer das disposições deste Acordo sem o consentimento das outras Partes".

> "I – o custo de transporte da mercadoria importada até o porto ou o aeroporto alfandegado de descarga ou o ponto de fronteira alfandegado onde devam ser cumpridas as formalidades de entrada no território aduaneiro;
>
> II – os gastos relativos à carga, à descarga e ao manuseio, associados ao transporte da mercadoria importada, até a chegada aos locais referidos no inciso I, excluídos os gastos incorridos no território nacional e destacados do custo de transporte[32]; e
>
> III – o custo do seguro da mercadoria durante as operações referidas nos incisos I e II".

Convém lembrar que os referidos acréscimos, nos termos do artigo 8.2 do AVA, são de utilização **facultativa** pelos Estados-membros da OMC, embora o legislador pátrio, no seu aparentemente inesgotável afã arrecadatório, tenha-os transformado em obrigatórios[33].

Com isso, quis o legislador adicionar ao valor da transação todas as **despesas** e os **custos** incorridos no transporte internacional, assim considerados aqueles necessários à colocação das mercadorias no primeiro ponto de controle do território aduaneiro brasileiro. Adotou como ponto de partida, portanto, valor semelhante ao que seria apurado mediante a utilização do *Incoterm* **CIF**[34], com a ressalva de que este só pode ser utilizado no transporte marítimo, fluvial ou lacustre.

No mundo real, é bastante comum que as operações de importação envolvam mercadorias de natureza diversa, pois o importador tem por objetivo reduzir os custos logísticos do negócio, com a utilização de contêineres para acomodar os mais variados itens.

Nesse caso, será necessário efetuar o **rateio** dos custos de frete e seguros, a fim de se determinar, com precisão, qual o valor a ser acrescido a cada mercadoria, conforme disposto no artigo 78 do Regulamento Aduaneiro, que estabelece os seguintes critérios, quando na mesma **Declaração de Importação** houver mercadorias classificadas em mais de um código da Nomenclatura Comum do Mercosul:

> **a)** o custo do transporte de cada mercadoria será obtido mediante a divisão do valor total do transporte proporcionalmente aos **pesos líquidos** das mercadorias; e
>
> **b)** o custo do seguro de cada mercadoria será obtido mediante a divisão do valor total do seguro proporcionalmente aos **valores** das mercadorias, **carregadas, no local de embarque.**

---

[32] Com a redação dada pelo Decreto n. 11.090/2022.

[33] AVA, artigo 8.2: "Ao elaborar sua legislação, cada membro deverá prever a inclusão ou a exclusão, no valor aduaneiro, no todo ou em parte, dos seguintes elementos: (a) — o custo de transporte das mercadorias importadas até o porto ou local de importação; (b) — os gastos relativos ao carregamento, descarregamento e manuseio associados ao transporte das mercadorias importadas até o porto ou local de importação; e (c) — o custo do seguro".

[34] No Incoterm CIF (*Cost, Insurance and Freight* ou Custo da Mercadoria, mais Seguro e Frete Internacionais), o exportador é responsável pelo pagamento de todos os custos associados ao transporte das mercadorias até o porto de destino, muito embora, após o efetivo carregamento destas a bordo do navio, o comprador assuma a responsabilidade por eventuais danos ou extravio. Isso porque a responsabilidade do vendedor limita-se a contratar e pagar o seguro marítimo em nome do comprador, o que não impede a contratação de seguros adicionais por parte deste.

O valor da transação, base do **primeiro método**, é a manifestação positiva do **princípio da neutralidade** que permeia o Acordo. Esse princípio confere à valoração aduaneira seus exatos limites, no sentido de que as autoridades devem respeitar a autonomia de vontade das partes e de que os procedimentos de valoração têm como função essencial determinar uma base de cálculo apropriada para os direitos aduaneiros, assim entendidos quaisquer valores, de índole tributária e não tributária, devidos em decorrência da importação.

Como observamos, não é a valoração aduaneira instrumento hábil para corrigir distorções oriundas de práticas abusivas do comércio internacional, como o dumping, até porque, nesta figura, o valor da transação, apesar de **artificialmente baixo** e com intenções danosas, *corresponde, de fato, ao que foi pactuado*.

O primeiro método deve considerar o **valor de transação**, que corresponde ao montante **efetivamente pago** ou **a pagar** pelas mercadorias em uma venda para exportação para o país de importação, com os ajustes do artigo VIII do AVA.

O valor da transação deve representar o valor real da mercadoria, ou seja, o preço pelo qual mercadorias similares são vendidas ou oferecidas à venda em condições de **livre concorrência**, no tempo e lugar das operações analisadas. O Acordo determina que comparação seja efetuada entre operações comerciais normais, especialmente em razão das **quantidades negociadas**, pois é óbvio que o volume das mercadorias pode ter impacto significativo sobre o preço.

Entende-se por operações comerciais normais aquelas entre partes **independentes**, sem qualquer vinculação, nos moldes já apresentados. Como as comparações devem ser feitas entre situações equivalentes, as condições de **plena concorrência** exigem que os preços de venda não sejam objeto de descontos especiais, como os praticados com representantes ou agentes exclusivos.

Permite-se, portanto, determinar o valor aduaneiro a partir de duas premissas: a) sobre a base dos preços fixados por um **exportador particular** para a mercadoria importada; ou b) sobre a base do **nível geral** dos preços para os produtos similares.

A expressão *preço efetivamente pago ou a pagar* equivale ao total desembolsado pelo importador para a aquisição das mercadorias. Como o pagamento, no comércio internacional, muitas vezes é realizado a prazo, por meio de **cartas de crédito** ou **instrumentos negociáveis**, a transação pode ser liquidada de forma indireta, inclusive por terceiros.

Em qualquer hipótese, o valor aduaneiro **não poderá** incluir encargos, custos ou despesas estranhos à mercadoria transacionada, desde que tais rubricas sejam **destacadas** do preço efetivamente pago ou a pagar, tais como:

- encargos relativos à construção, instalação, montagem, manutenção ou assistência técnica executados **após a importação**, ainda que relacionados às mercadorias, porque os montantes correspondentes são incorridos no país de destino e devem ser tratados como resultado de fatos **supervenientes**, que não podem integrar a base de cálculo do imposto de importação;

- o custo de transporte após a importação, vale dizer, o transporte **interno** já no país importador, porque posterior ao fato jurídico da importação;

- os direitos aduaneiros, de qualquer natureza (como direitos antidumping e medidas compensatórias), e impostos incidentes no país de importação (no Brasil, onde existem **múltiplas incidências** tributárias decorrentes da importação, os demais tributos cabíveis, como IPI, PIS, CONFINS e ICMS, são exigidos após a fixação da base de cálculo do imposto de importação pela valoração aduaneira).

Por óbvio que, se os montantes anteriores já estiverem **incluídos** no preço efetivamente pago ou a pagar pelo importador, não poderão ser novamente considerados.

Daí a importância da **fatura comercial**, que deverá instruir a Declaração de Importação (DI) a ser apresentada pelo interessado à Receita Federal do Brasil, conforme disposição do artigo 551 do Regulamento Aduaneiro[35].

Embora exista uma tendência internacional no sentido de **formalização** dos contratos de compra e venda, de modo a conferir-lhes maior segurança jurídica, especialmente quanto à submissão a determinado ordenamento jurídico ou juízo arbitral, muitos ainda são os negócios realizados apenas com base na fatura comercial, instrumento mais simples, que, nesses casos, assume as feições do contrato.

O artigo 557 do Regulamento Aduaneiro determina que a fatura comercial, para ser aceita pelas autoridades brasileiras, deve conter as seguintes indicações:

"I – nome e endereço, completos, do exportador;

II – nome e endereço, completos, do importador e, se for caso, do adquirente ou do encomendante predeterminado;

III – especificação das mercadorias em português ou em idioma oficial do Acordo Geral sobre Tarifas e Comércio, ou, se em outro idioma, acompanhada de tradução em língua portuguesa, a critério da autoridade aduaneira, contendo as denominações próprias e comerciais, com a indicação dos elementos indispensáveis a sua perfeita identificação;

IV – marca, numeração e, se houver, número de referência dos volumes;

V – quantidade e espécie dos volumes;

VI – peso bruto dos volumes;

VII – peso líquido dos volumes;

VIII – país de origem, como tal entendido aquele onde houver sido produzida a mercadoria ou onde tiver ocorrido a última transformação substancial;

IX – país de aquisição, assim considerado aquele do qual a mercadoria foi adquirida para ser exportada para o Brasil, independentemente do país de origem da mercadoria ou de seus insumos;

X – país de procedência, assim considerado aquele onde se encontrava a mercadoria no momento de sua aquisição;

XI – preço unitário e total de cada espécie de mercadoria e, se houver, o montante e a natureza das reduções e dos descontos concedidos;

---

[35] Regulamento Aduaneiro, artigo 551: "A declaração de importação é o documento-base do despacho de importação (Decreto-lei n. 37, de 1966, art. 44, com a redação dada pelo Decreto-lei n. 2.472, de 1988, art. 2.º). § 1.º A declaração de importação deverá conter: I — a identificação do importador; e II — a identificação, a classificação, o valor aduaneiro e a origem da mercadoria. § 2.º A Secretaria da Receita Federal do Brasil poderá: I — exigir, na declaração de importação, outras informações, inclusive as destinadas a estatísticas de comércio exterior; e II — estabelecer diferentes tipos de apresentação da declaração de importação, apropriados à natureza dos despachos, ou a situações específicas em relação à mercadoria ou a seu tratamento tributário".

XII – custo de transporte até o porto, aeroporto ou ponto de fronteira alfandegado, para a entrada no Brasil, e demais despesas relativas às mercadorias especificadas na fatura;
XIII – condições e moeda de pagamento; e
XIV – termo da condição de venda (*INCOTERM*)".

De acordo com as normas brasileiras, a fatura comercial é um dos documentos obrigatórios para a instrução do despacho aduaneiro de importação, mas, para fins de valoração aduaneira, pode se revelar **insuficiente** — apesar do cuidado do legislador em descrever seus elementos, na medida em que não contemple disposições contratuais relevantes — como valores tangíveis ou intangíveis vinculados à mercadoria, mas negociados "extrafatura".

O Supremo Tribunal Federal, há muito, reconhece a importância da fatura comercial e de outros documentos emitidos pelo exportador como subsídio essencial para a determinação do valor aduaneiro, conforme voto clássico, proferido em 1968, da lavra do eminente tributarista Aliomar Baleeiro:

Processo – AI 42129
EMENTA: IMPOSTO DE IMPORTAÇÃO. Salvo prova de fraude, é razoável a interpretação de que o valor para o pagamento dos direitos aduaneiros é o da fatura comercial e documentos expedidos pelo exportador.

A fatura comercial pode ser emitida em várias vias, desde que a primeira seja, invariavelmente, considerada como **original**. A legislação prevê que a emissão poderá ser feita mediante processo eletrônico.

As obrigações atinentes à fatura comercial são disciplinadas pela Receita Federal do Brasil que, a pedido da CAMEX, poderá regulamentar a exigência de **visto consular** ou chancela equivalente para as faturas comerciais, em situações de dúvida ou divergência acerca da origem e veracidade dos dados nela contidos.

Compete, ainda, à Receita Federal do Brasil, dispor sobre[36]:

"Art. 562. A Secretaria Especial da Receita Federal do Brasil do Ministério da Economia poderá dispor, em relação à fatura comercial, sobre:
I – casos de não exigência;
II – casos de dispensa de sua apresentação para fins de desembaraço aduaneiro, hipótese em que deverá o importador conservar o documento em seu poder, pelo prazo decadencial, à disposição da fiscalização aduaneira;
III – quantidade de vias em que deverá ser emitida e sua destinação;
IV – formas de assinatura mecânica ou eletrônica, permitida a confirmação de autoria e autenticidade do documento, inclusive na hipótese de utilização de **blockchain**;
V – dispensa de assinatura ou de elementos referidos no art. 557; e
VI – inclusão de novos elementos, a serem definidos em legislação específica".

Por fim, equipara-se à fatura comercial, para todos os efeitos, o **conhecimento de carga aéreo**[37], desde que nele constem as indicações de quantidade, espécie e valor

---

[36] Conforme artigo 562 do Regulamento Aduaneiro, com a redação dada pelo Decreto n. 10.550/2020.
[37] Para o comércio internacional, o conhecimento de carga é o documento mais importante e fidedigno das transações. No caso do transporte aéreo, ele é conhecido como AWB (de *Air Way Bill*, em inglês).

das mercadorias que lhe correspondam, nos termos do artigo 560 do Regulamento Aduaneiro.

Como a tributação das importações se refere ao preço pago ou efetivamente a pagar das mercadorias, fica afastada a incidência sobre os pagamentos feitos a título de **dividendos** ou direitos semelhantes, porque desvinculados do objeto negocial principal. No mesmo sentido, restrições comerciais que não afetem substancialmente o valor das mercadorias não devem ser consideradas como critério para a desqualificação do montante previsto na fatura comercial ou no documento equivalente.

Vimos que, com frequência, as operações de importação são pagas a prazo, com o **financiamento** do valor negociado, que pode ser feito entre as partes ou por meio de terceiros, como instituições bancárias.

Os **juros** devidos em razão de contrato de financiamento firmado pelo importador e relativos à compra de mercadorias importadas **não serão considerados** como parte do valor aduaneiro, desde que[38]:

> "I – sejam destacados do preço efetivamente pago ou a pagar pelas mercadorias;
> II – o contrato de financiamento tenha sido firmado por escrito; e
> III – o importador possa comprovar que:
> *a)* as mercadorias sejam vendidas ao preço declarado como o efetivamente pago ou por pagar; e
> *b)* a taxa de juros negociada não exceda o nível usualmente praticado nesse tipo de transação no momento e no país em que tenha sido concedido o financiamento".

Como os juros não decorrem do preço das mercadorias, mas, sim, das **condições negociais** pactuadas no contrato de compra e venda, são corretamente considerados como supervenientes ao momento da incidência do imposto de importação, razão pela qual não devem integrar o montante do valor aduaneiro, ainda que este seja apurado por método diverso do valor da transação.

Ao contrário, quando o preço estiver condicionado, **desde a realização** do negócio, às contraprestações que não possam ser precisamente quantificadas (exigência de "venda casada" com outras mercadorias, por exemplo), o valor da transação não poderá ser aceito para fins aduaneiros.

O artigo VIII do AVA determina o acréscimo dos seguintes elementos, quando **suportados** pelo importador, mas não incluídos no preço da transação:

- ◼ comissões e corretagens, excetuadas as comissões de compra (pagamentos feitos pelo importador a agente no exterior, que o representa);
- ◼ custo de embalagens e recipientes considerados, para fins aduaneiros, como formando um todo com as mercadorias em questão;
- ◼ custo de embalar, compreendendo os gastos com mão de obra e com materiais.

Por se tratar de documento não negociável e emitido pelo transportador, a legislação brasileira aceita-o como substituto da fatura comercial, desde que presentes as informações necessárias.

[38] Artigo 80 do Regulamento Aduaneiro.

Existe também a previsão de se adicionar ao valor da transação os seguintes bens e serviços, **fornecidos** pelo comprador ao vendedor, a título gratuito ou mediante preços reduzidos, para serem utilizados na **produção** e na **venda** para exportação das mercadorias importadas, e na medida em que tais valores não tenham sido incluídos no preço efetivamente pago ou a pagar:

■ materiais, componentes, partes e elementos semelhantes, incorporados às mercadorias importadas;

■ ferramentas, matrizes, moldes e elementos semelhantes, empregados na produção das mercadorias importadas;

■ materiais consumidos na produção das mercadorias importadas;

■ projetos de engenharia, pesquisa e desenvolvimento, trabalhos de arte e de *design*, bem como planos e esboços, necessários à produção das mercadorias importadas e realizados fora do país de importação.

A inclusão dos valores acima se faz necessária porque decorre de uma **transferência econômica prévia** à importação e, portanto, não tributada pela legislação aduaneira, mediante a qual o comprador remete ao vendedor, no exterior, bens ou serviços que este último utilizará na produção das mercadorias.

Na medida em que os referidos bens ou o resultado material dos serviços ingressarem no território aduaneiro, deverão ser **tributados**, daí por que acertada sua adição ao valor da transação, que pode compreender, portanto, elementos não originariamente expressos em moeda.

Temos aqui a oportunidade de comentar outro princípio inerente à valoração, o da **objetividade**[39], que se traduz pela adoção de uma base concreta e real, que possa ser reconhecida tanto pelos contratantes quanto pela administração como legítima, porque representa a manifestação das vontades expressas no contrato. A objetividade deve pautar todas as relações jurídicas, sobretudo aquelas em que ocorre a **intersecção** dos interesses público e privado, circunstância observada nas normas aduaneiras e tributárias.

Heleno Tôrres[40], ao reconhecer que todo o Direito se movimenta para a objetivação, assevera: "O esforço pela objetividade, na aplicação das normas tributárias, é uma das mais representativas projeções dos direitos fundamentais no âmbito da tributação, pelas garantias de tipicidade e de certeza decorrentes da discriminação constitucional de competências. São os limites aplicados ao legislador, em um sentido negativo do conceito de competência tributária".

Se a inclusão dos materiais ou componentes ao valor da importação não comporta grandes dúvidas (um bom exemplo seria o importador que remete ao exterior etiquetas especiais para colocação em peças de vestuário, durante o processo de industrialização,

---

[39] O princípio da objetividade irradia-se a partir de comando previsto no artigo 8.3, do AVA, que pontifica: "Os acréscimos ao preço efetivamente pago ou a pagar, previstos neste artigo, serão baseados exclusivamente em dados objetivos e quantificáveis".

[40] Heleno Tôrres. Base de cálculo do Imposto de Importação e o acordo de valoração aduaneira. In: *Comércio internacional e tributação*, p. 242.

e posteriormente adquire o produto acabado), a apropriação dos custos relativos a **ferramentas**, **matrizes** e **moldes** merece alguns breves comentários.

Resta claro que esses instrumentos não fazem parte do **custo intrínseco** (entenda-se: não são insumos nem componentes) das mercadorias importadas, mas, como foram utilizados **durante** a etapa de produção, de forma gratuita ou a preços reduzidos, será necessário realizar um procedimento de rateio, calculado a partir do próprio valor do elemento[41] e em função das **quantidades** efetivamente produzidas.

As **notas interpretativas** do AVA[42] permitem diversos critérios para alocação dos custos em relação à quantidade. Uma possibilidade seria atribuir o valor total dos equipamentos à primeira importação (quando a produção for seriada, e a entrega, em parcelas); seria também razoável solicitar a apropriação em relação ao número de unidades produzidas ao tempo da importação ou, ainda, calcular o rateio com base em contratos e documentos técnicos disponíveis.

O exemplo fornecido pelo próprio AVA e que ilustra o cenário anteriormente descrito é o seguinte: digamos que o importador forneça ao produtor no exterior um molde a ser utilizado na fabricação das mercadorias importadas e contrate com ele uma compra de 10 mil unidades. Suponhamos que, quando chegasse a primeira remessa de mil delas, o produtor já tivesse produzido 4 mil unidades. O importador poderia **solicitar** à administração aduaneira que atribuísse o valor do molde a mil, 4 mil ou 10 mil unidades.

Forçoso lembrar que no **direito aduaneiro**, ao contrário do que normalmente ocorre na seara tributária, muitas decisões administrativas possuem natureza **discricionária**, de modo que seria facultado às autoridades, no exemplo, deferir a solicitação do importador ou adotar o critério que considerar mais adequado, mediante fundamentação do respectivo ato administrativo.

Raciocínio análogo deve ser aplicado para os elementos intangíveis, como projetos, planos e *design*, com a ressalva de que os valores acrescidos deverão ter por base dados **objetivos** e **quantificáveis**. O sucesso da metodologia depende fundamentalmente dos registros contábeis da empresa, conforme ela utilize rateios ou centro de custos por produto ou, ao revés, considere os valores como despesas gerais sem atribuí-los a itens específicos.

Cabe ao interessado provar e à administração aceitar, dentro dos parâmetros apresentados, os critérios atinentes a cada situação concreta.

Devem ainda ser adicionados ao valor da transação, quando deste não constarem, os montantes devidos a título de *royalties* ou **direitos de licença** (decorrentes da exploração de marcas, patentes ou direitos autorais) relacionados com as mercadorias objeto de valoração, que o comprador deva pagar, direta ou indiretamente, como condição de

---

[41] Os critérios de rateio devem observar os princípios contábeis geralmente aceitos, isto é, aqueles dotados de consenso nos termos da legislação do país exportador, aptos a demonstrar a situação patrimonial e suas modificações. O valor do instrumento utilizado na produção pode ser apurado de diversas formas, como o preço de aquisição, o custo de produção (se fabricado pelo próprio importador) ou o montante original pago e devidamente depreciado, quando se empregar elementos usados.

[42] Constantes do Anexo I do AVA.

venda[43], além de quaisquer parcelas decorrentes do resultado de posterior revenda, cessão ou utilização dos produtos importados, que venha a ser revertido direta ou indiretamente ao exportador. Questão extremamente interessante permeia o acréscimo de valores **intangíveis** ao preço das mercadorias importadas.

Com efeito, é cediço que o imposto de importação só pode alcançar bens **corpóreos**, conforme definidos pelo Sistema Harmonizado e dispostos na Nomenclatura Comum do Mercosul. Reforça a posição o fato de a Constituição da República declarar, sem margem para dúvidas, que *compete à União instituir impostos sobre a importação de produtos estrangeiros*[44], sendo, portanto, vedada a cobrança da exação em decorrência de **serviços** ou **direitos**, para os quais há, no ordenamento pátrio, outras figuras (como o ISS e a chamada CIDE Remessas, à guisa de exemplo).

Devemos, portanto, entender, sem adentrar na tormentosa discussão acerca do **conflito de normas**, que, conquanto o imposto de importação não possa gravar itens diversos do conceito de **produtos** (com as devidas variações, como bens e mercadorias, porque corpóreos), admite-se, a partir da **interpretação sistêmica** dos comandos, que a **base de cálculo** a ser considerada inclua, para fins de valoração aduaneira, parcelas relativas a intangíveis, o que apenas reforça nossa posição original de que os sistemas aduaneiro e tributário, apesar de possuírem pontos de intersecção, emanam de preceitos distintos e assim devem ser considerados.

Sob tal premissa, acreditamos que o Acordo de Valoração Aduaneira intenta afastar, principalmente nas relações entre empresas vinculadas ou com alto grau de interdependência, valores intangíveis ou condicionados a operações futuras, visto que o procedimento aduaneiro deve identificar o valor da transação, tal como este se apresenta ao tempo da importação, sem espaço para situações imprevisíveis ou de difícil percepção, tudo em prol da transparência que deve nortear as relações entre Fisco e contribuintes, sobretudo na seara internacional, em que a eficácia do controle aduaneiro depende, no mais das vezes, do concerto entre os Estados.

Da proposição *supra* decorre mais um princípio fundamental da valoração, o da **uniformidade**, que exige que os procedimentos aduaneiros sejam pautados pelos critérios previstos no AVA em qualquer tempo e lugar e de igual modo para todos os importadores.

O rol de acréscimos por nós apresentado, ainda que extenso, encerra as únicas possibilidades de **ajuste** ao valor da transação, sendo, portanto, **taxativo** em relação aos limites de atuação das autoridades aduaneiras.

Impende ressaltar, nesse sentido, que o valor aduaneiro, cujo principal objetivo é a padronização da sistemática de identificação do valor de uma transação internacional, oriunda da compra e venda de mercadorias, cinge-se ao procedimento de importação, de modo que os custos, encargos ou despesas advindos de operações no **território aduaneiro do importador**, não deverão ser computados para fins de valoração[45].

---

[43] Devemos entender condição de venda como os valores pagos em caráter compulsório, sob pena de o negócio não se concretizar de outro modo. Portanto, se o importador realizar pagamentos desvinculados da condição de venda (como os relativos a direitos exclusivos de distribuição), esses montantes não deverão ser adicionados ao valor da transação.

[44] Artigo 153, I.

[45] Na esteira do raciocínio, o GATT preceitua que o "valor para fins alfandegários de qualquer mercadoria importada não deverá compreender nenhuma taxa interna exigível no país de origem ou de

Todo cuidado observado para a preservação do primeiro método, baseado no valor da transação, como **regra geral** do procedimento de valoração não impede que as autoridades aduaneiras decidam, com esteio em parecer fundamentado, pela impossibilidade de sua utilização quando[46]:

◼ houver motivos para duvidar da veracidade ou exatidão dos dados ou documentos apresentados como prova de uma declaração de valor; e

◼ as explicações, documentos ou provas complementares apresentados pelo importador, para justificar o valor declarado, não forem suficientes para esclarecer a dúvida existente.

As autoridades aduaneiras poderão, ainda, solicitar ao governo do país de origem das mercadorias informações para subsidiar sua decisão, inclusive no que tange ao fornecimento do valor declarado na exportação, conforme procedimentos de reciprocidade acordados entre as partes.

11.6.1. Métodos substitutivos de valoração

Vimos, em síntese, que o valor aduaneiro será representado pelo valor da transação, nos moldes do artigo I do AVA, com a previsão de ajustes, *inter alia*, ao preço efetivamente pago ou a pagar nas hipóteses em que determinados elementos, considerados integrantes do valor para fins de determinação da base de cálculo do imposto de importação, corram a cargo do comprador, mas não estejam ainda incluídos no valor das mercadorias, sem prejuízo da inclusão de certas prestações do comprador em favor do vendedor, sob a forma de bens ou serviços indiretos.

Ocorre que a aplicação do artigo I e dos referidos ajustes exige o atendimento de **todas** as condições previstas pelo AVA.

Quando não for possível a determinação do valor aduaneiro com base no **primeiro método** (valor da transação), as autoridades competentes deverão aplicar, de forma sucessiva e ordenada[47], os seguintes critérios:

a) será ele o valor de transação de mercadorias **idênticas** vendidas para exportação para o mesmo país de importação e exportadas simultaneamente às mercadorias objeto de valoração, ou em tempo aproximado **(segundo método)**;

b) será ele o valor de transação de mercadorias **similares** vendidas para exportação para o mesmo país de importação e exportadas simultaneamente às mercadorias objeto de valoração, ou em tempo aproximado **(terceiro método)**;

c) será ele o valor de venda das mercadorias no **mercado interno** do país de importação, ao tempo da transação, permitida a adoção dos ajustes necessários **(quarto método)**;

d) será ele um valor computado, levando-se em conta o **custo de produção**, acrescido de uma parcela referente ao lucro e às despesas de caráter geral **(quinto método)**;

---

proveniência, da qual a mercadoria importada tenha sido exonerada ou cuja importância tenha sido ou seja destinada a um reembolso" (artigo VII, 3).

[46] Conforme artigo 82 do Regulamento Aduaneiro.

[47] Salvo a possibilidade de inversão na ordem de aplicação do quarto e quinto métodos, já mencionada.

e) será ele um valor calculado por qualquer outro meio razoável, com estrita obediência aos princípios e condições gerais do GATT **(sexto método)**.

Os debates da Rodada Uruguai sobre valoração aduaneira culminaram com a *Decisão de Inversão do Ônus da Prova*[48], que determina que, nos casos de dúvida razoável, as autoridades aduaneiras poderão solicitar do importador informações e documentos adicionais que comprovem que o valor declarado representa fielmente o preço pago ou a pagar pelas mercadorias, ajustado de acordo com o artigo VIII. Se após o recebimento das informações, ou na ausência de resposta, a dúvida remanescer, poderá a administração aduaneira **declarar**, com base no artigo 11 do AVA[49], que o valor aduaneiro não será determinado conforme o primeiro método.

Em termos ideais, toda vez que a valoração não puder ser realizada com base no primeiro método, deveria haver um **processo de consultas** entre a administração aduaneira e o importador, a fim de que se pudesse estabelecer a base de cálculo do imposto de importação conforme o segundo ou o terceiro métodos.

Parece razoável supor que o importador conheça bem o setor econômico em que atua, o que lhe permitiria produzir e entregar às autoridades informações suficientes para a aplicação dos citados métodos, que terão como referência o valor de mercadorias idênticas ou semelhantes àquelas sob análise.

Nas hipóteses em que o importador não tenha condições de elaborar o estudo ou simplesmente não deseje fazê-lo, caberá à administração aduaneira a utilização dos métodos substitutivos de valoração, na sequência determinada pelo Acordo.

O princípio que norteia a aplicação dos demais métodos de valoração é o da **comparabilidade**, bastante caro ao comércio internacional, porque em mercados de livre concorrência parece natural que os preços praticados sejam relativamente próximos, dadas as mesmas condições negociais.

O **segundo método** estabelece que, se o valor das mercadorias importadas não puder ser determinado de acordo com o valor da transação, será ele o **preço** de mercadorias **idênticas**, vendidas para exportação para o mesmo país de importação, cujas operações tenham ocorrido simultaneamente ou em tempo aproximado.

---

[48] Decisão 6.1 do Comitê de Valoração Aduaneira, conhecida pela sigla em inglês SBP (*Shifting the Burden of Proof*) e baseada no artigo 17 do AVA, que estatui: "Nenhuma disposição deste Acordo poderá ser interpretada como restrição ou questionamento dos direitos que têm as administrações aduaneiras de se assegurarem de veracidade ou exatidão de qualquer afirmação, documento ou declaração apresentados para fins de valoração aduaneira".

[49] AVA — artigo 11: "1. Com relação à determinação do valor aduaneiro, a legislação de cada parte disporá quanto ao direito a recurso, sem sujeição a penalidades por parte do importador ou por qualquer outra pessoa responsável pelo pagamento dos direitos aduaneiros. 2. O direito a recurso de primeira instância, sem imposição de penalidades, poderá ser exercido perante um órgão da administração aduaneira ou perante um órgão independente. Todavia, a legislação de cada parte disporá quanto ao direito a recurso a instância judiciária sem imposição de penalidades. 3. O recorrente será notificado sobre a decisão do recurso e as razões que a fundamentaram ser-lhe-ão comunicadas por escrito. O recorrente deverá também ser informado sobre seu eventual direito de interpor novo recurso".

O conceito de mercadorias idênticas, nos termos do AVA, demanda absoluta **identidade** entre os produtos, no que tange às características físicas, qualidade, utilidade e reputação comercial (aceita-se como idêntica a mercadoria com pequenas diferenças de aparência, desde que todos os outros requisitos sejam satisfeitos).

Não podem ser consideradas idênticas mercadorias de **marcas** diferentes, porque este elemento **subjetivo** costuma ser determinante na fixação do preço. Igualmente, o AVA somente considera idênticas mercadorias produzidas no mesmo país daquelas objeto de valoração.

Como existem diversas cláusulas nos contratos de compra e venda capazes de influenciar o preço das mercadorias, deverão ser comparadas transações realizadas sob as mesmas **condições comerciais** e envolvendo **quantidades** idênticas. Fatores como prazo de pagamento, políticas de desconto ou promoções necessitam ser equalizados para fins de valoração aduaneira, sob pena de invalidar a aplicação do segundo e terceiro métodos.

Se não for possível detectar vendas sob condições ideais, o AVA permite a comparação de mercadorias idênticas a partir de três situações:

- venda no mesmo nível comercial, mas em quantidades diferentes;
- venda em nível comercial diferente, mas substancialmente nas mesmas quantidades; ou
- venda em nível comercial e quantidades diferentes.

Nas hipóteses anteriores, será necessário efetuar os respectivos **ajustes**, em função da quantidade ou dos níveis comerciais, com base em dados fidedignos[50], capazes de comprovar a adequação dos valores e a viabilidade de aplicação do segundo método.

Se o valor sob análise contiver custos ou despesas relacionados a fretes ou seguros, deverá ser ajustado sempre que houver divergências significativas entre as mercadorias importadas e aquelas consideradas idênticas, decorrentes da distância e dos meios de transporte utilizados.

Por força da quantidade de variáveis, o AVA determina que, se for encontrado mais de um valor de transação para mercadorias idênticas, deverá ser considerado o **menor** para fins de determinação da base de cálculo do imposto de importação.

O **terceiro método** deve ser utilizado quando não forem detectadas operações com mercadorias idênticas. Nesse caso, o valor da transação será determinado com base em mercadorias similares, exportadas para o mesmo país de importação, em tempo igual ou aproximado.

A similaridade exige que, embora as mercadorias não sejam idênticas, possuam características físicas e componentes semelhantes, de forma a cumprir as mesmas

---

[50] Ressalte-se que os dados podem ser considerados fidedignos ainda que não representem operações reais. Por exemplo, se o importador adquiriu cem produtos e a única transação de mercadorias idênticas envolve mil unidades, o ajuste poderá ter como parâmetro a lista de preços e descontos do exportador e verificar qual seria o valor para cem unidades, ainda que não exista outra venda neste patamar. Trata-se de critério objetivo, dentro do conceito de razoabilidade exigido pela valoração aduaneira.

funções e serem reciprocamente substituíveis (a partir de critérios como qualidade e reputação comercial, entre outros).

As comparações também deverão ser feitas nos mesmos níveis comerciais e quantidades negociadas, com os ajustes correspondentes. Podemos dizer que **todos os ajustes** previstos para o segundo método são igualmente aplicáveis ao terceiro, sem qualquer alteração, motivo pelo qual remetemos o leitor, em caso de dúvida, aos comentários já aduzidos.

O procedimento de graduação e ajuste decorre do princípio da **objetividade**, que pressupõe, na definição do valor aduaneiro, a utilização de critérios transparentes, capazes de conferir ao modelo a necessária segurança jurídica.

Assim, os métodos sob comento deverão apurar vendas de mercadorias idênticas (segundo método) ou similares (terceiro método) realizadas no mesmo nível comercial e essencialmente nas mesmas quantidades daquelas objeto de valoração. Dessa investigação pode legitimamente participar o importador, fornecendo subsídios e dados à administração, pois parece natural intuir que, em relação ao seu mercado específico de atuação, possa ele dispor de informações estatísticas ou concorrenciais que não sejam de conhecimento das autoridades.

Pensamos que a partir do **quarto método**, a despeito de sua previsão normativa, torna-se o procedimento de valoração aduaneira *virtualmente impraticável*, pois não se pode conceber que, vencidas sem sucesso as etapas de comparabilidade previstas no segundo e terceiro métodos — que operam, ainda que indiretamente, sob o primado da neutralidade e da objetividade —, terá a administração local condições de estabelecer o valor aduaneiro a partir de informações que deverão ser obtidas no **exterior**, em condições, portanto, absolutamente desfavoráveis, à vista da ausência de **competência** e **jurisdição**, que só poderão ser supridas mediante acordos específicos entre países, que prevejam a troca de informações.

Dadas as características do atual panorama do comércio internacional, no qual todos os governos, em maior ou menor escala, adotam medidas protecionistas, no interesse de suas empresas, eventuais acordos, ainda que efetivamente celebrados, dificilmente superarão os entraves de ordem econômica, no qual o interesse estratégico dos envolvidos constitui-se em verdadeiro segredo de estado.

Senão, vejamos.

Prevê o quarto método um procedimento de investigação do preço das mercadorias no **país de origem**, conforme se depreende da dicção do artigo V do AVA:

> "Se as mercadorias importadas, ou mercadorias idênticas ou similares importadas, forem vendidas no país de importação no estado em que são importadas, o seu valor aduaneiro, segundo as disposições deste artigo, basear-se-á no preço unitário pelo qual as mercadorias importadas ou as mercadorias idênticas ou similares importadas são vendidas desta forma na maior quantidade total, ao tempo da importação ou aproximadamente ao tempo da importação das mercadorias objeto de valoração, a pessoas não vinculadas àquelas de quem compram tais mercadorias, sujeito tal preço às seguintes deduções:
> i. as comissões usualmente pagas ou acordadas em serem pagas, ou os acréscimos usualmente efetuados a título de lucros e despesas gerais relativos a vendas em tal país de mercadorias importadas da mesma classe ou espécie;

> ii. os custos usuais de transporte e seguro, bem como os custos associados, incorridos no país de importação;
> iii. quando adequado, os custos e encargos referidos no parágrafo 2 do artigo 8 e
> iv. os direitos aduaneiros e outros tributos nacionais pagáveis no país de importação em razão da importação ou venda das mercadorias".

Os procedimentos previstos no quarto método, também conhecido como **método dedutivo**, exigem, para sua apuração, uma completa investigação sobre a circulação econômica das mercadorias no país de origem, de forma a se encontrar o preço unitário pelo qual é vendida, no país de importação, a maior quantidade total das mercadorias importadas ou das mercadorias idênticas ou similares importadas, que, idealmente, devem ser revendidas no país de importação no mesmo estado em que foram importadas.

Se tal condição não for observada, o valor aduaneiro poderá ter como base o preço unitário segundo o qual as mercadorias importadas e posteriormente processadas são vendidas no país de importação, na maior quantidade total, a pessoas não vinculadas, levando-se em conta o valor adicionado em decorrência desse processamento e as deduções pertinentes, que correspondem aos valores relativos à sua colocação no mercado de origem e aos elementos do valor de revenda que não tenham qualquer relação com o preço de exportação.

A dificuldade de aplicação do método é **descomunal**, pois, à luz dos princípios do AVA, tudo deve ser apurado com base em dados objetivos e quantificáveis, o que significa, para a administração aduaneira do país importador no qual se dá o procedimento de valoração, a necessidade de desvendar, alhures, todos os meandros comerciais, contábeis e tributários relativos à venda das mercadorias no exterior, tarefa que nos parece inexequível, salvo nos casos de **cooperação internacional**, em que o país do exportador efetivamente forneça todas as informações necessárias.

O quarto método, como o leitor deve ter percebido, revela grande complexidade prática e jurídica, o que enseja alguns comentários adicionais.

Ao dizer que o valor aduaneiro terá por base "o preço unitário pelo qual mercadorias são vendidas na maior quantidade total", o AVA considera o preço pelo qual se negocia o maior número de unidades a pessoas não vinculadas, no primeiro nível comercial após a importação.

Vamos utilizar os mesmos exemplos descritos no Anexo III do AVA[51], ante a possibilidade de que possam ser solicitados, ainda que com pequenas alterações, em provas e concursos públicos:

Exemplo 1

Mercadorias vendidas com base em lista que concede redução nos preços unitários para compras em maiores quantidades, conforme tabela a seguir:

---

[51] AVA, Anexo III, notas ao artigo 5, itens 2, 3 e 4. Procedemos a algumas adaptações, de caráter didático.

QUANTIDADE VENDIDA (UNIDADES)	PREÇO UNITÁRIO	NÚMERO DE VENDAS	QUANTIDADE TOTAL VENDIDA (POR PREÇO)
de 1 a 10	$ 100,00	10 vendas de 5 unidades = 50 5 vendas de 3 unidades = 15	65
de 11 a 25	$ 95,00	5 vendas de 11 unidades	55
mais de 25	$ 90,00	1 venda de 30 unidades 1 venda de 50 unidades	80

Resposta: O maior número de unidades vendidas a um dado preço é 80; portanto, o preço unitário pelo qual se vende a maior quantidade total é de $ 90,00, que será considerado para fins de valoração aduaneira.

Exemplo 2

Mercadorias vendidas, em momentos diferentes, com preços e quantidades variados.

a) Relatório das vendas:

QUANTIDADE VENDIDA	PREÇO UNITÁRIO
40 unidades	$ 100,00
30 unidades	$ 90,00
15 unidades	$ 100,00
50 unidades	$ 95,00
25 unidades	$ 105,00
35 unidades	$ 90,00
5 unidades	$ 100,00

b) Quantidades e preços consolidados:

QUANTIDADE TOTAL VENDIDA	PREÇO UNITÁRIO
65 unidades	$ 90,00
50 unidades	$ 95,00
60 unidades	$ 100,00
25 unidades	$ 105,00

Resposta: No exemplo, o maior número de unidades vendidas a um dado preço é 65, o que nos leva a concluir que o preço unitário para a maior quantidade total corresponde a $ 90,00.

Nos termos do Acordo, se não for possível encontrar mercadorias idênticas ou similares vendidas ao **mesmo tempo** ou em **época aproximada**, o valor aduaneiro terá como base o preço unitário pelo qual mercadorias importadas, idênticas ou similares são vendidas no país de importação na data posterior mais próxima àquela da operação sob análise, respeitado o prazo máximo de **90 dias**.

Se não houver vendas de mercadorias idênticas ou similares no país de importação, **no Estado** em que foram adquiridas, o valor aduaneiro, mediante solicitação do importador, terá como base o preço unitário pelo qual as mercadorias importadas e **posteriormente processadas**[52] são vendidas no país de importação, na maior quantidade total, a pessoas não vinculadas, com o acréscimo do valor agregado durante a produção e os ajustes pertinentes.

Os ajustes decorrentes de comissões, transportes, seguros e despesas logísticas seguem as regras previstas para o primeiro método, pois são extrínsecos à mercadoria e, portanto, aplicáveis a qualquer cenário.

A peculiaridade do quarto método (que na prática implica a **decomposição** do valor original), em respeito aos ajustes, reside na expressão *lucros e despesas gerais* acrescidos no país do exportador. Embora sejam, contabilmente, conceitos por óbvio distintos, no contexto do AVA lucros e despesas devem ser considerados em **conjunto**, de forma que o valor total apurado poderá ser **deduzido** a partir de informações idôneas fornecidas pelo importador.

O objetivo do método é justamente expurgar do valor total detectado os montantes incorridos no exterior, daí por que a possibilidade de dedução dos gastos com comercialização e tributos devidos no país de origem (que, na prática, não são trazidos com a mercadoria importada).

O **quinto método**, conhecido como método do **valor computado**, estabelece que o valor aduaneiro será o resultado da somatória dos seguintes elementos:

a) o custo ou o valor dos materiais e da fabricação ou processamento, empregados na produção das mercadorias importadas;

b) um montante para lucros e despesas gerais, igual àquele usualmente encontrado em vendas de mercadorias da mesma classe ou espécie que as mercadorias objeto de valoração, vendas estas para exportação, efetuadas por produtores no país de exportação, para o país de importação; e

c) o custo de transporte, seguro e despesas de carga, descarga e manuseio devidas até o local de importação no território aduaneiro.

Sua aplicabilidade decorreria, portanto, da improvável disposição do fabricante no exterior em oferecer **sua planilha de custos** à administração aduaneira de um país estrangeiro, que sobre ele não exerce jurisdição.

Nesse sentido, vale ressaltar que o AVA determina que "nenhum membro poderá exigir ou obrigar qualquer pessoa não residente em seu próprio território a exibir para exame ou a permitir acesso a qualquer conta ou registro contábil, para a determinação

---

[52] Nessa hipótese, será necessário avaliar se o processo industrial descaracterizou ou não a identidade da mercadoria, do que pode resultar a conclusão pela inaplicabilidade do método, quando os preços não forem comparáveis.

de um valor computado"[53], disposição que **fulmina**, juridicamente, qualquer pretensão no sentido de se utilizar este método.

Por derradeiro, e à falta de qualquer outra possibilidade objetiva de estipulação do valor aduaneiro, o AVA apresenta o **sexto método**, que dispõe, *verbis*: "Se o valor aduaneiro das mercadorias importadas não puder ser determinado com base no disposto nos artigos 1 a 6, inclusive, tal valor será determinado usando-se critérios razoáveis, condizentes com os princípios e disposições gerais deste Acordo e com o Artigo VII do GATT 1994, e com base em dados disponíveis no país de importação".

Conquanto seja louvável a introdução do **princípio da razoabilidade**, até como proposta de "fechamento do sistema", aplicável à valoração aduaneira, pensamos ser inadequada sua utilização à luz das normas brasileiras, porque a **base de cálculo** dos tributos precisa, em homenagem à tipicidade tributária, ser expressamente prevista em lei, e não construída a partir de critérios **subjetivos**, por mais razoáveis que possam ser.

A própria dicção do AVA reconhece a dificuldade concreta para a espécie e traz vedações a essa análise de índole subjetiva, ao determinar que o valor aduaneiro, se construído a partir do sexto método, **não poderá** ser baseado[54]:

■ no preço de venda no país de importação de mercadorias produzidas neste;

■ em um sistema que preveja a adoção para fins aduaneiros do mais alto entre dois valores alternativos;

■ no preço das mercadorias no mercado interno do país de exportação;

■ no custo de produção diferente dos valores computados que tenham sido determinados para mercadorias idênticas ou similares, de acordo com as disposições do artigo 6;

■ no preço das mercadorias vendidas para exportação para um país diferente do país de importação;

■ em valores aduaneiros mínimos; ou

■ em valores arbitrários ou fictícios.

De se notar que o espaço de atuação das autoridades aduaneiras, na eventual aplicação do sexto método, é deveras reduzido (para não dizer inexistente), salvo se a definição do valor aduaneiro tiver como referência preços anteriormente apurados, em condições idênticas[55].

11.6.2. Particularidades da valoração aduaneira no Brasil

Como as regras de valoração aduaneira definidas no âmbito da OMC são **integralmente** aplicadas no Mercosul[56], cabe-nos destacar algumas particularidades previstas especificamente na legislação brasileira.

---

[53] Artigo 6, item 2.

[54] Conforme artigo 7.2 do Acordo de Valoração Aduaneira.

[55] Apesar de o AVA mencionar a possibilidade de se conferir a certos conceitos "flexibilidade razoável" para aplicação do sexto método, entendemos que o dispositivo é suficientemente vago para impedir qualquer tentativa de aproveitamento, em homenagem ao princípio da segurança jurídica.

[56] Inicialmente por força da Decisão GMC n. 17/94 e, nos dias atuais, em razão da Decisão CMC n. 13/2007, que trata das *Normas de Aplicação sobre Valoração Aduaneira de Mercadorias*, recepcionou o artigo VII do GATT.

A primeira e mais importante diz respeito à possibilidade de **arbitramento** prevista no artigo 86 do Regulamento Aduaneiro. Com efeito, o comando dispõe que a base de cálculo dos tributos e demais direitos incidentes na importação será determinada mediante arbitramento do preço das mercadorias nas seguintes hipóteses:

▪ fraude, sonegação ou conluio, quando não for possível a apuração do preço efetivamente praticado na importação; e

▪ descumprimento, pelo importador, da obrigação de manter em boa guarda e ordem os documentos relativos às transações que realizarem, especialmente aqueles considerados essenciais para a instrução das declarações aduaneiras, quando existir dúvida sobre o preço efetivamente praticado.

A legislação também estabelece os critérios de arbitramento que deverão ser utilizados, nas hipóteses de desqualificação das informações do importador, conforme definidas anteriormente. Trata-se, na prática, de verdadeiro **método complementar** de valoração aduaneira, criado por norma jurídica nacional[57].

O arbitramento será, portanto, efetuado com base nos seguintes critérios, observada a **ordem sequencial**:

I — preço de exportação para o país, de mercadoria idêntica ou similar; ou
II — preço no **mercado internacional**, apurado:
a) em cotação de **bolsa de mercadoria** ou em publicação especializada;
b) mediante método substitutivo ao do valor de transação, observado ainda o princípio da razoabilidade; ou
c) mediante laudo expedido por entidade ou técnico especializado.

Parece-nos claro que, em homenagem à legalidade e ao princípio da segurança jurídica, no que tange à apuração do valor com esteio no mercado internacional, o comando mais relevante é o que permite a determinação do preço com base na cotação de bolsas de mercadorias, porque se trata de critério objetivo e incontestável, embora limitado a *commodities*.

Os tribunais superiores têm **reconhecido** a possibilidade de arbitramento com base nos métodos decorrentes do GATT, o que nos leva a concluir, ao menos neste momento, que a jurisprudência deva caminhar no sentido de acatar as demais possibilidades de arbitramento, ainda que previstas em norma brasileira, desde que presentes todos os fundamentos legais.

Embora não seja exatamente a nossa posição, visto que o tema merece mais considerações, estranhas ao presente trabalho, sugerimos ao leitor que adote essa postura em provas e concursos públicos, ao menos, até que a justiça se manifeste, em sede definitiva, acerca da questão.

Como exemplo do atual entendimento, trazemos um Acórdão do Superior Tribunal de Justiça, a seguir reproduzido[58]:

---

[57] Medida Provisória n. 2.158-35, de 2001, artigo 88, *caput*, e Lei n. 10.833, de 2003, artigo 70, inciso II, alínea "a".

[58] REsp 1187730, Superior Tribunal de Justiça, Segunda Turma, Relator Ministro Castro Meira, publicado no *DJE* em 17 de maio de 2010.

PROCESSUAL CIVIL E TRIBUTÁRIO. RECURSO ESPECIAL. TRATADO DO GATT. VALORAÇÃO ADUANEIRA. VALOR CONSTANTE DA FATURA COMERCIAL. DESCONSIDERAÇÃO. ALEGAÇÃO DE AUSÊNCIA DE FUNDAMENTAÇÃO. ACÓRDÃO RECORRIDO QUE AFIRMA TER SIDO FUNDAMENTADA A DECISÃO DA AUTORIDADE FISCAL. SÚMULA 7/STJ. 1. O Tratado do GATT, no seu art. VIII, estabelece regras para a valoração aduaneira de mercadorias importadas, para efeito de se calcular o valor do Imposto de Importação e do IPI vinculado à importação. 2. O primeiro método de valoração leva em conta o valor da fatura comercial, que se presume seja o valor real da operação de importação. Não obstante, sempre que as informações ou documentos do contribuinte não mereçam fé, pode a autoridade competente proceder à valoração aduaneira por outros métodos, igualmente listados no Tratado do GATT, desde que comprove que o preço final da transação não corresponde ao valor real da mercadoria ou do bem adquirido no exterior. 3. No caso concreto, o acórdão recorrido afirmou expressamente que não estavam presentes os requisitos para se acatar o valor constante da fatura comercial como base de cálculo dos impostos incidentes sobre o comércio exterior. A recorrente defende que não havia razão para se desconsiderar o valor da fatura, e que a autoridade arbitrou a base de imposição tributária por simples presunção. 4. A verificação de acerto da tese recursal demanda o reexame de matéria fática, o que é incompatível com a função e a natureza do recurso especial. Incidência da Súmula 7/STJ. 5. Recurso especial não conhecido.

Para a determinação do valor dos bens que integram o conceito de **bagagem** de viajantes internacionais, será considerado o **valor de aquisição**, conforme fatura ou documento idôneo equivalente, apresentado pelo contribuinte.

Se o valor não puder ser fixado em virtude da inexistência ou inexatidão dos documentos, caberá à autoridade aduaneira fixá-lo[59].

Quando se tratar de importação por **via postal**, deverá ser considerado como subsídio o valor indicado pelo remetente, sem prejuízo da homologação ou desconsideração pela autoridade aduaneira competente, que, com base em decisão fundamentada, poderá adotar valor diverso, constante, por exemplo, de catálogos de fornecedores internacionais.

O valor dos códigos ou instruções para equipamentos de processamento de dados **não integra** o valor aduaneiro, que só alcança o **suporte físico**, desde que este, no documento de aquisição, tenha o seu custo corretamente **destacado do *software***, situação que não compreende as gravações de som, de cinema ou de vídeo nem os circuitos integrados, semicondutores e dispositivos similares, que serão valorados como **mercadorias**, de acordo com a respectiva classificação fiscal na Nomenclatura Comum do Mercosul.

Em qualquer hipótese, a legislação brasileira permite, de forma adequada, que, na ocorrência de **dano** ou **acidente**, o valor aduaneiro da mercadoria será reduzido proporcionalmente ao prejuízo, para determinação do cálculo dos tributos devidos.

---

[59] Conforme disposto no *Regime Aduaneiro de Bagagem no Mercosul*, artigo 4.º, inciso II, aprovado pela Decisão CMC n. 53/2008, internalizada pelo Decreto n. 6.870, de 2009, com a redação dada pelo Decreto n. 7.213/2010.

11.7. ADMINISTRAÇÃO DO ACORDO DE VALORAÇÃO ADUANEIRA

O AVA encerra diversas regras para a aplicação **uniforme** dos métodos em todos os países que integram a OMC, além de ter determinado a criação de comitês, com a função precípua de administrar as questões inerentes ao tema.

Um dos princípios fundamentais para a consecução do AVA é o da **publicidade**, que se manifesta por meio de diversos comandos. O primeiro deles garante que os países deverão publicar todas as leis, regulamentos, decisões judiciais e administrativas relativas ao procedimento de valoração, bem como deverão assumir a responsabilidade de informar ao Comitê eventuais alterações na legislação interna.

Existe ainda a previsão de que, para os casos concretos, todos os importadores terão o direito de receber, mediante **solicitação escrita**, esclarecimentos sobre o procedimento adotado para a determinação do valor aduaneiro das mercadorias por eles importadas.

Em respeito à necessária segurança de determinadas informações, especialmente porque o preço das mercadorias deve ser entendido como fundamental para a política comercial das empresas, o conteúdo considerado **confidencial** deverá ser preservado como tal, sendo vedado às administrações aduaneiras revelar qualquer dado obtido em razão dos procedimentos de valoração, exceto se houver autorização expressa do interessado ou se a informação for prestada no bojo de processo judicial regularmente instaurado.

O AVA prevê, ainda, regras gerais para os procedimentos aduaneiros, como a que estabelece que, se for necessária a **conversão de moeda** para a definição do valor da transação, a taxa de câmbio a ser utilizada será aquela oficialmente publicada pelas autoridades econômicas do país de importação, que deverá refletir, o mais fielmente possível, o valor da moeda para as operações comerciais sob análise.

Nas hipóteses que demandem **tempo adicional** para a determinação do valor aduaneiro, o importador também terá o direito de desembaraçar as mercadorias mediante apresentação de **garantia** (por depósito, fiança ou instrumento equivalente) capaz de cobrir o valor total dos tributos e direitos aduaneiros pendentes, sem prejuízo de outras exigências decorrentes da legislação de cada país.

Como resultado da Rodada Uruguai, foram criados dois comitês para tratar do assunto: o primeiro, chamado **Comitê de Valoração Aduaneira**, com representação dos membros da OMC, reuniões anuais e caráter **político**, e o segundo, que é **Comitê Técnico de Valoração Aduaneira**, sob os auspícios do Conselho de Cooperação Aduaneira (no âmbito da Organização Mundial das Aduanas — OMA), órgão especializado para a análise dos problemas operacionais derivados do Acordo.

O Comitê Técnico de Valoração Aduaneira possui as seguintes atribuições[60]:

▪ examinar problemas técnicos específicos surgidos na administração quotidiana dos sistemas de valorarão aduaneira dos membros e emitir pareceres sobre soluções apropriadas, com base nos fatos apresentados;

▪ estudar, quando solicitado, as leis, os procedimentos e as práticas de valoração no que se relacionem com o Acordo e preparar relatórios sobre os resultados de tais estudos;

---

[60] Conforme Anexo II do AVA.

■ preparar e distribuir relatórios anuais sobre os aspectos técnicos do funcionamento e do *status* do Acordo;

■ prestar informações e orientação sobre quaisquer assuntos referentes à valoração aduaneira de mercadorias importadas, que sejam solicitadas por qualquer membro ou pelo Comitê. Essas informações e orientações poderão tomar a forma de pareceres, comentários ou notas explicativas;

■ facilitar, quando solicitado, a prestação de assistência técnica aos membros com a finalidade de promover a aceitação internacional do Acordo;

■ examinar matéria a ele submetida por um grupo especial conforme o procedimento de solução de controvérsias previsto pelo Acordo; e

■ executar outras funções designadas pelo Comitê da Organização Mundial do Comércio.

Todos os membros da OMC poderão nomear um delegado e um ou mais suplentes para representação no Comitê Técnico, direito garantido aos países que pertencem à OMA, mas não integram a OMC[61], com a ressalva de que seus representantes participarão das reuniões na qualidade de **observadores**.

As reuniões do Comitê Técnico ocorrerão ao menos duas vezes por ano ou sempre que necessário, na sede da OMA, em Bruxelas. O Comitê tem autonomia para eleger seu presidente e vice-presidente, que terão mandato de um ano, com possibilidade de recondução.

As decisões são adotadas por maioria de 2/3 dos membros presentes, após a verificação do *quorum*, que exige maioria mínima para o início dos trabalhos. Cada país tem direito a um voto.

Os idiomas oficiais do Comitê Técnico, a exemplo do GATT, são o **inglês**, o **francês** e o **espanhol**, utilizados nos debates e na preparação de todos os documentos.

11.8. QUESTÕES

1. (ESAF — AFRF — 2001) A empresa AlfaBética Indústria de Componentes Automotivos Ltda. pleiteou junto ao DECEX redução de alíquota do imposto de importação para uma fresadora especial, sem similar nacional, para emprego no seu processo produtivo de engrenagens cônicas para automóveis, cujo processo, após exaustiva análise, culminou com o deferimento do pedido, passando a figurar na TEC como "ex"-tarifário. Passados 2 (dois) anos a empresa encerrou suas atividades e a referida máquina foi vendida a outra empresa para ser utilizada na produção de engrenagens helicoidais para equipamentos navais, sem autorização prévia da Secretaria da Receita Federal para manutenção da referida redução de imposto. Ato contínuo, em fiscalização na empresa, a Secretaria da Receita Federal

a) exigirá a totalidade dos tributos dispensados na importação, com os acréscimos legais alegando que a redução tributária foi vinculada à qualidade do importador, tanto que tal redução foi deferida à empresa mediante processo específico, além do que não foi solicitada prévia autorização da autoridade fiscal.

b) exigirá a totalidade dos tributos dispensados na importação, com os acréscimos legais, alegando que a redução tributária foi vinculada à destinação do bem e no caso houve transferência de propriedade para empresa que o utilizou para outra finalidade, além do que não houve prévia autorização do órgão fiscal.

---

[61] Vale lembrar que a OMA possui mais membros que a OMC.

c) considerou regulares as operações, deixando de instaurar qualquer procedimento fiscal contra a empresa importadora e a adquirente do bem, levando em consideração a natureza objetiva da redução tributária.

d) exigirá os tributos dispensados, com depreciação do valor do bem em 25% em função do tempo decorrido (24 meses), tendo em vista a redução ter sido vinculada à destinação do bem e a transferência de propriedade ter sido feita sem prévia autorização da fiscalização.

e) exigirá os tributos dispensados, com depreciação do valor do bem em 25% em função do tempo decorrido (24 meses), tendo em vista a redução ter sido vinculada à qualidade do importador e a transferência sem autorização prévia da autoridade fiscal.

2. (ESAF — AFRF — 2002) O Acordo sobre a Implementação do Artigo VII do Acordo Geral sobre Tarifas e Comércio-1994 prevê Métodos Valorativos, a serem aplicados sequencialmente, isto é, se o problema valorativo não se equacionar pelo Método Primeiro aplicar-se-á o Método Segundo, e assim sucessivamente. Estão previstos:

a) dois métodos;

b) três métodos;

c) quatro métodos;

d) cinco métodos;

e) seis métodos.

3. (ESAF — AFRF — 2002) O Acordo sobre a Implementação do Artigo VII do Acordo Geral sobre Tarifas e Comércio-1994 estabelece no seu Artigo 1, parágrafo 1, que "O valor aduaneiro de mercadorias importadas será o valor de transação, isto é, o preço pago ou a pagar pelas mercadorias, em uma venda para exportação para o país de importação, ajustado de acordo com as disposições do Artigo 8, desde que ...".

Com base nessa definição, assinale a opção correta.

a) A base de cálculo tributária do Imposto de Importação — II (valor aduaneiro) é obtida pelo valor de transação ajustado segundo o Artigo 8 do Acordo.

b) A base de cálculo tributária do Imposto de Importação — II (valor aduaneiro) é obtida pelo somatório do preço efetivamente pago ou a pagar mais o valor de transação ajustado segundo o Artigo 8 do Acordo.

c) A base de cálculo tributária do Imposto de Importação — II (valor aduaneiro) é determinada pelo Artigo 1 do Acordo, acrescido do montante do próprio Imposto de Importação — II.

d) A base de cálculo tributária do Imposto de Importação — II (valor aduaneiro) é obtida pelo ajuste, segundo o Artigo 8, do valor aduaneiro menos o preço efetivamente pago ou a pagar pela mercadoria importada.

e) A base de cálculo tributária do Imposto de Importação — II (valor aduaneiro) é o valor obtido pela soma dos ajustes ao preço efetivamente pago ou a pagar pela exportação das mercadorias.

4. (ESAF — AFRF — 2002) Por meio dos elementos abaixo determine, com base no Método Primeiro, o valor aduaneiro da importação.

1. Elementos oferecidos pela Fatura Comercial:

1.1. Condição negocial Incoterms-2000 FOB/Porto de Santos		
1.2. Valor do equipamento importado	US$	200.000,00
1.3. Despesas relativas à embalagem e acondicionamentono porto de embarque	US$	1.500,00
1.4. Frete interno no país de exportação	US$	800,00
1.5. Comissão à agente (comissão por venda) — 1%	US$	2.000,00
1.6. Montagem do equipamento no estabelecimento do comprador	US$	5.000,00
1.7. Assistência técnica pelo período de 6 meses	US$	12.000,00
1.8. Total faturado	US$	221.300,00

2. Elementos oferecidos pelo Conhecimento de Transporte:

2.1. Frete Internacional	US$	1.800,00

3. Outros elementos:

3.1. Dólar fiscal (taxa de conversão):	2,00

Assinale a opção correta.
   a) R$ 446.200,00
   b) R$ 407.600,00
   c) R$ 412.200,00
   d) R$ 400.000,00
   e) R$ 406.300,00

5. (ESAF — AFRF — 2002) Por meio dos elementos abaixo determine, com base no Método Primeiro, o valor aduaneiro da importação.

1. Elementos oferecidos pela Fatura Comercial:

1.1.	Condição negocial Incoterms-2000 — DDU/ Porto doRio de Janeiro	
1.2.	Valor unitário das mercadorias	US$ 1,00
1.3.	Valor total da aquisição	US$ 10.000,00
1.4.	Despesas relativas à embalagem e estufagem do contêiner no porto de embarque	US$ 500,00
1.5.	*Royalties* pelo uso de marca (10%)	US$ 1.000,00
1.6.	Comissão à agente (comissão por venda) — 1,5%	US$ 150,00
1.7.	Frete Internacional	US$ 650,00
1.8.	Frete interno (porto/estabelecimento do comprador)	US$ 400,00
1.9.	Total faturado	US$ 12.700,00

2. Elementos oferecidos pelo Conhecimento de Transporte:

2.1.	Frete Internacional	US$ 650,00

3. Outros elementos:

3.1.	Dólar fiscal (taxa de conversão):	2,00

Assinale a opção correta.
   a) R$ 26.400,00
   b) R$ 24.600,00
   c) R$ 22.800,00
   d) R$ 25.400,00
   e) R$ 22.000,00

6. (ESAF — AFRF — 2002) Por meio dos elementos abaixo determine, com base no Método Primeiro, o valor aduaneiro da importação.

1. Elementos oferecidos pela Fatura Comercial:

1.1.	Condição negocial Incoterms-2000 EXW — *Ex works*	
1.2.	Valor total da aquisição	US$ 15.000,00
1.3.	Desconto fidelidade (10%)	(US$ 1.500,00)
1.4.	Comissão à agente (comissão por venda) — 1%	US$ 150,00
1.5.	Total faturado	US$ 13.650,00

2. Elementos oferecidos pelo Conhecimento de Transporte:

2.1.	Frete Internacional	US$ 650,00

3. Outros elementos:

3.1.	Custo de embalagem e manuseio no porto de embarque	US$ 100,00
3.2.	Frete até o porto de embarque	US$ 100,00
3.3.	Prêmio de seguro (contratado no Brasil)	R$ 330,00
3.4.	Dólar fiscal (taxa de conversão):	2,00

Assinale a opção correta.
   a) R$ 32.330,00
   b) R$ 32.660,00
   c) R$ 32.000,00
   d) R$ 29.300,00
   e) R$ 29.330,00

7. (ESAF — AFRF — 2002) Para os efeitos do Acordo sobre a Implementação do artigo VII do GATT-1994, entende-se por mercadoria idêntica à importada

a) mercadorias que, embora não se assemelhem em todos os aspectos, têm características e composição material semelhantes, o que lhes permite cumprir as mesmas funções da mercadoria importada, além de serem permutáveis comercialmente.
b) mercadorias que são iguais em tudo, inclusive nas características físicas, qualidade e reputação comercial. Pequenas diferenças na aparência impedirão que sejam consideradas perfeitamente iguais à importada.
c) mercadorias que se enquadrem num grupo ou categoria produzidas por uma indústria ou setor industrial determinado.
d) mercadorias que, embora se assemelhem em todos os aspectos, têm características e composição material semelhantes, o que lhes permite cumprir as mesmas funções da mercadoria importada, além de serem permutáveis comercialmente.
e) mercadorias que são iguais em tudo, inclusive nas características físicas, qualidade e reputação comercial. Pequenas diferenças na aparência não impedirão que sejam consideradas perfeitamente iguais à importada.

8. (ESAF — AFRF — 2002) Conforme estabelecido no Acordo de Valoração Aduaneira existem 6 (seis) métodos de Valoração Aduaneira nele descritos articuladamente, para as mercadorias importadas que devem ser aplicados

a) sucessiva e sequencialmente até chegar ao primeiro na sequência que permita determinar tal valor independentemente de o importador solicitar a inversão da ordem dos 4.º e 5.º métodos.
b) em sua totalidade, elegendo a autoridade fiscal aquele cujo valor aduaneiro se revele mais elevado tendo em vista a função protecionista do imposto de importação.
c) sucessivamente, porém, não pela ordem, iniciando-se por quaisquer deles, até chegar ao primeiro que permita determinar tal valor, tendo em vista o poder discricionário da autoridade fiscal.
d) sucessiva e sequencialmente, até chegar ao terceiro método, e assim prosseguir com os seguintes, salvo se o importador solicitar a inversão da ordem dos métodos 4.º e 5.º, independentemente da viabilidade da aplicação do 5.º método.
e) sucessiva e sequencialmente, até chegar ao terceiro método, e assim prosseguir com os seguintes, salvo se o importador solicitar a inversão da ordem dos métodos quarto e quinto, desde que seja possível a aplicação do quinto método na sequência solicitada.

9. (ESAF — AFRF — 2005) Assinale a opção correta.

a) Não integram o valor aduaneiro do bem os gastos relativos a carga, descarga e manuseio, associados ao transporte da mercadoria importada até o ponto onde devam ser cumpridas as formalidades de entrada no território aduaneiro.
b) Caso não seja possível a determinação do valor aduaneiro pelo método do valor de transação, a autoridade aduaneira está autorizada a, em seguida, definir o valor aduaneiro do bem tendo como parâmetro o preço do produto similar no mercado doméstico.
c) A autoridade aduaneira no Brasil deve respeitar a sequência de métodos de valoração aduaneira prevista no Acordo sobre Valoração Aduaneira da OMC. Contudo, caso haja a aquiescência da autoridade aduaneira, o importador pode optar pela aplicação do método do valor computado antes do método dedutivo.
d) Não integra o valor aduaneiro da mercadoria o custo de transporte do bem importado até o porto ou o aeroporto alfandegado de descarga ou o ponto de fronteira alfandegado onde devam ser cumpridas as formalidades de entrada no território aduaneiro.
e) O Acordo sobre Valoração Aduaneira da OMC é um dos chamados acordos plurilaterais da Organização, ou seja, vincula apenas os países que desejarem aderir ao Acordo, situação na qual se enquadra o Brasil.

10. (ESAF — AFRFB — 2009) A respeito do Acordo sobre Implementação do Artigo VII do Acordo Geral de Tarifas e Comércio (GATT), é correto afirmar que

a) o mesmo dispõe as regras para a definição do valor de mercadorias a serem exportadas e que servirá de base para a fixação dos preços de carregamento, frete e seguro.
b) define regras para a determinação do valor de uma mercadoria para fins do cálculo de tarifas e quotas que incidam em sua importação ou do estabelecimento de direitos *antidumping* ou de medidas compensatórias.

c) foi um acordo que se tornou inoperante quando da criação da Organização Mundial do Comércio em substituição ao Acordo Geral de Tarifas e Comércio (GATT) de 1947.

d) foi um acordo provisório que estabeleceu os critérios operacionais para a implementação dos compromissos previstos no Código sobre Normas Técnicas firmado na Rodada de Tóquio, no âmbito do Acordo Geral de Tarifas e Comércio (GATT).

e) é o principal instrumento no marco da Organização Mundial de Aduanas (OMA) voltado para a harmonização, entre os países signatários, dos controles e procedimentos administrativos envolvidos na verificação aduaneira referente à exportação e à importação de mercadorias.

11. (ESAF — AFRFB — 2009) Sobre a valoração aduaneira no Mercosul, é correto afirmar que

a) são observados os mesmos critérios estabelecidos no Acordo de Valoração Aduaneira firmado no marco da Organização Mundial do Comércio, com o que considera-se, como referência primária, o preço efetivamente pago ou a pagar pelos bens importados.

b) dadas as diferenças, entre os países-membros, quanto ao tratamento fiscal dispensado às mercadorias importadas de terceiros países, o Mercosul lhes faculta maior discricionariedade quanto à aplicação das regras de valoração aduaneira.

c) o Código Aduaneiro ora vigente no Mercosul reporta-se às regras da Associação Latino-Americana de Integração para a determinação da origem de mercadorias importadas pelos seus países-membros do bloco.

d) não devem ser considerados, para efeitos do cálculo do valor aduaneiro, gastos relativos ao carregamento, descarregamento e manuseio associados ao transporte das mercadorias importadas até o porto ou local de importação.

e) o Código Aduaneiro do Mercosul é o instrumento que, entre outras finalidades, objetiva harmonizar os critérios de determinação do valor aduaneiro de mercadorias, sendo sua aplicação compulsória para os países-membros do bloco e facultativa aos países associados à área de livre-comércio.

12. (ESAF — ATRFB — 2009) O Acordo sobre Valoração Aduaneira define procedimentos para se determinar o valor a ser considerado pelas autoridades aduaneiras para a imposição dos tributos incidentes sobre a importação de um bem. Considerando tais procedimentos, assinale a opção correta.

a) O valor de transação de mercadoria idêntica ou, sucessivamente, de mercadoria similar deve ser considerado como base para a valoração aduaneira quando da impossibilidade de se aplicar, como base primeira, o valor de transação.

b) No caso da impossibilidade de determinação do valor de transação, o Acordo determina que compete à autoridade aduaneira, em seguida, calcular o valor aduaneiro a partir da estimativa de todos os custos associados à produção do bem considerado e, de acordo com o Termo Internacional de Comércio (Incoterm) que reger a operação comercial, dos custos assumidos diretamente pelo importador.

c) Quando houver impedimentos para a aplicação do valor de transação, devem o importador e a autoridade aduaneira acordar o valor a ser considerado, tomando por base os custos assumidos direta e indiretamente pelo importador.

d) O valor computado, ou seja, o preço de revenda, no mercado nacional, de mercadoria importada idêntica ou similar é que servirá de base para a determinação do valor aduaneiro quando da impossibilidade de se estimar os custos de produção no exterior e de todas as despesas incorridas na importação da mercadoria a ser gravada.

e) O valor dedutivo é o critério final para a determinação do valor aduaneiro.

13. (ESAF — Ajudante de Despachante Aduaneiro — 2016) Conforme o primeiro método de valoração previsto pelo Acordo de Valoração Aduaneira (AVA), o valor aduaneiro incluirá:

a) o custo de embalar, compreendendo os gastos com mão de obra e com materiais.

b) comissões e corretagens, incluindo as comissões de compra.

c) materiais, componentes, partes e elementos semelhantes, não incorporados às mercadorias importadas.

d) direitos aduaneiros e impostos incidentes no país de importação.

e) o custo do seguro da mercadoria após a importação.

14. (ESAF — Ajudante de Despachante Aduaneiro — 2017) Em relação à base de cálculo do Imposto de Importação, assinale a opção incorreta.

a) Integram o valor aduaneiro da mercadoria importada o custo de transporte da mercadoria importada até o porto ou o aeroporto alfandegado de descarga ou o ponto de fronteira alfandegado onde devam ser cumpridas as formalidades de entrada no território aduaneiro. Quando a declaração de importação se referir a mercadorias classificadas em mais de um código da Nomenclatura Comum do Mercosul, o custo do transporte de cada mercadoria será obtido mediante a divisão do valor total do transporte proporcionalmente aos pesos líquidos das mercadorias.

b) Na operação de importação de um sistema de discos rígidos de computadores, onde estão previamente gravados o sistema operacional e programas aplicativos, acompanhados pelas licenças de uso, somente o valor do sistema de discos rígidos integrará o valor aduaneiro, desde que os valores destes discos rígidos estejam destacados dos valores das licenças de uso do sistema operacional e programas aplicativos na fatura comercial correspondente.

c) Os encargos relativos à construção, à instalação, à montagem, à manutenção ou à assistência técnica, relacionados com a mercadoria importada, executados após a importação, não integram o valor aduaneiro, desde que estejam destacados do preço efetivamente pago ou a pagar pela mercadoria importada, na respectiva documentação comprobatória.

d) Integram o valor aduaneiro os gastos relativos à carga, à descarga e ao manuseio, associados ao transporte da mercadoria importada, no porto ou no aeroporto alfandegado de descarga.

e) O custo do seguro de cada mercadoria será obtido mediante a divisão do valor total do seguro proporcionalmente aos valores das mercadorias, descarregadas, no local de desembarque, quando a declaração de importação se referir a mercadorias classificadas em mais de um código da Nomenclatura Comum do Mercosul.

15. (ESAF — Ajudante de Despachante Aduaneiro — 2017) Em relação ao Acordo de Valoração Aduaneira (AVA), analise as proposições abaixo e assinale a opção correta.

I. O valor aduaneiro deve ser determinado pela aplicação sucessiva dos 6 métodos de valoração, de forma que se selecione aquele que oferecer o maior valor.

II. O segundo e o terceiro métodos referem-se ao valor de transação de outras mercadorias que não aquelas objeto da valoração.

III. Não poderá ser aceito valor aduaneiro inferior a 15% do preço usual praticado em mercados atacadistas globais, para mercadorias idênticas ou similares.

IV. O importador não poderá optar pela inversão de ordem de aplicação dos 6 métodos.

V. O primeiro método determina que, uma vez compatível com o preço internacional, o valor aduaneiro será o valor de transação da mercadoria importada.

a) Estão corretas apenas as proposições II e IV.

b) Estão corretas apenas as proposições I, III e V.

c) Estão corretas apenas as proposições I, IV e V.

d) Estão corretas apenas as proposições II e V.

e) Estão corretas apenas as proposições III e IV.

16. (ESAF — Ajudante de Despachante Aduaneiro — 2017) Com base nas informações abaixo e fazendo uso do primeiro método de valoração para determinar o valor aduaneiro da mercadoria, assinale a opção correta.

Preço efetivamente pago em uma venda para exportação para o país de importação, estando a mercadoria disponível dos limites do território do país de exportação	R$ 1.050.000,00
Frete até o ponto alfandegado de descarga no país de importação	R$ 35.000,00
Frete no território do país de importação	R$ 10.000,00
Seguro até o ponto alfandegado de descarga no país de importação	R$ 12.000,00
Seguro no território do país de importação	R$ 3.000,00
Comissões de compra suportadas pelo comprador	R$ 15.000,00
Custo de embalar suportado pelo comprador	R$ 30.000,00

a) O valor aduaneiro será de R$ 1.142.000,00.
b) O valor aduaneiro será de R$ 1.127.000,00.
c) O valor aduaneiro será de R$ 1.085.000,00.
d) O valor aduaneiro será de R$ 1.145.000,00.
e) O valor aduaneiro será de R$ 1.097.000,00.

17. (ESAF — Ajudante de Despachante Aduaneiro — 2017) Não sendo possível a utilização do primeiro método de valoração, o valor aduaneiro de 1.950 kg de esferas de aço de 5 cm de diâmetro, importadas do Chile para o Brasil em julho de 2016, será o valor de transação de:

a) 1.950 kg de esferas de aço de 5 cm de diâmetro, importadas do Chile para o Brasil em janeiro de 2010.
b) 1.950 kg de esferas de aço de 5 cm de diâmetro, importadas do Chile para o Uruguai em março de 2016.
c) 2.000 kg de esferas de aço de 5 cm de diâmetro, importadas da China para o Brasil em julho de 2016.
d) 1.960 kg de esferas de aço de 5 cm de diâmetro, importadas do Chile para o Brasil em julho de 2016.
e) 10.000 kg de esferas de aço de 2 cm de diâmetro, importadas do Chile para o Brasil em junho de 2016.

18. (ESAF — Ajudante de Despachante Aduaneiro — 2017) Considerando o Acordo de Valoração Aduaneira (AVA), assinale a opção correta.

I. Havendo vinculação entre o comprador e o vendedor, nunca poderá ser aplicado o primeiro método de valoração.
II. Restrições à cessão ou à utilização das mercadorias pelo comprador, que sejam impostas ou exigidas pela administração pública do país de importação, não impedem a utilização do primeiro método de valoração.
III. Caso alguma parcela da revenda das mercadorias pelo comprador beneficiar direta ou indiretamente o vendedor, sendo possível quantificar tal parcela e realizar o referente ajuste ao preço, poderá ser utilizado o primeiro método de valoração.
IV. Comissões de venda suportados pelo comprador, incluídos no preço efetivamente pago pelas mercadorias, deverão ser acrescentadas ao preço efetivamente pago ou a pagar pelas mercadorias na determinação do valor aduaneiro.

a) Somente as proposições I, II e IV estão corretas.
b) Somente a proposição IV está correta.
c) Somente as proposições II e III estão corretas.
d) Somente as proposições III e IV estão corretas.
e) Todas as proposições estão corretas.

GABARITO

1. A alternativa correta é a letra "c", pois a redução tarifária pode ser, na hipótese, considerada como objetiva, ou seja, aplica-se a qualquer importação de bens enquadrada na posição beneficiada pelo *ex-tarifário*. Por não se tratar de benefício adstrito ao sujeito passivo (de natureza subjetiva), a transferência do equipamento para terceiros não implica qualquer tributo ou penalidade, pois a titularidade do bem não altera o tratamento tributário a ele conferido.

2. Pergunta direta e tranquila, cuja alternativa correta é a letra "e", pois o AVA-GATT prevê a utilização de seis métodos para a determinação do valor aduaneiro.

3. A alternativa correta é a letra "a", que estabelece que a base de cálculo para fins de apuração do imposto de importação devido será, na regra geral, o valor da transação acrescido dos ajustes previstos no artigo 8. As demais alternativas estão incorretas.

4. Convém ressaltar que integrarão a base de cálculo do imposto de importação (valor aduaneiro) todos os custos e despesas incorridos **até a chegada** da mercadoria no Brasil. Portanto, à luz dos dados fornecidos pela questão, devemos somar ao valor das mercadorias todos os gastos no exterior e, depois, converter o total em reais, da seguinte forma:

Valor do equipamento importado	US$ 200.000,00
Despesas relativas à embalagem e acondicionamento no porto de embarque	US$ 1.500,00
Frete interno no país de exportação	US$ 800,00
Comissão à agente (comissão por venda) — 1%	US$ 2.000,00
Frete Internacional	US$ 1.800,00
Total (US$):	US$ 206.100,00
	X R$ 2,00
Total (R$):	R$ 412.200,00

A alternativa correta é a letra "c". Perceba que **não foram adicionados** ao cálculo o valor de montagem do equipamento no estabelecimento do comprador (Brasil) nem o custo da assistência técnica, pois são gastos **posteriores** à chegada da mercadoria ao país e que não podem, por definição, integrar a base de cálculo do imposto de importação.

5. Convém ressaltar que integrarão a base de cálculo do imposto de importação (valor aduaneiro) todos os custos e despesas incorridos **até a chegada** da mercadoria no Brasil. Portanto, à luz dos dados fornecidos pela questão, devemos somar ao valor das mercadorias todos os gastos no exterior e, depois, converter o total em reais, da seguinte forma:

Valor total da aquisição	US$ 10.000,00
Despesas relativas à embalagem e estufagem do contêiner no porto de embarque	US$ 500,00
Royalties pelo uso de marca (10%)	US$ 1.000,00
Comissão à agente (comissão por venda) — 1,5%	US$ 150,00
Frete Internacional	US$ 650,00
Total (US$):	US$ 12.300,00
	X R$ 2,00
Total (R$):	R$ 24.600,00

A alternativa correta é a letra "b". Perceba que **não foi adicionado** ao cálculo o valor do frete interno (no Brasil), porque posterior à chegada da mercadoria ao país. Devemos ter cuidado, ainda, com o seguinte detalhe: embora o valor do frete internacional apareça duas vezes, em documentos diferentes, tal montante só pode ser **adicionado uma vez**.

6. Convém ressaltar que integrarão a base de cálculo do imposto de importação (valor aduaneiro) todos os custos e despesas incorridos **até a chegada** da mercadoria ao Brasil. Portanto, à luz dos dados fornecidos pela questão, devemos somar ao valor das mercadorias todos os gastos no exterior e, depois, converter o total em reais (quando o valor não estiver expresso nesta moeda), da seguinte forma:

Valor total da aquisição	US$ 15.000,00
Comissão à agente (comissão por venda) — 1%	US$ 150,00
Frete Internacional	US$ 650,00
Custo de embalagem e manuseio no porto de embarque	US$ 100,00
Frete até o porto de embarque	US$ 100,00
Total (US$):	US$ 16.000,00
	X R$ 2,00
Subtotal (R$):	R$ 32.000,00 +
Prêmio de seguro	R$ 330,00
Total (R$):	R$ 32.330,00

A alternativa correta é a letra "a". Perceba que não foi reduzido do valor de aquisição o **desconto fidelidade** (que não altera o valor da transação, pois do contrário tal prática poderia ensejar fraude, dado que bastaria apresentar um hipotético "desconto" e, com isso, recolher menos tributos — nesse sentido, a legislação aduaneira segue o mesmo raciocínio aplicável aos tributos internos). Devemos ter cuidado, ainda, com o fato de que o seguro sobre o frete internacional foi contratado no Brasil, em reais, razão pela qual não pode ser somado às outras parcelas, pois sua eventual "conversão" distorceria o total. O leitor deve perceber que primeiro fizemos a conversão para reais e depois somamos ao valor do seguro, na mesma moeda.

7. A alternativa correta é a letra "e", que representa o conceito de mercadorias idênticas, conforme disposto no AVA-GATT, que aceita, portanto, pequenas diferenças para fins de comparação. Todas as demais alternativas discrepam desse conceito e estão incorretas.

8. A alternativa correta é a letra "e", que prevê as regras de imputação para a definição do método de valoração. As demais alternativas estão incorretas.

9. Questão típica da ESAF, em que a alternativa correta é a letra "c", pois é possível a inversão da ordem desde que mediante concordância da autoridade aduaneira (ato discricionário). A alternativa "a" está incorreta porque os referidos gastos integram o valor aduaneiro. A alternativa "b" está incorreta porque, na hipótese, deveria ser utilizado o segundo método, ou seja, o valor de importação de mercadorias idênticas. A alternativa "d" não pode prosperar porque os valores nela mencionados integram a base de cálculo do imposto de importação, dado que incorridos no exterior. A alternativa "e" está incorreta porque o Acordo de Valoração é multilateral e, portanto, obrigatório para todos os membros da OMC.

10. A alternativa correta é a letra "b". A alternativa "a" está incorreta porque o Acordo não alcança as exportações. A alternativa "c" está incorreta porque o Acordo permanece em vigor, no âmbito da OMC, mesmo motivo que invalida a alternativa "d". A alternativa "e" está incorreta porque o Acordo pertence ao arcabouço jurídico da OMC, não da OMA.

11. A alternativa correta é a letra "a", pois no âmbito do Mercosul as regras de valoração são aplicadas exatamente como pactuadas no GATT. As demais alternativas estão incorretas.

12. Pergunta direta, cuja alternativa correta é a letra "a", que faz referência à utilização dos métodos complementares (2.º e 3.º método) quando não for possível a aplicação do primeiro método de valoração pelas autoridades aduaneiras.

13. A alternativa correta é a letra "a'", que efetivamente menciona custos que devem integrar o valor aduaneiro. A alternativa "b" está incorreta porque não inclui as comissões de compra. A alternativa "c" está incorreta porque os materiais devem ser incorporados às mercadorias importadas, enquanto a alternativa "d" também está errada porque o valor aduaneiro não inclui tributos no país de importação, mesma razão pela qual a alternativa "e" não pode prosperar, pois trata de seguros já no país de importação.

14. A alternativa incorreta, que deve ser assinalada, é a letra "e", porque a divisão do custo do seguro é proporcional ao valor das mercadorias carregadas no local de embarque (e não descarregadas no local de desembarque). As demais alternativas estão corretas.

15. A alternativa que deve ser assinalada é a letra "a", dado que as proposições II e IV estão corretas. A proposição I está errada porque o objetivo da valoração não é escolher o mais valor apurado entre os métodos. A proposição III está errada porque inexiste o limite de 15%, e a proposição V também está errada, pois o primeiro método determina que o valor da transação é o preço efetivamente pago ou a pagar e não um preço compatível com o mercado internacional.

16. A alternativa correta é a letra "b" (R$ 1.127.000,00), resultante da soma do preço pago (R$ 1.050.000,00) + frete até o destino (R$ 35.000,00) + seguro até o destino (R$ 12.000,00) + custo de embalar suportado pelo comprador (R$ 30.000,00). Os demais valores indicados pela questão não integram o valor aduaneiro.

17. A alternativa correta é a letra "d", pois quando não puder ser utilizado o primeiro método devemos adotar o valor de mercadorias idênticas vendidas para exportação para o mesmo país de importação e exportadas ao mesmo tempo que as mercadorias objeto de valoração, ou em tempo aproximado (2.º método).

18. A alternativa a ser assinalada é a letra "c", pois as proposições II e III estão corretas. A proposição I está errada porque a vinculação não impede o uso do primeiro método, salvo quando houver distorções no preço. A proposição IV está errada porque as comissões não devem ser novamente somadas ao preço pago quando já incluídas no valor das mercadorias.

11.9. MATERIAL DIGITAL

VÍDEO
http://uqr.to/1y39h

12

CONTRATOS INTERNACIONAIS E INCOTERMS

Os contratos internacionais de compra e venda representam a **manifestação de vontade** dos empresários envolvidos nas transações de importação e exportação.

Em termos conceituais, não há grandes diferenças entre as disposições de um contrato doméstico de compra e venda e de um contrato internacional.

Todavia, duas grandes questões, uma de ordem prática e outra de natureza jurídica, os tornam distintos dos instrumentos pactuados no âmbito do mesmo país.

A primeira análise decorre dos obstáculos que precisam ser vencidos no comércio internacional. No caso das vendas domésticas, a incidência de regras comuns e dotadas de autoaplicabilidade confere ao contrato certa **estabilidade**, porque eventuais problemas dele decorrentes (relacionados à qualidade dos produtos, ao preço, ao prazo de entrega, à garantia e a outros temas) poderão ser resolvidos por meio de regras privadas (como, no caso do Brasil, com base no Código Civil ou no Código do Consumidor).

Já as negociações internacionais exigem uma atividade de **controle público**, que, conforme vimos, se manifesta em três níveis: cambial, tributário e administrativo.

O aspecto **cambial** determina que as partes informem aos respectivos países o teor financeiro da negociação, pois os pagamentos são feitos, em geral, em moedas distintas, com regras específicas de conversão e envio ao exterior.

Sob o aspecto **tributário**, a entrada das mercadorias no país de destino enseja a incidência de um ou mais tributos, cujo recolhimento será condição essencial para o **desembaraço aduaneiro**, circunstância que inexiste nas transações internas (conquanto as operações internas no Brasil impliquem pagamento de tributos, como o ICMS e o IPI, por exemplo, isso não impede, *a priori*, a circulação das mercadorias, até porque o efetivo desembolso fica diferido para período posterior à data da operação).

Por último, o controle **administrativo** verificará se a mercadoria importada atende, em termos de adequação à legislação local, a diversos requisitos, relativos a embalagem, rótulo, apresentação e tantas outras regras vinculadas à saúde pública ou ao direito do consumidor. Ao contrário, nas vendas internas existe a **presunção** de que a mercadoria, ao ser comercializada, já esteja de acordo com as normas locais, até em função da maior eficácia do controle estatal, que, por meio da fiscalização, exerce o chamado *poder de polícia*.

O segundo tema refere-se a questões de **ordem jurídica**, pois os contratos internacionais não possuem, automaticamente, uma instância judicial para a resolução de eventuais problemas decorrentes da interpretação de suas cláusulas ou do descumprimento do que foi pactuado pelas partes.

A principal característica dos contratos internacionais é que os signatários, por definição, estão sujeitos a **regimes jurídicos** diferentes e, nesse sentido, precisarão definir o foro competente para a resolução de divergências.

No intuito de conferir **uniformidade, previsibilidade** e, por conseguinte, **segurança jurídica**[1] às negociações, foi aprovada, no âmbito das Nações Unidas (sob a coordenação da UNCITRAL), a **Convenção de Viena sobre Contratos de Compra e Venda Internacional de Mercadorias** (CISG, na sigla em inglês).

12.1. CONVENÇÃO DAS NAÇÕES UNIDAS SOBRE CONTRATOS DE COMPRA E VENDA INTERNACIONAL DE MERCADORIAS (CONVENÇÃO DE VIENA)

A **Convenção de Viena** foi aprovada em 11 de abril de 1980 e entrou em vigor, para os primeiros países que a ratificaram[2], em 1.º de janeiro de 1988. Ao tempo em que escrevemos, o documento já foi positivado pelo ordenamento jurídico de mais de 90 países.

Embora o Brasil, como normalmente ocorre, tenha participado das discussões desde o início do projeto, a ratificação formal do acordo somente ocorreu em 2012, com a publicação do Decreto Legislativo n. 538.

A Convenção só passou a produzir efeitos no Brasil a partir de 1.º de abril de 2014, após o período de um ano de *vacatio legis* contado a partir do depósito da Carta de Adesão nas Nações Unidas, que ocorreu em março de 2013.

Os dispositivos da Convenção alcançam os contratos de compra e venda celebrados por empresários localizados em países distintos[3], além dos casos em que as próprias regras internacionais determinem, para o caso concreto, a aplicação das leis de um dos envolvidos.

A Convenção foi erigida sob os primados da **razoabilidade** e da **boa-fé**, que são determinantes para a interpretação de todos os dispositivos, o que também implica que os contratantes estão vinculados aos usos, costumes e práticas que tiverem mutuamente pactuado.

Ressalte-se que a Convenção se aplica a contratos realizados sob **condições normais de vendas**[4], no intuito de fixar as obrigações inerentes às partes, mas sem alcançar questões diversas, como propriedade intelectual do objeto, validade jurídica das cláusulas estipuladas ou, ainda, questões relacionadas a mão de obra ou serviços decorrentes do acordo.

---

[1] Por se tratar de norma escrita e dotada de eficácia, as regras e eventuais sanções previstas pela Convenção podem ser automaticamente aplicadas, seja por tribunais arbitrais internacionais, eleitos de comum acordo pelas partes, seja pela própria justiça comum, desde que, por óbvio, tenham sido recepcionadas pelo país que as utilizar.

[2] Argentina, China, Egito, Estados Unidos, França, Hungria, Itália, Iugoslávia, Lesoto, Síria e Zâmbia.

[3] Nesse sentido, é irrelevante a nacionalidade das partes, bem assim quaisquer outras qualificações civis ou comerciais relativas aos contratantes ou ao próprio instrumento. O fator determinante para a qualificação do contrato como internacional é o **domicílio das partes**, o que os levaria a invocar sistemas de proteção jurídica distintos na hipótese de divergência.

[4] Embora seja desejável, até no intuito de produzir efeitos contra terceiros, a Convenção não exige que os contratos sejam escritos, ao estabelecer que o instrumento prescinde de forma específica e pode, inclusive, ser provado por meio de testemunhas, o que reforça as noções de razoabilidade e boa-fé que citamos no parágrafo anterior.

Em relação à **formação** do contrato, a Convenção estabelece que as propostas devem ser suficientemente claras e precisas (com a estipulação de quantidades e preços), além de indicar a intenção do proponente em se obrigar aos termos oferecidos. A proposta se torna **eficaz** quando seu destinatário toma conhecimento, salvo se for enviada retratação que chegue ao destinatário antes ou simultaneamente à proposta[5].

As propostas deverão ser encaminhadas com prazo para aceitação, cuja fluência poderá ser contada da expedição (no caso de cartas) ou do recebimento (para propostas formuladas via fax, e-mail ou telefone).

A manifestação expressa do **consentimento** à proposta formulada aperfeiçoa o contrato e vincula as partes, nos termos pactuados (o consentimento pode ser verbal ou, ainda, decorrer de outro ato inequívoco do destinatário, que demonstre o comprometimento, como o envio das mercadorias ou o pagamento do preço). Como a resposta deve ser **positiva**, o silêncio ou a ausência de manifestação não implica consentimento.

As respostas que contiverem alterações substanciais à proposta formulada serão consideradas **recusa** e, na prática, representam contraproposta, ou seja, convite à renegociação entre as partes.

Do mesmo modo que a proposta, a aceitação pelo destinatário poderá ser retirada desde que a respectiva retratação chegue ao proponente antes ou simultaneamente à resposta enviada.

Por óbvio que a extrema preocupação formal da Convenção, em relação aos prazos e procedimentos de aceitação, revela o momento histórico em que o documento foi redigido. Atualmente, parece-nos que a globalização e o enorme avanço das telecomunicações tornaram o modelo **desatualizado**, até porque a imensa maioria das negociações se dá de forma quase instantânea, por meio da internet, portais de *e-business* e outros instrumentos semelhantes.

Isso não retira nem prejudica o teor jurídico dos dispositivos, apenas exige que o intérprete esteja atento às novas modalidades propiciadas pela tecnologia e saiba adaptá-las ao atual cenário do comércio internacional.

As alterações, emendas ou mesmo a extinção do contrato serão promovidas mediante acordo entre as partes, normalmente por escrito.

O conteúdo mais importante da Convenção diz respeito às **obrigações** das partes, porque os costumes e as diversas leis nacionais oferecem procedimentos e soluções variados, justamente o que a UNCITRAL buscou evitar.

Comecemos pelas obrigações do **vendedor**. No que diz respeito às mercadorias, o vendedor deve promover a entrega ao comprador, na forma combinada, e garantir a transferência da propriedade, com a remessa dos documentos correspondentes[6].

---

[5] Conforme artigos 14 e 15 da Convenção.

[6] Nos termos do artigo 31 da Convenção de Viena, se o vendedor não estiver obrigado a entregar as mercadorias em determinado lugar, sua obrigação de entrega consistirá em: (a) remeter as mercadorias ao primeiro transportador para traslado ao comprador, quando o contrato de compra e venda implicar também o transporte das mercadorias; (b) fora dos casos previstos na alínea anterior, colocar as mercadorias à disposição do comprador no lugar em que se encontrarem, quando o contrato se referir a mercadorias específicas ou a mercadorias não identificadas que

A entrega deverá ocorrer no prazo convencionado e respeitar as quantidades e especificações das mercadorias, além da possibilidade de o vendedor assumir os custos de transporte (embalagens e carregamento, inclusive) e seguros, conforme o INCOTERM eleito.

O vendedor será responsável por qualquer **desconformidade** entre as mercadorias e o que foi estipulado no contrato, tanto no momento da transferência ao comprador como na hipótese de o problema ser apurado posteriormente, sem prejuízo das regras relativas à garantia e assistência técnica.

Compete ao comprador realizar a **inspeção** das mercadorias, para fins de verificação de conformidade, o quanto antes, no intuito de comunicar eventuais discrepâncias ao vendedor. A ausência de notificação do problema, por prazo superior a **dois anos**, contados da transferência da posse, fulmina qualquer pretensão do comprador em termos de ressarcimento, salvo se a garantia contratual estabelecer prazo diverso.

O vendedor será responsável e deverá entregar as mercadorias livres de qualquer direito em relação a terceiros, especialmente os relativos à **propriedade intelectual**, salvo se o comprador, no momento da conclusão do contrato, tinha conhecimento ou não podia ignorar a existência do direito ou da reivindicação. Igual raciocínio se aplica se o vendedor entregou os itens a partir de plantas, desenhos, fórmulas ou especificações técnicas fornecidas pelo comprador.

Na hipótese de **descumprimento** das obrigações pelo vendedor, o comprador poderá:

- exigir outras mercadorias em **substituição**, nos casos de desconformidade, devidamente notificados;
- ainda em razão de desconformidade, reduzir **proporcionalmente** o preço à diferença entre o valor das mercadorias efetivamente entregues e o valor que teriam nos termos do contrato, salvo se o vendedor sanar o problema;
- **rescindir** o contrato, quando houver violação essencial ao seu conteúdo (como a não entrega das mercadorias, em prazo razoável);
- exigir **indenização** a título de perdas e danos, no montante do prejuízo sofrido (que poderá ser apurada a preços correntes, como no caso de *commodities*).

As principais obrigações do **comprador** consistem no recebimento das mercadorias e no pagamento do preço avençado.

Caso o contrato tenha sido concluído de modo válido, mas sem a fixação **expressa** ou **implícita** do preço, o valor a ser pago será o geralmente cobrado pelas mercadorias, sob circunstâncias semelhantes, no momento da celebração do negócio.

Em regra, o pagamento deverá ser efetuado na **data fixada** pelo contrato e após a inspeção das mercadorias pelo comprador, salvo nas hipóteses de **pagamento**

---

devam ser retiradas de um conjunto determinado ou devam ser fabricadas ou produzidas, e, no momento da conclusão do contrato, as partes souberem que as mercadorias se encontram, devem ser fabricadas ou produzidas em lugar determinado; (c) pôr as mercadorias à disposição do comprador no lugar do estabelecimento comercial do vendedor no momento de conclusão do contrato, nos demais casos.

antecipado (normalmente utilizado para produtos sob encomenda ou quando o comprador financia, mediante aporte de recursos, a produção do vendedor).

Caso o comprador descumpra suas obrigações, caberão ao vendedor as seguintes medidas:

◼ exigência do **pagamento**, ainda que em prazo suplementar ao convencionado, fixado de comum acordo;

◼ declarar o contrato **rescindido**, pelo não recebimento das mercadorias ou falta de pagamento;

◼ pleitear **indenização** por perdas e danos, em montante equivalente ao prejuízo suportado, inclusive lucros cessantes.

A Convenção de Viena prevê a **exclusão** da responsabilidade nas hipóteses de *caso fortuito* e *força maior*, ou seja, em decorrência de eventos imprevisíveis e alheios à vontade das partes. Isso se aplica quando fatos supervenientes impossibilitarem o cumprimento das obrigações, como no caso de desastres naturais, epidemias ou guerras[7].

No entanto, como a realidade do comércio internacional proporciona situações muito variadas e complexas, o principal objetivo das partes é o de garantir o **equilíbrio financeiro** do contrato, de modo a protegê-lo de eventuais alterações posteriores, decorrentes de circunstâncias políticas, econômicas ou sociais que não poderiam ser previstas ao tempo da celebração do acordo.

Por certo que pequenas variações, típicas do **risco do negócio**, não possuem o condão de alterar as obrigações pactuadas. No entanto, poderão surgir situações em que o cumprimento das cláusulas se torne **excessivamente oneroso** para um dos contratantes, com significativo desequilíbrio contratual (com enorme prejuízo para um e consequente vantagem indevida para a outra parte).

Devemos lembrar que o princípio que determina o cumprimento dos contratos não pode ser interpretado de maneira absoluta, razão pela qual vendedor e comprador poderão fixar uma cláusula de modificação posterior, conhecida como *hardship*.

---

[7] Convenção de Viena, artigo 79: "(1) Nenhuma das partes será responsável pelo inadimplemento de qualquer de suas obrigações se provar que tal inadimplemento foi devido a motivo alheio à sua vontade, que não era razoável esperar fosse levado em consideração no momento da conclusão do contrato, ou que fosse evitado ou superado, ou ainda, que fossem evitadas ou superadas suas consequências. (2) Se o inadimplemento de uma das partes for devido à falta de cumprimento de terceiro por ela incumbido da execução total ou parcial do contrato, esta parte somente ficará exonerada de sua responsabilidade se: (a) estiver exonerada do disposto no parágrafo anterior; e (b) o terceiro incumbido da execução também estivesse exonerado, caso lhe fossem implicadas as disposições daquele parágrafo. (3) A exclusão prevista neste artigo produzirá efeito enquanto durar o impedimento. (4) A parte que não tiver cumprido suas obrigações deve comunicar à outra parte o impedimento, bem como seus efeitos sobre sua capacidade de cumpri-las. Se a outra parte não receber a comunicação dentro do prazo razoável após o momento em que a parte que deixou de cumprir suas obrigações tiver ou devesse ter tomado conhecimento do impedimento, esta será responsável pelas perdas e danos decorrentes da falta de comunicação. (5) As disposições deste artigo não impedem as partes de exercer qualquer outro direito além da indenização por perdas e danos nos termos desta Convenção".

Como garantia recíproca, a cláusula *hardship* permite flexibilizar o cumprimento do contrato sempre que o objeto, **embora possível** nos termos pactuados, exija um esforço desproporcional de uma das partes, em razão de grave desequilíbrio financeiro decorrente de fatos supervenientes.

Na prática, o desequilíbrio costuma advir do aumento dos custos do objeto ou da diminuição ou anulação do valor a ser recebido a título de contraprestação. Dito de outra forma, uma das partes suportaria enormes prejuízos se o contrato fosse levado a cabo com as obrigações originais, daí dizer-se que a cláusula de *hardship* enseja a possibilidade de posterior modificação dos termos acordados.

A ocorrência da circunstância imprevista e a solicitação de aplicação da cláusula *hardship* pelo interessado gerarão, portanto, um dos seguintes efeitos:

- a **renegociação** do objeto e das obrigações do contrato, sempre em função do caso concreto, apurado de modo claro e objetivo, no intuito de se evitar o uso abusivo do *hardship*;
- a possibilidade de **suspensão** da execução do contrato, quando a medida for justificável;
- a remessa ao **tribunal** eleito pelas partes se não houver consenso acerca da renegociação. O tribunal deverá decidir o caso com base nas informações presentes no contrato, nas provas apresentadas pelos interessados, e buscar soluções justas, baseadas nos princípios da razoabilidade e equidade.

Outro tema relevante, que discutiremos no próximo tópico, diz respeito à **transferência da responsabilidade**, que depende do momento da entrega das mercadorias pelo vendedor ao comprador, objeto de cláusula específica nos contratos internacionais, a ser definida com base nos INCOTERMS.

Por fim, a **rescisão** do contrato tem como característica liberar as partes de suas obrigações, sem prejuízo de eventuais **ações de indenização**, quando for possível imputar culpa a qualquer delas.

Da rescisão poderão decorrer os seguintes efeitos:

- a parte que tiver cumprido total ou parcialmente o contrato poderá reclamar da outra a **restituição** daquilo que houver fornecido ou pago, nos termos do contrato;
- se o vendedor estiver obrigado a restituir o preço, deverá também reconhecer os **juros** do período, calculados a partir da data do pagamento;
- o comprador deverá reconhecer o **valor aproveitado** em razão da posse das mercadorias, quando obrigado a restituí-las, no todo ou em parte ou, ainda, quando for impossível a devolução no estado em que foram entregues;
- a parte que estiver de posse das mercadorias deverá adotar medidas adequadas à sua **conservação**, até a resolução definitiva das pendências; se as mercadorias estiverem sujeitas a deterioração, prazo de validade ou risco de perecimento, a parte possuidora deverá providenciar, na medida do possível, a venda.

12.2. TERMOS DO COMÉRCIO INTERNACIONAL (INCOTERMS 2020[8])

Devido à enorme complexidade do comércio internacional, principalmente em razão das diferentes legislações, sistemas econômicos, costumes, idiomas e práticas comerciais de cada país, desde há muito se percebeu a necessidade de se padronizar certos procedimentos, de modo a se especificar, com clareza e objetividade, os direitos e as obrigações dos vendedores e compradores.

Nesse cenário, a **Câmara de Comércio Internacional (CCI)**, criada em 1919 e com sede em Paris, buscou uniformizar, a partir do início do século XX, determinados procedimentos relativos aos contratos de compra e venda.

Surgiram, assim, em 1936, os chamados INCOTERMS (*International Commercial Terms*), que representam, à luz da regulamentação internacional, um conjunto de regras para a interpretação de certas cláusulas comerciais presentes nos contratos de compra e venda de mercadorias.

Desde então, os INCOTERMS originais sofreram atualizações periódicas (1953, 1967, 1976, 1980, 1990, 2000, 2010 e finalmente 2020, no total **nove edições**) no intuito de acompanhar o desenvolvimento do comércio internacional, as novas formas de pagamento e as inovações de caráter logístico (como o transporte multimodal, por exemplo).

A versão em vigor, a partir de 1.º de janeiro de 2020 (**INCOTERMS 2020**), foi introduzida pela CCI por meio da Publicação n. 723-E e teve como principal objetivo atualizar as cláusulas comerciais por força da evolução tecnológica, não só dos meios de transporte, mas também, e principalmente, da informática, devido à ampla utilização, nos dias de hoje, do intercâmbio eletrônico de documentos (EDI — *Electronic Data Interchange*, em inglês).

Como corolário de tal assertiva, destacamos que a versão 2020 dos INCOTERMS confere às **transações eletrônicas** o mesmo *status* dos documentos em papel.

A importância dos INCOTERMS decorre de que em uma negociação internacional as partes contratantes são normalmente agentes comerciais ou econômicos, não necessariamente especializados nas questões jurídicas e em seus desdobramentos, especialmente aqueles afeitos ao direito internacional. Além disso, não se pode deixar de considerar as dificuldades linguísticas inerentes ao processo de negociação, pois a mera tradução de certos termos e cláusulas nem sempre corresponde aos reais conceitos jurídicos por eles veiculados, de acordo com as possíveis variações existentes nas legislações de cada um dos países.

Dessa forma, a adoção de **cláusulas padronizadas**, de aceitação universal, oferece aos contratantes elevado grau de segurança jurídica, transferindo o foco dos esforços da negociação para as cláusulas de natureza comercial (preço, quantidade e qualidade das mercadorias, condições de pagamento, garantia etc.).

Convém destacar que a Câmara de Comércio Internacional é uma **entidade privada**, de modo que os padrões estabelecidos pelos INCOTERMS não possuem os atributos

---

[8] Convém destacar que a expressão INCOTERMS é marca registrada da ICC (*International Chamber of Commmerce*).

típicos das normas jurídicas[9]. Nesse sentido, o leitor deve atentar para o fato de que a publicação de uma nova versão **não revoga** nem automaticamente prejudica as anteriores.

Com efeito, as partes envolvidas na transação têm liberdade para escolher o padrão que desejam adotar. As regras de interpretação determinam que o comprador e o vendedor deverão **expressamente** informar a cláusula eleita, composta do código de **três letras maiúsculas** que a identifica e da expressão INCOTERMS 2020, que indica a revisão que serviu como fonte de referência à negociação (exemplo: *FOB Porto de Santos, INCOTERMS 2020*).

Caso a versão dos INCOTERMS não seja especificada, presume-se a utilização daquela em vigor na **data da celebração** do contrato comercial. Anteriormente, nada impedia que as partes escolhessem uma versão mais antiga. Todavia, atualmente a CCI **recomenda** o uso da expressão "INCOTERMS 2020" em todos os contratos e reconhece que a ausência de indicação da versão pode levar a problemas que precisarão ser resolvidos no âmbito de uma eventual arbitragem, decorrente de problemas relacionados ao cumprimento das obrigações pactuadas (na prática, felizmente, a quase totalidade das transações se baseia na versão mais atualizada).

Também é muito importante a indicação precisa do local no qual haverá o cumprimento da obrigação — e a consequente transferência da responsabilidade entre vendedor e comprador –, pois, de acordo com o INCOTERM escolhido, questões como a entrega das mercadorias, o carregamento/descarga do veículo e a escolha do transportador até o ponto de destino afetarão o preço da transação.

Como os INCOTERMS estabelecem os **custos** e **riscos** que serão assumidos pelos compradores e vendedores, é fundamental que eventuais alterações sejam pouco significativas e tenham seus efeitos **expressamente** declarados nos contratos, no intuito de evitar, como vimos, futuros problemas.

12.2.1. Conceito

Os INCOTERMS podem ser definidos como **cláusulas contratuais** inseridas nos contratos de compra e venda de mercadorias[10], que determinam a condição de entrega do bem e o momento em que se dará a transferência da responsabilidade jurídica entre comprador e vendedor, denominado **ponto crítico.**

Desse conceito podemos extrair algumas observações importantes:

- os INCOTERMS são cláusulas de um contrato de compra e venda e com este não se confundem;
- os INCOTERMS cuidam apenas da relação jurídica entre **comprador e vendedor**, nos termos pactuados; não interferem, portanto, nos contratos de transporte das mercadorias, realizados com terceiros;
- os INCOTERMS não alcançam a negociação de **bens intangíveis** ou **serviços**;

---

[9]   No Brasil, o Regulamento Aduaneiro, veiculado pelo Decreto n. 6.759/2009, determina, apenas, que o termo da condição de venda (INCOTERM) seja indicado na fatura comercial (artigo 557, XIV).

[10]   A versão 2010 dos INCOTERMS esclarece que os padrões podem ser utilizados tanto nos contratos de compra e venda nacional como nos internacionais.

◼ os INCOTERMS estabelecem o nível de responsabilidade e as **obrigações** que devem ser assumidas por compradores e vendedores em relação às mercadorias negociadas; e

◼ os INCOTERMS são condição necessária e suficiente para a reclamação, em juízo **oficial** ou **arbitral**, de eventuais direitos decorrentes do inadimplemento do contrato de compra e venda, no que tange às condições de entrega.

Ressalte-se que alguns INCOTERMS reconhecem **momentos distintos** para a transferência da responsabilidade dos riscos e dos custos da operação. Enquanto os riscos são transferidos no instante em que o vendedor cumpre a obrigação de entregar as mercadorias no ponto definido pelas partes, os custos logísticos poderão prosseguir além desse momento, de forma que a transação terá **dois pontos críticos** (é o que ocorre, por exemplo, nos INCOTERMS do Grupo "C", em que o transporte é pago até o local de destino).

Quadro 12.1. Momento da transferência da responsabilidade

TRANSFERÊNCIA SIMULTÂNEA DE CUSTOS E RISCOS	CUSTOS E RISCOS TRANSFERIDOS EM MOMENTOS DISTINTOS
EXW	CPT
FCA	CIP
FAS	CFR
FOB	CIF
DAP	
DPU	
DDP	

12.2.2. Possibilidade de arbitragem

Quase todos os países do mundo, ao longo das últimas décadas, desenvolveram mecanismos legais para utilizar a **arbitragem** como método para a solução de controvérsias, especialmente no que se refere a litígios relacionados às práticas do comércio internacional.

No Brasil, a matéria foi regulada pela Lei n. 9.307/96, que autoriza as partes contratantes a eleger, mediante cláusula expressa e prevista no instrumento que gerou o negócio jurídico, o juízo arbitral como órgão competente para a solução de possíveis conflitos.

É a chamada **convenção de arbitragem**, composta da **cláusula compromissória**[11] — que é o acordo mediante o qual as partes de um contrato se comprometem a submeter

---

[11] Nos termos do artigo 4.º da Lei n. 9.307/96, "a cláusula compromissória é a convenção através da qual as partes em um contrato comprometem-se a submeter à arbitragem os litígios que possam vir a surgir, relativamente a tal contrato. § 1.º A cláusula compromissória deve ser estipulada por escrito, podendo estar inserta no próprio contrato ou em documento apartado que a ele se refira. § 2.º

os litígios porventura existentes à decisão arbitral — e do **compromisso arbitral**, que é a definição acerca do número de pessoas e do foro, judicial ou extrajudicial, onde será proferida a decisão.

A legislação brasileira prevê o reconhecimento e a execução, no país, de sentença arbitral **estrangeira**, desde que exarada em conformidade com os tratados e princípios do comércio internacional aceitos pelo nosso ordenamento jurídico, como é o caso dos INCOTERMS. Para tanto, faz-se necessária a homologação da sentença pelo Superior Tribunal de Justiça, mediante requerimento da parte interessada.

A Câmara de Comércio Internacional possui uma **Corte Internacional de Arbitragem**, criada em 1923, cujo Regulamento em vigor sugere a inserção da seguinte cláusula-padrão (de acordo com o idioma do contrato) toda vez que as partes optarem pela arbitragem internacional como fonte de solução de controvérsias:

Português: "Todos os litígios emergentes do presente contrato ou com ele relacionados serão definitivamente resolvidos de acordo com o Regulamento de Arbitragem da Câmara de Comércio Internacional, por um ou mais árbitros nomeados nos termos desse Regulamento".

Inglês: "All disputes arising out of or in connection with the present contract shall be finally settled under the Rules of Arbitration of the International Chamber of Commerce by one or more arbitrators appointed in accordance with the said Rules".

Espanhol: "Todas las desavenencias que deriven de este contrato o que guarden relación con éste serán resueltas definitivamente de acuerdo con el Reglamento de Arbitraje de la Cámara de Comercio Internacional por uno o más árbitros nombrados conforme a este Reglamento".

As partes deverão, ainda, convencionar os demais requisitos da arbitragem, como os procedimentos e a legislação aplicável, o local e o idioma das discussões, e a **composição arbitral** (normalmente um ou três árbitros).

12.2.3. Os INCOTERMS e a legislação brasileira

Embora a escolha dos INCOTERMS seja, acima de tudo, fruto da **negociação** entre vendedor e comprador, a legislação aduaneira, na maioria dos países, faz referência ao uso das cláusulas, delimitando, por vezes, o leque de opções disponíveis.

No direito brasileiro, existem algumas referências legislativas quanto à utilização dos INCOTERMS, a exemplo da já mencionada informação constante da fatura comercial na hipótese de importações, conforme artigo 557, XIV, do Regulamento Aduaneiro.

No que respeita às **exportações**, a regulamentação é feita pela SECEX e, atualmente, permite a adoção de **qualquer condição de venda** praticada no comércio internacional (INCOTERM)[12].

Nos contratos de adesão, a cláusula compromissória só terá eficácia se o aderente tomar a iniciativa de instituir a arbitragem ou concordar, expressamente, com a sua instituição, desde que por escrito em documento anexo ou em negrito, com a assinatura ou visto especialmente para essa cláusula".

[12] Artigo 213 da Portaria SECEX n. 23, de 2011, com as atualizações vigentes até agosto de 2021.

Quadro 12.2. Qual a função dos INCOTERMS?

OS INCOTERMS DEFINEM...	OS INCOTERMS NÃO DEFINEM...
▪ As condições de transporte e entrega das mercadorias, pois atuam como cláusulas nos contratos de compra ou venda	▪ A transferência da propriedade das mercadorias transacionadas
▪ As condições de transferência da responsabilidade entre o comprador e o vendedor, relativas às despesas de frete, seguros e direitos aduaneiros (quando aplicáveis)	▪ As consequências jurídicas de eventuais violações do contrato de compra e venda
▪ O momento da transferência do risco para as mercadorias embarcadas no transporte principal (trecho internacional)	▪ As formas e condições de pagamento das transações
▪ Os documentos, inclusive de transporte, que o vendedor deve fornecer ao comprador (ou seus equivalentes em formato eletrônico)	

Recentemente, o Comitê Executivo de Gestão da CAMEX publicou a Resolução n. 16/2020, que reafirmou que o Brasil aceita quaisquer condições de venda praticadas no comércio internacional, desde que compatíveis com o ordenamento jurídico nacional[13].

Na prática, a Resolução n. 16 ratificou o teor da Publicação n. 723-E da CCI, que introduziu a versão 2020 dos INCOTERMS, atribuindo-lhes o condão de identificar a condição de venda praticada entre as partes.

12.2.4. Classificação dos INCOTERMS

A atual versão dos INCOTERMS (2020), com vigência a partir de 1.º de janeiro de 2020, trouxe algumas importantes inovações ao conjunto de regras proposto pela Câmara de Comércio Internacional.

Foi mantida a quantidade de 11 INCOTERMS presente na versão 2010, mas a cláusula DAT (Delivered at Terminal) foi substituída pela DPU (Delivered at Place Unloaded).

Vimos, nas edições anteriores deste livro, que durante muito tempo existiram 13 INCOTERMS e que, em 2010, houve modificações no chamado "Grupo D", com a extinção das cláusulas **DAF**, **DES**, **DEQ** e **DDU** e a criação, na época, de duas figuras, o **DAT** e o **DAP**.

Para facilitar a compreensão do leitor em meio a tantas siglas, vamos, em primeiro lugar, esclarecer a **nomenclatura** dos INCOTERMS, que é formada por expressões em inglês para representar o momento da transferência da responsabilidade (do vendedor para o comprador), embora os termos sejam normalmente conhecidos pelo conjunto de **três letras maiúsculas** formado a partir dessas palavras.

Os atuais **onze** INCOTERMS, com a devida tradução para o português, constam do quadro a seguir:

---

[13] Resolução n. 16, artigo 1.º.

INCOTERM	NOME EM INGLÊS	NOME EM PORTUGUÊS
EXW	*Ex Works* *(named place of delivery)*	Na Origem (local de entrega nomeado)
FCA	*Free Carrier* *(named place of delivery)*	Livre no Transportador (local de entrega nomeado)
FAS	*Free Alongside Ship* *(named port of shipment)*	Livre ao Lado do Navio (porto de embarque nomeado)
FOB	*Free On Board* *(named port of shipment)*	Livre a Bordo (porto de embarque nomeado)
CPT	*Carriage Paid To* *(named place of destination)*	Transporte Pago Até (local de destino nomeado)
CIP	*Carriage and Insurance Paid to* *(named place of destination)*	Transporte e Seguros Pagos até (local de destino nomeado)
CFR	*Cost and Freight* *(named port of destination)*	Custo e Frete (porto de destino nomeado)
CIF	*Cost, Insurance and Freight* *(named port of destination)*	Custo, Seguro e Frete (porto de destino nomeado)
DPU	*Delivered At Place Unloaded* *(named place of destination)*	Entregue no Local Descarregado (local de destino)
DAP	*Delivered At Place* *(named place of destination)*	Entregue no Local (local de destino nomeado)
DDP	*Delivered Duty Paid* *(named place of destination)*	Entregue com Direitos Pagos (local de destino nomeado)

Segundo as novas regras, a entrega das mercadorias deve ocorrer em **local designado** (*nomeado*, na tradução literal).

As alterações no Grupo "D" também tiveram como objetivo padronizar e consolidar essas regras, tornando-as aplicáveis a **qualquer modal de transporte** (antes de 2010, os antigos INCOTERMS DES e DEQ só eram válidos para o transporte aquaviário), além de facilitarem as transações com contêineres, procedimento bastante utilizado no comércio internacional.

Nesse sentido, a versão 2020 dos INCOTERMS dividiu as atuais 11 regras em duas modalidades, nas quais o modal exclusivamente aquaviário passou a ser considerado **secundário**.

Quadro 12.3. INCOTERMS em relação ao tipo de transporte

REGRAS VÁLIDAS PARA QUALQUER MODAL DE TRANSPORTE (PRIMÁRIAS)		REGRAS APLICÁVEIS APENAS AO MODAL AQUAVIÁRIO (SECUNDÁRIAS)	
EXW	*EX WORKS*	FAS	*FREE ALONGSIDE SHIP*
FCA	*FREE CARRIER*	FOB	*FREE ON BOARD*
CPT	*CARRIAGE PAID TO*	CFR	*COST AND FREIGHT*
CIP	*CARRIAGE AND INSURANCE PAID TO*	CIF	*COST INSURANCE AND FREIGHT*
DPU	*DELIVERED AT PLACE UNLOADED*		
DAP	*DELIVERED AT PLACE*		
DDP	*DELIVERED DUTY PAID*		

O primeiro grupo inclui os sete INCOTERMS que podem ser empregados independentemente do meio de transporte, inclusive em trechos com modais diferentes (procedimento conhecido como **transporte multimodal**). Nada impede, portanto, que as regras desse grupo sejam utilizadas no transporte aquaviário ou, ainda, quando uma das etapas logísticas exigir este modal.

Em contrapartida, os quatro INCOTERMS do grupo secundário somente poderão ser utilizados no sistema aquaviário, que inclui o transporte marítimo, fluvial ou lacustre. Isso significa dizer que as duas extremidades do trajeto representam **portos**, nos quais as mercadorias serão carregadas e descarregadas.

Outra questão importante, que sofreu alteração já na sistemática dos INCOTERMS 2010, foi a exclusão do conceito de **amurada do navio** (*ship's rail*), que nas versões anteriores correspondia à linha imaginária que se erguia acima do costado da embarcação, a partir da linha interna do seu casco e que, em termos teóricos, indicava o ponto que uma vez transposto encerrava a obrigação do vendedor nas cláusulas FOB, CFR e CIF.

A noção era obviamente imperfeita — basta imaginar a dificuldade em se apurar a responsabilidade do vendedor na situação hipotética em que um guindaste que estivesse a carregar o navio sofresse um rompimento nos cabos, de forma que parte das mercadorias ultrapassasse a amurada e parte caísse no mar –, e, por força disso, desde 2010 passou-se a reconhecer que a entrega só se aperfeiçoa com a colocação das mercadorias a **bordo do navio** e em boas condições.

Quadro 12.4. Equivalência dos INCOTERMS

INCOTERMS 2000	INCOTERMS 2010	INCOTERMS 2020
EXW	EXW	EXW
FCA	FCA	FCA
FAS	FAS	FAS
FOB	FOB	FOB
CFR	CFR	CFR
CIF	CIF	CIF
CPT	CPT	CPT
CIP	CIP	CIP
DEQ	DAT	DPU
DAF		
DES	DAP	DAP
DDU		
DDP	DDP	DDP

12.2.5. Os grupos de INCOTERMS

A eleição da **cláusula de entrega** aplicável a cada contrato de compra e venda possui forte impacto na formação do preço das mercadorias transacionadas.

Quanto maior a responsabilidade do vendedor, maior também a tendência de aumento no preço do negócio, de modo a contemplar os custos logísticos adicionais, inclusive com a cobrança de *spreads* em relação aos valores efetivamente desembolsados.

Por isso se costuma dizer que os compradores sempre preferem negociar na condição FOB, para que possam tratar diretamente com os transportadores e comparar mercadorias com base em *valores reais*. Não é por outro motivo que o FOB se constitui no mais antigo, tradicional e difundido modelo de **formação de preços** do comércio internacional.

Isso pode levar, inclusive, ao emprego **inadequado** da cláusula, com o FOB a substituir outras regras mais apropriadas ao caso concreto.

Neste passo, o leitor poderia perguntar: quais problemas poderiam decorrer da incorreta eleição do INCOTERM pelos contratantes?

A questão é interessante, até porque é bastante comum se comentar, entre os operadores do comércio internacional, que a utilização indiscriminada da cláusula FOB normalmente não traz qualquer impacto ao negócio, sob o argumento de que "a mercadoria chega ao destino em ordem, da mesma forma".

Embora a situação realmente ocorra na prática, o raciocínio pode ser considerado falacioso porque os INCOTERMS são, em certa medida, como apólices de seguro, vale dizer, todas são boas até o momento em que precisamos utilizá-las.

Se houver um problema real durante a cadeia logística, como o perecimento da mercadoria, atrasos injustificados na entrega ou cobrança de valores não previstos (taxas de armazenagem e capatazia, por exemplo), somente os INCOTERMS poderão oferecer a **segurança jurídica** necessária para que se possa identificar quem deve responder por tais encargos.

Daí ser possível classificar os INCOTERMS conforme o local de entrega e a responsabilidade assumida pelos contratantes, dividindo-os em quatro grupos.

DIVISÃO DOS INCOTERMS POR GRUPO		
GRUPO E **Saída**	**EXW**	*Ex Works* (local de entrega designado)
GRUPO F **Transporte principal** **não pago**	**FCA**	*Free Carrier* (local de entrega designado)
	FAS	*Free Alongside Ship* (nome do porto de embarque)
	FOB	*Free On Board* (nome do porto de embarque)
GRUPO C **Transporte principal pago**	**CFR**	*Cost and Freight* (porto de destino designado)
	CIF	*Cost, Insurance and Freight* (porto de destino designado)
	CPT	*Carriage Paid To* (local de destino designado)
	CIP	*Carriage and Insurance Paid to* (local de destino designado)
GRUPO D **Chegada**	**DPU**	*Delivered At Place Unloaded* (local de destino)
	DAP	*Delivered At Place* (local de destino designado)
	DDP	*Delivered Duty Paid* (local de destino designado)

O primeiro grupo é conhecido como **Grupo de Partida** (Grupo "E") e inclui apenas o INCOTERM *Ex Works*. Neste grupo, a responsabilidade é transferida ao comprador logo de início, no local designado pelo exportador no país de origem. A situação, na prática, é bastante complicada para o comprador, que deverá providenciar não apenas o transporte, mas também todos os procedimentos necessários à exportação, assumindo riscos em um país estrangeiro, com as inerentes dificuldades de idioma, cultura, legislação etc.

O segundo grupo abrange os INCOTERMS do tipo "F", nos quais o transporte principal **não se encontra pago**. A responsabilidade do vendedor é entregar as mercadorias a um transportador designado, no seu próprio país, carregadas ou não, conforme o caso. Os INCOTERMS deste grupo (FCA, FAS e FOB) também são conhecidos como **contratos de embarque**, pois este é o momento no qual cessa a responsabilidade do vendedor. Ressalte-se que na cláusula FOB o vendedor é responsável pela armazenagem, manuseio, carregamento e demais taxas portuárias no local de embarque, enquanto no FCA esses encargos correm por conta do comprador.

O terceiro grupo compreende os INCOTERMS do tipo "C" (CFR, CIF, CPT e CIP), que estabelecem a contratação e o pagamento do frete internacional pelo **vendedor**. A transferência dos riscos ocorre no país de origem e, apesar de o frete estar pago até o destino final, a responsabilidade se transfere ao comprador a partir do momento em que a mercadoria é entregue ao transportador. Os INCOTERMS deste grupo são diferentes dos demais, pois indicam uma **clara distinção** entre o ponto de transferência dos **custos** e o ponto de transferência dos **riscos**, ou seja, muito embora o vendedor deva arcar com os custos do transporte até o destino, seu risco cessa quando da entrega ao primeiro transportador, independentemente de quaisquer fatos supervenientes em relação à mercadoria. O frete internacional é normalmente contratado de modo a incluir os custos de desembarque, além de eventuais seguros, nos casos dos INCOTERMS CIF e CIP.

O quarto e último grupo é o chamado **Grupo de Chegada** (Grupo "D") e representa o maior grau de responsabilidade para o vendedor, uma vez que a transferência da responsabilidade ocorre somente no país do importador. Neste caso, o exportador assume todos os custos e riscos da **entrega da mercadoria** no local de destino, o que, *a contrario sensu* do que vimos no *Ex Works*, poderá gerar dificuldades. A obrigação do vendedor só se encerra quando ocorrer a entrega das mercadorias no terminal, porto ou local de destino combinado, razão pela qual as cláusulas do Grupo "D" (DPU, DAP e DDP) são conhecidas como **contratos de chegada**.

Em síntese, podemos dizer que os INCOTERMS dos Grupos "E", "F" e "C" são mais interessantes para o **vendedor**, pois a transferência de responsabilidade ocorre no seu próprio país, enquanto os INCOTERMS do Grupo "D" são mais favoráveis ao **comprador**, que recebe as mercadorias já no local de destino convencionado (muito embora pagará mais caro por isso).

A escolha por uma ou outra modalidade depende muito do poder de negociação das partes, dado que, em um mercado globalizado e altamente competitivo como o atual, o **valor agregado** proporcionado pelos INCOTERMS do Grupo "D" é considerado um importante diferencial, apesar das dificuldades logísticas que acarreta para o vendedor.

12.2.6. Outras inovações e recomendações dos INCOTERMS 2010 e INCOTERMS 2020

Além da redução e reorganização dos termos, a versão 2010 dos INCOTERMS buscou esclarecer pontos importantes, decorrentes de questionamentos e dúvidas formulados pela comunidade internacional durante muito tempo.

Apresentamos, a seguir, as principais características dos INCOTERMS, conforme documentação publicada pela Câmara de Comércio Internacional em 2010.

- **aplicação geral:** o grande crescimento do comércio internacional, aliado à formação dos blocos econômicos e ao alargamento das fronteiras jurídicas para a circulação dos produtos, alterou os procedimentos de controle aduaneiro ao redor do mundo. No sentido de conferir maior uniformidade a todas as transações, sejam elas locais ou globais, os atuais INCOTERMS podem ser aplicados tanto para importações e exportações como para transações domésticas, algo que na prática já era levado em consideração pelas empresas, especialmente como instrumento para a formação dos preços das mercadorias;

- **comunicação digital:** os INCOTERMS avançaram para além do simples reconhecimento da validade das mensagens eletrônicas (EDI), conforme previsão anterior, e atualmente consideram todas as transações digitais como equivalentes aos documentos em papel, desde que revestidas das garantias necessárias e mutuamente aceitas pelas partes. A maioria dos negócios entre grandes empresas se dá por meio da internet, redes privadas de comunicação ou portais especializados em *e-commerce* e *e-business*, de modo que os contratos digitais e suas respectivas cláusulas são uma realidade incontestável nos dias de hoje;

- **a questão dos seguros:** apenas duas cláusulas trazem a exigência expressa de contratação de seguros pelo vendedor, com a indicação do comprador como beneficiário (CIF e CIP). A versão atual dos INCOTERMS contempla as últimas alterações introduzidas pelo *Institute Cargo Clauses*, conjunto de políticas de seguro para cargas voluntariamente adotado como padrão por muitas organizações internacionais de seguro marítimo, incluindo o *Institute of London Underwriters* e o *American Institute of Marine Underwriters*;

- **notas de orientação:** todas as cláusulas são precedidas de notas indicativas *(guidance notes)*, que, embora não façam parte da estrutura dos INCOTERMS, servem de referência e ajudam a esclarecer dúvidas gerais;

- **taxas de capatazia** *(Terminal Handling Charges* — THC, em inglês)**:** nas cláusulas CPT, CIP, CFR, CIF, DAT, DAP e DDP, o vendedor deverá adotar as providências necessárias para o transporte das mercadorias até o local de destino. Embora os custos de frete sejam pagos pelo vendedor, na prática os valores são suportados pelo comprador, pois, como vimos, esses montantes estarão incluídos no preço final das mercadorias. Os custos logísticos, por vezes, incluem as despesas com o manuseio e movimentação dos itens nas instalações portuárias ou terminais de contêineres, e é provável que o operador do terminal queira cobrar novamente esses valores do comprador. No intuito de evitar o pagamento em dobro (a parte já considerada no valor da transação e a nova exigência pelo prestador do serviço), os INCOTERMS 2010 trazem regras que buscam evitar essa possibilidade;

◼ **tratamento para *commodities*:** nas transações com *commodities*, é bastante comum que as mercadorias sejam vendidas mais de uma vez para terceiros durante o fluxo logístico, ou seja, enquanto as mercadorias estão embarcadas no navio (fenômeno conhecido como "venda em cadeia" ou *string sales*, em inglês). Nessas hipóteses, é óbvio que o vendedor da etapa intermediária "não embarca" as mercadorias, mas apenas recebe e repassa sua propriedade. O cumprimento das obrigações do vendedor intermediário se dá com a **localização** e identificação da mercadoria a bordo, de sorte que os INCOTERMS 2010 possuem regras que incluem a modalidade "adquirir bens enviados", como alternativa às operações tradicionais.

Já a versão dos INCOTERMS 2020 pode ser considerada como um aperfeiçoamento do padrão anterior, com o objetivo de permitir às partes contratantes maior clareza na escolha da cláusula, que passaram ter notas explicativas sobre sua aplicabilidade, o momento de transferência dos riscos e a composição dos custos.

Também foram acrescentados requisitos específicos de segurança dentro das obrigações e custos de transporte.

No caso do FCA, o conhecimento de embarque deve ser emitido a bordo e o vendedor deve encaminhá-lo ao comprador, para facilitar o desembaraço aduaneiro das mercadorias no local de destino.

No caso dos INCOTERMS CIF e CIP, houve enorme discussão no grupo de trabalho encarregado de atualizar a versão anterior. Ao final, resolveu-se manter o padrão de cobertura de seguros para o CIF (que normalmente envolve *commodities*), mas elevou-se a cobertura de seguros no CIP, que deve ser contratada pelo valor máximo, salvo se as partes concordarem em reduzi-la.

Por fim, duas lembranças importantes: a) embora as partes possam promover pequenas alterações no teor dos INCOTERMS, é desaconselhável que o façam, dada a insegurança jurídica resultante, sobretudo quando a transação envolve sistemas jurídicos bastante distintos; e b) há um estímulo para que os INCOTERMS também sejam utilizados nas transações internas de cada país, dada a experiência positiva acumulada ao longo de décadas de padronização no comércio internacional.

12.2.7. Estrutura dos INCOTERMS 2020

De acordo com a Câmara de Comércio Internacional, todas as cláusulas estão divididas em obrigações do **vendedor (A)** e obrigações do **comprador (B)**, com dez tópicos distintos.

OBRIGAÇÕES DO VENDEDOR (A)	OBRIGAÇÕES DO COMPRADOR (B)
A1 — Obrigações gerais	B1 — Obrigações gerais
A2 — Entrega	B2 — Recebimento
A3 — Transferência de riscos	B3 — Transferência de riscos
A4 — Transporte	B4 — Transporte
A5 — Seguro	B5 — Seguro
A6 — Documento de entrega/transporte	B6 — Documento de entrega/transporte
A7 — Desembaraço de exportação/importação	B7 — Desembaraço de exportação/importação
A8 — Verificação, embalagem, marcação	B8 — Verificação, embalagem, marcação
A9 — Atribuição de custos	B9 — Atribuição de custos
A10 — Avisos	B10 — Avisos

A **estrutura** dos INCOTERMS busca relacionar, de forma reflexa, as obrigações entre vendedor e comprador, no intuito de que os interessados possam comparar, lado a lado, cada par de deveres e eleger a cláusula que melhor atenda aos interesses recíprocos do negócio.

A sequência de apresentação dos termos costuma levar em consideração o **acréscimo de responsabilidades** do vendedor (custos e riscos), na medida em que o ponto crítico se desloca *para a direita*, ou seja, para mais próximo do destino final das mercadorias. Assim, de forma didática, vamos apresentar os INCOTERMS a partir do *Ex Works* (grau mínimo de obrigações do vendedor) até o *Delivered Duty Paid* (no qual o vendedor assume todos os custos e riscos para a entrega no estabelecimento ou local determinado pelo comprador).

12.2.7.1. Ex Works

O *Ex Works* (EXW) é o único INCOTERM do Grupo "E" e pode ser utilizado em todos os tipos de transporte, inclusive multimodal.

O vendedor ou exportador coloca as mercadorias, no local por ele designado e no prazo combinado, à disposição do comprador ou importador, que irá arcar com todos os custos e riscos do transporte até o destino.

Esse termo representa o **maior grau** de responsabilidade para o comprador, com mínimas obrigações para o vendedor, que não realiza procedimento nenhum, inclusive no que se refere ao carregamento do veículo no local designado, salvo se isso estiver previamente acertado no contrato de compra e venda[14].

O INCOTERM EXW é normalmente utilizado para as cotações iniciais de compra, pois representa exclusivamente o **custo do produto** mais a margem de lucro, além de ser útil nas operações no mercado doméstico, no qual o impacto do custo logístico tende a ser menor. Se o comprador não tiver condições de atender as formalidades aduaneiras do país de origem, não deverá optar pelo *Ex Works*, sendo recomendável o uso do FCA (*Free Carrier*).

O desembaraço para exportação é feito pelo **comprador**, pois, para o vendedor, trata-se de venda comum, como se praticada no mercado interno. Por essa razão, para a utilização do *Ex Works* nas exportações brasileiras, serão necessárias algumas adaptações, porque a legislação determina que o despacho aduaneiro de exportação compete ao exportador nacional.

---

[14] A alteração da responsabilidade sobre o carregamento das mercadorias no veículo, algo relativamente comum no *Ex Works*, constitui exemplo da possibilidade de pequenas alterações no padrão das cláusulas, conforme já mencionamos.

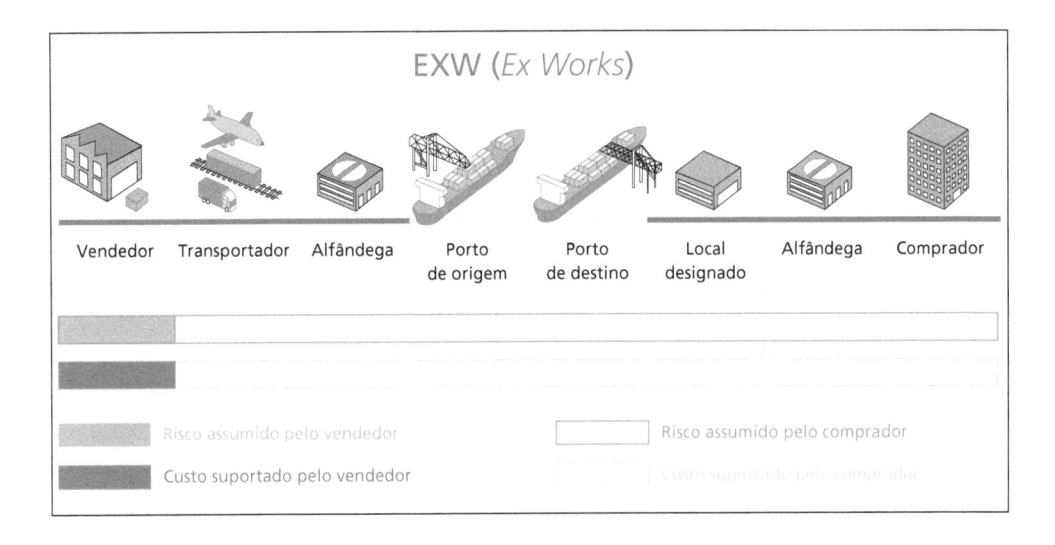

Sintaxe:

EXW — *Ex Works (named place of delivery)* — INCOTERMS 2020

Exemplos:

EXW — *Ex Works* Fábrica ABC, São Paulo, Brasil — INCOTERMS 2020

EXW — *Ex Works* Warehouse XYZ, Nova York, EUA — INCOTERMS 2020

▣ Responsabilidades do Vendedor

  ▣ Preparar, verificar e, se for o caso, embalar as mercadorias para transporte.

  ▣ Disponibilizar as mercadorias no local combinado, acompanhadas da fatura comercial (que também pode ser disponibilizada digitalmente), notificando o comprador.

  ▣ Auxiliar o comprador na obtenção dos documentos necessários para exportação.

▣ Responsabilidades do Comprador

  ▣ Assumir todos os custos e riscos relacionados à exportação, importação e transporte, além do carregamento e descarregamento das mercadorias nos pontos de embarque e desembarque.

  ▣ Pagamento de todos os tributos e custos aduaneiros.

> **Importante:** No caso brasileiro, o importador estrangeiro não tem condições legais de promover o desembaraço de exportação no Siscomex, razão pela qual fica subentendido que essa providência será adotada pelo exportador nacional, sendo possível eventual ressarcimento dos gastos, conforme combinado entre as partes.

12.2.7.2. Free Carrier

Trata-se de cláusula do Grupo "F", na qual o conceito de transportador (*carrier*) deve ser entendido de **forma ampla**, pois este pode ser um operador marítimo, uma companhia aérea, uma empresa de caminhões ou de transporte ferroviário ou, ainda, qualquer pessoa física ou jurídica, que, em nome do comprador, assuma a responsabilidade de contratar o transporte necessário.

Assim, o FCA pode ser utilizado em qualquer meio de transporte, inclusive multimodal. Na prática, a cláusula é muito utilizada no transporte aéreo.

O exportador entrega os bens, desembaraçados para exportação[15], ao transportador ou outra pessoa indicada pelo comprador, em local determinado.

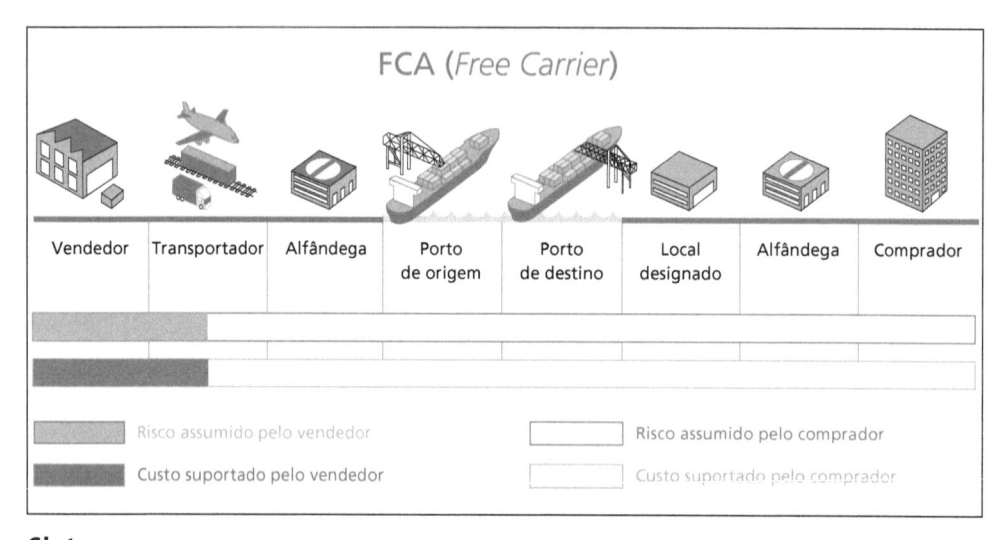

Sintaxe:

FCA — *Free Carrier (named place of delivery)* — INCOTERMS 2020

Exemplos:

FCA — *Free Carrier* Linhas Aéreas ABC, Manaus, Brasil — INCOTERMS 2020

FCA — *Free Carrier* TCC Shipping Lines, Shangai, China — INCOTERMS 2020

■ Responsabilidades do Vendedor

■ Preparar, verificar e, se for o caso, embalar as mercadorias para transporte.

■ Assumir todos os custos e procedimentos de exportação.

■ Entregar as mercadorias para o transportador designado, com a toda a documentação pertinente (que pode ser digital), na data combinada, informando o comprador.

■ Responsabilidades do Comprador

■ Assumir todos os custos e riscos relativos à importação e ao transporte, a partir da entrega das mercadorias pelo vendedor ao transportador designado.

---

[15] Nesse sentido, a expressão *free*, quando aplicável aos INCOTERMS, tem o significado de "desembaraçado", ou seja, com o cumprimento das exigências aduaneiras, de importação ou exportação, conforme o caso.

12.2.7.3. Free Alongside Ship

No Incoterm FAS, do Grupo "F", o exportador entrega as mercadorias, desembaraçadas para exportação, já no porto designado, ao **lado do navio** (costado), uma vez que esta cláusula só é válida no caso de transporte marítimo, fluvial ou lacustre.

Conforme a logística do porto, as mercadorias poderão ser colocadas no cais ou em balsas, de modo a permitir sua imediata transferência para a embarcação principal. Todos os custos e riscos até este momento são de responsabilidade do vendedor.

O *Free Alongside Ship* é normalmente utilizado na venda de *commodities* de grande volume, a granel, como petróleo, minérios e grãos.

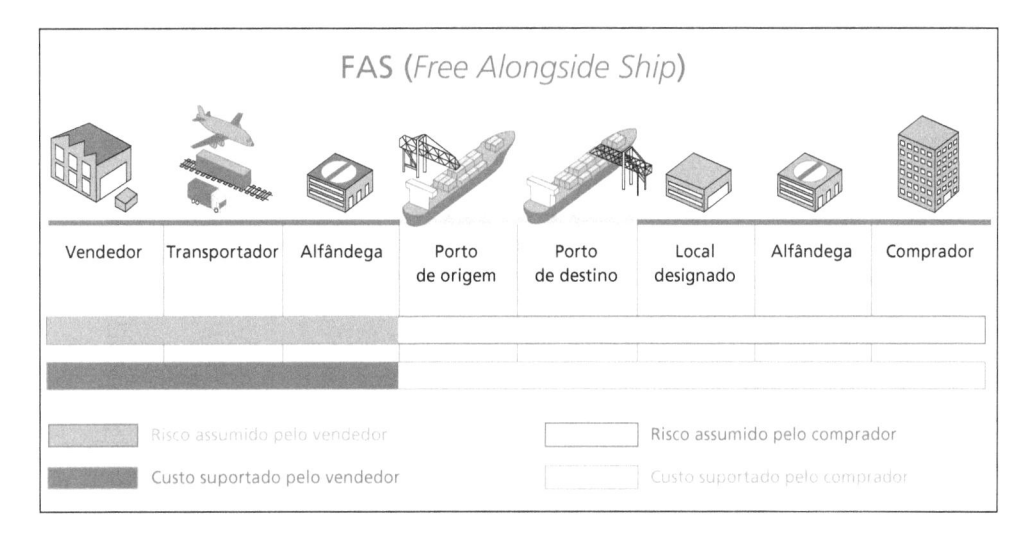

Sintaxe:

FAS — *Free Alongside Ship (named port of shipment)* — INCOTERMS 2020

Exemplo:

FAS — *Free Alongside Ship* Navio "X", Porto de Santos, Brasil — INCOTERMS 2020

▣ Responsabilidades do Vendedor

  ▣ Preparar, verificar e, se for o caso, embalar as mercadorias para transporte.
  ▣ Assumir todos os custos e procedimentos de exportação.
  ▣ Disponibilizar as mercadorias ao lado do navio, no porto de embarque, na data combinada, acompanhada de toda a documentação necessária.

▣ Responsabilidades do Comprador

  ▣ Informar antecipadamente ao vendedor os dados do navio, o local e a data de atracação, bem como qualquer requisito de segurança necessário para acesso ao porto.
  ▣ Assumir todos os custos e riscos relativos à importação e ao transporte, a partir do momento em que as mercadorias forem adequadamente colocadas ao lado do navio.

12.2.7.4. Free On Board

No Incoterm FOB, o exportador é responsável pela entrega da mercadoria, já desembaraçada para exportação no país de origem, a **bordo do navio** e na data convencionada pelas partes.

Esta cláusula é de uso exclusivo para o transporte marítimo, fluvial ou lacustre. Trata-se, na verdade, de um dos INCOTERMS mais empregados no comércio internacional, principalmente para a venda de *commodities* e carga geral. Pode ser utilizado, ainda, no transporte de mercadorias acomodadas em contêineres, desde que a responsabilidade se encerre quando da colocação a bordo. Na hipótese de entrega do contêiner em terminais do porto de embarque, a cláusula FOB não é apropriada.

O INCOTERM FOB é importante porque o vendedor assume a responsabilidade sobre a operação de **carregamento** das mercadorias no navio, o que, em alguns casos ou em determinados países, pode representar um risco (e, portanto, um custo relevante). Isso porque o carregamento normalmente é realizado pelo operador portuário, que é um terceiro estranho à relação de transporte.

Assim, quaisquer problemas relativos ao procedimento de carregamento, como greve dos funcionários, quebra dos equipamentos, atraso nas operações etc., deverão ser arcados pelo **vendedor**, com eventual direito de regresso, de acordo com o estabelecido no contrato entre este e o operador portuário.

Ademais, o carregamento das mercadorias, principalmente no caso de contêineres, deve obedecer a questões de ordem logística, relativas à **sequência** de desembarques nos futuros portos de destino (algo como "o primeiro que entrar deve ser o último a sair", visto que os contêineres são empilhados dentro do navio) e, ainda, ao procedimento conhecido como **balanceamento**, que tem por objetivo dispor os volumes a bordo de modo a manter o equilíbrio e a navegabilidade do navio, com a melhor distribuição possível do peso embarcado.

Ressalte-se que, a partir da revisão 2010, a cláusula FOB só se aperfeiçoa quando da **efetiva colocação** das mercadorias a bordo do navio, restando prejudicado o padrão anterior, que exigia apenas a transposição da **amurada** (linha imaginária paralela ao casco, como vimos).

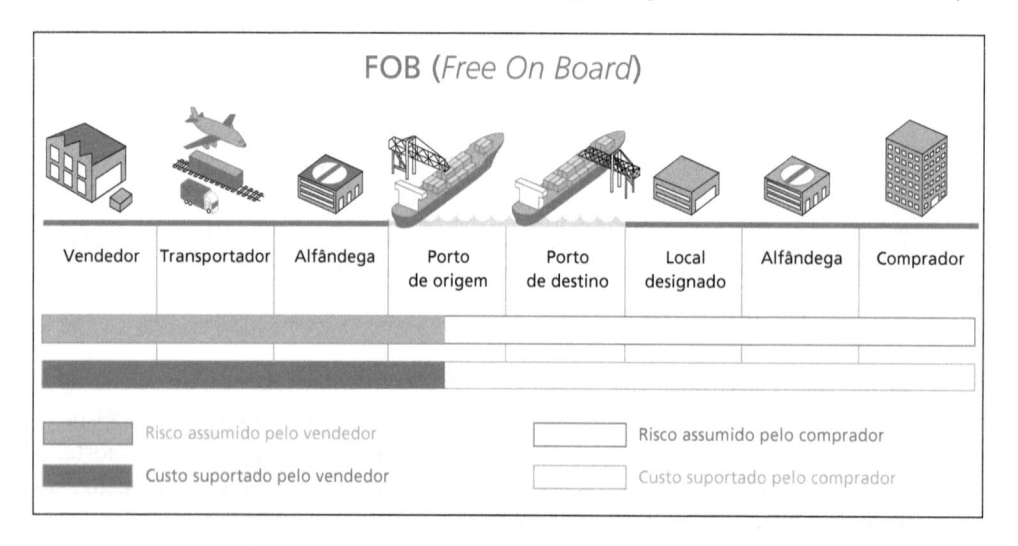

FOB (*Free On Board*)

| Vendedor | Transportador | Alfândega | Porto de origem | Porto de destino | Local designado | Alfândega | Comprador |

Risco assumido pelo vendedor — Risco assumido pelo comprador

Custo suportado pelo vendedor — Custo suportado pelo comprador

Sintaxe:

FOB — *Free On Board (named port of shipment)* — INCOTERMS 2020

Exemplo:

FOB — *Free On Board* Navio "XPTO", Santos, Brasil — INCOTERMS 2020

◼ Responsabilidades do Vendedor

> ◼ Preparar, verificar e, se for o caso, embalar as mercadorias para transporte.
> ◼ Assumir todos os custos e procedimentos de exportação.
> ◼ Disponibilizar as mercadorias a bordo do navio, já devidamente carregadas e acomodadas em boas condições, informando tal situação ao comprador.

◼ Responsabilidades do Comprador

> ◼ Assumir o risco das mercadorias após a efetiva colocação a bordo do navio.
> ◼ Arcar com todos os custos e procedimentos aduaneiros de importação.

12.2.7.5. Cost and Freight

No INCOTERM *Cost and Freight* — CFR (Custo da Mercadoria mais Valor do Frete), o exportador entrega a mercadoria, desembaraçada para exportação, a bordo do navio, com o **frete internacional pago**. Alternativamente, pode ficar encarregado de localizar a mercadoria já embarcada, no caso de vendas múltiplas em cadeia *(string sales)*.

O vendedor será, portanto, responsável por todos os custos associados ao transporte das mercadorias até o porto de destino designado, bem assim quanto às despesas de carregamento a bordo da embarcação, no porto de origem. Não responderá pelos custos de desembarque da mercadoria no porto de destino, que são de responsabilidade do comprador.

A cláusula CFR é válida somente para o transporte marítimo, fluvial ou lacustre e, na maioria dos casos, é utilizada nas vendas de mercadorias de grande porte, em termos de peso e volume, que, por questões técnicas, não podem ser acondicionadas em contêineres marítimos.

Os INCOTERMS do Grupo "C" promovem, como mencionamos, a separação entre os **momentos de transferência** de custos e riscos, de tal sorte que poderíamos dizer que tais regras possuem dois pontos críticos. O primeiro, relativo ao risco, encerra-se quando a mercadoria é colocada a bordo no navio designado. Como o vendedor também é responsável pela contratação e pelo pagamento do contrato principal de transporte, os custos logísticos se estendem até a chegada do navio ao destino (segundo ponto crítico).

> **Atenção:** embora o vendedor não seja legalmente responsável pelas mercadorias após o seu carregamento a bordo do navio, ele pode ter o chamado **interesse segurável** durante a viagem internacional. Assim, por questões de prudência, poderá contratar a cobertura de um seguro adicional para o trajeto, ainda que a cláusula CFR expressamente não exija tal obrigação.

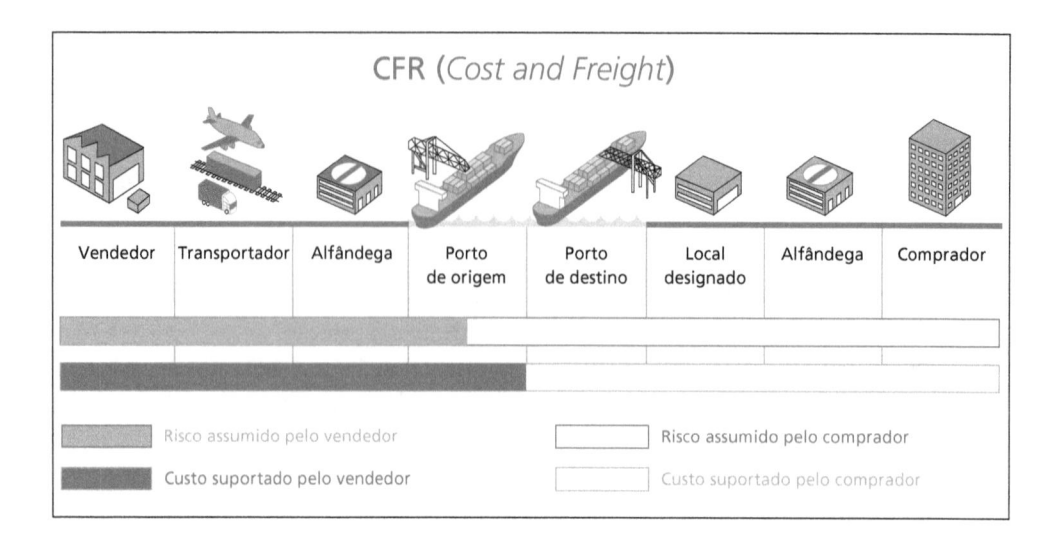

Sintaxe:

CFR — *Cost and Freight (named port of destination)* — INCOTERMS 2020

Exemplo:

CFR — *Cost and Freight*, Hamburgo, Alemanha — INCOTERMS 2020

◼ Responsabilidades do Vendedor

    ◼ Preparar, verificar e, se for o caso, embalar as mercadorias para transporte.

    ◼ Assumir todos os custos e procedimentos de exportação, inclusive tarifas aduaneiras no porto de embarque.

    ◼ Contratar o frete internacional até o porto de destino e entregar os documentos de transporte ao comprador.

    ◼ Disponibilizar as mercadorias a bordo do navio, já devidamente carregadas e acomodadas em boas condições, informando tal situação ao comprador.

◼ Responsabilidades do Comprador

    ◼ Assumir o risco das mercadorias após a efetiva colocação a bordo do navio, contratando o seguro pertinente.

    ◼ Arcar com todos os custos e procedimentos aduaneiros de importação.

12.2.7.6. Cost, Insurance and Freight

No INCOTERM CIF *(Cost, Insurance and Freight* — Custo da Mercadoria, mais Seguro e Frete Internacional), o exportador é responsável pelo pagamento de todos os custos associados ao transporte das mercadorias até o porto de destino, muito embora após o efetivo carregamento dos itens a bordo do navio o comprador assuma a responsabilidade por danos ou extravios.

A responsabilidade do vendedor limita-se a contratar e pagar o seguro marítimo em nome do comprador (significa dizer que o comprador será o **beneficiário** na hipótese de sinistro). A contratação do seguro pelo vendedor normalmente ocorre pela **cobertura mínima**[16], o que não impede que o prêmio possa ser mutuamente negociado por valor superior ou, ainda, que o comprador adquira cobertura adicional, às suas expensas.

A cláusula CIF é válida somente para o transporte marítimo, fluvial ou lacustre e, como é característica dos INCOTERMS do Grupo "C", apresenta dois pontos críticos, com momentos distintos para a transferência dos riscos e custos.

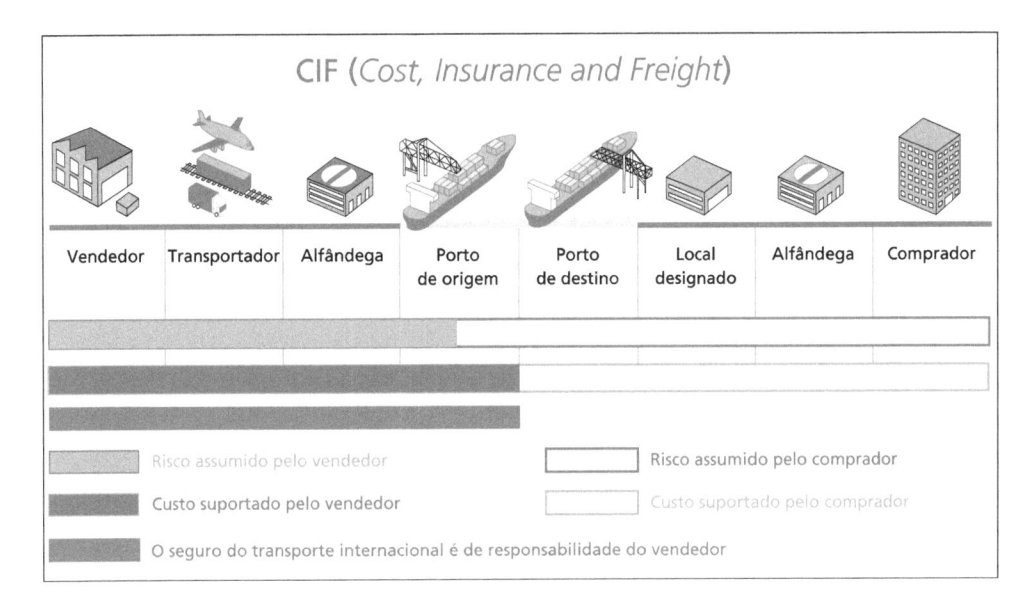

Sintaxe:

CIF — *Cost, Insurance and Freight (named port of destination)* — INCOTERMS 2020

Exemplo:

CIF — *Cost Insurance and Freight*, Porto de Buenos Aires, Argentina — INCOTERMS 2020

◼ Responsabilidades do Vendedor

◼ Preparar, verificar e, se for o caso, embalar as mercadorias para transporte.

◼ Assumir todos os custos e procedimentos de exportação, inclusive tarifas aduaneiras no porto de embarque.

◼ Contratar o frete internacional e o seguro com cobertura mínima até o porto de destino e entregar todos os documentos ao comprador.

◼ Disponibilizar as mercadorias a bordo do navio, já devidamente carregadas e acomodadas em boas condições, informando tal situação ao comprador.

---

[16] O padrão utilizado corresponde ao *Institute Cargo Clauses (C)*.

■ Responsabilidades do Comprador

■ Assumir o risco das mercadorias após a efetiva colocação a bordo do navio (embora seja o beneficiário do seguro contratado, no caso de dano, furto ou perecimento).

■ Arcar com todos os custos e procedimentos aduaneiros de importação.

12.2.7.7. Carriage Paid To

No INCOTERM CPT (*Carriage Paid To* — Transporte Pago Até...), o vendedor realiza a entrega das mercadorias, desembaraçadas para exportação, a um transportador **por ele designado**, com a assunção dos custos até o local de destino.

Entretanto, a partir da entrega das mercadorias pelo vendedor ao transportador, fica o comprador responsável por todos os riscos incidentes. De forma idêntica às outras cláusulas do Grupo "C", o CPT também prevê a divisão entre custos e riscos, com **dois pontos críticos** na operação[17].

Essa cláusula é válida para todos os tipos de transporte, inclusive multimodal. Desse modo, o transportador eleito pode ser uma empresa de transporte marítimo, uma companhia aérea, uma empresa de transporte rodoviário ou qualquer pessoa física ou jurídica que assuma o encargo de transportar ou contratar o transporte de mercadorias, o que abrange os chamados *freight forwarders*[18].

Embora nem o vendedor nem o comprador tenham obrigação quanto à contratação de seguro, como ambos possuem **interesses seguráveis** durante o trajeto, a prudência recomenda que tal prática seja adotada a critério das partes.

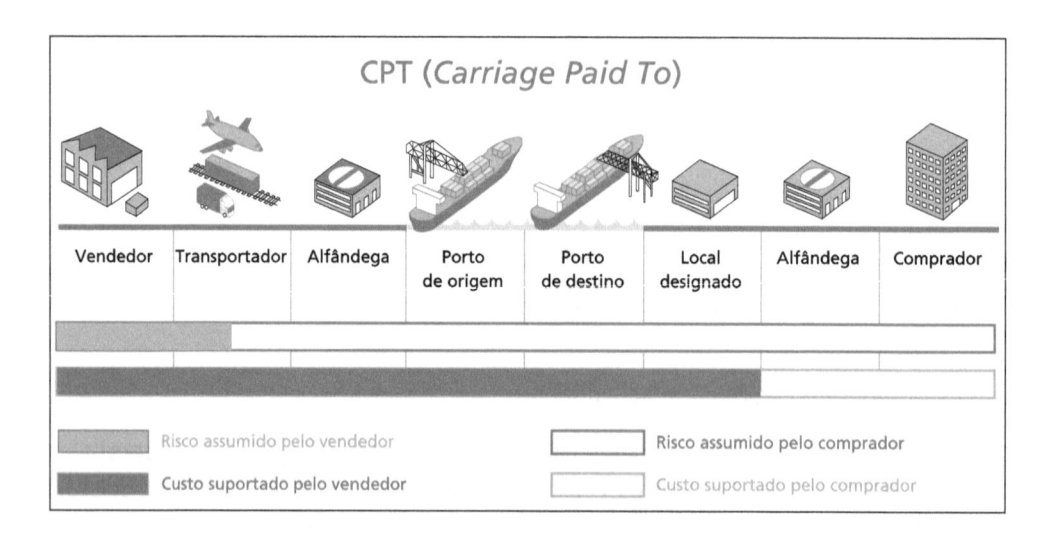

CPT (*Carriage Paid To*)

| Vendedor | Transportador | Alfândega | Porto de origem | Porto de destino | Local designado | Alfândega | Comprador |

Risco assumido pelo vendedor   Risco assumido pelo comprador

Custo suportado pelo vendedor   Custo suportado pelo comprador

---

[17] Na hipótese de mais de um transporte (em veículos diferentes, por exemplo) até o ponto de destino combinado — e se não houver disposição expressa acerca da transferência da responsabilidade –, o entendimento dominante é no sentido de que o risco seja transferido quando da entrega das mercadorias ao primeiro transportador.

[18] São as pessoas, físicas ou jurídicas, que normalmente organizam o transporte de cargas para terceiros, atuando na condição de agentes da cadeia logística.

Sintaxe:

CPT — *Carriage Paid To (named place of destination)* — INCOTERMS 2020

Exemplo:

CPT — *Carriage Paid To*, Toronto, Canadá — INCOTERMS 2020

▫ Responsabilidades do Vendedor

▫ Preparar, verificar e, se for o caso, embalar as mercadorias para transporte.

▫ Assumir todos os custos e procedimentos de exportação, inclusive tarifas aduaneiras no local de embarque.

▫ Contratar o frete internacional até o local de destino, respeitando os requisitos de segurança e entregando todos os documentos ao comprador; pode ser combinada a descarga no local de destino.

▫ Disponibilizar as mercadorias a bordo do veículo transportador, já devidamente carregadas e acomodadas em boas condições, informando tal situação ao comprador.

▫ Responsabilidades do Comprador

▫ Assumir o risco das mercadorias após a efetiva colocação a bordo do veículo transportador.

▫ Arcar com todos os custos e procedimentos aduaneiros de importação.

12.2.7.8. Carriage and Insurance Paid To

No INCOTERM CIP — *Carriage and Insurance Paid To* (Transporte e Seguro Pagos até...), o exportador realiza a entrega das mercadorias, desembaraçadas para exportação, a um transportador por ele designado, com a assunção dos custos e a **contratação do seguro** necessário até o local de destino.

O vendedor, em regra, contrata o seguro pela cobertura mínima, a fim de cobrir os riscos do transporte até o país de destino. Caso haja acordo entre as partes, o seguro poderá ter seus valores elevados, com a diferença suportada pelo comprador, que também poderá, se desejar, contratar individualmente a cobertura adicional.

O comprador será responsável por todos os custos adicionais incorridos após a entrega das mercadorias, pelo vendedor, ao transportador.

Da mesma forma que no CPT, o transportador eleito pode ser uma empresa de transporte marítimo, uma companhia aérea, uma empresa de transporte rodoviário ou qualquer pessoa física ou jurídica que assuma o encargo de transportar ou contratar o transporte de mercadorias, inclusive *freight forwarders*. Se forem contratados transportadores subsequentes até o destino final, o risco será transferido a partir do momento da entrega ao primeiro transportador.

Como nas outras cláusulas do Grupo "C", no CIP também existirão dois pontos críticos, relativos à transferência dos riscos e dos custos. A cláusula CIP é válida para todos os tipos de transporte, inclusive multimodal.

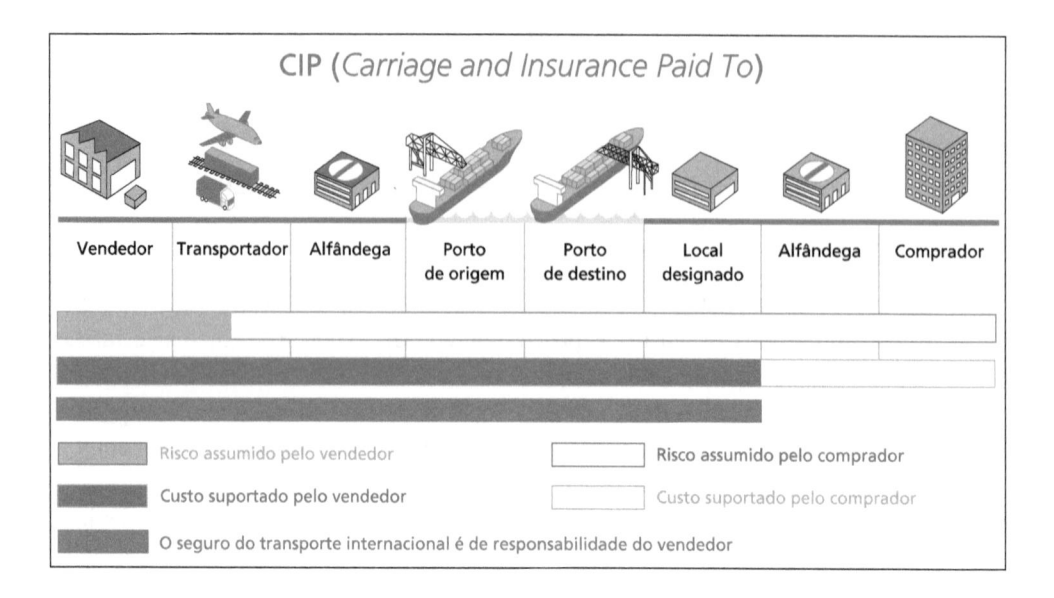

Sintaxe:

CIP — *Carriage and Insurance Paid To (named place of destination)* — INCOTERMS 2020

Exemplo:

CIP — *Carriage and Insurance Paid To,* Hong Kong — INCOTERMS 2020

◼ Responsabilidades do Vendedor

◼ Preparar, verificar e, se for o caso, embalar as mercadorias para transporte.

◼ Assumir todos os custos e procedimentos de exportação, inclusive tarifas aduaneiras no local de embarque.

◼ Contratar o frete internacional e o seguro padrão[19] até o porto de destino, respeitando os requisitos de segurança e entregando todos os documentos ao comprador; pode ser combinada a descarga no local de destino.

◼ Disponibilizar as mercadorias a bordo do veículo, já devidamente carregadas e acomodadas em boas condições, informando tal situação ao comprador.

◼ Responsabilidades do Comprador

◼ Assumir o risco das mercadorias após a efetiva colocação a bordo do veículo transportador.

◼ Arcar com todos os custos e procedimentos aduaneiros de importação.

---

[19] O padrão utilizado corresponde ao *Institute Cargo Clauses (A)*.

12.2.7.9. Delivered At Place Unloaded

Este novo INCOTERM, que substitui na versão 2020 o anterior **DAT**, estabelece que o vendedor completa suas obrigações e encerra sua responsabilidade quando a mercadoria é colocada à disposição do comprador, na data ou dentro do período acordado, em local determinado no país de destino, descarregada do veículo transportador, mas ainda não desembaraçada para importação.

Esta cláusula pode ser utilizada em qualquer modalidade de transporte.

Como se trata de cláusula do Grupo "D", que representa **contratos de entrega**, todas as despesas e os trâmites para a exportação das mercadorias estão sob responsabilidade do vendedor, uma vez que a entrega irá se realizar no território do comprador, após o transporte internacional.

Na cláusula **DPU**, o comprador será responsável pelos riscos e custos após a descarga e entrega das mercadorias no local combinado (como os relativos ao manuseio e transporte para outros locais).

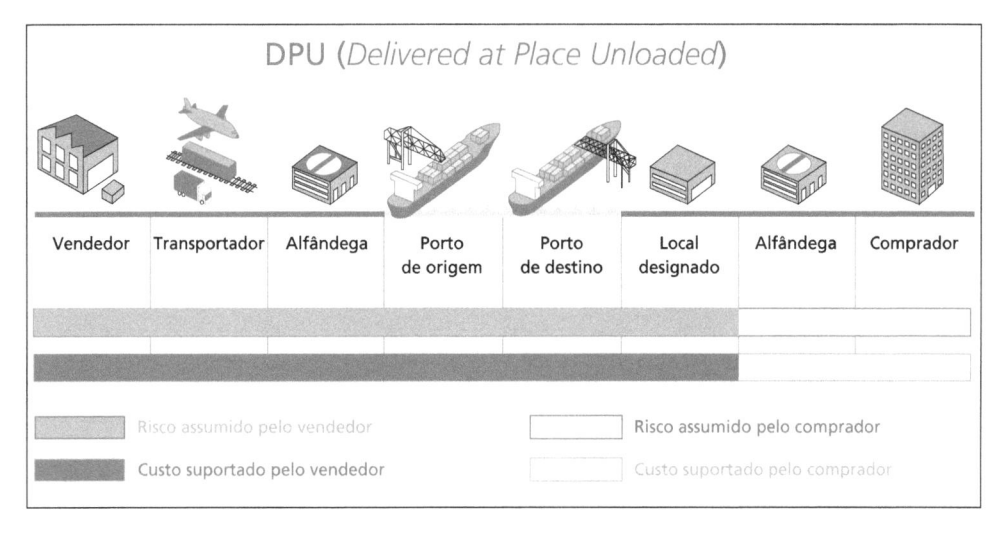

Sintaxe:

DPU — *Delivered At Place Unloaded (place of destination)* — INCOTERMS 2020

Exemplo:

DPU — *Delivered At Place Unloaded* "XYZ", Porto de Valparaíso, Chile — INCOTERMS 2020

◼ Responsabilidades do Vendedor

◼ Preparar, verificar e, se for o caso, embalar as mercadorias para transporte

◼ Assumir todos os custos e procedimentos de exportação, inclusive tarifas aduaneiras no local de embarque.

◼ Contratar o frete internacional até o local de destino e assumir os custos de descarga e entrega da mercadoria para o comprador, junto com todos os documentos pertinentes.

■ Responsabilidades do Comprador

■ Assumir a responsabilidade sobre as mercadorias após a efetiva entrega pelo vendedor.

■ Arcar com todos os custos e procedimentos aduaneiros de importação.

12.2.7.10. Delivered At Place

O INCOTERM DAP foi criado para **substituir** os antigos DES, DAF e DDU e corresponde à entrega das mercadorias, pelo vendedor, no local de destino designado, à disposição do comprador e prontas para ser desembarcadas do veículo transportador. Caso o vendedor venha a incorrer em qualquer custo de desembarque no local de destino, previsto no contrato de transporte, não deverá pleitear ressarcimento do comprador.

O vendedor é responsável pela contratação e pelo pagamento do transporte até o local de destino, no país do comprador e, nesse sentido, assume **todos os riscos** até a entrega da mercadoria. Daí a importância de se definir, com clareza, o local exato da transferência de responsabilidade entre vendedor e comprador, pois a nova cláusula é abrangente e alcança, em tese, qualquer ponto do território do país do importador, desde que antes do desembaraço aduaneiro.

O DAP pode ser utilizado para qualquer meio de transporte, inclusive o multimodal.

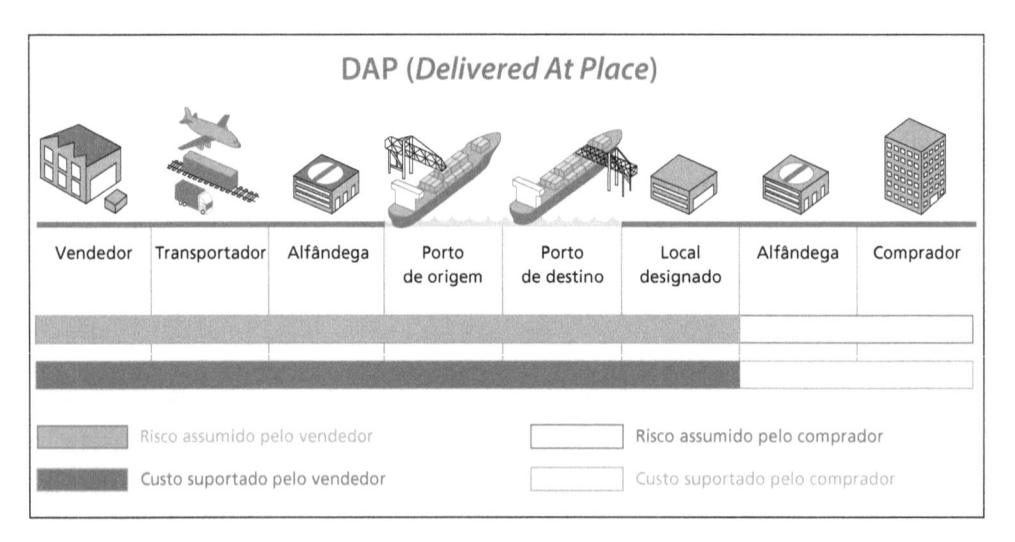

Sintaxe:

DAP — *Delivered At Place (named place of destination)* — INCOTERMS 2020

Exemplo:

DAP — *Delivered At Place* JKL Warehouse, Miami, EUA — INCOTERMS 2020

■ Responsabilidades do Vendedor

■ Preparar, verificar e, se for o caso, embalar as mercadorias para transporte.

◻ Assumir todos os custos e procedimentos de exportação, inclusive tarifas aduaneiras no local de embarque.

◻ Contratar o frete internacional até o local de destino e assumir os custos de descarga e entrega no local designado, junto com todos os documentos pertinentes.

◻ Responsabilidades do Comprador

◻ Assumir a responsabilidade sobre as mercadorias após a efetiva entrega pelo vendedor.

◻ Arcar com todos os custos e procedimentos aduaneiros de importação.

12.2.7.11. Delivered Duty Paid

No INCOTERM DDP — *Delivered Duty Paid* (Entregue com os Tributos Pagos), o exportador entrega a mercadoria no local de destino designado, já **desembaraçada para importação** e com o pagamento de todos os tributos e despesas aduaneiras incidentes.

Esta cláusula representa o **grau máximo** de responsabilidade para o vendedor, que assume praticamente todos os custos e riscos da transação.

O INCOTERM DDP pode ser utilizado em qualquer modalidade de transporte e permite todas as formas de pagamento. Na prática, esta modalidade é conhecida como "porta a porta" e se refere, por exemplo, à atividade das empresas **de remessas expressas** internacionais (empresas de *courier*), que entregam os bens, já desembaraçados e em prazos bastante ágeis, na empresa ou residência do cliente.

No caso das importações brasileiras, a utilização do DDP só será possível se o interessado se enquadrar na condição de **contribuinte** ou **responsável tributário**, com registro no SISCOMEX, pois, de outro modo, não estará apto a iniciar o despacho aduaneiro de importação.

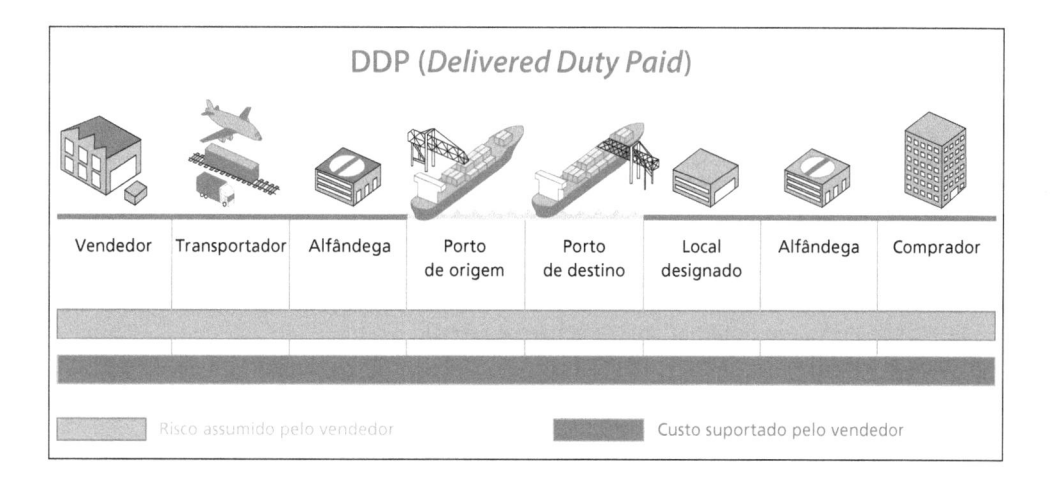

Sintaxe:

DDP — *Delivered Duty Paid (named place of destination)* — INCOTERMS 2020

Exemplo:

DDP — *Delivered Duty Paid*, Rio de Janeiro, Brasil — INCOTERMS 2020

☐ Responsabilidades do Vendedor

☐ Preparar, verificar e, se for o caso, embalar as mercadorias para transporte.

☐ Assumir todos os custos e procedimentos de exportação, inclusive tarifas aduaneiras no local de embarque.

☐ Entregar as mercadorias no endereço do comprador, assumindo todos os custos e riscos tributários e logísticos, no país de destino.

☐ Responsabilidades do Comprador

☐ Auxiliar o vendedor na obtenção dos documentos e informações necessários aos procedimentos de importação.

☐ Receber as mercadorias.

12.3. QUESTÕES[20]

1. (ESAF — AFRF — 2001) Na modalidade FOB (*free on board*) do Incoterms (*International Commercial Terms*), caberá

a) ao comprador obter todas as licenças, autorizações, e atender às demais formalidades referentes à exportação.

b) ao vendedor colocar as mercadorias à disposição do comprador nas suas instalações ou noutro local nomeado, não desembaraçadas para exportação nem embarcadas em qualquer veículo coletor.

c) ao vendedor obter, a seu próprio risco e custo, quaisquer licenças de importação.

d) ao vendedor entregar as mercadorias no porto de desembarque nomeado, na data ou dentro do período acordado, na maneira habitual desse porto e a bordo do navio designado pelo comprador.

e) ao vendedor entregar as mercadorias no porto do embarque nomeado, na data ou dentro do período acordado, na maneira habitual desse porto e a bordo do navio designado pelo comprador.

2. (ESAF — AFRF — 2001) As atualizações sucessivas do Incoterms (International Commercial Terms), desde 1936, têm ocorrido por iniciativa

a) da OMC — Organização Mundial do Comércio.

b) da CCI — Câmara de Comércio Internacional.

c) do ITC — Centro Internacional do Comércio.

d) do GATT — Acordo Geral de Tarifas e de Comércio.

e) da UNCTAD — Conferência das Nações Unidas sobre Comércio e Desenvolvimento.

3. (ESAF — AFRF — 2001) Ao elaborarem o contrato de compra e venda, as partes, visando estabelecer um maior grau de compromisso para o vendedor, escolherão, entre os abaixo mencionados Termos do Incoterms (International Commercial Terms)

a) o EXW (*ex works*).

b) o FOB (*free on board*).

---

[20] Com as alterações promovidas pela Revisão 2010 dos INCOTERMS, diversas questões de concursos anteriores se encontram prejudicadas. Ainda assim decidimos mantê-las, com os comentários referentes à atualização, no intuito de que o leitor possa conhecer a forma de abordagem da ESAF acerca do tema.

c) o CFR (*cost and freight*).
d) o CIF (*cost, insurance and freight*).
e) o DDP (*delivered duty paid*).

4. (ESAF — AFRF — 2001) Os INCOTERMS (International Commercial Terms) limitam-se a orientar os termos da exclusiva relação entre

a) o vendedor e o comprador de bens tangíveis.
b) o operador de câmbio e o comprador de produtos do exterior.
c) o transportador e o segurador de mercadorias embarcadas.
d) o transportador e o comprador de bens em consignação.
e) o comprador das mercadorias e o banco remetente.

5. (ESAF — AFRF — 2002) Numa operação de compra e venda internacional foi adotada, pelo comprador e vendedor, a cláusula Incoterms-2000, DES — Delivered Ex-Ship (Entregue a partir do navio).

Face ao enunciado, assinale a opção correta.

a) Os bens são colocados à disposição do comprador a bordo do navio e no porto de destino, não desembaraçados para importação.
b) Os bens são colocados à disposição do comprador ao costado do navio e no porto de embarque, desembaraçados para importação.
c) Os bens são colocados à disposição do comprador a bordo do navio e no porto de destino, desembaraçados para importação.
d) Os bens são colocados à disposição do comprador ao costado do navio e no porto de destino, não desembaraçados para importação.
e) Os bens são colocados à disposição do comprador ao costado do navio e no porto de embarque, não desembaraçados para importação.

6. (ESAF — AFRF — 2002) Num determinado contrato de compra e venda internacional foi adotada a cláusula Incoterms EXW — Ex works (significando Na Origem).

Assinale a opção correta.

a) *Ex works* significa que o vendedor entrega as mercadorias quando ele as coloca à disposição do comprador, em suas dependências, na origem, ou em outro local designado (isto é, estabelecimento, fábrica, armazém etc.) desembaraçados para exportação e não carregados em qualquer veículo coletor.
b) *Ex works* significa que o vendedor entrega as mercadorias quando ele as coloca à disposição do comprador, no porto de embarque designado, não desembaraçados para exportação e não carregados em qualquer veículo coletor.
c) *Ex works* significa que o vendedor entrega as mercadorias quando ele as coloca à disposição do comprador, em suas dependências, na origem, ou em outro local designado (isto é, estabelecimento, fábrica, armazém etc.) não desembaraçados para exportação e não carregados em qualquer veículo coletor.
d) *Ex works* significa que o vendedor entrega as mercadorias quando ele as coloca à disposição do comprador, em suas dependências, na origem, ou em outro local designado (isto é, estabelecimento, fábrica, armazém etc.) não desembaraçados para exportação e carregados em qualquer veículo coletor.
e) *Ex works* significa que o vendedor entrega as mercadorias quando ele as coloca à disposição do comprador no porto de embarque desembaraçados para exportação e não carregados em qualquer veículo coletor.

7. (ESAF — AFRF — 2002) Numa compra e venda internacional, vendedor e comprador conveniaram determinada cláusula Incoterms-2000, através da qual ficou acertado que as mercadorias serão entregues pelo vendedor ao comprador no exato momento em que estes cruzem a amurada do navio, no porto de embarque e já desembaraçados para exportação. A partir desse momento o comprador arca com todos os custos e riscos, de perda ou dano às mercadorias, inclusive contrato de transporte.

Face ao enunciado, assinale a opção correta.

a) A cláusula é FCA — *Free Carrier* (Livre no Transportador).
b) A cláusula é FAS — *Free Alongside Ship* (Livre no costado do navio).
c) A cláusula é FOB — *Free on Board* (Livre a bordo).

d) A cláusula é CFR — *Cost and Freight* (Custo e Frete).

e) A cláusula é CPT — *Carriage Paid To...* (Transporte pago até...).

8. (ESAF — AFRF — 2002) Os INCOTERMS contêm em seu bojo cláusulas padronizadas que, na essência, resumem, definem e simplificam um contrato internacional de

a) arrendamento mercantil.

b) *leasing* operacional.

c) compra e venda.

d) importação de serviços.

e) importação temporária de mercadorias para utilização econômica.

9. (ESAF — AFRF — 2003) Nos contratos internacionais de compra e venda, a diferença entre cláusula de força maior e a cláusula de hardship reside em que

a) na primeira, a circunstância é imprevista mas evitável, enquanto que na segunda é imprevista e inevitável; na primeira, o contrato se torna exequível e na segunda, inexequível.

b) ambas se referem a circunstâncias imprevisíveis e inevitáveis; a primeira tem a ver com circunstâncias que impossibilitam sua execução; a segunda, com circunstâncias que o tornam substancialmente mais oneroso, porém exequível.

c) na primeira, a execução do controle é relativamente impossível e na segunda, absolutamente impossível; ambas traduzem a previsão de um desequilíbrio econômico em prejuízo de uma das partes envolvidas.

d) a primeira prevê alterações nas condições que motivaram a celebração do contrato e a segunda, não.

e) a primeira, em regra, não indica detalhadamente os eventos suscetíveis de serem considerados como circunstâncias que a caracterizem, porque imprevisíveis, e a segunda indica detalhadamente os fenômenos de natureza econômica que possam ocorrer.

10. (ESAF — AFRFB — 2009) A respeito da Convenção de Viena sobre contratos de Compra e Venda Internacional de Mercadorias (CVIM), é correto afirmar que:

a) é instrumento jurídico que vincula Estados Nacionais em torno do objetivo de harmonizar internacionalmente as fórmulas que definem as obrigações e direitos dos exportadores e importadores em torno da comercialização de um bem internacionalmente.

b) firmada no âmbito da Conferência das Nações Unidas sobre Comércio e Desenvolvimento (UNCTAD), estabelece procedimentos padrões para a celebração de contratos comerciais internacionais entre agentes privados.

c) celebrada no marco da Organização Mundial de Comércio (OMC), estabelece procedimentos uniformes para os aspectos não financeiros de uma transação comercial internacional.

d) celebrada no âmbito da Câmara Internacional de Comércio (CCI), é instrumento de direito privado que rege os atos administrativos e jurídicos que envolvem a transferência da propriedade da mercadoria transacionada internacionalmente.

e) firmada no âmbito das Nações Unidas, uniformiza as regras sobre compra e venda de mercadorias, envolvendo aspectos como transporte, seguro, transferência de riscos, propriedade industrial, pagamentos e indenizações por não cumprimento de obrigações, mercadoria avariada, danos e prejuízos.

11. (ESAF — AFRF — 2012) Assinale a opção correta.

a) A Convenção das Nações Unidas sobre Contratos de Compra e Venda Internacional de Mercadorias (CISG) teve impacto relevante na jurisprudência brasileira após sua ratificação pelo Brasil em 1980.

b) A Nomenclatura Comum do Mercado Comum do Sul (Mercosul) pode ser alterada pela Secretaria de Comércio Exterior (SECEX), na forma autorizada pelo Conselho de Comércio do Mercosul.

c) A CISG adota o princípio do interesse público, afastando o princípio de autonomia da vontade das partes.

d) Os Termos Internacionais de Comércio, ou INCOTERMS 2010, publicados pela Câmara de Comércio Internacional, estabelecem a distribuição de custos para entrega da mercadoria.

e) As INCOTERMS 2010 estabelecem regras apenas para as modalidades de transporte marítima e aérea.

12. (CESPE — Economista — CADE — 2014) Julgue o item a seguir acerca de câmbio, blocos econômicos, organismos multilaterais e fluxos financeiros internacionais.

INCOTERMS são termos de comércio propostos com o intuito de facilitar o comércio internacional entre diferentes países. Esses termos são divididos em dois grupos: operações transportadas pelos modais aquaviários e operações transportadas em qualquer modal de transporte, inclusive o multimodal.

13. (CESGRANRIO — Auditor Júnior — TRANSPETRO — 2016) A categoria do INCOTERMS (International Commercial Terms / Termos Internacionais de Comércio) em que o vendedor contrata o transporte, sem assumir riscos por perdas ou danos às mercadorias ou custos adicionais decorrentes de eventos ocorridos após o embarque e despacho, é a categoria

a) A de *Available*
b) F de *Free*
c) C de *Cost* ou *Carriage*
d) D de *Delivery*
e) E de *Ex*

GABARITO

1. A alternativa correta é a letra "e", que traduz a responsabilidade contida na cláusula FOB. As demais alternativas estão incorretas.

2. Questão direta e extremamente fácil, cuja alternativa correta é a letra "b", pois cabe à CCI a revisão periódica dos INCOTERMS.

3. A alternativa correta é a letra "e", pois indica o INCOTERM de maior responsabilidade para o vendedor, que deverá arcar com todos os custos e riscos até a entrega da mercadoria no país de destino e no local designado pelo importador.

4. Questão tranquila, pois os INCOTERMS se restringem à relação jurídica instaurada entre vendedor e comprador, consubstanciada no respectivo contrato de compra e venda mercantil (somente para bens tangíveis e, portanto, não aplicável ao comércio de serviços ou direitos).

5. À época da questão, a alternativa correta era a letra "a", que correspondia ao INCOTERMS DES, atualmente substituído pelo DAP. As demais alternativas estão incorretas.

6. A alternativa correta é a letra "c", que descreve minuciosamente as características da cláusula *Ex Works*. Todas as demais alternativas apresentam problemas e estão, portanto, incorretas.

7. A alternativa correta é a letra "c", com a ressalva de que na atual versão dos INCOTERMS a obrigação se concretiza com a efetiva entrega das mercadorias a bordo do navio, não se utilizando mais o mero conceito de *transposição da amurada*, que gerava diversos problemas de ordem prática. As demais alternativas não representam a situação proposta pelo enunciado da questão.

8. Pergunta extremamente fácil, pois os INCOTERMS são cláusulas padronizadas presentes nos contratos de compra e venda de mercadorias. Portanto, a alternativa correta é a letra "c".

9. A alternativa correta é a letra "b", que faz a distinção entre os fenômenos. Lembramos que o *hardship* é uma cláusula inserida nos contratos (normalmente naqueles de longo prazo e, portanto, maior risco) que permite a renegociação dos termos no caso de circunstâncias futuras que tornem a obrigação para uma das partes extremamente onerosa, ainda que exequível. Trata-se, pois, de garantia contra a imprevisibilidade, na medida em que protege os signatários e permite, quando acionada, o restabelecimento do equilíbrio original do contrato. As demais alternativas estão incorretas.

10. A alternativa correta é a letra "e", que apresenta os principais temas veiculados pela Convenção de Viena. A alternativa "a" está incorreta porque a Convenção não vincula os Estados, mas, sim, os particulares contratantes. A alternativa "b" está incorreta porque não foi pactuada no âmbito da UNCTAD, mas, sim, das Nações Unidas, sob iniciativa da UNCITRAL. No mesmo sentido, as alternativas "c" e "d" estão incorretas porque a Convenção não foi celebrada sob os auspícios da OMC ou da CCI.

11. A alternativa correta é a letra "d", pois, como vimos, os INCOTERMS determinam os custos e riscos que serão assumidos pelo vendedor e pelo comprador na operação. A alternativa "a" está incorreta porque a CISG só foi ratificada em 2012 pelo Brasil e passou a produzir efeitos a partir de abril de 2014. A alternativa "b" está errada porque as alterações são analisadas pelo Comitê Técnico n. 1 do Mercosul e, caso aprovadas, submetidas ao Grupo do Mercado Comum (GMC). A alternativa "c" está incorreta porque a CISG tem natureza eminentemente privada; e a letra "e" não pode prevalecer porque é óbvio que os INCOTERMS podem ser utilizados em qualquer modalidade de transporte.

12. Questão simples, cuja resposta é "certo", pois a frase apresenta, de forma adequada, a definição dos INCOTERMS.

13. A alternativa correta é a letra "c", em que o vendedor contrata o transporte até o destino, mas não assume riscos em relação à mercadoria.

12.4. MATERIAL DIGITAL

VÍDEO
http://uqr.to/1y39i

13

PAGAMENTOS NO COMÉRCIO INTERNACIONAL

Desde os primórdios do comércio, quando os primeiros povos começaram a trocar entre si mercadorias, a questão do pagamento ocupa importante destaque nas transações, pois representa a **contrapartida** do fluxo de bens.

Após uma fase embrionária e tipicamente bilateral, em que o comércio se baseava no escambo, a natural evolução dos negócios, com a entrada de novos atores, exigiu que os pagamentos fossem realizados de forma a satisfazer a todos os interesses, porque nem sempre a simples troca de mercadorias atendia a vontade das partes.

Com o surgimento da **moeda**, o comércio se tornou referencial e multilateral, porque passou a ser possível **comparar valores**, com o óbvio propósito de se buscar as transações mais vantajosas.

Nos dias atuais, em que a velocidade dos negócios se dá no ritmo da internet, de modo praticamente instantâneo, as modalidades de pagamento também evoluíram significativamente, para conferir rapidez e segurança aos mercados.

Com a participação direta dos agentes financeiros (bancos e instituições de crédito), a moeda tradicional se transformou em **moeda escritural**, ou seja, um valor de referência depositado nas instituições e colocado à disposição dos clientes.

Os bancos costumam manter contas de depósito **recíprocas**, com o objetivo de viabilizar as transações internacionais sem a efetiva movimentação **física** da moeda, o que, em termos práticos, seria virtualmente impossível.

Em razão das múltiplas operações de câmbio e transferências de valores realizadas diariamente, para pagamento e recebimento de operações comerciais, os bancos envolvidos atuam **mutuamente** como credores e devedores, em relação ao(s) seu(s) correspondente(s) estrangeiro(s).

Na explicação de Bruno Ratti[1], "os exportadores vendem a um banco localizado no seu país os créditos havidos contra o cliente estrangeiro. O banco remete o saque para cobrança a um banco estrangeiro que age como seu correspondente no exterior e o total de cobranças realizadas por este último é creditado na conta do primeiro. Dessa maneira, fica o banco nacional dispondo de créditos em moeda estrangeira no exterior para, por sua vez, vendê-los aos importadores nacionais, a fim de saldar os débitos decorrentes de suas compras no exterior. Por outro lado, esses correspondentes estrangeiros

[1] Bruno Ratti. *Comércio internacional e câmbio.* 11. ed. São Paulo: Aduaneiras, p. 65-66.

adquirem saques emitidos contra empresas ou pessoas localizadas no território do banco nacional e os remetem a este para efeito de cobrança, ficando, assim, de posse de créditos junto ao banco nacional e contra o qual poderão emitir cheques ou ordens de pagamento, para atendimento de sua clientela".

Como as operações normalmente são realizadas em **moedas diferentes** e com **prazos variados**, o sistema financeiro internacional adota diversas modalidades de pagamento, no sentido de facilitar e garantir as transações comerciais e reduzir os riscos do negócio.

13.1. A QUESTÃO DO RISCO E A INTERVENÇÃO DE TERCEIROS NOS PAGAMENTOS INTERNACIONAIS

Exportadores e importadores não são, por definição, especialistas no mercado financeiro, muito embora tenham grande interesse em conferir segurança e credibilidade aos seus negócios.

Ao enviar seus produtos para o exterior, o exportador tem a expectativa de receber o valor nos prazos e termos pactuados, assim como o importador, se porventura fizer um pagamento antecipado, buscará mecanismos capazes de garantir o recebimento das mercadorias.

Conquanto seja possível que as bases e os procedimentos financeiros do negócio sejam tratados diretamente entre as partes, no mais das vezes haverá a **eleição de terceiros** para intermediar a operação, fenômeno conhecido como *intervenção bancária nos pagamentos internacionais*.

A explicação natural para a interposição de um agente financeiro especializado, que certamente cobrará por isso, reside na tentativa de se evitar riscos pelo **não pagamento** das obrigações estipuladas em contrato.

Com efeito, existem diversos tipos de riscos em uma transação internacional, que devem ser considerados pelas partes antes da celebração do negócio:

■ **riscos financeiros** — decorrentes do não pagamento ou atraso no pagamento das mercadorias, situações que devem ser potencialmente avaliadas em cada operação. Normalmente, as grandes empresas possuem departamentos de **análise de risco** que, com base no histórico dos parceiros e em informações de mercado, emitem pareceres técnicos sobre as condições do negócio. Se o nível de risco for considerado razoável, poderá ser exigida a participação de terceiro, como no caso dos bancos, que atuarão como garantidores ou emitentes de cartas de crédito;

■ **riscos políticos** — representados por circunstâncias alheias aos contratantes, como a instabilidade macroeconômica, jurídica ou social dos países envolvidos. Os problemas podem ser os mais variados, desde alterações na política de comércio exterior ou variações cambiais até casos extremos, como conflitos internos ou guerras. Como os riscos políticos são imprevisíveis e de difícil superação, a solução preventiva reside na contratação de seguros específicos;

■ **riscos relativos à entrega** — mesmo após a devida análise quanto à capacidade e idoneidade das partes, nada garante que as mercadorias serão entregues na forma e no prazo avençados, seja por culpa do exportador ou em função de fatores externos.

Com o objetivo de minimizar tais riscos, o comprador pode adotar procedimentos de segurança para situações específicas, assim classificados por Ângelo Lunardi[2]:

a) **inspeção pré-embarque** (*pre-shipment inspection*): tem por objetivo inspecionar os bens no local de embarque ou entrega. O comprador deve indicar a pessoa física ou jurídica responsável, além dos procedimentos e exigências que deverão constar do certificado de inspeção;

b) **garantia de oferta** (*bid bond*): utilizada para licitações públicas, trata-se de instrumento no qual o banco garantidor assume o compromisso de pagar ao comprador, por conta e ordem do ofertante-vendedor, certa quantia ou percentual sobre o valor da operação, caso o vendedor retire a sua oferta ou deixe de assinar o contrato, quando vencedor da concorrência;

c) **garantia de desempenho** (*performance bond*): tem por objetivo assegurar o cumprimento ou execução do contrato ou seus eventos. Garante o pagamento de certa quantia ou percentual sobre o valor da operação no caso de falha do vendedor. Funciona como indenização, a título de multa, pelo descumprimento de cláusulas contratuais;

d) **garantia de manutenção** (*maintenance bond*): oferece indenização ao comprador na hipótese de descumprimento das cláusulas de garantia relacionadas à aquisição de máquinas e equipamentos;

e) **garantia de antecipação de pagamento** (*advance payment bond*): visa assegurar a devolução de quantias adiantadas pelo comprador ao vendedor e pode incluir juros e outros encargos porventura incidentes.

13.2. MODALIDADES DE PAGAMENTO DO COMÉRCIO INTERNACIONAL

Embora existam múltiplas e complexas transações financeiras ao redor do globo, poderíamos apresentar **quatro modalidades** de pagamento como as mais frequentemente relacionadas ao comércio internacional.

Os modelos variam de acordo com a participação ou não dos agentes financeiros, dos níveis de risco assumidos ou garantidos por terceiros e ainda em razão dos prazos convencionados pelas partes.

As principais modalidades de pagamento no comércio internacional são:

- ◼ remessa ou pagamento antecipado;
- ◼ remessa sem saque;
- ◼ cobrança documentária;
- ◼ crédito documentário.

13.2.1. Remessa ou pagamento antecipado

Na modalidade de **remessa** ou **pagamento antecipado** (*down payment*, em inglês), o importador realiza o pagamento, total ou parcial, antes de o exportador embarcar as mercadorias no exterior.

---

[2] Ângelo Luiz Lunardi. *Carta de crédito sem segredos*. 2. ed. São Paulo: Aduaneiras, 2011, p. 27-29, *passim*.

Trata-se, por óbvio, de opção interessante para o exportador, que terá os valores disponíveis antes de cumprir sua obrigação contratual. O risco é integralmente assumido pelo importador, que pode não receber a mercadoria, recebê-la com atraso ou, ainda, em desconformidade com o que foi pactuado.

Em razão dos riscos envolvidos, a remessa antecipada normalmente envolve **relação de confiança** entre as partes, como quando se cuida de operações entre empresas do mesmo grupo (matriz e subsidiárias).

O modelo também é utilizado caso as empresas importadoras queiram se garantir quanto a futuras **oscilações de preço**, em mercados instáveis ou períodos de grande volatilidade, ou, ainda, quando o importador fornecer os **recursos financeiros** para a produção dos bens pelo exportador (como no caso de bens de capital, de elevado custo e longo ciclo de produção ou na hipótese de produtos sob encomenda, elaborados a partir de especificações do comprador).

O contrato celebrado deve prever cláusulas de proteção ao importador, contra eventuais problemas ou atrasos, que podem variar desde **multas**, a título de indenização, até a própria **rescisão** do negócio, por culpa do exportador, com a apuração dos respectivos prejuízos. Embora seja possível a contratação de garantias prestadas por terceiros, isso normalmente não ocorre, pois, nesse caso, as partes preferirão, em vez da negociação direta, eleger desde logo os agentes bancários que intermediarão a operação.

Quando a mercadoria for embarcada, o exportador deverá encaminhar ao importador os documentos originais de exportação, para que este possa desembaraçá-la no ponto de destino, bem como fornecer cópias desses documentos ao banco responsável pela contratação do câmbio.

13.2.2. Remessa sem saque

A confiança recíproca entre importador e exportador pode levar à situação inversa do pagamento antecipado, conhecida como **remessa sem saque** (*on open account*, em inglês).

A expressão significa que não existe um **título de crédito** que garanta a operação, tal como uma letra de câmbio (no comércio internacional, utilizam-se com frequência as palavras "cambial" ou simplesmente "saque", esta derivada do inglês *draft*).

Trata-se de modalidade em que o risco é assumido pelo **exportador**, que enviará diretamente ao importador, além das mercadorias, toda documentação necessária ao despacho aduaneiro no país de destino.

O importador, portanto, terá à sua disposição as mercadorias e os documentos antes de **qualquer pagamento** e, na medida em que promover o desembaraço aduaneiro, será o titular da propriedade e da posse dos bens.

Daí se inferir que o principal risco do exportador decorre da possibilidade de **inadimplemento** do importador, que poderá atrasar o pagamento ou simplesmente não realizá-lo, razão pela qual o contrato, do mesmo modo que na remessa antecipada, deverá fixar regras claras e cláusulas sancionatórias capazes de garantir o recebimento dos valores.

A despeito do risco, a modalidade também apresenta vantagens, especialmente pela **redução de custos**, como ressalta Ratti[3]:

a) é a maneira mais rápida de a documentação chegar às mãos do importador. Isso porque vai diretamente do exportador ao importador, sem trânsito bancário. Tal circunstância torna-se importante para as mercadorias perecíveis, que poderiam estragar nos armazéns da alfândega, à espera da documentação que iria para um banco, onde seria registrada, para depois o sacado ser avisado de sua chegada;

b) outra vantagem da remessa sem saque é a de que as despesas cobradas pelos bancos para essa modalidade de operação são inferiores às de outras modalidades, como, por exemplo, cobrança e crédito documentário. Em alguns casos, os bancos nem cobram comissão, porque o lucro auferido com a venda da moeda estrangeira já é satisfatório.

Figura 13.1. Fluxo na modalidade pagamento

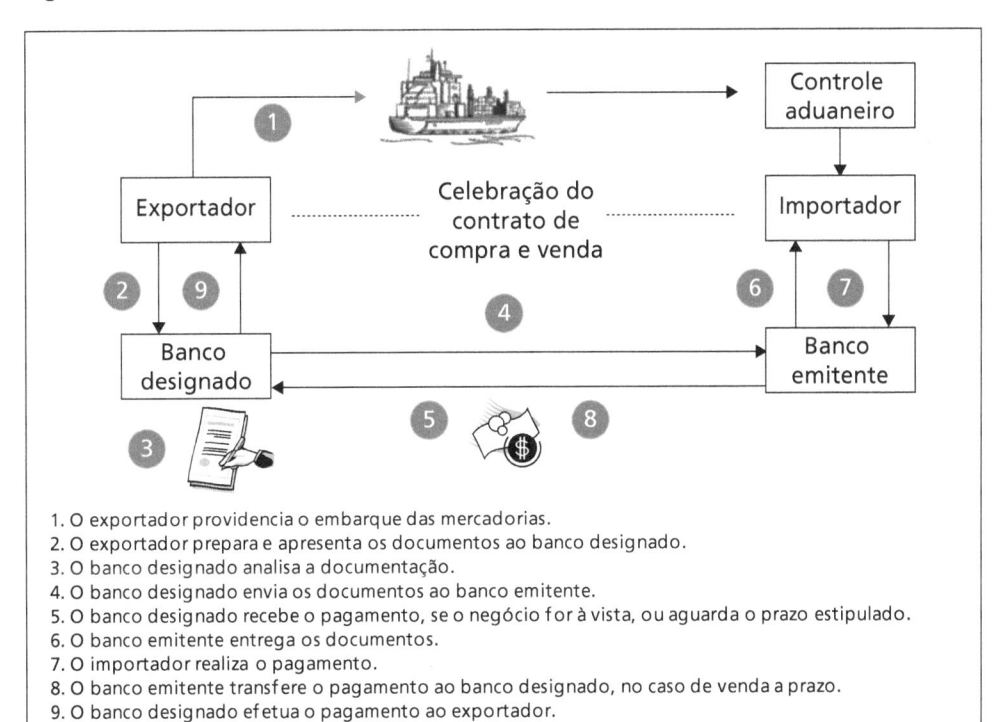

1. O exportador providencia o embarque das mercadorias.
2. O exportador prepara e apresenta os documentos ao banco designado.
3. O banco designado analisa a documentação.
4. O banco designado envia os documentos ao banco emitente.
5. O banco designado recebe o pagamento, se o negócio for à vista, ou aguarda o prazo estipulado.
6. O banco emitente entrega os documentos.
7. O importador realiza o pagamento.
8. O banco emitente transfere o pagamento ao banco designado, no caso de venda a prazo.
9. O banco designado efetua o pagamento ao exportador.

13.2.3. Cobrança documentária

A **cobrança documentária**, assim como os INCOTERMS, é baseada em um conjunto de regras estabelecido pela Câmara de Comércio Internacional (CCI), por meio das *Uniform Rules for Collections* (Regras Uniformes para Cobranças), publicação de 1995 e conhecida como **URC 522**[4].

---

[3] Bruno Ratti. *Comércio internacional e câmbio*, p. 27-79.

[4] As *Uniform Rules for Collections* também são revisadas periodicamente, desde sua criação em 1956.

As regras são obrigatórias para as partes envolvidas, desde que incorporadas às **instruções de cobrança**[5] entregues ao banco responsável pela operação, com menção expressa de subordinação ao modelo previsto pelas URC 522.

Como se pode perceber, o principal objetivo da cobrança documentária consiste em lastrear o negócio em um **título de crédito**, que servirá de instrumento para garantir o pagamento, conforme instruções repassadas ao banco contratado. O documento será entregue ao devedor no intuito de se obter o pagamento do montante ou o "aceite" da obrigação, nas hipóteses de venda a prazo.

Antes de conhecermos o fluxo dos documentos, convém destacar as partes intervenientes no procedimento de cobrança[6]:

- **exportador ou cedente** (principal) — pessoa que entrega a execução da cobrança a um banco de sua confiança;
- **banco remetente** (*remitting bank*) — banco que recebe as instruções de cobrança;
- **banco cobrador** (*collecting bank*) — qualquer outro banco, que não o remetente, envolvido no procedimento de cobrança;
- **banco apresentador** (*presenting bank*) — banco que faz a apresentação da cobrança ao sacado (normalmente o próprio banco cobrador);
- **importador ou sacado** (*drawee*) — o destinatário da cobrança e responsável pelo aceite ou pagamento.

Em linhas gerais, na cobrança documentária um exportador brasileiro, por exemplo, envia a mercadoria ao país de destino e entrega os documentos de embarque e o título de crédito (cambial ou saque) ao banco negociador do câmbio no Brasil, denominado "banco remetente", que por sua vez os encaminha, por meio de carta-cobrança, ao seu correspondente no exterior, denominado "banco cobrador".

O banco cobrador entrega os documentos ao importador (sacado), mediante pagamento ou aceite do saque. De posse dos documentos, o importador pode desembaraçar as mercadorias importadas.

Com a carta-cobrança devem ser encaminhados os seguintes **documentos comerciais:**

- fatura comercial;
- conhecimento de embarque;
- certificado de origem, se necessário;
- *packing list* (romaneio);
- apólice de seguro internacional, se houver; e
- outros certificados, sempre que exigidos pelo importador.

---

[5] As instruções de cobrança representam o conjunto de informações que o exportador encaminha ao banco de sua preferência, com os detalhes da operação e a forma de pagamento. Inclui informações acerca do sacado, forma de pagamento, valor e moeda da transação, lista dos documentos entregues, taxas, períodos e forma de calcular os juros, quando aplicáveis, além de instruções na hipótese de não pagamento ou desconformidade em relação aos termos da cobrança.

[6] Conforme artigo 3 das URC 522.

A principal diferença nos procedimentos de cobrança diz respeito ao **prazo** para pagamento.

Caso a venda seja **à vista**, o importador efetua o pagamento da cambial ao banco cobrador e recebe a documentação necessária para o desembaraço das mercadorias. O banco cobrador receberá o valor e fará a transferência do numerário, em moeda estrangeira, para o país do exportador, onde serão feitos o **câmbio** e o pagamento na moeda local. Em alguns casos, o exportador poderá enviar diretamente ao importador os documentos para a liberação das mercadorias, cabendo ao banco cobrador apenas a tarefa de apresentar a cambial para recebimento. Trata-se, na prática, de uma *remessa sem saque* conjugada com procedimento de cobrança, conhecido como **saque limpo** ou **cobrança limpa** (*clean draft* ou *clean collection*).

No entanto, se a venda for a prazo, o banco entregará os documentos ao importador contra **aceite**. O importador efetuará o pagamento no vencimento do saque e, caso não o faça, estará sujeito às sanções legais.

Daí por que as URC 522 utilizam as expressões "Documentos contra Aceite" (*Documents Against Acceptance*) e "Documentos contra Pagamento" (*Documents Against Payment*), para definir o **momento de entrega** dos documentos comerciais necessários para o desembaraço das mercadorias, conforme as instruções repassadas ao banco cobrador. Na **ausência** de declaração expressa acerca da forma de cumprir a obrigação, os documentos comerciais somente serão liberados mediante **pagamento** e o banco cobrador não será responsável por quaisquer consequências decorrentes de eventuais atrasos.

Convém destacar, devido à importância do tema, que as regras para cobrança em geral **eximem** os bancos de qualquer responsabilidade relacionada ao negócio comercial, até porque são relações jurídicas distintas.

As obrigações contratadas entre exportador e importador, especialmente no que tange às mercadorias, **não se confundem** com as atividades de cobrança desempenhadas pelos bancos, que atuam como meros agentes financeiros, sem qualquer poder de execução ou exigência coercitiva contra as partes.

A obrigação dos bancos se restringe a atuar mediante boa-fé e com diligência, no sentido de cumprir fielmente as instruções de cobrança determinadas pelos seus clientes. Isso afasta qualquer análise quanto a validade, efeitos ou extensão do **negócio jurídico** que ensejou a cobrança, de tal sorte que compete aos bancos intervenientes apenas analisar o **aspecto formal** dos documentos entregues e exigidos (teoria da aparência), sem ingressar no mérito dos respectivos **conteúdos**, salvo nas hipóteses de manifesta fraude ou simulação[7]. No mesmo sentido, os bancos não são responsáveis caso as ordens por eles transmitidas não sejam obedecidas pelos seus correlacionados no exterior.

---

[7] O artigo 13 das URC 522 estabelece que os bancos não assumem qualquer obrigação ou responsabilidade sobre a eficácia dos documentos apresentados, especialmente em relação à suficiência, exatidão, autenticidade, falsificação ou efeitos jurídicos deles decorrentes. Também são isentos de qualquer responsabilidade sobre as características das mercadorias transacionadas, tais como quantidade, peso, qualidade, condições de embalagem, prazo de entrega ou valor.

A **cobrança a prazo** é o procedimento mais usual nas exportações e implica que os documentos comerciais serão entregues pelo banco cobrador **contra aceite**, para pagamento na data convencionada.

O prazo de pagamento pode ser contado a partir da **data da emissão** da cambial (com a utilização da expressão "tantos dias de data"), do **aceite** pelo importador (com a expressão "tantos dias de vista") ou, ainda, do embarque da mercadoria ("tantos dias do embarque").

Para o exportador, a opção mais interessante é a que conta o prazo a partir da emissão do título, independentemente do aceite pelo importador. Trata-se de **prazo fixo**, com a expectativa de recebimento na data convencionada. Por um lado, a contagem do prazo a partir do aceite pode, obviamente, trazer-lhe problemas, pois o vencimento fica, na prática, a critério do importador, que pode retardar sua manifestação de concordância. Por outro lado, a contagem a partir do embarque não é favorável ao importador, pois o prazo já estaria em andamento antes mesmo de as mercadorias chegarem ao destino e, conforme o tempo do transporte, poderia transformar a operação em pagamento à vista ou mesmo antecipado.

Nas transações a prazo, o exportador nem sempre será obrigado a aguardar a data de vencimento para receber o valor consignado no título, pois poderá efetuar o **desconto do saque** e antecipar os valores, devidamente reduzidos das comissões e dos juros cobrados pelos bancos.

O desconto do saque, após o aceite do importador, pode ser feito com ou sem **direito de regresso** (*with recourse* ou *without recourse*). Na primeira hipótese, o exportador responderá perante o banco se o importador não cumprir a promessa de pagamento; já na modalidade sem direito de regresso, o risco integral, quanto ao recebimento, passa a ser do próprio banco descontador.

Todos os procedimentos de cobrança e remessa de documentos implicam despesas, como comissões dos bancos intervenientes, gastos com comunicação e eventuais tributos incidentes. Em geral, os custos são assumidos pelo exportador, salvo disposição contratual expressa em contrário.

O valor cobrado pelo banco deve ser **imediatamente** disponibilizado ao exportador, nas condições estipuladas (com a redução, conforme o caso, das taxas ou despesas aplicáveis).

O pagamento poderá ser feito em **moeda local** ou **estrangeira**, de acordo com as regras cambiais de cada país[8].

As regras internacionais permitem, ainda, o pagamento **parcial** das obrigações, com efeitos distintos para cada modalidade. No caso da **cobrança limpa**, o pagamento parcial pode ocorrer na medida em que a legislação do país do importador o permita. Na hipótese, o documento financeiro será liberado ao sacado somente quando da quitação integral do débito. Já para a **cobrança documentária**, os pagamentos parciais serão aceitos quando especificamente autorizados na instrução de cobrança.

---

[8]   A legislação brasileira permite, sob certas condições, a manutenção dos valores referentes a exportações no exterior, em moeda estrangeira, com o propósito de quitar despesas externas, desde que os montantes sejam devidamente declarados às autoridades competentes.

Figura 13.2. Fluxo da cobrança documentária

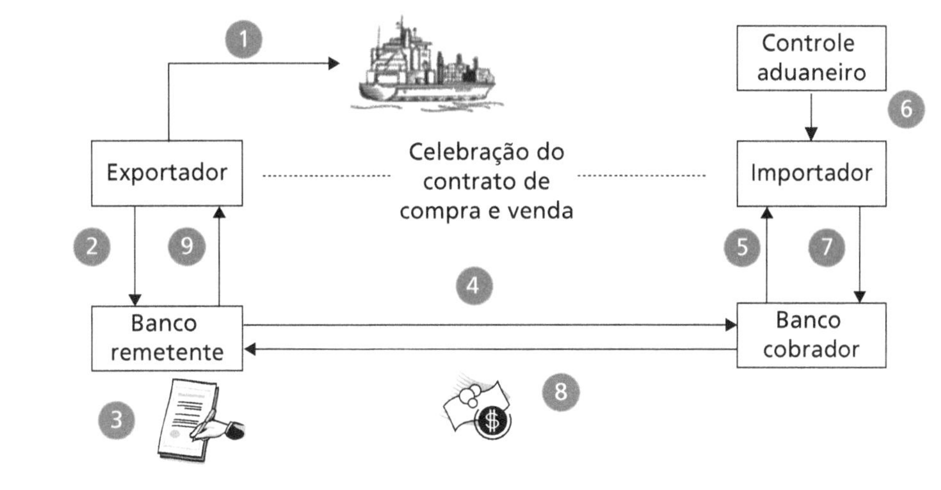

1. O exportador providencia o embarque das mercadorias.
2. O exportador prepara e apresenta os documentos (conhecimento de embarque, fatura, saque etc.) ao banco remetente.
3. O banco remetente analisa a documentação.
4. O banco remetente envia os documentos ao banco cobrador, com as instruções de cobrança.
5. O banco cobrador informa o cliente acerca dos documentos e condições de pagamento (venda à vista ou a prazo).
6. O importador, com os documentos, providencia o despacho aduaneiro das mercadorias.
7. O importador realiza o pagamento ao banco cobrador, no seu país.
8. O banco cobrador emite uma ordem de pagamento ao banco remetente.
9. O banco remetente efetua o pagamento ao exportador.

13.2.4. Crédito documentário

Embora baseada em um título de crédito, a cobrança documentária não oferece a necessária **garantia** ao exportador nas hipóteses em que o importador não efetuar o pagamento, salvo, é claro, a possibilidade de exigência jurídica do valor consignado no documento, processo normalmente moroso e que implica custos adicionais. Na prática, mesmo com a presença do título, a negociação se fundamenta no grau de confiança que o exportador possui em relação ao seu cliente.

Por força disso, grande parte das transações no comércio internacional utiliza a modalidade do **crédito documentário**, que consiste em um título (conhecido como **carta de crédito**) no qual o banco emitente, por instruções de seu cliente (o tomador do crédito), compromete-se a efetuar um pagamento a terceiro (o beneficiário) ou à sua ordem, ou, ainda, se compromete a pagar ou aceitar saques emitidos pelo beneficiário, contra a entrega dos documentos estipulados, desde que os termos e as condições do contrato de crédito sejam cumpridos.

No dizer de Irineu Strenger[9], o crédito documentário representa "o mandato ou autorização formal, mediante oferecimento de documentos hábeis a demonstrar a

---

[9]   Irineu Strenger. *Contratos internacionais do comércio*, p. 482.

relação jurídica de compra e venda ou outras relações negociais do comércio, possibilitante de satisfazer, autonomamente, créditos com garantia bancária, independente do contrato básico".

Os procedimentos de abertura, utilização e liquidação do crédito são atualmente regidos pela Publicação n. 600 da Câmara de Comércio Internacional, em vigor a partir de 1.º de julho de 2007 (conhecida como **UCP 600** — *Uniform Customs and Practice for Documentary Credits* ou Costumes e Práticas Uniformes para Créditos Documentários).

Por se tratar de uma operação de crédito, pelo menos quatro partes participarão diretamente dos procedimentos: o tomador do crédito, o banco emitente, o banco avisador e o beneficiário, sem prejuízo da intervenção de outros agentes, minuciosamente descritos pelas regras.

Convém destacar, com mais detalhes, as características de cada um dos possíveis intervenientes nas operações de crédito documentário:

■ **tomador** ou **proponente** (*applicant*): é o interessado na obtenção do crédito, normalmente o importador, que deverá contratar um banco para a operação e prestar as garantias exigidas;

■ **banco instituidor** ou **emitente** (*issuing bank*): é o que vai garantir a operação a pedido do tomador e sua principal obrigação é honrar o valor contratado, nos limites e condições em que o crédito foi emitido;

■ **banco avisador** (*advising bank*): é o banco do país do exportador que comunica a abertura do crédito e o entrega ao beneficiário, sem qualquer responsabilidade adicional (sua obrigação se resume a verificar, formalmente, a autenticidade do crédito);

■ **beneficiário** (*beneficiary*): normalmente é o exportador, ou seja, a pessoa em favor de quem o crédito é emitido;

■ **banco confirmador** (*confirming bank*): é o banco que oferece uma garantia adicional, vale dizer, aquele que assume o compromisso de pagar o beneficiário, na hipótese de qualquer problema com o banco emitente;

■ **banco designado** (*nominated bank*): é aquele encarregado, pelo banco emitente, de cumprir o crédito;

■ **outros possíveis intervenientes**, de acordo com o desdobramento dos procedimentos (normalmente bancos intermediários e responsáveis por atividades específicas, como o banco pagador, o aceitante, o negociador e o remetente).

Na **carta de crédito** devem constar valor, beneficiário (exportador), documentação exigida, prazo, locais de embarque e de destino, descrição das mercadorias, quantidades negociadas e outros dados referentes à operação de exportação.

O importador deve contratar o crédito com o **banco emitente**, em benefício do exportador, que será informado sobre a existência da garantia e respectivas condições pelo banco do seu país (banco avisador).

Quando as mercadorias forem enviadas com destino ao exterior, o exportador deverá entregar os **documentos de embarque** ao banco responsável pelo pagamento (banco designado), que fará a conferência e o cotejo da documentação com as exigências contidas na carta de crédito e, se tudo estiver conforme, efetuará o pagamento ao exportador (se a negociação for à vista), bem como encaminhará os documentos ao banco emitente, que os entregará ao importador, para que este possa efetivar o desembaraço das mercadorias.

Convém, no entanto, destacar que as instituições financeiras trabalham com **documentos**, e não com produtos. Embora o banco deva conferir os dados do conhecimento de embarque a fim de verificar se as mercadorias estão de acordo com a descrição contida na carta de crédito, a análise se limita ao aspecto formal, baseada no **princípio da razoabilidade**.

Nesse sentido, eventuais fraudes omitidas pela documentação (por exemplo, se as mercadorias não foram embarcadas ou se o foram de modo inadequado) não acarretam responsabilidade ao banco.

Como vimos, o recebimento do pagamento pelo exportador depende apenas do cumprimento das condições estabelecidas na carta de crédito. O instrumento de crédito representa uma **garantia** dada por terceiro (banco) em favor do importador, provavelmente porque este não conseguiu angariar, à luz dos critérios eleitos pelo exportador, a confiança necessária para que a operação fosse realizada diretamente.

Não se pode olvidar que, com a vantagem da garantia, caminha o **ônus** das comissões bancárias, cujos valores podem ser significativos, de tal sorte que a carta de crédito funciona como última escolha das partes, que, do contrário, prefeririam procedimentos mais econômicos.

As regras das UCP 600, na esteira dos mandamentos do direito empresarial, determinam a distinção entre o crédito garantido e os contratos que lhe serviram de origem. Trata-se do conhecido princípio da **autonomia do crédito** em relação ao contrato comercial, que afasta a responsabilidade dos bancos em razão de qualquer reclamação, vício, defeito ou problema atinente às mercadorias.

A utilização da garantia pelo beneficiário pode ocorrer de várias formas, de modo que a doutrina costuma classificar os créditos segundo determinados critérios, relacionados ao tipo de compromisso, formas de liquidação e disponibilidade.

Segundo Ângelo Lunardi, os créditos podem ser divididos[10]:

◼ Quanto ao tipo de compromisso:

a) crédito **irrevogável**: os créditos, que na versão anterior (UCP 500) podiam ser revogáveis ou irrevogáveis, somente são aceitos na UCP 600 como compromissos irrevogáveis, mesmo que tal condição não esteja expressamente indicada. As obrigações do emitente e os direitos do beneficiário de um crédito irrevogável se concretizam no momento em que este entrega os documentos que comprovam o cumprimento dos termos e condições estipulados;

b) crédito **irrevogável confirmado**: é o crédito que, adicionalmente à garantia do banco emitente, contém o compromisso firme de outro banco (confirmador). O compromisso do banco confirmador não exclui nem se sobrepõe ao do banco emitente, pois ambos são considerados primários e equivalentes.

---

[10] Ângelo Lunardi. *Carta de crédito sem segredos*, p. 57-63, *passim*.

■ Quanto à liquidação ou utilização:

a) por **pagamento** (*available by payment*): equivale ao pagamento à vista, ou seja, contra a adequada apresentação dos documentos;

b) por **pagamento diferido** (*available by deferred payment*): é o crédito para pagamento a prazo, sem emissão do saque, utilizado nos países que tributam a emissão de saques a prazo. A contagem para o vencimento pode ser fixada a partir de um dos eventos da operação, geralmente do embarque;

c) por **aceite** (*available by acceptance*): é o crédito disponível por aceite mediante saque, a prazo, com pagamento na data do vencimento. Pode ser descontado pelo banco, no ato da apresentação, caso o interessado não queira aguardar o vencimento;

d) por **negociação** (*available by negotiation*): significa que o valor consignado na carta de crédito poderá ser negociado pelo banco ao qual o saque ou os documentos forem apresentados. Em regra, o pagamento é efetuado sem direito de regresso contra os sacadores ou portadores de boa-fé.

■ Quanto à disponibilidade: esta condição é identificada pela expressão *available with* e indica o banco ao qual os documentos deverão ser apresentados para pagamento, aceite ou negociação. A condição também consta das mensagens processadas pelo **SWIFT**[11], como *available by/with*:

a) restrito (*restrict*): quando o crédito indica o banco designado, ao qual os documentos deverão ser entregues, de forma vinculante para o beneficiário, nos casos de créditos irrevogáveis e irrevogáveis confirmados;

b) livremente disponível (*freely available*): esta modalidade não indica o banco para a entrega dos documentos, de modo que o beneficiário poderá escolher o banco de sua preferência para apresentação e pagamento;

c) crédito direto (*straight credit*): quando o banco emitente atua também como banco designado, que receberá os documentos e fará o pagamento, no país do beneficiário.

Uma vez utilizada a carta de crédito, o banco designado deve remeter a documentação ao banco emitente, para entrega ao importador e reembolso pelo pagamento efetuado. Durante a liquidação podem ser apurados **saldos de crédito**, que deverão ser cancelados ou, ainda, **diferenças a maior**, quando o banco deverá solicitar o correspondente aumento do montante garantido. A fim de simplificar os procedimentos, normalmente se utiliza, na contratação do crédito, uma cláusula para aplicação automática de uma margem de segurança, de até 10%, para mais ou para menos.

---

[11] A sigla SWIFT (*Society for Worldwide Interbank Financial Telecommunication*) representa, ao mesmo tempo, uma empresa criada pelas instituições financeiras e a plataforma proprietária de comunicações, produtos e serviços por ela desenvolvida para atender à comunidade internacional. Sua principal função é realizar transações eletrônicas seguras e confiáveis, conforme padrões internacionais. A rede SWIFT alcança mais de 9 mil instituições bancárias e de seguros, presentes em mais de 200 países.

Figura 13.3. Fluxo do crédito documentário

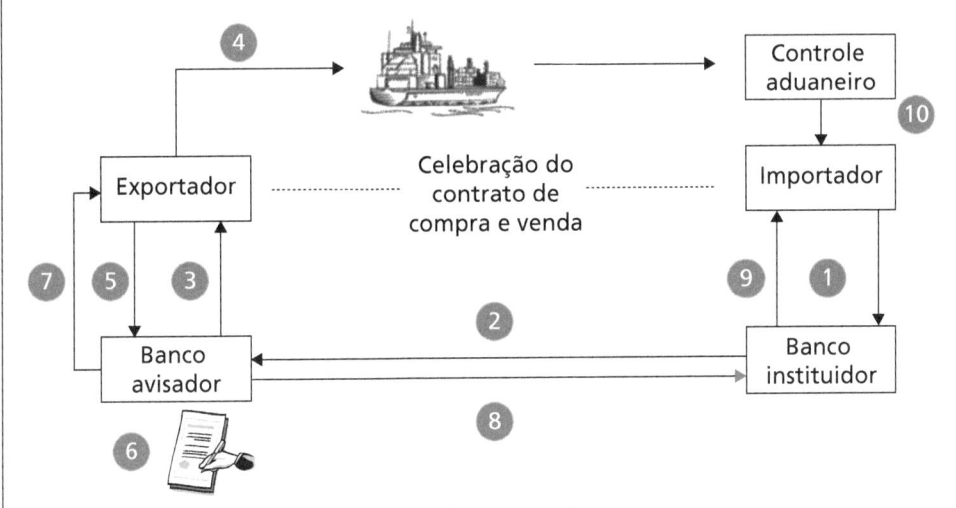

1. O importador abre o crédito no banco instituidor, no seu país.
2. O banco instituidor informa o banco avisador acerca da existência do crédito.
3. O banco avisador comunica as condições do crédito ao exportador.
4. O exportador providencia o embarque das mercadorias.
5. O exportador prepara e apresenta os documentos (conhecimento de embarque, fatura etc.) ao banco avisador.
6. O banco avisador analisa a documentação.
7. Caso a documentação esteja em ordem, o banco avisador realiza o pagamento ao exportador, nas condições estipuladas.
8. O banco avisador remete os documentos ao banco instituidor.
9. O banco instituidor entrega os documentos ao importador, que quita o crédito da forma pactuada.
10. O importador, com os documentos, providencia o despacho aduaneiro das mercadorias.

13.2.5. Créditos e cláusulas especiais

■ **Crédito transferível** (*transferable credit*): nos termos do artigo 38 da Publicação 600, créditos transferíveis são aqueles que podem ser total ou parcialmente disponibilizados a terceiros, a pedido do beneficiário. Na prática, o banco fica autorizado a pagar o valor do crédito a um ou mais *segundos beneficiários*, de acordo com as instruções do beneficiário original. Ressalte-se que a cláusula deve constar **expressamente** do crédito e não se confunde com a figura do **endosso**, porque só pode ser efetivada por um banco.

■ **Crédito rotativo** (*revolving credit*): para os importadores que realizam operações rotineiras e de mesma natureza, existe a possibilidade de contratação de uma carta de crédito rotativa, que se restaura na medida em que é aproveitada, ou seja, o banco emite apenas uma carta, com valor fixo e automaticamente renovável quando da utilização. O mecanismo equivale a uma *linha de crédito*, instituída por períodos de tempo, e pode ser **cumulativa** (quando o saldo não é utilizado no período anterior, é transferido ao subsequente) ou **não cumulativa** (quando eventuais saldos não podem ser aproveitados posteriormente, o que implica um valor fixo máximo por período de utilização).

■ **Créditos *back-to-back***: como o próprio nome indica, os créditos *back-to-back* representam uma operação entre **dois titulares** de crédito, quando o primeiro beneficiário (vinculado a um crédito documentário principal) atua como **intermediário** e confere um segundo crédito em favor do fornecedor das mercadorias. **Exemplo:** o exportador "A", que figura como beneficiário de uma carta de crédito, necessita adquirir produtos de um fabricante local "B", que também exige garantia para o negócio; nesse caso, o exportador "A" solicita o crédito em um banco doméstico e apresenta como garantia a carta emitida pelo importador em seu favor.

■ **Crédito *standby*** (*standby letter of credit*): modalidade bastante utilizada por bancos norte-americanos e regulada pela Câmera de Comércio Internacional por meio da Publicação 590 (que instituiu as *International Standby Practices* — ISP98). Conforme Lunardi[12], "o Banco Emitente da *Standby* assegura o pagamento no caso de o devedor original (importador) não pagar à vista, ou no vencimento, quando a operação for a prazo. Ocorrendo a falha no pagamento (*non performance*) pelo importador, o exportador está autorizado, pela *Standby*, a sacar uma letra (saque) à vista contra o Banco Emitente da *Standby*. Normalmente, o Banco Emitente solicita que este saque seja apresentado junto com cópias dos documentos de embarque e de declaração jurada do exportador, atestando que o importador não pagou a dívida".

■ ***Red clause*** (cláusula vermelha): trata-se de cláusula constante do título de crédito (normalmente expressa em caracteres destacados, na cor vermelha) que permite a **antecipação do pagamento**, total ou parcial, antes do embarque da mercadoria no exterior e, portanto, sem a apresentação dos documentos necessários. Em termos práticos, a cláusula não faz muito sentido, pois permite "converter" o pagamento do crédito em **ordem à vista**, o que só ocorreria em duas situações: quando o importador tivesse plena confiança no exportador ou quando fosse necessário adiantar valores para a produção de bens sob encomenda, circunstâncias que, como vimos, permitem a adoção de outros mecanismos, certamente mais simples e econômicos do que o crédito documentário, até porque na *red clause* não há qualquer garantia para o exportador.

13.3. QUESTÕES

1. (ESAF — AFRF — 2001) Para proteger-se do risco de não pagamento (de origem econômico, comercial ou político), operadores comerciais, ao recorrerem ao meio de pagamento pelo qual um banco (emitente), a pedido ou por conta de importador (tomador), assume documentalmente o compromisso de pagar ao exportador (beneficiário), estão utilizando

    a) a Remessa Antecipada.
    b) a Cobrança à Vista.
    c) a Carta de Crédito.
    d) a Remessa sem Saque.
    e) a Cobrança a Prazo.

---

[12] Ângelo Lunardi. *Carta de crédito sem segredos*, p. 206.

2. (ESAF — AFRF — 2002) Realizado o embarque dos bens, o vendedor envia todos os documentos originais diretamente ao comprador, antes do pagamento, sem qualquer interferência bancária. O vendedor sequer emite qualquer título representativo contra o comprador.

Essa modalidade de pagamento corresponde a:
a) carta de crédito documentário;
b) remessa sem saque;
c) cobrança;
d) letra de câmbio;
e) *swift.*

3. (ESAF — AFRF — 2002) Cláusula que permite pagamento parcial ou total do valor do Crédito previamente ao embarque da mercadoria, portanto, sem a apresentação de documentos. Corresponde, na prática, a um pagamento antecipado dentro de um Crédito e tem a finalidade de fornecer suporte financeiro para o Beneficiário poder produzir a mercadoria.

Face ao enunciado, assinale a opção correta.
a) *Assignment of Proceeds* (Cessão de Resultados).
b) *Revolving Credit* (Crédito Rotativo).
c) *Back-to-back Credits* (Créditos *back-to-back*).
d) *Transferable Credit* (Crédito Transferível).
e) *Red Clause* (Cláusula Vermelha).

4. (ESAF — AFRF — 2002) Os riscos de não pagamento de compromissos comerciais internacionais causados por fatores de ordem econômica, política, comercial, má-fé do comprador etc., podem ser minimizados, ou mesmo evitados pelos operadores comerciais ao selecionar o meio de pagamento mais adequado. Nesse sentido, o meio de pagamento através do qual um banco (tomador) assume documentalmente compromisso de pagar ao beneficiário (exportador) identifica-se como uma

a) cobrança a prazo.
b) remessa antecipada.
c) remessa sem saque.
d) carta de crédito.
e) *accepted invoice* consularizada.

5. (ESAF — AFRF — 2003) O crédito documentário, consistindo numa modalidade de pagamento tendo subjacente um contrato comercial internacional entre vendedor e comprador de mercadorias,

a) não subsiste se o referido contrato estiver sendo questionado judicialmente.
b) rege-se nas práticas comerciais pelas normas da Publicação 500 da Câmara de Comércio Internacional (UPC 500 da CCI), que são claras em definir as responsabilidades das Partes de um Crédito Documentário pela não observância das cláusulas que dispõem acerca das mercadorias transacionadas.
c) é autônomo em relação ao contrato comercial subjacente cujo pagamento ao beneficiário deverá ser honrado contra documentos idôneos e formalmente consistentes com as estipulações da carta de crédito, e não contra bens ou serviços.
d) prescinde do exame minucioso da documentação nele mencionada e de suas condições, não consistindo tal procedimento em essencial à liquidação do crédito.
e) tem eficácia e validade materializada no contrato comercial do qual deriva, e, neste sentido, este prevalece sobre a formalidade documental.

6. (ESAF — AFRF — 2003) Analise a situação abaixo:

– exportador e importador são intrínseca e reciprocamente conhecidos e tradicionais nos respectivos ramos (flores e frutas in natura);
– é razoável que busquem em todo o processo de suas transações comerciais minimizar custos e riscos e maximizar eficiência, rapidez e garantias;
– o importador necessita disponibilizar as mercadorias para consumo o mais rápido possível;
– por sua vez, o exportador necessita do numerário com urgência e, se o importador optar por pagamento a prazo, o exportador terá que descontar as cambiais junto a um banco com deságio, o que acarreta custos adicionais;
– as mercadorias foram embarcadas e consignadas ao banco do importador.

Considerando as circunstâncias acima descritas, entre as modalidades de pagamento utilizadas no comércio internacional, indique aquela que melhor conjuga os interesses de ambas as partes (comprador e vendedor):

a) remessa antecipada;
b) remessa sem saque;
c) cobrança documentária;
d) cobrança a prazo;
e) crédito documentário.

7. (ESAF — AFRF — 2003) O mercado bancário caracteriza-se não apenas pela função de intermediar as trocas entre agentes superavitários e deficitários no lado real da economia, por assim dizer, emprestando a quem precisa os excedentes de quem poupa em uma economia, mas também por permitir a prestação, pelos bancos, de variados serviços a seus clientes. A seu respeito, é correto afirmar:

a) Os bancos privados possuem contas de reservas internacionais junto ao Banco Central, que são utilizadas para assegurar o controle da autoridade sobre o índice mínimo de capital que eles devem aportar como passivos junto a clientes, o que também é conhecido como "índice de Basileia".
b) Os bancos comerciais são aqueles que financiam o comércio exterior do país, contribuindo para promover o ingresso de divisas e o desenvolvimento da economia no longo prazo.
c) As cooperativas de crédito atuam essencialmente no setor habitacional da economia, sendo, no caso do Brasil, ao lado dos bancos comerciais, as mais antigas instituições do sistema financeiro nacional.
d) Os bancos comerciais são aqueles que financiam o capital fixo ou de giro das empresas, contribuindo para aumentar os prazos das operações de empréstimos e financiamentos e fortalecendo a capitalização de empresas comerciais.
e) As cooperativas de crédito atuam essencialmente no setor primário da economia, com o objetivo de facilitar a comercialização de produtos rurais e o escoamento da produção, sobretudo dos cooperados.

8. (ESAF — AFRF — 2005) A respeito das modalidades de pagamentos internacionais, relacione as colunas e, em seguida, assinale a opção correta.

1. remessa sem saque.
2. remessa antecipada.
3. cobrança à vista.
4. crédito documentário.

( ) forma de pagamento mediante a qual o importador remete previamente o valor parcial ou total da transação, após o que o exportador providencia a exportação da mercadoria e o envio da respectiva documentação.

( ) forma de pagamento em que, após a expedição da mercadoria, o exportador entrega a um banco de sua preferência os documentos de embarque, juntamente com um saque contra o importador. O banco, a seu turno, remete os documentos, acompanhados de uma carta-cobrança, a seu correspondente na praça do importador, para cobrar do sacado. Efetuado o pagamento, o banco libera a documentação ao importador, para que ele possa retirar a mercadoria na alfândega.

( ) modalidade de pagamento não empregada com muita frequência no comércio internacional, por colocar o importador na dependência do exportador, implicando, assim, riscos para o primeiro, à medida que, enquanto não receber a mercadoria, não poderá ter certeza do cumprimento regular da obrigação por parte do exportador.

( ) forma de pagamento utilizada em contratos internacionais segundo a qual um banco, por instruções de um cliente seu, compromete-se a efetuar um pagamento a um terceiro, contra a entrega de documentos estipulados, desde que os termos e condições sejam cumpridos.

( ) modalidade de pagamento que envolve maior risco para o exportador, razão pela qual é pouco empregada no comércio internacional (salvo nas importações realizadas por filiais ou subsidiárias de firmas no exterior).

( ) forma de pagamento segundo a qual o importador recebe diretamente do exportador os documentos de embarque, promove o desembaraço da mercadoria na aduana e, posteriormente, providencia a remessa da quantia respectiva para o exterior.

a) 3, 4, 3, 2, 4, 1.

b) 2, 3, 2, 4, 1, 1.
c) 3, 4, 3, 1, 4, 2.
d) 1, 3, 1, 4, 2, 2.
e) 2, 4, 2, 1, 3, 3.

9. (CESGRANRIO — Técnico Bancário — BASA — 2015) Um contrato de câmbio celebrado entre um banco e um cliente, exportador brasileiro,

a) implica a exigência de o exportador trazer para o Brasil, imediatamente, os dólares provenientes de suas vendas no exterior.
b) nunca implica o banco garantir ao exportador a quantia devida pelo importador.
c) pode implicar a cobrança pelo banco da quantia em dólar devida pelo importador residente no exterior.
d) consiste na compra de dólares pela empresa exportadora.
e) é possível apenas após o embarque da mercadoria para o importador estrangeiro.

GABARITO

1. Pergunta com resposta automática, pois o enunciado faz menção à participação de banco, à assunção de compromissos e à proteção contra eventuais riscos, fatores que obviamente se referem às cartas de crédito. A alternativa correta, portanto, é a letra "c".

2. Pergunta direta, pois o enunciado afirma que não há título de crédito nem intervenção bancária, razões que indicam a utilização da modalidade de remessa sem saque. A alternativa correta, portanto, é a letra "b".

3. Questão tranquila, pois reproduz integralmente o conceito da cláusula vermelha (*red clause*), que, quando presente nos títulos de crédito, permite o desconto do valor à vista, independentemente das condições originalmente pactuadas, razão pela qual a alternativa correta é a letra "e".

4. Questão bem fácil, pois toda vez que um banco assume o ônus de responder pelo pagamento, independentemente da conduta do importador, temos a figura da carta de crédito, conforme assinalado na alternativa "d", que é a correta.

5. A alternativa correta é a letra "c", que emprega duas noções clássicas acerca do conceito de crédito documentário: a autonomia do título e o fato de que o crédito deve ser quitado contra as informações da carta de crédito, e não contra bens ou serviços. De se notar que a alternativa utiliza a mesma expressão que o enunciado (contrato comercial subjacente), o que, por si, já seria um bom indicativo da resposta correta. A alternativa "a" está incorreta porque o crédito subsiste independentemente de discussão judicial, enquanto a alternativa "b" está incorreta porque as normas sobre crédito não ingressam no mérito do tratamento das mercadorias. Além disso, convém lembrar que, atualmente, estão em vigor as regras das UCP 600, o que não invalida o raciocínio. A alternativa "d" está incorreta porque o exame minucioso da documentação é obrigatório, e a alternativa "e" também está incorreta porque o crédito não depende do contrato original para fins de validade e exigibilidade.

6. Questão inteligente, pois apresenta uma situação concreta e exige que o candidato indique a modalidade de pagamento mais adequada ao interesse das partes. A alternativa correta é a letra "c", porque na cobrança documentária existe a participação dos agentes bancários e a possibilidade de desconto das cambiais. Não se trataria de crédito documentário, porque as partes são conhecidas e querem reduzir o custo da operação, o que não aconteceria se um banco oferecesse a garantia do pagamento (e, obviamente, cobrasse por isso).

7. Pergunta que discrepa dos editais do concurso, pois indaga a respeito da atividade bancária e demais agentes de crédito (e não das modalidades de pagamento internacional). De todo modo, a alternativa correta é a letra "e", que define de forma adequada o papel das cooperativas de crédito. A alternativa "a" está incorreta porque o Índice de Basileia representa a expressão numérica do valor do patrimônio líquido ajustado e dividido pelo valor do ativo ponderado pelo risco, conforme definido no Acordo da Basileia. Os ajustes do patrimônio líquido e a ponderação de ativos pelo risco são estabelecidos conforme regulamentação do Banco Central, mas não se aplicam ao contexto da questão. A alternativa "b" está incorreta porque os bancos privados em regra não financiam, de modo específico, o comércio exterior. A alternativa "c" está incorreta porque não reflete a realidade histórica do país, e, por fim, a alternativa "d" está incorreta porque os bancos comerciais não têm por função fortalecer a capitalização das empresas.

8. Pergunta associativa, na qual o candidato deve correlacionar os conceitos. A sequência correta é a da letra "b", cuja análise deriva diretamente dos conceitos apresentados e não deve causar dificuldades ao leitor.

9. A alternativa correta é a letra "c", pois o contrato de câmbio pode estabelecer a cobrança pelo banco da quantia em dólares devida pelo importador estrangeiro. As demais alternativas estão erradas e não ocorrem num contrato de exportação firmado por empresário brasileiro.

13.4. MATERIAL DIGITAL

VÍDEO
http://uqr.to/1y39j

14

CÂMBIO

Vimos que, no comércio internacional, uma das características distintivas das transações entre compradores e vendedores é a necessidade de realização de uma operação de **câmbio**, porque, no mais das vezes, os negócios são fechados em moeda diferente daquela(s) utilizada(s) nos países dos contratantes.

Como as transações comerciais com mercadorias e serviços ensejam, em contrapartida, um fluxo monetário **inverso**, com a entrada e saída de moeda estrangeira, o chamado **mercado de câmbio** tende a ser controlado pelos bancos centrais, dada sua direta correlação com o balanço de pagamentos e as reservas internacionais dos países.

14.1. MERCADO DE CÂMBIO

O preço de um produto qualquer, quando negociado entre pessoas de países diferentes, precisa ser **avaliado** em função das moedas locais, e essa comparação de ativos é efetuada pela **taxa de câmbio**, ou seja, o valor correspondente ao preço da moeda de um país em relação à moeda do outro, em determinado momento.

As taxas de câmbio são definidas a partir de diversos fatores **macroeconômicos**, que teremos a oportunidade de analisar mais adiante. Por ora, podemos dizer que a interatividade entre compradores e vendedores de moedas estrangeiras, necessárias para o pagamento de obrigações internacionais, ocorre no mercado de câmbio, espécie de "espaço virtual" no qual as operações com as diferentes moedas são negociadas e quitadas.

Nas palavras de Fernando Nogueira da Costa[1], "troca de bens e serviços e o movimento de capitais entre nações criam ofertas e demandas por cada uma das divisas conversíveis. Essa oferta e demanda de divisas se confrontam no mercado de câmbio, constituído por uma rede mundial de telecomunicações entre os bancos e os intermediários especializados (corretores)".

Podemos então dizer que o mercado de câmbio é formado pelas pessoas físicas ou jurídicas que precisam comprar ou vender moedas estrangeiras, embora as transações só possam ser diretamente realizadas por **instituições financeiras autorizadas**, que operam por conta e ordem de seus clientes ou, ainda, a partir da solicitação dos **corretores**, que atuam como intermediários.

---

[1] Fernando Nogueira da Costa. *Economia em 10 lições*. São Paulo: Makron Books, 2000, p. 300.

No Brasil, o mercado de câmbio engloba as seguintes operações[2]:

- ☐ as compras e as vendas de moeda estrangeira;
- ☐ os pagamentos e as transferências internacionais realizados por meio de serviço de pagamento ou transferência internacional;
- ☐ as contas em reais de titularidade de não residentes;
- ☐ as contas em moeda estrangeira mantidas no Brasil; e
- ☐ as operações com ouro-instrumento cambial.

A compra e venda de moeda estrangeira está autorizada para pessoas físicas ou jurídicas, sem limitação de valor, desde que observada a **legalidade da transação**, assim entendida a formalização dos contratos por meio de agente autorizado, dentro dos parâmetros de capacidade econômica dos interessados, sem prejuízo da comprovação da fonte dos recursos utilizados na operação e da natureza jurídica do negócio que a motivou.

COMPRADORES DE MOEDA ESTRANGEIRA	VENDEDORES DE MOEDA ESTRANGEIRA
☐ Importadores	☐ Exportadores
☐ Investidores no exterior (empresas, fundos de pensões e de investimentos)	☐ Investidores estrangeiros no Brasil (empresas e fundos)
☐ Viajantes brasileiros com destino ao exterior	☐ Viajantes estrangeiros no Brasil
☐ Empresários que precisam saldar compromissos no exterior	☐ Empresários que contraem empréstimos no exterior
☐ Investidores que acreditam na alta da moeda	☐ Investidores que acreditam na baixa da moeda

As operações oficiais de câmbio devem ser realizadas por instituições autorizadas a operar com moeda estrangeira pelo Banco Central do Brasil[3].

I — bancos e a Caixa Econômica Federal: todas as operações do mercado de câmbio;

II — sociedades corretoras de títulos e valores mobiliários, sociedades distribuidoras de títulos e valores mobiliários, sociedades corretoras de câmbio, sociedades de crédito, financiamento e investimento e agências de fomento:

a) operações de câmbio com clientes para liquidação pronta de até US$ 300.000,00 (trezentos mil dólares dos Estados Unidos) ou o seu equivalente em outras moedas, não sendo permitidas transferências referentes a negociação de instrumentos financeiros derivativos no exterior; e

b) operações para liquidação pronta no mercado interbancário, arbitragens no País e arbitragens com o exterior;

III — instituições de pagamento autorizadas a funcionar pelo Banco Central do Brasil que prestem serviço como emissor de moeda eletrônica, emissor de instrumento de pagamento pós-pago ou credenciador, vedadas a condução de operações

---

[2] Conforme previsto no artigo 1.º da Resolução BCB n. 277, de 31 de dezembro de 2022.

[3] Artigo 29 da Resolução BCB n. 277/2022.

com correspondentes e operações envolvendo moedas em espécie, nacional ou estrangeira:

a) operações de câmbio com clientes para liquidação pronta de até US$ 100.000,00 (cem mil dólares dos Estados Unidos) ou o seu equivalente em outras moedas, não sendo permitidas transferências referentes a negociação de instrumentos financeiros derivativos no exterior; e

b) operações para liquidação pronta no mercado interbancário, arbitragens no País e arbitragens com o exterior.

No atual cenário financeiro globalizado, no qual as transações são realizadas em qualquer lugar, 24 horas por dia, o mercado de câmbio está completamente interligado pela informática, como se fosse um único local, no qual ocorrem as trocas da chamada **moeda escritural**, ou seja, mecanismos de compensação interbancária que dispensam a necessidade de circulação física do dinheiro (que pode existir, mas em pequenas quantidades e condições especiais, como quando uma pessoa física adquire dólares norte--americanos para utilização em viagem de turismo).

Como explica Fernando Nogueira da Costa[4], "os bancos devem comprovar que desfrutam de linhas de crédito, concedidas por bancos estrangeiros, que lhes permitam o saque a descoberto — pré-compromissado — até determinados limites. Eles podem comprar e vender moedas estrangeiras, mas, ao final do expediente bancário, o saldo nessas operações deverá situar-se dentro dos limites permitidos de posições *compradas e vendidas* (...). O que exceder esse valor é depositado no Banco Central, rendendo algo próximo da *prime rate* (taxa de juros básica norte-americana), e pode ser sacado a qualquer momento. As *posições vendidas* obedecem a limites de acordo com o patrimônio líquido (capital e reservas) dos bancos" (grifos no original).

Em regra, os pagamentos ou recebimentos em moeda estrangeira devem ser efetuados mediante **transferência bancária**. Quando da remessa de divisas ao exterior, a mensagem eletrônica (*SWIFT*) deverá conter, obrigatoriamente, em relação ao remetente: o nome, número do documento de identificação, endereço e identificador da conta ou número de inscrição no Cadastro de Pessoas Físicas (CPF) ou no Cadastro Nacional da Pessoa Jurídica (CNPJ), no caso de pessoa obrigada de inscrição em referidos cadastros, e forma de entrega da moeda pelo remetente diferente de débito em conta e em relação ao beneficiário: nome e identificador da conta ou identificador único da transação[5].

No caso de recebimentos do exterior, a instituição responsável deverá comunicar ao beneficiário a disponibilidade da ordem de pagamento em seu favor, em moeda estrangeira, que poderá ser negociada de modo integral ou parcial.

Os agentes autorizados pelo Banco Central a operar no mercado de câmbio são responsáveis pela **correta identificação** de seus clientes, assim como devem zelar pela legalidade das operações efetuadas.

---

[4] Fernando Nogueira da Costa. *Economia em 10 lições*, p. 301 (grifos no original).
[5] Resolução BCB n. 277/2022, artigo 13, parágrafo único.

As operações de câmbio são particularmente importantes para os exportadores brasileiros. As novas normas cambiais do Banco Central autorizam que as receitas de exportação podem ser ingressadas ou recebidas no Brasil em reais ou em moeda estrangeira, independentemente da moeda constante da negociação comercial, prévia ou posteriormente ao embarque da mercadoria ou à prestação dos serviços, observadas as disposições gerais sobre o ingresso e o recebimento de recursos no Brasil[6].

Por outro lado, o pagamento relativo a importações pode ser realizado em reais ou em moeda estrangeira, observado que a antecipação desse pagamento pode ocorrer em até trezentos e sessenta dias anteriores à data prevista para[7]:

I — o embarque, nos casos de mercadorias importadas diretamente do exterior em caráter definitivo, inclusive sob o regime de *drawback*, ou quando destinadas a admissão na Zona Franca de Manaus, em Área de Livre-Comércio ou em Entreposto Industrial;

II — a nacionalização de mercadorias que tenham sido admitidas sob outros regimes aduaneiros especiais ou atípicos.

14.1.1. Classificação dos mercados de câmbio

As diversas modalidades de compra e venda de divisas ocorrem simultaneamente, em um "grande mercado cambial", que, para fins didáticos, poderia ser dividido em categorias distintas, conforme abaixo:

- **mercado de câmbio sacado**: indica as transações de compra e venda de moedas estrangeiras realizadas pelos bancos autorizados a operar câmbio, sob as mais diversas formas (letras de câmbio, cheques, ordens de pagamento etc.);
- **mercado de câmbio manual**: representado pelas transações em espécie, sempre que pelo menos uma das moedas for estrangeira. Inclui as operações relacionadas ao turismo e aos viajantes internacionais, por meio da compra e venda de cheques de viagem (*traveller's checks*);
- **mercado paralelo**: representado pelas operações sem controle oficial, ou seja, aquelas realizadas por pessoas físicas ou jurídicas não autorizadas a operar com câmbio;
- **mercado de câmbio primário**: no qual são realizadas as operações entre os bancos e seus clientes;

---

[6] Artigo 46 da Resolução BCB n. 277/2022, que permite que o recebimento do valor da exportação pode ocorrer, entre outras formas, mediante crédito em conta mantida no exterior por instituição autorizada a operar no mercado de câmbio no País, a critério das partes. Além disso, a operação de câmbio de exportação pode ser celebrada prévia ou posteriormente ao embarque da mercadoria ou da prestação do serviço.

[7] Artigo 47 da Resolução BCB n. 277/2022, que também estabelece que o pagamento antecipado de importações pode ser realizado até 1.800 dias antes do embarque ou nacionalização das mercadorias, nos casos de (i) máquinas e equipamentos com longo ciclo de produção ou de fabricação sob encomenda, desde que compatível com o ciclo de produção ou de comercialização do bem; ou (ii) comprovação de impossibilidade de embarque ou de nacionalização do bem por fatores alheios à vontade do importador.

■ **mercado de câmbio intermediário**: representado por transações interbancárias ou, ainda, aquelas realizadas entre os bancos e o Banco Central, como as operações de repasse ou cobertura para nivelamento das posições;

■ **mercado de câmbio à vista**: no qual são realizadas as operações prontas, com taxas de câmbio correntes (*spot rates*), assim entendidas as operações de compra e venda para entrega imediata, em até dois dias úteis;

■ **mercado de câmbio futuro**: representado por operações de compra e venda a termo, com a utilização de uma taxa de câmbio estipulada na data da contratação, mas com entrega em data futura (*forward rate*). As taxas futuras podem oferecer "prêmio" ou "desconto", de acordo com a diferença de valor em relação à taxa pronta.

14.2. CONTRATO DE CÂMBIO

14.2.1. Contratos de câmbio nas operações de exportação

14.2.1.1. *Financiamento das exportações*

Como em todas as operações comerciais, os exportadores também necessitam de mecanismos de **financiamento** às suas atividades, principalmente em função do competitivo mercado global.

A concorrência acirrada e o maior prazo para pagamento das mercadorias (comparado ao das vendas no mercado doméstico, dado que nas exportações consideram-se "curto prazo" operações com pagamento em até 360 dias) exigem um **esforço financeiro** adicional a todos que buscam sucesso no comércio internacional.

Margens de lucro apertadas e prazos mais longos de recebimento exigem que os governos desenvolvam programas específicos de apoio e financiamento às operações de comércio exterior, por meio de **agências de crédito** às exportações.

No Brasil, são consideradas **exportações financiadas** as vendas de mercadorias ou as prestações de serviços sujeitas a Registro de Crédito (RC) no SISCOMEX.

O **Registro de Crédito** é realizado mediante numeração específica no SISCOMEX e compreende todas as informações de natureza comercial, financeira e cambial relativas às exportações a prazo e com **incidência de juros**.

Compete ao exportador efetuar o Registro de Crédito, normalmente antes do Registro de Exportação e do embarque das mercadorias (salvo nas hipóteses de venda em consignação ou de mercadorias destinadas a feiras e exposições, com expectativa de venda durante o evento, situação em que o Registro de Crédito poderá, obviamente, ser promovido depois do envio das mercadorias ao exterior).

Existem dois tipos de exportações financiadas: com recursos do **próprio exportador** ou de terceiros e com recursos oriundos do **Programa de Financiamento às Exportações (PROEX)**, no qual o Banco do Brasil atua como agente financeiro responsável pela análise do crédito.

14.2.1.2. *O paradigma internacional* — Ex-Im Bank

O ***Ex-Im Bank*** (*Export-Import Bank*), criado em 1934, é o órgão oficial de crédito para exportação dos Estados Unidos, cuja função é auxiliar a promoção da venda de produtos ou serviços daquele país, mediante o fornecimento de recursos para compradores internacionais sob condições mais favoráveis que as de mercado.

Esse banco possui sede em Washington, com escritórios espalhados pelo mundo todo, e seu corpo diretivo é indicado pelo Presidente e referendado pelo Senado norte-americano. O modelo de assistência desenvolvido pelo *Ex-Im Bank* tem servido de paradigma para iniciativas semelhantes de outros governos.

Em linhas gerais, a **assistência** do *Ex-Im Bank* contempla as seguintes modalidades:

- concessão de empréstimos diretos, ao importador estrangeiro, com prazos de 5 a 15 anos, com taxas de juros fixas, baseadas na taxa do Tesouro americano;
- realização de operações de desconto, com taxas reduzidas;
- financiamento consorciado, ou seja, fornecimento de uma linha de crédito a uma instituição financeira não americana;
- concessão de garantias de empréstimos, para médio prazo (até cinco anos e valores inferiores a 10 milhões de dólares) e longo prazo (mais de cinco anos ou valores superiores a 10 milhões de dólares), com taxas flutuantes, negociadas entre o comprador e o financiador (o *Ex-Im Bank* funciona como garantidor da operação);
- estabelecimento de seguro de crédito de exportação, ou seja, o *Ex-Im Bank* assegura que, se o comprador estrangeiro não efetuar o pagamento, o restante do principal e os juros serão entregues ao segurado (normalmente um banco, que fará o pagamento ao exportador quando a cobertura do seguro for aprovada).

14.2.1.3. BNDES Exim

Na esteira do *Ex-Im Bank*, o Brasil possui o **BNDES Exim**, programa de financiamento às exportações de bens e serviços do Banco Nacional de Desenvolvimento Econômico e Social, que atua por meio de instituições credenciadas, nas fases **pré-embarque** e **pós-embarque**.

Em uma operação de financiamento à exportação, o crédito pode ser concedido na fase de **produção da mercadoria**, no Brasil, razão pela qual se denomina crédito pré-embarque (ou *financiamento à produção exportável*). Ao revés, se o financiamento ocorrer na fase de **comercialização** da mercadoria, a modalidade de crédito é conhecida como pós-embarque.

A distinção entre crédito pré e pós-embarque se faz necessária devido a diversos fatores.

O primeiro deles advém do **grau de confiança** do financiador ou segurador no sucesso da operação, que após o embarque das mercadorias para o exterior será certamente muito maior do que na fase de produção, porque já superados os riscos do negócio sob responsabilidade do exportador. Isso gera reflexos diretos e positivos quanto às decisões sobre a concessão do crédito, as taxas de juros aplicáveis, os prazos e condições de financiamento, entre outras variáveis.

O segundo fator relevante diz respeito ao **beneficiário** do crédito.

Quando o crédito é destinado ao fornecedor da mercadoria, utilizamos o termo ***supplier's credit***, que poderia ser traduzido, de forma simples, como *crédito ao* *fornecedor*. O financiamento *supplier's credit* na verdade é um **refinanciamento** ao exportador, mediante desconto de títulos de crédito ou cessão de direitos creditórios.

Contudo, se o crédito é fornecido diretamente ao **importador**, com interveniência do exportador, utiliza-se a expressão *buyer's credit*, que significa *crédito ao comprador*, modalidade com custos e prazos de aprovação mais elevados, pois exige a análise do risco financeiro de pessoa localizada no exterior.

Ressalte-se que o financiamento às exportações funciona de modo análogo aos financiamentos no mercado interno, de sorte que o exportador deve cumprir a obrigação de embarcar as mercadorias para o exterior e aguardar o recebimento dos valores pactuados, conforme o prazo estipulado, ou receber à vista o montante do agente financiador, que se tornará credor do importador.

O principal objetivo das modalidades de financiamento é conferir mais liquidez ao **capital de giro** das empresas exportadoras, pois os prazos relativamente longos para pagamento no comércio internacional afetam-lhes o caixa e a capacidade de quitar dívidas operacionais de curto prazo.

14.2.1.4. *Programa de Financiamento às Exportações (PROEX)*

Com o objetivo de conferir aos exportadores brasileiros condições de financiamento e obtenção de crédito comparáveis às vantagens oferecidas por outros países, o Brasil instituiu, por meio da Lei n. 10.184/2001, o **Programa de Financiamento às Exportações (PROEX)**, que tem como agente financeiro exclusivo o Banco do Brasil.

O PROEX é o mais importante **mecanismo público** de apoio às exportações brasileiras de bens e serviços e proporciona, com recursos do Tesouro Nacional, encargos financeiros compatíveis com os praticados no mercado internacional, além de crédito para a produção de bens destinados à exportação.

Nos termos da Lei n. 10.184/2001, com a redação dada pela Lei n. 11.499/2007, compete à **CAMEX** estabelecer as condições para a aplicação do PROEX, observadas as disposições do Conselho Monetário Nacional.

O PROEX oferece crédito aos exportadores brasileiros por meio de duas modalidades:

◼ **financiamento:** proporciona crédito direto ao exportador brasileiro (*supplier's credit*) ou ao importador (*buyer's credit*), para pagamento à vista ao exportador, com recursos financeiros oriundos do Tesouro Nacional;

◼ **equalização de taxas de juros:** nesta modalidade, o PROEX assume parte dos encargos nos financiamentos concedidos por instituições financeiras, utilizando o chamado *pagamento de equalização*, que permite reduzir os encargos financeiros para níveis compatíveis com os praticados no mercado internacional.

Para acompanhar as atividades do PROEX e examinar as operações de financiamento e garantia para as exportações, nas suas diversas modalidades, foi criado, pelo Decreto n. 4.993, de 2004, o **Comitê de Financiamento e Garantia das Exportações (COFIG)**, órgão colegiado integrante da CAMEX.

O enquadramento de uma operação no PROEX é solicitado por meio do preenchimento do Registro de Operação de Crédito (RC) no SISCOMEX, com aprovação pelo Banco do Brasil.

14.2.1.4.1. *PROEX financiamento*

O PROEX Financiamento tem por finalidade apoiar as exportações brasileiras de **micro, pequenas** e **médias empresas**, com a possibilidade ainda de enquadramento de operações praticadas por empresas de grande porte exclusivamente para o cumprimento de compromissos governamentais decorrentes de negociações bilaterais, que envolvam a concessão de créditos brasileiros e demais operações de exportação, que não possam ser viabilizadas por intermédio de outras fontes de financiamento.

Tanto o **PROEX Financiamento** como o **PROEX Equalização** poderão apoiar exportações brasileiras para países, projetos ou setores com limitações de acesso a financiamento de mercado, no intuito de lhes conferir viabilidade financeira e condições de competitividade.

As condições gerais do PROEX Financiamento são as seguintes:

- prazo de 60 dias a dez anos. Os prazos são definidos de acordo com o valor da mercadoria ou a complexidade do serviço prestado;
- parcela financiada em até 100% do valor da exportação para os financiamentos com prazo de até dois anos e até 85% do valor da exportação nos demais casos;
- taxas de juros de mercado internacional;
- pagamento em parcelas semestrais, iguais e consecutivas;
- garantias — aval, fiança, carta de crédito de instituição financeira de primeira linha ou seguro de crédito à exportação.

14.2.1.4.2. *PROEX equalização de taxas de juros*

Trata-se de instrumento utilizado para gerar **equivalência** das taxas de juros pagas pelo exportador em relação às praticadas no mercado internacional.

O PROEX Equalização foi criado para apoiar as exportações brasileiras de empresas de **qualquer porte**, em financiamentos concedidos pelo mercado financeiro, por meio de bancos múltiplos, comerciais, de investimento e de desenvolvimento, sediados no país ou no exterior, bem como do Banco Nacional de Desenvolvimento Econômico e Social (BNDES) e da Corporação Andina de Fomento (CAF).

Neste modelo, as exportações brasileiras são financiadas por instituições nacionais ou estrangeiras e cabe ao PROEX **suportar** parte dos encargos financeiros incidentes, de forma a tornar as taxas de juros equivalentes às praticadas internacionalmente.

Os contratos de câmbio de exportação celebrados **previamente** ao embarque das mercadorias ou à prestação dos serviços ou, ainda, celebrados para recebimento antecipado da exportação podem ser encadeados a financiamento sob a modalidade de equalização de taxas de juros pelo seu valor integral.

O pagamento de juros pelo exportador, relativo a recebimento antecipado, fica restrito ao período compreendido entre a data da liquidação do contrato de câmbio e a data do embarque das mercadorias ou da prestação do serviço.

O PROEX Equalização segue os seguintes parâmetros:

▪ as características do financiamento (prazo e percentual financiável, taxa de juros e garantias) podem ser livremente pactuadas entre as partes, e não necessariamente devem coincidir com as condições de equalização;

▪ prazo de equalização — de 60 dias a quinze anos, definidos de acordo com o valor agregado da mercadoria ou a complexidade dos serviços prestados;

▪ percentual equalizável — até 100% do valor da exportação;

▪ beneficiário da equalização — a instituição financiadora da exportação brasileira.

14.2.1.5. Adiantamento sobre Contratos de Câmbio (ACC) e Adiantamento sobre Cambiais Entregues (ACE)

As operações de ACC e ACE são as modalidades mais tradicionais de financiamento às exportações e têm por objetivo **reduzir** os custos financeiros dos empresários brasileiros, nas fases de produção e comercialização das mercadorias e dos serviços.

Os **adiantamentos** concedidos pelos dois instrumentos possibilitam melhores condições de competitividade em relação aos concorrentes estrangeiros, na medida em que oferecem prazos mais elásticos e taxas compatíveis com as praticadas pelo mercado internacional.

O **Adiantamento sobre Contrato de Câmbio (ACC)** é uma operação de crédito na fase **pré-embarque**, que permite a antecipação total ou parcial de recursos, em moeda nacional, ao exportador, quando da contratação do câmbio decorrente de uma exportação ainda a ser realizada.

O exportador se compromete a repassar ao banco financiador, após o embarque da mercadoria, o numerário recebido, tal como em uma operação de *desconto de pedidos em carteira* realizada no mercado interno.

Para solicitar o adiantamento, o exportador deve procurar uma instituição financeira autorizada a operar câmbio e comprovar, no momento adequado, a efetiva **exportação das mercadorias**, mediante vinculação do Registro de Exportação (RE) ao Contrato de Câmbio previamente celebrado.

Entre as principais vantagens do modelo, podemos destacar:

▪ utilização de taxas de juros internacionais, como é o caso da LIBOR (*London Interbank Offered Rate*);

▪ obtenção de recursos para capital de giro de até 360 dias antes do embarque das mercadorias exportadas;

▪ isenção do Imposto sobre Operações Financeiras (IOF).

O **Adiantamento sobre Cambiais Entregues (ACE)** é uma antecipação de recursos em moeda nacional, ao exportador, por meio de uma operação de crédito na qual o banco entrega o valor, total ou parcial, do contrato de câmbio celebrado entre as partes, **após o embarque** da mercadoria e contra a apresentação dos respectivos documentos.

Na prática, trata-se de um adiantamento ao pagamento pela exportação, razão pela qual poderia ser comparado ao *desconto de duplicatas mercantis* no mercado doméstico, pois ocorre já na fase de **comercialização**.

Para solicitar o adiantamento, o exportador deve procurar uma instituição bancária autorizada (normalmente aquela com a qual contratou a operação de câmbio) e apresentar os documentos relativos ao negócio e embarque das mercadorias, além da **cambial** com o prazo estipulado.

Da mesma forma que no ACC, as taxas e condições de financiamento são mais favoráveis, porque baseadas em parâmetros internacionais, com redução dos custos financeiros.

Outras vantagens dizem respeito ao recebimento **à vista** do valor pelo exportador, no caso de exportações realizadas a prazo, com liquidação do contrato de câmbio prevista para até o último dia útil do 12.º mês subsequente ao do embarque da mercadoria ou da prestação do serviço.

O ACE também está isento do Imposto sobre Operações Financeiras (IOF) e pode ser contratado independentemente de ter sido negociado um ACC anterior (embora muitas empresas façam a contratação conjunta dos dois instrumentos).

Como vimos, as **taxas de câmbio** são determinadas no mercado cambial e representam o preço da moeda de um país em termos da moeda de outro país, em determinado momento.

Gráfico 14.1. Taxa de câmbio (R$/US$)

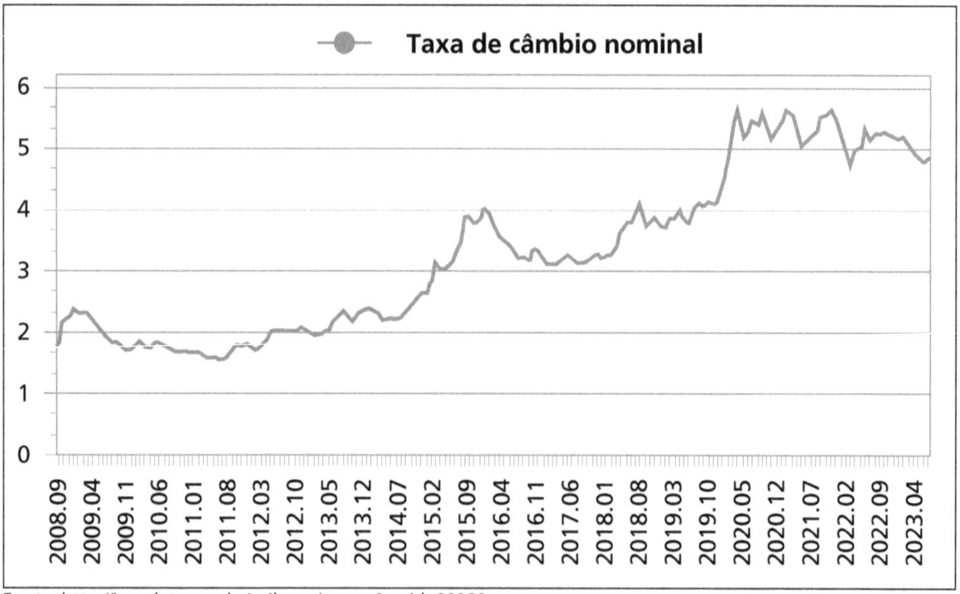

Fonte: http://ipeadata.gov.br/exibeserie.aspx?serid=38389.

Como explica Krugman[8], "as taxas de câmbio têm um papel nas decisões de gastos porque elas nos possibilitam traduzir os preços dos diferentes países em termos

---

[8]   Paul Krugman e Maurice Obstfeld. *Economia internacional,* p. 365.

comparáveis. Tudo o mais igual, uma *depreciação* da moeda de um país em relação às moedas estrangeiras (uma elevação dos preços, em moeda doméstica, das moedas estrangeiras) torna suas exportações mais baratas e suas importações mais caras. Uma *apreciação* de sua moeda (uma queda nos preços em moeda doméstica, das moedas estrangeiras) torna suas exportações mais caras e suas importações mais baratas" (grifos no original).

A determinação das taxas de câmbio segue, como em todos os mercados, a lógica da oferta e da demanda, mas está intimamente ligada ao desempenho de **fatores macroeconômicos**, como a paridade das taxas de juros, a paridade do poder de compra e os diferentes níveis de atividade dos países.

Como as taxas de câmbio tendem a ser **mais voláteis** do que as variações nos fundamentos macroeconômicos que as regem, o mercado cambial opera no limite das oportunidades, com tentativas de **antecipação** ou **especulação** em relação a cenários futuros.

Krugman assim descreve o fenômeno[9]: "Como a taxa de câmbio é o preço relativo de dois ativos, é mais adequado que se considere o preço dos ativos em si. O princípio básico do estabelecimento do preço de um ativo é que o valor corrente de um ativo depende de seu poder de compra futuro esperado. Ao avaliar um ativo, os poupadores analisam a *taxa de rendimento* esperada que ele oferece, isto é, a taxa pela qual se espera que o valor de um investimento no ativo aumente no decorrer do tempo. É possível medir a taxa de rendimento esperada de um ativo de diversas formas, cada uma dependendo das unidades nas quais o valor do ativo é medido. Os poupadores se importam com a *taxa de rendimento real* esperada de um ativo, a taxa à qual se espera que seu valor, expresso em termos de uma cesta representativa da produção, aumente. Quando os rendimentos relativos dos ativos são relevantes, como no mercado de câmbio, é adequado comparar as mudanças esperadas nos valores das moedas dos ativos, desde que aqueles valores sejam expressos na mesma moeda. Se os fatores de *risco* e *liquidez* não influenciam fortemente as demandas dos ativos em moedas estrangeiras, os participantes do mercado de câmbio sempre preferirão manter os ativos que proporcionem a taxa de rendimento esperada mais elevada" (grifos no original).

O mercado de câmbio revela a expectativa dos seus atores, que podem assumir **posições compradas** (quando acreditam que a cotação de determinada moeda vai subir) ou **posições vendidas**, decorrentes da aposta na redução dos valores de cotação.

Embora se possa dizer que um mercado assim configurado seja em tese **livre**, não se deve olvidar a intensa participação dos bancos centrais dos países na tentativa de regular as taxas de câmbio, inclusive com a possibilidade de **intervenção direta**, por meio do chamado *controle cambial*.

No Brasil, o Banco Central tem por função controlar as operações de câmbio, no sentido de monitorar todas as entradas e saídas de divisas, tanto para evitar os casos de evasão como para manter a política de reservas cambiais (que representam a somatória de todos os ativos em moeda estrangeira e direitos que o país detém no exterior).

---

[9] Paul Krugman e Maurice Obstfeld. *Economia internacional*, p. 365.

O Banco Central, portanto, exerce um **triplo papel** no controle do câmbio:

☑ fiscaliza as remessas de valores para o exterior;
☑ coordena e executa a política cambial do país;
☑ atua como comprador e vendedor de divisas no mercado.

Gráfico 14.2. Distribuição por classes de ativos das reservas internacionais (US$)

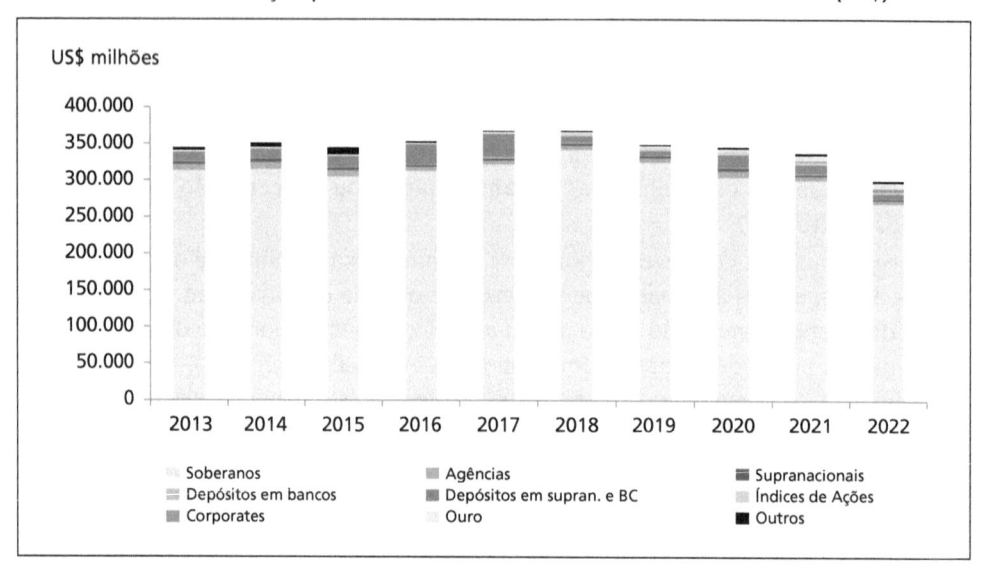

Fonte: Banco Central do Brasil (reservas no conceito caixa — dados de fim de período. Valores em milhões de US$). Disponível em: https://www.bcb.gov.br/content/estabilidadefinanceira/relgestaoreservas/GESTAORESER-VAS202303- relatorio_anual_reservas_internacionais_2023.pdf.

Além disso, o Banco Central tem por função zelar pelo equilíbrio das reservas internacionais do país, ao acompanhar a **posição diária** dos bancos que operam no mercado de câmbio, buscando posições de equilíbrio, por meio de operações de **repasse** (correção do excesso de posição comprada) e **cobertura** (correção do excesso de posição vendida).

Isso porque os bancos, que atuam como **intermediários** dos interesses de seus clientes, não podem definir, *a priori*, qual será a posição cambial ao término do dia, o que depende, fundamentalmente, das solicitações de compra e venda e dos humores do mercado.

Fernando Nogueira da Costa explica como na prática esse controle ocorre[10]: "Até o final do expediente diário, se houver excesso de moeda estrangeira gerado pela compra, ou seja, a *posição comprada* acima do limite permitido, se faz o repasse dos dólares ao Banco Central do Brasil. O mesmo ocorre para a necessidade de cobertura de uma *posição vendida* excessiva, gerada por venda de moeda estrangeira acima do limite autorizado. Neste caso, o Banco Central do Brasil socorre os bancos, para que eles mantenham uma *posição nivelada* ao final do dia, dentro dos limites estabelecidos. Antes de

---

[10] Fernando Nogueira da Costa. *Economia em 10 lições*, p. 302.

recorrer à autoridade monetária, os bancos podem tentar, no mercado interbancário de câmbio, solucionar os problemas de excesso de compra ou venda".

14.3.1. Cotação das taxas de câmbio

Como as taxas de câmbio representam o valor de uma **moeda** em relação a outra, em determinado momento, podemos dizer que as cotações são **relativas**, porque objeto de permanentes revisões.

Para fins didáticos, nunca é demais lembrar que a moeda, esse instrumento tão comum e natural das sociedades modernas, que todos conhecemos, pode ser compreendida de maneiras distintas.

Segundo Krugman[11], a moeda pode assumir três funções:

◼ moeda como **meio de troca** — a função mais importante da moeda é servir como *meio de troca*, um meio de pagamento geralmente aceito. Para saber por que um meio de troca é necessário, imagine de quanto tempo disponível as pessoas necessitariam para comprar bens e serviços em um mundo em que o único tipo de comércio possível fosse o escambo: a troca de bens ou serviços por outros bens ou serviços;

◼ moeda como **unidade de conta** — a segunda função importante da moeda é ser *unidade de conta*, isto é, uma medida de valor amplamente conhecida; os preços dos bens, serviços e ativos são normalmente expressos em termos de moeda. As taxas de câmbio nos permitem converter os preços em moedas de países diferentes em termos comparáveis;

◼ moeda como **reserva de valor** — como a moeda pode ser utilizada para transferir poder de compra do presente para o futuro, ela também é um ativo, ou uma *reserva de valor*. Essa atribuição é essencial para qualquer meio de troca porque ninguém estaria disposto a aceitá-lo como pagamento se seu valor em termos de bens e serviços evaporasse imediatamente.

As **cotações cambiais** no Brasil são divulgadas pelo Banco Central e tomam como referência o preço de *uma unidade da moeda estrangeira em relação à moeda nacional* (exemplo: €1,00 vale R$ 6,30 (outubro de 2021)), enquanto, em outros países como nos Estados Unidos, a taxa de câmbio é estipulada como o preço de *uma unidade de moeda nacional em relação à moeda estrangeira*.

O Banco Central divulga taxas de **abertura** (quando do início do mercado, pela manhã), taxas **intermediárias** (por meio de boletins, normalmente a cada 30 minutos, durante todo o expediente bancário) e taxas de **fechamento** (a última taxa operada no dia).

As cotações são sempre divididas em **taxas de compra** (*bid rate*, o valor pelo qual o banco adquire a moeda estrangeira) e **taxas de venda** (*offer rate*, o valor pelo qual o banco entrega moeda estrangeira a terceiros), sendo que a diferença entre as cotações é chamada de *spread*, que representa a margem de ganho nas operações.

---

[11] Paul Krugman e Maurice Obstfeld. *Economia internacional*, p. 374-375 (grifos no original).

No Brasil, as taxas são divulgadas, conforme se pode perceber do exemplo anterior, com **quatro casas decimais**, posição conhecida como **ponto**, uma vez que a variação cambial costuma ser expressa internacionalmente em pontos.

14.3.2. Regimes cambiais

Os regimes cambiais são os sistemas utilizados para determinar as taxas de câmbio. Os dois principais modelos são o regime cambial **fixo** e o regime cambial **flutuante**.

Em razão do Acordo de **Bretton Woods**, a economia mundial operou sob um sistema de taxas de câmbio fixas entre o final de Segunda Guerra Mundial e o ano de 1973, no qual cada moeda nacional era conversível em dólares norte-americanos, conforme a taxa divulgada pelo FMI, que, por seu turno, eram conversíveis em ouro, também de forma previamente fixada.

Em 1971, os norte-americanos suspenderam a conversibilidade do dólar em ouro e, dois anos mais tarde, o sistema de Bretton Woods se extinguiu.

14.3.2.1. *O padrão-ouro*

Em termos históricos, o padrão-ouro surgiu, no início do século XIX, como decorrência da utilização das moedas de ouro como instrumentos de troca, unidade de conta e reserva de valor.

Com a inflação e o desequilíbrio econômico na Europa, causados em grande medida pelas **Guerras Napoleônicas**, o Parlamento Britânico instituiu oficialmente o padrão-ouro por meio do *Resumption Act*, norma que retirou as restrições para exportações de moedas e barras de ouro da Inglaterra. Devido à preponderância econômica inglesa, diversos outros países, ao longo do século XIX, adotaram medidas semelhantes, como a Alemanha, o Japão e, mais tardiamente, os Estados Unidos, de forma que entre 1880 e 1914 as principais nações industrializadas atuavam mediante a livre conversão de suas moedas domésticas em ouro, a preços fixos.

Ante a necessidade desenfreada de **emitir** enormes quantidades de moeda para cobrir os gastos durante a Primeira Guerra Mundial, os países europeus rapidamente quebraram a paridade entre o ouro e suas moedas nacionais, o que pôs fim ao chamado *padrão-ouro clássico*.

Durante o período entreguerras, especialmente na década de 1920, por pressões dos **ingleses** (que pretendiam restaurar seu prestígio e hegemonia no mercado financeiro mundial, mas fracassaram) e dos **norte-americanos** (que se tornaram grandes credores internacionais, com enormes reservas em ouro), diversos países retomaram a paridade de suas moedas em relação ao ouro.

Com a turbulência causada pela **Grande Depressão** a partir de 1929, diversos bancos foram à falência e a Inglaterra teve de abandonar o modelo no início da década de 1930.

No relato de Inaiê Sanchez[12], "a data que marcou o colapso do padrão-ouro foi 21 de setembro de 1931, quando a Grã-Bretanha suspendeu a conversão da libra em ouro, depois que o Banco da Inglaterra perdeu 200 milhões de libras desde 13 de julho do

---

[12] Inaiê Sanchez. *Para entender a internacionalização da economia*, p. 34.

mesmo ano. A má distribuição das reservas de ouro, e particularmente a acumulação de ouro pela França e pelos Estados Unidos, foi também uma das razões da quebra do padrão-ouro. Em 1920, os Estados Unidos possuíam 36% das reservas mundiais de ouro. No final de 1924, esse índice havia crescido para 47%".

Na reunião de Bretton Woods, em 1944, os países concordaram em assumir **paridades oficiais** perante o dólar (que tinha o valor fixado em ouro), manter suas taxas cambiais dentro do intervalo de 1%, para mais ou para menos, e somente alterar tais paridades em situações excepcionais, que revelassem **desequilíbrio fundamental** nas contas e no balanço de pagamentos.

Como explica Krugman[13], "os arquitetos do *Fundo Monetário Internacional (FMI)* pretendiam construir um sistema de taxas de câmbio fixas que viabilizasse o crescimento do comércio internacional embora tornassem os requisitos do equilíbrio externo suficientemente flexíveis, de modo que pudessem ser atendidos sem sacrificar o equilíbrio interno. Com essa finalidade, o regulamento do FMI previa financiamentos para os países deficitários, ao mesmo tempo em que permitia ajustes da taxa de câmbio em condições de 'desequilíbrio fundamental'. Todos os países vincularam suas moedas ao dólar. Os Estados Unidos vincularam-se ao ouro e concordaram com a troca de ouro por dólares com os bancos centrais estrangeiros ao preço de US$ 35 por onça" (grifos no original).

O sistema inaugurado em Bretton Woods teve **duas fases**: a primeira, em que houve **escassez de dólares**, quando apenas os Estados Unidos, devido à supremacia econômica, tinham condições de auxiliar os demais países a regular o mercado, e a outra, após 1958, momento em que a conversibilidade da moeda foi restabelecida nos países europeus, circunstância que gerou um **excesso de dólares** e déficits consecutivos no balanço de pagamentos norte-americano, gerando uma crise de **confiança internacional**, fundamentada na provável incapacidade de os Estados Unidos converterem dólares em ouro (até porque já se percebia que o dólar, à época, estava supervalorizado).

Houve, a partir de então, um grande enfraquecimento do sistema, sintetizado pelos problemas da economia norte-americana.

Segundo Krugman[14], "para atingir os equilíbrios interno e externo ao mesmo tempo, as políticas de *mudança dos gastos* e de *desvios dos gastos* eram necessárias. Mas a possibilidade das políticas de mudança dos gastos (mudanças das taxas de câmbio) poderia aumentar os fluxos de capital especulativo que minavam as taxas de câmbio fixas. Como país da moeda de reservas, os Estados Unidos tinham um problema de equilíbrio externo único: o *problema da confiança*, que poderia surgir conforme os estoques oficiais estrangeiros de dólares inevitavelmente crescessem para exceder os estoques de ouro dos Estados Unidos".

Após várias tentativas frustradas de correção do modelo, o sistema iniciado em Bretton Woods finalmente fracassou, quando o Presidente norte-americano Richard Nixon suspendeu, em 15 de agosto de 1971, a conversão do dólar em ouro, de forma que a moeda pudesse encontrar seu próprio ponto de conversão e equilíbrio, à luz das regras de mercado.

---

[13] Paul Krugman e Maurice Obstfeld. *Economia internacional*, p. 572.
[14] Paul Krugman e Maurice Obstfeld. *Economia internacional*, p. 572.

As causas do colapso de Bretton Woods, segundo Inaiê Sanchez[15], foram:

- o **dilema de Triffin**: o economista Robert Triffin afirmou que havia uma contradição na estrutura do Sistema de Bretton Woods, ou seja, a principal maneira que os Estados Unidos encontraram para bombear dólares no sistema monetário internacional foram os persistentes déficits em seu balanço de pagamentos. Em outras palavras, o país gastou mais do que ganhou e isso provocou uma crise de confiança na capacidade dos Estados Unidos de converter dólar em ouro;
- falhas no mecanismo de **ajuste de pagamento**: os governos não poderiam alterar suas taxas cambiais porque não sabiam dizer quando estava caracterizado um "desequilíbrio fundamental", já que essa expressão nunca foi definida;
- de acordo com o sistema de Bretton Woods, os governos deveriam controlar o movimento de capitais para manter o equilíbrio do balanço de pagamentos, mas o próprio sistema causou o oposto: esses movimentos foram estimulados pelo **poder de integração** do regime de paridade cambial. O mercado de euromoeda tornou-se, durante os anos 1960, o principal veículo para a **especulação** privada contra as paridades cambiais oficiais. Era cada vez mais difícil para os governos defender as paridades diante da alta mobilidade de capital internacional que havia sido gerada;
- de um ponto de vista **monetarista**, as taxas cambiais não poderiam ter sido fixadas porque os países tinham diferentes níveis de inflação;
- as taxas cambiais fixas eram um problema para as **multinacionais**, que estavam em franca expansão;
- a **Guerra do Vietnã**: o governo americano imprimiu mais dólares para financiar os gastos com a guerra. Como resultado, os Estados Unidos começaram a exportar inflação porque as taxas cambiais estavam atreladas ao dólar;
- fatores **internos** dos Estados Unidos: para ser reeleito, o Presidente Richard Nixon queria estimular a economia norte-americana, mas as taxas de juros representavam um obstáculo.

14.3.2.2. *Taxas de câmbio fixas*

No regime **cambial fixo**, os países precisam determinar o valor de suas moedas em relação a um padrão preestabelecido. Isso significa que as autoridades monetárias fixam o preço da moeda nacional em relação a moedas estrangeiras, com a promessa de manter essa paridade, o que implica a necessidade de **intervenção constante** no mercado cambial, com a compra ou venda da moeda pela taxa de câmbio instituída.

Além da necessidade de manutenção de grandes reservas, outro problema enfrentado no regime cambial fixo deriva da necessidade de **sustentação da paridade** convencionada, o que normalmente leva o país a enormes sacrifícios, como já ocorreu, por exemplo, no Brasil e na Argentina, com resultados catastróficos.

Uma variante do regime fixo seria o de **câmbio fixo ajustável** ou sistema de **bandas cambiais ajustáveis**, no qual o banco central de um país estabelece o intervalo de flutuação

---

[15] Inaiê Sanchez. *Para entender a internacionalização da economia*, p. 36-37.

do câmbio e intervém sempre que a taxa ameace escapar dos parâmetros definidos. Caso o desequilíbrio permaneça, existe a possibilidade de alterar o intervalo da banda.

Embora tenha sido adotada por vários países, sob os argumentos de que trariam mais estabilidade e segurança aos mercados, as taxas de câmbio fixas comprometem sobremaneira a capacidade dos bancos centrais, especialmente quanto ao uso da política monetária para fins de estabilização, porque a necessidade de intervenção permanente no mercado prejudica a **administração das reservas**, que aumentam ou diminuem à medida que são realizadas compras ou vendas de ativos, deixando o flanco aberto para **ataques especulativos**[16], que podem desestabilizar ou até destruir os fundamentos da economia nacional.

Para administrar regimes de câmbio fixo, as autoridades monetárias podem criar o mecanismo conhecido como *currency board* (caixa de conversão), mediante o qual a moeda será ancorada, de modo fixo, a determinado ativo, que pode ser uma terceira moeda (como o dólar norte-americano) ou, ainda, uma *commodity* (como no caso do ouro). Nesse modelo, a emissão de moeda só é possível quando houver o correspondente ingresso de reservas.

14.3.2.3. *Taxas de câmbio flutuantes*

Embora a menção ao regime de câmbio flutuante ou flexível possa indicar, à primeira vista, a existência de um mercado perfeito, regulado apenas pelas leis de oferta e procura, a realidade tem demonstrado que a maioria dos países adota um sistema de **taxas de câmbio flutuantes administradas**, no qual os bancos centrais podem atuar de forma a moderar e regular as forças de mercado.

Quando o banco central intervém diretamente no mercado, por meio de operações de compra e venda de divisas, o regime cambial é denominado **"flutuação suja"**. Ao contrário, nas hipóteses em que o banco central não interviesse, deixando o mercado apenas à mercê de suas forças naturais, o regime seria de **"flutuação limpa"**.

Na prática, quase todos os países possuem bancos centrais ativos, que atuam diretamente no mercado de forma a comprar o **excesso de divisas** quando a taxa de câmbio **cai** abaixo do desejado e, no sentido oposto, vender divisas, a fim de dar **mais liquidez** ao mercado e reduzir as cotações, quando a taxa de câmbio ultrapassa as expectativas governamentais.

Existe, ainda, a possibilidade de os bancos centrais realizarem transações iguais de ativos estrangeiros e domésticos, em direções opostas, para anular o impacto de suas operações de câmbio sobre a oferta doméstica de moeda, fenômeno conhecido como **intervenção cambial esterilizada**, na definição de Krugman.

No Brasil, o Banco Central utiliza o seguinte **procedimento**, quando intervém mediante compra ou venda de moeda estrangeira[17]:

---

[16] Os ataques especulativos decorrem de tentativas realizadas por investidores, no sentido de mudar à força a paridade cambial de determinado país, ante a expectativa de ganhos no curto prazo. Para evitá-los, os países podem precisar "queimar" suas reservas, a fim de manter a relação original, ficando expostos a diversos riscos.

[17] Conforme Fernando Nogueira da Costa. *Economia em 10 lições*, p. 305 (grifos no original).

- ■ o Banco Central aciona todos os seus *dealers* e informa que haverá um leilão informal (*go around*) de câmbio e fixa o lote mínimo, geralmente de US$ 500 mil;
- ■ o segundo contato do Banco Central é para informar que o leilão será de compra ou de venda da moeda, ou de *spread*, para fixar as taxas ao nível desejado. Nesse momento é estabelecido o prazo para o *dealer* apresentar a quantidade de moeda que ele (e/ou seus representados) está disposto a comprar ou vender, naquelas taxas de câmbio anunciadas;
- ■ o Banco Central recebe as propostas, seleciona as melhores e divulga o resultado do leilão.

Mesmo com as taxas de câmbio sob relativo controle, o governo de determinado país pode, por questões variadas, mudar repentinamente o valor da moeda nacional em relação às moedas estrangeiras.

Nesse caso teríamos uma **desvalorização**[18] quando o banco central eleva o preço doméstico da moeda em relação às moedas estrangeiras, "E", e uma **valorização** ocorre quando o Banco Central diminui "E". Tudo o que o banco central deve fazer para desvalorizar ou valorizar a moeda é anunciar sua pretensão de comercializar a moeda doméstica em relação à moeda estrangeira, em quantidades ilimitadas, à nova taxa de câmbio[19].

A prática cambial brasileira, no que respeita aos **contratos**, permite que a taxa de câmbio seja livremente pactuada entre os agentes autorizados a operar no mercado de câmbio ou entre estes e seus clientes, podendo as operações de câmbio ser contratadas para liquidação pronta ou futura e, no caso de operações interbancárias, a termo, observado que[20]:

a) nas operações para liquidação pronta ou futura, a taxa de câmbio deve refletir exclusivamente o preço da moeda negociada para a data da contratação da operação de câmbio, sendo facultada a pactuação de prêmio ou bonificação nas operações para liquidação futura;

b) nas operações para liquidação a termo, a taxa de câmbio é livremente pactuada entre as partes e deve espelhar o preço negociado da moeda estrangeira para a data da liquidação da operação de câmbio.

No mesmo sentido, estão sujeitas às **penalidades** e demais sanções previstas na legislação e regulamentação em vigor, a compra ou a venda de moeda estrangeira a taxas que se situem em patamares destoantes daqueles praticados pelo mercado ou que possam configurar evasão cambial e formação artificial ou manipulação de preços[21].

---

[18] É importante não confundir o binômio valorização/desvalorização com aquele decorrente da apreciação/depreciação da moeda. Enquanto o primeiro decorre de decisão governamental, que altera as "regras do jogo", a apreciação e a depreciação são consequências das forças de mercado (atuação do governo e dos particulares), conforme o maior ou menor grau de confiança e interesse na moeda, em um mercado com taxas flutuantes.

[19] Conforme Krugman e Obstfeld. *Economia internacional*, p. 506.

[20] Resolução BCB n. 277/2022, artigo 15.

[21] Resolução BCB n. 277/2022, artigo 16.

14.3.3. Teoria da paridade do poder da compra

Os níveis de preço dos produtos nacionais são essenciais, no longo prazo, para a formação da taxa de juros e dos preços de comercialização desses produtos no mercado internacional.

Na tentativa de compreender a **interação** entre os preços relativos dos produtos nacionais e estrangeiros e a determinação da taxa de câmbio, foi elaborada a **Teoria da Paridade do Poder de Compra (PPC)**.

A Teoria da Paridade do Poder de Compra possui duas correntes, denominadas **absoluta** e **relativa**.

A versão absoluta da PPC se baseia na **lei do preço único**, que estabelece que nos mercados concorrenciais, livres de intervenção (ausência de barreiras ao comércio e nenhum ou irrelevante custo logístico — frete e seguros), bens idênticos oferecidos em países diferentes devem ser vendidos pelo **mesmo preço**, quando referenciados na mesma moeda. Dito de outro modo, em um mercado sem fatores exógenos (concorrência perfeita), os preços relativos de bens idênticos devem ser os mesmos onde quer que sejam vendidos.

Em linguagem mais técnica, teríamos[22]: "Se um mesmo bem está disponível nos mercados nacional e internacional (ou bens perfeitos substitutos), seu preço interno (P) deve ser idêntico a seu preço externo (P*) após a conversão pela taxa de câmbio (e): P = eP* ou e = P/P*. Isso ocorreria em função da concorrência e arbitragem de agentes racionais: se P > eP*, ninguém compraria no país e todo mundo compraria fora (e vice-versa se P < eP*) até P = eP*. Lógico que isso só seria possível se os preços internos e externos fossem flexíveis ou em um regime cambial flutuante".

> **Exemplo:** se a taxa de câmbio entre real e dólar fosse R$ 1,60, qualquer pessoa poderia comprar um computador em Miami convertendo R$ 1.600,00 por US$ 1.000 no mercado de câmbio. Caso o mesmo computador fosse vendido no Brasil por R$ 2.000,00, os importadores brasileiros e os exportadores norte-americanos negociariam computadores em Miami e os enviariam para o Brasil, aumentando o preço em Miami e reduzindo-o aqui, até que ambos fossem iguais nos dois lugares (não se esqueça de que o modelo desconsidera tributos e custos logísticos).

Na variante **relativa** da Teoria da Paridade do Poder de Compra, analisa-se a correlação entre a variação da taxa de câmbio e a variação dos preços, causada pela **inflação**.

No exemplo que apresentamos, se os preços no Brasil dobrarem e, ao contrário, se mantiverem estáveis nos Estados Unidos, o deslocamento da procura por computadores para aquele país propiciará um aumento no preço do dólar, no mercado de câmbio nacional, com a consequente elevação dos preços dos computadores importados, até que o preço convertido em reais fosse, por seu turno, duplicado.

---

[22] Fernando Nogueira da Costa. *Economia em 10 lições*, p. 317.

Na síntese de Krugman[23], "a teoria da *paridade do poder de compra*, em sua forma absoluta, afirma que a taxa de câmbio entre as moedas dos países é igual à relação entre seus níveis de preços, medidos pelos preços monetários de uma cesta de bens de referência. Uma afirmação equivalente da PPC é que o poder de compra de qualquer moeda é o mesmo em qualquer país. A PPC absoluta implica uma segunda versão da teoria da PPC, a *PPC relativa*, que prediz que as variações percentuais das taxas de câmbio são iguais às diferenças das taxas de inflação nacionais" (grifos no original).

Claro que a Teoria da Paridade do Poder de Compra, por se basear na lei do preço único, enfrenta diversos problemas de aplicabilidade no comércio internacional, como:

■ o grande impacto das **barreiras protecionistas** utilizadas pelos países;

■ a **relevância** dos custos de frete e seguros para as operações de importação e exportação;

■ a existência de **mercados imperfeitos**, com a formação de cartéis ou grupos de empresas que, sozinhas, detêm grandes participações e, portanto, são decisivas na formação dos preços;

■ a atuação cada vez mais agressiva das empresas **transnacionais**.

A impossibilidade de se afirmar que as taxas de inflação em diferentes países sejam **automaticamente** compensadas pelas diferenças nas taxas de câmbio.

14.3.4. Classificação das taxas de câmbio

Apenas para fins didáticos — e em razão de serem solicitados em muitos concursos —, procederemos a uma breve classificação dos principais conceitos relativos às taxas de câmbio, com a advertência de que o ato de classificar é sempre arbitrário, variável, portanto, de autor para autor, de sorte que buscamos reproduzir, neste tópico, o entendimento clássico e majoritário acerca das definições apresentadas a seguir[24]:

■ **taxa de câmbio nominal**: mede a cotação ou o preço de uma moeda estrangeira (ou divisa) em moeda nacional: $e = P/P^*$, em que P é o preço em moeda nacional e P^*, o preço em moeda estrangeira. É o preço de um ativo sujeito à volatilidade resultante de diferenciais de taxas de juros entre dois países e de notícias de choques de oferta, demanda ou preços;

■ **taxa de câmbio real**: exprime a relação de preços dos produtos estrangeiros face ao dos produtos nacionais (P^*/P), em moeda nacional: $er = e . P^*/P$. Trata-se de variável endógena ao sistema econômico, ou seja, são os agentes econômicos não governamentais que decidem se gastarão mais ou menos em bens transacionáveis, externamente, comparando seus preços no mercado externo em relação aos preços no mercado interno;

■ **taxa de repasse**: como vimos, é aquela pela qual o BACEN adquire moeda estrangeira dos bancos comerciais;

---

[23] Conforme Krugman e Obstfeld. *Economia internacional*, p. 438.

[24] Nesse sentido, algumas definições foram retiradas de Fernando Nogueira da Costa. *Economia em 10 lições*, p. 306-307 e Bruno Ratti. *Comércio internacional e câmbio*, p. 131-133.

■ **taxa de cobertura**: no sentido inverso, é aquela pela qual o BACEN vende moeda estrangeira aos bancos comerciais;

■ **taxas cruzadas** (*cross-rates*): são as taxas teóricas resultantes da comparação das cotações de duas moedas em função de uma terceira.

Exemplo: – Real cotado a US$ 0,30

– Peso cotado a US$ 0,40

– Taxa cruzada Real/Peso = 0,75

– Taxa cruzada Peso/Real = 1,33

■ **taxas livres**: provenientes das condições de oferta e procura de divisas em mercado livre, admitindo-se, contudo, a intervenção das autoridades monetárias por meio de operações de compra e venda;

■ **taxas oficiais**: fixadas pelas autoridades monetárias, sem contrapartida com as operações efetivas de compra e venda;

■ **taxas fixas**: são aquelas mantidas invariáveis por determinação governamental ou por operações de compra e venda das autoridades monetárias, com o objetivo de manter um nível preestabelecido de cotação. Existe também a taxa estável, na qual é permitida uma pequena variação, dentro de certos limites (banda cambial);

■ **taxas variáveis**: podem ser flexíveis, quando as paridades monetárias são reajustadas gradualmente, sistema conhecido como *crawling peg*, ou flutuantes, quando não existem paridades monetárias e as taxas flutuam livremente, com ou sem a intervenção do governo;

■ **taxas prontas**: praticadas em operações de compra e venda de moeda estrangeira, negociadas à vista, ou seja, para entrega em até dois dias úteis;

■ **taxas futuras**: relativas a negociações de compra e venda de moeda estrangeira para pagamento na data convencionada pelas partes.

14.4. ARBITRAGEM

A arbitragem, em geral, refere-se a uma operação de compra e venda de **ativos negociáveis**, na qual a expectativa de ganho decorre da **diferença** de preços entre dois mercados. Nesse sentido, a arbitragem pode envolver transações com moedas, *commodities*, bens e direitos.

Como a negociação internacional de divisas é extremamente dinâmica, é possível que determinada moeda possa ter preços ligeiramente diferentes nos diversos mercados nacionais, de forma que a **arbitragem de câmbio** consistiria na compra de moeda no mercado com preço mais baixo e correspondente venda do montante em outro mercado, a preços mais elevados, com a obtenção de lucro pela diferença nas cotações.

A arbitragem de câmbio utiliza a regra da *paridade do poder de compra*, com a movimentação de moedas em **sentidos opostos** e ganhos pela diferença de cotações, até que os preços se tornem equivalentes.

Para que a operação de arbitragem tenha sucesso, são necessárias algumas condições de mercado, como a livre formação dos preços e uma boa infraestrutura de telecomunicações, porque as divergências costumam ser muito pequenas e normalmente permanecem por pouco tempo, dada a tendência de equalização dos mercados. Devem ser consideradas, ainda, as diferenças entre as cotações de compra e venda, custos financeiros, comissões e outras despesas envolvidas na operação, de forma a se avaliar a possibilidade de lucro em razão dos valores líquidos.

A arbitragem de câmbio pode ser direta ou indireta.

A **arbitragem direta** é aquela na qual duas praças localizadas em países diferentes arbitram suas respectivas moedas nacionais, modalidade também conhecida como arbitragem de **dois pontos**.

Exemplo:

Nova York	→	100 ienes = US$ 64
Tóquio	→	US$ 1 = 1,5384 ienes
Portanto,		
Nova York	→	1 iene = US$ 0,64
Tóquio	→	iene = US$ 0,65

Como o valor do iene, em relação ao dólar, está mais baixo no mercado de Nova York (64 / 100 < 1 / 1,5384), o banco "X" poderia emitir uma ordem de compra e venda simultânea da moeda nas duas praças e auferir lucro pela diferença, descontados os custos da operação.

A **arbitragem indireta** de câmbio é a modalidade mais comum e ocorre quando duas praças arbitram a moeda de um **terceiro país**, daí por que a operação é conhecida como arbitragem **triangular** ou de **três pontos**. A arbitragem indireta também se baseia na teoria da paridade do poder de compra da moeda e na **coerência** das taxas de câmbio cruzadas (*cross-rates*).

Exemplo:

- Cotação do franco suíço em dólar = F$ 10,00 / US$ → F$ 1,00 = US$ 0,10
- Cotação do franco suíço em euro = F$ 16,00 / € → F$ 1,00 = € 0,0625
- Cotação *cruzada* entre dólar e euro = 0,10 / 0,0625 → US$ 1,60 / €
- Na hipótese de que em outro mercado nacional a cotação seja US$ 1,70 / €, haverá *incoerência* entre as taxas de câmbio, que poderá ser explorada mediante arbitragem triangular

14.5. *SWAPS*, DERIVATIVOS E *HEDGE*

As operações de *swap* (troca, em português) no mercado cambial representam a compra ou venda de câmbio pronto contra a simultânea venda ou compra de câmbio futuro, ou seja, é uma operação de mútuo financiamento, utilizada por investidores no curto prazo para a proteção contra riscos cambiais.

Segundo Ratti[25], o custo de um *swap* compreende três aspectos:

---

25 Bruno Ratti. *Comércio internacional e câmbio*, p. 170.

▪ a diferença entre as taxas pronta e futura da moeda negociada;

▪ juros porventura pagos a outra parte para obtenção dos recursos utilizados na operação;

▪ o chamado "custo da oportunidade", representado pelos juros que o possuidor obteria em outro tipo de aplicação que não o *swap*.

Os *swaps* normalmente são utilizados para operações com moeda e taxas de juros e têm por objetivo a diminuição dos custos, o aumento dos lucros nas operações financeiras, a proteção contra possíveis riscos e perdas, além da especulação nesses mercados.

No mercado de *swap*, o que os participantes negociam é a **troca de rentabilidade** entre dois ativos. Os respectivos fluxos de caixa serão permutados com base na comparação de rentabilidade entre eles.

Caio Márcio Ebhart[26] cita um interessante exemplo da aplicação de contratos de *swap* relacionados ao **comércio exterior**: tomemos "uma empresa exportadora, que tem receitas em dólares, mas cujas despesas são corrigidas por juros pós-fixados. Nessa hipótese, a empresa exportadora poderia usar um contrato de *swap* para trocar o risco da flutuação cambial pelo risco de juros pós-fixados. De outro lado, por exemplo, uma empresa varejista importadora, cujas despesas são atreladas ao dólar e cujo caixa está aplicado no mercado, acompanhando a evolução dos juros, teria interesse em trocar a posição de risco com a citada exportadora. Assim, essas duas empresas firmam um contrato de *swap*, que também pode ser intermediado por uma instituição financeira. Em outras palavras: empresas com dívidas em dólar, corrigidas por taxas flutuantes, podem contratar uma operação que as transforme numa dívida com taxas fixas, e vice-versa, comprometendo-se a pagar a oscilação de uma taxa ou de um ativo".

As operações com *swaps* fazem parte do mercado de **derivativos**, que são contratos para execução futura derivados de instrumentos originais, como títulos, ações e outros. O mais tradicional contrato de derivativos é o contrato de câmbio para **entrega futura**.

Inaiê Sanchez[27] aponta **diferenças** importantes entre contratos *a futuro* e contratos *para entrega futura*: "em princípio, ambos são similares porque representam a compra ou venda de uma quantidade específica de *commodities*, ações, moedas ou títulos de dívida a um preço predeterminado numa certa data no futuro (...). Os contratos a futuro também são padronizados quanto à data de entrega, ao passo que os contratos para entrega futura têm sua data escolhida livremente pelas partes. Tais características permitem que os contratos a futuro sejam negociáveis. Nos para entrega futura, a transferência de fundos ocorre apenas uma vez, ou seja, na data de vencimento. Já nos contratos a futuro, o instrumento muda de mãos todos os dias durante o tempo de vida do acordo, ou pelo menos sempre que houver uma mudança de preço no contrato. Assim, no contrato para entrega futura, o lucro (ou perda) é efetivado na data do vencimento, enquanto no contrato a futuro todos os lucros ou perdas são estabelecidos numa base diária".

---

[26] Disponível em: <http://www.parana-online.com.br/colunistas/237/64101/>.

[27] Inaiê Sanchez. *Para entender a internacionalização da economia*, p. 79.

Os derivativos fazem sentido em mercados de alto risco e volatilidade, pois refletem a instabilidade dos negócios. As duas formas básicas de derivativos são os **contratos a termo** e o **mercado de opções**.

Com relação aos riscos e inquietudes que atormentam os exportadores, na prática empresários especialistas nos respectivos produtos e normalmente leigos nos meandros dos mercados financeiros, Fernando Nogueira da Costa adverte[28]: "uma grande incerteza do produtor-exportador é qual será o preço em dólares, quando ele estiver em condições de entregar o ativo (mercadoria) ao mercado. Se o preço de venda (a exportação convertida em reais), na ocasião da entrega, for menor do que o custo de produção, ele não conseguirá pagar suas dívidas. Entrará em insolvência. A solução é vender seu produto já no início da produção. Com a promessa ao comprador de entrega futura a um preço prefixado, *se o preço de mercado subir* (ou a moeda nacional depreciar-se), seu lucro será menor que o potencial. Por outro lado, o **contrato a termo** é uma proteção, pois, *se o preço do mercado cair* (ou a moeda nacional apreciar-se), o produtor terá passado adiante o risco do preço menor" (grifos no original).

Já as **opções** que se assemelham a *contratos de seguro* (pois o valor do prêmio depende diretamente do risco da operação) dão aos investidores o direito, mas não a obrigação, de comprar ou vender títulos e valores mobiliários a um preço predeterminado em data futura, ou mesmo antes do vencimento. Se o direito à opção não for exercido, o contrato termina quando do vencimento, e o comprador da opção perde a quantia paga (prêmio) para sua obtenção.

Em relação às opções, poderíamos apresentar o seguinte quadro[29]:

OPÇÕES DE COMPRA	OPÇÕES DE VENDA
Quando os compradores querem a garantia de poder aumentar seus estoques ou saldos do ativo, mesmo se seus preços estiverem subindo. Essas opções dão ao comprador o direito, mas não a obrigação, de solicitar ao outro a entrega do ativo a um preço prefixado	Quando os compradores querem a proteção contra preço em queda. Essas opções dão o direito de vender para o outro contratante a um preço prefixado. Os vendedores dessas opções assumem esse risco em troca do prêmio pago pelos compradores

Por fim, o *hedge* tem por objetivo reduzir o risco da operação para o investidor, tanto no mercado cambial como no de *commodities*, por meio da assunção de posições futuras em sentido oposto às posições adquiridas no mercado à vista. Essa forma de administrar o risco parte da premissa de que posições antagônicas terão um **efeito compensatório**, capaz de minimizar perdas financeiras decorrentes das incertezas do mercado.

14.6. CONTROLE CAMBIAL

Como no Brasil não se admite a **livre circulação** de divisas estrangeiras, todas as pessoas, físicas ou jurídicas, precisam comprar ou vender moedas por meio de agentes financeiros autorizados a operar câmbio pelo Banco Central.

---

[28] Fernando Nogueira da Costa. *Economia em 10 lições*, p. 309.
[29] Conforme Fernando Nogueira da Costa. *Economia em 10 lições*, p. 314.

Compete, portanto, ao Banco Central, sem prejuízo das competências específicas outorgadas a outros órgãos de Estado, o controle das operações cambiais, nos termos da legislação vigente.

De modo sintético, poderíamos resumir as formas de controle cambial, conforme observadas nos tópicos anteriores, em três modalidades:

▪ restrições quanto à **circulação** de divisas estrangeiras, isto é, o racionamento de divisas, que pode ocorrer mediante a adoção de cotas cambiais e outros instrumentos, com o objetivo de reduzir a liquidez de moeda estrangeira disponível no mercado cambial;

▪ restrições quanto à **natureza** das transações que podem ensejar a operação cambial, como o contingenciamento das importações por meio de sistemas de cotas, salvaguardas ou exigência de licenciamento prévio ou, ainda, a proibição ou restrição de remessas ao exterior para pagamento de dívidas a título de *royalties*, dividendos e juros, além de medidas restritivas em relação aos gastos com viagens e turismo no exterior;

▪ restrições em relação à circulação das divisas e à natureza da operação (na verdade, a utilização conjunta dos instrumentos anteriores), também conhecidas como **sistema misto**, no qual o governo pode restringir as operações e as moedas nas quais elas poderão ser realizadas.

14.7. QUESTÕES

1. (ESAF — AFTN — 1996) Nos acordos de Bretton Woods, estabeleceu-se uma paridade fixa, com conversibilidade assegurada, de US$ 35 por onça de ouro, e cada país, ao ingressar no FMI, era obrigado a declarar o valor de sua moeda em relação ao ouro e ao dólar americano. Assim sendo,

a) o dólar americano passou a ser a principal moeda de reserva.

b) pode-se dizer que, uma vez implementados os Acordos, não haveria mais taxas de câmbio.

c) inevitavelmente o ouro tenderia a acumular-se no Tesouro americano, que era obrigado a efetuar a troca de dólares americanos por ouro.

d) o dólar americano seria apenas uma moeda de conta, enquanto as moedas continuariam tendo seu valor estabelecido em termos de ouro.

e) o novo sistema se afigurava demasiadamente rígido pois possuir dólares não seria suficiente; seria preciso também possuir ouro a fim de garantir a moeda nacional.

2. (ESAF — AFTN — 1996) Padrão ouro-câmbio (*gold exchange standard*) é um tipo de garantia em que a moeda em circulação num país está garantida, total ou parcialmente, em termos de reservas em moeda estrangeiras conversível em ouro. Esse sistema de garantia foi posto em prática pela Inglaterra, em 1925, quando de seu retorno ao padrão puro, que havia sido suspenso em razão da Primeira Guerra Mundial. Qual a principal vantagem desse tipo de garantia em relação à garantia mantida exclusivamente em ouro?

a) Não exige a realização de dispendiosos processos de conversão e transferência de ouro.

b) O sistema representa uma forma que permite assegurar duplamente as moedas do sistema.

c) Aumenta a liquidez internacional, sem o constrangimento da escassez relativa do ouro em face do crescimento das economias e das trocas internacionais.

d) Facilita as transferências internacionais, de fundos.

e) Reduz a capacidade de os países de economias mais fortes imporem políticas comerciais restritivas.

3. (ESAF — AFTN — 1996) O padrão-ouro foi um sistema monetário internacional baseado no valor relativo das diferentes moedas em termos de ouro contido. Cada governo declarava a quan-

tidade de ouro contido em sua unidade monetária e assegurava a conversibilidade. A formação da taxa cambial era determinada pela (pelo)

a) variação do preço do ouro no mercado internacional.
b) oferta e procura de divisas dentro de limites estabelecidos pelos pontos de entrada e de saída do ouro em relação ao par metálico.
c) par metálico, que era a equivalência das moedas em termos de ouro. A variação cambial se dava somente quando um ou mais governos participantes do sistema deliberavam, através de lei específica, alterar a equivalência em ouro de suas moedas.
d) quantidade de ouro mantida como reserva pelo tesouro dos governos.
e) credibilidade das moedas em termos de disponibilidade de lastro em ouro monetário.

4. (ESAF — AFTN — 1996) A taxa cambial reflete o valor de moeda nacional em relação a outras moedas. Assim sendo, pressões nas taxas de câmbio de um país de economia estável ocorrem quando

a) o Fundo Monetário Internacional determina a país(es) importante(s) na economia mundial que proceda(m) a uma desvalorização ou valorização de sua(s) moeda(s).
b) há mudanças na paridade ouro/dólar americano.
c) há variações nas disponibilidades de reservas em ouro.
d) há variações significativas na oferta e procura da moeda deste país, em decorrência de déficits e/ou superávits no Balanço de Pagamentos.
e) há entrada no país de grande volume de capitais de curto prazo.

5. (ESAF — AFTN — 1998)   Um mercado cambial supõe a realização de diferentes transações. Indique, nas opções abaixo, as transações que não estão previstas em um mercado cambial.

a) Transações entre bancos privados e clientes no mesmo país.
b) Transações entre o Banco Central e bancos privados no mesmo país.
c) Transações entre bancos privados de diferentes países.
d) Transações entre bancos centrais de diferentes países.
e) Transações entre bancos centrais e bancos privados em diferentes países.

6. (ESAF — AFTN — 1998) São diversos os tipos de mercados de câmbio. Indique, nas opções abaixo, a afirmação que não é correta sobre os mercados de câmbio.

a) Mercado de Câmbio a termo é o mercado onde são realizadas operações cambiais futuras, ou seja, a contratação, pelo câmbio atual, para entrega em uma data futura.
b) O Mercado paralelo de Câmbio compreende todas operações conduzidas por meio de pessoas físicas ou jurídicas não autorizadas a lidar com câmbio.
c) Mercado de Câmbio primário é o mercado onde são realizadas operações cambiais entre os bancos e seus clientes não bancários.
d) Mercado de Câmbio à vista é o mercado onde são realizadas operações cambiais "Prontas", ou seja, para entrega em até dois dias úteis.
e) O Mercado de Câmbio manual é aquele onde o comércio de dinheiro é em espécie, quando pelo menos uma das moedas transacionadas for de país estrangeiro.

7. (ESAF — AFTN — 1998) A Taxa de Câmbio, nada mais é do que o preço, em moeda nacional, de uma unidade estrangeira. Quanto aos tipos das Taxas de Câmbio, não se pode afirmar que

a) a taxa de repasse é aquela pela qual o Banco Central do Brasil adquire a moeda estrangeira dos bancos comerciais.
b) as taxas cruzadas são as taxas teóricas resultantes da comparação das respectivas cotações de duas moedas.
c) a taxa estável é um tipo de taxa fixa que prevê uma certa variação dentro de determinados limites.
d) as taxas livres são aquelas provenientes das condições de oferta e procura de divisa em um mercado de câmbio livre, não havendo, portanto, a intervenção do Estado nas taxas.
e) *Crawling Pegs* é um sistema onde as paridades variam periodicamente em pequenos intervalos de tempo.

8. (ESAF — AFRF — 2001) A política cambial está, fundamentalmente, baseada na administração da taxa [ou taxas de câmbio] e no controle das operações cambiais; embora indiretamente ligada

à política monetária, destaca-se desta por atuar mais diretamente sobre todas as variáveis relacionadas às transações econômicas do País com o exterior.

Acerca do conceito e/ou política cambial, assinale, nas opções abaixo, a afirmativa incorreta.

a) A demanda de divisas é constituída por importadores que necessitam de moedas estrangeiras para efetuar suas compras.

b) A taxa de câmbio é o preço de uma moeda em termos de outra.

c) Os ofertantes de divisas são exatamente os exportadores que receberam, em troca de suas vendas, moedas estrangeiras que não poderão ser usadas no país.

d) A curva de demanda de exportações é crescente em relação ao preço ou à taxa de câmbio.

e) Quanto maior a taxa de câmbio, maior o volume que as empresas desejam exportar.

9. (ESAF — AFRF — 2002) Assinale a opção correta.

a) A arbitragem, em matéria cambial, designa a compra e venda simultânea de câmbio objetivando a obtenção de lucros em razão de discrepâncias entre as taxas cambiais vigentes na mesma época em diferentes centros, ou entre margens futuras *(forward)* para diferentes vencimentos.

b) A arbitragem, em matéria cambial, designa a emissão de um título representativo de crédito internacional.

c) A arbitragem, em matéria cambial, designa a compra e venda não simultânea de câmbio objetivando a obtenção de lucros em razão de discrepâncias entre as taxas cambiais vigentes na mesma época em diferentes centros, ou entre margens futuras *(forward)* para diferentes vencimentos.

d) A arbitragem, em matéria cambial, designa a emissão de um título representativo de crédito bancário intercambiável.

e) A arbitragem, em matéria cambial, designa a compra e venda simultânea de câmbio objetivando a obtenção de lucros por não haver discrepâncias entre as taxas cambiais vigentes na mesma época em diferentes centros, ou entre margens futuras *(forward)* para diferentes vencimentos.

10. (ESAF — AFRF — 2002) Mecanismo de financiamento às exportações que consiste em receber, antecipadamente, o valor correspondente às vendas externas.

Em face do enunciado, assinale a opção que identifica o mecanismo descrito.

a) ADC — Adiantamento sobre Despesas Cambiais.

b) ACE — Adiantamento sobre Cambiais Entregues.

c) Aceite bancário.

d) ACC — Adiantamento sobre Contrato de Câmbio.

e) Câmbio futuro.

11. (ESAF — AFRF — 2002) A operação de câmbio em que ocorre a compra e venda simultâneas da mesma moeda, com o objetivo de obter lucros em razão de diferenças entre as taxas cambiais vigentes em diferentes centros, é denominada

a) operação futura.

b) *swap*.

c) operação simbólica.

d) arbitragem.

e) *hedging*.

12. (ESAF — AFRF — 2002) As operações de "SWAP" são definidas como

a) remessa de moeda de uma praça a outra objetivando auferir lucros advindos das diferenças entre as taxas cambiais.

b) remessa de divisas através do mercado de câmbio para outro país, com o objetivo de auferir vantagens provindas de diferenças nas taxas de juros entre dois países.

c) compra e venda simultânea de câmbio de uma mesma moeda, com a finalidade de se equilibrar o fluxo cambial, mantendo-se uma posição nivelada (operações casadas).

d) compra e venda de câmbio pronto contra a simultânea venda ou compra de câmbio futuro, compreendendo quantidades equivalentes de duas moedas diferentes.

e) compra e venda simultânea de câmbio, feitas na mesma moeda e por igual valor, com fina-lidade de se regularizar operações cambiais decorrentes de importações, exportações, tran-sações financeiras e conversão em investimentos de créditos não remetidos.

13. (ESAF — AFRF — 2002) A operação cambial que possibilita aos investidores protegerem-se, por tempo determinado, de eventuais perdas ocasionadas por variações do câmbio, e também empregada para obter recursos em moeda estrangeira a serem usados para financiar exporta-ções, realizar aplicações ou investimentos, envolvendo a compra ou venda de câmbio pronto contra a compra ou venda simultânea de câmbio futuro denomina-se:

a) *swap*;
b) *dual pricing*;
c) arbitragem de dois pontos;
d) especulação cambial;
e) arbitragem de três pontos.

14. (ESAF — AFRF — 2002) Na Argentina, o abandono do regime cambial praticado ao longo dos anos noventa e as medidas no campo financeiro que se seguiram produziram graves problemas econômicos, entre os quais

a) déficits comerciais, evasão de divisas e a falência do sistema financeiro.
b) retração da demanda por dólares norte-americanos, apreciação cambial e aumento da infla-ção.
c) déficits comerciais, falta de liquidez no sistema financeiro e aumento dos preços.
d) aumento da demanda por dólares norte-americanos, acentuada depreciação do câmbio e forte aumento da inflação.
e) acentuada queda da receita das exportações, aumento da inflação e aprofundamento da recessão econômica.

15. (ESAF — AFRF — 2002) A volatilidade dos capitais tem sido apontada como um dos principais fatores a explicar as crises financeiras que vêm ocorrendo regularmente, em diferentes partes do mundo, desde meados dos anos noventa. Entre as dificuldades de ordem econômica induzidas pelos capitais voláteis estão:

a) alta dos preços e pressões sobre o câmbio.
b) depreciação do valor dos títulos oficiais e aumento da dívida externa.
c) instabilidade cambial e maiores oscilações dos preços de ativos financeiros.
d) desaceleração econômica e aumento da dívida externa.
e) retração dos investimentos e aumento do déficit público.

16. (ESAF — AFRF — 2003) A remessa de moedas de uma praça para outra com o objetivo de au-ferir vantagem advinda de diferenças temporárias no valor das taxas cambiais configura

a) uma especulação cambial.
b) uma operação de *SWAP*.
c) uma arbitragem cambial.
d) um *hedging* financeiro.
e) uma operação *day-trade*.

17. (ESAF — AFRF — 2003) A formação de taxas cambiais leva em conta, a um tempo, as expecta-tivas do mercado em relação ao equilíbrio de longo prazo das economias e fatores conjunturais que condicionam, no curto prazo, a oferta e demanda no mercado de moedas. A esse respeito, é correto afirmar:

a) os regimes de câmbio fixo, mas ajustável, também conhecidos como "flutuação suja", pro-porcionou grande estabilidade ao sistema financeiro internacional no período entre as duas guerras mundiais.
b) regimes de câmbio fixo implicam o compromisso do governo de converter sua moeda em outra a um preço predeterminado. Nesse caso, o volume de reservas e o fluxo líquido de divisas são os principais responsáveis pela confiança que possa ter o mercado na estabilida-de da moeda em questão.
c) regimes de câmbio flutuante implicam a atribuição aos governos da responsabilidade de intervir no mercado de moedas, por meio da venda de títulos públicos e operações de mer-

cado aberto, sempre que a variação de sua moeda em relação a outras aproximar-se de valores previamente estabelecidos.

d) regimes de câmbio fixo implicam o compromisso de pelo menos dois governos de converter
suas respectivas moedas, uma na outra, a um preço determinado pelas condições de mercado. Nesse caso, o volume de trocas e o influxo líquido de divisas são os principais responsáveis pela confiança que possa ter o mercado na estabilidade da moeda em questão.

e) no sistema conhecido por *currency board*, o governo estabelece um órgão responsável por
conduzir as desvalorizações programadas, correspondentes às necessidades de financiamento do setor público e à evolução das taxas de inflação.

**18. (ESAF — AFRF — 2003) O controle da entrada, saída e depósito de moeda estrangeira é exer-
cido pelo Governo Federal por intermédio do Banco Central, podendo ser exercido sob diversas
modalidades. Assim, direta ou indiretamente, os mecanismos aplicados pelo Governo refletem
no controle de entrada ou saída de divisas.**

Nas opções abaixo, refletem direta e imediatamente no fluxo de divisas:

a) contingenciamento nas importações e exportações e regime de similaridade.

b) barreiras tarifárias, paratarifárias e não tarifárias.

c) sistema de taxas múltiplas de câmbio, exigência de liquidação prévia das cambiais na importação de bens com alíquotas do II acima de determinado patamar e desvalorização da moeda.

d) licenciamento de importações e barreiras técnicas ao comércio exterior.

e) imposição de direitos *antidumping*, compensatórios e salvaguardas.

**19. (ESAF — AFRF — 2003) Na contratação de câmbio de exportação cujo saque deverá ocorrer
num prazo de 30 dias,**

a) tendo em vista que o prazo para liquidação não ultrapassa 30 (trinta) dias, configura-se uma
operação cambial à vista.

b) considerando-se que esse prazo, nas transações comerciais internacionais, é relativamente
curto, com pequena margem de risco nas flutuações cambiais, aplica-se à operação descrita
no texto uma taxa de câmbio pronta.

c) a taxa cambial aplicável será fixada na data da liquidação do câmbio.

d) tratando-se, no caso, de um fechamento de câmbio futuro, as normas do Banco Central
permitem aos intervenientes liberdade no prazo para fixação da taxa cambial, desde que
ocorrida dentro do prazo constante no contrato de câmbio.

e) configurando-se, no caso, uma operação cambial a termo, o valor da taxa cambial é livremente convencionado entre as partes, por meio de cláusula constante no contrato de câmbio,
desde que o valor pactuado não venha a caracterizar uma evasão cambial ou sonegação fiscal.

**20. (ESAF — AFRF — 2003) O financiamento concedido por instituição financeira internacional do
qual o Brasil participe ou pelo Banco Nacional de Desenvolvimento Econômico e Social, com recursos captados no exterior destinados à fabricação, no País, de máquinas e equipamentos a serem fornecidos no mercado interno, em decorrência de licitação internacional, tem por objetivo
prover recursos financeiros para**

a) importação em regime de admissão temporária para beneficiamento ativo e pagamento de
mão de obra local, de máquinas a serem fornecidas a empresa nacional de "*leasing* operacional" e posterior reexportação para prestação de serviços no exterior.

b) aquisição de máquinas e equipamentos nacionais destinados à fabricação do produto final
a ser fornecido no mercado interno, nas condições descritas no texto desta questão.

c) aquisição de matérias-primas e produtos intermediários no mercado local e pagamento de
mão de obra, necessários à fabricação de máquinas e equipamentos a serem fornecidos internamente nas condições descritas no texto acima.

d) importação sob regime de *drawback* — suspensão, de matérias-primas, produtos intermediários, componentes e custos de mão de obra local, necessários à fabricação no País de máquinas
e equipamentos a serem fornecidos internamente nas condições descritas no texto acima.

e) importação sob o regime de *drawback* — suspensão, de matérias-primas, produtos semielaborados ou acabados empregados na fabricação de bens destinados à pesquisa e lavra das
jazidas de petróleo e gás natural, a serem fornecidos a empresas nacionais contratantes
desses serviços.

21. (ESAF — AFRF — 2003) O Padrão-ouro teve vigência, *grosso modo*, entre o último quarto do século XIX e a Primeira Guerra Mundial. Além de favorecer a expansão das trocas internacionais, ao reforçar a convergência de expectativas acerca do valor relativo das moedas, esse mecanismo se caracterizou por

a) permitir que os ativos necessários a operacionalizar as trocas tivessem o custo de seu transporte reduzido, na medida em que eram necessariamente convertidos em barras de ouro de tamanho padronizado.

b) fortalecer a cooperação entre os governos, cujas emissões, em geral superiores ao lastro de que dispunham, facilitavam ataques especulativos a suas moedas. O interesse dos governos em manter o sistema encorajava a mútua concessão de empréstimos e intervenções coordenadas nos mercados de câmbio.

c) um acentuado viés deflacionário, matizado pela criação dos Diretos Especiais de Saque e pela permissão a bancos centrais específicos de utilizar também a prata como lastro para suas emissões.

d) um pronunciado viés inflacionário, acentuado a partir do momento em que o governo dos Estados Unidos desistiu de manter a conversibilidade do Dólar em ouro na proporção estabelecida em comum acordo com a Grã-Bretanha, cuja moeda, a Libra Esterlina, era mais valorizada do que o Dólar.

e) acentuar a competição entre os governos, na medida em que suas reservas internacionais precisavam converter-se em ouro e a relativa escassez do metal obrigava a sucessivas desvalorizações, que sempre privilegiavam países como a Grã-Bretanha e a França.

22. (ESAF — AFRF — 2003) Observou-se, a partir de meados do século XX, a tendência de os governos adotarem regimes de câmbio flutuante. Entre as razões pelas quais isso aconteceu incluem-se

a) o desenvolvimento de novas tecnologias de informação; a utilização de políticas fiscais conservadoras; e a crescente disposição dos bancos centrais a assumir riscos, a fim de cumprir seu papel de emprestador de última instância.

b) a utilização de políticas monetárias conservadoras; o papel estabilizador desempenhado pelo Fundo Monetário Internacional; e o advento de sistemas bancários baseados no sistema de reservas fracionárias.

c) a emergência de novas técnicas de engenharia financeira; o desenvolvimento de novas tecnologias de informação e processamento de dados; e a percepção de que o custo de manutenção de regimes de câmbio fixo se tornara cada vez mais elevado, fruto da especulação com moedas e outros ativos financeiros.

d) o advento de sistemas bancários baseados no sistema de reservas fracionárias; o papel estabilizador desempenhado pelo Fundo Monetário Internacional; e a crescente aplicação de políticas monetárias tendo como base a Curva de Phillips.

e) a crescente aceitação dos Direitos Especiais de Saque como lastro para operações cambiais; o desenvolvimento dos mercados de euromoedas; e a tecnologia de gestão de risco desenvolvida pelo Banco Internacional de Compensações (BIS).

23. (ESAF — AFRF — 2005) Assinale a opção que completa corretamente a lacuna abaixo.

A/O _____ consiste em modalidade de financiamento de exportações em que o exportador recebe os recursos relativos à operação após o embarque da mercadoria, com base no título de crédito gerado pela operação, antes, porém, que o banco tenha recebido as divisas relativas à transação.

a) Carta de Crédito de Exportação.

b) Cobrança de Exportação.

c) Adiantamento sobre Contrato de Câmbio (ACC).

d) Convênio de Pagamento de Crédito Recíproco.

e) Adiantamento sobre Cambiais Entregues (ACE).

GABARITO

1. A alternativa correta é a letra "a", que destaca a importância do dólar norte-americano no sistema inaugurado em Bretton Woods. A alternativa "b" está incorreta porque as taxas de câmbio se mantiveram, embora atreladas ao modelo. As alternativas "c", "d" e "e" trazem impropriedades, basicamente traduzidas na inversão dos conceitos.

2. A alternativa correta é a letra "c", que reconhece a vantagem de não se atrelar a moeda exclusivamente ao ouro, metal raro, cuja prospecção e acumulação jamais conseguiriam alcançar o nível de expansão da base monetária internacional. As demais alternativas estão incorretas, porque não representam vantagens típicas do modelo.

3. A alternativa correta é a letra "b". Ressalte-se que o conceito de "par metálico" diz respeito à determinação da taxa de câmbio pela paridade entre duas moedas (se a procura por determinada moeda aumentasse, seu preço ficaria acima do par metálico, sendo preferível liquidar a operação, com a remessa de ouro para o exterior; ao contrário, se a oferta pela moeda subisse, o seu preço no marcado cambial cairia, pelo excesso de liquidez, e seria mais vantajoso converter os saldos em ouro). As demais alternativas estão incorretas.

4. Pergunta direta, pois se refere a "países com economia estável", o que significa que as pressões sobre a taxa de câmbio são decorrentes de importantes oscilações na oferta e procura de moeda, muitas vezes em função dos chamados ataques especulativos. A alternativa correta, portanto, é a letra "d", pois as demais são incompatíveis com este raciocínio.

5. A alternativa que deve ser assinalada é a letra "e", pois não há interferência de um banco central em bancos privados de outros países, em homenagem ao princípio da não intervenção entre os Estados. As demais alternativas estão corretas, à luz do enunciado, inclusive a letra "d", que prevê a possibilidade de transações entre bancos centrais, que podem celebrar acordos para a conversão de moedas ou criar mecanismos de reciprocidade, a exemplo do *Convênio de Pagamentos e Créditos Recíprocos (CCR)*, firmado no âmbito dos bancos centrais de países da ALADI.

6. A alternativa "a" está incorreta e deve ser assinalada, porque é a única que traz uma contradição, ao dizer que as operações futuras são contratadas pelo câmbio atual. As demais alternativas são consistentes.

7. Pergunta sobre a classificação e tipos de taxa de câmbio, cuja resposta que deve ser assinalada é a letra "d", que está incorreta, pois nas taxas livres se aceita a intervenção dos bancos centrais, na compra e venda de moeda, mecanismo que se denomina taxa de flutuação suja.

8. A alternativa que deve ser assinalada é a letra "d", que está incorreta, porque o raciocínio adequado é justamente o inverso, ou seja, quanto maior a taxa de câmbio, menor a demanda por exportações. As demais alternativas estão corretas.

9. A alternativa correta é a letra "a", que traz um conceito bastante completo sobre a arbitragem de câmbio. A alternativa "b" está incorreta porque não há título na operação, mesma justificativa para a alternativa "d". Já as alternativas "c" e "e" estão incorretas por força, respectivamente, das expressões "não simultânea" e "não haver discrepâncias", o que inviabilizaria, nos dois casos, a operação de arbitragem.

10. Questão fácil e direta, cuja alternativa correta é a letra "d", que indica a modalidade de financiamento possível na fase pré-embarque.

11. Pergunta direta e bastante frequente, cuja alternativa correta é a letra "d".

12. A alternativa correta é a letra "d", que descreve exatamente o objetivo e a sistemática da operação de *swap*. As demais alternativas apresentam problemas.

13. Questão bastante simples, embora o enunciado tenha trazido mais informações do que o simples conceito de *swap*, como os possíveis motivos da sua utilização. A alternativa correta é a letra "a", o que pode ser facilmente intuído a partir do próprio texto, que menciona operações prontas *versus* operações futuras, característica típica da operação.

14. A alternativa correta é a letra "d", que menciona os principais problemas do regime cambial argentino, que levou à crise no início século XXI. A alternativa "b" está incorreta porque é o inverso da verdadeira. As outras alternativas trazem, ao menos, uma justificativa incorreta em cada enunciado, como a evasão de divisas, a falta de liquidez do sistema ou a queda acentuada das exportações.

15. A alternativa correta é a letra "c", porque volatilidade normalmente implica "oscilações" e "instabilidade". As demais alternativas têm problemas, como alta dos preços (a), depreciação do valor dos títulos (b), desaceleração econômica (d) e retração dos investimentos (e).

16. Pergunta direta e bastante tranquila, cuja alternativa correta é a letra "c", pois o enunciado corresponde ao conceito de arbitragem cambial, na modalidade de dois pontos.

17. A alternativa correta é a letra "b", que traz o conceito de câmbio fixo e uma de suas possíveis justificativas de utilização. A alternativa "a" está incorreta porque não reflete o conceito de flutuação suja. A alternativa "c" está incorreta porque mistura os conceitos de câmbio flutuante e "valores fixos". Já a alternativa "d" está incorreta, pois o regime de câmbio fixo prescinde de acordos entre países, e a alternativa "e" também não pode prosperar porque o papel do *currency board* não implica "conduzir desvalorizações programadas", mas, sim, emitir moedas conversíveis ancoradas em uma divisa estrangeira ou *commodity*, mediante taxas fixas.

18. Questão inteligente e que merece atenção, pois indaga acerca de quais medidas refletem **direta** e **imediatamente** no fluxo de divisas. Nesse sentido, a alternativa correta é a letra "c", pois as três circunstâncias apresentadas possuem impacto automático no mercado de câmbio. De se notar que, enquanto a alternativa "e" está completamente errada, algumas medidas previstas nas alternativas "a", "b" e "d" podem ter impacto sobre o fluxo de divisas (o contingenciamento e a adoção de barreiras protecionistas, por exemplo), mas não de modo imediato, como a pergunta exige.

19. A alternativa correta é a letra "e", pois a operação é a termo, com a livre fixação da taxa cambial entre as partes, conforme normativa do Banco Central. As alternativas "a" e "b" estão incorretas porque mencionam operação pronta ou à vista, enquanto as alternativas "c" e "d" apresentam defeitos quanto aos prazos para fixação da taxa cambial.

20. A questão, bastante específica e que exige do candidato conhecimento minucioso da legislação, certamente discrepa do padrão desejável para concursos. A alternativa correta é a letra "d", pois existe uma **operação especial** de *drawback* para fornecimento no mercado interno — concedido na modalidade suspensão e caracterizada pela importação de matérias-primas, produtos intermediários e componentes destinados à fabricação, no país, de máquinas e equipamentos a serem fornecidos, no mercado interno, em decorrência de licitação internacional, contra pagamento em moeda conversível proveniente de financiamento concedido por instituição financeira internacional, da qual o Brasil participe, ou por entidade governamental estrangeira, ou, ainda, pelo Banco Nacional de Desenvolvimento Econômico e Social (BNDES), com recursos captados no exterior, de acordo com as disposições constantes do artigo 5.º da Lei n. 8.032, de 12 de abril de 1990, com a redação dada pelo artigo 5.º da Lei n. 10.184, de 12 de fevereiro de 2001, e do Decreto n. 6.702, de 18 de dezembro de 2008.

21. A alternativa correta é a letra "b", que representa bem a política econômica dos países (especialmente europeus) no período. As demais alternativas são inconsistentes com o período e estão incorretas.

22. A alternativa correta é a letra "c", que é a resposta natural, pois relaciona os principais fatores que ensejaram a adoção de taxas flutuantes, mais compatíveis com a lógica e a velocidade dos mercados. As demais alternativas estão incorretas, porque veiculam conceitos incompatíveis com o enunciado, como o suposto papel estabilizador do FMI, a adoção de políticas conservadoras e a maior assunção de riscos pelos bancos centrais, entre outros.

23. Pergunta direta, cuja alternativa correta é a letra "e", pois como o enunciado menciona o financiamento de exportações após o embarque da mercadoria, o instrumento adequado é o ACE, no qual o título de crédito (cambial) pode ser descontado, de forma semelhante ao de uma duplicata, num banco autorizado a operar câmbio no Brasil.

14.8. MATERIAL DIGITAL

VÍDEO
http://uqr.to/1y39k

15

DIREITO ADUANEIRO E JURISDIÇÃO

15.1. INTRODUÇÃO AO DIREITO ADUANEIRO

Com a entrada em vigor do **Código Tributário Nacional**, a partir de outubro de 1966, o direito brasileiro passou finalmente a ter regras tributárias específicas e sistematizadas, inclusive sobre os impostos relativos ao **comércio exterior**.

Menos de um mês depois, foi promulgado o veículo jurídico mais importante do **direito aduaneiro brasileiro**, cujos comandos repercutem até os dias de hoje, o Decreto-lei n. 37/66.

É de fundamental importância ressaltar que o **Decreto-lei n. 37/66** se apresenta, em relação ao Código Tributário Nacional, como norma **específica** e **posterior**, o que significa, sem meias palavras, que do cotejo entre ambos deve o Decreto-lei prevalecer, circunstância praticamente ignorada pela doutrina, mas de profundas consequências na seara aduaneira.

Não queremos negar, com isso, a relevância do Código Tributário Nacional, nem o *status* jurídico adquirido por tal veículo à luz do artigo 146, III, da Constituição Federal[1].

Ao contrário, queremos destacar que o Decreto-lei n. 37/66 e o CTN podem e devem **coexistir**, com a única ressalva de que há normas previstas no primeiro, de índole estritamente aduaneira, que não se submetem às **regras gerais** tributárias contidas no Código Tributário Nacional.

Isso porque, ao tempo da promulgação de ambos, havia uma **equivalência formal** e **material** entre leis ordinárias e decretos-lei, embora, posteriormente, o CTN tenha sido alçado ao patamar de norma complementar.

Para que possamos pleitear a existência de um **subsistema aduaneiro** no direito brasileiro, precisamos verificar se a Constituição estabelece fundamentos capazes de diferençá-lo dos demais — por preceitos que lhe sejam particulares ou em homenagem ao princípio lógico da **não contradição**, norteador do próprio conceito de sistema.

---

[1] Constituição Federal, artigo 146: "Cabe à lei complementar: (...) III — estabelecer normas gerais em matéria de legislação tributária, especialmente sobre: a) definição de tributos e de suas espécies, bem como, em relação aos impostos discriminados nesta Constituição, a dos respectivos fatos geradores, bases de cálculo e contribuintes; b) obrigação, lançamento, crédito, prescrição e decadência tributários (...)".

Pergunta: o *que caracteriza o direito aduaneiro e o torna diferente, por exemplo, do direito tributário e do direito administrativo, matérias com as quais certamente guarda grande conexão?*

A Constituição da República, ao tratar da organização **político-administrativa** do Estado brasileiro, definiu, com precisão, a estrutura dos entes políticos internos (União, Estados, Distrito Federal e Municípios), demarcando-lhes o espaço territorial e outorgando-lhes o **feixe de competências** necessárias à sua autonomia, a partir do disposto no artigo 18, *caput*[2].

Assim, coube à **União**, entre outros, os seguintes bens[3]:

a) as terras devolutas indispensáveis à defesa das fronteiras, das fortificações e construções militares, das vias federais de comunicação e à preservação ambiental, definidas em lei;

b) os lagos, rios e quaisquer correntes de água em terrenos de seu domínio, ou que banhem mais de um Estado, sirvam de limites com outros países, ou se estendam a território estrangeiro ou dele provenham, bem como os terrenos marginais e as praias fluviais;

c) as ilhas fluviais e lacustres nas zonas limítrofes com outros países; as praias marítimas; as ilhas oceânicas e as costeiras, excluídas, destas, as áreas referidas no artigo 26, II, da Constituição da República;

d) o mar territorial; e

e) os terrenos de marinha e seus acrescidos.

Pode-se intuir, sem grande dificuldade, que os incisos citados demonstram uma inequívoca preocupação do constituinte em atribuir à União as parcelas do território nacional que possam servir de **entrada** ou **ponto de passagem** para outros países. São todas fundamentais à manutenção da **soberania nacional**, pois representam os únicos locais pelos quais pode o nosso território ser alcançado a partir do exterior.

> **Importante:** A soberania territorial consiste no poder do qual são portadores os Estados, para legislarem sobre todas as ocorrências havidas em seus limites territoriais. No caso brasileiro, o sistema jurídico vigente autoriza o exercício da competência sobre mais de um território aduaneiro, com atribuição de regimes distintos.

Quis o legislador original que a União fosse a detentora **exclusiva de competência** em relação a essas áreas, especialmente quanto ao acesso do exterior.

É o que se depreende dos incisos XII e XXII do artigo 21 da Constituição Federal, que estabelecem:

> Art. 21. Compete à União:
> XII – explorar, diretamente ou mediante autorização, concessão ou permissão:
> (...)

---

[2] Artigo 18, *caput*: "A organização político-administrativa da República Federativa do Brasil compreende a União, os Estados, o Distrito Federal e os Municípios, todos autônomos, nos termos desta Constituição".

[3] Constituição Federal, artigo 20, incisos II, III, IV, VI e VII.

> *c)* a navegação aérea, aeroespacial e a infraestrutura aeroportuária;
> *d)* os serviços de transporte ferroviário e aquaviário entre portos brasileiros e fronteiras nacionais, ou que transponham os limites de Estado ou Território;
> *e)* os serviços de transporte rodoviário interestadual e internacional de passageiros;
> *f)* os portos marítimos, fluviais e lacustres;
> (...)
> XXII – executar os serviços de polícia marítima, aeroportuária e de fronteiras;

Portanto, a exploração das áreas limítrofes do nosso território só pode ser feita pela **União**, de **forma direta** ou **indireta**.

Ademais, o controle marítimo, aeroportuário e de fronteiras é **indelegável**, por constituir matéria de evidente interesse nacional.

E qual é a relação disso com o comércio exterior e o direito aduaneiro?

A Constituição, ao demarcar áreas e pontos estratégicos do território brasileiro, preocupou-se com o controle sobre o **fluxo de entrada e saída** de bens e mercadorias, determinando que esses locais possuam **vigilância contínua** e **ordenamento jurídico** próprio, capazes de regular os procedimentos de importação e de exportação, com suas múltiplas variantes. Tal tarefa, extremamente importante e complexa, está a cargo, no país, das **unidades aduaneiras**, que pertencem à estrutura da Receita Federal do Brasil.

Muitos desconhecem o fato de que a Aduana Brasileira é a instituição pública **mais antiga** do país, a exemplo do que ocorreu em várias outras nações.

Sua implantação remonta à década que se iniciou em 1530, quando o governo português instituiu o sistema de Capitanias Hereditárias, que eram feudos dotados de autonomia administrativa, sobre os quais podia a Coroa cobrar alguns tributos, de acordo com o estabelecido nas cartas forais e nas cartas de doação.

Para que a cobrança fosse possível, os portugueses instalaram em cada Capitania uma **Provedoria da Fazenda Real**, que acumulava a função de Aduana, uma vez que os Provedores eram também *Juízes de Alfândega*.

A atual Constituição manteve a secular tradição de unir o **controle sobre o comércio exterior** à **arrecadação de tributos internos**, ao estabelecer, em seu artigo 237, que *a fiscalização e o controle sobre o comércio exterior, essenciais à defesa dos interesses fazendários nacionais, serão exercidos pelo Ministério da Fazenda.*

Essa **dupla função** do Ministério da Fazenda é peculiar ao modelo brasileiro, pois a maioria dos países segrega as atribuições de controle, relativas ao comércio exterior, daquelas típicas do direito tributário.

Outro forte indicativo, de ordem constitucional, no sentido de que o direito aduaneiro deve ser entendido individualmente, com **autonomia didática**, sem se confundir com os subsistemas tributário e administrativo, diz respeito à distribuição de **competência legislativa**.

Com efeito, o artigo 22 da Constituição estabelece que:

> Compete privativamente à União legislar sobre:
> I – direito civil, comercial, penal, processual, eleitoral, agrário, **marítimo, aeronáutico**, espacial e do trabalho;
> (...)

> VIII – **comércio exterior** e interestadual;
> (...)
> X – regime dos portos, navegação lacustre, fluvial, marítima, aérea e aeroespacial;

Logo no inciso I verificamos dois subsistemas jurídicos que guardam enorme afinidade com o direito aduaneiro, o do **direito marítimo** e o do **direito aeronáutico**; ambos são, ao lado das disposições contidas no inciso X, manifestações cabais da importância dada pelo constituinte à fiscalização das áreas de **acesso** ou **saída do país**, consubstanciadas nos chamados **pontos alfandegados**, ou seja, locais sob controle da administração aduaneira[4].

E no inciso VIII acima reproduzido encontramos, em toda a sua plenitude, a fundamentação constitucional para o **direito aduaneiro**, assim entendido como o conjunto de normas jurídicas destinado a regular o comércio exterior brasileiro.

Como bem ressalta José Lence Carluci, um dos pioneiros no estudo da matéria no Brasil: "Direito Aduaneiro é o conjunto de normas e princípios que disciplinam juridicamente a política aduaneira, entendida esta como a intervenção pública no intercâmbio internacional de mercadorias e que constitui um sistema de controle e de limitações com fins públicos"[5].

É importante percebermos a diferença entre o direito aduaneiro e os sistemas tributário, administrativo ou econômico, pois, como vimos, a Constituição confere **privativamente à União** poderes para legislar sobre o tema.

Ademais, quando a União exerce a sua competência, podemos dizer que as normas por ela exaradas são de **caráter nacional**, visto que representativas da vontade de todo o Estado Brasileiro, em suas relações com os outros membros soberanos da comunidade internacional.

Isso difere substancialmente do que ocorre em matéria **tributária** ou **econômica**, porque o artigo 24, inciso I, da Carta Magna estabelece que a competência para legislar sobre tais áreas é **concorrente** entre União, Estados e Distrito Federal[6].

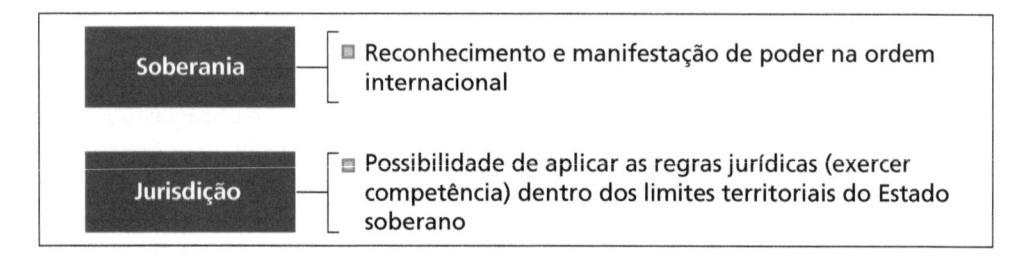

---

4   O artigo 8.º do atual Regulamento Aduaneiro, a partir da permissão concedida pelos incisos II e III, do artigo 34 do Decreto-lei n. 37/66, estabelece que: "Somente nos portos, aeroportos e pontos de fronteira alfandegados poderá efetuar-se a entrada ou a saída de mercadorias procedentes do exterior ou a ele destinadas. Parágrafo único. O disposto no *caput* **não se aplica**: I – à importação e à exportação de mercadorias conduzidas por linhas de transmissão ou por dutos, ligados ao exterior, observadas as regras de controle estabelecidas pela Secretaria da Receita Federal do Brasil; e II – a outros casos estabelecidos em ato normativo da Secretaria da Receita Federal do Brasil".

5   José Lence Carluci. *Uma introdução ao direito aduaneiro*. 2. ed. São Paulo: Aduaneiras, 1996, p. 25.

6   Constituição da República, artigo 24: "Compete à União, aos Estados e ao Distrito Federal legislar **concorrentemente** sobre: I – direito **tributário**, financeiro, penitenciário, **econômico** e urbanístico (...)".

Assim, podemos concluir que, se o constituinte quisesse incluir as normas de **direito aduaneiro** no âmbito de outro subsistema, não lhe teria reservado características e competência próprias.

Para fins didáticos, podemos destacar os mais importantes **princípios aduaneiros**, que devem servir como referência hermenêutica para a compreensão do escopo e alcance da matéria:

■ **Princípio da Transparência**: as normas de natureza aduaneira são reguladas no âmbito internacional; como os Estados são soberanos e operam mediante entendimento recíproco e consentimento, é fundamental a **prévia comunicação** aos demais atores acerca dos controles e exigências aduaneiros presentes em cada país.

■ **Princípio da boa-fé nas transações comerciais**: as relações comerciais internacionais devem ser pautadas pela boa-fé, e as administrações aduaneiras devem considerar, *a priori*, as informações legitimamente apresentadas pelas empresas.

■ **Prevalência das Normas de Direito Internacional**: os tratados em matéria aduaneira (e tributária) decorrem do concerto entre as nações e condicionam a produção de normas internas, a exemplo do que dispõe o artigo 98 do Código Tributário Nacional[7].

■ **Universalidade do controle aduaneiro**: em regra, o controle aduaneiro alcança bens, veículos e pessoas, salvo quando houver disposição internacional específica, como no caso das **malas diplomáticas e consulares**, que são objeto de tratamento diferenciado, conforme as respectivas *Convenções de Viena*.

■ **Discricionariedade na solução de questões de caráter não tributário**: discricionariedade, nas palavras de Bandeira de Mello[8], é "a margem de liberdade conferida pela lei ao administrador a fim de que este cumpra o dever de integrar com sua vontade ou juízo a norma jurídica, diante do caso concreto, segundo critérios subjetivos próprios, a fim de dar satisfação aos objetivos consagrados no sistema legal". Essa ideia é bastante importante, porque o direito aduaneiro, ao contrário do sistema tributário, possui **várias hipóteses** de emprego da **discricionariedade**, como na aplicação das medidas de defesa comercial (direitos dumping e medidas compensatórias), bem como nos casos de regimes aduaneiros especiais, cuja concessão depende, em certa medida, de uma análise **subjetiva** da autoridade aduaneira, como veremos em tópico específico.

■ **Princípio da circulação econômica**: a incidência e a consequente cobrança de certos tributos relacionados ao comércio exterior só fazem sentido se o bem **efetivamente** integrar a economia brasileira, razão pela qual existem regimes suspensivos que evitam o pagamento, como no caso da admissão temporária.

■ **Princípio da integridade territorial e da uniformização jurídica**: as regras aduaneiras, de competência da União, devem alcançar todo o território brasileiro, pois objetivam proteger e salvaguardar a soberania nacional.

---

[7] CTN, artigo 98: "Os tratados e as convenções internacionais revogam ou modificam a legislação tributária interna, e serão observados pela que lhes sobrevenha".

[8] Celso Antônio Bandeira de Mello. *Curso de direito administrativo*. 24. ed. São Paulo: Malheiros, 2007, p. 420.

■ **Princípio da Extrafiscalidade**: os direitos aduaneiros, assim entendidos os gravames de índole tributária e não tributária, possuem nítida *característica regulatória*, sendo pouco relevante, no atual cenário do comércio internacional, a sua **capacidade arrecadatória**. A extrafiscalidade, nos dias de hoje, é inerente ao direito aduaneiro, seja pelo contexto macroeconômico da globalização, seja, com maior força jurídica, pelos acordos internacionais de que o Brasil é signatário, todos voltados, a exemplo do GATT, para a constante **redução dos tributos incidentes** sobre as operações de comércio internacional.

15.2. JURISDIÇÃO ADUANEIRA

O conceito de jurisdição indica o poder do Estado em aplicar regras jurídicas sobre determinado território, o que inclui as atividades de **fiscalização, controle** e **exigência** de determinadas condutas dos indivíduos que nele se encontram.

Assim, brasileiros e estrangeiros que estiverem no país (dentro do nosso território) se submetem à **jurisdição nacional**, de forma que deverão cumprir todas as normas previstas pela legislação.

No caso da legislação aduaneira, vimos que as atividades são disciplinadas por meio do Decreto n. 6.759/2009 (conhecido como **Regulamento Aduaneiro**), que se afigura como norma **infralegal**, cuja expedição cabe privativamente ao Presidente da República, por força do artigo 84, IV, da Constituição Federal **(poder regulamentar)**.

Embora os decretos não tenham força de lei e, portanto, sejam vinculantes apenas para os agentes da administração **(poder hierárquico)**, é claro que as pessoas físicas ou jurídicas também devem obedecer a todos os preceitos neles contidos, pois os regulamentos executivos extraem sua **força normativa** de regras superiores, no caso, do Decreto-lei n. 37/66, que é a base do atual Regulamento Aduaneiro, sem prejuízo de diversas outras leis ordinárias que tratam da matéria.

Com a competência outorgada à União para legislar sobre **comércio exterior** (artigo 22, VIII, da Constituição da República), coube ao Presidente, em razão do poder-dever de agir, expedir o Regulamento Aduaneiro, com o que confere efetividade às normas previstas pelo Decreto-lei n. 37/66.

> O Regulamento Aduaneiro possui *status* de norma nacional, editado pelo Presidente da República, na qualidade de Chefe de Estado, e com o objetivo de disciplinar matéria relativa ao comércio exterior, ou seja, operações realizadas com outros entes na ordem internacional.

Não podemos esquecer a norma veiculada pelo artigo 237 da Constituição, que outorga ao **Ministro da Fazenda** competência plena para fiscalização e controle sobre as atividades de comércio exterior, essenciais à defesa dos interesses fazendários nacionais, circunstância que, como vimos, reverbera a história da administração aduaneira no Brasil.

> **Atenção:** Embora a competência regulamentar seja, normalmente, do Presidente da República, o Brasil é um dos poucos países que deixa a cargo do Ministério da Fazenda (atual Ministério da Economia) o trato das questões aduaneiras, em razão do artigo 237 da Constituição.

E o chamado **controle aduaneiro**, como se manifesta?

A Administração Aduaneira pressupõe o controle das operações de comércio exterior em **três níveis**: tributário, cambial e administrativo.

O **aspecto tributário** envolve a fiscalização e os fenômenos relativos às diversas incidências decorrentes das operações de importação e de exportação, tudo a cargo da Receita Federal do Brasil, órgão integrante do Ministério da Economia.

O **controle administrativo**, exercido pelos demais órgãos públicos no âmbito das respectivas competências, tem por objetivo assegurar que os bens procedentes do exterior respeitem as normas regulamentares internas, especialmente no que tange a questões não tarifárias.

Por fim, o **controle cambial** tem por finalidade verificar a contrapartida financeira das transações comerciais e é exercido pelo Banco Central do Brasil, em razão da competência outorgada pelo artigo 21, VIII, da Constituição[9].

Dessa forma, a administração das atividades aduaneiras compreende o **controle tarifário** e o **não tarifário** das operações de comércio exterior, bem como a produção de normas para a execução dessas atividades.

No Brasil, a Administração Aduaneira se concentra em dois Ministérios:

▣ **Fazenda**, por meio da *Coordenação Geral de Administração Aduaneira* (COANA), no âmbito da Receita Federal do Brasil; e

▣ **Desenvolvimento, Indústria, Comércio e Serviços (MDIC)**, por meio da Secretaria de Comércio Exterior (SECEX*)*.

> As atividades de fiscalização aduaneira possuem precedência em relação às demais, nos termos do artigo 37, XVIII, da Constituição: "a administração fazendária e seus servidores fiscais terão, dentro de suas áreas de competência e jurisdição, precedência sobre os demais setores administrativos, na forma da lei".

O STF já acolheu o entendimento de que as normas infralegais aduaneiras podem **impor restrições** com o objetivo de controle, a exemplo da proibição para a importação de pneus usados, conforme se observa da decisão a seguir:

> A relatora (...) afastou (...) o argumento de que as restrições que o Brasil quer aplicar aos atos de comércio não poderiam ser veiculadas por ato regulamentar, mas apenas por lei em sentido formal. No ponto, reputou plenamente atendido o princípio da legalidade, haja vista que o Ministério do Desenvolvimento, Indústria e Comércio Exterior tem como área de competência o desenvolvimento de políticas de comércio exterior e a regulamentação e execução das atividades relativas a este, sendo que as normas editadas pelo seu Departamento de Comércio Exterior — DECEX, responsável pelo monitoramento e pela fiscalização do comércio exterior, seriam imediatamente aplicáveis, em especial as proibitivas de trânsito de bens, ainda não desembaraçados, no território nacional. Citou diversas normas editadas pelo Decex e Secex que, segundo jurisprudência da Corte, teriam

---

9   CF, artigo 21: "Compete à União: (...) VIII — administrar as reservas cambiais do País e fiscalizar as operações de natureza financeira, especialmente as de crédito, **câmbio** e capitalização, bem como as de seguros e de previdência privada".

fundamento direto na Constituição (art. 237) (ADPF 101, Rel. Min. Cármen Lúcia, julgamento em 11-3-2009, Plenário, *Informativo* 538).

Essa é a posição a ser adotada, inclusive para concursos, pois está pacificada no **Supremo Tribunal Federal**.

Vejamos, a seguir, dois outros votos que reafirmam a **competência** do Poder Executivo, à luz do artigo 237 da Constituição:

> a) Veículos usados. Proibição de sua importação (Portaria do DECEX 8/1991). É legítima a restrição imposta à importação de bens de consumo usados pelo Poder Executivo, ao qual foi claramente conferida, pela Constituição, no art. 237, a competência para o controle do comércio exterior, além de guardar perfeita correlação lógica e racional o tratamento discriminatório, por ela instituído (RE 224.861, Rel. Min. Octavio Gallotti, julgamento em 7-4-1998, 1.ª Turma, *DJ* de 6-11-1998).
> b) Importação de veículos usados – Proibição estabelecida em ato do Ministério da Fazenda – Inocorrência de ofensa aos postulados constitucionais da igualdade e da reserva de lei formal. (...) Legitimidade jurídico-constitucional da resolução administrativa que veda a importação de veículos usados (RE 209.635, Rel. Min. Celso de Mello, julgamento em 20-5-1997, 1.ª Turma, *DJ* de 29-8-1997).

15.2.1. Território aduaneiro

A primeira questão importante, embora pouco observada pela doutrina, é a necessária distinção entre os conceitos de **território aduaneiro** e **território nacional**.

A dificuldade na correta utilização dos termos pode ser verificada, inclusive, em relação ao legislador, que, por vezes, faz constar nos comandos normativos as duas expressões, *como se equivalentes fossem.*

Ressalte-se que o legislador aduaneiro, mais afeito à terminologia específica, em geral emprega as expressões corretamente, restando os equívocos para o legislador de outras matérias, sobretudo na área tributária.

Qual seria, portanto, a diferença entre os dois conceitos?

Território nacional é um conceito clássico, veiculado por lei, e que corresponde aos limites geográficos de determinado país. Indica, acima de tudo, um dos elementos fundamentais do Estado, vale dizer, a área, politicamente definida, em relação à qual este exerce soberania.

Assim, observamos sua correta utilização nas normas de **direito internacional**, **administrativo** e **tributário**, entre outras, geralmente relacionadas às ideias de competência e jurisdição, com as delimitações impostas pela Constituição da República.

A expressão território nacional surge em diversos pontos do altiplano constitucional, e seus limites políticos e geográficos são estabelecidos de acordo com o disposto no artigo 48, V, da CF[10].

---

[10] Artigo 48: "Cabe ao Congresso Nacional, com a sanção do Presidente da República, não exigida esta para o especificado nos arts. 49, 51 e 52, dispor sobre todas as matérias de competência da União, especialmente sobre: (...); V — limites do território nacional, espaço aéreo e marítimo e bens do domínio da União".

Já o **território aduaneiro** representa um conceito distinto e indica a área, juridicamente definida, dentro da qual subsiste uma única ordem aduaneira, independente de quaisquer indagações sobre os limites geográficos do país.

Dito de outro modo, o território aduaneiro é a porção territorial protegida por um **único sistema aduaneiro**, que condiciona às suas regras todas as entradas e saídas de pessoas, bens e veículos.

Esse sistema aduaneiro está envolto por uma **membrana de normas jurídicas uniformes**, que estabelecem igual tratamento para todas as importações e exportações ali realizadas.

> **Importante:** A partir da definição, é possível constatar que um território aduaneiro pode englobar **um ou mais territórios nacionais** ou, ainda, que um território nacional pode possuir, por diversos motivos, **um ou mais territórios aduaneiros** sob sua jurisdição, vale dizer, submetidos à mesma soberania.

Exemplo do primeiro caso é a **União Europeia**, que atualmente congrega 28 países, cada qual soberano, mas todos submetidos a um único regime aduaneiro, cujos efeitos jurídicos condicionam, de maneira uniforme, todas as importações e exportações ocorridas no bloco.

E o que isso significa?

Significa, por exemplo, que, se um empresário brasileiro quiser exportar dado produto para a Europa, o tratamento aduaneiro será o mesmo, pouco interessando se o ingresso se der pela Alemanha, Espanha ou por Portugal. O tratamento isonômico faz sentido, pois, após a entrada na União Europeia, a mercadoria poderá circular livremente por qualquer um dos seus países-membros.

Em contrapartida, a maioria dos países possui, **dentro** do seu território nacional, áreas juridicamente demarcadas, com tratamento específico e diferenciado para as importações e as exportações.

Em geral, tais territórios aduaneiros são definidos no intuito de **incentivar o desenvolvimento** de certas regiões, muitas vezes afastadas dos grandes centros econômicos ou localizadas, estrategicamente, em pontos de fronteira ou regiões privilegiadas, sob o ponto de vista logístico, para o comércio com outros países.

É o caso, no Brasil, da **Zona Franca de Manaus (ZFM)**, cujo regime jurídico-aduaneiro, previsto a partir dos preceitos emanados do artigo 40 do *Ato das Disposições Constitucionais Transitórias*[11], prevê tratamento absolutamente distinto daquele praticado no restante do território nacional[12].

---

[11] ADCT, Artigo 40: "É mantida a Zona Franca de Manaus, com suas características de área livre de comércio, de exportação e importação, e de incentivos fiscais, pelo prazo de vinte e cinco anos, a partir da promulgação da Constituição".

[12] Decreto-lei n. 288/67, artigo 1.º, com a redação dada pelo artigo 504 do Regulamento Aduaneiro: "A Zona Franca de Manaus é uma área de livre-comércio de importação e de exportação e de incentivos fiscais especiais, estabelecida com a finalidade de criar no interior da Amazônia um centro industrial, comercial e agropecuário, dotado de condições econômicas que permitam seu desenvolvimento, em face dos fatores locais e da grande distância a que se encontram os centros consumidores de seus produtos".

O regime previsto para a Zona Franca de Manaus, ampliado pelo Decreto-lei n. 288/67 — e que deveria acabar em 1997, sob a expectativa de que o almejado desenvolvimento da região se consolidasse –, foi prorrogado em **quatro ocasiões**: a primeira, pelo Decreto n. 92.560, de 16 de abril de 1986, assinado pelo então Presidente José Sarney, que ampliou o prazo até 2007; a segunda, pelo citado artigo 40 do *Ato das Disposições Constitucionais Transitórias*, que o estendeu por mais 20 anos, contados da data da promulgação da Carta Política, em 5 de outubro de 1988; por fim, pela **Emenda Constitucional n. 42**, de 19 de dezembro de 2003, que acrescentou **mais dez anos** ao prazo fixado pelo artigo 40, de modo que o regime funcionaria até 2023. Com a promulgação da Emenda Constitucional n. 83, que introduziu o artigo 92-A no Ato das Disposições Constitucionais Transitórias, o prazo de existência da ZFM foi estendido **por mais 50 anos**, com vigência, portanto, **até 2073**.

Impende destacar que as entradas e saídas de pessoas, bens e veículos da Zona Franca de Manaus **são controladas**, para fins aduaneiros, inclusive no que tange a residentes nacionais e produtos brasileiros, em razão das particularidades tributárias a que estes são submetidos.

Nesse ponto, compete-nos advertir que somente uma interpretação sistêmica do texto constitucional, arquitetada a partir da percepção da *existência de normas jurídicas válidas e peculiares ao direito aduaneiro*, permitirá que seja contornada a **aparente incompatibilidade** entre o regime tributário relativo à ZFM e o preceito exarado pelo artigo 150, V, da Carta Política[13], que **veda a limitação**, por meio de exações tributárias, ao tráfego interno de pessoas ou bens.

O próprio legislador utiliza a expressão **internação**[14], cujo sentido deriva do conceito de importação, toda vez que um produto fabricado na Zona Franca de Manaus se destina a outro ponto do país.

Nesses casos, surge um controle aduaneiro específico, que tem por objetivo verificar os **procedimentos de transferência** de um sistema aduaneiro para outro, normalmente com a incidência dos tributos que não foram cobrados na etapa anterior (entrada de produtos manufaturados ou insumos, partes e componentes na Zona Franca de Manaus, por conta de mecanismos **isentivos**[15]).

---

[13] Constituição Federal, artigo 150: "Sem prejuízo de outras garantias asseguradas ao contribuinte, é vedado à União, aos Estados, ao Distrito Federal e aos Municípios: (...) V — estabelecer limitações ao tráfego de pessoas ou bens, por meio de tributos interestaduais ou intermunicipais, ressalvada a cobrança de pedágio pela utilização de vias conservadas pelo Poder Público".

[14] Entende-se por internação a entrada, no restante do território aduaneiro brasileiro, de mercadorias egressas da Zona Franca de Manaus. Trata-se de modalidade jurídica análoga à *importação*, principalmente no caso de mercadorias estrangeiras importadas anteriormente para a Zona Franca de Manaus e posteriormente internadas no restante do país, pois estarão sujeitas a todos os tributos incidentes numa importação comum, salvo nos casos de: a) bagagem de viajante; b) internação de produtos industrializados na Zona Franca de Manaus com insumos estrangeiros; c) saída, para a Amazônia Ocidental, dos produtos beneficiados pela pauta definida pelos Ministros da Fazenda e do Desenvolvimento, Indústria e Comércio Exterior; e d) saída de mercadorias para as áreas de livre-comércio, de acordo com a legislação que as regula.

[15] Regulamento Aduaneiro, artigo 505: "A entrada de mercadorias estrangeiras na Zona Franca de Manaus, destinadas a seu consumo interno, industrialização em qualquer grau, inclusive benefi-

Para melhor compreensão dos conceitos, basta imaginar que **território nacional** é aquilo a que todos estamos acostumados (pois representa o país Brasil), enquanto **território aduaneiro** *é o âmbito no qual vige determinado sistema de restrições diretas e indiretas aplicáveis à entrada e à saída de mercadorias*[16].

Assim, pode ocorrer que em um território nacional **coexistam vários territórios aduaneiros** ou, ao contrário, que um território aduaneiro abarque o território nacional **correspondente a vários países**.

Esquematicamente, temos:

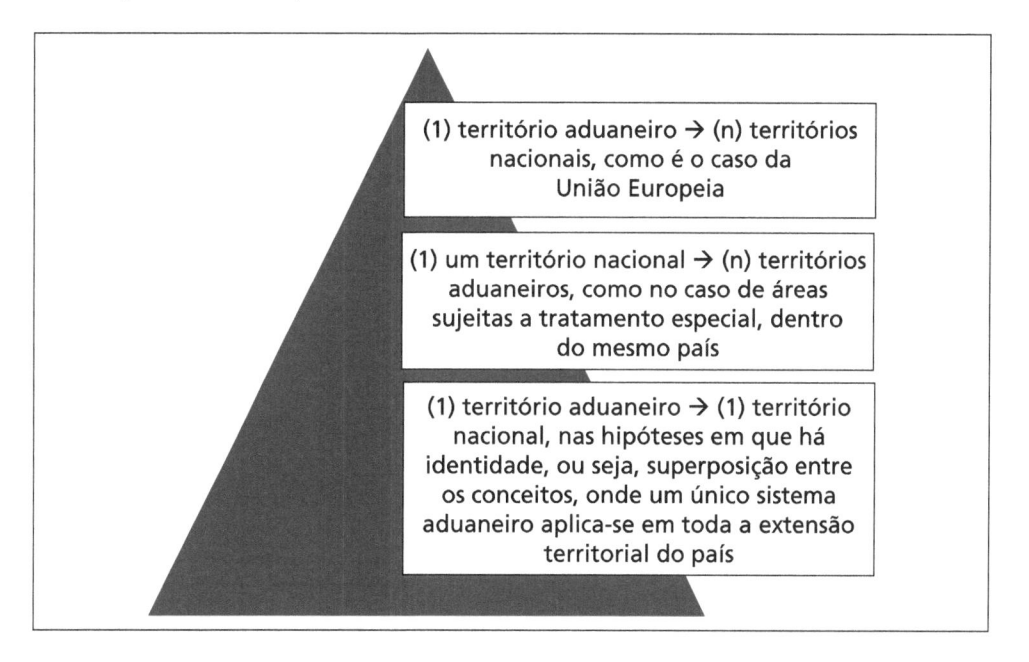

(1) território aduaneiro → (n) territórios nacionais, como é o caso da União Europeia

(1) um território nacional → (n) territórios aduaneiros, como no caso de áreas sujeitas a tratamento especial, dentro do mesmo país

(1) território aduaneiro → (1) território nacional, nas hipóteses em que há identidade, ou seja, superposição entre os conceitos, onde um único sistema aduaneiro aplica-se em toda a extensão territorial do país

> Nosso conceito de **território aduaneiro**: é a área delimitada pela fronteira aduaneira de um país ou bloco de integração econômica, dentro da qual se apresenta um único sistema administrativo-tributário, que compreende os direitos relativos à importação e à exportação, bem como os demais controles previstos diretamente pela legislação interna ou em virtude da celebração de tratados internacionais.

15.2.2. A divisão do território aduaneiro

Uma vez fixado o conceito de território aduaneiro, resta-nos observar que este, internamente, pode ser **dividido** em diferentes áreas, de acordo com o interesse estatal e a necessidade de controle e proteção às fronteiras do país.

---

ciamento, agropecuária, pesca, instalação e operação de indústrias e serviços de qualquer natureza, bem como a estocagem para reexportação, será isenta dos impostos de importação e sobre produtos industrializados".

[16] Cf. Ricardo Basaldua. *Introducción al derecho aduanero*, p. 170.

Ao contrário do que se possa imaginar, a entrada e a saída de bens, pessoas e veículos do território aduaneiro **não podem ocorrer** em qualquer um de seus pontos fronteiriços.

Dito de outro modo, podemos constatar que, apesar de — *em verdade, justamente por isso* — o Brasil possuir uma imensa costa voltada para o Atlântico e outra enorme faixa terrestre que faz divisa com diversos países sul-americanos, o ingresso ou saída do nosso território **não pode se dar** em toda a extensão dessas linhas limítrofes, de forma que ao Estado compete estabelecer os locais, sob controle aduaneiro, nos quais será permitido o contato com o exterior.

Corolário da segurança nacional e do princípio da soberania, o **controle aduaneiro de fronteiras** exige que as operações de comércio exterior só possam ocorrer, de modo legítimo, em áreas previamente estabelecidas pelo poder público, de modo que nelas as autoridades competentes encontrem a infraestrutura necessária para o pleno exercício de suas atividades.

Tais áreas, devidamente demarcadas, são denominadas pela legislação como **zonas primárias**, e se constituem nos **únicos locais**, de todo o território aduaneiro, nos quais são permitidos o ingresso e a saída de pessoas, bens e veículos, oriundos do exterior ou dele procedentes, bem assim a carga, descarga e armazenagem de mercadorias.

Atenção: Excepcionalmente, mercadorias importadas ou exportadas poderão trafegar por pontos **não alfandegados**, como no caso de condução por linhas de transmissão ou dutos ligados ao exterior, observados os controles fixados pela Receita Federal do Brasil, que também poderá autorizar outras hipóteses, conforme estabelecido em ato normativo próprio.

Em função do tipo (também chamado modal) de transporte adotado para a operação de comércio exterior, as **zonas primárias**[17] podem ser estabelecidas em:

- ▨ área terrestre ou aquática, contínua ou descontínua, nos **portos alfandegados**[18];
- ▨ área terrestre, nos **aeroportos alfandegados**; e
- ▨ área terrestre que compreende os **pontos de fronteira alfandegados**.

A delimitação da área compreendida na zona primária serve a uma **série de funções**, a saber:

- ▨ **fixação de jurisdição federal**, para os atos jurídicos tributários e aduaneiros nela ocorridos;

---

[17] O § 1.º do artigo 3.º do RA determina que, para efeito de controle aduaneiro, as **zonas de processamento de exportação** constituem zona primária.

[18] Alfandegado é o local previamente habilitado, pelas autoridades de transporte, para operações de tráfego internacional, e ao qual foi concedido ato declaratório de alfandegamento, a cargo das autoridades aduaneiras. O processo de alfandegamento se inicia com o pedido do interessado, que deverá adotar as medidas de segurança e controle previstas na legislação aduaneira, de modo a permitir o efetivo controle das operações que serão realizadas no local. As atividades de comércio exterior só podem ocorrer em pontos alfandegados, o que significa que apenas uma pequena parcela dos portos e aeroportos do país se encontra autorizada para esta finalidade. Isso explica, por exemplo, o fato de o Aeroporto de Congonhas, em São Paulo, apesar de ser um dos mais movimentados do país, não poder receber passageiros internacionais, por ausência de infraestrutura de controle apropriada e do correspondente ato declaratório.

▪ **classificação como área de segurança nacional** e **acesso restrito**, cabendo à administração aduaneira disciplinar a entrada, a permanência, a movimentação e a saída de pessoas, veículos, unidades de carga e mercadorias, no que interessar à Fazenda Nacional[19];

▪ **precedência das autoridades aduaneiras** sobre os demais órgãos ali localizados[20];

▪ **livre acesso**, no interesse aduaneiro, a todas as suas dependências[21].

Com a modernização da base logística brasileira, condição *sine qua non* para o desenvolvimento econômico, aliada à irreversível tendência de **transferência** de certas atividades originalmente incumbidas ao Estado[22] para a **iniciativa privada**, o procedimento de alfandegamento das áreas compreendidas no conceito de zona primária ganhou enorme relevância, pois o responsável pela sua administração deve providenciar toda a infraestrutura para a instalação de mecanismos de fiscalização aduaneira e assumir, juridicamente, a sempre incômoda condição de **fiel depositário** das mercadorias sob sua guarda.

Em contrapartida, poderá cobrar dos agentes intervenientes nas respectivas operações valores diversos, a título de movimentação e armazenagem de mercadorias.

Quando uma área recebe o *status* de **alfândega**, em relação a ela surgem outras consequências de cunho aduaneiro.

A mais relevante é a possibilidade de realização de **todos os procedimentos** de controle e fiscalização, tanto nas importações como nas exportações, tendentes a verificar o fiel cumprimento das obrigações aduaneiras e tributárias.

Assim, podemos dizer que, durante muitos anos, a zona primária foi, por excelência, o **local** para a realização dos procedimentos aduaneiros, sobretudo os de importação, que possuem maior relevância jurídica e econômica para o país.

Entretanto, uma clara tendência tem sido observada nos últimos tempos — com a devida atenção da legislação –, que corresponde ao fenômeno da **interiorização** dos procedimentos aduaneiros.

Com efeito, principalmente em países como o Brasil, de enorme extensão territorial, resta fácil perceber, de plano, as **dificuldades** de importadores e exportadores em acompanhar, *in loco*, nos portos, aeroportos e pontos de fronteira alfandegados, as operações de comércio exterior de seu interesse.

Isso porque, como reflexo da colonização portuguesa, que se iniciou a partir da transposição do Oceano Atlântico, as principais cidades brasileiras — e, consequentemente, os

---

[19] Conforme artigo 17, II, do Regulamento Aduaneiro.

[20] Artigo 17 do RA, *ex vi* artigo 37, XVIII, da Constituição Federal.

[21] Artigo 24 do RA.

[22] Citamos, a título de exemplo, a Lei n. 8.630/93, que previu a *Modernização dos Portos Brasileiros*, providência que permite a transferência para a iniciativa privada, mediante concessão (artigo 1.º), da exploração de portos e operações portuárias, que, no entanto, permanecem sob a competência exclusiva da União. A matéria, atualmente, é veiculada pela Lei n. 12.815/2013, que revogou a lei de 1993, mas manteve a possibilidade de exploração indireta dos portos, por particulares, mediante concessão e arrendamento de bem público, além da possibilidade de autorização, para exploração de instalações portuárias localizadas fora da área do porto.

mais importantes centros econômicos — foram estabelecidas ao longo da costa e, por decorrência lógica, atualmente abrigam a maioria dos aeroportos internacionais do país[23].

Some-se a isso o óbvio fato de que todos os **principais portos** também se localizam nas margens do Atlântico e poderemos constatar uma grande concentração, na faixa litorânea, de locais onde são exercidas as atividades aduaneiras, com **evidentes prejuízos** aos empresários estabelecidos nas demais regiões do Brasil.

Para esses empresários, a única alternativa seria o deslocamento (ou, ao menos, a contratação de prepostos) até os **pontos alfandegados** nos quais seriam realizados os procedimentos aduaneiros, com significativo impacto nos custos e sensível perda de competitividade.

No mapa a seguir podemos perceber que existe uma enorme concentração de atividades aduaneiras próximas ao litoral, pois a maioria das capitais segue a linha da costa, onde também estão os grandes aeroportos internacionais.

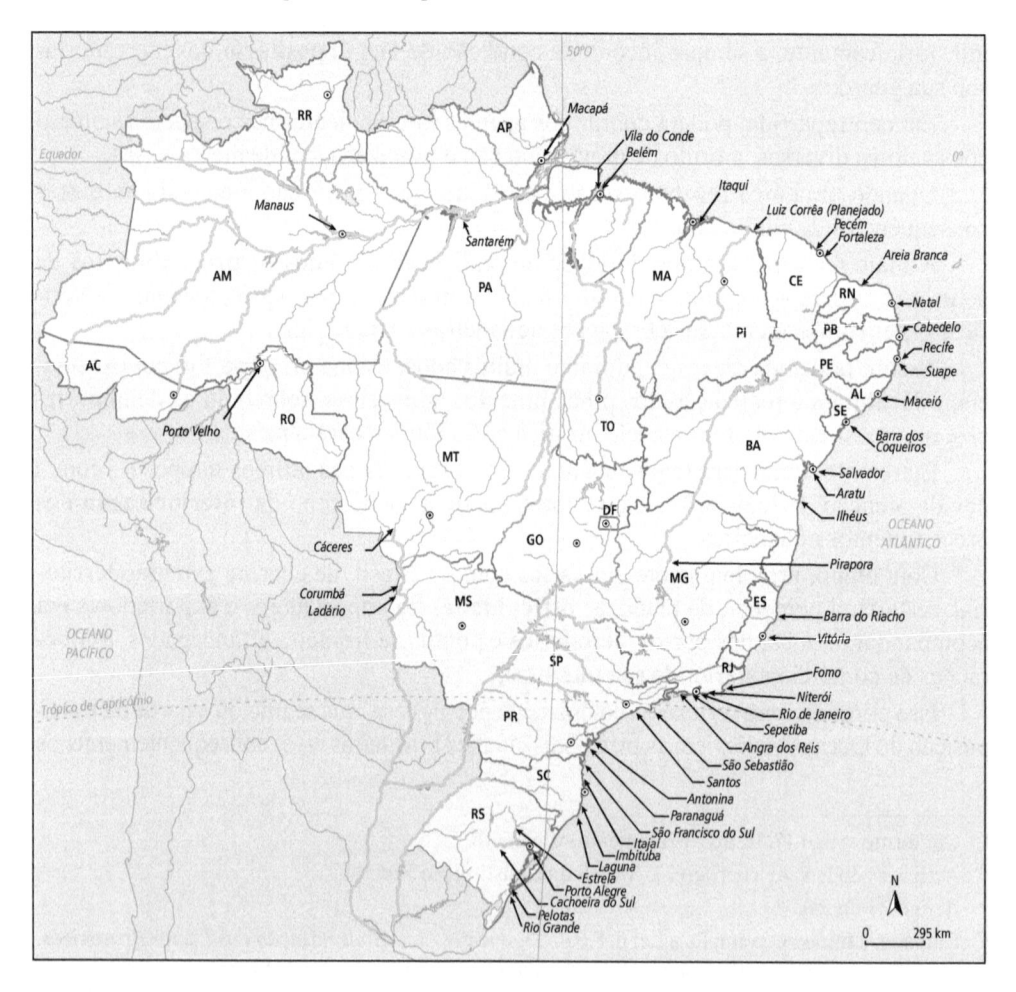

---

[23]   Com raras exceções, como ocorre com o Aeroporto de Brasília e, do ponto de vista aéreo ou portuário, a região que corresponde à Zona Franca de Manaus, por força dos incentivos aduaneiros e tributários que lhe são inerentes.

De se notar que uma situação dessa natureza impediria o desenvolvimento regional equilibrado, preceito constitucional de suma importância, que tem por fundamento evitar a perpetuação do histórico desequilíbrio econômico observado no país e que remonta aos tempos da colonização.

Como, então, resolver ou minimizar o problema?

A melhor resposta exige esforços para a **interiorização** dos procedimentos aduaneiros, que têm por objetivo reduzir os efeitos (custos) do desequilíbrio econômico e logístico do país.

A ideia de se interiorizarem os procedimentos aduaneiros permitiria, por exemplo, que um importador de Goiânia tivesse a mesma facilidade de acesso ao local em que ocorrerá o **despacho aduaneiro** do que um concorrente, cujo estabelecimento ficasse a poucos quilômetros do porto de Santos, o maior da América Latina. Como resultado, haveria maior competitividade entre os empresários, pela redução dos custos e riscos logísticos e burocráticos.

Nesse sentido, o mecanismo que permite a interiorização do despacho realiza-se por meio da criação dos chamados **portos secos**, que são recintos alfandegados de uso público, explorados pela iniciativa privada mediante permissão ou concessão[24], e autorizados a movimentar e armazenar mercadorias na importação ou exportação.

A exploração dessa atividade pela iniciativa privada tem por objetivo conferir maior agilidade na instalação de novos recintos alfandegados, localizados perto de **polos econômicos relevantes** que se encontrem no interior do país.

Outra vantagem significativa é o fato de que a concorrência tende a **reduzir os custos logísticos** das operações, de modo a tornar as atividades do setor mais próximas dos parâmetros internacionais, com ganho de competitividade para o país.

Os **portos secos** localizam-se, em regra, na **zona secundária**, mas *podem, excepcionalmente, ser estabelecidos em áreas contíguas aos pontos de fronteira alfandegados*, atuando como recintos de armazenagem para as mercadorias em trânsito terrestre, embarcadas ou desembarcadas de caminhões ou outros veículos de carga.

Convém destacar que os portos secos **não podem ser instalados** nas áreas de zona primária de portos ou aeroportos alfandegados.

Nos portos secos são realizadas as **mesmas atividades** de controle e fiscalização aduaneira que nos pontos de zona primária. Para tanto, os empresários particulares que os exploram devem oferecer à administração aduaneira todas as condições de segurança e infraestrutura, nos moldes estabelecidos pela legislação.

---

[24] A figura administrativa típica é a da permissão, restando a concessão apenas para os casos em que o porto seco for instalado em imóvel pertencente à União.

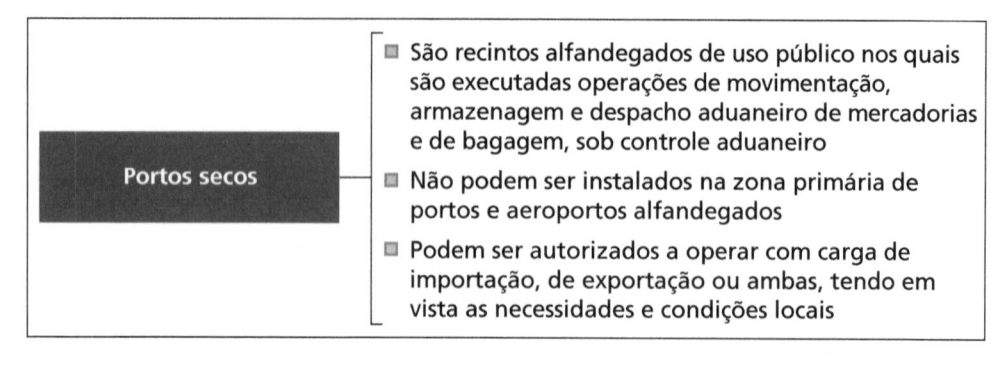

Portos secos	▫ São recintos alfandegados de uso público nos quais são executadas operações de movimentação, armazenagem e despacho aduaneiro de mercadorias e de bagagem, sob controle aduaneiro ▫ Não podem ser instalados na zona primária de portos e aeroportos alfandegados ▫ Podem ser autorizados a operar com carga de importação, de exportação ou ambas, tendo em vista as necessidades e condições locais

Portos secos	▫ As operações de movimentação e armazenagem de mercadorias sob controle aduaneiro, bem como a prestação de serviços conexos, em porto seco, sujeitam-se ao regime de concessão ou de permissão ▫ A execução das operações e a prestação dos serviços são efetivadas mediante o regime de permissão, salvo quando os serviços devam ser prestados em porto seco instalado em imóvel pertencente à União, caso em que será adotado o regime de concessão precedida da execução de obra pública

Como os pontos de zona primária são aqueles de contato com o exterior, nos quais se realizam as operações afeitas ao comércio com outros países, **todo o restante do território aduaneiro**, por exclusão, é denominado **zona secundária**.

Desse modo, a zona secundária compreende a porção terrestre do nosso território, não delimitada para fins de controle aduaneiro, bem como o espaço aéreo e as águas territoriais, pertencentes à União, conforme disposição constitucional[25].

Na zona secundária existe a **presunção jurídica** de que todos os bens de procedência estrangeira, porventura em circulação, já foram submetidos ao procedimento aduaneiro-tributário de importação, razão pela qual, no caso de se verificar a existência de bens em desconformidade com o ordenamento, é cabível a **pena de perdimento**, sem prejuízo de outras sanções, notadamente as de natureza penal.

Os tribunais têm reconhecido a impossibilidade de regularização de bens na zona secundária, quando introduzidos clandestinamente no Brasil. Nesse sentido, o seguinte acórdão:

> (...) Se a mercadoria é apreendida pela SRF fora da aduana, em "zona secundária do território aduaneiro", sem prova da sua regular internação, não é mais possível proceder à "regularização" dessa internação. 2. A hipótese de regularização, mediante pagamento dos tributos sujeitos na regular internação pelo regime especial de bagagem acompanhada, não encontra amparo legal se surpreendido o portador em Zona Secundária do

---

[25] Constituição Federal, artigo 20, VI.

Território Aduaneiro, sem que tenha declarado a mercadoria no momento em que adentrou ao país na posse dela, permanecendo restrita sua regularização à Zona Primária, que não é o caso quando no embarque de voo doméstico. Tal mercadoria, portanto, não mais está sujeita à tributação, mas sim à pena específica de perdimento (TRF1, Agravo Interno no Agravo de Instrumento 200801000366953, 7.ª Turma, Rel. Juiz Rafael P. S. Pinto, julgamento em 9-12-2008, *e-DJF1* 19-12-2008, p. 628).

Portanto, o **ônus da prova**, acerca da regular introdução dos bens, compete ao contribuinte e exige a apresentação dos documentos relativos ao despacho aduaneiro, com o recolhimento dos tributos devidos.

Convém mencionar que a competência para a retenção de mercadorias, no exercício do controle aduaneiro, pertence ao Auditor-Fiscal da Receita Federal do Brasil, conforme decisão a seguir (embora a referência seja ao antigo Regulamento Aduaneiro, o entendimento permanece inalterado):

(...) Não se afigura ilegal a retenção de mercadorias procedida por Auditor-Fiscal da Receita Federal, na medida em que procedida nos limites do art. 6.º, I, "c", da Lei n. 10.593/2002. 2. Tem cabimento tal procedimento nas hipóteses em que são encontradas mercadorias de origem estrangeira fora da zona aduaneira primária e sem a documentação que comprove a regularidade da importação ou notas fiscais, consoante inteligência dos arts. 87 e 102 da Lei n. 4.502/64 c/c art. 463 do Decreto n. 4.544/2002. 3. Agravo de instrumento improvido (TRF5, Agravo de Instrumento 68209, 1.ª Turma, Rel. Des. Federal Ubaldo Ataíde Cavalcante, julgamento em 14-9-2006, *DJ* 207 27-10-2006, p. 1.089).

Neste ponto, surge uma **questão interessante**: se as mercadorias só podem ser introduzidas na zona secundária após o devido procedimento de importação, como garantir que a transferência de mercadorias de procedência estrangeira, que forçosamente chegam ao país por meio **da zona primária**, ocorra até o porto seco, onde será efetuado o despacho aduaneiro?

O problema é extremamente relevante, pois as mercadorias ainda não submetidas a despacho são consideradas, para todos os fins, como **estrangeiras**, sem o recolhimento, portanto, dos tributos incidentes na importação.

Assim, qualquer desvio de mercadorias ocorrido no transporte entre a zona primária e o porto seco implicaria a sua **introdução clandestina** no país, com danosas consequências à economia nacional e ao controle aduaneiro, especialmente no que tange às medidas de segurança, pois não podemos olvidar que o procedimento aduaneiro do despacho de importação, além da questão tributária, tem a não menos importante tarefa de verificar se as exigências administrativas relativas às mercadorias também foram atendidas.

Como solução para esse cenário, a legislação pátria, a exemplo de outros países, estabeleceu um regime aduaneiro especial denominado **trânsito aduaneiro**, que permite o transporte de mercadorias de um ponto a outro do país, **desde que ambos alfandegados**, sob controle fiscal, com a suspensão dos tributos incidentes.

O **objetivo precípuo** do regime é garantir que as mercadorias saídas da zona primária cheguem ao seu destino nas exatas condições de partida, em termos quantitativos e qualitativos.

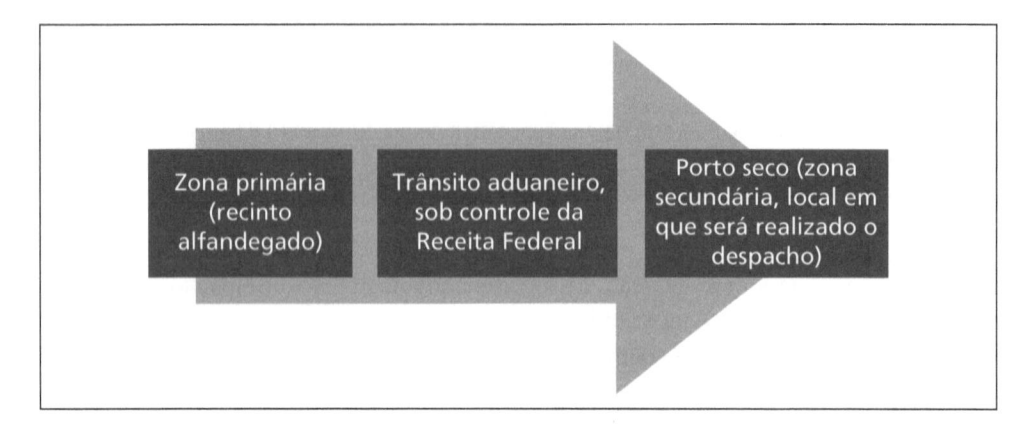

A **suspensão dos tributos** incidentes na importação, prevista na espécie, faz-se necessária porque trata da inserção de mercadorias de procedência estrangeira na zona secundária, o que, por si só, *ensejaria a respectiva cobrança*; mas, em razão do regime especial de trânsito, translada-se o aspecto temporal da hipótese do imposto de importação para momento futuro, vale dizer, quando do registro da declaração de importação no recinto alfandegado de destino.

Por isso afirmamos que o trânsito aduaneiro é um **regime-meio**, que não tem o condão de alterar o *status* jurídico original da mercadoria.

Isso equivale a dizer que o fundamento do regime é a **manutenção**, sob o aspecto aduaneiro-tributário, de todas as características atinentes à mercadoria no ponto de origem, deixando para o ponto de destino, no qual efetivamente ocorrerão os procedimentos de importação, as medidas de controle administrativo e a incidência tributária.

Em sentido oposto, o trânsito aduaneiro também é utilizado nos **procedimentos de exportação**, com idêntica neutralidade.

Devemos atentar, apenas, para o fato de que nas **exportações** o despacho *se dá no ponto de origem*, cabendo ao regime de trânsito garantir a integridade da mercadoria até o ponto de destino, a partir do qual ocorrerá a saída para o exterior.

A eventual introdução dessas mercadorias, *juridicamente já exportadas*[26], no território aduaneiro, **sem o embarque físico** para o exterior, também traria consequências danosas à economia, devido à desoneração tributária que, de acordo com a Constituição Federal, caracteriza as exportações (que gozam de imunidade).

A circulação econômica de produtos nessa condição feriria o princípio da **livre concorrência**, além de configurar o crime de **contrabando**[27].

---

[26] De se notar que na exportação o despacho aduaneiro pode ocorrer nos portos secos, próximos ao estabelecimento do exportador, nos quais são realizados todos os procedimentos de controle e o respectivo desembaraço, cujos efeitos jurídicos ficarão condicionados ao ulterior embarque das mercadorias para o exterior, após o encerramento do regime de trânsito aduaneiro.

[27] A atual previsão legal para o crime de contrabando se encontra no artigo 334-A do Código Penal, com a redação dada pela Lei n. 13.008/2014, que reprime a seguinte conduta: "Importar ou exportar mercadoria proibida: Pena — reclusão, de 2 (dois) a 5 (cinco) anos. § 1.º Incorre na mesma pena quem: (...) III — reinsere no território nacional mercadoria brasileira destinada à exportação".

Cuidaremos das características do trânsito aduaneiro no capítulo dedicado aos regimes aduaneiros especiais.

15.2.3. Portos, aeroportos e pontos de fronteira alfandegados

Os portos, aeroportos e pontos de fronteira alfandegados são os locais onde, sob controle aduaneiro, são processadas as operações de importação e exportação, vale dizer, somente nesses locais poderá ser realizada a entrada ou a saída de mercadorias procedentes do exterior ou a ele destinadas.

Vejamos as características de cada um deles.

Os **portos alfandegados** são as áreas pertencentes à União, exploradas diretamente ou mediante concessão, e autorizadas a operar no comércio exterior (*exemplos*: Porto de Santos, Porto de Vitória etc.).

De acordo com a Lei n. 12.815/2013 **(atual Lei dos Portos)**, em seu artigo 2.º, a infraestrutura portuária compreende os seguintes conceitos:

I – **porto organizado**: bem público construído e aparelhado para atender a necessidades de navegação, de movimentação de passageiros ou de movimentação e armazenagem de mercadorias, e cujo tráfego e operações portuárias estejam sob jurisdição de autoridade portuária;

II – **área do porto organizado**: área delimitada por ato do Poder Executivo que compreende as instalações portuárias e a infraestrutura de proteção e de acesso ao porto organizado;

III – **instalação portuária**: instalação localizada dentro ou fora da área do porto organizado e utilizada em movimentação de passageiros, em movimentação ou armazenagem de mercadorias, destinadas ou provenientes de transporte aquaviário;

IV – **terminal de uso privado**: instalação portuária explorada mediante autorização e localizada fora da área do porto organizado;

V – **estação de transbordo de cargas**: instalação portuária explorada mediante autorização, localizada fora da área do porto organizado e utilizada exclusivamente para operação de transbordo de mercadorias em embarcações de navegação interior ou cabotagem;

VI – **instalação portuária pública de pequeno porte**: instalação portuária explorada mediante autorização, localizada fora do porto organizado e utilizada em movimentação de passageiros ou mercadorias em embarcações de navegação interior;

VII – **instalação portuária de turismo**: instalação portuária explorada mediante arrendamento ou autorização e utilizada em embarque, desembarque e trânsito de passageiros, tripulantes e bagagens, e de insumos para o provimento e abastecimento de embarcações de turismo;

VIII – (VETADO):

IX – **concessão**: cessão onerosa do porto organizado, com vistas à administração e à exploração de sua infraestrutura por prazo determinado;

X – **delegação**: transferência, mediante convênio, da administração e da exploração do porto organizado para Municípios ou Estados, ou a consórcio público, nos termos da Lei n. 9.277, de 10 de maio de 1996;

XI – **arrendamento**: cessão onerosa de área e infraestrutura públicas localizadas dentro do porto organizado, para exploração por prazo determinado;

> XII – **autorização**: outorga de direito à exploração de instalação portuária localizada fora da área do porto organizado e formalizada mediante contrato de adesão; e
> XIII – **operador portuário**: pessoa jurídica pré-qualificada para exercer as atividades de movimentação de passageiros ou movimentação e armazenagem de mercadorias, destinadas ou provenientes de transporte aquaviário, dentro da área do porto organizado.

Ao contrário do que ocorreu nos portos alfandegados, que foram objeto de transferência **à iniciativa privada**, mediante concessão, os **aeroportos alfandegados** no Brasil demoraram a ser privatizados, e só recentemente foram parcialmente transferidos à iniciativa privada, em razão da Copa do Mundo, muitas vezes em parceria administrativa com a INFRAERO, empresa pública pertencente à União e responsável pelo gerenciamento dos terminais de passageiros e cargas.

Por seu turno, os **pontos de fronteira alfandegados** são os locais de fronteiras terrestres aptos a controlar o fluxo de veículos e pessoas que ingressam ou deixam o País, sob fiscalização da administração aduaneira (*exemplo*: entrada e saída de veículos, pessoas e mercadorias por Uruguaiana, na fronteira com a Argentina — *Paso de Los Libres*).

15.2.4. Alfandegamento

Nos termos do artigo 5.º do Regulamento Aduaneiro, somente nos portos, aeroportos e pontos de fronteira **alfandegados** poderão ocorrer as seguintes operações, sempre sob controle aduaneiro:

- ■ estacionar ou transitar veículos procedentes do exterior ou a ele destinados;
- ■ ser efetuadas operações de carga, descarga, armazenagem ou passagem de mercadorias procedentes do exterior ou a ele destinadas; e
- ■ embarcar, desembarcar ou transitar viajantes procedentes do exterior ou a ele destinados.

Uma primeira questão, portanto, diz respeito ao que seria o alfandegamento.

Entende-se por **alfandegamento** a autorização, por parte da Receita Federal do Brasil (RFB), para estacionamento ou trânsito de veículos; embarque, desembarque, verificação de bens ou trânsito de viajantes procedentes do exterior ou a ele destinados; movimentação, armazenagem e despacho aduaneiro de mercadorias procedentes do exterior, ou a ele destinadas, inclusive sob regime aduaneiro especial; e movimentação e armazenagem de remessas postais internacionais, nos locais e recintos onde tais atividades ocorram sob controle aduaneiro[28].

O Ato Declaratório Executivo (ADE) que autoriza o alfandegamento é de competência do Superintendente da Receita Federal da região de jurisdição do porto, aeroporto ou ponto de fronteira interessado. O ADEdeverá estabelecer seu prazo de vigência, os tipos de carga a serem movimentadas, as operações aduaneiras autorizadas, os regimes aduaneiros especiais habilitados, bem como as dispensas de requisitos e os compartilhamentos de equipamentos e instalações.

---

[28] Portaria RFB n. 143/2022, artigo 2.º.

Em razão do natural risco de entrada ou saída irregular do território aduaneiro de pessoas e mercadorias nos pontos alfandegados, o controle sobre os **veículos** que circulam nessas áreas merece atenção especial.

Os veículos **nacionais** ou **estrangeiros** utilizados na logística do comércio exterior (inclusive o transporte de passageiros) somente poderão circular nas áreas restritas dos portos, aeroportos e pontos de fronteira alfandegados mediante **prévia autorização**, com a apresentação dos itinerários e dos procedimentos de carga, descarga, embarque e desembarque.

No mesmo sentido, o **controle aduaneiro** exige que todas as operações envolvendo mercadorias e pessoas destinadas ao exterior ou dele procedentes sejam realizadas em áreas dotadas de segurança física e jurídica, com a perfeita identificação dos responsáveis.

As **empresas** que atuam na movimentação e armazenagem de mercadorias, bem assim as responsáveis pelo transporte de passageiros, também possuem cadastro e autorização especial de funcionamento.

A armazenagem pode ser **gratuita** (em operações de trânsito ou passagem) ou **remunerada**, quando o responsável pelo recinto alfandegado exige dos usuários o pagamento de tarifas, normalmente em razão do valor das mercadorias ou período de permanência.

O STJ já decidiu pela legalidade da **cobrança de tarifas** pela utilização de áreas alfandegadas, conforme podemos depreender da seguinte decisão:

> (...) A utilização de áreas e espaços nos aeroportos é remunerada pelo pagamento de uma taxa, criada por lei (Lei n. 6.009/73) e fixada por Portaria do Ministério da Aeronáutica, ou por preço cobrado das instituições que exploram a utilização dos espaços chamados civis dos aeroportos, hoje sob a égide da INFRAERO. 2. No pagamento das tarifas aeroportuárias, deve-se obedecer ao critério do serviço que é utilizado pelo contribuinte ou posto à sua disposição. 3. Empresa que se utiliza de áreas da zona primária e, eventualmente, de áreas da zona secundária, sofre enquadramento mais oneroso que as empresas que só se utilizam de uma das áreas. 4. Segurança denegada (STJ, 1.ª Seção, MS 200101765263, Rel. Min. Eliana Calmon, *DJ* 25.11.2002, p. 178).

Ante a necessidade de modernização da infraestrutura brasileira destinada ao comércio exterior, os recintos alfandegados, outrora administrados pelo Estado, passaram a ser **comercialmente explorados** por empresas privadas, escolhidas mediante licitação.

Como sabemos, a **logística** do comércio internacional compreende, ainda, a utilização de vários meios de transporte, conhecidos como **modais**.

Cada espécie de transporte enseja um modal diferente, daí falar-se em modais **aéreos**, **aquaviários** (marítimo, fluvial e lacustre) e **terrestres** (rodoviário e ferroviário).

No intuito de controlar a atividade econômica dos empresários relacionados a cada setor, foram criadas, a partir da década de 1990, as **agências reguladoras**, autarquias especiais com autonomia administrativa e orçamento próprio.

As principais agências reguladoras relacionadas ao controle dos **transportes** são:

- Agência Nacional de Aviação Civil (ANAC);
- Agência Nacional de Transportes Aquaviários (ANTAQ);
- Agência Nacional dos Transportes Terrestres (ANTT).

Cabe a elas, nos termos das respectivas leis instituidoras, as atribuições de **habilitação ao tráfego internacional**, condição indispensável para o alfandegamento.

A **ANAC**, entre outras competências, é responsável por outorgar concessões de serviços aéreos e de infraestrutura aeronáutica e aeroportuária, além de regular as atividades de administração e exploração de aeródromos exercida pela Empresa Brasileira de Infraestrutura Aeroportuária (INFRAERO).

Compete à **ANTAQ** regular, supervisionar e fiscalizar as atividades de prestação de serviços de transporte aquaviário e de exploração da infraestrutura portuária e aquaviária, enquanto a **ANTT** administra e regulamenta o Programa de Concessão de Rodovias Federais.

15.2.5. Recintos alfandegados

Os locais que poderão ser **alfandegados** compreendem[29]:

- portos organizados e instalações portuárias;
- aeroportos e instalações aeroportuárias;
- áreas arrendadas ou cedidas, em complexo aeroportuário, para operação de cargas internacionais e embarque e desembarque de viajantes procedentes do exterior, ou a ele destinados, por meio de contrato com a concessionária;
- recintos em zona secundária ou ponto de fronteira, mediante contrato ou ato de concessão, permissão, delegação, arrendamento, cessão, licença ou autorização;
- pontos de fronteira, sob responsabilidade da RFB;
- bases militares, sob responsabilidade das Forças Armadas;
- recintos de exposições, feiras, congressos, apresentações artísticas, torneios esportivos e assemelhados, sob a responsabilidade da pessoa jurídica promotora do evento;
- unidades de venda e depósitos de beneficiária do regime aduaneiro especial de loja franca instalados em porto ou aeroporto alfandegados, sob a responsabilidade da respectiva empresa exploradora;
- recintos para movimentação e armazenagem de remessas expressas internacionais, sob responsabilidade de empresa de transporte expresso internacional;
- recintos para movimentação e armazenagem de remessas postais internacionais, sob responsabilidade da Empresa Brasileira de Correios e Telégrafos (ECT);
- silos ou tanques para armazenamento de produtos a granel, inclusive localizados em áreas contíguas a porto organizado ou instalações portuárias alfandegados, desde que estejam sob a jurisdição da mesma unidade da RFB, ligados a estes por tubulações, esteiras rolantes ou similares, instaladas em caráter permanente;

---

[29] Artigo 3.º da Portaria RFB n. 143/2022.

◼ recintos para quarentena de animais sob responsabilidade de órgão subordinado ao Ministério da Agricultura, Pecuária e Abastecimento (MAPA);

◼ áreas segregadas em Zona de Processamento de Exportação (ZPE);

◼ instalações flutuantes fundeadas em águas jurisdicionais brasileiras, inclusive interiores, em posição georreferenciada, devidamente homologada pela Marinha do Brasil, utilizadas para recepção, armazenagem e transferência a contrabordo de granéis sólidos, líquidos ou gasosos, sem ligação com instalação localizada em terra, ou, no caso de operação de regaseificação, inclusive com ligação à instalação localizada em terra, e ainda que se localize dentro da poligonal do porto organizado;

◼ Terminais Alfandegados de Líquidos a Granel (Terlig).

As hipóteses de alfandegamento anteriores são autoexplicativas, no sentido de que representam locais nos quais haverá fluxo de **mercadorias estrangeiras**.

Todavia, duas situações merecem alguns breves comentários:

◼ No caso dos recintos de **exposições** ou **feiras**, o próprio local do evento poderá ser alfandegado. Já participamos de situações assim, em que a medida foi necessária em razão de questões logísticas ou de segurança, como ocorreu com a exposição dos famosos *Guerreiros de Xian*, enormes estátuas de terracota, de valor incalculável, que, na época, pela primeira vez haviam deixado a China.

◼ **Zona de processamento de exportação**: são áreas destinadas ao incentivo para implantação de indústria local em regiões distantes dos grandes centros e de menor desenvolvimento relativo, em atendimento à diretiva constitucional que autoriza a concessão de incentivos fiscais destinados a promover o *equilíbrio do desenvolvimento socioeconômico entre as diferentes regiões do País* (artigo 151, I, da CF/88).

Em relação ao alcance da **área física** passível de alfandegamento, o ato que determinar o alfandegamento compreenderá:

◼ **cais** e **águas** para atracação, carga, descarga ou transbordo de embarcações no transporte internacional;

◼ **pátios contíguos** à faixa de cais, necessários à movimentação de cargas para embarque (*pré-stacking*) ou imediatamente após o desembarque (*stacking*);

◼ **pistas** e **pátios** de manobras, utilizados por aeronaves em voos internacionais;

◼ **áreas destinadas** ao carregamento, descarregamento, embarque e desembarque de aeronaves no transporte internacional;

◼ **pistas de circulação** de veículos e equipamentos de movimentação de cargas para acesso às áreas alfandegadas, bem como as pontes de embarque e desembarque;

◼ **estruturas de armazenagem**, tais como silos e tanques, pátios e edifícios de armazéns, ou qualquer outra estrutura adequada à guarda e preservação de carga, notadamente produtos a granel;

◼ **terminais de carga** e **terminais de passageiros** internacionais.

Convém destacar que o **ato de alfandegamento** deverá, portanto, englobar todas as áreas passíveis de "contaminação", ou seja, os locais em que poderá haver qualquer **fuga** ou **perda de controle** da atividade aduaneira, no intuito de se evitar infrações às regras de comércio exterior que, em última análise, podem ameaçar a própria segurança nacional.

O alfandegamento possui **diversas modalidades** e poderá ser declarado a título permanente, provisório ou eventual.

A modalidade mais comum é a de **alfandegamento permanente**, concedido pelo prazo fixado no respectivo Ato Declaratório Executivo ou pelo prazo de vigência do contrato ou ato de concessão, permissão, arrendamento ou autorização que ensejou a sua solicitação, conforme prova efetuada pelo interessado.

O alfandegamento **a título provisório** normalmente ocorre no recinto onde se realizam feiras e atividades culturais, artísticas ou esportivas (como no nosso exemplo dos *Guerreiros de Xian*), sob a responsabilidade da entidade que realiza o evento e com duração definida com base neste, acrescido do prazo de trinta dias, antes e depois da programação, para a recepção, instalação e devolução dos bens ao exterior.

Excepcionalmente, o alfandegamento poderá ser declarado a **título eventual**, na hipótese de operações com mercadorias que em razão de suas características ou dimensões precisem ser movimentadas em recintos não alfandegados.

Independentemente da modalidade de alfandegamento, o ato que o conceder deverá indicar a forma de fiscalização do local e dos bens, além da unidade da Receita Federal do Brasil responsável pelo controle aduaneiro.

Por fim, temos a figura do **desalfandegamento**, que ocorre na hipótese de descumprimento dos requisitos para o alfandegamento ou no vencimento do prazo concedido.

Nesses casos, a Receita Federal do Brasil expedirá Ato Declaratório Executivo para o desalfandegamento de porto, aeroporto, ponto de fronteira, instalação portuária, recinto ou qualquer outro local de zona primária ou secundária, que ficará **impedido** de receber ou transitar mercadorias importadas ou destinadas à exportação a partir da publicação, exceto para os procedimentos pendentes.

No caso das mercadorias **já depositadas**, os interessados deverão, no prazo de trinta dias, submetê-las aos regimes de importação ou exportação, conforme o caso, ou, ainda, providenciar o embarque para o exterior.

> O desalfandegamento é a medida de extinção do alfandegamento, em virtude de requerimento da administradora do local ou recinto alfandegado ou, ainda, de decisão de ofício da RFB, fundamentada em conveniência operacional ou administrativa, e que não for decorrente de imposição de sanção administrativa. A medida pode, ainda, ser parcial.

Ainda em relação aos procedimentos de alfandegamento, convém mencionar algumas características peculiares.

I. Segregação dos locais destinados ao controle aduaneiro

A área do recinto alfandegado deverá ser utilizada **exclusivamente** para as operações de comércio exterior, com o isolamento físico do local e a adoção de medidas de segurança pelo interessado. Igualmente, deverá ser providenciada a segregação entre os espaços destinados a importação e exportação, bem assim aos respectivos regimes especiais.

II. Instalações físicas dos recintos alfandegados

O administrador do recinto alfandegado deverá disponibilizar, sem qualquer custo ou ônus, todos os **equipamentos necessários** ao controle aduaneiro, notadamente aqueles destinados à mensuração física das mercadorias (como balanças e medidores de fluxos) e inspeção não intrusiva de contêineres e veículos (*scanners* de grande porte). O local deverá dispor de sistema de monitoramento e acesso informatizado de pessoas e veículos, com a utilização de câmeras e rotinas de gravação, conforme especificações previstas em ato da Receita Federal do Brasil. Devem também ser disponibilizados sistemas para a vigilância eletrônica do recinto e de registro e controle de acesso para as pessoas e veículos envolvidos nas operações.

Em suma, compete à Receita Federal do Brasil definir os requisitos técnicos e operacionais para o alfandegamento dos locais e recintos onde ocorram, sob controle aduaneiro, movimentação, armazenagem e despacho aduaneiro de mercadorias procedentes do exterior, ou a ele destinadas, inclusive sob regime aduaneiro especial, bagagem de viajantes procedentes do exterior, ou a ele destinados, e remessas postais internacionais[30].

Por fim, um breve comentário sobre o **comércio transfronteiriço**, que diz respeito ao fluxo de bens e serviços nos limites de países com jurisdições distintas.

Nas áreas de **fronteira terrestre**, em que se torna relativamente fácil a movimentação de pessoas ou bens, parece razoável supor que os consumidores buscarão adquirir produtos sob condições mais vantajosas (melhores preços) ou ausência de restrições específicas na importação.

É o que ocorre, por exemplo, nas fronteiras do Brasil com a Argentina e com o Paraguai, em que cidadãos de cada país, diariamente, cruzam os limites do seu território. Nesses locais, a Receita Federal exerce o chamado **controle transfronteiriço** de mercadorias e veículos, por meio de procedimentos especiais.

Áreas de controle integrado: nos termos da Decisão Mercosul/CMC n. 4/2000, as áreas de controle integrado são as partes do território de cada país onde se localizam as instalações destinadas ao controle da atividade aduaneira. Nesses locais, os funcionários dos países limítrofes deverão, mediante ajuda recíproca e colaboração, atuar no sentido de prevenir e investigar as infrações à legislação, sem prejuízo dos controles aduaneiros, migratórios, sanitários e de transporte.

15.2.6. Administração aduaneira

No Regulamento Aduaneiro, a administração está intimamente ligada aos procedimentos de **fiscalização**, conforme se depreende dos artigos 15 a 25.

O texto remete, fundamentalmente, à **precedência** do controle aduaneiro (conforme vimos) e aos poderes das autoridades fiscais.

Nesse sentido, a legislação aduaneira reproduz conceitos do Código Tributário Nacional, especialmente aqueles relacionados à obrigação de **prestar informações**, manter **documentos e escrituração** em ordem, e conferir, às autoridades fiscais,

---

[30] Artigo 13-A do Regulamento Aduaneiro.

livre acesso aos locais onde se encontrem mercadorias procedentes do exterior ou a ele destinadas.

As atividades de execução e supervisão da fiscalização tributária nas operações de comércio exterior competem aos Auditores-Fiscais da Receita Federal do Brasil e poderão ser desempenhadas de forma **ininterrupta** ou **eventual**, de acordo com as características de cada ponto de fronteira alfandegado.

Num aeroporto internacional, por exemplo, o controle de passageiros costuma ser ininterrupto, ou seja, vinte e quatro horas por dia e durante todo o ano. Já em alguns setores de carga, os procedimentos de despacho poderão ocorrer em **horários determinados**, conforme decisão das autoridades competentes.

A Receita Federal do Brasil também deve fixar os prazos e condições para a emissão, transmissão e recepção **eletrônica** dos documentos que instruem as declarações aduaneiras, sem prejuízo da exigência de guarda e manutenção dos originais pelos contribuintes ou responsáveis tributários.

Nesse sentido, os **deveres instrumentais** dos sujeitos passivos das obrigações oriundas de tributos aduaneiros devem respeitar as prerrogativas das autoridades fiscais, conforme definidas no Código Tributário Nacional e reproduzidas nos artigos 21 e 22 do Regulamento Aduaneiro[31].

De acordo com o artigo 24 da Lei n. 12.815/2013 (atual Lei dos Portos), as atividades da **administração aduaneira**, de competência do Ministério da Fazenda (atual Ministério da Economia), por intermédio das repartições aduaneiras, incluem:

> I – cumprir e fazer cumprir a legislação que regula a entrada, a permanência e a saída de quaisquer bens ou mercadorias do País;
> II – fiscalizar a entrada, a permanência, a movimentação e a saída de pessoas, veículos, unidades de carga e mercadorias, sem prejuízo das atribuições das outras autoridades no porto;
> III – exercer a vigilância aduaneira e reprimir o contrabando e o descaminho, sem prejuízo das atribuições de outros órgãos;
> IV – arrecadar os tributos incidentes sobre o comércio exterior;
> V – proceder ao despacho aduaneiro na importação e na exportação;

---

[31] Artigo 21: "Para os efeitos da legislação tributária, não têm aplicação quaisquer disposições legais excludentes ou limitativas do direito de examinar mercadorias, livros, arquivos, documentos, papéis de efeitos comerciais ou fiscais, dos comerciantes, industriais ou produtores, ou da obrigação destes de exibi-los" (CTN, artigo 195). Artigo 22: "Mediante intimação escrita, são obrigados a prestar à autoridade fiscal todas as informações de que disponham com relação aos bens, negócios ou atividades de terceiros: I – os tabeliães, os escrivães e demais serventuários de ofício; II – os bancos, as casas bancárias, as caixas econômicas e demais instituições financeiras; III – as empresas de administração de bens; IV – os corretores, os leiloeiros e os despachantes oficiais; V – os inventariantes; VI – os síndicos, os comissários e os liquidatários; e VII – quaisquer outras entidades ou pessoas que a lei designe, em razão de seu cargo, ofício, função, ministério, atividade ou profissão. Parágrafo único. A obrigação prevista no *caput* não abrange a prestação de informações quanto a fatos sobre os quais o informante esteja legalmente obrigado a observar segredo em razão de cargo, ofício, função, ministério, atividade ou profissão, nos termos da legislação específica" (CTN, artigo 197, parágrafo único).

VI – proceder à apreensão de mercadoria em situação irregular, nos termos da legislação fiscal;

VII – autorizar a remoção de mercadorias da área portuária para outros locais, alfandegados ou não, nos casos e na forma prevista na legislação aduaneira;

VIII – administrar a aplicação de regimes suspensivos, exonerativos ou devolutivos de tributos às mercadorias importadas ou a exportar;

IX – assegurar o cumprimento de tratados, acordos ou convenções internacionais no plano aduaneiro; e

X – zelar pela observância da legislação aduaneira e pela defesa dos interesses fazendários nacionais.

§ 1º No exercício de suas atribuições, a autoridade aduaneira terá livre acesso a quaisquer dependências do porto ou instalação portuária, às embarcações atracadas ou não e aos locais onde se encontrem mercadorias procedentes do exterior ou a ele destinadas.

§ 2º No exercício de suas atribuições, a autoridade aduaneira poderá, sempre que julgar necessário, requisitar documentos e informações e o apoio de força pública federal, estadual ou municipal.

Outras formas de controle: tendo em vista a necessidade de controle, quis o legislador eleger pontos específicos para a realização dessa atividade. Todavia, quando a mercadoria a ser trafegada não permite a fiscalização *in loco*, o controle recai sobre outros mecanismos, tais como amostragem, volume ou mesmo capacidade de transferência, como no caso do transporte dutoviário.

Existem, por fim, formas específicas de transporte, em razão das características das mercadorias. Assim, o transporte de grandes volumes de produtos a granel pode, por questões de eficiência e redução de custos, ocorrer por meio de **dutos** ou **cabos de transmissão** (no caso de energia elétrica).

Os principais instrumentos do **transporte dutoviário** são:

◼ **oleodutos** — normalmente destinados à transferência de petróleo e derivados, além de álcool, diesel, querosene, nafta e mercadorias assemelhadas;

◼ **minerodutos** — para o tráfego de granéis sólidos, como minério de ferro, sal e concentrados fosfáticos;

◼ **gasodutos** — para a importação ou exportação de gás natural, a exemplo do gasoduto que liga a Bolívia ao Brasil.

15.2.7. Controle aduaneiro de veículos

As **zonas primárias** são os locais previamente definidos pelas autoridades aduaneiras para a entrada e a saída de pessoas, bens e veículos, oriundos do exterior ou dele procedentes. Como vimos, no intuito de garantir a **segurança nacional** e o **primado da soberania**, as zonas primárias são os únicos pontos de contato com o exterior, onde, de forma legítima e sob controle aduaneiro, ocorrerão operações de importação e exportação.

Assim, o controle aduaneiro dos **veículos** relacionados a tais atividades será exercido desde o ingresso no território aduaneiro até a sua efetiva saída, e será estendido a mercadorias e a outros bens existentes a bordo, inclusive a bagagens de viajantes.

Em casos justificados, o **titular da unidade** aduaneira jurisdicionante do local poderá autorizar a entrada ou a saída de veículos por porto, aeroporto ou ponto de fronteira não alfandegado.

Entende-se por **autoridade local** o titular das Delegacias, das Alfândegas e Inspetorias de Classe "Especial A", "Especial B" e "Especial C", da Receita Federal do Brasil, responsável pela demarcação das zonas primárias, mediante Portaria.

O fundamento para o controle aduaneiro de veículos é a proteção das **fronteiras brasileiras**, de modo a se evitar a entrada ou saída irregular de pessoas ou bens.

Nesse sentido, o Regulamento Aduaneiro **veda ao condutor** de veículo procedente do exterior ou a ele destinado[32]:

> I – estacionar ou efetuar operações de carga ou descarga de mercadoria, inclusive transbordo, fora de local habilitado;
> II – trafegar no território aduaneiro em situação ilegal quanto às normas reguladoras do transporte internacional correspondente à sua espécie;
> III – desviá-lo da rota estabelecida pela autoridade aduaneira, sem motivo justificado.

Também é **proibido** ao condutor do veículo colocá-lo nas proximidades de outro, sendo um deles procedente do exterior ou a ele destinado, de modo a tornar possível o **transbordo** de pessoa ou mercadoria, sem observância das normas de controle aduaneiro, exceção feita a veículos oficiais, como os militares, de repartições públicas ou aqueles especialmente autorizados para as operações portuárias ou aeroportuárias.

No mesmo sentido, a exceção também se aplica em emergências, para os veículos que prestem ou recebam socorro.

Existem, ainda, situações especiais de controle, em áreas de maior risco operacional, como na **orla marítima**, na **faixa de fronteira** ou nas **zonas de vigilância aduaneira**.

Vejamos, portanto, os conceitos desses locais:

- **orla marítima**: é a faixa de 100 metros contados a partir da linha da preamar média, considerada faixa de segurança nacional;
- **faixa de fronteira**: é a área considerada indispensável à segurança nacional, com 150 quilômetros de largura, paralela à linha divisória terrestre do território nacional (artigo 1.º da Lei n. 6.634/79);
- **zona de vigilância aduaneira**: por força da Portaria SRF n. 221/85, a competência para a demarcação ou alteração na orla marítima ou na faixa de fronteira, de zonas de vigilância aduaneira, compete ao Coordenador-Geral de Administração Aduaneira. Atualmente, a Portaria COANA n. 17/2010 relaciona os Municípios compreendidos nas zonas de vigilância aduaneira.

> A demarcação das zonas de vigilância aduaneira tem por objetivo intensificar, nessas regiões, a atividade administrativa de combate aos crimes de contrabando e descaminho.

---

[32] RA, artigo 27.

> **Atenção:** A IN n. 366/2003 dispõe que o titular da unidade local da Receita Federal poderá estabelecer exigências complementares para a circulação de veículos e mercadorias na **zona de vigilância aduaneira**, com vistas à organização mais eficiente da fiscalização, como a determinação de pontos específicos de embarque, a limitação do número de veículos que podem iniciar o trajeto de viagem de forma conjunta, entre outras.

O ato que demarcar a zona de vigilância aduaneira poderá[33]:

a) ser geral em relação à orla marítima ou à faixa de fronteira, ou específico em relação a determinados segmentos delas;

b) estabelecer medidas específicas para determinado local; e

c) ter vigência temporária.

Na orla marítima, a demarcação da zona de vigilância aduaneira levará em conta, além de outras circunstâncias de interesse fiscal, a existência de portos ou ancoradouros naturais, propícios à realização de operações clandestinas de carga e descarga de mercadorias.

> **Importante:** Compreende-se na zona de vigilância aduaneira a totalidade do Município atravessado pela linha de demarcação, ainda que parte dele fique fora da área demarcada.

No âmbito das operações do comércio internacional, o **transportador** representa papel fundamental. Sob o ponto de vista logístico, é ele o único **agente de contato** entre o exportador e o importador, encarregado de levar as mercadorias pactuadas desde o ponto de origem, no exterior, até o local de destino, já no país do comprador.

O transportador assume, portanto, a **responsabilidade** pelo trajeto internacional, sem prejuízo de, em alguns casos, estender a prestação do serviço de transporte para além desse trecho, como é o caso dos transportadores **multimodais**, que se responsabilizam, sob um único contrato, por todo o percurso, inclusive no território doméstico dos respectivos clientes.

> No intuito de assegurar o crédito tributário decorrente das operações de comércio exterior, o **veículo** será tomado como **garantia** dos débitos fiscais, inclusive os decorrentes de multas que sejam aplicadas ao transportador ou ao seu condutor.

O direito aduaneiro, além de incumbir ao transportador a responsabilidade na emissão do **conhecimento de transporte**[34], a ele também reservou extenso rol de obrigações acessórias, com o objetivo de controle.

A primeira dessas obrigações se constitui em **prestar**, às autoridades aduaneiras brasileiras, todas as **informações** sobre mercadorias e veículos procedentes do exterior

---

[33] Artigo 4.º, § 1.º, do Regulamento Aduaneiro.

[34] O conhecimento de transporte é o documento mais importante do comércio internacional. É emitido pelo transportador e atesta a propriedade da mercadoria. Trata-se de documento utilizado em todos os tipos de transportes (no modal marítimo é conhecido como B/L — *Bill of Lading* — e no aéreo como *Air Waybill* — AWB).

ou a ele destinados. Igual incumbência alcança os agentes de carga, que são as pessoas contratadas para a consolidação ou desconsolidação das cargas, assim como o operador portuário, no âmbito de suas atividades.

No caso das importações, quando uma mercadoria adentra no território aduaneiro, cumpre ao transportador informar, concomitantemente, ao **importador** ou **consignatário** — que, a partir daí, e de posse do respectivo conhecimento de carga, poderá dar início, a seu critério, ao despacho de importação — e também à Receita Federal do Brasil, para que possam ser exercidos os controles, especialmente a emissão do **termo de entrada**, que é a autorização formal, prevista na legislação, para o ingresso do veículo no território aduaneiro.

> **Importante:** A autoridade aduaneira poderá proceder a buscas em qualquer veículo para prevenir e reprimir a ocorrência de infração à legislação aduaneira, inclusive em momento anterior à prestação das informações pelo transportador. Havendo indícios de falsa declaração de conteúdo, a autoridade aduaneira poderá determinar a descarga de volume ou de unidade de carga, para a devida verificação, lavrando-se termo.

Um dos documentos que o transportador deve apresentar à Receita Federal, juntamente com todos os conhecimentos, é o **Manifesto de Carga**, que nada mais é do que um relatório sintético das mercadorias destinadas ao país, de modo que "para cada ponto de descarga no território aduaneiro o veículo deverá trazer tantos manifestos quantos forem os locais, no exterior, em que tiver recebido carga"[35].

Também deverão ser prestadas informações acerca das **peças sobressalentes** e **provisões de bordo**, porventura existentes, bem assim as unidades de carga (contêineres, *pallets* e outras) que estiverem vazias, porque ao controle aduaneiro devem ser submetidos todos os bens a bordo do veículo, sem exceções[36].

Exemplo extremo da exigência do manifesto de carga, que representa o quão importante é o controle sobre a entrada de bens de procedência alienígena, é o fato de que a **Apollo 11**, ao retornar de sua histórica missão à Lua, teve de apresentar à *aduana do porto de Honolulu*, que jurisdicionava o local em que a cápsula mergulhou no oceano Pacífico, quando do seu regresso à Terra, **manifesto** com a relação dos bens coletados no satélite, devidamente assinado pelos lendários astronautas Neil Armstrong, Edwin "Buzz" Aldrin, Jr. e Michael Collins.

Cópia do manifesto original, com a declaração de que os astronautas trouxeram **rochas** e **amostras** da Lua, pode ser conferida a seguir:

---

[35] Conforme artigo 43 do Regulamento Aduaneiro.

[36] Contudo, devemos ressaltar que a entrada e a saída das unidades de carga no país são **livres**, mediante a aplicação automática dos regimes de admissão temporária ou exportação temporária, conforme o caso, nos termos do artigo 39 do Regulamento Aduaneiro.

Fonte: <http://www.cbp.gov/sites/default/files/documents/apollo11_2.pdf>.

O manifesto é, pois, um **rol descritivo**[37] das mercadorias que o transportador pretende introduzir no território aduaneiro, de forma que a autoridade aduaneira, ao

---

[37] Regulamento Aduaneiro, artigo 44: "O manifesto de carga conterá: I – a identificação do veículo e sua nacionalidade; II – o local de embarque e o de destino das cargas; III – o número de cada

analisar seu conteúdo, poderá, se for o caso, adotar medidas preventivas para as situações que apresentem risco potencial, tanto sob o ponto de vista fiscal como dos controles administrativos e sanitários.

Para efeitos fiscais, qualquer correção no conhecimento de carga deverá ser feita por **carta de correção** dirigida pelo emitente do conhecimento à autoridade aduaneira do local de descarga, a qual, se aceita, implicará correção do manifesto.

A não apresentação de manifesto ou documento equivalente pressupõe declaração **negativa de carga**, sujeitando as mercadorias eventualmente encontradas a bordo e não manifestadas à pena de perdimento[38].

> **Importante:** Nos termos da legislação aduaneira, no caso de **divergência** entre o manifesto e o conhecimento, prevalecerá este, podendo a correção daquele ser feita de ofício. Se objeto de conhecimento regularmente emitido, a **omissão de volume** em manifesto de carga poderá ser suprida mediante a apresentação da mercadoria, sob declaração escrita do responsável pelo veículo, **anteriormente** ao conhecimento da irregularidade pela autoridade aduaneira.

Nos dias atuais, os procedimentos relativos à emissão e à entrega do manifesto são discutidos internacionalmente, especialmente no âmbito da **OMA (Organização Mundial das Aduanas)**, cujas diretrizes apontam para a necessidade de se informatizar o documento, de modo que este possa ser transmitido às autoridades aduaneiras do local de destino previamente à chegada do veículo, no intuito de possibilitar uma **análise antecipada de risco**, tema que ganha relevantes contornos no cenário internacional, seja pela instabilidade geopolítica e consequentes ameaças à segurança de muitos países, seja pela dinâmica imposta pela globalização, que demanda dos controles aduaneiros uma maior celeridade nos procedimentos.

Soluções que permitam conciliar essa dicotomia, entre **segurança** e **facilitação** do comércio internacional, estão na ordem do dia dos debates internacionais e representam o maior desafio para as administrações aduaneiras contemporâneas.

Uma última função do manifesto, de fundamental importância para a incidência do imposto de importação, é a de servir de base para a **conferência final do manifesto**, procedimento aduaneiro de revisão, realizado posteriormente à chegada das mercadorias, que permite ao fisco apurar eventuais diferenças quanto a **extravio** ou **acréscimo**, em cotejo com os volumes que foram descarregados e que, nesse sentido, funciona como momento do fato gerador do **imposto de importação**, relativamente ao montante não declarado.

Trata-se de exceção à regra geral do tributo, de lançamento por **homologação**, visto que, nesse caso, o lançamento dar-se-á **de ofício**, em que a apuração da base de cálculo será efetuada pela autoridade fiscal e o valor total lançado contra aquele que deu causa ao fato (transportador ou depositário), responsável tributário pela discrepância verificada e, por decorrência, dos tributos não recolhidos, sem prejuízo das respectivas multas.

---

conhecimento; IV – a quantidade, a espécie, as marcas, o número e o peso dos volumes; V – a natureza das mercadorias; VI – o consignatário de cada partida; VII – a data do seu encerramento; e VIII – o nome e a assinatura do responsável pelo veículo".

[38] De acordo com o disposto no artigo 689, IV, do Regulamento Aduaneiro.

Vejamos, para encerrar, algumas posições jurisprudenciais importantes sobre os temas da **administração aduaneira** e do **controle de veículos**.

> A apreensão de mercadoria em zona de vigilância aduaneira, depositada em local absolutamente inapropriado, em desvio de rota e desacompanhada de documentação enseja que se presuma negócio internacional de exportação ou importação clandestinos, autorizando a apreensão e aplicação da pena de perdimento (TRF, 4.ª Região, AMS n. 97.04.73150-7, Rel. Des. Leandro Paulsen, *DJ* 7-8-2002, p. 323).
>
> O simples trânsito do veículo sem documentação não caracteriza ilícito. O fato de os ônibus trafegarem pela zona de vigilância aduaneira sem a documentação legal necessária a exportação não configura, por si só, ilícito fiscal e, portanto, descaracteriza a apreensão dos mesmos, com vistas ao processo de imposição da pena de perdimento. Segurança concedida. Reexame improvido (TRF, 3.ª Região, remessa *ex officio* 89030425065, Rel. Des. Silveira Bueno, *DJ* 3-5-1993, p. 112).
>
> Pena de perdimento do veículo. Possibilidade. 1 — É dever do transportador de passageiros (Lei 10.833/03, art. 74), em viagem internacional ou que transite por zona de vigilância aduaneira, não admitir o transporte de volumes que, por suas características ou quantidade, evidenciem tratar-se de mercadorias sujeitas à pena de perdimento. 2 — Se a empresa proprietária do veículo apreendido, de alguma forma, contribuiu para a prática do ilícito penal, é legítima a aplicação da pena de perdimento sobre ele (TRF, 4.ª Região, Apelação Cível 200470020047650, Rel. Des. Maria Helena Rau de Souza, *DJ* 16-8-2006, p. 400).

15.3. QUESTÕES

1. (ESAF — TTN — 1997) A conferência final do manifesto em confronto com os registros de descarga da mercadoria dos veículos transportadores feita pela fiscalização aduaneira tem por finalidade:

    a) verificar as divergências porventura existentes e intimar o importador a pagar as multas correspondentes.

    b) constatar a falta ou acréscimo de volume ou mercadoria entrada no território aduaneiro e a adoção do procedimento fiscal adequado contra o transportador.

    c) verificar se do manifesto constam todos os conhecimentos de carga, confrontando-se as quantidades de volumes registradas e os respectivos pesos brutos com os totais constantes do manifesto.

    d) após a descarga do veículo transportador verificar se todos os conhecimentos de carga estão arrolados no manifesto para confronto com os despachos aduaneiros correspondentes.

    e) proceder às averbações no manifesto das diferenças encontradas após a descarga, entre os dados constantes dos conhecimentos de carga e os dados constantes das folhas de controle de carga para efeito de apurar a responsabilidade pela diferença de tributos.

2. (ESAF — TTN — 1997) A omissão de volume em manifesto de carga, desde que tal volume conste no conhecimento emitido regularmente:

    a) poderá ser suprida por carta de correção dirigida pelo emitente do conhecimento à autoridade aduaneira do local da descarga para fim de correção do manifesto.

    b) poderá ser relevada se for devidamente averbada ou ressalvada pelo responsável pelo veículo, no próprio manifesto de carga, por exigência da autoridade aduaneira.

    c) poderá ser suprida se o volume for incluído em manifesto de carga complementar emitido antes da chegada do veículo no local da descarga.

    d) é irrelevante, pois a existência do conhecimento para efeito do controle aduaneiro do veículo e da carga a bordo supre a omissão em qualquer circunstância.

    e) poderá ser suprida se apresentada a mercadoria sob declaração escrita do responsável pelo veículo e anteriormente ao conhecimento da irregularidade pela autoridade aduaneira.

3. (ESAF — TTN — 1998) A não apresentação de manifesto de carga ou de documento equivalente em relação a qualquer ponto de escala no exterior:

a) impedirá a Alfândega de liberar o veículo para as operações de carga, descarga ou transbordo até a sua efetiva regularização.

b) obstará a saída do veículo transportador, salvo se o agente do veículo no local da descarga se responsabilizar por quaisquer débitos que vierem a ser apurados.

c) será objeto de apuração de responsabilidade por eventuais diferenças quanto a falta ou acréscimo de mercadoria por ocasião da conferência final dos manifestos relativos a toda a carga descarregada do veículo transportador.

d) será objeto de penalidade por embaraço à fiscalização.

e) será considerada declaração negativa de carga, sujeitando-se o responsável pelo veículo aos efeitos daí decorrentes.

4. (ESAF — TRF — 2002.1) Identifique a razão que leva o legislador aduaneiro a "alfandegar" determinados portos, aeroportos ou pontos da fronteira terrestre, fixando os locais servidos por repartições aduaneiras onde possam:

a) estacionar ou transitar veículos procedentes ou destinados ao exterior; ser efetuadas operações de carga, descarga, armazenagem ou passagem de mercadorias procedentes do exterior ou a ele destinadas; embarcar, desembarcar ou transitar viajantes procedentes do exterior ou a ele destinados.

b) estacionar ou transitar veículos procedentes ou destinados ao exterior; ser efetuadas operações de descarga e pesagem de mercadorias procedentes do exterior ou a ele destinadas; embarcar, desembarcar ou transitar viajantes procedentes do exterior ou a ele destinados.

c) estacionar ou transitar veículos procedentes do exterior; ser efetuadas operações de carga, descarga, armazenagem ou passagem de mercadorias procedentes do exterior ou a ele destinadas; embarcar, desembarcar ou transitar viajantes procedentes do exterior ou a ele destinados.

d) estacionar ou transitar veículos destinados ao exterior; ser efetuadas operações de carga, ou passagem de mercadorias destinados ao exterior; embarcar, desembarcar ou transitar viajantes procedentes do exterior ou a ele destinados.

e) estacionar ou transitar veículos procedentes ou destinados ao exterior; ser efetuadas operações de carga, descarga, armazenagem ou passagem de mercadorias procedentes do exterior ou a ele destinadas; desembarcar ou transitar viajantes procedentes do exterior.

5. (ESAF — AFRF — 2002.1) A fiscalização e o controle sobre o comércio exterior, essenciais à defesa dos interesses fazendários nacionais, serão exercidos pelo Ministério da Fazenda (Constituição Federal 1988, art. 237). Com base no enunciado acima, assinale a opção correta.

a) Compete ao Ministério da Fazenda a fiscalização e o controle somente quando as operações de comércio exterior sejam definidas como essenciais aos interesses fazendários nacionais.

b) Compete ao Ministério da Fazenda a fiscalização e o controle das operações de comércio exterior, atividades administrativas consideradas essenciais aos interesses fazendários nacionais.

c) Compete ao Ministério da Fazenda a fiscalização e o controle das operações de comércio exterior relativas a bens ingressados no país, tendo em vista serem as importações essenciais aos interesses fazendários nacionais.

d) Compete ao Ministério da Fazenda a fiscalização e o controle das operações de comércio exterior relativas a bens saídos do país, tendo em vista serem as exportações essenciais aos interesses fazendários nacionais.

e) Compete ao Ministério da Fazenda a fiscalização e o controle das operações de comércio exterior relativamente às obrigações do País frente aos seus compromissos internacionais.

6. (ESAF — Analista Tributário da Receita Federal do Brasil/Geral — 2012) Sobre território aduaneiro, portos, aeroportos e pontos de fronteira alfandegados, recintos alfandegados, e administração aduaneira, é incorreto afirmar que:

a) o território aduaneiro compreende todo o território nacional.

b) compreende-se na Zona de Vigilância Aduaneira a totalidade do Estado atravessado pela linha de demarcação, ainda que parte dele fique fora da área demarcada.

c) com exceção da importação e exportação de mercadorias conduzidas por linhas de transmissão ou por dutos, ligados ao exterior, observadas as regras de controle estabelecidas pela Secretaria da Receita Federal do Brasil, somente nos portos, aeroportos e pontos de fronteira alfandegados poderá efetuar-se a entrada ou a saída de mercadorias procedentes do exterior ou a ele destinadas.

d) portos secos são recintos alfandegados de uso público nos quais são executadas operações de movimentação, armazenagem e despacho aduaneiro de mercadorias e de bagagem, sob controle aduaneiro.

e) a fiscalização aduaneira poderá ser ininterrupta, em horários determinados, ou eventual, nos portos, aeroportos, pontos de fronteira e recintos alfandegados.

7. (ESAF — AFRFB — 2014) Sobre Jurisdição Aduaneira e Controle Aduaneiro de Veículos, é correto afirmar:

a) o território aduaneiro compreende todo o território nacional, exceto as Áreas de Livre-Comércio, sujeitas à legislação específica.

b) somente nos portos, aeroportos e pontos de fronteira alfandegados poderá efetuar-se a entrada ou a saída de mercadorias procedentes do exterior ou a ele destinadas, mas isso não se aplica à importação e à exportação de mercadorias conduzidas por linhas de transmissão ou por dutos, ligados ao exterior, observadas as regras de controle estabelecidas pela Secretaria da Receita Federal do Brasil, e a outros casos estabelecidos em ato normativo da Secretaria da Receita Federal do Brasil.

c) compete ao Ministro de Estado da Fazenda definir os requisitos técnicos e operacionais para o alfandegamento dos locais e recintos onde ocorram, sob controle aduaneiro, movimentação, armazenagem e despacho aduaneiro de mercadorias procedentes do exterior, ou a ele destinadas, inclusive sob regime aduaneiro especial, bagagem de viajantes procedentes do exterior, ou a ele destinados, e remessas postais internacionais.

d) relativamente à mercadoria descarregada de veículo procedente do exterior, o volume que, ao ser descarregado, apresentar-se quebrado, com diferença de peso, com indícios de violação ou de qualquer modo avariado, deverá ser objeto de conserto e pesagem, fazendo-se, ato contínuo, a devida anotação no registro de descarga, pelo depositário. A autoridade aduaneira poderá determinar a aplicação de cautelas fiscais e o isolamento dos volumes em local próprio do recinto alfandegado, exceto nos casos de extravio ou avaria, dado o estado já verificado dos volumes, os quais não poderão permanecer no recinto alfandegado.

e) o transportador deve prestar à Secretaria da Receita Federal do Brasil, na forma e no prazo por ela estabelecidos, as informações sobre as cargas transportadas, bem como sobre a chegada de veículo procedente do exterior ou a ele destinado. A autoridade aduaneira poderá proceder às buscas em veículos necessárias para prevenir e reprimir a ocorrência de infração à legislação, mas, em respeito à ampla defesa e ao contraditório, as buscas poderão ocorrer apenas em momento ulterior à apresentação das referidas informações pelo transportador.

8. (ESAF — Ajudante de Despachante Aduaneiro — 2014) São locais onde podem ser efetuadas a entrada ou a saída de veículos e mercadorias procedentes do exterior ou a ele destinadas:

a) quaisquer aeroportos sob controle da Infraero, independentemente de processo de alfandegamento.

b) portos, aeroportos e pontos de fronteira alfandegados.

c) recintos alfandegados de zona secundária.

d) Portos Secos.

e) quaisquer pontos de fronteira.

9. (ESAF — Ajudante de Despachante Aduaneiro — 2014) As operações de movimentação, armazenagem e despacho aduaneiro de mercadorias e de bagagem, sob controle aduaneiro, podem ser realizadas:

a) em recintos alfandegados de zona primária e secundária, incluindo Portos Secos.

b) em qualquer aeroporto sob controle da Infraero, independentemente de processo de alfandegamento.

c) em quaisquer terminais portuários determinados pela Secretaria dos Portos.

d) em qualquer ponto de fronteira.

e) somente dentro das Alfândegas e Inspetorias da Receita Federal do Brasil.

10. (ESAF — Ajudante de Despachante Aduaneiro — 2017) Analise as assertivas a seguir relativas aos portos secos e, ao final, assinale a opção correta.

I. Portos secos são recintos alfandegados de uso público nos quais são executadas operações de movimentação, armazenagem e despacho aduaneiro de mercadorias e de bagagem, sob controle aduaneiro.

II. Os portos secos poderão ser autorizados a operar com carga de importação, de exportação ou ambas, tendo em vista as necessidades e condições locais.

III. As operações de movimentação e armazenagem de mercadorias sob controle aduaneiro, bem como a prestação de serviços conexos, em porto seco, sujeitam-se ao regime de concessão, de permissão ou de licença.

IV. Quando os serviços devam ser prestados em porto seco instalado em imóvel pertencente à União, será adotado o regime de concessão precedido da execução de obra pública.

V. A licença para exploração de porto seco será concedida a estabelecimento de pessoa jurídica constituída no País, que explore serviços de armazéns gerais, demonstre regularidade fiscal e que, entre outras condições, possua patrimônio líquido igual ou superior a R$ 2.000.000,00 (dois milhões de reais).

a) Todas as assertivas estão corretas.
b) Somente as assertivas I, III e V estão corretas.
c) Somente as assertivas I e II estão corretas.
d) Somente as assertivas I, II e IV estão corretas.
e) Somente as assertivas II, IV e V estão corretas.

11. (ESAF — Ajudante de Despachante Aduaneiro — 2017) Com relação às atribuições e prerrogativas da autoridade aduaneira no exercício de suas funções, assinale a opção incorreta.

a) Nas áreas nas quais se autorize carga e descarga de mercadorias, ou embarque e desembarque de viajante, procedentes do exterior ou a ele destinados, a autoridade aduaneira tem precedência sobre as demais que ali exerçam suas atribuições.

b) No exercício de suas atribuições, a autoridade aduaneira terá livre acesso aos locais onde se encontrem mercadorias procedentes do exterior ou a ele destinadas.

c) O exercício da administração aduaneira compreende a fiscalização e o controle sobre o comércio exterior.

d) Compete à administração aduaneira estabelecer critérios de distribuição, administrar e controlar cotas tarifárias e não tarifárias de importação e exportação.

12.(FGV — Auditor-Fiscal da Receita Federal — 2023) As atividades exercidas pelas alfândegas e pelos Auditores-Fiscais da Receita Federal do Brasil, no que se refere ao controle e à fiscalização das operações típicas de comércio exterior, têm precedência sobre as atividades desenvolvidas pelas demais autoridades do país,

a) exceto nos casos de apreensão, em flagrante, de mercadoria pela Polícia Federal.

b) excetuadas as autoridades de saúde, nos casos de produtos químicos e alimentícios.

c) nos limites estabelecidos pelo Ministro da Fazenda, conforme dispõe a Constituição.

d) nos termos e nos limites estabelecidos por lei ordinária ou por Medida Provisória.

e) sempre que se manifestarem interesses conflitantes sobre fatos de natureza fiscal.

13. (FGV — Auditor-Fiscal da Receita Federal — 2023) Os recintos aduaneiros são os locais onde se depositam mercadorias importadas ou destinadas ao exterior, localizados na zona secundária do território aduaneiro, como, por exemplo, os entrepostos aduaneiros. Eles operam

a) como qualquer armazém, depósito ou entreposto de zona primária e, tendo em vista a jurisdição natural e legal dos serviços aduaneiros, suas operações se encontram sob o controle do órgão local de entrada da mercadoria.

b) sob o controle aduaneiro da repartição da jurisdição onde se encontram e, sob os aspectos jurídico e tributário, caracterizam-se como uma extensão da zona primária, tendo em vista as obrigações legais a que se sujeitam.

c) nos mesmos moldes que um armazém de zona primária localizado em portos, aeroportos ou pontos de fronteira, e estão sob o controle da repartição de zona primária de entrada ou pela qual deverá sair a mercadoria a ser exportada.

d) sob a responsabilidade do beneficiário do regime, que providenciará a emissão da Declaração de Importação ou de Exportação, quando solicitada pela alfândega da jurisdição, obrigando-se, ainda, ao pagamento dos tributos, se devidos.

e) sob o aspecto jurídico, como recintos aduaneiros de zona secundária, em razão da natureza da sua finalidade, podendo ainda ser utilizados como depósitos públicos de mercadoria importada ou de mercadoria destinada à exportação.

GABARITO

1. Pergunta direta, cujo gabarito é a letra "b", pois a conferência final do manifesto tem por objetivo apurar a responsabilidade do transportador em razão de eventuais diferenças a maior ou menor das mercadorias. As demais alternativas apresentam problemas, inclusive a letra "c", porque na hipótese os acréscimos não seriam considerados.

2. Questão simples, cuja alternativa correta é a letra "e", que reproduz literalmente o disposto no artigo 48 do Regulamento Aduaneiro. As outras alternativas estão incorretas.

3. A alternativa correta é a letra "e", que reproduz o entendimento trazido pelo parágrafo único do artigo 43 do Regulamento Aduaneiro, o qual estabelece a responsabilidade do transportador nos casos em que não for apresentado o manifesto ou declaração de efeito equivalente.

4. Questão típica da ESAF, em que as alternativas são bastante parecidas, no intuito de confundir o candidato. A afirmação correta é a letra "a", que reproduz fielmente o disposto no artigo 5.º do Regulamento Aduaneiro. As demais alternativas trazem variações do texto original e estão, portanto, incorretas.

5. Pergunta direta e baseada no texto constitucional, cuja alternativa correta é a letra "b".

6. A alternativa incorreta, que deve ser assinalada, é a letra "b", pois se compreende na zona de vigilância aduaneira a totalidade da área do município (e não do Estado) atravessado pela linha de demarcação, ainda que parte dele fique fora da área demarcada.

7. A alternativa correta é a letra "b", que traz a regra geral para os procedimentos de controle, bem como as exceções nos casos de transporte por meio de dutos e de outros atos devidamente autorizados pela Receita Federal do Brasil. As demais alternativas apresentam incorreções.

8. Pergunta direta, cuja alternativa correta é a letra "b", que indica os locais onde podem ser efetuadas a entrada ou a saída de veículos e mercadorias procedentes do exterior ou a ele destinadas.

9. A alternativa correta é a letra "a", pois somente em recintos alfandegados de zona primária e secundária, inclusive portos secos, podem ser efetuadas as operações envolvendo movimentação, armazenagem e despacho de mercadorias e bagagens, pois nesses recintos a Receita Federal exerce o chamado controle aduaneiro.

10. A alternativa a ser assinalada é a letra "d", visto que as assertivas I, II e IV estão corretas. A assertiva III está errada porque a atividade dos portos secos não se sujeita ao regime de licença, mesmo fundamento que também invalida a assertiva V.

11. A alternativa incorreta, que deve ser assinalada, é a letra "d", pois não é atribuição da autoridade aduaneira administrar e controlar cotas tarifárias e não tarifárias. As demais alternativas estão corretas.

12. A alternativa correta é a letra "e", pois a precedência dos Auditores-Fiscais decorre, inclusive, de mandamento constitucional, insculpido nos artigos 37, XVIII: "A administração fazendária e seus servidores fiscais terão, dentro de suas áreas de competência e jurisdição, precedência sobre os demais setores administrativos, na forma da lei" e 237: "A fiscalização e o controle sobre o comércio exterior, essenciais à defesa dos interesses fazendários nacionais, serão exercidos pelo Ministério da Fazenda".

13. A alternativa correta é a letra "b", pois a jurisdição dos recintos em zona secundária decorre de sua localização. Ademais, o controle aduaneiro neles exercido se assemelha, em termos de obrigações, àquele das zonas primárias. As demais alternativas veiculam informações incorretas.

15.4. MATERIAL DIGITAL

VÍDEO
http://uqr.to/1y39l

16

IMPOSTO DE IMPORTAÇÃO

16.1. TRIBUTOS INCIDENTES SOBRE O COMÉRCIO EXTERIOR

O Brasil é, provavelmente, o país que mais possui tributos sobre o comércio exterior, notadamente para gravar as importações.

Caso o amigo leitor queira importar mercadorias do exterior, correrá o risco de sofrer **múltiplas incidências** tributárias, porque o nosso legislador, com apoio na Constituição, resolveu instituir diversas figuras, entre impostos e contribuições, destinadas a onerar essa simples operação.

Os principais tributos incidentes no comércio exterior brasileiro são:

- **Imposto de importação**;
- **Imposto de exportação**;
- **IPI** vinculado às importações;
- **ICMS** vinculado às importações;
- **PIS** vinculado às importações;
- **COFINS** vinculada às importações;
- **AFRMM** — Adicional de Frete para a Renovação da Marinha Mercante;
- **CIDE** — para as importações de combustíveis;
- **ISS** nas importações de serviços;
- **Taxas de utilização** do SISCOMEX (Lei n. 9.716/98 e alterações);
- entre outros (que podem ser direta ou indiretamente relacionados com o comércio exterior, como no caso do IOF incidente sobre as operações de câmbio).

Com a Reforma Tributária, introduzida pela Emenda Constitucional n. 132/2023, os cinco tributos atualmente incidentes sobre o consumo (IPI, ICMS, ISS, PIS e CO-FINS) serão substituídos por 3 novas figuras: o **IBS** (Imposto sobre Bens e Serviços), a **CBS** (Contribuição sobre Bens e Serviços) e o **IS** (Imposto Seletivo).

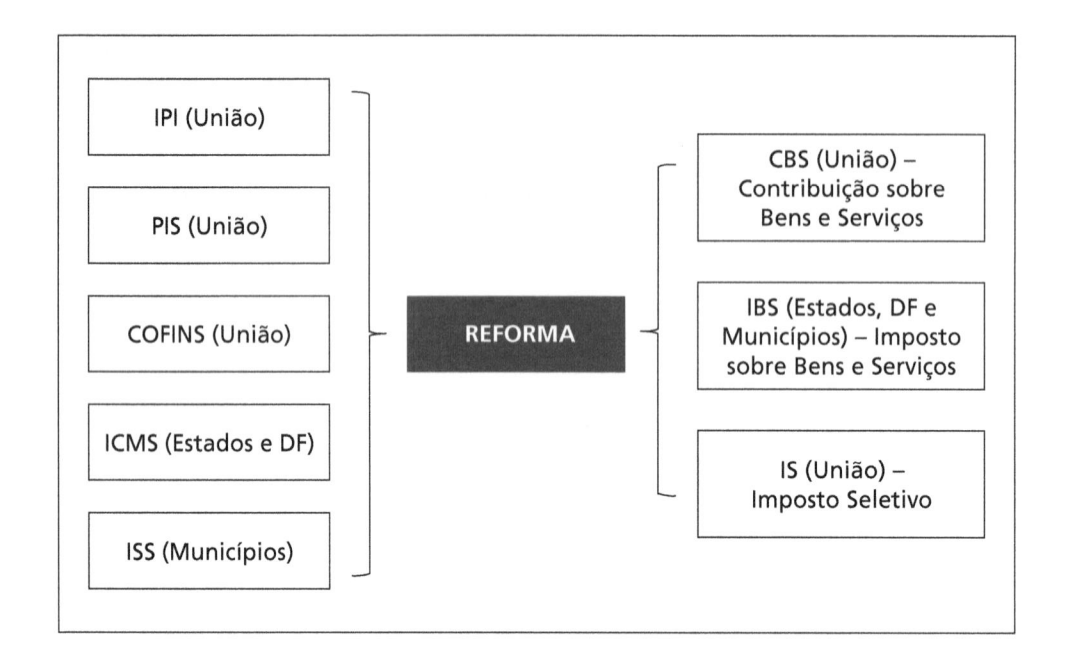

16.2. REGRAMENTO CONSTITUCIONAL E LEGISLAÇÃO ESPECÍFICA

Vimos, portanto, que diversos tributos podem incidir sobre uma mera operação de comércio exterior.

Os principais são o II, IE, IPI, PIS e COFINS, além do ICMS, no âmbito dos Estados, e do ISS, de competência dos Municípios.

Os dois primeiros se distinguem dos demais por serem **eminentemente extrafiscais**[1], ou seja, suas alíquotas podem ser alteradas no intuito de corrigir distorções econômico-financeiras, de forma a permitir a implementação das diretrizes de política econômica e cambial do país.

Como a tributação de natureza extrafiscal visa justamente a **influenciar o comportamento** do contribuinte, de modo a incentivar ou inibir determinadas condutas, afigurando-se como importante instrumento de implantação das políticas públicas, cumpre observar que "as exações mencionadas têm papel relevante no desempenho das exportações, podendo estimulá-las, quando a carga tributária é reduzida, ou mesmo inibi-las, quando, ao revés, há um incremento no ônus. O mesmo se diga com as importações, principalmente quando se busca a redução dos preços internos, diminuindo o peso tributário de produtos similares oriundos do exterior, de modo a incrementar a competitividade, ou, ao contrário, onerando a carga para proteger a indústria nacional"[2].

---

[1] Não vamos ingressar, aqui, no mérito da extrafiscalidade do IPI, que contestamos, mas deixamos o debate para o direito tributário, a fim de não confundir o leitor nem ingressar em seara alheia aos objetivos desta obra.

[2] Luiz Alberto Gurgel de Faria. Tributos sobre o comércio exterior. In: FREITAS, Vladimir Passos (Coord.). *Importação e exportação no direito brasileiro.* São Paulo: Revista dos Tribunais, 2004, p. 39.

16.2.1. O papel da União como responsável pela implementação de políticas econômicas

Como sabemos, o imposto de importação e o imposto de exportação pertencem à **competência da União**, conforme disposição constitucional:

> Art. 153. Compete à União instituir impostos sobre:
> I – importação de produtos estrangeiros;
> II – exportação, para o exterior, de produtos nacionais ou nacionalizados.

Tradicionalmente, esses tributos, tanto no Brasil como em outros países, tendem a ser de **competência federal**, qualquer que seja a forma de Estado ou de governo.

Isso decorre do princípio da **integridade nacional**, porque, há tempos, entende-se como ocorrida a hipótese de incidência do imposto de importação quando *da passagem de uma mercadoria por uma fronteira política*[3].

Igual raciocínio se aplica às exportações.

Convém destacar que as mercadorias sujeitas a tributação devem ser **estrangeiras**, pois o mérito da breve definição acima reside, justamente, no destaque ao fenômeno da soberania, representada pela existência de uma fronteira política (e jurídica) por detrás desses impostos.

Como leciona Aliomar Baleeiro, o **imposto de importação** *destina-se, em primeiro lugar, a dar cumprimento à política governamental de proteção ao mercado interno, à indústria nacional, ao câmbio e ao balanço de pagamentos. Se é necessário proteger um setor incipiente da produção nacional, que não pode enfrentar concorrentes estrangeiros, ou se a balança comercial está deficitária, o imposto de importação é instrumento ágil de controle e reequilíbrio.*

Isso ocorre em todos os países, tanto assim que o imposto de importação e suas principais características são objeto de diversos acordos internacionais, atualmente vigentes no âmbito da **Organização Mundial do Comércio (OMC)**.

Em razão do perfil extrafiscal, a própria Constituição Federal previu tratamento diferenciado em relação ao II e ao IE, notadamente com relação aos princípios da **anterioridade** e da **legalidade** (artigos 150, § 1.º, e 153, § 1.º).

Só para recordar, o princípio da **legalidade** está previsto no artigo 150, I, da CF/88:

> Art. 150. Sem prejuízo de outras garantias asseguradas ao contribuinte, é vedado à União, aos Estados, ao Distrito Federal e aos Municípios:
> I – exigir ou aumentar tributo sem lei que o estabeleça;

> **Atenção:** O princípio da legalidade impede que se crie ou aumente tributo sem o uso do instrumento "lei". Isso não significa que, para diminuir ou extinguir tributo, a lei seja dispensável, pois o direito trabalha com a ideia de **paralelismo das formas** (princípio reflexo), já que somente uma lei pode alterar ou revogar outra.

---

[3]   Giuliani Fonrouge. *Derecho financiero*. 3. ed. Buenos Aires: Depalma, 1977. v. 2, p. 834.

Alguns autores entendem que o artigo 153, § 1º, da CF/88 traria uma *exceção ao princípio da legalidade*, pois permitiria a alteração de alíquotas, pelo Poder Executivo, dos seguintes impostos: II, IE, IOF e IPI:

> Art. 153. Compete à União instituir impostos sobre:
> (...)
> § 1.º É facultado ao Poder Executivo, atendidas as condições e os limites estabelecidos em lei, alterar as alíquotas dos impostos enumerados nos incisos I, II, IV e V.

Contudo, para a **melhor doutrina**, este artigo não excetua nem fere o princípio da legalidade, pois o Poder Executivo somente pode alterar alíquotas, nesses casos, dentro das **condições e limites** previstos em lei, de tal sorte que a legalidade resta preservada, como, aliás, exige o próprio artigo 1.º da Constituição.

Essa é a **nossa posição**, pois entendemos que a lei dá ao Poder Executivo um "intervalo" (de 0% a X%), dentro do qual o Poder Executivo poderá "manobrar" as alíquotas, de forma a implementar medidas de interesse nacional.

Parece-nos óbvio, nesse caso, que o Poder Executivo **não pode ultrapassar** os limites previstos no intervalo, justamente em homenagem ao princípio da legalidade.

Voltaremos a essa questão, com mais detalhes, quando falarmos das alíquotas do imposto de importação.

Em relação ao princípio da **anterioridade**, temos a previsão do artigo 150, III, alíneas "b" e "c", da CF/88:

> Art. 150. Sem prejuízo de outras garantias asseguradas ao contribuinte, é vedado à União, aos Estados, ao Distrito Federal e aos Municípios:
> (...)
> III – cobrar tributos:
> (...)
> *b)* no mesmo exercício financeiro em que haja sido publicada a lei que os instituiu ou aumentou;
> *c)* antes de decorridos noventa dias da data em que haja sido publicada a lei que os instituiu ou aumentou, observado o disposto na alínea *b*.

Também chamado de **princípio da não surpresa**, a anterioridade veda a cobrança de tributos no exercício financeiro em que a lei foi publicada.

Com o advento da EC n. 42/2003, passou-se a vedar também a cobrança de tributos nos 90 (noventa) dias seguintes da data de publicação da lei, de tal forma que temos a anterioridade **do exercício** e a anterioridade **de 90 dias** (além da anterioridade **especial**, também de 90 dias, prevista para as contribuições sociais).

Muitos chamam essa última modalidade de anterioridade *nonagesimal*, mas o correto seria falarmos em princípio da **noventena**, pois a Constituição exige o **transcurso de 90 dias**, terminologia que atende melhor à exigência determinada pelo conceito.

Temos, portanto, **dois critérios** de anterioridade, de sorte que a combinação desses princípios enseja quatro situações diferentes:

- ▪ tributos que aguardam o **exercício seguinte e a noventena** (regra geral);

■ tributos que possuem **eficácia imediata**, sem aguardar qualquer prazo;

■ tributos que aguardam apenas o **exercício seguinte**, mas não a noventena;

■ tributos que aguardam **apenas a noventena**, mas não o exercício seguinte.

De acordo com os objetivos desta obra, podemos criar a seguinte tabela, que demonstra a questão da anterioridade relativa aos principais tributos incidentes sobre o comércio exterior:[4]

IMPOSTO DE IMPORTAÇÃO	Eficácia imediata (nenhuma anterioridade)
IMPOSTO DE EXPORTAÇÃO	Eficácia imediata (nenhuma anterioridade)
IPI	Apenas a noventena
PIS/COFINS[4]	Apenas a noventena
ICMS	Anterioridade do exercício e noventena

Convém destacar que, ressalvados o II e o IE, os demais tributos incidentes sobre a importação (IPI, ICMS, PIS e COFINS) possuem viés fiscalista, **arrecadatório**, pois são manifestações do chamado princípio do destino, vigente nas regras disciplinadoras do comércio exterior brasileiro, com o que gravam as importações, de modo a submetê--las aos **mesmos tributos** que oneram os produtos internos.

Aliás, se não se pode onerar os produtos estrangeiros em patamares superiores aos previstos para os nacionais, em obediência ao princípio da **não discriminação** (previsto no GATT), nada mais razoável do que impor aos primeiros, ao menos, carga tributária equivalente àquela praticada em relação aos produtos internos.

Com a Reforma Tributária, esse cenário não deve ser alterado, pois a expectativa, ao tempo em que escrevemos, é de que a carga tributária sobre o consumo (IBS + CBS) fique **em torno de 28%**, mantendo o país com a **maior tributação** do gênero no mundo.

Trata-se, no fundo, de questão de **isonomia**, embora existam graves problemas quanto à definição do momento da incidência, como teremos a oportunidade de observar.

16.3. IMPOSTO DE IMPORTAÇÃO: LEGISLAÇÃO DE REGÊNCIA

Cumprindo o desígnio que lhe fora atribuído pelo artigo 146, III, "a", da Constituição Federal, coube ao CTN, recepcionado pela ordem constitucional vigente como veículo introdutor das **normas gerais** de direito tributário, dispor sobre o fato gerador e as demais particularidades do imposto de importação, conforme regras fixadas a partir do artigo 19.

A **instituição original** do imposto de importação se deu pelo Decreto-lei n. 37/66, já a partir de seu artigo 1.º, sendo certo que o Decreto n. 6.759/2009, atual Regulamento Aduaneiro, ao dispor sobre *a administração das atividades aduaneiras, a fiscalização,*

---

[4] Conforme artigo 195, § 6.º, da CF: "As contribuições sociais de que trata este artigo só poderão ser exigidas após decorridos noventa dias da data da publicação da lei que as houver instituído ou modificado, não se lhes aplicando o disposto no art. 150, III, 'b'".

o controle e a tributação das operações de comércio exterior, consolidou as normas relativas ao tributo.

Vamos analisar, a seguir, as características do **imposto de importação** (artigos 69 a 211-B do Regulamento Aduaneiro), lembrando que os demais tributos incidentes sobre o comércio exterior serão discutidos no próximo capítulo.

16.3.1. Conceitos de produto, bens e mercadorias

Embora a diferença entre os conceitos de produto, bens e mercadorias possa parecer supérflua, é fato que a legislação aduaneira, desde a sua essência, traz uma grande **confusão terminológica**, de forma que se torna relevante apontar os deslizes cometidos pelas diversas normas brasileiras ao identificar qual seria o objeto da tributação nas importações.

Nos termos da legislação civil, **bens** são itens que possuem **apreciação econômica** e podem, portanto, integrar o patrimônio das pessoas, físicas ou jurídicas.

O **Código Civil** diz que os bens podem ser móveis, imóveis, fungíveis, divisíveis, singulares, coletivos ou públicos.

O conceito de bens, portanto, é extremamente amplo.

Não nos compete, neste livro, analisar cada uma dessas características. Convém, todavia, reiterar que os bens possuem apreciação econômica e, portanto, podem ser **objeto de tributação**, inclusive no comércio exterior.

Já o termo **produto** normalmente é utilizado como o *resultado de determinado processo*, no sentido de ser algo novo, extraído ou confeccionado a partir de outros bens.

Por seu turno, **mercadorias** são bens **tangíveis**, objeto de negociações comerciais, como ocorre nos contratos de compra e venda. As mercadorias são, por excelência, o objeto da tributação do comércio exterior (**Cuidado:** Outros bens, como os pertencentes à bagagem de passageiros, **não são mercadorias**, mas também poderão ser tributados, só que de forma diferente, como veremos em tópico específico).

> De modo simples, podemos dizer que **bens** representam o gênero, do qual produtos e mercadorias são espécies.

A única razão para o questionamento prático acerca desses conceitos decorre de que a legislação, em momentos variados, os emprega de modo distinto.

Enquanto na Constituição utiliza-se a expressão "produtos", o Regulamento Aduaneiro, por vezes, menciona o conceito de "mercadorias".

Vejamos:

> Art. 153. Compete à União instituir impostos sobre:
> I – importação de **produtos** estrangeiros;
> II – exportação, para o exterior, de **produtos** nacionais ou nacionalizados;
> (...);
> IV – **produtos** industrializados;

O CTN utiliza a **mesma terminologia** da Constituição (ou vice-versa) ao estabelecer que:

> Impostos sobre a Importação
> Art. 19. O imposto, de competência da União, sobre a importação de **produtos** estrangeiros tem como fato gerador a entrada destes no território nacional.

> Imposto sobre a Exportação
> Art. 23. O imposto, de competência da União, sobre a exportação, para o estrangeiro, de **produtos** nacionais ou nacionalizados tem como fato gerador a saída destes do território nacional.

> Imposto sobre Produtos Industrializados
> Art. 46. O imposto, de competência da União, sobre **produtos** industrializados tem como fato gerador:
> I – o seu desembaraço aduaneiro, quando de procedência estrangeira;
> II – a sua saída dos estabelecimentos a que se refere o parágrafo único do artigo 51;
> III – a sua arrematação, quando apreendido ou abandonado e levado a leilão.
> Parágrafo único. Para os efeitos deste imposto, considera-se industrializado o **produto** que tenha sido submetido a qualquer operação que lhe modifique a natureza ou a finalidade, ou o aperfeiçoe para o consumo.

No Regulamento Aduaneiro, por outro lado, os artigos que mencionam a incidência dos impostos de importação e exportação utilizam a expressão "mercadorias", porque oriundos do Decreto-lei n. 37/66 (que é, provavelmente, o culpado pela confusão!):

> Art. 69. O imposto de importação incide sobre **mercadoria** estrangeira (Decreto-lei n. 37, de 1966, art. 1.º, *caput*, com a redação dada pelo Decreto-lei n. 2.472, de 1988, art. 1.º).

> Art. 212. O imposto de exportação incide sobre **mercadoria** nacional ou nacionalizada destinada ao exterior (Decreto-lei n. 1.578, de 11 de outubro de 1977, art. 1.º, *caput*).

Sem tentar polemizar com digressões doutrinárias, caber-nos-ia perguntar se a diferença entre os conceitos afetaria o campo de incidência dos respectivos tributos.

Entendemos que para as provas de concurso a posição deva ser no sentido de que o **imposto de importação** e o **imposto de exportação** incidem **sobre bens**, de modo geral e, assim, não interessa se, no caso concreto, cuidam-se das espécies "produtos" ou "mercadorias".

> **Importante:** Tanto o imposto de importação como o imposto de exportação só podem incidir **sobre bens tangíveis**, pois para serviços e direitos a legislação prevê figuras diferentes, como o Imposto sobre serviços e o imposto sobre a renda. É justamente por isso que na TEC só existem bens tangíveis.

Encerrada a fase de transição da Reforma Tributária, com a consequente extinção do IPI, do ICMS e do ISS, a ideia é de que todas as cadeias de produtos e serviços tenham tratamento tributário semelhante, embora quis o constituinte manter (ou criar) diversos regimes de tributação específicos.

16.3.2. Produtos estrangeiros, produtos nacionais, nacionalizados e desnacionalizados

Os conceitos de produto nacional, estrangeiro, nacionalizado e desnacionalizado são muito importantes para a compreensão da matéria e revelam, basicamente, o *status* **jurídico** de determinado bem.

Vejamos, portanto, esses conceitos:

- **produto nacional**: é aquele fabricado no Brasil (produção integral ou transformação substancial), de acordo com as regras de origem[5]); se o produto for nacional, o fabricante poderá nele carimbar *Made in Brazil*, o que será determinante para o tratamento tributário aplicável;

- **produto estrangeiro**: é aquele fabricado ou substancialmente alterado no exterior que, em razão disso, receberá tratamento específico em termos tributários;

- **produto nacionalizado**: é aquele de procedência estrangeira, importado a título definitivo, vale dizer, que venha a integrar a economia nacional[6]. Produtos importados, por exemplo, em regime de *admissão temporária*[7], serão posteriormente devolvidos ao exterior e, assim, não integrarão a economia nacional de forma definitiva;

- **produto desnacionalizado**: é aquele nacional ou nacionalizado que foi exportado em caráter definitivo, no intuito de deixar a economia nacional. Da mesma forma, produtos submetidos ao regime de exportação temporária serão devolvidos ao Brasil e não são considerados desnacionalizados.

> **Atenção:** A redação original do Decreto-lei n. 37/66, ao dispor sobre o regime aduaneiro especial de "exportação temporária", trazia determinação expressa, em seu artigo 93, no sentido de considerar estrangeira, *para efeito de incidência do imposto, a mercadoria nacional ou nacionalizada reimportada, quando não houver sido exportada sem observância das condições deste artigo.*

Todavia, ao apreciar a questão, o STF decretou a **inconstitucionalidade** do aludido dispositivo:

> Imposto de importação. Ao considerar estrangeira, para efeito de incidência do tributo, a mercadoria nacional reimportada, o art. 93 do Decreto-lei n. 37/66 criou ficção incompatível com a Constituição de 1946 (Emenda n. 18, art. 7, I), no dispositivo correspondente ao art. 21, I, da Carta em vigor. Recurso extraordinário provido, para concessão da segurança e para a declaração de inconstitucionalidade do citado art. 93 do Decreto-lei n. 37/66 (RE 104306, Rel. Min. Octavio Gallotti, *DJ* 18-4-1986).

O Relator, Ministro Gallotti, deixou assentado em seu voto que *não se poderia, pois, sem ferir o artigo 21, I, da Constituição, estender a expressão "produto*

---

5   Tema bastante importante do comércio internacional e discutido no Capítulo 7.
6   Artigo 212, § 1.º, do RA: "Considera-se nacionalizada a mercadoria estrangeira importada a título definitivo".
7   Trataremos dos regimes aduaneiros especiais no Capítulo 18.

estrangeiro", como igualmente abrangendo as mercadorias nacionais retiradas temporariamente do Brasil, para exposição em feiras no Exterior, numa prática habitual de incentivo à exportação.

A Resolução do Senado Federal de n. 436/87 suspendeu a execução do dispositivo declarado inconstitucional.

Recentemente, o STF teve nova oportunidade de se manifestar sobre o tema.

Como o voto é **extremamente didático** (apesar de longo), resolvemos reproduzi-lo, porque o seu entendimento é fundamental para a compreensão de diversos mecanismos relativos ao imposto de importação.

A equiparação feita pelo Decreto-Lei n. 37/66, que considera estrangeira a mercadoria nacional ou nacionalizada exportada que retornar ao País, não foi recepcionada pela Constituição Federal de 1988, uma vez que não se amolda ao seu art. 153, I, da CF/88, o qual restringe a incidência do imposto sobre importação aos produtos estrangeiros. 2. Pretender que o imposto em questão incida sobre produtos de procedência estrangeira é incluir nova hipótese de incidência, pois a mercadoria fabricada no Brasil não é estrangeira. 3. A matéria encontra-se pacificada neste Egrégio Tribunal, a teor do julgado proferido pelo Pleno em 13.9.90, na remessa oficial n. 89.03.01938-5, de relatoria da Juíza Lúcia Figueiredo. 4. Não faz sentido a incidência do imposto de importação sobre os produtos nacionais, tendo em conta que a principal finalidade deste imposto é a proteção da indústria pátria. 5. Apelação e remessa oficial improvidas (fl. 89). (...) 2. A Recorrente alega que teria sido contrariado o art. 153, inc. I, da Constituição da República. Afirma que "o v. Acórdão recorrido deve ser reformado, vez que o imposto de importação incide sobre a importação da mercadoria realizada pela Impetrante. Ocorre que a exportação definitiva da mercadoria nacional tem o condão de desnacionalizar o produto. (...) No caso em tela, o bem importado já havia sido desnacionalizado, não havendo participação do exportador brasileiro na operação em tela. O bem havia sido exportado com ânimo definitivo, perdendo, assim, o caráter de nacional. O critério da procedência para definição da mercadoria como estrangeira prepondera no comércio internacional" (fls. 124-125). 3. O Subprocurador-Geral da República, Wagner de Castro Mathias Netto, opinou pelo não conhecimento do recurso, nos termos seguintes: "a Constituição Federal de 1988, no art. 153, I, dispôs que o imposto de importação tem como fato gerador a importação de produto estrangeiro, e, no art. 146, III, 'a', relegou à lei compor a definição do fato gerador dos tributos nela contidos, o que foi feito, no caso do imposto de importação pelo art. 19, do CTN, que fixou o aspecto material e temporal da obrigação tributária como sendo a entrada de mercadoria estrangeira no território nacional. Assim, a discussão em questão passa, necessariamente, pela análise do fato gerador da importação, definido pelo CTN, cuja matéria foge ao alcance do recurso extraordinário, pois, se alguma ofensa houvesse à CF/88, no aresto atacado, seria meramente reflexa" (fl. 269). E ainda: "a definição e alcance de produto estrangeiro do art. 93, do Decreto 37/66 (na redação do art. 1.º, do Decreto 2.472), que a recorrente alega estar vigente, para justificar a cobrança da exação, considerava estrangeiros os produtos nacionais ou nacionalizados que retornavam ao país. Todavia, citado dispositivo não foi recepcionado, porque a carta constitucional definiu outra base econômica imponível (produtos estrangeiros), razão por que o STF, no RE 104.306-7/SP, julgou-o inconstitucional, e o Senado Federal, na Resolução 436/87, suspendeu sua eficácia" (fl. 269). Analisados os elementos havidos nos autos, DECIDO. 4. Razão jurídica não assiste à Recorrente. 5. No julgamento do Recurso Extraordinário n. 104.306, Relator o Ministro

Octavio Gallotti, este Supremo Tribunal declarou a inconstitucionalidade do art. 93 do Decreto n. 37/1966. A norma, cuja aplicação pretende a Recorrente, foi declarada inconstitucional antes da promulgação da Constituição da República de 1988 e, conforme assentado por este Supremo Tribunal, a Constituição superveniente não tem o poder de constitucionalizar norma inconstitucional ao tempo de sua edição (RE 538.946-AgR, de minha relatoria, Primeira Turma, *DJe* 26.6.2009). 6. Ressalte-se, ainda, conforme consignado no parecer do Subprocurador-Geral da República, que a Constituição da República conferiu à lei complementar a atribuição relativa à "definição de tributos e de suas espécies, bem como, em relação aos impostos discriminados nesta Constituição, a dos respectivos fatos geradores, base de cálculo e contribuinte" (art. 146, inc. III, alínea *a)*. Assim, a definição de "produtos estrangeiros" para efeito de incidência do imposto de importação é questão de natureza infraconstitucional. Nesse sentido: "Recurso extraordinário: descabimento: questão decidida à luz de legislação infraconstitucional (Código Tributário Nacional): alegação de violação de dispositivos constitucionais que, se ocorresse, seria indireta ou reflexa, de exame inviável no RE" (AI 477.288-AgR, Rel. Min. Sepúlveda Pertence, Primeira Turma, *DJ* 30.4.2004). 7. É também incabível o recurso interposto pela alínea *b* do inc. III do art. 102 da Constituição, pois a declaração de inconstitucionalidade do Decreto n. 37/1966 proferida pelo Pleno do TRF da 3.ª Região, o foi com base em declaração anterior do Supremo Tribunal Federal no mesmo sentido. Nada há, pois, a prover quanto às alegações da Recorrente. 8. Pelo exposto, nego seguimento ao recurso extraordinário (art. 557, *caput*, do Código de Processo Civil e art. 21, § 1.º, do Regimento Interno do Supremo Tribunal Federal). (RE 2.916.703, Rel. Min. Cármen Lúcia, *DJ* 15-12-2010).

16.4. IMPOSTO DE IMPORTAÇÃO: INCIDÊNCIA E NÃO INCIDÊNCIA

De acordo com as regras previstas no Regulamento Aduaneiro, o imposto de importação **incide** sobre a mercadoria estrangeira importada, assim entendida a mercadoria nacional ou nacionalizada exportada que retorne ao País.

O imposto de importação incide, também, sobre **bagagem de viajante** e bens enviados como **presente** ou **amostra**, ainda que a título gratuito.

Podemos perceber que o campo de incidência do II é bastante amplo e inclui os bens que ingressem, a título definitivo, no território aduaneiro brasileiro, **independentemente** da denominação utilizada.

Há, todavia, situações excepcionais e que merecem muita atenção.

> **Pergunta**: *Tendo em vista que a Constituição outorgou à União competência para instituição de tributo sobre a "importação de produtos estrangeiros", caberia a cobrança do tributo sobre produto brasileiro que seja exportado e, num segundo momento, trazido de volta ao Brasil?*

O Decreto-lei n. 2.472/88, que serviu de base à atual redação do Regulamento Aduaneiro (artigo 70), trouxe **exceções** à regra de incidência, ao dispor que se equipara à estrangeira a mercadoria nacional ou nacionalizada exportada que retornar ao País, quando:

a) enviada em consignação e não vendida no prazo autorizado;

b) devolvida por motivo de defeito técnico, para reparo ou substituição;

c) por motivo de modificações na sistemática de importação por parte do país importador;

d) por motivo de guerra ou calamidade pública;

e) por outros fatores alheios à vontade do exportador.

> **Atenção:** São considerados **estrangeiros** (haverá, portanto, incidência) os equipamentos, as máquinas, os veículos, os aparelhos e os instrumentos, bem como as partes, as peças, os acessórios e os componentes, de fabricação nacional, adquiridos no mercado interno pelas empresas nacionais de engenharia e exportados para a execução de obras contratadas no exterior, na hipótese de retornarem ao País.

Vejamos, pois, todas as hipóteses de não incidência do Imposto de Importação, para mercadorias nacionais ou nacionalizadas que foram exportadas.

Devemos ressaltar que, nesses casos e sob condições normais, o imposto **deveria incidir**, mas o legislador resolveu, especificamente, afastar tal fenômeno, situação que difere daquela veiculada pelo artigo 71 do Regulamento Aduaneiro, em que, *desde sempre*, não ocorre a incidência (daí por que aqui se trata de exceções à incidência, terminologia infeliz e que causa grandes confusões).

16.4.1. Mercadorias enviadas ao exterior em consignação, mediante o atendimento dos requisitos aduaneiros necessários, que não tenham sido vendidas no prazo autorizado pelo regime

Trata a hipótese dos casos de mercadorias nacionais remetidas para o exterior com *animus* de exportação, mas que, por **circunstâncias comerciais**, ainda não foram objeto de um contrato de compra e venda internacional.

Um exemplo bastante comum é o do empresário brasileiro que busca angariar novos clientes no exterior e, para tanto, envia um lote de mercadorias para um **consignatário**[8] estrangeiro, que ficará encarregado de realizar os prováveis negócios.

A legislação aduaneira permite a saída desses bens, por prazo determinado, a partir do despacho da autoridade competente, com o intuito de possibilitar sua entrega em consignação para o agente no exterior.

A remessa ficará condicionada a evento futuro, mas incerto, caracterizado pela **efetiva venda** da mercadoria, que poderá ou não ocorrer.

Isso significa dizer que os trâmites aduaneiros de exportação serão realizados normalmente, quando da saída dos bens, mas ficarão condicionados **à ulterior venda**, momento que, se concretizado, tornará a exportação definitiva, com as consequências tributárias e cambiais aplicáveis à espécie.

Por outro lado, se a venda **não for realizada**, por qualquer motivo, poderá o empresário brasileiro reingressar as mercadorias no país, desde que de modo tempestivo, **sem a incidência** dos tributos devidos na importação.

---

[8] O consignatário é um dos atores mais importantes do comércio internacional e tanto pode ser o negociante a quem são remetidas as mercadorias para venda ou depósito, no exato sentido do texto, como o correspondente ou mandatário, encarregado de receber em depósito o carregamento de um veículo.

Isso porque os bens retornarão ao estado anterior à exportação, ou seja, voltarão a pertencer ao **patrimônio do interessado**, sem que tenha ocorrido, de fato, circulação econômica.

Trata-se de uma variante do regime aduaneiro de **exportação temporária**, que tem por objetivo incrementar as exportações brasileiras, ao permitir que empresários nacionais tenham a oportunidade de apresentar seus produtos em terras estrangeiras, sem a preocupação de sofrer a tributação, quando do eventual retorno, caso o negócio venha a fracassar.

Importante ressaltar que esse regime é bastante comum no comércio internacional e, por conta disso, apresenta **reciprocidade** no Brasil, uma vez que a nossa legislação também permite o ingresso de mercadorias estrangeiras em consignação, por prazo determinado e desde que atendidos certos requisitos, mediante outro regime especial, agora de importação, denominado **entreposto aduaneiro**[9].

16.4.2. Produtos devolvidos por defeito para reparo ou substituição

No caso de defeitos apresentados por **produtos brasileiros**, que devam sofrer reparo ou substituição, por conta de garantia ou assistência técnica prestada pelo fabricante nacional, não pode ocorrer a incidência, pois, do contrário, sua aceitação no mercado externo seria muito difícil, ainda mais em tempos de economia globalizada.

Deste modo, prevê a legislação a **não incidência** do imposto de importação para produtos nacionais ou nacionalizados que, definitivamente exportados, venham a apresentar defeitos no exterior e, por isso, precisem reingressar no país.

Após as providências cabíveis, o produto reparado *ou seu equivalente*, no caso de **substituição**, deverá ser remetido novamente ao exterior, também sem a incidência dos tributos (tampouco a concessão dos benefícios normalmente aplicáveis) de exportação, pois a lógica nos leva a concluir que, no fim das contas, **apenas um produto** circulou para fora do país.

16.4.3. Modificações na sistemática de importação no país importador. Guerra ou calamidade pública. Outros fatores alheios à vontade do exportador

O legislador foi um tanto prolixo ao estabelecer as três hipóteses acima. Em termos lógicos — e em prol da concisão –, bastaria dispor que **quaisquer fatores** alheios à vontade do exportador, que impossibilitem a concretização da exportação e, por consequência, demandem o retorno das mercadorias ao Brasil, não poderão ser objeto da incidência do imposto de importação.

Assim, temos que a terceira hipótese, em epígrafe, é **gênero** do qual as duas primeiras se constituem em **espécie**.

Claro está que os motivos que justifiquem o retorno das mercadorias ao país devem **contrariar** a própria vontade do exportador, que, além de suportar o prejuízo pela não

---

[9] Conforme artigo 404 do RA: "O regime especial de entreposto aduaneiro na importação é o que permite a armazenagem de mercadoria estrangeira em recinto alfandegado de uso público, com suspensão do pagamento dos impostos federais, da contribuição para o PIS/PASEP-Importação e da COFINS-Importação incidentes na importação".

realização do negócio, deveria, se não houvesse o dispositivo, sofrer a exação sem lhe ter dado causa.

Cremos ser importante a colocação, pois entendemos que, em decorrência do **princípio da autoimposição tributária**, existe, sempre, uma opção ao sujeito passivo, que, ciente da incidência dos tributos[10], mesmo assim decide praticar no mundo real o fato previsto na hipótese normativa, que ensejará o nascimento da respectiva obrigação, situação diversa do caso em tela, pois, nesta, *não há alternativa* ao empresário, que não a de promover o retorno dos bens ao país.

Cabe aqui, para esclarecimento acerca das hipóteses de não incidência oriundas de mudança na sistemática aduaneira do país de importação, uma **pequena digressão** a respeito da atual conjuntura das barreiras protecionistas em escala global.

O cenário do comércio internacional revela-se campo fértil para disputas de toda ordem, invariavelmente com a participação dos Estados, que, de modo mais ou menos velado, têm por objetivo **proteger** a respectiva indústria local, toda vez que produtos estrangeiros ameacem trazer-lhe prejuízos.

Apesar de o viés tributário servir a tal propósito, o modo mais eficiente de proteção — ainda que condenável, em muitos casos, à luz do GATT e de outros tratados internacionais celebrados no âmbito da OMC — é a utilização de **barreiras não tarifárias**, muitas vezes aplicadas de modo subjetivo e discriminatório[11], com o claro intuito de obstaculizar o acesso a certos mercados.

Nos últimos anos, com a regulamentação do comércio internacional, por meio de iniciativas como a criação da OMC e a formação dos blocos de integração econômica, verificou-se uma **redução drástica** na utilização dos tributos incidentes sobre o comércio exterior, como modo de se proteger os mercados domésticos.

Vale dizer, enquanto as alíquotas efetivas dos tributos incidentes nas importações reduziam-se a passos largos, surgiram, como **alternativa protecionista**, as chamadas barreiras não tarifárias que, mais afeitas à subjetividade, têm sido utilizadas como mecanismo de contenção ao avanço de mercadorias e empresas, nem sempre de modo claro e transparente.

Em breves linhas, este é o panorama do protecionismo estatal no atual mundo globalizado.

Cuida a primeira hipótese cogitada neste tópico de possíveis **mudanças na sistemática** do país importador, ocorridas, por óbvio, *após o embarque das mercadorias para o exterior.*

---

[10] Quanto a esta necessária informação acerca da incidência tributária, vale ressaltar que a sua natureza não é filosófica ou acadêmica, mas de índole constitucional, à luz do artigo 150, § 5.º, da CF: "A lei determinará medidas para que os consumidores sejam esclarecidos acerca dos impostos que incidam sobre mercadorias e serviços". Infelizmente, trata-se de dispositivo constantemente esquecido pelo legislador e que a própria doutrina, a quem caberia a análise crítica do direito positivo, parece ter em pouca conta.

[11] Lembramos, a propósito, um entre inúmeros casos: o da "doença da vaca louca", que assolou os rebanhos na Inglaterra na virada do século e cujas consequências foram sentidas no Brasil, particularmente com a rumorosa e absurda posição de embargo adotada pelo governo canadense em

Isso porque quase todos os países adotam o **licenciamento** prévio das importações, outra das barreiras não tarifárias previstas no GATT, que exige que as mercadorias obtenham o reconhecimento, por parte das autoridades do país de destino, da **conformidade** em relação às suas normas jurídicas internas.

Nesse caso, decidiu corretamente o legislador pátrio **excluir do campo de incidência** do imposto de importação o retorno das mercadorias do exterior.

Idêntico tratamento deve ser adotado no caso de guerras, comoções internas, calamidades públicas ou catástrofes naturais, que impeçam a realização do negócio, situações relativamente comuns no conturbado panorama internacional que o século XXI nos apresenta.

Em síntese, defendemos que **qualquer circunstância** que obstaculize o desembarque da mercadoria no exterior e, por decorrência lógica, obrigue o retorno dos bens ao Brasil, sem que o exportador lhe tenha dado causa, **afastará a incidência**, não apenas do imposto de importação, mas de todos os demais tributos porventura cabíveis.

Em todos os casos analisados a não incidência deriva da **ausência** de requisito material fundamental, relativo ao objeto da importação, qual seja, a caracterização da mercadoria importada como de procedência estrangeira; nas hipóteses vislumbradas, apesar de a exportação para o exterior ter sido realizada com ânimo definitivo, fatos supervenientes e alheios à vontade do exportador impediram sua concretização, de modo que às mercadorias não pode ser conferido o *status* de **estrangeiras**, em razão do princípio da necessidade de circulação econômica.

A conduta do exportador, como determinante para a incidência, já foi apreciada pelo Poder Judiciário:

> Está sujeita à incidência dos tributos devidos na importação a entrada de mercadoria desnacionalizada que permaneceu por aproximadamente quatro anos no exterior e só retornou ao País por **desinteresse** do importador estrangeiro em projeto em relação ao qual essas mercadorias foram por ele importadas. Hipótese não enquadrada na não incidência tributária, referente a fatores alheios à vontade do exportador, de que trata o § 1.º do art. 1.º do Decreto-lei n. 37/66, na redação que lhe deu o art. 1.º do Decreto-lei n. 2.472/88 (Acórdão 301-33.201, 3.º CC, Rel. José Luiz Novo Rossari, j. 20-9-2006).

16.4.4. As hipóteses de não incidência do imposto de importação sobre mercadorias estrangeiras

Se nos tópicos anteriores observamos que as mercadorias **brasileiras** exportadas não sofrem a incidência do imposto de importação, porque retornam do exterior sob condição resolutória ou por motivos de força maior, **readquirindo** a condição de nacionais ou nacionalizadas, casos há em que **mercadorias estrangeiras**, ingressadas no

---

relação aos produtos bovinos brasileiros, apesar de jamais ter sido registrado um caso da doença no país. Como se sabe, a questão de fundo era o lucrativo mercado de aviões regionais, disputado por empresas brasileiras e canadenses.

território aduaneiro brasileiro, também não sofrerão a incidência do imposto, desde que as circunstâncias contemplem[12]:

■ mercadoria estrangeira que, corretamente descrita nos documentos de transporte, chegar ao país por **erro inequívoco ou comprovado de expedição**, desde que imediatamente redestinada ou devolvida para o exterior;

■ mercadoria estrangeira idêntica, em igual quantidade e valor, e que se destine à **reposição** de outra anteriormente importada que se tenha revelado, após o desembaraço aduaneiro, defeituosa ou imprestável para o fim a que se destinava, desde que observada a regulamentação editada pelo Ministério da Fazenda (atual Ministério da Economia);

■ mercadoria estrangeira que tenha sido objeto da **pena de perdimento**, exceto na hipótese em que não seja localizada, tenha sido consumida ou revendida;

■ mercadoria estrangeira devolvida para o exterior **antes do registro** da declaração de importação, observada a regulamentação editada pelo Ministério da Fazenda (atual Ministério da Economia);

■ embarcações construídas no Brasil e transferidas por **matriz** de empresa brasileira de navegação para **subsidiária integral no exterior**, que retornem ao registro brasileiro, como propriedade da mesma empresa nacional de origem;

■ mercadoria estrangeira **destruída**, sob controle aduaneiro, sem ônus para a Fazenda Nacional, **antes de desembaraçada**;

■ mercadoria estrangeira em **trânsito aduaneiro de passagem**, acidentalmente destruída.

Analisemos, uma a uma, essas hipóteses legais de **não incidência**.

Atenção: As hipóteses que veremos a seguir tratam de mercadorias estrangeiras, ao contrário dos casos previstos nos tópicos anteriores, que cuidavam de mercadorias nacionais ou nacionalizadas.

16.4.4.1. *Mercadoria estrangeira que, corretamente descrita nos documentos de transporte, chegar ao país por erro inequívoco ou comprovado de expedição, desde que imediatamente redestinada ou devolvida para o exterior*

Quando determinada mercadoria, cujo destino não é o Brasil, aqui ingressa por **erro** nos procedimentos logísticos, parece-nos natural que, uma vez comprovado o fato — e com a devida anuência da autoridade aduaneira –, possa o transportador providenciar sua **devolução** ou **redestinação**[13], sem que ocorra a incidência dos tributos devidos na importação, já que não haverá impacto econômico no país.

---

[12] Artigo 71 do Regulamento Aduaneiro.

[13] A diferença entre devolução e redestinação, no nosso entender, decorre de que no primeiro caso a mercadoria deverá obrigatoriamente retornar ao local de origem, enquanto que na redestinação poderá ser enviada para qualquer local (em geral, o destino correto), mediante autorização específica.

Portanto, a **pedido do importador** e mediante a apresentação de documentos que comprovem o erro na expedição, poderá a autoridade responsável autorizar a saída da mercadoria do país, dispensando-se o recolhimento dos tributos na importação, ante o não preenchimento de todos os critérios previstos na hipótese de incidência, conforme veremos mais adiante.

16.4.4.2. *Mercadoria estrangeira idêntica, em igual quantidade e valor, e que se destine à reposição de outra anteriormente importada que se tenha revelado, após o desembaraço aduaneiro, defeituosa ou imprestável para o fim a que se destinava*

Outro caso de não incidência bastante comum ocorre quando uma mercadoria estrangeira, após ser submetida aos procedimentos aduaneiros necessários para sua importação, com o recolhimento de todos os tributos devidos, revela-se, **já integrada** à economia nacional, imprestável para o uso que ensejou a entrada no país.

Nessa circunstância, poderá o importador solicitar ao fornecedor no exterior o envio de um novo produto, para **substituição** do defeituoso, ante a comprovação dos vícios manifestados pelo original.

Curiosamente, a legislação não exige que a mercadoria defeituosa *seja devolvida ao exterior*, providência natural para o exercício do direito de garantia.

Conquanto a prática comercial nos leve a acreditar que este será o procedimento adotado pelo interessado, a lógica aduaneiro-tributária exige que **uma de duas condutas** seja proposta pelo importador: o *retorno ao exterior*, com o acompanhamento das autoridades, ou a *destruição monitorada* da mercadoria defeituosa, de modo a garantir que não restem, no território aduaneiro, dois bens derivados de um único procedimento de importação.

16.4.4.3. *Mercadoria estrangeira objeto da pena de perdimento*

A partir da função de controle do comércio exterior e da repressão aos **ilícitos aduaneiros** — notadamente o contrabando e o descaminho –, às autoridades aduaneiras foi concedido o poder de aplicar, nos casos de dano ao Erário, a mais grave **sanção administrativa** que pode ser imposta ao importador: a **pena de perdimento**[14], que se manifesta pela expropriação do patrimônio do contribuinte, em favor do Estado.

Portanto, nas hipóteses em que for aplicada a pena de perdimento, as mercadorias objeto da sanção **não sofrerão** a incidência do imposto de importação, a uma, porque não pertence à lógica do nosso sistema jurídico a figura da *dupla apenação*[15], e, a duas,

---

[14]   Diversos são os casos passíveis de pena de perdimento, que veremos em tópico específico.

[15]   O princípio processual da dupla apenação veda a aplicação de dois ou mais procedimentos sancionatórios quando houver identidade de fatos, sujeitos e fundamentos. Também conhecido como princípio do *non bis in idem*, tem sua origem moderna fundada no conceito de *double jeopardy*, veiculado pela quinta emenda à Constituição americana, que estabelece: "... nor shall any person be subject for the same offense to be twice put in jeopardy of life or limb": [nem qualquer pessoa deverá ser sujeito da mesma ofensa duas vezes, colocando em risco sua vida ou saúde].

porque o contribuinte infrator, ao perder a propriedade, retira-se do polo passivo da obrigação tributária, vez que as mercadorias passarão a integrar o patrimônio estatal.

Ficará sobrestada, pois, a incidência do imposto de importação, que poderá ocorrer num momento futuro, de acordo **com a destinação** dada aos bens apreendidos, após a decisão final na esfera administrativa.

Vale lembrar que são três as possibilidades de destinação:

■ **incorporação** ao patrimônio público ou a entidades sem fins lucrativos: nesses casos, não haverá incidência do imposto de importação, em face da imunidade constitucional em favor das pessoas de direito público interno e das entidades assistenciais, sem fins lucrativos que, na forma da lei, gozarem de imunidade, de acordo com o artigo 150, VI, "c", da Constituição Federal;

■ **destruição**: se a mercadoria, após o perdimento, apresentar vícios insanáveis, sua circulação for incompatível com a legislação brasileira (produtos proibidos ou que não atendam a normas sanitárias, por exemplo) ou, ainda, se o prazo de validade dos bens houver expirado, alternativa não restará ao poder público senão a de providenciar a destruição das mercadorias, o que, por óbvio, afastará a incidência tributária;

■ **alienação**, por meio de leilão, a particular, pessoa física ou jurídica: nesse caso, o valor total da arrematação já deverá contemplar os tributos federais incidentes na importação[16].

16.4.4.4. *Mercadoria estrangeira devolvida para o exterior antes do registro da declaração de importação*

Como teremos a oportunidade de observar, quando da análise do critério temporal do Imposto de Importação, o momento mais importante do procedimento de importação é o **registro** da respectiva declaração (DI), realizado pelo interessado no Sistema Integrado de Comércio Exterior (SISCOMEX).

Portanto, permite a legislação que, **antes de ocorrido** tal registro, possa o importador pleitear o retorno, para o exterior, das mercadorias já ingressadas no país, o que, como decorrência lógica, afastaria a incidência do imposto de importação, ante a não circulação econômica dos bens no Brasil.

Contudo — e apesar da previsão legal –, já manifestamos, por diversas vezes, que uma das características diferenciadoras do direito aduaneiro, em relação ao direito tributário, é justamente o **maior grau de discricionariedade** conferido aos agentes administrativos.

O caso em comento ilustra bem tal prerrogativa: embora ainda não efetivado o registro da declaração de importação, pode a autoridade aduaneira **denegar** o pedido de retorno ao exterior, desde que demonstre, *motivadamente*, que isso contraria os interesses fazendários.

---

[16] Contudo, há, para a espécie, a incidência do ICMS vinculado às importações.

Situações em que reste constatada, por exemplo, a intenção do importador em **burlar** ou **fraudar** os controles aduaneiros, ainda que malsucedidas, por si só, justificam a negativa ao reembarque.

Poder-se-ia, no entanto, alegar que problemas comerciais relativos à mercadoria, como divergências em relação ao que foi contratado (cor, peso, especificações técnicas, entre outras), seriam argumento razoável para embasar a autorização.

Não concordamos.

Nosso pensamento é no sentido de que somente os casos de manifesto **erro logístico** (em função do destino e qualificação do importador ou consignatário) ensejam a possibilidade de retorno ao exterior, já que, do contrário, criar-se-ia um perigoso instrumento de fuga aos controles aduaneiros, pois o importador que visse frustrada eventual tentativa de **fraude à lei** poderia dela socorrer-se, para fugir da obrigação tributária (e quiçá penal, por ausência de materialidade), por conta desse infeliz dispositivo legal.

O procedimento correto, segundo nosso entendimento, é dar à mercadoria com discrepâncias comerciais o **mesmo tratamento** das demais, pois, uma vez vencida a etapa aduaneira, com o recolhimento dos tributos devidos, restará ao importador pleitear, com o fornecedor estrangeiro, o fiel cumprimento do contrato.

Não cabe ao Estado agir como **mediador negocial** entre particulares, que encontram nas normas comerciais internacionais e nos mecanismos de arbitragem, por exemplo, recursos aptos a restabelecer o equilíbrio das relações pactuadas.

A incidência do imposto de importação em relação a transações legítimas, ainda que comercialmente defeituosas, é homenagem ao mandamento constitucional da igualdade e às regras estabelecidas no Código Tributário Nacional[17].

De se notar que igual raciocínio se aplica aos tributos internos.

Exemplo: Se um lojista contrata com seu fornecedor a aquisição de determinado bem, *na cor verde*, a eventual entrega deste, *na cor vermelha*, não afasta a incidência do ICMS devido, cabendo àquele que se sentir prejudicado pelo não cumprimento do que foi pactuado solicitar, de acordo com a sistemática tributária atinente à espécie, a substituição do produto incorreto, **sem qualquer prejuízo** ao mecanismo de incidência ou, o que seria pior, à possibilidade de a Fazenda Pública desconsiderar a operação como tributável.

Deste modo, razão não há para que em situações idênticas, relativas ao imposto de importação, possa o contribuinte se beneficiar de tal dispositivo.

Felizmente, nos quase dez anos em que atuamos diretamente ligados ao controle aduaneiro, raríssimas foram as situações em que tal dispositivo foi aplicado, e nenhuma, se não nos trai a memória, por conta de divergências de natureza negocial.

---

[17] Código Tributário Nacional, artigo 123: "Salvo disposições de lei em contrário, as convenções particulares, relativas à responsabilidade pelo pagamento de tributos, não podem ser opostas à Fazenda Pública, para modificar a definição legal do sujeito passivo das obrigações tributárias correspondentes".

16.4.4.5. Embarcações construídas no Brasil e transferidas por matriz de empresa brasileira de navegação para subsidiária integral no exterior, que retornem ao registro brasileiro, como propriedade da mesma empresa nacional de origem

Esta hipótese de não incidência do imposto de importação cuida de caso bastante particular, que tem por objetivo **incentivar** a indústria naval brasileira, pois permite o "repatriamento" de embarcações produzidas no país, após a sua utilização, no exterior, por subsidiária de empresa nacional.

Trata-se de dispositivo de alcance **bastante limitado**, introduzido pela Lei n. 9.432/97, que objetivou, com isso, apoiar o desenvolvimento da marinha mercante nacional, ao dispor que o restabelecimento do registro brasileiro, no caso de retorno de embarcação da empresa subsidiária para a matriz brasileira, dar-se-ia sem a incidência de impostos ou taxas.

16.4.4.6. Mercadoria estrangeira destruída, sob controle aduaneiro, sem ônus para a Fazenda Nacional, antes de desembaraçada

Aqui temos uma hipótese de não incidência bastante interessante, pois a **destruição** de uma mercadoria, considerada imprestável (vale dizer, sem possibilidade de apreciação econômica), obviamente impede a sua efetiva entrada na economia brasileira, de modo que o legislador houve por bem afastar a tributação.

Isso nos parece bastante **justo e razoável**, porque o importador não poderá usufruir ou aproveitar a mercadoria (que se tornou imprestável), razão pela qual não estará sujeito ao pagamento do imposto de importação.

Convém ressaltar que a atual redação do Regulamento Aduaneiro, nos exatos moldes do que defendemos, estabelece que a autoridade aduaneira **poderá indeferir** a solicitação da destruição, com base em legislação específica, até porque compete ao Auditor-Fiscal verificar as circunstâncias do pedido e os efeitos jurídicos de tal decisão.

Isso pode ser importante, por exemplo, no caso de as mercadorias servirem de conjunto probatório para outras áreas do direito, como no caso dos crimes de contrafação.

> **Atenção:** mesmo que a mercadoria imprestável estivesse **protegida por seguro** (o que é normal no comércio internacional), ainda assim o importador teria prejuízo, pois os seguros não cobrem o valor dos tributos; daí a importância da previsão legal.

16.4.4.7. Mercadoria estrangeira em trânsito aduaneiro de passagem, acidentalmente destruída

Nesta derradeira hipótese de não incidência, temos o caso de mercadorias que apenas **trafegam** pelo território aduaneiro brasileiro, oriundas do exterior e a ele destinadas.

Por óbvio que a destruição acidental de tais mercadorias deve afastar a incidência do imposto de importação, visto que não haveria, no caso, qualquer impacto econômico (que podemos chamar de matéria tributável).

Exemplo: mercadorias oriundas da França e desembarcadas no Porto de Santos, com destino ao Paraguai. Se, durante o trajeto de caminhão, dentro do território brasileiro, as mercadorias sofrerem um acidente e forem destruídas, parece razoável que não caberá ao Brasil tributá-las.

Por fim, vale lembrar que, no caso de **remessas postais internacionais**, quando houver a destruição, a devolução ou a redestinação para o exterior, o lançamento que exigia o crédito tributário deverá ser cancelado, visto que os bens não mais integrarão a economia nacional.

16.5. FATO GERADOR DO IMPOSTO DE IMPORTAÇÃO

Observamos que, nos termos da Constituição, coube ao Código Tributário Nacional exercer as funções típicas de **lei complementar** em matéria tributária, especialmente acerca da definição do fato gerador para os impostos[18].

Nesse sentido, podemos dizer que o CTN cravou as diretrizes para que o **legislador ordinário** (União) pudesse, de fato, instituir o imposto de importação (costuma-se dizer que o CTN veicula, nessa hipótese, *regras de estrutura*, ou seja, "leis sobre como fazer leis").

Vejamos a redação do artigo 19 do Código Tributário Nacional:

> Art. 19. O imposto, de competência da União, sobre a importação de produtos estrangeiros tem como fato gerador a entrada destes no território nacional.

A **efetiva instituição** do imposto de importação se deu por meio do Decreto-lei n. 37/66 (com a redação do Decreto-lei n. 2.472/88), que ensejou o comando previsto no artigo 72 do Regulamento Aduaneiro:

> Art. 72. O fato gerador do imposto de importação é a **entrada de mercadoria** estrangeira no território aduaneiro.

O leitor atento, a esta altura, já percebeu que o CTN utiliza a expressão "território nacional", enquanto o Regulamento Aduaneiro, ao reproduzir o texto dos Decretos-lei que lhe servem de fundamento, emprega o termo "território aduaneiro".

Já destacamos, no capítulo anterior, a diferença entre os dois conceitos, de tal sorte que, para facilitar o entendimento sobre o fato gerador, vamos, neste passo, considerá-los *equivalentes*.

> **Observação:** Não se esqueça de que o território nacional é um conceito geográfico e político, enquanto o território aduaneiro revela um conjunto de normas coeso e uniforme, para fins de controle sobre a entrada e saída de veículos, bens e pessoas.

> **Importante:** É por isso que, para simplificar o entendimento, o Regulamento Aduaneiro, no artigo 2.º, afirma que *o território aduaneiro compreende todo o território nacional*.

---

[18] CF, artigo 146: "Cabe à lei complementar: (...) III — estabelecer normas gerais em matéria de legislação tributária, especialmente sobre: *a)* definição de tributos e de suas espécies, bem como, em relação aos impostos discriminados nesta Constituição, a dos respectivos fatos geradores, bases de cálculo e contribuintes".

Portanto, para conhecermos em detalhes o **fato gerador** do imposto de importação, convém ressaltar todos os aspectos relativos à sua ocorrência.

Para você, amigo leitor, que deve ser um estudioso do direito tributário, não deve ser novidade o fato de se dividir a análise da incidência em razão de três critérios: **material**, **espacial** e **temporal** (aquilo que se conhece como *regra-matriz de incidência*).

Na verdade, muitos ainda indagam sobre a real importância de se estratificar uma figura tributária a partir da análise do fenômeno da incidência, observando-o sob a ótica da estrutura lógica das normas jurídicas.

Seria este apenas um **exercício acadêmico**, de limitado alcance e pouco valor prático?

Por óbvio que não.

E, para que não pairem quaisquer dúvidas a respeito do papel fundamental que o estudo da incidência representa para os tributos aduaneiros, podemos afirmar, de modo enfático, que, se em algumas figuras tributárias a identificação da regra-matriz de incidência pode parecer ao iniciante um mero **processo de construção**, *de adaptação do fenômeno tributário à teoria*, no caso do imposto de importação o sentimento é absolutamente diverso.

Qualquer estudioso que pretenda dissecar o imposto de importação perceberá, em pouco tempo, que não apenas a regra-matriz de incidência é o caminho natural a ser trilhado, como, muito provavelmente, é o **único instrumento** capaz de desvendar as suas nuances.

Essa opção do legislador, de adotar comandos normativos que, em sua estrutura, seguem quase que didaticamente os preceitos esposados pela moderna **teoria da incidência**, só vem demonstrar sua robustez e coerência, especialmente no caso de figuras tributárias mais complexas, nas quais a identificação dos critérios material, espacial e temporal podem ensejar dificuldades, como as que iremos analisar.

Lembre-se de que os **três critérios** basicamente respondem a três perguntas:

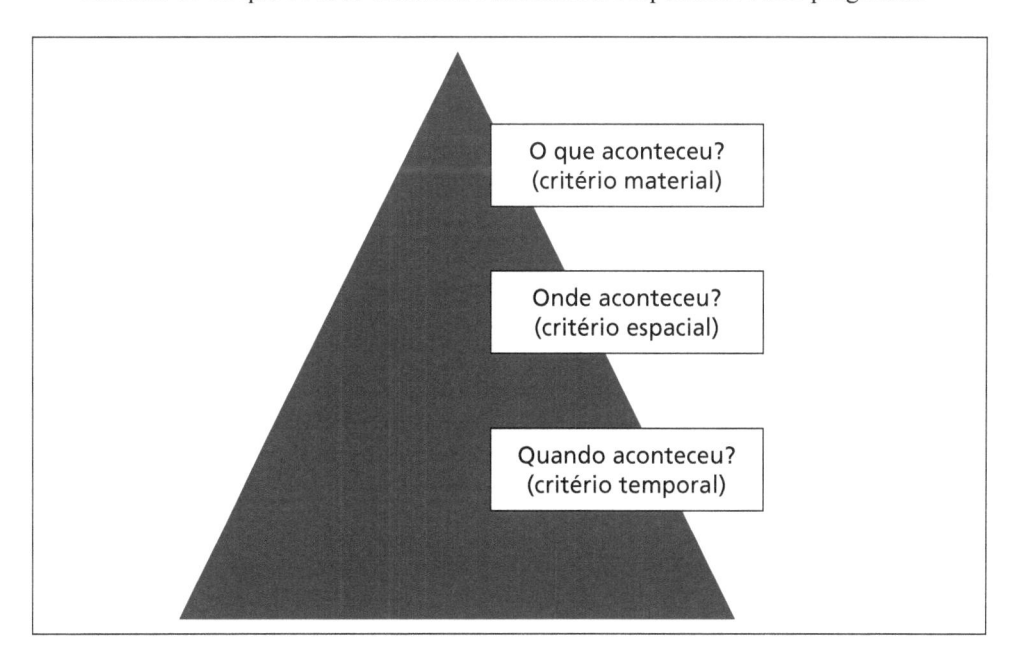

O que aconteceu?
(critério material)

Onde aconteceu?
(critério espacial)

Quando aconteceu?
(critério temporal)

De forma simples, a **resposta positiva** às três perguntas, nos termos da legislação, nos garante que houve o fato gerador da obrigação!

Vamos, então, verificar todos os critérios de incidência do imposto de importação e relacioná-los com os artigos do Regulamento Aduaneiro.

16.5.1. O critério material

O núcleo do critério material do imposto de importação manifesta-se pelo verbo **importar**. Segundo a linha de raciocínio que adotamos, podemos afirmar que *importar é a conduta que tem por objetivo fazer ingressar, no território aduaneiro, bens de procedência estrangeira, com impacto econômico.*

Ressaltamos que a nossa definição é mais ampla do que a normalmente esposada pela doutrina, pois buscamos abarcar todo e qualquer produto **exógeno** à economia nacional, e não apenas aqueles *fabricados ou montados no exterior*, uma vez que produtos brasileiros podem sofrer a incidência tributária do imposto de importação, como vimos.

É o caso, por exemplo, de produtos que tenham sido fabricados no Brasil e exportados, em caráter definitivo, para o exterior.

Nada impede que, devido a um **fato superveniente**, desvinculado e posterior à exportação, o produto originalmente feito no país volte a ingressar no território aduaneiro, fruto de outra operação de natureza econômica e, por isso mesmo, devam sobre ele recair todos os tributos aduaneiros de importação.

Ressalte-se que a expressão **impacto econômico** não afasta do conceito por nós apresentado as importações a título gratuito (como no caso de doações ou amostras sem valor comercial, por exemplo) ou, ainda, os casos de imunidade ou isenção, nos quais ocorrem fenômenos de natureza tributária que não preenchem todo o feixe de normas aduaneiras que a definição busca alcançar.

Por impacto econômico queremos enquadrar todos os bens que terão **circulação econômica** no território aduaneiro, de modo a satisfazer as necessidades de seus usuários, em substituição ou complemento a outros bens, de produção nacional, independentemente de sua apreciação para fins tributários.

Dessa forma, podemos, em síntese, afirmar que o imposto de importação incide sobre mercadorias estrangeiras, assim entendidas as produzidas no exterior e também as *nacionais* ou *nacionalizadas*[19], anteriormente exportadas **a título definitivo**, quando de seu retorno ao país.

---

[19] Como vimos, nacional é a mercadoria produzida no Brasil, enquanto nacionalizada é a mercadoria originalmente produzida no exterior e à qual foram agregados os valores de todos os tributos devidos na importação, possibilitando sua integração e circulação pela economia doméstica. Tanto uma como outra, quando exportadas a título definitivo, sofrerão a incidência tributária no caso de eventual importação, pois, como vimos, há uma tendência de desoneração quase total das exportações, o que faria com que a não tributação no retorno ao país implicasse uma desigualdade em relação aos produtos que tivessem curso no mercado interno.

16.5.2. O critério espacial

O critério espacial se caracteriza por representar o **alcance geográfico** da incidência e, normalmente, está relacionado à noção de competência.

Desse modo, restará concretizado o **critério espacial** da hipótese de incidência do imposto de importação toda vez que uma mercadoria de procedência estrangeira adentrar no território brasileiro, terminologia que, de acordo com as premissas já adotadas, pode ser substituída, em prol do rigor técnico, pela expressão *território aduaneiro*, este, sim, conceito jurídico capaz de preencher os requisitos necessários à compreensão do fenômeno tributário.

Cumpre-nos, pois, indagar a respeito de quais seriam **os limites** desse território.

Sabemos que, no caso brasileiro, o território é composto da **porção terrestre**, do **mar territorial** de 12 milhas marítimas, medidas a partir da linha de baixa-mar do litoral continental e insular, do **espaço aéreo** e do **subsolo** correspondentes aos limites da soma entre as extensões terrestres e marinhas.

O preenchimento do **critério espacial** da hipótese de incidência do imposto de importação dar-se-á quando a mercadoria estrangeira efetivamente **ingressar** no território aduaneiro brasileiro, compreendido este a partir dos seus elementos delimitadores, que passaremos a comentar.

16.5.2.1. Porção terrestre

Dos elementos que demarcam o conceito de território aduaneiro, a identificação dos limites e do alcance geográfico da porção terrestre, caracterizada pela **extensão do solo** sob soberania pátria, é a que apresenta menores dificuldades.

Todavia, uma simples observação da conformação geográfica do nosso território será suficiente para que o leitor perceba o óbvio: embora tenhamos uma extensa fronteira terrestre, a maioria dos ingressos no território aduaneiro se dá por **via marítima** ou **aérea** e, nesses casos, os critérios jurídicos que os condicionam merecem maiores reflexões.

16.5.2.2. O mar territorial

Significativa é a confusão sobre a real extensão do chamado mar territorial brasileiro.

Muitas pessoas[20], seja por uma espécie de "consenso popular", seja por influência da doutrina menos atenta, costumam afirmar, categoricamente, que o mar territorial brasileiro se estende por *duzentas milhas marítimas*; além disso, desconsideram outros conceitos importantes para o direito aduaneiro e internacional, como os de *zona contígua*, *plataforma continental* e *zona econômica exclusiva*.

---

[20] Tomamos como base para essa afirmação a experiência decorrente de mais de vinte anos de magistério sobre o tema, na graduação e pós-graduação, durante os quais percebemos que a imensa maioria dos alunos, quando indagados, assim se manifesta.

No intuito de dirimir possíveis dúvidas[21], relevantes para a compreensão do fenômeno tributário de incidência do imposto de importação, iniciaremos nossa análise com o **conceito** de mar territorial, à luz das disposições internacionais — notadamente a *Convenção das Nações Unidas sobre o Direito do Mar*, celebrada em dezembro de 1982, da qual o Brasil é signatário –, bem assim do direito positivo pátrio, que tem na Lei n. 8.617/93 os principais comandos normativos sobre o tema.

O **mar territorial** brasileiro compreende uma faixa de doze milhas marítimas[22] de largura, medidas a partir da linha de base do litoral continental e insular. Sobre ela tem o Brasil soberania, incluindo-se a *massa líquida, o espaço aéreo subjacente, o leito e o subsolo do oceano.*

Uma **segunda faixa de mar**, de menor importância para o direito internacional[23], mas que, sob o aspecto aduaneiro, possui aspectos relevantes, sobretudo ante a necessidade de controle preemptivo das operações de comércio exterior, é a chamada **zona contígua**, que se estende por outras doze milhas marítimas, a partir da borda formada pelas linhas de base do mar territorial.

Na zona contígua o Brasil poderá adotar **medidas de controle** que visem à proteção das normas aduaneiras, fiscais, de imigração ou sanitárias, no intuito de evitar que possíveis infrações dessa natureza alcancem os nossos limites territoriais.

Conquanto a faixa representada pela zona contígua não componha o território brasileiro, tem o país, em relação à sua extensão, **direitos fiscalizatórios**[24], que podem ser exercidos por órgãos administrativos da União, notadamente aqueles relacionados ao controle de fronteiras, como a Polícia Federal e a Receita Federal do Brasil.

Uma **última faixa** juridicamente estabelecida, que se estende das doze milhas marítimas que encerram o mar territorial brasileiro até o limite de duzentas milhas marítimas — e, que, desse modo, se sobrepõe, nas primeiras doze milhas, à zona contígua –, é a **zona econômica exclusiva**, em relação à qual o Brasil possui direitos de exploração e extrativismo, particularmente em relação aos recursos animais e minerais que, pela sua relevância econômica, constituem-se em enorme fonte de riqueza, ainda pouco explorada.

---

[21] As dúvidas são em parte justificáveis, pois o Decreto-lei n. 1.098/70, expressamente revogado pela Lei n. 8.617/93, realmente estabelecia que o mar territorial brasileiro fosse de duzentas milhas marítimas, fruto de um movimento nacionalista que repercutiu em vários países da América do Sul.

[22] Uma milha marítima corresponde a 1.852 metros; portanto, o mar territorial brasileiro se estende por pouco mais de vinte e dois quilômetros.

[23] Francisco Rezek, uma das maiores autoridades brasileiras em Direito Internacional, corrobora tal assertiva, ao afirmar: "A noção de zona contígua não prima pela consistência. Cuida-se de uma segunda faixa, adjacente ao mar territorial, e, em princípio, de igual largura, onde o Estado costuma tomar medidas de fiscalização em defesa de seu território e de suas águas, no que concerne à alfândega, à imigração, à saúde, e ainda à disciplina regulamentar dos portos e do trânsito pelas águas territoriais" (*Direito internacional público*. Curso elementar. 11. ed. São Paulo: Saraiva, 2008, p. 311).

[24] Artigo 5.º, I, da Lei n. 8.617/93.

Vale lembrar que os recursos petrolíferos da **camada do pré-sal** estão localizados na zona econômica exclusiva, o que significa que não pertencem ao território brasileiro, mas são explorados pelo país em razão de direitos outorgados em sede internacional.

Cabe também ao governo brasileiro regulamentar, na zona de exploração exclusiva, o exercício de atividades de **pesquisa científica**, **proteção** e **preservação ambiental**, bem assim autorizar, no interesse nacional, a construção de quaisquer instalações, estruturas ou ilhas artificiais.

No mesmo sentido, somente mediante consentimento brasileiro poderão as atividades acima, além daquelas típicas das forças armadas, como manobras, testes e exercícios militares, ser praticadas por outros Estados.

Por derradeiro, a *Convenção das Nações Unidas sobre o Direito do Mar* estabelece, em seu artigo 76, critérios para a fixação dos limites da **plataforma continental**, que compreende o leito e o subsolo das áreas submarinas que se estendem além do mar territorial, como prolongamento natural do território terrestre, até o bordo exterior da margem continental, ou até uma distância de duzentas milhas marítimas das linhas de base[25].

Sabe quando se vê na televisão e nos jornais notícias sobre o petróleo da chamada camada do pré-sal? Esses recursos ficam na Zona Econômica Exclusiva e, portanto, fora do território brasileiro, de forma que, quando são trazidos para refino no Brasil, são considerados importados! Igual raciocínio se aplica à pesca, pois o pescador *não sabe* se capturou seus peixinhos dentro ou fora do território aduaneiro, de modo que eles também podem ser "importados".

Assim, o Regulamento Aduaneiro informa que **não constitui** *fato gerador do imposto a entrada no território aduaneiro: I — do pescado capturado fora das águas territoriais do País, por empresa localizada no seu território, desde que satisfeitas as exigências que regulam a atividade pesqueira* (artigo 74, I).

16.5.2.3. *Espaço aéreo*

Embora exista grande discussão teórica acerca do conceito de **espaço aéreo,** dentro do que nos interessa para a legislação aduaneira, o importante é constatarmos que são **dois temas distintos**: o tratamento jurídico dispensado ao espaço *imediatamente acima* do solo, submetido, por certo, ao primado da **soberania** estatal, e os problemas relativos à regulamentação jurídica do **espaço exterior**, por definição a camada que se encontra acima da atmosfera terrestre, virtualmente infinita e, por decorrência lógica, impossível de ser apropriada.

Ao estudo do fenômeno da incidência aduaneira interessa-nos, pois, a área imediatamente **acima do solo**, que pode ser objeto de controle e fiscalização pelos Estados, como prerrogativa inerente ao direito de soberania.

O espaço aéreo compreende a área imediatamente acima do solo (e do mar territorial), pela qual trafegam as aeronaves, e o Brasil exerce controle aduaneiro. Já o espaço exterior é

---

[25] Artigo 11 da Lei n. 8.617/93.

extra-atmosférico e não interessa à nossa matéria (é a área em que se localizam, por exemplo, os satélites, que estão fora da jurisdição de qualquer país).

16.5.3. Critério temporal

Uma **operação de importação** se inicia com o contato entre o importador brasileiro e seu possível fornecedor no exterior.

De modo idêntico a um negócio local, comprador e vendedor iniciarão negociações em relação às mercadorias que serão transacionadas, e, nesta primeira fase, o principal objetivo de ambos é acertar as **condições financeiras** e **técnicas** do provável negócio, mediante a especificação dos produtos, quantidades, preços, prazos de entrega, adaptação a eventuais particularidades exigidas pela legislação do país do adquirente, responsabilidade pelos procedimentos logísticos[26] e, finalmente, condições de crédito e pagamento.

Diversamente de uma transação no mercado doméstico, na qual ambos os empresários se encontram sob o **regime jurídico** instaurado pela Constituição brasileira — e, portanto, serão a lei e o poder judiciário pátrios, que, em última instância, resolverão acerca de possíveis conflitos ou divergências oriundos do negócio –, no caso de importações do exterior a **interferência estatal** é obrigatória, o que exige dos interessados o preenchimento de uma série de requisitos, de ordem administrativa, tributária e aduaneira.

Todas as condições e obrigações recíprocas do negócio firmado entre exportador e importador serão consignadas no respectivo **contrato de compra e venda internacional**, instrumento hábil para representar a vontade das partes, mas de limitado uso sob a ótica aduaneira-tributária, pelos motivos a seguir apresentados.

Embora a legislação determine que o fato gerador do tributo é a **entrada** da mercadoria estrangeira no território brasileiro (critério espacial), o artigo 73 do Regulamento Aduaneiro reputa ocorrido o fato gerador, para efeito de cálculo do imposto, em diversos momentos (critério temporal), a saber:

> Art. 73. Para efeito de cálculo do imposto, considera-se ocorrido o fato gerador:
> I – na data do registro da declaração de importação de mercadoria submetida a despacho para consumo;
> II – no dia do lançamento do correspondente crédito tributário, quando se tratar de:
> *a)* bens contidos em remessa postal internacional não sujeitos ao regime de importação comum;
> *b)* bens compreendidos no conceito de bagagem, acompanhada ou desacompanhada;
> *c)* mercadoria constante de manifesto ou de outras declarações de efeito equivalente, cujo extravio tenha sido verificado pela autoridade aduaneira; ou
> *d)* mercadoria estrangeira que não haja sido objeto de declaração de importação, na hipótese em que tenha sido consumida ou revendida, ou não seja localizada;
> III – na data do vencimento do prazo de permanência da mercadoria em recinto alfan-

---

[26] Esse tema, de suma importância para a questão da responsabilidade tributária da operação e também para a definição da base de cálculo do imposto de importação, está relacionado aos INCOTERMS, que estudamos no Capítulo 12.

> degado, se iniciado o respectivo despacho aduaneiro antes de aplicada a pena de per-
> dimento da mercadoria, na hipótese a que se refere o inciso XXI do art. 689;
> IV – na data do registro da declaração de admissão temporária para utilização econô-
> mica.
> Parágrafo único. O disposto no inciso I aplica-se, inclusive, no caso de despacho para
> consumo de mercadoria sob regime suspensivo de tributação, e de mercadoria contida
> em remessa postal internacional ou conduzida por viajante, sujeita ao regime de im-
> portação comum.

> **Pergunta**: Por que a legislação "separa" os dois momentos?
> **Resposta**: Porque, na prática, seria impossível determinar o exato instante em que a merca-
> doria ingressou no território aduaneiro brasileiro, a bordo de aeronaves ou embarcações.

Quis o legislador **postergar** a ocorrência do critério temporal do imposto de importação para momento *juridicamente determinado*, que conferisse maior segurança quanto à efetiva possibilidade de incidência, nos termos do que dispôs o Regulamento
Aduaneiro.

De se notar que todas as hipóteses do artigo 73 acima reproduzido representam
"momentos jurídicos", de **fácil comprovação** (porque garantidos por documentos), para
que não surjam litígios ou controvérsias entre o Fisco e o contribuinte acerca do exato
instante em que o fato se concretizou.

Isso é importante porque no momento da ocorrência do fato gerador surgirão as
informações necessárias para a determinação do montante do tributo devido, tais como
a **alíquota em vigor** e a **taxa de câmbio** (já que o valor das mercadorias importadas
provavelmente estará em moeda estrangeira).

Como se sabe, o artigo 144 do CTN estabelece que *o lançamento reporta-se à data
da ocorrência do fato gerador da obrigação e rege-se pela lei então vigente*, o que importa admitir, para fins de incidência da regra geral do imposto de importação, a **data
do registro da DI** no SISCOMEX.

Pouco interessa se houve **alteração** nas alíquotas ou no câmbio, desde a realização da
compra das mercadorias no exterior: o STF já decidiu ser irrelevante qualquer outro momento ou condição anterior, diferente da data do registro da declaração de importação.

> Para calcularmos o II, a regra geral considera ocorrido o fato gerador quando as mercadorias
> são despachadas para consumo (importadas a título definitivo, por pessoa jurídica), o que é
> chamado de **regime comum** de importação.

O despacho aduaneiro de importação se inicia com o **registro** da Declaração de
Importação (DI) no **SISCOMEX**, que é um sistema integrado de controle das operações de comércio exterior, que a administração aduaneira brasileira desenvolveu, com
pioneirismo, tanto para as exportações como para as importações.

A fim de efetuar o registro, deve o importador preencher, nos campos apropriados
do SISCOMEX, todas as informações pertinentes à mercadoria, especialmente no que
tange à definição da **base de cálculo** dos tributos incidentes na importação, a partir de
sua classificação fiscal.

> **Importante:** O lançamento do imposto de importação, com o registro da respectiva DI, é **por homologação** (e não por declaração, como querem alguns autores). Sabemos que todos os lançamentos por homologação partem de uma declaração do contribuinte, como acontece no caso do II.

Além disso, para que a declaração de importação possa ser registrada, é necessário o **pagamento dos valores** referentes ao Imposto de Importação, ao PIS vinculado às importações, à COFINS vinculada às importações e ao IPI vinculado às importações.

> **Cuidado:** Há situações em que não existe Declaração de Importação (DI), razão pela qual a legislação determina que o fato gerador ocorrerá na data do lançamento de ofício, a ser realizado por Auditor-Fiscal da Receita Federal do Brasil.

As hipóteses do inciso II do artigo 73 indicam que o Auditor-Fiscal realizará o **lançamento tributário** do imposto de importação quando não foi registrada a DI pelo importador.

Vejamos cada uma delas.

16.5.3.1. *Bens contidos em remessa postal internacional*

O regime se aplica aos bens trazidos pelos Correios, companhias aéreas ou empresas de *courier* (como as hoje famosas **compras pela internet**).

Nesse caso, desde que atendidos os limites previstos em lei, não haverá declaração de importação, porque os bens se destinam a uso pessoal e são tratados pelo **regime de tributação simplificada**.

Assim, quando chegarem ao Brasil, as importações via correio e semelhantes serão analisadas pela Receita Federal do Brasil e, se houver bens tributáveis, será realizado o respectivo **lançamento de ofício**, cuja data será o critério temporal do fato jurídico do II.

16.5.3.2. *Bens compreendidos no conceito de bagagem*

Quando, por exemplo, um passageiro chega do exterior, portando a sua bagagem, e se apresenta à Receita Federal do Brasil para o controle aduaneiro, se houver bens tributáveis, caberá ao fiscal de plantão efetuar o lançamento de ofício e calcular o valor do imposto de importação devido. Nesse caso, será aplicado o regime de tributação especial previsto para a bagagem de viajantes, que analisaremos mais adiante.

16.5.3.3. *Mercadoria constante de manifesto ou de outras declarações de efeito equivalente, cujo extravio tenha sido apurado pela autoridade aduaneira*

Neste caso, ocorre o seguinte: se a mercadoria consta do manifesto, significa que ela veio ao país, embora possa ter sido extraviada posteriormente.

Para o direito aduaneiro isso pouco importa, pois será instaurado um procedimento administrativo para a **verificação da responsabilidade**, e o montante dos tributos devidos será apurado mediante lançamento de ofício, pois se presume que a mercadoria tenha realmente entrado no Brasil.

Obviamente, não haverá DI, mas o critério temporal do fato jurídico ocorrerá quando do **lançamento de ofício** pela autoridade fiscal (mediante auto de infração).

16.5.3.4. *Mercadoria estrangeira que não haja sido objeto de declaração de importação, na hipótese em que tenha sido consumida ou revendida, ou não seja localizada*

Aqui cuidamos da hipótese em que a mercadoria tenha entrado no Brasil de forma irregular, sem o registro da respectiva declaração de importação.

Isso significa dizer que a mercadoria "escapou" ao controle aduaneiro; quando tal circunstância é percebida pela autoridade fiscal, lavra-se o correspondente **auto de infração** para a exigência do tributo, que também será considerado como critério temporal do fato jurídico do imposto de importação.

> **Atenção:** Quando a mercadoria irregular é **localizada e apreendida**, cabe à Receita Federal do Brasil aplicar a pena de perdimento e, nesse caso, não haverá a incidência do imposto de importação.

16.5.3.5. *Data do vencimento do prazo de permanência da mercadoria em recinto alfandegado, se iniciado o respectivo despacho aduaneiro antes de aplicada a pena de perdimento da mercadoria, na hipótese a que se refere o inciso XXI do artigo 689 do Regulamento Aduaneiro*

Este caso, que parece complicado (mas não é), diz respeito ao **abandono da mercadoria**.

Para que possamos entender: quando o importador recebe a notícia de que as suas mercadorias chegaram ao porto ou aeroporto alfandegado, ele deve promover o registro da DI no SISCOMEX, certo?

Mas, e se isso não ocorrer?

O Regulamento Aduaneiro estabelece **prazos máximos** para o início do despacho aduaneiro (que começa, como sabemos, com o registro da DI, providência a cargo do importador). Se os prazos "estourarem", as mercadorias armazenadas nos recintos alfandegados, sob controle aduaneiro, serão passíveis de **pena de perdimento**, por abandono.

Trata-se de **ficção jurídica**, na qual se imagina que o importador não tenha mais interesse nas mercadorias, de modo que o fisco irá expropriá-las, como forma de compensação ao não pagamento dos tributos incidentes.

Os prazos e condições das diversas hipóteses estão previstos no artigo 642 do Regulamento Aduaneiro, a seguir reproduzido:

> Art. 642. Considera-se abandonada a mercadoria que permanecer em recinto alfandegado sem que o seu despacho de importação seja iniciado no decurso dos seguintes prazos:
> I – **noventa dias**:
> *a)* da sua descarga; e

b) do recebimento do aviso de chegada da remessa postal internacional sujeita ao regime de importação comum;

II – **quarenta e cinco dias**:

a) após esgotar-se o prazo de sua permanência em regime de entreposto aduaneiro;

b) após esgotar-se o prazo de sua permanência em recinto alfandegado de zona secundária; e

c) da sua chegada ao País, trazida do exterior como bagagem, acompanhada ou desacompanhada; e

III – **sessenta dias** da notificação a que se refere o art. 640.

§ 1.º Considera-se também abandonada a mercadoria que permaneça em recinto alfandegado, e cujo despacho de importação:

I – não seja iniciado ou retomado no prazo de **trinta dias** da ciência:

a) da relevação da pena de perdimento aplicada; ou

b) do reconhecimento do direito de iniciar ou de retomar o despacho; ou

II – tenha seu curso interrompido durante **sessenta dias**, por ação ou por omissão do importador.

§ 2.º O prazo a que se refere a alínea "b" do inciso II do *caput* é de **setenta e cinco dias**, contados da data de entrada da mercadoria no recinto.

§ 3.º Na hipótese em que a mercadoria a que se refere a alínea "c" do inciso II do *caput* que não se enquadre no conceito de bagagem, aplicam-se os prazos referidos na alínea "a" do inciso I do *caput* ou na alínea "b" do inciso II do *caput*, conforme o caso.

§ 4.º No caso de bagagem de viajante saindo da Zona Franca de Manaus para qualquer outro ponto do território aduaneiro, o prazo estabelecido na alínea "c" do inciso II do *caput* será contado da data de embarque do viajante.

Constatadas as situações acima, as respectivas datas de **vencimento** do prazo são consideradas como fatos jurídicos (critérios temporais) do imposto de importação.

A legislação permite, entretanto, que o importador, **antes de aplicada a pena de perdimento**, possa iniciar o respectivo despacho de importação, mediante o cumprimento das formalidades exigíveis e o pagamento dos tributos incidentes na importação, acrescidos de juros e de multa de mora, além das despesas decorrentes da permanência da mercadoria em recinto alfandegado.

16.5.3.6. *Data do registro da declaração de admissão temporária para utilização econômica*

Aqui temos um caso bastante peculiar, de regime aduaneiro especial que permite o **pagamento parcial** dos tributos incidentes na importação, conhecido como *admissão temporária para utilização econômica*.

Estudaremos os regimes aduaneiros especiais no Capítulo 18, mas, por enquanto, considere que a hipótese é bastante semelhante a uma importação comum, mas que os tributos serão pagos proporcionalmente ao **tempo de permanência** (e utilização) dos bens no país.

16.6. SUJEITOS ATIVO E PASSIVO

Neste ponto, compete-nos verificar quais são os **sujeitos** da relação jurídica instaurada a partir da ocorrência do fato gerador do imposto de importação.

O **sujeito ativo** da obrigação é a União[27], conforme competência constitucionalmente estabelecida, enquanto o **sujeito passivo** será[28]:

■ o **importador**, ou seja, qualquer pessoa que promova a entrada de mercadoria de procedência estrangeira no território aduaneiro;
■ o **destinatário** de remessa postal internacional indicado pelo respectivo remetente;
■ o **adquirente** de mercadoria entrepostada.

O artigo 121 do CTN estabelece que o **sujeito passivo** da obrigação principal é a pessoa obrigada ao pagamento de tributo ou penalidade pecuniária, que pode ser:

> I – contribuinte, quando tenha relação pessoal e direta com a situação que constitua o respectivo fato gerador;
> II – responsável, quando, sem revestir a condição de contribuinte, sua obrigação decorra de disposição expressa de lei.

Analisemos, um a um, os possíveis sujeitos passivos do imposto de importação, começando pelos **contribuintes**.

Sujeito passivo da obrigação tributária será o **importador**, considerado este como a pessoa, física ou jurídica, que realizar o **núcleo material** da hipótese de incidência, qual seja, o de introduzir no território aduaneiro brasileiro mercadorias estrangeiras, com impacto econômico.

Convém destacar que o chamado *regime comum de importação* é exclusivo das pessoas **jurídicas**, pois às pessoas **físicas** são reservadas as opções decorrentes do regime de importação de bens no conceito de bagagem, acompanhada ou desacompanhada, e, ainda, o regime de tributação simplificada, consistente nas importações pela via postal, tanto a tradicional como a operacionalizada por meio de empresas de remessas expressas internacionais.

Importador, pois, é o sujeito apto a **realizar operações** de ingresso de mercadorias no território aduaneiro, o que significa ter cumprido, previamente, as exigências administrativas e aduaneiras necessárias para a sua eficaz identificação, além da análise sobre a sua capacidade econômica.

Assim, para que possa adquirir mercadorias no exterior, o importador interessado deverá obedecer, **cumulativamente**, aos seguintes requisitos:

■ inscrição no **Registro de Importadores e Exportadores**, que permite acesso direto ao SISCOMEX;
■ inscrição, pelo responsável legal da pessoa jurídica, no **Sistema RADAR** da Receita Federal do Brasil, que tem por objetivo controlar as atividades relacionadas ao despacho aduaneiro, a fim de se evitar a interposição fraudulenta de terceiros[29];

---

[27] Artigo 153, I, da Constituição de 1988.
[28] Artigo 104 do Regulamento Aduaneiro, a partir da redação do artigo 31 do Decreto-Lei n. 37/66, com a alteração introduzida pelo artigo 1.º do Decreto-lei n. 2.472/88.
[29] Lei n. 9.430/96, artigo 81, § 4.º, com a redação dada pela Lei n. 10.637/2002, artigo 60.

■ **outorga de poderes** no próprio Sistema, para que outras pessoas físicas, que não o responsável legal da empresa, possam efetuar operações de comércio exterior (normalmente despachantes aduaneiros, empregados, prepostos ou representantes);

■ obtenção da **licença de importação**, no caso de licenciamento não automático;

■ fechamento da **operação de câmbio** (se a operação for efetuada com cobertura cambial) com um banco autorizado, por intermédio de contrato específico.

Vencidas as etapas **cadastral** e **analítica**, poderá o importador celebrar contratos internacionais de compra e venda com agentes no exterior e providenciar o envio das mercadorias avençadas para o Brasil.

Para as pessoas físicas, **não há necessidade** de providências prévias, à **exceção** dos casos em que pretenda o importador introduzir no território aduaneiro bens sujeitos a controle específico, como medicamentos para uso próprio ou, ainda, acima de certos valores fixados pela legislação.

A partir dessas providências, poderá o importador solicitar o embarque da mercadoria no exterior. Depois de receber a informação sobre a sua chegada ao Brasil, poderá, a seu critério, registrar a **declaração de importação (DI)** no SISCOMEX.

> **Observação:** Importador é quem promove a entrada de mercadoria estrangeira no território aduaneiro, tanto pessoa física como jurídica. A única diferença reside no tratamento tributário dispensado em cada caso (os chamados regimes).

Vejamos, agora, a questão do **destinatário** de remessa postal internacional, segunda hipótese de contribuinte trazida pelo Regulamento Aduaneiro.

Pensamos que a descrição normativa **contraria** um preceito clássico do direito tributário[30], pois atribui o *status* de contribuinte a sujeito **absolutamente desvinculado** do fato jurídico deflagrador da obrigação.

Com efeito, acreditamos ser um dos **dois únicos** casos em que isso ocorre, pelo menos em relação aos impostos previstos na Carta Política.

Em primeiro lugar, devemos asseverar que a incidência tributária deve ocorrer em relação a **condutas realizadas** pelo sujeito passivo, no mundo real; condutas que, após observação jurídica, foram escolhidas pelo titular da competência constitucional como hipóteses sujeitas à tributação.

O termo conduta, por definição, encerra a ideia de **ação**, de prática positiva pelo destinatário da norma que, ao decidir atuar em certo sentido, submete-se à vontade estatal, expressa por meio do inescapável princípio da legalidade.

---

[30] O epítome de tal preceito encontra abrigo na redação do artigo 121 do Código Tributário Nacional, que estabelece: "Sujeito passivo da obrigação principal é a pessoa obrigada ao pagamento de tributo ou penalidade pecuniária. Parágrafo único. O sujeito passivo da obrigação principal diz-se: I — **contribuinte, quando tenha relação pessoal e direta** com a situação que constitua o respectivo fato gerador; II — responsável, quando, sem revestir a condição de contribuinte, sua obrigação decorra de disposição expressa de lei".

Ora, causa-nos espécie, portanto, que o legislador tenha decidido trazer para o polo passivo da obrigação sob comento qualquer pessoa que, **independentemente** de sua vontade ou ação, seja mero destinatário de remessa de bens oriundos do exterior.

Trata-se, por suposto, de raríssimo caso em que um contribuinte pode ser tributado sem a necessidade de **qualquer intervenção** (ato ou conduta) de sua parte, ainda mesmo nos casos de total desconhecimento em relação às circunstâncias que cercaram o fato jurídico.

Explicamos.

Não se pode afirmar que o simples fato de alguém constar como destinatário de remessa internacional seja suficiente, **em qualquer caso**, para introduzi-lo no polo passivo da relação tributária. Exageramos nos advérbios para frisarmos que isso *pode ser admissível*, desde que presentes certos requisitos.

Há casos em que o destinatário **adquire** (realiza, portanto, o núcleo material da hipótese de incidência) no exterior determinado produto e solicita sua entrega no Brasil mediante correio ou remessa expressa (como no exemplo de compras pela internet).

Claro está tratar-se de ato positivo, representado pela **vontade de introduzir** — e, por consequência, de se submeter ao ordenamento pertinente — no país produto de procedência estrangeira, em perfeita consonância com a hipótese legal.

Muito diferente, todavia, é a situação de alguém que, ao ser escolhido, **independentemente** de sua vontade, como destinatário de bens do exterior, deva sofrer a imposição estatal.

Não estamos a olvidar que o bem objeto da encomenda terá, invariavelmente, repercussão econômica e que, pelo primado da igualdade, entre outros, deverá ser tributado. Até o presente momento indagamos apenas se é razoável, à luz do Código Tributário Nacional, afirmar que o destinatário possui **relação pessoal e direta** com o fato gerador.

Não temos dúvida de que a relação do destinatário com o bem objeto da remessa seja **pessoal**, conquanto somente aquela pessoa designada na operação possa invocar o direito de propriedade.

Porém, não nos parece que o critério **relação direta**, previsto no CTN, se faz presente nos casos em que a remessa se deu sem a aquiescência do destinatário. Parece-nos que a referida locução, para se aperfeiçoar, está a exigir algum tipo de participação — ou, ao menos, manifestação de vontade.

Mal comparando, dizer que o destinatário de bens de procedência estrangeira deve **sempre** assumir o ônus tributário, independentemente de sua vontade, seria o mesmo que afirmar que o destinatário de remessa que contenha substância entorpecente **será sempre** punível na esfera criminal.

De se observar que podem surgir situações intermediárias, nas quais afirmações desse calibre possam soar precipitadas, fato, inclusive, reconhecido pelo legislador[31].

---

[31] Regulamento Aduaneiro, artigo 685: "A circunstância de uma pessoa constar como destinatária de remessa postal internacional, com infração às normas estabelecidas neste Decreto, **não configura, por si só**, o concurso para a sua prática ou o intuito de beneficiar-se dela". Ora, se o próprio legislador reconhece a desvinculação entre conduta e consequência, parece-nos claro que a tese por nós

A despeito das linhas acima, reconhecemos a dificuldade do legislador em identificar e diferençar tais ocorrências, mas protestamos ante a opção deste em fazer *tabula rasa* em relação a qualquer variante do fenômeno. Afinal, os percalços são inerentes à atividade legislativa, e o mérito do legislador repousa justamente na capacidade de aproximar as normas do direito positivo dos ideais estabelecidos em sede constitucional, sobretudo em relação aos magnos direitos e garantias fundamentais dos cidadãos.

Portanto, ainda que venha a ser rechaçada nossa argumentação, calcada até o momento na estrutura lógica que deve nortear a participação de um sujeito na relação tributária, cumprir-nos-ia ainda indagar se, sob a égide constitucional, pode a qualificação de **contribuinte** do imposto, imputada ao destinatário, nos termos definidos pela legislação aduaneira, prosperar.

Novamente entendemos que não.

Ainda que admitamos possível, *ad argumentandum*, a aplicação do disposto no artigo 104, II, do Regulamento Aduaneiro, sem qualquer exceção, padeceria o comando normativo de **inconstitucionalidade**, por desatendimento ao indispensável princípio da **capacidade contributiva**, mecanismo empregado nos sistemas jurídicos modernos como elemento calibrador da voracidade tributária estatal.

Decreta o referido princípio, insculpido na primeira parte do § 1.º do artigo 145 da Constituição: "Sempre que possível, os impostos terão caráter pessoal e serão graduados segundo a capacidade econômica do contribuinte (...)".

O princípio da capacidade contributiva deve, portanto, informar todos os impostos, à exceção daqueles que, como o IPI e o ICMS, por sua natureza e estrutura, **desconsideram** a capacidade do efetivo destinatário econômico, o que afasta, de plano, o requisito da pessoalidade apregoado pela Constituição.

Assim, revela-se juridicamente sustentável a **impossibilidade** de aplicação do princípio da capacidade contributiva aos supracitados impostos, visto não ser possível identificar, ao longo da cadeia econômica — adotada, nas suas diversas etapas, como referência para a incidência tributária –, se aquele que participa da circulação do bem possui ou não condições de arcar com o montante do imposto devido.

Resta, pois, a dúvida: aplicar-se-ia idêntico raciocínio ao imposto de importação, quando o contribuinte não participar **diretamente** do fato jurídico, como ocorre no caso que estamos a discutir?

A resposta surge com Roque Carrazza[32], que, ao meditar sobre o alcance do princípio da capacidade contributiva, assevera: "A nosso sentir, com exceção daqueles poucos impostos (como o ICMS e o IPI) cujas regras-matrizes constitucionais os incompatibilizam com a progressividade, **todos** os demais devem ser progressivos, para que possam ter caráter pessoal e ser graduados segundo a capacidade econômica dos contribuintes" (grifo no original).

Neste ponto, em que as palavras do ilustre tributarista nos remetem também ao **princípio da progressividade**, mecanismo constitucional realizador do princípio maior

---

defendida tem condições de prosperar, ainda que reconheçamos a diferença entre os planos tributário e penal.

[32] Roque Antonio Carrazza. *Curso de direito constitucional tributário*, p. 82.

da capacidade contributiva, convém lembrar que os bens contidos em remessa postal, em qualquer situação, estão sujeitos a **Regime de Tributação Simplificada (RTS)**, que atualmente estabelece uma alíquota fixa de 60% sobre o valor dos itens importados, acrescidos dos custos de frete e seguros. Donde se constata, de modo categórico, que o princípio da capacidade contributiva **não foi considerado** na hipótese, circunstância reveladora da sua irremissível inconstitucionalidade.

Novamente nos valemos da valiosa lição de Carrazza[33], que afirma, a respeito da utilização de alíquotas fixas: "Realmente, impostos com alíquotas fixas agravam as diferenças sociais existentes porque tratam de maneira idêntica contribuintes que, sob o ângulo da capacidade contributiva, não são iguais".

Temos aqui mais uma grave distorção decorrente do fato de se tratar como contribuinte sujeito **desvinculado** do fato jurídico: a inevitável ofensa ao princípio da capacidade contributiva.

A fim de provar o alegado, imaginemos a seguinte situação: um garoto de família pobre, com parcos recursos, recebe, por mérito escolar, uma bolsa de estudos para um curso de férias no exterior, pelo período de um mês, durante o qual se hospedará em casa de família. Terminado o curso, retorna ao Brasil. No fim do ano, em virtude dos festejos natalinos, a família estrangeira resolve presentear o garoto com um brinquedo eletrônico, cujo valor de mercado é, por hipótese, de **duzentos dólares** norte-americanos. Adquire, pois, o produto numa loja no exterior e solicita ao comerciante que o remeta ao Brasil, mediante empresa especializada, que cobra pelo serviço o montante de **cinquenta dólares**. Quando o brinquedo chegar ao Brasil, o garoto, destinatário da remessa internacional, será comunicado que o bem está à sua disposição, mediante o recolhimento de imposto de importação, que, no nosso exemplo, corresponde a mais de cento e cinquenta dólares[34].

Perguntamos: possui o garoto — ou seus pais, para o leitor mais atento[35] — capacidade contributiva em razão de tal fato jurídico? Qual seria a reação do menino ao descobrir que os pais não possuem dinheiro para pagar o imposto exigido e que, em decorrência, após o transcurso de 90 dias, o brinquedo estaria sujeito à pena de perdimento, em favor do Estado? Restaria, mesmo diante da evidente *injustiça social*, incólume o direito do sujeito ativo, porque assim determina a norma infraconstitucional?

Por certo que as respostas, apesar de parecerem óbvias, merecem reflexão, na mesma medida em que a hipótese sob comento.

Queremos ressaltar que a situação acima **difere**, em muito, do caso em que determinado contribuinte, *ao fazer compras pela internet*, em sítios de comerciantes no exterior, decide adquirir o mesmo brinquedo eletrônico do exemplo anterior e, para tanto,

---

[33] Roque Antonio Carrazza. *Curso de direito constitucional tributário*, p. 83.

[34] Tomando-se o Imposto de Importação de 60% sobre a base de cálculo legal (duzentos e cinquenta dólares), que é o valor do bem mais o custo do frete.

[35] Código Tributário Nacional, artigo 134: "Nos casos de impossibilidade de exigência do cumprimento da obrigação principal pelo contribuinte, respondem solidariamente com este nos atos em que intervierem ou pelas omissões de que forem responsáveis: I — os pais, pelos tributos devidos por seus filhos menores (...)".

fornece os dados do seu cartão de crédito e providencia o envio do bem para o país, ciente (ou não, porque ao direito tributário não cabe indagar) do ônus tributário sobre tal operação. Não temos dúvida de que nesse caso a tributação deva ocorrer.

Aliás, estabelece a norma que a autoridade aduaneira deverá apurar, para fins de cálculo do imposto de importação, o montante tributável no caso de remessas do exterior e efetuar o lançamento, **de ofício**, o que constitui exceção à regra geral.

Com efeito, o destinatário de remessa postal internacional deverá recolher o imposto, após receber a notificação, com base na legislação vigente à época do lançamento do respectivo crédito tributário, pois, de acordo com as normas aduaneiras, este é o momento em que se realiza o **critério temporal** da hipótese de incidência, desde que não se trate de mercadoria submetida à importação comum, que deverá ser retirada do regime de tributação simplificada e encaminhada para despacho aduaneiro[36], visto ser vedada a importação de mercadorias por intermédio de remessa expressa.

Em síntese, defendemos a tese de que ao legislador ordinário compete a missão de identificar, no mundo fenomênico, as diversas circunstâncias que afetam o fato jurídico relativo à importação e a elas aplicar, **invariavelmente**, o filtro constitucional, de modo a trazer, para o direito positivo, normas em consonância com os mandamentos emanados do Texto Maior, dos quais o princípio da capacidade contributiva, na seara tributária, representa uma das maiores conquistas do contribuinte.

Resta, pois, a esperança de que o legislador atue no sentido de tratar os dois exemplos apresentados de modo distinto, dispensando à hipótese comprovada de bens remetidos a título de **presente**[37], de pequeno valor econômico, tratamento passível de isenção tributária, e aliar a isso a aplicação, na sua plenitude, do princípio da **progressividade** do imposto de importação no caso de remessas internacionais, graduando-o de acordo com o valor do bem, de modo a permitir que o Brasil possa finalmente adotar, para a espécie, mecanismos tributários condizentes com o princípio da **capacidade contributiva**, a fim de confirmar o sentimento internacional, hoje prevalente, da fundamental importância no que respeita às garantias constitucionais do contribuinte, mormente em países nos quais ainda se busca trazer, para o direito positivo, a eficácia normativa exigida pelo Estado Democrático de Direito.

Seria um avanço, ainda que tímido, em direção a um tratamento mais adequado para as importações no país.

---

[36] Nesse caso, o aspecto temporal realizar-se-á de acordo com a regra geral, ou seja, quando do registro da Declaração de Importação. A sistemática pertinente às remessas postais internacionais veda a importação de bens **com destinação comercial**, daí porque utilizamos o vocábulo **mercadoria**, para a hipótese proibida, e o termo **bem** para os demais casos, próprios do regime.

[37] Vale frisar que existe, nesse sentido, uma isenção de US$ 50,00 (cinquenta dólares norte-americanos) para os bens enviados de **pessoa física para pessoa física**, o que atenderia, em parte, ao nosso pleito. Porém, mesmo no caso de presentes, o que frequentemente ocorre é que o particular, no exterior, adquire o bem e solicita que o comerciante o remeta para o Brasil, **o que afasta** a possibilidade de isenção. A atual dicção do dispositivo está a exigir que o particular adquira o bem no exterior, leve-o para sua residência e, em seu nome, posteriormente providencie a remessa, em total descompasso com a realidade, até porque grande parte das compras, atualmente, é realizada por meio da internet.

A terceira hipótese de uma pessoa figurar como contribuinte do imposto de importação ocorre em relação ao **adquirente de mercadoria entrepostada**.

Essa possibilidade, pouco comentada pela doutrina, revela-se, na prática, bastante comum, devido aos benefícios econômicos dela decorrentes, típicos do regime de entreposto aduaneiro.

Resta-nos, pois, discorrer, ainda que rapidamente, sobre o regime especial de **entreposto aduaneiro** (dado que o estudaremos com mais detalhes no Capítulo 18), que traz a possibilidade de alguém, que não praticou o núcleo material da hipótese do imposto de importação, isto é, o ato de importar mercadorias de procedência estrangeira, ainda assim ser definido pela legislação como **contribuinte** do referido tributo.

O entreposto aduaneiro é um regime utilizado em diversos países com o objetivo de oferecer **maior competitividade** aos agentes do comércio internacional e, portanto, existe tanto nas operações de importação como de exportação.

Na **importação**, o regime de entreposto aduaneiro permite a armazenagem de mercadoria estrangeira em recinto alfandegado de uso público, com **suspensão** do pagamento dos impostos incidentes, e tem como beneficiário o consignatário da mercadoria.

Tomemos o **exemplo** de um empresário que atua no segmento de veículos importados de alto luxo.

O dilema do negócio consiste no fato de que os veículos precisam ingressar no país — até porque eventuais clientes só os adquirirão após vê-los ou experimentá-los –, mas, por outro lado, a importação pela sistemática comum implica a incidência e o pagamento de todos os tributos devidos, que, no caso de automóveis, fazem com que o seu valor no mercado doméstico seja pelo menos o dobro do que no exterior.

Assim, quanto maior a demora em efetivar uma venda, maior o prejuízo financeiro, pois o custo da carga tributária pode, em última análise, inviabilizar o negócio, sob o ponto de vista econômico.

Diante de tal cenário, o empresário pode solicitar o regime de **entreposto aduaneiro** de importação e deixar os veículos em recinto alfandegado, normalmente um porto seco devidamente habilitado.

Desse modo, pode o consignatário, a qualquer tempo — na medida em que realize suas vendas, por exemplo –, dar início ao procedimento de importação, de forma a permitir a circulação econômica dos veículos no mercado doméstico.

A fim de simplificar as consequências tributárias da operação, o empresário poderá, inclusive, acertar com o cliente que os procedimentos de importação serão efetuados em **nome deste**, diretamente, trazendo-o para o polo passivo da obrigação, justamente na qualidade de **adquirente** de mercadoria entrepostada.

Trata-se, pois, de contribuinte que **não deu causa** à importação e que com ela não se relaciona, mas que, por negócio jurídico posterior, realizado no Brasil, assume o respectivo ônus tributário, ao promover o despacho de importação em seu próprio nome.

O consignatário, que foi o responsável pela importação no primeiro momento, atua, neste caso, como **agente intermediário**, normalmente na qualidade de representante do empresário estrangeiro (o fabricante de automóveis, no nosso exemplo).

16.7. RESPONSABILIDADE TRIBUTÁRIA NO IMPOSTO DE IMPORTAÇÃO

Além dos contribuintes anteriormente citados, o legislador houve por bem escolher outras pessoas, na qualidade de **responsáveis**, para o eventual cumprimento da obrigação tributária, especialmente nos casos de dano, perecimento ou extravio das mercadorias importadas.

Existem dois tipos de responsáveis segundo a legislação aduaneira: aqueles **expressamente designados**[38] e os **responsáveis solidários**[39], que poderão ser acionados para o pagamento dos créditos tributários devidos no caso de não ser possível alcançar o contribuinte ou o responsável expresso.

16.7.1. A responsabilidade do transportador e do depositário

Vimos que o **transportador** representa papel fundamental nas operações do comércio internacional.

Sob o ponto de vista logístico, é ele o único agente de contato entre exportador e importador, encarregado de levar as mercadorias pactuadas desde o ponto de origem, no exterior, até o local de destino, já no país do comprador.

O transportador assume, portanto, a responsabilidade pelo **trajeto internacional**, sem prejuízo de, em alguns casos, estender a prestação do serviço de transporte para além desse trecho, como é o caso dos transportadores **multimodais**, que se responsabilizam, sob um único contrato, por todo o percurso, inclusive no território doméstico dos respectivos contratantes.

O direito aduaneiro, além de incumbir ao transportador a responsabilidade na emissão do **conhecimento de transporte**, que, como vimos, é o documento mais importante do comércio internacional, a ele também reservou extenso rol de **obrigações acessórias**, de índole aduaneiro-tributária.

A primeira dessas obrigações se constitui em prestar, às autoridades aduaneiras brasileiras, todas as **informações** sobre mercadorias e veículos procedentes do exterior ou a ele destinados.

No caso das importações, quando uma mercadoria adentra no território aduaneiro, cumpre ao transportador informar, **concomitantemente**, ao importador ou

---

[38] Regulamento Aduaneiro, artigo 105: "*É responsável pelo imposto: I — o transportador, quando transportar mercadoria procedente do exterior ou sob controle aduaneiro, inclusive em percurso interno;* II — o depositário, assim considerada qualquer pessoa incumbida da custódia de mercadoria sob controle aduaneiro; ou III — qualquer outra pessoa que a lei assim designar".

[39] Regulamento Aduaneiro, artigo 106: "É responsável solidário: I — o adquirente ou o cessionário de mercadoria beneficiada com isenção ou redução do imposto; II — o representante, no País, do transportador estrangeiro; III — o adquirente de mercadoria de procedência estrangeira, no caso de importação realizada por sua conta e ordem, por intermédio de pessoa jurídica importadora; IV — o encomendante predeterminado que adquire mercadoria de procedência estrangeira de pessoa jurídica importadora; V — o expedidor, o operador de transporte multimodal ou qualquer subcontratado para a realização do transporte multimodal; VI — o beneficiário de regime aduaneiro suspensivo destinado à industrialização para exportação, no caso de admissão de mercadoria no regime por outro beneficiário, mediante sua anuência, com vistas à execução de etapa da cadeia industrial do produto a ser exportado; e VII — qualquer outra pessoa que a lei assim designar".

consignatário — que a partir daí, e de posse do respectivo conhecimento de carga, poderá dar início, a seu critério, ao despacho de importação — e também à Receita Federal do Brasil, para que possam ser exercidos os controles, especialmente a emissão do **termo de entrada**, que é a autorização formal, prevista na legislação, para o ingresso do veículo no território aduaneiro.

Importante ressaltar que, por ser o instante em que se aperfeiçoa o **critério temporal** do imposto de importação, o lançamento de ofício traz para a data da sua lavratura todos os componentes necessários para a apuração da base de cálculo, especialmente no que se refere à taxa de câmbio e alíquota aplicáveis.

Haja vista a possibilidade de a responsabilidade tributária recair sobre o transportador ou sobre o depositário, de acordo com as circunstâncias apuradas pela autoridade competente, reveste-se da maior importância jurídica a identificação do **exato momento** em que a responsabilidade pelas mercadorias estrangeiras se transfere de um para outro.

Os danos, avarias ou extravios ocorridos **sob a custódia** do transportador ou do depositário serão a eles imputados.

Daí as preocupações, de cada parte, no sentido de garantir o recebimento e posterior entrega das mercadorias em **perfeito estado**, dando sequência ao fluxo logístico e, *a contrario sensu*, de interromper o seu andamento toda vez que for constatado qualquer problema, até que a extensão e a responsabilidade sejam apuradas pela autoridade competente.

Se para a Receita Federal do Brasil interessam o **fiel cumprimento** da legislação e o **recolhimento** dos tributos incidentes na importação, para os agentes envolvidos numa operação de comércio internacional a maior preocupação recai, justamente, sobre a garantia de que as mercadorias pactuadas chegarão ao destinatário final incólumes, pois o fator **carga tributária** infelizmente é desprezado nas contratações de seguro[40].

Exemplificamos.

Suponhamos que uma carga contendo mercadorias de alto valor agregado (televisores de LED, por hipótese) seja transportada, desde o país de origem, por empresa aérea nacional.

Se, quando do desembarque dos volumes em qualquer aeroporto alfandegado brasileiro, o responsável pela operação, a serviço do transportador, ao retirar os televisores do compartimento de carga do avião, causar-lhes qualquer dano ou extravio, *será o transportador* responsabilizado pelos tributos incidentes, após a constatação do fato pela fiscalização.

Se, no entanto, num suposto ato de má-fé, o transportador "disfarçar" a ocorrência e encaminhar os volumes para o depositário, a responsabilização dependerá, na prática, da capacidade deste último em *identificar o problema e recusar o recebimento da*

---

[40] Apesar de possíveis, raríssimos são os casos de contratação de seguros sobre o valor dos tributos incidentes na importação; quase que invariavelmente as partes se sentem confortáveis em assegurar o valor das mercadorias, olvidando que a legislação brasileira exige, para os casos de extravio, por exemplo, o pagamento integral dos tributos, valor que, em certas situações, pode até ser superior ao da própria mercadoria, para desespero de muitos.

mercadoria. E, no caso de, por negligência, o depositário não perceber o ardil e receber a mercadoria, sem restrições, dificilmente escapará da responsabilização tributária[41].

Contudo, a situação pode ser bem mais **complexa**, pois o mundo jurídico reclama, mais do que direitos, *provas*.

Sabemos que o importador, a partir da informação recebida do transportador de que suas mercadorias chegaram ao território nacional, pode, a seu critério, dar início ao **despacho aduaneiro**, com o pagamento dos tributos federais incidentes (Imposto de Importação, IPI vinculado à importação, PIS vinculado e COFINS vinculada).

Se, no nosso exemplo, o fizer **antes da constatação** do extravio, já terá, portanto, recolhido integralmente os tributos, e a eventual apuração do verdadeiro responsável demandará, na melhor das hipóteses, a necessidade de se pleitear a **restituição** ou **compensação** do valor indevidamente pago.

Chances há, no entanto, de que o dano ou extravio não seja apurado a tempo, pela possibilidade de ocultação, como nos casos de **canal verde** no despacho aduaneiro, nos quais as mercadorias são desembaraçadas sem conferência física, de acordo com critérios parametrizados de amostragem.

Se isso ocorresse, os televisores de LED do nosso exemplo poderiam chegar ao estabelecimento do importador sem que ninguém houvesse constatado seu vício ou ausência, e a este apenas caberia — *com diminutas possibilidades de sucesso, diga-se de passagem* — tentar **recompor o prejuízo**, em relação às mercadorias e aos tributos, na esfera civil, com base em contrato privado firmado com o depositário.

O transportador, real causador do dano no exemplo sob análise, furtar-se-ia de qualquer responsabilização, sob o argumento de que, ao entregar as mercadorias ao depositário, sem oposição, *cumpriu com as suas obrigações*.

Perceba-se que o importador, por força das dimensões do país — e apesar do princípio da interiorização dos procedimentos de despacho aduaneiro, que já tivemos a oportunidade de comentar –, no mais das vezes se encontra **muito distante** do local das atividades de desembarque e armazenagem das mercadorias, restando-lhe, apenas, **confiar** nos prestadores de serviço eleitos, sob pena de graves prejuízos comerciais, passíveis de reembolso, no caso da contratação de seguros, e tributários, se o problema não for percebido a tempo.

Isso porque o Regulamento Aduaneiro permite, ao menos, que o valor do imposto de importação indevidamente recolhido, ante a verificação de extravio ou avaria, possa ser objeto de **restituição**, mas é claro que tal hipótese fica condicionada à percepção do fato antes da saída dos bens do recinto alfandegado[42].

Depois disso, somente será possível a restituição caso a autoridade aduaneira competente se convença, **de forma inequívoca**, quanto ao alegado pelo interessado, o que, convenhamos, é muito pouco provável, em razão da dificuldade de comprovação, dado que a mercadoria já não estaria mais sob controle aduaneiro.

---

[41] Regulamento Aduaneiro, artigo 662: "Para efeitos fiscais, o depositário responde por extravio de mercadoria sob sua custódia. Parágrafo único. Presume-se a responsabilidade do depositário no caso de volumes recebidos sem ressalva ou sem protesto".

[42] Nos termos do artigo 110 do Regulamento Aduaneiro.

Ressalte-se que furtos, roubos ou acidentes ocorridos **depois** do desembaraço aduaneiro e da saída das mercadorias do recinto alfandegado não têm o condão de ensejar a restituição do imposto, e os prejuízos porventura decorrentes somente poderão ser amortizados mediante o pagamento de eventuais prêmios de seguro contratados pelo importador.

De se notar que a apuração da **responsabilidade tributária**, em hipóteses como a aventada — muito mais comuns do que se possa imaginar –, apresenta-se como figura variável, ao sabor da diligência e da prudência dos atores envolvidos.

Ciente de tal dificuldade, o legislador houve por bem definir situações em que a **responsabilidade** recai diretamente sobre o transportador[43]:

> Art. 661. Para efeitos fiscais, é responsável o transportador quando:
> I – constatado que houve, após o embarque, substituição de mercadoria;
> II – houver extravio de mercadoria em volume descarregado com indícios de violação; ou
> III – o volume for descarregado com peso ou dimensão inferior ao constante no conhecimento de carga, no manifesto ou em documento de efeito equivalente.

Por derradeiro, os casos de dano ou extravio decorrentes de **caso fortuito** ou **força maior**, devidamente comprovados, poderão excluir a responsabilidade tributária, tanto do transportador como do depositário, a depender da força das provas apresentadas.

> Agentes marítimos. Responsabilidade. O agente marítimo, no exercício exclusivo de atribuições próprias, no período anterior à vigência do Decreto-Lei 2.472/88 (que alterou o artigo 32, do Decreto-Lei 37/66), não ostentava a condição de responsável tributário, nem se equiparava ao transportador, para fins de recolhimento do Imposto sobre Importação, porquanto inexistente previsão legal para tanto. No que concerne ao período posterior à vigência do Decreto-Lei 2.472/88, sobreveio hipótese legal de responsabilidade tributária solidária (a qual não comporta benefício de ordem, à luz inclusive do parágrafo único, do artigo 124, do CTN) do "representante, no país, do transportador estrangeiro". (...) A discussão acerca do enquadramento ou não da figura do "agente marítimo" como o "representante, no país, do transportador estrangeiro" (à luz da novel dicção do artigo 32, II, *b*, do Decreto-Lei 37/66) refoge da controvérsia posta nos autos, que se cinge ao período anterior à vigência do Decreto-Lei 2.472/88 (REsp 1129430/SP).

16.7.2. Dos responsáveis solidários

Diversos são os casos previstos de **responsabilidade solidária** em relação ao imposto de importação[44].

Com a crescente complexidade nas relações internacionais, novos atores surgem como **intervenientes** nas transações comerciais, e ao direito tributário compete identificar essas modalidades de participação no fluxo econômico e jurídico das mercadorias, a fim de trazê-las para o arquétipo do tributo e alcançar, se necessário, seus representantes.

---

[43] Conforme artigo 661 do Regulamento Aduaneiro.

[44] Artigo 106 do Regulamento Aduaneiro.

A primeira hipótese diz respeito ao **adquirente** ou **cessionário** de mercadoria beneficiada com isenção ou redução do imposto de importação.

Cuida o legislador dos casos em que uma pessoa, física ou jurídica, realiza a conduta de importar bens de procedência estrangeira ao amparo de norma que, em relação à base de cálculo, permite **isenção** quanto ao pagamento do tributo devido.

Tratamos o tema apenas por isenção porque não enxergamos, como muitas vezes faz o legislador, distinção entre esta figura e a da redução, pois tanto sob o ponto de vista lógico como do jurídico a redução nada mais é do que **isenção parcial**, incapaz, portanto, de afastar o crédito tributário na sua totalidade.

A isenção parcial nada possui de estranho ao direito tributário; ocorre, por certo, no imposto sobre a renda das pessoas físicas, mediante a aplicação do **princípio da progressividade** — sendo assim em todos os tributos progressivos — e se manifesta, também, em vários casos de índole aduaneira.

Da análise do dispositivo percebe-se que a solidariedade advém dos casos de **isenção subjetiva**, condicionada, pois, a características particulares do importador, assim reconhecidas pela legislação, quando do momento da incidência.

O objetivo do comando normativo é o de resguardar o interesse da Fazenda Nacional nas situações em que o importador, após realizar o despacho aduaneiro com o benefício da isenção, resolve **transferir** o bem a terceiro, *que não goza de idêntica prerrogativa*.

Nesse caso, o crédito tributário **é devido**, pois a utilização econômica do bem aproveitará pessoa não alcançada pela isenção, razão mais do que suficiente para a exação, em homenagem ao princípio da igualdade.

Ademais, a legislação atua no sentido de obstaculizar a chamada **interposição fraudulenta de terceiros**, fenômeno infelizmente usual, no qual beneficiários de isenção promovem importações **em seu nome** para, ato contínuo, transferir os bens ao real agente econômico, em evidente burla ao Erário.

Aliás, ressaltamos que as principais alterações havidas na legislação aduaneira nos últimos anos, no Brasil e no exterior, tiveram como objetivo identificar situações de **interposição de terceiros**, no intuito de se diferençar as condutas legítimas daquelas consideradas como fraude à lei.

A extensão do rol de pessoas solidárias, que estamos a analisar, é apenas uma entre tantas manifestações normativas nesse sentido.

O crédito tributário isentado na operação de importação será exigido do importador original ou do adquirente ou cessionário, mediante responsabilidade, sempre que houver **transferência**[45] de bens daquele para este, sem o prévio recolhimento do montante devido e anuência da autoridade fiscal.

Todavia, prevê a legislação hipóteses de **dispensa do pagamento** outrora isento na transferência a terceiros, desde que observados certos requisitos, a saber:

---

[45] A modalidade de transmissão é irrelevante para a caracterização da exigência, daí a norma utilizar a expressão *adquirente ou cessionário*, de modo a abarcar as diversas figuras jurídicas presentes no direito civil, inclusive aquelas a título gratuito.

a) Quando a transferência se der a pessoa que goze de **idêntico tratamento tributário**, mediante prévio reconhecimento pela autoridade aduaneira. É o caso, por exemplo, de entidade sem fins lucrativos, reconhecida nos termos da lei, que adquira, para seu uso, equipamento científico do exterior ao amparo da norma isentiva; passado algum tempo, decide transferir tal equipamento a outra entidade, também, à época da transferência, merecedora da isenção (caso fosse promover a importação em seu nome), desde que a transação seja autorizada de antemão pelo fisco, pouco importando o *status* jurídico da cessão.

b) Decorrido o prazo de **três anos**, contado da data do registro da declaração de importação, no caso de bens objeto de isenção importados por **Missões Diplomáticas e Repartições Consulares** de caráter permanente ou representações de organismos internacionais de caráter permanente, inclusive os de âmbito regional, dos quais o Brasil seja membro, bem assim pelos respectivos integrantes, em ambos os casos. A origem dessa isenção decorre de princípios consagrados do direito internacional, veiculados pela Convenção de Viena sobre Relações Diplomáticas e pela Convenção de Viena sobre Relações Consulares, que, ante o reconhecimento do Ministério das Relações Exteriores de tratamento recíproco em relação ao Brasil, permite a importação de bens, pelas entidades ou pessoas nelas definidas, sem a exigência do imposto de importação. Lembramos que, durante muito tempo, antes da abertura do mercado nacional às importações, ocorrida no início da década de 1990, havia um enorme interesse em relação aos automóveis usados adquiridos por representações diplomáticas, devido à impossibilidade de qualquer outra pessoa nacional importá-los. Por força da enorme carga tributária ainda incidente sobre esse tipo de bem, a legislação prevê uma série de restrições, mesmo em tempos de globalização, em relação à transferência de automóveis importados com isenção[46].

c) Decorrido o prazo de **cinco anos**, contado da data do registro da declaração de importação, nos demais casos. Nesta hipótese, mantém o legislador aduaneiro coerência com o sistema tributário em vigor, dado que, após cinco anos, o imposto de importação não poderia mais ser cobrado, ante a ocorrência do **fenômeno prescricional**. O prazo em comento não é de decadência, como querem alguns, porque o tributo foi objeto de regular lançamento quando da importação original, tendo a figura da isenção apenas afastado, *condicionalmente*, como estamos a perceber, o pagamento à época devido. O dispositivo também atende a critérios econômicos, pois o transcurso de cinco anos tem o condão de causar um impacto relevante sobre o valor do bem, a título de desgaste ou obsolescência, circunstância que deve ser devidamente recomposta mediante a figura contábil da **depreciação**. E é isso o que faz o legislador[47], corretamente, em razão das situações intermediárias, nas quais ocorre a transferência do bem antes de decorridos os cinco anos.

---

[46] *Vide*, entre outros, os artigos 140 e 146 do Regulamento Aduaneiro.

[47] O artigo 126 do Regulamento Aduaneiro traz os percentuais de depreciação, em função do tempo transcorrido até a transferência, que devem ser deduzidos da base de cálculo apurada na data de registro da declaração de importação. Infelizmente, faz exceção aos automóveis, dilatando, sem qualquer motivo racional, os fatores de depreciação, *inclusive para além dos cinco anos*, em irremissível erro jurídico. A hipótese contraria, ademais, norma clássica de depreciação do Imposto

Por fim, outros fatores podem concorrer para a **redução da base** de cálculo do imposto devido nos casos de transferência de bens a terceiros, especialmente **danos** decorrentes de sinistros, aos quais não seja imputada responsabilidade ao proprietário ou usuários. Após a comprovação do sinistro e mediante laudo capaz de quantificar a extensão do prejuízo, poderá ser reduzido, proporcionalmente a este, o valor do imposto de importação.

O segundo responsável solidário do imposto de importação é o **representante**, no Brasil, do transportador estrangeiro.

Trata-se de mais uma tentativa do legislador de alcançar, por intermédio da responsabilidade, pessoas que, antes da reformulação na legislação aduaneira, não eram passíveis de exigência.

Casos há em que o transportador da mercadoria não se submete à legislação pátria, por ausência de elemento de conexão, notadamente quando **não possui estabelecimento** no Brasil.

Nessas situações, o contrato de transporte é efetuado por **empresário nacional**, que opera em nome do transportador no exterior, que, por seu turno, apenas disponibiliza as rotas e meios logísticos, normalmente mediante veículos de bandeira estrangeira.

Por força de tal vínculo e dada a importância jurídica da figura do transportador no cenário internacional, quis o legislador abranger, também, qualquer pessoa que atue no país em nome do operador de transporte, pois, do contrário, as ocorrências por nós apontadas no tópico anterior, de responsabilidade direta, restariam inócuas, devido à **ausência de competência** em relação à tributação de não residentes.

Na trilha desse raciocínio, há também previsão de responsabilidade solidária para o **expedidor**, o **operador de transporte multimodal** ou qualquer **subcontratado** para a realização do transporte modal.

O **transporte multimodal**, como vimos, é aquele que engloba todos os trechos de uma cadeia logística, reunidos sob um único contrato, independentemente do número e dos tipos de veículos utilizados[48].

O modelo tem apresentado nas últimas décadas grande desenvolvimento no comércio internacional, devido a uma série de fatores.

Em primeiro lugar, oferece ao contratante a comodidade de negociar com uma **única empresa**, normalmente um operador internacional de grande porte, que possui estabelecimento no seu próprio país.

Esse operador se responsabiliza por todos os **modais do transporte**, inclusive os trechos domésticos no país de origem, que são os de maior risco econômico e jurídico, haja vista que o importador, ao pactuar o contrato de compra e venda, muitas vezes precisa assumir obrigações no exterior, em países onde não possui representante nem conhece a legislação.

Qualquer **incidente** em relação às mercadorias, ocorrido alhures, certamente lhe traria prejuízos de grande monta.

---

sobre a Renda, segundo a qual os automóveis sofrem depreciação integral no prazo de cinco anos.

[48] Conforme artigo 2.º da Lei n. 9.611/98.

Ao negociar todo o percurso logístico com empresa sediada no seu país — submetida, pois, ao mesmo ordenamento jurídico –, o contratante afasta responsabilidades temerárias e transfere os riscos do transporte para agente especializado, que poderá, a seu critério, atuar diretamente em todas as etapas ou subcontratar trechos específicos; em qualquer caso, a **relação jurídica** entre contratante e operador multimodal é una, razão mais do que suficiente para a inserção deste último, e de seus prepostos, no elenco de responsáveis solidários.

A inclusão do **operador multimodal** no rol de responsáveis, ocorrida a partir de 2002, atesta a constante necessidade de **atualização** na legislação aduaneira, pois o cenário internacional, cada vez mais influenciado pelo fenômeno da globalização, possui uma dinâmica própria, em permanente e necessária evolução, que exige do legislador, para fins de atender ao primado da **igualdade**, uma aguda percepção das relações no mundo factual, infinita fonte de inspiração para as normas jurídicas.

Por fim, surge como responsável solidário o **adquirente** de mercadoria estrangeira, no caso de importação realizada por sua conta e ordem, por intermédio de pessoa jurídica importadora.

Mais uma vez, o engenho legislativo volta-se para as hipóteses de **interposição de terceiros**, desta feita de modo a trazer para o polo passivo da obrigação tributária toda e qualquer pessoa que, apesar de ser o real agente econômico motivador da importação, resolve, por motivos diversos, concretizar a operação por meio de empresas especializadas, como é o caso das *trading companies*.

Conquanto a regulamentação das *tradings* seja objeto de controle específico, a fim de se garantir a transparência e legitimidade de suas atividades, a norma em questão tem por principal objetivo coibir a utilização das conhecidas **empresas de fachada**, cuja existência real se resume apenas ao contrato social, sem qualquer finalidade econômica que não a tentativa de fraudar as legislações aduaneira e tributária.

Após a observação de incontáveis ocorrências, em que empresas de diminuto capital social ou patrimônio líquido, apesar dessa condição, revelavam-se grandes importadores, movimentando valores **muito superiores** à sua capacidade econômica, decidiu o fisco combater tais práticas, que, em última análise, impediam qualquer pretensão relativa ao crédito tributário porventura devido, simplesmente porque não havia *de quem exigi-lo*.

Nesse sentido, diversas medidas jurídicas foram adotadas, principalmente no intuito de se identificar a **composição societária** de tais entidades — sob o argumento, bastante plausível, de que algumas operavam sob a gerência de pessoas sem qualquer liame com o negócio, popularmente conhecidas como "*laranjas*".

Pessoas ou empresas sob tal conformação, ainda que detectadas pela fiscalização, pouco ou nada têm a oferecer, pois atuam como meros agentes nebulizadores, cuja função precípua é **ocultar**, por detrás de barreiras contratuais — e até então jurídicas –, os reais operadores econômicos.

Com a ampliação do **espectro da solidariedade**, para além dos operadores visíveis, objetivou a legislação aumentar a efetividade no combate à sonegação, ao contrabando e ao descaminho, além dos crimes de natureza econômica, pois um cenário no qual tais condutas sejam corriqueiras acaba por afetar, diretamente, as empresas que atuam de forma idônea e em respeito aos **princípios concorrenciais**, prejudicando, em última análise, o desenvolvimento do próprio país.

Daí por que entendermos salutar a opção legislativa, com a ressalva, por óbvio, de que se busque aperfeiçoar, cada vez mais, os mecanismos destinados a identificar e segregar, sempre que necessário, as operações fraudulentas daquelas juridicamente legítimas.

16.8. BASE DE CÁLCULO

A base de cálculo é a **expressão econômica** do fato jurídico tributário, sobre a qual se aplica uma alíquota para a definição do valor do tributo a ser pago.

No caso do imposto de importação, a definição da base de cálculo deve obedecer ao **artigo VII** do Acordo Geral sobre Tarifas e Comércio (*General Agreement on Tariffs and Trade* — GATT, de 1994), aprovado no Brasil pelo Decreto Legislativo n. 30, de 15 de dezembro de 1994, e promulgado pelo Decreto n. 1.355, de 30 de dezembro do mesmo ano.

Assim, o chamado **Acordo de Valoração Aduaneira (AVA)**, previsto no âmbito do GATT, tem por escopo verificar se as mercadorias submetidas a despacho de importação atendem às regras para a definição do seu **valor aduaneiro**, isto é, se o valor declarado pelo importador obedece aos princípios norteadores do Acordo: neutralidade, objetividade e uniformidade, todos sob o primado do valor da transação.

16.8.1. Valor aduaneiro e alíquotas

O **valor aduaneiro**, como já demonstrado no Capítulo 11, deve ser entendido como o montante que servirá como base de cálculo do Imposto de Importação. Todas as características que o comércio internacional e a legislação brasileira atribuem aos procedimentos para a definição do valor aduaneiro já foram estudadas naquela oportunidade.

No mesmo sentido, o Capítulo 11 também identificou os **tipos de alíquotas** incidentes na importação, bem como a **competência do Poder Executivo** para a sua definição, de sorte que, em caso de dúvidas, convidamos o leitor a revisar os conceitos já apresentados.

16.9. TRIBUTAÇÃO DE MERCADORIAS NÃO IDENTIFICADAS

O Regulamento Aduaneiro prevê a possibilidade de tributação sobre mercadorias **não identificadas**, assim entendidas aquelas que foram extraviadas ou consumidas (portanto, não existem mais) e que possuíam, ainda, **descrição genérica** nos documentos de importação.

> **Observação:** Para evitar que o Estado pudesse ser prejudicado, inclusive por meio de **fraudes**, a legislação fixou um regime de tributação bastante gravoso para esses casos.

> **Atenção:** Se a mercadoria foi consumida ou extraviada, mas possuía **descrição específica**, não se utiliza este procedimento, mas sim as regras do regime comum de importação.

Na hipótese de as mercadorias não serem identificadas, o imposto de importação e o IPI serão cobrados com **alíquotas de 50%** (cada um, o que é muito mais caro do que no regime de importação comum!).

E a base de cálculo será **arbitrada** (justamente porque o fiscal não teve contato com a mercadoria).

Sabemos que o arbitramento costuma ser a "última saída" para o Fisco, pois utilizará **critérios jurídicos** (e não exatamente a verdade dos fatos) para construir a base de cálculo.

Segundo o RA, "*a base de cálculo do imposto de importação será arbitrada em valor equivalente à média dos valores por quilograma de todas as mercadorias importadas a título definitivo, pela mesma via de transporte internacional, constantes de declarações registradas no semestre anterior, incluídos os custos do transporte e do seguro internacionais, acrescida de duas vezes o correspondente desvio padrão estatístico*"[49].

Embora pareça complicado, trata-se de simples **aplicação matemática**: o fiscal *não sabe qual é a mercadoria* (pois só tem a descrição genérica), mas conhece o seu **peso**, em razão das informações contidas nos documentos de transporte.

Pois bem: ele deverá verificar o **valor médio** da mercadoria, por quilo, com base nas operações do último semestre. Feitos alguns pequenos ajustes (cambiais, por exemplo), basta **multiplicar o preço arbitrado pela quantidade** e cobrar o II (50%) e o IPI (50%).

Na falta de informação sobre o peso da mercadoria, deve ser adotado o **peso líquido** admitido na unidade de carga utilizada no seu transporte, vale dizer, utiliza-se o peso da mercadoria descontado do peso do contêiner ou equipamento similar em que esta foi transportada.

16.10. REGIME DE TRIBUTAÇÃO SIMPLIFICADA

O Regime de Tributação Simplificada (RTS) permite a **classificação genérica** dos bens integrantes de remessa postal internacional, com **isenção** do IPI vinculado à importação, do PIS e da COFINS vinculados e **alíquota de 60%** para o imposto de importação sobre o valor declarado, acrescido dos custos de frete e seguros.

A operação de importação pode ser realizada **pelos correios** ou por **empresas de remessas expressas**, também conhecidas como empresas de *courier*, sendo que, nesta última hipótese, também incide o ICMS, salvo se a empresa comprovar, antes da entrega pelo fisco dos bens desembaraçados, sua exoneração[50].

Exemplo: Digamos que um indivíduo queira comprar pela internet determinado produto, que em um *website* custa **US$ 150,00** (cento e cinquenta dólares norte-americanos). Ele realiza a compra e solicita que a entrega seja feita por uma empresa de remessas expressas, que cobrará pelo serviço **US$ 50,00** (cinquenta dólares

---

[49] Artigo 98, § 1.º.

[50] De acordo com a legislação de cada Estado, a exoneração poderá compreender qualquer hipótese de dispensa de recolhimento do imposto no momento do desembaraço da encomenda, inclusive compensação, diferimento ou sistema especial de pagamento.

norte-americanos). Neste caso, a base de cálculo do II será de **US\$ 200,00** (duzentos dólares norte-americanos), que, multiplicados por 60% de imposto, corresponderão a um valor de **US\$ 120,00** (cento e vinte dólares norte-americanos). Lembre-se de que os demais tributos federais são isentos, mas os Estados poderão cobrar o respectivo ICMS, o que tornará a carga tributária total dessa pequena importação bastante "salgada".

Ressalte-se que o regime de tributação simplificada não deve ser utilizado para a importação de **mercadorias**, com **destinação comercial**, como, por exemplo, no caso de produtos para revenda, que devem ser submetidos ao regime comum, bem assim para os casos de *bebidas alcoólicas, fumo, produtos de tabacaria, pedras preciosas e semi- preciosas, além de animais e vegetais,* sujeitos a controles e procedimentos especiais.

O valor máximo dos bens que podem ser importados neste regime é de **US\$ 3.000,00** (três mil dólares norte-americanos), vedada a importação fracionada, ou seja, a utilização de várias remessas relativas a um mesmo conjunto ou equipamento, no in- tuito de burlar o limite legal.

Nas importações pelos correios o pagamento do imposto, quando devido, deve ser efetuado exclusivamente pelo *site* da ECT. No caso de remessas expressas o pagamento deverá seguir os procedimentos de cada empresa.

> **Importante:** Nas remessas postais, o interessado poderá optar pela tributação normal, bas- tando se informar no momento da retirada do bem nos correios. Na hipótese de utilização de companhia aérea de transporte regular, o destinatário deverá apresentar a DSI, podendo também optar pela tributação normal.

Por outro lado, se for contratada empresa de remessas expressas, esta realizará **to- dos os procedimentos** de importação em nome do destinatário, inclusive com o recolhi- mento do imposto de importação devido, que, posteriormente, será cobrado mediante fatura ou boleto bancário.

A empresa atua, nesse sentido, como **consignatária** dos bens, circunstância que lhe confere solidariedade tributária, visto que o modelo de negócio por elas adotado, conhecido como *porta a porta,* pressupõe a celeridade do transporte e a atuação por conta e ordem do interessado.

As importações mediante correio comportam **situações de isenção**, sendo a pri- meira consistente no limite de **US\$ 50,00** (cinquenta dólares norte-americanos), quando **remetente** e **destinatário** forem pessoas físicas — caso típico dos presentes –, além de medicamentos, destinados a pessoa física, mediante apresentação de receita médica e desde que atendidas outras normas aduaneiras, no interesse do Ministério da Saúde.

É importante lembrar que a isenção de US\$ 50,00 só é válida para importações pelo correio, desde que remetente e destinatários sejam pessoas físicas. No caso de bens transportados por empresas de courier a RFB entende que a isenção não é aplicável.

O limite de US\$ 50,00 (cinquenta dólares norte-americanos) para as importações entre pessoas físicas tem sido **bastante questionado**, pois, embora previsto pela Portaria MF n. 156/99, parece colidir com a redação do Decreto-lei n. 1.804/80, que permitiria um valor de isenção de **até US\$ 100,00** (cem dólares norte-americanos). Segundo o argumen- to mais recorrente, a norma administrativa veiculada pelo Ministro da Fazenda não pode- ria limitar o montante previsto no Decreto-lei, que lhe é hierarquicamente superior.

Para melhor compreensão do debate, convém reproduzir os textos normativos:

> Portaria MF n. 156/99
>
> Art. 1.º O regime de tributação simplificada – RTS, instituído pelo Decreto-Lei n. 1.804, de 3 de setembro de 1980, poderá ser utilizado no despacho aduaneiro de importação de bens integrantes de remessa postal ou de encomenda aérea internacional no valor de até US$ 3,000.00 (três mil dólares dos Estados Unidos da América) ou o equivalente em outra moeda, destinada a pessoa física ou jurídica, mediante o pagamento do Imposto de Importação calculado com a aplicação da alíquota de 60% (sessenta por cento), independentemente da classificação tarifária dos bens que compõem a remessa ou encomenda.
>
> § 1.º Fica reduzida para 0% (zero por cento) a alíquota de que trata o *caput* incidente sobre os produtos acabados pertencentes às classes de medicamentos no valor limite de até US$ 10.000,00 (dez mil dólares dos Estados Unidos da América) ou o equivalente em outra moeda, importados por remessa postal ou encomenda aérea internacional, por pessoa física para uso próprio ou individual, desde que cumpridos todos os requisitos estabelecidos pelos órgãos de controle administrativo.
>
> § 2.º Os bens que integrem remessa postal internacional no valor de **até US$ 50.00** (cinquenta dólares dos Estados Unidos da América) ou o equivalente em outra moeda, serão desembaraçados **com isenção** do Imposto de Importação, desde que **o remetente e o destinatário sejam pessoas físicas**.

> Decreto-lei n. 1.804/80
>
> Art. 2.º O Ministério da Fazenda, relativamente ao regime de que trata o art. 1.º deste Decreto-Lei, estabelecerá a classificação genérica e fixará as alíquotas especiais a que se refere o § 2.º do artigo 1.º, bem como poderá:
>
> I – dispor sobre normas, métodos e padrões específicos de valoração aduaneira dos bens contidos em remessas postais internacionais;
>
> II – **dispor sobre a isenção** do imposto de importação dos bens contidos em remessas de valor **até cem dólares** norte-americanos, ou o equivalente em outras moedas, **quando destinados a pessoas físicas**. (destacamos)

A leitura dos dispositivos nos permite concluir que o Decreto-lei autorizou o Ministro da Fazenda a **dispor** sobre a isenção dos bens contidos em remessas postais **até o limite** de US$ 100,00 (cem dólares norte-americanos).

O que a norma fez, portanto, foi estabelecer um **teto** para o exercício da competência ministerial. E eis que o Ministro, ao exercer tal atribuição, determinou que a isenção, dentro deste limite, seria de US$ 50,00 (cinquenta dólares norte-americanos).

Conquanto a posição seja antipática e prejudicial aos interesses do cidadão, parece-nos que, juridicamente, **não há margem** para questionamentos. A **teoria dos conjuntos** nos ensina que a parte pertence ao todo, de modo que o agente competente para dispor sobre algo cujo limite seja 100 poderá escolher 50, dado que esta grandeza se encontra dentro daquela conferida pela norma superior.

Na verdade, a lei estabeleceu um intervalo, **entre 0 e 100** dólares norte-americanos, e outorgou competência para que o Ministro fixasse o valor da isenção, nos exatos moldes do que acontece com os tributos chamados extrafiscais.

Aqui nem se poderia cogitar da competência ministerial, pois, além de ser expressamente mencionada na lei, não podemos olvidar que o **artigo 237** da Constituição também reconhece tal autoridade como apta a atuar no controle sobre o comércio exterior.

Também não pode prosperar o argumento de que o Ministro exigiu, ilegalmente, que **remetente e destinatário** fossem pessoas físicas, à luz da ideia de que o Decreto-lei apenas diz *quando destinados a pessoa física*, sem fazer menção à figura do remetente. Novamente nos socorremos da teoria dos conjuntos para afirmar que, nos termos legais, qualquer bem destinado a pessoa física, até o limite de US$ 100,00, pode ter sua isenção condicionada à manifestação ministerial.

Em síntese, por mais que nos pareça **justo** e **necessário** um limite maior para a isenção das importações via correio (posição que já defendemos, enfaticamente, em tópico específico), parece-nos também que não será a interpretação equivocada dos citados dispositivos que resolverá o problema, que não se encontra na norma, mas sim na vontade política dos governantes.

Explicada a celeuma, que causou verdadeiro *frisson* em tempos recentes na internet, voltemos ao curso normal dos nossos comentários.

Neste passo, convém lembrar que os livros e periódicos são **imunes**, qualquer que seja o regime de importação, observados apenas os procedimentos administrativos e aduaneiros pertinentes a cada espécie.

Por fim, existe uma **sistemática específica** para as importações de *software*, que determina que a alíquota de 60% incide apenas sobre o *meio físico*, desde que este se encontre devidamente discriminado, com valor em separado, na fatura comercial.

Esse dispositivo, merecedor de aplausos num país onde as normas tributárias quase sempre visam ao incremento da arrecadação, suscita alguns comentários.

Realmente não cabe a tributação, a título de imposto de importação, sobre **softwares**, haja vista que, pela sua **intangibilidade**, os códigos relativos à linguagem de programação que os constituem não podem ser considerados **mercadorias**.

Com efeito, o único **produto** que ingressa, *fisicamente*, no território aduaneiro é o **suporte material** do código, composto por qualquer meio óptico ou magnético capaz de armazenar informações binárias.

O grande problema, em termos práticos, é que dificilmente os remetentes no exterior fazem *a distinção entre o valor do código e o do suporte físico* na fatura comercial, o que enseja uma série de transtornos absolutamente desnecessários, muitas vezes em prejuízo do princípio da igualdade, pois, na ausência de discriminação, o imposto de importação recairá sobre o **valor total** da remessa.

Com o avanço da tecnologia, o custo dos meios físicos se apresenta cada vez mais **irrisório**, especialmente se comparado ao valor do código neles inscrito, que pode alcançar milhares de dólares.

Melhor seria, pois, se a legislação previsse *isenção também para o suporte físico*, em qualquer caso, desde que vinculado ao respectivo *software*.

A medida por nós proposta não traria qualquer impacto negativo em termos de tributação, porque é preciso distinguir o suporte físico, típico dos programas de computador, das importações de **circuitos integrados** ou **semicondutores** com *software* interno.

Nessa última hipótese, a incidência tributária se dá normalmente, e a base de cálculo compreende o **valor total** do circuito integrado, independentemente de eventuais valores atribuíveis ao código, até porque os especialistas em informática reconhecem que todos os circuitos integrados programáveis podem conter algum tipo de *software*.

O objeto da importação, na espécie, é o **componente físico** — protegido, em termos de comércio internacional, pelo *Tratado de Washington*, que prevê o respeito à propriedade intelectual para circuitos integrados, semicondutores e similares –, e o *software* nele inserido **integra**, de rigor, o valor da transação.

16.10.1. Programa Remessa Conforme

A lógica dos *marketplaces* tem revolucionado o comércio eletrônico, com impacto gigantesco no comércio varejista tradicional (conhecido como *retail*).

A pandemia da COVID-19, a evolução tecnológica e a velocidade das entregas mudaram os hábitos de consumo, especialmente dos jovens, que cada vez mais adquirem bens e serviços no mesmo ambiente em que passam a maior parte do tempo: a internet.

Atualmente, 20% das vendas mundiais ao consumidor decorrem do comércio eletrônico[51] e os *marketplaces* parecem ser a opção mais atrativa, pois oferecem confiança entre partes que não se conhecem.

O Brasil é um dos maiores mercados de consumidores digitais do mundo e isso não poderia deixar de chamar a atenção dos grandes *marketplaces* asiáticos, que "invadiram" o país com uma incrível variedade de produtos, a preços bastante acessíveis.

Durante a pandemia, houve um *boom* de compras pela internet e o fenômeno, desde então, só aumenta. Mais do que uma alternativa à crise sanitária, as compras *on-line* se tornaram a principal forma de consumo para muitas pessoas.

Ocorre que essas importações, devido ao enorme volume, não podem ser adequadamente verificadas para fins de análise e eventual tributação.

Ciente desse cenário, o governo federal lançou, em 2023, o **Programa Remessa Conforme**, com o objetivo de tornar mais rápido e transparente o controle aduaneiro sobre as pequenas importações via correio.

A Portaria MF n. 612, de 29 de junho de 2023, acrescentou o artigo 1.º-B à Portaria MF n. 156/99 (que, como vimos, trata dos limites de isenção do RTF), para estabelecer que:

> Art. 1.º-B. O regime de que trata o art. 1.º poderá ser utilizado no despacho aduaneiro de importação de bens adquiridos por meio de empresa de comércio eletrônico que participe de programa de conformidade da Secretaria Especial da Receita Federal do Brasil, instituído na forma da legislação específica.
>
> § 1.º Para fins do disposto no *caput*, consideram-se empresa de comércio eletrônico, a empresa nacional ou estrangeira, que utilize plataformas, *sites* e meios digitais de intermediação de compra e venda de produtos, por meio de solução própria ou de terceiros.

---

[51] Conforme Statista, disponível em https://www.statista.com/statistics/534123/e-commerce-share--of-retail-sales-worldwide/. Acesso em: out. 2023.

Ocorre que, depois de muitos debates acerca da não cobrança de tributos para bens até o valor de 50 dólares (que tinham alíquota de 0%), sobreveio a Portaria MF n.º 1.086, de 24 de junho de 2024, que criou a seguinte tabela:

DE (US$)	ATÉ (US$)	ALÍQUOTA	PARCELA A DEDUZIR DO IMPOSTO DE IMPORTAÇÃO (US$)
0,00	50,00	20,0%	-
50,01	3000,00	60,0%	US$ 20,00

Com isso, as remessas postais até 50 dólares passaram a ser tributadas a 20%, cabendo à Secretaria Especial da Receita Federal do Brasil elaborar relatórios bimestrais de avaliação do programa de conformidade referido no *caput*, com vistas a:
I – monitorar a adesão;
II – apontar os resultados obtidos; e
III – propor alteração da alíquota diferenciada da tabela acima, conforme o caso[52].

O Programa é de adesão voluntária, mas em pouquíssimo tempo alguns dos principais *marketplaces* globais (especialmente chineses) foram certificados, o que apenas confirma o tamanho e a relevância desse mercado.

Em linhas gerais, as empresas certificadas devem enviar às autoridades brasileiras, antecipadamente, as informações sobre as compras realizadas em seus *sites* e, se for o caso, já promover o pagamento dos tributos pertinentes. Assim, é possível, em tese, agilizar os trâmites de verificação das remessas, que continuarão a passar por inspeção não invasiva (raio-x, por exemplo), com posterior liberação para entrega aos destinatários.

16.11. REGIME DE TRIBUTAÇÃO ESPECIAL

Os bens integrantes da **bagagem** de viajantes internacionais são submetidos ao regime de **tributação especial**, quando adquiridos no exterior em valor superior ao limite de isenção individual, fixado em **US$ 1.000,00** (mil dólares norte-americanos).

Assim, o **excedente** é tributado apenas pelo imposto de importação, que incide a uma alíquota fixa de **50%** (cinquenta por cento) sobre o valor do bem.

Questão relevante e que suscita inúmeras controvérsias diz respeito ao alcance dos bens compreendidos no conceito de bagagem.

A legislação define vários termos relativos à matéria:

■ **bagagem**: os bens novos ou usados que um viajante, em compatibilidade com as circunstâncias de sua viagem, puder destinar para seu uso ou consumo pessoal, bem como para presentear, sempre que, pela sua quantidade, natureza ou variedade, não permitirem presumir importação com fins comerciais ou industriais;

■ **bagagem acompanhada**: a que o viajante traga consigo, no mesmo meio de transporte em que viaje, desde que não amparada por conhecimento de carga ou documento equivalente;

---

[52] Artigo 1.º-B, § 3.º, da Portaria MF n. 612/2023.

◾ **bagagem desacompanhada**: a que chegue ao País, amparada por conhecimento de carga ou documento equivalente; e

◾ **bens de uso** ou **consumo pessoal**: os artigos de vestuário, higiene e demais bens de caráter manifestamente pessoal.

> **Importante:** Estão excluídos do conceito de bagagem os veículos automotores em geral, as motocicletas, as motonetas, as bicicletas com motor, os motores para embarcação, as motos aquáticas e similares, as casas rodantes, as aeronaves e as embarcações de todo tipo, além das partes e peças desses bens, exceto quando unitários e de valor inferior aos limites de isenção, assim como relacionados em listas específicas que poderão ser elaboradas pela Secretaria da Receita Federal do Brasil.

Dos conceitos acima, podemos extrair, de plano, a noção de que existem **dois tipos** de bagagem: aquela dita **acompanhada**, que o passageiro transporta durante o percurso da viagem e sobre a qual mantém vínculo jurídico direto, e a bagagem **desacompanhada**, que o viajante decide, em algum momento, desvincular de si, enviando-a de volta para o Brasil ou, no sentido inverso, se for residente no exterior, por meio de transporte distinto do seu.

Desse modo, a bagagem desacompanhada deverá ser amparada por **conhecimento de carga**, para fins de transporte internacional, o que não a retira do regime de tributação especial, mas confere-lhe tratamento diverso em relação àquela transportada junto com o viajante.

A principal diferença tributária entre os dois conceitos é de que para a bagagem desacompanhada **não há** o limite de isenção de US$ 1.000,00 (mil dólares norte-americanos), de forma que qualquer bem novo e estrangeiro nela contido poderá ser integralmente tributado.

Vejamos o seguinte **exemplo**:

Determinado passageiro, ao viajar para o exterior, decide, durante a viagem, remeter de volta para o Brasil roupas e objetos que não mais utilizará, entre os quais **presentes** no valor de US$ 100,00 (cem dólares norte-americanos).

Dirige-se, pois, a uma agência do correio no exterior e providencia o transporte.

Ao término de sua viagem, retorna ao país **sem ter adquirido** qualquer outro bem tributável. Ao desembarcar na alfândega, informa às autoridades aduaneiras que *não possui bens a declarar*, circunstância devidamente comprovada e que permite a sua liberação sem maiores formalidades.

Passado algum tempo, recebe do correio **notificação** sobre a chegada das roupas e objetos postados no exterior, assim como a informação de que deverá recolher o imposto de importação, no valor de **cinquenta dólares**, sobre os **presentes** detectados na remessa.

Conclusão: O procedimento aduaneiro está absolutamente correto, pois os bens passíveis de tributação encontrados na bagagem desacompanhada **não gozam**, no exemplo, de qualquer benefício ou isenção, *ainda que o passageiro não tenha utilizado o limite de US$ 1.000,00 (mil dólares norte-americanos) em relação à sua bagagem acompanhada.*

> **Observação:** Na linguagem do Regulamento Aduaneiro, a bagagem desacompanhada somente está **isenta** do pagamento do imposto relativamente a bens de uso e consumo pessoal, usados. Para os livros e periódicos aplica-se a imunidade prevista no âmbito constitucional.

Os conceitos de bagagem acompanhada e desacompanhada são distintos e não podem ser **objeto de compensação**, ainda que em função do mesmo contribuinte e de uma só viagem.

Isso porque o limite de isenção, além de **pessoal e intransferível**, pressupõe momento e condições específicos para seu gozo. Assim, o valor da isenção não pode ser somado para os casais, mas, pelo menos, alcança os menores, independentemente da idade.

Como para o tratamento dos bens contidos no conceito de bagagem acompanhada o critério temporal do imposto de importação é o momento do exercício do controle aduaneiro, quando do **desembarque** do passageiro no país, este também se revela como o instante no qual a isenção deve ser pleiteada, desde que observados os requisitos formais estabelecidos pela legislação.

> **Atenção:** A bagagem desacompanhada deverá chegar ao País dentro dos **três meses anteriores** ou até os **seis meses posteriores** à chegada do viajante e provir do país ou dos países de estada ou de procedência do viajante. Isso é importante, por exemplo, no caso de mudanças, em que o passageiro retorna ao Brasil de avião e remete os seus bens por via marítima. Nesse caso, os bens deverão chegar dentro dos limites fixados pela legislação.

Quanto à extensão do **conceito de bagagem**, que estabelece os limites entre *o que pode e o que não pode* ser desembaraçado pelo regime de tributação especial, os bens integrantes de bagagem devem ser reservados a **uso** ou **consumo pessoal** do viajante, ou destinados a sua **atividade profissional**, sendo vedada a importação de bens que, pela quantidade, natureza ou variedade revelem **destinação comercial** ou **empresarial**.

Neste momento, cabe-nos fazer algumas **perguntas***:*

- ■ Pode um passageiro importar bem de **altíssimo valor** como bagagem?
- ■ É possível que bens de **valor diminuto**, que somados não ultrapassam sequer o limite de isenção de US$ 1.000,00 (mil dólares norte-americanos), sejam impedidos de ingressar no país pelo regime de tributação simplificada?
- ■ Será que mesmo os **livros e periódicos**, que gozam de imunidade tributária, estão sujeitos às limitações do conceito de bagagem?

Pensamos que a resposta para todas as indagações acima seja SIM!

Um viajante pode trazer consigo **objeto único**, de altíssimo valor, e desembaraçá-lo pelo regime de tributação simplificada, com o pagamento do imposto de importação mediante a alíquota de 50%.

Seria o caso, por exemplo, de uma obra de arte de milhares de dólares, que poderia, inclusive, ser beneficiada pela isenção de US$ 1.000,00 (mil dólares norte-americanos), **desde que tributada** quanto ao restante.

Se o valor do objeto for de, digamos, **US$ 20.000,00** (vinte mil dólares norte-americanos), a base de cálculo do imposto de importação, sobre a qual incidirão os 50%, será de US$ 19.000,00 (dezenove mil dólares norte-americanos), desde que este seja o **único bem** importado. De se notar que o critério **quantidade**, na hipótese, prevalece sobre o critério **valor do bem**, permitindo a aplicação do regime simplificado.

Em sentido contrário, se um passageiro trouxer **duzentos bonés**, de US$ 1,00 cada, para **distribuição** num evento promocional, não poderá desembaraçá-los no regime de bagagem, apesar de o valor total importado ser **inferior** ao limite de isenção, pois o procedimento eleito estará equivocado, e o impacto tributário, ainda que nulo, não tem o condão de prejudicar o controle aduaneiro, dado que a **destinação comercial** restará caracterizada, ainda que a distribuição se dê a título gratuito.

Igual raciocínio vale para a terceira indagação. Se alguém traz **livros** em sua bagagem, por óbvio que não haverá tributação, ante o comando constitucional imunizante.

Isso não impede que, se o viajante trouxer **muitos exemplares** da mesma obra, o tratamento aduaneiro aplicável seja distinto, típico do regime de importação comum, ainda que o resultado tributário se mantenha idêntico.

> **Cuidado:** Lembramos que a isenção de US$ 1.000,00 (mil dólares norte-americanos) só pode ser utilizada pelo passageiro **uma vez a cada trinta dias**, contados da sua última entrada no Brasil.

A restrição merece aplausos, pois evita que o regime de tributação especial, especialmente no caso de **viajantes frequentes**, seja utilizado como fonte alternativa de receitas ou compensação com os custos da viagem, pois há casos de pessoas que têm nas viagens ao exterior sua principal ocupação, como os pilotos e tripulantes de aeronaves, bem assim os chamados *on board couriers*. A esses **não subsiste o direito** à isenção, o que nos parece absolutamente correto, posição que, inclusive, já defendemos em parecer administrativo.

Como pudemos observar, os regimes tributários especiais aplicáveis às bagagens, remessas internacionais e ao fornecimento de combustível para aeronaves em tráfego internacional são instrumentos que visam facilitar o comércio exterior, garantir a competitividade do setor aéreo e assegurar isenções fiscais estratégicas.

Essas regras estabelecem condições para que certos bens ingressem no país ou sejam exportados sem a incidência do IBS e da CBS, reduzindo a carga tributária sobre transações de menor impacto econômico e sobre operações essenciais ao comércio internacional.

O artigo 94 da Lei Complementar n. 214/2025 estabelece a isenção do IBS e da CBS na importação de certos bens transportados por viajantes ou enviados por remessas internacionais.

O benefício se aplica a duas situações específicas:

◼ Bagagens de viajantes e tripulantes – tanto as acompanhadas (trazidas pessoalmente pelo passageiro) quanto as desacompanhadas (enviadas separadamente, como cargas) estão isentas de IBS e CBS. Isso evita que um viajante tenha de pagar tributos adicionais sobre bens de uso pessoal adquiridos no exterior.

◼ Remessas internacionais isentas do Imposto sobre a Importação – IBS e CBS também não incidem sobre mercadorias enviadas do exterior para o Brasil, desde que:

a) Sejam **isentas** do Imposto de Importação (o que ocorre para bens de pequeno valor ou produtos beneficiados por acordos internacionais);

b) O remetente e o destinatário sejam **pessoas físicas** – evitando que empresas utilizem essa isenção para operações comerciais;

c) Não haja intermediação de **plataformas digitais**, garantindo que o benefício não seja explorado para comércio eletrônico sem a devida tributação.

Essa última exigência visa evitar que *marketplaces* estrangeiros usem o envio de remessas individuais como um subterfúgio para evitar impostos, desviando-se das regras formais de importação.

O artigo 95 trata do **regime de tributação simplificada** para remessas internacionais, que permite uma forma menos burocrática de cobrança de impostos sobre pequenas importações. Caso essa tributação simplificada seja aplicada, o próprio fornecedor estrangeiro torna-se responsável solidário pelo pagamento do IBS e da CBS e deve se inscrever no regime regular de tributação, mesmo se não tiver sede no Brasil.

Essa obrigação recai sobre empresas de comércio eletrônico que vendem diretamente para consumidores brasileiros, como plataformas de *marketplaces* internacionais. A medida busca igualar a concorrência entre vendedores nacionais e estrangeiros, impedindo que empresas de fora tenham vantagens tributárias sobre o comércio local.

O artigo 96 aprofunda a exigência ao determinar que as plataformas digitais que intermedeiam vendas internacionais (como *marketplaces*) serão responsáveis pelo pagamento do IBS e da CBS sobre os produtos importados. Isso significa que gigantes do *e-commerce*, mesmo sem sede no Brasil, precisarão garantir o recolhimento correto dos tributos ao viabilizar remessas internacionais.

Por fim, o artigo 97 estabelece que, caso o fornecedor estrangeiro ou a plataforma digital não recolham os tributos, a responsabilidade passa para o **destinatário** da remessa internacional. Assim, se um consumidor brasileiro compra um celular importado por meio de um *site* estrangeiro e o vendedor não paga os tributos correspondentes, o próprio comprador poderá ser cobrado solidariamente pelo IBS e pela CBS. A regra reforça a necessidade de regularização fiscal dos fornecedores internacionais com o objetivo de impedir brechas para importações sem a devida tributação.

16.12. REGIME DE TRIBUTAÇÃO UNIFICADA

O **Regime de Tributação Unificada (RTU)** foi instituído pela Lei n. 11.898/2009 e permite a importação, por **microempresa** importadora varejista habilitada, de determinadas mercadorias procedentes do Paraguai, por via terrestre, na fronteira entre *Ciudad Del Este e Foz do Iguaçu*, mediante o pagamento **unificado** dos impostos e contribuições federais devidos, com despacho aduaneiro simplificado.

Somente poderão efetuar importações pelo RTU as microempresas optantes pelo **Simples Nacional**.

Os bens que podem ser importados pelo regime estão previstos numa lista **positiva** e incluem, entre outros, bens de informática, de telecomunicações e eletroeletrônicos.

Contudo, alguns tipos de bens **não podem** ser importados, pois constam de **lista negativa** (proibitiva), a saber:

- ■ mercadorias que não sejam destinadas a consumidor final;
- ■ armas e munições, fogos de artifício e explosivos;
- ■ bebidas (inclusive alcoólicas);

▫ cigarros;

▫ veículos automotores em geral e embarcações de todo tipo (inclusive suas partes e peças, como pneus);

▫ medicamentos;

▫ bens usados; e

▫ bens com importação suspensa ou proibida no Brasil.

As importações deverão respeitar o **limite** anual **máximo** (R$ 110.000,00) e os limites **trimestrais** (R$ 18.000,00 para o 1.º e o 2.º trimestres, e de R$ 37.000,00 para o 3.º e o 4.º trimestres).

Os **tributos federais** devidos na importação efetuada ao amparo do RTU serão pagos no momento do registro da declaração de importação, à **alíquota total de 25%**, sendo:

▫ 7,88% a título de imposto de importação;

▫ 7,87% a título de imposto sobre produtos industrializados (IPI);

▫ 7,6% a título de COFINS-importação; e

▫ 1,65% a título de PIS/PASEP-importação.

O Poder Executivo poderá reduzir a zero ou elevar até 18% a alíquota do imposto de importação e a até 15% a alíquota do IPI.

A alíquota será aplicada sobre o **preço de aquisição** das mercadorias, à vista da fatura comercial, observados os valores de referência mínimos a ser estabelecidos pela Receita Federal do Brasil.

Como se pode perceber, a alíquota total de 25% **não contempla o ICMS**, de forma que poderá ser celebrado convênio para que este tributo também seja pago no momento do registro da declaração de importação, porventura efetuada ao amparo do regime.

Se não houver convênio, o ICMS será recolhido de acordo com a legislação do **Estado de domicílio** da empresa microimportadora.

16.13. PAGAMENTO DO IMPOSTO

Regra geral, o imposto de importação será pago na **data do registro** da declaração de importação, embora o Ministro de Estado da Fazenda possa fixar, em casos especiais, outros momentos para o pagamento do imposto.

É o caso, por exemplo, dos fatos geradores cujo lançamento compete, **de ofício**, à autoridade aduaneira.

Exemplo: se um passageiro retorna no exterior e possui bens tributáveis na bagagem, o valor do imposto deverá ser recolhido a partir da **data do lançamento**, ou seja, em até 30 dias da ciência. Importante notar que, enquanto não houver o pagamento, os bens constantes da bagagem não serão liberados. Igual raciocínio se aplica para as remessas postais internacionais.

16.14. ISENÇÕES E REDUÇÕES DO IMPOSTO DE IMPORTAÇÃO

Sabemos que as isenções decorrem de normas com força de lei e que impedem o pagamento do tributo.

Assim, o **extenso rol** de isenções previsto pelo Regulamento Aduaneiro tem como referência diversas leis e atos internacionais, que foram devidamente recepcionados pelo direito brasileiro.

Como em todas as isenções tributárias, o **reconhecimento** pela autoridade competente é essencial para a fruição do benefício.

Dito de outro modo, não basta ter direito à isenção, mas será, sim, necessário tê-lo devidamente reconhecido. Cabe, portanto, ao interessado **pleitear a isenção**, mediante requerimento formal.

Em tributário costuma-se dizer que as isenções podem ser **subjetivas** ou **objetivas**. As primeiras dizem respeito a qualidades peculiares do contribuinte ou responsável pelo imposto, enquanto as objetivas analisam características intrínsecas dos bens sujeitos à tributação.

No Regulamento Aduaneiro existem diversas regras acerca das isenções **subjetivas**, a exemplo do que já vimos quando da transferência de bens de representações consulares ou diplomáticas para particulares.

A regra geral determina que a **transferência de propriedade** ou a **cessão de uso** dos bens, a qualquer título, de alguém que fazia jus à isenção, a outra pessoa que não possua a mesma qualificação, deve ser **precedida** do pagamento dos impostos.

As exceções, nas quais **não será** necessário o pagamento, dizem respeito, portanto, a três situações: quando a transferência ocorrer depois de **três** ou **cinco anos**, conforme já tivemos a oportunidade de observar ou, ainda, quando a transferência for para pessoa ou a entidade que goze de **igual** tratamento tributário (ou seja, também tenha direito à isenção), desde que mediante prévia decisão da autoridade aduaneira.

Como se presume que a transferência ocorrerá depois de certo tempo de uso do bem, a legislação prevê que o imposto de importação poderá ser **reduzido proporcionalmente** à depreciação do valor dos bens em função do tempo decorrido, contado da data do registro da declaração de importação.

Nada mais justo, pois o adquirente receberá um bem cujo valor, **por ser usado**, não mais corresponde ao montante apurado ao tempo da importação.

> **Importante:** Não se aplicam os índices de depreciação quando o bem se **valorizar** com o decurso do tempo, como no caso de obras de arte e antiguidades.

Os índices de depreciação estão previstos no artigo 126, §§ 1.º e 2.º, do Regulamento Aduaneiro[53].

---

[53] Artigo 126: "§ 1.º A depreciação do valor dos bens objeto da isenção a que se referem as alíneas 'c' e 'd' do inciso I do art. 136, quando exigível o pagamento do imposto, obedecerá aos seguintes percentuais: I — de mais de doze e até vinte e quatro meses, trinta por cento; e II — de mais de vinte e quatro e até trinta e seis meses, setenta por cento. § 2.º A depreciação para os demais bens, inclusive os automóveis de que trata o art. 187, obedecerá aos seguintes percentuais: I — de mais de doze e até vinte e quatro meses, vinte e cinco por cento; II — de mais de vinte e quatro e até trinta e seis meses, cinquenta por cento; III — de mais de trinta e seis e até quarenta e oito meses, setenta e cinco por cento; e IV — de mais de quarenta e oito e até sessenta meses, noventa por cento".

Do mesmo modo, se os bens objeto de isenção ou de redução forem **danificados** por incêndio ou por qualquer outro sinistro, o imposto será reduzido proporcionalmente ao valor do prejuízo, salvo se apurada **culpa ou dolo** do proprietário (em relação ao dano) ou, ainda, se os bens foram transferidos sem o cumprimento das regras aduaneiras.

A legislação também prevê a possibilidade de as isenções serem condicionadas a **uso específico**, circunstância que exigirá, do interessado, a prova da utilização do bem no destino previsto em lei.

O Regulamento Aduaneiro prevê, como já destacamos, um extenso rol de situações passíveis de isenção, além das já observadas.

Começamos pelo grupo das **isenções subjetivas**, que dizem respeito à qualificação do importador.

Nesse sentido, **são isentas** as importações realizadas[54]:

- ◻ pela União, pelos Estados, pelo Distrito Federal, pelos Territórios, pelos Municípios e pelas respectivas autarquias;
- ◻ pelos partidos políticos e pelas instituições de educação ou de assistência social;
- ◻ pelas missões diplomáticas e repartições consulares de caráter permanente e pelos respectivos integrantes;
- ◻ pelas representações de organismos internacionais de caráter permanente, inclusive os de âmbito regional, dos quais o Brasil seja membro, e pelos respectivos integrantes;
- ◻ pelas instituições científicas e tecnológicas e por cientistas e pesquisadores.

Cada uma das isenções acima está **condicionada** ao cumprimento de certas obrigações, que estão previstas nos artigos 139 a 148 do Regulamento Aduaneiro.

Por outro lado, determinadas hipóteses também são **objetivamente isentas**, desde que observados os requisitos legais.

A lista é bastante extensa, como se pode observar:

- ◻ amostras e remessas postais internacionais, sem valor comercial;
- ◻ remessas postais e encomendas aéreas internacionais, destinadas a pessoa física;
- ◻ bagagem de viajantes procedentes do exterior ou da Zona Franca de Manaus;
- ◻ bens adquiridos em loja franca, no País;
- ◻ bens trazidos do exterior, no comércio característico das cidades situadas nas fronteiras terrestres;
- ◻ bens importados sob o regime aduaneiro especial de *drawback*, na modalidade de isenção;
- ◻ gêneros alimentícios de primeira necessidade, fertilizantes e defensivos para aplicação na agricultura ou na pecuária, bem como matérias-primas para sua produção no País, importados ao amparo do artigo 4° da Lei n. 3.244, de 1957, com a redação dada pelo artigo 7.° do Decreto-Lei n. 63, de 21 de novembro de 1966;

---

[54] Artigo 136 do Regulamento Aduaneiro. O Decreto n. 9.283/2018 acrescentou o § 1.° ao artigo 136 para estabelecer isenção do imposto de importação aos bens importados por empresas, na execução de projetos de pesquisa, desenvolvimento e inovação, nos termos da Lei n. 8.032/90.

■ partes, peças e componentes, destinados ao reparo, revisão e manutenção de aeronaves e de embarcações;

■ medicamentos destinados ao tratamento de aidéticos, e instrumental científico destinado à pesquisa da síndrome da deficiência imunológica adquirida;

■ bens importados pelas áreas de livre-comércio;

■ importações efetuadas para a Zona Franca de Manaus e para a Amazônia Ocidental;

■ mercadorias estrangeiras vendidas por entidades beneficentes em feiras, bazares e eventos semelhantes, desde que recebidas em doação de representações diplomáticas estrangeiras sediadas no País;

■ mercadorias destinadas a consumo no recinto de congressos, de feiras, de exposições internacionais e de outros eventos internacionais assemelhados;

■ objetos de arte recebidos em doação, por museus;

■ partes, peças e componentes, importados, destinados ao emprego na conservação, modernização e conversão de embarcações registradas no Registro Especial Brasileiro;

■ bens destinados a coletores eletrônicos de votos;

■ bens recebidos como premiação em evento cultural, científico ou esportivo oficial, realizado no exterior, ou para serem consumidos, distribuídos ou utilizados em evento esportivo oficial realizado no País;

■ bens importados por desportistas, desde que tenham sido utilizados por estes em evento esportivo oficial e recebidos em doação de entidade de prática desportiva estrangeira ou da promotora ou patrocinadora do evento;

■ equipamentos e materiais destinados, exclusivamente, a treinamento e preparação de atletas e equipes brasileiras para competições desportivas em jogos olímpicos, paraolímpicos, pan-americanos, parapan-americanos e mundiais.

Por fim, temos ainda **outro tipo** de isenção, concedida às importações de partes, peças e componentes utilizados na industrialização, revisão e manutenção dos **bens de uso militar**, classificados nos códigos 8710.00.00, 8906.10.00, 88.02, 88.03 e 88.05 da Nomenclatura Comum do Mercosul.

16.14.1.   Isenções destinadas à inovação, pesquisa e capacitação tecnológica

Em fevereiro de 2018, o Decreto n. 9.283 foi editado com o objetivo de estabelecer medidas de **incentivo** à inovação, pesquisa e capacitação tecnológica dos ambientes produtivos no Brasil, o que ensejou a alteração de diversos dispositivos legais, inclusive no Regulamento Aduaneiro, cujo resultado prático foi a **isenção do II e do IPI** para bens importados por empresas na execução de projetos de pesquisa, desenvolvimento e inovação tecnológica[55].

No caso de **instituições científicas** e **tecnológicas** poderão ser importados máquinas, equipamentos, aparelhos e instrumentos destinados às respectivas pesquisas, desde

---

[55]   Regulamento Aduaneiro, artigo 136, § 1.º.

que os beneficiários sejam credenciados pelo Conselho Nacional de Desenvolvimento Científico e Tecnológico (CNPq). Essas importações ficam dispensadas de controles prévios ao despacho aduaneiro, e o limite global anual, em termos de valor, será fixado pelo Ministro da Fazenda, ouvido o Ministro de Estado da Ciência, Tecnologia, Inovações e Comunicações.

Por outro lado, para regulamentar os procedimentos de importação com isenção tributária para as **empresas privadas**, foi criada no Regulamento Aduaneiro uma nova subseção (XXII-B), que definiu os requisitos de habilitação[56]:

a) credenciamento da empresa junto ao CNPq;

b) apresentação de declaração, celebrada pelo dirigente máximo, de que os bens importados serão exclusivamente utilizados em pesquisa, desenvolvimento e inovação, sob pena de responsabilidade administrativa, civil e penal; e

c) indicação do projeto de pesquisa, desenvolvimento e inovação aprovado pelo CNPq, no qual será utilizado o bem que se pretende importar, conforme os critérios estabelecidos em ato normativo próprio.

E o projeto de pesquisa, desenvolvimento ou inovação a ser apresentado ao CNPq deverá conter, obrigatoriamente:

- ◻ título, objetivos, metas, resultados esperados, metodologia utilizada, fontes de financiamento e produção científica e tecnológica;
- ◻ relação de bens a serem importados;
- ◻ equipe envolvida no projeto;
- ◻ relevância dos bens a serem importados para a execução do projeto;
- ◻ descrição de infraestrutura de laboratório; e
- ◻ outros itens exigidos em norma específica.

Também caberá ao Ministro da Fazenda, ouvido o Ministro da Ciência, Tecnologia, Inovações e Comunicações, estabelecer o **limite anual máximo**, em valor, das importações beneficiadas com isenção para as empresas regularmente habilitadas.

O benefício também prevê que o licenciamento das importações, na hipótese, terá tratamento **prioritário** e, quando aplicável, **procedimento simplificado**, equivalente àquele previsto para as mercadorias perecíveis, conforme disciplinado em ato da Secretaria da Receita Federal do Brasil, e a verificação do enquadramento na isenção, pelas empresas, será efetuada prioritariamente, em controle pós-despacho aduaneiro.

16.15. IMUNIDADES DO IMPOSTO DE IMPORTAÇÃO E O CONTROLE EXERCIDO PELA RECEITA

Na esteira da Carta Magna, o Regulamento Aduaneiro apenas menciona a questão das **imunidades** na importação em relação ao conhecido caso dos livros, jornais e periódicos.

---

[56] Regulamento Aduaneiro, artigo 186-E, § 1.º.

Nesse sentido, nada mais faz do que reverberar o comando constitucional previsto no artigo 150, VI, "d", nos seguintes termos:

Art. 211-A. É concedida imunidade do imposto de importação às importações de livros, jornais e periódicos e do papel destinado a sua impressão.

Art. 211-B. Deve manter registro especial na Secretaria da Receita Federal do Brasil a pessoa jurídica que:

I – exercer as atividades de comercialização e importação de papel destinado à impressão de livros, jornais e periódicos, a que se refere o art. 211-A; e

II – adquirir o papel a que se refere o art. 211-A para a utilização na impressão de livros, jornais e periódicos.

§ 1.º A transferência do papel a detentores do registro especial de que trata o *caput* faz prova da regularidade da sua destinação, sem prejuízo da responsabilidade, pelos tributos devidos, da pessoa jurídica que, tendo adquirido o papel beneficiado com imunidade, desviar sua finalidade constitucional.

§ 2.º Compete à Secretaria da Receita Federal do Brasil:

I – expedir normas complementares relativas ao registro especial e ao cumprimento das exigências a que estão sujeitas as pessoas jurídicas para sua concessão; e

II – estabelecer a periodicidade e a forma de comprovação da correta destinação do papel beneficiado com imunidade, inclusive mediante a instituição de obrigação acessória destinada ao controle da sua comercialização e importação.

Sabemos que o tema das imunidades só pode ser tratado **pela Constituição**, de forma que nos parece óbvio que existem outras hipóteses de imunidade, além daquela relativa aos livros, jornais e periódicos.

Exemplos **claros** de imunidade estão previstos no artigo 150, VI, da Constituição, como no caso da imunidade recíproca (dos entes federados), dos partidos políticos, autarquias, fundações, entidades sindicais dos trabalhadores, e assim por diante.

A jurisprudência tem seguido esse entendimento, como se pode depreender das ementas abaixo:

A imunidade tributária prevista no art. 150, VI, *a*, da Constituição aplica-se às operações de importação de bens realizadas por municípios, quando o ente público for o importador do bem (identidade entre o "contribuinte de direito" e o "contribuinte de fato" (AI 518.405, Rel. Min. Joaquim Barbosa, julgamento em 6.4.2010, *DJe* 29.4.2010).

A imunidade das entidades de assistência social, sem fins lucrativos, prevista no art. 150, inciso VI, alínea *c*, da Carta Política de 1988, inclui o Imposto de Importação e o Imposto sobre Produtos Industrializados, pressupondo tão somente o cumprimento dos requisitos previstos nos incisos I a III do art. 14 do Código Tributário Nacional, bem como que o bem adquirido integre o patrimônio da entidade abrangida pela imunidade e seja utilizado na realização de seus objetivos institucionais (RE 626.293/RS, Rel. Min. Ricardo Lewandowski, julgamento em 13.10.2010, *DJe* 25.10.2010).

Imunidade recíproca. Afastamento exige comprovação de ofensa à livre-iniciativa e à concorrência. A imunidade tributária prevista no art. 150, VI, *a*, da Constituição aplica-se às operações de importação de bens realizadas por Municípios, quando o ente público for o importador do bem (identidade entre o "contribuinte de direito" e o "contribuinte de fato"). Compete ao ente tributante provar que as operações de importação desoneradas estão influindo negativamente no mercado, a ponto de violar o art. 170 da Constituição. Impossibilidade de presumir risco à livre-iniciativa e à concorrência (AI 518.405-AgR).

Partidos políticos, entidades sindicais dos trabalhadores, instituições de educação e assistência social, sem fins lucrativos. II, IPI e ICMS. Alcance. A imunidade prevista no art. 150, VI, *c*, da CF, em favor das instituições de assistência social, abrange o Imposto de Importação e o Imposto sobre Produtos Industrializados, que incidem sobre bens a serem utilizados na prestação de seus serviços específicos (RE 243.807); e A jurisprudência da Corte é no sentido de que a imunidade prevista no art. 150, VI, *c*, da CF, abrange o ICMS incidente sobre a importação de mercadorias utilizadas na prestação de seus serviços específicos (AI 669.257-Agr).

16.16. SIMILARIDADE

Como regra, a **isenção** ou a **redução** do imposto de importação somente poderá beneficiar mercadoria sem similar nacional e transportada em navio de bandeira brasileira.

Isso porque o governo objetiva **proteger** a indústria nacional, de modo a não conceder benefícios a produtos que, se importados a preços finais reduzidos, poderão prejudicar o fabricante nacional.

Assim, o **exame da similaridade** constitui etapa importante dos procedimentos de importação, toda vez que se cogitar a obtenção de isenções.

Considera-se **similar** ao estrangeiro o produto nacional em condições de substituir o importado, observadas as seguintes normas básicas[57]:

I — qualidade equivalente e especificações adequadas ao fim a que se destine;
II — preço não superior ao custo de importação, em moeda nacional, da mercadoria estrangeira, calculado o custo com base no preço *Cost, Insurance and Freight* — CIF, acrescido dos tributos que incidem sobre a importação e de outros encargos de efeito equivalente; e
III — prazo de entrega normal ou corrente para o mesmo tipo de mercadoria.

Cabe à Secretaria de Comércio Exterior (**SECEX**) fixar os critérios para apuração da similaridade, por meio de normas complementares, tendo em vista as condições de oferta do produto nacional, a política econômica geral do governo e a orientação dos órgãos governamentais incumbidos da política relativa a produtos ou a setores de produção.

Portanto, a SECEX deverá **apurar a similaridade** antes da importação dos produtos estrangeiros, sem prejuízo da colaboração de outros órgãos ou entidades, e deverá informar ao interessado, se for o caso, a existência de similar nacional.

Considera-se que **não há similar nacional**, em condições de substituir o produto importado, quando, em obras a cargo de concessionárias de serviço público, não

---

[57] Artigo 190 do Regulamento Aduaneiro.

existirem bens e equipamentos de construção em quantidade que permita o seu forneci-mento nos prazos requeridos pelo interesse nacional para a conclusão da obra.

Nos termos do artigo 201 do RA, estão **dispensados** da apuração de similaridade (ou seja, a isenção independe do exame):

I – bagagem de viajantes;

II – importações efetuadas por missões diplomáticas e repartições consulares de cará-ter permanente e por seus integrantes;

III – importações efetuadas por representações de organismos internacionais de cará-ter permanente de que o Brasil seja membro, e por seus funcionários, peritos, técnicos e consultores, estrangeiros;

IV – amostras e bens contidos em remessas postais internacionais, sem valor comer-cial;

V – partes, peças e componentes destinados a reparo, revisão e manutenção de aero-naves ou embarcações, estrangeiras;

VI – gêneros alimentícios de primeira necessidade, fertilizantes e defensivos para apli-cação na agricultura ou pecuária, e matérias-primas para sua produção no País, quan-do sujeitos a contingenciamento;

VII – partes, peças, acessórios, ferramentas e utensílios:

a) que, em quantidade normal, acompanham o aparelho, instrumento, máquina ou equipamento, importado com isenção do imposto; e

b) importados pelo usuário, na quantidade necessária e destinados, exclusivamente, ao reparo ou manutenção do aparelho, instrumento, máquina ou equipamento de proce-dência estrangeira, instalado ou em funcionamento no País;

VIII – bens doados a entidades sem fins lucrativos, destinados a fins culturais, cientí-ficos e assistenciais;

IX – bens adquiridos em loja franca;

X – bens destinados a coletores eletrônicos de votos;

XI – bens destinados a pesquisa científica e tecnológica, até o limite global anual fixado pelo Ministro da Fazenda, depois de ouvido o Ministério da Ciência e Tecnologia.

16.17. QUESTÕES

1. (ESAF — TTN — 1998) É contribuinte do Imposto de Importação
   a) o adquirente, em licitação, de mercadoria estrangeira.
   b) o estabelecimento que exerce o comércio de produtos importados em relação ao fato gera-dor decorrente da saída desses produtos para qualquer fim.
   c) o importador, em relação ao fato gerador decorrente do desembaraço aduaneiro de produ-to, de procedência estrangeira.
   d) o importador, assim considerada qualquer pessoa que promova a entrada de mercadoria estrangeira no território nacional.
   e) qualquer pessoa jurídica de direito público ou privado em relação ao fato gerador da entra-da de mercadoria importada do exterior no estabelecimento, ainda que se trate de bem destinado a consumo ou a ativo fixo do mesmo.

2. (ESAF — TTN — 1998) Para efeito de cálculo do Imposto de Importação, considera-se ocorrido o fato gerador:
   a) na data do registro da declaração de importação para admissão nos regimes aduaneiros especiais, exceto o de *drawback*.

b) na data da entrada da mercadoria no território nacional, assim considerada a da descarga dos volumes para os recintos alfandegados de zona primária.

c) no dia do lançamento respectivo, quando se tratar de mercadoria constante de manifesto ou documento equivalente, cuja falta ou avaria for apurada pela autoridade aduaneira.

d) no dia do lançamento respectivo, quando se tratar da entrada regular no território aduaneiro de mercadoria contida em remessa postal à qual tenha sido aplicado o regime de exportação temporária.

e) na data do registro da declaração de importação de mercadoria constante de manifesto ou documento equivalente cuja falta for apurada pela autoridade aduaneira em ato de revisão.

3. (ESAF — AFRFB — 2010 — Curso de Formação) A empresa HAPPY END LTDA. comprou de um fornecedor britânico 20 (vinte) urnas funerárias, no valor total de US$ 8.000,00 (oito mil dólares norte-americanos), para utilização na prestação de seus serviços. A mercadoria foi enviada por via marítima, por meio de transportadora internacional. Quando da chegada ao Brasil, a referida carga deve ser submetida a despacho mediante:

a) Declaração de Remessas Expressas — Importação — DRE — I.

b) Declaração Simplificada de Importação — DSI.

c) Rito Sumário.

d) Declaração de Importação — DI.

e) Nota de Tributação Simplificada — NTS.

4. (ESAF — TRF — 2003) Não haverá incidência do Imposto de Importação nas seguintes situações, exceto:

a) devolução de dois aparelhos de ultrassonografia nacionalizados, por motivo de defeito técnico e que retornaram ao País para substituição.

b) retorno ao País de veículo de fabricação nacional, adquirido no mercado interno, por empresa nacional de engenharia e exportado para execução de obra contratada no exterior.

c) retorno ao Brasil de peças de artesanato, sob a alegação de que não correspondia à amostra apresentada ao importador estrangeiro pelo representante da cooperativa de artesãos.

d) retorno ao País de produtos nacionais, enviados em consignação e não vendidos, imediatamente após o término do prazo autorizado.

e) redestinação ou devolução para o exterior de mercadoria estrangeira, corretamente descrita e cujo erro de expedição foi comprovado.

5. (ESAF — AFRFB — 2014) Acerca da base de cálculo do Imposto de Importação, Valoração Aduaneira e Regime de Tributação Unificada, analise os itens a seguir e, em seguida, assinale a opção correta.

I. Toda mercadoria submetida a despacho de importação está sujeita ao controle do correspondente valor aduaneiro. Esse controle consiste na verificação da conformidade do valor aduaneiro declarado pelo importador com as regras estabelecidas no Acordo de Valoração Aduaneira. Integram o valor aduaneiro, independentemente do método de valoração utilizado, o custo de transporte da mercadoria importada até o porto ou o aeroporto alfandegado de descarga ou o ponto de fronteira alfandegado onde devam ser cumpridas as formalidades de entrada no território aduaneiro. Também integram o aludido valor aduaneiro os gastos relativos à carga, à descarga e ao manuseio, associados ao transporte da mercadoria importada, até a chegada aos locais acima referidos.

II. O Acordo de Valoração Aduaneira indica seis métodos para o procedimento de valoração aduaneira, cuja utilização deve ser sequencial e por exclusão. Assim, não sendo possível a determinação do valor aduaneiro pelo método do valor de transação ajustado, deve-se passar para o método do valor de transação de produtos similares.

III. Segundo o Artigo IV do Acordo de Valoração Aduaneira, poderá ser invertida a ordem dos métodos previstos nos Artigos 5 (método dedutivo) e 6 (método computado) do aludido Acordo, a pedido do importador. No entanto, países em desenvolvimento podem condicionar essa inversão à aquiescência das autoridades aduaneiras, sendo que o Brasil não teve interesse em fazer a mencionada reserva.

IV. No Regime de Tributação Unificada, é vedada a inclusão de quaisquer mercadorias que não sejam destinadas ao consumidor final.

a) Estão corretos somente os itens I, II e III.

b) Estão corretos somente os itens I, II e IV.

c) Estão corretos somente os itens I e IV.
d) Estão corretos somente os itens II e IV.
e) Todos os itens estão corretos.

6. (ESAF — AFRFB — 2014) Sobre o Imposto de Importação, é incorreto afirmar:
a) não se considera estrangeira, para fins de incidência do imposto, a mercadoria nacional ou nacionalizada exportada, que retorne ao País por motivo de modificações na sistemática de importação por parte do país importador.
b) o imposto não incide sobre mercadoria estrangeira destruída, sob controle aduaneiro, sem ônus para a Fazenda Nacional, antes de desembaraçada.
c) para efeito de cálculo do imposto, considera-se ocorrido o fato gerador no dia do lançamento do correspondente crédito tributário, quando se tratar de bens compreendidos no conceito de bagagem, acompanhada ou desacompanhada.
d) para efeito de cálculo do imposto, considera-se ocorrido o fato gerador na data do registro da declaração de importação de mercadoria constante de manifesto ou de outras declarações de efeito equivalente, cujo extravio ou avaria tenha sido apurado pela autoridade aduaneira.
e) caberá restituição total ou parcial do imposto pago indevidamente, a qual poderá ser processada de ofício, nos casos de verificação de extravio ou de avaria.

7. (FGV — Auditor-Fiscal da Receita Federal — 2023) Por definição, o fato gerador do Imposto de Importação é a entrada do produto importado no território aduaneiro. Para fins de cálculo do imposto, porém, a lei considera ocorrido o fato gerador:
a) na data do registro da Declaração de Importação da mercadoria no Siscomex.
b) no momento da efetiva descarga da mercadoria no ponto de chegada ao país.
c) no momento em que se comprova o extravio de mercadoria importada.
d) na data do licenciamento, no Siscomex, com vistas à liberação da mercadoria.
e) na data do desembaraço aduaneiro de mercadoria despachada para consumo.

8. (FGV — Auditor-Fiscal da Receita Federal — 2023) Segundo a Constituição da República de 1988 e a legislação aduaneira, considera(m)-se contribuinte(s) do Imposto de Importação:
a) toda pessoa física ou jurídica, ainda que ingresse irregularmente com mercadoria estrangeira no país.
b) toda pessoa, física ou jurídica, que ingresse no país com mercadoria ou produto sujeito a tributos.
c) o importador de mercadoria estrangeira e o viajante, este em relação aos bens conduzidos na bagagem.
d) o importador e, nas importações por via postal, a empresa de correios, caso o destinatário se recuse a receber a mercadoria.
e) todos os brasileiros, incluindo aqueles que introduzam mercadoria, clandestinamente, no país.

9. (FGV — Auditor-Fiscal da Receita Federal — 2023) É devido o Imposto de Importação sobre a entrada de mercadoria estrangeira no território nacional na seguinte hipótese:
a) retorno ao país de mercadoria devolvida por defeito técnico, para fins de reparo ou substituição.
b) produto exportado que retorna ao país por erro comprovado de expedição, acompanhado da documentação correspondente.
c) qualquer bem exportado em caráter definitivo que retorna ao país por motivo de guerra, comoção interna ou calamidade pública.
d) mercadoria estrangeira em regime de trânsito aduaneiro via terrestre para o Paraguai extraviada durante o transporte.
e) bens declarados como amostra comercial, sem valor considerável, conduzidos por viajante que regressa ao país.

GABARITO

1. Pergunta básica e direta, cuja resposta correta é a letra "d", que traz o conceito geral de importador, ou seja, do principal contribuinte do imposto de importação, conforme o artigo

104, I, do Regulamento Aduaneiro.

2. A alternativa correta é a letra "c", que reproduz a ideia trazida pelo atual Regulamento Aduaneiro, no artigo 73, II, "c". De se notar, contudo, que a redação em vigor excluiu a "avaria" como condição para o lançamento, mantendo, apenas, a hipótese de extravio (ou falta, na dicção da pergunta).

3. Questão bastante simples, cuja resposta correta é a letra "d", que faz menção à **declaração eletrônica** que fundamenta o despacho aduaneiro no regime comum de importação.

4. A questão busca saber, apesar da redação confusa, em qual das hipóteses haverá incidência do imposto de importação. Nesse sentido, a alternativa a ser assinalada é a letra "b", pois o retorno de mercadoria nacional que foi exportada definitivamente é caso de incidência do tributo, como determina o artigo 70 do Regulamento Aduaneiro.

5. Questão com múltiplas afirmações, cuja resposta correta é a letra "c". O item II está errado porque, se não for possível aplicar o método do valor de transação ajustado, deve-se passar para o método do valor de transação de produtos idênticos. O item III também está errado porque o Brasil adotou a reserva que permite a inversão, ou seja, a troca na ordem de aplicação dos métodos previstos nos artigos 5 e 6 do Acordo de Valoração Aduaneira somente poderá ser aplicada com a concordância da autoridade competente, nos termos do artigo 83, I, do RA. Os itens I e IV estão corretos.

6. Questão que contém uma pegadinha, visto que a alternativa incorreta, a ser assinalada, é a letra "d", que menciona "avaria", circunstância que foi retirada do artigo 73 com a alteração do Regulamento Aduaneiro, promovida pelo Decreto n. 8.010/2013. As demais afirmações estão corretas.

7. Questão direta, cuja alternativa correta é a letra "a", que reproduz expressamente o teor do artigo 73, I, do Regulamento Aduaneiro.

8. Questão também direta, cuja alternativa correta é a letra "b", que reflete, em tese, o alcance do imposto de importação, a partir do teor do artigo 153, I, da Constituição. Entretanto, a questão é ruim, pois é cediço que a definição acerca de contribuintes de tributos não se encontra na Constituição, mas nas leis que os instituíram. No caso do II, quem define os contribuintes do imposto é o artigo 31 do Decreto-Lei n. 37/66, cujo teor é reproduzido no artigo 104 do atual Regulamento Aduaneiro.

9. A alternativa correta é a letra "d", pois a mercadoria estrangeira em regime de trânsito aduaneiro internacional goza de suspensão do II. Contudo, se a mercadoria for extraviada (desaparecer) o tributo passa a ser devido.

16.18. MATERIAL DIGITAL

VÍDEO
http://uqr.to/1y39m

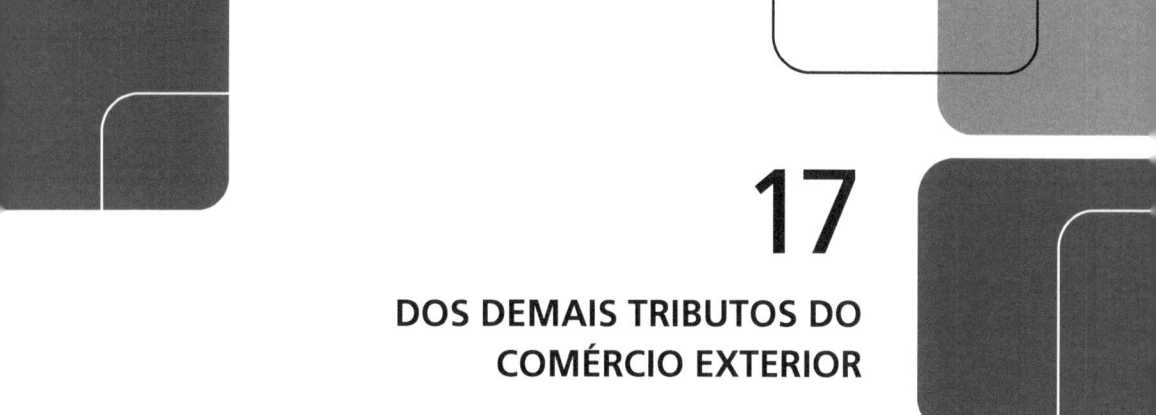

17

DOS DEMAIS TRIBUTOS DO COMÉRCIO EXTERIOR

No capítulo anterior, estudamos o imposto de importação e, neste, vamos conhecer os outros tributos que gravam o comércio exterior brasileiro, na sequência proposta pelo Regulamento Aduaneiro, que cuida das diversas figuras entre os artigos 212 e 306.

17.1. IMPOSTO DE EXPORTAÇÃO

O imposto de exportação é um tributo eminentemente **extrafiscal**, utilizado como instrumento da política de comércio exterior brasileira.

Se pensarmos em termos lógicos, não faria o menor sentido tributar as exportações, porque os estrangeiros não querem *comprar tributos* do Brasil, até porque não teriam o que fazer com eles.

Na verdade, a eventual **tributação das exportações** traria um enorme impacto negativo na balança comercial do país, razão pela qual o imposto de exportação só é utilizado, com alíquotas positivas, em **casos excepcionais**.

Basta olhar a performance da arrecadação brasileira para perceber que o imposto de exportação normalmente é o último do *ranking*, o que apenas confirma sua natureza extrafiscal.

> *Pergunta:* Por que, então, o imposto de exportação existe?
> *Resposta:* Em termos reais, o imposto de exportação só faz sentido no intuito de **corrigir distorções** de natureza econômica ou comercial, normalmente à luz de crises ou problemas internacionais.

Vejamos o seguinte exemplo:

Suponha que o mundo enfrente uma crise no **abastecimento** de carne bovina, em razão de uma epidemia como a tragicamente conhecida doença da "vaca louca".

A falta de carne no mercado internacional faria o preço do produto **subir**, o que, para o empresário brasileiro, seria, em tese, uma boa notícia (convém lembrar que o País é um dos maiores exportadores de carne do planeta).

Motivados pela alta dos preços, os empresários nacionais *voltariam seus esforços* para a exportação, o que traria problemas no **fornecimento interno** do produto, que teria seus preços elevados no mercado brasileiro e, em última análise, causaria ágio e inflação.

Diante de tal cenário, seria razoável imaginar que o governo brasileiro lançasse mão do **imposto de exportação**, aumentando a alíquota da carne, de modo a "neutralizar" a vantagem do exportador. Embora isso não seja bom para o empresário, no contexto apresentado, seria muito importante para o País.

O governo não estaria preocupado com o aumento da arrecadação, mas, sim, com o **caráter regulatório** (extrafiscal) do imposto.

Cessada a crise, as alíquotas da carne voltariam a 0% e o mercado retomaria o seu curso de normalidade.

A partir da principal característica do imposto de exportação, que é a sua utilização em situações excepcionais ou de emergência, podemos discorrer sobre o seu regramento, à luz da Constituição e do Código Tributário Nacional.

17.1.1. Sujeitos ativo e passivo

O **sujeito ativo** (titular da competência tributária) do imposto de exportação é a União, conforme determinação do artigo 153, II, da Constituição:

> Art. 153. Compete à União instituir impostos sobre:
> (...)
> II – exportação, para o exterior, de produtos nacionais ou nacionalizados.

O **Código Tributário Nacional**, no artigo 23, reforça a competência da União para instituir o imposto de exportação.

Posteriormente, o imposto de exportação foi disciplinado pelo Decreto-lei n. 1.578/77, com as alterações promovidas pela Lei n. 9.716/98, bem como pelo Decreto n. 6.759/2009 (atual Regulamento Aduaneiro, com as devidas modificações).

O **sujeito passivo** (contribuinte) do imposto de exportação é o **exportador**, assim considerada qualquer pessoa que promova a saída de bens do território aduaneiro ou, ainda, a quem a ele a lei equiparar.

Vale lembrar, neste momento, que as operações de exportação, que destinam bens ao exterior, podem ser praticadas de forma direta ou indireta.

Na modalidade **direta**, o produtor, industrial ou comerciante promove a venda sem intermediários ao adquirente localizado no exterior.

Já a exportação **indireta** pressupõe a participação de um terceiro, normalmente as chamadas *empresas comerciais exportadoras* (que muitos denominam *tradings*), as quais viabilizarão o negócio em nome do exportador.

> **Atenção:** O objetivo da operação deve ser unicamente a exportação das mercadorias, no estado em que remetidas à empresa comercial exportadora, que não poderá promover qualquer alteração física anterior à exportação, sob pena de não equiparação da operação à exportação direta, o que implicaria a perda dos correspondentes benefícios fiscais.

As **empresas comerciais exportadoras** precisam de registro especial na Receita Federal do Brasil, para que possam, regularmente, promover a intermediação de negócios.

> Uma pergunta interessante sobre o tema seria: *por que os empresários precisam das tradings?*

> *Resposta:* o comércio internacional é **bastante competitivo** e exige conhecimentos **específicos** (sobre transporte, seguros, contratos e pagamentos), que nem sempre estão ao alcance dos produtores nacionais.

Por vezes, torna-se mais vantajoso atribuir os procedimentos de exportação a terceiros (que os dominam) e se concentrar *exclusivamente no produto*, de forma a torná-lo **competitivo** em termos de preço e qualidade.

As empresas comerciais exportadoras, nesses casos, **adquirem as mercadorias** do produtor nacional (usualmente empresas de pequeno e médio porte) e, no lugar deles, assumem o risco da operação (com a obtenção de lucro), vendendo-as ao cliente no exterior.

Segundo o extinto Ministério do Desenvolvimento, Indústria e Comércio Exterior (MDIC), as operações efetuadas por *tradings* caracterizam-se, principalmente, por[1]:

- ☐ exportação de produtos de diferentes fornecedores de forma consolidada;
- ☐ necessidade de menor capital de giro, devido às operações casadas;
- ☐ melhor atendimento aos clientes, por oferecer variada gama de produtos;
- ☐ redução dos custos operacionais;
- ☐ estoques que permitam regularidade de fornecimento;
- ☐ atuação em diversos mercados.

> **Importante:** As empresas comerciais exportadoras, instituídas a partir do Decreto-lei n. 1.248/72 (com alterações posteriores), possuem os mesmos benefícios fiscais assegurados aos produtores-vendedores (que exportam diretamente seus produtos), como forma de incentivar o comércio exterior brasileiro.

17.1.2. Incidência

O imposto de exportação incide sobre **mercadoria nacional** ou **nacionalizada**, destinada ao exterior.

Como sabemos, mercadoria nacional é aquela *substancialmente produzida* no Brasil (que possui "estampado" *Made in Brazil*), enquanto nacionalizada é a mercadoria estrangeira que foi importada a título definitivo, ou seja, que, após pagar os tributos respectivos, passou a **integrar** a economia nacional.

Como a regra geral é de **não incidência** do imposto de exportação, o Regulamento Aduaneiro reconhece que compete à Câmara de Comércio Exterior **(CAMEX)**, como principal órgão de política de comércio exterior brasileiro, relacionar as mercadorias sujeitas ao imposto.

São **raríssimos** os produtos sujeitos à incidência e que efetivamente possuem **alíquotas positivas** (diferentes de 0%), a exemplo de alguns produtos de couro e derivados de fumo e cigarros.

---

[1] Conforme informações disponíveis em: <www.desenvolvimento.gov.br>.

17.1.3. Fato gerador

O Regulamento Aduaneiro e a legislação ordinária que lhe deu origem basicamente reproduzem o texto do artigo 23 do Código Tributário Nacional, ao definir que *o fato gerador do imposto de exportação será a saída da mercadoria do território aduaneiro*.

Podemos perceber que o imposto de exportação opera em sentido exatamente oposto ao imposto de importação, mas ambos têm por objetivo **regular**, pelo viés tributário, as operações de comércio exterior.

Dizemos isso porque também aqui se manifesta, a exemplo do imposto de importação, a dificuldade de se definir qual o **momento** em que efetivamente a mercadoria saiu do território aduaneiro.

Assim, quis o legislador fixar outra ocasião, de maior **segurança jurídica**, ao dizer que, para *efeito de cálculo do imposto*, considera-se ocorrido o fato gerador na data do **registro de exportação** no Sistema Integrado de Comércio Exterior (SISCOMEX).

Assim, tanto as exportações como as importações são realizadas mediante o chamado **despacho aduaneiro**, com os respectivos registros no SISCOMEX (vale lembrar que existem módulos diferentes, basicamente dois softwares distintos, que são, ambos, chamados de SISCOMEX, sem prejuízo de outras modalidades).

Para fins de ocorrência do fato gerador, é **irrelevante** a denominação mediante a qual a mercadoria, exportada a título definitivo, saiu do território aduaneiro: venda, remessa, doação etc.

Em qualquer caso haverá o fato gerador, embora a questão do **pagamento**, como sabemos, fique condicionada à análise da respectiva base de cálculo e da alíquota, conforme veremos a seguir.

17.1.4. Base de cálculo e alíquota

Nos mesmos moldes do imposto de importação, a Constituição assegura ao **Poder Executivo** da União o direito de, nas condições e nos limites estabelecidos em lei, alterar as alíquotas do imposto, a fim de ajustá-las aos objetivos da política cambial e do comércio exterior brasileiros.

Trata-se da conhecida característica extrafiscal do imposto de exportação, cuja **flexibilidade** na manipulação das alíquotas deve observar os princípios da **anterioridade** e da **legalidade**, nos termos dos dispositivos veiculados pelos artigos 150, § 1.º, e 153, § 1.º, da Constituição, que já estudamos.

O Pleno do STF, em julgado com **repercussão geral**, atestou a competência da CAMEX para a fixação das alíquotas do imposto de exportação, em consonância com as regras constitucionais e com o que já defendíamos bem antes da manifestação da Suprema Corte:

> (...) É compatível com a Carta Magna a norma infraconstitucional que atribui a órgão integrante do Poder Executivo da União a faculdade de estabelecer as alíquotas do Imposto de Exportação. II — Competência que não é privativa do Presidente da República. III — Inocorrência de ofensa aos arts. 84, *caput*, IV e parágrafo único, e 153, § 1.º, da Constituição Federal ou ao princípio de reserva legal. Precedentes. IV — Faculdade discricionária atribuída à Câmara de Comércio Exterior — CAMEX, que se circunscreve ao disposto no Decreto-Lei 1.578/1977 e às demais normas regulamentares (RE 570.680/RS, Rel. Min. Ricardo Lewandowski, julgamento em 28-10-2009).

Embora o CTN preveja, para a base de cálculo, a possibilidade de atribuição de um **valor fixo** considerado por unidade de medida adotada pela lei (com a aplicação de **alíquotas específicas** — *exemplo*: preço por metro de tecido ou por litro de bebida exportados), o Regulamento Aduaneiro, em seu artigo 214, estabelece como base de cálculo do imposto o **preço normal** que a mercadoria, ou seu similar, alcançaria, ao tempo da exportação, em uma venda em condições de livre concorrência no mercado internacional.

E o **preço normal**, nesse contexto, deve ser entendido como o **preço à vista** do produto, na **condição FOB Free on Board** (isso significa que o legislador quis expurgar, para fins do imposto, os custos relativos a fretes, seguros e financiamento das mercadorias).

> **Importante:** Quando o preço da mercadoria for de difícil apuração ou for suscetível de oscilações bruscas no mercado internacional, a CAMEX fixará critérios específicos ou estabelecerá pauta de valor mínimo para a apuração da base de cálculo.

A legislação também prevê que o preço de venda das mercadorias exportadas **não poderá ser inferior** ao seu custo de aquisição ou de produção, acrescido dos impostos e das contribuições incidentes, além da margem de lucro de **15%** sobre a soma dos custos, mais impostos e contribuições.

Por que o legislador assim determinou?

Certamente no intuito de evitar a distorção dos preços, principalmente entre **empresas coligadas** (do mesmo grupo econômico), pois o *subfaturamento das exportações* implica, na verdade, transferência de lucros para o exterior, tema bastante relevante e relacionado ao controle sobre **preços de transferência**.

A **alíquota** básica do imposto de exportação é de **30%**, mas cabe à CAMEX[2], para atender aos objetivos da política cambial e do comércio exterior, **reduzir** ou **aumentar** a alíquota do imposto, observado o limite máximo de 150%.

Ressalte-se que a imensa maioria dos produtos tributáveis possui alíquota **zero**. Todavia, se a CAMEX entender necessário, os produtos poderão ter alíquotas manobradas no intervalo entre 0% e 150%.

17.1.5. Pagamento

Embora o pagamento do imposto de exportação seja raro, nas hipóteses em que houver incidência e a alíquota for superior a zero, o exportador deverá apresentar o **comprovante de pagamento** juntamente com os documentos que instruem o despacho de exportação.

Cabe destacar que o não pagamento poderá impedir o embarque ou a transposição de fronteira da mercadoria sujeita ao imposto de exportação.

Regra geral, o prazo para pagamento do imposto é de 15 dias contados da data do registro no SISCOMEX.

A legislação do imposto de exportação contém diversas hipóteses de **isenção**, que podemos resumir da seguinte forma:

◼ **café** — as exportações de café, importante produto para a balança comercial brasileira, são isentas;

---

[2] Atualmente, é o Comitê-Executivo de Gestão da CAMEX quem estabelece as alíquotas do imposto de exportação, conforme previsto no art. 7.º, III, do Decreto n. 10.044/2019.

■ **açúcar, álcool, mel rico e mel residual** — poderão ter isenção total ou parcial para a exportação dos excedentes de produção das usinas, desde que comprovada a participação no mercado interno (a cana-de-açúcar e seus derivados são estratégicos para o Brasil, em razão da nossa política energética, a exemplo do que ocorre com os combustíveis);

■ **bens integrantes de bagagem** — são isentos, tanto na modalidade bagagem acompanhada como na desacompanhada (o viajante pode levar para o exterior bens até o limite de US$ 2.000. Este limite é para os bens que não retornarão ao país (exportados) e não inclui, obviamente, os objetos de uso pessoal que saem e retornam com os passageiros);

■ bens relativos ao **comércio transfronteiriço** são isentos, como no caso de produtos adquiridos no Brasil e levados ao Paraguai para consumo por residentes na fronteira.

17.1.6. Incentivos fiscais na exportação

Existem hipóteses em que a mercadoria é exportada, mas **não deixa** o território aduaneiro.

Embora isso possa parecer estranho, tais situações ocorrem com certa frequência e normalmente estão relacionadas a **incentivos** à indústria nacional.

O exemplo clássico seria o de um **estrangeiro** (uma empresa) que está no Brasil e aqui pretende adquirir e utilizar determinado produto.

Em vez de o fabricante brasileiro *exportá-lo fisicamente* para o país do cliente, para depois *trazê-lo de volta* (o que só geraria custos e burocracia), a exportação pode ser concretizada, para **fins econômicos** e **tributários**, com a entrega das mercadorias **no Brasil**.

Nesses casos, há a **transferência econômica** e de **propriedade**, mas o produto não precisa deixar, naquele momento, o território aduaneiro (se o estrangeiro quiser, poderá, posteriormente, levá-lo para o exterior, pois o bem já foi **juridicamente** exportado).

A legislação determina que a operação seja admitida quando o pagamento for efetivado em **moeda nacional** ou **estrangeira de livre conversibilidade** e o produto seja[3]:

■ totalmente incorporado a bem que se encontre no País, de propriedade do comprador estrangeiro, inclusive em regime de admissão temporária sob a responsabilidade de terceiro;

■ entregue a órgão da administração direta, autárquica ou fundacional da União, dos Estados, do Distrito Federal ou dos Municípios, em cumprimento de contrato decorrente de licitação internacional;

■ entregue, em consignação, a empresa nacional autorizada a operar o regime de loja franca;

■ entregue, no País, a subsidiária ou coligada, para distribuição sob a forma de brinde a fornecedores e clientes;

■ entregue a terceiro, no País, em substituição de produto anteriormente exportado e que tenha se mostrado, após o despacho aduaneiro de importação, defeituoso ou imprestável para o fim a que se destinava;

■ entregue, no País, a missão diplomática, repartição consular de caráter permanente ou organismo internacional de que o Brasil seja membro, ou a seu integrante, estrangeiro;

---

[3]   Artigo 233 do RA.

◼ entregue, no País, para ser incorporado a plataforma destinada à pesquisa e lavra de jazidas de petróleo e gás natural em construção ou conversão contratada por empresa sediada no exterior, ou a seus módulos; ou

◼ utilizado exclusivamente nas atividades de pesquisa ou lavra de jazidas de petróleo e gás natural, quando vendida a empresa sediada no exterior e conforme definido em legislação específica, ainda que se faça por terceiro sediado no País.

> **Observação:** Será considerada exportada, para todos os efeitos fiscais, creditícios e cambiais, a mercadoria nacional admitida em **depósito alfandegado certificado**, que é o regime aduaneiro especial para mercadorias vendidas a pessoa sediada no exterior, mediante contrato de entrega no Brasil à ordem do adquirente.

O artigo 98 da Lei Complementar n. 214/2025 estabelece que o fornecimento de combustível e lubrificantes para aeronaves em **tráfego internacional** será tratado como uma **exportação**, o que implica a não incidência de IBS e CBS sobre essas operações. O benefício é essencial para a competitividade do setor aéreo, garantindo que companhias que operam voos internacionais não tenham custos adicionais com a tributação de combustíveis.

Sem essa isenção, o preço das passagens aéreas para destinos internacionais poderia ser significativamente maior do que já é.

O parágrafo único do art. 98 determina que a isenção só se aplica se o abastecimento for feito dentro de zonas alfandegadas ou em portos organizados, garantindo que o benefício seja usado exclusivamente para abastecimento de aeronaves que realmente operam voos internacionais. Isso evita que empresas aéreas possam abusar da isenção para abastecer aeronaves de voos domésticos, que são tributados normalmente.

17.2. IMPOSTO SOBRE PRODUTOS INDUSTRIALIZADOS VINCULADO À IMPORTAÇÃO

Como já observamos, a legislação brasileira prevê **múltiplas incidências tributárias** sobre as operações de importação, de forma que a Lei n. 4.502/64, ao instituir o Imposto sobre Produtos Industrializados no País definiu, entre outras hipóteses, a incidência do tributo sobre produtos industrializados de procedência estrangeira[4].

Vamos, portanto, conhecer as características **específicas** do IPI vinculado às importações.

17.2.1. Sujeitos ativo e passivo

A titularidade da competência tributária relativa ao Imposto sobre Produtos Industrializados, de acordo com a Constituição, pertence à **União**[5], do mesmo modo que no caso do imposto de importação.

---

[4] A diretriz foi reproduzida pelo artigo 237 do Regulamento Aduaneiro.

[5] De acordo com o artigo 153, IV, da CF: "Compete à União instituir impostos sobre: (...) IV — produtos industrializados".

Já o **sujeito passivo** da obrigação será o importador que promover a entrada da mercadoria industrializada no território aduaneiro.

Entretanto, como teremos a oportunidade de analisar em seguida, diz a lei que o fato gerador da obrigação relativa ao IPI é o **desembaraço aduaneiro**, posição bastante questionável, mas que deve ser observada para concursos.

17.2.2. Incidência

O IPI vinculado às importações **incide** sobre produtos industrializados de procedência estrangeira.

Muitos autores importantes já afirmaram que o IPI, nos moldes previstos pela legislação, seria apenas um **adicional** ao imposto de importação, em razão de diversas características.

Já publicamos trabalhos criticando essa posição, afirmando que a sistemática de incidência e tributação do IPI nas importações é claramente inconstitucional, conforme demonstraremos mais adiante.

Por enquanto, é fundamental compreender que o IPI nas importações é um **tributo autônomo**, sem qualquer relação com o Imposto de Importação.

Assim, quis o legislador que os produtos fabricados no Brasil, quando **definitivamente exportados** (convém lembrar que há um regime aduaneiro especial, a exportação temporária, que prevê a saída de produtos nacionais, com seu posterior retorno ao país, sem tributação), **sofram a incidência** dos tributos devidos na importação no caso de retornarem do exterior.

Importante: O IPI **não incide** sobre produtos que chegarem no país por erro de expedição, desde que devolvidos ao exterior, nem sobre produtos destinados à reposição de outros, idênticos, que apresentaram defeitos. Trata-se de regra semelhante à do imposto de importação.

O IPI também **não incide** sobre embarcações construídas no Brasil e transferidas por matriz de empresa brasileira de navegação para subsidiária integral no exterior que retornem ao registro brasileiro como propriedade da mesma empresa nacional de origem (hipótese também idêntica à do imposto de importação, como vimos).

Isso porque o legislador considera o local da **circulação econômica** dos produtos como o aspecto distintivo entre nacionais, nacionalizados ou estrangeiros.

Os produtos **nacionalizados** são, como sabemos, aqueles estrangeiros que ingressaram no Brasil e ensejaram o recolhimento dos tributos incidentes.

Podemos dizer, para fins didáticos, que eles **se equiparam** aos produtos brasileiros que por aqui circulam, porque sujeitos ao mesmo **regime tributário** (princípio da isonomia).

Pois bem: no caso de produtos que foram exportados com *ânimo definitivo*, estes são considerados como **equivalentes a produtos estrangeiros**, pois jamais integraram a economia nacional (afinal, deixaram o país) e foram, inclusive, objeto de **benefícios fiscais**, não apenas em relação ao imposto de importação e ao IPI vinculado, mas no que concerne aos demais tributos sobre o comércio exterior.

Se tal situação não fosse considerada quando de um eventual reingresso no Brasil, haveria uma notável **distorção** na base de cálculo de vários impostos (como o ICMS, por exemplo), com enorme prejuízo aos fabricantes nacionais concorrentes.

Convém ressaltar que essa sistemática de tributar a **procedência estrangeira** é aplicada em todo o mundo, conforme pactuado em diversos tratados internacionais.

> **Observação:** De modo bem simples, podemos dizer que a **incidência** na importação segue a lógica da teoria dos conjuntos, ou seja, temos que analisar se o produto "pertence ou não pertence" à economia nacional. Se a resposta for negativa, haverá tributação quando do ingresso no país!

Na verdade, atualmente não se pode cogitar da natureza de um produto verificando-se apenas o **local de sua fabricação**.

Há inúmeros casos, inclusive no Brasil, em que produtos são aqui industrializados a partir de componentes totalmente estrangeiros, agregando-se no país apenas o valor da mão de obra utilizada, com o posterior retorno dos produtos manufaturados ao exterior.

Por óbvio que tais produtos *jamais circularão pelo país*, seja em termos **jurídicos** (normalmente são importados mediante regimes aduaneiros suspensivos) ou **econômicos** (uma vez que as operações translativas da posse ou propriedade ocorrerão no exterior).

No mundo globalizado de hoje, é corriqueira a expressão **produtos mundiais** para se designar os bens cujas características (insumos, meios de produção, tecnologia aplicada etc.) são absolutamente idênticas, qualquer que seja o local da industrialização.

O mesmo ocorre no caso da importação de bens estrangeiros para **utilização econômica**, ainda que temporária, assunto que examinaremos com maiores detalhes no capítulo sobre regimes especiais.

Neste passo, basta afirmar que a lei prevê que os produtos importados para utilização econômica, em **caráter temporário**[6], *ficam sujeitos ao pagamento dos impostos de importação e sobre produtos industrializados, proporcionalmente ao seu tempo de permanência no território aduaneiro.*

Exemplo: seria o caso de um equipamento estrangeiro utilizado para escavar um túnel no país, durante dois anos, e que, ao término do prazo, deverá retornar ao exterior.

Ninguém duvida que este bem jamais será considerado nacional; todavia, pelo simples fato de ter produzido **resultados econômicos** no Brasil, deverá contribuir, proporcionalmente ao tempo de permanência no território aduaneiro, com o II e o IPI incidentes na importação[7], para que sua utilização possa se dar em igualdade de condições com os demais produtos industrializados nacionais em circulação no país.

Esta é, aliás, a função precípua dos tributos devidos nas operações de importação, em homenagem ao princípio da isonomia.

Daí por que também considerarmos **inconstitucional** a sistemática adotada pelo governo brasileiro de tributar o IPI nas importações de veículos em razão de o importador **possuir ou não** fábrica no Brasil, medida casuística e desprovida de juridicidade. Independentemente de qualquer decisão adotada nos tribunais pátrios, o tema poderá ser debatido, inclusive, no âmbito da OMC e, desde já, entendemos que a razão está com os empresários.

---

[6] Lei n. 9.430/96, artigo 79.

[7] Sem prejuízo da cobrança, também proporcional, do PIS e da COFINS vinculados à importação.

Basta apenas extrapolar a medida para percebermos o seu grau de absurdez: se todos os importadores, de **qualquer produto**, precisarem ter fábrica no Brasil, sob pena de sofrerem tributação mais onerosa do IPI nas operações, teríamos uma barreira comercial praticamente intransponível e absolutamente contrária aos princípios do comércio internacional, como a cláusula da nação mais favorecida.

17.2.2.1. Da inconstitucionalidade da cobrança antecipada do IPI[8]

Para que possamos compreender os problemas que atingem a sistemática de exigência do IPI vinculado às importações, optamos por elaborar o quadro a seguir, que representa o fluxo das etapas necessárias para a entrada de mercadorias no Brasil.

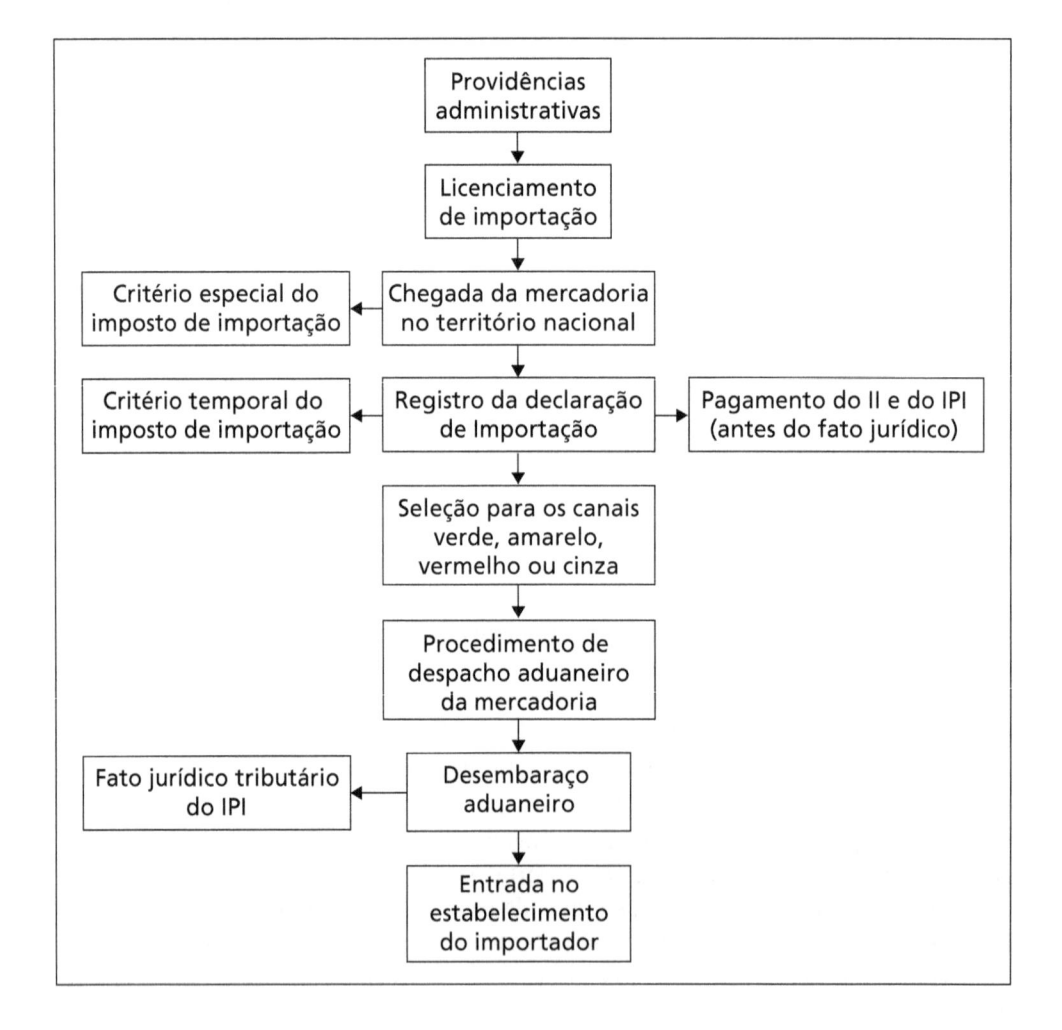

---

[8] O conteúdo deste tópico e de parte dos seguintes foi originalmente publicado, em 2005, no livro *Comércio internacional e tributação*, da Editora Quartier Latin, de São Paulo. Para a presente obra, fizemos as adaptações necessárias.

Conforme demonstrado no gráfico acima, que reproduz os procedimentos de importação, o IPI vinculado deve ser recolhido pelo contribuinte **juntamente** com o valor do imposto de importação, no momento do registro da declaração de importação.

Assim, depois de informado pelo transportador sobre a chegada da mercadoria no território nacional, deverá o importador, dentro do prazo legal (a fim de afastar eventual pena de perdimento dos bens por abandono), proceder ao **registro da declaração** no SISCOMEX. Para tanto, deverá recolher os tributos federais incidentes na importação.

Ocorre que, conforme visto no fluxograma, o momento de recolhimento do IPI **antecede** o sucesso dos critérios contidos na regra-matriz de incidência do tributo, levando-o para o terreno da franca inconstitucionalidade.

Entretanto — e apesar do nosso claro posicionamento a respeito –, a questão comporta um melhor desenvolvimento, especialmente a partir do advento da Emenda Constitucional n. 03/93.

Com efeito, a referida Emenda introduziu um novo parágrafo ao artigo 150 da Constituição Federal, com os seguintes dizeres: "§ 7.º A lei poderá atribuir a sujeito passivo de obrigação tributária a **condição de responsável** pelo pagamento de impostos ou contribuição, cujo fato gerador deva ocorrer **posteriormente**, assegurada a imediata e preferencial restituição da quantia paga, caso não se realize o fato gerador presumido". Temos aqui a famigerada figura da **substituição tributária para a frente** ou, na expressão de Roque Carrazza, da *responsabilidade tributária por fato futuro*.

Trata-se de mecanismo que permitiria o nascimento de obrigações tributárias relativas a fatos ainda não ocorridos, simplesmente a partir da presunção de que, num momento futuro e incerto, a hipótese cogitada viria a se materializar.

Nada mais absurdo.

Em primeiro lugar, porque é corriqueira a noção de que o vocábulo **fato** diz respeito a uma ação ou coisa que se considera feita, realizada, ocorrida no plano concreto. Daí a advertência da melhor doutrina no sentido de que toda vez que nos reportamos a um fato utilizamo-nos de um verbo conjugado **no pretérito**, para informar a alguém sobre determinada circunstância que já se consumou no tempo e no espaço.

Ademais, adotar como premissa para a imposição tributária a simples possibilidade de que algo venha a ocorrer, por mais **provável** que seja tal suposição, além de ser ilógico, frustra toda a estrutura jurídica engendrada pelo constituinte originário.

Paulo de Barros Carvalho[9], ao criticar esta possibilidade, assevera: "Ora, se pensarmos que o Direito Tributário se formou como um corpo de princípios, altamente preocupado com minúcias do fenômeno da incidência, precisamente para controlar a atividade impositiva e proteger os direitos e garantias dos cidadãos, como admitir um tipo de percussão tributária que se dê à margem de tudo isso, posta a natural imprevisibilidade dos fatos futuros? Se é sempre difícil e problemático exercitar o controle sobre os fatos ocorridos, de que maneira lidar com a incerteza do porvir e, ao mesmo tempo, manter a segurança das relações jurídicas?".

---

[9] Paulo de Barros Carvalho. Sujeição passiva e responsáveis tributários. *Direito* — Revista do Programa de Pós-Graduação em Direito da PUC-SP, São Paulo, n. 2, 1995, p. 285.

Entendemos que a EC n. 03/93 foi criada no intuito de **facilitar a arrecadação** do ICMS, sob o pretexto de que, em relação a certos produtos, existiria uma grande possibilidade de evasão fiscal, devido ao enorme número de contribuintes e à falta de recursos do aparato estatal.

Assim, no caso dos cigarros, por exemplo, seria muito mais fácil "presumir-se" o futuro fato jurídico da venda ao consumidor, mas cobrar, **desde logo**, o ICMS devido por aquela suposta operação já na saída do estabelecimento produtor, evitando-se a auditoria em todas as etapas de circulação econômica dos bens na cadeia de distribuição. Por certo que é bem mais simples fiscalizar um par de grandes empresas do que dezenas de milhares de pontos de distribuição varejista.

Pois bem, uma coisa são os **problemas operacionais** do fisco, enquanto outra, bem diversa, é o direito sagrado — porque constitucional — do contribuinte.

Dessarte, não pode o **constituinte derivado**, cujo poder deflui, necessariamente, da outorga original, macular preceitos basilares do Texto Magno, motivo pelo qual compartimos o pensamento de Roque Carrazza[10], no sentido de que: "... o referido § 7.º é inconstitucional, porque atropela o princípio da segurança jurídica, que, aplicado ao Direito Tributário, exige, dentre outras coisas, que o tributo só nasça após a ocorrência real (efetiva) do 'fato imponível'. É sempre bom reafirmarmos que o princípio da segurança jurídica diz de perto com os direitos individuais e suas garantias. É, assim, 'cláusula pétrea' e, nessa medida, não poderia ter sido amesquinhado por emenda constitucional (cf. art. 60, § 4.º, da CF)".

Neste ponto, alguém poderá objetar valendo-se do conhecido adágio de que *o direito cria suas próprias realidades*, por meio de ficções ou presunções legais. Conquanto isso seja possível, de evidência que **há limites** que devem ser respeitados.

Afastar-se da materialidade do mundo real para construir, sob a égide jurídica, realidades distintas é função reconhecida do direito positivo; todavia, este, como sistema que é, deve manter uma **estrutura interna de coerência**, que opera sob o primado da lógica e encontra esteio nos ditames constitucionais.

É nesse sentido a advertência, sempre oportuna, de Lourival Vilanova[11]: "O ser-sistema é a forma lógica mais abrangente. As partes são as proposições. Onde há sistema há 'relações e elementos', que se articulam segundo 'leis'. Se os elementos são proposições, sua composição interior obedece a leis de formação ou de construção. O legislador pode optar por estes ou aqueles conteúdos sociais e valorativos, mas não pode construir a hipótese sem a estrutura (sintática) e sem a função que lhe pertence por ser estrutura de uma hipótese".

Nada obstante a EC n. 03/93 ter sido criada **especificamente para o ICMS**, sua dicção leva-nos à conclusão de que o alcance do comando incluiria quaisquer outros tributos (ou, ao menos, os impostos e as contribuições, se nos ativermos à literalidade dos seus termos), numa perigosa e irresponsável transferência de poder ao legislador infraconstitucional.

---

[10]   Roque Antonio Carrazza, *Curso de direito constitucional tributário*, p. 402.

[11]   Lourival Vilanova. *As estruturas lógicas e o sistema do direito positivo*. São Paulo: EDUC, 1977. p. 91-92.

Parece-nos incontroverso que não se pode atribuir responsabilidade tributária a alguém em razão de fato ainda não ocorrido, o que, segundo entendemos, **nem fato é**. No caso do IPI vinculado às importações, não pode ser exigido o pagamento do tributo no momento da declaração de importação porque somente no momento do **desembaraço aduaneiro** se perfaz a imposição legal.

Pior ainda: quando estudamos esta figura, percebemos que **sequer há substituição tributária**, pois o importador que registra a declaração *é a mesma pessoa* beneficiada pelo desembaraço aduaneiro, que permite a retirada da mercadoria da repartição alfandegária e seu transporte para o estabelecimento do contribuinte, com vistas a uma futura operação comercial.

Ora, sendo assim, não pode prosperar o argumento utilizado para o ICMS, no sentido de que a substituição tributária facilitaria o **controle da fiscalização**, ao impedir *evasões posteriores*. Tratando-se do **mesmo contribuinte**, que também o será quando realizar operações com produtos industrializados no mercado interno (aqueles mesmos que havia importado), sujeito estará à fiscalização do IPI, nos exatos moldes de todos os demais estabelecimentos.

O que está em causa, segundo nos parece, é uma mera **antecipação** de eventuais direitos creditórios, esdrúxula manifestação da sanha arrecadatória do Estado Brasileiro.

Se tal absurdo não for veementemente combatido, nada impede que, num futuro quiçá não tão distante, este funesto estado de coisas se alastre por outras figuras tributárias, contaminando todo o sistema tributário nacional. Somos da opinião de que a indignação até o presente momento só não é maior porque o "instituto" em tela atinge, na prática, apenas **tributos repercutivos** (no caso o ICMS e o IPI), nos quais o ônus total recai, invariavelmente, sobre o consumidor final. E, parafraseando Machado de Assis, realmente parece que "suportamos bem as dores alheias".

Imaginemos agora, apenas a título de lucubração, o que aconteceria se essa sistemática fosse adotada, por exemplo, em relação ao Imposto sobre a Renda, ao IPVA, ao IPTU etc. A permanecer a atual situação, **nada impediria** que esses tributos fossem cobrados antes de sua efetiva ocorrência, sob as alegações já aduzidas. Parece-nos a materialização do famoso conto de Philip K. Dick, transposto para o cinema, no qual as pessoas são condenadas antes de praticar os respectivos crimes[12].

Por tudo isso, **não podemos aceitar** a tributação antecipada proposta pelo texto emendado, que, de acordo com o nosso entendimento, é flagrantemente inconstitucional, por ferir de morte a lógica intrínseca ao sistema erigido pela Lei das Leis. Posição que, apesar de incisiva, deixa-nos na ótima e confortável companhia de alguns dos mais ilustres tributaristas brasileiros: Geraldo Ataliba, Paulo de Barros Carvalho e Roque Carrazza, entre tantos outros.

Também não serve de **atenuante** o fato de que, segundo o mesmo dispositivo, fica "assegurada a imediata e preferencial restituição da quantia paga, caso não se realize o fato gerador presumido". Primeiro porque o mecanismo de **restituição** enseja o nascimento de outra relação jurídica, absolutamente desnecessária se obedecida a sistemática

---

[12] *Minority report — A nova lei* (título do filme em português).

constitucional. Depois porque, como sabemos, nada impede que, na prática, o "imediato e preferencial" direito de restituição encontre obstáculos no verdadeiro labirinto jurídico que é o nosso direito tributário positivo, cada vez mais assolado por normas infralegais tendentes a mitigar os legítimos anseios dos contribuintes.

Além disso, como veremos, no caso do IPI a necessidade de restituição é relativamente comum, apesar de ter sua origem em fatos totalmente desvinculados da vontade do contribuinte.

17.2.2.2. *Da regra-matriz de incidência do IPI nas importações*

Para construirmos a **regra-matriz** de incidência do IPI vinculado às importações, resta-nos analisar os critérios da hipótese de incidência, certamente um dos tópicos mais controvertidos que o tema abriga.

Isso porque uma parte da melhor doutrina, originalmente capitaneada por Paulo de Barros Carvalho, seguido por José Roberto Vieira, Eduardo Domingos Bottallo, Américo Lacombe, Antônio Maurício da Cruz, entre outros, considera que, apesar do *nomen juris* de imposto sobre produtos industrializados, no caso de mercadorias de procedência estrangeira este seria um **adicional ao imposto de importação**, discrepando da figura descrita pelo legislador, do restante dos estudiosos e da própria jurisprudência.

Essa teoria, sobre ser da lavra de ilustres juristas, possui um interessante fundamento jurídico, que sintetizaremos a seguir.

A partir da análise do artigo 46 do Código Tributário Nacional[13], Paulo de Barros Carvalho, com o pioneirismo que caracteriza boa parte de sua obra, verificou que as hipóteses ali tratadas cuidavam de **distintas espécies** de impostos, das quais apenas uma poderia ostentar a qualidade de imposto sobre produtos industrializados em sentido estrito, justamente aquela que se refere a *industrializar produto e celebrar operação jurídica que promova a transferência de sua posse ou propriedade*.

A hipótese que nos interessa neste momento, qual seja, a do IPI incidente nas importações, exige análise entre a competência outorgada pela Constituição e o texto veiculado pelo Código Tributário Nacional, a fim de verificarmos a hipótese de que um tributo poderia ser **adicional** do anterior.

Assim, se a Lei Maior atribuiu à União competência para instituir imposto **sobre a importação** de produtos estrangeiros (II), não poderia a legislação, ao dispor sobre as **operações** com produtos industrializados (IPI), alcançar a materialidade da hipótese daquele tributo, a despeito da evidente tentativa do legislador nesse sentido.

---

[13] CTN, artigo 46: "O imposto, de competência da União, sobre produtos industrializados tem como fato gerador: I — o seu desembaraço aduaneiro, quando de procedência estrangeira; II — a sua saída dos estabelecimentos a que se refere o parágrafo único do artigo 51; III — a sua arrematação, quando apreendido ou abandonado e levado a leilão. Parágrafo único. Para os efeitos deste imposto, considera-se industrializado o produto que tenha sido submetido a qualquer operação que lhe modifique a natureza ou a finalidade, ou o aperfeiçoe para o consumo". Vale lembrar que a hipótese prevista no inciso III atualmente não encontra abrigo na legislação ordinária que rege o tributo, por ter sido rechaçada pelos tribunais posteriores.

Teria sido criado um verdadeiro adicional do Imposto de Importação, cuja **impropriedade** designativa não alteraria sua natureza jurídica, à luz do que expressamente dispõe o artigo 4.º do Código Tributário Nacional.

Tratar-se-ia de mais um problema de ordem linguística, atribuído ao legislador, que, apesar do pleno exercício da competência legislativa, carece, no mais das vezes, da precisão técnica inerente a qualquer atividade científica.

É a conclusão de José Roberto Vieira[14]: "Aplicando, portanto, a diretriz da hipótese de incidência tributária, recomendada pelo legislador do código, temos que concluir por uma segunda incidência do imposto aduaneiro nas importações de produtos industrializados, oculta pela ilusão taxionômica do apelido de 'IPI'".

Vieira acrescenta, seguindo os passos trilhados por Antônio Maurício da Cruz, que restou ao IPI uma diminuta área de incidência, no caso de **reimportação** de produtos brasileiros anteriormente exportados.

Argumenta no sentido de que a **imunidade** relativa a produtos industrializados exportados afasta a incidência de qualquer tributo quando de sua saída do território nacional, motivo pelo qual, no caso de uma eventual reimportação, deveria ocorrer a incidência do IPI, uma vez que não seria possível a incidência de imposto de importação sobre produtos que originalmente foram fabricados no Brasil.

São suas as palavras[15]: "Ora, uma vez que, ao falar do Imposto de Importação, a Carta Magna cogita de 'produtos estrangeiros', expressão de latitude muito diversa da de 'produtos de procedência estrangeira', é irrecusável que a ficção legal mencionada raia pela ilegitimidade. Já de início, porque altera o conceito de 'produto estrangeiro', utilizado expressamente pela Constituição Federal para definir competência tributária, violando a regra do artigo 110 do Código Tributário Nacional; mas, sobretudo, porque a alteração conceptual alarga o campo de inconstitucionalidade flagrante. Neste sentido, Hamilton Dias de Souza e Sebastião de Oliveira Lima".

Com o devido acatamento, acreditamos que a posição merece reparos.

Inicialmente, porque o prestigioso autor, ao criticar a diferença entre os conceitos utilizados, esquece-se de pressuposto **por ele mesmo adotado** para defender a inexistência de IPI nas importações: o fato de que o direito cria suas próprias realidades, afirmação que Vieira acolhe em sua inteireza[16].

---

[14] José Roberto Vieira, *A regra-matriz de incidência do IPI*, p. 167.

[15] José Roberto Vieira, *A regra-matriz de incidência do IPI*, p. 169-170.

[16] Diz o autor: "Negando existir efetiva circulação de mercadorias entre estabelecimentos da mesma empresa, JOSÉ NABANTINO RAMOS fez uso de expressiva imagem, afirmando que admiti-la seria '... tanto quanto afirmar que o dinheiro circula quando Pedro o passa da mão direita para a mão esquerda'. *Contudo, assim é,* apesar da incredulidade do professor da Universidade de São Paulo. *É, desde que o queira o Direito, que tem o condão de construir suas próprias realidades, sem qualquer necessária conexão com o mundo material,* como recurso de que dispõe o legislador para consecução do seu intento de disciplinar a vida em sociedade, impondo-lhe aquele 'determinismo artificial' de que falava ALFREDO AUGUSTO BECKER. Assim é, no magistério infalível de LOURIVAL VILANOVA, porque 'A proposição jurídica não vem para reproduzir o mundo, porém para alterar a circunstância (ORTEGA) segundo pautas valorativas...'; e definitivamente, porque o Direito é '... incidente na realidade e não coincidente com a realidade'" (grifamos). *A regra-matriz de incidência do IPI*, p. 127.

Assim, quis o legislador que os produtos fabricados no Brasil, quando **definitivamente exportados** — convém lembrar que há um regime aduaneiro especial, chamado *exportação temporária*, que prevê a saída de produtos nacionais, com seu posterior retorno ao país, sem tributação –, sofrerão a incidência dos tributos devidos na importação no caso de retornarem do exterior.

Isso porque o legislador considera o local da **circulação econômica** dos produtos como o aspecto distintivo entre nacionais, nacionalizados ou estrangeiros. Da mesma forma que os produtos estrangeiros introduzidos no Brasil com o recolhimento dos tributos incidentes na importação se tornam nacionalizados, o que equivale dizer, equiparam-se aos produtos brasileiros que por aqui circulam, no caso de produtos que foram exportados com o intuito de que sua circulação econômica ocorresse alhures, estes são considerados como **equivalentes a produtos estrangeiros**, pois jamais integraram a economia nacional e foram, inclusive, beneficiados pela disposição constitucional imunizante, não apenas em relação ao II e ao IPI, mas no que concerne a praticamente todos os tributos existentes. Se tal situação não fosse considerada quando de um eventual reingresso no país, haveria uma notável distorção na base de cálculo de vários impostos (como o ICMS, por exemplo), num claro prejuízo aos fabricantes nacionais concorrentes.

Ademais, também não resiste o comentário de que o legislador ordinário dilargou o campo de incidência previsto na Lei Maior, ao incluir o vocábulo "procedência" à dicção constitucional. Como destacam os bons léxicos, é da essência do termo **estrangeiro**[17] a ideia de "procedência", razão pela qual não se verifica qualquer inconveniente na sua utilização, a não ser problemas de índole pleonástica.

Em subsídio a tudo o que dissemos, também convém ressaltar que tal sistemática é aplicada em todo o mundo, conforme pactuado em diversos tratados internacionais.

Na verdade, atualmente não se pode cogitar da natureza de um produto verificando-se apenas o local de sua fabricação. Já mencionamos as hipóteses, em que produtos são aqui **industrializados** a partir de componentes totalmente estrangeiros, agregando-se no país apenas o valor da mão de obra utilizada, com o posterior retorno dos produtos manufaturados ao exterior.

Por óbvio que tais produtos jamais circularam de forma definitiva pelo país, seja em termos **jurídicos** (normalmente são importados mediante regimes aduaneiros suspensivos, como veremos no próximo capítulo) ou **econômicos** (uma vez que as operações translativas da posse ou propriedade ocorrerão no exterior). Como vimos, é corriqueira a expressão **produtos mundiais** para se designar os bens cujas características (insumos, meios de produção, tecnologia aplicada etc.) são idênticas qualquer que seja o local da industrialização.

---

[17] Conforme De Plácido e Silva (*Vocabulário jurídico*. 12. ed. Rio de Janeiro: Forense, 1993, v. II, p. 221): "Estrangeiro é o vocábulo derivado do latim 'extraneus', de 'extra', que quer dizer de fora. Quer como adjetivo, quer como substantivo, significa a coisa ou a pessoa, que *procede* ou pertence a um país de fora ou de outro país, ou outra nação" (grifamos). Na mesma linha: "Estrangeiro: que ou o que é de outro país, que ou o que é *proveniente*, característico de outra nação" (*Dicionário Houaiss da Língua Portuguesa*. Rio de Janeiro: Objetiva, 2001, p. 1.261 — grifamos).

O mesmo ocorre no caso da importação de bens estrangeiros para **utilização econômica**, ainda que temporária, assunto que ainda examinaremos com mais detalhes. Por enquanto, basta afirmar que prevê a lei[18] que, nesses casos, "ficam sujeitos ao pagamento dos impostos de importação e sobre produtos industrializados, proporcionalmente ao seu tempo de permanência no território aduaneiro, nos termos e condições estabelecidos nesta Seção".

É o caso, por exemplo, de um equipamento estrangeiro que será utilizado para escavar um túnel no país durante dois anos e que, ao final do prazo, deverá retornar ao exterior.

Ninguém duvida que este bem **jamais será** considerado nacional; todavia, pelo simples fato de ter produzido resultados econômicos no Brasil, deverá contribuir, proporcionalmente ao tempo de permanência no território aduaneiro, com o II e o IPI incidentes na importação[19], para que sua utilização possa se dar em **igualdade de condições** com os demais produtos industrializados nacionais em utilização no país. Esta é, aliás, a função precípua destes e dos demais tributos devidos nas operações de importação.

Acreditamos que em ambos os casos tal circunstância não passou despercebida pelo legislador pátrio, em atitude plenamente compatível com a Constituição e com os próprios interesses do país.

Retomando o curso das ideias, podemos dizer que, em síntese, entendem os doutrinadores citados que o IPI vinculado às importações constitui-se em **mero adicional** ao imposto de importação, pelos motivos apresentados.

Apesar da qualidade do labor exegético e da indiscutível autoridade de seus defensores, algumas questões podem ser opostas a essa teoria.

17.2.2.3. *Dos problemas atinentes à ideia de adicional*

Uma primeira questão que se apresenta em sentido contrário à teoria de que o IPI vinculado às importações seria, na verdade, um adicional ao imposto de importação refere-se à **base legal** para a criação de tal tributo.

Com efeito, entendemos que a Constituição da República o fez, ao outorgar competência tributária aos entes políticos internos, com base no princípio da **taxatividade** das figuras tributárias que, no caso dos impostos, encontram-se perfeitamente delineados no Texto Magno. Por óbvio que a União, nos termos do artigo 154, I, da Constituição[20], poderá instituir novos impostos, pelo exercício da chamada **competência residual**, desde que atendidos certos preceitos.

E, desde logo, verifica-se que o primeiro desses preceitos, relativo ao processo legislativo, exige a veiculação da nova figura tributária por meio de **lei complementar**, o que não ocorre no caso do IPI, já que ambas as hipóteses de tributação (operações com produtos industrializados e importação de produtos industrializados de procedência estrangeira) encontram supedâneo na mesma Lei n. 4.502/64, que foi

---

[18] Lei n. 9.430/96, artigo 79.

[19] Além do PIS e da COFINS proporcionais.

[20] Artigo 154 da CF: "A União poderá instituir: I — mediante lei complementar, impostos não previstos no artigo anterior, desde que sejam não cumulativos e não tenham fato gerador ou base de cálculo próprios dos discriminados nesta Constituição".

recepcionada pelo atual ordenamento como **lei ordinária**, nos moldes das demais normas instituidoras de tributos.

A condição é **inafastável**, como bem adverte Roque Carrazza[21]: "Remarcamos, porém, que a criação de impostos residuais só poderá ser feita mediante 'lei complementar' e, não bastasse isso, observado o 'princípio da não cumulatividade'. Se, enquanto vigorava a Constituição de 67/69, ainda era sustentável a ideia de que eventuais 'excessos' da hipótese de incidência dos tributos de competência explícita da União caíam na 'rede protetora' da chamada 'competência residual', hoje, positivamente, esta linha de argumentação não colhe".

Os autores que defendem a tese do adicional ao imposto de importação contra-argumentam no sentido de que os chamados adicionais de impostos em nada diferem das figuras originais.

É o entendimento de José Roberto Vieira, com esteio em Amílcar de Araújo Falcão: "Um outro imposto 'idêntico' sobre a mesma hipótese implica, naturalmente, a mesma base de cálculo. Eis que, **se tanto o Imposto de Importação como este suposto 'IPI' são calculados sobre a mesma base do primeiro**, teremos no segundo, como mostra AMÍLCAR, a majoração do primeiro, ou, em outras palavras, **teremos no segundo ('IPI') um adicional do primeiro (Imposto de Importação)**" (grifos no original).

Esta nos parece uma ideia que se **contrapõe** aos mandamentos constitucionais vigentes, independentemente de sua validade no passado, fato que se reporta à **História do Direito** e que, por isso mesmo, refoge ao nosso estudo.

A Carta de 1988, se interpretada sistematicamente, **veda**, segundo nosso entender, a utilização da figura dos adicionais. Se não porque tal expediente viola a necessidade de edição de lei complementar, porque simplesmente colide com outros princípios constitucionais expressos, como o da capacidade contributiva e o da proibição da utilização de tributos com efeitos confiscatórios.

Se quem tributa uma vez pudesse fazê-lo o quanto quisesse, conforme entendem alguns autores[22], inútil seria o **princípio da capacidade contributiva**, pois cada exação, individualmente, poderia respeitá-lo e, ainda assim, a somatória da carga tributária imposta feriria este direito inegociável do contribuinte. Lembramos que o legislador, para fins de dosagem da carga tributária, já possui instrumento suficientemente legítimo: a **variação das alíquotas** aplicáveis, que, no caso do imposto de importação, podem, aliás, atingir patamares estratosféricos, devido ao princípio da extrafiscalidade, o que também podemos dizer em relação ao princípio do **não confisco**, que, se seguida igual esteira de raciocínio, seria totalmente ineficaz. Nem se argumente que tais princípios não se aplicam aos tributos com repercussão econômica, pois aqui estamos a discutir a validade jurídica dos adicionais em relação a **qualquer espécie tributária**, e não somente no caso do IPI vinculado, pois o instituto ou poderá sobreviver ao ordenamento vigente ou então estará irremediavelmente fadado à inconstitucionalidade.

---

[21] Roque Antonio Carrazza, *Curso de direito constitucional tributário*, p. 555-556.

[22] José Roberto Vieira cita, neste sentido, o próprio Amílcar de Araújo Falcão, além de Pérsio de Oliveira Lima, Pontes de Miranda e a jurisprudência americana, lembrada por Geraldo Ataliba.

Poderíamos ainda argumentar que o constituinte originário, quando quis, estabeleceu a possibilidade de criação de figuras semelhantes a adicionais[23] no próprio corpo da Constituição.

A tributação **via adicional** fere a lógica do Sistema Tributário em vigor, pois permitiria, em última análise, que qualquer tributo pudesse ser cobrado sobre bases de cálculo sucessivas, nas quais o próprio valor da exação anterior seria computado na base de cálculo subsequente, numa inadmissível burla aos princípios vigentes, por meio de um processo de *regressão ao infinito*.

Como vimos, se o artigo 154, I, proíbe a adoção de mesma base de cálculo no caso de novos impostos, com maior razão se pode afastar uma sistemática que preveja *idêntica base de cálculo acrescida, ainda, dos tributos já incidentes*.

Também não faz diferença, no caso concreto, que o titular da competência para a criação dos tributos em questão, II e IPI vinculado, seja o mesmo (União), pois pouco interessa o fato de se tratar de *bis in idem* ou de bitributação, figuras, aliás, que normalmente causam grande confusão na doutrina.

O problema não se encontra no **exercício da competência**, mas na própria estrutura interna dos tributos, especialmente quando confrontada com os magnos princípios constitucionais.

Do mesmo modo, entendemos que, se o IPI vinculado às importações fosse um adicional criado a partir da competência residual da União, deveria ter parte de sua receita dividida com os Estados[24], o que, efetivamente, não ocorre.

Por fim, todo novo imposto criado pela União deve obedecer ao princípio da *não cumulatividade*.

Assim, se o IPI vinculado for considerado adicional ao imposto de importação, a não obediência a esse preceito, sobre ser inconstitucional, traria danos insuportáveis ao contribuinte.

Haveria também, segundo pensamos, ofensa ao princípio da **livre-iniciativa**, verdadeiro fundamento do Estado Brasileiro.

Isso porque a Constituição não faz distinção entre produtos nacionais e estrangeiros; o que ela determina, de fato, é que o imposto de importação funcione como elemento **regulador** entre os produtos nacionais e aqueles de procedência estrangeira. Tal papel cabe exclusivamente ao imposto de importação, até porque, a partir da entrada em circulação do produto no mercado interno, o tratamento tributário dispensado deve ser o mesmo aplicado aos produtos nacionais, por equiparação legal.

Por conta disso, do mesmo modo que um produto fabricado no país se beneficia da dedução constitucionalmente assegurada dos insumos que ensejaram sua produção, igual fenômeno deve ocorrer em relação às mercadorias importadas, sob pena de quebra

---

[23] *Vide*, a propósito, os extintos IVVC e "Adicional Estadual de Imposto de Renda", apesar da impropriedade do termo "adicional" em relação a este último, como bem salienta Roque Carrazza.

[24] A teor do artigo 157, II, da CF: "Pertencem aos Estados e ao Distrito Federal: (...) II — vinte por cento do produto da arrecadação do imposto que a União instituir no exercício da competência que lhe é atribuída pelo art. 154, I".

do paradigma previsto na Lei Maior e ofensa a vários de seus mandamentos, como restou demonstrado.

Por fim — e para encerrarmos de vez este tema –, convém ressaltar que, enquanto para o IPI vige o **princípio da seletividade** (que é, ao mesmo tempo, um direito do contribuinte e uma limitação constitucional ao legislador em relação à dosagem das alíquotas incidentes, em função da **essencialidade** do produto), o mesmo **não se aplica** ao imposto de importação, o que, em tese, deixaria margem para que a União arbitrasse, indistintamente, a alíquota que melhor lhe aprouvesse para cada produto, limitada, apenas, ao balizamento legal.

Nossa posição também não desconhece o fato de que, em termos jurídicos, podemos considerar que o legislador ordinário criou, com espeque na delegação de competência constitucional, **duas figuras distintas** de IPI[25]: um incidente nas operações translativas de posse ou propriedade de produtos industrializados e outra relativa à importação de mercadorias de procedência estrangeira.

Esse parece ser, também, o entendimento de Paulo de Barros Carvalho[26], de acordo com suas reflexões sobre o tema: "O Imposto sobre Produtos Industrializados proporciona curiosas conclusões, quando submetido a esse processo de conhecimento. É que deparamos, não com uma, mas com duas regras-matrizes ou duas faixas autônomas de incidência. Uma atinge o fato da própria industrialização, enquanto a outra percute sobre a importação de produtos industrializados. Havia ainda uma terceira que onerava as arrematações, em leilões, de produtos industrializados, mas que se acha revogada. (...) O binômio hipótese de incidência/base de cálculo indica tratar-se de impostos diferentes, sob a mesma denominação — IPI. As grandezas escolhidas para dimensionar a materialidade de ambos os fatos são compatíveis, pelo que confirmam o critério material enunciado na lei. Restaria, então, perguntar se o legislador da União dispunha de competência constitucional para fazer o que fez. E a resposta, acreditamos, deve ser afirmativa, porque o constituinte se refere, no art. 153, IV, a instituir IPI, não adscrevendo o verbo a ser agregado a esse complemento, o que possibilitou ao legislador ordinário fazê-lo. Aliás, convém memorar que havia outra regra, distinta das duas primeiras, em que se utilizava o verbo arrematar, revestindo-se, no nosso entender, de cabal legitimidade perante a Constituição".

Firmadas as premissas do IPI vinculado às importações, vejamos agora quais são os critérios contidos no antecedente da sua regra-matriz de incidência.

17.2.2.4. *Dos critérios material, espacial e temporal do IPI vinculado às importações*

Paulo de Barros Carvalho[27], em relevante estudo, constrói a regra-matriz de incidência das operações jurídicas com produtos industrializados, comparando-a com aquela decorrente do IPI vinculado às importações:

---

[25] Assim como estamos com Roque Carrazza quando este afirma serem cinco os impostos albergados sob a rubrica do ICMS.

[26] Paulo de Barros Carvalho. *Curso de direito tributário*, p. 347-348.

[27] Paulo de Barros Carvalho. *Curso de direito tributário*, p. 347-348.

Focalizemos a primeira. Isolando os critérios da hipótese, teremos: a) critério material industrializar produtos (o verbo é industrializar e o complemento é produtos); b) critério espacial — em princípio, qualquer lugar do território nacional; c) critério temporal — o momento da saída do produto do estabelecimento industrial. Quanto aos critérios da consequência: a) critério pessoal — sujeito ativo é a União e sujeito passivo o titular do estabelecimento industrial; b) critério quantitativo — a base de cálculo é o preço da operação, na saída do produto, e a alíquota, a percentagem constante da tabela. No que tange ao IPI na importação de produtos industrializados, a regra-matriz ficaria assim composta: hipótese: a) critério material — importar produto industrializado do exterior (o verbo é importar e o complemento é produto industrializado do exterior); b) critério espacial — repartições alfandegárias do país; c) critério temporal — momento do desembaraço aduaneiro. A consequência: a) critério pessoal — sujeito ativo é a União e sujeito passivo o importador; b) critério quantitativo — a base de cálculo é o valor que servir de base para o cálculo dos tributos aduaneiros, acrescido do montante desses e dos encargos cambiais devidos pelo importador. A alíquota é a percentagem constante da tabela.

A partir das reflexões do insigne autor, analisaremos, a seguir, os componentes do antecedente da regra-matriz de incidência do IPI relativo às importações.

17.2.2.4.1. *Critério material*

Como vimos, o chamado **fato gerador** do IPI nas importações é o **desembaraço** dos produtos de procedência estrangeira.

Embora pareça simples, essa posição do legislador merece alguns comentários, razão pela qual vamos estratificar os critérios relativos ao IPI.

O **critério material** da hipótese de qualquer tributo deverá se referir à conduta de uma pessoa, física ou jurídica, que, num determinado tempo e espaço, ou pratica um ato ou está investida de um estado jurídico previsto pelo ordenamento de regência.

Daí a importância da correta verificação de sua ocorrência (do fato) no mundo fenomênico, pois, uma vez condicionado no tempo e no espaço, terá o critério material o condão de fazer surgir a **obrigação tributária** correspondente.

Ocorre que a Lei n. 10.833, de 29 de dezembro de 2003 (resultado da conversão da Medida Provisória n. 135/2003), alterou a redação original do artigo 2.º da Lei n. 5.402/64, acrescentando-lhe um § 3.º, com os seguintes termos:

> Art. 2.º Constitui fato gerador do imposto:
> I – quanto aos produtos de procedência estrangeira o respectivo **desembaraço aduaneiro**;
> II – quanto aos de produção nacional, a saída do respectivo estabelecimento produtor.
> (...)
> § 3.º Para efeito do disposto no inciso I, **considerar-se-á ocorrido** o respectivo desembaraço aduaneiro da mercadoria que constar como tendo sido importada e cujo **extravio ou avaria** venham a ser apurados pela autoridade fiscal, inclusive na hipótese de mercadoria sob regime suspensivo de tributação.

> **Atenção:** Com o advento da Lei n. 12.350/2010 e com a redação atual do Regulamento Aduaneiro, dada pelo Decreto n. 8.010/2013, a redação do dispositivo ficou assim:

> Art. 238 do RA, § 1.º Para efeito do disposto no *caput*, considera-se ocorrido o desembaraço aduaneiro da mercadoria que constar como importada e cujo **extravio** tenha sido verificado pela autoridade aduaneira, inclusive na hipótese de mercadoria sob regime suspensivo de tributação[28].

De se notar que a redação melhorou, mas não resolveu efetivamente o problema, pois apenas foi retirada a palavra *avaria*.

Esse dispositivo continua a veicular, em nossa opinião, flagrante inconstitucionalidade.

Como o **recolhimento** do IPI deve ser feito no momento do registro da declaração, parece-nos evidente que o importador tem o direito de restituir a quantia antecipadamente paga, a título de IPI, em relação às mercadorias objeto do extravio.

Isso porque a conduta de **importar mercadorias** difere radicalmente daquela de *introduzir economicamente mercadorias no território aduaneiro*. Enquanto a primeira enseja a cobrança do Imposto de Importação, somente com o advento da segunda hipótese pode-se falar em exigência de IPI.

Valendo-nos de uma singela, mas esclarecedora analogia, podemos dizer que o mesmo ocorre no caso do IPI referente às operações jurídicas no **mercado interno**, pois, como se sabe, somente no momento da saída do estabelecimento, como resultado de uma operação translativa da posse ou propriedade, é que incide o IPI.

Dizendo de outra maneira, não pode ser exigido o IPI enquanto o produto industrializado aguarda sua circulação econômica, armazenado, por exemplo, no estoque do contribuinte. Enquanto durar essa circunstância, haverá apenas uma **expectativa** de que o produto vá um dia integrar, econômica e juridicamente, o patrimônio de terceiros.

É **incontroverso** o fato de que, se o produto perecer como decorrência, por hipótese, de um incêndio, valor algum poderá ser exigido em termos de IPI.

É exatamente o que acontece nas importações.

Nada garante que uma mercadoria importada **seja efetivamente** posta em circulação; esta afirmação só pode ser feita, sem margem para dúvidas, após o desembaraço aduaneiro, momento no qual é autorizada a entrega do produto ao importador, por meio da emissão eletrônica do chamado *comprovante de importação*, que atesta a conferência aduaneira e presume a regularidade da operação.

Antes disso, há apenas uma expectativa quanto ao sucesso do despacho de importação, que pode ser frustrado — e na prática o é, por diversas vezes — em função de uma série de circunstâncias, relacionadas a problemas verificados durante o procedimento.

---

[28] Contudo, de acordo com o artigo 238, § 2.º, do Regulamento Aduaneiro "Não constitui fato gerador do imposto o desembaraço aduaneiro de produtos nacionais, ou nacionalizados nos termos do disposto no § 1.º do art. 212, que retornem ao País:

I — nas hipóteses previstas nos incisos I a V do art. 70; e

II — aos quais tenha sido aplicado o regime aduaneiro especial de exportação temporária, ainda que descumprido o regime".

Desse modo, uma mercadoria que esteja em desacordo com a legislação (aduaneira, sanitária etc.) poderá, por exemplo, ser objeto da pena de perdimento, que pode implicar sua destruição pelas autoridades administrativas. Claro está que, se for este o caso, não haveria a introdução do produto na economia nacional, o que, por consequência, afastaria a incidência do IPI.

Apesar dessa nossa posição, ressalte-se que para fins de **concurso** prevalece o entendimento de que, no caso de **extravio** de produtos industrializados durante o procedimento do despacho de importação, **será exigido o IPI** correspondente ao desembaraço, ante a presunção de que tais bens, apesar de terem escapado ao controle da fiscalização, *foram introduzidos no território aduaneiro.*

Por óbvio que o valor só poderá ser exigido do **responsável** pela guarda da mercadoria (normalmente o **depositário**, ou seja, o encarregado da administração do recinto alfandegado), salvo haja a comprovação da ocorrência de caso fortuito ou de força maior.

O **importador**, por sua vez (como já pagou o tributo, quando do registro da DI), poderá pleitear a restituição do valor pago antecipadamente a título de IPI vinculado, sem prejuízo de eventuais direitos indenizatórios em relação ao depositário (ou garantidos mediante seguro).

> **Importante:** A incidência e o pagamento do IPI dependem fundamentalmente do regime de importação utilizado em cada caso.

Dada a índole **aduaneira** dos tributos relacionados ao comércio internacional, necessário se faz o reconhecimento de que somente após a análise dos preceitos contidos na legislação específica poderá o intérprete precisar o conteúdo e o alcance das normas de natureza tributária.

Por conta disso, advogamos a tese de que o IPI vinculado se encontra também condicionado pelo **regime aduaneiro** de importação eleito para o ingresso dos produtos no território nacional.

Explicamos: embora ninguém discorde do fato de que um *televisor de LED* seja um produto industrializado, não se pode garantir que a sua importação enseje, *infalivelmente,* a incidência do IPI.

Isso porque a legislação aduaneira prevê **regimes de importação** distintos, de acordo com as características do importador e a destinação a ser dada ao produto.

Assim, se uma empresa importar um *televisor de LED* para **revenda** no mercado doméstico, deverá recolher o valor referente ao imposto de importação, ao IPI e ao ICMS.

Entretanto, situação diversa ocorrerá se o mesmo *televisor de LED* for importado por um **passageiro**, dentro do conceito de bagagem. Neste último caso, **somente** o imposto de importação será exigível, ainda assim apenas em relação ao que exceder a cota de isenção pessoal do viajante.

Qual o motivo da diferença de tratamento?

A resposta é bastante simples. Enquanto o *televisor de LED* destinado para revenda irá **circular economicamente** pelo território nacional, o equipamento trazido pelo viajante integrará, necessariamente, seu **patrimônio pessoal**, sendo vedada, em princípio, sua transferência a terceiros por meio de qualquer transação comercial, conforme já destacamos.

Ademais, a empresa importadora **é contribuinte do IPI**, sendo-lhe permitida, portanto, a compensação do imposto pago na operação de importação, em homenagem ao princípio da *não cumulatividade*; já o passageiro, a seu turno, não tem condições de aplicar o mecanismo, por revestir-se da condição de **consumidor final** do produto.

Aqui precisamos fazer uma observação.

Fomos um dos primeiros autores a escrever um trabalho acadêmico sobre a **inconstitucionalidade** de certos aspectos do IPI nas importações e, nesse sentido, a defender a sua impugnação judicial.

Para a nossa satisfação, nos últimos anos os tribunais superiores tinham pacificado o entendimento de que o IPI **não deveria incidir** nas importações de veículos **para uso próprio**, justamente por não haver circulação econômica e em homenagem ao princípio da não cumulatividade.

Diversas decisões do STF e do STJ corroboravam a tese:

Ementa: Constitucional. Tributário. IPI. Importação: Pessoa física não comerciante ou empresário: Princípio da não cumulatividade: CF, art. 153, § 3.º, II. Não incidência do IPI. I. — Veículo importado por pessoa física que não é comerciante nem empresário, destinado ao uso próprio: não incidência do IPI: aplicabilidade do princípio da não cumulatividade: CF, art. 153, § 3.º, II. Precedentes do STF relativamente ao ICMS, anteriormente à EC 33/2001: RE 203.075/DF, Min. Maurício Corrêa, Plenário, "DJ" de 29.10.1999; RE 191.346/RS, Min. Carlos Velloso, 2.ª Turma, "DJ" de 20.11.1998; RE 298.630/SP, Min. Moreira Alves, 1.ª Turma, "DJ" de 09.11.2001. II. — RE conhecido e provido. Agravo não provido (RE 255.682, AgR, Rel. Min. Carlos Velloso, 2.ª Turma, julgado em 29-11-2005, *DJ* 10.02.2006, p. 247-251).

Tributário. IPI. Desembaraço aduaneiro. Veículo automotor. Pessoa física. Não incidência. Jurisprudência do colendo Supremo Tribunal Federal. O IPI não incide sobre a importação de veículo por pessoa física para uso próprio, o seu fato gerador é uma operação de natureza mercantil ou assemelhada. O princípio da não cumulatividade restaria violado, *in casu*, em face da impossibilidade de compensação posterior, porquanto o particular não é contribuinte da exação. Precedentes do STF e do STJ: RE-AgR 255682/RS; Relator(a): Min. CARLOS VELLOSO; *DJ* de 10.02.2006; RE-AgR 412045/PE; Relator(a): Min. CARLOS BRITTO; *DJ* de 17.11.2006 REsp 937.629/SP, Rel. Ministro JOSÉ DELGADO, PRIMEIRA TURMA, julgado em 18.09.2007, *DJ* 04.10.2007. Recurso especial provido (REsp 848.339/SP, Rel. Min. Luiz Fux, 1.ª Turma, julgado em 11.11.2008, *DJe* 1.º.12.2008).

Contudo, em fevereiro de 2016, o Supremo Tribunal Federal, por maioria, mudou a posição que havia se consolidado e decidiu, com **repercussão geral**, que o IPI **incide** na importação de automóveis por **pessoa física**, ainda que esta não desempenhe atividade empresarial e o faça para uso próprio.

A tese foi adotada no julgamento do RE 723.651, assim ementado:

IMPOSTO SOBRE PRODUTOS INDUSTRIALIZADOS — IMPORTAÇÃO DE BENS PARA USO PRÓPRIO — CONSUMIDOR FINAL. Incide, na importação de bens para uso próprio, o Imposto sobre Produtos Industrializados, sendo neutro o fato de tratar-se de consumidor final.

Como o STF resolveu não modular os efeitos da decisão, a tributação do IPI nas importações de automóveis por pessoa física passou a ser considerada legítima inclusive para os casos anteriores ao julgamento.

Embora não possamos concordar, em termos teóricos, com os fundamentos adotados pela Suprema Corte, que contrariam a lógica do tributo e não possuem previsão legal (ao contrário do ICMS, cujos preceitos constitucionais foram alterados para alcançar a pessoa física nas importações), a **posição para concursos** deve ser no sentido de **aceitar a incidência** do IPI na hipótese.

> **Observação:** O Supremo Tribunal Federal decidiu, em 2016, que o IPI deve incidir na importação de veículos automotores, ainda que o importador, pessoa natural, não desempenhe atividade empresarial e o faça para uso próprio.

Atento a essas questões (quanto à circulação econômica), criou o legislador regimes aduaneiros **diferenciados**[29], capazes de atender aos requisitos constitucionais. Esses regimes, corretamente, não permitem a destinação comercial dos bens importados.

Dessa forma, tanto no caso de **bagagem de passageiros** (regime de tributação especial) como no que se refere às **remessas postais internacionais** (regime de tributação simplificada) não há a incidência[30] de IPI, mas tão somente do imposto de importação, mediante a aplicação de alíquotas fixas, independentemente do produto (50% e 60%, respectivamente).

Como se observa, a alíquota do Imposto de Importação já é **bastante elevada** — mais do que suficiente, diga-se de passagem, para cobrir a desoneração dos demais tributos.

> **Importante:** Em termos literais, o IPI é **isento** nas hipóteses do artigo 136 do Regulamento Aduaneiro (mesmos casos que o II), no regime de bagagem (tributação especial) e no de remessas postais internacionais (tributação simplificada).

17.2.2.4.2. Critério espacial

O chamado **critério espacial** da hipótese de incidência do IPI nas importações é de mais simples verificação.

Com efeito, todas as mercadorias importadas deverão se submeter ao procedimento de controle administrativo e aduaneiro conhecido como **despacho de importação**, que

---

[29] Conforme o artigo 245 do Regulamento Aduaneiro: "São isentas do imposto as importações (Lei n. 8.032, de 1990, art. 3.º, e Lei n. 8.402, de 1992, art. 1.º, inciso IV): I — a que se refere o inciso I e as alíneas 'b' a 'o' e 'q' a 'u' do inciso II do art. 136, desde que satisfeitos os requisitos e condições exigidos para a concessão do benefício análogo relativo ao imposto de importação; e (Redação dada pelo Decreto n. 7.213, de 2010). II — de bens a que se apliquem os regimes de tributação: *a)* simplificada, a que se refere o art. 99; e *b)* especial, a que se refere o art. 101. Parágrafo único. As importações a que se refere o § 1.º do art. 136 são isentas do imposto".

[30] O Regulamento Aduaneiro fala em **isenção**, que é o termo a ser levado em consideração no caso de uma pergunta literal em concursos.

se inicia com o registro da declaração de importação pelo importador e tem como termo final o chamado **desembaraço aduaneiro**.

Durante o seu curso, é realizada pela autoridade fiscal competente a **conferência aduaneira**, que é o procedimento que tem por finalidade identificar o importador, verificar a mercadoria, sua natureza, determinar o valor e a classificação fiscal, além de constatar o cumprimento de todas as obrigações, fiscais e outras, exigíveis em razão da importação[31].

A conferência aduaneira pode ser realizada na zona primária ou secundária.

Como é da essência da conferência aduaneira a presença da **autoridade fiscal**, podemos dizer que o critério espacial da hipótese de incidência do IPI vinculado às importações é *o local dos recintos alfandegados, de zona primária ou secundária, onde ocorrer o desembaraço aduaneiro da mercadoria*, pois somente nesses recintos pode ser realizada a **conferência aduaneira** (sob controle fiscal), requisito indispensável para a liberação da mercadoria.

17.2.2.4.3. *Critério temporal*

Por fim, temos que o **critério temporal** do IPI nas importações, que aperfeiçoa o fato gerador da obrigação tributária, é o **desembaraço aduaneiro**, assim entendido o ato final do despacho aduaneiro, pelo qual é registrada a conclusão da conferência pela autoridade competente e autorizada a entrega da mercadoria ao importador.

O desembaraço é o **momento** que possibilita a incidência do IPI vinculado, pois, a partir de sua ocorrência, pode-se afirmar que a mercadoria importada estará *apta a circular* pelo território aduaneiro.

Antes dele, há apenas uma expectativa, por parte do importador, no sentido de que a mercadoria objeto da análise consiga vencer as etapas de conferência fiscal e possa, enfim, ser colocada à sua disposição.

Esquematicamente, temos:

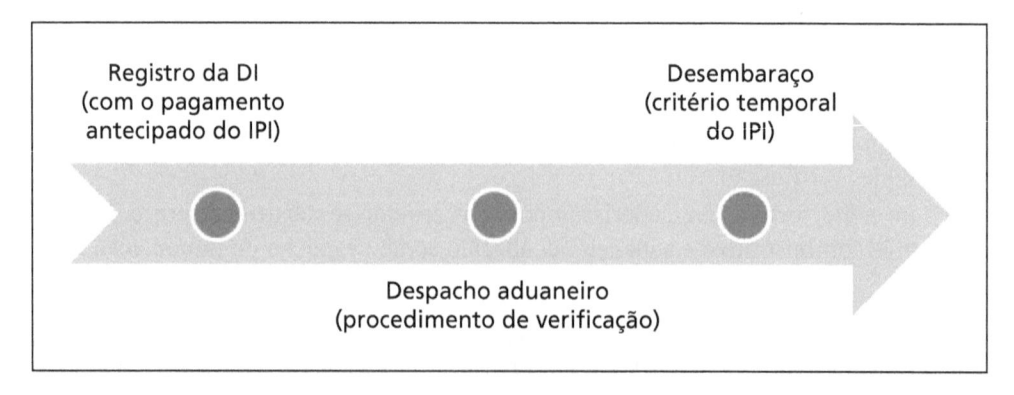

Não é necessária muita perspicácia para perceber que, no caso do IPI, o pagamento do tributo ocorre **antes do fato gerador**, o que é um evidente absurdo, embora seja a posição prevista em lei e, por consequência, a que deve ser adotada em concursos.

---

[31] Conforme artigo 564 do Regulamento Aduaneiro.

Entretanto, não se pode **confundir** o critério temporal com o material do tributo, como querem alguns e nos dá a entender a legislação. Se isso fosse verdade, teríamos o **único caso**, em todo o sistema tributário brasileiro, no qual o "fato gerador" seria algo totalmente desvinculado de qualquer ação ou estado do contribuinte.

Isso porque o desembaraço aduaneiro é **atividade privativa** da autoridade fiscal, sob a qual não tem o contribuinte a menor possibilidade de interferência.

Pior ainda: de acordo com a atual sistemática, no caso de seleção da mercadoria para o **canal verde** de conferência, o desembaraço é feito *automaticamente* pelo SISCO-MEX, sem qualquer intervenção humana, o que nos levaria a indagar se um simples **sorteio**, ainda que determinado por fatores de risco, poderia ser responsável pelo nascimento de uma obrigação tributária contra quem não lhe tenha dado causa.

A resposta contra essa absurda suposição nos é dada por Roque Carrazza[32]: "O imposto — se quisermos fugir da definição pela negativa — sempre tem por hipótese de incidência ou um comportamento do contribuinte, ou uma situação jurídica na qual ele se encontra. Uma coisa, porém, é certa: o 'fato imponível' do imposto é sempre realizado pelo contribuinte, sem nenhuma relação específica com qualquer atividade do ente público".

Assim, não pode um fato **desencadeado** pela Administração (ou por um mero sistema informatizado) ensejar a cobrança de tributo contra o importador, que sequer dispõe de acesso à mercadoria. Esta **ausência de participação** do contribuinte fulmina qualquer pretensão no sentido de que o desembaraço aduaneiro seja o critério material do IPI vinculado.

Nesse sentido, é definitiva a lição de Paulo de Barros Carvalho[33]: "Com efeito, debalde procuraremos na hipótese de incidência dos impostos uma participação do Estado dirigida ao contribuinte. São fatos quaisquer — uma pessoa física auferir renda líquida; industrializar produtos; praticar operações financeiras; ser proprietária de bem imóvel; realizar operações relativas à circulação de mercadorias; prestar serviços etc. A formação linguística o denuncia e a base de cálculo o comprova. É da índole do imposto, no nosso direito positivo, a inexistência de participação do Estado, desenvolvendo autuosidade atinente ao administrado".

Acreditamos que o legislador, partindo da equivocidade instaurada pelo conceito de "fato gerador" e da sua incrível sanha arrecadatória, deparou-se com as seguintes questões:

- ◼ Como fazer incidir dois tributos, o imposto de importação e o imposto sobre produtos industrializados, sobre uma mesma operação?
- ◼ Como diferenciá-los em relação ao momento da incidência?
- ◼ Como evitar que um seja considerado mero adicional do outro?

E a **resposta** deve ter sido: "bem, no procedimento de importação há somente *dois momentos juridicamente determináveis*, um, o do **registro** da declaração de importação e, outro, o da **disponibilidade física** da mercadoria, após todo o rito de conferência fiscal (desembaraço aduaneiro)".

---

[32] Roque Antonio Carrazza, *Curso de direito constitucional tributário*, p. 459.

[33] Paulo de Barros Carvalho, *Curso de direito tributário*. 15. ed., rev. e atual. São Paulo: Saraiva, 2003, p. 36.

Assim, cada um desses momentos foi escolhido como o "fato gerador" dos referidos tributos, sem a menor preocupação com a **coerência lógica** da escolha, que, aliás, já se encontrava prejudicada desde a eleição da premissa.

E, para completar o desatino, restava ainda a necessidade de **fazer incidir** o ICMS.

Como não havia mais momento disponível, teve a brilhante ideia de considerar como "fato gerador" do tributo estadual *a entrada de mercadoria ou bem importados do exterior, por pessoa física ou jurídica, ainda que não seja contribuinte habitual do imposto, qualquer que seja a sua finalidade*[34].

Como **solução** para esse caótico estado de coisas, no qual o contribuinte se vê prejudicado de todas as formas, gostaríamos de deixar registrada a **seguinte ideia**, que, sobre ser jurídica, é de franciscana simplicidade: para se compatibilizar a exigência dos três impostos devidos na importação de mercadorias com os preceitos constitucionais, bastaria fazer incidir o imposto de importação nos atuais moldes, postergando-se, para o momento de sua **efetiva circulação econômica** (saída dos respectivos estabelecimentos, via operações jurídicas), os momentos de incidência do IPI e do ICMS, nos exatos termos estabelecidos para os produtos nacionais.

Os impostos seriam, então, recolhidos na sua **integralidade**, haja vista não haver crédito anterior a ser compensado, o que, além de ser uma alternativa juridicamente mais racional, traria um inegável **benefício** ao contribuinte, na forma de um melhor fluxo de caixa (pois ele não precisaria "estocar" tributos).

Com essa sistemática, cairiam por terra artifícios e presunções de duvidosa constitucionalidade. Manter-se-ia o fato jurídico de cada imposto, nas suas regras gerais (circulação econômica), **sem qualquer perda** no montante arrecadado!

Afinal, segundo entendemos, a única diferença entre os produtos de procedência estrangeira e os nacionais deve ser determinada pelo **imposto de importação**, restando aos demais uma padronização em termos de incidência, em homenagem à primazia do princípio da igualdade. Aliás, é exatamente esse o compromisso assumido pelos países perante a Organização Mundial do Comércio.

Por fim — e para que a nossa proposta possa alcançar todas as possibilidades de incidência –, fica a sugestão de que, no caso de bens importados que sejam **incorporados** ao patrimônio de pessoa jurídica, considerar-se-ia como o momento da exigibilidade do IPI e do ICMS aquele da escrituração contábil no ativo permanente, de acordo com os termos da legislação que rege o Imposto sobre a Renda.

> Pessoa física importadora. Incidência. Incide o imposto de produtos industrializados na importação de veículo automotor por pessoa natural, ainda que não desempenhe atividade empresarial e o faça para uso próprio (RE 723.651).

> Saída de produto de estabelecimento importador. IPI. Incidência. Os produtos importados estão sujeitos a uma nova incidência do IPI quando de sua saída do estabelecimento importador na operação de revenda, mesmo que não tenham sofrido industrialização no Brasil (EREsp 1.403.532/SC, recurso repetitivo).

---

[34] Artigo 2.º, § 1.º, I, da Lei Complementar n. 87/96, com a redação dada pela Lei Complementar n. 114/2002.

17.2.3. Base de cálculo

A base de cálculo do IPI é o **valor aduaneiro** que foi apurado como base de cálculo do imposto de importação, acrescido deste e dos encargos cambiais efetivamente pagos pelo importador ou dele exigíveis.

Daí a importância da definição do **valor aduaneiro**, pois este e o próprio montante do II constituirão a base de cálculo do IPI, uma vez que, atualmente, há **isenção** em relação ao IOF para as operações de câmbio realizadas para o pagamento de bens ou serviços importados[35].

> **Atenção:** Não se aplica o valor aduaneiro, para fins de IPI, quando da importação de **cigarros** e produtos sujeitos a **regimes especiais**, conforme as Leis ns. 7.798/89 e 9.532/97.

17.2.4. Alíquota

A **alíquota** do Imposto sobre Produtos Industrializados aplicável às importações será aquela estabelecida na Tabela de Incidência do IPI (TIPI), de acordo com a **classificação da mercadoria**, salvo no caso de isenções ou produtos **não tributados**, que são assinalados na tabela com a expressão *"NT" (trata-se de caso de não incidência)*.

Para a apuração do IPI, em termos de alíquota, **não há distinção** entre produtos nacionais ou importados; uma vez identificada a posição, de acordo com a classificação estabelecida pela TIPI, aplica-se o percentual correspondente, independentemente da origem ou procedência das mercadorias.

Exemplo de incidência tributária na importação

CÁLCULO DO IMPOSTO DE IMPORTAÇÃO	
Valor FOB mercadoria	US$ 1.000,00
Valor frete	US$ 100,00
Valor seguro	US$ 20,00
Valor CIF	US$ 1.120,00 x R$ 2,00 (taxa de câmbio)
Base de cálculo II	R$ 2.240,00
II com alíquota de 10%	R$ 224,00

---

[35] Benefício originariamente contido no artigo 6.º do Decreto-lei n. 2.434/88: "Ficam isentas do Imposto sobre Operações de Crédito, Câmbio e Seguro e sobre Operações relativas a Títulos e Valores Mobiliários as operações de câmbio realizadas para o pagamento de bens importados, ao amparo de Guia de Importação ou documento assemelhado, emitida a partir de 1.º de julho de 1988" e depois restabelecido por meio do artigo 1.º, inciso XIII, da Lei n. 8.402/92: "São restabelecidos os seguintes incentivos fiscais: (...) XIII — isenção do Imposto sobre Operações de Crédito, Câmbio e Seguro, ou Relativas a Títulos ou Valores Mobiliários incidente sobre operações de câmbio realizadas para o pagamento de bens importados, de que trata o art. 6.º do Decreto-Lei n. 2.434, de 19 de maio de 1988".

CÁLCULO DO IPI, A PARTIR DO EXEMPLO ANTERIOR	
Valor aduaneiro	R$ 2.240,00
Valor Imposto Importação	R$ 224,00
Encargos cambiais	R$ 0,00
Base de cálculo IPI	R$ 2.464,00
IPI com alíquota de 5% (conforme a TIPI)	R$ 123,20

17.2.5. Imunidades

As operações com produtos industrializados cujo destino seja o **exterior** são imunes em relação ao IPI, a teor do artigo 153, § 3.º, III, da Constituição de 1988.

O dispositivo consagra a importância — tardiamente reconhecida, diga-se de passagem — do comércio internacional para a própria sobrevivência econômica do país, sobretudo num mercado globalizado e altamente competitivo como o atual.

Apenas nas últimas décadas o legislador, tanto constitucional como ordinário (cite--se, como exemplo, a Lei Complementar n. 87/96, conhecida como "Lei Kandir"), percebeu que **nenhum país** de primeira linha tributa os produtos saídos do seu território.

Como se sabe, os impostos chamados **repercutivos**, que alcançam uma cadeia produtiva ou de serviços, somente se justificam dentro dos limites econômicos do Estado que os instituiu, nos quais é possível a adoção de mecanismos compensatórios.

Ao tributar produtos cuja circulação econômica **ocorrerá alhures**, o legislador estará apenas obstaculizando a divulgação dos produtos nacionais, com danosas consequências à balança comercial, e afrontando o adágio segundo o qual "não se exportam tributos".

Assim, a **imunidade** em tela tem por objetivo fomentar as atividades de exportação, com o escopo de fortalecer a posição concorrencial dos produtos brasileiros nos mercados internacionais. Vem, portanto, ao encontro dos interesses pátrios, razão por si só suficiente para a sua ampla aceitação.

Com efeito, já tivemos a oportunidade de anotar[36]: "A competência tributária surge de uma composição de normas constitucionais em que a vedação opera um verdadeiro recorte no poder fiscal; destarte, a competência remanescente encontra-se, de plano, impossibilitada de instituir tributos sobre a área 'imunizada'. Por isso mesmo têm as imunidades o poder de circunscrever, delimitar, restringir a chamada competência tributária".

O atual Regulamento Aduaneiro apenas **repete** o mandamento constitucional, ao dizer que são imunes, para fins de IPI nas importações, os **livros, jornais** e **periódicos** (e o papel destinado à sua impressão).

17.2.6. Suspensão do pagamento do imposto

No intuito de incentivar a **produção local** de bens, especialmente para as categorias de produtos considerados estratégicos, a legislação prevê diversas hipóteses de desembaraço aduaneiro **com suspensão** do pagamento do IPI (juridicamente seria mais

---

[36] Roberto Caparroz. O livro eletrônico e as novas modalidades de transmissão do conhecimento em face da imunidade prevista no art. 150, VI, "d", da Constituição da República de 1988, p. 155-156.

correto dizermos que são **isenções condicionadas**, em que a suspensão se mantém desde que cumpridos certos requisitos).

Aliás, é exatamente isso o que diz, por linhas tortas, o Regulamento Aduaneiro.

Tanto assim que o texto afirma que, como regra geral, as **isenções** do IPI *são objetivas, em relação aos produtos*[37]. E completa o raciocínio, ao dizer que o IPI suspenso deverá ser tratado como nos **casos de isenção(!)**, ou seja, na hipótese de descumprimento das condições, o responsável ficará sujeito ao pagamento do imposto, acrescido de juros e penalidades cabíveis[38].

De forma **simplificada** (porque são muitas hipóteses, previstas nos artigos 246 e 247 do Regulamento Aduaneiro), a dita "suspensão" do IPI aplica-se:

◼ para os insumos, partes e peças utilizados na produção ou montagem de veículos;

◼ para matérias-primas, produtos intermediários e embalagens destinados a empresas exportadoras (montadoras de veículos, empresas de informática e automação e fabricantes de aeronaves, três setores que recebem diversos benefícios do governo).

17.3. CONTRIBUIÇÃO PARA O PIS/PASEP IMPORTAÇÃO E COFINS IMPORTAÇÃO

Embora não faça o **menor sentido** exigir contribuições de natureza social ante o simples fato de alguém trazer um produto do exterior, quis o nosso legislador, na sua infinita criatividade, instituir o PIS e a COFINS, também sobre as operações de importação.

A possibilidade de criação do **PIS/PASEP** vinculado às importações surgiu a partir da alteração, pela Emenda Constitucional n. 42/2003, do artigo 149, § 2.º, II, da Carta Magna, que passou a viger com a seguinte redação:

> Art. 149. (...)
> § 2.º As contribuições sociais e de intervenção no domínio econômico de que trata o *caput* deste artigo:
> (...)
> II – incidirão também sobre a importação de produtos estrangeiros ou serviços.

Por seu turno, a **COFINS** vinculada às importações exigiu a inclusão de mais um inciso ao artigo 195 da Constituição, que dispõe sobre as **fontes de financiamento** da seguridade social, nos seguintes termos:

> Art. 195. A seguridade social será financiada por toda a sociedade, de forma direta e indireta, nos termos da lei, mediante recursos provenientes dos orçamentos da União, dos Estados, do Distrito Federal e dos Municípios, e das seguintes contribuições sociais:
> (...)
> IV – do importador de bens ou serviços do exterior, ou de quem a lei a ele equiparar.

Resta incontroverso que as aludidas contribuições, vinculadas às importações, possuem natureza distinta das contribuições a título de PIS e COFINS incidentes **sobre o**

---

[37] Artigo 243.
[38] Artigo 244.

faturamento das empresas, a começar pelos dispositivos constitucionais, que para as espécies internas se encontram previstos nos artigos 239 e 195, I, "b", respectivamente[39].

De se ressaltar que, em relação à COFINS vinculada às importações, a alteração promoveu um **alargamento efetivo** e outro **potencial**, em relação à base de cálculo e aos possíveis contribuintes, pois utilizou o termo **bens** (mais abrangente, como já observamos) em vez de **mercadorias** e facultou ao legislador a ampliação do rol de sujeitos passivos, pela sempre temerária figura da **equiparação**.

Pretendeu, de acordo com o nosso pensar, provavelmente deixar aberta a possibilidade de trazer para a obrigação tributária da COFINS vinculada contribuintes não habituais — **pessoas físicas**, inclusive.

E, para piorar, o ordenamento positivo recebeu as aludidas contribuições por meio do menos democrático dos veículos jurídicos, qual seja, a Medida Provisória n. 164/2004 que, posteriormente, foi convertida na Lei n. 10.865/2004.

No mais, as contribuições sob comento seguem, em **termos gerais**, as regras válidas para o imposto de importação, especialmente quanto ao momento de realização do critério temporal de suas hipóteses de incidência, que, a exemplo do referido imposto, ocorrem na **data do registro** da declaração de importação, quando se tratar do regime comum.

Vejamos, pois, as características desses dois tributos, que são semelhantes nas hipóteses de importação.

17.3.1. Sujeitos ativo e passivo

Novamente, o **sujeito ativo** dos tributos é a União, titular da competência para a instituição de diversos tipos de contribuições.

Os **sujeitos passivos** poderão ser qualificados como contribuintes ou responsáveis, conforme determinação legal.

Assim, são contribuintes do PIS e da COFINS nas importações:

☐ o **importador**, assim considerada qualquer pessoa que promova a entrada de bens estrangeiros no território aduaneiro;

☐ o **destinatário** de remessa postal internacional indicado pelo respectivo remetente; e

☐ o **adquirente** de mercadoria entrepostada.

Aqui não há qualquer problema, pois as hipóteses seguem, como já observamos, a lógica do imposto de importação.

---

[39] Constituição Federal, artigo 239: "A arrecadação decorrente das contribuições para o Programa de Integração Social, criado pela Lei Complementar n. 7, de 7 de setembro de 1970, e para o Programa de Formação do Patrimônio do Servidor Público, criado pela Lei Complementar n. 8, de 3 de dezembro de 1970, passa, a partir da promulgação desta Constituição, a financiar, nos termos que a lei dispuser, o programa do seguro-desemprego e o abono de que trata o § 3.º deste artigo" e artigo 195, I, "b": "A seguridade social será financiada por toda a sociedade, de forma direta e indireta, nos termos da lei, mediante recursos provenientes dos orçamentos da União, dos Estados, do Distrito Federal e dos Municípios, e das seguintes contribuições sociais: I — do empregador, da empresa e da entidade a ela equiparada na forma da lei, incidentes sobre: (...) b) a receita ou o faturamento".

No mesmo sentido, a legislação definiu diversos **responsáveis solidários**, que deverão arcar com o ônus dos tributos caso algum problema ocorra com as mercadorias sob sua guarda.

São eles:

■ o **depositário**, assim considerada qualquer pessoa incumbida da custódia de bem sob controle aduaneiro;

■ o **transportador**, quando transportar bens procedentes do exterior ou sob controle aduaneiro, inclusive em percurso interno;

■ o **representante**, no País, do transportador estrangeiro;

■ o **expedidor**, o operador de transporte multimodal ou qualquer subcontratado para a realização do transporte multimodal; e

■ o **adquirente** de bens estrangeiros, no caso de importação realizada por sua conta e ordem, por intermédio de pessoa jurídica importadora.

Portanto, se as mercadorias importadas sofrerem **extravio** (inclusive furto ou roubo) em situações sob responsabilidade de qualquer das pessoas citadas, a elas caberá o recolhimento dos tributos, normalmente após a identificação do problema.

17.3.2. Incidência e fato gerador

O PIS e a COFINS incidem sobre **produtos estrangeiros**, nas mesmas hipóteses em que ocorre o imposto de importação.

O Regulamento Aduaneiro determina que o **fato gerador** dos tributos seja a entrada desses produtos estrangeiros no território aduaneiro.

Na hipótese de os bens serem **extraviados**, como vimos, deverá ser apurada a correspondente responsabilidade e cobrados os valores devidos, conforme constatados pela autoridade aduaneira, **exceto** quando se tratar de:

■ **malas** (bagagem) e **remessas postais internacionais** (porque os tributos não incidem);

■ **mercadorias importadas a granel** que, por sua natureza ou condições de manuseio na descarga, estejam sujeitas a quebra ou a decréscimo, desde que o extravio não seja **superior a 1%** (aqui, o legislador reconhece que, no mundo real, as operações de carga e descarga de graneis em navios — soja, trigo, enxofre etc. — geram pequenas perdas ou resíduos, que são desconsiderados, para fins tributários, até o limite de 1%, mas, cuidado, pois perdas acima de 1% são tributadas).

Em razão da dificuldade em se constatar o **momento exato** da entrada no território aduaneiro, aplicam-se ao PIS e à COFINS as mesmas regras do **imposto de importação** que, *para efeito de cálculo*, postergam a ocorrência do fato gerador (na verdade o **critério temporal** dos tributos) para o momento em que se verificarem as seguintes situações:

■ data do **registro da declaração de importação** de bens submetidos a despacho para consumo;

■ dia do **lançamento** do correspondente crédito tributário, quando se tratar de bens constantes de manifesto ou de outras declarações de efeito equivalente, cujo extravio ou avaria tenha sido apurado pela autoridade aduaneira; e

■ data do **vencimento do prazo de permanência** dos bens em recinto alfandegado, se iniciado o respectivo despacho aduaneiro antes de aplicada a pena de perdimento.

Importante: O PIS e a COFINS também incidem sobre a prestação de serviços provenientes do exterior.

Embora não seja um assunto **tipicamente aduaneiro** (porque os fiscais não conseguem "enxergar" o serviço entrando no Brasil), precisamos destacar que o PIS e a COFINS, pela atual sistemática constitucional, **incidem** sobre os **serviços provenientes do exterior**, prestados por pessoa física ou pessoa jurídica residente ou domiciliada fora do país, nas seguintes hipóteses:

■ quando executados no Brasil; ou

■ quando executados no exterior, mas o resultado se verifique no Brasil.

Na hipótese dos serviços, como eles não ingressam *fisicamente* no Brasil, o **fato gerador** dos tributos será o pagamento, o crédito, a entrega, o emprego ou a remessa de valores a residentes ou domiciliados no exterior como contraprestação por serviço prestado.

De se notar que o legislador elegeu a **contrapartida financeira** do serviço (o pagamento, a qualquer título), tanto para a ocorrência do fato gerador como para fins de cálculo (critério temporal), pois, de outro modo, seria impossível identificar o "ingresso" do serviço no território aduaneiro.

Exemplo: se um grande palestrante internacional vem ao Brasil para um evento, o fiscal no aeroporto certamente desconhece, quando da chegada, tal circunstância. Trata-se, para ele, de um passageiro "normal" que, no entanto, traz um "serviço" (o conhecimento pelo qual poderá cobrar milhares de dólares, quando proferir a palestra).

Ora, o Fisco só conseguirá perceber a ocorrência do fato gerador quando a empresa que contratou o ilustre palestrante efetuar o pagamento ao exterior.

Trata-se, portanto, de hipótese que exige enorme controle sobre a **operação cambial** (de remessa do valor para o exterior), pois, de outra sorte, seria impossível a tributação.

Imagine que algo semelhante (e que o Fisco ainda não consegue controlar) ocorre com a **internet**, quando assistimos, por exemplo, a uma videoaula transmitida do exterior e pagamos com cartão de crédito (embora seja um "serviço", a tributação simplesmente não ocorre!).

17.3.3. Base de cálculo

A **base de cálculo** do PIS e da COFINS na importação era algo *inacreditável*, pois considerava o valor aduaneiro, acrescido do valor do **ICMS** incidente no desembaraço (mesmo que não tenha sido recolhido, em razão de diferimento) e do valor **das próprias contribuições!**

Ou seja, PIS e COFINS incidiam sobre o **ICMS** (antes do fato gerador desse tributo e até mesmo quando ele não fosse pago!) e **sobre si mesmos** (o que se chama **circularização tributária** e só serve para aumentar a carga efetiva, que será, por óbvio **maior** do que o previsto pelas alíquotas nominais).

Tratava-se de flagrante **inconstitucionalidade**, que apontamos faz quase uma década na nossa tese de doutorado e que, finalmente, o STF reconheceu.

O julgamento paradigmático ocorreu no RE 559.937, em que o Pleno do STF decidiu:

> Decisão: Prosseguindo no julgamento, o Tribunal negou provimento ao recurso extraordinário **para reconhecer a inconstitucionalidade da expressão** "acrescido do valor do Imposto sobre Operações Relativas à Circulação de Mercadorias e sobre Prestação de Serviços de Transporte Interestadual e Intermunicipal e de Comunicação — ICMS incidente no desembaraço aduaneiro e do valor das próprias contribuições", contida no inciso I do art. 7.º da Lei n. 10.865/04, e, tendo em conta o reconhecimento da repercussão geral da questão constitucional no RE 559.607, determinou a aplicação do regime previsto no § 3.º do art. 543-B do CPC [art. 1.039 do atual CPC], tudo nos termos do voto da Ministra Ellen Gracie (Relatora). Redigirá o acórdão o Ministro Dias Toffoli. Em seguida, o Tribunal rejeitou questão de ordem da Procuradoria da Fazenda Nacional que suscitava fossem modulados os efeitos da decisão. Votou o Presidente, Ministro Joaquim Barbosa. Plenário, 20.03.2013 (RE 559.937/RS, Rel. Min. Ellen Gracie, julgamento em 20-3-2013).

> **Importante:** A Lei n. 12.865/2013 retirou o ICMS da base do PIS e da COFINS na importação de bens e serviços, posição que já pode ser adotada (finalmente) para concursos.

> **Cuidado:** O texto do Regulamento Aduaneiro atual está **errado**, pois ainda não excluiu o ICMS da base de cálculo do PIS e da COFINS, embora o artigo 253 do RA se baseie no artigo 7.º da Lei n. 10.865/2004, cuja redação já foi alterada pela Lei n. 12.865/2013, conforme quadro acima.

No caso de importação de certos bens, existe uma **previsão de redução** das bases de cálculo do PIS e da COFINS para caminhões e produtos do setor automobilístico:

◼ de **30,2%**, no caso de importação, para revenda, de caminhões chassi com carga útil igual ou superior a 1.800 kg e caminhão monobloco com carga útil igual ou superior a 1.500 kg, classificados na posição 87.04 da TIPI, observadas as especificações estabelecidas pela RFB;

◼ de **48,1%**, no caso de importação, para revenda, de produtos classificados nos seguintes códigos e posições da TIPI: 84.29, 8432.40.00, 8432.80.00, 8433.20, 8433.30.00, 8433.40.00, 8433.5, 87.01, 8702.10.00 Ex 02, 8702.90.90 Ex 02, 8704.10.00, 87.05 e 8706.00.10 Ex 01 (somente os destinados aos produtos classificados nos Ex 02 dos códigos 8702.10.00 e 8702.90.90).

No caso de **serviços**, a base de cálculo do PIS e da COFINS será o valor pago, creditado, entregue, empregado ou remetido para o exterior, *antes da retenção do imposto* *de renda*, **acrescido** do Imposto sobre Serviços de qualquer Natureza **(ISS)** e do **valor das próprias contribuições** (note-se que, novamente, as contribuições incidem sobre outros tributos, no caso o ISS, e sobre si mesmas, o que nos leva a clamar que o STF também declare a flagrante inconstitucionalidade dessa sistemática).

Por fim, no caso de **prêmios de resseguro** cedidos ao exterior (que também são tipos de serviço), a base de cálculo é de **8%** do valor pago, creditado, entregue, empregado ou remetido.

17.3.4. Isenções

Assim como no imposto de importação, existem diversas hipóteses de isenção para o PIS e a COFINS nas importações.

As chamadas **isenções subjetivas** incluem as importações realizadas:

◾ pela União, Estados, Distrito Federal e Municípios, suas autarquias e fundações instituídas e mantidas pelo poder público;

◾ pelas Missões Diplomáticas e Repartições Consulares de caráter permanente e pelos respectivos integrantes;

◾ pelas representações de organismos internacionais de caráter permanente, inclusive os de âmbito regional, dos quais o Brasil seja membro, e pelos respectivos integrantes;

◾ por pessoa ou entidade que goze de **igual tratamento tributário**, mediante prévia decisão da autoridade administrativa;

◾ após o decurso do prazo de **três anos**, contado da data do registro da declaração de importação, desde que mantidas as finalidades que ensejaram a concessão;

◾ para **entidades beneficentes**, reconhecidas como de utilidade pública, para serem vendidas em feiras, bazares e eventos semelhantes, desde que recebidos em doação de representações diplomáticas estrangeiras sediadas no País.

> **Importante:** Quando a isenção for vinculada à qualidade do importador, a transferência de propriedade ou a cessão de uso dos bens, a qualquer título, obriga ao **prévio pagamento** do PIS e da COFINS, **exceto** em relação aos bens transferidos ou cedidos (como no caso do II).

Já as **isenções objetivas** alcançam os seguintes casos:

◾ amostras e remessas postais internacionais, sem valor comercial;

◾ remessas postais e encomendas aéreas internacionais, destinadas a pessoa física;

◾ bagagem de viajantes procedentes do exterior e bens importados a que se apliquem os regimes de importação simplificada ou especial;

◾ bens adquiridos em loja franca no País;

◾ bens trazidos do exterior, no comércio característico das cidades situadas nas fronteiras terrestres, destinados à subsistência da unidade familiar de residentes nas cidades fronteiriças brasileiras;

◾ bens importados sob o regime aduaneiro especial de *drawback*, na modalidade de isenção;

◼ objetos de arte recebidos em doação, por museus instituídos e mantidos pelo poder público ou por outras entidades culturais reconhecidas como de utilidade pública;

◼ máquinas, equipamentos, aparelhos e instrumentos, e suas partes e peças de reposição, acessórios, matérias-primas e produtos intermediários, importados por instituições científicas e tecnológicas e por cientistas e pesquisadores;

◼ bens recebidos em decorrência de evento cultural, científico ou esportivo oficial, realizado no exterior, ou para serem consumidos, distribuídos ou utilizados em evento esportivo oficial realizado no País;

◼ bens importados por desportistas, desde que tenham sido utilizados por estes em evento esportivo oficial e recebidos em doação de entidade de prática desportiva estrangeira ou da promotora ou patrocinadora do evento.

17.3.5. Suspensão do pagamento e redução de alíquotas (programas específicos e seu regramento)

A regra geral para o pagamento do PIS e da COFINS nas importações é a mesma do imposto de importação, ou seja, o **recolhimento** será feito na data do registro da DI no SISCOMEX.

Como esses tributos são muito complicados e onerosos, o próprio legislador tratou, *por incrível que pareça*, de conceder **diversos benefícios** (no melhor estilo "bate e assopra"), pautados por regimes especiais, que em regra permitem a **suspensão** do pagamento (e, como consequência, sua posterior **isenção**, desde que atendidos certos requisitos).

Atenção: Como regra geral, todas as hipóteses de suspensão do II aplicam-se também ao PIS e à COFINS.

São diversos casos, que estão previstos nos artigos 260 a 292 do Regulamento Aduaneiro, conforme veremos sinteticamente a seguir.

17.3.5.1. *Zona Franca de Manaus*

No intuito de estimular o desenvolvimento da ZFM, as empresas lá localizadas poderão importar, com **suspensão** de PIS e COFINS, bens a serem empregados na elaboração de matérias-primas, produtos intermediários e materiais de embalagem destinados a emprego em processo de industrialização.

O benefício também se estende para as importações de máquinas, aparelhos, instrumentos e equipamentos (desde que novos, pois a importação de bens usados é, em regra, *proibida*) para incorporação ao **ativo imobilizado** do importador.

Como a empresa poderá "ativar" o bem e depois vendê-lo, a legislação permite que a suspensão **se converta** em alíquota zero depois de decorridos 18 meses da incorporação.

Se o prazo for descumprido ou o bem importado não for efetivamente incorporado ao patrimônio, o responsável ficará sujeito ao pagamento dos tributos, **acrescidos** de juros e multa de mora, contados desde o início do procedimento, ou seja, da *data de registro da DI*.

17.3.5.2. *Regime Especial de Tributação para a Plataforma de Exportação de Serviços de Tecnologia da Informação (REPES)*

O **REPES** permite a importação de bens novos destinados ao desenvolvimento de *softwares* e de serviços de tecnologia, quando importados diretamente pelo beneficiário do regime para **incorporação** ao seu ativo imobilizado, com suspensão do pagamento de PIS e COFINS.

Para usufruir do benefício, a empresa deverá exercer **preponderantemente** as atividades de desenvolvimento de *software* ou de prestação de serviços de tecnologia da informação e assumir o compromisso de exportar, pelo menos, **50%** da sua receita bruta anual[40] (a legislação permite que este percentual seja reduzido por ato infralegal).

O REPES **não se aplica** às empresas optantes do SIMPLES Nacional.

Da mesma forma que nos outros regimes, a suspensão (que tem efeitos apenas temporários) **converter-se-á** em alíquota zero para PIS e COFINS e isenção, como vimos, no caso do IPI.

Com a edição da Lei Complementar n. 214/2025, que regulamentou a Reforma Tributária, foi alterado o disposto na Lei n. 11.196/2005, que trata de bens adquiridos no âmbito do REPES.

Com efeito, o artigo 11 da Lei n. 11.196/2005 passou a dispor que:

> Art. 11. A importação de bens novos relacionados pelo Poder Executivo destinados ao desenvolvimento, no País, de *software* e de serviços de tecnologia da informação, relacionados em regulamento pelo Poder Executivo, sem similar nacional, efetuada diretamente pelo beneficiário do Repes para a incorporação ao seu ativo imobilizado, será efetuada com suspensão da exigência do Imposto sobre Produtos Industrializados – IPI.
> § 1.º A suspensão de que trata o *caput* converte-se em isenção após cumpridas as condições de que trata o art. 2.º desta Lei, observado que:
> I – o percentual de exportações de que trata o art. 2.º desta Lei será apurado considerando-se a média obtida, a partir do ano-calendário subsequente ao do início de utilização dos bens adquiridos no âmbito do Repes, durante o período de 3 (três) anos-calendário; e
> II – o prazo de início de utilização a que se refere o inciso I deste artigo não poderá ser superior a 1 (um) ano, contado a partir da data de sua aquisição.

17.3.5.3. *Regime Especial de Aquisição de Bens de Capital para Empresas Exportadoras (RECAP)*

RECAP é o regime que permite a importação de máquinas, aparelhos, instrumentos e equipamentos (sempre novos), para incorporação ao ativo imobilizado de empresas **preponderantemente exportadoras**, ou seja, aquelas cuja receita bruta decorrente de

---

[40] Esse percentual está previsto no artigo 2.º da Lei n. 11.196/2005, com a redação dada pela Lei n. 12.715/2012. Contudo, o artigo 265 do Regulamento Aduaneiro está desatualizado e ainda veicula, ao tempo de fechamento desta edição, a redação antiga da lei, que previa 60% de compromisso de exportação.

exportação, no ano-calendário imediatamente anterior, houver sido igual ou superior a 70% de sua receita bruta total.

Para ingressar no regime, a empresa deverá assumir o **compromisso** de manter esse nível de 70% por dois anos, para que possa usufruir da suspensão do PIS e da CO-FINS nas importações.

O RECAP subsiste pelo prazo de **três anos**, contados da data de adesão. Também não podem pleitear o regime as empresas optantes do SIMPLES Nacional.

Como nos demais regimes, a suspensão tributária **converter-se-á** em alíquota zero, quando cumpridas as respectivas exigências.

Se a empresa não incorporar o bem ao ativo imobilizado ou descumprir as demais regras do RECAP, ficará obrigada a recolher os tributos suspensos, acrescidos de juros e multa de mora, contados da data do registro da DI.

O Capítulo III da Lei Complementar n. 214/2025 trata dos regimes tributários voltados para **incentivar a modernização, ampliação e desenvolvimento da infraestrutura econômica do país** por meio da desoneração fiscal na aquisição de **bens de capital**. Esses regimes específicos garantem **suspensão temporária ou redução a zero das alíquotas do IBS e da CBS**, beneficiando setores estratégicos como portos, ferrovias, infraestrutura em geral, construção naval e agricultura. O objetivo é **reduzir custos de investimento, melhorar a competitividade e estimular a industrialização**.

Nesse contexto, a desoneração dos bens de capital busca reduzir o custo dos investimentos produtivos, facilitando a aquisição de máquinas, equipamentos e veículos essenciais para a modernização da indústria, da agricultura e da infraestrutura.

O art. 108 da Lei Complementar n. 214/2025 assegura **crédito integral e imediato** do IBS e da CBS na compra de bens de capital, garantindo que os contribuintes possam compensar os valores pagos imediatamente, sem precisar esperar longos períodos para o aproveitamento dos créditos.

Também é possível que o **Poder Executivo e o Comitê Gestor do IBS** definam regras para suspensão temporária do pagamento do IBS e da CBS em importações e compras de bens de capital, convertendo a suspensão em alíquota zero após a incorporação do bem ao ativo imobilizado.

Além disso, a nova legislação reduz a zero as alíquotas do IBS e da CBS na importação e fornecimento de:

- Tratores, máquinas e implementos agrícolas para produtores rurais não contribuintes do IBS e da CBS.
- Veículos de transporte de carga destinados a transportadores autônomos pessoa física.

Essa desoneração favorece pequenos produtores rurais e caminhoneiros autônomos, permitindo que estes adquiram equipamentos considerados essenciais para as suas atividades sem o recolhimento dos novos tributos sobre o consumo.

Por fim, a regulamentação da reforma garantiu que ativos de concessionárias de serviços públicos, reconhecidos como ativos de contrato, intangíveis ou financeiros, a exemplo de redes elétricas e ativos de rodovias pedagiadas, também sejam considerados bens de capital, possibilitando a compensação integral do IBS e da CBS.

17.3.5.4. *Programa de Apoio ao Desenvolvimento Tecnológico da Indústria de Semicondutores (PADIS)*

O **PADIS** permite a importação de máquinas, aparelhos, instrumentos e equipamentos para incorporação ao ativo imobilizado do beneficiário (inclusive importador por conta e ordem ou que utilizou *trading*), que deverá atuar na **pesquisa e desenvolvimento** de semicondutores.

O enquadramento no regime reduz a zero as alíquotas do PIS e da COFINS nas importações. A redução **também se aplica** ao IPI.

17.3.5.5. *Programa de Apoio ao Desenvolvimento Tecnológico da Indústria de Equipamentos para TV Digital (PATVD)*

O **PATVD** permite a importação de máquinas, aparelhos, instrumentos e equipamentos, novos, para incorporação ao ativo imobilizado do beneficiário (inclusive importador por conta e ordem ou que utilizou *trading*), destinados à fabricação de equipamentos transmissores de sinais por radiofrequência para **televisão digital**, com redução a zero das alíquotas de PIS e COFINS.

O regime também reduz a zero as alíquotas do IPI nas importações.

17.3.5.6. *Regime Especial de Incentivos para o Desenvolvimento da Infraestrutura (REIDI)*

O **REIDI** permite a importação de máquinas, aparelhos, instrumentos e equipamentos, novos, e de materiais de construção, quando importados **diretamente** pelo beneficiário (pessoa jurídica que tenha projeto aprovado para implantação de obras nos setores de transportes, portos, energia, saneamento básico e irrigação), com suspensão de PIS e COFINS.

A **suspensão** converte-se em alíquota zero após a utilização ou incorporação do bem ou material de construção na obra de infraestrutura e o **descumprimento** do regime implica o pagamento dos tributos suspensos, acrescido de juros, multa de mora e de ofício, contados a partir da data do registro da DI.

O benefício do REIDI poderá ser usufruído nas importações realizadas no período de **cinco anos**, contados da data da habilitação da pessoa jurídica titular do projeto de infraestrutura.

> **Atenção:** O importador de cigarros sujeita-se à condição de contribuinte e de contribuinte substituto dos comerciantes varejistas, para fins de pagamento do PIS e da COFINS nas importações.

Com a edição da Lei Complementar n. 214/2025, o REIDI concederá suspensão do IBS e da CBS sobre importações e aquisições de máquinas, equipamentos, materiais de construção e serviços utilizados em obras de infraestrutura. O incentivo vale tanto para bens físicos quanto para serviços contratados para a construção de projetos estratégicos, como rodovias, ferrovias, hidrelétricas, telecomunicações e energia renovável.

A suspensão se converte em alíquota zero após a incorporação do bem à obra, garantindo que o benefício seja direcionado apenas para investimentos reais. Se a empresa não utilizar os bens ou materiais na obra, ela precisará pagar os tributos suspensos, acrescidos de multa e juros.

O REIDI também passa a reconhecer ativos intangíveis, como direitos de exploração de concessões públicas e contratos de infraestrutura, garantindo que as receitas das empresas responsáveis pela construção e operação desses ativos possam usufruir dos benefícios fiscais.

Exemplo: uma empresa de energia constrói uma usina solar e adquire painéis solares e inversores com suspensão do IBS e da CBS. Após a instalação e funcionamento da usina, os tributos deixam de ser devidos. Se os equipamentos fossem desviados para outro uso, a empresa precisaria pagar os impostos suspensos.

17.3.5.7. Regime Tributário para Incentivo à Atividade Naval (RENAVAL)

A partir da Lei Complementar n. 214/2025, o **RENAVAL** concederá suspensão do IBS e da CBS para empresas que atuam na construção, conservação, modernização e reparo de embarcações registradas no **Registro Especial Brasileiro (REB)**.

O incentivo alcança:

- ■ O fornecimento de embarcações para incorporação ao ativo imobilizado.
- ■ A importação e aquisição de máquinas e equipamentos para atividades navais.
- ■ A compra de matérias-primas, peças e componentes para a construção e manutenção de embarcações.

A suspensão se converte em alíquota zero após o cumprimento de prazos mínimos de permanência dos bens no ativo imobilizado. Se o beneficiário transferir ou vender os bens antes desse período, será obrigado a recolher os tributos suspensos, com multa e juros.

O Renaval busca fortalecer a indústria naval nacional, reduzindo custos e incentivando a produção de embarcações modernas para atender às necessidades da navegação comercial e da exploração de petróleo e gás *offshore*.

Exemplo: um estaleiro no Brasil recebe um pedido de uma embarcação de apoio *offshore* para a Petrobras. O estaleiro compra aço, motores e equipamentos eletrônicos com suspensão do IBS e da CBS. Quando a embarcação for entregue e registrada no REB, a suspensão do IBS e da CBS será convertida em alíquota zero.

17.4. IMPOSTO SOBRE OPERAÇÕES RELATIVAS À CIRCULAÇÃO DE MERCADORIAS E SOBRE PRESTAÇÃO DE SERVIÇOS DE TRANSPORTE INTERESTADUAL E INTERMUNICIPAL E DE COMUNICAÇÃO VINCULADO À IMPORTAÇÃO

Ao contrário do que poderia sugerir uma primeira impressão, a sigla ICMS não designa tributo que recai **apenas** sobre a circulação de mercadorias e prestação de serviços de comunicação e transporte, mas vai além, pois grava, ainda, atividades relacionadas a lubrificantes, combustíveis e energia elétrica, nos termos do artigo 155 da Constituição e demais dispositivos legais.

Vejamos como esse tributo, extremamente complexo, incide nas diversas hipóteses de importação.

17.4.1. Incidência e fato gerador

Nos termos da **competência tributária** veiculada pelo artigo 155 da Constituição, o legislador complementar, por meio do artigo 2.º da LC n. 87/96, dispôs sobre as regras do ICMS nas importações:

> § 1.º O imposto incide também:
> I – sobre a entrada de mercadoria importada do exterior, por pessoa física ou jurídica, ainda quando se tratar de bem destinado a consumo ou ativo permanente do estabelecimento;
> II – sobre o serviço prestado no exterior ou cuja prestação se tenha iniciado no exterior;
> III – sobre a entrada, no território do Estado destinatário, de petróleo, inclusive lubrificantes e combustíveis líquidos e gasosos dele derivados, e de energia elétrica, quando não destinados à comercialização ou à industrialização, decorrentes de operações interestaduais, cabendo o imposto ao Estado onde estiver localizado o adquirente.

Além disso, a própria Constituição determina que o ICMS deva **incidir** "sobre a entrada de bem ou mercadoria importados do exterior por pessoa física ou jurídica, ainda que não seja contribuinte habitual do imposto, qualquer que seja a sua finalidade, assim como sobre o serviço prestado no exterior, cabendo o imposto ao Estado onde estiver situado o domicílio ou o estabelecimento do destinatário da mercadoria, bem ou serviço"[41].

A partir dessas premissas, podemos dizer que o ICMS incide sobre **bens** ou **mercadorias** importados do exterior, seja por pessoa física ou jurídica, independentemente de ser ou não contribuinte do imposto, ou mesmo de sua finalidade, podendo gravar, por exemplo, materiais destinados ao uso e ao consumo do estabelecimento comercial (ou até integrantes do ativo permanente).

Anteriormente à Emenda Constitucional n. 33/2001, que deu nova redação ao Texto Magno, a jurisprudência do Supremo Tribunal Federal estava firme no sentido da não incidência do ICMS sobre operações de importação de bens destinados ao consumo ou ativo fixo, realizadas por pessoas físicas ou jurídicas, que não se afiguravam como contribuintes do imposto.

O posicionamento do STF **fundamentava-se** em duas premissas:

■ a impossibilidade de caracterização das operações de importação como atos de comércio, no caso de pessoas que não praticassem a circulação de mercadorias;
■ a impossibilidade de operacionalização do princípio da não cumulatividade, por sujeitos que não fossem contribuintes do imposto.

Embora a **Súmula 660** do STF dissesse que "não incide ICMS na importação de bens por pessoa física ou jurídica que não seja contribuinte do imposto", com o advento da EC n. 33/2001 a incidência **passou a ser admitida**.

---

[41] Artigo 155, § 2.º, IX, "a".

17.4.1.1. Leasing *nos casos de importação de aeronave*

Apesar das alterações constitucionais, não se pode imaginar que o legislador pátrio tenha possibilitado a cobrança do ICMS ante a **simples entrada** de bem ou mercadoria importados por pessoas físicas ou jurídicas, *em qualquer hipótese.*

A incidência do tributo, mesmo nos casos de importação, requer a caracterização de uma operação na qual se dê a **circulação econômica e jurídica** da mercadoria, com a consequente transferência de sua titularidade.

Devemos admitir, pois, que a incidência do ICMS na importação será cabível desde que ocorra a entrada de bem ou mercadoria do exterior, com a **aquisição da propriedade** por parte do importador.

Com base nisso, o STF vem negando a possibilidade de incidência do tributo nos casos de *leasing* contratado por companhias aéreas, conforme decisão a seguir:

> 1. A importação de aeronaves e/ou peças ou equipamentos que as componham em regime de *leasing* não admite posterior transferência ao domínio do arrendatário.
>
> 2. A circulação de mercadoria é pressuposto de incidência do ICMS. O imposto — diz o artigo 155, II da Constituição do Brasil — é sobre "operações relativas à circulação de mercadorias e sobre prestações de serviços de transporte interestadual e intermunicipal e de comunicação, ainda que as operações e as prestações se iniciem no exterior".
>
> 3. Não há operação relativa à circulação de mercadoria sujeita à incidência do ICMS em operação de arrendamento mercantil contratado pela indústria aeronáutica de grande porte para viabilizar o uso, pelas companhias de navegação aérea, de aeronaves por ela construídas. Agravo regimental a que se nega provimento (RE 460.814, AgR/SP, Rel. Min. Eros Grau, *DJe* 15.8.2008).

> Arrendamento de aeronaves. *Leasing* operacional. Não incidência de ICMS. O arrendamento mercantil, contratado pela indústria aeronáutica de grande porte para viabilizar o uso, pelas companhias de navegação aérea, de aeronaves por ela construídas, não constitui operação relativa à circulação de mercadoria sujeita à incidência do ICMS (REsp 1.131.718/SP).

17.4.1.2. *Momento da incidência*

Na ordem constitucional pretérita, o fato gerador do ICMS se aperfeiçoava — e o tributo passava a **ser exigível** — tão logo ocorresse a entrada física do bem no estabelecimento do importador, com o que o Supremo Tribunal Federal editou a **Súmula 577**:

> *Na importação de mercadoria do exterior, o fato gerador do Imposto de Circulação de Mercadorias ocorre no momento de sua entrada no estabelecimento do importador.*

Todavia, o atual entendimento do STF (embora bastante estranho) é no sentido de que o tributo passa a ser exigível quando do **desembaraço das mercadorias**.

Vale reproduzir, a respeito, a seguinte decisão:

> ICMS incidente sobre mercadorias importadas. Fato gerador. Elemento temporal. CF/88, art. 155, § 2.º, IX, *a.* Afora o acréscimo decorrente da introdução de serviços no campo da abrangência do imposto em referência, até então circunscrito à circulação de mercadorias,

duas alterações foram feitas pelo constituinte no texto primitivo (art. 23, § 11, da Carta de 1969), a primeira, na supressão das expressões: "a entrada, em estabelecimento comercial, industrial ou produtor, de mercadoria importada do exterior por seu titular"; e, a segunda, em deixar expresso caber "o imposto ao Estado onde estiver situado o estabelecimento destinatário da mercadoria". Alterações que tiveram por consequência lógica a substituição da entrada da mercadoria no estabelecimento do importador para o do recebimento da mercadoria importada, como aspecto temporal do fato gerador do tributo, condicionando-se o desembaraço das mercadorias ou do bem importado ao recolhimento, não apenas dos tributos federais, mas também do ICMS incidente sobre a operação. Legitimação dos Estados para ditarem norma geral, de caráter provisório, sobre a matéria, de conformidade com o art. 34, § 8.º, do ADCT/88, por meio do Convênio ICM 66/88 (art. 2.º, I) e, consequentemente, do Estado de São Paulo para fixar o novo momento da exigência do tributo (Lei n. 6.374/89, art. 2.º, V). Acórdão que, no caso, dissentiu dessa orientação. Recurso conhecido e provido (RE 192.711-9/SP, Rel. Min. Ilmar Galvão, julgamento em 23.10.1996).

Essa é a posição a ser adotada para **concursos**, conforme determina a **Súmula 661** do STF:

Na entrada de mercadoria importada do exterior, é legítima a cobrança do ICMS por ocasião do desembaraço aduaneiro.

Em síntese, no panorama atual, o bem ou a mercadoria importados somente podem **ser desembaraçados** com o pagamento dos tributos federais e do ICMS.

17.4.2. Sujeitos ativo e passivo

Uma questão importante diz respeito à competência para a instituição e cobrança do ICMS.

Se, por um lado, é fácil perceber que os sujeitos ativos do ICMS são os **Estados**, nos termos da Constituição, a pergunta pertinente seria: *mas qual Estado, no caso das importações?*

A questão que se coloca, já dirimida pela jurisprudência do STF nos autos do RE 268.586-1, deriva da **aparente contradição** entre o critério eleito pelo legislador constituinte, que diz caber o imposto *ao Estado onde estiver situado o domicílio ou estabelecimento do destinatário da mercadoria, bem ou serviço* e aquele previsto pela **Lei Complementar n. 87/96**, que, em seu artigo 11, I, "d", reza que, *tratando-se de mercadoria ou bem importado do exterior, caberá o tributo ao Estado em que localizado o estabelecimento onde se der a entrada física.*

O cotejo entre o texto constitucional e a Lei Complementar n. 87/96 implica reconhecer como sujeito ativo da obrigação o Estado em que se localiza o estabelecimento do sujeito que promoveu, **sob o ponto de vista jurídico**, a operação de importação, pouco importando a destinação física do bem.

José Eduardo Soares de Melo, ao vislumbrar a aparente **antinomia** entre a norma constitucional e o artigo 11 da Lei Complementar n. 87/96, afirmou que "o aspecto físico (preconizado pela lei complementar) não tem cabal relevância para fixar matéria de conteúdo constitucional (titularidade do ICMS na importação), em obediência ao princípio da hierarquia normativa"[42].

A jurisprudência do STF já se manifestou no seguinte sentido:

> O Imposto sobre Circulação de Mercadorias e Serviços cabe ao Estado em que localizado o porto de desembarque e o destinatário da mercadoria, não prevalecendo a forma sobre o conteúdo, no que procedida a importação por terceiro consignatário situado em outro Estado e beneficiário de sistema tributário mais favorável (RE 268.586-1/SP, 1.ª Turma, Rel. Min. Marco Aurélio, julgamento em 25.5.2005).

O caso *sub judice* citado trazia algumas particularidades que deverão ser tomadas em consideração, a fim de vislumbrarmos o **tratamento** outorgado às importações praticadas no país.

Cuida o acórdão de situação fática na qual determinada importadora, estabelecida no Estado do Espírito Santo, beneficiada pelo sistema FUNDAP (usufruindo, assim, de benefícios fiscais), foi contratada pela adquirente para, na condição de **consignatária/intermediária**, trazer a mercadoria em seu nome, sendo reembolsada de todas as despesas e custos relativos à importação, de modo que a real compradora ficou responsável pela negociação e pagamento do preço perante o exportador.

Como a empresa é a destinatária **física e jurídica** dos bens importados, é o Estado no qual está localizado o seu estabelecimento aquele legitimado a receber a receita do ICMS.

Prevalece, segundo a jurisprudência do STF, o critério do **real adquirente** da mercadoria, ou seja, o sujeito que promove o negócio jurídico da importação, pouco importando para onde seja fisicamente remetida a mercadoria, num segundo momento.

Neste passo, é oportuno tecermos algumas observações sobre o sujeito ativo do tributo, nas mais variadas modalidades de importação previstas pelo ordenamento: importação direta, por conta e ordem de terceiro e por encomenda.

A importação **direta** ocorre quando, por sua conta e risco, sem a interveniência ou encomenda de qualquer outra pessoa, o importador adquire a mercadoria no exterior e promove sua nacionalização, para posterior utilização ou revenda a terceiro.

Aqui, a identificação do contribuinte não exige maiores elucubrações; trata-se do **importador**, sendo competente para a exigência do ICMS o Estado em que estiver seu estabelecimento.

A importação **por conta e ordem de terceiros**, por outro lado, surgiu em nosso ordenamento com os artigos 79 e seguintes da MP n. 2.158-35/2001, assim redigido:

> Art. 79. Equiparam-se a estabelecimento industrial os estabelecimentos, atacadistas ou varejistas, que adquirirem produtos de procedência estrangeira, importados por sua conta e ordem, por intermédio de pessoa jurídica importadora.

---

[42] MELO, José Eduardo Soares de. O ICMS na importação por encomenda, e por conta e ordem de terceiros. Titularidade do tributo e crédito do imposto. In: ROCHA, Valdir de Oliveira (Coord.). *Grandes questões atuais do direito tributário*. São Paulo: Dialética, 2008.

Nessa operação, identificamos uma empresa que atua na qualidade de **prestadora de serviços** e que se obriga a importar mercadorias ou bens por conta e ordem de uma segunda pessoa, chamada **adquirente**, utilizando-se de seus recursos financeiros.

Ao contrário do que ocorre na importação direta, a importadora, mera prestadora de serviços — muitas vezes *trading companies* –, **não é proprietária** dos bens importados e age tão somente no intuito de viabilizar a operação, em razão do grau de conhecimento que detém em relação ao *modus operandi* do comércio internacional.

Cuida-se, pois, de modalidade de importação que floresceu em razão da especialização que permeia o setor de importações.

Assim, o contribuinte do ICMS será o **adquirente**, que figura como destinatário jurídico dos bens importados e, de fato, arca com o ônus da importação. O **recolhimento** do ICMS cabe, pois, ao Estado em que se localizar o estabelecimento do adquirente, e não ao Estado no qual esteja o sujeito importador.

Por fim, temos a **importação por encomenda**, modalidade instituída pela Lei n. 11.281/2006, que assim previu:

> Art. 11. A importação promovida por pessoa jurídica importadora que adquire mercadorias do exterior para revenda a encomendante predeterminado não configura importação por conta e ordem de terceiros.

Caracteriza-se a importação por encomenda quando uma empresa comercial promove a importação de bens ou mercadorias por força de **prévia encomenda** realizada por um terceiro, denominado sujeito encomendante.

A modalidade exige prévia **vinculação** do importador por encomenda ao encomendante, quando do registro da DI no SISCOMEX.

Essa vinculação se opera mediante requerimento, firmado pelo **encomendante**, que deve indicar o prazo ou as operações para as quais o importador foi contratado, o que nos permite concluir que a contratação prévia para a aquisição de determinado bem ou mercadoria é **condição fundamental** para a configuração dessa modalidade.

A importadora atua *por conta própria, com recursos próprios*, sem qualquer tipo de adiantamento, assumindo o risco da operação, sem que se possa trazer à baila a figura da prestação de serviços.

Assim, a encomendante solicita à importadora que promova a aquisição de determinada mercadoria; num segundo momento, a importadora promove a aquisição do produto, com recursos próprios, e realiza a internação no país, com o intuito de venda ao encomendante.

Nesse caso específico, o ICMS cabe ao Estado em que localizado o **estabelecimento do importador**, que promove a internação da mercadoria no país *por sua conta e risco*, ostentando o *status* de destinatário jurídico, posto que proprietário do bem até que ocorra sua venda ao encomendante.

17.4.3. A questão da habitualidade

Em regra, são **contribuintes** do ICMS os comerciantes, industriais ou produtores, ou seja, aqueles que, com habitualidade, promovem operações mercantis.

Há ainda sujeitos que, **mesmo sem habitualidade**, podem se tornar contribuintes do imposto, conforme disposto no artigo 4.º da Lei Complementar n. 87/96:

> Art. 4.º Contribuinte é qualquer pessoa, física ou jurídica, que realize, com habitualidade ou em volume que caracterize intuito comercial, operações de circulação de mercadoria ou prestações de serviços de transporte interestadual e intermunicipal e de comunicação, ainda que as operações e as prestações se iniciem no exterior.
>
> Parágrafo único. É também contribuinte a pessoa física ou jurídica que, **mesmo sem habitualidade**:
>
> I – importe mercadorias do exterior, ainda que as destine a consumo ou ao ativo permanente do estabelecimento;
>
> II – seja destinatária de serviço prestado no exterior ou cuja prestação se tenha iniciado no exterior;
>
> III – adquira em licitação de mercadorias apreendidas ou abandonadas;
>
> IV – adquira lubrificantes e combustíveis líquidos e gasosos derivados de petróleo oriundos de outro Estado, quando não destinados à comercialização.

17.4.4. A autonomia dos estabelecimentos

A Lei Complementar n. 87/96 define **estabelecimento** como "o local, privado ou público, edificado ou não, próprio ou de terceiro, onde pessoas físicas ou jurídicas exerçam suas atividades em caráter temporário ou permanente, bem como onde se encontrem armazenadas mercadorias (artigo 11, § 3.º)" e, na sequência, consagra a **autonomia dos estabelecimentos**, ao prescrever que *é autônomo cada estabelecimento do mesmo titular*.

17.4.5. Alíquotas

Nos termos da Constituição, caberá ao **Senado**, casa legislativa que representa os Estados componentes da Federação, estabelecer, por meio de **Resolução**, as alíquotas aplicáveis às operações e prestações interestaduais e de exportação passíveis de ICMS.

Também ao Senado Federal, e ainda mediante Resolução, cabe a previsão de **alíquotas mínimas** incidentes sobre as operações internas, bem assim, nessas mesmas operações, **alíquotas máximas** visando a resolver situações em que haja conflito de interesses entre os Estados.

As alíquotas previstas para as operações ou prestações internas, salvo deliberação em contrário dos entes tributantes, deverão ser iguais ou superiores às alíquotas interestaduais.

Temos, portanto, a **competência** dos Estados para a fixação das alíquotas, ainda que balizada por regras nacionais, emitidas pelo Senado.

17.4.6. Isenções e imunidades

Caso haja qualquer modalidade de **desoneração** na importação, como imunidade ou isenção, o desembaraço somente ocorrerá com a apresentação da *guia para liberação de mercadoria estrangeira sem recolhimento do ICMS*.

Nesse sentido é a **jurisprudência**:

> Legitimidade da legislação paulista, editada em face da regra do inciso IX, *a*, do § 2.º, do art. 155, da Constituição Federal, que condicionou o desembaraço aduaneiro das mercadorias importadas do exterior, à apresentação do comprovante da isenção, da não

incidência, ou do recolhimento do tributo estadual devido pela importação. Orientação tomada em julgamento plenário do Supremo Tribunal Federal no RE 192.711-9. Recurso extraordinário conhecido e provido (RE 192.625, 1.ª Turma, Rel. Min. Ilmar Galvão, julgamento em 19.11.1996, *DJ* 7.2.1997, p. 1359).

Cumpre salientar que a **autoridade aduaneira** somente deixará de exigir o ICMS por ocasião do desembaraço aduaneiro caso haja liberação expressa por parte da fazenda estadual, titular do crédito tributário.

Percebemos, portanto, que, embora a **Receita Federal do Brasil** não controle o ICMS (até em razão da falta de competência jurídica), cabe ao auditor fiscal verificar, ao menos, a presença da liberação estadual.

Em relação à **imunidade**, a Constituição determina que o ICMS **não incidirá**[43]:

a) sobre operações que destinem mercadorias para o exterior, nem sobre serviços prestados a destinatários no exterior, assegurada a manutenção e o aproveitamento do montante do imposto cobrado nas operações e prestações anteriores.

17.4.6.1. Alcance da imunidade

A norma em comento, com a redação dada pela EC n. 42/2003, institui imunidade de natureza **objetiva** sobre operações de exportação de mercadorias e serviços.

Em sua redação original, dispunha sobre a imunidade das operações *que destinassem ao exterior produtos industrializados, excluídos os semielaborados definidos em lei complementar.*

Como se percebe, restaram **incluídos** no campo da imunidade todos os bens que possam ser configurados como mercadorias, inclusive os produtos semielaborados, excluídos do benefício pelo legislador constituinte originário.

A imunidade sobre as mercadorias exportadas e os serviços prestados a destinatários no exterior obedece à tendência plasmada em nosso ordenamento, ante a utilização do **princípio do destino** nas operações de comércio internacional.

Ao optar pela cobrança no destino, os produtos e serviços brasileiros sairão do país desonerados e chegarão no exterior em condições de **competitividade**, facilitando, assim, o ingresso de divisas e o incremento da balança comercial.

Por via oposta, o mesmo princípio faz com que os produtos estrangeiros, ao ingressarem no país, **sejam onerados** pela nossa tributação, de tal sorte que experimentem carga tributária equivalente àquela aqui praticada, inexistindo, portanto, qualquer vantagem de competição em relação aos produtos nacionais.

17.4.6.2. Imunidade sobre o ouro ativo financeiro

Como se sabe, o ICMS só pode alcançar o bem **ouro** quando caracterizadas operações **comerciais** ou **industriais**, ou seja, quando o metal for empregado na produção ou comercialização de outros bens (como joias), sendo vedada a incidência no caso do ouro ativo financeiro (conhecido como ouro 999), que tem cotação internacional e não se classifica como mercadoria.

---

[43] Artigo 155, X, "a".

17.4.6.3. Operações destinadas à Zona Franca de Manaus

A legislação vigente **equipara** as operações destinadas a consumo ou industrialização na ZFM às operações de exportação, com todas as consequências daí decorrentes.

A esse respeito, a ementa do REsp 811.252/SC, abaixo transcrita, é bastante elucidativa.

Nos termos do art. 40 do Ato das Disposições Constitucionais Transitórias — ADCT, da Constituição de 1988, a Zona Franca de Manaus ficou mantida "com suas características de área de livre-comércio, de exportação e importação, e de incentivos fiscais, por vinte e cinco anos, a partir da promulgação da Constituição". Ora, entre as "características" que tipificam a Zona Franca destaca-se esta de que trata o art. 4.º do Decreto-lei 288/67, segundo o qual "a exportação de mercadorias de origem nacional para consumo ou industrialização na Zona Franca de Manaus, ou reexportação para o estrangeiro, será para todos os efeitos fiscais, constantes da legislação em vigor, equivalente a uma exportação brasileira para o estrangeiro". Portanto, durante o período previsto no art. 40 do ADCT e enquanto não alterado ou revogado o art. 4.º do DL 288/67, há de se considerar que, conceitualmente, as exportações para a Zona Franca de Manaus são, para efeitos fiscais, exportações para o exterior. Logo, a isenção relativa à COFINS e ao PIS é extensiva à mercadoria destinada à Zona Franca. Precedentes: RESP. 223.405, 1.ª T. Rel. Min. Humberto Gomes de Barros, *DJ* de 01.09.2003 e RESP. 653.721/RS, 1.ª T., Rel. Min. Luiz Fux, *DJ* de 26.10.2004. Recurso especial a que se nega provimento (STJ, REsp 811.252/SC, 1.ª Turma, Rel. Min. Teori Albino Zavascki, julgamento em 14-3-2006, *DJ* de 3.4.2006).

Em razão do regime atribuído a essas operações, os Estados passaram a prever a **desoneração do ICMS**, sendo certo que, em caso de não comprovação da destinação à ZFM, o tributo há de ser recolhido como se houvesse uma operação interna.

Nesse sentido:

A exportação de mercadorias de origem nacional para consumo ou industrialização na Zona Franca de Manaus será para todos os efeitos fiscais, constantes da legislação em vigor, equivalente a uma exportação brasileira para o estrangeiro (DL 288/86, art. 4.º); verificado, no entanto, que, a despeito da destinação, as mercadorias não chegaram à Zona Franca de Manaus, a operação é tributada segundo o regime comum, aplicando-se a multa própria. Recurso especial não conhecido (REsp 74.814/SP, 2.ª Turma, julgamento em 4-8-1998, Rel. Min. Ari Pargendler, *DJ* de 24-8-1998, p. 46).

17.4.6.4. A manutenção do crédito como medida fundamental à higidez e eficácia da imunidade conferida às exportações

A Emenda Constitucional n. 42/2003, ao outorgar nova redação ao artigo 155, X, "a", veiculou **imunidade** às mercadorias e serviços destinados ao exterior, assegurando, ainda, em sede constitucional, o **direito do contribuinte** quanto ao aproveitamento do montante do imposto cobrado nas operações anteriores.

Importante: No início de 2013, o Supremo Tribunal Federal reconheceu a existência de **repercussão geral** sobre a possibilidade de aproveitamento, nas operações de exportação, de créditos de Imposto sobre Circulação de Mercadorias e Prestação de Serviços (ICMS) decorrentes da aquisição de bens destinados ao ativo fixo de empresa (RE 662.976).

17.4.7. Guia de recolhimento GNRE

Nos casos em que dada mercadoria ou bem for desembaraçado num Estado e o recolhimento do ICMS deva se dar em favor de **outra** unidade federativa, deverá ser utilizada a *Guia Nacional de Recolhimento de Tributos Estaduais (GNRE).*

Esse caso é bastante comum, pois grande parte das mercadorias importadas entra no País pelo Estado de São Paulo, em razão do Porto de Santos e dos dois principais aeroportos do Brasil, localizados em Guarulhos e Campinas.

Assim, a mercadoria destinada a outros Estados só será desembaraçada após a **comprovação** do pagamento mediante a apresentação da GNRE.

PIS/COFINS na base de cálculo do ICMS. É inconstitucional a parte do art. 7.º, I, da Lei 10.865/2004 que acresce à base de cálculo da denominada PIS/COFINS-Importação o valor do ICMS incidente no desembaraço aduaneiro e o valor das próprias contribuições (RE 559.937).

ICMS. Importação sem habitualidade por pessoa física ou jurídica. Incidência. Após a Emenda Constitucional 33/2001, é constitucional a incidência de ICMS sobre operações de importação efetuadas por pessoa, física ou jurídica, que não se dedica habitualmente ao comércio ou à prestação de serviços (RE 439.796).

ICMS. Arrendamento mercantil. Não incidência. Não incide o ICMS na operação de arrendamento mercantil internacional, salvo na hipótese de antecipação da opção de compra, quando configurada a transferência da titularidade do bem (RE 540.829).

Fixação da data de recolhimento mediante decreto. Possibilidade. ICMS. Fato gerador. Desembaraço aduaneiro das mercadorias importadas do exterior. Antecipação da data de recolhimento. Legitimidade por meio de decreto. Apresenta-se sem utilidade o processamento de recurso extraordinário quando o acórdão recorrido se harmoniza com a orientação desta Corte no sentido da possibilidade da cobrança do ICMS quando do desembaraço aduaneiro da mercadoria (RE 192.711, 193.817 e 194.268), bem como de não se encontrar sujeita ao princípio da legalidade a fixação da data do recolhimento do ICMS (RE 197.948, RE 253.395 e RE 140.669) (AI 339.528-AgR).

Loja franca. Isenção. Convênio ICMS 91/1991. Isenção de ICMS. Regime aduaneiro especial de loja franca. "Free Shops" nos aeroportos. Promulgação de decreto legislativo. Atendimento ao princípio da legalidade estrita em matéria tributária. Legitimidade, na hipótese, da concessão de isenção de ICMS, cuja autorização foi prevista em convênio, uma vez presentes os elementos legais determinantes para vigência e eficácia do benefício fiscal (RE 539.130).

17.5. NOVOS TRIBUTOS PREVISTOS PELA REFORMA TRIBUTÁRIA

Com a Reforma Tributária, que sofreu diversas alterações durante o trâmite no Congresso Nacional, criou-se um modelo de IVA Dual, representado pela **Contribuição sobre Bens e Serviços (CBS)**, de competência federal, e pelo **Imposto sobre Bens e Serviços (IBS)**, de competência estadual e municipal.

A cobrança dos novos tributos será realizada **no destino**, ou seja, no local de consumo dos produtos e serviços, em vez do modelo atual, que privilegia o local de sua produção. Esse deslocamento na sistemática de cobrança dos tributos objetiva reduzir os efeitos da guerra fiscal e igualar a tributação entre produtos nacionais e importados.

17.5.1. Estrutura jurídica dos novos tributos

O **Imposto sobre Bens e Serviços** (IBS) e a **Contribuição sobre Bens e Serviços** (CBS) são os dois principais tributos instituídos pela Reforma Tributária.

Com o objetivo de uniformizar a estrutura do IBS e da CBS (que, como vimos, originalmente seriam um tributo único), o artigo 149-B da Constituição determinou que os dois tributos observarão as mesmas regras quanto a:

- ◼ Fatos geradores, bases de cálculo, hipóteses de não incidência e sujeitos passivos;
- ◼ Imunidades (aquelas previstas no artigo 150, VI, da Constituição)[44];
- ◼ Regimes tributários específicos, diferenciados ou favorecidos.
- ◼ Regras de não cumulatividade e creditamento.

No caso de operações contratadas pela administração pública direta, autarquias e fundações públicas da União, dos Estados, do Distrito Federal e dos Municípios, o valor arrecadado a título de IBS e CBS será devolvido ao ente federativo contratante. Isso será feito por meio da **redução a zero** das alíquotas devidas aos outros entes e pelo aumento equivalente da alíquota devida ao ente contratante. As operações poderão ter alíquotas reduzidas, de maneira uniforme, conforme lei complementar que, poderá, inclusive, estabelecer situações em que a regra geral de devolução dos tributos não será aplicável.

As **importações** feitas pela administração pública, autarquias e fundações públicas estão protegidas pela **imunidade recíproca**, prevista no artigo 150, VI, "a", garantida, ainda, igualdade de tratamento em relação às aquisições feitas dentro do país.

17.5.2. Imposto sobre Bens e Serviços (IBS)

O enorme artigo 156-A da Constituição, introduzido pela reforma, apresenta as características do **Imposto sobre Bens e Serviços (IBS)**, que é o principal tributo do novo modelo proposto. Como curiosidade, o texto introduz a chamada "competência compartilhada", entre Estados, Distrito Federal e Municípios, que administrarão o IBS a partir de um comitê de gestão.

A primeira premissa do imposto é a sua **neutralidade**, conceito que, normalmente, está associado à ideia de impossibilidade de aumento da carga tributária atual, embora alguns entendam que a neutralidade também se manifesta pela **ausência de interferência** nas decisões dos agentes econômicos, dado que uma tributação uniforme e não cumulativa sobre produtos e serviços reduz as hipóteses de planejamento tributário e, por conseguinte, os efeitos nocivos da guerra fiscal.

O campo de incidência do IBS é **amplo** e contempla todas as operações com **bens materiais** ou **imateriais** (inclusive direitos) e a **prestação de serviços**. O IBS também alcança a importação de bens e serviços, independentemente de o importador ser pessoa física ou jurídica, ou sujeito passivo habitual do imposto.

---

[44] Não se aplica ao IBS e à CBS o disposto no artigo 195, §7.º, da Constituição, que trata da imunidade das entidades beneficentes de assistência social em relação à contribuição para a seguridade social.

Por outro lado, em linha com a necessidade de **desoneração das exportações**, a Constituição estabelece **imunidade** sobre essas operações e assegura a manutenção e o aproveitamento dos créditos anteriormente obtidos na cadeia produtiva ou de serviços brasileira.

Outro ponto importante é que a legislação aplicável ao IBS será **uniforme** em todo o território nacional, embora cada ente federativo tenha autonomia para definir **suas próprias alíquotas,** por meio de legislação específica. Todas as operações serão tributadas pelo somatório das alíquotas do Estado, Distrito Federal ou Município de destino (**princípio do destino**), um dos pilares da reforma, que representa esforço para acabar com a guerra fiscal entre as unidades federativas.

O IBS será **não cumulativo** e permitirá que o contribuinte compense o montante devido com o imposto pago nas operações anteriores, em que figurou como **adquirente** de bens ou serviço (salvo na hipótese de aquisição para uso ou consumo pessoal). Com isso, busca-se evitar múltiplas incidências sobre a mesma base de cálculo, situação que enseja o conhecido "efeito cascata".

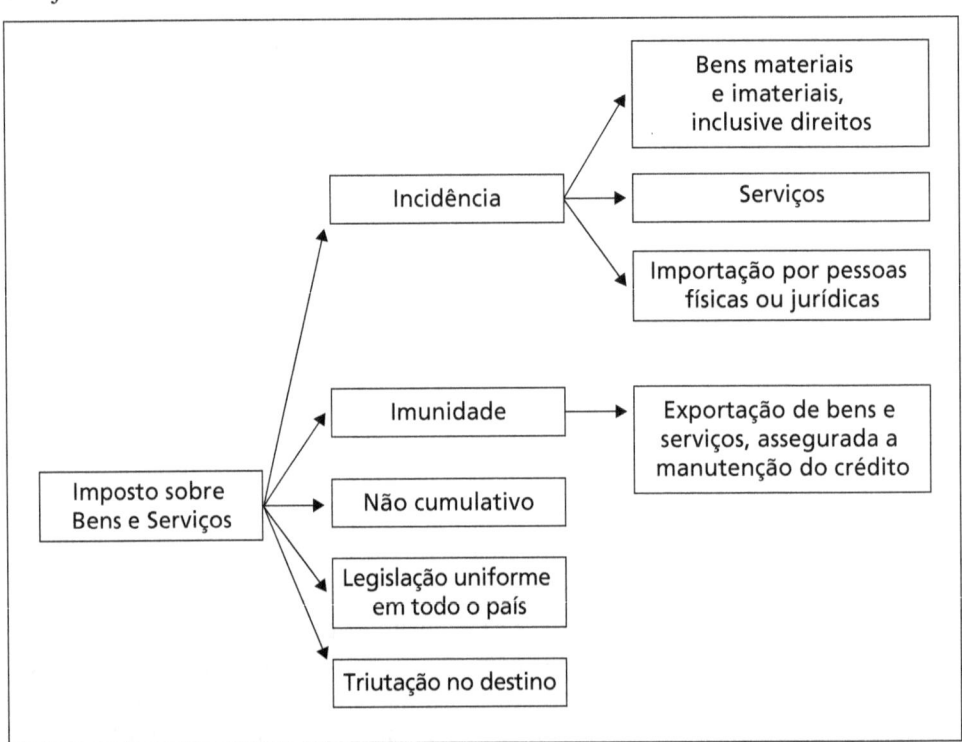

No que tange às limitações constitucionais relativas ao IBS, além da premissa maior da não cumulatividade, o texto aprovado na reforma garante que o IBS **não integrará** a sua própria base de cálculo (destaque "por fora")[45], nem a base de cálculo do IS, das contribuições sobre receita ou faturamento (COFINS), da contribuição sobre o importador de bens ou serviços do exterior, da contribuição sobre bens e serviços (CBS) e do Programa de Integração Social (PIS).

---

[45] Isso significa o fim da sistemática de *gross-up*.

O IBS não poderá se objeto de benefícios e incentivos financeiros ou fiscais, nem de regimes específicos, diferenciados ou favorecidos de tributação, **excetuadas** as hipóteses previstas pela própria Constituição. Embora a vedação seja salutar, o problema é que o texto da reforma, como já mencionamos, foi bastante modificado durante o trâmite político, o que ensejou a criação de diversas exceções, como veremos no próximo tópico.

A Constituição também prevê uma **imunidade específica** de IBS para as prestações de serviço de comunicação, nas modalidades de radiodifusão sonora e de sons e imagens de recepção livre e gratuita, o que afasta a tributação das emissoras tradicionais de televisão, de sinal aberto, assim como das rádios AM e FM.

No que tange à sujeição passiva do IBS e da CBS, a nova regulamentação estabeleceu, em linhas gerais, que são contribuintes dos tributos (arts. 21 e seguintes da Lei Complementar n. 214/2025):

■ **Fornecedores:** inclui quem realiza operações de forma econômica, habitual ou profissional, mesmo sem regulamentação da profissão.

■ **Adquirentes específicos:** aqueles que compram bens apreendidos ou em leilões judiciais.

■ **Importadores:** responsáveis em todas as operações de importação.

É importante ressaltar que fornecedores no exterior são obrigados a se cadastrar, como contribuintes, ampliando o alcance da legislação às operações internacionais.

Especificamente em relação à importação de **bens materiais**, a Lei Complementar n. 214/2025 estabelece que são contribuintes do IBS e da CBS:

■ o **importador**, assim considerado qualquer pessoa ou entidade sem personalidade jurídica que promova a entrada de bens materiais de procedência estrangeira no território nacional; e

■ o adquirente de mercadoria entreposta.

No caso de importação por **conta e ordem de terceiro**, o adquirente dos bens no exterior é considerado o contribuinte.

Na edição de 2024, quando ainda não havia sido publicada a regulamentação da Reforma Tributária, alertamos sobre a possibilidade de futuras discussões jurídicas quanto à responsabilidade tributária do IBS, nos seguintes termos:

A medida, que visa definir o alcance da **responsabilidade tributária** do IBS, poderá gerar várias discussões jurídicas, sobretudo quanto à possibilidade de inclusão, no rol de responsáveis, das empresas de meios de pagamento, ainda mais se adotada a sistemática de cobrança automática do tributo, conforme **originalmente propusemos** em artigo específico[46].

---

[46] A Receita Federal e as administrações tributárias estão discutindo a possibilidade de utilização do *split payment*, segundo a lógica hoje adotada pelos marketplaces. Para mais detalhes vide: CAPARROZ, Roberto, VIEIRA, Luciana. Administração tributária e o conceito de *marketplace* — um novo *design* para o IVA na era digital. Tributação da Economia Digital, 3. ed. São Paulo: Revista dos Tribunais, 2022.

Quanto à responsabilidade tributária, a Lei Complementar n. 214/2025 definiu algumas pessoas que serão responsáveis em substituição ao contribuinte, atribuindo o pagamento do IBS e da CBS a terceiros envolvidos na operação em determinadas circunstâncias.

O transportador, por exemplo, será responsável pelos tributos se houver extravio dos bens sob sua custódia antes da descarga no recinto alfandegado.

De forma similar, o depositário responde caso o extravio ocorra após a descarga, enquanto os beneficiários de regimes aduaneiros especiais ou suspensivos são responsáveis quando descumprirem as condições estabelecidas para o regime.

Também foram fixadas as hipóteses de responsabilidade solidária, para incluir pessoas que participam ou facilitam a importação, como:

- a pessoa que registra, em seu nome, a declaração de importação de bens de procedência estrangeira adquiridos no exterior por outra pessoa;
- o encomendante predeterminado que adquire bens de procedência estrangeira de pessoa jurídica importadora;
- o representante, no País, do transportador estrangeiro;
- o expedidor, o operador de transporte multimodal ou qualquer subcontratado para a realização do transporte multimodal; e
- o tomador de serviço ou o contratante de afretamento de embarcação ou aeronave, em contrato internacional, em relação aos bens admitidos em regime aduaneiro especial por terceiro.

A intenção clara do legislador é garantir a cobrança dos tributos em situações em que múltiplos agentes estejam envolvidos na operação.

Por fim, convém ressaltar que todos os sujeitos passivos, incluindo contribuintes, responsáveis e responsáveis solidários, devem se inscrever para cumprimento das obrigações relacionadas ao IBS e à CBS nas importações, conforme consta da regulamentação.

Com a edição da Lei Complementar n. 214/2025, o legislador resolveu ser conservador quanto à responsabilidade tributária nas importações, basicamente reproduzindo os critérios e responsáveis atualmente existentes para os tributos federais.

Uma questão relevante é a tributação das plataformas digitais, que são consideradas responsáveis solidárias pelo pagamento do IBS e da CBS, especialmente quando intermediam operações de importação, mesmo sendo domiciliadas no exterior. Assim, ao adquirir serviços de *streaming* ou plataformas de ensino estrangeiras, por exemplo, a plataforma pode ser obrigada a recolher o IBS e a CBS.

O artigo 22 da Lei Complementar n. 214/2025 responsabiliza as **plataformas digitais**, domiciliadas ou não no Brasil, pelo pagamento do IBS e da CBS nas operações intermediadas, nas seguintes hipóteses:

- Responsabilidade solidária com o adquirente ou fornecedor, conforme o caso.
- Fornecedores estrangeiros podem ser dispensados de inscrição se utilizarem plataformas digitais cadastradas.

Nos termos da lei, são requisitos para a configuração de uma plataforma digital são:

▪ controle de elementos essenciais da operação, como cobrança, pagamento ou entrega;

▪ exclusão de atividades limitadas, como publicidade, busca ou comparação de preços.

As plataformas digitais que cumprirem as obrigações acessórias (segregação de pagamentos e apresentação de informações) não responderão por eventuais diferenças tributárias.

Quanto ao **pagamento**, o IBS e a CBS devem ser pagos até o momento da entrega dos bens submetidos a despacho para consumo, mesmo que isso ocorra antes da liberação pela autoridade aduaneira.

O pagamento pode ser antecipado no momento do registro da declaração de importação, o que pode ser vantajoso para importadores que desejem acelerar o processo.

Caso a antecipação do pagamento resulte em diferenças, estas serão cobradas na data do fato gerador sem acréscimos moratórios. Sujeitos passivos certificados no **Programa Brasileiro de Operador Econômico Autorizado (OEA)** poderão ter condições diferenciadas de pagamento, como a possibilidade de efetuar o recolhimento em momento posterior.

Também são consideradas as peculiaridades dos bens a granel, como grãos ou líquidos, que podem sofrer variações de volume por razões naturais durante o transporte. Nesse caso, diferenças percentuais limitadas, definidas em regulamento, não serão computadas na cobrança do IBS e da CBS.

Por fim, em respeito ao princípio da não cumulatividade, os contribuintes sujeitos ao regime regular do IBS e da CBS poderão apropriar e utilizar créditos sobre os valores efetivamente pagos na importação de bens materiais. Por exemplo, uma indústria que importa componentes eletrônicos poderá usar o crédito dos tributos pagos na importação para compensar débitos futuros de IBS e CBS em sua cadeia produtiva. Isso reforça o princípio da não cumulatividade, garantindo que os tributos pagos na importação não sejam repassados de forma acumulativa ao longo das operações subsequentes.

17.5.2.1. Características do IBS e da CBS nas importações

O **artigo 63** da Lei Complementar n. 214/2025 define que o IBS e a CBS incidem sobre a importação de **bens ou serviços** provenientes do exterior, independentemente de quem realiza a importação – seja pessoa física, jurídica ou entidade sem personalidade jurídica, mesmo que estas não estejam inscritas ou obrigadas a se inscrever no regime regular desses tributos. O dispositivo amplia o alcance dos tributos, assegurando que qualquer tipo de importação, qualquer que seja a sua finalidade, seja tributada.

Um ponto importante é que as regras gerais aplicáveis às operações onerosas com bens e serviços também se aplicam às importações, salvo exceções específicas. Por exemplo, na importação de um maquinário por uma empresa ou de um serviço técnico especializado por um profissional liberal, ambos estarão sujeitos às mesmas normas gerais relativas à incidência do IBS e da CBS.

Nas hipóteses de importação de bens imateriais e serviços, será considerada como importação toda operação realizada por um fornecedor residente ou domiciliado no exterior, desde que o consumo ocorra no Brasil, mesmo que o fornecimento seja feito no exterior. Aqui, o conceito de consumo inclui utilização, exploração, fruição ou acesso ao bem ou serviço. Por exemplo, ao contratar um serviço de design gráfico executado por um profissional no exterior, que será utilizado para uma campanha publicitária no Brasil, considera-se que houve a importação de um serviço. Da mesma forma, ao adquirir *software* licenciado de uma empresa estrangeira, o fornecimento desse bem imaterial está sujeito ao IBS e à CBS.

Na importação de serviços e bens imateriais, o IBS e a CBS terão as mesmas alíquotas aplicadas no mercado interno, considerando os regimes específicos e observados os seguintes critérios:

a) para determinar as alíquotas do IBS, o local da importação é o destino da operação;

b) o adquirente é o contribuinte, exceto quando residente no exterior, situação em que o destinatário será o contribuinte;

c) o adquirente no regime regular poderá se creditar do IBS e da CBS pagos na importação;

d) o fornecedor no exterior é solidariamente responsável com o contribuinte, e as plataformas digitais também são responsáveis nas importações por seu intermédio.

No caso de bens ou serviços cujo consumo ocorra **simultaneamente** no Brasil e no exterior, apenas a parcela consumida em território nacional será tributada. Por exemplo, uma assinatura de um *software* utilizada em escritórios localizados tanto aqui quanto em outro país será tributada somente na parte correspondente ao uso no Brasil.

O fato gerador do IBS e da CBS nas importações ocorre de acordo com as disposições gerais de incidência, ou seja, quando o bem ou serviço passa a ser consumido. A base de cálculo corresponde ao valor da operação, e as alíquotas aplicáveis na importação serão equivalentes às do fornecimento do mesmo bem ou serviço no Brasil, incluindo as alíquotas específicas para bens ou serviços sujeitos a regimes diferenciados.

Por exemplo, se um serviço de consultoria contratado no exterior possui uma alíquota de IBS de X% no Brasil, essa será a alíquota incidente na importação do mesmo serviço. Já os bens imateriais, como direitos autorais licenciados, terão alíquotas estaduais, distritais e municipais do IBS determinadas pelo destino da operação.

No que tange à **sujeição passiva**, o adquirente de bens imateriais ou serviços importados é considerado o contribuinte do IBS e da CBS. Isso inclui tanto pessoas físicas quanto jurídicas.

Caso o adquirente resida no exterior, a responsabilidade tributária recai sobre o destinatário no Brasil. Um exemplo seria uma empresa brasileira que adquire direitos de transmissão de eventos de uma empresa estrangeira. Nesse caso, a empresa brasileira será a contribuinte.

Há situações específicas em que a importação **não será** considerada para fins de incidência de IBS e CBS. Um exemplo é o consumo eventual por pessoas físicas não residentes que estejam temporariamente no Brasil, como turistas que utilizam serviços locais de forma limitada.

Por fim, os bens imateriais e serviços cujo valor já esteja incluído no valor aduaneiro de bens materiais importados serão tributados junto com os bens materiais, conforme dispõe o artigo 69 da Lei Complementar n. 214/2025. Isso objetiva evitar a dupla tributação e simplificar, em tese, o processo para os importadores.

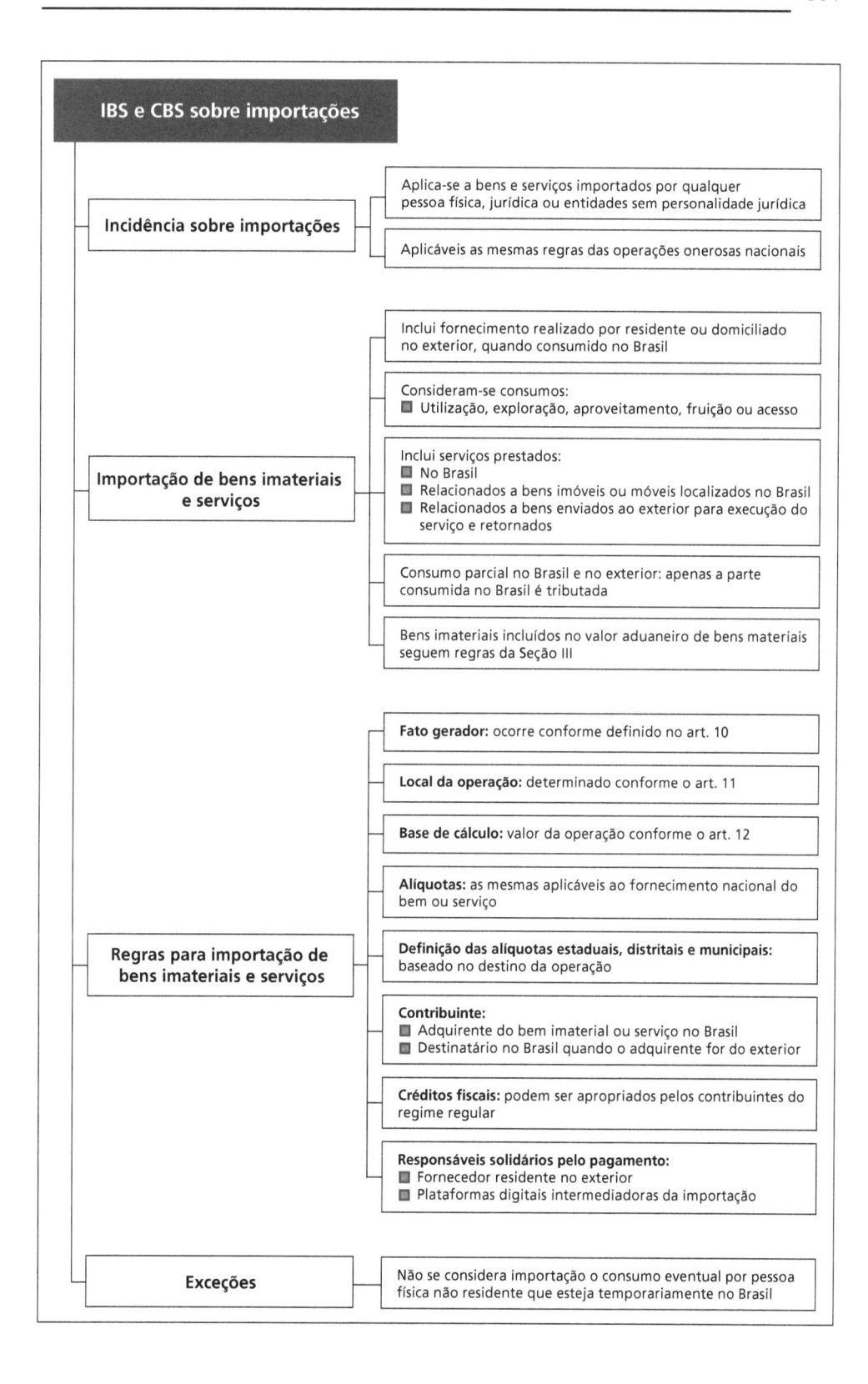

IBS e CBS sobre importações

Incidência sobre importações
- Aplica-se a bens e serviços importados por qualquer pessoa física, jurídica ou entidades sem personalidade jurídica
- Aplicáveis as mesmas regras das operações onerosas nacionais

Importação de bens imateriais e serviços
- Inclui fornecimento realizado por residente ou domiciliado no exterior, quando consumido no Brasil
- Consideram-se consumos:
  - ◼ Utilização, exploração, aproveitamento, fruição ou acesso
- Inclui serviços prestados:
  - ◼ No Brasil
  - ◼ Relacionados a bens imóveis ou móveis localizados no Brasil
  - ◼ Relacionados a bens enviados ao exterior para execução do serviço e retornados
- Consumo parcial no Brasil e no exterior: apenas a parte consumida no Brasil é tributada
- Bens imateriais incluídos no valor aduaneiro de bens materiais seguem regras da Seção III

Regras para importação de bens imateriais e serviços
- **Fato gerador:** ocorre conforme definido no art. 10
- **Local da operação:** determinado conforme o art. 11
- **Base de cálculo:** valor da operação conforme o art. 12
- **Alíquotas:** as mesmas aplicáveis ao fornecimento nacional do bem ou serviço
- **Definição das alíquotas estaduais, distritais e municipais:** baseado no destino da operação
- **Contribuinte:**
  - ◼ Adquirente do bem imaterial ou serviço no Brasil
  - ◼ Destinatário no Brasil quando o adquirente for do exterior
- **Créditos fiscais:** podem ser apropriados pelos contribuintes do regime regular
- **Responsáveis solidários pelo pagamento:**
  - ◼ Fornecedor residente no exterior
  - ◼ Plataformas digitais intermediadoras da importação

Exceções
- Não se considera importação o consumo eventual por pessoa física não residente que esteja temporariamente no Brasil

Já o fato gerador do IBS e da CBS da importação de **bens materiais** ocorre no momento da entrada dos bens de procedência estrangeira no território nacional. Esse critério é objetivo e vinculado à materialização física da importação, ou seja, à chegada efetiva dos bens ao Brasil.

Contudo, há uma presunção legal de que os bens são considerados como entrados no território nacional se, constando como importados, forem extraviados antes de sua liberação, conforme apuração pela autoridade aduaneira. Essa presunção não se aplica a malas e remessas postais internacionais, que possuem tratamento diferenciado.

A exemplo do que ocorre com o imposto de importação, diversas hipóteses de entradas de bens materiais no país não constituem fato gerador do IBS e da CBS, conforme tabela a seguir.

Bens que retornem ao País nas seguintes hipóteses:	a) enviados em consignação e não vendidos no prazo autorizado b) devolvidos por motivo de defeito técnico, para reparo ou para substituição c) por motivo de modificações na sistemática de importação por parte do país importador d) por motivo de guerra ou de calamidade pública e) por outros fatores alheios à vontade do exportador
Bens que, corretamente descritos nos documentos de transporte, cheguem ao País por erro inequívoco ou comprovado de expedição e que sejam redestinados ou devolvidos para o exterior	
Bens que sejam idênticos, em igual quantidade e valor, e que se destinem à reposição de outros anteriormente importados que se tenham revelado, após sua liberação pela autoridade aduaneira, defeituosos ou imprestáveis para o fim a que se destinavam, nos termos do regulamento	
Bens que tenham sido objeto de pena de perdimento antes de sua liberação pela autoridade aduaneira	
Bens que tenham sido devolvidos para o exterior antes do registro da declaração de importação	
Bens considerados como pescado capturado fora das águas territoriais do País por empresa localizada no seu território, desde que satisfeitas as exigências que regulam a atividade pesqueira	
Bens aos quais tenha sido aplicado o regime de exportação temporária	
Bens que estejam em trânsito aduaneiro de passagem, acidentalmente destruídos	
Bens que tenham sido destruídos sob controle aduaneiro, sem ônus para o Poder Público, antes de sua liberação pela autoridade aduaneira	

Essas hipóteses incluem cenários em que os bens retornam ao País por razões **justificáveis**, como em operações de consignação não concluídas, devoluções por defeito técnico, modificações nos regimes de importação do país importador ou, ainda, por circunstâncias excepcionais como guerra ou calamidades públicas. Por exemplo, uma empresa que exportou maquinários para o exterior em regime de consignação e não conseguiu efetuar a venda dentro do prazo autorizado poderá reimportar os bens sem a incidência dos tributos.

Outras situações contemplam bens que chegam ao Brasil por erro inequívoco de expedição e são redestinados ou devolvidos ao exterior. Um exemplo seria a remessa de um lote de produtos para o Brasil por engano de um fornecedor estrangeiro, identificado e comprovado antes da internalização no mercado nacional.

Além disso, o artigo 66 da Lei Complementar n. 214/2025 prevê que não ocorre o fato gerador para bens idênticos que sejam importados para reposição de outros previamente adquiridos, mas que tenham apresentado defeitos ou se mostrado imprestáveis após sua liberação aduaneira. Por exemplo, se uma empresa importar componentes automotivos e, após utilizá-los, constatar defeitos de fabricação, ela poderá reimportar novos componentes em substituição aos que apresentaram problema, sem gerar uma nova incidência de IBS e CBS.

Há, ainda, exclusões para bens que tenham sido objeto de pena de perdimento antes de sua liberação aduaneira, bens devolvidos ao exterior antes do registro da declaração de importação, ou bens destruídos sob controle aduaneiro sem custos para o Poder Público. Essas disposições asseguram que tributos não sejam cobrados em situações em que não ocorre a destinação econômica dos bens no mercado nacional.

Outro exemplo prático é o tratamento conferido ao pescado capturado fora das águas territoriais por empresas brasileiras. Esses bens não são considerados como importação, desde que as exigências da atividade pesqueira sejam respeitadas. Igual tratamento se aplica a bens exportados temporariamente e posteriormente reimportados, no mesmo estado, ou bens acidentalmente destruídos em operação de trânsito aduaneiro de passagem.

Para fins de apuração do IBS e da CBS devidos, considera-se ocorrido o fato gerador dos tributos, no caso de importação de bens materiais, no momento da liberação dos bens submetidos a despacho para consumo, assim entendido como o despacho aduaneiro definitivo que permite a entrada dos bens no mercado nacional.

Adicionalmente, o fato gerador ocorre no momento da liberação de bens sob o regime de **admissão temporária para utilização econômica**, como quando equipamentos são importados temporariamente para eventos ou testes.

Os tributos também podem ser apurados no momento do lançamento do crédito tributário, em três hipóteses:

a) bens compreendidos no conceito de bagagem, acompanhada ou desacompanhada;

b) bens constantes de manifesto ou de outras declarações de efeito equivalente, cujo extravio tenha sido verificado pela autoridade aduaneira; ou

c) bens importados que não tenham sido objeto de declaração de importação.

O **local da importação** também é um elemento essencial para determinar as alíquotas estaduais, distritais e municipais do IBS. Em geral, o local da importação corresponde ao local de entrega dos bens ao destinatário final. Por exemplo, se uma empresa em São Paulo importa bens de outro país, o local de entrega no estado de São Paulo será considerado para a aplicação do IBS.

Quando os bens são armazenados em entrepostos, o domicílio principal do adquirente será considerado o local da importação. Em casos de extravio, considera-se o local onde este supostamente ocorreu.

Como se não bastasse a inexplicável incidência de dois tributos sobre o consumo na importação (do mesmo modo que não faz o menor sentido manter dois tributos nas operações de consumo interno), o legislador resolveu ampliar a odiosa "incidência em cascata", em que os novos IBS e CBS terão computados, em suas bases de cálculo, diversas rubricas.

Assim, **ao contrário** do que ocorre em quase todos os países, no Brasil a tributação do consumo nas importações de bens materiais terá como base de cálculo o valor aduaneiro da mercadoria, **acrescido de**:

- ■ Imposto sobre a Importação;
- ■ Imposto Seletivo (IS);
- ■ taxa de utilização do Sistema Integrado do Comércio Exterior (Siscomex);
- ■ Adicional ao Frete para a Renovação da Marinha Mercante (AFRMM);
- ■ Contribuição de Intervenção no Domínio Econômico incidente sobre a importação e a comercialização de petróleo e seus derivados, gás natural e seus derivados, e álcool etílico combustível (Cide-Combustíveis);
- ■ direitos *antidumping*;
- ■ direitos compensatórios;
- ■ medidas de salvaguarda; e
- ■ quaisquer outros impostos, taxas, contribuições ou direitos incidentes sobre os bens importados até a sua liberação.

Além de termos a maior carga sobre o consumo no mundo, uma simples importação será onerada com até uma dezena de rubricas, além do valor aduaneiro dos próprios bens importados. Ainda assim, há "especialistas" que defendem que a Reforma Tributária tornará o país mais competitivo! Nesse ponto, prefiro que você, querido(a) leitor(a), tire suas conclusões...

Por fim, de maneira muito "inteligente", o legislador decidiu que o IPI, o ICMS e o ISS (que serão extintos!) não integrarão a base de cálculo do IBS e da CBS, durante o período de transição.

O artigo 71 da Lei Complementar n. 214/2025 determina que as alíquotas aplicáveis ao IBS e à CBS na importação de bens materiais são as mesmas que incidem sobre a aquisição do respectivo bem no mercado interno. Quando não for possível identificar os bens, devido a extravio ou informações genéricas nos documentos, serão aplicadas as alíquotas-padrão do local de destino da operação. Por exemplo, no caso de um contêiner extraviado durante o transporte internacional, as alíquotas-padrão da jurisdição de entrega final deverão ser aplicadas.

Importação de bens materiais – IBS e CBS

Fato gerador
- Entrada de bens estrangeiros no território nacional
- Presunção de entrada para bens importados extraviados (exceto malas e remessas postais)

Exceções à incidência
- Retorno ao país por devolução, reparo, modificações na importação, guerra ou calamidade
- Erro de expedição comprovado
- Reposição de bens defeituosos
- Pena de perdimento antes da liberação aduaneira
- Exportação temporária e destruição sob controle aduaneiro

Momento da apuração
- Liberação do bem para consumo
- Admissão temporária para utilização econômica
- Bens de bagagem, extraviados ou sem declaração

Local da importação
- Local de entrega ao destinatário final
- Domicílio do adquirente de mercadoria entrepostada
- Local do extravio

Base de cálculo
- Valor aduaneiro + tributos e encargos (II, IS, AFRMM, Cide-Combustíveis, taxas e diretos)
- Exclusões: IPI, ICMS e ISS
- Conversão cambial pela taxa do imposto de importação

Alíquota
- Igual à aplicada no mercado interno
- Aplicação das alíquotas padrão no caso de extravio ou descrição genérica

Sujeição passiva
- **Contribuintes:**
  - ◼ Importador ou adquirente de mercadoria entrepostada
- **Responsáveis substitutos:**
  - ◼ Transportador e depositário no caso de extravio
  - ◼ Beneficiários de regimes aduaneiros especiais
- **Responsáveis solidários:**
  - ◼ Pessoa que registra declaração de importação para terceiros
  - ◼ Representante de transportador estrangeiro
  - ◼ Operadores logísticos multimodais

Pagamento
- Devido até a entrega do bem
- Pode ser antecipado no registro da declaração de importação
- Possibilidade de postergação para participantes do Programa OEA

Não cumulatividade
- Contribuintes do regime regular podem apropriar créditos dos tributos pagos na importação

17.5.3. Contribuição sobre Bens e Serviços

O fracasso na tentativa de criar um tributo único sobre o consumo, como queria a proposta original de reforma, ensejou a criação de uma **contribuição**, de competência da União, que em quase tudo reflete as regras e os critérios relativos ao Imposto sobre Bens e Serviços.

Surgiu, assim, a **Contribuição sobre Bens e Serviços (CBS)**[47], instituída por **lei complementar**, que representa mais uma figura no já extenso rol de contribuições destinadas a financiar a seguridade social.

A CBS **não integra** sua própria base de cálculo **nem** a do IS, IBS, PIS e COFINS (inclusive nas importações) e suas alíquotas serão definidas em **lei ordinária**.

17.5.3.1. IBS e CBS nas exportações

O artigo 79 da Lei Complementar n. 214/2025 confirma a imunidade do IBS e da CBS sobre exportações de bens e serviços para o exterior, assegurando ao exportador o direito à apropriação e à utilização dos créditos tributários referentes às aquisições de bens e serviços relacionadas às suas operações.

A regra impede que tributos pagos ao longo da cadeia produtiva sejam incorporados ao custo final da exportação. No entanto, há exceções à possibilidade de creditamento, conforme estabelecido nos artigos 49 e 51 do mesmo diploma legal, que vedam a apropriação de créditos em determinadas situações, como operações imunes ou isentas.

Vejamos:

> Art. 49. As operações imunes, isentas ou sujeitas a alíquota zero, a diferimento ou a suspensão não permitirão a apropriação de créditos pelos adquirentes dos bens e serviços.
>
> Parágrafo único. O disposto no *caput* deste artigo não impede a apropriação dos créditos presumidos previstos expressamente nesta Lei Complementar.
>
> Art. 50. Nas hipóteses de suspensão, caso haja a exigência do crédito suspenso, a apropriação dos créditos será admitida somente no momento da extinção dos débitos por qualquer das modalidades previstas no art. 27 desta Lei Complementar, vedada a apropriação de créditos em relação aos acréscimos legais.

No caso de bens imateriais e de serviços a exportação ocorre quando o fornecimento é destinado a um residente ou domiciliado no exterior e seu consumo ocorre fora do Brasil. Para evitar dúvidas sobre o local do consumo, presume-se que ele ocorre no domicílio do adquirente estrangeiro, salvo comprovação em contrário.

Para maior clareza, considera-se exportação a prestação de serviços vinculados a bens imóveis localizados no exterior, bem como bens móveis enviados temporariamente ao Brasil para a prestação do serviço e que retornam ao exterior após a conclusão da operação. Além disso, serviços essenciais ao transporte e logística da exportação, como despacho aduaneiro, transporte, manuseio e armazenagem de cargas, seguros de exportação e intermediação comercial no exterior, também são contemplados na imunidade.

---

[47] Artigo 195, V, da Constituição.

Caso um bem ou serviço seja parcialmente consumido no Brasil e parcialmente no exterior, apenas a parcela utilizada no exterior será considerada exportação. Se houver erro na classificação e o consumo efetivo ocorrer no Brasil, o fornecedor será responsável pelo pagamento do IBS e da CBS, com acréscimos de juros e multas. Esse regramento busca evitar fraudes em operações simuladas de exportação.

No caso de bens materiais, a imunidade também alcança a chamada "exportação ficta", em que o bem vendido para o exterior permanece no Brasil para incorporação em outra estrutura.

Isso ocorre, por exemplo, quando uma empresa nacional vende peças para a montagem de uma aeronave destinada a uma empresa estrangeira, mas cuja fabricação ocorre no Brasil. Outro exemplo é a entrega de bens a **zonas francas** ou empresas autorizadas a operar **lojas francas**, que comercializam produtos diretamente a consumidores internacionais, como ocorre em aeroportos.

A regulamentação da reforma também prevê a **suspensão** do IBS e da CBS nas vendas de bens para **empresas comerciais exportadoras**, sob determinadas condições.

Para que a suspensão seja concedida, a empresa exportadora deve possuir **certificação no Programa OEA**, manter patrimônio líquido superior a um milhão de reais ou a um valor equivalente ao total dos tributos suspensos, além de atender a requisitos de regularidade fiscal. Se os bens adquiridos com suspensão não forem efetivamente exportados em até **180 dias**, a empresa comercial exportadora se torna responsável pelo pagamento integral dos tributos suspensos, acrescidos de juros e multas.

Essa suspensão se converte em **alíquota zero** após a exportação efetiva, o que significa que a tributação deixa de incidir definitivamente sobre a operação. Essa sistemática favorece exportadores que trabalham com intermediários, como *tradings*, pois evita que tributos sejam pagos na etapa inicial e posteriormente restituídos.

Por fim, o artigo 83 da Lei Complementar n. 214/2025 estabelece as regras para o cancelamento da habilitação de empresa exportadora no caso de descumprimento dos requisitos ou ausência de pagamento de tributos suspenso, porventura exigíveis. O cancelamento é precedido de um processo administrativo, garantindo à empresa o direito de regularização ou impugnação antes da decisão final. Caso a habilitação seja cancelada, a empresa pode recorrer ao Comitê Gestor do IBS ou à RFB, dependendo de qual órgão fiscalizou a infração.

17.5.4. Imposto Seletivo (IS)

O novo **Imposto Seletivo** (IS) será instituído, a partir de 2027, como um complemento ao IBS e à CBS no caso de produtos ou serviços considerados **prejudiciais à saúde e ao meio ambiente**. Tributos com essa característica são conhecidos como "Impostos do Pecado (ou *Sin Taxes*, em inglês)", pois têm por objetivo onerar produtos como álcool, cigarros, bebidas adocicadas etc.

Bem em ao estilo brasileiro, a proposta aprovada pela Câmara previa a incidência do IS sobre armas e munições, mas um destaque dos deputados **suprimiu este ponto**, o que nos leva a concluir que, para os políticos brasileiros, refrigerantes são mais prejudiciais à saúde do que espingardas.

Em certa medida, o IS será um substituto do atual IPI e poderá ser utilizado como instrumento para a **manutenção da competitividade** das empresas instaladas na **Zona Franca de Manaus**.

O IS **não se sujeita** à regra geral de não cumulatividade, pois terá incidência monofásica sobre os bens ou serviços. Eventuais majorações de alíquotas, definidas em **lei ordinária**, deverão obedecer ao princípio da anterioridade.

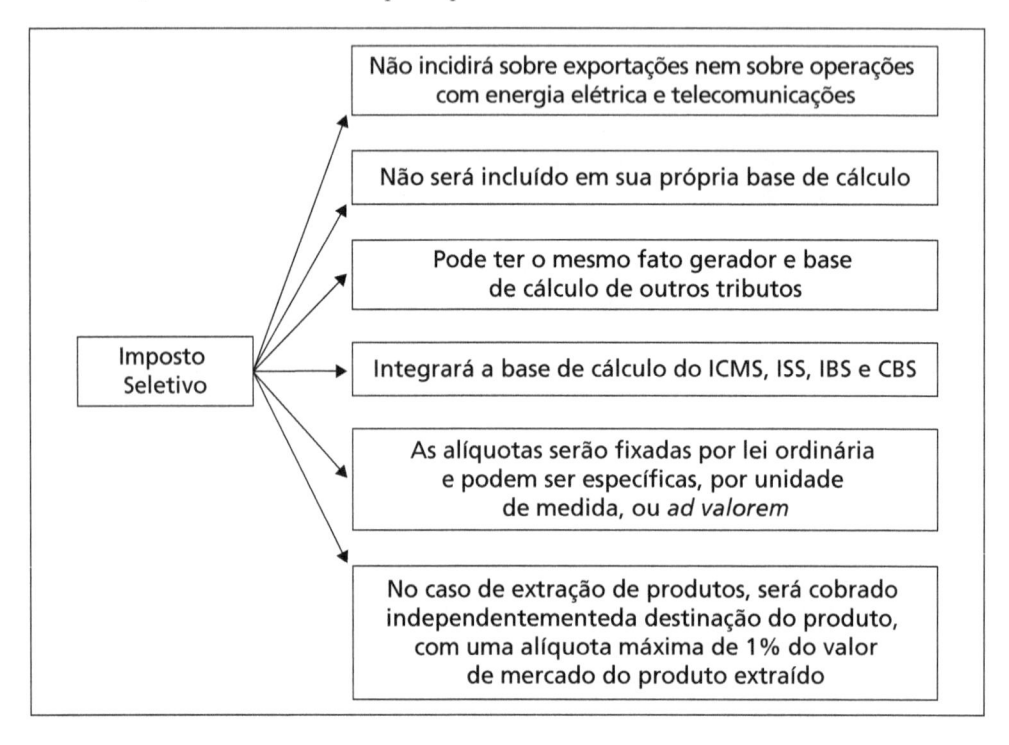

Há várias questões em aberto acerca do IS, desde a própria natureza dos *sin taxes*, que na experiência internacional não costumam ser muito eficientes, sobretudo quanto a uma possível mudança de hábitos do consumidor.

O modelo previsto na reforma parece utilizar o IS como **fonte adicional** de arrecadação, o que enseja diversas preocupações, como se pode inferir do texto incorporado à Constituição:

- ◼ Uma definição **técnica e jurídica** do que significa "produto ou serviço prejudicial à saúde" (não custa lembrar que, para os políticos, armas e munições não foram consideradas "prejudiciais");
- ◼ O fato de o IS **integrar** a base de cálculo do ISS e do ICMS (enquanto existirem), além nos novos IBS e CBS (lembre-se das décadas de discussão semelhante, envolvendo o PIS e a Cofins);
- ◼ A liberdade para que o IS possa ter fato gerador e base de cálculo **idênticos** aos de outros tributos (situação que, na prática, o equipara a uma "contribuição");
- ◼ **Subjetividade** em relação a diversos critérios importantes e **risco de aumento** da carga tributária.

Por enquanto, o constituinte derivado determinou que o IS **não incidirá** sobre exportações, operações com energia elétrica e telecomunicações, produtos que concorram com os da Zona Franca de Manaus e insumos agrícolas que se beneficiem de alíquota reduzida para 40% da alíquota-padrão, **exceto** no caso de agrotóxicos e defensivos.

17.5.5. Período de transição

A **transição completa** do atual modelo de tributação sobre o consumo para o proposto pela reforma deve durar até 50 anos!

Os efeitos da nova sistemática começarão a ser observados em **2026, quando serão instituídos o IBS e a CBS**, com alíquotas de teste, de 0,1% e 0,9%, respectivamente, sem alterações nas alíquotas dos tributos hoje existentes.

No ano seguinte, **2027, o PIS e a COFINS serão extintos** e serão integralmente substituídos pela CBS, que passará a incidir com a alíquota de referência, a ser definida. Ainda em 2027 o IPI terá suas alíquotas **zeradas**, exceto para produtos que concorram com aqueles fabricados na Zona Franca de Manaus.

A partir de 2029 os atuais tributos serão reduzidos, na proporção de **10% ao ano**, até 2023. Isso significa que as alíquotas do ICMS e do ISS serão as seguintes, em relação aos valores atuais: 90% em 2029, 80% em 2030, 70% em 2031 e, finalmente, 60% em 2032, quando os dois impostos **serão extintos**, para que a partir de 2023 o novo modelo de tributação possa ser implantado definitivamente.

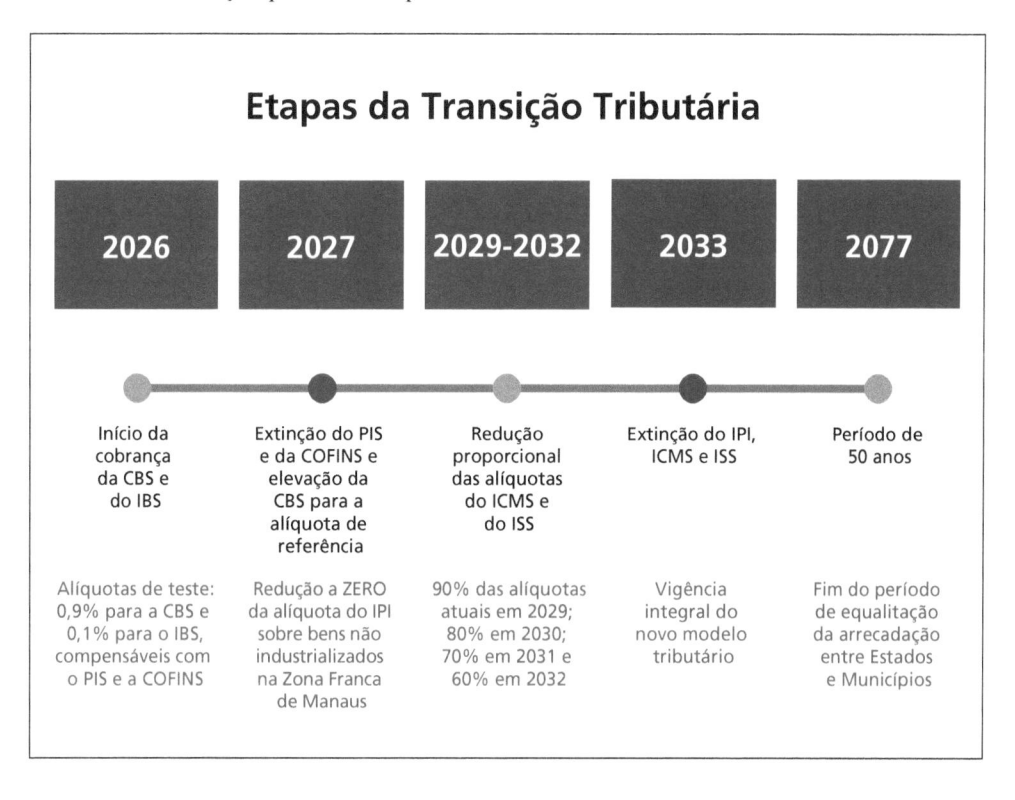

17.6. CONTRIBUIÇÃO DE INTERVENÇÃO NO DOMÍNIO ECONÔMICO (CIDE). COMBUSTÍVEIS NA IMPORTAÇÃO

Já sabemos que a União, pode, em certos casos, criar **contribuições de intervenção no domínio econômico** com base na autorização genérica concedida pelo artigo 149 da Constituição. Existe, ainda, a previsão constitucional da CIDE combustíveis no artigo 177 da Lei Maior.

E assim, no uso da sua incansável criatividade tributária, eis que o legislador ordinário federal resolveu instituir uma CIDE sobre a **importação** e a **comercialização** de petróleo e seus derivados, gás natural e seus derivados, e álcool etílico combustível, por meio da Lei n. 10.336/2001.

O tributo alcança as operações de importação dos seguintes produtos[48]:

I – gasolinas e suas correntes;
II – diesel e suas correntes;
III – querosene de aviação e outros querosenes;
IV – óleos combustíveis (*fuel-oil*);
V – gás liquefeito de petróleo, inclusive o derivado de gás natural e de nafta; e
VI – álcool etílico combustível.

O **contribuinte** da CIDE será, portanto, qualquer pessoa física ou jurídica que promover a importação dos combustíveis e derivados previstos no artigo 299 do Regulamento Aduaneiro.

Mantendo a coerência do discurso e até em razão do volume de produtos importados, a legislação previu a **responsabilidade solidária** para o **adquirente** de combustíveis, no caso de importações realizadas por sua conta e ordem por meio de empresas importadoras.

A base de cálculo da CIDE combustíveis nas importações segue a mesma lógica das operações no mercado interno, ou seja, é calculada em função das **unidades de medida** transacionadas (metros cúbicos ou toneladas de combustível) e as alíquotas são **específicas**.

O pagamento do montante devido será, como de regra, efetuado na data do registro da declaração de importação.

17.7. ADICIONAL AO FRETE PARA RENOVAÇÃO DA MARINHA MERCANTE (AFRMM)

O Adicional ao Frete para Renovação da Marinha Mercante (AFRMM) foi instituído pelo Decreto-lei n. 2.404, de 23 de dezembro de 1987. Este tributo tem, atualmente, suas normas estabelecidas pela Lei n. 10.893, de 13 de julho de 2004.

A natureza jurídica do AFRMM é a de **contribuição de intervenção no domínio econômico**.

Essa espécie de contribuição, como sabemos, está disciplinada na Constituição, que prevê, em seu artigo 149, a competência da União:

---

[48]   Artigo 299 do RA.

> Art. 149. Compete exclusivamente à União instituir contribuições sociais, de **intervenção no domínio econômico** e de interesse das categorias profissionais ou econômicas, como instrumento de sua atuação nas respectivas áreas, observado o disposto nos arts. 146, III, e 150, I e III, e sem prejuízo do previsto no art. 195, § 6.º, relativamente às contribuições a que alude o dispositivo.

Conforme entendimento do **Supremo Tribunal Federal**, o AFRMM é uma contribuição de natureza **parafiscal** ou **especial**, distinta, portanto, dos conceitos de imposto ou taxa.

> Contribuição parafiscal ou especial de intervenção no domínio econômico. CF, art. 149, art. 155, § 2.º, IX. ADCT, art. 36. O AFRMM é uma contribuição parafiscal ou especial, contribuição de intervenção no domínio econômico, terceiro gênero tributário, distinta do imposto e da taxa (RE 177.137, Plenário, Rel. Min. Carlos Velloso, julgamento em 24-5-1995, *DJ* de 18-4-1997).

Ainda de acordo com o entendimento do STF, esse tipo de tributo **não necessita** ser regulado por meio de lei complementar:

> O STF fixou entendimento no sentido da dispensabilidade de lei complementar para a criação das contribuições de intervenção no domínio econômico e de interesse das categorias profissionais (AI 739.715-AgR, 2.ª Turma, Rel. Min. Eros Grau, julgamento em 26-5-2009, *DJE* de 19-6-2009).

O AFRMM tem como **fato gerador** o início efetivo da operação de descarregamento da embarcação em porto brasileiro (artigo 4.º da Lei n. 10.893/2004) e **incide** sobre o frete do transporte aquaviário da carga descarregada em porto brasileiro.

Frete, para os fins da Lei n. 10.893/2004, é a **remuneração** do transporte **aquaviário** (remuneração para o transporte da carga, porto a porto, incluídas todas as despesas portuárias com a manipulação de cargas).

O AFRMM será calculado sobre a remuneração do transporte aquaviário, vale dizer, sobre o **valor do frete**.

As alíquotas aplicáveis são:

■ 25% na navegação de **longo curso** (é aquela realizada entre portos brasileiros e portos estrangeiros, sejam marítimos, fluviais ou lacustres);

■ 10% na navegação de **cabotagem** (é aquela realizada entre portos brasileiros, utilizando exclusivamente a via marítima ou a via marítima e as interiores);

■ 40% na navegação **fluvial e lacustre** (é aquela realizada entre portos brasileiros, utilizando exclusivamente as vias interiores), quando do transporte de granéis líquidos nas regiões Norte e Nordeste.

O AFRMM **não incide** sobre o frete relativo às mercadorias:

■ submetidas à pena de perdimento;

■ transportadas por meio fluvial e lacustre, exceto quando se tratar de granéis líquidos transportados no âmbito das Regiões Norte e Nordeste;

■ cuja origem ou cujo destino final seja porto localizado na Região Norte ou Nordeste do País nas navegações realizadas em embarcações de casco com fundo duplo, destinadas ao transporte de combustíveis, quando o descarregamento tiver início até 8 de janeiro de 2022.

O **conhecimento de carga** (B/L, por exemplo) é o documento hábil para comprovar o valor da remuneração do transporte aquaviário.

Em regra, não incidirá novo AFRMM sobre as mercadorias destinadas a porto brasileiro e objeto de transbordo ou baldeação em um ou mais portos nacionais, referente ao transporte entre estes, se o valor original do frete tiver sido calculado desde a origem do transporte **até o seu destino final**.

Contudo, quando ocorrerem baldeações e transbordos depois da chegada no destino final constante do conhecimento de carga, o valor do frete da baldeação ou transbordo **será acrescido** ao valor original do frete para fins de cálculo do complemento do AFRMM.

O contribuinte do AFRMM é o consignatário indicado no conhecimento de carga, e o proprietário da carga transportada é responsável solidário pelo pagamento do tributo.

Do mesmo modo que no SISCOMEX, o sujeito passivo deverá pagar o AFRMM diretamente pelo sistema MERCANTE, acrescido da Taxa de Utilização do MERCANTE (TUM), que é devida quando da emissão do certificado (CE-MERCANTE), no valor de R$ 20,00.

A **Taxa de Utilização do MERCANTE** não incide nas seguintes hipóteses:

■ cargas destinadas ao exterior;
■ cargas isentas do pagamento do AFRMM;
■ cargas submetidas à pena de perdimento.

> **Importante:** Ao contrário do que ocorre na isenção, nos casos de suspensão ou não incidência do AFRMM, a TUM deverá ser recolhida isoladamente, no Sistema MERCANTE, salvo na hipótese de ter sido aplicada a pena de perdimento à mercadoria.

17.8. TAXA DE UTILIZAÇÃO DO SISCOMEX

A taxa de utilização do SISCOMEX foi instituída pelo artigo 3.º da Lei n. 9.716/98 e passou a onerar o registro das declarações de importação como contrapartida aos gastos para a manutenção e administração do sistema, de sorte que o montante arrecadado foi vinculado ao Fundo Especial de Desenvolvimento e aperfeiçoamento das Atividades de Fiscalização (FUNDAF).

Foi fixada originalmente em R$ 30,00 por DI e em R$ 10,00 para cada adição de mercadorias na declaração[49]. Portanto, uma DI poderá ter diversas adições, de acordo

---

[49] Adição, na DI, refere-se ao conjunto de produtos que pertencem ao mesmo código tarifário (capítulo, posição, item e subitem da NCM), que podem ser agrupados para fins de registro. A separação em adições é necessária para fins tributários (pois as alíquotas variam de acordo com o produ-

com os critérios para segregação de produtos diferentes, regimes aduaneiros distintos ou preços que devam ser ajustados de forma diversa, conforme estabelecido no Acordo de Valoração Aduaneira.

A Lei n. 9.716/98 autorizou o Ministro da Fazenda a reajustar, anualmente, o valor das taxas de utilização do SISCOMEX, conforme a variação dos custos de operação e dos investimentos no sistema.

Em 2011, por meio da Portaria MF n. 257, os valores originais foram aumentados para R$ 185,00 por Declaração de Importação e R$ 29,50 por adição, com reduções neste último montante fixadas de acordo com a quantidade de adições (valores decrescentes, portanto).

O aumento de mais de 500% no valor da taxa por DI, num prazo de apenas cinco anos, levou diversos contribuintes a questionar judicialmente a medida. Entre outros argumentos discute-se a ofensa ao princípio da legalidade e a falta de apresentação de uma planilha que demonstrasse a evolução real dos custos com o SISCOMEX, premissa legal para a majoração das taxas.

Independentemente do desfecho da questão nos tribunais[50], a IN RFB n. 680/2006, com as alterações promovidas pela IN RFB 2.024, de 2021, estabelece que:

> Art. 13. A Taxa de Utilização do Siscomex será devida no ato do registro da DI à razão de:
> I – R$ 115,67 (cento e quinze reais e sessenta e sete centavos) por DI ou DUIMP;
> II – R$ 38,56 (trinta e oito reais e cinquenta e seis centavos) para cada adição de mercadoria à DI ou DUIMP, observados os seguintes limites:
> a) até a 2.ª adição – R$ 38,56 (trinta e oito reais e cinquenta e seis centavos);
> b) da 3.ª à 5.ª – R$ 30,85 (trinta reais e oitenta e cinco centavos);
> c) da 6.ª à 10ª – R$ 23,14 (vinte e três reais e quatorze centavos);
> d) da 11.ª à 20ª – R$ 15,42 (quinze reais e quarenta e dois centavos);
> e) da 21.ª à 50ª – R$ 7,71 (sete reais e setenta e um centavos); e
> f) a partir da 51.ª – R$ 3,86 (três reais e oitenta e seis centavos).

O pagamento das taxas de utilização do SISCOMEX, assim como aquele relativo aos demais tributos devidos na importação de mercadorias, será efetuado no ato do registro da respectiva DI ou de sua retificação, se efetuada no curso do despacho aduaneiro, por meio de Documento de Arrecadação de Receitas Federais (Darf) eletrônico, mediante débito automático em conta-corrente bancária, em agência habilitada de banco integrante da rede arrecadadora de receitas federais.

Para que o débito possa ser feito automaticamente no próprio sistema, o declarante deverá informar, no ato do registro da DI, os códigos do banco e da agência e o número

---

to) e estatísticos. Assim, sempre que houver, na mesma DI, produtos diferentes ou sujeitos a regimes tributários especiais, será necessário desdobrá-los em novas adições.

[50] A matéria é objeto do Tema 1085 do STF, que dispõe: "Majoração de taxa tributária realizada por ato infralegal a partir de delegação legislativa e viabilidade de o Poder Executivo atualizar os valores fixados em lei, de acordo com percentual não superior aos índices oficiais de correção monetária".

de sua conta-corrente, cabendo-lhe o ônus de verificar se o pagamento foi devidamente debitado pela instituição financeira.

> **Importante:** Os valores das taxas de utilização do SISCOMEX são devidos e devem ser recolhidos mesmo na hipótese de inexistência de tributos a pagar na importação, como no caso de isenção.

17.9. QUESTÕES

1. (ESAF — TRF — 2003) Assinale a opção correta.

a) O Imposto de Exportação incide sobre mercadorias nacionais ou nacionalizadas, relacionadas em lei complementar, tendo como fato gerador sua saída do território aduaneiro, que se considera ocorrida na data de registro da exportação no SISCOMEX; sua base de cálculo é o preço normal ou o preço apurado segundo critérios específicos fixados ou pauta de valor mínimo estabelecida pela CAMEX (Câmara de Comércio Exterior); a alíquota é de 30%, podendo ser elevada, pela CAMEX, para até 150%; o prazo de pagamento é fixado pelo Ministro da Fazenda.

b) O Imposto de Exportação incide sobre mercadorias nacionais ou nacionalizadas, relacionadas pela CAMEX, tendo como fato gerador sua saída do território aduaneiro, que se considera ocorrida na data de registro da exportação no SISCOMEX; sua base de cálculo é o preço normal ou o preço apurado segundo critérios específicos fixados ou pauta de valor mínimo estabelecida pela CAMEX; a alíquota é de 30%, podendo ser elevada, pela CAMEX, para até 150%; o prazo de pagamento é fixado pela CAMEX.

c) O Imposto de Exportação incide sobre mercadorias nacionais ou nacionalizadas, relacionadas pela CAMEX, tendo como fato gerador sua saída do território aduaneiro, que se considera ocorrida na data de registro da exportação no SISCOMEX; sua base de cálculo é o preço normal ou o preço apurado segundo critérios específicos fixados ou pauta de valor mínimo estabelecida pela CAMEX; a alíquota é de 30%, podendo ser elevada, pelo Ministro da Fazenda, para até 150%; o prazo de pagamento é fixado pela CAMEX.

d) O Imposto de Exportação incide sobre mercadorias nacionais ou nacionalizadas, relacionadas pela CAMEX, tendo como fato gerador sua saída do território aduaneiro, que se considera ocorrida na data de registro da exportação no SISCOMEX; sua base de cálculo é o preço normal ou o preço apurado segundo critérios específicos fixados ou pauta de valor mínimo estabelecida pela CAMEX; a alíquota é de 30%, podendo ser elevada, pela CAMEX, para até 150%; o prazo de pagamento é fixado pelo Ministro da Fazenda.

e) O Imposto de Exportação incide sobre mercadorias nacionais ou nacionalizadas, relacionadas em lei complementar, tendo como fato gerador sua saída do território aduaneiro, que se considera ocorrida na data de registro da exportação no SISCOMEX; sua base de cálculo é o preço normal ou o preço apurado segundo critérios específicos fixados ou pauta de valor mínimo estabelecida pela CAMEX; a alíquota é de 30%, podendo ser elevada, pela CAMEX, para até 150%; o prazo de pagamento é fixado pelo Ministro da Fazenda, *ad referendum* da CAMEX.

2. (ESAF — AFRF — 2012) Sobre o Regime de Tributação Simplificada, o Regime de Tributação Especial e o Regime de Tributação Unificada, analise os itens a seguir, classificando-os como corretos (C) ou errados (E). Em seguida, escolha a opção adequada às suas respostas.

I. O Regime de Tributação Especial permite a classificação genérica, para fins de despacho de importação, dos bens por ele abarcados, mediante a aplicação de alíquotas diferenciadas do Imposto de Importação, e isenção do Imposto sobre Produtos Industrializados, da Contribuição para o PIS/PASEP-Importação e da COFINS Importação.

II. O Regime de Tributação Simplificada permite o despacho de bens integrantes de bagagem mediante a exigência tão somente do Imposto de Importação, calculado pela aplicação da alíquota de cinquenta por cento sobre o valor do bem.

III. O Regime de Tributação Unificada é o que permite a importação, por via terrestre, de mercadorias procedentes do Paraguai, mediante o pagamento unificado dos seguintes impostos e contribuições federais incidentes na importação: Imposto de Importação; Imposto sobre Produtos Industrializados; Contribuição para o PIS/PASEP-Importação e COFINS-Importação.

IV. Apesar de ser tributo de competência dos Estados e do Distrito Federal, o Regime de Tributação Unificada poderá incluir o Imposto sobre Operações Relativas à Circulação de Mercadorias e sobre Prestações de Serviços de Transporte Interestadual e Intermunicipal e de Comunicação devido pelo optante.

a) Estão corretos somente os itens II e III.

b) Estão corretos somente os itens I, II e IIII.

c) Estão corretos somente os itens I e II.

d) Estão corretos somente os itens III e IV.

e) Todos os itens estão corretos.

3. (ESAF — AFRF — 2012) Acerca do Imposto sobre Produtos Industrializados na Importação — IPI — Importação, da Contribuição para os Programas de Integração Social e de Formação do Patrimônio do Servidor Público incidente na Importação de Produtos Estrangeiros ou Serviços — PIS/PASEP — Importação e da Contribuição Social para o Financiamento da Seguridade Social devida pelo Importador de Bens Estrangeiros ou Serviços do Exterior — COFINS — Importação, analise os itens a seguir, classificando-os como corretos (C) ou errados (E). Em seguida, escolha a opção adequada às suas respostas.

I. Não constitui fato gerador do IPI-Importação o desembaraço aduaneiro de produtos nacionais que retornem ao País aos quais tenha sido aplicado o regime aduaneiro especial de exportação temporária, salvo se descumprido o regime.

II. Serão desembaraçados com suspensão do pagamento do IPI — Importação as matérias-primas, os produtos intermediários e os materiais de embalagem, importados diretamente por pessoas jurídicas preponderantemente exportadoras ou por estabelecimento industrial fabricante preponderantemente das partes e peças destinadas a estabelecimento industrial fabricante de produto classificado no Capítulo 88 da Nomenclatura Comum do Mercosul.

III. A entrada de bens estrangeiros no território nacional é fato gerador da Contribuição para o PIS/PASEP — Importação e da COFINS — Importação. Consideram-se entrados no território nacional os bens que constem como tendo sido importados e cujo extravio venha a ser apurado pela administração aduaneira, exceto quanto às malas e às remessas postais internacionais e à mercadoria importada a granel que, por sua natureza ou condições de manuseio na descarga, esteja sujeita a quebra ou a decréscimo, desde que o extravio não seja superior a três por cento.

IV. Há previsão legal de suspensão da exigência da Contribuição para o PIS/PASEP — Importação e da COFINS — Importação nas importações efetuadas por empresas localizadas na Zona Franca de Manaus, de matérias-primas, produtos intermediários e materiais de embalagem para emprego em processo de industrialização por estabelecimentos industriais instalados na Zona Franca de Manaus e consoante projetos aprovados pelo Conselho de Administração da Superintendência da Zona Franca de Manaus.

a) Estão corretos somente os itens II e III.

b) Estão corretos somente os itens I e III.

c) Estão corretos somente os itens I e II.

d) Estão corretos somente os itens II e IV.

e) Todos os itens estão corretos.

4. (ESAF — AFRF — 2012) Sobre as suspensões do pagamento e as reduções de alíquotas (programas específicos) da Contribuição para os Programas de Integração Social e de Formação do Patrimônio do Servidor Público incidente na Importação de Produtos Estrangeiros ou Serviços — PIS/PASEP-Importação, e da Contribuição para o Financiamento da Seguridade Social devida pelo Importador de Bens Estrangeiros ou Serviços do Exterior — COFINS-Importação, assinale a opção correta.

a) O Regime Especial de Tributação para a Plataforma de Exportação de Serviços de Tecnologia da Informação — REPES permite a importação de bens novos destinados ao desenvolvimento, no País, de *software* e de serviços de tecnologia da informação, quando importados diretamente pelo beneficiário do Regime para incorporação ao seu ativo imobilizado, com suspensão do pagamento da Contribuição para o PIS/PASEP-Importação e da COFINS-Importação.

b) De acordo com o art. 2.º da Lei n. 11.196, de 21 de novembro de 2005, com redação dada pelo art. 52 da Medida Provisória n. 563, de 3 de abril de 2012, é beneficiária do Regime Especial de Tributação para a Plataforma de Exportação de Serviços de Tecnologia da Informação — RE-PES, a pessoa jurídica que exerça preponderantemente as atividades de desenvolvimento de *software* ou de prestação de serviços de tecnologia da informação, e que, por ocasião da sua opção pelo REPES, assuma compromisso de exportação igual ou superior a setenta por cento de sua receita bruta anual decorrente da venda dos referidos bens e serviços.

c) O Regime Especial de Aquisição de Bens de Capital para Empresas Exportadoras — RECAP permite a importação de máquinas, aparelhos, instrumentos e equipamentos, novos, rela-cionados em ato normativo específico, quando importados diretamente pelo beneficiário do regime para incorporação ao seu ativo imobilizado, com suspensão do pagamento da contribuição para o PIS/PASEP-Importação e da COFINS-Importação. O benefício de suspen-são poderá ser usufruído nas importações realizadas no período de cinco anos contados da data de adesão ao RECAP.

d) O Regime Especial de Incentivos para o Desenvolvimento da Infraestrutura — REIDI permite a importação de máquinas, aparelhos, instrumentos e equipamentos, novos, e de materiais de construção, quando importados diretamente pelo beneficiário do regime para utilização ou incorporação em obras de infraestrutura destinadas ao ativo imobilizado, com redução a um por cento das alíquotas da contribuição para o PIS/PASEP-Importação e da COFINS-Importação.

e) É beneficiária do Regime Especial de Incentivos para o Desenvolvimento da Infraestrutura — REIDI somente a pessoa jurídica que tenha projeto aprovado para implantação de obras de infraestrutura nos setores de transportes, portos, energia e irrigação.

5. (ESAF — AFRF — 2012) Acerca do Imposto sobre Operações Relativas à Circulação de Mercadorias e sobre Prestações de Serviços de Transporte Interestadual e Intermunicipal e de Comunicação — Im-portação, e o controle exercido pela Secretaria da Receita Federal do Brasil, assinale a opção correta.

a) Por ocasião do desembaraço aduaneiro, o Fisco Federal deverá se pronunciar sobre a exigi-bilidade ou não do Imposto sobre Operações Relativas à Circulação de Mercadorias e sobre Prestações de Serviços de Transporte Interestadual e Intermunicipal e de Comunicação.

b) De acordo com a Súmula n. 661 do Supremo Tribunal Federal, na entrada de mercadoria importada do exterior, é legítima a cobrança do Imposto sobre Operações Relativas à Circu-lação de Mercadorias e sobre Prestações de Serviços de Transporte Interestadual e Intermu-nicipal e de Comunicação por ocasião do desembaraço aduaneiro.

c) A verificação efetuada pela autoridade federal no desembaraço aduaneiro é formal e de mérito, consistindo em se aferir o cumprimento da obrigação tributária de pagamento do Imposto sobre Operações Relativas à Circulação de Mercadorias e sobre Prestações de Servi-ços de Transporte Interestadual e Intermunicipal e de Comunicação mediante a apresenta-ção do comprovante de recolhimento ou juntada do comprovante de dispensa do tributo, expedido pela fazenda estadual.

d) Compete ao Fisco Federal analisar o preenchimento de suporte fático de norma que trate da exigibilidade ou da dispensa do Imposto sobre Operações Relativas à Circulação de Mercadorias e sobre Prestações de Serviços de Transporte Interestadual e Intermunicipal e de Comunicação.

e) Quando do desembaraço aduaneiro, o Fisco Federal não reconhecerá como forma de com-provação do pagamento do Imposto sobre Operações Relativas à Circulação de Mercadorias e sobre Prestações de Serviços de Transporte Interestadual e Intermunicipal e de Comunica-ção, isenções, incentivos e benefícios fiscais que tenham sido concedidos sem a devida deli-beração dos Estados e do Distrito Federal.

6. (ESAF — AFRFB — 2014) Acerca do PIS/PASEP — Importação, da COFINS — Importação e dos programas específicos que veiculam benefícios fiscais no âmbito de tais tributos, do Imposto so-bre Produtos Industrializados — Importação e do Adicional ao Frete para a Renovação da Mari-nha Mercante, assinale a opção correta.

a) O Regime Especial de Incentivo a Computadores para Uso Educacional — REICOMP permite a importação de matérias-primas e produtos intermediários destinados à industrialização de equipamentos de informática com isenção do pagamento da Contribuição para o PIS/PASEP-Importação e da COFINS-Importação, além de outros tributos, quando importados diretamente por pessoa jurídica habilitada ao regime. As operações de importação efetuadas com os benefícios previstos no REICOMP dependem de anuência prévia do Ministério da Ciência, Tecnologia e Inovação.

b) O Regime Especial Tributário para a Indústria de Defesa — RETID é o que permite a importação de bens de defesa nacional com suspensão da Contribuição do PIS/PASEP — Importação e da COFINS — Importação, além de outros tributos, quando a importação for efetuada por pessoa jurídica beneficiária do RETID. Como uma política de incentivo ao desenvolvimento das empresas brasileiras na área, as pessoas jurídicas optantes pelo Regime Especial Unificado de Arrecadação de Tributos e Contribuições devidos pelas Microempresas e Empresas de Pequeno Porte — Simples Nacional, de que trata a Lei Complementar n. 123, de 14 de dezembro de 2006, podem habilitar-se ao RETID.

c) Compete à Secretaria da Receita Federal do Brasil a administração das atividades relativas à cobrança, à fiscalização e à arrecadação do Adicional ao Frete para a Renovação da Marinha Mercante — AFRMM, e compete ao Ministério dos Transportes a administração das atividades relativas à restituição e à concessão de incentivos do AFRMM previstos em lei.

d) O fato gerador do Adicional ao Frete para a Renovação da Marinha Mercante — AFRMM é o início efetivo da operação de descarregamento da embarcação em porto brasileiro. O AFRMM não incide sobre a navegação fluvial e lacustre, exceto sobre cargas de granéis líquidos, transportadas no âmbito das Regiões Norte e Nordeste, mas incide sobre o frete relativo ao transporte de mercadoria submetida à pena de perdimento.

e) O fato gerador do Imposto sobre Produtos Industrializados, na importação, é o desembaraço aduaneiro de produto de procedência estrangeira.

7. (ESAF — Ajudante de Despachante Aduaneiro — 2017) Em relação à Taxa de Utilização do Siscomex, assinale a opção correta.

a) É devida no ato do registro da Declaração de Importação (DI), devendo ser recolhida por meio de Documento de Arrecadação de Receitas Federais (Darf) e apresentada à fiscalização até o desembaraço da DI.

b) A Taxa de Utilização do Siscomex é devida, mesmo que a mercadoria importada seja isenta do pagamento de impostos.

c) O valor da Taxa de Utilização do Siscomex é de R$ 185,00 (cento e oitenta e cinco reais) por cada acesso ao Siscomex realizado pelo usuário.

d) O valor da Taxa de Utilização do Siscomex integra o valor aduaneiro da mercadoria importada.

e) A razão do valor da Taxa de Utilização do Siscomex é de R$ 29,50 (vinte e nove reais e cinquenta centavos) para cada adição de mercadoria à DI, para quaisquer quantidades de adições.

8. (ESAF — Ajudante de Despachante Aduaneiro — 2017) Sobre a Incidência do Adicional ao Frete para a Renovação da Marinha Mercante (AFRMM) e a Taxa de Utilização do Mercante (TUM), assinale a opção correta.

a) O AFRMM incide sobre o frete, que é a remuneração do transporte aquaviário da carga de qualquer natureza descarregada em porto brasileiro, à alíquota de 20% (vinte por cento) na navegação de longo curso.

b) O AFRMM não incide sobre o frete relativo a todas as mercadorias transportadas por meio fluvial e lacustre.

c) Mesmo as cargas beneficiadas com a isenção do pagamento do AFRMM devem recolher a TUM.

d) Quando ocorrer baldeações e transbordos depois da chegada no destino final constante do conhecimento de carga, o valor do frete da baldeação ou transbordo será acrescido ao valor original do frete para fins de cálculo do complemento do AFRMM.

e) O AFRMM incide sobre o frete relativo às mercadorias submetidas à pena de perdimento.

9. (FGV — Auditor-Fiscal da Receita Federal — 2023) Nos termos da legislação em vigor e de decisões judiciais de Tribunais Superiores, a Taxa de Utilização do Siscomex incide:

a) no momento em que é emitida a Fatura Comercial, documento que comprova a venda.

b) no momento em que a Declaração de Importação é registrada no Sistema Integrado de Comércio Exterior.

c) na atracação do navio e é calculada sobre o valor constante do Conhecimento de Carga.

d) no momento em que a mercadoria chega ao porto, aeroporto ou ponto de fronteira.

e) apenas nos casos em que a mercadoria importada é transportada por via marítima.

GABARITO

1. Pergunta no padrão da ESAF, em que as alternativas são muito parecidas e servem, apenas, para tentar confundir o candidato. A alternativa correta é a letra "d", que apresenta, de forma adequada, as principais características do imposto de exportação.

2. A alternativa correta é a letra "d". O item I está errado porque não se faz classificação genérica no regime de bagagem e também em razão da alíquota do imposto de importação ser única, de 50%. O item II está incorreto porque o regime de tributação simplificada se aplica às remessas postais internacionais e não para bagagens.

3. A alternativa correta é a letra "d". O item I está errado porque não constitui fato gerador do IPI o desembaraço de produtos nacionais que retornem ao Brasil aos quais tenha sido aplicado o regime aduaneiro especial de exportação temporária, **ainda que** descumprido o regime. O item III está incorreto porque o limite de perda aceitável é de 1%.

4. Pergunta extremamente longa e que se baseia em detalhes e na literalidade das normas aduaneiras. A resposta correta é a letra "a", pois todas as outras alternativas trazem problemas.

5. Questão sobre o ICMS nas importações que reproduz literalmente o entendimento atual do STF sobre o tema, de tal sorte que a alternativa correta é a "b", que permite a cobrança do ICMS por ocasião do desembaraço aduaneiro. As demais alternativas estão erradas.

6. Questão que em princípio parece complexa, dada a variedade de regimes, datas e informações contidas nas diversas alternativas, mas que pode ser resolvida, facilmente, por exclusão, visto que a alternativa correta é justamente a mais simples, ou seja, a letra "e". Todas as demais apresentam problemas.

7. A alternativa correta é a letra "b", pois, de acordo com o previsto no parágrafo único do artigo 13, da IN 680/2006, com a redação em vigor, a taxa de utilização do SISCOMEX é devida independentemente da existência de tributo a pagar, como nas hipóteses de isenção. A alternativa "a" está incorreta porque o pagamento é feito mediante DARF eletrônico, com débito automático na conta-corrente e sem apresentação à fiscalização. A alternativa "c" está errada porque o valor de R$ 185,00 corresponde ao montante a ser pago por DI e não por acesso ao SISCOMEX. A alternativa "d" não pode prosperar porque o valor da taxa não integra o valor aduaneiro e, por fim, a alternativa "e" também está errada, pois o valor de R$ 29,50 é cobrado até a 2.ª adição da DI, com redução para as adições posteriores.

8. A alternativa correta é a letra "d", que reproduz integralmente o disposto no artigo 17, parágrafo único, da IN RFB n. 1.471/2014, de forma que o valor das baldeações e transbordos posteriores à chegada no destino final descrito no conhecimento de carga deverá ser acrescido para fins de cálculo do AFRMM. A alternativa "a" está incorreta porque a alíquota na hipótese de navegação de longo curso é de 25%. A alternativa "b" está errada porque o AFRMM incide so- bre o frete relativo ao transporte aquaviário de qualquer natureza, inclusive fluvial ou lacustre. A alternativa "c" está errada porque, quando houver isenção de AFRMM, não incide a TUM e, por fim, a alternativa "e" está incorreta porque o AFRMM não incide sobre o frete de mercadorias submetidas à pena de perdimento.

9. Questão fácil e direta, pois, como vimos, a taxa de utilização do Siscomex incide quando do registro da DI.

17.10. MATERIAL DIGITAL

VÍDEO
http://uqr.to/1y39n

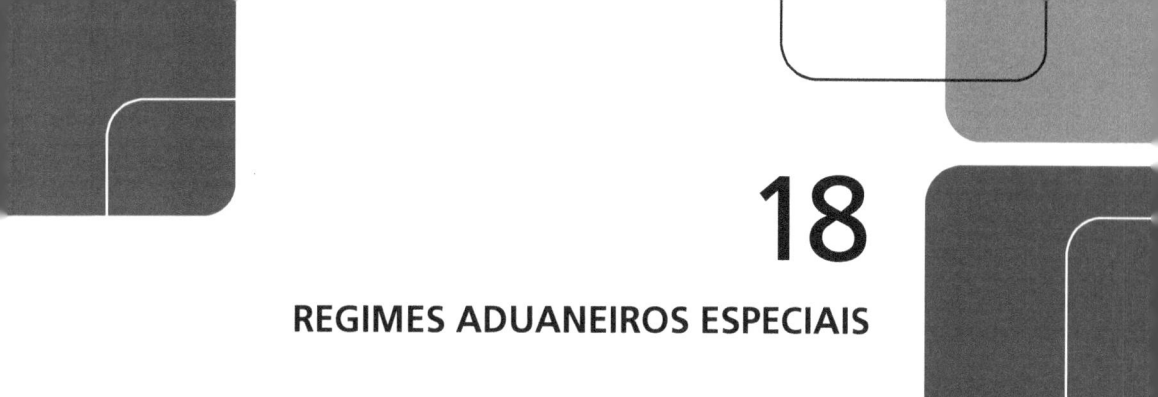

18

REGIMES ADUANEIROS ESPECIAIS

Devido ao princípio da **extrafiscalidade**, que norteia todo o sistema tributário aduaneiro, o legislador pode oferecer aos agentes do comércio internacional opções diferenciadas, com a suspensão ou isenção dos tributos devidos, desde que atendidas certas condições.

Daí existirem, em quase todos os países, **regimes aduaneiros especiais**, que oferecem alternativas aos regimes comuns de importação ou exportação, nos quais a regra geral prevê a incidência tributária e o pagamento dos valores dela decorrentes.

No Brasil, a legislação qualifica dois tipos de regimes: os **aduaneiros especiais** e os aplicados em **áreas especiais**, que permitem ao governo programar instrumentos de extrafiscalidade para a consecução da política de comércio exterior, tanto na entrada como na saída de mercadorias do território nacional.

Os regimes aduaneiros especiais normalmente proporcionam benefícios à atividade econômica do país e atuam de modo a incentivar as exportações ou no sentido de permitir maior participação dos empresários nacionais no cenário globalizado.

Entre os principais efeitos positivos dos regimes aduaneiros, podemos citar:

- melhorar a **balança comercial**, com maior ingresso de divisas, decorrente do incremento das exportações;
- oferecer maior **competitividade** às empresas nacionais, mediante a diminuição dos custos incidentes nas operações de comércio exterior;
- permitir ao importador a manutenção de **estoques estratégicos** de mercadorias estrangeiras, nos quais o prazo de pagamento dos tributos incidentes fica diferido para o momento da sua efetiva utilização ou venda no mercado interno;
- a **promoção** das empresas e dos produtos nacionais e a **inserção** do país no circuito internacional, possibilitando a realização de feiras e eventos, de natureza comercial, cultural, esportiva, técnica e científica.

18.1. CARACTERÍSTICAS GERAIS

Os regimes aduaneiros especiais são **exceções** à regra geral dos procedimentos de importação e exportação, pois o crédito tributário decorrente das operações ficará suspenso até o advento de uma condição resolutiva (evento futuro que extingue o regime), cuja consequência será ou a transformação da suspensão dos tributos em **isenção**, quando obedecidos os prazos e condições, ou o **pagamento** dos tributos devidos, acrescidos de juros e multa, se for o caso, quando qualquer dos requisitos do regime escolhido for descumprido pelo beneficiário.

A multa, que poderá ser de **mora** ou de **ofício**, será calculada a partir da data de **ingresso no regime** ou do **registro de exportação**, sem prejuízo de outras penalidades específicas, normalmente de cunho administrativo.

Em regra, o prazo de suspensão das obrigações alcançadas pelos regimes aduaneiros especiais é de **até um ano**, prorrogável, a critério da autoridade competente, por período não superior, no total, a **cinco anos**, salvo[1]:

a) em casos excepcionais, por decisão fundamentada do **Ministro da Fazenda**;

b) quando a mercadoria estiver vinculada a contrato de prestação de serviço, de **interesse nacional**, situação em que o prazo deverá acompanhar a **duração do contrato**, inclusive no caso de prorrogações.

Como os regimes aduaneiros conferem às mercadorias **neutralidade tributária**, dado o não recolhimento dos tributos incidentes durante sua vigência, pode ser autorizada a transferência de um regime para outro, observadas as restrições fixadas pela Receita Federal do Brasil, assim como as condições e os requisitos próprios da nova modalidade[2].

No intuito de **garantir** o recebimento dos tributos — e levando-se em conta que, muitas vezes, o regime aplicado envolve mercadorias de terceiros, de nacionalidade estrangeira –, as obrigações suspensas por força de regimes aduaneiros especiais deverão ser constituídas em **termo de responsabilidade**, firmado pelo beneficiário.

Importante ressaltar que o termo de responsabilidade abriga apenas os **créditos tributários**, ou seja, não inclui o valor de eventuais multas devidas pelo descumprimento do compromisso, até porque, quando no momento da sua constituição, existe a expectativa de que o responsável atenderá aos requisitos legais.

Em alguns casos, além do compromisso firmado no termo, poderá ser exigida do beneficiário uma garantia real ou pessoal, sob a forma de **depósito em dinheiro** (em conta vinculada do Tesouro Nacional), **fiança idônea** (normalmente prestada por instituições financeiras) ou **seguro aduaneiro** em favor da União.

De acordo com a legislação aduaneira[3], o termo de responsabilidade é título representativo de **direito líquido e certo** da Fazenda Nacional, o que, na prática, enseja sua cobrança executiva, mediante inscrição como dívida ativa.

Antes de tais medidas, porém, a administração pública deverá intimar o responsável para que ele apresente, no prazo de **dez dias**, justificativas em relação ao descumprimento do regime, sem prejuízo da necessidade de revisão do processo administrativo relacionado ao documento, quando houver solicitação do interessado.

A exigência do crédito tributário suspenso, depois de concedido direito de manifestação do responsável, poderá ocorrer de duas maneiras[4]:

---

[1] Conforme artigo 307 do Regulamento Aduaneiro.

[2] O artigo 314 do Regulamento Aduaneiro prevê que a "Secretaria da Receita Federal do Brasil fica autorizada a estabelecer hipóteses em que, na substituição de beneficiário de regime aduaneiro suspensivo, o termo inicial para o cálculo de juros e multa de mora relativos aos tributos suspensos passe a ser a data da transferência da mercadoria", conforme autorização expressa do artigo 63, I, da Lei n. 10.833/2003.

[3] Artigo 760 do Regulamento Aduaneiro.

[4] Conforme artigo 761, § 1.º, do Regulamento Aduaneiro.

◼ pela **conversão do depósito em renda** da União, na hipótese de prestação de garantia sob a forma de depósito em dinheiro; ou

◼ mediante intimação do responsável para efetuar o **pagamento**, no prazo de 30 dias, na hipótese de dispensa de garantia, ou da prestação de garantia sob a forma de fiança idônea ou de seguro aduaneiro.

Caso não seja efetuado o pagamento do crédito tributário, o termo de responsabilidade será encaminhado à **Procuradoria da Fazenda Nacional**, para cobrança, obedecidos trâmites previstos nos atos normativos de competência da Receita Federal do Brasil[5].

Em relação aos créditos tributários apurados **após a constituição** do termo de responsabilidade (multas de mora e de ofício, ou ajustes no cálculo dos tributos devidos), a autoridade fiscal deverá lavrar **auto de infração**, que seguirá rito processual próprio.

Na hipótese de regimes aduaneiros especiais relacionados a mercadorias transportadas pelo **modal marítimo**, a concessão fica subordinada à informação acerca da suspensão ou isenção do pagamento do Adicional ao Frete para Renovação da Marinha Mercante (AFRMM), pelo Ministério dos Transportes, exceto se a operação não sofrer a incidência desse tributo.

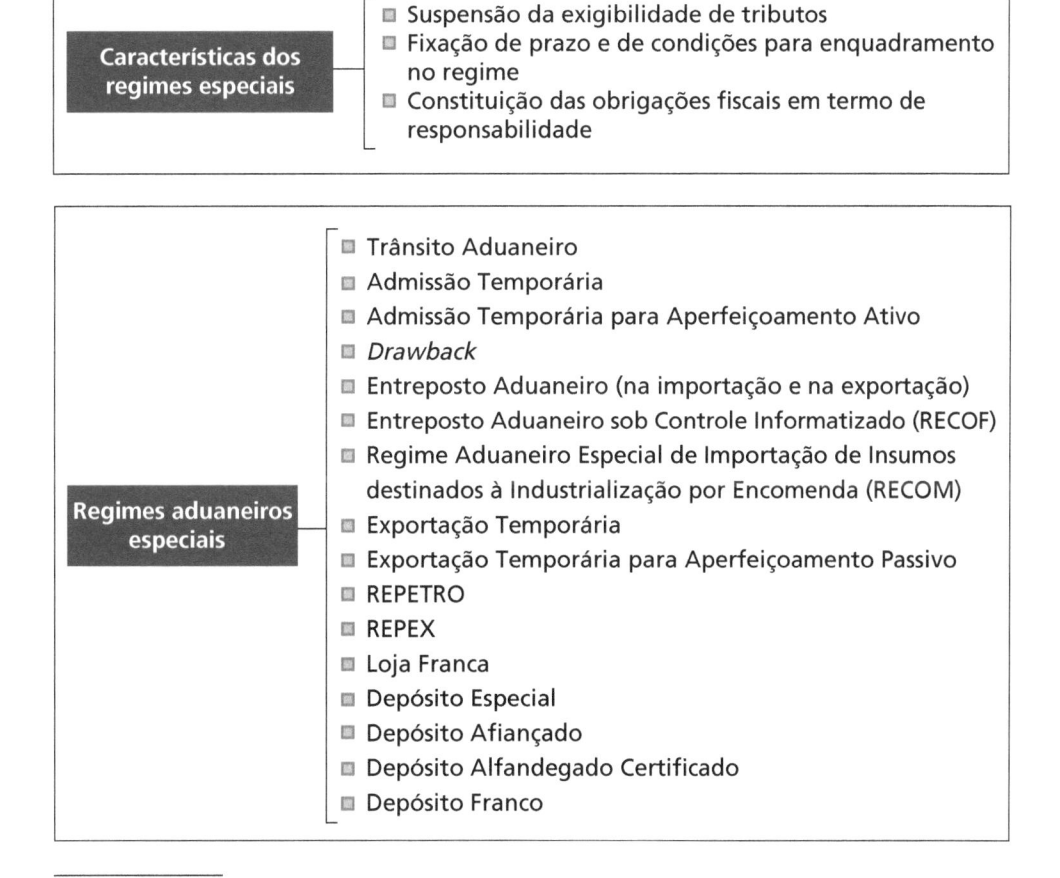

Características dos regimes especiais
- Suspensão da exigibilidade de tributos
- Fixação de prazo e de condições para enquadramento no regime
- Constituição das obrigações fiscais em termo de responsabilidade

Regimes aduaneiros especiais
- Trânsito Aduaneiro
- Admissão Temporária
- Admissão Temporária para Aperfeiçoamento Ativo
- *Drawback*
- Entreposto Aduaneiro (na importação e na exportação)
- Entreposto Aduaneiro sob Controle Informatizado (RECOF)
- Regime Aduaneiro Especial de Importação de Insumos destinados à Industrialização por Encomenda (RECOM)
- Exportação Temporária
- Exportação Temporária para Aperfeiçoamento Passivo
- REPETRO
- REPEX
- Loja Franca
- Depósito Especial
- Depósito Afiançado
- Depósito Alfandegado Certificado
- Depósito Franco

---

[5] Conforme artigo 765 do Regulamento Aduaneiro, "o termo não formalizado por quantia certa será liquidado à vista dos elementos constantes do despacho aduaneiro a que estiver vinculado".

18.2. TRÂNSITO ADUANEIRO

O regime especial de **trânsito aduaneiro** permite o transporte de mercadorias, **sob controle fiscal**, de um ponto a outro do território aduaneiro, com suspensão de tributos.

Trata-se de **regime-meio**, que permite a movimentação de mercadorias do local de origem ao local de destino no território aduaneiro, desde que ambos sejam **alfandegados**, sem alteração no *status* jurídico dos bens.

Podemos dizer, portanto, que o trânsito aduaneiro terá sempre um **regime conexo**, anterior ou posterior, que determinará o tratamento tributário definitivo a ser adotado em relação às mercadorias, nas operações de importação ou exportação.

A necessidade do regime de trânsito aduaneiro decorre das dimensões continentais do Brasil, aliadas ao nosso processo histórico de colonização.

Basta olharmos para o mapa do Brasil para percebermos, sem dificuldade, que as principais cidades se encontram próximas à costa (com algumas exceções, é claro), resultado da colonização portuguesa, que durante séculos não se aventurou pelo interior do país.

Isso ensejou uma enorme concentração populacional na **faixa litorânea** (de aproximadamente 100 km de largura), com a criação de grandes centros urbanos, que se desenvolveram ao longo dos tempos e, na maioria dos casos, se tornaram capitais dos respectivos Estados.

Como o comércio internacional opera mediante três modais de transporte, o **aéreo**, o **aquático** e o **terrestre**, são essas as únicas possibilidades de entrada ou saída de pessoas ou mercadorias do país.

Os principais aeroportos internacionais do Brasil, ou seja, aqueles que possuem voos de e para o exterior, não apenas estão localizados nas grandes cidades como também, na prática, concentram quase 90% do volume das operações em apenas três lugares (Cumbica, na Grande São Paulo, Viracopos, próximo a Campinas, e Galeão, no Rio de Janeiro[6]).

Existem outros aeroportos internacionais mais voltados para o transporte de passageiros, mas com volume de cargas insignificante.

Por razões óbvias, os principais **portos** do Brasil também ficam na região litorânea, exceção feita ao importante Porto de Manaus, que se localiza no coração da Amazônia (de fato, trata-se do maior porto flutuante do mundo).

Muitos pontos de fronteira **terrestre** se localizam na porção ocidental do país, mas, devido às dificuldades de infraestrutura na região (falta de estradas, pontes e mesmo grandes empresas), além dos empecilhos de natureza geográfica (áreas gigantescas e pouco povoadas, de difícil acesso e com regiões de absoluta relevância ambiental, como

---

[6] Empregamos no texto, por questões didáticas, os nomes pelos quais os referidos aeroportos são normalmente conhecidos, sem prejuízo da denominação oficial das repartições que os jurisdicionam, a saber: Alfândega do Aeroporto Internacional de São Paulo/Guarulhos — Governador André Franco Montoro; Alfândega do Aeroporto Internacional do Galeão — Antônio Carlos Jobim; e Alfândega do Aeroporto Internacional de Viracopos.

o Pantanal e Floresta Amazônica), quase todo o tráfego comercial se restringe à Argentina e ao Paraguai, com pontos de controle nos estados do Paraná e Rio Grande do Sul.

O cenário sinteticamente descrito demonstra o evidente **desequilíbrio** nas operações de comércio exterior brasileiras, principalmente em relação aos pontos de entrada e saída do país, muito concentradas no entorno das grandes regiões metropolitanas.

O regime de trânsito aduaneiro foi concebido, à luz dessa situação, como instrumento capaz de **interiorizar o despacho aduaneiro**, vale dizer, levar os serviços de controle público para mais perto dos contribuintes, importadores ou exportadores, notadamente os localizados no centro do país.

Basta lembrar, conforme já demonstramos, as dificuldades de um importador localizado em Goiânia, que, ao adquirir mercadorias do exterior, terá que utilizar como ponto de entrada o Porto de Santos ou o Aeroporto de Viracopos. Resta claro que os custos envolvidos na transação serão maiores que os de um concorrente situado no Estado de São Paulo.

E mais: qualquer problema operacional nos procedimentos de importação (como a apresentação de documentos complementares ou a necessidade de contatar e protocolizar processos administrativos) exigirá o deslocamento até a respectiva repartição ou a manutenção de escritório ou representante próximo do local.

Na tentativa de conferir melhores condições — ou, ao menos, minimizar os custos envolvidos, em homenagem ao **princípio da igualdade**, que deve nortear as relações entre Estado e particulares –, a administração brasileira concebeu o regime de trânsito, que permite deslocar, no tempo e no espaço, o momento do controle aduaneiro e dos respectivos fatos geradores (critério temporal da hipótese de incidência do imposto de importação e dos demais tributos incidentes na importação).

Em termos práticos, o importador do nosso exemplo poderia trazer a mercadoria do exterior pelo Porto de Santos (**local de origem**) e, sob o regime de trânsito aduaneiro, transferi-la para o **porto seco** localizado próximo a Goiânia (**local de destino**), onde ocorrerão todos os procedimentos aduaneiros, notadamente o registro da Declaração de Importação, a incidência dos tributos devidos e o controle das autoridades competentes.

O trânsito também oferece, sob a ótica dos agentes do comércio exterior, a possibilidade de escolha e comparação entre os preços e condições de armazenagem da mercadoria, em prol da livre concorrência.

Assim, qualquer importador ou exportador poderá utilizar o regime de trânsito aduaneiro para remover, imediatamente, as mercadorias dos aeroportos, levando-as para portos secos, que, por serem administrados por diversas empresas privadas, podem oferecer condições mais vantajosas e serviços personalizados.

Situação idêntica ocorria com a administração portuária, que esteve sob controle público até o advento da lei de modernização dos portos. A partir de então, os terminais portuários passaram a ser administrados por diferentes operadores privados, com concorrência de preços e serviços, sem prejuízo da possibilidade de o importador ou exportador remover as mercadorias para outros locais, por meio do trânsito aduaneiro.

Para a administração tributária, a opção é irrelevante, pois o controle aduaneiro é **idêntico**, tanto nos portos e aeroportos como nos recintos alfandegados dos portos secos.

O regime subsiste do local de origem, desde o momento do **desembaraço** para trânsito aduaneiro (que é a autorização para o início do regime) até o local de destino, onde a unidade que o jurisdiciona atestará a **chegada** da mercadoria, na forma e no prazo estipulados.

Durante o trajeto a mercadoria não poderá ser desviada ou sofrer qualquer alteração, de natureza física ou jurídica, sob pena de extinção do regime e apuração das responsabilidades.

O beneficiário do regime de trânsito é a pessoa física ou jurídica, que se aproveita da suspensão dos tributos, e varia de acordo com as seguintes modalidades[7]:

MODALIDADES DE TRÂNSITO ADUANEIRO	BENEFICIÁRIO(S)
Mercadoria **procedente** do exterior, do ponto de descarga no território aduaneiro até o ponto onde deva ocorrer outro despacho. Exemplo: mercadoria que desembarca no Porto de Santos (SP) e segue para um porto seco em Goiânia (GO), onde será realizado o despacho aduaneiro de importação.	Importador
Mercadoria nacional ou nacionalizada, verificada ou despachada para **exportação**, do local de origem ao local de destino, para embarque ou para armazenamento em área alfandegada para posterior embarque. Exemplo: mercadoria produzida em Pernambuco, a ser exportada para a Europa e transportada desde o aeroporto de Recife até o aeroporto de Cumbica (SP), onde seguirá, posteriormente, para o exterior.	Exportador
Mercadoria estrangeira despachada para **reexportação**[8], do local de origem ao local de destino, para embarque ou armazenamento em área alfandegada para posterior embarque. Exemplo: mercadoria sob regime de admissão temporária, transportada de recinto alfandegado para o aeroporto do Galeão, onde será enviada para o país de origem.	Exportador
Mercadoria estrangeira transportada de um recinto alfandegado situado na **zona secundária** a outro. Exemplo: mercadoria importada e transferida de um porto seco para outro, ambos localizados no estado de São Paulo.	Depositante
Mercadoria procedente do exterior e a ele destinada, de passagem, pelo território nacional (**Trânsito Internacional**). Exemplo: mercadoria desembarcada no Porto de Paranaguá e transportada, de caminhão, até o Paraguai.	Representante do Importador ou Exportador estrangeiro
Mercadoria procedente do exterior, conduzida em veículo em viagem internacional até o ponto em que se verificar a descarga. Exemplo: mercadoria a bordo de aeronave oriunda do exterior, que faz escala em Cumbica (SP), durante o trajeto até o aeroporto do Galeão (RJ).	Importador
Mercadoria estrangeira, nacional ou nacionalizada, verificada ou despachada para reexportação ou para exportação e conduzida em veículo com destino ao exterior. Exemplo: mercadoria importada, que sai do porto seco de Maringá (PR), com destino ao Porto de Rio Grande (RS), de onde será enviada ao exterior.	Exportador

---

[7]   Conforme artigo 318 do Regulamento Aduaneiro.

> **Observação:** Em qualquer dos casos acima, poderão ser beneficiários o operador de transporte multimodal, o transportador habilitado, o agente credenciado para unitizar ou desunitizar carga em recinto alfandegado e o permissionário ou cessionário de recinto alfandegado (exceto no caso de trânsito de passagem, pois não há armazenagem)[8].

Existe, ainda, a previsão de regime de **trânsito automático** para todos os bens envolvidos nas operações de transporte internacional, tanto de carga como de passageiros.

Quando embarcações e aeronaves cruzam o país, com destino ao exterior ou dele procedentes, diversos itens, como provisões de bordo, peças de reposição e materiais consumíveis são utilizados no trajeto. Muitos desses bens são importados, como bebidas trazidas a bordo, para o consumo dos passageiros.

A legislação propicia[9], nessas hipóteses, o regime de trânsito automático, ou seja, a suspensão dos tributos envolvidos sem a necessidade de qualquer procedimento administrativo específico, até em razão do enorme número de ocorrências.

Como já tivemos a oportunidade de explicar, o trânsito é sempre regime-meio, de forma que o tratamento tributário **definitivo** na espécie será objeto de outro regime, que lhe sucede.

Idêntico raciocínio aplica-se aos bens de uso pessoal dos tripulantes e à bagagem de passageiros internacionais, que terão o tratamento previsto pelos respectivos regimes.

Somente podem realizar operações de trânsito aduaneiro as empresas **transportadoras** previamente habilitadas pela Receita Federal, exceto no caso de empresas públicas e de sociedades de economia mista que explorem serviços de transporte ou, ainda, quando os beneficiários do regime não forem empresas transportadoras e utilizarem veículo próprio.

18.2.1. Procedimentos do trânsito aduaneiro

A concessão e aplicação do regime competem à **unidade de origem** e são processadas no **SISCOMEX Trânsito**, que é um módulo do SISCOMEX com acesso via internet.

No caso de transporte **multimodal**[10] de carga, quando o desembaraço não for realizado nos pontos de entrada ou de saída do país, a concessão do regime de trânsito aduaneiro será considerada válida para todos os percursos no território aduaneiro, independentemente de novas concessões[11].

As regras para a concessão do **despacho** para o regime de trânsito seguem todas as exigências normais de controle aduaneiro, inclusive a necessidade de anuência de outros órgãos (salvo se as condições presentes no momento do trânsito forem idênticas àquelas observadas quando do **licenciamento**).

---

[8]   Reexportação, em regra, é o envio para o exterior de mercadoria admitida em regime aduaneiro especial, com o objetivo de extingui-lo e promover a baixa do respectivo termo de responsabilidade.

[9]   Artigo 320 do Regulamento Aduaneiro.

[10] Transporte multimodal é aquele realizado sob único contrato, com dois ou mais modais (formas diferentes de transporte, como aéreo e rodoviário, por exemplo), negociado com os chamados Operadores de Transporte Multimodal (OTM), que assumem a responsabilidade por todo o trajeto.

[11] Artigo 325, § 3.º, do Regulamento Aduaneiro.

No mesmo sentido, a Receita Federal do Brasil poderá proibir a concessão do regime, mediante ato normativo fundamentado, para mercadorias sujeitas a controle especial.

Quando da concessão do regime, caberá à autoridade aduaneira estabelecer o **percurso** a ser cumprido[12], fixar **prazos** para a comprovação da chegada das mercadorias ao destino e adotar, se for o caso, as **cautelas** necessárias à segurança fiscal.

A **cautela fiscal** mais comum é a **lacração** do contêiner ou veículo (no caso de caminhões do tipo baú, fechados). De maneira alternativa, podem ser aplicados outros dispositivos de segurança (cintas metálicas ou amarras) no intuito de se impedir a abertura dos volumes ou unidades de carga durante o trajeto.

Em regra, os dispositivos de segurança só poderão ser rompidos na presença da autoridade aduaneira da repartição de destino, pois comprovam, em tese, a **inviolabilidade** das mercadorias transportadas.

De forma excepcional e em razão de peculiaridades da mercadoria, o transporte poderá ter **acompanhamento fiscal**, o que implica deslocar servidores da repartição de origem, que seguirão com o veículo durante todo o percurso, até o destino.

O grande objetivo do trânsito aduaneiro, como o leitor certamente já percebeu, é garantir que as mercadorias cheguem ao ponto de destino no **exato estado** em que deixaram a repartição de origem.

Como na importação os tributos ainda não foram recolhidos, qualquer adulteração, desvio ou desaparecimento das mercadorias impediria a **conclusão** do trânsito, com graves prejuízos ao controle aduaneiro, porque as mercadorias seriam introduzidas no país sem obediência às normas legais.

Na exportação, os cuidados são igualmente importantes, porque existe **imunidade tributária** para o IPI e o ICMS, e a não conclusão do regime de trânsito indicaria que as mercadorias estariam em circulação no país de forma irregular, em vez de serem destinadas ao exterior.

Ante o exposto, ressalte-se que o regime prevê a possibilidade de as autoridades aduaneiras, responsáveis pela concessão, realizarem a chamada **conferência para trânsito**, que tem por finalidade identificar o beneficiário, verificar a mercadoria e a correção das informações relativas à sua natureza e quantidade, além de atestar o cumprimento de exigências efetuadas por outros órgãos.

Na prática, a conferência restringe-se à correta identificação dos volumes, a partir de **critérios de amostragem**, porque questões de índole tributária ou aduaneira só deverão ser verificadas na repartição de destino, nas importações, ou, ao revés, já foram adotadas na repartição de origem, no caso de mercadorias que destinadas à exportação.

---

[12] O regime de trânsito pelo modal rodoviário requer mais cuidados, especialmente em função do risco de roubos, acidentes e outros problemas infelizmente comuns no país. A legislação prevê que, nessas hipóteses, o transporte deverá ser realizado por meio de estradas principais, dotadas de melhores condições de segurança. Embora a rota seja fixada pela autoridade competente, poderão ser aceitos trajetos e horários alternativos, mediante justificativa do beneficiário (transporte de mercadorias perigosas ou grandes volumes, por exemplo).

No intuito de conferir transparência e segurança jurídica aos procedimentos de conferência, a verificação para trânsito deverá ser realizada na presença do beneficiário do regime e do transportador, que são **responsáveis** pelos tributos suspensos.

Em regra, a verificação consiste na análise **quantitativa** do peso e dos volumes que acomodam a mercadoria, além das condições de segurança em que o transporte será realizado.

As mercadorias em trânsito aduaneiro poderão ser objeto de procedimentos especiais de controle nos casos de **transbordo, baldeação** ou **redestinação**[13].

As obrigações tributárias suspensas pelo regime de trânsito aduaneiro deverão constar de **termo de responsabilidade**, documento lavrado quando da admissão no regime, com o intuito de garantir a eventual liquidação e cobrança dos valores consignados.

Todos os beneficiários (conforme o quadro que elaboramos) e o transportador são **responsáveis solidários** pelas obrigações suspensas.

O transportador deverá apresentar a mercadoria, em perfeitas condições, na unidade de destino e no prazo estabelecido para o regime, sob pena de incorrer nas penalidades cabíveis, que podem ser de cunho tributário ou administrativo.

O ônus será imputado ao transportador quando ocorrer **avaria, substituição** ou **extravio** de mercadorias durante o percurso sob sua responsabilidade. Na hipótese, o crédito tributário será apurado com base no valor devido na data da assinatura do termo de responsabilidade, acrescido dos encargos legais, normalmente juros e multas.

O regime de trânsito aduaneiro poderá ser **interrompido** em decorrência de fatos extraordinários, que justifiquem a medida, ou por determinação da autoridade aduaneira, em casos de denúncia, suspeita ou interesse da fiscalização, quando deverão ser adotadas as providências necessárias à verificação da regularidade do veículo e das mercadorias.

As hipóteses de interrupção são[14]:

■ ocorrência de eventos extraordinários que comprometam ou possam comprometer a segurança do veículo ou equipamento de transporte;

■ ocorrência de eventos que resultem ou possam resultar em avaria ou extravio da mercadoria;

■ ocorrência de eventos que impeçam ou possam impedir o prosseguimento do trânsito;

■ embargo ou impedimento oferecido por autoridade competente;

■ rompimento ou supressão de dispositivo de segurança; e

■ outras circunstâncias alheias à vontade do transportador, que justifiquem a medida.

---

[13] A dinâmica do comércio internacional enseja, por vezes, a fragmentação do transporte, por questões logísticas ou econômicas. Assim, são comuns as figuras do transbordo (transferência direta de um veículo para outro), da baldeação (quando a mercadoria descarregada de um veículo é carregada em outro) e da redestinação, que é o envio da mercadoria para o destino correto, nas hipóteses em que houve erro na expedição.

[14] Conforme artigo 340 do Regulamento Aduaneiro.

O regime de trânsito é **concluído** na repartição de destino, onde se procede ao exame dos documentos, à verificação do veículo, dos dispositivos de segurança e integridade da carga. Se tudo estiver de acordo, ocorrerão a **extinção** do regime e a correspondente **baixa** do termo de responsabilidade firmado, pela repartição de origem.

Quando ocorrer atraso injustificado na apresentação das mercadorias, o fato será comunicado à repartição de origem que concedeu o trânsito, para a exigência das penalidades cabíveis e adoção, a critério das autoridades, de medidas especiais de controle e acompanhamento do transportador, com o objetivo de evitar reincidências.

A constatação de qualquer **fraude** relativa ao controle aduaneiro, como a violação, adulteração ou troca dos dispositivos de segurança aplicados à carga, ensejará a instauração de processo administrativo e a elaboração de representação fiscal para fins penais[15].

Como a regra tributária implica responsabilidade **solidária**, a vistoria é o procedimento apto a apurar quem realmente deu causa ao dano ou perecimento das mercadorias, razão pela qual pode ser realizada de ofício ou mediante solicitação do interessado.

Na hipótese de o problema ser constatado no **local de origem**, a autoridade aduaneira poderá, não havendo inconveniente, permitir o trânsito aduaneiro da mercadoria avariada ou da partida com extravio, após a determinação da quantidade extraviada.

Devido à natural dificuldade de realizar a vistoria durante o **percurso** do trânsito, o procedimento, após comunicação à autoridade aduaneira que jurisdiciona o local em que estiver o veículo, poderá ser efetuado no local de destino, desde que adotadas as cautelas fiscais pertinentes.

Com a regulamentação da Reforma Tributária, está prevista a **suspensão do pagamento do IBS e da CBS** sobre bens que estão em trânsito aduaneiro dentro do território nacional. Isso também se aplica no caso do trânsito aduaneiro internacional.

18.3. ADMISSÃO TEMPORÁRIA

Admissão temporária é o regime aduaneiro que permite a permanência no país de bens procedentes do exterior, por prazo determinado, com suspensão **total** do pagamento dos tributos incidentes na importação ou, ainda, com suspensão **parcial**, no caso de utilização econômica.

O regime de admissão temporária possui vários objetivos:

◾ possibilitar o ingresso de bens estrangeiros no país, quando trazidos por **viajantes** residentes no **exterior**;

◾ permitir a inserção do Brasil no cenário **cultural** internacional, com a entrada de bens destinados à realização de shows, eventos, exposições, competições esportivas, feiras e congressos;

---

[15] Se o fato se restringir aos dispositivos de segurança, o crime, em tese, é o previsto no artigo 336 do Código Penal (inutilização de edital ou sinal), *verbis*: "Rasgar ou, de qualquer forma, inutilizar ou conspurcar edital afixado por ordem de funcionário público; violar ou inutilizar selo ou sinal empregado, por determinação legal ou por ordem de funcionário público, para identificar ou cerrar qualquer objeto: Pena — detenção, de um mês a um ano, ou multa". Nas hipóteses de desvio, supressão ou fraude em relação às mercadorias, a conduta pode ser enquadrada no artigo 334 do Código Penal, como descaminho, com pena de reclusão de um a quatro anos, aplicada em dobro se o meio de transporte for aéreo, marítimo ou fluvial.

◼ autorizar o ingresso no país de **veículos** matriculados em qualquer dos membros do Mercosul, de propriedade de pessoas físicas ou jurídicas neles residentes, para fins de **turismo**.

A admissão temporária será **automática**, sem a necessidade de formalização específica, no caso dos veículos destinados ao **transporte internacional** de passageiros ou cargas, como caminhões, embarcações e aeronaves, pertencentes a empresas estrangeiras autorizadas a prestar o serviço no país.

Poderão ainda entrar no território aduaneiro, amparados pelo regime de admissão temporária, os bens previstos em acordos internacionais firmados pelo Brasil.

Exemplos:

1. Quando um técnico estrangeiro vem ao Brasil, prestar assistência para determinada empresa, os equipamentos e demais objetos necessários ao seu trabalho entram no território nacional sob o regime de admissão temporária, com a condição de retornarem ao exterior com o viajante.

2. Quando uma grande orquestra internacional se apresenta no Brasil, é razoável supor que cada músico trará o seu próprio instrumento. Assim, se um primeiro-violinista trouxer uma relíquia, como um *Stradivarius* (que pode valer alguns milhões de dólares), por óbvio que não estará sujeito ao pagamento dos tributos, porque o objeto será admitido no Brasil temporariamente, durante a permanência da orquestra.

3. No caso de um evento esportivo de grande porte, como a Fórmula 1, acontece a mesma coisa: todos os carros, motores, partes e peças das equipes que disputarão a corrida, além dos equipamentos de televisão, telemetria e muitos outros, serão beneficiados pelo regime.

A concessão do regime fica condicionada ao cumprimento **cumulativo** das seguintes exigências:

◼ ingresso dos bens em caráter temporário;
◼ importação **sem cobertura cambial**[16];
◼ adequação dos bens à finalidade da importação;
◼ anuência de outros órgãos, se necessário.

O critério de **adequação** vincula a utilização dos bens às atividades informadas quando da solicitação do regime pelo interessado.

Exemplo:

Veículos trazidos sob admissão temporária, para uma competição esportiva, não poderão ser destinados à exposição, salvo se houver concordância expressa das autoridades aduaneiras.

---

[16] São os casos em que não há remessa para pagamento ao exterior. Como a admissão temporária não implica transferência de propriedade da mercadoria, não há de se falar em contratação de câmbio.

A atual redação do Regulamento Aduaneiro dividiu as exigências em dois momentos, dado que, após a concessão, a aplicação do regime também ficará condicionada à:

- utilização dos bens dentro do prazo fixado e exclusivamente nos fins previstos;
- constituição das obrigações fiscais em termo de responsabilidade;
- identificação dos bens.

A perfeita identificação dos bens tem por objetivo evitar **fraudes**, pois a importação realiza-se com suspensão tributária, e seria possível que o responsável deixasse os bens no país ou os substituísse por outros, de valor ou características inferiores, quando da devolução ao exterior.

Do comentário anterior, podemos extrair a principal **característica** do regime de admissão temporária: os bens ingressados no Brasil deverão retornar ao exterior, dentro do prazo fixado pela Receita Federal e no **mesmo estado** que importados.

Portanto, os bens devem ser identificados e vistoriados quando da chegada ao país e, **novamente**, na data de embarque para o exterior, como condição para a extinção do regime. Qualquer falta ou adulteração implicará o recolhimento dos tributos suspensos, com os acréscimos legais, sem prejuízo de outras medidas, de natureza administrativa ou penal, eventualmente cabíveis.

De se notar que a concessão do regime decorre de ato administrativo **discricionário**, a critério da autoridade competente, que deverá avaliar se a importação satisfaz todas as condições previstas pela legislação.

O pedido de concessão da admissão temporária poderá, pois, ser **indeferido**, mediante despacho fundamentado, do qual cabe recurso administrativo.

Quando autorizado o regime, o ato de concessão deverá fixar o respectivo **prazo de vigência**, contado da data do desembaraço aduaneiro, durante o qual os bens poderão permanecer no país.

Em razão da discricionariedade, a autoridade deverá estipular prazo razoável e compatível com o objetivo da permanência dos bens (observado o limite de um ano, prorrogável, como vimos), considerando, inclusive, possíveis problemas operacionais ou logísticos, alheios à vontade do importador.

Isso é extremamente importante, porque podem ocorrer **imprevistos** sem que o importador seja responsável, de modo que é prudente fixar prazo superior ao estritamente necessário.

Suponhamos a seguinte hipótese: uma orquestra vem ao Brasil para a realização de três concertos, durante uma semana. Se o prazo fixado fosse exatamente este, qualquer circunstância imprevisível que impedisse a saída dos bens (atraso nos voos, greves de funcionários ou condições climáticas adversas) resultaria no **descumprimento** do regime, com a cobrança, acrescida de multas, dos tributos suspensos, o que não faz sentido.

O prazo, portanto, deve ser avaliado conforme a solicitação do interessado e o que poderíamos chamar de *margem de segurança*, salvo quando houver **previsão legal** específica, como nos seguintes casos:

a) veículo pertencente a **turista estrangeiro** — o prazo será o mesmo da permanência do proprietário ou condutor autorizado no país (segue, portanto, as regras aplicáveis ao controle de imigração e pode ser prorrogado na medida em que o estrangeiro obtiver extensão do período)[17];

b) veículo de brasileiro **não residente** que retorne ao país em caráter temporário — prazo de 90 dias, prorrogável, no máximo, até o total de 180 dias;

c) bens de uso **profissional** ou **pessoal** de estrangeiro em atividade no país — o prazo será igual ao concedido no visto de trabalho;

d) bens de uso profissional ou inseridos no conceito de **bagagem** de brasileiro **não residente** — prazo de 90 dias, prorrogável até o limite de 180 dias.

Os pedidos de prorrogação deverão ser formulados em caráter **tempestivo**, vale dizer, antes do término da vigência do prazo estabelecido pelas autoridades aduaneiras. O período máximo será computado de forma contínua, independente, necessário para a manifestação administrativa.

Após o vencimento, o pedido de prorrogação não poderá ser conhecido e a circunstância acarretará a cobrança da multa de R$ 500,00 ou 10% sobre o valor aduaneiro (dos dois o **maior**).

Nos casos em que a admissão temporária estiver vinculada a **contrato** de prestação de serviços por prazo certo, a vigência do regime será a prevista no instrumento, renovável na mesma medida que este, obedecido o limite máximo de cinco anos, que só poderá ser ultrapassado se o contrato for de relevante interesse nacional, conforme decisão expressa do Ministro da Fazenda.

As obrigações tributárias suspensas em decorrência do regime serão consignadas em termo de responsabilidade, de acordo com os requisitos já examinados. A **garantia** poderá ser expressamente dispensada mediante ato normativo específico da Receita Federal.

É importante frisar que, pelas próprias características do regime, o responsável pela garantia deverá ser uma **empresa brasileira**, alcançável pela legislação tributária nacional. Isso porque na admissão temporária os bens pertencem a pessoas, físicas ou jurídicas, residentes no exterior.

Assim, apesar de não ocorrer a transferência de propriedade, o interessado pelo evento, feira, congresso ou, ainda, a empresa que irá se beneficiar dos serviços técnicos no país, deverá firmar o **termo de responsabilidade** e assumir o ônus relativo aos tributos e eventuais penalidades decorrentes do não cumprimento das condições estabelecidas no ato de concessão do regime.

Na hipótese de os bens admitidos no regime sofrerem danos, o interessado poderá solicitar a **redução proporcional** da garantia em virtude do sinistro, mediante apresentação de laudo pericial elaborado por órgão oficial competente.

A redução não será concedida se ficar comprovado que houve dolo ou culpa do beneficiário ou, ainda, utilização em finalidade diversa da autorizada.

---

[17] Na hipótese de embarcação de esporte ou recreio de turista estrangeiro, o prazo de permanência poderá ser prorrogado até o limite máximo de dois anos, se o turista formular tempestivamente o pedido, em razão de ausência temporária do país.

18.3.1. Extinção do regime ou exigência do crédito tributário

Como vimos, o ciclo natural da admissão temporária compreende a entrada dos bens no país, sua utilização conforme previsto na legislação e o posterior regresso ao exterior, dentro do prazo assinalado pelas autoridades aduaneiras.

Todavia, diversas circunstâncias podem alterar a sequência, inclusive com a possibilidade de permanência definitiva dos bens no Brasil.

Dado que todos os regimes especiais são **temporários**, vejamos quais as providências, em relação aos bens, que deverão ser adotadas para a extinção da admissão e baixa do termo de responsabilidade:

- **reexportação** — é a hipótese natural, que implica a devolução ao proprietário no exterior e que poderá ser feita em parcelas, respeitado o prazo do regime[18];

- entrega à **Fazenda Nacional**, sem ônus ou despesas, desde que a autoridade aduaneira concorde em recebê-los[19] (nesse caso, promoverá, posteriormente, a destinação dos bens, mediante incorporação ao patrimônio público, leilão etc.);

- **destruição**, com custos suportados pelo interessado[20], também no intuito de afastar as obrigações tributárias; contudo, se da destruição sobrarem **resíduos**[21] economicamente apreciáveis, estes deverão ser despachados para consumo, com o pagamento dos tributos incidentes;

- **transferência** para outro regime especial (como o de entreposto aduaneiro, por exemplo, que é o caso mais comum na espécie);

- **despacho para consumo**, ou seja, a nacionalização dos bens, com o ingresso definitivo na economia doméstica, recolhimento dos tributos devidos e obediência à legislação sobre licenciamento de importações.

---

[18] Para prazos mais longos, a devolução parcelada permite a redução proporcional da garantia oferecida pelo responsável.

[19] Por se tratar de decisão discricionária, convém **alertar** que as autoridades deverão ter muito cuidado se decidirem receber os bens importados, o que normalmente ocorre em contrapartida à não exigência dos tributos devidos, em virtude da transferência de propriedade ao Estado. E é justamente neste ponto que surge o problema: embora, por vezes, seja interessante para o responsável tributário no Brasil entregar os bens à Fazenda, em vez de recolher os tributos pertinentes ou simplesmente exportá-los, cabe às autoridades verificar se a operação se realiza com a segurança jurídica necessária, vale dizer, se o interessado **possui poderes** para tanto, pois o proprietário dos bens se encontra no exterior e pode, em tese, não concordar com a transmissão. A experiência tem revelado que as hipóteses de solicitação de entrega à Fazenda Nacional usualmente decorrem de **litígio** entre o proprietário dos bens e o responsável no Brasil, circunstância que obviamente desaconselha o deferimento do pedido.

[20] Aplica-se à possibilidade de destruição o raciocínio que desenvolvemos acerca da entrega dos bens à Fazenda Nacional.

[21] O artigo 312 do Regulamento Aduaneiro, em relação aos resíduos, estabelece que: "Nos regimes aduaneiros especiais em que a destruição do bem configurar extinção da aplicação do regime, o resíduo da destruição, se economicamente utilizável, deverá ser despachado para consumo, como se tivesse sido importado no estado em que se encontra, sujeitando-se ao pagamento dos tributos correspondentes, ou reexportado. § 1.º A autoridade aduaneira poderá solicitar laudo pericial que ateste o valor do resíduo. § 2.º Não integram o valor do resíduo os custos e gastos especificados no art. 77" (transporte e seguros).

A **reexportação** será obrigatória no prazo de **30 dias**[22], contados da decisão que indeferir pedido de prorrogação do regime de admissão temporária ou negar qualquer das providências anteriormente solicitadas pelo interessado (entrega à Fazenda Nacional, destruição, transferência para outro regime ou despacho para consumo).

O regime de admissão temporária também será **extinto** pela exportação de produto equivalente àquele recebido do exterior por força de garantia e importado ao amparo de isenção, quando se tratar de partes, peças e componentes destinados a reparo, revisão ou manutenção de **aeronaves**.

No mesmo sentido, se empresas brasileiras realizam **exportações** de produtos nacionais, o eventual retorno destes ao país, para **conserto** ou **substituição**, também ocorrerá mediante admissão temporária, regime que será extinto quando o bem for novamente remetido ao exterior.

De se notar que, na hipótese anterior, o bem destinado ao exterior poderá não ser aquele **admitido no regime**, quando não houver possibilidade de reparo e o fabricante nacional enviar ao cliente produto **novo**, em substituição ao defeituoso. Ainda assim, a **equivalência econômica** gerada pela operação permite a extinção da admissão temporária, sem o recolhimento de qualquer tributo.

O **crédito tributário**[23] consignado no termo de responsabilidade será exigido[24] se o responsável não adotar qualquer das medidas previstas para a extinção do regime, nas seguintes hipóteses:

- ▪ **vencimento** do prazo, sem pedido de prorrogação;
- ▪ passados 30 dias do **indeferimento** do pedido de prorrogação de prazo ou dos requerimentos relativos à extinção do regime, contados a partir da **ciência** da decisão, sem que o beneficiário tenha providenciado a reexportação dos bens;
- ▪ no caso de apresentação de bens à autoridade aduaneira que não correspondam àqueles que **efetivamente** ingressaram no país;
- ▪ utilização dos bens em finalidade **diversa** da que justificou a concessão do regime;
- ▪ destruição ou perecimento dos bens, por **culpa** ou **dolo** do beneficiário do regime (importante não confundir com a destruição *a pedido* do interessado).

Antes de exigir o crédito tributário, cabe à Receita Federal do Brasil notificar o responsável para, no prazo de dez dias, manifestar-se acerca das circunstâncias e exercer o direito a contraditório e ampla defesa no processo administrativo correspondente.

---

[22] O prazo de 30 dias é, em regra, peremptório, salvo se a vigência do regime dispuser de período superior. Exemplo: faltando 60 dias para o término do prazo de admissão temporária, o interessado protocoliza pedido de prorrogação, negado pela autoridade aduaneira. Nesse caso, poderá manter os bens no país até o fim do prazo original.

[23] O valor do crédito tributário constituído no termo de responsabilidade representa direito líquido e certo da Fazenda Nacional, inclusive para fins de execução fiscal.

[24] Se à época da exigência dos tributos a mercadoria não puder circular pelo Brasil (em razão da suspensão do licenciamento ou proibição de importação), caberá à autoridade aduaneira proceder à apreensão dos bens, para posterior aplicação da pena de perdimento.

O responsável deverá, no prazo de 30 dias, recolher a multa por descumprimento do regime e providenciar a reexportação dos bens, ou, se desejar, efetuar o registro da declaração de importação, com o pagamento dos tributos devidos, juros de mora e multa[25].

A efetiva cobrança do crédito dar-se-á mediante **conversão do depósito** em renda ou **execução** da garantia prestada mediante fiança ou seguro aduaneiro. Na hipótese de a garantia ter sido dispensada, o responsável será intimado a recolher os valores devidos, no prazo de 30 dias.

Para valores apurados em procedimento **posterior** à assinatura do termo de responsabilidade, decorrentes de penalidades ou ajustes na base de cálculo dos tributos, a exigência do crédito adicional será formalizada em **auto de infração**, de responsabilidade da unidade que concedeu o regime ou apurou os fatos.

18.3.2. Admissão temporária para utilização econômica

Caso determinado bem venha a ser admitido temporariamente no país com o intuito de **utilização econômica**, ou seja, para a produção de outros bens ou serviços, deverá recolher o Imposto de Importação (II), o Imposto sobre Produtos Industrializados (IPI), as contribuições para o PIS/PASEP e COFINS, **proporcionalmente** ao prazo de permanência no território aduaneiro[26].

Os valores serão apurados à razão de 1% ao mês, durante a vigência do regime, sobre o montante total que seria devido em uma importação comum.

Em relação à **parte suspensa**, ou seja, à diferença entre o valor recolhido proporcionalmente e o total de II, IPI, PIS e COFINS, deverá o beneficiário constituir termo de responsabilidade, nos mesmos moldes do regime de admissão temporária, inclusive a possibilidade de prestação de garantia.

A admissão temporária com utilização econômica é muito utilizada no caso de arrendamento operacional (*leasing operacional*) para bens de capital, ou seja, grandes equipamentos que serão empregados na produção de outros bens ou serviços, como a construção de estradas, túneis e demais obras de engenharia, para as quais não existe equipamento nacional apropriado.

---

[25] As duas multas do parágrafo referem-se ao artigo 709 do Regulamento Aduaneiro, fixada em R$ 500,00 ou 10% do valor aduaneiro (dos dois, o maior valor).

[26] Nos termos no artigo 376 do Regulamento Aduaneiro, o pagamento proporcional dos tributos **não se aplica**: "I — até 31 de dezembro de 2040: a) aos bens destinados às atividades de exploração, desenvolvimento e produção de petróleo e de gás natural, cuja permanência no País seja de natureza temporária, constantes da relação a que se refere o § 1.º do art. 458 (REPETRO); e b) aos bens destinados às atividades de transporte, movimentação, transferência, armazenamento ou regaseificação de gás natural liquefeito, constantes de relação a ser estabelecida pela Secretaria da Receita Federal do Brasil; e II — até 4 de outubro de 2023, aos bens importados temporariamente e para utilização econômica por empresas que se enquadrem nas disposições do Decreto-lei n. 288, de 28 de fevereiro de 1967, durante o período de sua permanência na Zona Franca de Manaus, os quais serão submetidos ao regime de admissão temporária com suspensão total do pagamento de tributos".

Assim, o regime será concedido por prazo igual ao do contrato de **arrendamento operacional**[27], de **aluguel** ou de **empréstimo**, renovável na mesma medida destes. No caso de extinção antecipada do regime, o valor porventura recolhido não será objeto de devolução ou compensação.

> Admissão temporária. Vedação nas importações por meio de *leasing*. Violação do princípio da isonomia (art. 150, II, da Constituição), na medida em que o art. 17 da Lei 6.099/1974 proíbe a adoção do regime de admissão temporária para as operações amparadas por arrendamento mercantil. Improcedência. A exclusão do arrendamento mercantil do campo de aplicação do regime de admissão temporária atende aos valores e objetivos já antevistos no projeto de lei do arrendamento mercantil, para evitar que o *leasing* se torne opção por excelência devido às virtudes tributárias e não em razão da função social e do escopo empresarial que a avença tem (RE 429.306).

18.3.3. Admissão temporária para aperfeiçoamento ativo

O regime de admissão temporária para **aperfeiçoamento ativo** permite o ingresso de mercadorias estrangeiras ou desnacionalizadas[28], que sofrerão **beneficiamento** ou **conserto**[29] no território nacional, com suspensão de tributos, desde que ocorra sua posterior reexportação.

Com o ingresso do Brasil no cenário comercial globalizado, torna-se comum a necessidade de que certos bens sejam introduzidos (ou retornem) no país para fins de aperfeiçoamento, com agregação de valor (como no caso de *upgrades* ou melhorias técnicas, por exemplo).

As condições para a concessão do regime exigem que a operação esteja prevista em contrato de prestação de serviços (inclusive os de garantia); que o beneficiário seja pessoa jurídica sediada no Brasil; que as mercadorias pertençam a pessoa domiciliada no exterior; e que a admissão ocorra sem cobertura cambial.

No mais, a modalidade segue as normas previstas para o regime de admissão temporária.

A Lei Complementar n. 214/2025 garantiu a suspensão da exigibilidade do IBS e da CBS no regime de admissão temporária. No caso de a permanência temporária de bens no país ocorrer para **uso econômico**, o pagamento dos tributos será proporcional ao tempo de permanência. O mecanismo, como visto, é útil para empresas que utilizam equipamentos alugados ou arrendados por um período determinado, sem necessidade de importação definitiva. Por exemplo, a empresa "X" pretende arrendar um equipamento estrangeiro por dois anos. Em vez de pagar o IBS e a CBS integralmente na

---

[27] No caso de arrendamento mercantil, contratado com arrendador no exterior, o regime deverá ser o de importação comum, e não o de admissão temporária com utilização econômica, conforme já decidiu, inclusive, o Supremo Tribunal Federal.

[28] Fabricadas originalmente no Brasil, mas exportadas a título definitivo.

[29] O conceito de aperfeiçoamento segue as diretrizes do IPI e alcança as figuras do beneficiamento, montagem, renovação, recondicionamento, acondicionamento e reacondicionamento, além das hipóteses enquadradas como conserto, inclusive restauração de bens estrangeiros.

importação, a empresa pagará um valor proporcional ao tempo de uso, conforme um cálculo diário de 0,033% sobre o montante dos tributos originalmente devidos.

No entanto, há exceções a essa regra. Até 2040, equipamentos utilizados na exploração de petróleo e gás natural e na infraestrutura de transporte e armazenamento de gás natural liquefeito (GNL) permanecerão com suspensão total de IBS e CBS, conforme prevê o § 3.º do artigo 89 da Lei Complementar n. 214/2025. Da mesma forma, empresas da **Zona Franca de Manaus** podem usufruir desse benefício enquanto seus bens permanecerem sob admissão temporária.

Outro ponto relevante está no § 4.º do artigo 89, que trata da importação temporária de aeronaves por meio de arrendamento mercantil. Nesse caso, a aeronave poderá entrar no Brasil sem pagamento de IBS e CBS na importação, mas as contraprestações pagas pelo arrendamento estarão sujeitas à incidência desses tributos conforme o regime específico de serviços financeiros.

18.4. *DRAWBACK*

O regime de *drawback* tem por objetivo **incentivar** as exportações, mediante o ingresso, no território aduaneiro, de insumos ou produtos intermediários de procedência estrangeira que serão utilizados na industrialização de bens posteriormente exportados.

O **beneficiário** do regime será a empresa brasileira habilitada a efetuar operações de comércio exterior que, por meio do *drawback*, poderá adquirir mercadorias a preços internacionais (entenda-se: desonerada dos impostos incidentes na importação), o que enseja maior competitividade dos produtos.

Existem três modalidades básicas de *drawback*, cada qual destinada a um tipo de benefício tributário específico[30]:

■ **suspensão** do pagamento do Imposto de Importação, do Imposto sobre Produtos Industrializados, da Contribuição para o PIS/PASEP, da COFINS, da Contribuição para o PIS/PASEP-Importação e da COFINS-Importação, na importação, de forma combinada ou não com a aquisição no mercado interno, de mercadoria para emprego ou consumo na industrialização de produto a ser exportado;

■ **isenção** do Imposto de Importação e a redução a zero do Imposto sobre Produtos Industrializados, da Contribuição para o PIS/PASEP, da COFINS, da Contribuição para o PIS/PASEP-Importação e da COFINS-Importação, na importação, de forma combinada ou não com a aquisição no mercado interno, de mercadoria equivalente à empregada ou consumida na industrialização de produto exportado;

■ **restituição**, dos tributos pagos na importação de mercadoria exportada após beneficiamento, ou utilizada na fabricação, complementação ou acondicionamento de outra exportada.

A ideia principal veiculada pelo regime é a de que ocorra no território nacional uma **agregação de valor** em relação ao produto final exportado.

---

[30]   Artigo 383 do Regulamento Aduaneiro.

A concessão do *drawback*, em regra, compete à Secretaria de Comércio Exterior (SECEX), que analisará o **resultado econômico positivo** a ser gerado pela empresa (comparação entre os volumes de importação e exportação dos itens submetidos ao regime).

> *Drawback*. Certidão negativa no momento do desembaraço. É ilícita a exigência de nova certidão negativa de débito no momento do desembaraço aduaneiro da respectiva importação, se a comprovação de quitação de tributos federais já fora apresentada quando da concessão do benefício inerente às operações pelo regime de *drawback* (REsp 1.041.237/SP).

18.4.1. *Drawback* suspensão

É a modalidade de *drawback* mais comum, pois possibilita que empresas com vocação para a exportação adquiram mercadorias estrangeiras com a **suspensão** dos tributos incidentes na importação, desde que firmado o compromisso de que tais matérias-primas ou produtos intermediários sejam utilizados na industrialização de produtos posteriormente destinados ao exterior.

O modelo permite melhor fluxo de caixa em relação ao processo produtivo, pois evita o desembolso de valores para pagamento dos tributos, ao contrário do regime comum de importação, que só permitiria vantagens posteriores (em razão da exportação), mas somente a título de compensação.

O pedido do interessado será processado pelo SISCOMEX e conterá informações relativas à movimentação pretendida para as importações e exportações, bem como a vinculação entre os bens objeto do regime e aqueles que comporão o produto.

A **concessão** e a **fiscalização** acerca do cumprimento do regime de *drawback* suspensão competem ao Departamento de Operações de Comércio Exterior, no âmbito da SECEX.

O ato concessório será válido por **um ano**, prorrogável uma vez, por igual período, exceto no caso de **bens de capital**, cujo longo ciclo de produção permite que o regime seja concedido por **até cinco anos**.

Desde novembro de 2001, todo o procedimento é realizado por meio de módulo específico do SISCOMEX, chamado *drawback* **eletrônico**, com as seguintes vantagens:

- ▣ informatização de todas as etapas (solicitação, autorização, consultas, alterações e baixa);
- ▣ tratamento administrativo automático nas operações parametrizadas;
- ▣ acompanhamento das importações e exportações vinculadas ao regime.

A importação das mercadorias vinculadas às operações autorizadas no Sistema *Drawback* Eletrônico deverá estar amparada por licença de importação, com a devida anuência dos órgãos intervenientes.

O **desembaraço** aduaneiro das partes, peças e dos componentes submetidos ao regime de *drawback* suspensão ficará condicionado à assinatura de termo de responsabilidade, sem prejuízo da exigência de prestação de garantia, que será reduzida na medida em que forem comprovadas as exportações.

O regime de **drawback**, na modalidade de suspensão, poderá ainda ser concedido à importação de matérias-primas, produtos intermediários e componentes destinados à fabricação, no País, de máquinas e equipamentos a serem fornecidos no mercado interno, em decorrência de licitação internacional, contra pagamento em moeda conversível proveniente de financiamento concedido por instituição financeira internacional da qual o Brasil participe, ou por entidade governamental estrangeira ou, ainda, pelo Banco Nacional de Desenvolvimento Econômico e Social com recursos captados no exterior[31].

Por se tratar de regime suspensivo de tributação criado para estimular as exportações, a venda dos produtos fabricados no mercado interno somente poderá ocorrer **após o pagamento** de todos os tributos incidentes, com os devidos acréscimos legais.

Exemplo:

A empresa brasileira "X" solicitou o regime especial de *drawback* para a importação de mil componentes eletrônicos (chips) que serão utilizados na fabricação de mil telefones celulares a serem exportados. Na operação, ficaram suspensos R$ 100,00 relativos aos tributos incidentes na importação (II, IPI e ICMS, por hipótese). Com a exportação dos produtos, extingue-se o regime suspensivo e o respectivo crédito tributário. Todavia, se o fabricante, por qualquer motivo, resolver vender os celulares no mercado doméstico, deverá recolher, previamente, o valor dos tributos devidos, com os acréscimos legais. A figura a seguir ilustra os procedimentos:

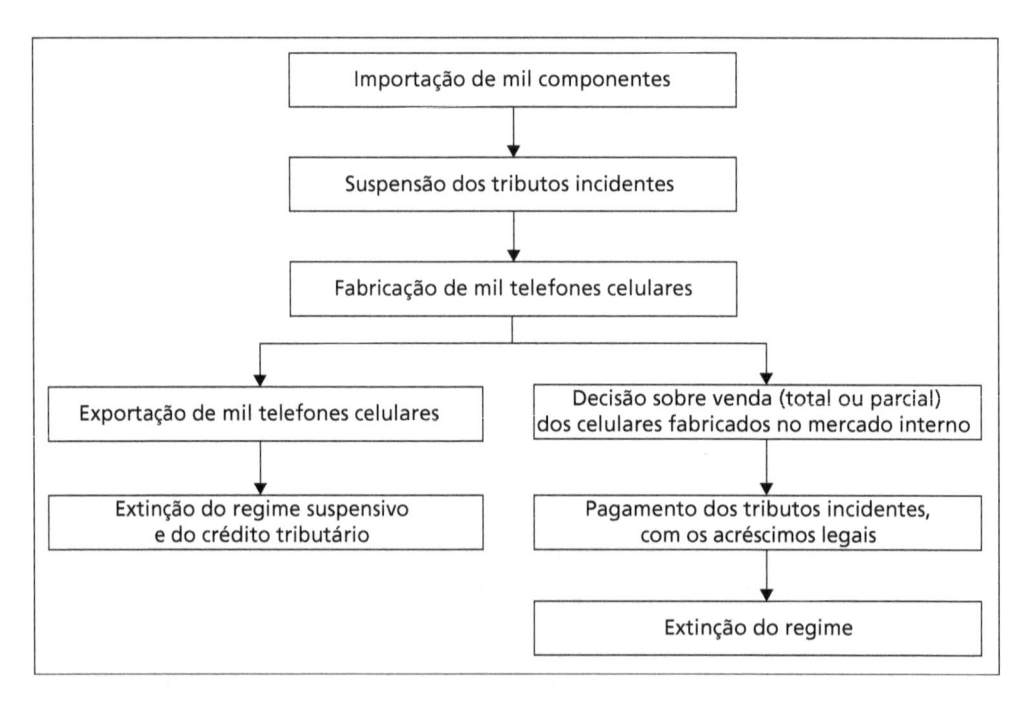

Na hipótese de o beneficiário **deixar de cumprir** o compromisso previsto no ato concessório, as partes, as peças e os componentes admitidos no regime de *drawback*

---

[31] Conforme artigo 386-B do Regulamento Aduaneiro.

suspensão deverão ser objeto dos seguintes procedimentos, em até **30 dias** do prazo fixado para exportação[32]:

◾ devolução ao exterior;

◾ destruição, sob controle aduaneiro, às expensas do interessado;

◾ destinação para consumo das mercadorias remanescentes, com o pagamento dos tributos suspensos e dos acréscimos legais devidos; ou

◾ entrega à Fazenda Nacional, livres de quaisquer despesas e ônus, desde que a autoridade aduaneira concorde em recebê-las.

18.4.2. *Drawback* isenção

A modalidade de *drawback* **isenção** tem por objetivo a **reposição de estoques**, ou seja, a importação, em igual quantidade e qualidade, de insumos, matérias-primas ou produtos intermediários que foram empregados em mercadorias já exportadas.

Caso o interessado demonstre que na primeira importação os tributos foram **recolhidos**, poderá realizar nova operação, agora com o benefício da isenção, sob o argumento de que os insumos anteriores deixaram o país e, portanto, não precisariam ser onerados.

O beneficiário do *drawback*, na modalidade de isenção, poderá optar pela importação ou pela aquisição no mercado interno da mercadoria equivalente, de forma combinada ou não, considerada a quantidade total adquirida ou importada com pagamento de tributos[33].

De se notar que o regime tem por objetivo **neutralizar**, sob o ponto de vista financeiro e tributário, o efeito de importações de insumos que geraram exportação de produtos finais.

O *drawback* isenção aplica-se também à importação, de forma combinada ou não com a aquisição no mercado interno, de mercadoria equivalente:

◾ à empregada em reparo, criação, cultivo ou atividade extrativista de produto já exportado;

◾ para industrialização de produto intermediário fornecido diretamente a empresa industrial-exportadora e empregado ou consumido na industrialização de produto final já exportado.

A competência para a concessão do regime pertence à **Secretaria de Comércio Exterior**, como na hipótese do *drawback* suspensão. O leitor deve ter percebido que, embora os dois regimes de *drawback* tenham consequências tributárias, a prevalência do incentivo às exportações deslocou a competência, que seria, em tese, da Receita Federal do Brasil, para o âmbito da SECEX.

O **ato concessório** do regime de *drawback* isenção deverá dispor sobre[34]:

◾ valor e especificação da mercadoria exportada;

◾ especificação e classificação fiscal na Nomenclatura Comum do Mercosul das mercadorias a serem importadas ou adquiridas no mercado interno, com as quantidades e os valores respectivos, estabelecidos com base na mercadoria exportada; e

---

[32] Artigo 390, I, do Regulamento Aduaneiro.

[33] Artigo 393-B do Regulamento Aduaneiro.

[34] Conforme artigo 394 do Regulamento Aduaneiro.

▣ valor unitário da mercadoria importada ou adquirida no mercado interno, empregada ou consumida na industrialização de produto exportado, ou nas outras atividades permitidas ao amparo do regime.

Os atos terão caráter **normativo** (geral, em razão do *produto*) ou **específico** (para a combinação *empresa e produto*, com as respectivas quantidades autorizadas).

Exemplo:

A empresa brasileira "Y" importa regularmente componentes eletrônicos (chips), com o pagamento de todos os tributos incidentes, para a fabricação de telefones celulares que são vendidos no mercado doméstico. **Excepcionalmente**, recebeu uma proposta irrecusável do exterior para a venda de mil aparelhos, aceitando-a prontamente. Por conta disso, solicitou à SECEX o regime de *drawback* isenção, com o objetivo de importar outros mil componentes, para reposição dos estoques, sem o pagamento do II, IPI e ICMS. Autorizado o regime, foi-lhe concedido prazo para a realização das novas importações, mediante a efetiva comprovação da exportação dos celulares, já que os insumos utilizados não precisariam ser tributados. A figura a seguir ilustra os procedimentos:

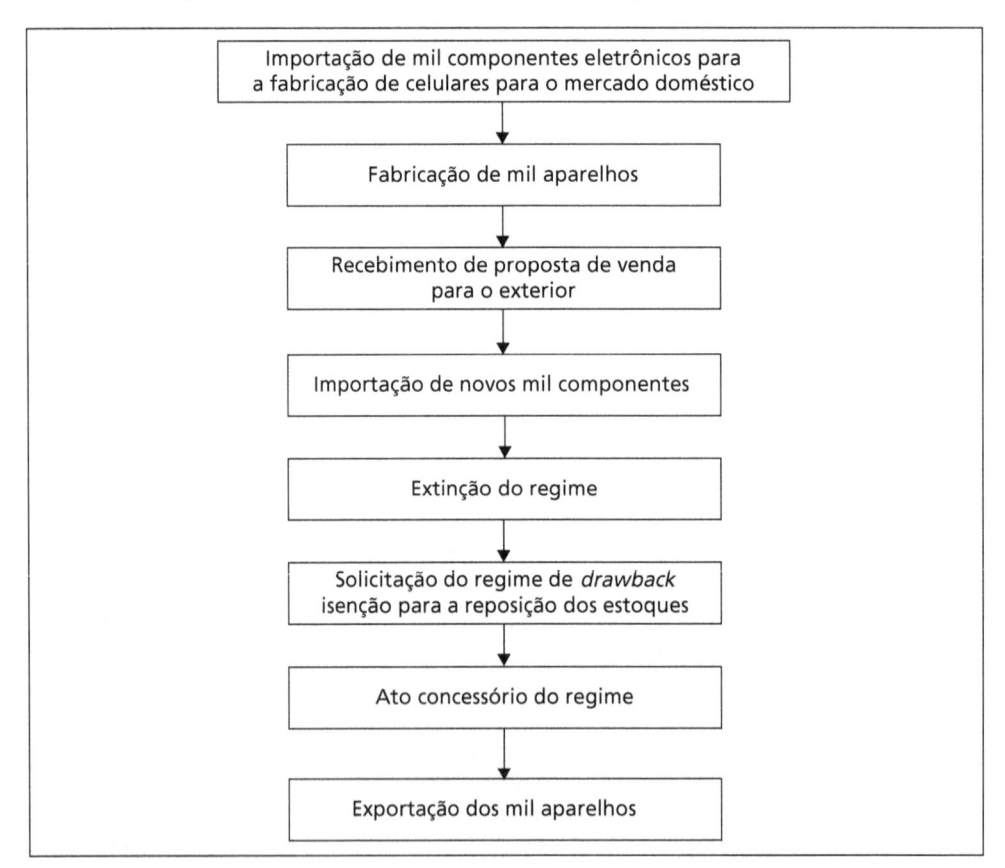

18.4.3. *Drawback* restituição

Na modalidade de ***drawback* restituição**, o exportador solicita a devolução, em espécie, do valor dos tributos pagos, relativos a insumos utilizados na fabricação de produtos já exportados.

> **Importante:** Como a restituição, no mais das vezes, é realizada por meio de **crédito fiscal** a ser utilizado em importações posteriores, o regime, ao contrário dos anteriores, deverá ser concedido pela **Receita Federal do Brasil**, que é o órgão encarregado da administração tributária no país, sem necessidade de participação da SECEX.

Sob tais condições, poderíamos afirmar que se trata de procedimento de **compensação tributária**, e não de restituição, como dá a entender a designação legal.

Somente nas hipóteses em que o interessado efetivamente requeresse a devolução em dinheiro caberia empregar a expressão *restituição*, circunstância rara, porque o prazo para devolução costuma ser longo, de sorte que os importadores normalmente preferem o crédito fiscal para utilização em novas operações.

Ressalte-se que o regime só faz sentido se o interessado desejar importar **bens diversos** dos anteriores, pois, do contrário, seria mais simples solicitar o *drawback* isenção.

O regime será aplicado pela unidade aduaneira que jurisdicionar o domicílio do estabelecimento produtor.

Exemplo:

A empresa brasileira "Z" importa componentes eletrônicos (chips), com o pagamento de todos os tributos incidentes, para a fabricação de telefones celulares que são vendidos no mercado doméstico. Entretanto, devido à constante evolução tecnológica, passará a produzir novos modelos, que não mais utilizarão aquela geração de componentes. Com 500 itens antigos em estoque, recebe proposta para venda ao exterior do modelo defasado, advinda de um país com tecnologia ainda incipiente. Produz e exporta os aparelhos, razão pela qual solicita à Secretaria da Receita Federal o regime de *drawback* restituição, no intuito de receber crédito tributário equivalente ao valor pago em relação aos componentes antigos. Concedido o regime, poderá utilizar os créditos para compensação, até o limite do valor autorizado, com o II e o IPI incidentes nas importações de novos componentes, conforme o esquema a seguir:

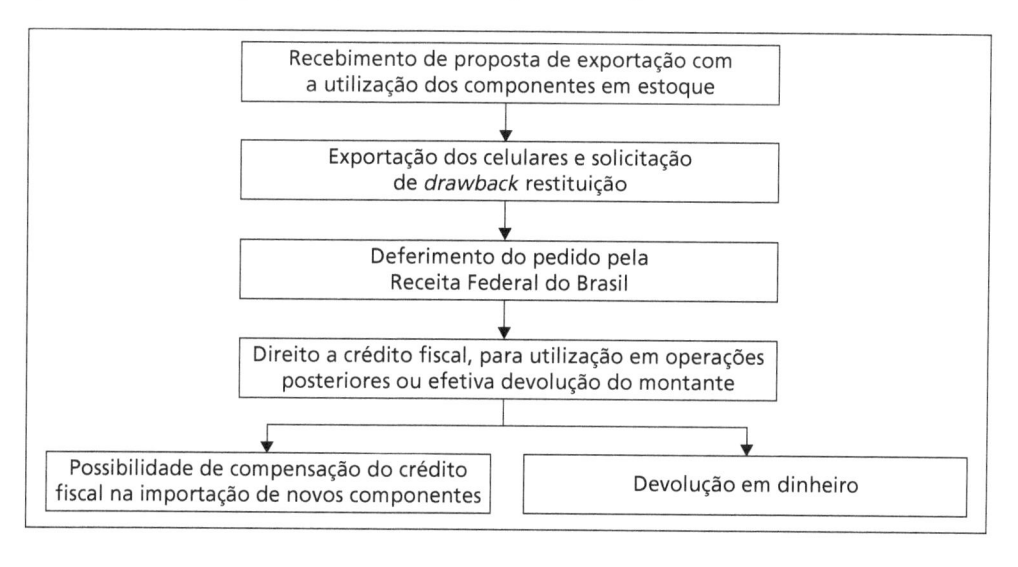

Como visto, os **regimes de aperfeiçoamento** tratam da suspensão da tributação sobre bens importados que passam por algum processo de transformação, industrialização ou beneficiamento antes de serem destinados à exportação ou ao mercado interno.

Com a edição da Lei Complementar n. 214/2025, seu artigo 90 estabelece que o pagamento do IBS e da CBS fica suspenso enquanto os bens permanecerem sob esse regime, incluindo aqueles adquiridos no mercado interno.

O regime aduaneiro especial de *drawback*, mencionado no § 3.º do artigo 90, é um dos principais mecanismos desse tipo, permitindo que empresas importem insumos sem pagar impostos desde que sejam utilizados na produção de bens exportados. Se uma empresa de calçados importa couro sem recolher IBS e CBS para fabricar sapatos destinados ao exterior, essa suspensão se converte em benefício fiscal definitivo no momento da exportação.

Caso os bens não sejam utilizados conforme as condições estabelecidas no **ato concessório do *drawback*** e sejam destinados ao mercado interno, os tributos suspensos passam a ser exigíveis, conforme descrito no § 4.º do artigo 90. Além disso, se essa destinação para o mercado interno ocorrer após 30 dias do prazo fixado para exportação, haverá **multa e juros** sobre os valores devidos.

A nova regulamentação deixa claro que, diferentemente de outros tributos, o IBS e a CBS **não se beneficiam** das modalidades de isenção e restituição do regime de drawback, ou seja, a suspensão ocorre apenas enquanto os bens são destinados à exportação.

Há previsão, ainda, para o caso inverso: quando **bens nacionais ou nacionalizados** são temporariamente enviados ao exterior para transformação ou reparo. Ao retornar ao Brasil, o IBS e a CBS incidem apenas sobre a diferença de valor agregada no exterior.

Por exemplo, se um motor de avião é enviado para os EUA para manutenção e retorna ao Brasil, a tributação será aplicada somente sobre os serviços de reparo e peças adicionadas, e não sobre o valor integral do motor.

18.5. ENTREPOSTO ADUANEIRO

O regime especial de **entreposto aduaneiro**, na importação e na exportação, é o que permite o armazenamento de mercadorias, sob controle fiscal, em recintos alfandegados de uso público, com suspensão dos tributos incidentes.

Trata-se de modalidade muito interessante para os empresários, porque possibilita que as mercadorias, enquanto depositadas (portanto, ainda sem o recolhimento dos tributos), sejam submetidas às seguintes operações:

- ■ exposição, demonstração e testes de funcionamento;
- ■ industrialização, nas suas diversas modalidades;
- ■ manutenção ou reparo.

Variantes de entreposto aduaneiro existem em praticamente todos os países, pois conferem agilidade e **custos reduzidos** para os empresários locais, em virtude de os tributos só serem devidos na medida em que ocorre a **circulação econômica** dos bens (mediante venda ou transferência a terceiros, por exemplo).

Isso permite melhor alocação dos recursos, sem a necessidade de se "estocarem tributos" com as mercadorias, o que enseja maior liquidez e capital de giro ao negócio, condições essenciais para a competitividade das empresas.

18.5.1. Entreposto aduaneiro na importação

A base operacional do entreposto aduaneiro na importação são os **recintos alfandegados** de uso público (normalmente dentro de portos secos), nos quais as mercadorias ficam armazenadas com suspensão de tributos.

O regime pode ainda ser concedido nas seguintes hipóteses[35]:

◼ permanência de bens de natureza **técnica** ou **cultural**, destinados à exposição em feiras, congressos, mostras ou atividades semelhantes, realizados em recinto de **uso privativo**, previamente alfandegado para tal fim, por período que alcance não mais que os 30 dias anteriores e os 30 dias posteriores aos fixados para início e término do evento[36];

◼ mercadorias armazenadas em **instalações portuárias** de uso privativo misto, operadas mediante autorização da Receita Federal do Brasil;

◼ **plataformas** destinadas à pesquisa e lavra de jazidas de petróleo e gás natural em construção ou conversão no Brasil, contratadas por empresas sediadas no exterior;

◼ **estaleiros navais** ou outras instalações industriais localizadas à beira-mar, destinadas à construção de estruturas marítimas, plataformas de petróleo e módulos para plataformas.

No caso de industrialização de produtos, poderão ser utilizados recintos localizados em áreas específicas, com grandes vantagens logísticas, que receberão as seguintes denominações: **aeroporto industrial**, **plataforma portuária industrial** ou **porto seco industrial**.

De forma simples, poderíamos dizer que, nas hipóteses anteriores, a **própria fábrica** seria instalada dentro dos recintos, o que permitiria a importação dos insumos, partes e peças e sua imediata transferência para a linha de produção, com redução nos custos e riscos, especialmente os relativos ao transporte.

Podem ser beneficiários do regime de entreposto aduaneiro na importação:

◼ o **promotor** do evento, no caso de feiras, exposições etc.;

◼ a **empresa** contratada por pessoa jurídica estrangeira, que opera as plataformas de petróleo e gás natural ou aquela que administra os estaleiros navais no país;

◼ o **consignatário**[37] da mercadoria entempostada, nos demais casos.

As mercadorias admitidas no regime deverão ser importadas com ou sem cobertura cambial e poderão ser nacionalizadas, com posterior despacho para consumo ou exportação, pelo consignatário ou pelo adquirente.

---

[35] Artigo 405 do Regulamento Aduaneiro.

[36] Esses prazos poderão, excepcionalmente, ser acrescidos em até 60 dias, mediante justificativa.

[37] Consignatário é destinatário jurídico das mercadorias que serão negociadas, ou seja, a pessoa designada como responsável pelo remetente no exterior.

O prazo de permanência dos bens no regime de entreposto aduaneiro na importação é de **um ano**, prorrogável por período não superior, no total, a dois anos, contados da data do desembaraço aduaneiro de admissão. Será admitida, em casos especiais, nova prorrogação, respeitado o limite máximo de três anos.

Quando o regime for concedido a empresários que explorem jazidas minerais ou a construção de estruturas navais, o prazo deverá será idêntico ao do **contrato** firmado com o cliente no exterior.

Nos casos de entreposto aduaneiro em razão de plataformas de petróleo ou estaleiros navais e instalações semelhantes, quando ocorrer a rescisão do contrato ou sua não prorrogação por motivos alheios à vontade do beneficiário, a Receita Federal do Brasil poderá autorizar a permanência das mercadorias no regime até a celebração de novo contrato com empresa sediada no exterior, até o limite de dois anos, contado da data de rescisão ou encerramento do prazo não prorrogado. O regime poderá sofrer restrições operacionais enquanto não formalizado o novo contrato.

Terminado o período concedido para o regime, a mercadoria entrepostada deverá ter uma das seguintes destinações, no prazo de 45 dias, sob pena de ser considerada abandonada:

- ▪ despacho para consumo, pelo consignatário ou adquirente;
- ▪ reexportação;
- ▪ exportação;
- ▪ transferência para outro regime aduaneiro especial ou aplicado em áreas especiais.

Exemplo:

A empresa "W" pretende importar veículos de luxo do exterior — que, além do alto valor unitário, sofrem, ainda, gravosa incidência tributária –, na expectativa de revendê-los no mercado doméstico. Após analisar a legislação, decide optar pelo regime de entreposto aduaneiro na importação. Assim, promove a importação de dez veículos do exterior, sem cobertura cambial; a grande vantagem da operação reside no fato de que as mercadorias admitidas no regime se beneficiam da suspensão dos tributos incidentes. Isso permite que a empresa armazene os veículos no recinto alfandegado, sem ter de desembolsar o valor relativo ao crédito tributário. Na medida em que conseguir vender os automóveis no mercado interno, a empresa "W" os despachará para consumo, já em nome do adquirente, com o pagamento de todos os tributos devidos. O procedimento enseja grande vantagem operacional e financeira, pois a carga tributária somente será suportada quando da efetivação da venda. Se, ao término do prazo concedido para o regime, alguns carros não tiverem sido vendidos, o importador poderá devolvê-los ao exterior, desde que tal cláusula tenha sido previamente acertada com o fabricante.

18.5.2. Entreposto aduaneiro na exportação

Trata-se de regime especial que permite o armazenamento de mercadorias destinadas a exportação, nas modalidades **comum** (com suspensão do pagamento dos impostos federais) ou **extraordinário** (em prol de empresas comerciais exportadoras, conhecidas como *trading companies*, com direito à utilização dos benefícios fiscais de incentivo à exportação antes do embarque para o exterior).

O regime comum de entreposto na exportação subsiste a partir da entrada das mercadorias no local de armazenagem e, no regime extraordinário, a vigência se inicia com a saída dos bens do estabelecimento do produtor.

De se notar que o regime extraordinário objetiva favorecer o exportador, que pode se valer dos **incentivos fiscais** oriundos da operação antes da saída dos bens do país, desde que as mercadorias tenham sido remetidas para o local do entreposto.

Trata-se, portanto, de antecipação de benefícios, sob **condição ulterior** da efetiva exportação (ocorre, na espécie, a exportação jurídica dos bens, previamente à saída física do Brasil).

O prazo de **permanência** da mercadoria no entreposto depende da modalidade adotada:

■ para o regime comum, o prazo será de um ano, prorrogável por igual período, mantida a possibilidade excepcional de nova prorrogação, até o limite máximo, portanto, de três anos;

■ para o regime extraordinário, o prazo será de 180 dias, admitida a transferência tempestiva para o regime comum.

O beneficiário terá **45** dias, após o **encerramento** do regime, para adotar, em relação às mercadorias entrepostadas, uma das seguintes providências[38]:

■ iniciar o despacho de exportação;

■ na hipótese de regime comum, reintegrá-la ao estoque do seu estabelecimento;

■ em qualquer outro caso, pagar os impostos suspensos e ressarcir os benefícios fiscais porventura fruídos em razão da admissão no regime.

18.5.3. Responsabilidade tributária

A autoridade aduaneira que jurisdiciona o regime poderá exigir, a qualquer tempo, a apresentação das mercadorias a ele submetidas, no sentido de promover **auditoria** das quantidades e dos estoques.

O depositário será responsável, no caso de extravio ou dano das mercadorias, pelo **pagamento**[39]:

■ dos impostos suspensos, da multa, de mora ou de ofício, e dos demais acréscimos legais cabíveis, quando se tratar de mercadoria submetida ao regime de entreposto aduaneiro na **importação**, ou na modalidade de regime **comum**, na exportação;

■ dos impostos que deixaram de ser pagos e dos benefícios fiscais de qualquer natureza acaso auferidos, da multa, de mora ou de ofício, e dos demais acréscimos legais cabíveis, no caso de mercadoria submetida ao regime de entreposto aduaneiro, na modalidade de regime **extraordinário**, na exportação.

---

[38] Artigo 415 do Regulamento Aduaneiro.
[39] Conforme artigo 417 do Regulamento Aduaneiro.

Compete à Receita Federal do Brasil fixar, mediante ato de sua competência, regras adicionais ao regime de entreposto aduaneiro, na importação e exportação, notadamente quanto aos requisitos e condições de admissão, natureza das atividades desenvolvidas e formas de extinção.

18.6. ENTREPOSTO INDUSTRIAL SOB CONTROLE ADUANEIRO INFORMATIZADO (RECOF)

O RECOF permite ao beneficiário **importar**, com ou sem cobertura cambial, mercadorias com suspensão do pagamento de tributos, sob controle aduaneiro informatizado que, depois de submetidas a operações de industrialização, serão destinadas a exportação[40].

Trata-se de regime aduaneiro especial utilizado por grandes empresas, submetidas a **controle informatizado** das operações de importação e posterior exportação, por meio de *software* específico, homologado pela Receita Federal do Brasil, que faz a auditoria dos procedimentos.

A fiscalização das mercadorias admitidas no RECOF é efetuada de modo individualizado, por estabelecimento importador de cada empresa habilitada, mediante análise das informações lançadas no sistema.

O RECOF traz como grande vantagem a agilidade e redução dos custos relativos ao despacho aduaneiro, já que as mercadorias nele admitidas possuem **tratamento diferenciado**, o que proporciona maior velocidade nos procedimentos de importação.

A contrapartida do benefício é a assunção, pela empresa, de compromissos específicos de exportação. Na prática, o RECOF é uma espécie de **regime agregado**, que contempla as vantagens oferecidas pelo *drawback* e entreposto aduaneiro.

Conquanto seja questionável sua utilização apenas por grandes empresas, em face do princípio da **igualdade** (a habilitação no regime exige patrimônio líquido superior a R$ 25 milhões para indústrias e R$ 5 milhões para empresas prestadoras de serviços), o problema não tem sido objeto de discussão no judiciário, razão pela qual evitaremos, nesta obra, aprofundar o assunto, a fim de evitar dúvidas para os "concurseiros".

Como vimos, parte dos bens aceitos no regime poderá ser despachada para consumo, no estado em que foram importados ou depois de submetidos a processo de industrialização. Para as mercadorias que não sofrerem qualquer alteração, a legislação prevê, ainda, as hipóteses de **exportação**, **reexportação** ou **destruição**, como forma de extinguir o regime.

A autorização para operar o RECOF é de competência da Receita Federal do Brasil, que tem adotado uma política de segmentação, a qual permite a utilização do regime em determinados setores da indústria, notadamente aqueles com maior volume e compromisso de exportações[41].

---

[40] Admite-se, dentro dos limites legais, o despacho para consumo (venda no mercado doméstico) de parte dos bens importados, desde que submetidos a processo de industrialização.

[41] Atualmente, o RECOF abrange os setores aeronáutico, automotivo, de informática e telecomunicações, além das importações de semicondutores e componentes de alta tecnologia para essas áreas.

Para fins de **habilitação**, a empresa interessada deverá obedecer aos termos, limites e condições fixados pela Receita Federal do Brasil, por meio de ato normativo, no qual constarão[42]:

▣ as **mercadorias** que poderão ser admitidas no regime;

▣ as operações de **industrialização** autorizadas;

▣ o **percentual de tolerância**, para efeito de exclusão da responsabilidade tributária do beneficiário, no caso de perda inevitável no processo produtivo;

▣ o percentual **mínimo** da produção destinada ao mercado externo;

▣ o percentual máximo de mercadorias importadas destinadas ao **mercado interno** no estado em que foram importadas; e

▣ o valor mínimo de **exportações** anuais.

Ao regulamentar a habilitação ao regime, a IN RFB n. 1.291/2012 estabeleceu que a empresa interessada deverá atender aos seguintes requisitos[43]:

▣ cumprir os requisitos de regularidade fiscal perante a Fazenda Nacional, para o fornecimento de certidão conjunta, negativa ou positiva com efeitos de negativa, com informações da situação quanto aos tributos administrados pela RFB e quanto à Dívida Ativa da União (DAU), administrada pela Procuradoria-Geral da Fazenda Nacional (PGFN);

▣ dispor de sistema informatizado de controle de entrada, estoque e saída de mercadorias, de registro e apuração de créditos tributários devidos, extintos ou com pagamento suspenso, integrado aos sistemas corporativos da empresa no País, que permita livre e permanente acesso da RFB;

▣ possuir autorização para o exercício da atividade, expedida pela autoridade aeronáutica competente, se for o caso;

▣ não ter sido submetida ao regime especial de fiscalização de que trata o art. 33 da Lei n. 9.430, de 27 de dezembro de 1996, nos últimos três anos;

▣ comprovar situação regular perante o Fundo de Garantia do Tempo de Serviço (FGTS);

▣ estar habilitada a operar no comércio exterior em modalidade diversa daquela prevista no item 5 da alínea a ou na alínea *b* do inciso I do art. 2.º da Instrução Normativa RFB n. 1.603, de 15 de dezembro de 2015;

▣ ter optado pelo Domicílio Tributário Eletrônico (DTE) na forma prevista na Instrução Normativa SRF n. 664, de 21 de julho de 2006.

Por se tratar de regime que visa incentivar as exportações, o RECOF permite que os tributos incidentes na importação sejam suspensos por até um ano, prorrogável por igual período, dentro do qual deverá ser dada à mercadoria uma das destinações já apresentadas[44].

---

[42] Conforme artigo 422 do Regulamento Aduaneiro.

[43] Conforme atual redação do artigo 5.º.

[44] Excepcionalmente, o regime poderá ser concedido por até cinco anos, mediante justificativa do

Terminado o prazo fixado para a permanência das mercadorias no RECOF, os tributos suspensos serão exigidos, com os acréscimos legais cabíveis, em relação ao estoque restante.

Os **resíduos industriais** eventualmente remanescentes, superiores ao limite de tolerância, poderão ser destruídos, sem exigência dos tributos, caso não se prestarem à utilização econômica ou, ainda, despachados para consumo, com o pagamento dos tributos suspensos, com as alíquotas das respectivas mercadorias, tomando-se como base de cálculo o valor apurado em laudo específico.

Convém ressaltar que a empresa beneficiária do regime assume a condição de **fiel depositária** das mercadorias importadas a partir do momento do desembaraço aduaneiro, devendo atender aos controles estabelecidos pela Receita Federal para a sua custódia.

18.7. REGIME ADUANEIRO ESPECIAL DE IMPORTAÇÃO DE INSUMOS DESTINADOS À INDUSTRIALIZAÇÃO POR ENCOMENDA (RECOM)

O RECOM é aplicado **exclusivamente** aos produtos classificados nas posições 8701 a 8705 da Nomenclatura Comum do Mercosul (tratores, automóveis, caminhões e assemelhados) e permite a importação, sem cobertura cambial, de chassis, carrocerias, peças, partes, componentes e acessórios, com suspensão do pagamento do IPI, PIS e COFINS vinculados.

O **imposto de importação** incidirá somente sobre os insumos importados empregados na industrialização dos veículos supracitados.

A modalidade beneficia a atividade econômica realizada no país e só alcança importações realizadas por **conta e ordem** de pessoa jurídica **encomendante** domiciliada no exterior, de forma que os produtos resultantes da industrialização terão o seguinte tratamento tributário[45]:

- ◾ quando destinados ao **exterior**, resolve-se a suspensão do pagamento do IPI, PIS e COFINS incidentes na importação e na aquisição, no mercado interno, dos insumos neles empregados; e

- ◾ quando destinados ao **mercado interno**, serão remetidos obrigatoriamente à empresa comercial **atacadista**, controlada, direta ou indiretamente, pela pessoa jurídica encomendante domiciliada no exterior, por conta e ordem desta, com suspensão do pagamento do IPI, PIS e COFINS vinculados.

Trata-se, como se pode perceber, de regime que tem por objetivo incentivar a utilização do **parque industrial** brasileiro, cuja concessão dependerá de habilitação prévia perante a Receita Federal.

18.8. EXPORTAÇÃO TEMPORÁRIA

O regime especial de **exportação temporária** é o que permite a saída, do Brasil, com suspensão do pagamento do imposto de exportação, de mercadoria nacional ou

---

interessado e deferimento pelas autoridades aduaneiras.

[45] Nos termos do artigo 429 do Regulamento Aduaneiro.

nacionalizada, condicionada à reimportação em prazo determinado, no mesmo estado em que foi enviada ao exterior.

A exportação temporária representa a **contrapartida** da admissão temporária, ou seja, os dois regimes coexistem reciprocamente, cada qual em um dos países envolvidos na transação.

Explicamos: quando um produto brasileiro é enviado, por exemplo, para a Alemanha sob o regime de admissão temporária, naquele país será introduzido via admissão temporária e, na hipótese inversa, aplica-se igual raciocínio.

Daí por que podemos afirmar que os dois regimes existem em praticamente todos os países do mundo, como forma de incentivar o deslocamento de bens em razão de atividades técnicas, científicas, culturais ou esportivas.

O regime se aplica aos produtos previstos em ato normativo da Receita Federal do Brasil ou, ainda, para aqueles sob amparo de tratados dos quais o país seja signatário, desde que não exista **proibição** específica para a exportação.

A concessão do regime, após o competente **registro** no SISCOMEX[46], deverá ser requerida à unidade que jurisdiciona o exportador, o porto seco ou o porto, o aeroporto e o ponto de fronteira que promoverá a saída das mercadorias.

Exemplos:

1. Uma empresa brasileira pretende divulgar seus equipamentos em uma grande feira internacional, a ser realizada em Frankfurt. Faz o registro de exportação no SISCOMEX e solicita à autoridade aduaneira competente a concessão do regime de exportação temporária, pelo prazo necessário para a participação no evento. Com a autorização, embarca seus produtos para a Alemanha, onde serão expostos (com suspensão de um eventual imposto de exportação), sob o compromisso de retorná-los ao Brasil dentro do prazo assinalado. Com a efetiva reimportação dos bens, extingue-se o regime de exportação temporária e resolve-se a suspensão do imposto de exportação. Pelo mesmo raciocínio, os equipamentos não sofrerão a incidência dos tributos devidos na importação.

2. Um turista brasileiro decide passar férias na Argentina. Como reside no Rio Grande do Sul, resolve fazer a viagem de carro. A partir do momento em que transpõe a fronteira com o país vizinho, seu veículo está, automaticamente, em regime de exportação temporária, apto, pois, a permanecer no exterior pelo mesmo tempo do seu proprietário ou possuidor (portanto, vale observar que o nosso amigo gaúcho poderia, inclusive, viajar com um carro emprestado). Nesse caso, a extinção do regime dar-se-á com o retorno do bem ao território aduaneiro brasileiro.

---

[46] O registro no SISCOMEX é dispensado para os itens constantes da bagagem de passageiros internacionais e para os veículos utilizados no transporte internacional, conforme artigo 440 do Regulamento Aduaneiro, que estabelece: "Reputam-se em exportação temporária, independentemente de qualquer procedimento administrativo: I — a bagagem acompanhada; II — os veículos para uso de seu proprietário ou possuidor, quando saírem por seus próprios meios; e III — os veículos de transporte comercial brasileiros, conduzindo carga ou passageiros".

A autoridade competente poderá indeferir pedido de concessão do regime mediante decisão fundamentada, da qual caberá recurso, **sem prejuízo** da possibilidade de saída da mercadoria do território aduaneiro[47].

Apesar de ser regime suspensivo relativo ao **imposto de exportação**, a característica mais importante da exportação temporária é afastar a incidência dos tributos devidos quando da **reimportação** das mercadorias (II, IPI, ICMS, PIS e COFINS), pois, como se sabe, normalmente o imposto de exportação, para quase todos os produtos, é objeto de isenção ou tributado à alíquota zero.

Nos raros casos em que a mercadoria estiver sujeita à alíquota positiva do imposto de exportação, o crédito tributário correspondente será constituído em termo de responsabilidade, **sem a exigência** de garantia, que será baixado quando comprovada uma das seguintes providências:

- reimportação da mercadoria no prazo fixado; ou
- pagamento do imposto de exportação suspenso.

O **prazo de vigência** da exportação temporária será de até um ano, prorrogável até o limite total de dois anos. Em consonância com os demais regimes aduaneiros especiais, será admitida a prorrogação por prazo **superior** a dois anos nas seguintes circunstâncias:

- em caráter excepcional, a critério do Ministro da Fazenda;
- quando o regime for aplicado a mercadoria vinculada a contrato de prestação de serviços, arrendamento operacional, aluguel ou empréstimo, por prazo certo, hipótese em que a duração será a prevista no contrato, prorrogável na mesma medida deste.

Para a extinção do regime, o beneficiário deverá, durante o prazo de vigência, promover a **reimportação** dos bens ou **convertê-los** para exportação definitiva.

Também terá o efeito de extinguir a exportação temporária a entrada no país de produto, parte, peça ou componente **equivalente** àquele enviado ao exterior para substituição por força de garantia, relativa a produtos fabricados no Brasil. Idêntico tratamento se aplica às partes e aos componentes de aeronaves, objeto de isenção tributária.

Nos casos que exigem reimportação, a análise sobre a tempestividade da providência considerará a data de embarque das mercadorias, **no exterior**, desde que destinadas ao Brasil.

Os **veículos** de propriedade de pessoas físicas ou jurídicas sediadas no país poderão sair do território aduaneiro, para fins turísticos, sem maiores formalidades, sob condição resolutória do retorno ao Brasil, com os respectivos viajantes.

Compete à autoridade aduaneira que conceder o regime manter controle adequado da saída dos bens, especialmente quanto ao prazo de concessão.

---

[47] Na hipótese de o indeferimento ser confirmado por decisão final na esfera administrativa, para mercadorias que já foram exportadas, será exigido o pagamento dos tributos correspondentes, quando da sua importação, e comunicado o fato à SECEX.

Por óbvio que os produtos poderão sair do Brasil por um ponto alfandegado e retornar por outro (exemplo: saída pelo Aeroporto de Cumbica e retorno pelo Galeão); nesta hipótese, as autoridades deverão, de modo integrado, adotar medidas para a confirmação da vigência do prazo e consequente extinção do regime.

Os **viajantes** com destino ao exterior, que levarem consigo produtos importados com aparência de novos, deverão promover o **registro de saída** (mediante declaração denominada *Saída Temporária de Bens*), nos portos ou aeroportos de embarque, a fim de comprovar a prévia propriedade quando do retorno.

18.8.1. Exportação temporária para aperfeiçoamento passivo

Da mesma forma que há correlação entre os regimes de admissão temporária e exportação temporária, como vimos, podemos dizer que isso também ocorre entre a admissão temporária para aperfeiçoamento ativo e a exportação temporária para aperfeiçoamento passivo.

Com efeito, o regime permite a saída, do Brasil, por tempo determinado, de mercadoria nacional ou nacionalizada, para ser submetida a operação de transformação, elaboração, beneficiamento ou montagem, **no exterior**, com posterior reimportação, sob a forma do produto resultante, com **pagamento dos tributos** sobre o valor agregado[48].

Na prática, o objetivo do regime é tributar apenas aquilo que foi **adicionado** no exterior, que, quando do retorno do produto, ingressará pela primeira vez no Brasil.

O prazo para importação dos produtos resultantes da operação de aperfeiçoamento será fixado com base no período necessário à realização da respectiva operação e ao transporte das mercadorias.

Dentro do prazo assinalado, deverá ser adotada pelo beneficiário uma das seguintes providências, no intuito de extinguir o regime[49]:

☐ **reimportação** da mercadoria, inclusive sob a forma de produto resultante da operação autorizada (é o caso mais comum);

☐ importação de produto **equivalente**, como contrapartida dos materiais enviados ao exterior em razão de garantia;

☐ conversão em exportação **definitiva**.

O valor a ser exigido do beneficiário, decorrente da importação do produto resultante do aperfeiçoamento, será calculado pela **diferença** entre o total dos tributos devidos e o montante relativo à mercadoria que foi enviada ao exterior, se apenas esta fosse objeto da importação.

---

[48] Conforme artigo 449 do Regulamento Aduaneiro. O regime também se aplica para mercadorias enviadas para conserto, manutenção ou restauração no exterior, quando dessas atividades resultar acréscimo de valor.

[49] A tempestividade da providência será comprovada com base na data de embarque da mercadoria no exterior, desde que esta posteriormente ingresse no território aduaneiro e, no caso de conversão do regime em exportação definitiva, com o registro de exportação da mercadoria, seguido do desembaraço e da averbação do embarque.

Como a tributação deve incidir **apenas** sobre o valor agregado no exterior, o cálculo deve ser realizado pelos montantes líquidos, devido à presunção de que a mercadoria originalmente enviada para aperfeiçoamento já havia sido tributada, de acordo com as regras brasileiras.

Na prática, o raciocínio implica que os tributos na importação alcançam somente os bens adicionados no exterior, como se esses fossem objeto de uma operação independente.

Exemplo:

A empresa brasileira "K" decide enviar para o fabricante, no exterior, um equipamento de alta tecnologia, para que este seja atualizado, com a instalação de novos componentes. Solicita e consegue o regime de exportação temporária para aperfeiçoamento passivo, pelo tempo necessário para a operação. Quando do retorno do equipamento para o Brasil, será extinto o regime, com o pagamento dos tributos incidentes na importação em relação ao valor dos bens que foram agregados no exterior.

Se no exemplo anterior o bem em questão fosse um computador de grande porte e no exterior fossem adicionados novos dispositivos de armazenamento (*hard drives*), no valor de US$ 10 mil, na reimportação os tributos incidiriam apenas sobre esse montante, sem prejuízo das considerações já aduzidas, no Capítulo 11, sobre os procedimentos de valoração aduaneira.

No mais, a modalidade de aperfeiçoamento passivo segue as normas previstas para o regime de exportação temporária. Convém lembrar, ainda, que a utilização do regime não gera, em regra, os benefícios fiscais típicos das operações de exportação a título definitivo.

18.9. REGIME ADUANEIRO ESPECIAL DE EXPORTAÇÃO E DE IMPORTAÇÃO DE BENS DESTINADOS ÀS ATIVIDADES DE PESQUISA E DE LAVRA DAS JAZIDAS DE PETRÓLEO E DE GÁS NATURAL (REPETRO)

O tratamento aduaneiro previsto no REPETRO, para os bens relativos à pesquisa e lavra das jazidas de **petróleo** e de **gás natural**, bem assim para as máquinas e os equipamentos sobressalentes, ferramentas e aparelhos, além de outras partes e peças destinadas a garantir a operacionalidade daqueles, abarca as seguintes possibilidades:

- ■ **exportação**, com **saída ficta** do território aduaneiro e posterior aplicação do regime de admissão temporária, no caso de bens constantes de relação elaborada pela Receita Federal do Brasil, de fabricação nacional, vendidos a pessoa sediada no exterior;
- ■ **exportação**, com **saída ficta** do território aduaneiro, dos citados bens, quando já incluídos no regime aduaneiro especial de admissão temporária;
- ■ **importação**, sob o regime de *drawback*, na modalidade de suspensão, de matérias-primas, produtos semielaborados ou acabados e de partes ou peças, utilizados na fabricação dos citados bens e posterior comprovação do adimplemento das obrigações decorrentes da aplicação desse regime, mediante as exportações previstas nos itens anteriores.

O objetivo principal do REPETRO é incentivar a **produção local** de máquinas e equipamentos utilizados nas atividades de prospecção de petróleo e gás natural, inclusive na área do pré-sal e em áreas estratégicas.

A sequência favorecida pelo regime inicia-se com a venda de bens de fabricação nacional a pessoa jurídica domiciliada no exterior, com pagamento em moeda estrangeira, embora os produtos não precisem deixar o território aduaneiro, até porque nele serão utilizados (daí a denominação **exportação fictícia**, que implica transferência de propriedade, com os efeitos legais correspondentes, mas prescinde da saída física das mercadorias).

Os **benefícios fiscais** concedidos por lei como incentivo às exportações somente poderão ser usufruídos pelas indústrias nacionais após a conclusão da operação de compra dos produtos de sua fabricação, pela empresa comercial exportadora envolvida no negócio ou depois do desembaraço aduaneiro de exportação, no caso de venda direta a pessoa sediada no exterior.

A concessão de tratamento especial e benéfico está condicionada, nos termos da legislação vigente, ao atendimento dos seguintes requisitos:

▪ nos casos de **exportação**, os bens deverão ser produzidos no Brasil e adquiridos por pessoa sediada no exterior, contra pagamento em moeda estrangeira de livre conversibilidade, mediante cláusula de entrega, sob controle aduaneiro, no território brasileiro;

▪ no caso de bens já amparados pelo regime de admissão temporária, estes deverão ser de propriedade de pessoa sediada no exterior e importados **sem cobertura cambial** pelo contratante dos serviços de pesquisa e produção de petróleo e de gás natural, ou, ainda, por terceiro subcontratado.

Somente poderão se habilitar no regime, conforme regulamentação a cargo da Receita Federal do Brasil, as pessoas jurídicas que:

▪ forem detentoras de **concessão** ou **autorização** para exercer, no país, as atividades de pesquisa e de lavra das jazidas de petróleo e de gás natural; ou

▪ forem contratadas pelo concessionário em **afretamento por tempo**[50] ou para a prestação de serviços destinados à execução das atividades objeto da concessão ou autorização, bem assim terceiros a ela vinculados mediante contrato[51].

A **habilitação** no REPETRO será concedida pelo prazo de duração do contrato relacionado à prestação dos serviços, prorrogável na mesma medida deste. Aplicam-se subsidiariamente ao REPETRO, quando pertinentes, as regras previstas para os regimes de admissão temporária e *drawback*.

---

[50] O contrato de afretamento por tempo, também conhecido como *time-charter party*, tem por objeto o arrendamento de embarcação, por tempo determinado, ou seja, o direito de utilização por terceiros dos serviços e vantagens oferecidos pelo navio.

[51] As pessoas jurídicas em questão poderão promover diretamente a importação de bens relativos ao contrato de afretamento ou, na hipótese de não serem sediadas no Brasil, a operação poderá ser realizada por terceira empresa, por elas designada.

Com a regulamentação da Reforma Tributária, o legislador confirmou que o REPETRO é um regime essencial para a indústria de exploração e produção de **petróleo e gás natural**, permitindo a suspensão do IBS e da CBS na importação e aquisição interna de equipamentos e insumos. Existem diversas modalidades pra o regime, com finalidades específicas, a saber:

■ **Repetro-Temporário** suspende a tributação sobre bens que permanecerão no país **por tempo determinado**, como plataformas de perfuração contratadas para operações no Brasil.

■ **Repetro-Permanente** aplica-se a bens importados **definitivamente**, mas com a conversão da suspensão em alíquota zero após cinco anos.

■ **Repetro-Industrialização** permite a suspensão dos tributos sobre matérias-primas destinadas à fabricação de equipamentos para a indústria do petróleo.

■ **Repetro-Nacional** beneficia empresas que adquirem esses produtos já fabricados no Brasil para as operações do setor.

■ **Repetro-Entreposto** prevê isenção para bens destinados à conversão ou construção de equipamentos contratados por empresas estrangeiras.

O § 1.º do artigo 93 da Lei Complementar n. 214/2025 impõe uma restrição: embarcações destinadas à navegação de **cabotagem, interior ou apoio portuário** não podem ser importadas com suspensão de tributos pelo Repetro-Permanente. Isso evita que empresas utilizem indevidamente o regime para reduzir a carga tributária em operações regulares dentro do território nacional.

Já o § 2.º do mesmo dispositivo, estabelece um benefício importante: após **cinco anos**, bens importados sob o Repetro-Permanente passam a ser tributados com **alíquota zero**, consolidando a desoneração da operação.

Caso um bem seja importado sob o **Repetro-Permanente**, mas não seja efetivamente utilizado para as finalidades previstas dentro de três anos, a empresa será obrigada a recolher os tributos suspensos com multa e juros, conforme o § 3.º do artigo 93.

Outro ponto relevante está nos §§ 4.º e § 5.º, que permitem a suspensão do IBS e da CBS para fabricantes intermediários que fornecem bens para a cadeia produtiva do setor de petróleo e gás. Isso incentiva a industrialização local, garantindo que os insumos utilizados no Brasil também usufruam da desoneração fiscal.

Contudo, as empresas beneficiadas precisam cumprir prazos rigorosos.

Caso um bem adquirido sob o **Repetro-Nacional** não seja efetivamente destinado às atividades petrolíferas dentro de **três anos**, os tributos suspensos tornam-se devidos com atualização pela Selic e multa, conforme o **§ 7.º do artigo 93**.

Por fim, o § 8.º do artigo 93 estabelece que o Repetro só será aplicável **até 31 de dezembro de 2040**, garantindo previsibilidade para o setor e incentivando investimentos de longo prazo na infraestrutura de exploração de petróleo e gás no Brasil.

18.10. REGIME ADUANEIRO ESPECIAL DE IMPORTAÇÃO DE PETRÓLEO BRUTO E SEUS DERIVADOS (REPEX)

O REPEX é o regime aduaneiro especial que, mediante **processo informatizado**, permite a importação de **petróleo** e derivados com suspensão do pagamento de tributos, para posterior exportação, desde que no mesmo estado em que foram introduzidos no Brasil.

A concessão do regime está condicionada ao atendimento dos seguintes requisitos:

▪ **habilitação prévia** pela Receita Federal do Brasil, a quem compete, ainda, elaborar a lista de produtos submetidos ao REPEX; e

▪ **autorização** da Agência Nacional do Petróleo, Gás Natural e Biocombustíveis (ANP) para exercer as atividades de importação, exportação e refino dos respectivos produtos.

O prazo de vigência do regime será de 90 dias, prorrogável por igual período e contado a partir da data do desembaraço aduaneiro de admissão das mercadorias.

A importação poderá ser feita com ou sem cobertura cambial, e a exportação será efetuada em moeda nacional ou estrangeira de livre conversibilidade.

Será admitida a utilização do produto importado para **abastecimento** do mercado interno, no prazo de vigência do regime, desde que cumprido o compromisso de exportação estabelecido.

O regime será **extinto**, dentro do prazo de vigência, com a adoção de uma das seguintes providências[52]:

▪ **exportação** do produto importado;

▪ exportação de produto nacional, em **substituição** ao importado, em igual quantidade e idêntica classificação fiscal, no caso dos produtos importados que foram utilizados para atender ao abastecimento do mercado interno.

Serão exigidos os impostos suspensos, com os acréscimos legais e penalidades cabíveis, quando ocorrer o descumprimento do prazo de vigência estabelecido, tomando-se como base da exigência a data de registro da declaração de admissão das mercadorias no regime.

18.11. REGIME TRIBUTÁRIO PARA INCENTIVO À MODERNIZAÇÃO E À AMPLIAÇÃO DA ESTRUTURA PORTUÁRIA (REPORTO)

O REPORTO tem por objetivo incentivar a **modernização** da infraestrutura portuária brasileira, que durante anos esteve defasada em razão dos baixos investimentos realizados pelo Poder Público.

Com a **privatização** dos portos e a necessidade de se reduzir o "Custo Brasil", várias providências foram tomadas, inclusive a criação do REPORTO, que permite a importação de máquinas, peças e outros bens, **sem similar nacional**, destinados ao ativo imobilizado das empresas que operam serviços de carga, descarga, movimentação de mercadorias e dragagem, além das atividades de treinamento e capacitação profissional para trabalhadores do setor.

A importação pelo regime implica **suspensão** dos tributos incidentes e, nos termos da legislação vigente, aplica-se até 31 de dezembro de 2011.

---

[52] Conforme artigo 468 do Regulamento Aduaneiro.

São beneficiários do regime[53]:

◼ o operador portuário, o concessionário de porto organizado, o arrendatário de instalação portuária de uso público e a empresa autorizada a explorar instalação portuária de uso privativo misto;

◼ as empresas de dragagem, definidas na Lei n. 11.610/2007, os permissionários ou concessionários de recintos alfandegados de zona secundária e os Centros de Treinamento Profissional, conceituados no artigo 32 da Lei n. 8.630/93; e

◼ os concessionários de transporte ferroviário.

Para a habilitação, as empresas interessadas deverão comprovar **idoneidade fiscal** e constituir os créditos tributários suspensos em termo de responsabilidade.

A utilização adequada dos bens, nas condições estabelecidas pelo REPORTO, tem os seguintes efeitos, depois de transcorridos **cinco anos**, contados da data do fato gerador, em relação aos bens importados:

◼ a suspensão do II e do IPI converte-se em **isenção** tributária;

◼ a suspensão do PIS e da COFINS vinculados à importação transforma-se em **alíquota zero**.

Os efeitos anteriores descritos têm por objetivo **desonerar** as importações, desde que não ocorra transferência dos bens durante a vigência do regime.

A **transferência** da propriedade a terceiros, dentro do prazo de cinco anos, exige anuência prévia da Receita Federal do Brasil e recolhimento dos tributos suspensos, acrescidos de juros e multa de mora, salvo se o adquirente assumir a responsabilidade dos tributos suspensos, desde o momento da ocorrência dos correspondentes fatos geradores. Na hipótese, o adquirente deverá firmar novo termo de responsabilidade, em relação aos créditos suspensos.

18.12. LOJA FRANCA

O regime aduaneiro especial de **loja franca** permite que estabelecimentos instalados na zona primária de portos ou aeroportos alfandegados vendam produtos locais ou importados para passageiros em viagem internacional, contra pagamento em moeda nacional ou estrangeira (inclusive cheques de viagem e cartões de crédito).

Trata-se de regime muito conhecido de todos, especialmente daqueles que já tiveram a oportunidade de viajar para o exterior. Como se sabe, existem lojas francas nos recintos de embarque e desembarque dos principais **aeroportos internacionais** brasileiros.

O objetivo desses estabelecimentos, no exterior (onde são conhecidos como *Duty Free Shops*), é permitir a venda de produtos de fabricação doméstica a passageiros estrangeiros, com isenção tributária, em razão da exportação dos bens.

Daí por que as lojas se localizarem, em quase todos os países, nos saguões de **embarque de passageiros** internacionais, onde ocorre a venda dos produtos típicos de cada cultura, que deixarão o território aduaneiro no conceito de bagagem acompanhada.

---

[53] Conforme artigo 472 do Regulamento Aduaneiro.

O Brasil, todavia, é um dos raros lugares do mundo que possui lojas francas de **desembarque**, nas quais são vendidos **produtos estrangeiros**, com isenção tributária. Curiosamente — e ao contrário do que sempre ocorreu nos países mais desenvolvidos —, apenas há alguns anos começaram a ser vendidos, nas lojas francas de embarque, bens de **fabricação nacional**, para os turistas que deixam o país.

Os produtos estrangeiros importados diretamente pelos titulares das lojas francas permanecerão com suspensão do pagamento de tributos até a venda aos viajantes internacionais, ocasião em que o crédito tributário será declarado isento.

Nas hipóteses de venda de **produtos nacionais**, a saída do estabelecimento industrial ou equiparado a industrial no país já ocorrerá com isenção, desde que fique comprovada, posteriormente, a integral utilização dos bens no regime.

As lojas francas poderão receber produtos nacionais submetidos ao regime de depósito alfandegado certificado, que veremos mais adiante.

A importação para o regime de loja franca, em qualquer caso, será feita em **consignação**, o que representa grande vantagem para o concessionário que explora a atividade, pois o pagamento ao exterior, no caso, só será realizado após a efetiva venda da mercadoria.

Nos termos da legislação em vigor, poderão adquirir bens em lojas francas, conforme regulamentação a cargo do Ministro da Fazenda[54]:

- ◼ os **tripulantes** e **passageiros** em viagem internacional;
- ◼ as **missões diplomáticas**, repartições consulares, representações de organismos internacionais de caráter permanente e seus integrantes ou assemelhados; e
- ◼ as empresas de **navegação** aérea ou marítima, para uso ou consumo de bordo de embarcações ou aeronaves, de bandeira estrangeira, aportadas no país.

Comentário:

Os passageiros internacionais que desembarcam no Brasil por via aérea ou marítima podem adquirir nas lojas francas de chegada produtos até o limite de US$ 500,00. O valor é individual e não pode ser somado, nem entre casais. O limite para compras nas lojas francas não se confunde com a isenção, também de US$ 500,00, a que todos os viajantes internacionais fazem jus quando do retorno ao país (esta se refere à compra de produtos no exterior, na modalidade de bagagem acompanhada).

Em julho de 2014 o governo autorizou a criação, por meio da Portaria MF n. 307, do regime aduaneiro especial de Loja Franca aplicado em fronteira terrestre, a ser explorado em cidade gêmea de outra estrangeira na linha de fronteira do país (na prática, o regime contempla diversas cidades brasileiras, localizadas nos estados do Acre, Amazonas, Amapá, Mato Grosso do Sul, Paraná, Rondônia, Roraima, Rio Grande do Sul e Santa Catarina).

18.13. DEPÓSITO ESPECIAL

O regime de **depósito especial** permite a estocagem de partes, peças, componentes e materiais de reposição ou manutenção, com suspensão do pagamento de tributos, quando

---

[54] Artigo 478 do Regulamento Aduaneiro.

destinados a veículos, máquinas, equipamentos, aparelhos e instrumentos, de **procedência estrangeira**, nacionalizados ou não, nas hipóteses fixadas pelo Ministro da Fazenda.

Em regra, as mercadorias admitidas no regime deverão ser importadas **sem cobertura cambial** e o prazo de permanência será de até **cinco anos**, a contar da data do desembaraço para admissão, salvo em casos de relevante interesse econômico[55].

A mercadoria admitida no depósito especial poderá ter uma das seguintes destinações, que extinguirão o regime[56]:

a) reexportação;

b) exportação, inclusive quando as mercadorias forem aplicadas em serviços de reparo ou manutenção de veículos, máquinas, aparelhos e equipamentos estrangeiros, de passagem pelo Brasil;

c) transferência para outro regime especial ou aplicado em áreas especiais;

d) despacho para consumo, que será efetuado pelo beneficiário até o dia dez do mês seguinte ao da saída das mercadorias do estoque, com observância das exigências legais e regulamentares, inclusive as relativas ao controle administrativo das importações;

e) destruição, com autorização do consignante, às expensas do beneficiário.

O **controle aduaneiro** da entrada, permanência e saída de mercadorias no regime será efetuado mediante processo informatizado, a partir de *software* desenvolvido pelo beneficiário e devidamente homologado pela Receita Federal do Brasil.

18.14. DEPÓSITO AFIANÇADO

O regime aduaneiro especial de **depósito afiançado** é o que permite a armazenagem, com suspensão do pagamento de tributos, de materiais importados **sem cobertura cambial**, destinados à manutenção e ao reparo de embarcação ou de aeronave pertencentes a empresas que operam transporte comercial internacional, inclusive rodoviário.

Do mesmo modo, utiliza-se o regime de depósito afiançado para a armazenagem das **provisões de bordo**, no caso de empresas estrangeiras de transporte marítimo e aéreo.

Com efeito, praticamente todas as grandes companhias aéreas internacionais que atuam no Brasil possuem depósitos afiançados nos principais aeroportos, no intuito de oferecer, a bordo da aeronave, produtos de procedência estrangeira (bebidas e alimentos, por exemplo), além de suprir as aeronaves com peças e sobressalentes para manutenção e reparos, sem o pagamento de tributos.

A autorização para ingresso no regime compete às autoridades aduaneiras e está condicionada ao disposto em acordos internacionais firmados pelo país ou, ainda, nas hipóteses de **reciprocidade** de tratamento, conferido no exterior para empresas brasileiras do setor.

---

[55] Compete ao Ministro da Fazenda autorizar, excepcionalmente, a importação dos bens com cobertura cambial e, em relação ao prazo do regime, poderá também, mediante decisão fundamentada, estendê-lo para além dos cinco anos.

[56] Artigo 485 do Regulamento Aduaneiro.

O prazo de permanência dos materiais no regime será de até cinco anos, contados da data do desembaraço aduaneiro para admissão. O controle aduaneiro sobre a entrada, permanência e saída de mercadorias do regime será efetuado mediante processo informatizado, nos termos estabelecidos pela Receita Federal do Brasil.

18.15. DEPÓSITO ALFANDEGADO CERTIFICADO

O regime de **depósito alfandegado certificado** considera como exportadas, para todos os efeitos legais, as mercadorias nacionais armazenadas em recinto alfandegado, quando vendidas para pessoa sediada no exterior, mediante contrato de entrega no território nacional e à ordem do adquirente.

Trata-se, uma vez mais, de modelo que contempla a chamada **exportação ficta**, utilizado como forma de incentivo para a aquisição de produtos nacionais.

O regime será operado em recinto alfandegado de **uso público** ou instalação portuária de **uso privativo misto**, atendidas as condições estabelecidas pela Receita Federal do Brasil.

Em termos operacionais, o ingresso no regime inicia-se com a emissão, pelo depositário, de **conhecimento de depósito** alfandegado, que comprova a operação, a tradição e a propriedade da mercadoria, além de definir o marco inicial para a contagem do prazo de permanência dos bens, que não poderá ser superior a um ano.

A extinção do regime ocorrerá mediante as seguintes circunstâncias[57]:

- ◼ a comprovação do efetivo embarque, ou da transposição da fronteira, da mercadoria destinada ao exterior;
- ◼ o despacho para consumo; ou
- ◼ a transferência para um dos seguintes regimes aduaneiros: *drawback*, admissão temporária (inclusive para as atividades de pesquisa e exploração de petróleo e seus derivados — REPETRO), loja franca, entreposto aduaneiro ou RECOF.

18.16. DEPÓSITO FRANCO

O regime aduaneiro especial de **depósito franco** permite o armazenamento de mercadorias estrangeiras em recinto alfandegado, no intuito de ajudar as atividades de comércio internacional de países vizinhos.

Por envolver questões ligadas à **soberania** e à **segurança estatal**, o depósito franco só poderá ser concedido mediante previsão específica em acordo internacional firmado pelo Brasil.

É o caso, por exemplo, dos depósitos francos do **Paraguai**, localizados nos portos de Santos e Paranaguá[58].

---

[57] Artigo 497 do Regulamento Aduaneiro.

[58] O Brasil, há muitos anos, firmou Acordos Bilaterais com o Paraguai para a concessão de facilidades aduaneiras, cujos principais exemplos são os depósitos francos localizados nos portos de Santos (1941) e Paranaguá (1956).

O Brasil, ao reconhecer as grandes dificuldades logísticas causadas pela ausência de saída por via marítima no país vizinho, permite que as mercadorias relacionadas ao comércio internacional do Paraguai sejam armazenadas, sob condições especiais, em recintos alfandegados nacionais.

Assim, as operações de importação e exportação do Paraguai poderão ser realizadas pelos portos brasileiros, e a transferência de e para aquele país ocorrerá sob o regime de **trânsito aduaneiro** internacional.

Em regra, justamente em homenagem ao princípio da soberania, as mercadorias admitidas em depósito franco não serão vistoriadas, salvo nos casos de:

- permanência no regime por prazo superior ao fixado pela legislação;
- fundada suspeita de falsa declaração de conteúdo.

Com a reforma, manteve-se a suspensão do IBS e da CBS sobre bens armazenados em **regimes de depósito**, que são espaços alfandegados onde mercadorias importadas podem permanecer sem pagamento imediato de tributos. A suspensão permite, como visto, que as empresas aguardem uma decisão comercial antes de internalizar os produtos no país ou enviá-los ao exterior.

Entretanto, o artigo 86 da Lei Complementar n. 214/2025 faz importante ressalva: bens armazenados em **depósito alfandegado certificado** são considerados exportados, desde que cumpram os requisitos estabelecidos no regulamento. Isso significa que, se uma empresa brasileira fabricar peças de automóveis e as enviar para um depósito alfandegado certificado, a operação será equiparada a uma exportação, ainda que os bens permaneçam no Brasil, evitando assim a incidência do IBS e da CBS.

O artigo 87 do mesmo diploma legal também inclui no regime especial as **lojas francas**, conhecidas como *duty-free shops*. Bens comercializados nessas lojas, desde que destinados a viajantes em trânsito internacional, também gozam da suspensão dos tributos. Isso se aplica ainda ao fornecimento de produtos para consumo a bordo em aeronaves com destino ao exterior.

18.17. REGIMES ADUANEIROS APLICADOS EM ÁREAS ESPECIAIS

Todos os regimes aduaneiros especiais, que comentamos ao longo deste capítulo, podem ser concedidos, sem distinção, em qualquer região do território nacional, como corolário do princípio da **igualdade**, desde que observadas as normas pertinentes.

A legislação aduaneira, contudo, na esteira de ideias introduzidas pela própria Constituição da República, prevê a adoção de regimes aduaneiros especificamente voltados a **determinadas áreas**, no intuito de promover o desenvolvimento econômico das regiões mais distantes dos grandes centros.

O modelo não é exclusividade brasileira, sendo utilizado em diversos outros países, especialmente nos de maior extensão territorial.

Portanto, possuem tratamento diferenciado as mercadorias destinadas à **Zona Franca de Manaus**, às **Áreas de Livre-Comércio** e às **Zonas de Processamento de Exportações**, mediante os regimes que estudaremos a seguir.

18.17.1. Zona Franca de Manaus

A **Zona Franca de Manaus (ZFM)** é o principal polo industrial e econômico da Amazônia e, desde a Constituição de 1988, tem sido destinatária de diversos benefícios tributários, com o objetivo de desenvolver e manter uma área economicamente relevante num ponto estratégico da região.

No Brasil, a **Zona Franca de Manaus** possui regime jurídico-aduaneiro fundamentado nos preceitos do artigo 40 do Ato das Disposições Constitucionais Transitórias[59], que prevê tratamento **absolutamente distinto** daquele praticado no restante do território nacional[60].

Trata-se, pois, de típico caso no qual um único **território nacional**, o brasileiro, possui mais de um **sistema aduaneiro** em vigor.

O regime previsto para a Zona Franca de Manaus, ampliado pelo Decreto-lei n. 288/67 — que deveria acabar em 1997, sob a expectativa de que o almejado desenvolvimento da região se consolidasse –, foi prorrogado em **quatro ocasiões**: a primeira, pelo Decreto n. 92.560, de 16 de abril de 1986, assinado pelo então Presidente José Sarney, que ampliou o prazo até 2007; a segunda, pelo citado artigo 40 do Ato das Disposições Constitucionais Transitórias, que o estendeu por **20 anos**, contados da data da promulgação da Carta Política, em 5 de outubro de 1988; por fim, pela Emenda Constitucional n. 42, de 19 de dezembro de 2003, que acrescentou mais **dez anos** ao prazo fixado pelo artigo 40. Recentemente, a Emenda Constitucional n. 83 garantiu a vigência do modelo até 2073.

A entrada e a saída de pessoas, bem como bens e veículos da Zona Franca de Manaus, são controladas, para fins aduaneiros, inclusive no que tange a **residentes nacionais** e **produtos brasileiros**, em razão das particularidades tributárias a que são submetidos.

Compete-nos advertir que somente uma interpretação **sistêmica** do texto constitucional, elaborada a partir da percepção da existência de normas jurídicas válidas e peculiares ao **direito aduaneiro**, permitirá ao jurista contornar a aparente incompatibilidade entre o regime tributário relativo à Zona Franca de Manaus e o preceito exarado pelo artigo 150, V, da Carta Política[61], que **veda a limitação**, por meio de exações tributárias, ao tráfego interno de pessoas ou bens.

---

[59] ADCT, Artigo 40: "É mantida a Zona Franca de Manaus, com suas características de área livre de comércio, de exportação e importação, e de incentivos fiscais, pelo prazo de vinte e cinco anos, a partir da promulgação da Constituição".

[60] Regulamento Aduaneiro, artigo 504: "A Zona Franca de Manaus é uma área de livre-comércio de importação e de exportação e de incentivos fiscais especiais, estabelecida com a finalidade de criar no interior da Amazônia um centro industrial, comercial e agropecuário, dotado de condições econômicas que permitam seu desenvolvimento, em face dos fatores locais e da grande distância a que se encontram os centros consumidores de seus produtos".

[61] Constituição Federal, artigo 150: "Sem prejuízo de outras garantias asseguradas ao contribuinte, é vedado à União, aos Estados, ao Distrito Federal e aos Municípios: (...) V — estabelecer limitações ao tráfego de pessoas ou bens, por meio de tributos interestaduais ou intermunicipais, ressalvada a cobrança de pedágio pela utilização de vias conservadas pelo Poder Público".

O próprio legislador utiliza a expressão **internação**[62], cujo sentido deriva do conceito de importação, para definir a operação que destina produtos fabricados na Zona Franca de Manaus a outros pontos do país.

As vendas no mercado interno ensejam controle aduaneiro específico, que tem por objetivo verificar os **procedimentos de transferência** de um sistema para outro, normalmente com a incidência dos tributos que não foram cobrados na etapa anterior (entrada de produtos manufaturados ou insumos, partes e componentes na Zona Franca de Manaus, por força de isenção)[63].

A entrada de bens para **consumo** na Zona Franca de Manaus, portanto, está **isenta** de Imposto de Importação (II) e de Imposto sobre Produtos Industrializados (IPI), desde que obedecidas as condições do regime, salvo para os seguintes tipos de produtos[64]:

- armas e munições;
- fumo;
- bebidas alcoólicas;
- automóveis de passageiros; e
- produtos de perfumaria ou de toucador, e preparados e preparações cosméticos, salvo os classificados nas posições 3303 a 3307 da Nomenclatura Comum do Mercosul, se destinados, exclusivamente, a consumo interno na Zona Franca de Manaus ou quando produzidos com utilização de matérias-primas da fauna e da flora regionais, em conformidade com processo produtivo básico.

Em razão da isenção para vários produtos, o leitor já deve ter ouvido dizer que o preço das mercadorias importadas, em Manaus, é **inferior** ao praticado no restante do país, motivo que leva os turistas a fazer muitas compras quando visitam a cidade.

Sob o ponto de vista aduaneiro, a situação traz um controle inusitado, pois se trata do único local no Brasil onde a Receita Federal fiscaliza a **saída de produtos** em voos domésticos, especialmente no Aeroporto Internacional Eduardo Gomes, embora o destino dos passageiros seja o próprio território nacional[65].

---

[62] Entende-se por internação a entrada, no restante do território aduaneiro brasileiro, de mercadorias egressas da Zona Franca de Manaus. Trata-se de modalidade jurídica análoga à *importação*, principalmente no caso de mercadorias estrangeiras importadas para a Zona Franca de Manaus e posteriormente internadas no Brasil, pois estarão sujeitas a todos os tributos incidentes numa importação comum, salvo nos casos de: a) Bagagem de viajante; b) Internação de produtos industrializados na Zona Franca de Manaus com insumos estrangeiros; c) Saída, para a Amazônia ocidental, dos produtos beneficiados pela pauta definida pelos ministros da Fazenda e do Desenvolvimento, Indústria e Comércio Exterior e d) Saída de mercadorias para as áreas de livre-comércio, de acordo com a legislação em vigor.

[63] Regulamento Aduaneiro, artigo 505: "A entrada de mercadorias estrangeiras na Zona Franca de Manaus, destinadas a seu consumo interno, industrialização em qualquer grau, inclusive beneficiamento, agropecuária, pesca, instalação e operação de indústrias e serviços de qualquer natureza, bem como a estocagem para reexportação, será isenta dos impostos de importação e sobre produtos industrializados".

[64] Artigo 505, § 1.º, do Regulamento Aduaneiro.

[65] A bagagem de viajante oriundo de Manaus poderá ser equiparada àquela procedente do exterior, nos termos e condições fixados pelo Ministro da Fazenda.

A legislação prevê, ainda, a **manutenção** da isenção na importação para as mercadorias ingressadas na Zona Franca de Manaus e posteriormente exportadas, ainda que usadas (outra peculiaridade que não ocorre no restante país).

Na esteira do raciocínio apresentado, a remessa de produtos de **origem nacional** (por exemplo, fabricados em São Paulo), para consumo ou industrialização na Zona Franca de Manaus[66] equivale a uma **exportação brasileira** para o exterior, o que reforça a diferença de tratamento jurídico entre os territórios aduaneiros (regime da ZFM *versus* restante do Brasil).

A saída para o território brasileiro de **produtos industrializados**[67] na Zona Franca de Manaus está sujeita ao pagamento do **Imposto de Importação** relativo às matérias-primas e aos insumos de procedência estrangeira, com **redução** de até 88% da alíquota *ad valorem* original[68], desde que utilizados de forma compatível com o **processo produtivo básico**[69] para itens compreendidos na mesma classificação fiscal.

Em relação ao **Imposto sobre Produtos Industrializados** (IPI), são **isentas** as mercadorias produzidas na Zona Franca de Manaus que se destinem ao consumo interno ou à comercialização em qualquer ponto do país, desde que observados os requisitos do processo produtivo básico[70].

Durante os debates sobre a Reforma Tributária, houve grande preocupação com a manutenção da **competitividade** e dos **benefícios** para as empresas instaladas na ZFM. Decidiu-se, assim, que a Zona Franca de Manaus continuará a ser tratada de maneira favorecida.

Como vimos, há **isenção de IPI** para os produtos fabricados na ZFM, de modo que uma primeira medida para preservar a competitividade das empresas lá instaladas foi a manutenção da cobrança de IPI para produtos de **outras regiões do país**, mesmo a partir do momento em que o imposto, como regra geral, deixará de ser exigido (2027). Com isso, as empresas da ZFM terão um tratamento favorecido em relação aos demais fabricantes do país, situação que perdurará até a **extinção total do IPI**, prevista para 2033, quando o novo modelo tributário passará a viger integralmente.

A reforma também prevê que o diferencial competitivo da ZFM poderá ser garantido com a utilização de **outros instrumentos**, de natureza fiscal, econômica ou financeira.

Um desdobramento concreto dessa diretriz é a criação do **Fundo de Sustentabilidade e Diversificação Econômica do Estado do Amazonas**, que será constituído com

---

[66] O tratamento não se aplica a armas, munições, perfumes, fumo, bebidas alcoólicas e automóveis de passageiros, mas alcança os demais produtos, inclusive quando remetidos para posterior exportação.

[67] A industrialização deve ser entendida nos termos da legislação do IPI, vale dizer, e se aplica aos processos de transformação, beneficiamento, montagem, recondicionamento e reacondicionamento.

[68] Para automóveis e bens de informática, a redução no imposto de importação segue regras específicas.

[69] A expressão "processo produtivo básico" representa o conjunto mínimo de operações necessário para a efetiva industrialização de dado produto.

[70] A isenção não alcança armas, munições, fumo, bebidas alcoólicas, automóveis de passageiros e produtos de perfumaria ou de toucador.

recursos da União e por ela gerido, com a efetiva participação do Estado do Amazonas na definição das políticas, com o objetivo de fomentar o desenvolvimento e a diversificação das atividades econômicas no Estado.

O FSDE será instituído por **lei complementar**, que deverá estabelecer o valor mínimo dos aportes anuais e os critérios para sua correção, assim como prever a possibilidade de utilização dos recursos do Fundo para compensar eventual perda de receita do Estado do Amazonas, em função das alterações no sistema tributário, decorrentes da criação do IBS e da CBS.

Como o legislador brasileiro adora criar fundos (cuja eficiência, em nossa opinião, é bastante questionável), outra lei complementar deverá ser utilizada para criar o **Fundo de Desenvolvimento Sustentável dos Estados da Amazônia Ocidental e do Amapá**, que será constituído com recursos da União e por ela gerido, com a efetiva participação desses Estados na definição das políticas, com o objetivo de fomentar o desenvolvimento e a diversificação de suas atividades econômicas.

Nota-se que a estrutura e os objetivos dos dois fundos são **idênticos**, até na dicção constitucional. Este Fundo alcançará as áreas de livre comércio da região amazônica e, como vimos, seguirá, em linhas gerais, a lógica do fundo destinado à ZFM.

18.17.1.1. *Normas específicas*

No intuito de ampliar o alcance dos benefícios concedidos à Zona Franca de Manaus, a legislação estende o regime, para as áreas pioneiras, zonas de fronteira e outras localidades da **Amazônia Ocidental**[71], para os seguintes produtos:

- motores marítimos de centro e de popa, seus acessórios e pertences, bem como outros utensílios empregados na atividade pesqueira, exceto explosivos e produtos utilizados em sua fabricação;
- máquinas, implementos e insumos utilizados na agricultura, na pecuária e nas atividades afins;
- máquinas para construção rodoviária;
- máquinas, motores e acessórios para instalação industrial;
- materiais de construção;
- produtos alimentares; e
- medicamentos.

Especificamente em relação a Manaus, a legislação aduaneira previu a possibilidade de criação de um sub-regime, denominado **Entreposto Internacional da Zona Franca de Manaus (EIZOF)**, que permite a armazenagem, com suspensão dos tributos, nas seguintes situações[72].

- Mercadorias estrangeiras importadas e destinadas;
- **a)** a venda por atacado, para a Zona Franca de Manaus e para outras regiões do território nacional;

---

[71] A Amazônia ocidental compreende os estados do Amazonas, Acre, Rondônia e Roraima.

[72] Conforme artigo 520 do Regulamento Aduaneiro.

b) a comercialização na Zona Franca de Manaus, na Amazônia Ocidental ou nas áreas de livre-comércio.

▢ Matérias-primas, produtos intermediários, materiais secundários e de embalagem, partes e peças e demais insumos, importados e destinados à industrialização de produtos na Zona Franca de Manaus;

▢ Mercadorias nacionais destinadas à Zona Franca de Manaus, à Amazônia ocidental, às áreas de livre-comércio ou ao mercado externo; e

▢ Mercadorias produzidas na Zona Franca de Manaus e destinadas aos mercados interno ou externo.

As mercadorias (exceto fumo e derivados) poderão permanecer no regime por até um ano, prorrogável até o limite máximo de cinco anos, desde que importadas **sem cobertura cambial**.

A Lei Complementar n. 214/2025 reforçou a lógica da Reforma Tributária, no sentido de atribuir à Zona Franca de Manaus uma série de benefícios, o que ensejou diversos artigos no texto regulamentar, cujas principais características apresentaremos a seguir.

De plano, o artigo 439 da Lei Complementar determina que os benefícios fiscais concedidos à ZFM continuam vigentes até o prazo previsto no art. 92-A do Ato das Disposições Constitucionais Transitórias (ADCT), que estende os incentivos até 2073. Ou seja, a nova legislação **não altera** a duração dos benefícios, respeitando o compromisso constitucional de longo prazo.

O legislador se preocupou em fixar alguns conceitos relativos à matéria:

▢ **Zona Franca de Manaus:** corresponde à área demarcada pela legislação específica.

▢ **Indústria incentivada:** pessoa jurídica contribuinte do IBS e da CBS, devidamente habilitada, que produz bens dentro da ZFM.

▢ **Bem intermediário:** produto industrializado utilizado na industrialização de outros bens ou para embalagem de produtos industriais.

▢ **Bem final:** produto acabado, sem agregação de valor no processo produtivo.

O conceito de indústria incentivada é essencial para a fruição dos incentivos fiscais, pois somente empresas formalmente habilitadas terão acesso ao regime favorecido.

A despeito disso, existem diversas categorias de produtos que **não podem** usufruir dos benefícios fiscais da ZFM, restringindo o regime para setores específicos.

Entre os itens excluídos, destacam-se:

▢ armas e munições;

▢ fumo e derivados

▢ bebidas alcoólicas;

▢ automóveis de passageiros;

▢ petróleo e derivados (exceto refinarias locais);

▢ perfumaria e cosméticos, salvo se fabricados com insumos regionais.

A limitação busca garantir que os incentivos sejam direcionados a segmentos estratégicos para a economia local.

Os incentivos na região estão condicionados à inscrição na Suframa e, no caso da indústria, à aprovação de um projeto técnico-econômico pelo Conselho de Administração da entidade, com o objetivo de assegurar que apenas empresas comprometidas com a industrialização na região tenham acesso aos benefícios.

O artigo 443 da LC n. 214/2025, de forma bastante peculiar, prevê a "suspensão da incidência" do IBS e da CBS sobre importações destinadas à indústria incentivada. Essa suspensão se converte em isenção, desde que os bens importados sejam utilizados no processo produtivo da ZFM ou permaneçam no ativo da empresa por pelo menos 48 meses.

Caso os bens importados sejam remetidos para fora da ZFM antes da conversão em isenção, os tributos suspensos deverão ser recolhidos, acrescidos de encargos legais.

A legislação também concede crédito presumido de IBS para contribuintes habilitados que importam bens materiais para revenda presencial na ZFM. O valor do crédito corresponde a 50% da alíquota aplicável na importação, reduzindo a carga tributária sobre essas operações.

O objetivo da medida é estimular o comércio local e garantir maior competitividade para empresas instaladas na região.

Caso os bens sejam revendidos ou transferidos para fora da ZFM, o contribuinte deve recolher os tributos suspensos, evitando abusos no uso dos benefícios.

As alíquotas de IBS e CBS serão reduzidas a zero sobre operações originadas fora da ZFM, desde que o destinatário seja uma empresa habilitada na Suframa e que esteja no regime regular ou no Simples Nacional. O mecanismo reduz o custo de aquisição de insumos e equipamentos para a indústria local, incentivando o desenvolvimento produtivo da região.

Entretanto, a legislação exige controles rigorosos para garantir que os bens adquiridos com alíquota zero realmente ingressem na ZFM. Caso não haja comprovação da chegada do produto ao destino, o contribuinte deverá recolher os tributos que seriam devidos na operação original.

O IBS incidirá sobre a entrada de bens materiais no estado do Amazonas que tenham sido beneficiados com a redução a zero de alíquotas, conforme estabelece a legislação. No entanto, a incidência não ocorrerá se os bens forem destinados a uma indústria incentivada para uso na ZFM.

Em síntese, as regras gerais do IBS na entrada de bens no Estado do Amazonas são:

- o **destinatário** da operação será o contribuinte do imposto;
- a **base de cálculo** será o valor da operação que beneficiou da alíquota zero;
- a **alíquota aplicada** será de **70%** da alíquota original.

Prevê-se, ainda, a concessão de crédito presumido de IBS para contribuintes que adquirirem bens industriais de origem nacional beneficiados pela redução a zero da alíquota, nos seguintes percentuais:

- **7,5%** sobre o valor da operação para bens das **regiões Sul e Sudeste** (exceto Espírito Santo);
- **13,5%** para bens das **regiões Norte, Nordeste, Centro-Oeste e Espírito Santo**.

As condições para a manutenção do crédito presumido são:

▪ o bem deve **comprovar ingresso na ZFM** dentro do prazo regulamentar;
▪ se o bem for **revendido ou transferido para fora da ZFM**, o crédito deve ser **estornado.**

Importante: Caso o bem passe por **industrialização por encomenda**, o crédito presumido se aplica apenas ao valor agregado no processo.

As operações entre indústrias incentivadas dentro da ZFM podem usufruir de alíquota zero de IBS e CBS, desde que o bem intermediário seja entregue dentro da mesma área, observados os seguintes requisitos:

▪ o benefício não se aplica a bens excluídos do regime da ZFM;
▪ as empresas podem aproveitar créditos de IBS e CBS sobre operações anteriores.

A regra também vale para bens intermediários que passaram por industrialização por encomenda, considerando apenas o valor agregado.

Existe, ainda, a possibilidade de crédito presumido de 7,5% para a **indústria incentivada**, desde que o bem intermediário adquirido tenha sido beneficiado com **alíquota zero** e seja utilizado na **produção de bens finais**.

No caso de o bem intermediário ser objeto de **industrialização por encomenda**, o crédito presumido será aplicado somente sobre o valor agregado.

O artigo 450 da Lei Complementar n. 214/2025 concede créditos presumidos de IBS e CBS para a **indústria incentivada** que venda bens para outras regiões do país, inclusive para a própria ZFM, conforme tabela a seguir:

CATEGORIA DE BENS	CRÉDITO PRESUMIDO DE IBS (%)	CRÉDITO PRESUMIDO DE CBS (%)
Bens de consumo final	55	-
Bens de capital	75	-
Bens intermediários	90.25	-
Bens de informática e produtos com crédito ICMS até 2023	100	-
Venda de produtos conforme art. 454	-	6
Demais casos de venda	-	2

Exceções:
▪ O benefício **não se aplica** a operações **isentas, suspensas, diferidas** ou beneficiadas com **alíquota zero**.
▪ Também não vale para bens excluídos do regime da ZFM

No caso da CBS, prevê-se a redução a zero da alíquota da CBS para operações realizadas por pessoas jurídicas estabelecidas na ZFM quando destinadas a clientes dentro da mesma área, incluindo tanto a venda de bens quanto a prestação de serviços presenciais.

Aplica-se à hipótese as seguintes regras:

- ▣ Abrange bens materiais de origem nacional e serviços prestados fisicamente na ZFM.
- ▣ Empresas que realizam essas operações podem aproveitar e utilizar créditos sobre as aquisições antecedentes.

Os **créditos presumidos** de IBS e CBS só podem ser utilizados para compensação com o próprio IBS e CBS devidos, sendo vedada a compensação com outros tributos e o ressarcimento em dinheiro dos valores.

O direito de compensação expira em 5 anos, contados a partir do mês seguinte à apropriação. Por outro lado, as operações não contempladas pelos benefícios específicos da ZFM estarão sujeitas à tributação normal de IBS e CBS, seguindo as demais regras da Lei Complementar n. 214/2025.

A partir de 1.º de janeiro de 2027, o IPI será **reduzido a zero** para produtos com alíquota inferior a 6,5% na Tabela de Incidência do IPI (TIPI) vigente em 31 de dezembro de 2023, desde que:

- ▣ tenham sido industrializados na ZFM em 2024; ou
- ▣ possuam projeto técnico-econômico aprovado pela Suframa entre 1.º de janeiro de 2022 e a data de publicação da Lei.

Exceções:

- ▣ Produtos classificados como bens de tecnologia da informação e comunicação não terão redução de IPI.
- ▣ O Executivo Federal divulgará uma lista oficial dos produtos que terão IPI reduzido.

Na hipótese de bens **sem similar nacional**, cuja produção venha a ser instalada na ZFM, estabelece a regulamentação que o crédito presumido de CBS será de 6% do valor de venda dos produtos. Para o IPI, a alíquota mínima será de 6,5%, podendo ser majorada ou restabelecida pelo Executivo, desde que:

- ▣ o aumento não ultrapasse 30 pontos percentuais;
- ▣ a alíquota resultante não seja inferior a 6,5%;
- ▣ mudanças na alíquota ocorram no mínimo a cada 60 meses;
- ▣ reduções ocorram de forma gradual, no máximo 5 pontos percentuais por ano.

Em síntese, a regulamentação da Reforma Tributária reitera a importância da **Zona Franca de Manaus**, garantindo que seus benefícios sejam **preservados e ajustados** à nova estrutura tributária, com base nas seguintes premissas:

- ▣ **Redução de carga tributária** (alíquota zero de CBS, IPI reduzido, créditos presumidos).
- ▣ **Limitação na compensação de créditos** (evitando distorções fiscais).
- ▣ **Garantia de tributação justa para operações não contempladas.**
- ▣ **Preservação da competitividade da ZFM** (frente à reforma).
- ▣ **Criação de uma contribuição gradual para financiar o desenvolvimento do Amazonas.**

18.17.2. Áreas de livre-comércio

No intuito de promover o **comércio bilateral** entre o Brasil e os países vizinhos, especialmente nas fronteiras da região Norte, foram criadas as chamadas **áreas de livre-comércio**[73], que permitem a entrada de produtos estrangeiros, com suspensão do II e do IPI, quando destinados a[74]:

- ◼ consumo e venda internos;
- ◼ beneficiamento, em seu território, de pescado, recursos minerais e matérias-primas de origem agrícola ou florestal;
- ◼ beneficiamento de pecuária, restrito às áreas de Boa Vista, Bonfim, Macapá, Santana, Brasileia e Cruzeiro do Sul;
- ◼ piscicultura;
- ◼ agropecuária, salvo em relação à área de Guajará-Mirim;
- ◼ agricultura, restrito à área de Guajará-Mirim;
- ◼ instalação e operação de atividades de turismo e serviços de qualquer natureza;
- ◼ estocagem para comercialização no mercado externo;
- ◼ estocagem para comercialização ou emprego em outros pontos do país, restrito à área de Tabatinga;
- ◼ atividades de construção e reparos navais, restritas às áreas de Guajará-Mirim e Tabatinga;
- ◼ industrialização de produtos em seus territórios, restrita às áreas de Tabatinga, Brasileia e Cruzeiro do Sul; e
- ◼ internação como bagagem acompanhada, observado o mesmo tratamento previsto na legislação aplicável à Zona Franca de Manaus.

O regime não se aplica a armas, munições, perfumes, fumo e derivados, bebidas alcoólicas e automóveis de passageiros, nem a bens de informática, para as áreas de Tabatinga e Guajará-Mirim.

Na hipótese de saída de mercadorias estrangeiras para outros pontos do território nacional[75], quando **previamente importadas** pelas áreas de livre-comércio, será a elas conferido o tratamento aduaneiro típico das importações, ou seja, as operações sofrerão a incidência de todos os tributos normalmente exigíveis.

A **administração** das áreas de livre-comércio e da Zona Franca de Manaus está a cargo da Superintendência da Zona Franca de Manaus (Suframa), autarquia vinculada ao Ministério da Economia.

---

[73] As áreas de livre-comércio compreendem os perímetros urbanos dos municípios de Tabatinga (AM), Guajará-Mirim (RO), Boa Vista e Bonfim (RR), Macapá e Santana (AP) e Brasileia, com extensão para o município de Epitaciolândia e Cruzeiro do Sul (AC).

[74] Artigo 525 do Regulamento Aduaneiro.

[75] Exceto para os bens destinados a outras áreas de livre-comércio, à Zona Franca de Manaus ou à Amazônia ocidental.

18.17.3. Zonas de processamento de exportação

As **zonas de processamento de exportação** representam mais uma tentativa do Governo Federal no sentido de levar desenvolvimento industrial a regiões mais distantes, por meio de incentivos fiscais.

O regime, apesar do nome, assemelha-se ao das áreas de livre-comércio e tem por objetivo a instalação de empresas com vocação para a exportação nos territórios beneficiados.

As importações de produtos estrangeiros poderão ser realizadas com **suspensão**[76] do Imposto de Importação, do Imposto sobre Produtos Industrializados, do PIS e da COFINS vinculados e do adicional de frete para a renovação da marinha mercante brasileira (AFRMM).

As empresas que desejarem se instalar nas zonas de processamento de exportação deverão firmar **compromisso** no sentido de manter, em relação a cada ano-calendário, receita bruta decorrente de exportações no patamar mínimo de 80% do total das receitas de vendas e serviços realizadas.

O ato de concessão do regime deverá discriminar os produtos que serão industrializados e terá vigência de **20 anos**, prorrogáveis por igual período, quando restar provado que o volume de investimentos para a instalação da empresa necessita de prazo maior para amortização.

Os produtos industrializados em zona de processamento de exportação, quando vendidos para o mercado interno, estarão sujeitos ao pagamento do Imposto de Importação e do adicional ao frete para renovação da marinha mercante relativos às matérias-primas, produtos intermediários e materiais de embalagem de procedência estrangeira neles empregados, com acréscimo de juros e multa de mora[77].

As importações e exportações de empresa autorizada a operar em zona de processamento de exportação estão sujeitas ao seguinte **tratamento administrativo**[78]:

◼ dispensa de licença ou de autorização de órgãos federais[79], com exceção dos controles de ordem sanitária, de interesse da segurança nacional e de proteção do

---

[76] Em relação a bens importados enquadrados como bens do **ativo imobilizado** (máquinas e equipamentos, novos ou usados), a suspensão tributária converter-se-á em **alíquota zero** de IPI, PIS e COFINS, desde que atendido o compromisso de exportação de 80% e decorridos dois anos da data do fato gerador. Para o II e o AFRMM, a suspensão será convertida em **isenção**, decorridos cinco anos do fato gerador ou, ainda, quando se tratar de matérias-primas, produtos intermediários e materiais de embalagem, com a exportação (no estado em que importadas), reexportação ou destruição das mercadorias, às expensas do interessado. O descumprimento de qualquer requisito do regime implica o recolhimento de todos os tributos suspensos, acrescidos de juros e multa de mora, contados da data do registro da declaração de importação.

[77] Artigo 536, § 3.º, do Regulamento Aduaneiro.

[78] Conforme artigo 539 do Regulamento Aduaneiro.

[79] A dispensa não se aplica às exportações de produtos "a) destinados a países com os quais o Brasil mantenha convênios de pagamento, que se submeterá às disposições e aos controles estabelecidos na forma da legislação específica; b) sujeitos a regime de cotas aplicáveis às exportações do país, vigente na data de aprovação do projeto, ou que venha a ser instituído posteriormente

meio ambiente, vedadas quaisquer outras restrições à produção, operação, comercialização e importação de bens e serviços que não as impostas pela Lei n. 11.508, de 2007 (lei que dispõe sobre o regime tributário, cambial e administrativo das ZPE); e

▣ somente serão admitidas importações, com a suspensão do pagamento de tributos, de equipamentos, máquinas, aparelhos e instrumentos, novos ou usados, e de matérias-primas, produtos intermediários e materiais de embalagem necessários à instalação industrial ou destinados a integrar o processo produtivo.

Com a Reforma Tributária, os benefícios fiscais das áreas de livre-comércio permanecerão em vigor até a data prevista no artigo 92-A do ADCT, ou seja, até 2073.

As áreas contempladas são:

▣ **Tabatinga (AM):** Lei n. 7.965/89.

▣ **Guajará-Mirim (RO):** Lei n. 8.210/91.

▣ **Boa Vista e Bonfim (RR):** Lei n. 8.256/91.

▣ **Macapá e Santana (AP):** Lei n. 8.387/91.

▣ **Brasiléia, Epitaciolândia e Cruzeiro do Sul (AC):** Lei n. 8.857/94.

Todas as áreas localizadas em estados estratégicos da Amazônia e em áreas de fronteira, com o objetivo de incentivar o comércio regional e fortalecer a economia local.

Os requisitos para que empresas possam usufruir dos incentivos fiscais das áreas de livre comércio são:

a) **Comércio e serviços:**

▣ Empresas que desenvolvam atividades comerciais ou de fornecimento de serviços precisam estar cadastradas na Suframa.

b) **Indústrias locais:**

Para empresas industriais, é necessário:

▣ Cadastro e aprovação de projeto técnico-econômico pela Suframa.

▣ Utilização predominante de matérias-primas regionais, provenientes dos setores:

▣ **Animal;**

▣ **Vegetal;**

▣ **Mineral** (exceto minérios do Capítulo 26 da NCM/SH);

▣ **Agrossilvopastoril;**

▣ Observância da legislação ambiental vigente.

O principal benefício fiscal para as indústrias das Áreas de Livre Comércio é a suspensão do IBS e da CBS na importação de bens materiais, desde que sejam incorporados ao processo produtivo.

---

ou c) sujeitos ao pagamento do imposto de exportação", nos termos do artigo 539, § 1.º, do Regulamento Aduaneiro.

Exceções:

☐ Não se aplica a bens excluídos da ZFM (art. 441).

☐ Não se aplica a bens de uso e consumo pessoal, salvo se forem necessários para o desenvolvimento da atividade econômica vinculada ao projeto aprovado.

A suspensão tributária se torna isenção quando:

☐ o bem importado for consumido ou incorporado na produção na respectiva área de livre comércio; e

☐ o bem permanecer por 48 meses no ativo imobilizado ou sofrer depreciação integral.

Em suma, a Reforma Tributária buscou preservar os benefícios das Áreas de Livre Comércio, com base nas seguintes premissas:

☐ **Garantia de vigência até 2073**, assegurando estabilidade para investidores.

☐ **Exigência de predominância de insumos regionais** na industrialização, fomentando a economia local.

☐ **Suspensão e isenção de IBS e CBS na importação**, incentivando a instalação de indústrias.

☐ **Regras claras para controle da destinação dos bens**, evitando distorções e desvios no uso dos incentivos fiscais.

A Reforma Tributária também se manifestou sobre os incentivos para as Zonas de Processamento de Exportação ao considerar que o regime tributário diferenciado aplicado às ZPEs busca **fomentar a competitividade** da indústria nacional no comércio exterior, garantindo isenções e suspensões tributárias que permitem a redução de custos e maior estímulo à produção.

Assim, as empresas instaladas em ZPEs podem importar ou adquirir máquinas, aparelhos, instrumentos e equipamentos com **suspensão** do pagamento do IBS e da CBS. Essa suspensão é aplicável tanto a bens novos quanto usados, desde que eles sejam necessários às atividades produtivas e incorporados ao ativo imobilizado da empresa.

No caso de bens usados, a suspensão somente se aplica se o equipamento fizer parte de um conjunto industrial que integre o **capital social** da empresa. A regra evita que empresas importem máquinas isoladas sem um compromisso real de operação dentro da ZPE.

Caso os bens sejam utilizados de forma irregular ou revendidos antes da conversão da suspensão em alíquota zero (dois anos após a importação ou aquisição), a empresa deve **recolher** o IBS e a CBS devidos, acrescidos de juros e multa de mora, desde a data do fato gerador. Se esse pagamento não for efetuado espontaneamente, a cobrança será feita por meio de procedimento de ofício, com atualização pela taxa Selic e aplicação das penalidades cabíveis.

A suspensão do IBS e da CBS também se aplica às importações e aquisições no mercado interno de matérias-primas, produtos intermediários e materiais de embalagem adquiridos por empresas localizadas em ZPEs. Esses insumos devem ser integralmente utilizados no processo produtivo de bens destinados à exportação.

O benefício fiscal também abrange a energia elétrica proveniente de **fontes renováveis**, quando utilizada por empresas nas ZPEs. Isso reflete o incentivo governamental ao uso de energias limpas na produção industrial, permitindo que essa eletricidade tenha tratamento equivalente ao das matérias-primas.

A suspensão se converte em **alíquota zero** automaticamente quando os produtos forem efetivamente exportados ou quando os serviços prestados forem destinados exclusivamente ao exterior. Isso garante que a isenção fiscal seja concedida apenas para operações com impacto direto na balança comercial.

Embora as empresas de ZPEs sejam incentivadas a exportar, a legislação permite a venda de bens industrializados para o mercado interno, desde que sejam recolhidos:

◻ o IBS e a CBS sobre as importações feitas com suspensão, corrigidos pela taxa Selic e acrescidos de multa de mora;

◻ o IBS e a CBS sobre as aquisições no mercado interno feitas com suspensão, também com correção e multa;

◻ o IBS e a CBS normais sobre a operação de venda ao mercado interno.

Dessa forma, as empresas perdem os benefícios fiscais quando optam por vender seus produtos no mercado doméstico, assegurando que o regime das ZPEs continue voltado prioritariamente para a exportação.

Igual tratamento tributário é aplicado às transações entre empresas localizadas dentro da ZPE.

Assim, quando uma empresa vende máquinas, equipamentos, insumos ou materiais de embalagem para outra empresa dentro da mesma zona de processamento, a suspensão do IBS e da CBS é mantida. Isso evita distorções e permite que toda a cadeia produtiva dentro da ZPE se beneficie das vantagens fiscais.

Por fim, para **reduzir** custos logísticos e incentivar as exportações, as alíquotas do IBS e da CBS sobre serviços de transporte são reduzidas a zero nos seguintes casos:

◻ Transporte de bens até a ZPE: quando os insumos, equipamentos e matérias-
-primas forem levados para dentro da área de processamento de exportação.

◻ Transporte de bens exportados a partir da ZPE: quando os produtos finalizados forem enviados ao exterior.

Essa redução a zero facilita o escoamento da produção e evita a incidência de tributos que poderiam comprometer a competitividade das exportações.

O artigo 466 da Lei Complementar n. 214/2025 estabelece a redução a zero da alíquota da CBS para operações realizadas por empresas estabelecidas na Área de Livre Comércio, desde que:

◻ sejam operações com bens materiais de origem nacional;

◻ sejam serviços prestados fisicamente dentro da área;

◻ o destinatário seja uma pessoa física ou jurídica localizada dentro da ALC.

Assim, as empresas que realizam essas operações podem se apropriar dos créditos relativos às operações anteriores.

Há previsão de crédito presumido de CBS, no valor de 6%, para indústrias estabelecidas na ALC que vendam seus produtos para o restante do país, desde que estejam habilitadas pela Suframa e operem no regime regular de IBS e CBS. Os créditos presumidos só podem ser compensados com os valores de IBS e CBS devidos pelo contribuinte, sendo vedada a compensação com outros tributos e o ressarcimento em dinheiro.

18.17.4. Devolução do IBS e da CBS ao turista estrangeiro

A regulamentação da Reforma Tributária introduz um mecanismo de devolução do IBS e da CBS para turistas estrangeiros, similar ao modelo de tax-free adotado em diversos países. Esse benefício tem o objetivo de estimular o turismo de compras no Brasil, tornando os produtos nacionais mais competitivos para visitantes internacionais.

O artigo 471 da Lei Complementar n. 214/2025 prevê que um Ato Conjunto do Ministério da Fazenda e do Comitê Gestor do IBS poderá estabelecer a devolução do IBS e da CBS incidentes sobre bens adquiridos no Brasil por turistas estrangeiros que permaneçam no país por menos de 90 dias.

Apresentamos a seguir os requisitos para que a devolução seja aplicada:

- ☐ O benefício será restrito a bens adquiridos e transportados na bagagem acompanhada do turista.
- ☐ A devolução será permitida apenas para saídas do país por via aérea ou marítima.
- ☐ Poderá ser exigida comprovação física da mercadoria no momento da saída do território nacional.
- ☐ Poderá haver desconto administrativo sobre o valor devolvido para cobrir custos operacionais.

A regulamentação do benefício será feita pelo Ministério da Fazenda e pelo Comitê Gestor do IBS, devendo incluir:

- ☐ outras condições para solicitação da devolução dos tributos;
- ☐ critérios de habilitação para que empresas possam oferecer o benefício;
- ☐ taxa de câmbio aplicável na devolução;
- ☐ limite mínimo da devolução, que não poderá ser inferior a US$ 1.000,00; e
- ☐ cálculo do valor da devolução, que será baseado no montante total dos bens adquiridos pelo turista.

A criação de um sistema de devolução do IBS e CBS para turistas estrangeiros representa um avanço na estratégia de incentivo ao turismo e ao comércio no Brasil.

Os principais benefícios da proposta modelo incluem:

- ☐ **Atração de turistas para compras no Brasil:** beneficiando o varejo e o setor de bens de consumo;
- ☐ **Redução do custo final dos produtos para estrangeiros:** tornando o país mais competitivo em relação a destinos de compras tradicionais;

▪ **Alinhamento com práticas internacionais:** especialmente em mercados como Europa, Japão e Estados Unidos;

▪ **Estimulo à economia local:** incentivando o consumo por visitantes estrangeiros, que podem gastar mais sem o peso da tributação sobre o consumo.

18.18. QUESTÕES

1. (ESAF — AFTN — 1998) A reimportação vem a ser o retorno a um país de mercadorias de sua produção, remetidas a um segundo país, após maior ou menor grau de transformação realizada por este último. Não é uma causa básica para a reimportação:

a) falta de uma rede de distribuição do produto;
b) pleno emprego dos fatores de produção;
c) semitransformação ou transformação demasiado onerosa;
d) diferenças no mercado de trabalho;
e) incapacidade técnica de transformação eficiente.

2. (ESAF — AFTN — 1998) O Brasil dispõe de áreas de livre-comércio de importação e exportação e de regime fiscal especial em alguns municípios brasileiros, com o objetivo de desenvolver as respectivas regiões. Indique a(s) localidade(s) que não constitui(em) área de livre-comércio.

a) Tabatinga (AM).
b) Guajará-Mirim (RR).
c) Feijó (AC).
d) Pacaraima (RR).
e) Macapá e Santana (AP).

3. (ESAF — AFTN — 1998) Os assuntos relacionados com as Zonas de Processamento de Exportações (ZPEs) são de responsabilidade do Conselho Nacional das ZPEs, previstas pelo Decreto-Lei n. 2.452 de 29/09/88, que regulou as Zonas de Processamento de Exportações no Brasil. Indique, nas opções abaixo, o Ministério que não faz parte do Conselho Nacional das ZPEs.

a) Ministério da Indústria, do Comércio e do Turismo.
b) Ministério do Planejamento e Orçamento.
c) Ministério do Meio Ambiente, Recursos Hídricos e da Amazônia Legal.
d) Ministério da Agricultura e Reforma Agrária.
e) Ministério da Fazenda.

4. (ESAF — AFRF — 2001) É válida a afirmação de que os regimes aduaneiros especiais

a) caracterizam-se pela não incidência dos tributos no período de sua vigência, considerando-se ocorrido o fato gerador dos tributos somente a partir do inadimplemento das condições que embasaram a sua concessão.
b) são destinados precipuamente a incrementar a arrecadação tributária federal e estadual decorrente das atividades incentivadas pela sua aplicação, sendo exigidos os tributos se houver o descumprimento dos prazos e condições para sua vigência e a partir da ocorrência desse descumprimento.
c) caracterizam-se como um ato ou negócio jurídico sob condição resolutiva, em que o fato gerador dos tributos considera-se ocorrido e existentes os seus efeitos desde o momento da prática do ato concessivo, sendo exigíveis os tributos retroativamente na hipótese de inadimplemento.
d) tendo em vista que os tributos têm sua exigibilidade suspensa no momento de sua concessão, caracterizam-se como um ato ou negócio jurídico sob condição suspensiva, em que o fato gerador considera-se ocorrido e existentes os seus efeitos a partir de seu implemento.
e) são marcadamente econômicos e impedem a ocorrência do fato gerador dos tributos incidentes sobre as mercadorias a eles submetidas, que somente ocorrerá na hipótese de inadimplemento das condições impostas à concessão, a partir do qual incidirão os tributos.

5. (ESAF — AFRF — 2001) Determinado importador, após adquirir uma mercadoria e pagá-la ao exportador no exterior, por razões comerciais, concordou em revendê-la ao próprio vendedor no exterior, mediante pequeno lucro na operação. Tal operação configura uma

a) redestinação.
b) importação vinculada à exportação.
c) reexportação.
d) exportação.
e) devolução.

6. (ESAF — AFRF — 2001) O regime aduaneiro especial de drawback, modalidade isenção, pode ser concedido nas seguintes operações especiais de drawback:

a) intermediário, para embarcação e para reposição de matéria-prima nacional.
b) solidário, genérico e "verde-amarelo".
c) genérico, sem cobertura cambial e para fornecimento no mercado interno.
d) sem cobertura cambial, com Acordo da Participação com a Indústria Nacional homologado pelo DECEX e decorrente de licitação internacional.
e) para fabricação de bem de capital de longo ciclo de fabricação, fornecimento de bens para empresas industriais exportadoras e industrialização por encomenda de produtos objeto de *leasing* operacional.

7. (ESAF — AFRF — 2001) Aos produtos importados sem cobertura cambial destinados a seu próprio beneficiamento, montagem, acondicionamento ou recondicionamento em que o interessado deve apresentar descrição detalhada do processo industrial a ser realizado e a quantificação e qualificação dos produtos reexportados resultantes da industrialização, aplica-se o regime aduaneiro especial de

a) entreposto industrial aplicado aos produtos não nacionalizados.
b) admissão temporária.
c) *drawback* sem cobertura cambial.
d) entreposto industrial sob controle informatizado (RECOF), aplicado aos produtos nacionalizados.
e) entreposto aduaneiro habilitado às operações de industrialização.

8. (ESAF — AFRF — 2001) O regime aduaneiro aplicável em regra no despacho aduaneiro de importação de mercadoria nacionalizada, dentro de noventa dias da descarga na zona primária, caracteriza-se como

a) regime aduaneiro simplificado.
b) regime aduaneiro atípico.
c) regime aduaneiro especial.
d) regime aduaneiro comum.
e) regime aduaneiro impositivo.

9. (ESAF — AFRF — 2001) Leia com atenção as frases abaixo:

"Vendas no estrangeiro de bens e serviços produzidos em um país".

"Entrada de mercadorias e serviços estrangeiros em um país".

"Retorno a um país de mercadorias de sua produção, anteriormente remetidas a um segundo país, após maior ou menor grau de transformação realizada por este último".

"Entrada de mercadorias em um determinado país, produzidas em outro, com a finalidade de serem posteriormente vendidas ao exterior, com ou sem transformação".

"Remessa de bens de uma região para outra dentro do mesmo país."

Os conceitos acima mencionados referem-se respectivamente a:

a) reexportação, exportação interna, exportação, importação, reimportação;
b) exportação, importação, reimportação, reexportação, exportação interna;
c) reimportação, reexportação, exportação interna, exportação e importação;
d) importação, reimportação, reexportação, exportação interna e exportação;
e) exportação interna, exportação, importação, reimportação, reexportação.

10. (ESAF — AFRF — 2001) O valor tributável do imposto de importação (valor aduaneiro) para efeito de garantia a ser discriminada em Termo de Responsabilidade referente à mercadoria importada a ser submetida ao regime aduaneiro especial de admissão temporária sem pagamento de impostos, tem por base

a) o valor constante na declaração de importação e nos documentos que a instruem;

b) o valor de mercadoria similar à importada;

c) o valor de mercadoria idêntica à importada;

d) o valor computado para essa mercadoria no país de exportação acrescido das despesas de frete e seguro;

e) o valor de revenda da mercadoria importada, deduzidos os tributos internos, despesas e margem de lucro.

11. (ESAF — AFRF — 2003) A admissão temporária é o regime aduaneiro no qual uma mercadoria

a) ingressa no território aduaneiro de um país, com suspensão dos direitos aduaneiros, desde que torne a sair deste mesmo território dentro de um prazo determinado.

b) usufrui de isenção de quaisquer impostos enquanto permanecer no território aduaneiro até ser reexportada.

c) tendo sido importada, é, em seguida, reexportada, com isenção dos impostos incidentes sobre essa operação, desde que a mesma ocorra em prazo igual ou inferior a noventa dias.

d) ingressa no território aduaneiro para efeitos de agregação de valor, devendo necessariamente ser incorporada a terceiros produtos destinados exclusivamente à exportação.

e) ingressa no território aduaneiro de um país, com amparo e num contrato internacional de compra e venda, com suspensão dos tributos incidentes sobre a importação.

12. (ESAF — AFRFB — 2009) O regime aduaneiro especial que contempla a estocagem de partes, peças e materiais de reposição ou manutenção, com suspensão do pagamento dos impostos federais, da contribuição para o PIS/PASEP — Importação e da COFINS importação, para veículos, máquinas, equipamentos, aparelhos e instrumentos estrangeiros, nacionalizados ou não, e nacionais em que tenham sido empregados partes, peças e componentes estrangeiros, nos casos definidos pelo Ministro da Fazenda, é conhecido como:

a) depósito alfandegado.

b) trânsito aduaneiro.

c) depósito especial.

d) loja franca.

e) depósito alfandegado certificado.

13. (AFRFB — 2012) Sobre os regimes aduaneiros, é incorreto afirmar que:

a) os regimes aduaneiros especiais se distinguem do regime comum pela suspensão ou isenção de tributos incidentes nas operações de comércio exterior.

b) de acordo com a legislação em vigor, as empresas instaladas em Zonas de Processamento de Exportação (ZPE), caracterizadas como áreas de livre-comércio com o exterior, não podem vender produtos para o mercado interno.

c) o regime aduaneiro especial de *drawback* objetiva desonerar de tributos os insumos utilizados na produção de bens destinados à exportação.

d) o regime de admissão temporária permite a entrada no País de certas mercadorias, com uma finalidade e por período de tempo determinados, com a suspensão total ou parcial do pagamento de tributos aduaneiros incidentes na sua importação, com o compromisso de serem reexportadas.

e) o regime de trânsito aduaneiro permite o transporte de mercadorias, sob controle aduaneiro, de um ponto a outro do território aduaneiro, com suspensão de tributos.

14. (AFRFB — 2014) Sobre os regimes aduaneiros no Brasil, é incorreto afirmar que:

a) na Admissão Temporária de máquinas e equipamentos para utilização econômica, sob a forma de arrendamento operacional, aluguel ou empréstimo, ocorre suspensão parcial de tributos e pagamento proporcional ao tempo de permanência no País.

b) a extinção do regime de admissão temporária pode ocorrer com a destruição do bem, às expensas do interessado.

c) nos portos secos, a execução das operações e a prestação dos serviços conexos serão efetivadas mediante o regime de permissão, salvo quando os serviços devam ser prestados em porto seco instalado em imóvel pertencente à União, caso em que será adotado o regime de concessão precedido da execução de obra pública.

d) o regime especial de entreposto aduaneiro na importação é o que permite a armazenagem de mercadoria estrangeira em recinto alfandegado de uso público, com suspensão do pagamento dos impostos federais, mas com incidência da contribuição para o PIS/PASEP-Importação e da COFINS-Importação.

e) o regime de exportação temporária para aperfeiçoamento passivo é o que permite a saída, do País, por tempo determinado, de mercadoria nacional ou nacionalizada, para ser submetida a operação de transformação, elaboração, beneficiamento ou montagem, no exterior, e a posterior reimportação, sob a forma do produto resultante, com pagamento dos tributos sobre o valor agregado.

15. (AFRFB — 2014) Sobre os Regimes Aduaneiros Especiais, analise os itens a seguir e, em seguida, assinale a opção correta.

I. O regime aduaneiro especial de admissão temporária com suspensão total do pagamento de tributos permite a importação de bens que devam permanecer no País durante prazo fixado. A legislação prevê, como uma das condições para a concessão do mencionado regime, que os bens sejam importados com cobertura cambial.

II. Os bens admitidos temporariamente no País para utilização econômica ficam sujeitos ao pagamento dos impostos federais, da contribuição para o PIS/PASEP-Importação e da COFINS-Importação, proporcionalmente ao seu tempo de permanência no território aduaneiro. A referida proporcionalidade será obtida pela aplicação do percentual de um por cento, relativamente a cada mês compreendido no prazo de concessão do regime, sobre o montante dos tributos originalmente devidos.

III. No Regime de Trânsito Aduaneiro, objetivando garantir o pagamento dos créditos tributários correspondentes, quando a constatação de extravio ou avaria ocorrer no local de origem, a autoridade aduaneira não poderá permitir o trânsito aduaneiro da mercadoria avariada ou da partida com extravio.

IV. Poderá ser concedida autorização às sedes de Municípios caracterizados como cidades gêmeas de cidades estrangeiras na linha de fronteira do Brasil, a critério da autoridade competente, para a instalação de lojas francas para a venda de mercadoria nacional ou estrangeira contra pagamento em moeda nacional ou estrangeira. A venda de mercadoria nas referidas lojas francas somente será autorizada à pessoa física.

a) Estão corretos somente os itens I e II.

b) Estão corretos somente os itens I e III.

c) Estão corretos somente os itens II e IV.

d) Estão corretos somente os itens III e IV.

e) Todos os itens estão corretos.

16. (ESAF — Ajudante de Despachante Aduaneiro — 2017) O Regime Aduaneiro Especial de Entreposto Industrial sob Controle Informatizado (Recof) encontra-se atualmente regulado pela Instrução Normativa RFB nº 1.291, de 19 de setembro de 2012. A respeito do Recof, assinale a opção correta.

a) Qualquer pessoa jurídica poderá habilitar-se a operar o regime.

b) Para habilitar-se ao regime, a empresa interessada deverá possuir ativos em montante igual ou superior a R$ 25.000.000,00 (vinte e cinco milhões de reais).

c) Para habilitar-se ao regime, a empresa interessada deverá dispor de sistema informatizado de controle de entrada, estoque e saída de mercadorias, de registro e apuração de créditos tributários devidos, extintos ou com pagamento suspenso, integrado aos sistemas corporativos da empresa no País, que permita livre e permanente acesso da RFB.

d) A manutenção da habilitação ao regime fica condicionada ao cumprimento pela empresa habilitada, entre outras condições, da obrigação de exportar produtos, industrializados ou no estado em que foram admitidos no regime, no valor mínimo anual equivalente a 75% (setenta e cinco por cento) do valor total das mercadorias importadas ao amparo do regime, no mesmo período.

e) A empresa que realize as operações de montagem, renovação ou recondicionamento, manutenção ou reparo de aeronaves ou de equipamentos e instrumentos de uso aeronáutico, para ser habilitada ao regime, deverá assumir a obrigação de prestar serviços a clientes sediados no exterior, contra pagamento em moeda estrangeira, no valor mínimo anual equivalente a US$ 50,000,000.00 (cinquenta milhões de dólares dos Estados Unidos da América).

17. (ESAF — Ajudante de Despachante Aduaneiro — 2017) Com relação ao Regime Aduaneiro Especial do Drawback, assinale a opção correta.

a) O prazo de vigência do regime de drawback, na modalidade suspensão, será de um ano, admitida uma única prorrogação, por igual período, salvo nos casos de importação de mercadorias destinadas à produção de bens de capital de longo ciclo de fabricação, quando o prazo máximo será de cinco anos.

b) Os atos concessórios de drawback poderão ser deferidos, a critério da Secretaria da Receita Federal do Brasil, levando-se em conta a agregação de valor e o resultado da operação.

c) O regime de drawback pode ser aplicado nas modalidades suspensão, isenção, restituição e compensação.

d) Na concessão do regime, serão desprezados os subprodutos e os resíduos não exportados, em qualquer montante do valor do produto importado.

e) Para efeitos de adimplemento do compromisso de exportação no regime de drawback, na modalidade de suspensão, é vedado que as mercadorias importadas ou adquiridas no mercado interno com suspensão do pagamento dos tributos incidentes sejam substituídas por outras mercadorias da mesma espécie, qualidade e quantidade.

18. (ESAF — Ajudante de Despachante Aduaneiro — 2017) O regime especial de trânsito aduaneiro é o que permite o transporte de mercadoria, sob controle aduaneiro, de um ponto a outro do território aduaneiro, com suspensão do pagamento de tributos. São Modalidades do Trânsito Aduaneiro, exceto:

a) transporte de mercadoria procedente do exterior, do ponto de descarga no território aduaneiro até o ponto onde deva ocorrer outro despacho.

b) o transporte de mercadoria estrangeira de um recinto alfandegado situado na zona secundária a outro.

c) o transporte, pelo território aduaneiro, de mercadoria estrangeira, nacional ou nacionalizada, verificada ou despachada para reexportação ou para exportação e conduzida em veículo com destino ao exterior.

d) a passagem, pelo território aduaneiro, de mercadoria procedente do exterior até o ponto onde deva ocorrer o despacho, no local de destino.

e) o transporte de mercadoria nacional ou nacionalizada, verificada ou despachada para exportação, do local de origem ao local de destino, para embarque ou para armazenamento em área alfandegada para posterior embarque.

19. (FGV — Auditor-Fiscal da Receita Federal — 2023) Os Regimes Aduaneiros Especiais se caracterizam:

a) pela suspensão do Imposto de Importação, do IPI, do ICMS, do PIS-Importação e da Cofins--Importação.

b) pela dispensa total e definitiva de todos os tributos devidos, seja na importação, seja na exportação.

c) em regra, pela suspensão dos tributos, pelo prazo previsto em lei e pela finalidade econômica do bem.

d) pela suspensão de tributos, que se converte em isenção após cumpridas as condições previstas em lei.

e) pela isenção total dos tributos federais, estaduais e municipais, conforme convênio CONFAZ.

20. (FGV — Auditor-Fiscal da Receita Federal — 2023) Uma filial de sociedade empresária estrangeira estabelecida no Brasil pretende importar máquinas e equipamentos com o objetivo de participar, em consórcio com sociedade empresária brasileira, de obras de infraestrutura no país. Tais bens deverão retornar ao exterior após a realização dos trabalhos.

Nesse caso, trata-se de importação sob o regime aduaneiro

a) geral de importação, pois equivale ao despacho para consumo.

b) especial de admissão temporária para aperfeiçoamento ativo.

c) especial de admissão temporária para aperfeiçoamento passivo.

d) geral de importação, já que os bens prestarão serviços no país.

e) especial de admissão temporária para utilização econômica.

GABARITO

1.   A alternativa correta é a letra "a", pois a falta de rede de distribuição do produto em nada se relaciona com o conceito de reimportação, até por ser fenômeno posterior à produção. O leitor deve notar que em todas as outras alternativas se faz menção a fatores de produção (capital, trabalho, tecnologia etc.), o que corresponde ao enunciado, que menciona expressamente a transformação do produto no exterior.

2.   A alternativa correta é a letra "c", pois o município de Feijó, no Acre, não se enquadra nas áreas de livre-comércio, ao contrário das demais localidades citadas.

3.   Ao tempo da questão, a alternativa correta era a letra "d", pois o Ministério da Agricultura e Reforma Agrária não integrava o Conselho Nacional das ZPEs. O Decreto-lei n. 2.452/88 foi **revogado** pela Lei n. 11.508/2007, que, no entanto, manteve o Conselho Nacional das Zonas de Processamento de Exportação — CZPE (artigo 3.º), **atualmente constituído** pelos seguintes componentes: Ministro do Desenvolvimento, Indústria e Comércio Exterior, na qualidade de Presidente; Ministro da Fazenda; Ministro do Planejamento, Orçamento e Gestão; Ministro da Integração Nacional; Ministro do Meio Ambiente e Ministro Chefe da Casa Civil da Presidência da República.

4.   A alternativa correta é a letra "c", pois os regimes aduaneiros especiais permitem a suspensão da exigibilidade dos tributos incidentes nas operações de importação e exportação, que será mantida até a sua extinção, conforme as exigências de cada modelo. A alternativa "a" está incorreta porque o fato gerador efetivamente ocorre e enseja a incidência tributária. A alternativa "b" está incorreta porque os regimes não possuem qualquer correlação ao fenômeno da arrecadação; ao contrário, suspendem a exigibilidade da cobrança. A alternativa "d" está incorreta porque os efeitos jurídicos surgem a partir do fato, na origem do regime, e não quando do seu futuro implemento. O que se suspende é a exigibilidade tributária, e não o momento da ocorrência do fato. A alternativa "e" está incorreta porque os regimes não impedem nem alteram o fenômeno da incidência.

5.   Pergunta simples e direta, pois a importação nacionalizou as mercadorias, que ingressaram na esfera econômica do país. A partir daí, qualquer saída em caráter definitivo, para o exterior, configura exportação, conforme previsto na letra "d".

6.   A alternativa correta é a letra "a". Nos termos do artigo 126 da Portaria de Consolidação das Normas SECEX, o *drawback* intermediário compreende "operação especial concedida a empresas denominadas fabricantes-intermediários, para reposição de mercadoria anteriormente importada ou adquirida no mercado interno utilizada na industrialização de produto intermediário fornecido a empresas industriais-exportadoras, para emprego na industrialização de produto final destinado à exportação". As demais alternativas, portanto, estão incorretas.

7.   A alternativa correta é a letra "b", pois a questão faz menção a importações sem cobertura cambial, o que enseja o regime de admissão temporária, conforme artigo 4.º, X, da Instrução Normativa SRF n. 285/2003: "Poderão ser submetidos ao regime de admissão temporária com suspensão total do pagamento dos tributos incidentes na importação, os bens destinados: (...) X — a seu próprio beneficiamento, montagem, renovação, recondicionamento, acondicionamento ou reacondicionamento". As outras alternativas estão incorretas.

8.   A alternativa correta é a letra "d", pois o regime normal para as importações é denominado "regime aduaneiro comum", com o pagamento dos tributos incidentes, de tal sorte que os demais regimes, de caráter suspensivo, são conhecidos como "especiais".

9.   A alternativa correta é a letra "b", pois relata, sem maiores dificuldades, a sequência correta dos procedimentos apresentados pelas diversas assertivas.

10. A alternativa correta é a letra "a", pois vimos que no regime especial de admissão temporária deve ser firmado pelo importador um Termo de Responsabilidade, no qual constarão os tributos com exigibilidade suspensa até a sua extinção. Para o cálculo do montante, deverão ser utilizadas as mesmas informações de uma importação pelo regime comum, constantes da DI e dos documentos que a instruem, como a fatura (que indica o valor da transação).

11. Pergunta conceitual e direta, cuja alternativa correta é a letra "a", que descreve a característica geral do regime. As alternativas "b" e "c" estão incorretas porque mencionam isenções tributárias inaplicáveis ao fenômeno. A alternativa "d" está incorreta em razão do advérbio "necessariamente", enquanto a alternativa "e" está incorreta porque, na admissão temporária, não existe transferência de propriedade, o que é incompatível com a presença de um contrato de compra e venda.

12. A alternativa correta é a letra "c", que repete literalmente o conceito de depósito especial veiculado pelo artigo 480 do Regulamento Aduaneiro.

13. A alternativa incorreta, que deve ser assinalada, é a letra "b", pois, como vimos, as empresas instaladas nas Zonas de Processamento de Exportação assumem o compromisso de obter receitas oriundas de exportações de, no mínimo, 80%, o que significa que poderão vender no mercado interno o equivalente a até 20% de seus bens e serviços.

14. A alternativa incorreta é a letra "d", pois o regime aduaneiro especial de entreposto na importação permite a armazenagem de mercadorias com a suspensão dos tributos federais incidentes na operação, inclusive PIS e COFINS, pois, de outra forma, não haveria interesse na sua utilização.

15. A alternativa correta é a letra "c". Assim, a assertiva I está incorreta porque no regime de admissão temporária citado a importação deverá ser feita sem cobertura cambial. A assertiva III está incorreta porque a autoridade aduaneira poderá, quando julgar conveniente, permitir o trânsito aduaneiro da mercadoria avariada ou da partida com extravio, depois de apurada, com exatidão, a quantidade extraviada. As demais assertivas, II e IV, estão corretas.

16. A alternativa correta é a letra "c", nos termos do artigo 5.º da IN RFB n. 1.291/2012. As demais alternativas estão incorretas porque veiculam informações ou requisitos contrários às exigências do RECOF.

17. A alternativa correta é a letra "a", nos termos do artigo 388 do Regulamento Aduaneiro. As demais alternativas estão incorretas.

18. A alternativa que não representa modalidade de trânsito aduaneiro é a letra "d", embora a redação da alternativa seja ruim e possa deixar margem para dúvidas. O que a torna incorreta é que a simples passagem pelo território aduaneiro não configura trânsito, como no caso em que um avião ingressa no país com destino a um aeroporto internacional, onde irá aterrissar. As demais alternativas, até pela literalidade, representam modalidades de trânsito aduaneiro.

19. Questão em tese fácil, mas que poderia ter uma redação mais técnica e adequada. A alternativa correta, nos termos formulados, é a letra "c", até em razão de ser a mais cuidadosa, ao mencionar "em regra". A alternativa "d", por exemplo, pode ocorrer, mas não em todos os casos, como na hipótese de admissão temporária para utilização econômica, em que os tributos devem ser parcialmente pagos.

20. Questão fácil e direta, cuja alternativa correta é a letra "e", que trata de admissão temporária para utilização econômica.

18.19. MATERIAL DIGITAL

VÍDEO
http://uqr.to/1y39o

19

CONTROLE ADUANEIRO DE MERCADORIAS

Todos os países exercem controle sobre a entrada e a saída de mercadorias nos respectivos territórios.

No Brasil, a matéria está prevista no Regulamento Aduaneiro, num intervalo que vai do **artigo 542** ao **artigo 672**, sem prejuízo de vários outros dispositivos, sobretudo infralegais, que são importantes para a compreensão do tema.

Neste capítulo, analisaremos os procedimentos de importação e exportação, além dos sistemas informatizados de controle que o país desenvolveu, de forma pioneira, ao longo das últimas décadas.

Por fim, investigaremos a **interação** entre o direito aduaneiro e o direito tributário, para conhecermos as características essenciais do lançamento dos diversos tributos incidentes nas operações de comércio exterior.

19.1. ATIVIDADES RELACIONADAS AOS SERVIÇOS ADUANEIROS

Todas as vezes em que um bem atravessa as fronteiras de determinado território aduaneiro, surge a necessidade (**imperiosa**, porque derivada da soberania) de o Estado controlar essa operação, que pode ser de entrada ou de saída.

Claro que o controle será muito **mais rigoroso** quando se tratar de entrada, pois, nesse caso, diversas atividades de fiscalização poderão ocorrer, todas com o objetivo de verificar se a mercadoria é **compatível** com o ordenamento jurídico daquele território.

Já vimos que o controle pode ser exercido em três níveis: **tributário**, **administrativo** e **cambial** (atividades enquadradas no que podemos chamar, genericamente, de *controle aduaneiro*).

Essas atividades também existem na saída de mercadorias, embora de forma **mais simples**, em razão de duas circunstâncias: o bem a ser exportado já está no território aduaneiro (portanto, presume-se que em **situação regular**) e, por óbvio, o necessário **incentivo**, inclusive em termos de *desburocratização dos procedimentos*, normalmente conferido às exportações.

Neste capítulo, trataremos de todos os procedimentos de importação e exportação, na sequência trazida pelo Regulamento Aduaneiro.

Comecemos, portanto, pelas operações de **importação**.

Importador, como já vimos, é o sujeito apto a realizar operações de ingresso de mercadorias em determinado território, o que significa ter cumprido, **previamente**, as exigências administrativas e aduaneiras necessárias para a sua eficaz identificação e para a análise de sua capacidade econômica.

Assim, para que possa adquirir mercadorias no exterior, o importador interessado deverá obedecer, **cumulativamente**, aos seguintes requisitos, que deverão ser providenciados antes de qualquer transação:

▪ **inscrição**, pelo responsável legal da pessoa jurídica, no Sistema **RADAR** da Receita Federal, que tem por objetivo controlar as atividades relacionadas ao despacho aduaneiro, a fim de se evitar a interposição fraudulenta de terceiros[1];

▪ inscrição no **Registro de Importadores e Exportadores** (REI), que permite acesso direto ao SISCOMEX;

▪ **outorga de poderes** no próprio Sistema, para que outras pessoas físicas, que não o responsável legal da empresa, possam efetuar operações de comércio exterior (normalmente despachantes aduaneiros, empregados, prepostos ou representantes);

▪ obtenção da **licença de importação**, no caso de licenciamento não automático;

▪ fechamento da operação de **câmbio** (se a operação for efetuada com cobertura cambial, vale dizer, com remessa de moeda ao exterior) num banco autorizado, por intermédio de um contrato específico.

A partir dessas providências, poderá o importador solicitar, para o seu fornecedor, o embarque da mercadoria no exterior.

Assim, vencidas as etapas cadastral e analítica, o importador poderá celebrar contratos internacionais de compra e venda com agentes no exterior e providenciar o envio das mercadorias avençadas para o Brasil.

Após receber a informação sobre a chegada da mercadoria no território aduaneiro brasileiro, caberá ao importador, *a seu critério*, registrar a **Declaração de Importação** correspondente, cujo ato representa, como se sabe, o aspecto temporal do imposto de importação.

Para as pessoas físicas, não há necessidade de providências prévias, à **exceção** dos casos em que o importador pretenda introduzir no território aduaneiro bens sujeitos a **controle específico**, como medicamentos para uso próprio ou mercadorias que configurem destinação comercial, entre outros possíveis exemplos.

19.1.1. Registro de Exportadores e Importadores (REI)

Os exportadores e importadores poderão efetuar operações no SISCOMEX, por conta própria, mediante **habilitação prévia**, ou por meio de representantes credenciados, nos termos e condições estabelecidos pela Receita Federal.

Como existem diversos níveis de controle, as empresas interessadas em efetuar operações de comércio exterior deverão também se inscrever no Registro de Exportadores e Importadores (REI), administrado pela **SECEX**.

---

[1] Lei n. 9.430, de 1996, artigo 81, IV, com a redação dada pela Lei n. 14.195/2021.

Esse registro é automático e se realiza quando as empresas efetuam a primeira operação de exportação ou de importação, em qualquer computador conectado ao SISCOMEX.

> **Importante:** A inscrição no REI será mantida, sem qualquer providência adicional, ainda que a empresa não exporte ou importe com habitualidade. O eventual cancelamento ou suspensão do cadastro só ocorrerá se a empresa incorrer em infrações, devidamente apuradas em processo administrativo.

As pessoas físicas e empresas que realizam exportações por remessa postal estão **dispensadas** de inscrição no REI, *desde que* observado o limite de US$ 50.000,00 (cinquenta mil dólares norte-americanos).

> **Atenção:** A dispensa não será possível quando se tratar de a) produto com exportação proibida ou suspensa; b) exportação com margem não sacada de câmbio; c) exportação vinculada a regimes aduaneiros especiais e atípicos; e d) exportação sujeita a registro de operações de crédito.

Já os **bancos autorizados** a operar câmbio e as sociedades corretoras que atuam na intermediação de operações cambiais solicitarão ao Departamento de Operações de Comércio Exterior (DECEX) o respectivo credenciamento, para efetuarem **Registros de Exportação** (RE) e **Registros de Câmbio** (RC)[2], *por conta e ordem* de exportadores, desde que sejam por eles expressamente autorizados.

19.2. DESPACHO ADUANEIRO DE IMPORTAÇÃO

O **despacho aduaneiro de importação** se inicia, como vimos, com o registro da Declaração de Importação (DI) no SISCOMEX[3], um sistema integrado de controle das operações de comércio exterior, desenvolvido pioneiramente pela administração aduaneira brasileira, tanto para as exportações como para as importações.

A fim de efetuar o registro, deve o importador preencher, nos campos apropriados do SISCOMEX, todas as **informações** relativas à mercadoria, especialmente no que tange à definição da base de cálculo dos tributos incidentes na importação, a partir de sua classificação aduaneira.

Além disso, para que a declaração de importação possa ser registrada, é necessário o **pagamento** dos valores referentes ao Imposto de Importação, ao PIS vinculado às importações, à COFINS relacionada às importações e ao IPI vinculado às importações.

---

[2] O Registro de Câmbio representa o conjunto de informações de caráter comercial, financeiro e cambial relativo às exportações financiadas, assim consideradas aquelas realizadas com prazo de pagamento superior a 360 dias.

[3] Com o registro, cada DI recebe um número único e sequencial (por ordem de registro), que servirá para o acompanhamento do despacho da mercadoria. Esse número é reiniciado a cada ano.

De forma didática, podemos dizer que a declaração no SISCOMEX é **semelhante** à do Imposto de Renda das pessoas físicas, que boa parte dos brasileiros deve preencher e entregar, anualmente, até o fim do mês de abril.

Na prática, em ambos os casos, o contribuinte informa, via internet, todos os dados necessários para a apuração dos tributos, e, se estiver tudo em ordem, o sistema transmite as informações, que serão posteriormente analisadas pela Receita.

Observação: Despacho de importação é o procedimento mediante o qual é verificada a exatidão dos dados declarados pelo importador em relação à mercadoria importada, aos documentos apresentados e à legislação específica.

19.2.1. Declaração Única de Importação (DUIMP)

A **Declaração Única de Importação (DUIMP)** é um documento eletrônico que integra e simplifica os processos de importação no Brasil, com o objetivo de gradualmente substituir os sistemas anteriores, como a Declaração de Importação (DI) e a Declaração Simplificada de Importação (DSI). Implementada no **Portal Único de Comércio Exterior**, a DUIMP visa centralizar informações e procedimentos, com a redução da burocracia e consequente aumento na eficiência das operações de comércio exterior.

OBJETIVOS E BENEFÍCIOS DA DUIMP	
SIMPLIFICAÇÃO PROCESSUAL	A DUIMP unifica diversas declarações e procedimentos, proporcionando um processo mais ágil e menos complexo para os importadores
INTEGRAÇÃO DE INFORMAÇÕES	Centraliza dados e documentos em uma única plataforma, facilitando o acesso e a gestão das informações relacionadas às importações
REDUÇÃO DE PRAZOS E CUSTOS	Com processos mais eficientes, espera-se uma diminuição nos prazos de liberação das mercadorias e nos custos operacionais para as empresas
TRANSPARÊNCIA E CONTROLE	A plataforma oferece maior transparência nas operações e aprimora o controle por parte dos órgãos governamentais, contribuindo para a conformidade e segurança das operações

A Instrução Normativa SRF n.º 680, de 2 de outubro de 2006, estabelece procedimentos para o despacho aduaneiro de importação no Brasil, inclusive aqueles relacionados à DUIMP.

A elaboração da DUIMP é realizada no Portal Único de Comércio Exterior, onde o importador preenche informações relacionadas à operação de importação, organizadas em diversas abas que agrupam os dados por natureza. As informações que compõem a DUIMP estão relacionadas no Anexo III da Instrução Normativa SRF n.º 680/2006.

Para registrar a DUIMP, é necessário que:

■ A mercadoria seja procedente do exterior e tenha sido transportada pelos modais aquaviário ou aéreo, com manifestação no Módulo de Controle de Carga e Trânsito do Portal Único (CCT-Importação).

◻ O tratamento administrativo aplicável às mercadorias ou à operação não esteja sujeito à necessidade de manifestação de outro órgão ou agência da Administração Pública Federal (órgão anuente) ou que o licenciamento possa ser obtido com o registro de Licença, Permissão, Certificado ou Outros (LPCO) no Portal Único de Comércio Exterior.

Nesses casos, o importador deverá acessar o Portal Único de Comércio Exterior e selecionar a opção "Elaborar DUIMP". Durante a elaboração, o sistema permite a realização de um diagnóstico para verificar possíveis inconsistências no preenchimento. Após a correção de eventuais erros, a DUIMP poderá ser registrada. O sistema atribui um número à DUIMP e permite o acompanhamento de todas as etapas pertinentes, como a conferência aduaneira, o desembaraço e a entrega da carga.

Resumo da DUIMP na IN n. 680/2006:

DEFINIÇÃO E APLICABILIDADE DA DUIMP	A DUIMP é utilizada para o despacho aduaneiro de mercadorias importadas, consolidando informações e procedimentos em um único documento
INFORMAÇÕES OBRIGATÓRIAS NA DUIMP	O Anexo III da Instrução Normativa detalha as informações que devem ser fornecidas na DUIMP, incluindo: ◻ identificação do importador ◻ dados da mercadoria ◻ informações sobre o transporte ◻ detalhes sobre a transação comercial ◻ tratamento tributário e administrativo aplicável
PROCEDIMENTOS PARA REGISTRO DA DUIMP	O registro da DUIMP deve ser realizado no Portal Único de Comércio Exterior, observando os prazos e as condições estabelecidos pela Receita Federal
TRATAMENTO ADMINISTRATIVO E LICENCIAMENTO	A DUIMP deve indicar os tratamentos administrativos aplicáveis, incluindo licenças, permissões, certificados ou outros documentos exigidos por órgãos anuentes
PAGAMENTO DE TRIBUTOS E ENCARGOS	Os tributos devidos na importação devem ser recolhidos conforme as orientações da Receita Federal, podendo ser exigido o pagamento prévio ao registro da DUIMP
RETIFICAÇÃO E CANCELAMENTO DA DUIMP	Procedimentos para retificação ou cancelamento da DUIMP são previstos, permitindo correções ou anulações quando necessário, de acordo com as normas estabelecidas
PENALIDADES E INFRAÇÕES	O descumprimento das obrigações relacionadas à DUIMP pode resultar em penalidades, conforme a legislação vigente.

A migração das operações de importação para a DUIMP está sendo realizada de forma gradual. Em maio de 2024, a Secretaria de Comércio Exterior e a Receita Federal anunciaram que as operações de importação realizadas pelo sistema Siscomex LI/DI passariam a ser realizadas por meio da DUIMP no Portal Único de Comércio Exterior a partir de outubro de 2024. O cronograma prevê a inclusão de diferentes modalidades de importação em etapas subsequentes, com a conclusão prevista para o final de 2025, conforme cronograma a seguir.

Cronograma de migração:

1. 2024: Primeira etapa inclui importações marítimas para consumo, sob regimes especiais e trânsito aduaneiro.
2. 1.º semestre de 2025: Ampliação para importações aéreas, operações com licenciamento e regimes como Drawback Suspensão e Isenção.
3. 2.º semestre de 2025: Inclusão de importações terrestres e operações na Zona Franca de Manaus.
4. Final de 2025: Desligamento completo do Siscomex LI/DI.

Nos meses de outubro e novembro de 2024, contemporâneos ao momento em que escrevemos, o cronograma de migração da DUIMP é o seguinte:

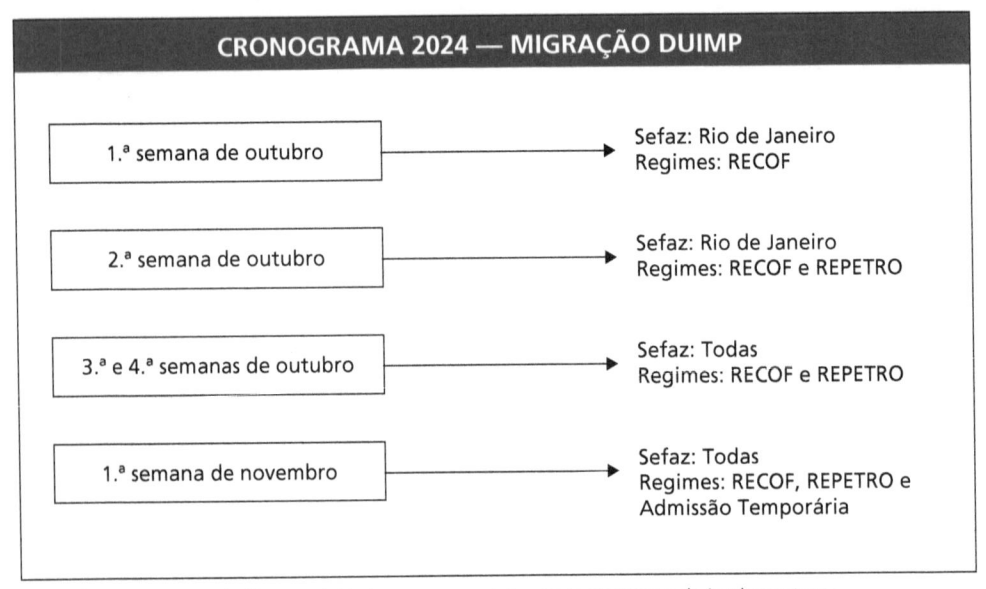

Fonte: https://www.gov.br/siscomex/pt-br/programa-portal-unico/cronograma-de-implementacao.

O cronograma de implementação da DUIMP segue três eixos: **modal de transporte, anuência** e **fundamento legal**. Em cada período, é obrigatório registrar na DUIMP as operações de importação que atendam a pelo menos um critério de cada eixo.

Por exemplo, de outubro a dezembro de 2024, é obrigatório o registro na DUIMP para operações realizadas por **modal marítimo**, que **não exijam anuência** e que utilizem o regime especial **RECOF**.

19.2.2. SISCOMEX

O Sistema Integrado de Comércio Exterior (SISCOMEX) é um instrumento administrativo que **integra** as atividades de registro, acompanhamento e controle das operações de comércio exterior.

Trata-se de modelo **pioneiro** no mundo, pois o Brasil foi o primeiro país a controlar, efetivamente, todas as operações de comércio exterior por meio de um sistema informatizado. Antes disso, alguns países utilizavam sistemas, mas apenas para a análise estatística das operações.

O controle começou com as **exportações**, no início dos anos 1990, e depois se estendeu para as **importações** e demais atividades do comércio exterior, de modo que não seria incorreto dizer que, na verdade, existem vários SISCOMEX[4].

O atual modelo do SISCOMEX foi instituído pelo **Decreto n. 660/92**, que buscou **consolidar** os controles do comércio exterior, ao substituir declarações em papel por um sistema eletrônico.

O SISCOMEX propicia um fluxo único de informações, em que todos os **intervenientes**, públicos e privados, registram informações, declarações e procedimentos em sucessivas etapas, conforme o padrão estabelecido. A comunicação entre os interessados e as anuências necessárias é feita pelo próprio sistema.

O controle, portanto, torna-se **centralizado e uniforme,** o que evita redundâncias e facilita o fluxo das informações e dos documentos.

Os órgãos governamentais intervenientes no SISCOMEX classificam-se como:

a) Gestores: Ministério da Fazenda e Ministério do Desenvolvimento, Indústria, Comércio e Serviços, responsáveis por:

◼ administrar os módulos de sistemas de tecnologia da informação integrantes do SISCOMEX;

◼ atuar junto aos órgãos e às entidades da administração federal participantes do SISCOMEX na revisão periódica de demandas de dados e informações e de procedimentos administrados por meio do SISCOMEX, com vistas à sua padronização, atualização, harmonização e simplificação;

◼ auxiliar os órgãos e as entidades da administração federal, respeitadas as suas competências, nas iniciativas que interfiram em procedimentos e exigências administrados por meio do SISCOMEX, com vistas à sua padronização, atualização, harmonização e simplificação;

◼ criar grupos técnicos para o desenvolvimento de atividades específicas relativas à gestão do SISCOMEX;

◼ emitir os atos necessários à gestão do SISCOMEX e à integração dos operadores públicos e privados ao SISCOMEX; e

◼ cooperar com entes públicos ou privados para o desenvolvimento, implantação e aprimoramento de soluções tecnológicas integrantes do SISCOMEX.

b) Anuentes: que devem atuar de forma articulada com o MF e o MDICS:

◼ Agência Nacional do Cinema — ANCINE;

◼ Agência Nacional de Energia Elétrica — ANEEL;

◼ Agência Nacional do Petróleo, Gás Natural e Biocombustíveis — ANP;

◼ Agência Nacional de Vigilância Sanitária — ANVISA;

◼ Banco Central do Brasil;

◼ Comissão Nacional de Energia Nuclear — CNEN;

◼ Conselho Nacional de Desenvolvimento Científico e Tecnológico — CNPq;

---

4   O Siscomex Exportação entrou em funcionamento em 1.º de janeiro de 1993 e o Siscomex Importação em 1.º de janeiro de 1997.

- ■ Conselho Nacional de Política Fazendária, por meio de convênio com a Secretaria Especial da Receita Federal do Brasil do Ministério da Fazenda e a Secretaria de Comércio Exterior do Ministério do Desenvolvimento, Indústria, Comércio e Serviços;
- ■ Agência Nacional de Mineração — ANM;
- ■ Polícia Federal do Ministério da Justiça e Segurança Pública;
- ■ Empresa Brasileira de Correios e Telégrafos — ECT;
- ■ Comando do Exército;
- ■ Instituto Brasileiro do Meio Ambiente e dos Recursos Naturais Renováveis — IBAMA;
- ■ Instituto Nacional de Metrologia, Qualidade e Tecnologia — INMETRO;
- ■ Ministério da Agricultura, Pecuária e Abastecimento — MAPA;
- ■ Ministério da Ciência, Tecnologia, Inovações e Comunicações;
- ■ Ministério da Defesa;
- ■ Superintendência da Zona Franca de Manaus — Suframa;
- ■ Ministério dos Transportes; e
- ■ Ministério de Portos e Aeroportos.

19.2.3. Prazos para o registro da declaração de importação

Em regra, todas as mercadorias procedentes do exterior, importadas a título definitivo ou não, **independentemente** de estarem sujeitas ao pagamento de tributos, deverão ser submetidas a despacho de importação[5], que será realizado com base na DI apresentada à unidade aduaneira responsável pelo controle da mercadoria.

> **Atenção:** As malas diplomáticas e consulares, devidamente identificadas, e que contenham apenas documentos e bens de uso oficial estão dispensadas do despacho de importação.

Sabemos que o despacho de importação poderá ser efetuado em **zona primária** (portos, aeroportos ou pontos de fronteira alfandegados) ou em **zona secundária**, normalmente nos portos secos.

Nesse passo, convém lembrar que existem **prazos** para que o importador efetue o registro da declaração de importação, sob pena de, se não os respeitar, ficar sujeito à **pena de perdimento** das mercadorias, *por abandono*.

Assim, o registro da DI, que dá início ao despacho de importação, deve ser realizado em:

- ■ Até **90 dias** da descarga, se a mercadoria estiver em recinto alfandegado de zona primária;

---

[5] Segundo o Regulamento Aduaneiro, o despacho de importação de urna funerária será realizado em **caráter prioritário** e mediante **rito sumário**, logo após a sua descarga, com base no respectivo conhecimento de carga ou em documento de efeito equivalente. O desembaraço do corpo ficará condicionado à manifestação das autoridades sanitárias.

◻ Até **45 dias** após esgotar-se o prazo de permanência da mercadoria em recinto alfandegado de zona secundária;

◻ Até **90 dias**, contados do recebimento do aviso de chegada da remessa postal.

19.2.4. Licenciamento das importações

Dentro do exercício do controle aduaneiro, merece destaque o **tratamento administrativo** dos bens, conhecido como licenciamento das importações, algo tão importante que possui regras internacionais, pactuadas no âmbito da Organização Mundial do Comércio.

O principal objetivo do licenciamento é submeter as mercadorias que serão importadas a um **exame documental** prévio, no sentido de verificar se estas cumprem com as exigências de natureza comercial, financeira, cambial, administrativa e fiscal do país de destino[6].

Os licenciamentos são, em regra, procedimentos aduaneiros **anteriores** ao embarque das mercadorias e podem ser automáticos ou não automáticos.

De acordo com as normas internacionais, os licenciamentos **automáticos** devem ser concedidos a todos os importadores, sem maiores restrições, no prazo máximo de dez dias, contados do recebimento do pedido; os que não se enquadram nessas condições são considerados **não automáticos** e somente podem ser utilizados em casos especiais.

19.2.4.1. *Sistemática de licenciamento no Brasil*

De acordo com o modelo brasileiro, todas as importações de mercadorias **estão sujeitas a licenciamento**, realizado por meio do Sistema Integrado de Comércio Exterior (SISCOMEX). Isso não significa que todas as mercadorias precisem de licenciamento, pois o sistema brasileiro compreende três modalidades:

◻ importações **dispensadas** de licenciamento;

◻ importações sujeitas a licenciamento **automático**;

◻ importações sujeitas a licenciamento **não automático**.

Em regra, as importações no Brasil estão **dispensadas** de licenciamento, sendo apenas necessário que o importador providencie o registro da **Declaração de Importação** no SISCOMEX e, na sequência, dê início aos procedimentos de despacho aduaneiro.

Conforme as regras em vigor[7], estão **dispensadas** de licenciamento as seguintes importações:

◻ para a admissão de mercadoria em regime especial de entreposto aduaneiro, depósito afiançado, depósito franco e depósito especial;

◻ para importações de empresa autorizada a operar em ZPE, com exceção de exigência de licenciamento em virtude de controles de ordem sanitária, de interesse da segurança nacional e de proteção do meio ambiente;

---

[6] Essas exigências são fixadas, conjuntamente, pelos Ministros da Fazenda e do Desenvolvimento, Indústria e Comércio Exterior.

[7] Portaria SECEX n. 23, de 14 de maio de 2011 (atualizada até 2019), que consolida as normas e os procedimentos aplicáveis às operações de comércio exterior.

▣ importação de aeronaves e outros aparelhos aéreos ou espaciais, turborreatores, turbopropulsores e outros motores, aparelhos, instrumentos, ferramentas e bancadas de teste de uso aeronáutico, bem como suas partes, peças e acessórios;

▣ admissão temporária ou reimportação de recipientes, embalagens, envoltórios, carretéis, separadores, racks, clip locks, termógrafos e outros bens retornáveis com finalidade semelhante destes, destinados ao transporte, acondicionamento, preservação, manuseio ou registro de variações de temperatura de mercadoria importada, exportada, a importar ou a exportar, quando reutilizáveis e não destinados à comercialização;

▣ nacionalização ou transferência de regime aduaneiro de bens que tenham ingressado no País como novos ao amparo do regime aduaneiro especial de admissão temporária para utilização econômica;

▣ migração para a modalidade definitiva do regime tributário e aduaneiro especial de utilização econômica de bens destinados às atividades de exploração, desenvolvimento e produção das jazidas de petróleo e de gás natural (Repetro-Sped), de que trata o inciso IV do art. 458 do Decreto n.º 6.759, de 2009, em relação a mercadorias originalmente ingressadas em admissão temporária ao amparo do regime aduaneiro especial de exportação e de importação de bens destinados às atividades de pesquisa e de lavra das jazidas de petróleo e de gás natural (Repetro) amparadas pelas cotas de importação de veículos originários da Argentina de que tratam os artigos 9.º e 10 do Quadragésimo Quarto Protocolo Adicional ao Acordo de Complementação Econômica n.º 14, subscrito entre a República Argentina e a República Federativa do Brasil (ACE 14);

▣ amparadas pelas cotas de importação de produtos automotivos originários do Uruguai de que trata o artigo 5.º, II do Septuagésimo Sexto Protocolo Adicional ao Acordo de Complementação Econômica n.º 2, subscrito entre a República Federativa do Brasil e a República Oriental do Uruguai (ACE 2);

▣ amparadas pelas cotas de importação de produtos automotivos originários do Paraguai de que tratam os artigos 7.º, 8.º e 9.º do Primeiro Protocolo Adicional ao Acordo de Complementação Econômica n.º 74, subscrito entre a República do Paraguai e a República Federativa do Brasil (ACE 74).

> **Importante:** Quando houver tratamento administrativo do SISCOMEX e este acarretar licenciamento para as importações definidas nos incisos I, II e IV a XI acima, o tratamento prevalecerá, o que significa que o produto estará sujeito a licenciamento automático ou não automático, conforme o caso.

19.2.4.1.1. *Licenciamento automático*

As importações sujeitas a **licenciamento automático** englobam as seguintes importações[8]:

▣ amparadas por regime de *drawback* suspensão;

▣ amparadas por regime de *drawback* isenção;

▣ amparadas por regimes atípicos de *drawback*.

---

[8] Portaria SECEX n. 249/2023, artigo 20.

Na sistemática brasileira, existe a chamada **Licença de Importação (LI)**, que é o registro exigido no caso de importação de mercadorias sujeitas a controles especiais pelo órgão licenciador, que tanto pode ser o Departamento de Comércio Exterior da SECEX (DECEX) como qualquer outro órgão federal interveniente no procedimento de importação: ANVISA, CNEN, IBAMA, INMETRO etc.

Todas as manifestações de anuência dos órgãos competentes serão realizadas no próprio SISCOMEX, em campo específico. Em relação ao controle estatístico das operações de comércio exterior, compete aos ministros da Fazenda e do Desenvolvimento, Indústria e Comércio Exterior determinarem, de forma conjunta, as informações de natureza comercial, financeira, cambial e fiscal a serem prestadas para fins de licenciamento.

O licenciamento automático será efetivado em até **dez dias úteis**, a contar da data do registro no SISCOMEX, desde que os pedidos de licença obedeçam às disposições legais, e serão analisados em até 60 dias. A licença expedida terá validade de **90 dias**, ou seja, este é o prazo para que o importador, devidamente autorizado, solicite o embarque das mercadorias no exterior, salvo nas hipóteses em que se aceita o chamado **embarque prévio**, antes da concessão da licença.

É possível a prorrogação do prazo de validade apenas uma vez e por período idêntico ao original, desde que o importador ou seu representante legal elabore solicitação fundamentada e tempestiva, vale dizer, antes do vencimento da licença.

19.2.4.1.2. *Licenciamento não automático*

Nos casos de licenciamento não automático, o importador interessado deverá, em regra, requerer a concessão da LI antes do embarque da mercadoria no exterior.

O licenciamento não automático deverá ser concluído em até **60 dias** corridos, contados da data do pedido. Esse prazo só poderá ser ultrapassado em casos justificados, quando demonstrada a impossibilidade de cumprimento por razões alheias ao controle do órgão anuente.

O prazo de validade será de **90 dias** e poderá ser prorrogado por igual período, mediante justificativa e pedido tempestivo do interessado.

Estão sujeitas a licenciamento não automático as importações[9]:

- ▣ sujeitas a cotas tarifárias ou não tarifárias;
- ▣ sujeitas a apuração de similaridade a que se refere o art. 193 do Regulamento Aduaneiro;
- ▣ dos bens usados, conforme regras estabelecidas nos arts. 29 a 40 da Portaria SECEX n. 249/2023 (são diversas hipóteses e exceções);
- ▣ sujeitas a restrições impostas pelo Conselho de Segurança da Organização das Nações Unidas; e
- ▣ com indícios de infração à legislação de comércio exterior.

O **pedido de licença** deverá ser registrado no SISCOMEX pelo importador ou por seu representante legal e receberá numeração específica.

---

[9]   Artigo 21 da Portaria SECEX n. 249/2023.

Compete aos órgãos anuentes solicitar dos importadores os documentos necessários para a concessão da licença, e, no licenciamento não automático, os pedidos terão tramitação de, no máximo, **60 dias**, salvo se impossível o seu cumprimento por razões alheias ao controle do órgão anuente.

> **Importante:** As licenças automáticas e não automáticas terão prazo de validade de 90 dias, contados do deferimento, embora seja possível a prorrogação por igual prazo, desde que devidamente fundamentado o pedido. Na nova sistemática, há a possibilidade de licenças com validade de 180 dias, como nos casos de similaridade, alguns tipos de bens usados, produtos sujeitos a restrições pelo Conselho de Segurança da ONU e mercadorias com indícios de infração aduaneira (nestes casos também é possível a prorrogação por igual período).

Exemplo: Se um importador deseja trazer mercadorias sujeitas a licenciamento e obteve autorização em 10 de março, terá 90 dias, a partir desta data, para utilizar a licença, vinculando-a a uma Declaração de Importação. Na prática, ele deverá registrar a Declaração de Importação no SISCOMEX e informar o número da licença concedida dentro desse prazo.

Tabela 19.1. Órgãos anuentes na importação

ÓRGÃO	MEDIDA
ANCINE Agência Nacional do Cinema	Cumprimento dos requisitos legais, como o fornecimento de certificados de registro dos contratos de produção, licenciamento, distribuição, cópias e pagamento da CONDECINE
ANEEL Agência Nacional de Energia Elétrica	Cumprimento das disposições regulamentares previstas na legislação em vigor
ANP Agência Nacional de Petróleo	Cumprimento dos requisitos previstos nas portarias especificadas, quanto a registro do produto, do importador e do adquirente final
ANVISA Agência Nacional de Vigilância Sanitária	Cumprimento dos procedimentos vinculados à vigilância sanitária de mercadorias
CNEN Comissão Nacional de Energia Nuclear	Proteção do homem e do meio ambiente de possíveis efeitos indevidos causados pela radiação ionizante. Não proliferação nuclear — controle, radioproteção e segurança nuclear
COTAC Comissão de Coordenação do Transporte Aéreo Civil	Observância dos Regulamentos Brasileiros de Homologação Aeronáutica e da legislação aplicável
DECEX Departamento de Operações de Comércio Exterior	Exame de operações vinculadas à obtenção de cota tarifária e não tarifária, ao similar nacional, ao material usado, de *drawback*, e ao acompanhamento estatístico de algumas mercadorias sensíveis à indústria doméstica
DFPC Exército Brasileiro — Diretoria de Fiscalização de Produtos Controlados	Obtenção de registro para operação com produtos controlados pelo Exército, autorização prévia de importação junto ao Comando do Exército — materializado com a expedição de Certificado Internacional de Importação (CII), lançamento da LI no SISCOMEX (oportunidade em que será autorizado o embarque do material no ponto de saída do produto). Quando da chegada em território nacional, solicitar junto ao Serviço de Fiscalização de Produtos Controlados (SFPC/RM) vinculação do respectivo requerimento para desembaraço alfandegário de produto de acordo com sua natureza e classificação

DNPM Departamento Nacional de Produção Mineral do Ministério de Minas e Energia	Observância aos requisitos previstos no processo do Sistema de Certificação do Processo de Kimberley (SCPK) no caso de diamantes brutos e, no caso do amianto, a observância aos requisitos determinados em lei
DPF Departamento de Polícia Federal do Ministério da Justiça	Fiscalização sobre produtos químicos que direta ou indiretamente possam ser destinados à elaboração ilícita de substâncias entorpecentes, psicotrópicas ou que determinem dependência física ou psíquica
ECT Empresa Brasileira de Correios e Telégrafos	Cumprimento dos requisitos da Lei Postal
IBAMA Ministério do Meio Ambiente	Cumprimento da convenção internacional sobre o comércio das espécies da flora e da fauna selvagens em perigo de extinção (CITES). Observância do descarte de baterias e impactos negativos ao meio ambiente. Observância do Protocolo de Montreal sobre substâncias que destroem a camada de ozônio. Cumprimento da Convenção da Basileia
INMETRO Instituto Nacional de Metrologia, Normalização e Qualidade Industrial	Cumprimento dos requisitos relativos à etiquetagem compulsória por meio do Programa Brasileiro de Etiquetagem
MAPA Ministério da Agricultura, Pecuária e Abastecimento	Atender critérios regulamentares e procedimentos de fiscalização, inspeção, controle de qualidade e sistemas de análise de risco, fixados pelos órgãos competentes do MAPA, observadas as normas de registro no SISCOMEX
MCTIC Ministério da Ciência, Tecnologia, Inovações e Comunicação	Observância da Convenção sobre a proibição de armas químicas
SUFRAMA Superintendência da Zona Franca de Manaus	Concessão de incentivos fiscais para empresas que estejam alocadas em áreas incentivadas sob controle da SUFRAMA

Fonte: DECEX.

Como vimos, a regra geral exige o licenciamento (automático ou não automático) **antes do embarque** da mercadoria no exterior, porque eventual indeferimento da licença impediria a entrada do produto no país, em respeito às normas administrativas de segurança e controle.

O mesmo procedimento deverá ser adotado nos casos de mercadorias sujeitas à anuência prévia, a exames de similaridade, ao controle de cotas ou na hipótese de bens usados. Somente **após a análise** — e consequente anuência –, poderão as mercadorias embarcar no exterior.

Todavia, existem situações **excepcionais** que permitem a concessão do licenciamento após o embarque das mercadorias no exterior, mas sempre **antes do despacho aduaneiro**, pois a Declaração de Importação, que inicia o procedimento, deve ser registrada com as informações da respectiva autorização.

Sabemos que uma operação de importação se inicia com o contato entre o importador brasileiro e seu possível fornecedor no exterior.

É fundamental que, durante as negociações, as partes escolham o **transportador** responsável pelos procedimentos logísticos, especialmente em relação ao trajeto internacional, entre o país de origem e o país de destino.

Isso porque, ao contrário do que ocorre numa compra e venda no mercado interno, na qual o transportador atua, normalmente, como mero preposto do vendedor, no comércio internacional o papel do transportador assume contornos da maior relevância, pois será ele o encarregado, por designação do exportador, de **transferir a propriedade** das mercadorias sob sua responsabilidade para o importador.

Destaquemos essa ideia.

Numa transação interna, o transportador é o encarregado de levar as mercadorias do ponto A ao ponto B do território nacional, devidamente *acompanhadas da respectiva* **nota fiscal**, *emitida pelo vendedor*, nos termos da **legislação tributária** que rege o ICMS e o IPI, entre outros possíveis tributos.

A **ausência** de nota fiscal no trajeto, constatada pelas autoridades competentes, enseja a **responsabilidade** do transportador, trazendo-o para o polo passivo da obrigação tributária desses impostos, sem prejuízo de outras sanções, tanto na esfera administrativa como no âmbito penal.

Ocorre que **não há**, no comércio internacional, **instrumento equiparado** à nota fiscal.

O documento que o exportador emite, em favor do importador, como representativo do contrato de compra e venda — e que, na dinâmica das relações, muitas vezes se consubstancia no próprio contrato — é a **fatura comercial**, que, apesar de conter todas as informações referentes ao negócio[10], não possui, sob o prisma jurídico, as **garantias** e a **segurança** de que o Estado necessita para o efetivo controle aduaneiro.

Isso porque a fatura comercial pode ser emitida por **diferentes processos** (manuais ou eletrônicos), em **qualquer idioma**[11] e sem formalidades mundialmente estabelecidas; vale dizer, em relação à fatura comercial, não existem *standards* ou padrões internacionais, apenas as exigências internas da legislação de cada país.

Daí o reconhecimento de sua **ineficácia** como documento apto a transferir a propriedade ao importador, haja vista as relevantes implicações jurídicas decorrentes, sem olvidar, lamentavelmente, de que se trata de campo fecundo para a **perpetração de fraudes**[12].

---

[10] RA, artigo 557: "A fatura comercial deverá conter as seguintes indicações: I — nome e endereço, completos, do exportador; II — nome e endereço, completos, do importador e, se for caso, do adquirente ou do encomendante predeterminado; III — especificação das mercadorias em português ou em idioma oficial do Acordo Geral sobre Tarifas e Comércio, ou, se em outro idioma, acompanhada de tradução em língua portuguesa, a critério da autoridade aduaneira, contendo as denominações próprias e comerciais, com a indicação dos elementos indispensáveis a sua perfeita identificação; IV — marca, numeração e, se houver, número de referência dos volumes; V — quantidade e espécie dos volumes; VI — peso bruto dos volumes; VII — peso líquido dos volumes; VIII — país de origem, como tal entendido aquele onde houver sido produzida a mercadoria ou onde tiver ocorrido a última transformação substancial; IX — país de aquisição, assim considerado aquele do qual a mercadoria foi adquirida para ser exportada para o Brasil, independentemente do país de origem da mercadoria ou de seus insumos; X — país de procedência, assim considerado aquele onde se encontrava a mercadoria no momento de sua aquisição; XI — preço unitário e total de cada espécie de mercadoria e, se houver, o montante e a natureza das reduções e dos descontos concedidos; XII — custo de transporte a que se refere o inciso I do art. 77 e demais despesas relativas às mercadorias especificadas na fatura; XIII — condições e moeda de pagamento; e XIV — termo da condição de venda (INCOTERM). Parágrafo único. As emendas, ressalvas ou entrelinhas feitas na fatura deverão ser autenticadas pelo exportador".

[11] Exige a legislação brasileira que a fatura seja emitida em português, idioma oficial do GATT (inglês, francês, espanhol) ou, ainda, em qualquer outro idioma, acompanhada, a critério da autoridade aduaneira, da respectiva tradução. Note-se que o espectro de possibilidades é imenso, apesar de, na prática, adotar-se o inglês como principal referência linguística.

[12] A prática aduaneira assim tem revelado, notadamente quanto a alterações na descrição ou no valor das mercadorias.

Ciente dessa problemática, o legislador brasileiro, a exemplo de outros países, prevê, inclusive, casos de **não exigência** ou **dispensa** na apresentação da fatura comercial[13].

Surgiu, desse modo, a necessidade de se exigir **outro documento**, distinto da fatura comercial, capaz de, ao mesmo tempo, garantir a idoneidade da operação e, em caso de descumprimento, trazer para o polo passivo da obrigação tributária um responsável que *pudesse ser alcançado pelo ordenamento brasileiro*, pois, como vimos, o exportador submete-se a outro regime jurídico e sua ocasional responsabilização **carece de tratados internacionais** que, conquanto existentes, não ofereceriam à fiscalização aduaneira brasileira a celeridade exigida pela dinâmica e pelo volume das transações de comércio exterior.

Foi do secular **direito marítimo** que surgiu, para a hipótese sob comento, uma solução adequada.

Desde o início da história das navegações, uma das maiores preocupações dos proprietários das mercadorias embarcadas, cuja garantia de chegada ao porto de destino já era algo bastante incerto — pois a escassez de recursos tecnológicos, as intempéries naturais, a ganância dos marinheiros ou a abordagem de piratas constituíam-se em fatores suficientemente adversos –, foi a de ao menos garantir, para as viagens sem percalços, alguma forma de **resguardar** seu patrimônio sob o ponto de vista comercial, tamanho era o risco enfrentado por esses *primeiros empresários da globalização*[14].

O instrumento criado para minimizar os problemas da empreitada foi o *Bill of Lading*, que era um documento emitido pelo transportador e assegurava, para o remetente das mercadorias, que essas foram recebidas a bordo, nas condições avençadas, e seriam entregues, a sua ordem, para um **consignatário** identificado no porto de destino.

Há registros de ampla utilização do documento, em conjunto com o *Bill of Exchange*, que era a contrapartida da mercadoria, correspondente aos **direitos creditícios**, já no século XIII[15].

---

[13] RA, artigo 562: "A Secretaria Especial da Receita Federal do Brasil do Ministério da Economia poderá dispor, em relação à fatura comercial, sobre: I — casos de não exigência; II — casos de dispensa de sua apresentação para fins de desembaraço aduaneiro, hipótese em que deverá o importador conservar o documento em seu poder, pelo prazo decadencial, à disposição da fiscalização aduaneira; III — quantidade de vias em que deverá ser emitida e sua destinação; IV — formas de assinatura mecânica ou eletrônica, permitida a confirmação de autoria e autenticidade do documento, inclusive na hipótese de utilização de *blockchain*; V — dispensa de assinatura ou de elementos referidos no art. 557; e VI - inclusão de novos elementos, a serem definidos em legislação específica".

[14] O melhor exemplo literário das agruras desse período pode ser encontrado naquela que é, na essência, uma grande obra jurídica, o *Mercador de Veneza*, de William Shakespeare, que já na cena inicial relata a aflição de Antônio, empreender cuja sorte vincula-se ao destino de suas mercadorias. Numa das primeiras falas da peça (ATO I, Cena I), Salânio, amigo de Antônio, descreve as preocupações do mercador: "Podeis crer-me, senhor: caso eu tivesse tanta carga no mar, a maior parte de minhas afeições navegaria com minhas esperanças. A toda hora folhinhas arrancara de erva, para ver de onde sopra o vento; debruçado nos mapas, sempre, procurara portos, embarcadoiros, rotas, sendo certo que me deixara louco tudo quanto me fizesse apreensivo pela sorte do meu carregamento".

[15] Conforme *A Source Book for Medieval Economic History*, (Milwaukee: The Bruce Publishing Co., 1936; *reprint* ed. New York: Biblo & Tannen, 1965), p. 159-160.

Alguns o consideram o **primeiro documento comercial** da história, e, ao que tudo indica, o *Bill of Lading* teve participação decisiva na conformação da moderna Europa, pois, em 1565, os **Cavaleiros de Malta** só conseguiram repelir o ataque do império otomano porque receberam planos detalhados da iminente invasão turca, impressos, com suco de limão, no corpo de um *Bill of Lading* (o que tornava a escrita invisível a olho nu).

Transposta para o moderno cenário globalizado, a figura do **conhecimento de carga** se mostra adequada, pois a preencher os critérios de **segurança** e **responsabilidade** que as legislações internas estabelecem.

Atualmente, o *Bill of Lading*, mais conhecido pela sigla *B/L*, é uma **espécie** do gênero **conhecimento de transporte** ou **conhecimento de carga**, usualmente utilizada no **transporte marítimo**, e figura, ao lado de seus equivalentes nos outros modais de transporte[16], como o principal **instrumento jurídico** do comércio internacional.

Em síntese, podemos dizer que o **conhecimento de carga** faz parte do contrato de transporte e serve a diversos propósitos:

■ evidenciar a existência de um **contrato de transporte** entre o expedidor e o transportador;

■ funcionar como **recibo** em relação às mercadorias embarcadas, com o atestado de que essas foram apresentadas, pelo expedidor, em bom estado;

■ permitir a **transferência da propriedade**, vez que, como documento negociável[17], engloba todos os aspectos jurídicos do transporte, e, de acordo com a legislação aduaneira brasileira, é o documento hábil a transferir a propriedade para o consignatário ou importador.

Todas as modalidades de **transporte internacional** devem ser fundadas em conhecimentos de carga, na proporção de um conhecimento **por importação**, de modo que a pessoa jurídica nacional que apresentar um conhecimento de carga expedido em seu nome poderá, perante as autoridades aduaneiras brasileiras, **comprovar a propriedade** dos bens e deflagrar o respectivo procedimento de importação (despacho).

---

[16] O *Bill of Lading* é normalmente emitido em seis vias, três não negociáveis e três negociáveis; as últimas são entregues ao exportador ou embarcador para que as apresente ao banco e receba o valor estipulado no crédito documentário. Em seguida, os documentos são remetidos pelo banco ao importador, para que este possa iniciar os procedimentos aduaneiros. As cópias não negociáveis funcionam como referência documental da transação para os demais agentes envolvidos, inclusive para fins de controle aduaneiro. O conhecimento de embarque aéreo é denominado AWB — *Air Waybill*. É composto por três vias originais, não negociáveis: a primeira, assinada pelo expedidor, dirige-se ao transportador; a segunda, assinada por ambos, acompanha a mercadoria; e a terceira, assinada pelo transportador, fica com o expedidor. Já o transporte rodoviário internacional de cargas é contratado por meio do *Conhecimento Rodoviário de Transporte* — CRT, que é de emissão obrigatória, em três vias originais, sendo a primeira negociável e destinada ao exportador. Por fim, no modal ferroviário, o conhecimento de transporte é conhecido como *Carta de Porte Internacional*, e é emitido em três vias originais, sendo a primeira negociável.

[17] Enquanto o B/L é, até por suas raízes históricas, negociável por meio de **endosso**, o mesmo não ocorre com o AWB (*Air Waybill*), porque, devido à dinâmica do transporte aéreo, a legislação de quase todos os países (Brasil, inclusive) reconhece a desnecessidade comercial de se permitir a transferência de propriedade no curto lapso de um voo comercial regular, ao contrário do que ainda ocorre no modal marítimo, pois uma viagem transcontinental, mesmo atualmente, pode durar semanas.

> **Importante:** Cada conhecimento de carga deve corresponder a uma única DI, embora a Receita Federal possa admitir exceções, assim como poderá dispor sobre hipóteses de não exigência do conhecimento de carga para instrução da declaração de importação.

Portanto, a partir da informação sobre a chegada das mercadorias no país, pode o importador, a seu critério, eleger, dentro do prazo legal, a **data de registro** da **Declaração de Importação**, momento extremamente relevante sob o ponto de vista da incidência tributária e que dá início ao despacho aduaneiro de importação.

Em primeiro lugar, porque, como vimos, o legislador o definiu como o instante em que se perfaz o **critério temporal** do imposto de importação, **independentemente** da data de entrada da mercadoria no país (que, em termos técnicos, é o momento da realização do critério espacial).

Sob esse aspecto, merece aplausos o legislador, pois seria praticamente impossível precisar, para fins de **cálculo do tributo**, o **momento exato** em que a mercadoria ingressou no território aduaneiro pátrio, tamanhas a velocidade e as peculiaridades do comércio internacional, já que um avião de carga pode adentrar no nosso espaço aéreo durante a noite e só aterrissar num dos aeroportos alfandegados no dia seguinte, o que geraria, por exemplo, dúvidas quanto à data da taxa de câmbio a ser utilizada.

Se pensarmos que uma **embarcação** pode navegar em águas territoriais brasileiras, por vários dias, antes de atracar em determinado porto, fica evidente o acerto da opção legislativa, no sentido de estabelecer um **critério uniforme** para a definição das circunstâncias temporais relativas à hipótese de incidência do imposto de importação.

Ademais, é importante que o aspecto temporal seja **juridicamente exato**, sem qualquer margem para interpretações quanto ao instante da sua real ocorrência, tanto por parte do Fisco como do contribuinte.

Tendo em vista a possibilidade de eleição do momento pelo contribuinte e, depois disso, o registro oficial e inalterável no SISCOMEX, parece-nos que, sob o ponto de vista jurídico — e da **teoria das provas**, por decorrência –, agiu o legislador com precisão.

19.2.5. Instrução da declaração de importação

Em regra, o importador deve encaminhar **cópias digitais** de todos os documentos que instruem a Declaração de Importação, no momento do registro no SISCOMEX.

Assim, podemos dizer que a declaração de importação será **instruída** com:

- a via original do **conhecimento de carga** ou documento de efeito equivalente;
- a via original da **fatura comercial**, assinada pelo exportador;
- o comprovante de **pagamento** dos tributos, se exigível.

Poderão, ainda, ser exigidos **outros documentos** em decorrência de acordos internacionais ou por força de lei, de regulamento ou de outro ato normativo[18].

---

[18] Quando aplicável, a DI deverá ser instruída com o **romaneio de carga** (*packing list*), documento que identifica todas as mercadorias embarcadas ou todos os componentes de uma carga, quando houver fracionamento. O romaneio tem por objetivo facilitar a identificação e a localização de uma mercadoria dentro de determinado lote, além de permitir a conferência do item pela fiscalização, tanto no embarque como no desembarque.

A primeira via da fatura comercial deve ser entendida como a original, embora o documento possa ser emitido por qualquer processo, *inclusive eletrônico.*

Nos termos da legislação, o **conhecimento de carga aéreo** (AWB), desde que nele constem as indicações de quantidade, espécie e valor das mercadorias, **poderá ser equiparado** à fatura comercial, dispensando-a.

19.2.6. Conferência aduaneira na importação

A **conferência aduaneira** é exatamente a atividade de **controle** do Fisco, ou seja, tem por objetivo identificar o importador, verificar a mercadoria e a correção das informações relativas à sua natureza, classificação fiscal, quantificação e valor, e confirmar o cumprimento de todas as obrigações, fiscais e outras, exigíveis em razão da importação.

Em termos logísticos, a conferência poderá ser realizada nos locais sob controle aduaneiro, na **zona primária** (portos, aeroportos e pontos de fronteira alfandegados) ou na **zona secundária** (em recintos alfandegados ou, ainda, no **estabelecimento** do importador, quando em ato de fiscalização ou como complemento da atividade iniciada na zona primária).

Excepcionalmente, a conferência poderá ser realizada em outros locais, mediante prévia anuência da autoridade competente, em **exposições** ou **eventos,** como no caso dos *Guerreiros de Xian* ou da mostra *Brasil 500 Anos*, já citados, nos quais a conferência foi no próprio local dos eventos, por razões de segurança.

As atividades de conferência da mercadoria competem aos **Auditores** da Receita Federal do Brasil e devem ser realizadas na presença do importador, viajante[19] ou de seus representantes (além do depositário ou dos prepostos).

> **Importante:** A bagagem dos integrantes de missões diplomáticas e de repartições consulares de caráter permanente não está sujeita a verificação, salvo se existirem fundadas razões para se supor que contenha bens proibidos ou não destinados às respectivas atividades.

A partir da criação do Mercosul, o Brasil passou a adotar, nos termos da Decisão CMC n. 50/2004, promulgada pelo Decreto n. 6.870/2009, **canais de seleção** para a parametrização dos procedimentos de controle das mercadorias provenientes do exterior.

19.2.6.1. Seleção parametrizada nas importações

É intuitivo perceber que não existe a possibilidade de se exercer o **controle de 100%** das operações de comércio exterior, tanto pela falta de funcionários como pelo tempo que tal procedimento exigiria. Trata-se da sempre complicada relação entre o **controle** e a **facilitação** do comércio exterior, de forma que cada país estabelece seus próprios critérios, com base nos acordos internacionais e nas boas práticas observadas a partir de experiências bem-sucedidas.

Assim, no mundo real, as mercadorias são fiscalizadas **por amostragem**, a partir de critérios aleatórios e/ou predeterminados.

---

[19] Os viajantes poderão autorizar a conferência da bagagem sem a sua presença, o que é muito frequente no caso de malas extraviadas, em que o passageiro segue viagem e a companhia aérea depois lhe encaminha os volumes.

A escolha de "quem e o que será fiscalizado" passa por um procedimento de **seleção**, de tal sorte que cada operação registrada no SISCOMEX será encaminhada para um **canal** (tratamento aduaneiro) específico.

Chamamos esse "sorteio" de **parametrização**, e o resultado encaminhará a DI, no caso das importações, para um dos seguintes canais:

▣ **verde**, pelo qual o sistema registra o **desembaraço automático** da mercadoria, dispensados o exame documental e a sua verificação física. Todavia, a DI selecionada para o canal verde poderá ser objeto de conferência física ou documental, quando forem encontrados **indícios** de irregularidade na importação, a critério do auditor responsável;

▣ **amarelo**, pelo qual deve ser realizado o **exame documental** e, se não for constatada irregularidade, efetuado o desembaraço aduaneiro, dispensada a verificação física da mercadoria. Na hipótese de descrição incompleta da mercadoria na DI, que exija verificação física para sua perfeita identificação, por qualquer motivo, cabe ao auditor responsável proceder também à conferência da mercadoria;

▣ **vermelho**, pelo qual a mercadoria somente será desembaraçada após a realização do exame documental e da **verificação física**;

▣ **cinza**, pelo qual devem ser realizados o exame documental, a verificação física da mercadoria e a aplicação de procedimento especial de controle aduaneiro, para verificar **indícios de fraude**, inclusive no que se refere ao preço declarado da mercadoria (questão relativa ao valor aduaneiro).

Os órgãos relacionados ao despacho aduaneiro, em especial a Receita Federal do Brasil, têm trabalhado bastante, nos últimos tempos, para conferir **inteligência** ao sistema de parametrização, de modo a direcionar a seleção de acordo com o perfil e o histórico do importador, segundo critérios definidos pela chamada **análise de risco**.

Critérios para análise de risco, entre outros:

▣ a regularidade fiscal do importador;

▣ a habitualidade do importador;

▣ a natureza, o volume ou o valor da importação;

▣ o valor dos impostos incidentes ou que incidiriam na importação;

▣ a origem, a procedência e a destinação da mercadoria;

▣ o tratamento tributário aplicável;

▣ as características da mercadoria;

▣ a capacidade operacional e econômico-financeira do importador;

▣ eventuais ocorrências verificadas em outras operações, anteriores, realizadas pelo importador.

> **Importante:** O canal poderá ser **agravado** (de verde para vermelho, por exemplo) quando houver indícios que justifiquem a medida, mas não poderá, em qualquer hipótese, ser **reduzido** (de vermelho para verde, entre outras possibilidades).

No sítio da Receita Federal, encontramos um interessante roteiro com a sequência das etapas do despacho de importação, que reproduzimos a seguir[20]:

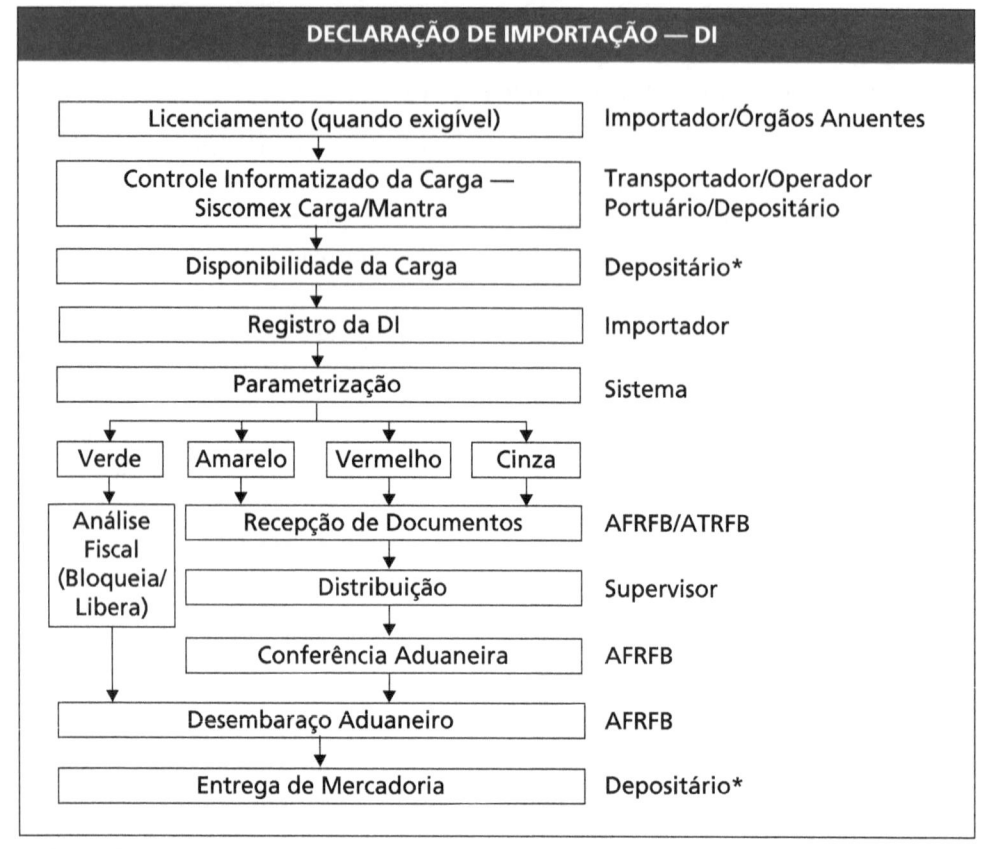

DECLARAÇÃO DE IMPORTAÇÃO — DI

Licenciamento (quando exigível)	Importador/Órgãos Anuentes
Controle Informatizado da Carga — Siscomex Carga/Mantra	Transportador/Operador Portuário/Depositário
Disponibilidade da Carga	Depositário*
Registro da DI	Importador
Parametrização	Sistema
Verde / Amarelo / Vermelho / Cinza	
Análise Fiscal (Bloqueia/Libera)	
Recepção de Documentos	AFRFB/ATRFB
Distribuição	Supervisor
Conferência Aduaneira	AFRFB
Desembaraço Aduaneiro	AFRFB
Entrega de Mercadoria	Depositário*

* Obs.: Em fronteiras sem depositário: RFB.

Se for constatada, durante a conferência aduaneira, qualquer ocorrência que impeça o despacho, este terá seu **curso interrompido** após o registro da respectiva exigência no SISCOMEX.

A **interrupção do despacho** pode surgir a partir de diversas situações e ensejar algumas providências, como:

◼ **Sem exigência** de retificação da DI:

  ◼ a não apresentação de documentos exigidos pela autoridade aduaneira, desde que indispensáveis ao prosseguimento do despacho;

  ◼ o não comparecimento do importador para assistir à verificação da mercadoria, quando sua presença for obrigatória[21].

---

[20] Disponível em: https://www.gov.br/receitafederal/pt-br/assuntos/aduana-e-comercio-exterior/manuais/despacho-de-importacao/topicos-1/despacho-de-importacao/etapas-do-despacho-aduaneiro-de-importacao/despacho-de-importacao-di. Acesso em: 23 dez. 2024.

[21] Quando for constatado extravio ou avaria, a autoridade aduaneira poderá, se não houver inconve-

☐ **Com exigência** de retificação da DI:

☐ alteração de classificação fiscal; ou

☐ recolhimento de diferença de tributos e/ou multas.

Quando a exigência cuidar de recolhimento de crédito tributário ou do pagamento de direito antidumping ou medida compensatória, o importador poderá efetuar o recolhimento de forma imediata, independentemente de qualquer processo administrativo.

> **Atenção:** Na hipótese de a mercadoria gozar de tratamento tributário favorecido, em razão da origem, a comprovação documental deverá ser feita conforme disposto nos tratados internacionais firmados pelo Brasil.

19.2.7. Desembaraço aduaneiro na importação

O desembaraço aduaneiro é o ato final do despacho, pelo qual é registrada a **conclusão** da conferência aduaneira. Isso, na prática, permitirá a entrega da mercadoria, devidamente liberada, para o importador.

São **condições** para o desembaraço aduaneiro:

☐ a apresentação do **Certificado de Origem** quando sua entrega foi postergada por meio de termo de responsabilidade, nas importações de produtos a granel ou perecíveis originários dos demais países integrantes do Mercosul;

☐ na **entrega antecipada** de mercadoria, o desembaraço aduaneiro das mercadorias somente será realizado após a apresentação, à autoridade aduaneira, dos documentos exigidos ao importador pelo depositário;

☐ na **entrega fracionada**, o desembaraço será registrado no SISCOMEX por ocasião do despacho do último lote relativo à DI.

Contudo, não serão desembaraçados, em razão de problemas constatados durante a conferência:

☐ mercadorias cuja exigência de crédito tributário no curso da conferência aduaneira esteja **pendente de atendimento**, salvo nas hipóteses autorizadas pelo Ministro de Estado da Fazenda, mediante a prestação de garantia;

☐ **gêneros alimentícios** ou outras mercadorias que, em consequência de avaria, constatada após o início do despacho aduaneiro, venham a ser considerados, pelos órgãos competentes, **nocivos** à saúde pública, devendo ser, obrigatoriamente, destruídos ou inutilizados;

☐ sem prestação de **garantia prévia** em mercadoria objeto de apreensão anulada por decisão judicial não transitada em julgado;

☐ sem a apresentação dos documentos que devem, obrigatoriamente, instruir a declaração de importação.

---

niente, permitir o prosseguimento do despacho da mercadoria avariada ou partida com extravio, nos termos do artigo 570, § 1.º-A, do Regulamento Aduaneiro.

O desembaraço aduaneiro fica **condicionado** ainda à informação do pagamento do adicional ao frete para renovação da marinha mercante (AFRMM), ou de sua isenção, pelo Ministério dos Transportes.

Após o desembaraço aduaneiro, será autorizada a entrega da mercadoria ao importador, mediante a comprovação do **pagamento do ICMS**, como vimos.

19.2.8. Cancelamento da declaração de importação

A autoridade aduaneira poderá **cancelar** uma declaração de importação já registrada, de ofício ou a pedido do importador.

Isso pode ocorrer em diversas hipóteses, como:

■ comprovação de que a mercadoria declarada **não ingressou** no País ou foi **descarregada** em recinto alfandegado diverso daquele indicado na DI;

■ **devolução** da mercadoria ao exterior ou **destruição**, quando a mercadoria não atender à legislação de proteção ao meio ambiente, saúde ou segurança pública ou, ainda, aos controles sanitários e fitossanitários;

■ importação **incompatível** com o tipo de declaração utilizado, sem possibilidade de retificação;

■ comprovação de **erro de expedição**;

■ declaração registrada com **erro relevante** (CPF, CNPJ, unidade de controle da Receita etc.);

■ registro em **duplicidade**, de mais de uma DI para a mesma mercadoria.

> **Importante:** O cancelamento da DI não exime o importador da responsabilidade por eventuais delitos ou infrações que venham a ser apurados pela fiscalização, inclusive após a efetivação do cancelamento.

Não será autorizado o cancelamento de declaração, quando:

■ houver indícios de infração aduaneira, enquanto não for concluída a respectiva apuração;

■ se tratar de mercadoria objeto de pena de perdimento.

Quando efetivado o cancelamento, o importador poderá solicitar a **restituição** ou a **compensação** dos tributos recolhidos por ocasião do registro da Declaração de Importação.

19.2.9. Simplificação do despacho

Vimos que o registro da declaração de importação é o procedimento mais importante do **despacho aduaneiro**, pois servirá de base para o acompanhamento e a tributação das mercadorias.

Não se pode olvidar que a declaração de importação é um documento digital (feito no SISCOMEX), que deve conter as informações necessárias para o controle aduaneiro:

■ a identificação do importador;

■ a identificação, a classificação, o valor aduaneiro e a origem da mercadoria.

Além dessas **informações básicas**, a Receita Federal do Brasil poderá exigir dados complementares (para a concessão de regimes especiais, por exemplo) e, ainda, destinados à elaboração de estatísticas sobre o comércio exterior brasileiro.

Como existem diversas **modalidades de importação**, temos, basicamente, dois tipos de declaração: a DI e a DSI (Declaração Simplificada de Importação).

Como já discorremos sobre a DI, convém destacarmos que a **Declaração Simplificada de Importação** poderá ser utilizada em determinadas situações, normalmente em razão do valor da transação ou da qualidade de importador.

Compete à Receita Federal do Brasil estabelecer os procedimentos de simplificação do despacho aduaneiro e, de forma justificada, suspendê-los ou até mesmo extingui-los, na medida em que deixem de atender às necessidades de controle inerentes à atividade aduaneira.

Os procedimentos simplificados serão definidos em ato normativo próprio, que poderá, inclusive, **autorizar**[22]:

> I — o início do despacho aduaneiro antes da chegada da mercadoria;
> II — a entrega da mercadoria antes de iniciado o despacho; e
> III — a adoção de faixas diferenciadas de procedimentos, em que a mercadoria possa ser entregue:
> *a)* antes da conferência aduaneira;
> *b)* mediante conferência aduaneira feita parcialmente; ou
> *c)* somente depois de concluída a conferência aduaneira de toda a carga.

Quanto à utilização da Declaração Simplificada de Importação[23], podemos dizer que, de forma sintética, todas as situações tratam de benefícios fiscais ou possuem limites máximos por operação, no caso de bens:

> ■ importados por **pessoa física**, com ou sem cobertura cambial, em quantidade e frequência que *n*ão caracterize destinação comercial, cujo valor não ultrapasse **US$ 3.000,00** ou o equivalente em outra moeda;
> ■ importados por **pessoa jurídica**, com ou sem cobertura cambial, cujo valor não ultrapasse **US$ 3.000,00** ou o equivalente em outra moeda;

---

22 Conforme artigo 579 do Regulamento Aduaneiro.

23 RA, art. 579-A: "Os processos de importação e de desembaraço aduaneiro de bens, insumos, reagentes, peças e componentes utilizados em pesquisa científica e tecnológica ou em projetos de inovação terão tratamento prioritário e procedimentos simplificados, conforme disciplinado em ato da Secretaria da Receita Federal do Brasil do Ministério da Fazenda e observado o disposto no art. 1.º da Lei n. 8.010, de 29 de março de 1990, e nas alíneas 'e' a 'g' do inciso I do *caput* do art. 2.º da Lei n. 8.032, de 12 de abril de 1990.

§ 1.º Os processos de importação e desembaraço aduaneiro de que trata o *caput* terão tratamento equivalente àquele previsto para mercadorias perecíveis.

§ 2.º Os órgãos da administração pública federal intervenientes na importação adotarão procedimentos de gestão de riscos com a participação das instituições de pesquisa científica e tecnológica, de modo a minimizar os controles durante os processos de importação e despacho aduaneiro, inclusive para os importadores pessoas físicas.

§ 3.º A fiscalização de condição de isenção tributária reconhecida na forma estabelecida no § 2.º do art. 1.º da Lei n. 8.010, de 1990, será efetuada prioritariamente em controle pós-despacho aduaneiro".

- recebidos, a título de **doação**, de governo ou organismo estrangeiro por:
  - órgão ou entidade integrante da administração pública direta, autárquica ou fundacional, de qualquer dos Poderes da União, dos Estados, do Distrito Federal e dos Municípios;
  - instituição de assistência social.
- submetidos ao regime de **admissão temporária**;
- **reimportados** no mesmo estado ou após conserto, reparo ou restauração no exterior, em cumprimento do regime de exportação temporária;
- **que retornem** ao País em virtude de:
  - não efetivação da venda no prazo autorizado, quando enviados ao exterior em consignação;
  - defeito técnico, para reparo ou substituição;
  - alteração nas normas aplicáveis à importação do país importador; ou
  - guerra ou calamidade pública.
- contidos em **remessa postal internacional** cujo valor não ultrapasse **US$ 3.000,00** ou o equivalente em outra moeda;
- contidos em **encomenda aérea internacional** cujo valor não ultrapasse **US$ 3.000,00** ou o equivalente em outra moeda, transportada por empresa de transporte internacional expresso porta a porta, nas seguintes situações:
  - submetidos ao regime de admissão temporária;
  - reimportados;
  - objeto de reconhecimento de isenção ou de não incidência de impostos;
  - destinados à revenda.
- integrantes de **bagagem desacompanhada**;
- importados para utilização na **Zona Franca de Manaus (ZFM)**, quando submetidos a despacho aduaneiro de internação para o restante do território nacional, até o limite de **US$ 3.000,00** ou o equivalente em outra moeda;
- industrializados na ZFM, quando submetidos a despacho aduaneiro de **internação** para o restante do território nacional, até o limite de **US$ 3.000,00** ou o equivalente em outra moeda;
- importados para utilização na ZFM ou industrializados nessa área incentivada, quando submetidos a despacho aduaneiro de internação por **pessoa física**, sem finalidade comercial;
- importados com **isenção**, com ou sem cobertura cambial, pelo **CNPq** ou por cientistas, pesquisadores ou entidades sem fins lucrativos, devidamente credenciados pelo referido Conselho, em quantidade ou frequência que não revele **destinação comercial**, até o limite de **US$ 10.000,00** ou o equivalente em outra moeda.

19.2.10. Portal Único de Comércio Exterior: Declaração Única de Importação (DUIMP) e Declaração Única de Exportação (DU-E)

Desde 2014, o governo brasileiro tem se preocupado em reduzir a burocracia e, consequentemente, os custos dos procedimentos de importação e exportação. Nesse sentido, uma das principais iniciativas é a criação de um portal único de comércio exterior, pois o SISCOMEX, ao longo do tempo, tornou-se fragmentado, com vários módulos destinados a atividades específicas, mas não necessariamente interconectados.

Enquanto escrevemos, encontra-se em desenvolvimento o Portal Único de Comércio Exterior, que será a base dos "novos processos de importação e exportação", que propõem um novo conjunto de procedimentos integrados, com a redução dos tempos de processamento e, sobretudo, a integração de todos os órgãos intervenientes no comércio exterior.

Assim, o Portal Único de Comércio Exterior é uma iniciativa do Governo Federal que busca reduzir a burocracia, o tempo e os custos nas operações de exportação e importação no Brasil. Ele reformula processos, torna-os mais eficientes e cria um guichê único para centralizar as interações entre governo e operadores privados, substituindo o sistema SISCOMEX, em vigor desde 1993.

Reconhecido como uma medida de impacto institucional, o programa visa melhorar o ambiente de negócios e investimentos, com potencial para aumentar o PIB em até US$ 130 bilhões até 2040, além de promover maior fluidez no comércio exterior, redução de prazos e custos para o setor privado e aperfeiçoamento da gestão pública[24].

Figura 19.1. Cronograma 2023-2026

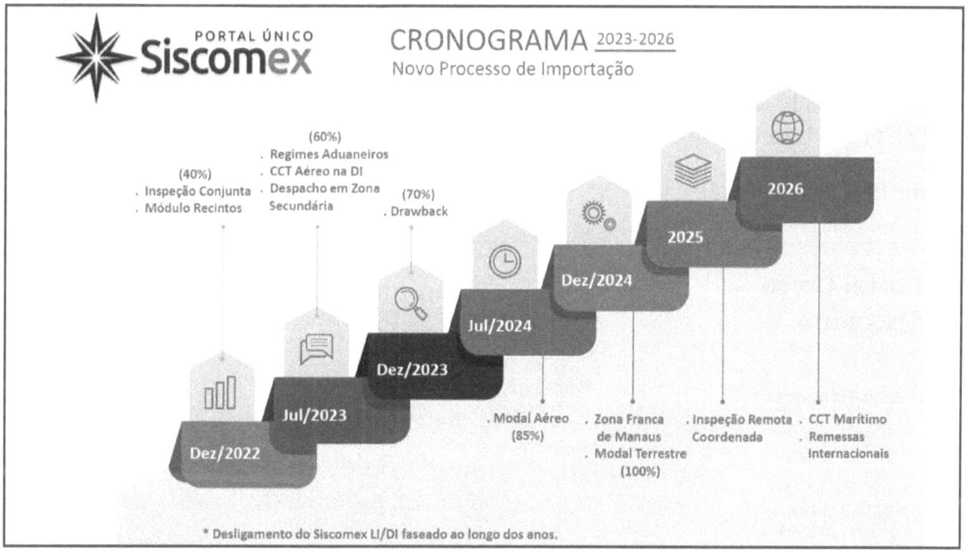

Fonte: https://www.gov.br/siscomex/pt-br/programa-portal-unico/cronograma-de-implementacao.

De acordo com informações disponíveis no *site* gov.br, os principais benefícios dos novos processos serão[25]:

---

[24] Conforme https://www.gov.br/receitafederal/pt-br/assuntos/noticias/2024/maio/operacoes-de-importacao-serao-migradas-para-a-declaracao-unica-de-importacao-duimp-no-portal-unico-de-comercio-exterior

[25] Disponível em: https://www.gov.br/siscomex/pt-br/conheca-o-programa/o-programa-portal-unico-de-comercio-exterior. Acesso em: out. 2024.

■ A criação da Declaração Única de Exportação (DU-E) e da Declaração Única de Importação (DUIMP), com substituição de documentos redundantes e redução na prestação de informações;

■ Integração da DU-E com a Nota Fiscal eletrônica, permitindo alimentação automática dos dados, a integridade das informações, menor possibilidade de erros e maior facilidade em comprovar as exportações;

■ Redução e otimização de etapas manuais de conferência de dados e documentos para cada operação por meio do uso de tecnologias automatizadas;

■ Possibilidade de anuências abrangentes a mais de uma operação, o que viabiliza a redução de controles operação a operação;

■ Possibilidade de realização simultânea dos controles aduaneiros e não aduaneiros das mercadorias, em detrimento de etapas sequenciais;

■ Uso intensivo de gerenciamento de riscos;

■ Integração dos sistemas e processos de comércio exterior e centralização da comunicação entre operadores privados e órgãos e entidades do governo em um único local; e

■ Melhoria contínua da governança dos controles das operações de comércio exterior, com base em atuação coordenada e harmonizada.

Os novos procedimentos de importação e exportação terão comoreferência a DUIMP — Declaração Única de Importação e a DU-E — Declaração Única de Exportação, ambas em fase de desenvolvimento e testes ao tempo em que escrevemos.

Visualmente, a proposta de funcionamento do Portal Único do Siscomex pode ser analisada nas figuras a seguir[26].

Figura 19.2.   Importação

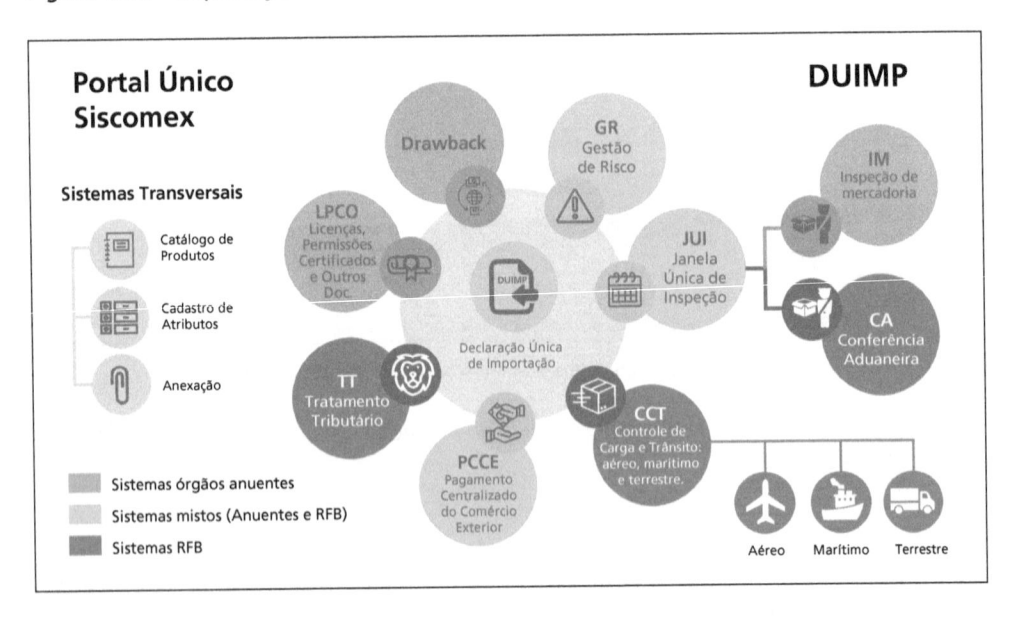

---

[26] Disponível em: https://www.gov.br/siscomex/pt-br/conheca-o-programa/o-programa-portal-unico-de-comercio-exterior. Acesso em: out. 2024.

Figura 19.3. Exportação

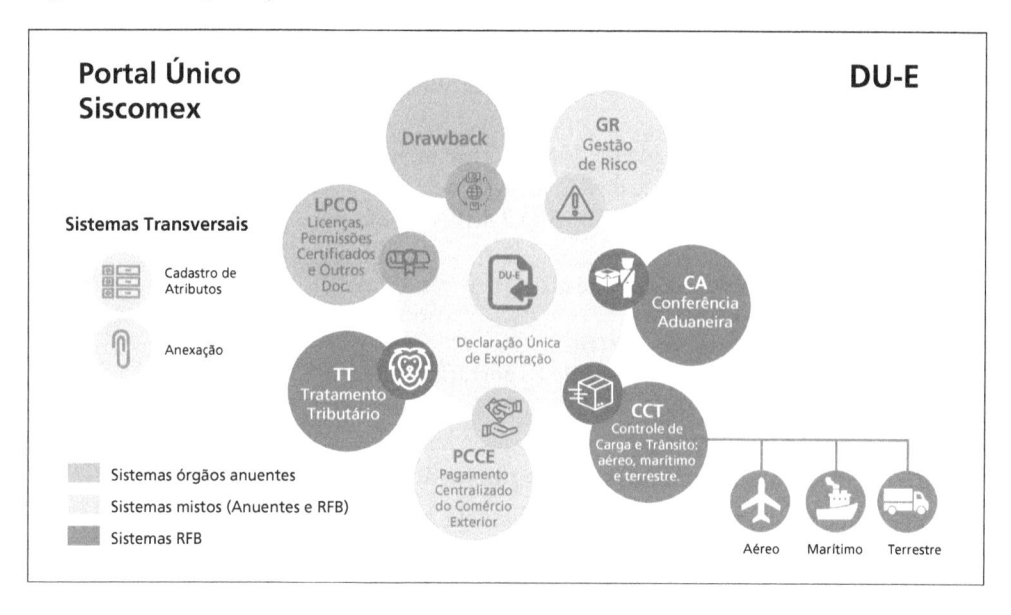

19.3. DESPACHO ADUANEIRO DE EXPORTAÇÃO

Seguindo a lógica do controle das operações no comércio exterior, a legislação prevê o **despacho de exportação**, que também é obrigatório para todas as mercadorias (inclusive as reexportadas)[27], **exceto** em duas situações:

- ▣ malas **diplomáticas** ou **consulares** que atenderem aos requisitos das Convenções de Viena;
- ▣ mercadoria a ser **devolvida ao exterior**, antes de submetida a despacho de importação, desde que a dispensa em relação ao despacho seja autorizada pela Receita Federal.

> **Importante:** Segundo o Regulamento Aduaneiro, despacho de exportação é o procedimento mediante o qual é verificada a exatidão dos dados declarados pelo exportador em relação à mercadoria, aos documentos apresentados e à legislação específica, com vistas a seu desembaraço aduaneiro e a sua saída para o exterior.

19.3.1. Registro de exportação

Assim como nas operações de importação registramos uma DI, nas exportações será também necessário efetuar o correspondente **registro**, no SISCOMEX, que compreende a apresentação de informações de natureza comercial, financeira, cambial e fiscal, relativas

---

[27] Do mesmo modo que nas importações, a exportação de urna funerária tem caráter prioritário e rito sumário, respeitados os controles sanitários pertinentes.

à mercadoria e à operação, bem como o seu enquadramento, nas diversas **modalidades** (exportação de mercadorias nacionais ou nacionalizadas e reexportação, por exemplo).

Em regra, o despacho de exportação será processado por meio de **Declaração de Exportação** (DE), registrada no SISCOMEX e vinculada a um ou mais Registros de Exportação (RE).

Existe, ainda, a possibilidade de despacho por meio da **Declaração Simplificada de Exportação** (DSE), que prescinde de RE, além de outros despachos, como no caso de bagagem, que são efetuados **sem registro** no SISCOMEX, conforme legislação específica.

Atenção: As exportações podem ser realizadas de três formas:
a) **sem registro** no SISCOMEX;
b) com **Declaração de Exportação (DE)**;
c) mediante **Declaração Simplificada de Exportação (DSE)**.

19.3.2. Instrução da declaração de exportação

Independentemente do canal de conferência aduaneira selecionado, o exportador deverá instruir a **declaração de exportação** com os seguintes documentos:

- ☐ a primeira via da **nota fiscal**;
- ☐ a via original do **conhecimento** e do **manifesto** internacional de carga, nas exportações por via terrestre, fluvial ou lacustre; e
- ☐ **outros documentos** exigidos na legislação específica.

As operações realizadas mediante **Declaração de Exportação** (DE) podem ocorrer de quatro formas:

- ☐ Declaração de Exportação **anterior** ao embarque da mercadoria — trata-se da regra geral, aplicável à maioria dos casos;
- ☐ Declaração de Exportação **posterior** ao embarque, com **autorização** do chefe da unidade em que ocorrer o despacho, nos seguintes casos de exportação:
    - ☐ granéis, inclusive petróleo bruto e seus derivados;
    - ☐ produtos da indústria metalúrgica e de mineração;
    - ☐ produtos agroindustriais acondicionados em fardos ou sacaria;
    - ☐ pastas químicas de madeira, cruas, semibranqueadas ou branqueadas, embaladas em fardos ou briquetes;
    - ☐ veículos novos;
    - ☐ realizada por via rodoviária, fluvial ou lacustre, por estabelecimento localizado em município de fronteira sede de unidade da Receita Federal do Brasil;
    - ☐ mercadorias cujas características intrínsecas ou extrínsecas ou de seus processos de produção, transporte, manuseio ou comércio impliquem variação de peso decorrente de alteração na umidade relativa do ar;
    - ☐ mercadorias cujas características intrínsecas ou extrínsecas ou de seus processos de produção, transporte, manuseio ou comércio exijam operações de embarque parcelado e de longa duração;

- produtos perecíveis.

▪ Declaração de Exportação **posterior** ao embarque, **independentemente** de autorização do chefe da unidade em que ocorrer o despacho, nos seguintes casos de exportação:

- fornecimento de combustíveis e lubrificantes para embarcações ou aeronaves, em tráfego internacional;

- fornecimento de alimentos e outros produtos destinados ao consumo e uso a bordo de embarcações ou aeronaves, em tráfego internacional;

- venda no mercado interno a não residente no país, em moeda estrangeira, de pedras preciosas e semipreciosas, metais preciosos, suas obras e artefatos de joalharia, relacionados pela SECEX;

- venda em loja franca a passageiros com destino ao exterior, em moeda estrangeira, cheque de viagem ou cartão de crédito, de pedras preciosas e semipreciosas nacionais, suas obras e artefatos de joalharia, relacionados pela SECEX;

- fornecimento de combustíveis ou lubrificantes a navios de guerra estrangeiros em decorrência de operação militar conjunta;

- permanência no exterior de mercadoria saída do país com base em Autorização de Movimentação de Bens Submetidos ao RECOF.

▪ Declaração de Exportação para **regularizar** mercadorias submetidas ao regime de **exportação temporária**, quando definitivamente exportadas (**exemplo**: empresário brasileiro leva ao exterior produtos para apresentação numa feira — exportação temporária, mas, durante o evento, realiza a venda desses bens para determinado cliente — exportação definitiva).

Os despachos de exportação que podem ser realizados mediante Declaração Simplificada de Exportação (DSE) compreendem os seguintes produtos:

- exportados por **pessoa física**, com ou sem cobertura cambial, até o limite de **US$ 50.000,00** ou o equivalente em outra moeda, desde que em quantidades que não revelem prática de comércio e desde que não se configure habitualidade, **exceto** nos casos de produtos para os quais haja anuência prévia de algum órgão de controle administrativo;

- exportados por **pessoa jurídica**, com ou sem cobertura cambial, até o limite de **US$ 50.000,00** ou o equivalente em outra moeda, **exceto** nos casos de produtos para os quais haja anuência prévia de algum órgão de controle administrativo;

- sob o regime de **exportação temporária**, para posterior retorno ao País no mesmo estado ou após conserto, reparo ou restauração;

- **reexportados**, para o encerramento do regime de admissão temporária;

- que devam ser **devolvidos** ao exterior por:

- erro manifesto ou comprovado de expedição, reconhecido pela autoridade aduaneira;

- indeferimento de pedido para concessão de regime aduaneiro especial;

- não atendimento a exigência de controle sanitário, ambiental ou de segurança exercido pelo órgão competente; ou

◻ qualquer outro motivo, mediante autorização expressa e fundamentada da Receita Federal.

◻ contidos em **remessa postal internacional**, até o limite de **US$ 50.000,00** ou o equivalente em outra moeda;

◻ contidos em **encomenda aérea internacional**, até o limite de **US$ 50.000,00** ou o equivalente em outra moeda, transportados por empresa de transporte internacional na modalidade expressa (porta a porta);

◻ integrantes de bagagem **desacompanhada**;

◻ no despacho aduaneiro de **veículo** para uso do viajante no exterior, exceto quando sair do País por seus próprios meios.

As normas aduaneiras também estabelecem casos em que o despacho de exportação **não precisa** de registro no SISCOMEX, quando se tratar de:

◻ **amostras** sem valor comercial;

◻ exportações realizadas por **pessoa física** ou **jurídica**, sem cobertura cambial e *sem finalidade comercial*, cujo valor não ultrapasse US$ 1.000,00 ou o equivalente em outra moeda, **exceto** quando se tratar de produto cuja exportação seja proibida, sujeita ao controle de cota ou ao pagamento do Imposto de Exportação;

◻ exportações realizadas por **missão diplomática**, **repartição consular** de carreira e de caráter permanente, representação de **organismo internacional** de que o Brasil faça parte, ou **delegação acreditada** junto ao Governo Brasileiro, bem assim por seus respectivos integrantes, funcionários, peritos ou técnicos;

◻ **reexportação de veículo**, de viajante residente no exterior, submetido ao regime de admissão temporária;

◻ bens de caráter **cultural**;

◻ animais de **vida doméstica**, sem cobertura cambial e sem finalidade comercial;

◻ exportações passíveis de despacho em DSE, quando **não for possível o acesso** ao SISCOMEX, em virtude de problemas de ordem técnica, por mais de *4 horas consecutivas*;

◻ bens destinados a **emprego militar** e apoio logístico às tropas brasileiras designadas para integrar força de paz em território estrangeiro;

◻ bens destinados a **assistência** e **salvamento** em situações de guerra, calamidade pública ou de acidentes de que decorra dano ou ameaça de dano à coletividade ou ao meio ambiente;

◻ **outros casos** não previstos pela legislação, devidamente justificados e autorizados por meio de Ato Declaratório da Superintendência da Receita Federal que jurisdicionar a sede do exportador ou responsável pelos bens.

19.3.3. Conferência aduaneira

Assim como nas importações, o procedimento de conferência aduaneira **na exportação** tem por finalidade identificar o exportador, verificar a mercadoria e a correção das informações relativas a sua natureza, classificação fiscal, quantificação e preço, e confirmar o cumprimento de todas as obrigações, fiscais e outras, exigíveis em razão da operação[28].

A **verificação** das mercadorias será realizada por Auditor-Fiscal da Receita Federal do Brasil ou, sob sua supervisão, por Analista-Tributário, na presença do interessado, que pode ser o viajante (no regime de bagagem), o exportador ou seus representantes.

O **despacho de exportação** pode ser realizado nos seguintes locais[29]:

■ recintos alfandegados de **zona primária** (portos, aeroportos, pontos de fronteira alfandegados e portos secos de zona primária);

■ recintos alfandegados de **zona secundária** (portos secos e armazéns de encomendas postais internacionais);

■ em recintos **não alfandegados**, como caso do **REDEX** — Recinto Especial para Despacho Aduaneiro de Exportação, que são áreas na zona secundária (como o **próprio estabelecimento** do exportador), autorizadas pela Receita Federal e sujeitas a fiscalização específica.

> **Atenção:** Nas exportações, embora o despacho possa ser feito na **zona secundária** (para fins de conferência e desembaraço), as mercadorias efetivamente sairão do território por meio da **zona primária**, de forma que existirão unidades distintas de jurisdição da Receita Federal do Brasil, para cada etapa.

19.3.3.1. Seleção parametrizada nas exportações

Nos termos da Resolução CMC n. 50/2004 do Mercosul, promulgada pelo Decreto n. 6.870/2009, o controle das mercadorias na conferência aduaneira também será exercido por meio de **canais de seleção**.

Nas **exportações**, a parametrização é mais simples, embora possua igual objetivo, qual seja, o de definir o **nível de análise** necessário para a liberação da mercadoria.

Existem **três canais** de conferência no despacho aduaneiro de exportação[30]:

■ **verde** — o sistema procederá ao desembaraço automático da declaração, sem conferência das mercadorias;

■ **laranja** — em que haverá o exame documental das mercadorias;

■ **vermelho** — exige exame documental e verificação física das mercadorias.

No sítio governo federal na internet, encontramos o esquema a seguir, bastante completo, sobre os novos procedimentos de exportação:

---

[28] Artigo 589 do Regulamento Aduaneiro.

[29] Para a exportação de petróleo e derivados oriundos do mar territorial e da zona econômica exclusiva, o despacho poderá ocorrer na repartição da Receita Federal do Brasil mais próxima ao local de produção ou extração.

[30] Disponível em: <https://www.gov.br/siscomex/pt-br/servicos/aprendendo-a-exportarr-old-pasta/operacionalizando-a-exportacao-1/fluxo-basico-da-exportacao>.

Figura 19.4.

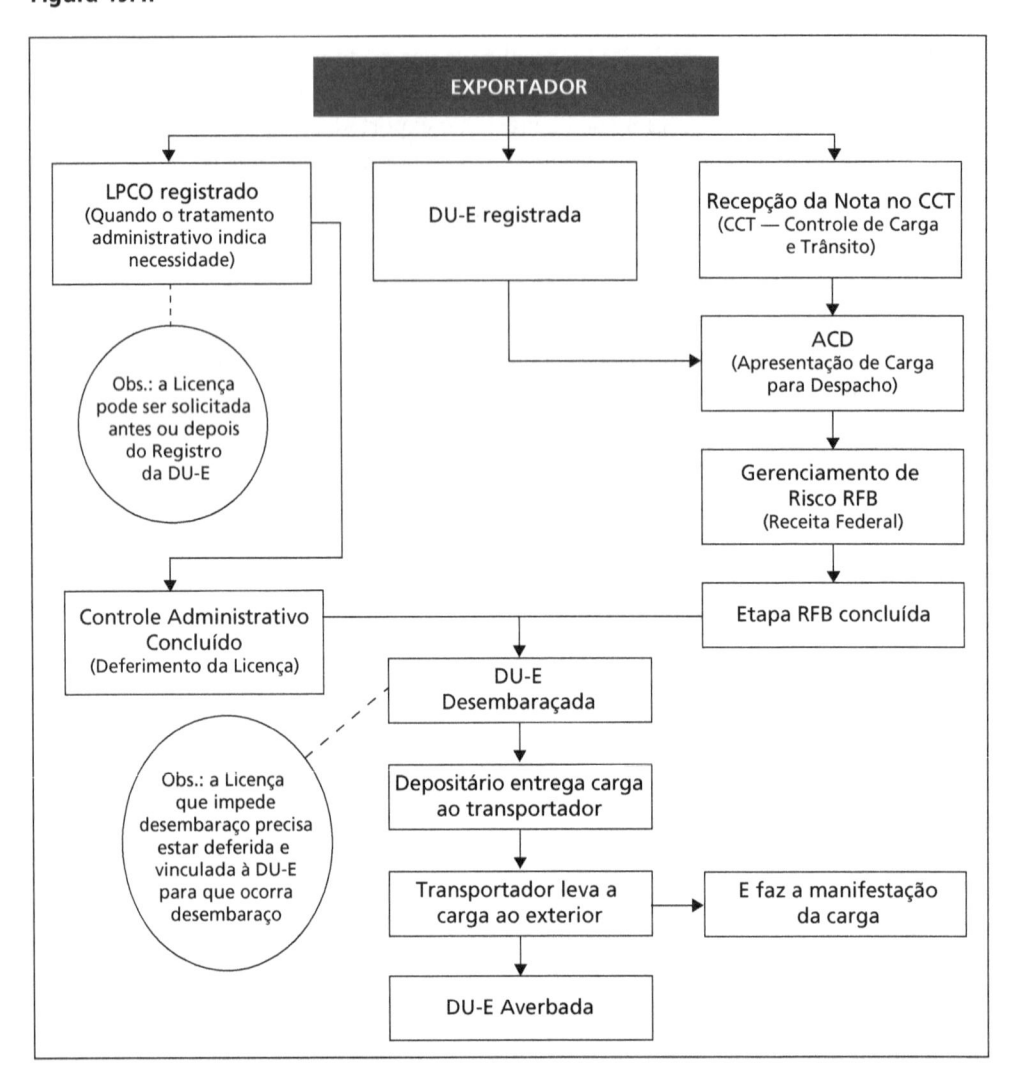

19.3.3.2. *Desembaraço aduaneiro e averbação do embarque*

O **desembaraço aduaneiro** é o ato final da conferência, pelo qual se autoriza o embarque da mercadoria para o exterior (via aérea ou marítima) ou a sua transposição de fronteira (via rodoviária ou ferroviária), no caso de exportações para países limítrofes com o Brasil.

Caso fique constatada qualquer divergência na mercadoria ou a prática de infrações pelo exportador, o desembaraço poderá ser realizado desde que adotadas as medidas necessárias para a comprovação do fato e posterior responsabilização de quem lhe deu causa[31].

---

[31] A mercadoria a ser reexportada somente será desembaraçada após o pagamento das multas a que estiver sujeita, conforme determina o artigo 592 do Regulamento Aduaneiro.

Convém destacar que as mercadorias exportadas **não podem** permanecer no território aduaneiro, pois isso implicaria quebra de paridade com os produtos destinados ao mercado interno, em razão das imunidades e dos benefícios fiscais concedidos para as exportações.

Na hipótese de as mercadorias objeto da exportação não serem embarcadas para o exterior, teríamos um caso típico de **descaminho**, pois os bens ficariam em circulação no Brasil sem o recolhimento dos respectivos tributos internos, em claro desrespeito ao princípio da igualdade.

Assim, o controle mais importante sobre a operação tem por objetivo garantir a efetiva saída das mercadorias, o que ocorre com a **averbação do embarque**, procedimento feito no SISCOMEX que confirma e valida a data em que houve a saída ou a transposição de fronteira, com a emissão do respectivo conhecimento de carga, registrado pelo transportador ou exportador.

19.3.3.3. *Cancelamento da declaração de exportação*

A Declaração de Exportação poderá ser **cancelada** nos seguintes casos:

■ pelo exportador, **antes do registro** da recepção dos documentos instrutivos da DE no SISCOMEX;

■ **automaticamente**, após 15 dias do registro da DE sem que tenha sido registrada no SISCOMEX a recepção dos documentos pela unidade da Receita de despacho;

■ pela **fiscalização aduaneira**, em diversas situações:

■ mediante pedido do exportador, quando constatado **erro involuntário** em registro, não passível de correção no SISCOMEX;

■ mediante pedido do exportador, quando ocorrer **desistência do embarque**, acompanhada de comprovação documental;

■ de ofício, quando constatado, em qualquer etapa da conferência aduaneira, **descumprimento das normas** de exportação;

■ quando houver pedido de **retificação de registro**, integrante de despacho com mais de um RE e que envolva campos de consistência do despacho de exportação;

■ quando houver pedido de **retificação de CNPJ**, informado incorretamente;

■ quando o depositário **liberar** para embarque mercadoria não desembaraçada;

■ quando o transportador realizar operação de **embarque, transbordo, baldeação** ou **transposição de fronteira** de mercadoria não desembaraçada, sem a pertinente conclusão de trânsito aduaneiro de exportação ou sem expressa autorização da fiscalização aduaneira.

19.3.3.4. *Simplificação do despacho de exportação*

Como vimos, também é possível, nas exportações, que a Receita Federal do Brasil autorize:

■ a adoção de procedimentos para simplificação do despacho de exportação;

■ o embarque da mercadoria ou a sua saída do território aduaneiro antes do registro da declaração de exportação.

19.4. CASOS ESPECIAIS DE IMPORTAÇÃO E DE EXPORTAÇÃO PREVISTOS NA LEGISLAÇÃO

Quis o legislador, em respeito à soberania nacional e aos interesses do país, fixar **critérios especiais** de importação e exportação para determinados bens, em razão de sua relevância econômica, seu nível de tributação ou seu risco para a sociedade.

Nos próximos subtópicos, comentaremos, brevemente, cada um desses procedimentos.

19.4.1. Entorpecentes

Qualquer insumo ou produto relacionado com substâncias entorpecentes, psicotrópicas ou que determinem dependência física ou psíquica estará sujeito a controle e fiscalização específicos.

As operações envolvendo entorpecentes estão sujeitas a autorização do **Ministério da Saúde** e/ou **Departamento da Polícia Federal**, conforme o caso.

Em regra, os estabelecimentos dos importadores e exportadores deverão possuir licença de funcionamento, salvo para a manipulação de produtos químicos em limite inferior ao fixado pelo Ministro da Justiça.

19.4.2. Fumo e seus sucedâneos

Todas as operações envolvendo a cadeia produtiva de **cigarros** e **produtos semelhantes** (código 2402.20.00 da NCM) estão sujeitas a controles especiais, seja pelo alto valor da carga tributária incidente, seja pela evidente questão de saúde pública que tais produtos ensejam.

No intuito de melhor controlar os contribuintes, todos os importadores deverão ser **previamente cadastrados** na Receita Federal, por meio de registro específico.

Nas importações, só será autorizado o ingresso de marca de cigarros que *seja vendida no país de origem*.

Como os maços de cigarro só podem circular no Brasil com **20 unidades** (vintena), tal exigência também deverá ser atestada no momento do desembaraço aduaneiro.

Para as exportações, é terminantemente proibida a **venda** ou **exposição** de cigarros no Brasil, quando estes forem destinados ao exterior. Caso sejam detectados, tais produtos configuram a materialidade do crime de contrabando.

Em razão disso, as embalagens dos cigarros destinados a países da América do Sul e da América Central, inclusive Caribe, deverão conter a expressão *"Somente para exportação — proibida a venda no Brasil"*, pois é frequente a tentativa de **"reimportação ilícita"** desses produtos, especialmente pelas fronteiras terrestres.

19.4.3. Produtos com marca falsificada

No Brasil, como em outros países, a questão do respeito aos direitos de propriedade intelectual é sempre muito importante, principalmente em razão dos tratados assinados no âmbito da OMC (como é o caso do TRIPS).

O tema se divide, basicamente, em duas situações:

▣ **marcas falsificadas** (objeto de contrafação, ou seja, produção de um item sem a autorização do titular);

▣ **pirataria**, que é a reprodução de produtos ou direitos, sem o pagamento de *royalties* aos respectivos titulares.

Conquanto o tema da **pirataria** (estamos utilizando aqui a terminologia popular, para fins didáticos), notadamente no caso digital, é de quase impossível solução (mas não nos interessa neste momento, pois os direitos são **intangíveis**), no caso de produtos falsificados (contrafação), a autoridade competente deve retê-los, quando isso for percebido durante o procedimento de conferência aduaneira.

Como o Fisco não tem **condições jurídicas** de afirmar que o produto é falso (embora isso quase sempre seja evidente), cabe à autoridade competente notificar o titular dos direitos da marca para que este, no prazo de **10 dias úteis** (prorrogável uma vez por igual período), promova, se for o caso, a correspondente queixa e solicite a apreensão judicial das mercadorias.

Se as providências **não forem adotadas** no prazo, o despacho aduaneiro poderá prosseguir, desde que cumpridos os demais requisitos para a importação ou exportação.

19.4.4. Fonogramas, livros e obras audiovisuais

Todos os produtos supracitados estão protegidos pelos chamados **direitos autorais** e, nesse sentido, quando importados ou exportados, deverão conter selos ou sinais de identificação.

19.4.5. Brinquedos, réplicas e simulacros de armas de fogo

Na década de 2000, a legislação brasileira foi alterada para **proibir** a importação de brinquedos, réplicas e simulacros de armas de fogo, que possam ser confundidos com os originais.

A medida, é claro, tem por objetivo evitar que criminosos cometam **práticas ilícitas** munidos dessas réplicas, o que infelizmente ainda ocorre.

As armas que tiverem **aparência de brinquedo** (armas tipo *laser*, espaciais ou de personagens dos quadrinhos, por exemplo) poderão ser importadas normalmente.

19.4.6. Bens sensíveis

São considerados bens sensíveis os de **uso duplo** (aplicação civil e militar, por exemplo) e os produtos da **área nuclear, química** ou **biológica**, quando sujeitos a controle específico.

Nessas hipóteses, a importação e a exportação dependerão de prévia anuência do **Ministério da Ciência e Tecnologia** ou da **CNEN** (Comissão Nacional de Energia Nuclear), conforme o caso.

19.4.7. Medicamentos, drogas, insumos farmacêuticos e correlatos

Todos os produtos relacionados à **indústria farmacêutica** (inclusive cosméticos) dependem de autorização específica do Ministério da Saúde.

A lista sujeita a tal controle é bastante extensa e está prevista no artigo 615, parágrafo único, do Regulamento Aduaneiro:

I – drogas, as substâncias ou matérias-primas que tenham a finalidade medicamentosa ou sanitária;

II – medicamentos, os produtos farmacêuticos, tecnicamente obtidos ou elaborados, com finalidades profilática, curativa, paliativa ou para fins de diagnóstico;

III – insumos farmacêuticos, as drogas ou matérias-primas aditivas ou complementares de qualquer natureza, destinadas a emprego em medicamentos, quando for o caso, e seus recipientes;

IV – correlatos, as substâncias, produtos, aparelhos ou acessórios não enquadrados nos conceitos dos incisos I a III, cujo uso ou aplicação esteja ligado à defesa e proteção da saúde individual ou coletiva, à higiene pessoal ou de ambientes, ou a fins diagnósticos e analíticos, os cosméticos e perfumes, e, ainda, os produtos dietéticos, óticos, de acústica médica, odontológicos e veterinários;

V – produtos dietéticos, os produtos tecnicamente elaborados para atender às necessidades dietéticas de pessoas em condições fisiológicas especiais;

VI – produtos de higiene, os produtos para uso externo, antissépticos ou não, destinados ao asseio ou à desinfecção corporal, compreendendo os sabonetes, xampus, dentifrícios, enxaguatórios bucais, antiperspirantes, desodorantes, produtos para barbear e após o barbear, estípticos e outros;

VII – cosméticos, os produtos para uso externo, destinados à proteção ou ao embelezamento das diferentes partes do corpo, tais como pós faciais, talcos, cremes de beleza, creme para as mãos e similares, máscaras faciais, loções de beleza, soluções leitosas, cremosas e adstringentes, loções para as mãos, bases de maquilagem e óleos cosméticos, ruges, *blushes*, batons, lápis labiais, preparados antissolares, bronzeadores e simulatórios, rímeis, sombras, delineadores, tinturas capilares, agentes clareadores de cabelos, preparados para ondular e para alisar cabelos, fixadores de cabelos, laquês, brilhantinas e similares, loções capilares, depilatórios e epilatórios, preparados para unhas e outros;

VIII – perfumes, os produtos de composição aromática obtida à base de substâncias naturais ou sintéticas, que, em concentrações e veículos apropriados, tenham como principal finalidade a odorização de pessoas ou ambientes, incluídos os extratos, as águas perfumadas, os perfumes cremosos, preparados para banho e os odorizantes de ambientes, apresentados em forma líquida, geleificada, pastosa ou sólida;

IX – saneantes domissanitários, as substâncias ou preparações destinadas à higienização, desinfecção ou desinfestação domiciliar, em ambientes coletivos ou públicos, em lugares de uso comum e no tratamento da água, compreendendo:

a) inseticidas, destinados ao combate, à prevenção e ao controle dos insetos em habitações, recintos e lugares de uso público e suas cercanias;

b) raticidas, destinados ao combate a ratos, camundongos e outros roedores, em domicílios, embarcações, recintos e lugares de uso público, contendo substâncias ativas, isoladas ou em associação, que não ofereçam risco à vida ou à saúde do homem e dos animais úteis de sangue quente, quando aplicados em conformidade com as recomendações contidas em sua apresentação;

c) desinfetantes, destinados a destruir, indiscriminada ou seletivamente, micro-organismos, quando aplicados em objetos inanimados ou ambientes; e *d)* detergentes, destinados a dissolver gorduras e à higiene de recipientes e vasilhas, e a aplicações de uso doméstico;

X – corantes, as substâncias adicionais aos medicamentos, produtos dietéticos, cosméticos, perfumes, produtos de higiene e similares, saneantes domissanitários e similares, com o efeito de lhes conferir cor e, em determinados tipos de cosméticos, transferi-la para a superfície cutânea e anexos da pele;

XI – nutrimentos, as substâncias constituintes dos alimentos de valor nutricional, incluindo proteínas, gorduras, hidratos de carbono, água, elementos minerais e vitaminas; e

XII – matérias-primas, as substâncias ativas ou inativas que se empregam na fabricação de medicamentos e de outros produtos abrangidos por este artigo, tanto as que permanecem inalteradas quanto as passíveis de sofrer modificações.

19.4.8. Produtos contendo Organismos Geneticamente Modificados (OGM)

Os organismos geneticamente modificados e seus derivados (conhecidos popularmente como **transgênicos**), ainda que destinados à pesquisa ou ao uso comercial, só poderão ser importados ou exportados após autorização específica, de acordo com as regras expedidas pela **Comissão Técnica Nacional de Biossegurança** ou pelos órgãos e entidades de registro e fiscalização.

19.4.9. Biodiesel e gás natural

Em razão de sua relevância como **matriz energética**, as importações de biodiesel só poderão ser efetuadas por empresas brasileiras, com registro especial na Receita Federal do Brasil e de acordo com as regras fixadas pela **ANP** (Agência Nacional do Petróleo, Gás natural e Biocombustíveis).

Raciocínio semelhante se aplica às operações com **gás natural**, que deverão ser autorizadas pelo Ministério das Minas e Energia, com base nas diretrizes estabelecidas pelo Conselho Nacional de Política Energética.

19.4.10. Agrotóxicos e afins

As operações envolvendo agrotóxicos, seus componentes e substâncias afins só poderão ser realizadas mediante autorização das autoridades sanitárias, do meio ambiente e da agricultura.

19.4.11. Animais e seus produtos

A entrada de **animais silvestres** no Brasil, de qualquer espécie, exige licença prévia do Ministério do Meio Ambiente, que também fornecerá a chamada **guia de trânsito**, que é a autorização para a exportação ou o transporte ao exterior de animais silvestres e seus produtos.

O controle é essencial em razão do **contrabando** de animais no Brasil e da consequente perda do nosso patrimônio genético.

Nesse sentido, a lei veda a exportação de peles e couros de anfíbios e répteis, em bruto, ou, ainda, a importação ou a exportação de quaisquer espécies aquáticas, em qualquer estágio de evolução (salvo as espécies ornamentais, como os peixes de aquário).

Também existem restrições para os **equídeos**, tanto os destinados à reprodução como aqueles utilizados em eventos ou competições esportivas.

No caso de animais domésticos, tal providência não é necessária, embora a entrada e a saída do território estejam sujeitas a **controle sanitário** (verificação de vacinas, por exemplo).

19.4.12. Objetos de interesse arqueológico ou pré-histórico, numismático ou artístico

Para esses bens, que integram o patrimônio **cultural** e **artístico** brasileiro, eventuais exportações só poderão ocorrer mediante licença prévia, concedida pelo Instituto do Patrimônio Histórico e Artístico Nacional.

19.4.13. Obras de arte e ofícios produzidos no país, até o fim do período monárquico

Quaisquer bens produzidos no Brasil até o fim do período monárquico são, como regra geral, **proibidos** de sair do país, salvo mediante autorização excepcional do Ministério da Cultura.

O descumprimento dessa vedação enseja a apreensão dos bens, pelas autoridades aduaneiras, com a posterior aplicação da pena de perdimento.

19.4.14. Livros antigos e conjuntos bibliográficos brasileiros

A legislação **também proíbe**, ressalvados os casos autorizados pelo Ministério da Cultura, a saída dos seguintes bens[32]:

> I – bibliotecas e acervos documentais constituídos de obras brasileiras ou sobre o Brasil, editadas nos séculos XVI a XIX;
> II – obras e documentos compreendidos no inciso I, que, por desmembramento dos conjuntos bibliográficos, ou isoladamente, hajam sido vendidos;
> III – coleções de periódicos que já tenham sido publicados há mais de dez anos, bem como quaisquer originais e cópias antigas de partituras musicais.

19.4.15. Diamantes brutos

Em razão dos conflitos sangrentos no **continente africano**, com a morte de milhares e milhares de pessoas em decorrência da "máfia dos diamantes", o Brasil, a partir de disposições internacionais, exige a apresentação do **Certificado do Processo de Kimberley** para a importação e a exportação de diamantes brutos.

O Processo de Kimberley tem por objetivo identificar a origem e a procedência dos **diamantes brutos**, para regularizar o seu comércio, de tal sorte que é proibida, no Brasil, qualquer atividade de importação ou exportação desses bens, quando originários de países não participantes do sistema.

---

[32] Artigo 631 do Regulamento Aduaneiro.

19.4.16. Resíduos sólidos e rejeitos

Houve enorme discussão, nos tribunais brasileiros, sobre a importação de **resíduos** capazes de causar dano ao meio ambiente, à saúde pública, animal ou sanidade vegetal.

Isso porque a legislação ambiental, nos países mais desenvolvidos, tem trazido sérias restrições ao uso e descarte desses resíduos, de sorte que vários países periféricos têm "sido escolhidos" para recepcionar o que ninguém mais deseja.

Por óbvio que é essencial ao país manter um controle rígido sobre a entrada de qualquer material que possa **degradar** a biodiversidade e o patrimônio genético brasileiros, dois dos principais ativos que possuímos, cuja preservação é dever **constitucionalmente** estabelecido, à luz do que dispõe o artigo 225, § 1.º:

> Art. 225. Todos têm direito ao meio ambiente ecologicamente equilibrado, bem de uso comum do povo e essencial à sadia qualidade de vida, impondo-se ao Poder Público e à coletividade o dever de defendê-lo e preservá-lo para as presentes e futuras gerações.
> § 1.º Para assegurar a efetividade desse direito, incumbe ao Poder Público:
> I – preservar e restaurar os processos ecológicos essenciais e prover o manejo ecológico das espécies e ecossistemas;
> II – preservar a diversidade e a integridade do patrimônio genético do País e fiscalizar as entidades dedicadas à pesquisa e manipulação de material genético;
> III – definir, em todas as unidades da Federação, espaços territoriais e seus componentes a serem especialmente protegidos, sendo a alteração e a supressão permitidas somente através de lei, vedada qualquer utilização que comprometa a integridade dos atributos que justifiquem sua proteção;
> IV – exigir, na forma da lei, para instalação de obra ou atividade potencialmente causadora de significativa degradação do meio ambiente, estudo prévio de impacto ambiental, a que se dará publicidade;
> V – controlar a produção, a comercialização e o emprego de técnicas, métodos e substâncias que comportem risco para a vida, a qualidade de vida e o meio ambiente;
> VI – promover a educação ambiental em todos os níveis de ensino e a conscientização pública para a preservação do meio ambiente;
> VII – proteger a fauna e a flora, vedadas, na forma da lei, as práticas que coloquem em risco sua função ecológica, provoquem a extinção de espécies ou submetam os animais a crueldade.

Tabela 19.2. Produtos sujeitos a controle específico

ITEM	PROCEDIMENTOS
Entorpecentes	Exigem controle e fiscalização específicos todas as operações de importação, exportação, reexportação, transporte, distribuição, transferência e cessão de produtos químicos que possam ser utilizados como insumo na elaboração de substâncias entorpecentes, psicotrópicas ou que determinem dependência física ou psíquica, nos termos da Lei n. 10.357/2001.
	Compete à Polícia Federal a autorização prévia dessas operações, sem prejuízo dos procedimentos adotados pelos demais órgãos competentes, e os interessados deverão possuir licença de funcionamento específica.
	No caso de drogas, assim entendidas as substâncias ou os produtos capazes de causar dependência, conforme relacionados em listas atualizadas periodicamente pelo Poder Executivo, será necessária autorização do órgão competente do Ministério da Saúde, nos termos do artigo 31 da Lei n. 11.343/2006 (que instituiu o Sistema Nacional de Políticas Públicas sobre Drogas — SISNAD).

Fumo e seus sucedâneos	A importação de cigarros exige registro especial na Secretaria da Receita Federal do Brasil e só poderá ser realizada por pessoas jurídicas que atenderem condições específicas (conforme artigo 45 da Lei n. 9.532/97 e artigo 1.º, *caput* e § 3.º, do Decreto-lei n. 1.593/77, com a redação dada pela Medida Provisória n. 2.158-35, de 2001, artigo 32).
	Os cigarros importados estão sujeitos a selo de controle, características previstas em lei (20 unidades por embalagem, informações e advertências exigidas para os produtos nacionais) e devem ser comercializados no país de origem.
	Nas exportações, os cigarros também sofrem controle especial, sendo proibida a venda ou exposição no país. As embalagens de apresentação dos cigarros destinados a países da América do Sul e da América Central, inclusive Caribe, deverão conter a expressão *"Somente para exportação — proibida a venda no Brasil"*, admitida sua substituição por dizeres com exata correspondência em outro idioma.
Produtos falsificados	Para controle e repressão dos crimes relativos à propriedade intelectual, as autoridades aduaneiras poderão reter, de ofício ou a requerimento do interessado, os produtos assinalados com marcas falsificadas, alteradas ou imitadas, ou que apresentem falsa indicação de procedência, nos termos do artigo 198 da Lei n. 9.279/96.
	Como a ação penal se processa mediante queixa, a autoridade deverá notificar o titular dos direitos da marca para as providências cabíveis, inclusive apreensão judicial das mercadorias, conforme estabelecido no *Acordo sobre Aspectos dos Direitos de Propriedade Intelectual Relacionados ao Comércio* (TRIPS, em inglês), que regulamenta o tema no âmbito da OMC, aprovado no Brasil pelo Decreto Legislativo n. 30, de 1994, e promulgado pelo Decreto n. 1.355, também de 1994.
Fonogramas, livros e obras audiovisuais	Os fonogramas, os livros e as obras audiovisuais, importados ou a exportar, deverão conter selos ou sinais de identificação, emitidos e fornecidos na forma da legislação específica, a fim de preservar os direitos autorais dos respectivos titulares (artigo 113 da Lei n. 9.610/98).
	Nos casos de violação de direitos autorais, aplicam-se, no que couber, os dispositivos do *Acordo sobre Aspectos dos Direitos de Propriedade Intelectual Relacionados ao Comércio* (TRIPS).
Brinquedos, réplicas e simulacros de armas de fogo	Os brinquedos, réplicas e simulacros de armas de fogo, que com estas se possam confundir, são de importação proibida, salvo os destinados à instrução, ao adestramento ou à coleção de usuário autorizado, nos termos do artigo 26 da Lei n. 10.826/2003, que instituiu o Sistema Nacional de Armas (SINARM).
Bens sensíveis	São considerados bens sensíveis, conforme publicações em listas periódicas pelas autoridades competentes, os de uso duplo (bens que podem ser utilizados para fins pacíficos ou bélicos) e os de uso na área nuclear, química e biológica (artigo 1.º, § 1.º, da Lei n. 9.112/95, com a redação dada pela Medida Provisória n. 2.216-37, de 2001, artigo 15).
	A exportação de bens sensíveis depende de prévia autorização do Ministério da Ciência e Tecnologia.
	Já a importação e a exportação de materiais nucleares dependerão de autorização da Comissão Nacional de Energia Nuclear (artigo 11 da Lei n. 6.189/74).
Medicamentos, drogas, insumos farmacêuticos e correlatos	A importação e a exportação de medicamentos, drogas, insumos farmacêuticos e correlatos (como produtos dietéticos, óticos, odontológicos, veterinários etc.), bem como de produtos de higiene, cosméticos, perfumes, saneantes domissanitários (inseticidas, desinfetantes e detergentes, entre outros), produtos destinados à correção estética e outros de natureza e finalidade semelhantes (como vitaminas e complementos alimentares, por exemplo), serão permitidas apenas às empresas e aos estabelecimentos autorizados pelo Ministério da Saúde e licenciados pelo órgão sanitário competente (artigo 21, da Lei n. 5.991/73, e artigos 1.º e 2.º, da Lei n. 6.360/76).
Produtos com organismos geneticamente modificados (OGM)	Os organismos geneticamente modificados e seus derivados destinados à pesquisa ou ao uso comercial só poderão ser importados ou exportados após autorização, em observância às normas estabelecidas pela Comissão Técnica Nacional de Biossegurança ou pelos órgãos e entidades de registro e fiscalização (Lei n. 11.105/2005, artigo 14, inciso IX; artigo 16, inciso III; e artigo 29).
Biodiesel	Somente empresas brasileiras, com sede e administração no país, poderão importar biodiesel, mediante autorização da Agência Nacional do Petróleo, Gás Natural e Biocombustíveis (ANP) e registro especial na Secretaria da Receita Federal do Brasil, conforme o artigo 1.º da Lei n. 11.116/2005.

Gás natural	Qualquer empresa ou consórcio de empresas constituído de acordo com as leis brasileiras, com sede e administração no país, poderá ser autorizado pelo Ministério das Minas e Energia para atuar na importação e exportação de gás natural, nos termos das diretrizes fixadas pelo Conselho Nacional de Política Energética.
Agrotóxicos e componentes	A importação de agrotóxicos, componentes e afins só poderá ser realizada mediante registro prévio, que deverá levar em consideração as diretrizes e exigências dos órgãos federais responsáveis pelos setores da saúde, do meio ambiente e da agricultura (artigo 3.º da Lei n. 7.802/89).
Animais e seus produtos, espécies aquáticas e cavalos para reprodução	No intuito de combater o contrabando e o tráfico de animais silvestres, as autoridades ambientais exigem diversos procedimentos de controle, tanto nas importações como nas exportações. Nenhuma espécie animal da fauna silvestre, que viva naturalmente fora de cativeiro, poderá ser introduzida no país sem parecer técnico e licença expedida pelo Ministério do Meio Ambiente, nos termos da Lei n. 5.197/67. É proibida a exportação de peles e couros de anfíbios e répteis, e o transporte para o exterior de animais depende de guia de trânsito fornecida pelo Ministério do Meio Ambiente, salvo nas remessas para instituições científicas oficiais. A importação de espécies aquáticas para fins ornamentais e de aquicultura, em qualquer fase do ciclo vital, depende de permissão da autoridade administrativa competente, nos termos do artigo 25 da Lei n. 11.959/2009. Existe também controle especial sobre os cavalos para reprodução, cuja exportação é vedada, salvo se tiverem permanecido no Brasil, como reprodutores, durante três anos consecutivos (artigo 20 da Lei n. 7.291/84).
Objetos de interesse arqueológico ou pré-histórico, numismático ou artístico Obras de arte e ofícios produzidos no país, até o fim do período monárquico	Todas as transferências para o exterior de objetos de interesse arqueológico ou pré-histórico, numismático ou artístico exigem licença expressa do Instituto do Patrimônio Histórico e Artístico Nacional (Lei n. 3.924, de 26 de julho de 1961, artigo 20). O comando alcança as transferências de titularidade a destinatários no exterior, por meio de exportação definitiva, o que não impede o envio dos objetos para exposições ou eventos, mediante controle específico e em caráter temporário. Em relação às obras de arte e aos ofícios produzidos no Brasil até o fim do período monárquico, está proibida a exportação, salvo em casos de autorização excepcional do Secretaria Especial de Cultura, de acordo com a Lei n. 4.845/65.
Livros antigos e conjuntos bibliográficos brasileiros	A vedação inclui obras de pintura, desenhos, esculturas, mobiliário e congêneres, produzidos no Brasil ou oriundos de Portugal e incorporados ao patrimônio nacional durante os regimes colonial e imperial, além de objetos do período, produzidos em outros países, que representem personalidades brasileiras ou relacionados com a história do Brasil, bem como paisagens e costumes do país. Os bens exportados irregularmente, quando detectados, serão objeto de pena de perdimento, com posterior destinação em proveito de museus brasileiros. Salvo nos casos autorizados pelo Ministério da Cultura, também não poderão ser exportados, ainda que isoladamente, bibliotecas e acervos documentais constituídos de obras brasileiras ou sobre o Brasil, editadas nos séculos XVI a XIX, além de coleções de periódicos que já tenham sido publicados há mais de dez anos, bem como quaisquer originais e cópias antigas de partituras musicais, conforme disposto no artigo 1.º da Lei n. 5.471/68. Os infratores estarão sujeitos ao perdimento dos objetos, que serão destinados em proveito do patrimônio público, após manifestação do Ministério da Cultura.
Diamantes brutos	A importação e a exportação de diamantes brutos dependem de apresentação do Certificado do Processo de Kimberley. Em razão dos sangrentos conflitos armados financiados pela exploração de diamantes na África, as Nações Unidas, em conjunto com governos de diversos países e empresários de mineração, desenvolveram o Processo de Kimberley, destinado a certificar a cadeia de prospecção e comercialização das pedras. O Processo de Kimberley prevê que todas as importações e exportações de pedras brutas sejam feitas em contêineres seguros, acompanhados de certificado único e validado pelos países envolvidos, com a declaração de que os diamantes são provenientes de locais livres de conflito.

	Atualmente, mais de 70 países, que representam 99% dos diamantes comercializados no planeta, endossam o processo, de forma que pedras não certificadas são proibidas de ingressar ou sair dos respectivos territórios.
	No Brasil, as exigências do Processo de Kimberley foram adotadas com o advento da Lei n. 10.743, de 9 de outubro de 2003. São, portanto, proibidas as atividades de importação e exportação de diamantes brutos originários de países não participantes, e compete ao Ministério da Economia publicar, periodicamente, a relação dos países signatários.
	Na exportação de diamantes produzidos no Brasil, a competência para a emissão do Certificado do Processo de Kimberley pertence ao Departamento Nacional de Produção Mineral.
Resíduos sólidos e rejeitos	É proibida a importação de resíduos sólidos perigosos e rejeitos, bem como de resíduos sólidos cujas características causem dano ao meio ambiente, à saúde pública e animal ou à sanidade vegetal, ainda que para tratamento, reforma, reuso, reutilização ou recuperação. Entende-se por resíduo sólido qualquer material, substância, objeto ou bem descartado resultante de atividades humanas em sociedade, a cuja destinação final se procede, se propõe proceder ou se está obrigado a proceder, nos estados sólido ou semissólido, bem como gases contidos em recipientes e líquidos cujas particularidades tornem inviável o seu lançamento na rede pública de esgotos ou em corpos d'água, ou exijam para isso soluções técnicas ou economicamente inviáveis em face da melhor tecnologia disponível. Já os rejeitos são os resíduos sólidos que, depois de esgotadas todas as possibilidades de tratamento e recuperação por processos tecnológicos disponíveis e economicamente viáveis, não apresentem outra possibilidade que não a disposição final ambientalmente adequada.

19.5. REVISÃO ADUANEIRA

A **revisão aduaneira** é o procedimento adotado pela fiscalização, depois do desembaraço das mercadorias, no qual se apura a regularidade do pagamento dos tributos e demais valores devidos à Fazenda Nacional.

Trata-se de providência típica da atividade de fiscalização tributária, que tem por objetivo constituir eventuais **créditos**, que não foram recolhidos quando dos procedimentos de importação ou exportação, notadamente nos casos em que havia benefício fiscal.

Por óbvio, o prazo para exercício da prerrogativa fiscal deve respeitar o limite decadencial de **cinco anos** previsto no Código Tributário Nacional, que deve ser contado da data do registro da Declaração de Importação ou da Declaração de Exportação.

19.6. LANÇAMENTO DOS TRIBUTOS INCIDENTES NA IMPORTAÇÃO

Os lançamentos relativos aos tributos incidentes nas importações e exportações seguem, em regra, as premissas gerais fixadas pelo Código Tributário Nacional.

Tanto o imposto de importação como os demais tributos federais seguem a lógica do **lançamento por homologação**, embora alguns autores, surpreendentemente, considerem-nos como exemplo do que seria denominado "lançamento por declaração".

Toda vez que as autoridades fiscais detectarem o recolhimento insuficiente dos tributos devidos na importação ou na exportação, como ocorre nos casos de canal com conferência documental ou física (e nos procedimentos de revisão aduaneira) deverão lavrar, de ofício, o correspondente auto de infração, com a exigência dos montantes e acréscimos legais, respeitado o limite decadencial de cinco anos imposto pelo artigo 150, § 4.º, do CTN.

Como regra, o **pagamento** dos tributos e contribuições federais devidos na importação de mercadorias, bem assim dos demais valores exigidos em decorrência da aplicação de direitos antidumping, compensatórios ou de salvaguarda, será efetuado no ato do registro da respectiva DI, ou da sua retificação, se efetuada no curso do despacho aduaneiro, por meio de **DARF eletrônico**, mediante débito automático em conta corrente bancária, em agência habilitada de banco integrante da rede arrecadadora de receitas federais.

Existem **exceções** à regra do débito automático, em que os recolhimentos podem ser feitos via DARF comum (papel), que são a DI vinculada a *processo judicial exclusivo DARF* e a *declaração preliminar.*

Quando houver a apuração de **créditos tributários**, a retificação da DI somente deve ser deferida após o pagamento da diferença de tributos e/ou multas, quando cabíveis.

Em se tratando de exigência de crédito tributário efetuada no curso do despacho, não há necessidade de formalização de qualquer processo.

Os tributos ou contribuições devidos no momento do registro da DI **não poderão** ser compensados com créditos apurados pelo importador.

Em relação ao recolhimento de **multa de mora** e **juros de mora**, devem ser observadas as regras a seguir:

a) Multa de mora:

◼ calcula-se o percentual da multa de mora multiplicando-se a taxa de 0,33% ao dia pelo número de dias de atraso, limitado ao máximo de 20%;

◼ o número de dias de atraso é calculado contando-se a partir do primeiro dia útil seguinte à data em que deveria ter ocorrido o recolhimento, até o dia em que este efetivamente ocorrer;

◼ aplica-se o percentual da multa de mora sobre o valor do tributo ou contribuição devidos.

b) Juros de mora:

◼ os juros de mora são calculados mediante a taxa do Sistema de Liquidação e Custódia (SELIC) desde o mês seguinte ao do fato gerador dos tributos devidos até a do mês anterior ao do pagamento, acrescentando-se à soma 1% referente ao mês de pagamento, conforme disposto no artigo 161, § 1.º, do Código Tributário Nacional;

◼ não há cobrança de juros de mora para pagamentos feitos dentro do próprio mês de vencimento;

◼ aplica-se o percentual obtido a título de juros de mora sobre o valor do tributo ou contribuição devidos.

19.7. SISCOSERV

O SISCOSERV foi um **sistema informatizado**, desenvolvido pelo Governo Federal como ferramenta para o aprimoramento das ações de estímulo, formulação, acompanhamento e aferição das políticas públicas relacionadas a serviços e intangíveis, bem como para a orientação de estratégias empresariais de comércio exterior de **serviços e intangíveis**.

Esse Sistema guardava conformidade com as diretrizes do Acordo Geral sobre Comércio de Serviços (GATS), da Organização Mundial do Comércio (OMC), aprovado pelo Decreto Legislativo n. 30, de 15 de dezembro de 1994, e promulgado pelo Decreto n. 1.355, de 30 de dezembro de 1994.

Contudo, o SISCOSERV foi definitivamente desativado em 2020, com a publicação da Portaria Conjunta n. 22.091, de 8 de outubro, das Secretarias Especiais de Comércio Exterior e Assuntos Internacionais (Secint) e da Receita Federal do Brasil (RFB), que revogou as normas infralegais relacionadas à obrigação de prestação de informações pelos operadores privados no Sistema Integrado de Comércio Exterior de Serviços, Intangíveis e de Outras Operações que Produzam Variações no Patrimônio.

Segundo o governo, "a iniciativa, impulsionada por dispositivos da Lei de Liberdade Econômica — especialmente os princípios da liberdade como uma garantia no exercício de atividades econômicas e da atuação subsidiária e excepcional do Estado sobre o exercício de atividades econômicas — não prejudicará a realização de ações governamentais relacionadas à divulgação das estatísticas de comércio exterior de serviços, que compõem o balanço de pagamentos, e à fiscalização tributária, que seguirão sendo promovidas com base em dados já apresentados ao governo federal por meio de contratos de câmbio e de outras obrigações tributárias acessórias"[33].

19.8. QUESTÕES

1. (ESAF — TTN — 1998) Equipara-se à fatura comercial, para todos os efeitos, desde que constem as indicações previstas para a mesma no Regulamento Aduaneiro,
  a) o conhecimento marítimo.
  b) o conhecimento aéreo.
  c) a carta de correção do conhecimento de carga.
  d) o conhecimento de transporte de consolidação.
  e) o contrato de câmbio.

2. (ESAF — TTN — 1998) Com relação à mercadoria estrangeira devolvida ao exterior antes do registro da Declaração de Importação, nos termos e condições estabelecidos pelo Ministro da Fazenda,
  a) incide apenas o IPI.
  b) ocorre o pagamento dos tributos e confirmada a devolução o importador terá direito à restituição dos mesmos.
  c) ocorre a suspensão do pagamento dos tributos até a sua efetiva saída do País.
  d) não incidem o II e o IPI.
  e) serão cobrados os tributos apenas na hipótese de não ser confirmada a chegada da mercadoria ao destino.

3. (ESAF — AFTN — 1998) O despacho aduaneiro de importação é procedimento fiscal ao qual está/estão sujeita(s)
  a) apenas as mercadorias que venham a ser redestinadas para outro regime aduaneiro.
  b) apenas a mercadoria que, após submetida a despacho aduaneiro de exportação, retorne ao País.
  c) apenas as mercadorias destinadas à Zona Franca de Manaus, à Amazônia Ocidental e à Área de Livre-Comércio.

---
33 Informação disponível em: <https://www.gov.br/economia/pt-br/assuntos/noticias/2020/outubro/ministerio-da-economia-revoga-normas-infralegais-relacionadas-ao-siscoserv>.

d) todas as mercadorias que ingressem no País, importadas a título definitivo ou não.

e) apenas as mercadorias importadas a título definitivo.

4. (ESAF — TRF — 2002.2) Avalie a correção das afirmações abaixo. Atribua a letra V para as verdadeiras e F para as falsas. Em seguida, marque a opção que contenha a sequência correta. A verificação da mercadoria, no curso do despacho aduaneiro, pode ser feita na presença:

( ) do importador ou seu representante, do depositário e do transportador ou de seus prepostos.

( ) do viajante, do importador, do exportador, ou de seus representantes.

( ) de depositário ou de seus prepostos, na hipótese de mercadoria depositada em recinto alfandegado.

a) V, V, V

b) F, V, F

c) F, V, V

d) F, F, F

e) V, F, V

5. (ESAF — ATRFB — 2012) Sobre os procedimentos gerais de importação e de exportação, analise os itens a seguir, classificando-os como verdadeiros (V) ou falsos (F). Em seguida, escolha a opção adequada às suas respostas.

I. O despacho aduaneiro de importação poderá ser efetuado apenas em zona primária.

II. A declaração de importação é o documento base do despacho de importação e será instruída com a via original do conhecimento de carga ou documento de efeito equivalente; a via original da fatura comercial, assinada pelo exportador; o comprovante de pagamento dos tributos, se exigível; e outros documentos exigidos em decorrência de acordos internacionais ou por força de lei, de regulamento ou de outro ato normativo.

III. A conferência aduaneira na importação poderá ser realizada na zona primária ou na zona secundária.

IV. A verificação de mercadoria, na conferência aduaneira ou em outra ocasião, será realizada por Auditor-Fiscal da Receita Federal do Brasil ou, sob a sua supervisão, por Analista-Tributário, na presença do viajante, do importador, do exportador ou de seus representantes, podendo ser adotados critérios de seleção e amostragem, de conformidade com o estabelecido pela Secretaria da Receita Federal do Brasil. Na hipótese de mercadoria depositada em recinto alfandegado, a verificação deverá ser realizada na presença do importador ou do exportador.

a) Estão corretos somente os itens I e III.

b) Estão corretos somente os itens I, II e III.

c) Estão corretos somente os itens II e III.

d) Estão corretos somente os itens II e IV.

e) Todos os itens estão corretos.

6. (ESAF — ATRFB — 2012) Sobre o Sistema Integrado de Comércio Exterior — SISCOMEX, e o Sistema Integrado de Comércio Exterior de Serviços, Intangíveis e outras Operações que Produzam Variações no Patrimônio — SISCOSERV, analise os itens a seguir, classificando-os como verdadeiros (V) ou falsos (F). Em seguida, escolha a opção adequada às suas respostas.

I. O art. 25 da Lei n. 12.546, de 14 de dezembro de 2011, instituiu a obrigação de prestação de informações para fins econômico-comerciais ao Ministério do Desenvolvimento, Indústria e Comércio Exterior relativas às transações entre residentes ou domiciliados no País e residentes ou domiciliados no exterior que compreendam serviços, intangíveis e outras operações que produzam variações no patrimônio das pessoas físicas, das pessoas jurídicas ou dos entes despersonalizados.

II. A prestação das informações de que trata o *caput* do art. 25 da Lei n. 12.546, de 14 de dezembro de 2011, também compreende as operações de compra e venda efetuadas exclusivamente com mercadorias e será efetuada por meio de sistema eletrônico a ser disponibilizado na rede mundial de computadores.

III. O SISCOMEX é o instrumento administrativo que integra as atividades de registro, acompanhamento e controle das operações de comércio exterior, mediante fluxo único, computadorizado, de informações.

IV. No Brasil, em regra, o despacho aduaneiro é processado no SISCOMEX.
   a) Estão corretos somente os itens I e III.
   b) Estão corretos somente os itens I, II e III.
   c) Estão corretos somente os itens I, III e IV.
   d) Estão corretos somente os itens II e IV.
   e) Todos os itens estão corretos.

7. (ESAF — Ajudante de Despachante Aduaneiro — 2017) Em relação ao tratamento administrativo das importações, assinale a opção correta.
   a) O licenciamento não automático poderá ser efetuado após o embarque da mercadoria no exterior, mas anteriormente ao despacho aduaneiro, no caso de mercadoria ingressada em entreposto aduaneiro ou industrial na importação.
   b) Estão dispensadas de licenciamento as operações de retorno de material remetido ao exterior para fins de teste, exames e/ ou pesquisas, com finalidade industrial ou científica, mesmo que o produto esteja relacionado no Tratamento Administrativo do Siscomex.
   c) Estão dispensadas de licenciamento as operações de importação efetuadas ao amparo do regime aduaneiro especial de drawback.
   d) Estão sujeitas a licenciamento não automático as operações de importação com redução da alíquota de imposto de importação decorrente da aplicação de "ex-tarifário".
   e) O licenciamento automático poderá ser efetuado após o embarque da mercadoria no exterior, a qualquer momento.

8. (ESAF — Ajudante de Despachante Aduaneiro — 2017) O sistema administrativo das importações brasileiras compreende as modalidades de importações dispensadas de licenciamento, importações sujeitas a licenciamento automático e importações sujeitas a licenciamento não automático. Estão sujeitas a licenciamento não automático as importações efetuadas nas situações relacionadas a seguir, exceto:
   a) sujeitas à obtenção de cotas tarifária e não tarifária.
   b) amparadas dos benefícios da Zona Franca de Manaus e das Áreas de Livre-Comércio.
   c) efetuadas ao amparo do regime aduaneiro especial de drawback.
   d) sujeitas ao exame de similaridade.
   e) operações que contenham indícios de fraude.

9. (ESAF — Ajudante de Despachante Aduaneiro — 2017) Entre as situações listadas, o despacho de exportação poderá ser cancelado
   a) pelo exportador, quando constatado erro involuntário em registro, passível de correção no Sistema.
   b) pela fiscalização aduaneira, a pedido formal do exportador, quando ocorrer desistência do embarque, acompanhada de comprovação documental.
   c) pelo anuente, quando constatado descumprimento das normas de exportação.
   d) pelo exportador, depois do envio da declaração para despacho.
   e) automaticamente, após 10 (dez) dias do registro da DE sem que tenha sido enviada a declaração para despacho.

10. (ESAF — Ajudante de Despachante Aduaneiro — 2017) A Declaração de Importação (DI) é registrada pelo importador e consiste na prestação das informações correspondentes à operação de importação, contendo dados de natureza comercial, fiscal e cambial sobre as mercadorias. Assinale, entre as opções abaixo, um tipo de DI que o importador pode registrar no Sistema Integrado de Comércio Exterior (Siscomex):
   a) Normal
   b) Antecipada
   c) Fracionada
   d) Posteriori
   e) Consumo

11. (ESAF — Ajudante de Despachante Aduaneiro — 2017) A importação de mercadoria pode estar sujeita a licenciamento, na forma da legislação específica. Assinale a opção que relacione corretamente órgãos anuentes a cujo controle a mercadoria importada pode estar sujeita.

a) Agência Nacional de Vigilância Sanitária (Anvisa); Departamento de Polícia Rodoviária Federal (PRF); Ministério da Agricultura, Pecuária e Abastecimento (MAPA).
b) Ministério da Agricultura, Pecuária e Abastecimento (MAPA); Ministério da Ciência, Tecnologia, Inovação e Comunicações (MCTIC); Ministério dos Transportes, Portos e Aviação Civil (MT).
c) Agência Nacional de Vigilância Sanitária (Anvisa); Instituto Brasileiro do Meio Ambiente e dos Recursos Naturais Renováveis (Ibama); Instituto Chico Mendes (ICMBio).
d) Departamento de Polícia Federal (DPF); Departamento Nacional de Produção Mineral (DNPM); Instituto Nacional de Metrologia, Qualidade e Tecnologia (Inmetro).
e) Comissão Nacional de Energia Nuclear (CNEN); Instituto Nacional de Metrologia, Qualidade e Tecnologia (Inmetro); Instituto Nacional da Propriedade Industrial (Inpi).

GABARITO

1. Pergunta direta e específica, cuja alternativa correta é a letra "b", dado que o conhecimento aéreo realmente se equipara à fatura comercial quando nele constarem as indicações de quantidade, espécie e valor das mercadorias, nos termos do artigo 560 do Regulamento Aduaneiro.

2. A alternativa correta é a letra "d", pois, na hipótese de autorização para devolução ao exterior das mercadorias, antes do registro da declaração de importação, não ocorrem os critérios temporais do imposto de importação e do IPI vinculado às importações, circunstância que afasta as respectivas incidências.

3. Questão bastante simples, que estabelece o tratamento aduaneiro que deve ser conferido a todas as mercadorias, nos termos do artigo 543 do Regulamento Aduaneiro. A alternativa correta, portanto, é a letra "d".

4. A alternativa correta é a letra "c". A primeira afirmação foi considerada falsa porque a presença do depositário ou de seus prepostos está condicionada ao fato de a mercadoria encontrar-se depositada em recinto alfandegado, como indica a terceira afirmação, considerada verdadeira pela ESAF. De qualquer modo, a pergunta poderia ter sido mais bem formulada, para não induzir o candidato a erro.

5. A alternativa correta é a letra "c". A afirmação I está errada porque o despacho de importação pode ser efetuado tanto em zona primária como em zona secundária. A afirmação IV está incorreta porque no caso de mercadoria depositada em recinto alfandegado a verificação deverá ser realizada na presença do depositário ou de seus prepostos, sendo dispensada a presença do importador, conforme estabelece o artigo 566, § 1.º, do Regulamento Aduaneiro.

6. A alternativa correta é a letra "c". A afirmação II está errada porque fala em operações realizadas exclusivamente com mercadorias, que não são tratadas no âmbito do SISCOSERV.

7. A alternativa correta é a letra "a", nos termos do artigo 17 da Portaria SECEX n. 23/2011, versão consolidada e atualizada até janeiro de 2018. As demais alternativas estão incorretas porque não correspondem às regras de licenciamento previstas na Portaria.

8. Questão direta, em que a alternativa a ser assinalada é a letra "c", pois as importações efetuadas ao amparo do regime aduaneiro especial de drawback não se sujeitam ao licenciamento não automático, ao contrário das hipóteses previstas nas demais alternativas.

9. A alternativa correta é a letra "B", que reflete situação expressamente prevista pela legislação. As demais alternativas estão incorretas.

10. Pergunta direta, em que a resposta é a letra "e", pois a declaração de importação passível de registro no SISCOMEX é a de despacho para consumo.

11. A alternativa correta é a letra "d", em que todos os órgãos mencionados atuam no controle de mercadorias importadas. Nas demais alternativas há sempre um órgão que não integra o controle. Em caso de dúvida, consulte a tabela 1 deste capítulo: "órgãos anuentes na importação".

19.9. MATERIAL DIGITAL

VÍDEO
http://uqr.to/1y39p

20

RESPONSABILIDADE, INFRAÇÕES E PENALIDADES ADUANEIRAS

Neste derradeiro capítulo, vamos tratar de diversos temas da parte final do Regulamento Aduaneiro (artigo 639 e seguintes), que incluem algumas normas especiais e, principalmente, o extenso rol de **infrações** e respectivas **penalidades** contra os intervenientes do comércio exterior.

Em relação às normas **especiais**, a legislação cuida dos problemas que podem ocorrer com as mercadorias importadas ou exportadas (abandono, extravio ou avaria) e objetiva, em cada hipótese, identificar o responsável, sempre no intuito de salvaguardar eventuais créditos tributários em favor da Fazenda Pública.

20.1. MERCADORIA ABANDONADA

As mercadorias consideradas abandonadas sujeitam-se, em qualquer caso, à pena de perdimento, pois é necessário que o ordenamento jurídico estabeleça um desfecho para essas situações, dado que o Estado tem o **dever de agir** quando o particular restar inerte ou deixar de cumprir os prazos legais para os procedimentos aduaneiros.

Podem surgir, ainda, problemas oriundos de caso fortuito ou força maior, notadamente no caso de acidentes envolvendo veículos em viagem internacional, como aeronaves ou embarcações.

As mercadorias provenientes de **naufrágio** ou **acidentes**, recolhidas no território brasileiro (inclusive até o limite de 12 milhas marítimas), serão encaminhadas à unidade da Receita Federal do Brasil mais próxima do evento. Caberá, na hipótese, ao titular da respectiva unidade comunicar o interessado, no prazo de **60 dias**, para que este promova os procedimentos de despacho dos bens, sob pena de abandono da mercadoria.

Claro que o interessado só iniciará o despacho se as mercadorias recuperadas estiverem em boas condições ou possuírem valor econômico, pois, do contrário, provavelmente acionará a empresa seguradora para receber o montante relativo ao sinistro.

> **Observação:** Curiosamente, a legislação aduaneira prevê que a pessoa que entregar à Receita Federal do Brasil as mercadorias encontradas terá direito a uma **gratificação** equivalente a 10% do valor da venda em hasta pública, como ocorreria no caso dos "caçadores de tesouros".

Além das situações oriundas de acidentes ou eventos imprevisíveis, a legislação aduaneira prevê diversas outras hipóteses de abandono.

Assim, considera-se **abandonada** a mercadoria que permanecer em recinto alfandegado sem que o seu despacho de importação seja iniciado em:

- ☐ **90 dias:**
  - ☐ da sua descarga;
  - ☐ do recebimento do aviso de chegada da remessa postal internacional sujeita ao regime de importação comum.
- ☐ **45 dias:**
  - ☐ após se esgotar o prazo de sua permanência em regime de entreposto aduaneiro;
  - ☐ após se esgotar o prazo de sua permanência em recinto alfandegado de zona secundária;
  - ☐ da sua chegada ao País, trazida do exterior como bagagem, acompanhada ou desacompanhada.

Considera-se **também abandonada** a mercadoria que permaneça em recinto alfandegado e cujo despacho de importação:

- ☐ Não seja iniciado ou retomado no prazo de 30 dias da ciência:
  - ☐ da **relevação** da pena de perdimento (quando a autoridade competente decide não aplicar o perdimento, a pedido do interessado, hipótese que será discutida em tópico específico);
  - ☐ do **reconhecimento do direito** de iniciar ou de retomar o despacho (percebe-se que nos dois casos houve problema com a mercadoria ou durante o despacho, mas, ainda assim, a autoridade concordou com o procedimento, depois de analisar as alegações e documentos do interessado).
- ☐ Tenha seu curso **interrompido** durante 60 dias, por ação ou por omissão do importador.

> **Importante:** Atualmente, o RA permite que o importador, antes de aplicada a pena de perdimento, possa iniciar o respectivo despacho de importação, mediante o **cumprimento** das formalidades exigíveis e o **pagamento** dos tributos incidentes, acrescidos de juros e de multa de mora, além das despesas decorrentes da permanência da mercadoria em recinto alfandegado.

A legislação prevê ainda várias outras hipóteses de abandono.

O leitor perspicaz poderia indagar o porquê de tantas situações. A resposta reside no fato de que o governo, ao declarar as mercadorias abandonadas, poderá dar a elas a correspondente **destinação**, como, por exemplo, levá-las a leilão, no intuito de transformar os bens em dinheiro e "recuperar" o montante dos tributos que deixou de ser recolhido.

Nesse sentido, serão declarados abandonados os bens que permanecerem em **recinto alfandegado** sem que o seu despacho de importação seja iniciado em **90 dias:**

- ☐ da **descarga**, quando importados por órgãos da administração pública direta, de qualquer nível, ou suas autarquias, missões diplomáticas, repartições consulares ou representações de organismos internacionais, ou por seus funcionários, peritos, técnicos e consultores, estrangeiros;

◻ do **recebimento do aviso de chegada** da remessa postal sujeita ao regime de tributação simplificada, quando caída em refugo e com instruções do remetente de não devolução ao exterior.

E mais, pois também serão declarados **abandonados** os bens:

◻ **adquiridos em licitação** e que não forem retirados no prazo de 30 dias da data de sua aquisição;

◻ ingressados no recinto alfandegado, ao amparo do regime de **tributação unifi-cada** para mercadorias procedentes do Paraguai, decorrido o prazo de 30 dias:

◻ de sua permanência no recinto, sem que tenha sido iniciado o respectivo despacho aduaneiro;

◻ da interrupção do curso do despacho, por ação ou por omissão do habilitado.

◻ ingressados no regime de **admissão temporária**, se não for efetuado o pagamento da multa exigida no prazo de 30 dias da interrupção do curso do despacho de reexportação.

Vencidos os prazos de permanência no recinto alfandegado, sem que tenha sido iniciado o despacho de importação, o depositário deverá, em **5 dias**, comunicar o fato à unidade da Receita Federal do Brasil que jurisdiciona o local e apresentar a relação das mercadorias sujeitas a perdimento, bem assim os elementos necessários para a identificação dos volumes e do veículo transportador.

Cabe à Receita Federal do Brasil pagar ao depositário o **valor da armazenagem**, até a data em que retirar a mercadoria, salvo no caso em que não houver a comunicação, pois nesta hipótese o valor será computado apenas até o término do prazo legal.

> **Importante:** Compete ao Ministro da Fazenda regular o processo de declaração de abandono de mercadorias e também estabelecer os critérios e as condições para a sua destinação[1].

20.2. AVARIA, EXTRAVIO OU ACRÉSCIMO DE MERCADORIAS

Para a legislação aduaneira, a **avaria** significa qualquer prejuízo que sofrer a mercadoria ou o seu envoltório, enquanto o **extravio** representa toda e qualquer falta constatada, assim como o **acréscimo**, que, ao revés, implica excesso de volumes ou mercadorias em relação à quantidade declarada no manifesto de carga ou documento equivalente.

Disso decorre a importância do procedimento conhecido como **conferência final** do manifesto, em que as autoridades aduaneiras confrontam os volumes declarados neste documento com os registros, informatizados ou não, que constam dos sistemas que controlam a descarga e o armazenamento das mercadorias.

---

[1] Na prática, a Receita Federal seguirá os critérios estabelecidos pelo Ministro da Fazenda, como preceitua a Portaria MF n. 282/2011. Nesse contexto, foram delegadas ao Secretário da Receita Federal (que poderá, por seu turno, subdelegá-las) as competências para: a) autorizar a destinação de mercadorias abandonadas, entregues à Fazenda Nacional ou objeto de pena de perdimento; b) destinar os bens de que trata a Portaria e c) estabelecer critérios e condições adicionais para a destinação de mercadorias.

A modernização dos procedimentos de **logística** permite à administração pública, nos dias de hoje, ter um enorme acesso a informações oriundas de fontes distintas, e a verificação sistemática dos dados permite às autoridades detectar eventuais extravios ou omissões, além de ser importante instrumento no combate às fraudes no comércio exterior.

Sempre que constatado extravio, caberá à autoridade fiscal exigir do responsável o **crédito tributário** correspondente, inclusive multas, mediante lançamento de ofício, formalizado em auto de infração[2].

São considerados responsáveis o **transportador** (até o momento da entrega ou descarga da mercadoria no local determinado) ou o **depositário**, quando o extravio for apurado em relação à mercadoria sob sua custódia.

De acordo com a legislação, o **transportador** é responsável quando houver:

- **substituição** de mercadoria após o embarque;
- **extravio** de mercadoria em volume descarregado com indício de violação;
- **divergência**, para menos, de peso ou dimensão do volume em relação ao declarado no manifesto, no conhecimento de carga ou em documento de efeito equivalente.

Já o **depositário** responde por avaria ou extravio de mercadoria sob sua custódia, bem como por danos causados em operação de carga ou de descarga realizada por seus prepostos.

A responsabilidade do depositário é **presumida** quando este receber volumes danificados (pelo transportador, por exemplo) sem ressalva ou protesto.

As entidades da administração **pública indireta** (empresas públicas, como a INFRAERO) e as empresas **concessionárias** ou **permissionárias** de serviço público (administradoras de portos secos, por exemplo), quando depositárias ou transportadoras, respondem por extravio de mercadoria sob sua custódia.

> **Importante:** A autoridade aduaneira verificará se os elementos apresentados pelo indicado como responsável demonstram a ocorrência de caso fortuito ou de força maior, circunstâncias passíveis de exclusão da responsabilidade.

20.3. TERMO DE RESPONSABILIDADE

O termo de responsabilidade, como vimos, é o documento no qual são constituídas as obrigações fiscais cujo adimplemento fica **suspenso** pela aplicação dos **regimes aduaneiros** especiais.

De acordo com as características da operação e a qualidade dos interessados, **poderá ser exigida** garantia real ou pessoal do crédito tributário constituído em termo de responsabilidade.

A garantia, porventura exigida, poderá ser prestada sob a forma de **depósito** em dinheiro, **fiança** idônea ou **seguro aduaneiro** em favor da União.

---

[2] Artigo 660 do Regulamento Aduaneiro.

> **Importante:** O termo de responsabilidade é título representativo de direito líquido e certo da Fazenda Nacional com relação às obrigações fiscais nele constituídas e pode, portanto, ser utilizado na execução fiscal da dívida, com os acréscimos legais cabíveis.

A exigência do crédito tributário constituído em termo de responsabilidade deve ser **precedida** de:

- ▪ intimação do responsável para, no prazo de **10 dias**, manifestar-se sobre o descumprimento, total ou parcial, do compromisso assumido;
- ▪ **revisão** do processo vinculado ao termo de responsabilidade, à vista da manifestação do interessado, para fins de ratificação ou liquidação do crédito.

A exigência do crédito, depois de notificada a sua ratificação ou liquidação ao responsável, deverá ser efetuada conforme a existência ou não de garantia:

- ▪ conversão do **depósito em renda** da União, na hipótese de prestação de garantia sob a forma de depósito em dinheiro;
- ▪ **intimação** do responsável para efetuar o pagamento, no prazo de 30 dias, na hipótese de dispensa de garantia, ou da prestação de garantia sob a forma de fiança idônea ou de seguro aduaneiro.

> **Atenção:** Se não for efetuado o pagamento do crédito tributário exigido, o termo será encaminhado à Procuradoria da Fazenda Nacional, para cobrança.

20.4. INFRAÇÕES E PENALIDADES PREVISTAS NA LEGISLAÇÃO ADUANEIRA

O direito aduaneiro, a partir do artigo 673 do RA, prevê uma infinidade de **infrações**, característica bastante típica do sistema brasileiro, pois a alta carga tributária, aliada à burocracia e aos custos logísticos (o que se costuma denominar "Custo Brasil") ensejam, por parte de alguns empresários, diversas tentativas de burlar o controle do Estado.

Seguindo a lógica tributária, a legislação aduaneira determina que, em regra, a responsabilidade por infrações é **objetiva**, ou seja, independe da intenção do agente ou do responsável, bem como da efetividade, natureza e extensão dos efeitos do ato.

No intuito de alcançar o maior número possível de responsáveis solidários, para de qualquer um deles exigir os tributos e aplicar as penalidades cabíveis, a legislação diz que respondem pelas eventuais **infrações** que cometerem[3]:

- ▪ conjunta ou isoladamente, quem quer que, de qualquer forma, **concorra** para sua prática ou dela se **beneficie**;
- ▪ conjunta ou isoladamente, o **proprietário** e o **consignatário** do veículo, quanto às que decorram do exercício de atividade própria do veículo, ou de ação ou omissão de seus tripulantes;
- ▪ o **comandante** ou o **condutor** de veículo, quando este proceder do exterior sem estar consignado a pessoa física ou jurídica estabelecida no ponto de destino;

---

[3] Artigo 674 do Regulamento Aduaneiro.

◼ a pessoa **física** ou **jurídica**, em razão do despacho que promova, de qualquer mercadoria;

◼ conjunta ou isoladamente, o **importador** e o **adquirente** de mercadoria de procedência estrangeira, no caso de importação realizada por conta e ordem deste, por intermédio de pessoa jurídica importadora;

◼ conjunta ou isoladamente, o **importador** e o **encomendante** predeterminado que adquire mercadoria de procedência estrangeira de pessoa jurídica importadora.

De se notar que o rol de responsáveis é bastante extenso e tem por objetivo permitir que o Estado possa aplicar sanções, no intuito de combater e desestimular os ilícitos aduaneiros.

20.4.1. Espécies de penalidades

Existem cinco grandes grupos de **penalidades** no direito aduaneiro, que podem ser aplicadas individual ou cumulativamente, conforme o caso:

◼ perdimento do veículo;

◼ perdimento da mercadoria;

◼ perdimento de moeda;

◼ multa;

◼ sanção administrativa.

Em qualquer hipótese, a proposição das penalidades **compete** aos Auditores-Fiscais da Receita Federal do Brasil, que são também responsáveis pela apuração do crédito tributário correspondente.

A **autoridade julgadora**, no processo administrativo, também será o auditor-fiscal, a quem caberá determinar a pena aplicável ao infrator ou ao responsável e fixar a sua quantidade (aquilo que se denomina dosimetria). Em segunda instância, os processos de natureza aduaneira são submetidos à 3.ª Seção do Conselho de Contribuintes, em Brasília.

Como regra, as multas são fixadas no **mínimo**, por infração, pois a majoração ou agravamento da sanção decorre de prova da **conduta dolosa** do agente (assim, na modalidade *culpa* aplica-se normalmente a pena mínima e, para os casos em que restar comprovado dolo, fraude ou simulação aplica-se a **multa qualificada**, inclusive com a possibilidade de representação fiscal para fins penais).

Se do processo se apurar responsabilidade de duas ou mais pessoas, será imposta a cada uma delas a pena relativa à infração que houver cometido.

> **Importante:** Não se aplica penalidade quando o sujeito passivo atua conforme interpretação fiscal constante de decisão administrativa ou de ato expedido pela Receita Federal.

Também **não se aplica** a multa de ofício quando a exigibilidade do crédito estiver suspensa por liminar ou tutela antecipada, nos termos do artigo 151 do CTN (desde, é claro, que o efeito suspensivo tenha sido obtido antes de iniciado o procedimento fiscal).

Nos termos da legislação tributária, a **denúncia espontânea** da infração, acompanhada, se for o caso, do pagamento dos tributos e dos acréscimos legais, excluirá a imposição da penalidade correspondente.

Assim, é importante observar que a denúncia espontânea só exclui a aplicação das penalidades de **natureza tributária**, sem prejuízo de outras sanções (administrativas ou aduaneiras, por exemplo).

> **Importante:** Não se considera espontânea a denúncia apresentada no curso do despacho aduaneiro, até o desembaraço da mercadoria ou após o início de qualquer outro procedimento fiscal, mediante ato de ofício, escrito, praticado por servidor competente e tendente a apurar a infração.

Como sabemos, tributos e multas são figuras **diferentes**, de tal sorte que a aplicação da penalidade tributária, mesmo que cumprida, não impede, em regra, a cobrança dos tributos devidos nem prejudica a aplicação de outras penas, previstas na esfera penal ou especial.

Questão interessante diz respeito ao **destinatário** de remessas postais internacionais, tema que já abordamos em tópico específico.

Não podemos afirmar que o fato de uma pessoa constar como destinatária de remessa postal internacional, com infração às normas aduaneiras, configuraria, **isoladamente**, o concurso para a sua prática ou o intuito de beneficiar-se dela.

Exemplo: se alguém envia pelo correio, a um desafeto, uma remessa contendo entorpecentes, isso não significa que o destinatário tenha concorrido com o crime de tráfico.

Assim a responsabilidade do destinatário precisa ser, em regra, **provada** pelas autoridades competentes.

Apesar disso, a legislação aduaneira indica situações de **presunção** da responsabilidade, que independem de qualquer outra circunstância ou prova, nos casos de remessa postal internacional:

■ que tenha sido **postada** pela pessoa que conste como destinatária;
■ cujo desembaraço tenha sido pleiteado, pelo **destinatário**, como bagagem desacompanhada.

20.4.2. Pena de perdimento

A pena de perdimento tem **natureza jurídica** expropriatória e, nesse sentido, implica a perda da propriedade de determinado bem em favor do Estado (equivale, *grosso modo*, à figura da desapropriação no direito administrativo, quando aplicada em caráter sancionatório, como nas hipóteses de descumprimento da função social da propriedade, cultivo de entorpecentes etc.).

Trata-se, na prática, da **mais grave** sanção de natureza administrativa/aduaneira do direito brasileiro, pois afeta o próprio **direito de propriedade**, que, embora não seja absoluto, tem resguardo constitucional. Tal garantia, como se sabe, consta do artigo 5.º, LIV, da Constituição, que estabelece: "ninguém será privado da liberdade ou **de seus bens** sem o devido processo legal".

Conquanto exista enorme discussão jurídica acerca da forma e do processo de perdimento na **esfera administrativa** (e muito poderia ser dito a respeito disso), para fins de concurso é importante manter o foco na legislação, deixando um pouco de lado o debate teórico.

Vejamos, portanto, as diversas modalidades de pena de perdimento previstas no Brasil.

20.4.2.1. Pena de perdimento de veículos

No caso de **veículos**, aplica-se a pena de perdimento nas seguintes hipóteses, que configuram dano ao Erário:

- quando o veículo transportador estiver em **situação ilegal**, quanto às normas que o habilitem a exercer a navegação ou o transporte internacional correspondente à sua espécie;
- quando o veículo transportador efetuar operação de descarga de mercadoria estrangeira ou de carga de mercadoria nacional ou nacionalizada, **fora** do porto, do aeroporto ou de outro local para isso habilitado;
- quando a embarcação atracar a navio ou quando qualquer veículo, na zona primária, se colocar nas proximidades de outro, um deles procedente do exterior ou a ele destinado, de modo **a tornar possível o transbordo** de pessoa ou de carga, sem observância das normas legais e regulamentares;
- quando a embarcação navegar dentro do porto, sem trazer escrito, em tipo destacado e em local visível do casco, seu **nome de registro**;
- quando o veículo conduzir mercadoria **sujeita a perdimento**, se pertencente ao responsável por infração punível com essa penalidade;
- quando o veículo terrestre utilizado no trânsito de mercadoria estrangeira for **desviado** de sua rota legal sem motivo justificado;
- quando o veículo for considerado abandonado.

A Receita Federal do Brasil propõe o perdimento de veículos com certa frequência no mundo real, mas os tribunais, ultimamente, têm aplicado à espécie os princípios da **razoabilidade** e da **proporcionalidade**, no sentido de dosar a intensidade da medida concreta, especialmente para veículos de enorme valor.

Exemplo: não parece razoável aplicar a pena de perdimento a um avião, que vale milhões de dólares, em razão de mercadoria transportada irregularmente, cujo valor fosse infinitamente menor, ainda mais se ficar provado que o transportador não concorreu com a ilicitude.

O próprio Regulamento Aduaneiro prevê **limites** para a aplicação do perdimento de veículos, ao estabelecer, no artigo 699, parágrafo único, que: "no caso de perdimento de veículo, a conversão em multa não poderá ultrapassar em três vezes o valor da mercadoria transportada, à qual se vincule a infração".

20.4.2.2. Pena de perdimento para mercadoria

A aplicação da pena de perdimento para mercadoria é muito comum e ocorre nas seguintes hipóteses, que configuram dano ao Erário[4]:

---

[4] Artigo 698 do Regulamento Aduaneiro.

▣ em operação de carga ou já carregada em qualquer veículo, ou dele descarregada ou em descarga, **sem ordem, despacho** ou **licença**, por escrito, da autoridade aduaneira, ou sem o cumprimento de outra formalidade essencial estabelecida em texto normativo;

▣ incluída em listas de sobressalentes e de provisões de bordo **quando em desacordo**, quantitativo ou qualitativo, com as necessidades do serviço, do custeio do veículo e da manutenção de sua tripulação e de seus passageiros;

▣ **oculta**, a bordo do veículo ou na zona primária, qualquer que seja o processo utilizado;

▣ existente a bordo do veículo, **sem registro** em manifesto, em documento de efeito equivalente ou em outras declarações;

▣ nacional ou nacionalizada, em grande quantidade ou de vultoso valor, encontrada na zona de vigilância aduaneira, em circunstâncias que tornem evidente destinar-se a **exportação clandestina**;

▣ estrangeira ou nacional, na importação ou na exportação, se qualquer documento necessário ao seu embarque ou desembaraço tiver sido **falsificado ou adulterado** (inclusive nas hipóteses de falsidade material ou ideológica);

▣ com documentação falsificada ou adulterada, **possuída** a qualquer título ou para qualquer fim;

▣ estrangeira, que apresente característica essencial **falsificada** ou **adulterada**, que impeça ou dificulte sua identificação, ainda que a falsificação ou a adulteração não influa no seu tratamento tributário ou cambial;

▣ estrangeira, encontrada ao **abandono**, desacompanhada de prova do pagamento dos tributos aduaneiros;

▣ estrangeira, exposta à venda, depositada ou em circulação comercial no País, **se não for feita prova** de sua importação regular;

▣ estrangeira, já desembaraçada e cujos tributos aduaneiros tenham sido pagos **apenas em parte**, mediante artifício doloso;

▣ estrangeira, chegada ao País com **falsa declaração** de conteúdo;

▣ transferida a terceiro, **sem o pagamento** dos tributos aduaneiros e de outros gravames, quando desembaraçada com isenção;

▣ encontrada em poder de pessoa física ou jurídica **não habilitada**, tratando-se de papel com linha ou marca d'água, inclusive aparas;

▣ constante de remessa postal internacional com **falsa declaração** de conteúdo;

▣ **fracionada** em duas ou mais remessas postais ou encomendas aéreas internacionais **visando a iludir**, no todo ou em parte, o pagamento dos tributos aduaneiros ou quaisquer normas estabelecidas para o controle das importações ou, ainda, a beneficiar-se de regime de tributação simplificada;

▣ estrangeira, em trânsito no território aduaneiro, quando o veículo terrestre que a conduzir for **desviado** de sua rota legal, sem motivo justificado;

▣ estrangeira, **acondicionada** sob fundo falso, ou de qualquer modo oculta;

▣ estrangeira, **atentatória** à moral, aos bons costumes, à saúde ou à ordem públicas;

◼ importada ao desamparo de **licença de importação** ou documento de efeito equivalente, quando a sua emissão estiver vedada ou suspensa, na forma da legislação específica;

◼ importada e que for considerada abandonada pelo **decurso do prazo** de permanência em recinto alfandegado;

◼ estrangeira ou nacional, na importação ou na exportação, na hipótese de **ocultação** do sujeito passivo, do real vendedor, comprador ou de responsável pela operação, mediante fraude ou simulação, inclusive a **interposição fraudulenta de terceiros** (quando não ficar comprovada a origem, a disponibilidade e a transferência dos recursos utilizados).

> **Importante:** A pena de perdimento converte-se em multa equivalente ao valor aduaneiro (100%) na importação, ou ao preço constante da respectiva nota fiscal ou documento equivalente, na exportação, quando a mercadoria não for localizada, ou tiver sido consumida ou revendida.

> **Atenção:** Aplica-se a pena de perdimento da mercadoria de procedência estrangeira encontrada na **zona secundária**, introduzida clandestinamente no País ou importada irregular ou fraudulentamente, como no caso de produtos vendidos por ambulantes, sem documentação legal.

Também serão objeto da pena de perdimento as mercadorias de **exportação proibida**, quando detectada a tentativa (como no caso de animais, por exemplo).

No mesmo sentido, as mercadorias de **importação proibida** serão apreendidas liminarmente, em nome do Ministro da Fazenda, para fins de aplicação da pena de perdimento, no intuito de impedir a sua circulação pelo território aduaneiro.

Consideram-se como produtos estrangeiros **introduzidos clandestinamente** no território aduaneiro, para efeito de aplicação da pena de perdimento, os *cigarros nacionais* destinados a exportação que forem encontrados no Brasil.

> **Importante:** A pena de perdimento da mercadoria será aplicada nas infrações relativas ao desembaraço aduaneiro, à circulação, à posse e ao consumo de fumo, charuto, cigarrilha e cigarro de procedência estrangeira, que forem adquiridos, transportados, vendidos depositados, possuídos ou consumidos de forma irregular, por configurarem crime de contrabando ou descaminho.

Também são passíveis de perdimento os diamantes encontrados em zona primária, em desacordo com as regras do processo de *Certificação de Kimberley*.

Convém ressaltar que mesmo mercadorias já introduzidas no território aduaneiro podem ser objeto da pena de perdimento, quando irregularmente transacionadas, em desrespeito a **regimes especiais**, tais como:

◼ mercadoria saída da **Zona Franca de Manaus** sem autorização da autoridade aduaneira, quando ingressada naquela área com os benefícios fiscais, por configurar crime de contrabando;

◼ mercadoria introduzida no mercado interno, **procedente de** zona de processamento de exportação, que tenha sido importada, adquirida ou produzida fora dos casos autorizados;

▢ mercadoria estrangeira **não permitida**, introduzida em zona de processamento de exportação.

20.4.2.2.1. *Procedimento especial de controle para situações suspeitas*

A Receita Federal criou um procedimento especial de controle aduaneiro para as situações em que exista suspeita de irregularidade punível com a pena de perdimento, independentemente de ter sido iniciado ou concluído o despacho aduaneiro tanto na importação como na exportação.

As situações de irregularidade compreendem, entre outras hipóteses, os casos de suspeita relativa à:

▢ autenticidade, decorrente de falsidade material ou ideológica, de qualquer documento comprobatório apresentado, tanto na importação quanto na exportação, inclusive quanto à origem da mercadoria, ao preço pago ou a pagar, recebido ou a receber;

▢ falsidade ou adulteração de característica essencial da mercadoria;

▢ importação proibida, atentatória à moral, aos bons costumes e à saúde ou ordem públicas;

▢ ocultação do sujeito passivo, do real vendedor, comprador ou de responsável pela operação, mediante fraude ou simulação, inclusive a interposição fraudulenta de terceiro;

▢ existência de fato do estabelecimento importador, exportador ou de qualquer pessoa envolvida na transação comercial; ou

▢ falsa declaração de conteúdo, inclusive nos documentos de transporte.

A mercadoria submetida ao procedimento especial de controle ficará retida até a conclusão da correspondente fiscalização. Essa retenção, antes de iniciado o despacho aduaneiro, não prejudica a caracterização de abandono, quando for o caso, nem impede o registro da declaração por iniciativa do interessado, hipótese em que o despacho aduaneiro será imediatamente interrompido, prosseguindo-se com o procedimento especial.

20.4.2.3. *Pena de perdimento de moeda*

A legislação aduaneira estabelece a pena de perdimento da moeda **nacional** ou **estrangeira**, em espécie, no valor **excedente a R$ 10.000,00** ou o equivalente em moeda estrangeira (somente o papel-moeda, neste caso[5]), que ingresse no território aduaneiro ou dele saia, sem o cumprimento das formalidades legais (para isso, existe uma declaração específica, chamada *e-DPV — Declaração Eletrônica de Porte de Valores,* que pode ser feita pela internet).

---

[5] Excluem-se do limite de R$ 10.000,00 os montantes representados por títulos de crédito, cheques ou cheques de viagem.

20.4.3. Processo de perdimento

O **processo de perdimento** será conduzido na esfera administrativa e terá como premissa o auto de infração lavrado por Auditor-Fiscal e acompanhado do respectivo termo de apreensão.

> **Cuidado:** Na prática, existem inúmeras situações em que se faz a **retenção das mercadorias**, a fim de que o interessado comprove a regularidade da operação. Se isso ocorrer, não haverá auto de infração nem pena de perdimento, pois a apreensão é apenas uma medida acautelatória, destinada a preservar os interesses da Fazenda Nacional.

Em edições anteriores do livro, assim como em diversas oportunidades ao longo dos anos, sempre enfatizamos uma peculiaridade do processo de perdimento: o fato de que o julgamento ocorria em **instância única**, ao arrepio do princípio que consagra o duplo grau de jurisdição, que, em síntese, é a possibilidade de revisão de decisões jurídicas.

Eis que a Lei n. 14.561, de 23 de agosto de 2023, finalmente trouxe para o processo administrativo de perdimento o instrumento recursal.

Quando houver processo, a regular intimação do interessado[6] exige impugnação no prazo de **20 dias**, sob pena de revelia, com a aplicação da pena de perdimento e a disponibilidade dos bens para destinação.

Se for apresentada impugnação, o processo administrativo poderá ser julgado em **até duas instâncias**. O julgamento em primeira instância compete aos Auditores-Fiscais da Receita Federal em exercício no CEJUL (Centro de Julgamento de Penalidades Aduaneiras[7]).

No caso de decisão desfavorável ao autuado em primeira instância, cabe recurso voluntário, a ser apresentado em até 20 dias da data da ciência. O recurso será julgado por uma das Câmaras Recursais do CEJUL, que decidirá o caso, em definitivo, na esfera administrativa. A não apresentação de recurso no prazo legal confere definitividade à decisão de primeira instância.

Acreditamos que a nova legislação é bastante salutar e está alinhada aos padrões internacionais (notadamente o Acordo sobre a Facilitação do Comércio — AFC e Convenção de Quioto Revisada — CQR/OMA), além de respeitar o modelo constitucional brasileiro, que tem no duplo grau de jurisdição um de seus pilares processuais essenciais.

Existe, ainda, a possibilidade de procedimento **simplificado** de perdimento para as mercadorias de valor inferior a US$ 500,00 (limite que pode ser aumentado pelo Ministro da Fazenda em até duas vezes).

Por fim, o processo de **perdimento de moeda**, após a retenção do numerário, será também aplicado pela Receita Federal do Brasil (a legislação, de modo *muito estranho*, prevê a liberação do montante até R$ 10.000,00, com a retenção **apenas** do excedente, como vimos).

---

[6] Que pode ser pessoal, eletrônica (com prova de recebimento) ou por edital, nos termos do artigo 27-A da Lei n. 14.651/2023.

[7] Criado, no âmbito da RFB, pela Portaria Normativa MF n. 1.005/2023.

Isso gera um **problema grave**: se alguém for detectado com o equivalente a R$ 15.000,00, por exemplo, e as autoridades competentes só retiverem R$ 5.000,00 (o excedente), como provar, depois, que a pessoa tinha mais do que o limite?

20.4.4. Multas na importação e na exportação

O tema das **multas** é tratado a partir do artigo 702 do Regulamento Aduaneiro e divide-se em três grupos:

- multas na importação;
- multas na exportação;
- multas comuns à importação e à exportação.

20.4.4.1. *Multas na importação*

O primeiro conjunto de multas relaciona-se a operações de importação e, nesses casos, os gravames são percentuais, aplicados **proporcionalmente** ao valor do imposto de importação ou sobre aquele valor que incidiria se não houvesse isenção ou redução[8] de:

- **100%:**
  - pelo não emprego dos bens de qualquer natureza nos fins ou atividades para que foram importados com isenção do imposto;
  - pelo desvio, por qualquer forma, de bens importados com isenção ou com redução do imposto;
  - pelo uso de falsidade nas provas exigidas para obtenção dos benefícios e incentivos fiscais;
  - pela não apresentação de mercadoria submetida ao regime de entreposto aduaneiro.
- **75%:**
  - nos casos de venda não faturada de sobra de papel não impresso (mantas, aparas de bobinas e restos de bobinas).
- **50%:**
  - pela transferência a terceiro, a qualquer título, de bens importados com isenção do imposto, sem prévia autorização da unidade aduaneira, salvo se for aplicada a pena de perdimento;
  - pela importação, como bagagem, de mercadoria que, por sua quantidade e qualidade, revele finalidade comercial, salvo se o viajante prestar declaração e manifestar interesse de submeter os bens a despacho de importação;
  - pelo extravio de mercadoria.
- **20%:**
  - pela chegada ao País de bagagem e bens de passageiro fora dos prazos regulamentares, quando sujeitos a tributação;

---

[8] Aqui temos uma hipótese interessante: como a lei só fala em *isenção* ou *redução*, nos casos em que o imposto de importação tiver alíquota 0%, não haverá valor de multa, visto que a sanção teria como referência o valor do imposto (zero).

- ☐ nos casos de venda de sobra de papel não impresso (mantas, aparas e restos de bobinas), salvo a editoras ou, como matéria-prima, a fábricas.

☐ **10%:**

- ☐ pela apresentação da fatura comercial sem o visto consular, quando exigida essa formalidade;
- ☐ pela comprovação, fora do prazo, da chegada da mercadoria ao local de destino, no caso de trânsito aduaneiro.

> **Atenção:** Nas hipóteses em que o preço declarado for diferente do arbitrado ou do efetivamente praticado, aplica-se a multa de 100% sobre a **diferença**, sem prejuízo da exigência dos tributos, da multa de ofício e dos acréscimos legais cabíveis.

Aplica-se a multa de **100% sobre a diferença** de preço das mercadorias submetidas a despacho ou desembaraçadas ao amparo do regime de **tributação unificada** para mercadorias procedentes do Paraguai quando:

- ☐ a mercadoria declarada **não for idêntica** à mercadoria efetivamente importada;
- ☐ a **quantidade** de mercadorias efetivamente importadas for maior que a quantidade declarada.

> **Cuidado:** A regra clássica do direito aduaneiro determina que incorrerão em **igual ao valor comercial** da mercadoria os que entregarem a consumo, ou consumirem mercadoria de procedência estrangeira introduzida **clandestinamente** no País ou importada irregular ou fraudulentamente ou que tenha entrado no estabelecimento, dele saído ou nele permanecido sem que tenha havido registro da declaração da importação, ou desacompanhada de Guia de Licitação ou nota fiscal, conforme o caso. Essa multa genérica é aplicável quando não houver penalidade específica no Regulamento Aduaneiro para o caso concreto.

No caso do regime aduaneiro do **REPORTO**, aplica-se a multa de 50% sobre o bem admitido em **finalidade diversa** da que motivou a sua concessão, de sua não incorporação ao ativo imobilizado ou de ausência da identificação específica.

Existem, ainda, diversas multas por infrações administrativas, prejudiciais ao **controle aduaneiro** de mercadorias:

☐ **30% sobre o valor aduaneiro:**

- ☐ pela importação de mercadoria sem licença de importação ou documento de efeito equivalente, inclusive no caso de remessa postal internacional e de bens conduzidos por viajante, desembaraçados no regime comum de importação;
- ☐ pelo embarque de mercadoria antes de emitida a licença de importação ou documento de efeito equivalente.

☐ **20% sobre o valor aduaneiro:**

- ☐ pelo embarque da mercadoria depois de vencido o prazo de validade da licença de importação respectiva ou documento de efeito equivalente, de mais de 20 até 40 dias.

▢ **10% sobre o valor aduaneiro:**

▣ pelo embarque da mercadoria, depois de vencido o prazo de validade da licença de importação respectiva ou documento de efeito equivalente, até 20 dias.

As multas apresentadas possuem limite mínimo de R$ 500,00 e máximo de R$ 5.000,00 e não excluem o pagamento dos tributos devidos nem prejudicam, em regra, eventuais benefícios fiscais, porque são multas **administrativas**, não tributárias.

Existe, também, uma multa de **10%** sobre o valor aduaneiro, no caso de descumprimento das condições, requisitos ou prazos estabelecidos para o regime aduaneiro especial de **admissão temporária** ou de admissão temporária para aperfeiçoamento ativo, respeitado o limite mínimo de R$ 500,00.

Outra multa, menor, implica **5%** do valor aduaneiro das mercadorias importadas, no caso de descumprimento de **obrigação acessória** relativa aos documentos obrigatórios de instrução das declarações aduaneiras.

No *quase ilimitado "cardápio de multas"* da legislação aduaneira, temos, ainda, a multa de **1%** sobre o valor aduaneiro da mercadoria (com limite mínimo de R$ 500,00), nas seguintes hipóteses:

▣ classificada **incorretamente** na Nomenclatura Comum do Mercosul, nas nomenclaturas complementares ou em outros detalhamentos instituídos para a identificação da mercadoria;

▣ quantificada **incorretamente** na unidade de medida estatística estabelecida pela Receita Federal do Brasil;

▣ quando importador ou beneficiário de regime aduaneiro omitir ou prestar de forma **inexata** ou **incompleta** informação de natureza administrativo-tributária, cambial ou comercial necessária à determinação do procedimento de controle aduaneiro apropriado;

▣ **relevação** da pena de perdimento.

Para o regime de **bagagem**, as infrações serão punidas com as seguintes multas:

▣ **200% do valor** dos bens trazidos como bagagem, quando forem objeto de comércio;

▣ **50% do valor excedente** ao limite de isenção, sem prejuízo do imposto de importação devido, pela apresentação de declaração falsa ou inexata de bagagem.

Por fim, temos multas variadas, de acordo com o caso:

▣ **R$ 1.000,00** pela importação de mercadoria estrangeira atentatória à moral, aos bons costumes, à saúde ou à ordem pública;

▣ **R$ 200,00**, pela apresentação de fatura comercial em desacordo com as exigências legais;

▣ **R$ 2,00 por maço** de cigarro, unidade de charuto ou de cigarrilha, ou quilograma líquido de qualquer outro produto apreendido, *cumulativamente* com o perdimento da respectiva mercadoria (essa multa é claramente **inconstitucional**, pois configura flagrante *bis in idem* sancionatório).

20.4.4.2. *Multas na exportação*

Aplicam-se ao exportador as seguintes multas, calculadas em função do **valor das mercadorias** (porque em regra não há valor de imposto a pagar), de:

- **60% a 100%:**
  - no caso de **reincidência**, genérica ou específica, de fraude compreendida no artigo 718, inciso II, do Regulamento Aduaneiro[9].
- **20% a 50%:**
  - no caso de fraude, caracterizada de forma inequívoca, relativamente a preço, peso, medida, classificação ou qualidade;
  - no caso de exportação ou tentativa de exportação de mercadoria cuja saída do território aduaneiro seja proibida, considerando-se como tal aquela que assim for prevista em lei, ou em tratados, acordos ou convenções internacionais firmados pelo Brasil, sem prejuízo da aplicação da pena de perdimento da mercadoria.

Aplica-se, ainda, a multa de **5%** do preço normal da mercadoria submetida ao regime aduaneiro especial de exportação temporária, ou de exportação temporária para aperfeiçoamento passivo, pelo **descumprimento** de condições, requisitos ou prazos estabelecidos para sua aplicação, com limite mínimo de R$ 500,00.

20.4.4.3. *Multas comuns à importação e à exportação*

Como se não bastassem as sanções específicas para cada operação, eis que a legislação aduaneira estabelece **multas comuns** na importação e na exportação.

Assim, nos casos de **lançamentos de ofício**, relativos a operações de importação ou de exportação, serão aplicadas as seguintes multas, calculadas sobre a totalidade ou a diferença dos impostos ou contribuições apuradas, de:

- **75%:** nos casos de falta de pagamento, de falta de declaração e nos de declaração inexata, excetuada a hipótese a seguir;
- **50%:** independentemente de outras penalidades administrativas ou criminais cabíveis, nos casos de fraude, conluio ou sonegação, previstos na Lei n. 5.402/64.

Existe, ainda, uma multa de **100%** do valor da mercadoria no caso de diamantes transacionados sem o *Certificado do Processo de Kimberley*.

Por fim, temos diversas outras **multas comuns**, a saber:

- **R$ 50.000,00** por contêiner ou qualquer veículo contendo mercadoria, inclusive a granel, ingressado em local ou recinto sob controle aduaneiro, que não seja localizado;
- **R$ 15.000,00** por contêiner ou veículo contendo mercadoria, inclusive a granel, no regime de trânsito aduaneiro, que não seja localizado;

---

[9] Aqui temos um caso inusitado, no qual o *caput* do dispositivo prevê a reincidência (e a correspondente sanção) **antes de definir a conduta!**

◻ **R$ 10.000,00:**

◻ por desacato à autoridade aduaneira;

◻ por dia, pelo descumprimento de requisito técnico ou operacional dos locais ou recintos alfandegados.

◻ **R$ 5.000,00:**

◻ por ponto percentual que ultrapasse a margem de 5%, na **diferença de peso** apurada em relação ao manifesto de carga a granel apresentado pelo transportador marítimo, fluvial ou lacustre;

◻ por **mês-calendário**, a quem não apresentar à fiscalização os documentos relativos à operação que realizar ou em que intervier, bem como outros documentos exigidos pela Secretaria da Receita Federal do Brasil, ou não mantiver os correspondentes arquivos em boa guarda e ordem;

◻ a quem, por qualquer meio ou forma, omissiva ou comissiva, **embaraçar, dificultar ou impedir** ação de fiscalização aduaneira, inclusive no caso de não apresentação de resposta, no prazo estipulado, à intimação em procedimento fiscal;

◻ a quem promover a saída de veículo de local ou recinto sob controle aduaneiro, **sem autorização prévia** da autoridade aduaneira;

◻ por deixar de prestar **informação sobre veículo** ou **carga** nele transportada, ou sobre as operações que execute, na forma e no prazo estabelecidos pela Secretaria da Receita Federal do Brasil, aplicada à empresa de transporte internacional, inclusive a prestadora de serviços de transporte internacional expresso porta a porta, ou ao agente de carga;

◻ por deixar de prestar informação sobre **carga armazenada**, ou sob sua responsabilidade, ou sobre as operações que execute, na forma e no prazo estabelecidos pela Secretaria da Receita Federal do Brasil, aplicada ao depositário ou ao operador portuário.

◼ **R$ 3.000,00** ao transportador de carga ou de passageiro, pelo descumprimento de exigência estabelecida para a circulação de veículos e mercadorias em zona de vigilância aduaneira;

◼ **R$ 2.000,00** no caso de violação de volume ou unidade de carga que contenha mercadoria sob controle aduaneiro, ou de dispositivo de segurança;

◼ **R$ 1.000,00:**

◻ por **volume** depositado em local ou recinto sob controle aduaneiro, que não seja localizado;

◻ pela **substituição** do veículo transportador, em operação de trânsito aduaneiro, sem autorização prévia da autoridade aduaneira;

◻ por **dia**, pelo descumprimento de condição estabelecida pela administração aduaneira para a prestação de serviços relacionados com o despacho aduaneiro;

◻ por **dia**, pelo descumprimento de requisito, condição ou norma operacional para habilitar-se ou utilizar regime aduaneiro especial ou aplicado em áreas especiais, ou para habilitar-se ou manter recintos nos quais tais regimes sejam aplicados, exceto os requisitos técnicos e operacionais dos locais e recintos alfandegados;

◻ por **dia**, pelo descumprimento de requisito, condição ou norma operacional para executar atividades de movimentação e armazenagem de mercadorias sob controle aduaneiro, e serviços conexos, exceto os requisitos técnicos e operacionais dos locais e recintos alfandegados;

◻ por **dia**, pelo descumprimento de condição estabelecida para utilização de procedimento aduaneiro simplificado.

◼ **R$ 500,00:**

◻ por **ingresso de pessoa** em local ou recinto sob controle aduaneiro sem a regular autorização, aplicada ao administrador do local ou recinto;

◻ por **tonelada** de carga a granel depositada em local ou recinto sob controle aduaneiro, que não seja localizada;

◻ por **dia de atraso** ou **fração**, no caso de veículo que, em operação de trânsito aduaneiro, chegar ao destino fora do prazo estabelecido, sem motivo justificado;

◻ por **erro** ou **omissão** de informação em declaração relativa ao controle de papel imune;

◻ **pela não apresentação** do romaneio de carga (*packing list*) nos documentos de instrução da declaração aduaneira.

◼ **R$ 300,00**, por volume de mercadoria, em regime de trânsito aduaneiro, que não seja localizado no veículo transportador, limitada ao valor de R$ 15.000,00;

◼ **R$ 200,00:**

◻ por tonelada de carga a granel em regime de trânsito aduaneiro que não seja localizada no veículo transportador, limitada ao valor de R$ 15.000,00;

◻ para a pessoa que ingressar em local ou recinto sob controle aduaneiro sem a regular autorização.

◼ **R$ 100,00:**

◻ por volume de carga não manifestada pelo transportador, sem prejuízo da aplicação da pena prevista no inciso IV do art. 689 do Regulamento Aduaneiro;

◻ por ponto percentual que ultrapasse a margem de 5%, na diferença de peso apurada em relação ao manifesto de carga a granel apresentado pelo transportador rodoviário ou ferroviário.

Para as empresas de **transporte internacional**, que operem em linha regular, por via aérea ou marítima, existe previsão para as multas de:

◼ **R$ 5.000,00** por veículo cujas informações sobre tripulantes e passageiros não sejam prestadas na forma e no prazo estabelecidos pela Receita Federal;

◼ **R$ 200,00** por informação omitida, limitada ao valor de R$ 5.000,00 por veículo.

Aplica-se a multa de **R$ 15.000,00** ao **transportador**, de passageiros ou de carga, em viagem doméstica ou internacional que transportar mercadoria sujeita a **pena de perdimento**:

◻ **sem identificação** do proprietário ou possuidor;

◻ se, ainda que identificado o proprietário ou possuidor, as características ou a quantidade dos volumes transportados **evidenciarem** tratar-se de mercadoria sujeita à referida pena.

A multa anterior será **duplicada (R$ 30.000,00)** nas hipóteses de **reincidência** da infração, com o mesmo veículo transportador, ou modificações da estrutura ou das características do veículo, **com a finalidade** de efetuar o transporte de mercadorias ou permitir a sua ocultação.

20.4.5. Redução das multas

Seguindo a lógica adotada para os tributos federais, a legislação aduaneira prevê a **redução de 50%** das multas de ofício para os contribuintes que, depois de notificados, efetuarem o pagamento integral do montante consignado no auto de infração no prazo legal, que, em regra, é de 30 dias. Busca-se, assim, beneficiar o infrator que não impugnar o lançamento.

> **Importante:** Será concedida redução de **40%** da multa do lançamento de ofício ao contribuinte que, devidamente notificado, requerer o **parcelamento** do débito no prazo legal de impugnação.

Se houver impugnação tempestiva, a **redução será de 30%** se o pagamento do débito for efetuado dentro de 30 dias da ciência da decisão de primeira instância desfavorável ao contribuinte (por óbvio, se a decisão lhe for favorável, não há de se falar em multa).

Existem, ainda, **percentuais regressivos** de redução das multas de ofício para os contribuintes que, notificados, efetuarem o pagamento, a compensação ou o parcelamento federais, da seguinte forma:

- ◼ **50%:** se for efetuado o pagamento ou a compensação no prazo de 30 dias, contados da data em que o sujeito passivo foi notificado do lançamento;
- ◼ **40%:** se o sujeito passivo requerer o parcelamento no prazo de 30 dias, contados da data em que foi notificado do lançamento;
- ◼ **30%:** se for efetuado o pagamento ou a compensação no prazo de 30 dias, contados da data em que o sujeito passivo foi notificado da decisão administrativa de primeira instância;
- ◼ **20%:** se o sujeito passivo requerer o parcelamento no prazo de 30 dias, contados da data em que foi notificado da decisão administrativa de primeira instância.

20.4.6. Sanções administrativas para os intervenientes nas operações de comércio exterior

Como mencionado no Capítulo 6, os intervenientes no comércio exterior são todos os agentes responsáveis pela logística e pela administração das operações de importação e exportação.

A legislação aduaneira prevê as seguintes **sanções administrativas** para os intervenientes que descumprirem as respectivas obrigações acessórias ou dificultarem o controle aduaneiro:

- ◼ **Advertência**, na hipótese de:
  - ◼ descumprimento de norma de **segurança fiscal** em local alfandegado;
  - ◼ **falta de registro** ou registro de forma irregular dos documentos relativos a entrada ou saída de veículo ou mercadoria em recinto alfandegado;

■ atraso, de **forma contumaz**, na chegada ao destino de veículo conduzindo mercadoria submetida ao regime de trânsito aduaneiro;

■ emissão de documento de identificação ou quantificação de mercadoria em **desacordo** com sua efetiva qualidade ou quantidade;

■ prática de ato que **prejudique** o procedimento de identificação ou quantificação de mercadoria sob controle aduaneiro;

■ **atraso na tradução** de manifesto de carga, ou erro na tradução que altere o tratamento tributário ou aduaneiro da mercadoria;

■ consolidação ou desconsolidação de carga efetuada **com incorreção** que altere o tratamento tributário ou aduaneiro da mercadoria;

■ **atraso**, por mais de **três vezes**, em um mesmo mês, na prestação de informações sobre carga e descarga de veículos, ou movimentação e armazenagem de mercadorias sob controle aduaneiro;

■ descumprimento de **requisito, condição** ou **norma operacional** para **habilitar-se** ou **utilizar** regime aduaneiro especial ou aplicado em áreas especiais, ou para habilitar-se ou manter recintos nos quais tais regimes sejam aplicados;

■ descumprimento de **condição** estabelecida para utilização de procedimento aduaneiro simplificado;

■ deixar de **comunicar** à Receita Federal qualquer alteração das informações prestadas para inscrição no registro de despachante **aduaneiro** ou de **ajudante**;

■ descumprimento de **outras** normas, obrigações ou ordens legais não previstas nas hipóteses anteriores.

■ **Suspensão**, pelo prazo de até **12 meses**, do registro, licença, autorização, credenciamento ou habilitação para utilização de regime aduaneiro ou de procedimento simplificado, exercício de atividades relacionadas com o despacho aduaneiro, ou com a movimentação e armazenagem de mercadorias sob controle aduaneiro, e serviços conexos, na hipótese de:

■ **reincidência** em conduta já sancionada com advertência;

■ **atuação** em nome de pessoa que esteja cumprindo suspensão, ou no interesse desta;

■ **descumprimento** da obrigação de apresentar à fiscalização, em boa ordem, os documentos relativos à operação que realizar ou em que intervier, bem como outros documentos exigidos pela Receita Federal;

■ delegação de atribuição privativa a pessoa **não credenciada** ou **habilitada**, inclusive na hipótese de cessão de senha de acesso a sistema informatizado;

■ realização, por **despachante aduaneiro** ou **ajudante**, em nome próprio ou de terceiro, de exportação ou importação de quaisquer mercadorias, exceto para uso próprio, ou exercício, por estes, de comércio interno de mercadorias estrangeiras;

■ **descumprimento**, pelo importador, depositário ou transportador, da determinação efetuada pela autoridade aduaneira para destruir mercadoria ou devolvê-la ao exterior, quando nociva à saúde, ao meio ambiente ou à segurança pública;

■ prática de qualquer outra conduta **sancionada** com suspensão de registro, licença, autorização, credenciamento ou habilitação, nos termos de legislação específica.

▢ **Cancelamento** ou **cassação** de registro, licença, autorização, credenciamento ou habilitação para utilização de regime aduaneiro ou de procedimento simplificado, exercício de atividades relacionadas com o despacho aduaneiro, ou com a movimentação e armazenagem de mercadorias sob controle aduaneiro, e serviços conexos, na hipótese de:

  ▢ **acúmulo**, em período de três anos, de suspensão cujo prazo total supere 12 meses;

  ▢ **atuação em nome** de pessoa cujo registro, licença, autorização, credenciamento ou habilitação tenha sido objeto de **cancelamento** ou **cassação**, ou no interesse desta;

  ▢ exercício, por pessoa credenciada ou habilitada, de atividade ou cargo **vedados** na legislação específica;

  ▢ prática de ato que **embarace, dificulte** ou **impeça** a ação da fiscalização aduaneira, inclusive a prestação dolosa de informação falsa ou o uso doloso de documento falso nas atividades relacionadas com o despacho aduaneiro;

  ▢ **agressão** ou **desacato** à autoridade aduaneira no exercício da função;

  ▢ **sentença condenatória**, transitada em julgado, por participação, direta ou indireta, na prática de crime contra a administração pública ou contra a ordem tributária;

  ▢ **sentença condenatória**, transitada em julgado, à pena privativa de liberdade;

  ▢ descumprimento das **obrigações eleitorais**;

  ▢ **ação** ou **omissão dolosa** tendente a subtrair ao controle aduaneiro, ou dele ocultar, a importação ou a exportação de bens ou de mercadorias;

  ▢ prática de qualquer **outra conduta** sancionada com cancelamento ou cassação de registro, licença, autorização, credenciamento ou habilitação, nos termos de legislação específica.

> **Importante:** Considera-se interveniente o importador, o exportador, o beneficiário de regime aduaneiro ou de procedimento simplificado, o despachante aduaneiro e seus ajudantes, o transportador, o agente de carga, o operador de transporte multimodal, o operador portuário, o depositário, o administrador de recinto alfandegado, o perito, o assistente técnico, ou qualquer outra pessoa que tenha relação, direta ou indireta, com a operação de comércio exterior.

A sanção administrativa considera-se **definitivamente** aplicada após a **notificação** (pessoal ou mediante publicação) do infrator acerca de decisão administrativa da qual não caiba recurso.

20.4.7. Processo de aplicação de penalidades pelo transporte rodoviário de mercadoria sujeita à pena de perdimento

A legislação prevê que o veículo do infrator será retido quando flagrado em operação irregular, no transporte de mercadorias sujeitas à pena de perdimento, **ainda que** o condutor não seja o proprietário.

Após a retenção, será formalizado um processo administrativo, com o **auto de infração** e o **termo de retenção** do veículo, cuja eventual impugnação pelo sujeito passivo, apresentada no prazo de 20 dias da ciência, possui apenas **efeito devolutivo**.

A decisão administrativa será em instância única e gerará as seguintes consequências:

- ☐ se for **favorável** ao transportador, o veículo será devolvido;
- ☐ se for **contrária** ao transportador, o veículo será objeto da pena de perdimento.

> **Observação:** Quando cabível, o pagamento da multa pelo transportador permitirá a devolução do veículo.

20.4.8. Representação fiscal para fins penais

Quando os Auditores-Fiscais constatam, no exercício de suas atribuições, fato que configure, em tese (dado não terem poder de persecução penal), crime contra a **ordem tributária**, crime de **contrabando** ou de **descaminho**, ou crimes em detrimento da **Fazenda Nacional** ou contra a **administração pública federal**, cumpre-nos efetuar a correspondente representação fiscal para fins penais, a ser encaminhada ao Ministério Público Federal.

A **representação fiscal** para fins penais relativa aos crimes contra a ordem tributária será encaminhada ao Ministério Público após a **decisão final** administrativa no processo fiscal, ou seja, será necessário aguardar o término do feito correspondente, pois a absolvição (por falta de autoria ou materialidade) na esfera administrativa **afasta** a hipotética ocorrência de crime.

20.5. PROCEDIMENTOS ESPECIAIS DE CONTROLE ADUANEIRO

No exercício da atividade fiscal de controle aduaneiro, as autoridades frequentemente se deparam com situações que exigem **pronta intervenção**, assim como, em alguns casos, é necessária a adoção de procedimentos especiais, com o objetivo de resguardar os interesses da Fazenda Nacional.

Uma das providências mais comuns, que já citamos, é a **retenção** dos bens suspeitos de irregularidade, a fim de que se possa identificar os eventuais responsáveis.

Sem prejuízo do poder de **examinar** informações constantes de documentos, livros e registros de empresários e intervenientes no comércio exterior, a legislação prevê a adoção de **medidas acautelatórias**, no curso dos procedimentos de fiscalização aduaneira.

A mais comum dessas medidas é o **procedimento cautelar fiscal**, que poderá ser instaurado após a constituição do crédito, inclusive no curso da execução judicial da Dívida Ativa da União e de suas autarquias.

A medida cautelar fiscal objetiva **garantir** o recebimento de eventual crédito, *tributário* ou *não tributário*, quando o devedor:

- ☐ **sem domicílio** certo, intenta ausentar-se ou alienar bens que possui ou deixa de pagar a obrigação no prazo fixado;
- ☐ tendo domicílio certo, ausenta-se ou tenta ausentar-se, **visando a elidir** o adimplemento da obrigação;
- ☐ caindo em **insolvência**, aliena ou tenta alienar bens;
- ☐ contrai ou tenta contrair dívidas que **comprometam** a liquidez do seu patrimônio;

◻ **notificado** pela Fazenda Pública para que proceda ao recolhimento do crédito fiscal:

   ◻ deixa de **pagá-lo** no prazo legal, salvo se suspensa sua exigibilidade;

   ◻ põe ou tenta por seus bens em nome de **terceiros**.

◻ possui débitos, inscritos ou não em Dívida Ativa, que somados ultrapassem **30%** do seu patrimônio conhecido (aqui se entende *patrimônio conhecido* como equivalente ao **ativo** das pessoas jurídicas);

◻ aliena bens ou direitos sem proceder à **devida comunicação** ao órgão da Fazenda Pública competente, quando exigível em virtude de lei;

◻ tem sua inscrição no cadastro de contribuintes **declarada inapta**, pelo órgão fazendário;

◻ pratica outros atos que **dificultem** ou **impeçam** a satisfação do crédito.

Atenção: Para a concessão da medida cautelar fiscal, é essencial que sejam apresentadas a prova literal da constituição do crédito fiscal e a prova documental robusta de alguma das hipóteses de risco previstas em lei.

Quando os débitos do sujeito passivo forem **superiores a 30%** do seu patrimônio conhecido, a autoridade competente da Receita Federal procederá ao **arrolamento** de bens e direitos, inclusive os bens e direitos em nome do cônjuge, não gravados com a cláusula de incomunicabilidade, para as pessoas físicas.

O arrolamento de bens só se aplica para débitos **superiores a R$ 500.000,00**, e o patrimônio conhecido deve ser entendido, para fins de cálculo, como o valor constante da última declaração de rendimentos apresentada pelo devedor.

Existe, ainda, a possibilidade de se declarar a **inaptidão** das empresas, quando não localizadas no seu endereço de cadastro ou para aquelas que não comprovem a origem, a disponibilidade e a efetiva transferência, se for o caso, dos recursos empregados nas operações de comércio exterior.

20.6. DESTINAÇÃO DE MERCADORIAS

Como já comentamos, as mercadorias apreendidas, que forem objeto da **pena de perdimento**, aplicada em decisão final administrativa, poderão ser destinadas pelo Ministro da Fazenda.

Existem quatro formas básicas de **destinação** de mercadorias:

◻ Por **alienação**:

   ◻ mediante licitação;

   ◻ com a doação a entidades sem fins lucrativos.

◻ Por **incorporação**:

   ◻ a órgãos da administração pública;

◻ Por **destruição**;

◻ Por **inutilização**:

   ◻ quando assim recomendar o interesse da administração (como no caso de bens inservíveis, com validade vencida ou falsificados, por exemplo).

> **Atenção:** No caso de licitação (leilão em hasta pública dos bens apreendidos e objeto de perdimento), o produto da venda terá a seguinte destinação: 60% para o Fundo Especial de Desenvolvimento e Aperfeiçoamento das Atividades de Fiscalização e 40% para a seguridade social.

As mercadorias poderão ser destinadas[10]:

■ após decisão administrativa **definitiva**, ainda que relativas a processos pendentes de apreciação judicial, inclusive as que estiverem à disposição da Justiça como corpo de delito, produto ou objeto de crime, **salvo** determinação expressa em contrário, em cada caso, emanada de autoridade judiciária;

■ imediatamente após a **formalização** do procedimento administrativo-fiscal pertinente, quando se tratar de:

    ■ semoventes, perecíveis, inflamáveis e explosivos ou outras mercadorias que exijam **condições especiais** de armazenamento;

    ■ mercadorias deterioradas, danificadas, estragadas, com data de validade vencida, que **não atendam** exigências sanitárias ou agropecuárias, ou que estejam em **desacordo** com regulamentos ou normas técnicas, e que devam ser destruídas;

    ■ **cigarros** e outros derivados do **tabaco**, apreendidos por infração fiscal sujeita a pena de perdimento, que devem ser destruídos.

Se o sujeito passivo vencer o recurso administrativo ou obtiver decisão judicial favorável, e o bem já fora destinado, terá ele direito à **indenização**, tendo por base o valor declarado para efeito de cálculo do imposto de importação ou de exportação, acrescido de juros (equivalentes à taxa do Sistema de Liquidação e Custódia — SELIC).

Quando **não houver** declaração de importação ou exportação pelo interessado, ou em virtude da **depreciação** sofrida pela mercadoria, o valor para fins de indenização será o constante do procedimento fiscal.

20.7. SUBFATURAMENTO E RETENÇÃO DE MERCADORIAS

Como já tratamos da **retenção** de mercadorias, seus procedimentos e efeitos, cumpre apenas relembrar a correlação entre a medida e o subfaturamento, conceito que também já foi discutido quando cuidamos da valoração aduaneira.

A jurisprudência dos Tribunais Regionais Federais tem caminhado no sentido de **afastar a retenção** de mercadorias quando da suspeita de subfaturamento, sob o argumento de que os procedimentos de valoração aduaneira podem ser realizados sem a medida constritiva.

> Jurisprudência: 1 – Não se justifica a retenção de mercadoria em caso de suspeita de subfaturamento, já que eventual diferença de tributo pode ser objeto de lançamento suplementar. 2 – Valoração aduaneira que pode ser efetuada independentemente da retenção da mercadoria importada. 3 – Providência baseada em lista de preços praticada no varejo nos mercados norte-americano e brasileiro, sabidamente superiores ao preço de custo do mercado chinês. Comparação incabível por se tratar de preços diferentes, razão da

---

[10] Artigo 803, § 1.º, do Regulamento Aduaneiro.

divergência verificada pelo Fisco. 4. Remessa oficial e apelo da União a que se nega provimento. (AMS 288.056, Rel. Juiz Roberto Jeuken, 3.ª Turma do Tribunal Regional Federal da Terceira Região.)

20.8. CONTRABANDO, DESCAMINHO E O PRINCÍPIO DA INSIGNIFICÂNCIA

Os crimes de **contrabando** e **descaminho,** embora estivessem agrupados no artigo 334 do Código Penal, nunca se confundiram, pois o contrabando implica importar ou exportar **mercadoria proibida**, enquanto o descaminho é a tentativa de **iludir**, no todo ou em parte, o pagamento de direito ou imposto devido pela entrada, pela saída ou pelo consumo de mercadorias.

No intuito de corrigir a impropriedade, o legislador resolveu, finalmente, **separar** os dois institutos jurídicos a partir da Lei n. 13.008, de 26 de junho de 2014, que definiu a nova redação do artigo 334:

Descaminho

Art. 334. Iludir, no todo ou em parte, o pagamento de direito ou imposto devido pela entrada, pela saída ou pelo consumo de mercadoria.

Pena – reclusão, de 1 (um) a 4 (quatro) anos.

§ 1.º Incorre na mesma pena quem:

I – pratica navegação de cabotagem[11], fora dos casos permitidos em lei;

II – pratica fato assimilado, em lei especial, a descaminho;

III – vende, expõe à venda, mantém em depósito ou, de qualquer forma, utiliza em proveito próprio ou alheio, no exercício de atividade comercial ou industrial, mercadoria de procedência estrangeira que introduziu clandestinamente no País ou importou fraudulentamente ou que sabe ser produto de introdução clandestina no território nacional ou de importação fraudulenta por parte de outrem;

IV – adquire, recebe ou oculta, em proveito próprio ou alheio, no exercício de atividade comercial ou industrial, mercadoria de procedência estrangeira, desacompanhada de documentação legal ou acompanhada de documentos que sabe serem falsos.

§ 2.º Equipara-se às atividades comerciais, para os efeitos deste artigo, qualquer forma de comércio irregular ou clandestino de mercadorias estrangeiras, inclusive o exercido em residências.

§ 3.º A pena aplica-se em dobro se o crime de descaminho é praticado em transporte aéreo, marítimo ou fluvial.

Contrabando

Art. 334-A. Importar ou exportar mercadoria proibida:

Pena – reclusão, de 2 (dois) a 5 (cinco) anos.

§ 1.º Incorre na mesma pena quem:

I – pratica fato assimilado, em lei especial, a contrabando;

II – importa ou exporta clandestinamente mercadoria que dependa de registro, análise ou autorização de órgão público competente;

III – reinsere no território nacional mercadoria brasileira destinada à exportação;

---

[11] Cabotagem é o transporte efetuado entre portos e aeroportos nacionais, normalmente destinado apenas a empresas brasileiras.

IV – vende, expõe à venda, mantém em depósito ou, de qualquer forma, utiliza em proveito próprio ou alheio, no exercício de atividade comercial ou industrial, mercadoria proibida pela lei brasileira;

V – adquire, recebe ou oculta, em proveito próprio ou alheio, no exercício de atividade comercial ou industrial, mercadoria proibida pela lei brasileira.

§ 2.º Equipara-se às atividades comerciais, para os efeitos deste artigo, qualquer forma de comércio irregular ou clandestino de mercadorias estrangeiras, inclusive o exercido em residências.

§ 3.º A pena aplica-se em dobro se o crime de contrabando é praticado em transporte aéreo, marítimo ou fluvial.

O objeto jurídico sobre o qual recai a proteção no caso do descaminho é o **erário**, visto que prejudicado pela evasão das receitas resultantes do crime.

Trata-se de conduta infelizmente comum, que pode ser praticada por qualquer pessoa e que tem como **sujeito passivo** o Estado, titular dos valores subtraídos.

Já o **contrabando** diz respeito à entrada ou saída do País de mercadorias absoluta ou relativamente **proibidas**.

Os dois crimes são de natureza dolosa e, no caso do contrabando, podemos ter as seguintes situações:

■ o sujeito ingressa ou sai do território nacional pela via normal e transpõe as barreiras de controle aduaneiro — nessa hipótese, o crime se consuma neste momento;

■ o sujeito se serve de meios escusos para entrar e sair do país clandestinamente — nesse caso, a consumação ocorrerá no exato instante em que são transpostas as fronteiras do Brasil.

Em relação ao princípio da **insignificância**, os tribunais superiores têm reconhecido, após muitas divergências, a sua aplicabilidade quando o valor suprimido, no crime de descaminho, for inferior a R$ 10.000,00.

Jurisprudência: AGRAVO REGIMENTAL. RECURSO ESPECIAL. PENAL. DESCAMINHO. PRINCÍPIO DA INSIGNIFICÂNCIA. APLICABILIDADE. 1. A Segunda Turma do Supremo Tribunal Federal, no julgamento do HC n. 92.438/PR, Relator o Ministro Joaquim Barbosa, firmou entendimento no sentido de ser aplicável, na prática de descaminho, o princípio da insignificância quando o valor do tributo suprimido é inferior a R$ 10.000,00. 2. No caso, o valor do tributo sonegado é de R$ 1.698,64, que não excede o limite de R$ 10.000,00 adotado pela Lei n. 11.033/2004, sendo de rigor a extinção do crédito tributário. 3. Agravo regimental provido. (STJ, AgRg no REsp 1.021.805/SC, Rel. para o acórdão: Ministro Paulo Gallotti, 6.ª Turma, *DJe* de 17.11.2008.)

PENAL E PROCESSO PENAL. AGRAVO REGIMENTAL NO RECURSO ESPECIAL. DESCAMINHO. VALOR INFERIOR A R$ 10.000,00. PRINCÍPIO DA INSIGNIFICÂNCIA. NÃO INCIDÊNCIA PIS E COFINS. ACÓRDÃO EM CONFORMIDADE COM A JURISPRUDÊNCIA DESTA CORTE. SÚMULA 83/STJ. AGRAVO REGIMENTAL A QUE SE NEGA PROVIMENTO. 1. Esta Corte Superior de Justiça firmou entendimento no sentido da aplicação do princípio da insignificância ao crime de descaminho, quando débito tributário não ultrapassar o valor de R$ 10.000,00 (dez mil reais), desconsiderando a tributação de PIS e COFINS, porque não incidentes sobre a importação de bens estrangeiros objetos da pena de perdimento. 2. Agravo Regimental a que se nega provimento. (STJ, AgRg no REsp 1.275.198/RS, Rel. Min. Maria Thereza de Assis Moura, 6.ª Turma, *DJe* 13.8.2012.)

20.9. QUESTÕES

1. (ESAF — TTN — Aduana — 1998) Quando houver divergência, para menos, de peso ou de dimensão do volume em relação ao declarado no manifesto, no conhecimento de carga ou no documento equivalente, ou ainda, se for o caso, aos documentos que instruíram o despacho para trânsito, é responsável para efeitos fiscais:

a) o depositário.
b) o importador.
c) o transportador.
d) o exportador.
e) o consignatário.

2. (ESAF — TTN — Aduana — 1998) O não comparecimento do importador ou seu representante para assistir à verificação da mercadoria nos 60 (sessenta) dias contados a partir da distribuição da declaração de importação ao fiscal designado:

a) acarreta a perda automática da mesma em favor da Fazenda Nacional.
b) acarreta o imediato início do processo de vistoria aduaneira para apurar o crédito tributário exigível do responsável.
c) autoriza o Fisco a proceder à abertura compulsória dos volumes e a adotar os procedimentos tendentes à apuração do crédito fiscal em favor da Fazenda Nacional.
d) caracteriza a interrupção do despacho aduaneiro.
e) é passível de aplicação de penalidade pecuniária ao importador por descumprimento de obrigação acessória, reabrindo-se novo prazo pela metade, após o que a mercadoria será considerada abandonada.

3. (ESAF — TRF — 2002.2) A responsabilidade tributária pelas faltas ou extravios de volumes ou de mercadorias importadas pode ser do transportador ou do depositário, conforme normas contidas:

a) nos Incoterms.
b) no Direito Comercial.
c) nos acordos internacionais de transporte.
d) na legislação tributária.
e) nos contratos de transporte internacional e de armazenagem da carga.

4. (ESAF — ATRFB — 2012) O art. 76 da Lei n. 10.833, de 29 de dezembro de 2003, dispõe acerca das sanções a que os intervenientes nas operações de comércio exterior ficam sujeitos. Para efeito do disposto no referido artigo, considera-se interveniente, exceto:

a) o despachante aduaneiro, salvo seus ajudantes, uma vez que, nos termos da legislação de regência, a responsabilidade é pessoal do despachante.
b) o beneficiário de regime aduaneiro ou de procedimento simplificado.
c) o importador e o exportador.
d) o transportador, o agente de carga, o operador de transporte multimodal, o operador portuário, o depositário, o administrador de recinto alfandegado, o perito, o assistente técnico.
e) qualquer outra pessoa que tenha relação, direta ou indireta, com a operação de comércio exterior.

5. (ESAF — Ajudante de Despachante Aduaneiro — 2017) Aplica-se a pena de perdimento da mercadoria nas seguintes hipóteses, por configurarem dano ao Erário, exceto:

a) mercadoria oculta, a bordo do veículo ou na zona primária, qualquer que seja o processo utilizado.
b) mercadoria estrangeira, em trânsito no território aduaneiro, quando o veículo terrestre que a conduzir for desviado de sua rota legal, ainda que com motivo justificado.
c) mercadoria importada ao desamparo de licença de importação ou documento de efeito equivalente, quando a sua emissão estiver vedada ou suspensa, na forma da legislação específica.

d) mercadoria estrangeira, atentatória à moral, aos bons costumes, à saúde ou à ordem pública.

e) mercadoria importada e que for considerada abandonada pelo decurso do prazo de permanência em recinto alfandegado.

6. (ESAF — Ajudante de Despachante Aduaneiro — 2017) Do perdimento da mercadoria, é incorreto afirmar que:

a) aplica-se a pena de perdimento da mercadoria oculta, a bordo do veículo ou na zona primária, qualquer que seja o processo utilizado, por configurar dano ao Erário.

b) de acordo com a legislação vigente, as infrações em que se aplicam a pena de perdimento poderão ser punidas com multa equivalente ao valor aduaneiro da mercadoria, na importação, ou ao preço constante da respectiva nota fiscal ou documento equivalente, na exportação, quando a mercadoria não for localizada, ou tiver sido consumida ou revendida.

c) o importador, antes de aplicada a pena de perdimento, poderá iniciar ou retomar o respectivo despacho aduaneiro, mediante o cumprimento das formalidades exigidas e o pagamento dos tributos incidentes na importação, acrescidos dos juros e da multa de mora, e das despesas decorrentes da permanência da mercadoria no recinto alfandegado.

d) quando retomado o despacho aduaneiro, antes de aplicada pena de perdimento, são devidos os juros e a multa de mora somente nos casos em que tenha sido lavrado o auto de infração relativo ao perdimento.

e) o imposto de importação não incide sobre mercadoria estrangeira que tenha sido objeto da pena de perdimento, exceto na hipótese em que não seja localizada, tenha sido consumida ou revendida.

7. (ESAF — Ajudante de Despachante Aduaneiro — 2017) Havendo indícios de irregularidade na importação, punível com a pena de perdimento ou que impeça seu consumo ou comercialização no País, independentemente do início ou término do despacho aduaneiro, poderá ser aplicado procedimento especial de controle, sendo o despacho interrompido. De acordo com a legislação vigente, as situações de irregularidade compreendem, entre outras hipóteses, os casos de suspeita abaixo, exceto:

a) a autenticidade, decorrente de falsidade material ou ideológica, de qualquer documento comprobatório apresentado, inclusive quanto à origem da mercadoria, ao preço pago ou a pagar, recebido ou a receber.

b) a falsidade ou adulteração de característica essencial da mercadoria.

c) a importação proibida, atentatória à moral, aos bons costumes e à saúde ou ordem públicas.

d) a ocultação do sujeito passivo, do real vendedor, comprador ou de responsável pela operação, mediante fraude ou simulação, inclusive a interposição fraudulenta de terceiro.

e) o erro de preenchimento da declaração de conteúdo, inclusive nos documentos de transporte.

GABARITO

1. A questão trata de uma responsabilidade bastante antiga, mas que até hoje alcança o transportador, nos termos do atual artigo 661 do Regulamento Aduaneiro, de modo que a alternativa correta é a letra "c".

2. Questão antiga, mas ainda aplicável, cuja alternativa correta é a letra "d", pois, nos termos do artigo 570 do atual Regulamento Aduaneiro, o não comparecimento do importador interrompe o despacho aduaneiro. As demais alternativas estão incorretas.

3. Questão simples e de fácil solução, cuja alternativa correta, por óbvio, é a letra "d", visto que somente a legislação brasileira pode imputar responsabilidade a terceiros.

4. Questão típica da ESAF, que pergunta a exceção e, na alternativa correta, faz outra ressalva. Nesse sentido, a letra a ser assinalada é "a", pois os ajudantes de despachante também são considerados intervenientes do comércio exterior, conforme o comando do artigo 76 da Lei n. 10.833/2003, reproduzido no artigo 735, § 2.º, do Regulamento Aduaneiro.

5. A alternativa que deve ser assinalada é a letra "b", porque na hipótese só se aplica o perdimento se o desvio da rota não tiver motivo justificado. As demais alternativas veiculam casos em que a pena de perdimento deve ser aplicada.

6. A alternativa incorreta, que deve ser assinalada, é a letra "d", pois na retomada do despacho antes de aplicada a pena de perdimento, os juros e as multas são devidos independentemente da lavratura do auto de infração de perdimento. As demais alternativas estão corretas.

7. A alternativa incorreta, que deve ser assinalada, é a letra "e", pois o simples erro no preenchimento da declaração não enseja o procedimento especial de controle. As demais alternativas correspondem a situações em que o procedimento especial de controle aduaneiro deve ser instaurado.

20.10. MATERIAL DIGITAL

VÍDEO
http://uqr.to/1y39q

REFERÊNCIAS

ACCIOLY, Hildebrando; NASCIMENTO E SILVA, G. E. do; CASELLA, Paulo Borba. *Manual de direito internacional público*. 17. ed. São Paulo: Saraiva, 2009.

AMARAL, Antonio Carlos Rodrigues do (Coord.). *Direito do comércio internacional*: aspectos fundamentais. 2. ed. São Paulo: Aduaneiras, 2006.

ARBUET-VIGNALI, Heber. *Claves jurídicas de la integración*: en los sistemas de Mercosur y la Unión Europea. Buenos Aires: Rubinzal-Culzoni, 2004.

ATALIBA, Geraldo. Hipótese de incidência do IPI. In: *Estudos e Pareceres de Direito Tributário*, São Paulo: RT, 1978.

ATALIBA, Geraldo. *Hipótese de incidência tributária*. 3. ed. ampl. São Paulo: Revista dos Tribunais, 1984.

AVILA, A. M.; CASTILLO, J. A.; DIAZ, M. A. *Regulación del comercio internacional tras la ronda Uruguay*. Madrid: Tecnos, 1994.

BALEEIRO, Aliomar. *Limitações constitucionais ao poder de tributar*. 7. ed. Rio de Janeiro: Forense, 1997.

BANCO CENTRAL DO BRASIL. *Regulamento do Mercado de Câmbio e Capitais Internacionais* (RMCCI), veiculado pela Resolução n. 3.568, de 29 de maio de 2008 e atualizado até a Circular n. 3.531, de 13 de abril de 2011 (Atualização RMCCI n. 40).

BANCO CENTRAL DO BRASIL. *Relatório de Gestão das Reservas Internacionais*, v. 10, mar. 2018. p. 16.

BANCO DO BRASIL. Disponível em: <http://www.bb.com.br/portalbb/page44,107,2944,9,1,1,2.bb>.

BANCO NACIONAL DE DESENVOLVIMENTO ECONÔMICO E SOCIAL. Disponível em: <http://www.bndes.gov.br/SiteBNDES/bndes/bndes_pt/Institucional/Apoio_Financeiro/Produtos/BNDES_Exim/produto_eximpos.html>.

BANDEIRA DE MELLO, Celso Antonio. *Curso de direito administrativo*. 24. ed. São Paulo: Malheiros, 2007.

BAPTISTA, Luiz Olavo. Dumping e antidumping no Brasil. In: AMARAL JÚNIOR, Alberto do (Coord.). *OMC e o comércio internacional*. São Paulo: Aduaneiras, 2002.

BARRAL, Welber. *Dumping e comércio internacional*: a regulamentação antidumping após a Rodada Uruguai. Rio de Janeiro: Forense, 2000.

BASALDUA, Ricardo. *Introducción al derecho aduanero:* concepto y contenido. Buenos Aires: Abeledo-Perrot, 1988.

BONAVIDES, Paulo. *Curso de direito constitucional*. 13. ed., 2. tir. São Paulo: Malheiros, 2003.

BOTTALLO, Eduardo Domingos (Coord.). *Curso de direito empresarial*. São Paulo: EDUC — Editora da Universidade Católica/Editora Resenha Tributária, 1976.

BOTTALLO, Eduardo Domingos. *Fundamentos do imposto sobre produtos industrializados*. Tese de Doutoramento apresentada à PUC-SP, São Paulo, 2001.

BURDEAU, Georges. *O Estado*. Portugal: Publicações Europa-América, 1970.

BYATT, A. S. What is a European? *The New York Times Magazine*, 31 de outubro de 2002.

CALLEO, David P. So that's all agreed, then. *The Economist — Rethinking Europe's Future*, 16 de dezembro de 2000, p. 25-26.

CANOTILHO, J. J. Gomes. *Direito constitucional e teoria da constituição*. 6. ed. Coimbra: Almedina, 2002.

CAPARROZ, Roberto. *Direito Tributário Esquematizado*®. 8. ed. São Paulo: Saraiva, 2024.

CAPARROZ, Roberto. Da natureza aduaneira dos direitos antidumping. In: TÔRRES, Heleno (Coord.). *Comércio internacional e tributação*. São Paulo: Quartier Latin, 2004.

CAPARROZ, Roberto. Do imposto sobre produtos industrializados vinculado às importações. In: TÔRRES, Heleno (Coord.). *Comércio internacional e tributação*. São Paulo: Quartier Latin, 2005.

CAPARROZ, Roberto. O livro eletrônico e as novas modalidades de transmissão de conhecimento em face da imunidade prevista no artigo 150, VI, "d", da Constituição da República de 1988. In: FERREIRA, Ivete Senise; BAPTISTA, Luiz Olavo (Coord.). *Novas fronteiras do direito na era digital*. São Paulo: Saraiva, 2002.

CARLUCI, José Lence. *Uma introdução ao direito aduaneiro*. 2. ed. São Paulo: Aduaneiras, 2000.

CARLUCI, José Lence. *Uma introdução ao direito aduaneiro*. São Paulo: Aduaneiras, 1996.

CARRAZZA, Roque Antonio. *Curso de direito constitucional tributário*. 18. ed. São Paulo: Malheiros, 2002.

CARVALHO, Paulo de Barros. *Direito tributário — Fundamentos jurídicos da incidência*. São Paulo: Saraiva, 1998.

CARVALHO, Paulo de Barros. *A regra matriz do ICM*. Tese de Livre-Docência, PUC-SP, São Paulo, 1981.

CARVALHO, Paulo de Barros. *Curso de direito tributário*. 15. ed., rev. e atual. São Paulo: Saraiva, 2003.

CARVALHO, Paulo de Barros. *Imposto sobre produtos industrializados*. In: *Curso de direito empresarial*. São Paulo: EDUC — Editora da Universidade Católica/Editora Resenha Tributária, 1976. 2 v.

CARVALHO, Paulo de Barros. Sujeição passiva e responsáveis tributários. *Direito* — Revista do Programa de Pós-Graduação em Direito da PUC-SP, São Paulo, n. 2, 1995.

CAVE, Roy C.; COULSON, Herbert H. *A source book for medieval economic history.* Milwaukee: The Bruce Publishing Co., 1936; *reprint* ed., New York: Biblo & Tannen, 1965.

CHESNAIS, François. *A mundialização do capital.* São Paulo: Xamã, 1996.

CONVENÇÃO das Nações Unidas sobre contratos de compra e venda internacional de mercadorias. Disponível em: <http://cisgbrasil.dominiotemporario.com/doc/egrebler2.pdf>.

COSTA, Fernando Nogueira da. *Economia em 10 lições*. São Paulo: Makron Books, 2000.

COSTA, Fernando Nogueira da. *Economia monetária e financeira*: uma abordagem pluralista. São Paulo: Makron Books, 1999.

DALSTON, Cesar Olivier. *Classificando mercadorias*. São Paulo: Aduaneiras, 2005.

DE PLÁCIDO E SILVA. *Vocabulário jurídico*. 12. ed. Rio de Janeiro: Forense, 1993. v. II.

DÉNIZ, Pedro Talavera. *La regulación del comercio internacional:* del GATT a la OMC. Barcelona: Universitat de Barcelona, 1995.

DEPLA (SECEX). *Conhecendo o Brasil em números* — outubro 2010. Disponível em: <www.mdic.gov.br/arquivos/dwnl_1312203713.pdf>.

DERZI, Misabel Abreu Machado. Fundamentos da tributação ampla das importações pelo ICMS e pelo IPI. *Revista de Direito Tributário* 69/326.

DICIONÁRIO *Houaiss da Língua Portuguesa.* Rio de Janeiro: Objetiva, 2001.

DOBB, Maurice. *A evolução do capitalismo*. Rio de Janeiro: Jorge Zahar, 1965.

EBHART, Caio Márcio. *Operações de swap*. Disponível em: <http://www.parana-online.com.br/colunistas/237/64101/>.

EICHENGREEN, Barry; Kenen, Peter. Managing the World economy under the Bretton Woods system: an Overview. In: Kenen, Peter (Org.). *Managing the World economy*. Washington, D.C.: Institute for International Economics, 1994.

EX-IM BANK. Disponível em: <http://www.exim.gov/brazil/>.

EX-IM BANK. Disponível em: <http://www.exim.gov/brazil/programs-br.cfm>.

FALCÃO, Amilcar de Araújo. *Fato gerador da obrigação tributária*. Rio de Janeiro: Forense, 1964.

FARIA, Luiz Alberto Gurgel de. Tributos sobre o comércio exterior. In: FREITAS, Vladimir Passos (Coord.). *Importação e exportação no direito brasileiro*. São Paulo: Revista dos Tribunais, 2004.

FERRAZ JR., Tercio Sampaio. *Introdução ao estudo do direito:* técnica, decisão, dominação. 3. ed. São Paulo: Atlas, 2001.

FERRAZ JR., Tercio Sampaio; ROSA, José Del Chiaro Ferreira da; GRINBERG, Mauro. Direitos antidumping e compensatórios: sua natureza jurídica e consequências de tal caracterização. *Revista de Direito Mercantil, Industrial, Econômico e Financeiro*, Nova Série, n. 96, out./dez. 1994.

FERREIRA, Ivete Senise; BAPTISTA, Luiz Olavo (Coord.). *Novas fronteiras do direito na era digital*. São Paulo: Saraiva, 2002.

FONROUGE, Giuliani. *Derecho financiero*. 3. ed. Buenos Aires: Depalma, 1977. v. 2.

FRATALOCCHI, Aldo; ZUNINO, Gustavo. *El comercio internacional de mercaderías. Su regulación en la organización mundial de comercio*. Buenos Aires: Osmar D. Buyatti, 1997.

FRIEDEN, Jeffry A. *Capitalismo global:* história econômica e política do século XX. Rio de Janeiro: Jorge Zahar, 2008.

FRIEDMAN, Thomas L. *O mundo é plano*: uma breve história do século XXI. Rio de Janeiro: Objetiva, 2007.

FUENTES, Carlos. A solução federalista. In: Gardels, Nathan P. (Org.). *No final do século — reflexões dos maiores pensadores do nosso tempo*. Rio de Janeiro: Ediouro, 1998.

FUKUYAMA, Francis. *Confiança*. Rio de Janeiro: Rocco, 1996.

FURTADO, Celso. *A fantasia organizada*. 5. ed. Rio de Janeiro: Paz e Terra, 1985. v. 89 (Coleção Estudos Brasileiros).

FURTADO, Celso. *O capitalismo global*. 3. ed. São Paulo: Paz e Terra, 1998.

GALBRAITH, John Kenneth; SALINGER, Nicole. *Tudo ou quase tudo sobre economia.* Portugal: Publicações Europa-América, 1978.

GOYOS JÚNIOR, Durval de Noronha. *A OMC e os tratados da rodada Uruguai*. São Paulo: Observador Legal, 1995.

HEILBRONER, R. L. *Introdução à história das ideias econômicas*. 2. ed. Rio de Janeiro: Jorge Zahar, 1965.

KEEDI, Samir. *Transportes, unitização e seguros internacionais de carga:* prática e exercícios. 5. ed. São Paulo: Aduaneiras, 2011.

KENNEDY, Paul. *Preparando para o século XXI*. Rio de Janeiro: Campus, 1993.

KEYNES, John Maynard. *Teoria geral do emprego, do juro e da moeda*. São Paulo: Atlas, 1982.

KRUGMAN, Paul R.; OBSTFELD, Maurice. *Economia internacional*: teoria e prática. 4. ed. São Paulo: Makron Books, 1999.

LACOMBE, Américo Masset. *Imposto de importação*. São Paulo: Revista dos Tribunais, 1979.

LACOMBE, Américo Masset. *Princípios constitucionais tributários*. 2. ed. São Paulo: Malheiros, 2000.

LAFER, Celso. *A OMC e a regulamentação do comércio internacional*: uma visão brasileira. Porto Alegre: Livraria do Advogado, 1998.

LAFER, Celso. O GATT, a cláusula da nação mais favorecida e a América Latina. *Revista de Direito Mercantil, Industrial, Econômico e Financeiro*, São Paulo: Malheiros, v. 10, n. 3, 1971.

LAMPREIA, Luiz Felipe; GOYOS JÚNIOR, Durval de Noronha et al. *O direito no comércio internacional*. São Paulo: Observador Legal, 1997.

LUNA, E. P. *Essencial de comércio exterior de "A a Z"*. São Paulo: Aduaneiras, 2000.

LUNARDI, Ângelo Luiz. *Carta de crédito sem segredos*. 2. ed. São Paulo: Aduaneiras, 2011.

LUNARDI, Ângelo Luiz. *Incoterms 2000:* condições internacionais de compra e venda. 2. ed. São Paulo: Aduaneiras, 2001.

LUPI, André Lipp Pinto Basto. *Soberania, OMC e Mercosul.* São Paulo: Aduaneiras, 2001.

MAGALHÃES, José Carlos de; Tavolaro, Agostinho Tofolli. Fontes do direito do comércio internacional: *a lex mercatoria.* In: AMARAL, Antonio Carlos Rodrigues do (Coord.). *Direito do comércio internacional*: aspectos fundamentais. 2. ed. São Paulo: Aduaneiras, 2006.

MANDELA, Nelson. O Estado-nação carente. In: Gardels, Nathan P. (Org.). *No final do século — reflexões dos maiores pensadores do nosso tempo.* Rio de Janeiro: Ediouro, 1998.

MANLEY, Michael. Adam Smith tinha razão. In: Gardels, Nathan P. (Org.). *No final do século — reflexões dos maiores pensadores do nosso tempo.* Rio de Janeiro: Ediouro, 1998.

MARCONINI, Mário. A OMC, o Mercosul e o comércio de serviços: aspirações regionais na era pós-GATS. In: GOYOS JR., Durval de Noronha (Org.). *O direito do comércio internacional.* São Paulo: Observador Legal, 1997.

MARX, Karl; ENGELS, Friedrich. *Manifesto do partido comunista.* Porto Alegre: LP&M, 2000.

MELO, José Eduardo Soares de. O ICMS na importação por encomenda, e por conta e ordem de terceiros. Titularidade do tributo e crédito do imposto. In: ROCHA, Valdir de Oliveira (Coord.). *Grandes questões atuais do direito tributário.* São Paulo: Dialética, 2008. 12 v., p. 307-328.

MITTERRAND, François. A indiferença complacente para a classe periférica global. In: Gardels, Nathan P. (Org.). *No final do século — reflexões dos maiores pensadores do nosso tempo.* Rio de Janeiro: Ediouro, 1998.

MORAES, Reginaldo C. Corrêa de. *Celso Furtado:* o subdesenvolvimento e as ideias da CEPAL. São Paulo: Ática, 1995.

MORAES, Reginaldo C. Corrêa de. *Celso Furtado:* o subdesenvolvimento e as ideias da Cepal. São Paulo: Ática, 1995.

NAÇÕES UNIDAS. Disponível em: <http://www.un.org/special-rep/ohrlls/ldc/ldc%20crtiteria.htm>.

NAISBITT, John. *Paradoxo global.* Rio de Janeiro: Campus, 1994.

OECD — *Economic Surveys*: Mexico: migration — the economic context and implications. Supl. n. 1, Paris, 2003.

OHMAE, Kenichi. *O fim do Estado Nação*: a ascensão das economias regionais. Rio de Janeiro: Campus, 1996.

PIRES, Adilson Rodrigues. *Práticas abusivas no comércio internacional.* Rio de Janeiro: Forense, 2001.

PORTER, Michael. *A vantagem competitiva das nações.* Rio de Janeiro: Campus, 1993.

PREBISCH, Raúl. O desenvolvimento da América Latina e seus principais problemas. *Revista Brasileira de Economia,* Rio de Janeiro: Fundação Getúlio Vargas, ano 3, n. 3, set. 1949.

RATTI, Bruno. *Comércio internacional e câmbio.* 11. ed. São Paulo: Aduaneiras, 2006.

REGO, Elba Cristina Lima. Do GATT à OMC: o que mudou, como funciona e para onde caminha o sistema multilateral de comércio. *Revista do BNDES,* Rio de Janeiro: BNDES, n. 6, 1996.

RESULTADOS da Rodada Uruguai do GATT. *Decreto n. 1.355/94.* São Paulo: Aduaneiras, 1995.

REZEK, Francisco. *Direito internacional público — curso elementar.* 11. ed. São Paulo: Saraiva, 2008.

RIFKIN, Jeremy. *O sonho europeu.* São Paulo: Makron Books, 2005.

ROSTOW, W. W. *Origens da economia moderna* (como tudo começou). São Paulo: Cultrix, 1975.

RUMFORD, Chris. *The European Union:* a political sociology. Oxford, Reino Unido: Blackwell, 2002.

RUTTLEY, Philip. The long road to unity. In: Pagden, Anthony. *The idea of Europe*: from antiquity to the european unity. Cambridge: Cambridge University Press, 2002.

SALGADO, Graça (Coord.). *Fiscais e meirinhos*: a administração no Brasil Colonial. Rio de Janeiro: Nova Fronteira, 1985.

SANCHEZ, Inaiê. *Para entender a internacionalização da economia*. São Paulo: Senac, 1999.

SANTOS, Ricardo Soares Stersi dos. *Mercosul e arbitragem internacional comercial:* aspectos gerais e algumas possibilidades. Belo Horizonte: Del Rey, 1998.

SCIOLINO, Elaine. Visions of a Union: Europe gropes for an identity. *The New York Times,* 15 de dezembro de 2002.

SHORE, Chris. *Building Europe:* the cultural politics of European integration. Londres: Routledge, 2000.

SMITH, Dennis. Making Europe: processes of Europe formation since 1945. In: Smith, Dennis; Wright, Sue (Ed.). *Whose Europe?* the turn towards democracy. Oxford. Reino Unido: Blackwell Publishers/The Sociological Review, 1999.

SOARES, G. F. S. O direito supranacional, nas comunidades europeias e na América Latina: o caso da ALALC/ALADI e o mercado comum Brasil-Argentina. *Revista dos Tribunais,* São Paulo: RT, n. 668, jun. 1991.

SOARES, Guido. As instituições do Mercosul e a solução de litígios no seu âmbito: sugestões de *lege ferenda.* In: Baptista, Luiz Olavo; Mercadante, Araminta de Azevedo; Casella, Paulo Borba (Org.). *Mercosul:* das negociações à implantação. São Paulo: LTr, 1994.

STIGLITZ, Joseph E. *Globalização*: como dar certo. São Paulo: Companhia das Letras, 2007.

STRENGER, Irineu. *Contratos internacionais do comércio*. 3. ed. São Paulo: LTr, 1998.

TAVOLARO, Agostinho Toffoli. A natureza jurídica dos direitos antidumping. *Cadernos de Direito Tributário e Finanças Públicas*, ano V, n. 18, jan./mar. 1997.

THORSTENSEN, Vera. *OMC:* as regras do comércio internacional e a nova rodada de negociações multilaterais. 2. ed. São Paulo: Aduaneiras, 2001.

THORSTENSEN, Vera. Os acordos regionais e as regras da OMC. In: Amaral Júnior, Alberto do (Coord.). *OMC e o comércio internacional*. São Paulo: Aduaneiras, 2002.

TÔRRES, Heleno. *Pluritributação internacional sobre as rendas das empresas*. São Paulo: Revista dos Tribunais, 2001.

TOULMIN, John. A OMC e seu sistema de resolução de disputas. In: GOYOS JR., Durval de Noronha (Coord.). *O direito do comércio internacional*. São Paulo: Observador Legal, 1997.

UNDERSTANDING the WTO. 5. ed. Genebra: World Trade Organization, 2011.

VARELA, Marcelo D. *Direito internacional público*. São Paulo: Saraiva, 2009.

VIEIRA, José Roberto. *A regra-matriz de incidência do IPI.* Dissertação (Mestrado) — Pontifícia Universidade Católica de São Paulo. São Paulo, 1992.

VILANOVA, Lourival. *As estruturas lógicas e o sistema do direito positivo*. São Paulo: EDUC, 1977.

VINER, Jacob. *Dumping:* a problem in international trade. Fairfield, NJ: Kelley Publishers, 1991.

WITKER, Jorge. *Introducción a la valoración aduanera de las mercancias*. México: McGraw-Hill, 1997.

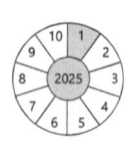